Collection Revue générale du droit

www.revuegeneraledudroit.eu

Série Manuels

Collection dirigée par Philippe Cossalter

Agrégé des facultés de droit

Chaire de droit public français de l'Université de la Sarre

http://lfoer.cjfa.eu

Christophe De Bernardinis

La protection des droits fondamentaux en France - Tome I

Deuxième édition

Editions juridiques franco-allemandes

Imprint

Cover image: www.ingimage.com

Publisher:
Editions juridiques franco-allemandes
is a trademark of
Dodo Books Indian Ocean Ltd. and OmniScriptum S.R.L publishing group

120 High Road, East Finchley, London, N2 9ED, United Kingdom
Str. Armeneasca 28/1, office 1, Chisinau MD-2012, Republic of Moldova, Europe
Printed at: see last page
ISBN: 978-620-2-48453-4

Parus chez le même éditeur
Im gleichen Verlag erschienen

Dans la collection / in der Schriftenreihe *Revue générale du droit*

Série « Colloques » / Serie „Kolloquien“

- COSSALTER Ph. (dir.), *Die grenzüberschreitende Zusammenarbeit in der Großregion / La coopération transfrontalière dans la Grande Région*, 2016.
- N'DIAYE F. (dir.), *Le crowdfunding ou financement participatif : état des lieux en Europe*, 2016.
- RENARD F. (dir.), *Droit et Handicap dans la Grande Région – De l'enfance à l'âge adulte, état des lieux, 2021.*

Série « Manuels » / Serie „Handbücher“

- CAILLE P., *Contentieux administratif*, 3ème édition, 2018 (1ère édition, 2016 ; 2ème édition, 2017).
- HLAWON M. et JAILLET L., *Staatsrecht I – Droit constitutionnel allemand I*, 2de édition, 2017.
- MANCOSU G., *La transparance publique à l'ère de l'Open Data*, 2019.
- de NANTOIS Ch., *Approche empirique de la science politique*, 2ème édition 2019 (1ère édition, 2016).
- TIFINE P., *Droit administratif français*, 6ème édition, 2021 (1ère édition, 2014 ; 2ème édition, 2015 ; 3ème édition, 2016 ; 4ème édition, 2018 ; 5ème édition, 2020).

Dans la collection / in der Schriftenreihe BIJUS

Série « Manuels » / Serie „Handbücher“

- HLAWON M., *Droit international privé allemand et européen du patrimoine - Guide pour la pratique notariale franco-allemande*, 2018.

Série « Thèses » / Serie „Dissertation“

- KORDEVA M., *Le principe de séparation des pouvoirs en droit allemand : étude doctrinale et jurisprudentielle*, 2019.

L'ensemble des œuvres publiées dans les collections « Revue générale du droit » et « BIJUS » est également consultable gratuitement sur www.revuegeneraledudroit.eu_et www.bijus.eu

Alle Veröffentlichungen der Schriftenreihen „Revue générale du droit“ und „BIJUS“ sind auf www.revuegeneraledudroit.com bzw. www.bijus.eu kostenlos abrufbar

Dans la collection / in der Schriftenreihe *Études et Documents du CJFA* (EDCJFA)

- EDCJFA n°1 : AUTEXIER Ch., FLAUSS J.-F., FROMONT M., GREWE C., KOENIG P., RIEG A., *Le Glossaire de la Loi fondamentale allemande*, 1987.
- EDCJFA n°2 : AUTEXIER Ch., *La Loi relative à la Cour constitutionnelle fédérale*, 1987.
- EDCJFA n°3 : AUTEXIER Ch., *La Loi fondamentale*, 1996.
- EDCJFA n°4 : AUTEXIER Ch., *Constitution du 4 octobre 1958*, 7ème éd., 2009.
- EDCJFA n°5 : AUTEXIER Ch., *Traité d'Union*, 1991.
- EDCJFA n°6 : AUTEXIER Ch., *Gemeinsame lothringisch-saarländische administrative Einrichtungen und Verfahrensweisen – Rechtsgutachten*, 1993.
- EDCJFA n°7 : AUTEXIER Ch., CATHALY A., *Loi sur la juridiction administrative*, 1995.
- EDCJFA n°8 : FRIED K., QUECKENSCHEID D., HOSER A., KUDER A., WOLF M., *Etudes comparatives : droit d'asile, le statut constitutionnel du juge en France, la condition juridique de la femme mariée, l'acquisition de la nationalité en France et en Allemagne*, 1995.
- EDCJFA n°9 : AUTEXIER Ch., *La Constitution du* Land *de Sarre*, 1995.
- EDCJFA n°10 : AUTEXIER Ch., CATHALY-STELKENS A., *Loi sur la procedure administrative non contentieuse*, 1996.
- EDCJFA n°11 : LANGE C., *Le Statut constitutionnel de l'enseignement privé en France, éléments de comparaison avec le droit allemand*, 1997.
- EDCJFA n°12 : AUTEXIER Ch., GLAAB K., *Einführung in das französische Verfassungsrecht*, 1998.
- EDCJFA n°13 : GROSSHANS R., WERNET M., *Le droit au travail – son développement et sa portée actuelle en France et en Allemagne*, 2000.
- EDCJA n°14 : HLAWON M., JAILLET L., *Deutsches Staatsrecht / Droit constitutionnel allemand I*, 2nde éd., 2017 (1ère édition, 2015).

L'ensemble des EDCJFA est consultable gratuitement sur www.bijus.eu.

Alle Veröffentlichungen der EDCJFA sind auf www.bijus.eu kostenlos abrufbar.

Dans la collection / in der Schriftenreihe *Cahiers juridiques franco-allemands*

- WITZ Cl., *La coopération commerciale dans la convention ACP – CEE du 31 octobre 1979 de Lomé I à Lomé II,* 1979.
- HUET-WEILLER D., *Bilan de 10 ans d'application de la réforme de la filiation, conférence du 15 mai 1983 dans le cadre du "Dialogue franco-allemand"*, 1983.
- PRADEL J., *Le médecin devant la loi pénale, conférence du 18 novembre 1983 dans le cadre du "Dialogue franco-allemand"*, 1984.
- AUTEXIER Ch., *L'action extérieure des régions*, 1984.
- ROUDAUT R., *Les relations commerciales et industrielles franco-allemandes, conférence du 25 avril 1984 au Centre d'Études Juridiques Françaises de l'Université de la Sarre dans le cadre du "Dialogue franco-allemand"*, 1984.
- JUNG H., *Le système des sanctions dans le droit pénal des mineurs en R.F.A., conference du 30 septembre 1983 à la* Richterakademie *de Trèves à l'occasion d'une session de formation continue sur le système des sanctions,* traduction : HAUPTMANN J.-M., 1985.
- BRIGOULEIX B., *L'opinion publique française et l'Allemagne dans la perspective européenne,* résumé de la conférence prononcée le 22 novembre 1984 à l'Université de la Sarre, 1985.
- FERRETTI R., *La nouvelle décentralisation et les finances locales*, 1985.
- VITU A., *Les traits caractéristiques de la procédure pénale française, conférence du 10 mai 1985 à l'Université de la Sarre dans le cadre du "Dialogue franco-allemand"*, 1985.
- MENUDIER H., *L'Allemagne à la télévision française*, 1985.
- VARII AUCTORES, *Le trentenaire du Centre d'Études Juridiques Françaises (15–25 novembre 1985)*, 1985.
- FLAUSS J.-F., *Le règlement amiable devant la CEDH*, 1986.
- BRUNET A., *Le sort des créanciers dans le nouveau droit français de la faillite*, 1987.
- PRADEL J., *Trente ans de politique pénitentiaire française*, 1987.
- AVRIL P., *L'influence des institutions sur les partis politiques - Der Einfluß der*
- *Verfassungsordnung auf die politischen Parteien*, 1988.
- ROBERT J., *Terrorisme et libertés publiques - Terrorismus und Freiheitsrechte*, 1988.
- TUNC A., *La loi Badinter après cinq ans d'application*, 1991.
- FROMONT M., *Asylrecht in Frankreich*, 1993.
- LUCHAIRE F., *L'Europe et la souveraineté des États*, 1994.

Les Cahiers juridiques franco-allemands sont consultables gratuitement sur www.bijus.eu.

Die Cahiers juridiques franco-allemand sind auf www.bijus.eu kostenlos abrufbar.

« Nous sommes Noirs, il est vrai, mais dîtes-nous, Messieurs, vous qui êtes si judicieux, quelle est cette loi qui dit que l'homme noir doit appartenir et être une propriété de l'homme blanc ? [...] Placés sur terre comme vous, étant tous enfants d'un même père, créés sur une même image, nous sommes donc vos égaux en droits naturels... Avez-vous oublié que vous avez juré la déclaration des droits de l'homme qui dit que les hommes naissent libres et égaux en droit ? [...] Si donc, comme vous ne pouvez le nier, vous avez juré, nous sommes dans nos droits, et vous devez vous reconnaître parjures, et par vos décrets, vous reconnaissez que tout homme est libre et vous voulez maintenir la servitude pour 480 000 individus qui vous font jouir de tout ce que vous possédez [...]. Voilà, Messieurs, la demande des hommes qui sont vos semblables et voilà leur dernière résolution et qu'ils sont résolus de vivre libres ou mourir »

Biassou, Jean-François et Belair, chefs des insurgés Nègres de Saint-Domingue, Avis à la souveraineté du peuple,1792 (Saint-Domingue, Antilles)[1]

INTRODUCTION

1 • Par le décret du 27 avril 1848, le Gouvernement provisoire de la République Française, considère que, « l'esclavage est un attentat contre la dignité humaine ; qu'en détruisant le libre-arbitre de l'homme, il supprime le principe naturel du droit et du devoir ; qu'il est une violation flagrante du dogme républicain : Liberté, Egalité, Fraternité » et décrète, en conséquence, que « l'esclavage est entièrement aboli dans toutes les colonies et possessions françaises » (Décret du 27 avril 1848 (JO, 21 août 1944, p. 194) *relatif à l'abolition de l'esclavage dans les colonies et possessions françaises*). Il a fallu attendre 59 ans pour que la France des droits de l'homme donne un caractère concret à la proclamation solennelle des droits de l'homme et du citoyen prononcée en 1789. Le texte du 26 août semblait pourtant abolir *ipso facto* l'esclavage et la discrimination. Ce n'est pas le parti pris qui a été retenu par les constituants de l'époque, qui allait, paradoxalement, plutôt, donner un cadre juridique à l'oppression d'une catégorie d'hommes par une autre. Les hommes qui avaient proclamé l'abolition des privilèges puis l'égalité humaine, officialisaient, quelques années plus tard, une infériorité juridique fondée sur la couleur qui allait durait 59 ans au mépris des principes ou de la philosophie alors consacrée.

2 • Pourquoi un temps aussi long pour lier théorie et pratique malgré le caractère universel des droits ainsi proclamés et leur applicabilité supposée à la totalité des êtres humains ? La raison tient au fait que la DDHC met en avant qu'aucun droit ne peut s'exercer sans borne. Au-delà du fait qu'elle apparait comme un manifeste idéologique et libéral, c'est aussi un programme légicentriste peu apte à apporter une véritable garantie juridique des droits. Autrement dit, la DDHC ne tranche

[1] http://memorial.nantes.fr/wp-content/uploads/2017/03/citations_francais.pdf

jamais entre protection des droits individuels et souveraineté législative. Les libertés sont garanties mais elles s'exercent dans la limite d'un ordre public déterminé par la loi, l'Etat étant à la fois le garant et le censeur. Comme peut l'énoncer un autre texte fondamental en matière de droits l'homme aujourd'hui, les droits sont soumis aux limitations découlant « des exigences de la morale, de l'ordre public et du bien-être général de la société » (art. 29 al. 2 DUDH). En ce sens, l'abolition de l'esclavage en France a été l'objet de multiples tergiversations.

3 • Ce sont d'abord deux groupes parlementaires qui ont matérialisé les débats de l'époque sur la question servile. A la fin du XVIIIème siècle, les personnes intéressées par l'aventure coloniale se dirigent essentiellement vers les bureaux de la Marine et vers les Etats généraux, appelés, dans le futur, à devenir Assemblée nationale. Les propriétaires de biens de Saint-Domingue (Haïti aujourd'hui) présents en métropole ont le vœu d'établir une délégation coloniale au sein des Etats généraux. Les représentants les plus emblématiques furent les membres de la Société correspondante des colons français ou Club Massiac (de 1789 à 1791, cette coalition soutenue par Barnave et Moreau de Saint Mery, lutta afin d'obtenir des constituants l'exclusion de Saint Domingue du cadre universaliste s'élaborant en métropole ; Cf., par ex., L. Leclerc, « La politique et l'influence du club de l'Hôtel Massiac », *AHRF* 1937, p. 342 et suiv. et D. Liébart, « Un groupe de pression contre-révolutionnaire : le club Massiac sous la constituante », *AHRF* 2008, p. 29 et suiv.). Face à cette structure, la « Société des amis des noirs » (fondée en février 1788 par Brissot et comptant parmi ses 130 ou 140 membres, pour l'essentiel des nobles « libéraux », imprégnés de la culture des Lumières et anglophiles comme l'abbé Grégoire, Condorcet, La Fayette, Mirabeau, le duc de la Rochefoucauld, le comte de Clermont-Tonnerre, etc … Cf., par ex, M. Dorigny, *La Société des Amis des Noirs. 1788-1799. Contribution à l'histoire de l'abolition de l'esclavage*, Editions UNESCO/EDICEF, 1998) travaille âprement pour mettre en œuvre la doctrine anti-esclavagiste et abolitionniste. Les origines sociales des deux groupes ne sont, paradoxalement, pas si différentes mais les buts des deux structures divergent fortement. Tandis que les colons se battent pour maintenir en l'état les colonies et leur interdire les principes de la DDHC, les « Amis des noirs » militent pour l'égalité politique et sociale des mulâtres (les « sang mêlé ») et des nègres libres.

4 • Dans une première approche, la Constituante va se trouver sous l'influence du lobby esclavagiste. Deux questions se posent aux assemblées. D'une part, celle de la citoyenneté des libres de couleur (affranchis et leurs descendants). D'autre part, celle de l'abolition. Depuis 1790, un décret du 8 mars 1790 de Barnave (in *Rapport fait à l'Assemblée nationale, le 8 mars 1790, au nom du Comité des Colonies*, par M. Barnave, député du Dauphiné. Imprimé par ordre de l'Assemblée Nationale, p. 21) a consacré l'autonomie interne des colonies tout en en réservant la gestion aux seuls citoyens. Après une première révolte à Saint Domingue en octobre 1790, les débats reprennent à l'assemblée qui finit par reconnaître le décret du 15 mai 1791 les droits politiques des gens de couleur nés de père et de mère libre (5 ou 6 % d'entre eux) (vote de l'amendement « *Reubell* » aboutissant au décret du 15 mai 1791 Cf. *Archives parlementaires*, Paris, Paul Dupont, tome 26, p. 89 et suiv.). Le compromis officialise

la condition inférieure de 95 % des libres de couleur et constitue une nouvelle négation des principes du 26 août 1789. Puis, 5 mois après avoir légiféré, la Constituante décide que le problème n'est pas de sa compétence. Barnave demanda, par suite d'une nouvelle insurrection à Saint-Domingue, la suppression du décret du 15 mai et son remplacement par le décret du 24 septembre 1791 qui décréta que la question du statut des gens de couleur devait dorénavant relever de la compétence des assemblées coloniales (*Procès-verbal de l'Assemblée nationale*, n° 776, du 24 septembre 1791, p. 15-19).

5 • Par la suite, l'assemblée pût décréter l'abolition de l'esclavage en France par le décret du 28 septembre 1791 portant que tout homme est libre en France, et que, quelle que soit sa couleur, il y jouit de tous les droits de citoyen, s'il a les qualités prescrites par la Constitution (http://mjp.univ-perp.fr/france/1791esclavage.htm), décret qui ne répète qu'une disposition additionnelle au Code Noir de l'Ancien-Régime (Il exista deux versions du Code Noir, la 1ère préparée par Colbert et promulguée en 1685 par Louis XIV, la 2nde promulguée par son successeur Louis XV en 1724. Le Code Noir devait normalement limiter les abus des maitres à l'égard de leurs esclaves mais il a, en réalité, plutôt codifié l'esclavage et la traite, ce qui était admis, en ce temps-là, par l'Eglise et les philosophes). L'esclavage et le préjugé de couleur sont ainsi maintenus dans les colonies malgré l'abolition en France. Les colonies sont maintenant rattachées directement au ministère de la Marine et, afin d'éviter tout débat public, elles n'ont plus de représentation dans l'Assemblée législative de la métropole. Le Club Massiac leur a obtenu une constitution spécifique, qui leur évitait l'application des principes de la DDHC.

6 • C'est néanmoins après avoir pris connaissance d'un nouveau soulèvement d'esclaves en août 1791 à Saint-Domingue, que l'Assemblée, sous l'influence de Brissot, posa à nouveau la question des droits des gens de couleur libres. Ces derniers obtiennent gain de cause par le décret du 28 mars 1792, voté par les Girondins, sanctionnée par le Roi et devenant la loi du 4 avril 1792 *relative aux colonies et aux moyens d'y apaiser les troubles.* Le texte précisant que : « les hommes de couleur et les nègres libres doivent jouir ainsi que les colons blancs de l'égalité des droits politiques » (http://www.assemblee-nationale.fr/histoire/esclavage/decret1792.pdf). Désormais l'égalité des droits des libres de couleur est reconnue. Reste la question de la traite et de l'esclavage qui n'est toujours pas traitée. Il faut attendre le 10 août 1792 et le renversement du Roi. Le décret du 22 août 1792 proclame pour la première fois : « les colonies font partie intégrante de l'Empire français, [...] tous les citoyens qui les habitent sont, comme ceux de la métropole, appelés à la formation de la Convention nationale » (Décret du 22-23 août 1792 *qui fixe le nombre des députés à nommer par les colonies pour la Convention nationale*, *Rec. Duvergier*, tome IV, Paris, Guyot, 1834, p. 346).

7 • Pendant l'été 1793, la colonie de Saint-Domingue est en proie à une nouvelle révolte. Le nouveau gouverneur Galbaud se trouve, presque malgré lui, à la tête d'une coalition hétéroclite de mécontents amenant à une « querelle entre blancs » et à une révolution aux multiples facettes : celle des blancs qui rejettent le système économique de l'Exclusif (inventé par Colbert, vise à enrichir la métropole, il

repose sur le monopole commercial et l'interdiction de l'industrie locale), des mulâtres (les personnes dont l'ascendance est à la fois européenne et africaine à la différence des « créoles », désignant lui des personnes nées sur les îles, quelle que soit leur ascendance), des affranchis (qui veulent l'égalité avec les blancs) et des esclaves (qui réclament la liberté). Les commissaires civils Sonthonax et Polverel, envoyés sur place, girondins et membres de la « Société des amis des noirs », décident le 21 juin 1793, par une proclamation célèbre, la première du genre, de promettre la liberté sans restriction et l'affranchissement des esclaves qui combattraient pour la République (Déclaration citée par F. Blancpain, *La colonie française de Saint-Domingue*, Paris, Editions Karthala, 2004, p. 119 qui amène à attribuer massivement la citoyenneté à 10 000 esclaves). Par un décret du 29 août 1793, sans concertation avec son homologue Polverel, Sonthonax proclame dans la province du Nord de Saint-Domingue « que tous les nègres et sang-mêlés, actuellement dans l'esclavage, sont déclarés libres pour jouir de tous les droits attachés à la qualité de citoyen français » (Décret du 29 août 1793 pris par Étienne Polverel et Léger-Félicité Sonthonax, commissaires civils de la République, délégués aux Iles françaises de l'Amérique sous le vent, pour y rétablir l'ordre et la tranquillité publique, https://archive.org/details/aunomdelarpubl00sain/page/n1). Il généralise ainsi l'abolition à tous les esclaves de la partie Nord de la colonie qu'il a sous son autorité ne proclamant pas directement l'abolition de l'esclavage mais affirmant désormais que les Droits de l'Homme s'appliquent à Saint-Domingue. Le 31 octobre 1793, Polverel proclame l'octroi de la citoyenneté à tous les esclaves de l'Ouest et du Sud.

8 • Cette insurrection gagna enfin la Convention montagnarde qui allait voter par acclamation, le texte définitif d'abolition de l'esclavage par le décret du 16 pluviôse an II (4 février 1794) qui abolit l'esclavage des nègres dans les colonies (*Recueil Duvergier*, p. 36, « La Convention nationale déclare abolir l'esclavage des Nègres dans toutes les colonies. En conséquence, elle décrète que tous les hommes sans distinction de couleurs, domiciliés dans les colonies, sont citoyens français et jouissent de tous les droits assurés par la Constitution ») faisant notamment dire à Danton une phrase restée célèbre : « Jusqu'ici, nous n'avions décrété la liberté qu'en égoïstes, pour nous seuls ; mais aujourd'hui [...] nous proclamons la liberté universelle [...] » (Convention nationale, séance du 6 février 1794). La DDHC est enfin complétée en conséquence. Pour autant, l'exécution des décrets est difficilement appliquée et reste limitée à Saint-Domingue, à la Guyane et à la Guadeloupe. La Martinique l'a refusé au terme d'une insurrection royaliste et en signant un accord de soumission à la royauté anglaise. Les Mascareignes (La Réunion et l'Île-de-France) renvoient les agents de la république et n'appliquent pas le décret devant l'opposition de l'administration locale, conservatrice et autonomiste.

9 • Le Premier Consul, Napoléon Bonaparte, ne restaure pas, en conséquence, l'esclavage par la loi du 20 mai 1802 (30 floréal an X) *relative à la traite des nègres et au régime des colonies* (JO, 20 août 1944, page 446) mais il le maintient partout où la loi du 4 février 1794 n'a pas encore été exercée à cause d'une certaine opposition

locale. Il n'y a pas de rétablissement général de l'esclavage. Il persiste dans les colonies restituées par la Grande-Bretagne (Martinique, Sainte-Lucie, Tobago) et dans les Mascareignes où les colons avaient refusé la liberté générale. Il n'est pas rétabli à Saint-Domingue, en Guadeloupe et en Guyane. Pour autant, les colons de Guadeloupe et de Guyane ont, progressivement, fait penser le contraire tout en imposant cette interprétation erronée. C'est à eux, et à l'absence de sanctions, qu'est dû le rétablissement effectif de l'esclavage. Saint Domingue est, quant à elle, devenue indépendante le 1er février 1804. La citoyenneté est supprimée pour les hommes de couleur dans toutes les colonies restées françaises, sauf au nouvel Etat nation d'Haïti, où à l'inverse, il ne peut exister de citoyens blancs (Cf. 1ère Constitution du 20 mai 1805 où « Aucun blanc, quelle que soit sa nation, ne mettra le pied sur ce territoire, à titre de maître ou de propriétaire et ne pourra à l'avenir y acquérir aucune propriété » (article 12) et « Toute acception de couleur parmi les enfants d'une seule et même famille, dont le chef de l'Etat est le père, devant nécessairement cesser, les Haïtiens ne seront désormais connus que sous la dénomination génériques de Noirs » (article 14)).

10 • L'abolitionnisme renait au congrès de Vienne en février 1815, les principaux pays européens signent une déclaration contre la traite des noirs. Napoléon, en réponse, publie le décret du 29 mars 1815, lors des Cent-Jours, fixant que « la traite des noirs est abolie » (http://www.vallee-du-ciron.com) et prévoyant une peine de confiscation du bâtiment et de sa cargaison. Sous la Restauration (1814-1830) et la Monarchie de Juillet (1830-1848), il faut citer l'ordonnance royale du 8 janvier 1817 qui prescrit la confiscation des navires de traite à leur arrivée dans les colonies (mais pas au départ des ports français) en prévoyant, pour la première fois, des condamnations judiciaires pour les contrevenants (Ordonnance royale du 8 janvier 1817 qui pourvoit au cas où il serait contrevenu aux ordres de sa majesté concernant la traite des noirs, *Rec. Duvergier*, tome 21, p. 93). La loi du 15 avril 1818 *relative à la traite des noirs* (https://fr.wikipedia.org/wiki/ Loi_du_15_avril_1818) interdit le trafic des esclaves sous peine de confiscation des navires. La traite va néanmoins continuer sous forme clandestine jusqu'en 1830. La Monarchie de Juillet, malgré la campagne abolitionniste menée par Victor Schoelcher (qui fut sous-secrétaire d'Etat à la Marine en 1848, choqué par les horreurs du système esclavagiste, il a consacré sa vie à la lutte pour l'émancipation), adopte une politique des « petits pas » en multipliant les mesures pour préparer progressivement l'émancipation des esclaves.

11 • A la suite de la Révolution de 1830 et de la mobilisation des libres de couleur, ces derniers redeviennent citoyens par la loi du 24 avril 1833 (*Bulletin des lois du royaume de France*, IXe série, 1ère partie, bulletin n°94, texte n°216, p. 117-127) *concernant le régime législatif des colonies* (la loi supprime toutes les « restrictions et exclusions qui avaient été prononcées, quant à l'exercice des droits civils et des droits politiques, à l'égard des hommes de couleur libres et des affranchis » et fait en sorte que toute personne née libre ou légalement affranchie dans les colonies françaises possède des droits civils et des droits politiques). Une ordonnance du 11 juin 1839 concernant l'affranchissement des esclaves dans les colonies (*Rec. Galisset,*

tome 6, p. 710) va établir des registres matricules intimant l'ordre à tous les propriétaires de recenser et de déclarer tous leurs esclaves, en leur donnant, en plus des « noms » qu'ils possédaient déjà, des surnoms ou des numéros, afin de pouvoir les différencier en cas d'homonymie. Enfin les lois *Mackau* des 18 et 19 juillet 1845 (https://fr.wikipedia.org/wiki/Lois_Mackau) vont modifier le régime de l'esclavage par le droit à l'instruction pour les esclaves, la possibilité de constituer un pécule et de se racheter ou encore la fixation des horaires de travail. Cet ensemble législatif resta longtemps dénué de toute application. C'est finalement la 2nde République qui allait enfin offrir l'occasion à Victor Schoelcher de rendre effective et immédiate la liberté de tous les esclaves des colonies et des possessions françaises par le décret d'abolition du 27 avril 1848.

12 • Le cheminement tortueux de la question servile en France trahit toute la difficulté de la conquête des libertés, il est un exemple concret de l'appropriation progressive, de la mise en place et de la protection de cette logique humaniste tel qu'elle s'est installée, par-delà les siècles, dans notre pays. Il montre aussi que la protection des droits fondamentaux est un combat en perpétuel mouvement, sans cesse à renouveler. Les combats ne sont pas les mêmes et n'ont peut-être pas la même ampleur et la même importance à l'époque contemporaine dans un Etat que l'on qualifie aisément d'Etat de droit mais ils participent d'une même logique et donnent lieu à des cheminements tout aussi révélateurs de la permanence et des vicissitudes de cette lutte et de cette défense des droits fondamentaux. La question contemporaine la plus préoccupante, parmi d'autres, reste celle liée à la mise en place des législations d'exception, autrement appelées « états d'urgence ». Ces législations s'inscrivent dans l'état de droit classique et ne sont que des dérogations provisoires aux règles de droit habituellement permises mais leur utilisation actuelle, remise au goût du jour et au cœur du débat politique, social et juridique, renouvelle le débat sur les risques et menaces qu'elles peuvent faire peser sur le respect des droits et libertés. Bien que les circonstances les rendent parfois nécessaires, les législations d'exception comportent un risque intrinsèque : le gouvernement peut, en effet, abuser de son pouvoir et profiter de la levée de certaines contraintes, qui pèsent habituellement sur lui, pour agir de façon arbitraire, l'exception devient alors un moyen pour prendre de mesures liberticides et controversées.

12-1 • Si les restrictions aux droits et libertés sont prévues dans les normes suprêmes, la réponse qui est apportée doit garder un caractère exceptionnel et ne saurait durer dans le temps sous peine de perdre toute légitimité. Pour autant, de plus en plus fréquentes et de moins en moins provisoires, ces législations se sont récemment succédé, notamment en France, tout en se diversifiant. A l'application de l'état d'urgence dit « sécuritaire » mis en place en novembre 2015 à la suite des attentats qui ont frappé Paris et la Seine-Saint-Denis (Décret n° 2015-1475 et 1476 du 14 novembre 2015 *portant application de la loi n° 55-385 du 3 avril 1955 et la loi n°2015-1501 du 20 novembre 2015 prorogeant l'application de la loi n° 55-385 du 3 avril 1955 relative à l'état d'urgence et renforçant l'efficacité de ses dispositions*) a succédé, en 2020, l'état d'urgence dit « sanitaire » (Décret n° 2020-260 du 16 mars 2020 *portant réglementation des déplacements dans le cadre de la lutte contre la propagation du virus covid-19 et loi n° 2020-290 du 23 mars 2020 d'urgence pour faire face à l'épidémie de covid-19*). Conçues initialement pour recourir temporairement à des moyens exceptionnels, elles sont aujourd'hui utilisées pour faire face à des menaces globales (terrorisme ou épidémie du Covid-19) sans solutions durables ou globales.

12-2 • Ne pouvant éliminer totalement la menace, ces législations sont, en conséquence, prolongées ou prorogées jusqu'à s'inscrire, pour partie, dans le droit commun (Cf. Pour l'état d'urgence « sécuritaire », la loi n° 2017-1510 du 30 octobre 2017 *renforçant la sécurité intérieure et la lutte contre le terrorisme ou, pour l'état d'urgence « sanitaire »*, la loi n° 2020-856 du 9 juillet 2020 qui organise le régime de sortie de l'état d'urgence sanitaire (mi légalité ordinaire, mi état d'exception) jusqu'au 30 octobre 2020 à la suite de la 1ère vague et le décret n°2020-1257 du 14 octobre 2020 pour faire face à la 2nde vague épidémique, l'état d'urgence étant prolongé une 1ère fois jusqu'au 16 février 2021 par la loi du 14 novembre 2020 et, une seconde fois, par la loi du 9 février 2021 jusqu'au 1er juin 2021) faisant craindre, pour une multitude d'auteurs dont la liste ci-dessous est loin d'être exhaustive, une suspension indéfinie des droits et libertés ou un « état d'urgence permanent » (Cf. par ex., V. Champeil-Desplats, « D'un état d'urgence à l'autre : La rhétorique de la (justification) de l'exception », *RDLF* 2020 ; S. Slama, « Etat d'urgence « loi de 1955 » versus état d'urgence sanitaire, une contamination des libertés par la logique d'exception ? », *RDLF* 2020 ; A. Levade, « Etat d'urgence sanitaire : à nouveau péril, nouveau régime d'exception », *JCP* 2020, G, n°369 ; B. Mathieu, « La crise du Coronavirus : l'Etat d'urgence révélateur de l'avenir de la démocratie et des désordres qui affectent notre conception des droits fondamentaux ? », 26 mai 2020, https://www.leclubdesjuristes.com ; E. Morin, « La crise sanitaire du Covid 19 et le risque d'États néo-totalitaires », 25 mai 2020, https://www.leclubdesjuristes.com ; P. Wachsmann, « Les libertés et les mesures prises pour lutter contre la propagation du Covid-19 : une accoutumance aux régimes d'exception », 13 mai 2020, https://www.leclubdesjuristes.com ; S. Hennette Vauchez et S. Slama, « La valse des états d'urgence », *AJDA* 2020, p. 1753 ; J.-M. Pastor, « Vers un régime pérenne d'urgence sanitaire ? », *AJDA* 2020, p. 2524 ; N. Molfessis, « Le risque du Far West », *JCP* 2020, G, n° 443 ; S. Hennette-Vauchez, « La fabrique législative de l'état d'urgence : lorsque le pouvoir n'arrête pas le pouvoir », *Cultures & Conflits* 2019/1, n°113, p. 17 ; J. Mucchielli, « L'état d'urgence sanitaire, ses possibles dérives et la nécessité d'un contrôle », *Dalloz actualité 2020*, 30 avril ; O. Le Bot, « Un état d'urgence permanent ? », *RFDA* 2017, p. 1115 et *JCP* 2020, G, n°778 ; D. Baranger, « L'état d'urgence dans la durée », *RFDA* 2016, p. 447 ; J. Hourdeaux, « Crise sanitaire : la France s'enfonce toujours plus dans l'état d'exception », 13 janvier 2021 et « La France bascule dans l'état d'urgence permanent », 1er novembre 2017, https://www.mediapart.fr/; M. Deléan, J. Hourdeaux, M. Magnaudeix et E. Salvi, « Etat d'urgence : le gouvernement veut faire de l'exception la règle », 7 juin 2017, https://www.mediapart.fr/ ; T. Seguin, « Etat d'urgence permanent Acte I », 21 novembre 2020 et « Etat d'urgence permanent Acte II », 5 décembre 2020, https://blogs.mediapart.fr ; Éditorial, « Vers un état d'urgence permanent ? La France prise au piège », *Esprit* 2016/2, p. 3 ; R. Lafarge, « L'état d'urgence sanitaire :

d'un régime d'exception à un régime permanent ? », 19 janvier 2021, https://www.franceculture.fr ; W. Bourdon et V. Brengarth, « L'abîme de l'état de droit face au poison de l'exception », 24 juillet 2020, https://www.leclubdesjuristes.com ; D. Roman « Liberté, égalité, fraternité »: la devise républicaine à l'épreuve du covid-19 », *RDSS* 2020, p. 926 et « Coronavirus : des libertés en quarantaine ? », *JCP* 2020, G, n°372 ; D. Cristol, « La Covid-19 : à nouveau danger, régimes exceptionnels », *RDSS* 2020, p. 839 ; P. Spinosi, « L'état d'urgence permanent », *RDP approfondi* 2017, décembre, étude n°5 ; J.-B. Perrier, « Vers l'état d'urgence permanent », *D.* 2020, p. 1512).

13 • Toutes les démocraties contemporaines sont, aujourd'hui, confrontées à ce nouveau « état » du droit. Il semblait pourtant, depuis ces dernières années, que l'ascension des droits de l'homme était inexorable, que l'Etat de droit était devenu une certitude tout aussi indiscutable. Or, depuis les attentats du 11 septembre 2001 aux Etats-Unis, un repli sécuritaire et souverainiste a déclenché un peu partout une « spirale répressive » (D. Lacorne, « Inflexion sécuritaire ou spirale répressive ? », *Politéa* 2018, n°130, p. 150 et suiv.) qui semble s'accompagner d'une dérive très forte de cet Etat de droit. Les trois pays à l'origine même du système moderne de garantie des droits fondamentaux, le Royaume-Uni, les Etats-Unis et la France, ont, pour lutter contre le terrorisme, d'abord mis en place des atteintes aux droits et libertés présentant des caractéristiques qui n'avaient, jusque-là, exister que dans des temps lointains. Ainsi, face à l'émotion et au désarroi des citoyens et pour satisfaire leur besoin conséquent de sécurité, on sacrifie les droits fondamentaux parce que combattre le terrorisme, c'est défendre les libertés et lutter contre les « ennemis de la liberté », tant pis si cela implique, au final et paradoxalement, de permettre des entraves aux droits fondamentaux au nom de l'urgence et de l'intérêt supérieur de l'Etat et de mettre en cause les « amis de la liberté » eux-mêmes.

14 • Ce n'est pas la première fois que les droits fondamentaux sont bafoués en temps de guerre aux Etats-Unis (on peut citer la décision du président Lincoln pendant la guerre de sécession en 1861 visant à suspendre les recours *d'Habeas Corpus*, le *Sedition Act* de 1918 permettant au gouvernement d'engager des poursuites contre ceux qui critiquent la guerre, l'*Exécutive Order* du président Roosevelt de 1941 qui avait pour objet de maintenir des japonais dans des camps d'internement ou encore l'*Alien Registration Act* de 1951 permettant au gouvernement de poursuivre les militants ou simples sympathisants communistes), en Grande-Bretagne (par ex., pendant la guerre d'indépendance irlandaise (1919-1921)) ou en France (l'Etat d'urgence a notamment été appliqué pendant la guerre d'Algérie (1954-1962), en Nouvelle Calédonie en 1985 et à l'occasion des émeutes dans les banlieues en 2005). Mais les restrictions adoptées dans le cadre de l'état d'urgence « sécuritaire » ont été, comme on a pu le mentionner déjà, inédites à plus d'un titre. Outre la dimension encore plus attentatoire aux droits et libertés cumulée avec le manque de garanties procédurales suffisantes, les mesures provisoires tendent à devenir le droit commun.

15 • Au Royaume-Uni, les mesures d'exception sont à la disposition du gouvernement, sous la dénomination d'*« emergency powers »*. La base légale de tels

pouvoirs ne se trouve pas dans la Constitution puisqu'il n'y a pas de Constitution écrite. La plupart des pouvoirs d'urgence étant liés à la « Prérogative royale », autrefois dévolu au Monarque, aujourd'hui à ses ministres. C'est une notion de *Common Law* floue puisqu'il n'existe pas de liste exhaustive ou juridiquement contraignante de prérogatives. Pour lutter contre le terrorisme, les britanniques préfèrent donc durcir leur législation sans passer par un état d'urgence. Les attentats du 11 septembre 2001 ont ainsi permis au parlement britannique de faire adopter, en urgence, une nouvelle loi antiterroriste, l' « *Anti-terrorism, Crime and Security Act* » du 4 décembre 2001 qui a autorisé, comme aux États-Unis, la détention illimitée, sans inculpation, d'un étranger suspect d'activités terroristes. La législation d'exception, mettant fin à l'*Habeas Corpus*, même si contesté (notamment par un jugement émis, le 16 décembre 2004, par la Cour d'appel de la Chambre des Lords, la plus haute instance judiciaire britannique considérant la détention illimitée comme contraire à la ConvEDH) a, par la suite été complétée et appliquée à tous les citoyens anglais ou étrangers suspectés d'actes de terrorisme sans discrimination par la « *Prevention of Terrorism Act* » du 11 mars 2005, qui permettait d'assigner à domicile, confisquer le passeport, ou encore limiter l'accès à Internet de toute personne suspectée de terrorisme. Le texte renforçait la surveillance, notamment celle des communications électroniques, et le Ministre de l'Intérieur pouvait demander l'arrestation d'un suspect à son domicile sans aucun mandat judiciaire. Cette loi a, aujourd'hui, été remplacée par la loi plus souple « *Terrorism Prevention and Investigation Measures Act* » du 14 décembre 2011.

15-1 • Par la suite, le Parlement britannique a voté une nouvelle loi sur le renseignement, le « *Investigatory Powers Act* » du 29 novembre 2016. Surnommé « *Snoopers' Charter* » (« charte des fouineurs »), cette loi se révèle être très intrusive et porte sur l'extension des pouvoirs de la police et des agences de renseignement britannique. La mesure principale concerne le contrôle de l'historique de navigation de tous les internautes, qui pourra, désormais, être conservé un an par les opérateurs ou les FAI. Le législateur anglais donne aussi au piratage le caractère d'une institution. Les services de renseignement et la police peuvent, maintenant, avec un mandat, être autorisés à pirater des ordinateurs, des mobiles, des réseaux ou des serveurs. Ce qui leur permettra d'espionner des appareils et de s'approprier leurs données (le lanceur d'alertes américain Edward Snowden estime qu'il s'agit de la loi de surveillance la plus extrême dans l'histoire des démocraties occidentales, voir pour cette loi, par ex., B. Barraud, « Loi britannique légalisant la surveillance de masse : le « Brexit » des droits fondamentaux ? », *Revue européenne des médias et du numérique* 2017, n°41, https://la-rem.eu et, de façon générale, A. Antoine, « Les pouvoirs d'urgence et le terrorisme au Royaume-Uni », in P. Mbongo (dir.), *L'état d'urgence. La prérogative et l'État de droit*, Institut Universitaire Varenne, 2017, p. 37 et « Rule of law et ordre public au Royaume-Uni », *APD* 2015, tome n°58, p. 243 et suiv. ; J.-C. Paye, « Pouvoirs exceptionnels et droits fondamentaux. Le modèle anglais », *CRDF* 2008, n°6, p. 71 et suiv.).

16 • Aux Etats-Unis, la loi au contenu le plus liberticide a été celle rédigée et votée en réaction aux attentats du 11 septembre 2001. Le « *USA Patriot Act* » du 26

octobre 2001 créait des statuts de « combattant ennemi » et « combattant illégal », qui permettaient au gouvernement des États-Unis de détenir sans limite et sans inculpation toute personne soupçonnée de projet terroriste et elle permettait aux services de sécurité d'obtenir des données informatiques détenues par des particuliers ou des entreprises sans autorisation d'un juge et sans les en informer. La section 215 permettait notamment au gouvernement de réquisitionner « n'importe quelle chose concrète » (soit aussi bien des échanges téléphoniques que des mails ou des SMS) concernant des millions de citoyens américains. La seule condition à respecter était que ces demandes devaient être effectuées auprès d'un tribunal « secret » appelé « FISA » dans le cadre d'une « investigation contre le terrorisme international » (Cf. Par ex., W. Mastor, « L'état d'exception aux États-Unis : le USA PATRIOT Act et autres violations « en règle » de la Constitution », *CRDF* 2008, n°6, p. 61 et suiv.).

16-1 • Le gouvernement Obama a adopté un nouveau texte appelé « *USA Freedom Act* » le 2 juin 2015, texte censé remplacer le *Patriot Act* et mettre un terme à la collecte massive de données par la *NSA*. Le texte revoit et revient sur la manière dont la *NSA* (*National Security Agency*) collecte les données de communications mais il continue à maintenir une bonne dose de surveillance des citoyens américains, la nouvelle loi préservant tout de même la capacité des services de renseignement à obtenir ces données, en les demandant cette fois au cas par cas aux opérateurs télécom. De plus, le texte a été adopté en contrepartie d'une prolongation de certaines dispositions du *Patriot Act*. Le gouvernement Trump a aussi adopté, plus récemment, le « *Clarifying Lawful Overseas Use of Data Act* » ou « *CLOUD Act* » le 6 février 2018 sur la surveillance des données personnelles, notamment dans le *Cloud*. Elle permet aux forces de l'ordre (fédérales ou locales) de contraindre les *FAI* américains, par mandat ou assignation, à fournir les données personnelles d'un individu stockées sur les serveurs. Peu importe que l'individu soit situé aux Etats-Unis ou dans un pays étranger, peu importe qu'il soit informé et la donne est la même pour son pays de résidence ou le pays où sont stockées ces données (Voir les contributions au numéro spécial « RGPD versus CLOUD : vrai conflit ou saine concurrence ? » à la *Revue critique de droit international privé* 2019/3 ou V.-L. Benabou, « Quelle souveraineté sur les données numériques ? », 27 mars 2018, https://blog.leclubdesjuristes.com).

17 •. En France, l'état d'urgence « sécuritaire » a été la solution utilisée afin de garantir aux citoyens une lutte active contre le terrorisme depuis le 14 novembre 2015. Après de nombreuses prolongations, il a pris fin suite à la promulgation de la loi n°2017-1510 du 30 octobre 2017 (JO, 31 octobre 2017, texte n°1) *renforçant la sécurité intérieure* qui a laissé la place à un nouveau dispositif dont l'objectif essentiel est de transposer dans le droit permanent ou commun toutes une série de mesures restrictives de liberté et de confirmer le transfert de la lutte antiterroriste à l'autorité administrative entrainant une réduction subséquente de la place de l'autorité judiciaire. Des dispositifs de l'état d'urgence (fermetures de lieu de culte, périmètres dits « de protection », assignations à résidence, perquisitions administratives) sont ainsi insérés dans le droit commun de la police administrative jusqu'au 31 décembre

2020. Les craintes et alertes émises par les universitaires (Voir, par ex., l'appel signé par un collectif de près de 500 universitaires et chercheurs : Banalisation de l'état d'urgence : une menace pour l'Etat de droit, Libération et Médiapart, 12 juillet 2017), les syndicats de magistrats (communiqué de l'Union syndicale des magistrats du 8 juin 2017 (http://www.union-syndicalemagistrats.org) et les observations du Syndicat de la magistrature du 26 sept. 2017 (http://www.syndicat-magistrature.org) ou encore les organismes de défense des droits de l'homme (Cf. *Les avis de la Commission nationale consultative des droits de l'homme du 6 juill. 2017* : http://www.cncdh.fr) et du Défenseur des droits du 7 juill. 2017 (https://juridique.defenseurdesdroits.fr) n'ont pas été entendues.

18 • Les interprétations négatives se sont ainsi multipliées. A titre d'exemple, on a pu parler de passage de « l'état de droit à l'état de surveillance » (M. Delmas-Marty, « Loi antiterroriste : « Nous sommes passés de l'État de droit à l'État de surveillance » », Interview, Le Monde, 12 octobre 2017), de « loi [...] la plus attentatoire aux libertés individuelles de l'histoire de la Vème République » (P. Cassia, « Sortie de l'état d'urgence temporaire, entrée dans l'état d'urgence permanent », https://blogs.mediapart.fr, 31 octobre 2017), « d'entêtement diabolique » ou plus précisément de « perseverare diabolicum » (O. Cahn et J. Leblois-Happe « Loi n° 2017-1510 du 30 octobre 2017 renforçant la sécurité intérieure et la lutte contre le terrorisme : perseverare diabolicum », *AJ pénal* 2017, p. 4682), de « cadence et décadence » (E. Raschel, « La sécurité intérieure et la lutte contre le terrorisme entre cadence et décadence », *Droit pénal* 2017, n°12, étude n°23). Le tout appelant « à la vigilance contre une imposture : celle qui consiste à prendre le prétexte des crises pour bafouer les libertés au nom de la nécessité » (G. Braibant, « L'Etat face aux crises », *Pouvoirs* 1979, p. 9 cité par J.-B. Perrier, « La loi renforçant la lutte contre le terrorisme et l'atteinte à l'Etat de droit », *D.* 2018, p. 24).

19 • Mais si la réponse exceptionnelle apportée par des autorités étatiques à des évènements exceptionnels ne saurait d'abord perdurer sous peine de perdre toute légitimité et que, quelle que soit l'ampleur de l'urgence et l'intérêt supérieur de l'Etat, l'exception ne doit son existence qu'à la règle de droit, nul ne conteste, non plus, aujourd'hui, que pour exercer ses libertés il faut vivre en sécurité. C'est ce qu'affirme le Code de sécurité intérieure en précisant que « La sécurité est un droit fondamental et l'une des conditions de l'exercice des libertés individuelles et collectives » (Art. L. 111-1 CSI). Le débat n'est cependant plus le même lorsqu'il s'agit de faire de « la sécurité la première des libertés » (Voir, par ex., A.-L. Maduraud, « La sécurité est la première des libertés » : pour en finir avec une antienne réactionnaire », *Délibérée* 2018, n°3, p. 86 et suiv. pour la citation des autorités politiques ayant employée l'expression). Sous l'apparence du bon sens, la phrase recèle quelques malentendus. Le principal, de nature théorique, renvoie à la construction de la République française. L'article 2 DDHC n'évoque pas la notion de « sécurité » mais celle de « sûreté », seule notion pouvant figurer parmi les « droits naturels et imprescriptibles ». Or, la « sûreté » est, précisément, l'assurance, pour le citoyen, que le pouvoir de l'Etat ne s'exercera pas, sur lui, de façon

arbitraire et excessive. La « sureté » telle qu'on l'a interprété pendant plus de deux siècles est relative à la « sûreté personnelle » à savoir une garantie de la liberté individuelle, exprimée plus précisément par les article 7, 8 et 9 DDHC : le droit de n'être accusé, arrêté ou détenu que dans les cas prévus par la loi et selon les formes qu'elle a prescrites, le droit de n'être condamné qu'à des peines strictement et évidemment nécessaires établies par une loi qui ne peut être rétroactive et la présomption d'innocence. C'est un droit des citoyens face au pouvoir des gouvernements qui s'accompagne de la garantie judiciaire du respect des libertés individuelles.

20 • Mais outre le débat politique et philosophique, il y a le débat plus technique et plus juridique, peu d'entre nous peuvent prétendre maîtriser les techniques de la lutte anti-terroriste et donc savoir quels sont les outils juridiques qui peuvent lui manquer mais surtout comment mettre en place les outils de la sécurité collective sans mettre en danger les droits fondamentaux de la majorité de la population. Les solutions adoptées aux Etats-Unis, au Royaume-Uni comme en France se ressemblent. Des solutions, certes, contraires à l'Etat de droit mais la lutte contre le terrorisme ne peut aujourd'hui être mené que par l'exécutif, le seul qui a les moyens de faire face et qui peut intervenir a priori pour protéger les populations. Le législateur vote des lois qui, certes, restreignent les libertés individuelles, mais comment peut-il en être autrement sous peine de ne pas protéger les citoyens ? Tocqueville avait pu analyser, lorsqu'il parlait de despotisme démocratique, cette contradiction entre liberté et sécurité par ces mots : « Nos contemporains sont incessamment travaillés par deux passions ennemies : ils sentent le besoin d'être conduits et l'envie de rester libres. Ne pouvant détruire ni l'un ni l'autre de ces instincts contraires, ils s'efforcent de les satisfaire à la fois tous les deux » (in *De la démocratie en Amérique*, Paris, Pagnerre, 1848, tome IV, p. 315). Pour réussir à contrer cette dérive des systèmes, il n'y a pas de solution hors du champ de la recherche permanente de l'équilibre, même imparfait entre la liberté individuelle et la sécurité collective.

21 • Dans un espace où on a remplacé la vengeance individuelle par un système de sanctions collectives, l'équilibre entre sécurité et liberté est primordial. Il l'est d'autant plus quant à la lutte contre le terrorisme se rajoute une lutte contre une pandémie. La logique adoptée lors de l'état d'urgence dit « sanitaire » poursuit celle entamée par l'état d'urgence « sécuritaire » tout en la normalisant. Les réflexes sont identiques excepté le fait qu'en l'absence de régime dérogatoire préexistant, on a créé un autre type d'état d'urgence, celui dit « sanitaire » (loi n° 2020-290 du 23 mars 2020 précitée) et que l'on assiste à une accélération inédite des atteintes aux droits et libertés qui apparaissent alors d'une ampleur inégalée jusque-là. L'atteinte est d'autant plus généralisée que des choix identiques ont été fait ailleurs en Europe et dans le monde dans une sorte de « mimétisme auquel ne peuvent échapper les dirigeants » (P. Wachsmann, « Les libertés et les mesures prises pour lutter contre la propagation du Covid-19 : une accoutumance aux régimes d'exception », 13 mai 2020, https://www.leclubdesjuristes.com). Pour certains, « le cortège des pays dont la crise sanitaire galvanise le terreau autoritaire n'a eu de cesse de s'allonger. Par un

long dérèglement des sens, l'Etat d'exception, qui en est l'ultime manifestation, s'est sournoisement infiltré et universalisé, à la faveur de l'instrumentalisation des peurs » (W. Bourdon et V. Brengarth, « L'abîme de l'état de droit face au poison de l'exception », https://www.leclubdesjuristes.com/blog-du-coronavirus, 24 juillet 2020). C'est l'unité collective qui est maximisé pour limiter le dommage.

21-1 • Si le droit d'exception a ainsi pour objet louable de rétablir l'équilibre entre les considérations relevant de l'intérêt commun et celles relevant des droits et libertés individuels qui étaient jusque-là poussées à leur paroxysme, c'est la crainte de la pérennisation des mesures qui apparait à nouveau avec le risque de transformer définitivement la société libérale en société de surveillance. Ce risque est d'autant plus marqué que la domination du droit à la sécurité sur tout autre considération se cumule avec la mise en place d'une société ultra connectée ou des pans entiers de vies privées sont abandonnées sur les réseaux sociaux. Si la protection des données personnelles peut limiter le pouvoir de l'intelligence artificielle, elle ne peut exclure un contrôle de plus en plus poussé sur les actions ou pensées des individus. Comme peuvent le faire certains, on peut légitimement s'interroger sur l'avenir et le caractère toujours « libéral ou démocratique » de notre système dans le futur (Voir, en ce sens, par ex., B. Matthieu, « La crise du Coronavirus : l'État d'urgence révélateur de l'avenir de la démocratie et des désordres qui affectent notre conception des droits fondamentaux ? » précité ; P. Wachsmann, « Les libertés et les mesures prises pour lutter contre la propagation du Covid-19 : une accoutumance aux régimes d'exception », précité ; E. Morin, « La crise sanitaire du Covid 19 et le risque d'États néo-totalitaires », précité).

21-2 • Si l'on devait reprendre l'exemple des trois pays à l'origine du socle des droits de l'homme, c'est un constat et une méthode identique qui sont ainsi réactualisés. Les Etats-Unis déclarant l'état d'urgence en activant, le 13 mars 2020, la législation du « *Stafford Act* » (Robert T. *Stafford Disaster Relief and Emergency Assistance Act* de 1988). Cette dernière permettant à l'Agence américaine de gestion des situations d'urgence (*FEMA*) d'apporter un moyen ordonné et systématique d'assistance fédérale en cas de catastrophe naturelle aux gouvernements des Etats et locaux dans l'exercice de leurs responsabilités en matière d'aide aux citoyens. Si le fédéralisme a pour conséquence que les atteintes aux droits et libertés relèvent des Etats fédérés et non du gouvernement fédéral (la santé n'est pas mentionnée dans la Constitution fédérale de 1787, c'est le 10ème amendement de la Constitution qui dispose que les pouvoirs non expressément délégués au gouvernement fédéral, comme la guerre, relèvent des États fédérés), le pays a connu un moment centrifuge très fort et sans équivalent récent à l'inverse de la tendance jusqu'alors présente qui favorisait plutôt l'Etat fédéral. Replacer les Etats fédérés au cœur de la vie politique n'allait pourtant pas de soi et la crise sanitaire aurait amplement justifié l'intervention de l'Etat fédéral pour une certaine uniformisation de la politique menée. Les mesures attentatoires ont été très variées sans coordination des Etats fédérés. Si une certaine uniformité s'est dégagée concernant la fermeture des établissements scolaires, cela n'a pas été le cas concernant les autres mesures (confinement, contrôle de la circulation aux frontières, quarantaine, interdiction des rassemblements publics sans dérogations ou avec, etc…) (Cf. par ex., F. Rousselot, « Face au Covid-19, le fédéralisme à géométrie variable de Donald Trump » https://theconversation.com ; M. Laporte et M. Michaut, « Crise du COVID-19 et fédéralisme aux États-Unis » 14 avril 2020, https://blog.juspoliticum.com ; J. Destarac et N. Salamitou « Les États-Unis contre le coronavirus : la renaissance du fédéralisme » https://legrandcontinent.eu).

21-3 • Le Royaume-Uni a, lui, adopté une loi, le 25 mars 2020, dédiée à la gestion de la crise sanitaire (le « *Coronavirus Act* »), cette dernière fixant par la même un état d'exception temporaire sans innover par rapport à celles mises en place par les autres Etats européens même si elle contient, en revanche, plusieurs mécanismes garantissant un contrôle du Parlement (Cf. Par ex., A. Antoine, « La réponse législative du Royaume-Uni à la crise sanitaire », https://blog.juspoliticum.com). La France se distingue des autres démocraties par la création d'un régime d'exception sans concession et étendant démesurément les compétences du pouvoir exécutif tout en appelant à une stratégie guidée par la science et les avis d'un conseil scientifique nouvellement créé (Voir, sur ce point, L. Starck, « Science, expertises et décisions politiques », *Revue Civitas Europa* 2020, n°45, p. 11 et suiv.). La loi du 23 mars 2020 précitée a créé un régime d'urgence sanitaire, qui s'ajoute à l'article 16 de la Constitution, à l'état de siège et à l'état d'urgence. Plusieurs fois prolongé, il a permis au Premier ministre, par décret simple, de restreindre ou supprimer les libertés de circulation, de réunion, d'entreprendre, de décider la quarantaine et des mesures d'isolement individuel, de réquisitionner tous biens et services ou encore de contrôler les prix. Et ce sans véritable contrôle du Parlement ou de la justice.

21-4 • Il n'y a, au final, peut-être, qu'un parallèle lointain entre le cheminement tortueux de la question servile en France et l'éternel dilemme qui se rappelle à nous aujourd'hui quant à la question de choisir entre liberté et sécurité mais ces deux problématiques rappellent toute l'importance qu'il faut accorder à une protection effective mais aussi équilibrée des droits fondamentaux dans une société où le paradigme des droits est devenu si dominant dans le débat social et politique occidental qu'il s'apparente, parfois, pour certains, à une « tyrannie » (Voir, par ex., B. Kneen, *La tyrannie des droits*, Montréal, Ecosociété, 2014 ou B. Edelman, « La Cour européenne des droits de l'homme : une juridiction tyrannique ? », *D.* 2008, chron. n°1946 et « Naissance de l'homme sadien », *Droits* 2009, n°49, p. 107 et suiv.) voire à une « approche anti-démocratique » (B. Mathieu, *Le droit contre la démocratie ?*, Paris, LGDJ, 2017 ou « Une démocratie ne peut être exclusivement fondée sur la promotion des droits individuels », *Mélanges Sudre*, Paris, LexisNexis, 2018, p. 453 et suiv. ; voir aussi, a contrario, D. Rousseau, « Les droits sont-ils anti-démocratiques ? », *Mélanges Sudre*, Paris, LexisNexis, 2018, p. 655 et suiv.). Si on se permettait, on pourrait, pourtant, comme Guy Carcassonne, se référer à un étudiant *lambda* des années 1970 qui découvrirait la matière de Libertés publiques à l'époque contemporaine, celui-ci devrait déjà faire face à un changement d'intitulé de la matière, il « reconnaîtrait sans doute les lieux […], peut-être des gens, mais certainement pas le droit nouveau qui lui serait enseigné » (G. Carcassonne, « Libertés : une évolution paradoxale », *Pouvoirs* 2009, n°130, p. 5 et suiv.). En effet,

« Que de progrès accomplis ! En bloc comme en détail, intensifs ou extensifs, un simple coup d'œil fait mesurer le chemin fantastique que les trente dernières années ont permis de parcourir » (*Ibid.*). La matière s'est enrichie « d'éléments dont les plus optimistes n'osaient jadis rêver à voix haute, qu'ils ne concevaient même pas, tout occupés qu'ils étaient à militer pour des audaces déjà ambitieuses mais moins déraisonnables, lesquelles, de fait, se sont toutes matérialisées » (*Ibid.*).

22 • « D'où vient alors ce sentiment étrange, ce malaise diffus, cet arrière-goût vaguement fielleux ? » (*Ibid.*). La réalité est que l'hégémonie du discours des droits serait telle aujourd'hui qu'elle menacerait parfois jusqu'à la capacité de nos sociétés à concevoir des interventions publiques efficaces en faveur de la justice sociale et du bien commun, le droit se dressant alors contre la démocratie. La cause de cette impuissance résiderait en partie dans le mariage de la philosophie des droits avec l'individualisme et le libéralisme économique. Il faut, au surplus, parler, aujourd'hui, de la présence, parmi les insurgés ou rebelles, des gouvernements eux-mêmes comme le gouvernement britannique. Lorsque le pays se détourne de l'Union européenne, c'est en partie pour s'affranchir des règles et du diktat des juges européens en matière de respect des droits fondamentaux et reprendre ainsi le contrôle sur sa législation en rétablissant notamment une déclaration de droit stricto sensu anglaise (Cf., notamment, les condamnations du juge européen à propos de la prohibition des peines perpétuelles d'emprisonnement sans mécanisme de réexamen (CourEDH, 9 juillet 2013, *Vinter et autres contre Royaume-Uni*, req. n°21906/04 et autres) ou celles à propos de l'interdiction de priver automatiquement les détenus du droit de vote (CourEDH, 12 août 2014, *Firth et autres contre Royaume-Uni*, req. n°47784/09 et autres) ; Cf. P. Ducoulombier, « L'application délicate de la jurisprudence de la CourEDH : le cas britannique », *RDP* 2016, p. 223 et suiv.). La dernière condamnation marquante en date du 13 septembre 2018 pour violations de la vie privée et à la liberté d'expression dans l'affaire des interceptions massives de données numériques révélée par Edward Snowden ne change pas la perspective décrite même si les juges valident le principe de la surveillance de masse (CourEDH, 13 septembre 2018, *Big Brother Watch et autres contre Royaume-Uni*, req. n°58170/13, 62322/14 et 24960/15).

23 • Les développements contemporains liés à la conception individualiste et supposée quelque peu tyrannique des droits fondamentaux conduisent à affaiblir le pouvoir politique qui est pourtant l'expression de la légitimité démocratique. S'ensuit une nouvelle opposition entre, d'un côté, la légitimité liée à la défense de ces droits fondamentaux et, de l'autre côté, celle portée par la démocratie politique ou l'exercice démocratique du droit de vote. L'opposition la plus caractéristique résidant dans la naissance de ce qu'on a pu résumer à travers le terme de « démocratie illibérale » (Voir, par ex., J. Rupnik, « La démocratie illibérale en Europe centrale », *Esprit* 2017, n°6, p. 69 et suiv.). Il y a une remise en cause, de plus en plus marquante, de la soi-disant toute-puissance des gardiens des droits fondamentaux que sont les juges, la justice ou tous les détenteurs du pouvoir que l'on peut qualifier, de manière plus générale, de « pouvoir juridictionnel ». Au-delà de la question de savoir laquelle de ses légitimités doit prédominer, il y a

immanquablement une nouvelle fonction éminemment politique donnée à la justice et à tous ceux qui la représente dans la protection des droits fondamentaux et de l'Etat de droit. Plus qu'une simple autorité et moins qu'un contre-pouvoir, cette justice ou ce « pouvoir juridictionnel » se doit, impérativement, de trouver les justes équilibres, le but étant de ne pas s'opposer mais de modérer en rappelant les valeurs essentielles. Si la mission première de l'Etat vise à assurer la protection des citoyens, la vocation première des droits fondamentaux est également une vocation protectrice et non idéologique. Il n'y a aucune raison à ce que cette identité d'objectif, pour finir, ne se traduise pas par un rapprochement plutôt que par une opposition frontale.

24 • Au-delà de cette place supposée trop importante des juges dans l'équilibre des pouvoirs, l'ouvrage se propose de décrire le processus par lequel la protection des droits fondamentaux est aujourd'hui assurée dans notre système juridique par le « pouvoir juridictionnel » pour savoir si l'on peut réellement parler ainsi d'appropriation illégitime du pouvoir politique. Il y a d'abord eu le temps de la formation du statut et de ladite protection qui a vu naître la notion même de droits fondamentaux tout comme l'avènement de la notion de « pouvoir juridictionnel » (chapitre 1er). Il y a ensuite eu le temps qui a vu se consolider la protection des droits par le dialogue horizontal entre les juges internes français (juge administratif, juge judiciaire et juge constitutionnel) (chapitre 2nd). Il y a enfin le temps qui a vu s'optimiser la protection des droits par le dialogue vertical entre les juges internes et les juges européens (juge de l'Union : CJUE et juge européen : CourEDH) (chapitre 3). L'ensemble du processus devant amener à contrer toute dérive non démocratique des systèmes et devant préconiser le fait qu'il n'y a pas de solution hors du champ de la recherche permanente de l'équilibre entre la liberté individuelle et la sécurité collective, fut ce-t-il imparfait contrairement à l'illustration des proportions idéales du corps humain, de la mesure et de la représentation du monde que l'on retrouve chez l'Homme de Vitruve, symbole emblématique de l'Humanisme et du rationalisme.

CHAPITRE 1ER LA FORMATION DU STATUT ET DE LA PROTECTION : LA NOTION DE « DROITS FONDAMENTAUX » ET L'AVENEMENT DU « POUVOIR JURIDICTIONNEL »

25 • « Catégorie hors norme » (E. Picard, « L'émergence des droits fondamentaux en France », *AJDA* 1998, n° spécial, p. 9), « label incontrôlé » (N. Molfessis, « Droit fondamental. Un label incontrôlé », *JCP* 2009, G, n°32), « terrain sensible » (L. Bugorgue-Larsen, « Les concepts de liberté publique et de droit fondamental », in J.-M.-Auby (dir.), *L'influence du droit européen sur les catégories du droit public*, Dalloz, 2010, p. 389 et suiv.), il y a là autant d'expressions employées par la doctrine qui montrent ou prouvent que la notion de « droit fondamental » provoque pour le moins la perplexité. Son essor qui est, en effet, d'apparence incontrôlée et rebelle à toute systématisation, fait souffrir le juriste par l'ambigüité de sa définition. Si dans de nombreux pays, des textes précis donnent la liste des droits fondamentaux et précisent leur valeur juridique, en France aucune disposition de droit positif ne les définit ni ne les énumère. Il n'y a pas, en droit français, une définition précise des droits fondamentaux. Leur liste est donc difficile à établir et leur classification peut être sujette à discussion. La comparaison des différentes jurisprudences internes ou internationales renforce l'impression de désordre. L'invocation de la « fondamentalité » d'un droit ne produit pas les mêmes effets d'une jurisprudence à l'autre, elle peut conférer une compétence spécifique, elle peut justifier la nullité d'un acte, elle peut contribuer à orienter l'interprétation des textes, autant de fonctions qui font dire à certains que « le rôle attribué à la « fondamentalité » est de nature à faire exploser la catégorie des droits et libertés fondamentaux » (X. Dupré de Boulois, « Les notions de libertés et de droits fondamentaux en droit privé », *JCP* 2007, G, I, n°211).

26 • Cela n'a pas empêché la formation progressive, qu'on le veuille ou non, d'un statut des « droits fondamentaux » en France. S'il n'y pas de texte constitutif, il y a une succession d'évènements, d'appropriation ou de conceptualisation qui vont faire se développer la notion. Au-delà de la diversité qui caractérise cette émergence de la notion en France, c'est dans la protection même de ses droits fondamentaux que la singularité du système français se matérialise le plus. Dans plusieurs Etats étrangers, la constitution place les libertés au-dessus des droits et organise pour elles une protection particulière, pour la plupart des cas, assurée par le juge. En France, on a longtemps pensé, qu'il suffisait d'organiser politiquement le pouvoir pour que les droits soient protégés, la protection des libertés ne pouvant utilement se faire qu'à travers l'action du législateur, les droits fondamentaux ne pouvant être placés au-dessus des droits garantis par lui. Ce n'est que, récemment, après avoir pu relever que le législateur pouvait mal faire, que les constitutions sont devenues l'archétype de l'Etat de droit ou que les droits se sont universalisés, que le rôle du juge ou, plus largement, du « pouvoir juridictionnel » s'est retrouvé essentiel dans la protection des droits fondamentaux. Après l'importation de la notion fruit d'un

long processus d'appropriation sous l'influence de la constitutionnalisation et de l'européanisation des droits (Section 1), la sauvegarde ou la protection proprement dite des droits a été formalisée par l'avènement du « pouvoir juridictionnel » (Section 2).

Section 1 : L'importation de la notion de droits fondamentaux en France : un long processus d'appropriation sous l'influence de la constitutionnalisation et de l'européanisation des droits

27 • La notion de « droits fondamentaux » s'est implantée de manière progressive en France à la suite d'un long processus d'appropriation, la notion n'étant pas d'un usage classique dans le pays. L'émergence et l'affirmation du concept se matérialise d'abord à travers celui des droits de l'homme. Mais si les droits fondamentaux doivent beaucoup aux droits de l'homme, ils ont vite profité du caractère juridiquement imparfait et inadéquat des seconds nommés par rapport au but élevé de protection que leur philosophie et les valeurs qu'ils portent leur assignent, pour les supplanter. Les droits fondamentaux sont devenus un instrument de protection bien plus efficace que les droits de l'homme mais il y a une étape intermédiaire très importante dans ce processus de formation de la protection des droits fondamentaux, celle des libertés publiques. En France, pour des raisons historiques et idéologiques, la première étape de la consécration juridique des droits de l'homme a été celle des libertés publiques. Mais si c'est avant tout à travers cette notion qu'est liée tout l'histoire du droit public français, des limites se sont peu à peu révélées et les nécessités d'une protection juridique encore plus efficace sont apparues sous l'influence croisée des processus de constitutionnalisation et d'européanisation des droits.

28 • Ces nécessités ont abouti, encore une fois, qu'on le veuille ou non, à un transfert de terminologie vers la notion, plus moderne, de droits fondamentaux, transfert synonyme de protection juridique accrue. Si son apparition est étroitement dépendante des vicissitudes qui affectent les terminologies concurrentes et si elle est capable de dépasser les critiques opposées aux autres terminologies, elle est aussi et surtout une notion ou une expression dotée d'un fort pouvoir d'attractivité. La question de la fondamentalité serait ainsi « la marque de la postmodernité » (L. Bugorgue-Larsen, op.cit., p. 389). Le « fondamental » serait partout, il irriguerait les ordres européens et rejaillirait sur les champs constitutionnels, administratifs et judiciaires internes, il serait à la fois valeur et droit et il participerait, enfin, à nourrir les approches substantielles comme formelles du droit (Cf. En ce sens, L. Burgorgue-Larsen, op.cit., p. 407). C'est l'éviction progressive des concepts de « droits de l'homme » et de « libertés publiques » qui a d'abord permis cette évolution (§1er) avant que la notion même de « droits fondamentaux » n'émerge progressivement dans le paysage juridique (§ 2nd).

§1er : L'éviction progressive des concepts de « droits de l'homme » et de « Libertés publiques »

29 • La « floraison de la fondamentalité » (L. Burgorgue-Larsen, op.cit., p. 395) conduit à ce que les termes de « libertés publiques » ou de « droits de l'homme », qui recouvrent des réalités proches sans être identiques, cèdent le pas devant celui des « droits fondamentaux ». L'acceptation n'est pas unanime et les formules utilisées, dans les principaux ouvrages spécialisés en la matière, restent multiples. « Libertés publiques », « libertés fondamentales », « droits de l'homme », « droits humains », « droits fondamentaux », il y a là autant de formules utilisées à peu près sans distinction. Il y a des auteurs qui restent fidèles à la notion traditionnelle de « libertés publiques » (P. Wachsmann, *Cours*, Dalloz, 8ème éd., 2017 ; R. Letteron, Publication indépendante, 2020 ; J. Rivero et H. Moutouh, *Thémis Droit public*, PUF, t. 1, 9ème éd. et t. 2, 7ème éd., 2003) ou de « droits de l'homme » (D. Lochak, Repères, La découverte, 4ème éd., 2018 ; M. Lafourcade, *Que sais-je ?,* PUF, 2018, P. Wachsmann, Dalloz, 6ème éd., 2018 ; *Revue des droits de l'homme*, https://journals.openedition.org/revdh/). D'autres parlent de « libertés fondamentales » (L. Favoreu, P. Gaia et autres, Collectif, Précis, Dalloz, 7ème éd., 2015 ; L. Burgorgue-Larsen, Pages d'Amphi, Montchrestien, 2003 ; X. Dupré de Boulois, Thémis, PUF, 2ème éd., 2020 ; C. Denizeau, Vuibert, 2019 ; F. Mélin-Soucramanien et N. Zinamsgvarov, Mémento Dalloz, 3ème éd., 2018, V. Barbé, Mémento Gualino, 2020 ; X. Bioy, L. Burgorgue-Larsen, P. Deumier, E. Dreyer, X. Dupré de Boulois, A. Martinon, R. Tinière, *Grands arrêts*, Dalloz, 2ème éd., 2019).

29-1 • Certains mélangent « libertés publiques » et « droits fondamentaux » (D. Turpin, Seuil, 2004 ; D. Turpin et J.-C. Masclet, Foucher, 2009 ; X. Latour et B. Pauvert, *Panorama du droit*, Studyrama, 9ème éd., 2021 ; X. Bioy, Cours, LGDJ, 6ème éd., 2018 ; J.-M. Pontier, *Les fondamentaux*, Hachette, 6ème éd., 2017 ; J. Fialaire et E. Mondielli, Ellipses, 2005 ; S. Biagini-Girard, Lexifac, Bréal, 2nde éd., 2019) ou « libertés publiques » et « droits de l'homme » (J. Morange, *Droit fondamental*, PUF, 5ème éd., 2000 ; G. Lebreton, Sirey Université, Sirey, 8ème éd., 2008 ; G. Calvès et A. Heymann-Doat, Systèmes, LGDJ, 9ème éd., 2008). D'autres auteurs, encore, associent « droits de l'homme » et « libertés fondamentales » (S. Hennette-Vauchez et D. Roman, HyperCours, Dalloz, 4ème éd., 2020 ; H. Oberdorff, Manuel, LGDJ, 7ème éd., 2019 ; J. Robert et H. Oberdorff, CRFPA, LGDJ, 2017 ; J. Andriantsimbazovina, Code, LexisNexis, 2020 ; J. Robert et J. Duffar, Montchrestien, 8ème éd., 2009) ou encore « libertés » et « droits fondamentaux » (M. Delmas Marty et C. Lucas de Leyssac, Points Essais, Seuil, 2nde éd., 2002 ; P. Mbongo, Berger Levrault, 2015 ; Y. Lécuyer, Poche, Gualino, 2020, R. Cabrillac, Dalloz, 26ème éd., 2020 ; S. Guinchard (dir.), 14ème éd., 2019) voire l'association « droits et libertés fondamentaux » (Cf. *Revue des droits et libertés fondamentaux* http://www.revuedlf.com ; M. Attal et X. Bioy, CRFPA, Larcier, 2013) voire, encore, juste « droits fondamentaux » (M. Lascombe (dir.) et A. Potteau (dir.), *Code constitutionnel et des droits fondamentaux*, 10ème éd., 2021, Cahiers de recherche sur les droits fondamentaux (CRDF), https://journals.openedition.org/crdf/) ou, tout simplement, « droits et libertés » (V. Champeil Desplats, *Théorie générale des droits et libertés. Une perspective analytique*, Dalloz, 2019, 1ère éd.).

30 • L'émergence et l'affirmation de la notion de « droits fondamentaux » sont d'abord liées au mouvement initié par la dynamique des « droits de l'homme ». Cette dernière notion est rapidement apparue peu précise et peu opératoire (A) motivant le développement d'autres notions plus effectives dont la plus représentative est celle de « libertés publiques », notion constituant une sorte d'étape intermédiaire entre les « droits de l'homme » et les « droits fondamentaux » mais qui a vite aussi montré ses limites (B). Malgré les réticences et les difficultés de définition, on ne peut exclure, qu' « avec la notion de droits fondamentaux, l'unité de la matière est restaurée, les clivages sont dépassés. La catégorie des droits fondamentaux est apte à intégrer toutes les générations de droits et libertés, elle dépasse les séparations entre disciplines, elle a une vocation universelle. On ne peut donc que se féliciter de voir acclimatée, dans la doctrine française, cette notion venue d'Allemagne » (L. Richer, « Présentation », « Les droits fondamentaux. Une nouvelle catégorie juridique ? », numéro spécial, *AJDA* 1998, p. 1).

A – Des concepts liés aux « droits de l'homme » peu précis et peu opératoires

31 • Si les droits de l'homme puisent, en premier lieu, leurs racines dans l'histoire de la philosophie, ils sont aussi le résultat d'un processus politique très tôt attaché à l'idée qu'il existe des facultés d'agir reconnues à chaque individu, antérieurement à et au-dessus de toute instruction publique ou privée. Le Roi persan Cyrus le Grand est souvent considéré comme étant à l'origine du concept des droits de l'Homme au VIe siècle av. J.-C. (c'est le fameux « cylindre de Cyrus » mis en place après la conquête de Babylone en -539 et considéré comme la « première charte des droits de l'Homme », il traite, conformément à la tradition mésopotamienne, de l'idéal du roi juste tout en décrivant des standards de la règle persane comme la tolérance religieuse ou l'abolition de l'esclavage). Mais l'histoire politique des droits de l'homme, dans son acception moderne, s'est surtout, d'abord, écrite dans le monde occidental (1). Cette histoire s'est, ensuite, caractérisée par leur expansion au-delà des revendications nationales, d'abord, de manière universelle puis, de manière plus locale, à chaque fois dans le but de rendre leur protection plus effective. Si cette expansion s'est traduite par une reconnaissance toujours plus large, c'est le caractère juridiquement imparfait des droits ainsi consacrés qui, au final, va ressortir ou prédominer (2).

1 – Une application première et réelle dans le monde occidental

a) Le pays précurseur : l'Angleterre

La Grande Charte du 15 juin 1215 et le 1er mandat d'*Habeas Corpus*

32 • C'est le Roi Jean sans Terre (surnommé ainsi par son père parce qu'il n'était pas destiné à monter sur le trône ou à recevoir un quelconque territoire en héritage)

qui concéda, devant l'opposition des grands barons anglais, le premier texte de proclamation des droits de l'homme, la *Magna Carta Libertatum* ou la Grande Charte du 15 juin 1215. Elle est, en grande partie, reprise, presque intégralement, de la Charte des Libertés de Henri Ier, publiée en 1100. Cette dernière obligeait le Roi à respecter certaines lois concernant les fonctionnaires ecclésiastiques et les nobles et elle accordait certaines libertés individuelles à l'Eglise et à la noblesse anglaise. Sont ainsi proclamés, outre des principes plus politiques comme le consentement à l'impôt, le droit de propriété, la liberté d'aller et venir en temps de paix ou certaines garanties du procès criminel comme l'impartialité des juges, l'intervention d'un jury, la légalité, la nécessité et la proportionnalité des peines. La Grande Charte pose, entre autres, les bases du mandat d'*Habeas Corpus*, notamment dans son article 39 : « Aucun homme libre ne sera saisi, ni emprisonné ou dépossédé de ses biens, déclaré hors-la-loi, exilé ou exécuté, de quelque manière que ce soit. Nous ne le condamnerons pas non plus à l'emprisonnement sans un jugement légal de ses pairs, conforme aux lois du pays ». C'est cependant dans la direction inverse qu'apparaît l'*Habeas Corpus* vu plutôt comme un contrôle royal sur les actes des barons. Les juges royaux et le Roi, en dernier ressort, offraient un recours contre l'arbitraire féodal qui s'exprimait par le recours à un certain nombre d'ordonnances (*writs*), dans des formes définies et limitées afin de ne pas empiéter sur les pouvoirs des justices seigneuriales. Parmi celles-ci, plusieurs ordonnances d'*Habeas Corpus* étaient définies et toutes destinées à amener une personne détenue devant un tribunal royal suivant différents motifs.

La pétition des droits du 26 juin 1628

33 • Si le tempérament autoritaire des monarques a longtemps expliqué les difficultés à appliquer l'*Habeas Corpus*, c'est en 1628 que le Parlement britannique remet sur la table à nouveau la possibilité pour le Roi d'emprisonner ses sujets sans motifs. A l'origine, il faut parler du recours, par Charles Ier, à une sorte d'emprunt forcé en contradiction avec l'obligation traditionnelle du consentement à l'impôt. Sir Thomas Darnel et d'autres personnes refusent et sont arrêtés par ordre du roi. Sur une ordonnance d'*Habeas Corpus*, la cour du Banc du roi (*King's Bench*) (l'une des trois hautes cours royales, avec la cour de l'échiquier et la cour des plaids-communs), qui reçoit notamment dans ses attributions tous les cas impliquant les intérêts de la couronne, se saisit de l'affaire (l'affaire Darnel, *The Darnel Case*, ou affaire des 5 chevaliers, *The Five Knights Case* ; Cf. Mark A. Kishlansky, « Tyranny denied : Charles I, Attorney General Heath, and the Five Knights' Case », *Historical Journal* 42 (1999), p. 53 à 83). Un arrêt est rendu en 1628, il confirme la détention des prévenus jusqu'au procès. La Cour n'a pas examiné les motifs de l'arrestation et reconnaît que le Roi peut faire emprisonner ses sujets comme il le souhaite. En réaction, le Parlement présente au Roi la Pétition des droits (*Petition of Rights*) qui est acceptée le 26 juin 1628. Le Parlement rappelant au Roi la règle du consentement à l'impôt, l'article 39 de la *Magna Carta* (voir ci-dessus) tout en soulignant les violations récentes de ces principes et en demandant au Roi d'y mettre fin. Pour les parlementaires, le monarque ne peut emprisonner ses sujets sans motifs ni sans respecter les formes d'un procès. Mais le Parlement est dissous l'année suivante et

n'est plus réuni pendant onze ans. Puis la guerre civile est peu propice au respect des droits.

L'Acte d'*Habeas Corpus* du 27 mai 1679, la Déclaration des droits du 13 février 1689 et l'Acte d'établissement du 10 février 1701

34 • Avec la restauration des Stuarts en 1660, le thème central du respect des droits réapparait avec toujours une opposition forte entre le Parlement et la Couronne. Il y a de nouveaux troubles qui ne tiennent pas compte des libertés individuelles et le pouvoir ordonne des arrestations arbitraires sous couvert de manœuvres très discutables (par exemple, la déportation outre-mer, hors du ressort des tribunaux anglais, permettant de soustraire les personnes visées à leur juge). Le Parlement fait alors voter l'Acte d'*Habeas Corpus* (ou *Habeas corpus Act*) du 27 mai 1679 qui permet de jeter les fondements, toujours actuels, des garanties essentielles de la liberté individuelle et du droit à la sûreté. Il est établi, par la suite, la Déclaration des droits (ou *Bill of Rights*) (dont le titre complet est *Acte déclarant les droits et libertés des sujets et réglant la succession de la Couronne*), texte imposé le 16 décembre 1689 à Guillaume III et Marie II à la suite de la « Glorieuse Révolution ». Les droits fondamentaux tels que le droit de pétition (article 5) sont établis et les dispositions judiciaires de l'*Habeas Corpus* de 1679 sont rappelées et confirmées. Il faut particulièrement évoquer la protection des accusés contre les cautions et amendes excessives et les peines cruelles et inusitées (article 10) et la constitution d'un jury indépendant (article 11). La censure est abolie, l'assemblée confirme le droit de propriété et assied ainsi solidement les possessions des propriétaires fonciers. Cependant la liberté de conscience est limitée aux églises réformées, l'Eglise anglicane demeure l'Eglise officielle, les Eglises dissidentes sont tolérées mais l'Eglise catholique est bannie. C'est enfin *l'Acte d'Etablissement* (ou *Act of Settlement*) du 10 février 1701 (dont le nom complet est la *Loi du parlement pour étendre la succession de la couronne d'Angleterre, et pour mieux assurer la liberté des sujets*), qui réaffirme le devoir de respect des droits et libertés par la Couronne et le Parlement et notamment la liberté religieuse. Au final, ces textes de référence de l'histoire politique et juridique britannique se sont avérés essentiels dans l'histoire des droits de l'homme avant que les Etats-Unis et la France marquent à leur tour l'expansion du concept des droits de l'homme.

b) Les pays associés : les Etats-Unis et la France

La Déclaration d'indépendance du 4 juillet 1776 : une 1ère approche idéaliste

35 • Si en Angleterre, la proclamation des droits s'est faite parallèlement à la montée en puissance du Parlement, c'est en réaction à cette puissance, à l'inverse, aux Etats-Unis que ces droits ont été consacrés. Les textes anglais sont concrets et pragmatiques, ils s'adressent au citoyen anglais dans un contexte donné. Les textes américains sont plus idéalistes et s'appuient sur le droit naturel. Le terme « déclaration », pour la première fois, employé, signifie que les textes ne font que révéler les droits existants mais ne les créent pas. C'est d'abord la Déclaration d'indépendance (*The unanimous declaration of the thirteen united States of America*), par

laquelle les 13 colonies britanniques d'Amérique du Nord ont fait sécession de la Grande-Bretagne le 4 juillet 1776 pour former les « Etats-Unis d'Amérique », qui reflète bien l'esprit du temps favorable aux droits de l'homme en proclamant la croyance de ses rédacteurs en une vérité « évidente d'elle-même, que tous les hommes sont créés égaux, qu'ils sont dotés par leur créateur de certains droits inaliénables, et que parmi ces droits figurent la vie, la liberté et la recherche du bonheur ». La Constitution fédérale du 17 septembre 1787, quant à elle, voté plus de 10 ans après cette proclamation unilatérale d'Indépendance et 4 ans après l'indépendance du pays (Traité de Versailles du 3 septembre 1783 reconnaissant l'indépendance des Etats-Unis d'Amérique) ne contenait pas de véritable déclaration de droits et libertés même si elle a soulevé des débats passionnés, comme le montre la lenteur et l'hésitation des Etats pour la ratifier, entre fédéralistes et anti-fédéralistes. Ces derniers, qui souhaitaient le maintien des prérogatives des Etats, voulaient des garanties sur les libertés car ils craignaient la « tyrannie d'un gouvernement central » qui prendrait la relève du joug anglais. Les fédéralistes, quant à eux, pensaient que les déclarations des droits des Etats étaient suffisantes (la déclaration de Virginie du 12 juin 1776 demeure la plus célèbre) d'autant que l'autorité des organes fédéraux n'était, à l'origine conçue que comme compétence d'attribution (Cf. *Le recueil d'articles Le Fédéraliste* (*The Federalist Papers*) écrit en 1787-1788 et James Madison, Alexander Hamilton et John Jay, *Le fédéraliste*, Paris, Economica, 1988, le recueil constitua une importante source concernant l'interprétation de la nouvelle Constitution et les motivations du système gouvernemental proposé).

La Déclaration des droits du 15 décembre 1791 : une inspiration anti-fédérale

36 • L'opposition toujours active des anti-fédéralistes après la ratification de la Constitution allait faire en sorte, très peu de temps après l'entrée en fonction du premier président de la République, Georges Washington, élu le 4 mars 1789, d'ajouter à la Constitution 10 amendements relatifs aux droits individuels. Ces amendements furent rédigés par James Madison lors du premier congrès fédéral de novembre 1789 au *Federal Hall* de New York, et ils furent ratifiés le 15 décembre 1791 sous la forme d'une Déclaration des Droits (*United States Bill of Rights*). Ils protègent la liberté de religion, d'expression, de réunion, d'assemblée et de pétition (Ier amendement), le droit de détenir et porter des armes (IIème amendement) ou encore les personnes et les propriétés (IIIème, IVème et Vème amendements). Des garanties en matière pénale et processuelle sont posées (Vème au VIIIème amendement). S'ils ont été complétés, les amendements initiaux n'ont toutefois pas été modifiés depuis lors. Le texte n'a, toutefois, pas la portée universelle et l'unité de la DDHC) du 26 août 1789, d'où son moindre écho au niveau international. Mais cette déclaration des droits a accompagné l'évolution des Etats-Unis avec l'apport de 17 autres amendements. Les plus connus portent notamment sur l'abolition de l'esclavage (amendement XIII du 18 décembre 1865), le droit de vote pour toutes les communautés (amendement XV du 30 mars 1870) ou pour les femmes (amendement XIX du 26 août 1920). A noter, cependant, qu'avant les années 1890, la Déclaration de Droits était considérée comme ne s'appliquant qu'au

gouvernement fédéral (Cour suprême des Etats-Unis, 16 février 1833, *Baron contre Baltimore*, 32 US (7 Pet.) 243 (1833)). En vertu de la « doctrine d'incorporation » du XIVème amendement introduit en 1868, la plupart des dispositions de la Déclaration s'appliquent désormais aux Etats ainsi qu'à leurs subdivisions (comtés, villes, etc.), en application de la clause de garantie de la procédure légale régulière (*Due process clause*). C'est à l'arrêt *Gitlow v. New York* en date du 8 juin 1925 (268 U.S. 652 (1925)), dans lequel la Cour suprême déclara expressément que les Etats devaient protéger la liberté d'expression, que la plupart des auteurs font remonter le début du processus d'incorporation.

La Déclaration des droits de l'homme et du citoyen (DDHC) du 26 août 1789 : une démarche abstraite et universaliste

37 • Si les droits proclamés aux Etats-Unis bénéficient d'une antériorité incontestable par rapport à ceux proclamés en France, la DDHC du 26 août 1789 va universaliser, laïciser et synthétiser ces principes. La déclaration fut un remarquable agent de diffusion de la conception libérale classique ou traditionnelle des droits de l'homme. Elle a représenté et elle représente toujours une certaine idée de l'homme, de sa place dans la société et de ses relations avec l'Etat et les autres individus. Si elle n'est pas le seul texte de la fin du XVIIIème siècle, c'est le texte qui fut considéré comme le plus important. Deux facteurs ont surtout joué un rôle déterminant : d'une part, le rayonnement intellectuel de la France par ses écrivains et ses philosophes et, d'autre part, la révolution née à Paris et dont les idées se répandirent en Europe quelle que soit l'appréciation portée quant à sa nécessité, ses bienfaits ou ces excès. La révolution avait, en effet, produit un texte qui sera considéré comme le texte phare de la conception libérale car contenant les thèmes qui allaient former l'armature de l'idéologie libérale des droits de l'homme. C'est la démarche abstraite et universaliste des auteurs qui a surtout permis cet état de fait. On oppose souvent la tradition anglo-saxonne des droits de l'homme, concrète et visant à garantir, à la tradition française, plus universaliste et abstraite. Les droits sont reconnus en France, en effet, de manière générale sans considération de leur finalité ni de leur garantie effective. Cette volonté d'universalité se retrouve dans le contenu même de la déclaration, le terme « français » n'apparait uniquement qu'à la première ligne du préambule. Il y a, ensuite, dans le texte, toujours une façon abstraite de désigner les choses : « l'homme » « le citoyen », « la nation », « la société », « la volonté générale ».

La Déclaration des droits de l'homme et du citoyen (DDHC) du 26 août 1789 : une vocation philosophique et politique

38 • C'est cette idée d'universalité que Barnave voulait exprimer lorsqu'il disait que la déclaration était « un catéchisme national » à vocation philosophique et politique (A. Barnave, intervention lors de la séance à l'Assemblée Nationale du 1er août 1789, Gazette universelle, ou Le Moniteur universel du 31 Juillet- 1er Août 1789, n° 31, in *Réimpression de l'Ancien Moniteur*, Paris, Henri Plon, 39 vol., 1858-63, t. 1, p. 262). C'est également l'idée de Tocqueville qui établit une comparaison entre la révolution politique de 1789 et une révolution religieuse : comme une grande

religion, la révolution politique a forgé des règles de portée générale et élaboré un message qui dépasse les frontières de la France. La révolution s'adressait aux hommes indépendamment de leurs cultures et histoires particulières, ne les considérant qu'« abstraitement » pour rendre ses pratiques acceptables par le plus grand nombre possible. Cette prétention à l'universalité lui donne ainsi les traits d'une religion imparfaite, « sans Dieu, sans culte et sans autre vie, mais qui, néanmoins, comme l'islamisme, a inondé toute la terre de ses soldats, de ses apôtres et de ses martyrs » (Alexis de Tocqueville, *L'Ancien Régime et la révolution*, Michel Levy Frères, 1860, p. 39). Et Jean-Paul Rabaut dit Saint-Etienne de mettre en avant à propos de la liberté religieuse : « Vous n'êtes pas fait pour recevoir l'exemple mais pour le donner [...]. L'Europe qui aspire à la liberté attend de vous des grandes leçons, et vous êtes dignes de les lui donner. Que ce code que vous allez former soit le modèle de tous les autres, et qu'il n'y reste aucune tache » (Rabaut Saint-Etienne et Boissy d'Anglas, *Discours et opinions de Rabaut Saint-Etienne*, Paris, Henry Servier, 1827, p. 19). La démarche a été d'autant plus remarquable qu'il n'y a pas eu de débats sur la notion de droits de l'homme, les droits consacrés étant des droits naturels et les constituants ayant été formés par la philosophie des lumières. On verra que l'objectif d'universalisme a largement été atteint par la suite.

2 – L'expansion juridiquement imparfaite au-delà des revendications nationales

39 • Si l'objectif d'universalisme a permis de développer et d'ancrer les concepts de droits de l'homme dans les esprits des contemporains de l'époque, c'est surtout le mouvement de consécration au niveau régional qui va réellement les stigmatiser. Cependant, si le système européen est devenu un système très performant en matière de protection, cela ne va pas être le cas des autres systèmes mis en place dans le reste monde et ces derniers vont, en définitive, témoigner de la protection toute relative dont ils font l'objet.

a) Une internationalisation et une Régionalisation des droits, dans l'ensemble, peu efficace

Le système occidental de protection des droits de l'homme : l'approche universelle

40 • Le principe de l'universalité des droits de l'homme est la pierre angulaire de la législation internationale des droits de l'homme. C'est d'abord les Nations unies qui ont contribué très largement à cette internationalisation. L'étape capitale fut celle de l'adoption à Paris le 10 décembre 1948 par les 58 états qui constituaient alors l'Assemblée générale de la résolution 217 (III) portant Déclaration universelle des droits de l'homme. N'étant pas juridiquement une convention internationale, ce texte demeure malgré tout un document de référence proclamant une grande variété de droits essentiels. La recherche de l'universalité de la protection est encore allée plus loin avec l'adoption, en annexe de la résolution 2200 (XXI) de l'Assemblée générale du 16 décembre 1966, deux Pactes internationaux, l'un relatif aux droits économiques, sociaux et culturels, l'autre relatif aux droits civils et

politiques. Ces deux véritables traités garantissent non seulement divers droits et libertés mais ils instaurent également un système concret de protection. Le 1er sous la forme de rapports au Comité des droits de l'homme des Nations unies, le 2nd sous la forme de recours individuels au même Comité. L'ensemble restant peu contraignant (Voir sur la crise de la DUDH, le numéro spécial des Cahiers de la recherche sur les droits fondamentaux : L. Fontaine (dir.), *L'universalisme des droits en question. La Déclaration universelle des droits de l'homme, 60 ans après*, numéro spécial, CRDF 2009, n°7).

Le système occidental de protection des droits de l'homme : l'approche régionale

40-1 • Dans un souci de rendre la protection des droits toujours plus efficace, ce sont, ensuite, des déclarations particulières de droit qui ont été adoptées permettant de mettre en place des systèmes régionaux de protection. Une des étapes essentielles étant la création du Conseil de l'Europe le 5 mai 1949 dont le but est d'affirmer et de protéger la communauté de valeurs de ses membres, la liberté individuelle, les libertés politiques et la prééminence du droit. C'est dans ce cadre qu'a été institué, par le Traité de Rome du 4 novembre 1950, le système régional le plus développé et le plus efficace de protection des droits et libertés, celui de la Convention de sauvegarde des droits de l'homme et des libertés fondamentales (CSDHLF) dites « Convention européenne des droits de l'homme » (CEDH). Des conventions spécialisées ont été adoptées dans le même cadre, généralement plus contraignantes que les conventions internationales correspondantes comme, par exemple, la Charte sociale européenne signée à Turin le 18 octobre 1961 ou la Convention européenne pour la prévention de la torture et des peines ou traitements inhumains ou dégradants le 26 novembre 1987 à Strasbourg.

Le système interaméricain de protection des droits de l'homme : la Déclaration et la Convention américaine relative aux droits de l'homme

41 • Le mouvement de régionalisation des droits de l'homme s'est aussi manifesté sur d'autres continents. Ainsi, un système interaméricain de protection des droits de l'homme comportant plusieurs particularités a été initié dès les lendemains de la seconde guerre mondiale soit le 30 avril 1948, lors de la 9e conférence panaméricaine de Bogota où 21 nations de l'Amérique ont signé la Charte de l'Organisation des Etats Américains, appelée aussi « Charte de Bogota », affirmant par là leur engagement vers la réalisation de buts communs et leur respect de la souveraineté de chaque nation. À l'heure actuelle, le système a une base normative consistant en plusieurs instruments : la Déclaration américaine des droits et devoirs de l'homme (adoptée justement à Bogota en 1948 avec l'Organisation des Etats américains) la Convention américaine relative aux droits de l'homme (adoptée en 1969, en vigueur depuis le 18 juillet 1978), le Protocole à la Convention américaine relative aux droits de l'homme traitant de l'abolition de la peine de mort, (adoptée en 1990, en vigueur depuis le 28 août 1991), la Convention interaméricaine aux fins de prévenir et de punir la torture (signée en 1985, en vigueur depuis le 28 février 1987), la Convention interaméricaine sur les disparitions forcées de personnes

(adoptée en 1994, en vigueur depuis le 29 mars 1991), la Convention interaméricaine sur la prévention, la sanction et l'éradication de la violence contre les femmes (adoptée en 1994, en vigueur depuis le 5 mars 1995) et le Protocole additionnel à la Convention américaine relative aux droits de l'homme traitant des droits économiques, sociaux et culturels (Protocole de San Salvador) (signé en 1988, en vigueur depuis le 16 novembre 1999).

Le système interaméricain de protection des droits de l'homme : la Commission et la Cour interaméricaine des droits de l'homme

42 • Deux organes spécialisés de l'Organisation des États américains, la Commission interaméricaine des droits de l'homme (instituée en 1959) et la Cour interaméricaine des droits de l'homme (instituée en 1978), sont les piliers du système. La première a pour mission, entre autres, de recevoir et analyser des plaintes formulées par des particuliers qui estiment avoir été victimes de violations des droits prévus dans la Convention américaine des droits de l'homme. La seconde émet des avis consultatifs portant généralement sur l'interprétation de ce traité, étudie les plaintes que la Commission lui transmet, et ordonne les réparations qu'elle estime pertinentes. C'est à ce titre que le système se distingue, les réparations ordonnées par la Cour allant bien au-delà d'une simple compensation monétaire comme dans le cadre du système européen. Le dynamisme du système est par ailleurs reflété par différents changements intervenus en son sein au cours des dernières années, qui cherchent à en améliorer le fonctionnement (un fonds d'assistance pour les victimes, un défenseur interaméricain et un changement de recours aux juges ad hoc) mais il y a des obstacles à la mise en œuvre des droits : pauvreté extrême, sociétés divisées, ravagées par des conflits internes brutaux, des systèmes judiciaires faibles, et des démocraties fragiles. S'ajoute à ces conditions déjà difficiles un défaut d'homogénéité parmi les Etats s'agissant de la ratification des traités : le Canada et les Etats-Unis, pour ne citer qu'eux, n'ont pas ratifié la Convention américaine ni accepté la juridiction de la Cour. Ceci ne peut que compliquer le fonctionnement du système interaméricain.

Le système africain de protection des droits de l'homme : la Charte africaine des droits de l'homme et des peuples

43 • En Afrique, enfin, c'est à travers l'Organisation de l'unité africaine (OUA) (créé en 1963, dissoute en 2002 et remplacée par l'Union africaine) qu'a été adoptée la Charte africaine des droits de l'homme et des peuples (adoptée en 1981, entrée en vigueur le 21 octobre 1986) qui instaure un mécanisme politique peu contraignant de garantie. On pourrait, d'un prime abord, parler d'une simple adaptation de la Déclaration Universelle à la culture africaine mais il y a plus. D'abord, la notion de « civilisation africaine », à laquelle la Charte se réfère, est très large dans la mesure où le texte a été ratifié par des pays, en réalité, de traditions très diverses du nord au sud de l'Afrique (ex : Algérie ou Afrique du Sud). Ensuite, le droit des peuples africains à disposer d'eux-mêmes et, d'autre part, les devoirs de l'individu envers la famille et l'Etat sont considérés comme des droits de l'homme. Dans la Charte, l'indépendance nationale, la tradition, la cohésion sociale et

l'autorité (dès lors que cette autorité n'est pas imposée par une puissance coloniale) sont des valeurs aussi importantes que les droits de l'homme au sens individuel du terme.

Le système africain de protection des droits de l'homme : la Cour africaine des droits de l'homme et des peuples (1)

44 • Pour pallier les insuffisances du mécanisme de protection qui repose notamment sur une Commission dotée de peu de moyens et qui cristallise les mécontentements et les déceptions, il a été créé une Cour africaine des droits de l'homme et des peuples par le protocole du 9 juin 1998 adopté à Ouagadougou, au Burkina-Faso. Contrairement à la Commission africaine des Droits de l'homme et des peuples dont les décisions demeurent des simples recommandations pour les Etats parties, les décisions des prétoires de la CADHP ont un caractère obligatoire pour les Etats qui sont liés par la Charte africaine et qui ont signé et ratifié le Protocole portant création de la Cour. Mise en place en 2004 à son siège d'Arusha en Tanzanie, elle a rapidement souffert de quelques faiblesses et insuffisances. 54 Etats sur les 55 membres de l'Union africaine ont ratifié la Charte africaine s'engageant à respecter ces principes (seul le Maroc fait exception). Mais seulement 31 Etats membres ont, à la date de la rédaction, ratifié le Protocole mettant en place la Cour (la république démocratique du Congo étant le 31ème et dernier Etat ayant déposé son instrument de ratification le 8 décembre 2020) et seulement 6 Etats (Burkina Faso, Gambie, Ghana, Mali, Malawi, Tunisie) ont déposé la déclaration acceptant la compétence de la Cour pour recevoir les requêtes introduites par les individus et les ONG.

Le système africain de protection des droits de l'homme : la Cour africaine des droits de l'homme et des peuples (2)

44-1 • Si les avancées sont notables (la CADHP a rendu sa première décision au fond en 2013 : CADHP, 14 juin 2013, affaires jointes *Tangayik a Law Society & The Legal and Human Rights Centre contre Tanzanie* et *Révérend Christopher R. Mtikila contre Tanzanie*, *RDH* 2014, 6, note Alain Didier Olinga), il reste beaucoup d'obstacles. Le souci majeur étant que plus la Cour met en cause les Etats et développe ces pouvoirs, ces investigations ou ces ordonnances à leur encontre, plus les Etats remettent en cause leur adhésion au projet et dénoncent une atteinte à leur souveraineté nationale (Cf. G. Niyungeko, « La Cour africaine des droits de l'Homme et des peuples : défis et perspectives », *RTDH* 2009, p 731 et suiv.). Il y avait, à l'origine, 10 Etats qui avaient déposé leur déclaration. Mais à la suite du Rwanda et de la Tanzanie qui avaient initialement fait volte-face, ce sont récemment le Bénin et la Côte d'Ivoire qui ont retiré leurs déclarations à la suite de deux affaires ayant donné raison aux opposants politiques Sébastien Ajavon au Bénin (CADHP, 29 novembre 2019, *Sébastien Germain Ajavon contre République du Bénin*, req. n°013/2017) et Guillaume Soro en Côte d'Ivoire (CADHP, 22 avril 2020, *Guillaume Kigbafori Soro et autres contre République de Côte d'Ivoire*, req. n°012/2020) (Voir, K. Kouame et E. J. Tiehi, « Le Civexit ou le retrait par la Côte d'Ivoire de sa déclaration d'acceptation de la compétence de la Cour africaine des droits de l'homme et des peuples : un pas en avant, deux pas en arrière », *RDH* 2022, n°21, https://journals.openedition.org).

Le système africain de protection des droits de l'homme : la future Cour africaine de justice et des droits de l'homme

45 • Le 1er juillet 2008 un nouveau Protocole a été adopté prévoyant la fusion de la CADHP avec la Cour Africaine de Justice. La future nouvelle juridiction prendrait le nom de Cour africaine de justice, des droits de l'homme et des peuples (CAJDHP). Des difficultés financières et la volonté d'établir un corpus de règles identiques sont à l'origine de cette volonté de fusion mais la nouvelle cour n'entrera en vigueur qu'après 15 ratifications du protocole adopté en 2008. Au 18 mai 2020, seul 8 pays avaient ratifié le protocole (Cf. Sur la future Cour : T. Barsac, *La Cour africaine de justice et des droits de l'Homme*, Paris, Pedone, 2013, 132 p ; S. Turgis, « Actualité du système africain de protection des droits de l'Homme. Cour africaine des droits de l'Homme et des peuples. Nouvelle Cour africaine de justice et des droits de l'Homme », *L'Europe des Libertés* 2008, n° 27, p. 64 ; M.-A. Dangabo, « Chronique de la Cour africaine des droits de l'Homme et des peuples à la Cour de justice de l'Union africaine : historique d'une coexistence pacifique en attendant la fusion », *RIDP* 2005, vol. n°76, p. 135 et suiv.). Le nouveau Protocole n'est donc pas encore entré en vigueur mais il y a déjà des questions quant à la capacité de la nouvelle Cour à remplir ses fonctions. Les règles de procédure sont très restrictives en matière de compétence et le changement préconisé doit passer par un apport majeur de la part des Etats parties quant aux ressources humaines et financières qui font défaut dans le système actuel.

Le système africain de protection des droits de l'homme : la Chambre criminelle instituée auprès de la future Cour (le protocole de Malabo du 27 juin 2014)

46 • Bien que les ratifications nécessaires soient toujours en attente pour que la fusion des cours entre en vigueur, l'Union Africaine a franchi un pas supplémentaire en présentant, simultanément, le 27 juin 2014, une 2nde proposition pour un mandat tripartite de la CAJDH : le Protocole de Malabo (Guinée Equatoriale) *portant amendements au Protocole portant Statut de la CAJDH*, cette dernière ayant simultanément des responsabilités en matière de droits de l'homme, pour traiter les affaires juridiques d'ordre général et pour poursuivre en justice les auteurs de crimes internationaux. Ce dernier vise à instituer, en plus des fonctions liées aux droits de l'homme et aux affaires générales, une fonction criminelle par le biais de l'adjonction d'une nouvelle Chambre criminelle à la future CAFDH. La future Cour comportera ainsi trois sections : la section des affaires générales, la section des droits de l'homme et des peuples et la section du droit international pénal compétente pour connaître de toute affaire relative aux crimes internationaux. Cette volonté est apparue à la suite de plusieurs contestations à l'égard du rôle biaisé joué par la Cour pénale internationale (CPI), particulièrement lors des jugements des dirigeants africains. Quel qu'en soit la dénomination et les difficultés de mise en place, le succès de la cour sera, dans une très large mesure, déterminé

par l'environnement dans lequel celle-ci est appelée à fonctionner et plus particulièrement l'effort entrepris pour promouvoir les droits et démocratiser tous les pays du continent. Il faut, à cet égard, comme dans le système interaméricain, que la Cour travaille de concert avec la Commission dont le rôle de promotion des droits de l'homme ne doit pas être négligé. Mais, en mai 2019, seulement 15 Etats avaient signé le Protocole de Malabo, aucun Etat ne l'avait ratifié (Cf. sur la question : A.K. Bitié, « L'africanisation de la justice pénale internationale entre motivations politiques et juridiques », *RQDI* 2017, 1-1, p. 143 et suiv. ; M.-O. Hamrouni, « La complémentarité régionale dans le cadre de la Cour africaine de justice, des droits de l'homme et des peuples », *RDP* 2018, p. 1149 et suiv. ; F. Mégret, « Cour pénale internationale et néocolonialisme : au-delà des évidences », *Etudes internationales* 2014, vol. 45, n° 1, p. 27 et suiv. ; M. F. Diop, « Plaidoyer pour l'accès direct des individus à la Cour africaine des droits de l'Homme et des peuples et à la future Cour africaine de justice, des droits de l'Homme et des peuples », *RDP* 2016, p. 653 et suiv.)

Les autres systèmes de protection des droits de l'homme : la Charte arabe des droits de l'homme

47 • Le monde islamique a aussi souhaité se doter de certains instruments de protection. Le Conseil de la Ligue des Etats arabes a adopté au Caire, le 15 septembre 1994, la Charte arabe des droits de l'homme qui n'a pu entrer en vigueur faute de ratifications nécessaires, une 2nde a été adopté le 22 mai 2004 à Tunis et entrée en vigueur en 2008 conformément à son article 49 qui exige sa ratification par 7 Etats membres de la Ligue (Jordanie, l'Algérie, Bahreïn, la Libye, la Syrie, la Palestine et les Emirats arabes unis). Quatrième, et dernier, instrument régional de proclamation des droits de l'homme, la Charte s'ouvre par la reconnaissance du droit des peuples à disposer d'eux-mêmes. La Charte ne prévoit pas de droit de recours individuel ni la création d'une Cour des droits de l'homme. D'une architecture classique, il est juste prévu un mécanisme de contrôle sommaire, par voie de rapports périodiques tous les 3 ans, l'examen des rapports est confié à un comité d'experts indépendants qui adressera à la Commission arabe des droits humains un rapport avec ses observations et les avis des Etats (art. 41-3) (Cf. http://fr.achr.eu, site Internet de la commission). Devant les faiblesses du système, le Conseil de la Ligue arabe a adopté en 2014 un statut portant création de la Cour arabe des droits de l'homme, organe juridictionnel permettant d'assurer enfin une protection effective des droits. Cette Cour n'a toujours pas été mise en place faute des 7 ratifications nécessaires (une seule ratification au 1er mai 2020, celle de l'Arabie Saoudite). Il y a beaucoup de faiblesses liées au statut de la Cour (saisine encadrée, réparation laissée à la discrétion de l'Etat impliqué), l'adoption du statut en la forme n'étant pas jugé opportun par beaucoup d'auteurs (Pour une vue plus complète sur le système et les différents organes : N. Mekki, « Faut-il euthanasier le système régional arabe de protection des droits de la personne (pour mieux le ressusciter) ? » (3 parties), 1er mai 2020, http://www.quidjustitiae.ca/fr ; K. Magliveras et G. Naldi, « The Arab Court of Human Rights : a study in impotence », *RQDI* 2016, vol. n°29, n°2, p. 1 et suiv. ; T. Majzoub, « De l'utilité de

la future Cour arabe des droits de l'homme - De quelques réflexions sur son Statut », *RTDH* 2015, n° 103, p. 645 et suiv.).

Les autres systèmes de protection des droits de l'homme : la Déclaration des droits humains de l'ASEAN

48 • L'Asie et l'Océanie ne connaissent pas à ce jour de conventions régionales qui aient mis en place des mécanismes institutionnels de protection, ce qui laisse des grands pays comme l'Australie, le Japon, l'Inde et la Chine soumis seulement aux conventions du droit international général qu'ils ont ratifiées. A noter cependant que les 10 pays membres de l'ASEAN (Association des nations de l'Asie du Sud-est) ont adopté le 18 novembre 2012 une Déclaration des droits de l'homme (Cf. J. Dupouey, « Les droits de l'homme au sein de l'ASEAN, un régime protecteur en construction », *RDH* 2018, n°14, https://journals.openedition.org). Une première pour le groupe régional qui rassemble la Birmanie, la Thaïlande, le Cambodge, le Laos, le Vietnam, Singapour, la Malaisie, Brunei, l'Indonésie et les Philippines. Le texte final de l'ASEAN peut être vu comme un compromis entre les intérêts et les approches divergentes des gouvernements de la région mais l'approche est très lente voire encore « immature » (J. Dupouey, « Les droits de l'homme au sein de l'ASEAN, un régime protecteur en construction » précité). La vision asiatique des droits de l'homme se distingue déjà de la conception occidentale mais il existe aussi des nuances dans l'approche des droits au sein des pays de l'ASEAN. Le concept de dignité humaine est un exemple de prise en compte différente en fonction, notamment, de l'influence du confucianisme ou de l'Islam (Cf. J. Dupouey). Mais il comporte aussi des passages plus ou moins discutés. Beaucoup d'éléments viennent, notamment, restreindre, de manière abusive, les droits humains : la morale publique, l'ordre public, la sécurité nationale (art. 8). Le droit d'asile relève, par exemple, aussi uniquement d'une conception nationale (art. 16).

b) Une protection, en définitive, toute relative

Une articulation des différents instruments internationaux de protection qui soulève des questions

49 • Si les droits de l'homme demeurent importants et utiles, ils demeurent imparfaits comme instrument de protection. Tout d'abord, l'articulation des différents instruments internationaux soulève aujourd'hui plusieurs questions. L'absence de ratification d'instruments « universels » ou « régionaux » par des pays aussi puissants que les Etats-Unis, ou la ratification de ces conventions avec des réserves qui font prévaloir le droit national (comme dans l'adhésion des mêmes Etats-Unis à la Convention des Nations unies contre la torture), affaiblissent la portée des traités et mettent certains pays hors de portée de tout contrôle international. Les médiocres résultats en matière d'effectivité et de respect des droits sont souvent dus aux manques des mécanismes de mise en œuvre adoptés par les signataires. Il appartient déjà généralement aux Etats de décider ou pas d'être lié par la convention, le fait de simplement signer le document ne lui donne pas force exécutoire. Les Etats sont aussi autorisés à faire des réserves qui les

exceptent de certaines dispositions prévues par les textes, l'idée étant, avec cette souplesse, d'assurer le plus grand nombre d'Etats à signer le document en question. Lors de la ratification de la ConvEDH par la France en 1974, le gouvernement français a décidé d'émettre une réserve d'interprétation concernant l'article 15 §1 de la ConvEDH qui prévoit les conditions à la mise en place d'un régime dérogatoire à la Convention notamment quant au respect des droits et libertés fondamentales. Dans ce cadre, la France dispose d'une compétence discrétionnaire quant à l'interprétation de cet article 15 et la question s'est posée récemment quant à l'étendue de cette réserve lors de la mise en place du régime d'exception suite aux attentats du 13 novembre 2015 (Cf. A. Lambert et L. Braconnier Moreno, « La marge de manœuvre de la France dans le déclenchement d'un régime dérogatoire aux libertés fondamentales, une dénaturation de l'article 15 CEDH ? », www.revd.revues.org, janvier 2016) comme dans le cadre de la mise en œuvre de l'état d'urgence sanitaire (J.-P. Costa, « Le recours à l'article 15 de la Convention européenne des droits de l'homme », 27 avril 2020, https://www.leclubdesjuristes.com ; F. Sudre, « La mise en quarantaine de la Convention européenne des droits de l'homme », 20 avril 2020, https://www.leclubdesjuristes.com). Ce mécanisme peut parfois ouvrir la voie à des abus et servir de prétexte à un non-respect des droits, en permettant, par exemple, qu'un Etat échappe à la surveillance internationale dans certains domaines. Dans de nombreux cas aussi, le fait qu'un droit individuel ou de groupe soit garanti va dépendre de la pression exercée par la communauté internationale, et dans une large mesure du travail des Organisations non gouvernementales (Cf., par ex., l'action précitée de sensibilisation menée par la Cour africaine pour ratifier le protocole portant création de la Cour).

Des droits de l'homme qui ne sont pas universels et homogènes : l'exemple de la Charte arabe

50 • Dans l'énumération des droits, les divergences ne sont pas nombreuses mais les droits de l'homme ne sont d'abord pas universels. L'idée de droits inhérents à la personne humaine, intangibles et s'imposant à tous est susceptible de multiples remises en causes parce que les droits ainsi proclamés ne sont pas homogènes et qu'ils sont l'objet, notamment, de différences culturelles et idéologiques qui nuisent à leur effectivité. Après avoir accueilli ainsi de façon positive la signature de la Charte arabe des droits de l'homme, le Haut-Commissariat aux droits de l'homme a diffusé, le 30 janvier 2008, un communiqué critique soulignant que le texte reste incompatible avec les normes internationales tant en ce qui concerne les droits des femmes (article 3) qu'en ce qu'il continue d'assimiler le sionisme au racisme (préambule et article 2-C) ou encore à travers le fait que l'article 7-1 autorise l'application de la peine de mort aux mineurs. Une telle peine est pourtant formellement interdite par le Pacte international relatif aux droits civils et politiques (article 6-5) et la Convention sur les droits de l'enfant (article 37). La référence faite par la Charte dans son Préambule aux « principes éternels définis par le droit musulman » et à la Déclaration du Caire sur les droits de l'homme en Islam, adoptée par l'Organisation de la conférence islamique le 5 août 1990, distingue

cependant la Charte des autres instruments régionaux de proclamation. Il s'agit d'une proclamation des droits de l'homme prescrits par l'Islam, ordonnés par la loi divine, la Charia. En ce sens, c'est une déclaration islamique liée à la religion musulmane. Cette conception religieuse des droits de l'homme entraîne une différence radicale entre la déclaration islamique et les déclarations laïque alors que les secondes posent comme principe fondamental le principe de non-discrimination (notamment du fait de la religion), la première pose le principe de la distinction entre les hommes sur la base de leur religion et est articulée sur la division fondamentale musulmans/non-musulmans (eux-mêmes divisés en sous-catégories).

Des droits de l'homme qui ne sont pas universels et homogènes : la confrontation entre la Charia et la ConvEDH, l'affaire *Molla Sali contre Grèce*

51 • La CourEDH a souligné avec netteté l'incompatibilité de la loi islamique avec la ConvEDH, notant que la Charia « se démarque nettement des valeurs de la Convention », en raison, notamment, de la distinction fondée sur la religion qu'elle opère entre les individus, des règles de droit pénal et de procédure pénale, de la place réservée aux femmes dans l'ordre juridique et de l'intervention des normes religieuses dans tous les domaines de la vie privée et publique. En 2003, elle a, ainsi, validé la dissolution d'un parti politique islamiste, pourtant vainqueur aux élections, au motif qu'il souhaitait instaurer la Charia en Turquie (CourEDH, GC, 13 février 2003, *Refah Partisi (Parti de la prospérité) et autres contre Turquie*, req. n°41340/98 et autres). Elle s'est à nouveau prononcée en la matière le 19 décembre 2018 dans l'affaire *Molla Sali contre Grèce* concernant une affaire de droits de succession en Grèce (CourEDH, 19 décembre 2018, *Molla Sali contre Grèce*, req. n° 20452/14). Dans une région qui bénéficie d'un statut particulier lui permettant d'appliquer la loi islamique (parce qu'issue du démantèlement de l'Empire Ottoman au début du XXème siècle), la requérante s'était vue privé de l'héritage de son époux (pourtant confirmé par testament de son mari devant notaire) par les revendications de ses belles-sœurs fondées sur des dispositions présentes dans la loi islamique locale (le mari défunt étant issu de la minorité musulmane). La requérante a invoqué une discrimination dans la jouissance de son droit au respect des biens qui a été reconnue par la CourEDH. Sans surprise, on pourrait dire, dans la mesure où, au-delà de la question de la discrimination, l'application des règles religieuses n'est pas tolérable si elle se heurte à un intérêt public important et que le juge européen s'opposera nécessairement à toute loi religieuse qui heurterait frontalement les droits et libertés garantis par la ConvEDH. Cela n'a pas empêché un flot très important de critiques, en particulier sur Internet, quant à une prétendue « porte ouverte à l'application de la Charia dans les Etats européens » (G. Puppinck, « *Charia : ce que révèle la décision de la CEDH* », www.lefigaro.fr, 26 décembre 2018) que certains ont pris le temps de démystifier « en faisant appel à l'intelligence et à la réflexion des lecteurs, contre ceux qui cherchent à flatter leur préjugés » (N. Hervieu, « Non, la CEDH n'a pas érigé la charia en droit de l'homme », www.lefigaro.fr, 28 décembre 2018, voir aussi Th. Georgopoulos, « La charia en droit européen et la protection des minorités », *RFDA* 2020, p. 485 et suiv.).

Des droits de l'homme qui ne sont pas universels et homogènes : l'exemple de la soi-disant reconnaissance du « délit de blasphème » et l'affaire *E.S. contre Autriche*

52 • Le juge européen a, dans l'affaire *E.S. contre Autriche* (CourEDH, 25 octobre 2018, *E. S. contre Autriche*, req. n°38450/12) jugé que des critiques formulées contre le prophète Mahomet lors de plusieurs séminaires sur l'Islam (la conférencière avait assimilé, à propos d'un fait historique reconnu par les textes sacrés de l'Islam, le prophète à un pédophile en évoquant la consommation de son mariage avec la jeune Aïcha âgée de neuf ans) étaient constitutives d'une incitation à la haine et ne pouvaient être protégés par le droit à la liberté d'expression (art. 10 ConvEDH). En agissant de la sorte, la CJUE valide non seulement la décision des autorités autrichiennes mais elle requalifie aussi, à l'unanimité, les motifs en soutenant que les propos tenus risquaient d' « engendrer des préjugés » et de « menacer la paix religieuse ». La décision a provoqué de nombreux débats dans la presse, chez les universitaires ou au sein de l'institution elle-même : la Cour consacrant « un délit de blasphème anti-islam » ou retenant une « « conception musulmane » de la liberté d'expression « conforme à la Charia » », « la Cour européenne n'est pas Charlie » (Cf. R. Letteron, « La Cour européenne n'est pas Charlie », http://libertescheries.blogspot.com, 4 novembre 2018 ; P. Sugy (entretien), « Délit de blasphème : « La CEDH n'est pas Charlie ! », www.lefigaro.fr, 26 octobre 2018). La position du juge européen se situe cependant dans la continuité d'une jurisprudence bien connue (par ex., CourEDH, 20 septembre 1994, *Otto-Preminger-Institut contre Autriche*, série A, n°295-A, req. n°13470/87 ou CourEDH, 13 septembre 2005, *I. A. contre Turquie*, req. n°42571/98). Si elle ne condamne effectivement pas le délit de blasphème, elle n'en reconnait néanmoins pas l'existence (Voir, pour une approche plus générale du délit de blasphème, B. Basdevant-Gaudemet, « Histoire juridique du blasphème : péché, délit, liberté d'expression ? », *RDP* 2015, p. 309 et suiv.). Aucune obligation n'impose aux Etats d'adopter une législation spécifique pénalisant la liberté d'expression contre le respect des convictions religieuses (voir, en ce sens, le billet d'humeur de M. Afroukh, « Non, la Cour européenne des droits de l'homme n'a pas reconnu l'existence d'un délit de blasphème », *RDLF* 2018, chron. n°23, www.revuedlf.com en réponse aux amalgames et propos tenus dans la presse généraliste et les sites d'information et L. Burgorgue-Larsen, « Actualité de la Convention européenne des droits de l'homme (septembre-décembre 2018) : retour vers un « délit de blasphème » ou délire autour du délit ? », *AJDA* 2019, p. 169 et suiv.).

Des droits de l'homme qui ne sont pas universels et homogènes : l'exemple de la contradiction entre la culture africaine et les droits individuels

53 • On a pu mettre en avant le fait que la culture africaine traditionnelle était incompatible avec l'idée même de défense des droits individuels contre la société et le pouvoir politique dans la mesure où elle absorbe l'individu dans un réseau dense de liens familiaux et sociaux. Il faut, à cet égard, prendre quelques exemples. En Europe occidentale ou aux Etats-Unis, l'homosexualité est devenue un fait de

société si ce n'est totalement accepté (Cf. Par exemple : E. Spiry, « Homosexualité et droit international des droits de l'homme : vers une nouvelle donne en Europe ? », *RTDH* 1996, n°25, p. 45), tout du moins toléré (on peut, à cet égard, évoquer la résistance de certains maires de France quant à la célébration de mariages homosexuels : Cf., par ex., G. Puppinck, « L'objection de conscience des maires et la CEDH », *Revue Lamy des CT* 2013, n°95, p. 21). Il est loin d'en être de même dans d'autres pays en Afrique où sur 54 pays africains, 38 pénalisent l'homosexualité. En revanche, la polygamie est culturellement encore très pratiquée dans ces pays (Voir A. Ghassan, *Mariage, polygamie et répudiation en Islam. Justifications des auteurs arabo-musulmans contemporains*, Paris, L'Harmattan, 1998). En Europe, la polygamie a d'abord été combattue et décriée pour des raisons religieuses puis pour des motivations se rapportant à la dignité et aux droits des femmes (Cf. S. Biagini-Girard, « L'appréhension de la famille en droit français des étrangers », *RCDIP* 2014, n°2, p. 263). En Afrique, beaucoup de pays considèrent que leurs citoyens ont un droit à la vie sexuelle et conjugale de leur choix même s'ils ne tolèrent absolument pas la moindre liberté pour les homosexuels.

Des droits de l'homme qui ne sont pas universels et homogènes : des principes dictés par les coutumes locales, la singularité historique ou les impératifs économiques

54 • Quand on parle de droits de l'homme, il est possible de parler de seuil de tolérance acceptable par le plus grand nombre au sein d'une société. De ce fait, l'universalité devient problématique (Voir, en ce sens, par ex., P.-J. Parabas, « L'impossible universalité des droits de l'homme », *RTDH* 2011, n°85, p. 3). Le même antagonisme entre les cultures qu'on a pu traiter vis-à-vis des droits individuels peut se retrouver ainsi vis-à-vis des droits civiques, du multipartisme, de la peine de mort, de la libre circulation des biens et des personnes. Certains intellectuels africains font passer le droit à l'alimentation et à l'eau avant le droit à des élections libres et les Chinois, en restreignant les mouvements des populations à l'intérieur du pays, assurent qu'ils appliquent cette législation dans l'intérêt du pays et de son économie, le but étant d'éviter des mouvements incontrôlés de paysans pauvres qui seraient rapidement voués au sous-emploi, au chômage et à l'exploitation (Voir, en ce sens, N. Rouland, « La doctrine juridique chinoise et les droits de l'Homme », *RTDH* 1991, n°1-2, p. 1. ; M. Delmas-Marty, « La question des droits de l'homme en Chine », *D.* 2008, p. 2182 et suiv. et « L'Etat de droit en Chine », *D.* 2008, p. 2216 et suiv.). A la différence culturelle peut s'ajouter la singularité historique d'anciennes colonies et d'Etats encore en construction où les revendications et les besoins premiers ne sauraient être les mêmes que dans les pays occidentaux. En ce sens, par exemple, la Charte africaine des droits de l'homme met d'abord l'accent sur le droit des peuples à disposer d'eux-mêmes, à elle seule condition et garantie des droits de l'homme. Enfin, la dimension économique peut également être prise en compte dans ce type de discours dans la mesure où la jouissance véritable des droits supposerait un certain niveau de développement économique. Tout comme l'état d'urgence ou de crise peut justifier la suspension des droits, l'état de nécessité économique serait facteur de rejet ou diminuerait

l'exigence de respect des droits (Cf. V. Champeil-Desplats et D. Lochak, *A la recherche de l'effectivité des droits de l'homme*, Paris, Presses universitaires de Paris Ouest, 2008 ; P. Löwenthal, « Ambiguïtés des droits de l'Homme », *Droits fondamentaux* 2008, n°7, p. 1 ou E. Millard, « Précision et effectivité des droits de l'homme », www.revdh.revues.org, juillet 2015).

Une remise en cause permanente quant au contenu effectif des droits de l'homme

55 • L'origine, la validité et le contenu des droits de l'homme sont un sujet permanent de débats. Parmi les droits dont la revendication se multiplie dans la société contemporaine, certains ne sont pas à proprement parler des droits de l'homme mais ils les affectent dans leur portée symbolique. Des courants militent ainsi pour la « libération animale » et les droits des animaux (Cf. J.-P. Marguénaud et de J. Leroy (dir.), *Code de l'animal* (1ère édition 2018), LexisNexis ; C. Vial, « Et si les animaux avaient des droits fondamentaux ? », *RDLF* 2019, chron. n°39 ; P. Singer, *La libération animale*, Paris, Payot, 2012 ; B. Cyrulnik, P. Singer et E. de Fontenay, *Les Animaux aussi ont des droits*, Paris, Le Seuil, 2013) les « droits de la nature » (Voir, par ex., M. Ito, « Les droits de la nature : un nouveau paradigme pour la protection de l'environnement », https://www.mediaterre.org, 2017 ; J.-M. Harribey, « La nature sujet de droit : une fiction, un mythe fondateur pour changer la réalité ? » www.mouvements.info, 2012 ; Fabrice Flipo, « Pour des droits de la Nature », *Mouvements* 2012/2, n° 70, n° spécial « Vers les droits de la nature », p. 7 et suiv. ; M. Altwegg-Boussac, « Les droits de la nature, des droits sans l'homme ? Quelques observations sur des emprunts au langage du constitutionnalisme », *RDH* 2020, n°17, https://journals.openedition.org) ou encore le droit d'accès à Internet (voir, par ex., L. Marino, « Le droit d'accès à internet, nouveau droit fondamental », *D.* 2009, p. 2045 et suiv. ou B. Taxil, « Internet et l'exercice des droits fondamentaux », in SFDI (dir.), *Internet et le droit international*, Paris, Pedone, 2014, p. 115 et suiv. ; T. Shulga-Morskaya, « Droit d'accès à l'internet, droit fondamental ? », *Politea* 2017, n°31, p. 273 et suiv.) et les droits attachés à la nouvelle ère du numérique (D. Rousseau, « Le numérique, nouvel objet du droit constitutionnel », *Nouveaux cahiers du CC* 2017, n°57, p. 9 et suiv. ; C. Féral-Schuhl, « Vers un droit fondamental de l'accès à l'Internet dans la Constitution de 1958 ? », http://www.feral-avocats.com, 23 juillet 2018) même si le rattachement à un droit fondamental demeure difficile (M. Bastian, « La fragmentation d'un droit préexistant ou la fondamentalité par analogie : le cas du droit d'accès à Internet », *RDH* 2019, n°15, https://journals.openedition.org).

Une remise en cause permanente quant aux origines et la validité des droits de l'homme

56 • Les personnalités et les auteurs les plus divers ont souligné, à propos des droits de l'homme, « leur caractère spécieux, irréalisable, contradictoire, ethnocentrique et utopique » (A. Imatz, « Une déclaration des droits de l'homme pas très universelle » http://cerclearistote.com). On peut citer Jeremy Bentham (1748-1832) (B. Binoche et J.-P. Cléro (dir.), *Bentham contre les droits de l'homme*, Paris, PUF, 2007 ; M.

El Shakankiri, « Jeremy Bentham : critique des droits de l'homme », *Archives de philosophie du droit* 1964, t. 9, p. 129 et *La philosophie juridique de Jeremy Bentham*, Paris, LGDJ, 1970 ; G. Tusseau, « Jeremy Bentham et les droits de l'homme : un réexamen », *RTDH* 2002, p. 407), Edmund Burke (1729-1797) (E. Burke, *Réflexions sur la Révolution en France*, Paris, Hachette, 1989 ; E. Chiron, *Edmund Burke et la Révolution française*, Paris, Ed. Tequi, 1987 ; V. Schnebel, « Les droits de l'homme, une œuvre critiquée par Edmund Burke », www.chevaliersdesgrandsarrets.com) ou encore Karl Marx (1818-1883) (K. Marx, *A propos de la question juive. Suivi de la Question juive par Bruno Bauer*, Paris, Union générale d'éditions, 1968 ; J. Lacroix et J.-Y. Pranchère, « Karl Marx fut-il vraiment un opposant aux droits de l'homme. Emancipation individuelle et théorie des droits », *RFSP* 2012, vol. n°62, p. 433). Des critiques sont apparues relativement à toutes les disciplines quant à la prétendue universalité des droits et leur caractère idéologique. Que ce soit chez les historiens, théologiens, philosophes du droit, géopoliticiens ou juristes tout simplement, on a pu parler de système qui « joue exclusivement pour l'avantage de quelques-uns », d' « instrument politique entre les mains des puissants », de « droits de classe », d' une « arme politique, un moyen pour les nations puissantes de maintenir leur domination ou le statu quo ». Les juristes, faisant, eux, valoir que « le droit suppose une relation entre les hommes, un facteur objectif externe à la personne, alors que les droits de l'homme découlent seulement de l'homme lui-même, de sa nature » (Cf. Pour l'ensemble de ces éléments : A. Imatz, « Une déclaration des droits de l'homme pas très universelle » http://cerclearistote.com, 12 septembre 2014 ; Pour une approche encore plus large : J. Lacroix et J.-Y. Pranchère, *Le procès des droits de l'homme. Généalogie du scepticisme*, Ed. du Seuil, 2016 ou B. Binoche, *Critique des droits de l'homme*, Paris, PUF, 1989).

Une remise en cause nouvelle quant au caractère anti-démocratique des droits de l'homme

56-1 • La critique en ce sens est aujourd'hui de plus en plus répandue. Poursuivant sa réflexion entamée dans son ouvrage *Justice et politique : la déchirure*, Bertrand Mathieu évoque notamment l'étouffement de la démocratie par le droit (B. Mathieu, *Le droit contre la démocratie ?* Paris, LGDJ, 2017). Cet « étouffement » se traduit même, aujourd'hui, dans une sorte de prolongement conceptuel par la substitution, désormais courante et pas toujours justifiée, de la notion « d'Etat de droit » à la notion de « démocratie ». Ainsi, si, pour l'auteur, le « droit est la condition de la démocratie et il détermine les modalités de son exercice », « il peut, en cas de dérive, l'encadrer et la contraindre de telle manière qu'elle soit étouffée » (B. Mathieu, « Le droit est-il en train d'étouffer la démocratie ? », www.gazette-du-palais.fr, 12 septembre 2017). L'avènement des droits subjectifs ou droits de l'homme serait une des causes principales de la crise actuelle de la démocratie (Voir, aussi, en ce sens, M. Gauchet, *L'avènement de la démocratie*, Paris, Gallimard, t. 1, 2010) et les juges chargés de les appliquer les principaux pourfendeurs de cette démocratie. C'est le recours au droit, au nom de sa légitimité suprême, qui amène aujourd'hui à faire plier le pouvoir politique, soit en l'incitant à agir, soit en l'obligeant à renoncer à un projet donnant, par là-même, aux institutions chargées de l'appliquer une ampleur inédite (Conseil constitutionnel ou CourEDH par exemple). Pour autant, ces institutions, établies pour défendre et faire respecter la démocratie, ne procèdent pas de celle-ci, et ne sont pas soumises au contrôle démocratique. Si elles se substituent au pouvoir politique pour imposer leur vue, notamment sur des sujets de société, la logique propre qu'ils appliquent relève plus de la défense d'intérêts particuliers que de la défense de l'intérêt général. Si le système démocratique reste le système où ceux qui exercent le pouvoir sont légitimés par le peuple, le transfert des pouvoirs aux juges, même pour faire respecter les droits de l'homme, s'éloigne alors de l'idée même de la démocratie.

Une remise en cause nouvelle qui dépasse la sphère doctrinale pour rentrer dans la sphère politique (1)

56-2 • Les intellectuels qui dénoncent le caractère impérialiste des droits de l'homme sont de plus en plus nombreux (Voir, dernièrement, C. Delsol, *Le crépuscule de l'Universel. L'Occident postmoderne et ses adversaires, un conflit mondial des paradigmes*, Paris, Les éditions du Cerf, 2020) mais le plus inquiétant, aujourd'hui, c'est qu'on retrouve ces attaques massives, surtout, dans le champ politique et non plus simplement dans le champ doctrinal. Ce ne sont plus les auteurs qui remettent en cause la doctrine de l'Etat de droit mais les Etats eux-mêmes et derrière l'exercice démocratique du suffrage, les électeurs ou citoyens eux-mêmes. Ces attaques sont notamment permises par le contexte actuel des relations internationales. Jusqu'alors, la diffusion des idées occidentales n'avait cessé de s'étendre jusqu'à favoriser une sorte de civilisation universelle. La tendance s'inverse aujourd'hui (voir, pour l'ensemble des remarques qui vont suivre : L. Burgorgue-Larsen, « Le basculement de l'Histoire ? Les attaques contre l'universalisme des droits de l'homme », *RDLF* 2021, chron. n°6). Si les pays non occidentaux se sont appuyés sur ces idées, ils ne les ont pas entièrement assimilées laissant notamment de côté tout ce qui relève de la logique individualiste, de l'Etat de droit ou encore de la distinction entre le spirituel et le temporel (il n'y a qu'à voir comment la diplomatie française essaye d'expliquer ou de défendre le principe de la laïcité à la française aux pays non occidentaux comme d'ailleurs aux pays anglo-saxons). Ce sont les attentats du 11 septembre 2001 qui ont été les premiers révélateurs de ce « choc des civilisations » (Cf. S. Huntington, *Le choc des civilisations*, 2000, Odile Jacob) avant que les pays occidentaux ne perdent progressivement de leur influence ou de leur caractère central.

Une remise en cause nouvelle qui dépasse la sphère doctrinale pour rentrer dans la sphère politique (2)

56-3 • C'est le retour des « empires perdus » (la Russie de Vladimir Poutine, la Turquie Recyep Erdogan ; la Chine de Xi Jingping) qui accentue le phénomène. On retrouve alors la naissance du même culte de la personnalité ainsi que les mêmes ressorts populistes dans la prise de pouvoir de pays très importants (l'Inde de Narendi Modi, l'Indonésie de Joko Widodo, les Philippines de Rodrigo Dutertre ou encore le Brésil de Jair Bolsonaro ou le Rwanda de Paul Kagamé). La caractéristique principale de toutes ses prises de pouvoir amenant à écarter durablement les principes démocratiques et ceux de l'Etat de droit. C'est la naissance de ce qu'on va appeler les « démocraties illibérales » (F. Zacharia, *L'avenir de la liberté. La démocratie illibérale aux Etats-Unis et dans le monde*, Paris, Odile Jacob, 2003) ou « démocratures » (Cf. Numéro spécial sur « Les démocratures » de la *Revue Pouvoirs* 2019, n°169). Ce tournant populiste va même s'implanter au cœur même des structures ou pays occidentaux qu'on pensaient jusque-là intouchables. C'est d'abord l'Union européenne qui voit ses valeurs remises en cause par des Etats membres se sentant mis en cause dans leur identité ou leur histoire par l'afflux et le respect massif de droits individuels étrangers à une certaine partie de leur culture (aux 4 du groupe de Visegrad (la Hongrie, la Pologne, la République tchèque et la Slovaquie), on peut ajouter la Bulgarie ou la Roumanie)). Ce sont, ensuite, les Etats-Unis de Donald Trump ou, à un degré moindre, le Royaume-Uni de Boris Johnson (l'une des raisons principales du Brexit étant le contrôle de plus en plus poussé du juge de l'Union sur la question des droits et libertés dans le pays à l'origine du socle contemporain des droits fondamentaux sans parler de la menace, déjà pendante sous David Cameron et réaffirmé fortement sous Boris Johnson, d'abandonner la ConvEDH : Cf. Par ex., P. Berger, « La protection des droits de l'homme menacée au Royaume-Uni ? », 14 septembre 2019, https://lepetitjournal.com).

Un manque, au final, quant à la garantie d'effectivité : la nécessité d'un mécanisme de protection en droit interne

57 • Au final, tous ses éléments montrent que les droits de l'homme n'offrent pas en tant que tels de véritables garanties d'effectivité. Cette dernière ne peut être assurée que si des mécanismes de mise en œuvre adaptés sont mis en place par les Etats signataires des conventions quant à l'application effective des textes en droit interne (s'ils ne le font pas, pas d'application effective des droits) mais dans ce cas, on ne parlera précisément plus de droits de l'homme mais de droits fondamentaux. Il y a, à ce sujet, une opposition traditionnelle entre pays monistes (intégrant directement les traités ratifiés dans leur droit national, comme en France) et les pays dualistes (dans lesquels cette incorporation nécessite, après la ratification, une loi spécifique comme au Royaume-Uni) même si elle tend aujourd'hui à s'effacer. En effet, les juridictions des pays monistes ne considèrent, pas toujours, que les dispositions internationales sur les droits de l'homme ont un effet direct et celles des pays dualistes utilisent, de plus en plus, le droit international comme guide d'interprétation des règles nationales. Ce n'est que dans certains cas, comme en France (avec le contrôle de conventionnalité) que les juridictions nationales ont pu écarter une norme nationale jugée contraire au droit international. La perception et la protection des droits de l'homme dépendent en fin de compte, et pour l'essentiel, des développements et des mécanismes au niveau national. On doit retrouver les droits dans les systèmes nationaux constitutionnels et juridiques pour que leurs violations soient condamnées et sanctionnées. Les normes nationales ont, en effet, des répercussions plus directes et les procédures nationales sont plus accessibles que celles en place au niveau régional et international. On verra néanmoins que si le côté international est inapproprié ou inefficace, le côté régional fera l'œuvre, au contraire, d'une efficacité nouvelle et redoutable.

Bibliographie

- **Abdou Dangabo (M.)**, « Chronique de la Cour africaine des Droits de l'Homme et des Peuples à la Cour de Justice de l'Union africaine : Histoire d'une coexistence pacifique en attendant la fusion », Revue internationale de droit pénal 2005, vol. n°76, p. 135 et suiv.

- **Abu-Sahlieh (S. A. A.),** « Les Musulmans face aux droits de l'homme (religion, droit et politique : études et documents) », Revue internationale de droit comparé 1995, n°47-4, p. 1041 et suiv.

- **Ackerman (B.)**, Au nom du peuple, Paris, Calmann-Levy, 1998.

- **Midani (M.-A.)**, « Le système arabe de protection des droits de l'homme : données actuelles et améliorations attendues », RUDH 2010, vol. n°19, p. 1 et suiv.

- **Arbour (L.)**, « La Déclaration universelle des droits de l 'Homme », Revue Québécoise de droit international 1998, n°11-2, p. 3 et suiv.

- **Atangana Amougou (J.-L.)**, « Avancées et limites du système africain de protection des droits de l'homme : la naissance de la Cour africaine des droits de l'homme et des peuples », Droits fondamentaux 2003, n°3, p. 175 et suiv. ; « La commission africaine des droits de l'homme et des peuples », Droits fondamentaux 2001, n°1, p. 91 et suiv.

- **Bacot (G.)**, « La Déclaration de 1789 et la Constitution de 1958 », RDP 1989, p. 685 et suiv.

- **Badara Fall (A.)**, « La Charte africaine des droits de l'homme et des peuples : entre universalisme et régionalisme », Pouvoirs 2009, n°159, p. 77 et suiv.

- **Badinter (R.)**, (Conseil constitutionnel) (dir.), La déclaration des droits de l'homme et du citoyen et la jurisprudence, Paris, PUF, 1989.

- **De Baecque (A.), Schmale (W.), Vovelle (M.)**, L'An I des droits de l'homme, Paris, Presses du CNRS, 1988.

- **Baranger (D.)**, Ecrire la Constitution non écrite : une introduction au droit politique britannique, Paris, PUF, 2008 ; « Common Law et droits de l'homme » et « Libertés et Déclarations anglaises du Moyen Âge au XVIIIe siècle » in J. Andriantsimbazovina, et autres (dir.), Dictionnaire des droits de l'homme, Paris, PUF, 2008 ; Parlementarisme des origines : essai sur les conditions de formation d'un exécutif responsable en Angleterre (des années 1740 au début de l'âge victorien), Paris, PUF, 1999.

- **Barraud (B.)**, « La république révolutionnaire. Modernité et archaïsme constitutionnels des révolutions républicaines de la France (1792-1799) », Revue juridique de l'Ouest 2014, n°4, p. 63 et suiv.

- **Barsac (T.)**, La Cour africaine de justice et des droits de l'homme, Paris, Pedone, 2012.

- **Bauer (D.)**, Déclaration universelle des droits de l'Homme : déjà 70 ans », LPA 2018, n°89, 3 mai, p. 4 et suiv.

- **Bettati (M.)**, La Déclaration universelle des droits de l'homme, Paris, Gallimard, 1998.

- **Binoches (B.)**, Critiques des droits de l'homme, Paris, PUF, 1989.

- **Bitie (A.-K.)**, « L'africanisation de la justice pénale internationale entre motivations politiques et juridiques », Revue Québécoise de droit international 2017, n°1-1, p. 143 et suiv.

- **Bourgeois (B.), D'Hondt (J.)** (dir.), La philosophie et la Révolution française, Paris, Librairie philosophique J. Vrin, 1993.

- **Brachet (I.)**, « La Commission intergouvernementale des droits de l'homme de l'ANASE (Association des nations de l'Asie du sud-est), premier organe régional dans le domaine des droits de l'homme en Asie du sud-est : avancée historique ou écran de fumée », RTDH 2010, n°83, p. 617 et suiv.

- **Burgorgue-Larsen (L.)**, « Les méthodes d'interprétation de la Cour interaméricaine des droits de l'homme. Justice in context », RTDH 2014, n°97, p. 31 et suiv. ; « Les nouvelles tendances dans la jurisprudence de la Cour interaméricaine des droits de l'homme », Cursos de Derecho Internacional y Relaciones y Internacionales de Vitoria-Gasteiz 2008, Universidad del Pais Vasco, 2009, p.149 et suiv.

- **Burgogue-Larsen (L.), Ubeda de Torres (A.)**, Les grandes décisions de la Cour interaméricaine des droits de l'homme, Bruxelles, Bruylant, 2008.

- **Burke (E.)**, Réflexions sur la révolution de France (trad. P. Andler), Paris, Hachette, 1989.

- **Caflisch (L.), Cancado Trindade (A.)**, « Les conventions américaine et européenne des droits de l'Homme et le droit international général », RGDIP 2004, n°108, p. 5 et suiv.

- **Cancado Trindade (A.)**, « Le développement du droit international des droits de l'homme à travers l'activité et la jurisprudence des Cours européennes et interaméricaine des droits de l'homme », RUDH 2004, n°5-8, p. 177 et suiv. ; « Le système interaméricain de protection des droits de l'homme : état actuel et perspectives au XXIème siècle », AFDI 2000, n°46, p. 548 et suiv.

- **Champeil-Desplats (V.), Lochak (D.)** (dir.), A la recherche de l'effectivité des droits de l'homme, PU Paris Ouest, 2008.

- **Champeil-Desplats (V.)**, « Effectivité et droits de l'homme : une approche théorique » in V. Champeil-Desplats et D. Lochak (dir.), A la recherche de l'effectivité des droits de l'homme, PU Paris Ouest, 2008, p. 11 et suiv.

- **Chekir (A.)**, « La modernisation de la Charte arabe des droits de l'homme », www.juragentium.org, 2005.

- **Cohen-Jonathan (G.)**, « Universalité et singularité des Droits de l'Homme », RTDH 2003, n°53, p. 3 et suiv. ; « Les droits de l'homme, une valeur internationalisée », Droits fondamentaux 2001, n°1, p. 157 et suiv. ; https://droits-fondamentaux.u-paris2.fr ; « L'évolution du droit international des droits de l'homme », Mélanges Thierry 1999, Paris, Pedone, p. 107 et suiv.

- **Conac (G.), Debene (M.), Teboul (G.)** (dir), La Déclaration des droits de l'homme et du citoyen de 1789, Economica, 1993.

- **Colliard (C.-A.), Conac (G.)** (dir.), La Déclaration des Droits de l'homme et du citoyen, ses origines, sa pérennité, La Documentation française, 1990.

- **Cottret (B.)**, Histoire de l'Angleterre : de Guillaume le conquérant à nos jours, Ed. Tallardier, 2011.

- **Debos (M.)**, « La création de la Cour africaine des droits de l'Homme et des peuples. Les dessous d'une ingénierie institutionnelle multicentrée », Revue Culture et conflits 2005, n°60, p. 159 et suiv.

- **Decaux (E.)**, « Brève histoire juridique de la Déclaration universelle des droits de l'homme Revue Trimestrielle des Droits de l'Homme », RTDH 2018, n°116, p. 837 et suiv. ; « La déclaration universelle des droits de l'homme Nova et Vetera », RTDH 2015, n°103, p. 579 ; « La réforme du Pacte international relatif aux droits économiques, sociaux et culturels » Mélanges Valticos, Paris, Pedone, 1999, p. 405 et suiv. ; « Les droits fondamentaux en droit international », AJDA 1998, p. 66 et suiv.

- **Delas (O.), Ntaganda (E.)**, « La création de la Cour africaine des droits de l'homme et des peuples : mécanisme efficace de protection des droits de l'homme ? », Revue québécoise de droit international 1999, n°12-2, p. 99 et suiv.

- **Dezalai (S.), Jaureguiberry (A.)**, « La commission africaine au quotidien », Droits fondamentaux 2005, n°5, p. 1.

- **Diomande (A.-S.)**, « La Cour pénale internationale : une justice à double vitesse ? », RDP 2012, p. 1013.

- **Diop (M.-F.)**, « Plaidoyer pour l'accès direct à la Cour africaine des droits de l'homme et des peuples et à la future Cour africaine de justice des droits de l'homme et des peuples », RDP 2016, n°2, p. 653 et suiv.

- **Diop (A.-K.)**, « La Cour africaine des droits de l'homme et des peuples ou le miroir stendhalien du système africain des droits de l'homme », Cahiers du droit 2014, vol. 55, n°2, p. 529 et suiv. 2 juin, https://www.erudit.org/fr

- **Dore (I.)**, « La Constitution des Etats-Unis et l'accusé », RIDC 2005, n°4, p. 959 et suiv.

- **Dormenval (A.)**, Procédures onusiennes de mise en œuvre des droits de l'homme. Limites ou défauts ?, Graduate Institute Publication, 1991.

- **Du Bois de Gaudusson (J.)**, « La justice en Afrique : nouveaux défis, nouveaux acteurs », Afrique contemporaine 2014, n°250, p. 13 et suiv.

- **Durpaire (F.)**, Historie des Etats-Unis, PUF, Que sais-je ?, 2016.

- **Dutheil de la Rochère (J.)**, « Le pouvoir judiciaire et les libertés au Royaume-Uni », Pouvoirs 1986, n°37, p. 101 ; Le Royaume-Uni, Paris, LGDJ, 1979.

- **Edmond (A.)**, Constitution du Royaume-Uni, des origines à nos jours, Montréal, Wilson et Lafleur, 2009.

- **Ergec (R.)**, Protection européenne et internationale des droits de l'homme, Bruxelles, Bruylant, 2005.

- **Ester (L.)**, Human Rights – Law and Practice, Londres, Butterworths, 1999.

- **Eynard (M.)**, « Elargissement de la compétence matérielle de la Cour africaine de justice et des droits de l'homme », RGDIP 2015, n°3, p. 640 et suiv.

- **Fatsah (O.)**, « La Cour africaine des droits de l'homme et des peuples - Gros plan sur le premier organe judiciaire africain à vocation continentale », AFDI 2006, n°52, p. 213 et suiv.

- **Faure (C.)**, Les déclarations des droits de l'homme, Paris, Payot, 1988.

- **Ferrero (J.)**, « Etat des lieux de la justiciabilité des droits économiques, sociaux et culturels dans le système interaméricain », RTDH 2016, n°108, p. 983 et suiv.

- **Fraisse (R.)**, « L'article 16 de la Déclaration, clef de voute des droits et libertés », Nouveaux cahiers du CC 2014, n°44, p. 9 et suiv.

- **Fraissex (P.)**, « Les droits fondamentaux, prolongement ou dénaturation des droits de l'homme ? » RDP 2001, p. 531 et suiv.

- **Frison (D.)**, Histoire constitutionnelle de la Grande Bretagne, Paris, Ellipses, 2005.

- **Garcin (T.)**, « Les droits de l'homme à l'épreuve de l'universalité », Relations Internationales 2007, n°4, p. 41 et suiv.

- **Garrola (A.-M.)**, « Contribution de la jurisprudence interaméricaine à la protection des droits de l'homme en Amérique latine », http://leuropedeslibertes.u-strasbg.fr, n°13, mai 2004.

- **Gauchet (M.)**, La révolution des droits de l'homme, Paris, Gallimard, 1989.

- **Gazier (F.), Gentot (M.), Genevois (B.)**, « La marque des idées et des principes de 1789 dans la jurisprudence du CE et du CC », EDCE 1989, n°140, p.151 et suiv.

- **Gough (J.-W.)**, L'idée de loi fondamentale dans l'histoire constitutionnelle anglaise, Paris, PUF, 1992.

- **Groppi (T.), Lecis Cocco-Ortu (A.M.)**, « Cour européenne et Cour interaméricaine des droits de l'homme : de l'influence au dialogue ? », RFDC 2014, n°4, p. 971 et suiv.

- **Gros Espiell (H.)**, « La déclaration universelle des droits de l'homme et la déclaration américaine des droits de l'homme ont 50 ans », Revue québécoise de droit international 1998, n°11-1, p. 1 et suiv.

- **Guarlino (J.), Ben Achour (R.)**, La nouvelle Charte arabe des droits de l'homme. Dialogue italo-arabe, Turin, Ed. Giapichelli, 2005.

- **Hanffou Nana (S.)**, La Cour africaine des droits de l'Homme et des peuples. Etude à la lumière de l'expérience européenne, Connaissances et Savoirs, 2017.

- **Hamilton (A.), Jay (J.), Madison (J.)**, Le fédéraliste, Paris, Economica, 1988.

- **Hamroumi (M.-O.)**, « La complémentarité régionale dans le cadre de la Cour africaine de justice, des droits de l'homme et des peuples », RDP 2018, p. 1149 et suiv.

- **Harouel (J.-L.)**, Les droits de l'homme contre le peuple, Paris, Desclée De Brouwer, 2016.

- **Hennebel (L.)**, « La Cour interaméricaine des droits de l'homme : entre particularisme et universalisme », in L. Hennebel et H. Tigroudja (dir.), Le particularisme interaméricain des droits de l'homme, Paris, Pédone, 2009, p. 76 et suiv. « L'« humanisation » du droit international des droits de l'homme », RTDH 2004, n°59, p. 747 et suiv.

- **Hennebel (L.), Tigroudja (H.)**, Le particularisme interaméricain des droits de l'homme, Paris, Pédone, 2009.

- **Hilling (C.)**, « Le statut de la déclaration américaine des droits et devoirs de l'homme, reflet de l'évolution du système interaméricain de protection des droits de l'Homme », Revue québécoise de droit international 1998, n°11-1, p. 47 et suiv. ; « Le système interaméricain de protection des droits de l'Homme : le modèle européen adapté aux réalités latino-américaines », Revue québécoise de droit international 1991, n°7-2, p. 210 et suiv.

- **Humphrey (J.)**, Les Pactes internationaux des droits de l'homme », Revue québécoise de droit international 1993, n°8-2, p. 337 et suiv.

- **Ibáñez Rivas (J.-M.)**, « De nouvelles menaces sur le processus de renforcement du système interaméricain des droits de l'homme », RDH 2014, novembre.

- **Jahel (S.)**, « Les droits fondamentaux en pays arabo-musulmans », RIDC 2004, n°4, p. 787.

- **Janis (M.)**, « La notion de droits fondamentaux aux Etats-Unis », AJDA 1998, p. 52.

- **Jeanneau (B.)**, « La déclaration des droits de l'homme et du citoyen de 1789 et son influence sur les Constitutions », RIDC 1990, vol. n°42, p. 765.

- **Jengene Vilmer (J.-B.)**, « La fin des droits de l'homme ? » Etudes 2015, n°3, p. 19-30.

- **Kamara (M.)**, « La promotion et la protection des droits fondamentaux dans le cadre de la Charte africaine des droits de l'homme et des peuples et du protocole facultatif additionnel de juin 1998 », RTDH 2005, n°63, p. 709 et suiv.

- **Koude (R.-K.)**, « Pertinence et défauts de pertinence des récusations de la Déclaration universelle des droits de l'Homme », RTDH 2009, n°80, p. 945 et suiv. ; « Les droits de l'homme : de l'intuition universaliste à l'universalité récusée », RTDH 2006, n°68, p. 909 ; « Peut-on à bon droit parler d'une conception africaine des droits de l'homme ? », RTDH 2005, n°62, p. 539.

- **Kovevi (A.)**, « Les déclarations non occidentales des droits de l'homme », Revue de la recherche juridique. Droit prospectif 1995, n°2, p. 629 et suiv.

- **Kowouvih (S.)**, « La Cour africaine des droits de l'homme et des peuples : une rectification institutionnelle du concept de « spécificité africaine » en matière de droits de l'homme », RTDH 2004, n°59, p. 757 et suiv.

- **Lacorne (D.)** (dir.), Les Etats-Unis, Paris, Fayard, 2006 ; « Les droits de l'homme : une expérience franco-américaine », Rev. Tocqueville 1993, vol. XIV, n°1 ; L'invention de la République : le modèle américain, Paris, Hachette, 1991.

- **Lacroix (J.), Pranchère (J.-Y.)**, Le procès des droits de l'homme. Généalogie du scepticisme démocratique, Ed. du Seuil, 2016.

- **Legrand (P.)**, « Le droit de Blackstone et la langue de Molière : une valse à mille temps » in P. Legrand (dir.), Common Law d'un siècle à l'autre, Montréal, Blais, p. 7.

- **Leruez (J.)**, Le système politique britannique, Paris, Dalloz, 2001.

- **Levi (A.)**, Les libertés en France et au Royaume-Uni : Etat de droit, Rule of Law : à propos de l'anniversaire de la grande charte de 1215, Ed. Société de législation comparée, 2016.

- **Löwenthal (P.)**, « Ambiguïtés des droits de l'homme », Droits fondamentaux 2008, n°7, p. 1.

- **Machelon (J.-P.)**, Le huitième centenaire de la Magna Carta, Ed. Mare Martin, 2017.

- **Madiot (Y.)**, « L'influence de la Déclaration des droits de l'homme et du citoyen de 1789 sur le droit international des droits de l'homme » RQDI 1989-1990, vol. n°6, n°1, p. 1-11.

- **Magliveras (K.), Naldi (G.)**, « The arab court of human rights : a study in impotence », Revue Québécoise de droit international 2016, n°29-2, p. 147 et suiv.

- **Majzoub (T.)**, « De l'utilité de la future Cour arabe des droits de l'homme », RTDH 2015, n°103, p. 645 et suiv.

- **Manceron (G.), Rebérioux (G.)** (dir.), Droits de l'homme. Combats du siècle, Paris, Seuil, 2004.

- **Marienstras (E.)**, Les mythes fondateurs de la nation américaine. Essai sur le discours idéologique aux Etats-Unis à l'époque de l'indépendance (1763-1800), Paris, Maspero, 1976.

- **Marx (P.)**, Histoire de la Grande Bretagne, Librairie académique Perrin, 2004.

- **Mathieu (B.)**, Le droit contre la démocratie ? Paris, LGDJ, 2017 ; « Le droit est-il en train d'étouffer la démocratie ? », www.gazette-du-palais.fr, 12 septembre 2017.

- **Mbokani (J.-B.)**, « La Cour pénale internationale : une Cour contre les africains ou une Cour attentive à la souffrance des victimes africaines ? », Revue québécoise de droit international 2013, n°26-2, p. 47 et suiv.

- **Médevielle (G.)**, « La difficile question de l'universalité des droits de l'homme », Transversalités 2008, n°107, p. 69 et suiv.

- **Millard (E.)**, « Précision et effectivité des droits de l'homme », RDH 2015, 7.

- **Morange (J.)**, La déclaration des droits de l'homme et du citoyen (26 août 1789), Paris, PUF, Que sais-je ?, 4ème éd., 2002.

- **Mourgeon (J.)**, Les Droits de l'homme, Paris, PUF, « Que sais-je ? », 2003 ; « Les Pactes internationaux relatifs aux droits de l'homme », AFDI 1967, p. 326 et suiv.

- **MP (N.)**, « 4 juillet : 240 ans de la déclaration d'indépendance américaine », www.contrepoints.org, 4 juillet 2016.

- **Mubiala (M.)**, « Vers la création d'une Cour mondiale des droits de l'homme ? », RTDH 2013, n°96, p. 795 et suiv. ; « Chronique de droit pénal de l'Union africaine. Vers une justice pénale régionale en Afrique », RIDP 2012, vol. n°83, p. 547 et suiv. ; « Les droits des peuples en Afrique », RTDH 2004, n°60, p. 985 et suiv. ; « Charte africaine des droits de l'homme et des peuples et cultures africaines », Revue québécoise de droit international 1999, n°12-2, p. 197 et suiv. ; « La Cour africaine des Droits de l'Homme et des peuples : Mimétisme institutionnel ou avancée judiciaire ? », RGDIP 1998, n°3, p. 767 et suiv.

- **Muntarbhorn (V.)**, « Vers un mécanisme sur les droits de l'homme dans le cadre de l'ASEAN ? » Droits fondamentaux 2002, n°2, p. 63 et suiv., https://droits-fondamentaux.u-paris2.fr

- **Namountougou (M.-A.)**, « La saisine du juge international africain des droits de l'homme », RTDH 2011, n°86, p. 261 et suiv.

- **Nikken (P.)**, « Les droits de l'homme en Amérique centrale en temps de guerre et en temps de paix », Revue québécoise de droit international 1998, n°11-1, p. 96 et suiv.

- **Niyungeko (G.)**, « La Cour africaine des droits de l'homme et des peuples : défis et perspectives », RTDH 2009, n°79, p. 731 et suiv.

- **Ntwari (G.-F.)**, « La Cour africaine des droits de l'homme et des peuples à la croisée des chemins. Bilan des cinq premières années », RTDH 2015, n°102, p. 367 et suiv.

- **Olinga (A.-D.)**, « La première décision au fond de la Cour africaine des droits de l'homme et des peuples », RDH 2014, 6 ; « Les emprunts normatifs de la Commission africaine des droits de l'homme et des peuples aux systèmes européen et interafricain de garantie des droits de l'homme », RTDH 2005, n°62, p. 499 et suiv.

- **Ouguergouz (F.)**, La Charte africaine des droits de l'homme et des peuples : une approche juridique des droits de l'homme entre tradition et modernité, Paris, PUF, 1993 et « La Cour africaine des droits de l'homme et des peuples. Gros plan sur le premier organe judiciaire africain à vocation continentale », AFDI 2006, vol. 52, p. 213 et suiv.

- **Pararas (P.-J.)**, « L'impossible universalité des droits de l'homme », RTDH 2011, n°85, p. 3 et suiv.

- **Pelloux (R.)**, « Vrais et faux droits de l'homme : problèmes de définition et de classification », RDP 1981, p. 53 et suiv.

- **Puppinck (G.)**, Les droits de l'homme dénaturé, Paris, CERF, 2018.

- **Quilleré-Majzoub (F.), Majzoub (T.)**, « Le préambule de la Charte arabe des droits de l'homme : vers un aggiornamento des droits de l'homme dans les États arabes ? », RTDH 2018, n°114, p. 379 et suiv. ; « La future cour arabe des droits de l'homme : des espoirs à la déconvenue », RGDIP 2015, n°2, p. 361 et suiv. ; « Le comité arabe des droits de l'Homme : un organe nécessaire au sein de la Ligue des états arabes », RTDH 2012, n°92, p. 773 et suiv.

- **Raynaud (P.)**, Trois révolutions de la liberté. Angleterre, Amérique, France, Léviathan, 2009.

- **Renaudie (V.)**, « Les USA pays des droits de l'homme ? Un instrument de protection des droits de l'homme méconnu : le US Alien tort claims act », RIDC 2004, n°3, p. 603 et suiv.

- **Rials (S.)**, La déclaration des droits de l'homme et du citoyen, Paris, Hachette littérature, 1988.

- **Rivet (M.)**, Les textes et les tribunaux : qu'en est-il devenu de l'esprit et du souffle de la Déclaration universelle ? », Revue québécoise de droit international 1998, n°11-2, p. 39 et suiv.

- **Robert (J.)**, « Le dialogue des juges entre la CourEDH et la Cour interaméricaine », Droit social 2016, n°3, p. 228.

- **Rouland (N.)**, « A propos des droits de l'homme : un regard anthropologique », Droits fondamentaux 2003, n°3, p. 129 et suiv. ; https://droits-fondamentaux.u-paris2.fr ; « L'archipel des droits de l'homme », Revue québécoise de droit international 1993, n°8-1, p. 14 et suiv.

- **Roulhac (C.)**, « Les droits de l'homme sans la loi ? Conception (s) et effectivité des droits de l'homme en droit français », RDH 2014, 5.

- **Santoscoy (B.)**, « La protection des droits de l'homme dans le contexte américain : référence au cas d'Haïti et Cuba », Revue québécoise de droit international 2000, n°13-2, p. 1 et suiv.

- **Seminara (L.)**, Les effets des arrêts de la Cour interaméricaine des droits de l'homme, Bruxelles, Anthemis, 2009.

- **Sermet (L.)**, « De la carence de la Charte africaine des droits de l'homme et des peuples de la clause de dérogation aux droits de l'homme », RGDIP 2005, n°109, p. 389 et suiv.

- **Soutou (G.-H.)**, « La France et le pacte des droits de l'homme : droit, politique, valeurs (1948-1949) », Mélanges Sur, Paris, Pédone, 2014, p. 109 et suiv.

- **Stirn (B.), Fairgrieve (D.), Guyomar (M.)**, Droits et libertés en France et au Royaume-Uni, Ed. Odile Jacob, 2006.

- **Sudre (F.)**, La déclaration universelle des Droits de l'Homme », JCP 1998, G, n°52, p. 2249 et suiv.

- **Sueur (J.-J.)**, « Imprécision des droits de l'homme : quelle imprécision ? », RDH 2015, 7.

- **Tardif (E.)**, « Le système interaméricain des droits de l'homme : particularités, percées et défis », RDH 2014, 6, https://journals.openedition.org.

- **Tardy-Joubert (S.)**, La déclaration universelle des droits de l'homme est un texte d'une incroyable modernité », LPA 2019, n°13, 17 janvier, p. 8 et suiv.

- **Tavernier (P.)**, « L'ONU et l'affirmation de l'universalité des droits de l'homme », RTDH 1997, n°31, p. 379.

- **Tigroudja (H.)**, « La Cour interaméricaine des droits de l'homme au service de « l'harmonisation du droit international public » », AFDI 2006, vol. 52, p. 617-640.

- **De Tocqueville (A.)**, De la démocratie en Amérique, Paris, Flammarion, 2 tomes, 1993 et 1999.

- **Troper (M.)**, « La Déclaration des droits de l'homme et du citoyen en 1789 » in R. Badinter (Conseil constitutionnel) (dir.), La déclaration des droits de l'homme et du citoyen et la jurisprudence, Paris, PUF, 1989 ; « L'interprétation de la déclaration des droits ; l'exemple de l'article 16 » (chapitre XVII) et « La déclaration des droits et du citoyen en 1789 » (chapitre XX) in Pour une théorie juridique de l'Etat, Paris, PUF, Léviathan, 1994 p. 263 et p. 317.

- **Trocme (H.), Rovet (J.)**, Naissance de l'Amérique moderne, Paris, Hachette Éducation, 1997.

- **Troper (M.), Jaume (L.)** (dir.), 1789 et l'invention de la Constitution, Paris, Bruxelles, LDGJ, Bruylant, 1994.

- **Villey (M.)**, Le Droit et les Droits de l'homme, Paris, Puf, « Quadrige », 2014.

- **Wachsmann (P.)**, Les Droits de l'homme, Paris, Dalloz, 6ème éd., 2018.

- **Wood (G.)**, La création de la république américaine, Paris, Belin, 1991.

- **Yacoub (J.)**, « Les droits de l'homme, une œuvre collective de l'humanité », RTDH 2009, n°78, p. 375 et suiv.

- **Zoller (E.)**, Marbury v. Madison : 1803-2003. Un dialogue franco-américain. A French American Dialogue, Paris, Dalloz, 2003 ; Le Droit des États-Unis, Paris,

PUF, 2001 ; « Splendeurs et misères du constitutionnalisme. Les enseignements de l'expérience américaine », RDP 1994, p. 158.

- **Zuber (V.)**, « Les soixante-dix ans de la Déclaration universelle des droits de l'homme », Le Débat 2018, n°101, p. 106 et suiv.

B – Une notion de « libertés publiques » qui a peu à peu révélé ses limites

58 • Si notre pays a toujours été considéré comme la patrie des droits de l'homme, ces derniers se sont longtemps trouvés dans une situation de quasi-absence juridique avant que la phase libérale de la révolution ne soit définitivement consacrée sous la IIIème république. Ce retour aux droits de l'homme se fait par la médiation de la notion de « libertés publiques » qui est une notion plus propre à la terminologie juridique française et qui a longtemps pesé de tout son poids dans le droit public français. C'est le système légicentriste de l'Etat légal qui a porté à son apogée la notion (1) avant que ce dernier soit remis en cause et, avec lui, la notion même de « libertés publiques » qui est soudain apparue de plus en plus imprécise et incapable de rendre compte de l'évolution des droits dans ce qu'on appelle aujourd'hui l'Etat de droit (2).

1 – Une notion liée à la toute-puissance de l'Etat légal

59 • Le premier trait caractéristique du régime des libertés publiques apparaît dans le rôle joué par le législateur notamment en vertu du principe affirmé, en droit français, par l'article 4 DDHC (« La liberté consiste à pouvoir faire tout ce qui ne nuit pas à autrui : ainsi, l'exercice des droits naturels de chaque homme n'a de bornes que celles qui assurent aux autres membres de la société la jouissance de ces mêmes droits. Ces bornes ne peuvent être déterminées que par la loi ») selon lequel la loi est seule à déterminer les conditions d'exercice des libertés et à en fixer les limites. Elle est, en quelque sorte, une garantie dans la protection des droits et libertés. Si la IIIème république s'est révélée être une période propice, elle a aussi témoigné des possibles défaillances du système légicentriste.

a) L'importance de la loi dans l'approche classique des libertés publiques

Une loi vectrice de la consécration de la notion

60 • Toute l'histoire du droit public français est intimement reliée aux libertés publiques (T. Leterre, « Les libertés publiques : fondements et transformations », in *Les libertés publiques, La documentation française*, 2000, p. 3-10). C'est à l'occasion du coup d'Etat de Napoléon III, le 2 décembre 1851 et de son « Appel au peuple » que fut utilisée, pour la première fois, l'expression de « libertés publiques », la proclamation manifestant l'intention de Louis Napoléon de fonder « une seconde Assemblée formée de toutes les illustrations du pays, pouvoir pondérateur, gardien du pacte fondamental et des libertés publiques » (l'article 25 de la constitution du 14 janvier 1852 disposera ensuite que : « Le Sénat est le gardien du pacte

fondamental et des libertés publiques »). En dépit de cette apparition paradoxale, la notion gardera un large succès par la suite et c'est la loi qui sera le vecteur de sa consécration et de sa protection à une époque où elle jouit encore du privilège de l'infaillibilité. Il est difficile de remettre en cause, en ce sens, l'importance de la loi dans l'approche classique des libertés publiques. C'est d'abord la DDHC de 1789 qui en fait une référence constante pour encadrer, organiser et éventuellement limiter les droits garantis (article 4 précité). C'est aussi l'alinéa premier de l'article 34 de la constitution qui confie le soin de fixer les règles concernant « les droits civiques et les garanties fondamentales accordées aux citoyens pour l'exercice des libertés publiques… ». Enfin, c'est à partir de 1860 sous le 2nd Empire que le législateur dotera peu à peu les grandes libertés d'un régime protecteur.

Les débuts du régime protecteur des libertés publiques : « l'Empire libéral »

61 • Les débuts du 2nd Empire sont peu favorables aux libertés, la première période, la plus longue, est celle d'une suppression des libertés : les opposants sont pourchassés, condamnés et déportés en Guyane, le pouvoir truque les élections et la liberté d'expression n'existe pas. A partir de 1864, une certaine libéralisation du régime se manifeste, on assiste à une montée en puissance idéologique de ce que les historiens appellent « l'Empire libéral » (Cf. En ce sens F. Saint-Bonnet, « Le combat pour les libertés publiques à la fin du Second Empire », *Jus Politicum* 2010, n°5 ou E. Ollivier, *L'Empire libéral : études, récits, souvenirs*, Wentworth Press, t. 1 à 14, 2016). Des revendications nouvelles apparaissent, principalement quant à la liberté de réunion ou aux différentes libertés d'association mais aussi quant à la liberté d'enseignement ou la liberté de presse, le point commun de ses libertés étant qu'elles ne pouvaient être réalisées que de manière collective et sociale et non de manière individuelle dans un cadre privé. On peut citer, à cet égard, la loi *Ollivier* du 25 mai 1864 (JO, 20 août 1944, p. 162) qui supprime le délit de coalition qui datait de la Révolution française et met fin à la pénalisation de la grève même si elle constitue toujours, à cette date, une rupture du contrat de travail et peut justifier un licenciement du salarié ou une intervention de la force armée (cf. E. Ollivier, *Commentaire de la loi du 25 mai 1864 sur les coalitions*, Paris, Ed. Marescq aîné, 1864). On peut voir aussi un certain relâchement de la politique impériale par rapport à la presse. La liberté de la presse a été inscrite dans la Constitution du 4 novembre 1848 (article 8) mais l'obligation de déposer une caution, pour pouvoir publier des nouvelles à caractère politique, est également rétablie dès 1848 (Chaque nouveau journal doit déposer, lors de sa création, une somme fixée par la loi. S'il y a non-respect de la loi, la somme sert de caution à la justice. L'obligation concerne principalement les journaux traitants ou rapportants des nouvelles à caractère politique. C'est un frein pour l'émergence de nouveaux journaux qui ne peuvent pas avancer cette somme, on pense, notamment, à la presse d'opinion à petit tirage et aux moyens financiers souvent restreints), puis, en 1850, le droit de timbre (taxe appliquée à la presse, permettant indirectement d'en restreindre les tirages et de freiner l'essor des petits journaux d'opposition souvent impécunieux).

Les débuts du régime protecteur des libertés publiques : les lois de 1868 libérant l'expression des opinions

62 • Sous le 2nd Empire, deux lois importantes viennent libérer l'expression des opinions. C'est, d'abord, la loi du 6 juin 1868 qui accorde la liberté de réunion publique (Cf. A. Rousselle, *Le droit de réunion et la loi du 6 juin 1868*, Paris, Ed. Degorge-Cadot, 1870). En France, la loi du 21 août 1790 déclarant que les citoyens ont le droit de s'assembler paisiblement et de former entre eux des sociétés libres a mis en place de nombreuses restrictions à la faculté de se réunir comme l'autorisation préalable et elle a, au surplus, compliqué la distinction entre association et réunion. La loi du 6 juin 1868 vient remédier à cette possible confusion en apportant des éclaircissements sur la distinction entre les deux termes. Elle dispose que toute réunion peut se tenir, sans autorisation préalable, dès lors que l'on n'y traite pas de questions religieuses ou politiques. Cette loi résulte, en fait, de la volonté exprimée par Napoléon III de régler de manière législative le droit de réunion pour favoriser le développement des sociétés coopératives. C'est, ensuite, la loi du 11 mai 1868 *sur la presse* (Cf. Brayer, *La loi annotée du 11 mai 1868 sur la presse*, Paris, Librairie A. Durand, 1868) qui libère presque totalement la presse. L'autorisation préalable étant supprimée, on revient au régime de la simple déclaration mais si la loi abandonne le système préventif et enlève pour l'essentiel à l'administration le contrôle arbitraire de la presse, c'est pour imposer un système répressif confié à la justice pour sanctionner les délits de presse. La liberté de presse n'est pas totale puisque sont maintenus le principe du cautionnement et le droit de timbre même si celui-ci est réduit.

La promotion de la notion de libertés publiques sous la IIIème république : la liberté de réunion, de presse, d'association

63 • C'est surtout sous la IIIème république que la notion de libertés publiques a été promue, la doctrine parlant volontiers de « l'âge d'or » de la notion. Le régime républicain met ainsi fin aux mesures prises par le gouvernement de l'ordre moral. La loi du 30 juin 1881 (*Recueil Duvergier*, tome 81, p. 379) accorde la liberté de réunion publique sans autorisation qui, en fait, est remplacée par une déclaration préalable (la déclaration préalable sera supprimée en 1907 par la loi du 28 mars 1907 (JO, 29 mars 1907, p. 2493) *relative aux réunions publiques*). La loi du 29 juillet 1881 (JO, 30 juillet 1881, p. 4201) *sur la liberté de la presse* établit un régime libéral en matière de presse en substituant le régime de déclaration au régime d'autorisation. Sur le plan social, la loi *Waldeck-Rousseau* du 21 mars 1884 (JO, 22 mars 1884, p. 1577) légalise les syndicats professionnels sauf au sein de la fonction publique et des corps dépendant de l'Etat. La loi du 1er juillet 1901 (JO, 2 juillet 1901, p. 4025) *relative au contrat d'association* proclame la liberté d'association. La loi *Aristide Briand* du 9 décembre 1905 (JO, 11 décembre 1905, p. 7205) *concernant la séparation des Eglises et de l'Etat*, élément clé de la laïcité française, sépare l'Eglise de l'Etat en disposant que « la République assure la liberté de conscience. Elle garantit le libre exercice des cultes sous les seules restrictions édictées ci-après dans l'intérêt de l'ordre public ». L'Etat s'interdit de définir ce qu'est ou n'est pas une religion ou

une croyance. La loi remplace le régime du concordat de 1801 (introduit, sous le Consulat, par la loi du 18 germinal an X (8 avril 1802) (*Rec. Duvergier*, t. 2, p. 318) relative à l'organisation des cultes), qui est toujours en vigueur en Alsace-Moselle pour des raisons historiques (les élus alsaciens en faisaient une des trois conditions d'acceptation de leur rattachement à la France en 1919, sans quoi ils demandaient un referendum, que la France ne pouvait prendre le risque de perdre après une guerre si meurtrière).

La promotion de la notion de libertés publiques sous la IIIème république : la liberté d'enseignement

64 • Si la liberté de l'enseignement, supprimée sous l'Empire et la Restauration, est rétablie sous la Monarchie de juillet (article 69 de la charte du 14 août 1830), le législateur s'emploie réellement à la consacrer par la loi *Guizot* du 28 juin 1833 *relative à l'instruction primaire* (Cf. O. Gréard, *La législation de l'instruction primaire de 1789 jusqu'à nos jours*, Paris, Typographie Delalain frères, tome 2 (1833 à 1847), 1891, p. 1) qui reconnait la dualité du public et du privé en matière d'enseignement. De nouveau consacré constitutionnellement sous la 2nde République (art. 9 de la Constitution du 4 novembre 1848), deux lois essentielles suivront, dans un même souci de liberté, concernant respectivement l'enseignement secondaire (la loi *Falloux* du 15 mars 1850 (*Rec. Duvergier*, tome 50, p. 53) *sur l'enseignement*) et l'enseignement supérieur (loi *Laboulaye* du 12 juillet 1875 : voir P.-H. Prelot, *Naissance de l'enseignement supérieur libre : la loi du 12 juillet 1875*, Paris, PUF, 1987) avant que les lois *Ferry* ne consacrent le principe de l'école gratuite, obligatoire et laïque. Ce sont principalement d'abord la loi du 16 juin 1881 (JO, 17 juin 1881, p. 3313) qui établit la gratuité de l'enseignement primaire dans les écoles publiques puis la loi du 28 mars 1882 (http://classes.bnf.fr/laicite/references/loi_28_mars_1882.pdf) *portant sur l'enseignement primaire obligatoire* qui affirme l'obligation pour les enfants de six à treize ans de fréquenter les bancs de l'école qui serait désormais laïque.

<u>b) Les défaillances du système légicentriste</u>

Les lois rognant sur les libertés : la lutte contre l'influence des congrégations religieuses et des monarchistes

65 • Si on se plait à mettre en avant le caractère libéral de la IIIème république et l'intervention propice du législateur, il apparaît, à l'examen, que diverses mesures adoptées à la même époque, toujours par la loi, ont rogné, écarté voire abolit certaines libertés. On peut citer à titre d'exemple les vexations et les persécutions envers les congrégations religieuses par la mise en place de lois anticléricales. Pour les républicains radicaux et certains libéraux de l'époque, le terme « cléricalisme » désignait avant tout l'intention politique de l'Eglise et des milieux catholiques de s'emparer de l'Etat en pénétrant les institutions de l'enseignement d'où les vexations et persécutions. Dès 1880, Jules Ferry lançait la loi du 18 mars 1880 (JO, 19 mars 1880, p. 345) *relative à la liberté de l'enseignement supérieur* contenant l'article VII qui stipulait qu' « aucun établissement d'enseignement libre, aucune association

fondée en vue de l'enseignement supérieur ne peut être reconnue d'utilité publique qu'en vertu d'une loi ». Cet article n'ayant pas été adopté par le Sénat, le gouvernement, en vertu d'anciennes lois remontant au 18ème siècle (arrêts du Parlement de Paris et lois révolutionnaires), décréta contre les congrégations non autorisées et exécuta violemment les décrets, de juin à novembre 1880. Deux décrets du 29 mars 1880 (*Rec. Duvergier*, tome n°80, p. 214 et p. 217) disposaient, par exemple, pour le 1er, que la Compagnie de Jésus (ordre religieux dont les membres sont des Jésuites, 1er corps d'enseignement de la catholicité moderne) devait être dissoute dans les trois mois et, pour le 2nd, qu'il serait refusé aux congrégations non autorisées le droit à une existence de fait, leur prescrivant de demander une autorisation dans le même délai. Il faut relever, de même, la loi du 22 juin 1886 (JO, 23 juin 1886, p. 2805) qui imposa l'exil des chefs de famille ayant régné sur la France afin d'empêcher les prétendants monarchistes de s'emparer des institutions républicaines. Elle interdit également aux membres de ces familles d'entrer dans les armées de terre ou dans la marine. Le général Boulanger, alors Ministre de la guerre, interpréta la loi de façon à mener une véritable épuration des cadres monarchistes et impériaux de l'armée.

Les lois rognant sur les libertés : la lutte contre l'influence des anarchistes

66 • A partir des années 1890, on note une recrudescence des attentats anarchistes contre le régime de la IIIème République, période qui va s'étirer jusqu'à l'assassinat du Président Sadi Carnot à Lyon en 1894. Ces attentats amènent le gouvernement à réviser les lois promulguées en 1881, plus particulièrement celles concernant le droit de réunion et la liberté d'expression. De nouvelles lois répressives sont votées de 1893 à 1894, nouvelles lois que l'on connait aujourd'hui sous l'appellation de « lois scélérates » (F. de Pressengé et E. Pouget, *Les lois scélérates de 1893-1894*, Paris, Editions de la Revue Blanche, 1899). Ces lois, qui visent directement les anarchistes, remettent en cause beaucoup d'aspects de la loi sur la liberté de la presse de 1881 au nom d'un certain ordre moral et d'une certaine vision de la sécurité publique. Selon la loi du 12 décembre 1893 (JO, 13 décembre 1893, p. 6113, loi *portant modification des articles 24, 25 et 49 de la loi du 29 juillet 1881*), il n'est plus nécessaire qu'il y ait eu exécution des faits pour arrêter et punir les suspects, la simple « entente » ou « apologie » d'actions anarchistes suffit à être passible du bagne. Une 2nde loi du 18 décembre 1893 (JO, 19 décembre 1893, p. 6217) concerne les associations de malfaiteurs et particulièrement les groupes anarchistes, nombreux et actifs. La loi vise à inculper tout membre ou sympathisant sans faire de distinction et encourage également la délation. La plus marquante des lois contre les anarchistes sera néanmoins la loi du 28 juillet 1894 (JO, 29 juillet 1894, p. 3702) tendant à réprimer les menées anarchistes puisqu'elle les vise directement en les nommant et en leur interdisant tout type de propagande. De nombreux journaux anarchistes sont interdits (ex : « Le père peinard »). La loi permet, finalement, une véritable « chasse aux sorcières » en légitimant des milliers de perquisitions et d'arrestations (cette « chasse aux sorcières » se terminera par le « procès des 30 » du 6 août 1894 où la quasi-totalité des inculpés, du théoricien de l'anarchie au simple cambrioleur, furent acquittés ce qui calma les esprits : Cf. R. Carré, « Les procès

anarchistes et la fin des attentats », Gavroche, *Revue d'Histoire populaire* 1994, n°75-76, p. 21).

Les lois rognant sur la liberté d'association : la lutte contre l'extrême-droite et la loi du 10 janvier 1936

67 • Le droit des associations fut également touché par une loi du 10 janvier 1936 (JO, 12 janvier 1936, p. 522) *sur les groupes de combats et milices privées* pour lutter contre l'extrême droite antiparlementaire. Grace à cette loi, le Président peut dissoudre tout groupement qui amène à provoquer des manifestations armées ou qui cherche à attenter à la forme républicaine du gouvernement. La loi a aussi été utilisée pour dissoudre des associations poursuivant d'autres buts (organisations indépendantistes, organisations liées à la collaboration pendant l'occupation allemande, organisations anti-indépendantistes pendant la guerre d'Algérie, organisations d'extrême gauche, suprémacistes noires ou islamistes, ...). Aujourd'hui abrogée, elle a, cependant et récemment, été remise au gout du jour et reprise telle quelle à l'article L. 212-1 du Code de la sécurité intérieure (codifié par l'ordonnance n° 2012-351 du 12 mars 2012 (JO, 13 mars 2012, p. 4533) *relative à la partie législative du code de la sécurité intérieure*). Elle est redevenue un dispositif exceptionnel qui permet au pouvoir en place de dissoudre, de façon purement administrative et unilatérale, des associations et groupements de fait dangereux. Alors que la loi du 10 janvier 1936 a toujours été décrite comme un dispositif permettant de défendre la République, quand on poursuit l'analyse sur le long terme, le résultat est beaucoup plus complexe et ambigu. La loi est, en effet, apparue comme servant, en réalité, davantage la défense de certains intérêts particuliers de l'Etat plutôt que la défense, d'un point de vue général, de la République (Cf. R. Rambaud, « La loi du 10 janvier 1936 sur les groupes de combat et milices privées (art. L. 212-1 du Code de la sécurité intérieure) : l'arme de dissolution massive », *RDLF* 2015, chron. n°20). Les deux premières vagues de dissolution, pour ne citer qu'elles, étaient, à cet égard, significatives.

Les lois rognant sur la liberté d'association : la lutte contre l'extrême-droite et le décret du 13 février 1936

68 • La première mise en œuvre de la loi s'est traduite par un décret du 13 février 1936 qui procéda alors à la dissolution de la Ligue d'Action Française, de la Fédération nationale des Camelots du Roi et de la Fédération nationale des étudiants d'Action Française, structures de l'Action française impliquées dans la journée du 6 février 1934. La date faisant référence à une manifestation antiparlementaire, directement à l'origine de la législation, organisée à Paris devant la Chambre des députés par des groupes de droite, des associations d'anciens combattants et des ligues d'extrême droite pour protester contre le limogeage du préfet de police Jean Chiappe, proche des milieux radicaux, à la suite de l'affaire *Stavisky* (fondateur du Crédit communal qui avait organisé une fraude de faux bons au porteur et dont l'enquête avait permis de découvrir des nombreuses relations entretenues par l'escroc dans les milieux de la police, de la presse et de la justice). La manifestation tourna à l'émeute sur la place de la Concorde, faisant au total 37

morts et plus de 2 000 blessés. Une telle utilisation de la loi était conforme à son objet mais non dénuée de toute considération politique, elle reçut pourtant immédiatement l'aval juridictionnel du Conseil d'Etat par un arrêt d'Assemblée du 4 avril 1936 (CE, Ass., 4 avril 1936, *Sieurs de Lassus, Pujo et Real del Sarte*, req. n°52834, n° 52835 et n°52836, *Rec. CE*, p. 455, *Sirey* 1936, 3, p. 42, conclusions Andrieux). Le juge administratif a considéré qu'il était possible de se fonder, à la fois, sur des faits antérieurs et postérieurs à la loi de 1936 et sur l'activité générale du groupement. Il a aussi estimé que la volonté d'attenter par la force à la forme républicaine du Gouvernement suffisait et qu'il n'était pas obligatoire qu'elle soit suivie d'actes d'exécution pour justifier une dissolution. La dissolution a été validée parce que, dans le dossier, « la doctrine constante de l'Action française tend au rétablissement de la monarchie par tous moyens, notamment par l'emploi de la force » et que « les trois groupements dissous concourent par leur activité à la réalisation de cet objet ».

Les lois rognant sur la liberté d'association : la lutte contre l'extrême-droite et les décrets du 18 et 23 juin 1936

69 • La seconde vague de dissolutions eut lieu après la formation du gouvernement Blum le 4 juin 1936 par l'intermédiaire de 3 décrets du 18 juin 1936 (JO, 19 juin 1936, p. 6427). Le premier procéda à la dissolution du Mouvement Social Français des Croix de Feu. Le deuxième entraîna la dissolution du Parti National Populaire. Le troisième mit en œuvre la dissolution du Parti Franciste qui avait pour objectif, « la conquête du pouvoir par la destruction du parlementarisme » et qui présentait le caractère de groupe de combat. Enfin, un quatrième décret du 23 juin 1936 (JO, 24 juin 1936, p. 6587) procéda à la dissolution des associations Fils de Croix de Feu et Volontaires Nationaux et Les Croix de Feu et Briscards. Les décrets de dissolution furent validés par des arrêts d'Assemblée en date du 17 juillet et 27 novembre 1936 (CE, Ass., 17 juillet 1936, *Mouvement social français des Croix de feu, Les fils de Croix de feu et les volontaires nationaux et Les fils de Croix de feu et Briscards*, req. n°54992, req. n°55207 et req. n°55208 et CE, Ass., 27 novembre 1936, *Associations Le Mouvement social français des Croix de feu, Les Croix de feu et Briscards, les fils de Croix de feu et volontaires nationaux*, req. n°54992, n° 55207 et n°55208, *Rec. CE*, p.1039 et CE, Ass., 27 novembre 1936, *Association Parti national populaire*, req. n°55760, *Rec. CE*, p. 1040). Comme peut le relever Romain Rambaud, « dès le départ, même lorsque la loi de 1936 fut utilisée conformément à son objectif initial, la politique n'était jamais loin. Il n'est dès lors malheureusement guère étonnant que cette loi ait pu connaître si rapidement son premier dévoiement, lequel se révélera précurseur de tant d'autres du même genre quelques années plus tard » (R. Rambaud, « La loi du 10 janvier 1936 sur les groupes de combat et milices privées (art. L. 212-1 du Code de la sécurité intérieure) : l'arme de dissolution massive » précité).

Les lois touchant à la parenthèse tragique du régime Nazi et du régime de Vichy

70 • Si la loi n'est pas exempte de reproches sous l'âge d'or des libertés publiques, elle sort encore plus sérieusement affaibli de la 2nde guerre mondiale et de

l'intermède désastreux et catastrophique du régime Nazi ou du régime provisoire de Vichy. Des lois multiples suppriment les libertés et généralisent le régime de l'autorisation préalable. Les plus graves concernant l'atteinte à la dignité humaine sont les deux actes portant statut des juifs : la loi du 3 octobre 1940 (JO, 18 octobre 1940, p. 5323) *portant statut des juifs* et la loi du 2 juin 1941 (JO, 14 juin 1941, p. 2475) *remplaçant la loi du 3 octobre 1940* et dite, en ce sens, « second statut des juifs ». Ces deux statuts successifs seront employés durant l'Occupation, principalement à partir d'avril 1942 et la dotation de moyens au Commissariat général aux questions juives, à la mise en œuvre, dans le cadre de la Révolution nationale, d'une politique corporatiste et « raciale » antisémite puis à la « collaboration » de la police française à la déportation des juifs d'Europe, du Maghreb et du Levant. On peut aussi citer la loi du 4 octobre 1940 (JO, 18 octobre 1940, p. 5324) sur les ressortissants étrangers de race juive. L'instauration du système totalitaire Nazi a été permise par le législateur de mars 1933 à août 1934 à travers le système de la « mise au pas » (*Gleichschaltung*), processus permettant d'accéder au pouvoir total en Allemagne et permettant de mettre la société au pas afin de concrétiser le mythe de la « communauté populaire » (*Volksgemeinschaft*). La mise en place des instruments juridiques et réglementaires de la *Gleichschaltung* se base sur deux textes fondamentaux : le décret du président du *Reich* du 28 février 1933 pour la protection du peuple et de l'Etat pris après l'incendie du Reichtag (*Reichstagsbrandverordnung*) qui permet de restreindre, en dépassant les normes légales normalement applicables, la liberté individuelle, la liberté d'expression, la liberté de la presse, le droit de réunion et d'association et la loi *des pleins pouvoirs* du 24 mars 1933 édictée en vue de remédier à la détresse du peuple et du *Reich* qui donna à Adolf Hitler le droit de gouverner par décret, c'est-à-dire de promulguer des textes à portée législative sans approbation parlementaire adoptée par le *Reichstag*, par 444 votes pour et 94 votes contre.

2 – Une notion remise en cause par la consécration de l'Etat de droit

71 • Après avoir constaté que la loi pouvait mal faire, la période d'après-guerre voit peu à peu se modifier la donne en matière de protection des droits. L'Etat légal fait doucement place à l'Etat de droit où les Constitutions prennent le dessus sur les lois, on ne parle plus de légicentrisme mais de constitutionnalisme. Le préambule de la Constitution de 1946 met en place les principes fondamentaux reconnus par les lois de la république (PFRLR) en reprenant notamment les libertés publiques proclamés sous la IIIème république mais en leur donnant valeur constitutionnelle. Des droits nouveaux « particulièrement nécessaires à notre temps » sont proclamés. Puis vient la Constitution de 1958 qui entérine l'affaiblissement de la loi en instituant le Conseil constitutionnel qui, en une seule décision (CC, n°71-44 DC, 16 juillet 1971, *Loi complétant les dispositions des articles 5 et 7 de la loi du 1er juillet 1901 relative au contrat d'association*, JO, 18 juillet 1971, p.7114, *Rec. CC*, p. 29. Cf. G. Boudou, « Autopsie de la décision du Conseil constitutionnel du 16 juillet 1971 sur la liberté d'association », *RFDC* 2014, n° 97, p. 5), s'arroge le rôle éminent de « protecteur des libertés ».

72 • C'est toute l'étude du droit constitutionnel qui change avec comme élément de repère, la théorie la plus aboutie en la matière à savoir la théorie allemande des droits fondamentaux. Dans le même temps, l'universalité des droits est proclamée et si ces derniers sont nommés aux grés des textes « droits de l'homme », « droits et libertés fondamentales » ou « droits fondamentaux », de la ConvEDH jusqu'à la Charte des droits fondamentaux de l'Union européenne (CDFUE), ils confirment l'envolée de ce que l'on va appeler plus tard le phénomène de la « fondamentalité ». C'est donc le passage de l'Etat légal à l'Etat de droit qui va entériner progressivement l'utilisation de la notion de « libertés publiques » au profit de celle de « droits fondamentaux ». Pour certains auteurs, l'évolution des niveaux et des formes de garanties et l'ouverture pluridisciplinaire de la matière ne rend pas spécialement obsolète la notion première nommée de libertés publiques.

a) Le passage de l'Etat légal à l'Etat de droit

L'introduction des notions dans les discussions doctrinales allemandes et françaises

73 • Forgé par les juristes allemands, l'Etat de droit, traduction littérale du mot « *Rechstsstaat* », qui devient d'usage courant dans la doctrine juridique allemande à partir de la 2nde moitié du XIXème siècle (Cf. Notamment R. Von Mohl, *Die Polizeiwissenschaft nach den Grundsätzen des Rechtsstaates*, Tübingen, Ed. H. Laupp, 1932 qui développe une théorie substantielle de l'Etat de droit qui s'attache au contenu du droit en vigueur et F.-J. Stahl, *Die Philosophie des Rechts nach geschichtlicher Ansicht*, Heidelberg, Ed. Mohr, 3ème éd., 1854-1856 qui, lui, développe une vision formelle de l'Etat de droit qui privilégie l'aménagement de l'ordre juridique étatique), est longtemps resté un concept confiné dans le champ clos du droit. Tout a changé à la fin du XXème siècle. Celui-ci est devenu une référence incontournable, un des attributs substantiels de l'organisation politique. Comme peut le relever Jacques Chevallier, « l'Etat de droit a quitté le terrain aride de la dogmatique juridique, en se transformant en figure imposée du discours politique, mais encore, il s'est mondialisé, en gagnant progressivement aussi bien les pays de tradition anglo-saxonne que ceux de l'Est ou du Sud ; tout Etat qui se respecte est désormais tenu de se présenter sous l'aspect avenant, de se parer des couleurs chatoyantes de l'Etat de droit, qui est un label nécessaire sur le plan international » (J. Chevallier, *L'Etat de droit*, Paris, Montchrestien, 3ème éd., 1999, p. 7). Il faut attendre le premier[r] quart du XXème siècle pour que le terme d'Etat de droit soit introduit dans les discussions doctrinales françaises par Carré de Malberg (R. Carré de Malberg, *Contribution à la théorie générale de l'Etat*, Paris, Sirey, 2 tomes, 1920-1922). La notion a, pendant longtemps, été vue de manière un peu trop formelle en France notamment parce que peu compatible avec le système légicentriste alors en place faisant de la loi l'expression de la volonté générale et un acte sacré et incontestable suffisant à protéger les droits et libertés. Carré de Malberg ne se borne pas à une simple transposition, il construit sa propre théorie à laquelle il confronte le droit positif. La théorie se greffe donc en France sur une tradition politique et institutionnelle spécifique héritée de la Révolution.

La différence entre l'Etat légal et l'Etat de droit

74 • Pour Carré de Malberg, la France n'appliquerait pas le régime de l'Etat de droit mais « le système de l'Etat légal » (R. Carré de Malberg, *Contribution à la théorie générale de l'Etat*, op. cit., p. 490). Les deux systèmes sont différents. Dans l'Etat légal, la loi n'est pas seulement la limite de l'activité administrative mais aussi sa « condition », la fonction administrative se ramenant à l'exécution des lois. Ensuite, la primauté de la Constitution sur la loi n'est pas assurée puisque celle-ci ne peut faire l'objet d'aucun recours. L'Etat légal, dans cette logique, se rattache à une « conception politique ayant trait à l'organisation fondamentale des pouvoirs » et tend « purement à assurer la suprématie du corps législatif » alors que l'Etat de droit est établi « simplement et uniquement dans l'intérêt et pour la sauvegarde des citoyens » dont il place les droits au-dessus de toute atteinte, même du législateur (Cf. En ce sens J. Chevallier, *L'Etat de droit*, op.cit., p. 30). La distinction, au final, débouche sur un jugement de valeur puisque faute de moyens de recours contre les lois, la France « ne s'est pas élevée jusqu'à la perfection de l'Etat de droit » (R. Carré de Malberg, *Contribution à la théorie générale de l'Etat*, op. cit., p. 492). La même critique est perceptible chez Maurice Hauriou où la puissance législative illimitée apparaît incompatible avec les fondements de l'ordre juridique et dangereuse pour les libertés individuelles (M. Hauriou, *Précis de droit constitutionnel*, Paris, Sirey, 2ème éd., 1929, p. 731). Pour finir, la théorie de l'Etat de droit apparaît comme « une machine de guerre contre le système de l'Etat légal » (J. Chevallier, *L'Etat de droit*, op. cit., p.31) légitimant l'institution d'autres contrôles.

L'importation des premiers germes de la notion par le juge administratif : la théorie des PGD et la démarche prétorienne du juge

75 • L'importation des premiers germes de l'Etat de droit va s'effectuer par l'entremise du juge administratif dans sa volonté de soumettre l'action de l'administration à des règles de droit et de construire un droit administratif alors en plein essor. C'est l'heure de la refondation d'un droit administratif conçu, non plus comme un privilège pour l'administration, mais comme un moyen de renforcer les garanties offertes aux administrés. L'administration étant soumise à des règles de droit, certes particulières, mais effectives et destinées à protéger le citoyen (telle est la volonté première du juge, fixée très sobrement dans l'arrêt fondateur TC, 8 février 1873, *M. Blanco contre manufacture des tabacs de Bordeaux*, req. n°00012, *Rec. CE*, p. 61, concl. M. David, *D.* 1873, 3, p. 20, concl. M. David, *S.* 1873, 3, p. 153, concl. M. David). C'est l'heure aussi de la mise en place de la jurisprudence liée aux PGD, le juge affirmant, dans le silence des textes directement applicables et devant l'impossibilité, sous la IIIème république et à la Libération, de se référer à une déclaration de droits, l'existence de principes applicables en l'absence de dispositions expresses mais à partir de textes (loi, règlement, convention internationale, …). Si, pour certains, le juge « ne crée pas les principes généraux du droit mais il les découvre à partir des conceptions idéologiques de la conscience nationale et/ou d'une masse de textes constitutionnels, internationaux ou législatifs » (P.-L. Frier, J. Petit, *Précis de droit administratif*, Montchrestien, coll.

Domat, 2013, 8ème éd., p.108), l'analyse de la jurisprudence montre bien que « la théorie des PGD est le produit d'une démarche prétorienne d'un juge qui, s'il puise son inspiration dans les textes, n'entend pas pour autant être lié par eux et se borner à transcrire docilement leurs prescriptions » (J. Chevallier, *L'Etat de droit*, op.cit., p. 76).

L'importation des premiers germes de la notion par le juge administratif : la théorie des PGD et son développement entre 1940 et 1960

76 • Inauguré en 1913 avec l'arrêt *Roubeau* (CE, 9 mai 1913, *Roubeau*, req. n°47115, *Rec. CE*, p. 521) où le juge contrôle, pour la 1ère fois, la conformité d'un acte réglementaire au regard du principe d'égalité de tous les citoyens devant les règlements, la théorie des PGD connaitra un développement particulier entre 1940 et 1960 comme si le juge administratif s'était efforcé de suppléer une légalité devenue défaillante pour assurer la continuité de certains principes fondamentaux du droit public. Le juge a eu recours à cette technique à l'occasion d'un arrêt de Section du Conseil d'Etat du 5 mai 1944 *Dame Veuve Trompier-Gravier* (req. n°69751, *Rec. CE*, p.133, *D*. 1945, p.110, concl. B. Chenot, note J. de Soto, *RDP* 1944, p. 256, concl. B. Chenot, note G. Jèze) en consacrant le principe du respect des droits de la défense. Mais si l'arrêt est à l'origine des PGD, l'expression même apparaît seulement dans l'arrêt d'Assemblée *Aramu et autres* du 26 octobre 1945 (req. n°77726, *Rec. CE*, p.213, *D*. 1946, p.158, note G. Morange, *EDCE* 1947, n°1, p. 48, concl. R. Odent, *S*. 1946, 3, p. 1, concl. R. Odent) qui se réfère également au même PGD. Suivront d'autres PGD ayant vocation à assurer le bon fonctionnement de l'ordre juridique interne dans le souci d'une protection des droits des administrés. On peut mentionner, à ce titre et en exemple, le principe de non-rétroactivité des actes administratifs et le principe d'égalité de traitement des usagers des services publics (CE Ass., 25 juin 1948, *Société du journal l'Aurore*, *Rec. CE*, p. 289, *D*. 1948, p.437, note M. Waline, *S*. 1948, 3, p. 69, concl. M. Letourneur). Enfin, le juge peut aussi, exceptionnellement, invoquer un PGD contre une loi. Il a pu juger, au terme d'un raisonnement très audacieux permettant de protéger les administrés contre l'arbitraire de l'Etat, que si le législateur avait donné aux préfets le pouvoir de concéder à des tiers les exploitations abandonnées ou incultes depuis plus de deux ans aux fins de mise en culture immédiate et que ce même législateur avait fait en sorte que l'octroi de ces concessions ne pouvaient faire l'objet d'aucun recours administratif ou judiciaire, il existait un PGD selon lequel toute décision administrative pouvait faire l'objet, même sans texte, d'un recours pour excès de pouvoir, la disposition législative n'ayant pas eu pour effet d'exclure ce recours (CE, Ass., 17 février 1950, *Dame Lamotte*, req. n°86949, *Rec. CE*, p. 110, *RDP* 1951, p. 478, concl. J. Delvolvé, note M. Waline). Le même raisonnement étant appliqué s'agissant du droit au recours en cassation (CE, Ass., 7 février 1947, *d'Aillières*, req. n°79128, *Rec. CE*, p. 50, *JCP* 1947, G, n° 3508, note G. Morange, *RDP* 1947, p. 68, concl. R. Odent, note M. Waline).

b) La naissance paradoxale de l'Etat de droit à travers la mise en place de la Vème République

Une Vème République mise en place dans une période forte d'instabilité

77 • Si le juge administratif s'est employé à installer au cœur de l'édifice juridique un certain nombre de PGD, la situation restait encore largement figée autour de la toute-puissance de la loi. C'est, parallèlement, les ravages de la guerre et, plus tard, la Constitution de la Vème République qui amèneront au passage vers un véritable Etat de droit et au dépassement de la conception purement formelle, reposant sur l'idée de hiérarchie des normes au profit d'une conception substantielle privilégiant la garantie des droits fondamentaux. La référence à l'Etat de droit servant alors à étayer désormais la revendication d'une meilleure protection face à l'interventionnisme étatique et l'abus possible des régimes démocratiques occidentaux. Cela n'allait pourtant pas de soi, la période étant l'objet d'une forte instabilité liée aux crises politiques et aux changements de régimes. Si l'on pense en premier lieu à la confusion des pouvoirs intervenue sous Vichy à l'opposé total des principes de l'Etat de droit, on peut citer aussi les perturbations de la guerre d'Algérie et ses atteintes majeures aux droits fondamentaux. La mise en place conséquente de la Vème République, même si elle s'est faite dans le respect le plus total du principe de légalité, n'a pas été, non plus, en totale harmonie avec les principes de l'Etat de droit. C'est la loi constitutionnelle du 3 juin 1958 (JO, 4 juin 1958, p. 5326) *portant dispositions dérogatoires à l'article 90 de la C° du 27 octobre 1946* qui a autorisé le gouvernement De Gaulle à rédiger une nouvelle Constitution en gardant les fondements de la République.

Une Vème république mise en place sans respecter la notion d'Etat de droit

78 • La loi du 3 juin 1958 a été adoptée selon la procédure de l'article 90 et donc en respectant le principe de légalité mais tout en ayant pour objet, au final, de déroger à cet article. La procédure de révision, définie par l'article 90, comptait 5 temps : résolution de l'Assemblée nationale, une 2nde résolution ou une résolution identique du Conseil de la république (nouvellement Sénat sous la Vème République), élaboration du projet de loi de révision par l'Assemblée nationale, vote du Parlement et, enfin, referendum (sauf si adoption au 2/3 à l'Assemblée nationale ou au 3/5ème dans les deux chambres). Le gouvernement De Gaulle s'est servi d'une ancienne procédure tendant à réviser l'article 90 qui s'était arrêtée à la 2nde phase de la procédure. Repris au niveau de la 3ème phase, celle de l'élaboration du texte, c'est l'Assemblée nationale qui devait procéder à cette élaboration. Or, ce n'est pas cette dernière qui a agi mais le Gouvernement. Par un avis du 6 février 1953 (CE, avis, 6 février 1953, *Article 13 Constitution*, n°60-497, *RDP* 1953, p. 171, l'article 13 C° énonçant que l'Assemblée nationale vote seule les lois et qu'elle ne peut déléguer ce droit) le Conseil d'Etat reconnaissait néanmoins, à propos de la pratique des décrets-lois, que si toute délégation du pouvoir législatif était inconstitutionnelle, rien n'empêchait d'accroitre temporairement le domaine réglementaire du gouvernement sous réserve des matières que la tradition constitutionnelle républicaine, notamment, réserve à la loi. A la suite d'une résolution de révision

déjà prise par l'"Assemblée nationale, le Gouvernement pouvait ainsi légitimement se substituer à l'Assemblée nationale et déposer un projet de loi portant révision de la Constitution. Pourtant, la délégation du pouvoir constituant à un gouvernement rappelait en effet le précédent de juillet 1940, lorsque l'Assemblée réunie à Bordeaux avait donné mission au gouvernement Pétain de promulguer une nouvelle Constitution, ce que le général De Gaulle avait lui-même dénoncé. La situation est toutefois différente en 1958, dans la mesure où la loi constitutionnelle limitait le pouvoir constituant du gouvernement De Gaulle à l'établissement d'un régime démocratique et en imposant l'approbation du nouveau texte constitutionnel par le peuple (Cf. De façon générale, J.-M. Denquin, *La genèse de la Vème république*, Paris, PUF, 1988 ou F. Rouvillois, *Les origines de la Vème république*, Paris, PUF, 1998).

Une Vème République qui débute en portant atteinte à la hiérarchie des normes : les ordonnances des articles 38 et 92 C°

79 • Toujours dans la mise en place paradoxale de l'Etat de droit, il faut relever, pendant cette période, les atteintes aux fondements de la hiérarchie des normes qui se sont succédé dès les débuts de la Vème république, l'ensemble des formules de délégation du pouvoir législatif allaient ainsi persister que ce soit sous la forme de l'article 92 C° (Voir, A.-M. Le Bos-Le Pourhiet, *L'article 92 de la Constitution de 1958,* Paris, Economica, 1980), visant les mesures concernant la mise en place des institutions (Ex : l'ordonnance no 58-1064 du 7 novembre 1958 organique (JO, 9 novembre 1958, p. 10126) *relative à l'élection du Président de la République* ou l'ordonnance no 58-1100 du 17 novembre 1958 (JO, 18 novembre 1958, p. 10335) *relative au fonctionnement des assemblées parlementaires*), ou encore actuellement sous la forme de l'article 38 C°. Les ordonnances de l'article 92 C° étaient marquées par le caractère exceptionnel de leur élaboration, le Parlement n'intervenant pas dans leur élaboration et le Conseil constitutionnel ne vérifiant pas leur constitutionnalité. Elles se distinguaient ainsi des ordonnances de l'article 38 C° qui faisaient l'objet d'une habilitation et d'une ratification, au moins implicite, de la part des assemblées parlementaires (Cf. Par ex., M. Guillaume, « Les ordonnances : tuer ou sauver la loi ? », *Pouvoirs* 2005, n°114, p. 117).

Une Vème République qui débute en portant atteinte à la hiérarchie des normes : le pouvoir réglementaire autonome

80 • Il faut aussi évoquer l'instauration du pouvoir réglementaire autonome par une loi n°48-1268 du 17 août 1948 (JO, 18 août 1948, page 8082) *tendant au redressement économique et financier* qui a dressé à cet effet une liste de matières ayant, par leur nature, un caractère réglementaire qui peuvent être abrogées, modifiées ou remplacées par des décrets pris en Conseil des ministres (Voir, par ex., R. Chapus, « De la soumission au droit des règlements autonomes », *D.* 1960, chron., p. 119 et suiv. ou L. Favoreu, « Les règlements autonomes existent-ils ? », *Mélanges Burdeau*, Paris, LGDJ, 1976, p. 405 et suiv. et « Les règlements autonomes n'existent pas », *RFDA* 1987, p. 871 et suiv.). Parallèlement à ces délégations de compétence, 3 formes de pouvoir réglementaire autonome sont reconnues avant 1958. D'origine

jurisprudentielle et prospérant dans le silence de la Constitution, ce pouvoir normatif est justifié par les nécessités de l'intérêt général qui imposent de reconnaître des pouvoirs renforcés pour surmonter certains troubles. La régularité de mesures de police administrative générale prises en dehors de toute délégation législative mais en vertu des pouvoirs propres du chef de l'exécutif est d'abord approuvée en 1919 (CE, 8 août 1919, *Labonne*, req. n°56377, *Rec. CE*, p. 737). Puis, c'est la théorie des « circonstances exceptionnelles » qui assure par ailleurs à l'autorité administrative une compétence pour se substituer temporairement au Parlement (CE, 28 juin 1918, *Heyriès*, req. n°63412, *Rec. CE*, p. 651). L'ensemble des autorités administratives bénéficie enfin d'un pouvoir réglementaire pour « prendre les mesures nécessaires au bon fonctionnement de l'Administration placée sous leur autorité [...] dans la mesure où l'exige l'intérêt du service » (CE, sect., 7 février 1936, *Jamart*, req. n°43321, *Rec. CE*, p. 17).

c) La concrétisation de l'Etat de droit sous la Vème République

La distinction entre le domaine de la loi et le domaine du règlement : les articles 34 et 37 C°

81 • Si toutes ces atteintes précédemment décrites compromettaient l'instauration de l'Etat de droit, elles allaient, toujours paradoxalement, permettre, en réalité d'en tirer toutes les conséquences sous la Vème république. La Constitution du 4 octobre 1958 entérine et clarifie les avancées en matière de pouvoir réglementaire en distinguant plus clairement le domaine de la loi du domaine du règlement (art. 34 et 37 C°). À côté d'un pouvoir réglementaire requis pour l'application des lois, elle opère un partage de compétence. Sur la base d'une définition matérielle de la loi, elle assigne un domaine d'action strict au Parlement puisque, désormais, les matières qui ne relèvent pas expressément de la loi incombent à l'autorité investie du pouvoir réglementaire (art. 37, al. 1er C°). Après 1958, il a été admis que cette compétence ne résulte pas du seul article 37 C° (CE, 17 février 1978, *Association Comité pour léguer l'esprit de la Résistance*, req. n°02633, *Rec. CE*, p. 82). Les articles 21 C° (pouvoir réglementaire d'exécution des lois) et 37 C° (pouvoir réglementaire autonome) n'épuisent pas les autorités responsables de l'exécutif. Il faut compter avec un pouvoir réglementaire de police consacré sous la IIIème République sans base textuelle précise (CE, 8 août 1919, *Labonne*, req. n°56377, *Rec. CE*, p. 737). Ce dernier persiste aujourd'hui même si la Constitution semble exhaustive au sujet des fondements du pouvoir réglementaire et que le législateur a, lui seul, compétence concernant l'exercice des libertés publiques. C'est au pouvoir exécutif (et plus précisément au 1er Ministre), pour une prise de décision plus rapide, que le juge administratif attribue ce pouvoir aujourd'hui (CE, 28 décembre 2017, *Association nationale d'assistance aux frontières pour les étrangers*, req. n°415291 où le 1er Ministre est par suite compétent pour décider de la réintroduction du contrôle aux frontières intérieures de la zone Schengen en cas de menace grave pour l'ordre public et la sécurité intérieure).

L'introduction du droit international comme composante de l'Etat de droit : l'article 55 C°

82 • A la distinction claire entre l'article 34 C° et 37 C°, s'ajoute l'article 55 C° qui introduit, pour la première fois et sans ambiguïté, le droit international comme composante de l'Etat de droit en posant que les traités ou accords régulièrement ratifiés ont, dès leur publication, une « autorité supérieure à celles des lois » (sous réserve cependant d'une condition de réciprocité). Les normes internationales n'étaient pas, auparavant, considérées comme des normes internes prenant place dans la hiérarchie des normes. Les administrés ne pouvaient s'appuyer sur elles pour contester un acte administratif. Certes, la Cour de cassation avait opté, dans les années 1930, pour une interprétation plus nuancée en vertu de la « doctrine Matter », du nom du procureur général près la Cour de cassation qui amenait à la recherche d'une conciliation entre la loi et le traité sauf antinomie irréductible (Cass., civ., 22 décembre 1931, *Sanchez contre Gozland*, *JDI* 1932, p. 683, concl. P. Matter, *S.* 1932, p. 157, note J.-P. Niboyet : soit on se trouve en présence d'un traité antérieur à la loi et dans cette situation, on applique le traité ; soit on se trouve en présence d'un traité antérieur à la loi et dans cette situation, je juge se doit de tenter de résoudre le conflit entre la loi interne et le traité, au besoin en interprétant l'un et l'autre pour permettre leur conciliation) mais la situation de ces normes restait fragile. L'article 26 de la C° de 1946 accordait aux traités diplomatiques régulièrement ratifiés et publiés « force de loi, dans le cas même où ils seraient contraires à des lois françaises » et les intégrait à l'ordre juridique interne en leur donnant apparemment une autorité supérieure à celle des lois. Mais le Conseil d'Etat ne sanctionnait la primauté des traités que par rapport aux lois antérieures et pas par rapport aux lois postérieures (CE, Ass., 30 mai 1952, *Dame Kirkwood*, req. n°16690, *Rec. CE*, p. 291, *S.* 1953, 3, p. 33, note P. Bouzat, *RDP* 1952, p. 781, concl. M. Letourneur, note M. Waline).

Une conception qui se veut désormais moins formelle mais plus substantielle de l'Etat de droit

83 • Au-delà de la reconnaissance du droit international, le contrôle de constitutionnalité est reconnu à sa juste valeur et il permet, à travers l'instauration du Conseil constitutionnel, de basculer vers une suprématie constitutionnelle effective et une constitutionnalisation en profondeur des différentes branches du droit. Sur tous les plans ainsi développés, apparaît, de manière sous-jacente, la notion d'Etat de droit synonyme ici de renouvellement de la hiérarchie des normes. Mais la nouveauté par rapport à l'approche structurelle porte sur la mise en avant d'une conception qui se veut désormais moins formelle mais plus substantielle de l'Etat de droit. Le simple agencement des normes juridiques entre elles ne suffit plus, il s'agit aussi de défendre et de faire respecter des valeurs et des principes, en l'occurrence des droits fondamentaux grâce à l'exigence de promotion de l'Etat de droit dans un laps de temps, au final, très court. Plus personne ne viendrait en effet soutenir aujourd'hui la toute puissance et l'infaillibilité du législateur. Or, cette idée avait pourtant valeur de dogme, il y a à peine soixante ans, pour la démocratie

française. Plus qu'un simple changement de perspective et de notion, le glissement vers l'Etat de droit illustre une mutation très profonde des attentes de la société et des citoyens à l'égard du système politique en place. Les citoyens attendent de leurs représentants qu'ils respectent dorénavant un certain nombre de droits et libertés conçus non plus en conséquence comme des « libertés publiques » mais plus comme des « droits fondamentaux ».

d) Une ouverture pluridisciplinaire de la matière qui ne rend pas spécialement obsolète la notion de « libertés publiques »

Une évolution des niveaux et des formes de garantie qui serait compatible avec la notion de « libertés publiques »

84 • Si la notion d'Etat de droit confirme l'envolée du phénomène de la « fondamentalité », cela ne rend pas spécialement obsolète, pour certains auteurs, l'usage de la notion dc « libertés publiques » même s'il y a assimilation au niveau légal de garantie. Ils ont pris acte de l'évolution des niveaux et des formes de garanties et de l'ouverture pluridisciplinaire de la matière mais ces deux éléments, pour eux, ne remettraient pas en cause la notion classique de « libertés publiques ». Il y aurait d'abord une négation de l'importance que conserveraient la loi et la jurisprudence des juges suprêmes français en la matière (« Les choses sérieuses, désormais, ne se joueraient plus que dans les sphères supérieures de la hiérarchie des normes, reléguant l'action quotidienne du juge judiciaire et celle du juge administratif à une France d'en bas des libertés » et cette action quotidienne des juges « n'aurait qu'une chance d'échapper au mépris des sectateurs du Conseil constitutionnel : en viser les décisions, en reprendre les formules, en accepter les enseignements », P. Wachsmann, « Les droits fondamentaux, sans le savoir, ni le vouloir » in B. Mathieu (dir.), 1958-2008, *Cinquantième anniversaire de la Constitution française*, Dalloz, 2008, p. 563-569). Il serait aussi prématuré de parler de « droits fondamentaux » en France si on considère que la notion est associée au niveau constitutionnel de garantie des droits et libertés qui n'est en rien comparable aux mécanismes de protection spécifiques et renforcés qu'offre, à ce niveau, des systèmes étrangers comme l'Allemagne ou en Espagne qui sont notamment à l'origine de la consécration de cette notion de « droits fondamentaux » (Cf. P. Wachsmann, *Libertés publiques*, Dalloz, 7ème éd., 2013, p. 4 et suiv et « L'importation en France de la notion de droits fondamentaux », *RUDH* 2004, p. 40).

La nécessité néanmoins d'inscrire les droits et libertés dans un mouvement d'harmonisation des ordres juridiques

85 • Si on peut évoquer, à cet égard, en France, la procédure de la QPC introduite par la révision constitutionnelle du 23 juillet 2008 (Loi constitutionnelle n°2008-724 du 23 juillet 2008 (JO, 24 juillet 2008, p. 11890) *de modernisation des institutions de la Vème République*) qui pourrait permettre de changer la donne, certains n'oublient pas de souligner l'existence de filtres mis en place par le législateur à l'accès direct de la justice constitutionnelle (notamment les passages par l'appréciation de la Cour de

cassation et du Conseil d'Etat) qui ne conduisent pas à reconsidérer l'analyse. Si la critique du professeur Wachsmann est forcément pertinente, il y a un élément qui n'est pas pris en considération, celui de la saisie, par les droits fondamentaux du droit européen et de son influence incontestable sur les droits nationaux, la « fondamentalité » ne pouvant plus se résumer à ce qui est relié et posé par la Constitution et ne pouvant plus être identifié qu'à un seul niveau hiérarchique. En utilisant l'expression de « droits fondamentaux », il n'est aucunement question de minimiser ou négliger l'œuvre du législateur national ni celle du juge administratif et du juge judiciaire, ni de gonfler ou surestimer le contrôle de constitutionnalité exercé en France, il est juste question, comme pourrait le relever Véronique Champeil-Desplats, « d'inscrire la protection des droits et libertés dans un mouvement, devenu particulièrement porteur, d'harmonisation des ordres juridiques et, notamment, de rapprochement terminologique avec les principaux textes européens en la matière » (V. Champeil-Desplats, « Des « libertés publiques » aux « droits fondamentaux » : effets et enjeux d'un changement de dénomination », *Jus Politicum* 2010, n°5, p. 14).

Une terminologie liée aux « libertés publiques » qui laisse place, en définitive, à certaines imprécisions

86 • Bien qu'encore largement utilisée dans les discours français, la terminologie liée aux « libertés publiques » laisse place à certaines imprécisions. La notion s'avère ainsi quelque part incapable de rendre compte de l'évolution des droits. La doctrine française a ainsi tendance à rejeter les droits-créances de la catégorie des libertés publiques. Selon Georges Burdeau, le droit-créance se présente comme « la prétention légitime à obtenir [de la collectivité] les interventions requises pour que soit possible l'exercice de la liberté » (G. Burdeau, *Les libertés publiques*, Paris, LGDJ, 1961, p. 21). Ils confèrent à l'individu le droit d'exiger certaines prestations de la part de la société ou de l'Etat et s'expriment par l'expression le « droit à » tout en s'appliquant à de multiples champs comme le logement, le travail, l'instruction ou l'assistance voire les vacances, la culture, la santé, la dignité, l'électricité, la paresse, etc... Ils se distinguent des droits-libertés qui pourraient, de leur côté, se traduire par l'expression de « droit de ». Les libertés publiques renvoient à l'idée de facultés d'agir, de pouvoirs d'autodétermination, de prérogatives dont la satisfaction passe par une abstention de sujets passifs. Alors que les droits-libertés supposent une régulation minimale par l'État, les droits-créances impliquent une intervention importante des pouvoirs publics. Le droit-créance est un pouvoir d'exiger une prestation positive, alors que les libertés sont opposables à l'Etat, les créances sont, en quelque sorte, exigibles de lui.

Des droits fondamentaux qui seraient un moyen de dépasser le clivage entre droits-créances et droits-libertés

87 • Cette façon de distinguer les droits-créances des droits-libertés est loin d'être unanime (certains donnent une double dimension aux libertés publiques, l'une porteuse d'une obligation de ne pas faire, l'autre d'une obligation de faire : J. Rivero, H. Moutouh, *Libertés publiques*, Paris, PUF, 9ème éd., tome 1er , p. 25 ou P.

Braud, *La notion de liberté publique en droit français*, Paris, LGDJ, 1988, p. 85 et suiv.) mais parler de droits fondamentaux et non de libertés publiques serait ainsi le moyen de dépasser le clivage entre droits-libertés et droits-créances, de passer outre l'opposition entre obligation de non entrave et l'obligation de prestation (En ce sens, S. Etoa, « La terminologie des « droits fondamentaux » dans la jurisprudence du Conseil constitutionnel », *CRDF* 2011, n°9, p. 27 ou G. Peces-Barba, *Théorie générale des droits fondamentaux*, Paris, LGDJ, 2004). Au final, les libertés publiques se situent dans un système légicentriste à un niveau législatif et apparaissent essentiellement comme des concessions ou des limites arrachées à l'administration par leur principal défenseur, à savoir essentiellement le Conseil d'Etat (le rôle du juge judiciaire est marginalisé même dans les cas où la Constitution lui confie la protection ou la sauvegarde de la liberté : cas de la liberté individuelle et l'article 66 C). Les libertés publiques au sens du droit français classique protègent essentiellement contre le pouvoir exécutif, les droits fondamentaux protègent, quant à eux, à la fois contre le pouvoir exécutif et le pouvoir législatif. Contrairement aux libertés publiques, les droits fondamentaux sont garantis non seulement en vertu de la loi mais aussi surtout en vertu de la Constitution et des textes internationaux ou supranationaux. Enfin, la protection des droits fondamentaux n'est plus assurée seulement par les juges ordinaires mais aussi par le juge constitutionnel et les juges internationaux.

Bibliographie

- **Andransimbazovina (J.)**, « L'enrichissement mutuel de la protection des droits fondamentaux au niveau du droit européen et au niveau du droit national. Vers un contrôle de fondamentalité ? », RFDA 2000, p. 124.

- **Aubin (M.-E.)**, « La question de la liberté d'enseignement », RA 1998, n°2, p. 56.

- **Azema (J.-P.), Wieviorka (O.)**, Vichy. 1940-1944, Paris, Perrin, 2000.

- **Azema (J.-P), Winock (M.)**, La IIIème république : 1870-1940, Paris, Hachette, 1991.

- **Ballot (E.)**, Les insuffisances de la notion de droits fondamentaux, Ed. Mare et Martin, coll. Bibliothèque des thèses, 2014.

- **Barilari (A.)**, L'Etat de droit : réflexion sur les limites du juridisme, Paris, LGDJ, 1999.

- **Baruch (M.-O.)**, Le régime de Vichy, Paris, La découverte, 1996.

- **Basdevan-Gaudemet (B.)**, « Quelle(s) liberté (s) pour les cultes avant 1905 », RDP 2012, n°3, p. 718 ; « Droit et religions en France », RIDC 1998, n°2, p. 335.

- **Bauberot (J.)**, Histoire de la laïcité en France, Paris, PUF, Que sais-je ?, 2006.

- **Bell (J.)**, « Le règne du droit ou le règne du juge : vers une interprétation substantielle de l'Etat de droit », Mélanges Braibant, Paris, Dalloz, 1996, p. 15.

- **Bellon (C.)**, « Aristide Briand et la séparation des Églises et de l'Etat. Du travail en commission au vote de la loi (1903-1905) », Vingtième Siècle. Revue d'histoire 2005, no 87, p. 57 ; « La loi de séparation des Eglises et de l'Etat », Rev. Parlement(s). Revue d'histoire politique 2005, n°3, p. 137.

- **Bertozzo (M.)**, « Le 21 février 1795, la France entérinait la séparation des Églises et de l'Etat », Revue générale du droit 2015, on line, n°19749.

- **Bonnefous (E.)**, Histoire politique de la IIIème république, Paris, PUF, 6 vol., 1986.

- **Bonnevay (L.)**, Les journées sanglantes de février 1934, Paris, Flammarion, 1935.

- **Bouhey (V.)**, Les anarchistes contre la République, 1880 à 1914. Contribution à l'histoire des réseaux sous la IIIème République, Rennes, PU de Rennes, 2008.

- **Boulanger (J.)**, « Les principes généraux du droit et le droit positif », Mélanges Ripert, Paris, Dalloz, 1950, tome 1, p. 55.

- **Bournat (V.)**, Les procès de presse depuis la loi du 11 mai 1868 jusqu'au 1er janvier 1869, Paris, Bureau du Bulletin, 1869.

- **Boyer-Merentier (C.)**, « Les ordonnances de l'article 38 de la Constitution : une place ambiguë dans la hiérarchie des normes », RFDA 1998, p. 924 ; Les ordonnances de l'article 38 de la Constitution du 4 octobre 1958, PU d'Aix-Marseille et Economica, 1996.

- **Braud (P.)**, La notion de libertés publiques en France, Paris, LGDJ, 2015.

- **Brayer (F.)**, La loi annotée du 11 mai 1868 sur la presse, Paris, Librairie A. Durand, 1868.

- **Brunet (P.)**, « Les principes généraux du droit et la hiérarchie des normes », Mélanges Troper, Paris, Economica, 2006, p. 207.

- **Burdeau (F.)**, La troisième république, Paris, Montchrestien, 1996.

- **Burgorgue-Larsen (L.)**, « Les concepts de liberté publique et de droit fondamental » in J.-M. Auby (dir.), L'influence du droit européen sur les catégories du droit public, Paris, Dalloz, p. 389.

- **Caporal (S.)**, « Droits de l'homme, droits fondamentaux : histoire et concepts » in T. Renoux (dir.), Protection des libertés et droits fondamentaux, Paris, La Documentation française, 2007, p. 12.

- **Carcassonne (G.)**, « Société de droit contre Etat de droit », Mélanges Braibant, Paris, Dalloz, 1996, p. 37.

- **Carpano (E.)**, Etat de droit et droits européens : L'évolution du modèle de l'Etat de droit dans le cadre de l'européanisation des systèmes juridiques, Paris, L'Harmattan, 2005.

- **Carre (R.)**, « Les procès anarchistes et la fin des attentats », Gavroche, Revue d'Histoire populaire 1994, n°75-76, p. 21.

- **Carre de Malberg (R.)**, Contribution à la théorie générale de l'Etat, Paris, Sirey, 2 tomes, 1920-22 ; La loi, expression de la volonté générale, Paris, Sirey, rééd., Paris, Economica, 1984.

- **Cassin (R.)**, « Un coup d'Etat. La soi-disant Constitution de Vichy », RDP 2010, p. 647.

- **Champeil-Desplats (V.)**, « « Des « libertés publiques » aux « droits fondamentaux » : effets et enjeux d'un changement de dénomination », Jus Politicum 2010, n°5, p. 1,

- **Chapus (R.)**, « De la valeur des principes généraux du droit et autres règles jurisprudentielles du droit administratif », D. 1966, chron. p. 119 ; « De la soumission au droit des règlements autonomes », D. 1960, chron., p. 119.

- **Chastenet (J.)**, Histoire de la IIIème république, Paris, Hachette, 7 vol., 1952-1962.

- **Chemillier-Gendreau (M.)**, « L'Etat de droit au carrefour des droits nationaux et du droit international », Mélanges Braibant, Paris, Dalloz, 1996, p. 57.

- **Chevallier (J.)**, L'Etat de droit, Paris, Montchrestien, 5ème éd., 2010 ; « La mondialisation de l'Etat de droit », Mélanges Ardant, Paris, LGDJ, 1999, p. 325 ; « La dimension symbolique du principe de légalité », RDP 1990, p. 1651 « L'Etat de droit », RDP 1988, n°2, p. 313 ; La séparation de l'Église et de l'École. Jules Ferry et Léon XIII, Paris, Fayard, 1981.

- **Conte (P.)**, « La liberté politique au regard du code pénal nouveau : l'exemple des groupes de combat et des mouvements dissous », Mélanges Peiser, Paris, PUG, 1996, p. 163.

- **Coudert (C.)**, Réflexions sur le concept de fondamentalité en droit public français, Thèse Clermont-Ferrand, HAL 2011.

- **Crepey (E.)**, « Etendue et limites du pouvoir de dissoudre par décret certaines associations ou groupements », RFDA 2014, p. 1158.

- **Damarey (S.)**, « La liberté d'association à l'épreuve de la dissolution administrative », AJDA 2012, p. 921.

- **Debbasch (C.)**, « Les ordonnances de l'article 38 de la Constitution », JCP 1962, I, n°1701.

- **Denquin (J.-M.)**, La genèse de la Vème république, Paris, PUF, 1988.

- **Dreyer (E.)**, « La fonction des droits fondamentaux dans l'ordre juridique », Dalloz 2006, p. 748.

- **Dubouis (L.)**, « Le droit à cheval sur les principes généraux », Mélanges Alfandari, Paris, Dalloz, 2000, p. 251.

- **Ducamin (B.)**, « Le général De Gaulle et les congrégations religieuses. Réflexions et témoignages sur le règlement d'un long conflit », RDP 2010, n°6, p. 1577.

- **Ebrard (P.)**, « L'article 38 de la Constitution et la Vème république », RDP 1969, p. 259.

- **Eisenmann (C.)**, « Le droit administratif et le principe de légalité », EDCE 1957, n°11, p. 25 ; « Recension de B. Jeanneau, Les principes généraux du droit dans la jurisprudence administrative », RDP 1955, p. 798.

- **Emery (C.)**, « L'Etat de droit dans les systèmes polyarchiques européens », RFDC 1992, p. 27.

- **Etoa (S.)**, Le passage des « libertés publiques » aux « droits fondamentaux ». Analyse des discours juridiques français, Mare et Martin, 2016 et « La terminologie des « droits fondamentaux » dans la jurisprudence du Conseil constitutionnel », CRDF 2011, n°9, p. 23.

- **Fabre (R.)**, Francis de Pressensé (1863-1914) et la défense des Droits de l'Homme. Un intellectuel au combat, Rennes, PU de Rennes, 2004.

- **Favoreu (L.)**, « Légalité et constitutionnalité », Cahiers du CC 1997, n° 3, p. 73 ; « Le Conseil d'Etat, défenseur de l'exécutif », Mélanges Boulouis, Paris, Dalloz, 1997, p. 237 ; « Principes généraux du droit et principes fondamentaux reconnus par les lois de la République », RFDA 1996, p. 882 ; « Ordonnances ou règlements d'administration publique ? (La destinée singulière des ordonnances de l'article 38 de la Constitution) », RFDA 1987, p. 686 ; « Les règlements autonomes n'existent pas », RFDA 1987, p. 871 ; « Les règlements autonomes existent-ils ? », Mélanges Burdeau, Paris, LGDJ, 1976, p. 405.

- **Foyer (J.)**, « La genèse de la loi de séparation », Archives de philosophie du droit 2005, n°48, p. 75.

- **Garraud (R.)**, L'anarchie et la répression, Paris, L. Larose, 1895.

- **Gate (J.)**, « A-t-on bien séparé l'Eglise de l'Etat ? », Revue de recherche juridique. Droit prospectif 2004, p. 2085.

- **Genevois (B.)**, « Légitimité des principes généraux et théorie du droit », RFDA 1999, p. 722 ; « Les PGD (Aspects de droit administratif) », RIDC 1980, p. 279.

- **Goyard (C.)**, « Etat de droit et démocratie », Mélanges Chapus, Paris, LGDJ, 1992, p. 299.

- **Greard (O.)**, La législation de l'instruction primaire de 1789 jusqu'à nos jours, Paris, tome 1 (1789 à 1848), Typographie Delalain Frères, 2ème éd., 1889, tome 2 (1848 à 1874), Charles de Mourges Frères, 1891, tome 3 (table analytique), Charles de Mourges frères, 1874.

- **Grimaud (L.)**, Histoire de la liberté d'enseignement en France, Paris, Apostolat de la presse, 6 tomes, 1944-1954.

- **Grunebaum-Ballin (P.)**, La séparation des Églises et de l'État. Étude juridique sur le projet Briand et le projet du Gouvernement, Paris, Société nouvelle de Librairie et d'édition, 1905.

- **Guillaume (M.)**, « Les ordonnances : tuer ou sauver la loi ? », Pouvoirs 2005, n°114, p. 117.

- **Haarscher (G.)**, « Les périls de la démocratie militante », RTDH 2010, n°82, p. 445.

- **Hamon (L.)** (dir.), Les opportunistes. Les débuts de la République aux républicains, Paris, Ed. de la maison des sciences de l'Homme, 1986.

- **Hamon (L.)**, « L'Etat de droit et son essence », RFDC 1990, p. 699.

- **Hauriou (M.)**, Précis de droit constitutionnel, Paris, Sirey, 2ème éd., 1929 ; Principes de la loi du 9 décembre 1905 sur la séparation des Églises et de l'Etat, avec les textes de la loi et des règlements d'administration publique, Paris, Librairie Larose et Tenin, 1906.

- **Heuschling (E.)**, Etat de droit : Rechtsstaat : Rule of Law, Nouvelle bibliothèque des thèses, Paris, Dalloz, 2002.

- **Jeanneau (B.)**, Les PGD dans la jurisprudence administrative, Paris, Sirey, 1954 ; « La théorie des principes généraux du droit à l'épreuve du temps », EDCE 1981-1982, n°33, p. 33.

- **Labetoulle (D.)**, « Principe de légalité et principe de sécurité », Mélanges Braibant, Paris, Dalloz, 1996, p. 403.

- **Lalouette (J.)**, « La loi du 9 décembre 1905 : quelques considérations sur ses principes et leur élaboration », in R. Vandenbussche (dir.), De Georges Clemenceau à Jacques Chirac : l'état et la pratique de la Loi de Séparation, Villeneuve d'Ascq, IRHiS, 2008, p. 45 ; « Laïcité et séparation des Églises et de l'État : esquisse d'un bilan historiographique (2003-2005) », Revue historique 2005, n° 636, p. 849 ; « La Séparation avant la Séparation. « Projets » et propositions de loi (1866-1891) », Vingtième Siècle. Revue d'histoire 2005, no 87, p. 41 ; La séparation des Églises et de l'État. Genèse et développement d'une idée. 1789-1905, Paris, Ed. du Seuil, 2005 ; L'Etat et les cultes 1789-1905-2005, Paris, La découverte, 2005.

- **Le Bos-Le Pourhiet (A.-M.)**, L'article 92 de la Constitution de 1958, Economica, 1980.

- **Leisner (W.)**, « L'Etat de droit. Une contradiction ? », Mélanges Eisenmann, Paris, Ed. Cujas, 1975, p. 65.

- **Leterre (T.)**, « Les libertés publiques : fondements et transformations », in Les libertés publiques, Paris, La documentation française, 2000, p. 3.

- **Letourneur (M.)**, « Les principes généraux du droit et la jurisprudence du Conseil d'Etat », EDCE 1951, p.19.

- **Loschak (D.)**, « Le principe de légalité. Mythes et mystifications », AJDA 1981, p. 387 ; Le rôle politique du juge administratif français, Paris, LGDJ, 1972.

- **Louba (G.)**, Code de la législation contre les anarchistes, Paris, Librairie Marescq Aîné, 1895.

- **Mayeur (J.-M.)**, La Séparation des Eglises et de l'Etat, réédition, Éditions ouvrières, 1991 et 2005 ; « Laïcité et idée laïque au début de la troisième république » in L. HAMON (dir.), Les opportunistes. Les débuts de la République aux républicains, Paris, Ed. de la maison des sciences de l'Homme, 1986.

- **Mbongo (P.)**, « Actualité et renouveau de la loi du 10 janvier 1936 sur les groupes de combat et les milices privées », RDP 1998, p. 715.

- **Messner (F.), Prelot (P.-H.), Woerhrling (J.-M.)**, Traité de droit français des religions, Litec, 2003 ou LexisNexis, 2013.

- **Moderne (F.)**, « Légitimité des principes généraux du droit et théorie du droit », RFDA 1999, p.722.

- **Monchambert (S.)**, La liberté de l'enseignement, PUF, 1983.

- **Morange (G.)**, « Les PGD sous la Vème république », RDP 1960, p. 1188 et « Une catégorie juridique ambiguë : les PGD », RDP 1977, p. 761.

- **Morange (J.)**, « La crise de la notion de liberté publique », Mélanges Drago, Paris, Economica, 1996, p. 91.

- **Muhlmann (G.), Zalc (C.)**, « La laïcité, de la IIIème république à la Vème république », Pouvoirs 2008, n°126, p. 101.

- **Nguyen (V.)**, Aux origines de l'Action française, Paris, Fayard, 1991.

- **Nourisson (P.)**, Histoire générale des congrégations religieuses en France depuis 1789, Paris, Sirey, 1928.

- **Ollivier (E.)**, L'Empire libéral : études, récits, souvenirs, Wentworth Press, t. 1 à 14, 2016 et Commentaire de la loi du 25 mai 1864 sur les coalitions, Ed. Marescq aîné, 1864.

- **Pavia (M.-L.)**, « Eléments de réflexion sur la notion de droit fondamental », LPA 1994, 6 mai, n°54.

- **Paxton (R.-O.)**, La France de Vichy : 1940-1944, Paris, Le Seuil, 1999.

- **Peces-Barba (G.)**, Théorie générale des droits fondamentaux, Paris, LGDJ, 2004.

- **Peiser (G.)**, « Le développement de l'application du principe de légalité dans la jurisprudence du Conseil d'Etat », Mélanges Chapus, Paris, LGDJ, 1992, p. 517.

- **Pellissier (P.)**, 6 février 1934. La République en flammes, Paris, Perrin, 2001.

- **Picard (E.)**, « L'émergence des droits fondamentaux en France », AJDA 1998, n° spécial, p. 6.

- **Prelot (P.-H.)**, « La liberté de l'enseignement dans la séparation des Églises et de l'État (1879-1905) » RDP 2006, p. 617 ; Naissance de l'enseignement supérieur libre : la loi du 12 juillet 1875, Paris, PUF, 1987.

- **De Pressensé (F.), Puget (E.)**, Les lois scélérates de 1893-1894, Paris, Editions de la Revue Blanche, 1899 ; Les lois scélérates de 1893-1894. Texte intégral, Paris, Le Flibustier, 2008.

- **Rambaud (R.)**, « La loi du 10 janvier 1936 sur les groupes de combat et milices privées (art. L. 212-1 du Code de la sécurité intérieure) : l'arme de dissolution massive », RDLF 2015, chron., n°20 ; « La loi du 10 janvier 1936 à la croisée des chemins », AJDA 2014, p. 2167.

- **Redor (M.-J.)**, De l'Etat légal à l'Etat de droit. L'évolution des conceptions de la doctrine publiciste française, 1870-1914, Paris, Economica, 1992.

- **Remond (R.)**, L'anticléricalisme en Francede 1815 à nos jours, Paris, Fayard, 1976.

- **Rivero (J.)**, « Etat de droit, Etat du droit », Mélanges Braibant, Paris, Dalloz, 1996, p. 609 ; « Le juge administratif : gardien de la légalité administrative ou gardien administratif de la légalité », Mélanges Waline, Paris, LGDJ, 1974, p. 701.

- **Rouselle (A.)**, Le droit de réunion et la loi du 6 juin 1868, Paris, Ed. Degorge-Cadot, 1870.

- **Rouvillois (F.)**, Les origines de la Vème république, Paris, PUF, 1998.

- **Rudelle (O.)**, Jules Ferry, La République des citoyens, Paris, Imprimerie nationale, 2 tomes, 1996.

- **Saint-Bonnet (F.)**, « Le combat pour les libertés publiques à la fin du Second Empire », Jus Politicum 2010, n°5.

- **Scot (J.-P.)**, « Liberté-égalité-laïcité. Genèse, caractères et enjeux de la loi de 1905 », Cahiers d'histoire. Revue d'histoire critique 2007, n°100, p. 161 ; « L'Etat chez lui, l'Eglise chez elle ». Comprendre la loi de 1905, Paris, Seuil, 2005.

- **Sorrel (C.)**, La république contre les congrégations. Histoire d'une passion française : 1899-1904, Paris, Ed. du Cerf, 2003.

- **Sternhell (Z.)**, La droite révolutionnaire 1885-1914, Gallimard, 1997.

- **Tartakowsky (D.)**, Les droites et la rue. Histoire d'une ambivalence, de 1880 à nos jours, Paris, La découverte, 2014.

- **Troper (M.)**, « Le concept d'Etat de droit », Droits 1992, n°15, p. 51.

- **Valentin (V.)**, « Remarques sur les mutations de la laïcité. Mythes et dérives de la « séparation » », RDLF 2016, chron. n°14.

- **Vedel (G.)**, « Excès de pouvoir législatif et excès de pouvoir administratif », Cahiers du CC 1996, n°1, p. 56 et Cahiers du CC 1997, n°2, p. 77.

- **Vedel (G.), Delvolvé (P.)**, Le système français de protection des administrés contre l'administration, Paris, Sirey, 1991.

- **Wachsmann (P.)**, « L'importation en France de la notion de droits fondamentaux », RUDH 2004, p. 40 et « Les droits fondamentaux, sans le savoir, ni le vouloir » in B. Matthieu (dir.), 1958-2008. Cinquantième anniversaire de la Constitution française, Paris, Dalloz, 2008, p. 563.

- **Weber (E.)**, L'Action française, Paris, Stock, 1964.

§ 2nd : L'émergence progressive de la notion de « droits fondamentaux »

88 • Le passage de la notion de « libertés publiques » à celle de « droits fondamentaux » s'est formalisé de façon progressive en France. Les premières pierres de la construction de la nouvelle notion ont été posées par les juges ordinaires et le juge constitutionnel avant que, sous l'influence du système allemand, système de référence en la matière, le phénomène d'universalisation des droits confirme le processus d'évocation (A). Suite à cette première mise en avant de la notion, son implantation est définitivement confirmée par la fin des résistances ou réticences initiales des juges internes quant à l'influence des juges européens (CJUE et CourEDH) et de la dynamique et du mouvement ainsi lancée de l'universalisation des droits et de l'appropriation conséquente de la notion de fondamentalité (B).

A – Les prémisses de l'implantation de la notion

89 • L'initiation du processus d'évocation de la notion de « droits fondamentaux » a, à l'origine, été l'œuvre des juges internes, en premier lieu, les juges ordinaires par l'entremise de plusieurs théories ou d'opérations jurisprudentielles puis, en second lieu, le juge constitutionnel, succombant, peut-être, à un certain effet de mode (1). Puis le processus a été confirmé par le phénomène d'universalisation des droits, phénomène déclenché principalement par l'adhésion aux différents traités européens et la volonté commune d'offrir un socle minimum sur lequel se fonder en matière de protection des droits fondamentaux (2).

1 – L'initiation du processus d'évocation au niveau interne

90 • Il est toujours tentant de vouloir assimiler ce qui relève du « fondamental » et ce qui relève du « constitutionnel » mais un tel raisonnement ne résiste pas à l'analyse. L'apparition des droits fondamentaux dans l'ordre juridique français n'est pas, uniquement, le fait de la jurisprudence constitutionnelle, c'est aussi le fait de la jurisprudence des juridictions ordinaires qui ont réussi à les mettre en lumière de manière antérieure, ponctuelle et progressive.

a) Des juges ordinaires qui ouvrent la voie de la fondamentalité

Un juge judiciaire qui se positionne à nouveau comme défenseur des libertés en protégeant la propriété privée et la liberté individuelle : la décision *Hilaire*

91 • Historiquement ce sont les Parlements d'Ancien-Régime, en condamnant les abus de la société monarchique, qui ont été les premiers gardiens de la liberté mais si la révolution a été l'an I de la liberté, elle refusa catégoriquement la médiation du juge dans la sauvegarde des libertés donnant ce rôle au législateur et à lui seul. Puis progressivement le juge va retrouver la place qu'il occupait auparavant. C'est d'abord le juge judiciaire qui va se positionner en défenseur des libertés à travers la protection de la propriété privée. L'autorité judiciaire étant compétente pour intervenir en cas de dépossession légale de la propriété (en vertu de l'article 545 du Code civil où « nul ne peut être contraint de céder sa propriété si ce n'est pour cause d'utilité publique et moyennant une juste et préalable indemnité » et de la loi du 8 mars 1810 *sur les expropriations pour cause d'utilité publique* (O. Barrot, *Rec. Général des lois, décrets, ordonnances*, Paris, administration du journal des notaires et des avocats, 1836, p. 523)), il a été soutenu qu'elle devait l'être aussi en cas de dépossession irrégulière. Dans la même logique, si le juge judiciaire était compétent pour défendre le droit de propriété, pourquoi ne l'était-il pas alors pour d'autres droits fondamentaux et notamment, le plus éminent d'entre eux, la liberté individuelle ? (Voir, en ce sens, R. Desgorces, « Les armes du juge judiciaire dans la protection des libertés fondamentales : le point de vue de la doctrine », in G. Eveillard (dir.), *La guerre des juges aura-t-elle lieu ? - Analyse comparée des offices du juge administratif et du juge judiciaire dans la protection des libertés fondamentales*, 2016. En ligne sur www.revuegeneraledudroit.eu). C'est la jurisprudence, avec la décision *Hilaire*, qui va mettre sur le même plan la liberté individuelle et la propriété privée et en déduire la compétence du juge judiciaire (TC, 18 décembre 1947, *Hilaire*, *Rec. CE*, p. 516, *JCP* 1948, n°4087, note G. Vedel, *D.* 1948, jurisp., p. 62, note M. Fréjaville où « la sauvegarde de la liberté individuelle et de la propriété privée rentre essentiellement dans les attributions de l'autorité judiciaire »).

Un juge judiciaire qui se positionne à nouveau comme défenseur des libertés en protégeant la propriété privée et la liberté individuelle : l'article 136 CPP

92 • La compétence du juge judiciaire s'est ensuite développée sur la base de l'article 112 du code de l'instruction criminelle édifiée en vertu de la loi du 7 février 1933 (JO, 9 février 1933, p. 1354) *sur les garanties de la liberté individuelle* (Cf. D. Salama, *La loi du 7 février 1933 sur les garanties de la liberté individuelle*, Paris, Ed. Pédone, 1934 ou M. Gabolde, *Commentaire de la loi du 7 février 1933 sur les garanties de la liberté individuelle*, Paris, Pédone, 1933) auquel a succédé l'article 136 du Code de procédure pénale. Cette disposition, qui interdit l'élévation du conflit en cas d'atteinte à la liberté individuelle, contient, en outre, la mention d'une compétence exclusive des juridictions judiciaires dans toute instance civile fondée sur des faits constitutifs d'une atteinte à la liberté individuelle ou à l'inviolabilité du domicile.

Cependant, si les partisans d'une compétence judiciaire élargie poussent volontiers, au premier plan, cet article, il reste confiné dans les limites qui lui ont été, de tout temps, assignées à savoir la protection concernant essentiellement les détentions arbitraires. La liberté individuelle étant ici synonyme de sureté individuelle et d'*Habeas Corpus*, donnant ainsi une portée assez limitée à l'article (Cf. Par ex., les décisions TC, 16 novembre 1964, *Clément*, *Rec. CE*, p. 796, *D.* 1965, p. 668, note A. Demichel, *AJDA* 1965, p. 156, note M. Puybasset ; CE 9 juillet 1965, *Voskresensky*, req. n°60747, *Rec. CE*, p. 418, *AJDA* 1965, p. 603, concl. J. Fournier ; CE, sect., 22 avril 1966, *Tochou et Mony*, n°61302, *Rec. CE*, p. 279, *RDP* 1966, p. 584, concl. Y. *Galmot* ou encore des décisions du Tribunal des conflits qui ont confirmé l'interprétation plus restrictive : à propos des phénomènes de consignation à bord : TC, 12 mai 1997, *Préfet de police de Paris contre TGI de Paris*, n° 3056, *Rec. CE*, p. 528, *AJDA* 1997, p. 575, chron. D. Chauvaux et T.-X. Girardot, *D.* 1997, p. 567, note A. Legrand, *RFDA* 1997, p. 514, concl. J. Arrighi de Casanova, *RTDCiv* 1998, p. 181, obs. J. Normand ou en matière d'internement d'office des malades mentaux : TC, 17 février 1997, *Préfet de la Région Ile-de-France, Préfet de Paris*, n°97-03045, *Rec. CE*, p. 525, Bulletin 1997 Conflits n° 1 p. 1).

Un juge judiciaire qui se positionne à nouveau comme défenseur des libertés en protégeant la propriété privée et la liberté individuelle : l'article 66 C°

93 • C'est ensuite la Constitution de la Vème république qui va matérialiser la compétence du juge judiciaire en matière de libertés à travers l'article 66 C°. Ce dernier, qui relève des principes généraux de la nouvelle Constitution, transpose, pour la première fois, dans un texte Constitutionnel français, le principe de l'*Habeas corpus* anglais tout en confiant à l'autorité judiciaire le soin d'en assurer le contrôle et le respect. En agissant de la sorte, il donne aux magistrats judiciaires, notamment en raison de leur indépendance, une tâche primordiale en matière de protection de la liberté individuelle voire même des libertés individuelles. Les constituants de 1958 ont, à l'origine, une interprétation large de l'article (Cf. Loi constitutionnelle du 3 juin 1958 précitée *portant dérogations transitoires aux dispositions de l'article 90* et à sa conception plurielle des libertés confiées à la garde de l'autorité judiciaire, loi qui éclaire le sens de la rédaction retenue du projet de nouvelle Constitution et les vœux de Michel Debré qui, entretenant une fois inébranlable en la Justice, voit dans cette dernière le seul organe habilité à assurer une véritable protection des droits essentiels. Pour le garde des Sceaux, le pouvoir doit savoir qu'il a « un Dieu, et que ce dieu a un prêtre, le juge, dont le rôle est chaque jour modeste, subordonné même, mais [...] décisif, [...] essentiel [et amené à devenir] grandiose » (M. Debré, *La République et son pouvoir*, Paris, Nagel, 1950, p. 89. Cf. D. Salles, « Michel Debré et la protection de la liberté individuelle par l'autorité judiciaire », *Cahiers du CC* 2009, n°26)). Cette interprétation large a vite été remplacée, en pratique, par une interprétation plus restrictive du Conseil constitutionnel. Le champ d'application de l'article ayant été réduit du fait d'une conception plus étroite de la « liberté individuelle » et de l'émergence, à côté de cette dernière, de la « liberté personnelle », dont la protection ne relève pas exclusivement du juge judiciaire.

Un juge judiciaire qui n'a, originellement, qu'une compétence d'exception par rapport à la compétence de principe du juge administratif

94 • En plus de l'article 66 C°, qui fait du juge judiciaire le protecteur naturel de la liberté individuelle et du droit de propriété, la théorie de la voie de fait rend aussi le juge judiciaire compétent lorsque l'Administration, agissant manifestement en dehors des pouvoirs lui appartenant ou procédant irrégulièrement à l'exécution forcée d'une de ses décisions, a porté une atteinte grave à une liberté fondamentale ou au droit de propriété (TC, 2 février 1902, *Société immobilière Saint Just*, n°00543, *Rec. CE*, p. 513, concl. J. Romieu, *D.* 1903, 3, p. 41, concl. J. Romieu, *S.*1904, 3, p. 17, concl. J. Romieu, note M. Hauriou ; TC, 8 avril 1935, *Action française*, n° 0822, *Rec. CE*, p. 1226, concl. P.-L. Josse, *S.* 1935, 3, p. 76, concl. P.-L. Josse, *D.* 1935, 3, p. 25, concl. P.-L. Josse, note M. Waline, *RDP* 1935, p. 309, concl. P.-L. Josse, note G. Jèze) mais, là encore, la portée est limitée dans la mesure où il est quand même assez rare que l'Administration sorte manifestement de ses attributions. Au final, l'idée générale est qu'en la matière, ce n'est pas le juge judiciaire qui a une compétence de principe mais bien le juge administratif. Le juge judiciaire est, en la matière, juge d'exception. Il n'a de compétence que fondée sur un texte ou, à tout le moins, sur une dérogation prétorienne enracinée de longue date. Légale ou prétorienne, la règle ainsi édictée à son profit est d'interprétation stricte. L'acteur essentiel de la protection des libertés est, tout autant, le juge administratif, protecteur d'abord de ce qu'on a appelé les « libertés publiques » puis, finalement, de ce que le juge allait identifier dans sa jurisprudence, à travers la notion de « droits fondamentaux ». Comme pouvait déjà le relever Jean Rivero en 1951, « dans bien des cas, la suprême garantie de la liberté des français réside aujourd'hui dans l'attachement de leur juge administratif aux principes du libéralisme » (J. Rivero, « Le juge administratif français : un juge qui gouverne ? », *D.* 1951, chron., p. 21). Parce qu'elles sont reconnues et garanties par la puissance publique, les libertés publiques donnent lieu à de nombreuses décisions administratives contrôlées par le juge qui intervient à la fois pour consacrer l'existence de la liberté et pour fixer les grandes lignes de son régime juridique. On peut ainsi dire que « la jurisprudence du Conseil d'Etat a marqué chaque « génération » des libertés publiques » (B. Stirn, *Les libertés en question*, Paris, LGDJ, 9ème éd., 2015, p. 122).

Un juge administratif qui œuvre très tôt en matière de liberté fondamentale

94 • Le Conseil d'Etat a, très tôt, œuvré en la matière et on retrouve, notamment, la notion de liberté fondamentale pour l'application de la théorie de la voie de fait ou en matière de police administrative. Il a, ainsi, déterminé, dans la première moitié du XXème siècle, les règles applicables en matière de manifestation et de procession (CE, 15 mars 1901, *Lecointre et Renouard*, req. n°93221, *Rec. CE*, p. 291 ; CE, 19 février 1909, *Abbé Olivier et autres contre Maire de Sens*, req. n°27355, *Rec. CE*, p. 116, *S.* 1909, 3, p. 34, concl. Chardenet, *DP* 1910, 3, p. 121, concl. Chardenet, *RDP* 1910, p. 69, note G. Jèze), puis de réunion. Il a aussi exercé rapidement un contrôle très approfondi sur les mesures de police administrative susceptibles de porter atteinte à une liberté. Depuis l'arrêt *Benjamin* (CE, 19 mai 1933, *Benjamin et*

Syndicat d'initiative de Nevers, req. n°17413 et 17520, *Rec. CE*, p. 541, *S*. 1935, 3, p.1, note A. Mestre et concl. Michel), le juge exerce en effet un véritable contrôle de proportionnalité inauguré à propos de la liberté de réunion et appliqué depuis lors à bien d'autres domaines. Cette approche résolument libérale était déjà clairement exprimée dans les conclusions du commissaire du gouvernement Corneille sur l'arrêt *Baldy* (CE, 10 août 1917, *Baldy*, req. n°59855, *Rec. CE*, p. 636, concl. Corneille) qui énonçait avec force que : « pour déterminer l'étendue d'un pouvoir de police dans un cas particulier, il faut tout de suite se rappeler que les pouvoirs de police sont toujours des restrictions aux libertés des particuliers, que le point de départ de notre droit public est dans l'ensemble les libertés des citoyens, que la Déclaration des droits de l'homme est implicitement ou explicitement, au frontispice des constitutions républicaines, et que toute controverse de droit public doit, pour se calquer sur les principes généraux, partir de ce point de vue que la liberté est la règle et la restriction de police l'exception ».

Un juge administratif qui puise son inspiration dans le préambule de la Constitution et la DDHC

95 • Le Conseil d'Etat a, longtemps, semblé ignorer la Constitution et la DDHC, plaçant ainsi la loi au sommet de la hiérarchie des normes mais ses éléments n'étaient pas étrangers à sa jurisprudence. Avant l'émergence du contrôle de constitutionnalité des lois, le juge administratif a puisé une part non négligeable de son inspiration dans le préambule de la Constitution auquel il a donné valeur de droit positif dès 1950 en reconnaissant le principe du droit de grève dans les services publics (CE, Ass., 7 juillet 1950, *Dehaene*, req. n°01645, *Rec. CE*, p. 426, *RDP* 1950, p. 691, concl. F. Gazier, note M. Waline, *JCP* 1950, G, n° 5681, concl. F. Gazier, *RA* 1950, p. 366, note G. Liet-Veaux) puis, en 1956, en rangeant la liberté d'association au nom des PFRLR consacrés par le 1er alinéa du préambule (CE, Ass., 11 juillet 1956, *Amicale des Annamites de Paris*, req. n°26638, *Rec. CE*, p. 317, *AJDA* 1956, II, p. 400, chron. J. Fournier et G. Braibant, *RDP* 1971, p. 1170, chron. J. Robert). Le juge administratif suprême a, aussi, pris soin de préciser que les PGD résultant du préambule de la Constitution s'imposaient au pouvoir réglementaire même en l'absence de dispositions législatives (CE, sect., 26 juin 1959, *Syndicat général des ingénieurs conseils*, req. n°92099, *Rec. CE*, p. 394). La jurisprudence valant également pour les ordonnances de l'article 38 C° (CE, Ass., 24 novembre 1961, *Fédération nationale des syndicats de police*, req. n°52262, *Rec. CE*, p. 658, *D*. 1962, p. 424, note M. Fromont) et les lois d'habilitation référendaire (CE, Ass., 19 octobre 1962, *Canal, Robin et Godot*, req. n°58502, *Rec. CE*, p. 552, *AJDA* 1962, p. 612, obs. A. de Laubadère, *RA* 1962, p. 623, note G. Liet-Veaux, *JCP* 1963, G, II, n°13068, note C. Debbasch).

Des juges ordinaires qui ont donné un caractère « fondamental » à certaines libertés (1)

96 • C'est avec la jurisprudence relative à la voie de fait que le juge administratif, accompagné du juge judiciaire et du Tribunal des conflits, allait faire ressortir le concept de « fondamentalité ». Tous les agissements administratifs portant atteinte

à « la liberté » ou « aux libertés » en général n'ont pas été susceptibles d'être reconnues comme des voies de fait. Seuls l'étaient, en vertu de la jurisprudence, ceux qui mettaient en cause l'exercice d'une liberté présentant la caractéristique d'être « fondamentale » (CE, 8 avril 1961, *Klein*, req. n°46746 et 46747, *Rec. CE*, p. 216, *D.* 1961, jurispr. p. 587, concl. J.-F. Henry, *S.* 1961, 3, p. 249, note J.-P. Lassale, *AJDA* 1961, p. 332, chron. J.-M. Galabert et M. Gentot, *D.* 1961, jurispr. p. 587, concl. J.-F. Henry et p. 621, note P. Weil). Comme il n'y avait pas de critères spécifiques pouvant marquer la « fondamentalité », c'est le juge qui a dressé l'inventaire des libertés qui relevait de la « fondamentalité ». Le Conseil d'Etat a, ainsi, attribué un caractère « fondamental » à la liberté de réunion (CE, 19 mai 1933, *Benjamin*, req. n°17413 et 17420 précité à propos de l'interdiction d'une réunion à caractère politique), la liberté du culte (TC, 4 juillet 1934, *Curé Réalmont et autres contre Maire de Réalmont*, *Rec. CE*, p. 1247, *S.* 1935, 3, p. 97 note P. Laroque à propos de la décision du maire de faire retirer une grille entourant une église en vue d'installer un urinoir contre cette dernière), la liberté de la presse (TC, 8 avril 1935, *Action française contre Bonnefoy-Sibour*, n°00822 précité à propos de la saisie du journal « l'Action française » ordonnée en février 1934 par le préfet de police) ou encore la liberté de l'affichage (TC, 19 mai 1954, *Société office publicitaire France*, *Rec. CE*, p. 703, *JCP* 1954, G, II, n°8382, note J. Rivero, à propos de la création d'affiches d'un parti politique prescrite par un préfet).

Des juges ordinaires qui ont donné un caractère « fondamental » à certaines libertés (2)

97 • Le caractère « fondamental » a, également, été reconnu pour la sécurité des correspondances (TC, 10 décembre 1956, *Sieurs Randon et autres contre Sieurs Brunel et autres*, n°1535, *Rec. CE*, p. 592, concl. Guionin à propos de l'ordre donné par un préfet à un receveur des postes de retenir les exemplaires, pliés sous bande, d'une affiche critiquant l'inéligibilité de certains parlementaires) ou la liberté d'association (Cass., 1ère civ., 24 oct. 1977, n° pourvoi 76-12674 et 7612.675, *Bull. Civ.* 1977, I, n° 386, *JCP* 1979, G, II, n° 19157, note B. Pacteau, à propos de l'usurpation de la gestion d'une maison de retraite constituée sous la forme associative). On peut aussi parler de la liberté individuelle en tant que sûreté individuelle. Avaient ainsi pu être regardés comme des voies de fait des actes ou mesures tels que la détention (par ex., CE, 25 juin 1954, *Escorbiac*, *Rec. CE*, p. 388 ; *AJDA* 1954, p. 435, note O. Dufour), l'arrestation (par ex., CE, 26 juin 1957, *Laxq*, *Rec. CE*, p. 419) ou l'inviolabilité du domicile, « corollaire » de la liberté individuelle, qui s'était vu, de même et en ce sens, reconnaître la qualité de liberté fondamentale par la jurisprudence (TC, 27 juin 1966, *Guigon contre Armées*, n°1889, *Rec. CE*, p. 830, *JCP* 1967, II, n°15135, concl. Lindon, *AJDA* 1966, p. 547, note A. de Laubadère, *D.* 1968, p. 7, note J.-C. Douence ou CE 13 juillet 1966, *Guiguon*, req. n°54130, *Rec. CE*, p. 476 ; Cf. P. Amselek, « Les vicissitudes de la compétence juridictionnelle en matière d'atteintes administratives à la liberté individuelle », *RDP* 1965, p. 801 et suiv et P. Huet, « L'évolution cyclique de la compétence administrative en matière de protection de la liberté individuelle », *AJDA* 1972, p. 19 et suiv.).

b) L'appropriation postérieure de la notion par le juge constitutionnel

98 • Si les juges ordinaires ont ouvert la voie de la fondamentalité, le Conseil constitutionnel leur a ensuite emboité le pas. Ce qui maintenant est nommé libertés ou droits fondamentaux était auparavant appelé « principes reconnus par le préambule de la Constitution », « principes » ou « droits et libertés » parfois qualifiés de « constitutionnels » (Voir, par ex., M. Mignon, « La valeur juridique du préambule de la Constitution selon la doctrine et la jurisprudence », *D.* 1951, chron., p. 127 ou R. Pelloux, « La nouvelle Constitution de la France », *D.* 1946, chron., p. 81). Le Conseil a pu s'appuyer sur les exemples ou termes déjà existants comme les Lois « fondamentales » du Royaume sous l'Ancien-Régime ou les éléments présents dans notre Constitution actuelle (les PFRLR réaffirmés dans le préambule, les « garanties fondamentales » accordées aux citoyens pour l'exercice des libertés publiques, les « garanties fondamentales » accordées aux fonctionnaires civils et militaires de l'Etat et les « principes fondamentaux » que la loi détermine de l'article 34 C°).

Un droit allemand qui sert de référence

99 • La fondamentalité a été introduite progressivement dans le giron du droit constitutionnel pour qualifier les droits et libertés. C'est d'abord la doctrin qui s'est approprié la notion en s'inspirant directement de l'exemple du droit allemand. La notion même de droits fondamentaux (*Grundrechte*) trouve son origine en Allemagne. C'est depuis 1848 qu'on peut retrouver dans les constitutions des *Länder* un catalogue de droits fondamentaux. Si ces droits étaient conçus comme des remparts face au pouvoir arbitraire de l'Etat, ils avaient néanmoins une portée singulière. Contrairement aux Etats-Unis ou à la France, c'est le pouvoir lui-même (les princes allemands de l'époque) qui a pris en compte le fait qu'il était nécessaire de conférer aux individus des droits fondamentaux pour éviter une remise en cause de leur pouvoir. Puis, c'est au lendemain de la 2nde guerre mondiale, que le pouvoir constituant allemand a été amené, le 8 mai 1949, à se doter d'une Constitution ou plutôt d'une Loi fondamentale. D'abord destinée à être provisoire tant que l'Allemagne était divisée, elle fut, ensuite, étendue, après la réunification, à toute l'Allemagne. Les 19 premiers articles sont consacrés uniquement aux droits qualifiés de « droits fondamentaux ». Tous les droits constitutionnels ne sont pas qualifiés de la sorte mais, si cette qualification existe, elle entraine, en Allemagne, une protection spécifique caractérisée par le recours à l'article 93 alinéa 4a de la Loi fondamentale, recours qui permet à toute personne, s'estimant lésée dans l'un de ses droits, de saisir la Cour constitutionnelle fédérale de *Karlsruhe*. Les droits fondamentaux sont, avant tout, pensés comme une catégorie spécifique de droits subjectifs constitutionnels. Rien de comparable en France à l'époque où la doctrine se penche sur la notion de « fondamentalité », si un contrôle efficace sur les actes du législateur existe depuis les années 1970, ce n'est qu'un contrôle a priori et par voie d'action et limité au niveau des autorités de saisine.

Une appropriation de la notion par la doctrine française

100 • La doctrine française va faire un lien entre le système allemand et le système français en changeant l'objectif initial des droits fondamentaux. Ces derniers, avant tout appréhendés dans une logique subjective en Allemagne, vont être assimilés à travers une logique plus objective en France La jurisprudence allemande a néanmoins aujourd'hui largement doublé la reconnaissance initiale des droits fondamentaux comme droits publics subjectifs par celle de l'existence d'une dimension objective de ces mêmes droits fondamentaux, que celle-ci soit ou non suggérée par le texte constitutionnel. Les droits fondamentaux sont, en effet, d'abord des droits subjectifs opposables à l'Etat, ils visent, avant tout, à préserver la liberté de l'individu contre le pouvoir de l'Etat. Mais ils ont aussi une dimension objective puisqu'ils imposent aussi à l'administration et au juge de les prendre en compte dans leur activité d'interprétation et de mise en œuvre des règles de droit. Elle « contraint le juge, même dans des litiges de nature civile, où le plaignant ne peut invoquer contre le défendeur un droit fondamental qui ne peut être exigé que de la puissance publique, à ne pas ignorer en tant qu'élément du 3ème pouvoir « l'effet d'irradiation des droits fondamentaux » (*Ausstrahlungswirkung*) sur les autres branches du droit » (C. Autexier, in *Introduction au droit public allemand*, chapitre 5 Les droits fondamentaux, n°111, https://www.revuegeneraledudroit.eu/blog/2015/03/30/chapitre-5-les-droits-fondamentaux). Enfin, elle justifie, en dernière analyse, l'obligation de protection qui pèse sur tous les organes de l'Etat. C'est, en ce sens, qu'est appréhendée la notion dans la doctrine française qui va insister sur la portée structurante de la notion grâce à la place prééminente qu'occupent ses droits dans l'ordre juridique. Et cette capacité des droits fondamentaux à inoculer tous l'ordonnancement juridique résulte moins du caractère fondamental ou de la protection spécifique qui leur est conféré que de leur statut de normes constitutionnelles ou de droit constitutionnellement protégés. C'est la naissance de l'école d'Aix de Louis Favoreu valorisant tant la Constitution que l'œuvre du Conseil constitutionnel dans l'irruption de la « fondamentalité » dans le paysage du droit public français (Cf. L. Favoreu, P. Gaïa, R. Ghevontian, F. Mélin-Soucramanien, A. Pena, O. Pfersmann, J. Pini, A. Roux, G. Scoffoni, J. Tremeau, *Droit des libertés fondamentales*, Paris, Dalloz, 7ème éd., 2015 et L. Favoreu, P. Gaïa, R. Ghevontian, J.-L. Mestre, O. Pfersmann, A. Roux, G. Scoffoni, *Droit constitutionnel*, Paris, Dalloz, précis, 19ème éd., 2017).

Un Conseil constitutionnel qui se laisse séduire

101 • La 1ère utilisation apparaît dans une décision du 16 janvier 1982 qui affirma « le caractère fondamental du droit de propriété » (CC, n°81-132 DC, 16 janvier 1982, *Loi de nationalisation*, JO, 17 janvier 1982, p. 299, *Rec. CC*, p. 18, cons. n°16). En 1984, ce fut la liberté de communication des pensées et des opinions qui se vit qualifiée de « liberté fondamentale » (CC, n°84-181 DC, 10 et 11 octobre 1984, *Entreprises de presse*, JO, 13 octobre 1984, p. 3200, *Rec. CC*, p. 73, cons. n°37). Mais c'est surtout à propos des droits des étrangers que le juge constitutionnel employa expressément l'expression au pluriel sans forcément l'accompagner d'une définition

ou d'une liste exhaustive de droits et libertés. La décision du 22 janvier 1990 faisant laconiquement référence aux « libertés et droits fondamentaux de valeur constitutionnelle reconnus à tous ceux qui résident sur le territoire de la République » (CC, n°89-269 DC, 22 janvier 1990, *Loi portant diverses dispositions relatives à la sécurité sociale et à la santé*, JO, 24 janvier 1990, p. 972, *Rec. CC*, p. 66, cons. n°33). Il faut attendre 1993 pour que le Conseil fournisse une liste indicative des droits qu'il considère comme « fondamentaux » (CC, n°93-325 DC, 13 août 1993, *Loi relative à la maîtrise de l'immigration et aux conditions d'entrée, d'accueil et de séjour des étrangers en France*, JO, 18 août 1993, p. 11722, *Rec. CC*, p. 87, cons. n°3). Enfin, on retrouvera l'appellation générique de « droits fondamentaux » dans des décisions éparses où les droits de la défense et le droit d'asile seront reconnus comme tel jusqu'à la décision n°98-401 DC qui constitue la dernière manifestation du vocable dans la jurisprudence du Conseil (CC, n°98-401 DC, 10 juin 1998, *Loi d'orientation et d'incitation relative à la réduction du temps de travail*, JO, 14 juin 1998, p. 9033, *Rec. CC*, p. 258, cons. n°3).

Un Conseil constitutionnel qui ne consacre pas le principe d'une catégorie de droits spécifiques

102 • L'utilisation de la notion par le juge constitutionnel a longtemps posé la question d'une catégorie spécifique de droits mais la terminologie employée a, surtout et uniquement, relevé d'influences croisées entre la doctrine et l'institution sans dépasser ce cadre. Le Conseil constitutionnel ne s'est pas approprié, à son tour, le travail de réappropriation conceptuelle fait par la doctrine pour passer de la conception allemande des droits fondamentaux à la conception française. A aucun moment le juge constitutionnel n'a consacré le principe même d'une catégorie précise de « droits fondamentaux » qui regrouperait l'intégralité des droits et libertés constitutionnellement protégés. Au contraire, il n'a réservé cette qualification qu'à un petit nombre de droits dotés de la protection constitutionnelle avant purement et simplement de ne plus recourir à cette qualification dans le cadre de ses décisions. Au-delà des vicissitudes quant à l'usage de la « fondamentalité » par le Conseil constitutionnel, c'est la constitutionnalisation des branches du droit qui est mise en avant (Voir L. Favoreu, « Le droit constitutionnel, droit de la Constitution et constitution du droit », *RFDC* 1990, n° 1, p. 71 et suiv. et « La constitutionnalisation du droit », *Mélanges Drago*, Paris, Economica, 1996, p. 25 et suiv. ; B. Mathieu et M. Verpeaux (dir.), *La constitutionnalisation des branches du droit*, Economica, PU d'Aix-Marseille, 1999). C'est le temps où le droit constitutionnel en France évolue, où le Conseil s'arroge, en une décision, le rôle éminent de « protecteur des libertés » en reconnaissant l'existence du bloc de constitutionnalité (CC, n°71-44 DC, 16 juillet 1971, *Loi complétant les dispositions des articles 5 et 7 de la loi du 1er juillet 1901 relative au contrat d'association précitée*). Le protecteur des libertés publiques remplace le régulateur des pouvoirs publics et, dans ce contexte, les liens avec le constitutionnalisme allemand deviennent plus prégnants, la théorie allemande des droits fondamentaux devient un point de référence incontournable. Dans le même temps, elle contribue à faire prendre conscience des droits fondamentaux à travers le phénomène d'universalisation des droits.

2 – La confirmation du processus d'évocation avec l'universalisation des droits

103 • C'est le système constitutionnel allemand, en tant que système de référence en matière de protection des « droits fondamentaux » qui a initié le dialogue avec les juges européens et le phénomène conséquent d'universalisation des droits. D'abord conflictuelles, les relations se sont apaisées pour permettre de confirmer le processus d'évocation de ces droits au-delà des frontières du territoire allemand stricto sensu. Mais cela n'a pu se faire qu'à travers la mise en place d'une jurisprudence constructive par les différents juges européens.

a) Un phénomène initié par la confrontation entre le système constitutionnel allemand de protection des droits fondamentaux et les droits européens

Un droit communautaire d'abord étranger à la question des droits fondamentaux

104 • Si la théorie des droits fondamentaux allemands a quelque peu inspiré la nouvelle fonction ou attitude du juge constitutionnel français, elle est également à l'origine de tout le processus d'internationalisation des droits fondamentaux. Les liens avec l'Europe conventionnelle n'apparaissent, tout d'abord, pas clairement mais certains auteurs ont pu démontrer qu'il existait un certain rapprochement entre les interprétations de la CourEDH et celles qui se pratiquaient au niveau de la Cour constitutionnelle fédérale allemande (Cf. C. Grewe, « Les influences du droit allemand des droits fondamentaux sur le droit français : le rôle médiateur de la jurisprudence de la Cour européenne des droits de l'homme », *RUDH* 2004, p. 26). C'est surtout au niveau de l'Europe communautaire que le lien avec le système constitutionnel allemand a été marquant. La reconnaissance de droits fondamentaux ne s'est, pourtant, pas imposée d'emblée et n'a pas été perçue comme une simple évidence dans la mesure où les rédacteurs du Traité de Rome (25 mars 1957) avaient conçu l'intégration européenne, à l'origine, comme étant exclusivement économique. La construction européenne s'est d'abord matérialisée à travers la primauté de la solidarité mécanique de l'intégration économique et non à travers des projets d'union politique. Dès lors, le droit communautaire est longtemps resté étranger à la question des droits fondamentaux à l'exception de quelques dispositions précises relatives à l'égalité de rémunération entre les hommes et les femmes ou à la non-discrimination entre les ressortissants de la CEE à raison de la nationalité.

Une attitude 1ère du juge communautaire contraire à la thématique des droits fondamentaux

105 • Le problème émerge, pour la 1ère fois, en 1959 dans l'affaire « *Stork* » (CJCE, 4 février 1959, *Friedrich Stork et Compagnie contre Haute Autorité de la CECA*, Aff. n°1/58, *Rec. CJCE*, p. 43, concl. M. Lagrange). Une entreprise allemande estimait, dans l'arrêt en cause, qu'une décision de la Haute Autorité de la CECA modifiait de manière illégale ses conditions d'approvisionnement en charbon (la nouvelle

réglementation de la distribution de charbon l'avait rétrogradé de la 1ère à la 2nde « main » dans le circuit de distribution) et avait introduit devant la Cour un recours en annulation. Parmi les moyens invoqués figurait le grief tenant à ce que la Haute Autorité n'aurait pas respecté certains droits fondamentaux protégés par la plupart des constitutions des Etats membres (plus particulièrement par les articles 2 et 12 de la Loi fondamentale allemande accordant à tout citoyen le droit de développer librement sa personnalité et d'exercer sa profession sans entrave). Le juge communautaire avait écarté cet argument et avait, à l'époque, souligné qu'il n'avait pas compétence pour se prononcer sur des règles de droit interne : « Attendu, en effet, qu'en vertu de l'article 8 du Traité, la Haute Autorité n'est appelée à appliquer que le droit de la Communauté ; qu'elle n'est pas compétente pour appliquer le droit interne des Etats membres ; que, de même, selon l'article 31 du Traité, la Cour n'a qu'à assurer le respect du droit dans l'interprétation et l'application du traité et des règlements d'exécution ; qu'en règle générale, elle n'a pas à se prononcer sur les règles de droit interne ; qu'en conséquence, elle ne saurait examiner le grief selon lequel, en prenant sa décision, la Haute Autorité aurait violé des principes du droit constitutionnel allemand [...] » (§ 63). Même objet, même réponse en 1960 dans l'affaire « *Comptoirs de vente du charbon de la Ruhr* » (CJCE, 15 juillet 1960, *Comptoirs de vente du charbon de la Ruhr contre Haute autorité de la CECA*, Aff. jointes n°36/59 à 38/59 et 40/59, *Rec. CJCE*, p. 857) où sont invoqués les garanties accordées par la Loi fondamentale quant au droit de propriété et à l'intangibilité de ses droits acquis (article 14 de la Loi fondamentale), la Cour ne pouvant « ni interpréter, ni appliquer l'article 14 de la loi fondamentale allemande dans l'examen de la légalité d'une décision de la Haute autorité ». L'ordre juridique communautaire est « autonome et distinct » par rapport à ceux des Etats membres : on ne saurait dès lors opposer à l'une de ses normes un texte de droit interne, quel qu'il soit. Ceci écarte toute possibilité de prise en considération par la jurisprudence communautaire des droits fondamentaux inscrits dans les constitutions nationales.

Un processus d'évocation qui apparait dans une logique conflictuelle entre les deux ordres juridiques : la reconnaissance de l'effet direct et de la primauté du droit communautaire par la CJCE

106 • Le 1er état de la jurisprudence de la Cour de justice est un camouflet à l'égard de la thématique des droits fondamentaux d'autant plus que cette dernière, en l'absence de précisions dans les traités originaires quant aux rapports entre droit communautaire et systèmes juridiques des Etats membres, va, de sa propre initiative et de façon particulièrement audacieuse, transformer les traités multilatéraux en documents constitutionnels. Elle reconnaît d'abord l'effet direct de l'ordre juridique communautaire en droit (CJCE, 5 février 1963, *Van Gend en Loos contre Administration fiscale néerlandaise*, Aff. n° 26/62, *Rec. CJCE*, p. 3). Les Etats, par leur adhésion, acceptent de limiter leur souveraineté et les citoyens peuvent, désormais et en conséquence, s'appuyés sur les Traités pour faire valoir leurs droits devant les juridictions nationales. Puis la Cour poursuit en consacrant le principe de primauté du droit communautaire sur les législations nationales en affirmant « que le droit du traité ne pourrait [...], en raison de sa nature spécifique originale, se voir

judiciairement opposer un texte interne quel qu'il soit sans perdre son caractère communautaire et sans que soit mise en cause la base juridique de la Communauté elle-même » (CJCE, 15 juillet 1964, *Flaminio Costa contre E.N.E.L.*, Aff. n°6/64, *Rec. CJCE*, p. 1141). Le droit communautaire ayant une valeur supérieure aux droits nationaux des Etats membres. Tous les actes de droit communautaire ayant force obligatoire en bénéficient, qu'ils soient issus du droit primaire ou du droit dérivé.

Un processus d'évocation qui apparait dans une logique conflictuelle entre les deux ordres juridiques : l'arrêt « *Solange I* » de la Cour constitutionnelle allemande

107 • Dans son arrêt dit « *Solange I* » du 29 mai 1974 (Cour constitutionnelle allemande, 19 mai 1974, BvL 52/71 — (BVerfGE 37, 271 — *Solange I* —), Cf. D. Soûlas de Russel et U. Engels, « L'intégration de l'Europe à l'heure de la décision de la Cour constitutionnelle fédérale du 29 mai 1974 », *RIDC* 1975, vol. 27, p. 377-384), la Cour de *Karlsruhe* n'a pas suivi la CJCE pour reconnaître la primauté inconditionnelle du droit communautaire sur le droit national. Elle a jugé, à l'inverse, que cette primauté était conditionnée par l'article de la Loi fondamentale prévoyant la participation de l'Allemagne à la construction européenne. Ce dernier n'autorise pas les autorités européennes à porter atteinte aux bases constitutionnelles de la République fédérale d'Allemagne, et, notamment, à la garantie des droits fondamentaux tel qu'instituée par le système constitutionnel. Il faut donc que l'ordre juridique communautaire soit en mesure de garantir une protection des droits fondamentaux équivalente à celle assurée par la Constitution allemande pour qu'il n'y ait plus de saisine de la Cour de *Karlsruhe*. La Cour constitutionnelle constate l'absence au niveau des Communautés d'un système de protection des droits fondamentaux équivalent s'appuyant sur un texte précis liant les institutions communautaires. Elle en déduit le fait qu'aussi longtemps que ne sera pas élaboré un « catalogue codifié des droits fondamentaux, dont le contenu serait aussi éprouvé et aussi peu ambigu pour l'avenir que celui contenu dans la Loi fondamentale », il y aura nécessité de conserver un contrôle constitutionnel national visant à rechercher si les actes communautaires peuvent s'appliquer dans l'ordre juridique interne.

b) Des relations qui s'apaisent et qui se formalisent pour forger l'universalité de la protection

Les arrêts « *Solange II et III* »

108 • C'est 12 ans plus tard, avec l'arrêt dit « *Solange II* » du 22 octobre 1986 (2 BvR 197/83 — (BVerfGE 73, 339 — *Solange II* —), que la Cour de *Karlsruhe* montre qu'elle considère que le message a été entendu. Le juge constitutionnel décidant que, depuis lors, s'était développé, dans le domaine de compétences des Communautés européennes, un niveau de protection des droits fondamentaux dont la conception, le contenu et le fonctionnement le rendait comparable, pour l'essentiel, au standard de protection des droits fondamentaux de la Loi fondamentale. C'est pourquoi l'arrêt du 7 juin 2000 dit « *Solange III* » (Cour

constitutionnelle allemande (2nde chambre), 7 juin 2000, (2 BvL 1/97), *Réglementation communautaire du marché de la banane* ; Cf. C. Grewe, « Le « traité de paix » avec la Cour de Luxembourg : l'arrêt de la Cour constitutionnelle allemande du 7 juin 2000 relatif au règlement du marché de la banane », *RTDH* 2001, p. 1 et suiv. ou W. Zimmer, « De nouvelles bases pour la coopération entre la Cour constitutionnelle fédérale et la Cour de justice de Luxembourg ? (A propos de BVerfG, 7 juin 2000, *Solange III*) », *Rev. Europe* 2001, mars, p. 3 et suiv.) confirme que la motivation d'une question préjudicielle ou d'un recours constitutionnel qui allègue la violation, par le droit communautaire dérivé, d'un droit inscrit dans la Loi fondamentale, doit contenir la démonstration détaillée de ce que, de manière générale, le niveau de protection inaliénable exigé par le texte constitutionnel interne n'y est pas assuré. Cela doit se faire par une mise en parallèle de la protection nationale et communautaire des droits fondamentaux. En ce sens, les recours constitutionnels et questions préjudicielles sont irrecevables de plein droit devant la Cour s'ils ne démontrent pas que le contrôle effectué par la CJCE est moindre que celui de la Cour de *Karlsruhe.*

La création prétorienne des PGD communautaires (1)

109 • C'est la Cour de justice qui a permis le retournement de situation du juge constitutionnel allemand grâce à la mise en place subséquente d'un catalogue conséquent de « droits fondamentaux ». Elle l'a fait en créant, de façon prétorienne, des principes généraux du droit (PGD) communautaire (Cf., par ex., R. Papadopulou, *Principes généraux du droit et droit communautaire, origines et concrétisation*, Bruxelles, Bruylant, 1996). Les différentes étapes sont bien connues. C'est, d'abord, l'arrêt « *Stauder* » de 1969 (CJCE, 12 novembre 1969, *Stauder contre La ville d'Ulm-Sozialamt*, Aff. n°29/69, *Rec. CJCE*, p. 419) qui affirme, pour la 1ère fois, que « les droits fondamentaux sont compris dans les principes généraux de l'ordre juridique communautaire ». Dans son arrêt « *Internationale Handelsgesellschaft* » de 1970 (CJCE, 17 décembre 1970, *Internationale Handelsgesellschaft*, Aff. n°11/70, *Rec. CJCE*, p. 115), la Cour rappelle, ensuite, que « quelle que soit la norme juridique nationale invoquée, y compris la norme constitutionnelle, la validité d'un acte communautaire s'apprécie en fonction du seul droit communautaire. Le fait d'être en présence de dispositions contraires à la Loi fondamentale ne saurait fonder une illégalité du régime de cautionnement contesté ». Mais la Cour ne se limite pas à cette réponse. Elle précise la jurisprudence introduite par l'arrêt « *Stauder* ». S'il n'est pas question d'apprécier la validité du cautionnement par rapport à la Constitution de la République fédérale d'Allemagne, le droit communautaire assure le respect des droits fondamentaux de la personne et il convient de se demander « si aucune garantie analogue, inhérente au droit communautaire, n'aurait été méconnue ». La Cour déclare « qu'en effet, le respect des droits fondamentaux fait partie intégrante des principes généraux du droit dont la Cour de justice assure le respect ; que la sauvegarde de ces droits, tout en inspirant des traditions constitutionnelles communes aux Etats membres, doit être assurée dans le cadre de la structure et des objectifs de la Communauté ». Les juges de Luxembourg affinent ainsi la position prise dans l'arrêt *Stauder*. Il n'est plus fait mention « des principes généraux du droit

communautaire » mais, simplement, « des principes généraux du droit », ce qui constitue un élargissement important.

La création prétorienne des PGD communautaires (2)

110 • La Cour va ensuite, par son arrêt « *Nold* » de 1974, renforcer sa jurisprudence (CJCE, 14 mai 1974, *Nold contre Commission européenne*, Aff. n°4/73, *Rec. CJCE*, p. 491), en posant le principe du respect par les Communautés des droits fondamentaux, tels que souscrits et définis par les États membres dans leurs traditions constitutionnelles élargissant ainsi les sources à partir desquelles elle tire ces droits fondamentaux. Ces droits font donc partie intégrante des PGD dont la Cour doit assurer le respect, quand bien-même ils ne seraient pas explicitement inscrits dans des Traités. La primauté du droit communautaire sur les droits nationaux est confirmée mais celle-ci se trouve, de fait, limitée par le respect d'un « socle commun de valeurs ». A sa référence aux traditions constitutionnelles communes aux Etats membres, s'ajoute celle faite aux instruments internationaux concernant la protection des droits de l'homme par eux ratifiés. Sans aller jusqu'à se considérer comme liée par ces accords, elle reconnaît qu'ils peuvent fournir des indications, même si tous les Etats membres n'y ont pas adhéré (il suffit qu'ils y aient « coopéré », allusion à la France qui ne ratifiera la ConvEDH justement en mai 1974).

L'arrêt « *Rutili* » et la référence expresse à la ConvEDH pour répondre aux réticences allemande et italienne

111 • L'arrêt « *Nold* » de la Cour de justice sera suivi, paradoxalement, de l'arrêt de la Cour constitutionnelle fédérale de Karlsruhe dit « *Solange I* » précité qui marquera le point extrême de la « résistance » motivée par l'insuffisante prise en compte des droits fondamentaux dans l'ordre communautaire. Il fait suite aussi à un « autre coup de semonce » qui avait été adressé précédemment aux institutions communautaires, dans la même logique, par un arrêt de la Cour constitutionnelle italienne (Cour constitutionnelle italienne, 27 décembre 1973, *Frontini e Pozzari*, n°183, *RTDE* 1974, p. 148) qui, après avoir reconnu le principe de l'effet direct des règlements communautaires, leur primauté et leur application immédiate dans l'ordre juridique italien, a émis une réserve relative au respect des droits fondamentaux garantis par la Constitution italienne se réservant, par-là, le pouvoir de s'opposer à l'application en Italie d'un règlement communautaire. La Cour considérant comme inimaginable que les limitations de souveraineté consenties par les Etats membres, « puissent, de quelque manière, comporter pour les institutions de la CEE un pouvoir inadmissible de violer les principes fondamentaux de notre ordre juridique constitutionnel ou les droits inaliénables de la personne humaine [...] ». La décision allemande et la décision italienne ont été l'expression la plus élaborée de la remise en cause des principes dégagés par la Cour de justice. Face à une telle interpellation, le juge communautaire va apporter une précision significative à son système de prise en compte des droits fondamentaux en se référant de façon expresse à la ConvEDH. L'arrêt « *Nold* » ne s'était référé qu'implicitement à cette dernière. C'est l'arrêt « *Rutili* » en 1975 (CJCE, 28 octobre

1975, *Rutili contre Ministre de l'Intérieur*, Aff. n°36/75, *Rec. CJCE*, p. 1219) qui va fournir à la Cour l'occasion d'insérer expressément la ConvEDH dans son système de protection des droits fondamentaux.

La confirmation de l'universalité des droits par le prisme de la « fondamentalité »

112 • Sur le plan des principes jurisprudentiels, l'élaboration d'un système communautaire de protection des droits fondamentaux est quasiment achevée mais d'autres éléments vont alors venir se greffer. Les autres institutions communautaires vont être amenées à relayer la Cour de justice mais la création prétorienne des PGD communautaires sera aussi et surtout fixée par un texte, en l'occurrence la Charte des droits fondamentaux de l'Union Européenne (CDFUE). C'est le sommet européen de Cologne des 3 et 4 juin 1999 en Allemagne qui a lancé la convocation de la Convention qui allait élaborer la CDFUE. La personne président le sommet était l'ancien président de la République fédérale d'Allemagne mais aussi et surtout un des anciens présidents de la Cour constitutionnelle allemande (remarque faites, en ce sens, par L. Burgorgue-Larsen, op. cit., p. 393). L'envolée de la « fondamentalité » est ainsi confirmée en même temps que l'universalité des droits est proclamée au gré des textes. Si on a d'abord employé l'expression « droits de l'homme », c'est la notion de « droits et libertés fondamentales » qui a, prioritairement, été retenue en Europe. Le texte le plus emblématique étant la Convention de sauvegarde des droits de l'homme et des libertés fondamentales (dénomination officielle qui, par commodité de langage, est souvent remplacée par celle de Convention européenne des droits de l'homme (ConvEDH) par les sites officiels comme par la doctrine comme le fait fort judicieusement remarquer L. Burgorgue-Larsen, op. cit., p. 391), traité international signé par les Etats membres du Conseil de l'Europe le 4 novembre 1950 et entré en vigueur le 3 septembre 1953. Si l'application de la notion de droits fondamentaux a d'abord été appliquée séparément dans les deux Europe, celle du Conseil de l'Europe et celle des Communautés européennes et de l'Union européenne, elles ont fini par se rejoindre par le jeu du dialogue des juges tout en enrichissant leur système de garantie respectif confirmant l'application de la notion de « fondamentalité » en France.

Un processus inédit d'intégration régionale par l'Europe communautaire et l'Europe conventionnelle

113 • Depuis plus d'un demi-siècle, l'Europe conventionnelle et l'Europe communautaire se sont engagées dans un processus inédit d'intégration régionale qui rompt avec l'inspiration classique du droit international fondé sur la coopération entre Etats souverains. Alors que la normativité du droit international est souvent sujette à polémique, la normativité des deux droits européens est rarement discutée. Une telle différence peut paraître troublante dès lors que l'on observe que l'ensemble de ces deux droits procède, à l'origine, de traités internationaux et qu'ils sont soumis au respect de nombreux principes et règles de droit international. Il faut, à cet égard, souligner leur spécificité respective. Leur

construction commune a d'abord le droit comme principal fondement et fonctionne selon les principes de ce que l'on a pu appeler une « Communauté de droit » (Cf., par ex., J. Rideau, « Communauté de droit et États de droit », *Mélanges Dupuy*, Paris, Pedone, 1991, p. 249). Au-delà de cet élément, le droit à l'intégration est spécifique en ce qu'il confère, d'abord, aux individus des droits directement invocables devant les juridictions nationales contre les personnes publiques ou privées. Ensuite, la sanction de la violation de ces droits par le juge interne est complétée par un mécanisme de garantie supranationale au sein duquel un juge international peut être saisi directement par les justiciables. L'Europe conventionnelle et l'Europe communautaire s'inscrivent dans ce schéma dans la mesure où elles attribuent, toutes les deux, un rôle déterminant aux juridictions créées par leurs traités fondateurs. A cet égard, la CJUE de Luxembourg et la CourEDH de Strasbourg sont à l'origine d'une remarquable dynamique jurisprudentielle.

c) Le développement d'une jurisprudence constructive du juge communautaire

Une Cour de justice qui assure la dynamique de la construction européenne en donnant un statut constitutionnel au droit primaire et dérivé (1)

114 • La Cour de justice a développé une jurisprudence très constructive en vue d'assurer la dynamique de la construction européenne (Cf., par ex., R. Kovar, « La contribution de la Cour de justice à l'édification de l'ordre juridique communautaire », *RCADE* 1993, vol. IV, livre 1, p. 15). L'un des traits les plus remarquables de l'ordre juridique communautaire est la mutation subie par les traités originaires. Le transfert de droits souverains au profit des institutions communes, qui a accompagné la naissance des traités originaires, a dépouillé les traités du caractère conventionnel originel et les a investis d'une nature constitutionnelle. Cette dernière devait néanmoins être formulée et fondée juridiquement. Une norme juridique n'a de sens, à l'origine, que si elle s'inscrit dans un système ou un ordre juridique qui lui confère une place parmi d'autres normes. Autrement dit, pour produire tous ses effets, la norme juridique doit obéir à une hiérarchie des normes. Or, si la hiérarchie s'impose naturellement sein d'un ordre juridique unique, elle soulève plus de difficultés en présence de plusieurs ordres juridiques qui sont amener à coexister. Il n'y a pas de soucis dans le cadre d'ordres juridiques partiels intégrés au sein d'un ordre global qui est celui de l'Etat mais les difficultés apparaissent en termes d'effectivité lorsque les ordres juridiques ne sont que simplement coordonnés à l'image du droit international vis-à-vis des droits internes (Voir, en ce sens, F. Picod, « La normativité du droit communautaire », *Cahiers du CC* 2007, n°21 qui cite, notamment, M. Virally, *La pensée juridique*, Paris, Éditions Panthéon-Assas, 1998, réimpression, p. 202-207). C'est la Cour de justice qui, de son propre chef, va régler ces difficultés. Devant l'absence de précisions dans les traités originaires quant aux rapports entre droit communautaire et systèmes étatiques ou sur la question du respect des droits fondamentaux, c'est elle qui va assumer, seule, le rôle de moteur de la construction européenne en transformant les traités multilatéraux en documents constitutionnels. C'est en 1964, un an après le prononcé de l'arrêt « *Van Gend en Loos* » qui avait établi le principe de

l'effet direct du droit communautaire (CJCE, 5 février 1963, *Van Gend en Loos contre Administration fiscale néerlandaise*, Aff. n° 26/62 précité), que la Cour affirmera, dans son arrêt « *Costa* », qu'« à la différence des traités internationaux ordinaires, le traité de la CEE a institué un ordre juridique propre, intégré au système juridique des États membres lors de l'entrée en vigueur du traité et qui s'impose à leurs juridictions » (CJCE, 15 juillet 1964, *Flaminio Costa contre E.N.E.L.*, Aff. n°6/64 précité).

Une Cour de justice qui assure la dynamique de la construction européenne en donnant un statut constitutionnel au droit primaire et dérivé (2)

115 • Dans le prolongement de l'arrêt « *Costa* », la CJCE observera, quelques mois plus tard, que « le traité ne se borne pas à créer des obligations réciproques entre les différents sujets auxquels il s'applique, mais établit un ordre juridique nouveau qui règle les pouvoirs, droits et obligations desdits sujets, ainsi que les procédures nécessaires pour faire constater et sanctionner toute violation éventuelle » (CJCE, 13 novembre 1964, *Commission contre Luxembourg et Belgique*, Aff. n°90/63 et n°91/63, *Rec. CJCE*, p. 1217). Ainsi, contrairement au système international où l'on peut exclure a priori certaines sources du champ de ce qui doit relever de la normativité, les sources de droit communautaire se prêtent toutes, par ce biais, à la création de droits et d'obligations. La Cour de justice émancipa, par la suite, le droit dérivé de sa marque conventionnelle d'origine en affirmant, dans l'affaire dite « du plomb et du zinc », le caractère institutionnel de ce droit (CJCE, 18 février 1970, *Commission contre Italie*, Aff. n°38/69, *Rec. CJCE*, p. 57, § 9 à 11). En même temps que le juge affirmait le caractère autonome du droit des traités, il soulignait sa spécificité à l'égard du système de droit international. Il déclara l'inapplicabilité en droit communautaire de certains principes appliqués dans l'ordre international comme celui de la clause de réciprocité. Cette clause avait été invoqué, notamment, par la France pour justifier le maintien d'un régime restrictif d'importation à la viande ovine en provenance de la Grande-Bretagne (CJCE, 25 septembre 1979, *Commission contre France*, Aff. n°232/78, *Rec. CJCE*, p. 2729, §6). Le refus de contrôle du droit communautaire primaire, l'irrecevabilité d'un recours en indemnité pour un préjudice qui aurait été causé par un traité d'adhésion (CJCE, 4 février 1975, *Compagnie continentale contre Conseil*, Aff. n°169/73, *Rec. CJCE*, p. 117), l'obligation de conformité des actes unilatéraux et conventionnels des institutions sont autant d'indices qui confirment la constitutionnalité des traités.

Une Cour de justice qui renforce la protection juridique en parallèle

116 • L'affirmation du caractère non conventionnel des traités fondateurs s'est accompagnée d'un mouvement parallèle destiné à renforcer la protection juridique. Celui-ci s'est d'abord manifesté par l'insertion des PGD communautaires par la Cour de justice dans le bloc de constitutionnalité communautaire (Cf. supra n°109 et n°110 et, par ex., B. Bruncssen, « Retour sur un classique : quelques remarques sur la catégorie des principes généraux du droit de l'Union européenne », *RFDA* 2013, p. 1217). Ces principes déduits ou induits des règles du traité visent à mettre en évidence la philosophie même des traités. Ils permettent ainsi d'infléchir l'action

des institutions dans un certain esprit ou conformément à certaines valeurs. Dans certaines situations où l'on trouvera une règle ambiguë à propos d'un texte communautaire, un PGD sera en mesure d'appuyer l'interprétation la plus raisonnable ou la plus conforme à l'esprit du traité. Dans d'autres situations, les PGD viendront encadrer le pouvoir des institutions, souvent exercé de manière quasi-discrétionnaire et sans contrôle au regard des règles du traité. Au surplus de la mise en place de ces PGD, la Cour de justice a progressivement imposé la « Communauté de droit » aux institutions communautaires comme aux Etats membres (Cf. supra n°113 et, par ex., C. Charrier, « La communauté de droit, une étape sous-estimée de la construction européenne », *RMCUE* 1996, p. 521 et suiv.). Le juge a utilisé la notion, pour la 1ère fois, en 1986 dans l'affaire « *Les verts* » en rappelant que « la Communauté économique européenne est une communauté de droit en ce que ni ses Etats membres ni ses institutions n'échappent au contrôle de la conformité de leurs actes à la charte constitutionnelle de base qu'est le traité » (CJCE, 23 avril 1986, *Parti écologiste « Les Verts » contre Parlement européen*, Aff. n°294/83, *Rec. CJCE*, p. 1339, § 23). La définition retenue par le juge tient compte de 2 composantes de la « communauté de droit » : la soumission des autorités publiques à des normes supérieures (« la charte constitutionnelle de base qu'est le traité ») et l'existence d'un contrôle juridictionnel permettant de garantir leur respect.

Une Cour de justice qui donne, au juge, un rôle central dans le système ainsi présenté

117 • Il est donné un rôle central au juge dans la mesure où il représente la garantie, pour les sujets de droit, du respect des conditions précédemment définies. La « Communauté de droit » passe par un « droit au juge ». La Cour de justice n'est cependant ni le seul juge ni même le juge de droit commun du droit communautaire. La justice communautaire est assurée, en premier lieu, par les juridictions nationales, érigées en instances de droit commun pour l'application du droit communautaire alors que la Cour de justice n'exerce qu'une compétence d'attribution. C'est le cas même si, grâce à la technique du renvoi préjudiciel, elle veille à l'application uniforme du droit communautaire. Les juges nationaux ont, dans ce système, une responsabilité primordiale pour assurer la sauvegarde du droit communautaire. La Cour de justice l'a précisé dans son arrêt *Simmenthal* (CJCE, 9 mars 1978, *Administration des finances contre Simmenthal*, Aff. n°106/77, *Rec. CJCE*, p. 629) en considérant que le juge national « chargé d'appliquer intégralement le droit communautaire et de protéger les droits que celui-ci confère aux particuliers » (§21) devait être en mesure de « pouvoir faire, au moment de cette application, tout ce qui est nécessaire pour écarter les dispositions législatives nationales formant éventuellement obstacle à la pleine efficacité des normes communautaires » (§22). En exerçant un tel contrôle de la légalité, le juge national veille pleinement au respect de la hiérarchie entre les normes nationales et le droit communautaire (Cf., notamment, A. Barav, « La plénitude de compétence du juge national en sa qualité de juge communautaire », *Mélanges Boulouis*, Paris, Dalloz, 1991, p. 1 et suiv.). Enfin, la « Communauté de droit » implique que les Etats répondent des manquements à

leur obligation devant la CJCE et puissent voir leur responsabilité engagée devant le juge interne pour non-transposition d'une directive (CJCE, 19 novembre 1991, *Francovich et Bonifaci et autres contre République italienne*, Aff. C-n°6/90 et C-n°9/90, *Rec. CJCE*, I, p. 5357). Cette obligation de réparation a lieu en dehors de l'effet direct de la directive et ceci, même si les dispositions qui conférant des droits aux particuliers ne sont pas assez précises et inconditionnelles pour être directement invoquée. Le particulier est considéré, dans tous les cas, comme défavorisé par l'inexécution de l'Etat.

d) Le développement de la nature objective et constitutionnelle de la ConvEDH

La création d'un ordre public européen par la CourEDH : le caractère objectif des engagements souscrits

118 • Les différents organes visant à l'application de la ConvEDH ont également été amené à intervenir pour rendre effective la garantie offerte par cette convention. Ils ont d'abord rattaché la possibilité ouverte aux Etats d'intenter une *actio popularis* aux finalités collectives de la ConvEDH et à la nature particulière des obligations qu'elle contient (Cf. F. Voeffray, *L'actio popularis ou la défense de l'intérêt collectif devant les juridictions internationales*, Genève, Graduate Institute Publications, 2004). Ils ont ainsi défini la théorie de la nature objective de la ConvEDH en soulignant son caractère normatif et l'exception à la réciprocité dont s'inspire en général le droit des traités. L'intérêt des requêtes gouvernementales ne peut que se confondre en pareil cas avec l'intérêt général. En effet, celles-ci peuvent être lues comme une « forme d'action publique européenne », l'Etat requérant agissant, quelque peu, comme un procureur afin de défendre l'intérêt général de l'ensemble des Etats contractants ou un ordre public distinct de la simple juxtaposition des ordres publics nationaux. Cet ordre public étant alors de dimension européenne. La fonction de cet ordre apparaît d'un double point de vue. Au niveau de la procédure, il vise à renforcer l'efficacité et l'effectivité du système conventionnel grâce à la nature particulière de la Convention. D'un point de vue matériel, il permet de neutraliser les normes externes et les accords internationaux conclus par les Etats contractants avec des Etats tiers dans l'espace qu'il conditionne.

La création d'un ordre public européen par la CourEDH : des obligations positives à la charge des Etats

119 • La matérialisation de l'idée d'ordre public européen s'est d'abord dégagée, avec force, en 1961, à travers une décision de la ComEDH (ComEDH, 11 janvier 1961, *Autriche contre Italie*, Aff. n°788/60, *Annuaire CEDH*, 4, 116, 140 (1961)) soulignant le caractère objectif des engagements souscrits et assumés par les Etats parties et se fondant sur la notion « d'ordre public communautaire des libres démocraties d'Europe » pour rejeter le caractère synallagmatique des obligations souscrites par les Etats parties. Cette même ComEDH a, ensuite, cerner, plus précisément, l'idée d'un « ordre public européen » (ComEDH, 4 mars 1991, *Chrysostomos, Papachrysostoumo et Loizidou contre Turquie*, Aff. n°8007/77, *Décisions et rapports (DR)*, n°68, p. 286) tout en estimant concrètement que : « le principe

général de réciprocité [...] ne s'applique pas aux obligations découlant de la convention européenne des droits de l'homme » (ComEDH, 6 décembre 1983, *France et autres contre Turquie*, Aff. n° 9940-9944/82 (jointes), *Décisions et rapports (DR)*, n°35, p. 143). Dans l'affaire « *Irlande contre Royaume-Uni* », la CourEDH a poursuivi sur cette voie en affirmant l'existence d'obligations positives à la charge des Etats même si elle s'est montrée plus nuancée que la ComEDH sur ce point. Elle a souligné la portée collective de la ConvEDH en utilisant des termes similaires à ceux de la ComEDH mais en soulignant qu'il existait quand même une certaine dose de synallagmatisme (« A la différence des traités internationaux de type classique, la convention déborde le cadre de la simple réciprocité entre les Etats contractants. En sus d'un réseau d'engagements synallagmatiques bilatéraux, elle crée des obligations objectives qui, [...] bénéficient d'une garantie collective » (CourEDH, 18 janvier 1978, *Irlande contre Royaume-Uni*, req. n°5310/71, série A, n°25, § 239).

La création d'un ordre public européen par la CourEDH : l'arrêt « *Loizidou* »

120 • La notion d' « ordre public européen » a eu, enfin, une consécration jurisprudentielle dans l'arrêt « *Loizidou* » dans lequel la CourEDH proclame que la Convention est « un instrument constitutionnel de l'ordre public européen » (CourEDH, GC, 23 mars 1995, *Loizidou contre Turquie* (exceptions préliminaires), série A, n°310, § 75). La Cour n'en a plus jamais fait usage (excepté dans la décision CourEDH, 12 décembre 2001, *Bankovic et autres contre Belgique et 16 autres Etats contractants*, req. n°52207/99, § 80 où la Cour parle de « nature particulière de la Convention, instrument constitutionnel d'un ordre public européen pour la protection des êtres humains » ou dans des décisions plus récentes : CourEDH, 7 juillet 2011, *Al Skeini et autres contre Royaume-Uni*, req. n°55721/07, § 127 ou CourEDH, 21 juin 2016, *Al Dulimi et Montana Management Inc contre Suisse*, req. n°5809/08, § 145). L'adjectif illustre pourtant parfaitement la coloration constitutionnelle de la justice conventionnelle. Cet ordre public européen impose « aux gouvernements européens l'obligation de se soumettre à leur contenu, de ne pas déroger à ses valeurs, de prendre des mesures positives. Il esquisse le cadre juridico-politique sur lequel les Etats européens doivent s'aligner sous peine de se trouver marginalisés ou même bannis de la famille européenne » (S. Perrakis, « La DUDH et l'instauration d'un ordre public européen dans le domaine des droits de l'homme » in Conseil de l'Europe, « Tous concernés ». *L'effectivité de la protection des droits de l'homme 50 ans après la déclaration universelle*, Strasbourg, Ed. du Conseil de l'Europe, 1999, p. 55). Il se définit principalement autour des notions de « prééminence du droit » et de « société démocratique » (Cf. V. Fabre-Alibert, « La notion de « société démocratique » dans la jurisprudence de la Cour européenne des droits de l'homme », *RTDH* 1998, p. 465). Ainsi, on peut dire, qu' « en un peu plus de deux décennies, on est passé d'une influence indirecte de la Convention en matière constitutionnelle, de l'idée d'un droit constitutionnel européen non relatif à l'organisation des systèmes politiques mais fédéré par la défense des droits fondamentaux à celle d'un véritable ordre politique européen qui donne de façon

concomitante son véritable souffle au constitutionnalisme européen et à l'européanisation des standards démocratique en leur octroyant opposabilité et efficience » (Y. Lécuyer, *L'européanisation des standards démocratiques*, Presses Universitaires de Rennes, 2011, p. 23).

e) La création par la CourEDH d'outils jurisprudentiels aidant à fixer un standard minimum de protection des droits

L'exigence d'effectivité et l'interprétation dynamique

121 • Le juge européen a forgé des outils jurisprudentiels pour réguler un système qui fixe un standard européen minimum pour la protection des droits fondamentaux. La ConvEDH doit, ainsi, d'abord « se lire en fonction de son caractère spécifique de traité de protection d'êtres humains et ses exigences doivent se comprendre d'une manière qui les rende concrètes et effectives » (CourEDH, 20 mars 1991, *Cruz Varas et autres contre Suède*, req. n°15576/89, série A, n°201, §94). Cette exigence d'effectivité, au demeurant pas cantonnée aux dispositions substantielles de la ConvEDH mais jouant aussi pour les dispositions procédurales (droit de recours individuel ou mesures provisoires), a pu conduire à rappeler que la ConvEDH avait pour objet de « protéger des droits non pas théoriques ou illusoires mais concrets et effectifs » (CourEDH, 9 octobre 1979, *Airey contre Irlande*, req. n°6289/73, série A, n°32, § 24) et, dans ce cadre, à anticiper des évolutions sociétales, en garantissant certains droits qui pouvaient être toujours en débat dans les cadres nationaux. Le juge européen opte aussi pour une interprétation dynamique de la ConvEDH affirmant la nécessité d'actualiser les droits consacrés et faisant de la ConvEDH un « instrument vivant » devant « s'interpréter à la lumière des conditions d'aujourd'hui » (CourEDH, 13 juin 1979, *Marckx contre Belgique*, req. n°6833/74, série A, n°31, §58). Le but est d'adapter la ConvEDH au changement social et à l'évolution des mœurs et s'assurer ainsi, à l'égard des juridictions internes, du monopole de l'interprétation authentique. Cette méthode d'interprétation est désormais systématique, depuis l'arrêt *Stafford du 28 mai 2002*, rendu en formation solennelle (CourEDH, 28 mai 2002, *Stafford contre Royaume-Uni*, req. n°46295/99, § 68-69 où « il est d'une importance cruciale que la Convention soit interprétée et appliquée d'une manière qui en rende les droits pratiques et effectifs, et non théoriques et illusoires. Si la Cour devait faillir à maintenir une approche dynamique et évolutive, pareille attitude risquerait de faire obstacle à toute réforme ou amélioration » et la CourEDH se proposant de « réévaluer, « à la lumière des conditions d'aujourd'hui », quelles sont l'interprétation et l'application de la Convention qui s'imposent à l'heure actuelle » ; Voir aussi CourEDH, 11 juillet 2002, *Christine Goodwin contre Royaume-Uni*, req. n°28957/95, § 74-75). Pour ce faire, le juge européen mobilise un ensemble de techniques particulières qui, schématiquement, vont favoriser soit l'élargissement de l'applicabilité du droit, soit l'extension du contenu du droit garanti (Cf. F. Sudre, « À propos du dynamisme interprétatif de la Cour européenne des droits de l'homme », *JCP* 2001, G, I, n°335).

La « protection par ricochet »

122 • Parmi les techniques les plus représentatives de la CourEDH, on trouve le mécanisme prétorien de la « protection par ricochet » qui a pu étendre la protection de certains droits garantis par la ConvEDH à des droits non expressément protégés par elle. Par ce moyen, la CourEDH a, par exemple, fait pénétrer dans le champ d'application de l'article 3 ConvEDH (qui prohibe les peines ou traitements inhumains ou dégradants), le droit du détenu à des conditions de détention conformes à la dignité humaine (CourEDH, 26 octobre 2000, *Kudla contre Pologne*, req. n°30210/96) ou les mesures d'éloignement des étrangers qu'il s'agisse du refoulement à l'arrivée à la frontière (CourEDH, 30 octobre 1991, *Vilvarajah et autres contre Royaume-Uni*, req. n°13163/87, n°13164/87, n°13165/87, n°13447/87, n°13448/87) ou d'expulsion (CourEDH, 28 février 2008, *Saadi contre Italie*, req. n°37201/06) et ceci même quand la décision d'expulsion n'a pas été encore prise anticipant une violation potentielle de l'interdiction de traitement inhumains ou dégradants (CourEDH 4 novembre 2014, *Tarakhel contre Suisse*, req. n°29217/12). La CourEDH a fait de même pour l'article 8 ConvEDH (qui consacre le droit au respect de la vie privée et familiale) en y incluant le droit à un environnement sain et calme (CourEDH, 8 juillet 2003, *Hatton et autres contre Royaume-Uni*, req. n°36022/97, § 96). Elle a notamment agi de la sorte à propos de l'une des catastrophes écologiques les plus importantes de ces dernières années, celle de Baia Mare en Roumanie (100 000 m3 d'eau ont été pollués par une exploitation de minerai d'or qui a déversé du cyanure et d'autres métaux lourds dans la rivière située à proximité. La pollution se diffusa dans d'autres rivières en traversant la Hongrie et la Serbie pour contaminer le Danube et se déverser, au final, dans la Mer Noire en tuant la grande majorité des organismes vivants). Le juge européen soulignant que « l'article 8 peut [...] trouver à s'appliquer dans les affaires d'environnement, que la pollution soit directement causée par l'État ou que la responsabilité de ce dernier découle de l'absence d'une réglementation adéquate de l'activité du secteur privé. Si l'article 8 a essentiellement pour objet de prémunir l'individu contre des ingérences arbitraires des pouvoirs publics, il ne se contente pas d'astreindre l'État à s'abstenir de pareilles ingérences : à cet engagement plutôt négatif peuvent s'ajouter des obligations positives inhérentes à un respect effectif de la vie privée ou familiale » (CourEDH, 27 janvier 2009, *Tatar contre Roumanie*, req. n°67021/01, § 87).

La technique des « notions autonomes »

123 • Il y a aussi la technique des « notions autonomes » qui est, sans conteste, la technique qui a contribué le plus à l'élargissement de l'applicabilité des droits garantis et, au premier chef du droit à un procès équitable (Voir, par ex., E. Kastanas, *Unité et diversité : notions autonomes et marge d'appréciation des Etats dans la jurisprudence de la Cour européenne des droits de l'homme*, Bruxelles, Bruylant, 1996 ou F. Sudre, « Le recours aux « notions autonomes » in F. Sudre (dir.), *L'interprétation de la Convention européenne des droits de l'homme*, Bruxelles, Bruylant, 1998, p. 93). La Cour en a, en effet, singulièrement étendu le champ d'application, limité selon le texte de

l'article 6-1 ConvEDH, d'une part, aux « contestations sur les droits et obligations de caractère civil » (CourEDH, 16 juillet 1971, *Ringeisen contre Autriche*, req. n°2614/65, §94 ; CourEDH, 28 juin 1978, *König contre RFA*, req. n°6232/73, §88) et, d'autre part, aux « accusations en matière pénale » (CourEDH, 8 juin 1976, *Engel contre Pays-Bas*, req. n°5100/71, §81 ; CourEDH, 21 février 1984, *Öztürk contre Allemagne*, req. n°8544/79, §48, 49 et 50). Elle a, en effet, estimé qu'il s'agissait là de « notions autonomes » qu'il convenait de détacher de leur contexte juridique national et de doter d'un sens « européen » afin d'assurer l'indispensable uniformité d'interprétation de la ConvEDH. L'interprétation « autonome » a, pareillement, favorisé l'applicabilité du droit de propriété (notion de « biens »), du droit à la liberté et à la sûreté (notion d' « arrestation »), de la liberté d'association (notion d' « association »), du principe de la légalité des délits et des peines (notion de « peine »), ou encore du droit au respect du domicile (notion de « domicile »).

L'obligation pour les Etats d'adopter des mesures positives

124 • Enfin, dans ce système, les organes de la ConvEDH entendent fournir à l'individu les conditions matérielles nécessaires à l'exercice réel des libertés proclamées, allant même jusqu'à juger que la réalisation de nombreux droits garantis par la ConvEDH fait peser sur l'Etat « l'obligation d'adopter des mesures positives » pour assurer l'exercice effectif du droit. Il en va ainsi, par exemple, pour le droit à un procès équitable (CourEDH, 13 mai 1980, *Artico contre Italie*, req. n°6694/74, série A, n°37, §36), le droit au respect de la vie privée et familiale (CourEDH, 18 décembre 1986, *Johnston et autres contre Irlande*, req. n°9697/82, série A, n°112, §55), le droit au respect de la vie privée (CourEDH, 7 juillet 1989, *Gaskin contre Royaume-Uni,* req. n°10454, série A, n°160, § 38) ou le droit au respect du domicile (CourEDH, 21 février 1990, *Powell et Rayner contre Royaume-Uni*, req. n° 9310/81, série A, n°172, § 41). Les articles 6 et 8 ConvEDH apparaissant ici comme les vecteurs privilégiés de cette jurisprudence. Il existe même aujourd'hui un mouvement de généralisation des obligations positives qui atteint désormais tous les droits garantis par la ConvEDH du droit à la vie de l'article 2 ConvEDH (CourEDH, 9 juin 1998, *L.C.B. contre Royaume-Uni*, req. n°23413/94, § 36 à 41) au droit de propriété de l'article 1er du 1er protocole additionnel à la ConvEDH (CourEDH, 30 novembre 2004, *Oneryildiz contre Turquie*, req. n°48939/99, § 133 à 138).

Bibliographie

- **Abraham (R.)**, « Les incidences de la CEDH sur le droit constitutionnel et administratif des Etats parties », RUDH 1992, p. 409.

- **Amselek (P.)**, « Les vicissitudes de la compétence juridictionnelle en matière d'atteintes administratives à la liberté individuelle », RDP 1965, p. 801.

- **Andriantsimbazovina (J.)**, « L'État et la société démocratique dans la jurisprudence de la Cour européenne des droits de l'homme », Mélanges Cohen-Jonathan, Bruxelles, Bruylant, 2004, p. 57 ; « Les droits de nature politique selon la

Cour européenne des droits de l'homme. Le droit constitutionnel entre droit national et droit européen : retour aux sources du renouvellement », Mélanges Gautron, Paris, E. Pédone, 2004, p. 9 ; « Les méthodes d'interprétation de la Cour européenne des droits de l'homme, instrument de dialogue ? », in F. Lichère, L. Potvin-Solis, A. Raynouard (dir.), Le dialogue entre les juges européens et nationaux : incantation ou réalité ?, Bruxelles, Bruylant-Némésis, coll. Droit et justice, n° 53, 2003, p. 167 ; « L'enrichissement mutuel de la protection des droits fondamentaux au niveau du droit européen et au niveau du droit national. Vers un contrôle de fondamentalité ? », RFDA 2000, p. 124.

- **Auby (J.-M.)**, « Emprise irrégulière et voie de fait », JCP 1955, I, n°1259.

- **Ballot (E.)**, Les insuffisances de la notion de droits fondamentaux, Paris, Ed. Mare et Martin, 2014.

- **Belorgey (J.-M.)**, « La place des principes non écrits dans les avis et les décisions du Conseil d'Etat français », RA 1999, n° spécial 4, p. 78.

- **Besson (S.), Levrat (N.), Clerc (E.)**, L'interprétation en droit européen, Bruxelles, Bruylant, LGDJ, 2011.

- **Blaevoet (C.)**, « Variations sur la voie de fait administrative », D. 1950, chron., p. 85.

- **Bockel (A.)**, « La voie de fait : mort et résurrection d'une notion discutable », D. 1970, chron., p. 29.

- **Boivin (J.-P.)**, « Le juge administratif et les principes généraux du droit dans la procédure pénale française », GP 1982, 2, doctr. p. 576.

- **Bouffandeau (T.)**, « La délimitation de la compétence de la juridiction administrative par la jurisprudence du Tribunal des conflits », in Livre jubilaire du Conseil d'Etat, Paris, Sirey, 1954, p. 143.

- **Boulouis (J.)**, « A propos de la fonction normative de la jurisprudence : remarques sur l'œuvre jurisprudentielle de la CJCE », Mélanges Waline, LGDJ, 1974, p. 1491.

- **Bretton (P.)**, L'autorité judiciaire, gardienne des libertés essentielles et de la propriété privée, Paris, LGDJ, 1964.

- **Brunessen (B.)**, « Retour sur un classique : quelques remarques sur la catégorie des principes généraux du droit de l'Union européenne », RFDA 2013, p. 1217.

- **Brunet (B.)**, « Le juge judiciaire et les libertés individuelles à l'occasion de l'application de l'article 35 bis de l'ordonnance du 2 novembre 1945 », GP 1996, 1, doctr. p. 61.

- **Brunet (P.)**, « Les principes généraux du droit et la hiérarchie des normes », Mélanges Troper, Paris, Economica, 2006, p. 207

- **Burgorgue-Larsen (L.)** (dir.), L'identité constitutionnelle saisie par les juges en Europe, Paris, Ed. Pédone, 2011 ; « Les concepts de liberté publique et de droit fondamental » in J.-M. Auby (dir.), L'influence du droit européen sur les catégories du droit public, Paris, Dalloz, 2010, p. 389.

- **Caporal (S.)**, « Droits de l'homme, droits fondamentaux : histoire et concepts » in T. Renoux (dir.), Protection des libertés et droits fondamentaux, Paris, La Documentation française, 2007, p. 12.

- **Champeil-Desplats (V.)**, « La notion de droit « fondamental » et le droit constitutionnel français », R. Dalloz, p. 323 ; « « Des « libertés publiques » aux « droits fondamentaux » : effets et enjeux d'un changement de dénomination », Jus Politicum 2010, n°5, p. 1,

- **Chapus (R.)**, « De la valeur juridique des principes généraux du droit et des autres règles jurisprudentielles du droit administratif », D. 1966, chron., p. 99.

- **Charrier (C.)**, « La communauté de droit, une étape sous-estimée de la construction européenne », RMCUE 1996, p. 521.

- **Clapie (M.)**, - M. CLAPIE, « Le Conseil d'Etat et le préambule de la Constitution de 1946 », RA 1977, p. 278.

- **Claude (V.)**, L'interprétation consensuelle de la Convention européenne des droits de l'homme, IDEDH, 1998.

- **Costa (J.-P.)**, « La Cour européenne des droits de l'homme : un juge qui gouverne ? », Mélanges Timsit, Bruxelles, Bruylant, 2004, p. 67 ; « La Cour européenne des droits de l'homme : vers un ordre public européen ? », Mélanges Pettiti, Bruxelles, Bruylant, 1998, p. 198.

- **Coudert (C.)**, Réflexions sur le concept de fondamentalité en droit public français, Thèse Clermont-Ferrand, HAL 2011.

- **Darmon (M.)**, « La prise en compte des droits fondamentaux par la CJCE », RSC 1995, p. 23.

- **Debary (M.)**, La voie de fait en droit administratif, Paris, LGDJ, 1960.

- **Delvolvé (J.)**, « Une crise du principe de séparation des autorités administratives et judiciaires (la jurisprudence du tribunal des conflits de 1947 à 1950) », EDCE 1950, n°4, p. 21.

- **De Schutter (O.)**, « Les droits fondamentaux dans le projet européen. Des limites à l'action des institutions à une politique des droits fondamentaux » in O. De Schutter et P. Nihoul (dir.), Une Constitution pour l'Europe. Réflexions sur les transformations du droit de l'Union européenne, Bruxelles, Lancier, 2004, p. 97.

- **De Villiers (M.), Renoux (T.-S.)**, Le Conseil constitutionnel et l'autorité judiciaire, Aix-Marseille, Economica-PUAM, 1984.

- **Dittmann (A.)**, « Le recours constitutionnel en droit allemand » Cahiers du CC 2001, n°10.

- **Dreyer (E.)**, « La fonction des droits fondamentaux dans l'ordre juridique », Rec. Dalloz 2006, p. 748.

- **Dubouis (L.)**, « Les principes généraux du droit, une source périmée du droit communautaire ? », Mélanges Jeanneau, Paris, Dalloz, 2002, p. 77.

- **Dubout (E.)**, « La procéduralisation des obligations relatives aux droits fondamentaux substantiels par la Cour européenne des droits de l'homme », RTDH 2007, p. 397.

- **Ducoulombier (P.)**, Les conflits de droits fondamentaux devant la Cour EDH, Bruxelles, Bruylant, 2011.

- **Eisenmann (C.)**, « Le contentieux des atteintes arbitraires à la liberté et à la sécurité individuelle », RDP 1956, p. 1 ; « Recension de B. Jeanneau, Les principes généraux du droit dans la jurisprudence administrative », RDP 1955, p. 798.

- **Ewald (F.)**, « Une expérience foucaldienne : les principes généraux du droit », Critique 1986, n° 471-472, p. 788.

- **Fabre-Alibert (V.)**, « La notion de « société démocratique » dans la jurisprudence de la Cour européenne des droits de l'homme », RTDH 1998, p. 465.

- **Favoreu (L.)**, « Principes généraux du droit et principes fondamentaux reconnus par les lois de la République », RFDA 1996, p. 882 ; « La Cour de cassation, le Conseil constitutionnel et l'article 66 de la Constitution », D. 1986, chron. p. 169.

- **Fines (F.)**, « L'autorité judiciaire, gardienne de la liberté individuelle dans la jurisprudence constitutionnelle », RFDA 1994, p. 594.

- **Flauss (J.-F.)**, « Les droits de l'homme comme élément d'une constitution de l'ordre européen », LPA 1993, n°52, p. 12 ; « La Cour européenne des droits de l'homme est-elle une Cour constitutionnelle ? », RFDC 1998, n°36, p. 720 ; « La contribution de la jurisprudence des organes de la Convention européenne des droits de l'homme à la formation d'un droit constitutionnel européen », RUDH 1995, n°11-12, p. 382.

- **Fromont (M.)**, « Les droits fondamentaux dans l'ordre juridique de la RFA », Mélanges Eisenmann, Paris, Cujas, 1975, p. 49.

- **Fukase (T.)**, « Les « principes généraux du droit » en France et un exemple du « principe fondamental du droit » au Japon. Les mutations contemporaines du droit public », Mélanges Jeanneau, Dalloz, 2002, p. 107.

- **Gal (M.)**, « La juridiction compétente pour connaître des atteintes aux droits fondamentaux de la personne humaine » JCP 1951, G, I, n°927.

- **Galmot (Y.)**, « L'élaboration de la règle de droit par la Cour de justice des Communautés européennes grâce à la méthode du recours aux principes communs au droit des États membres » in Conseil d'Etat, comité de rayonnement français, Quel droit en Europe, quel droit pour l'Europe ?, Paris, Documentation française 1990, p. 193.

- **Ganshof van der Meersch (V.)**, « La CEDH a-t-elle, dans le cadre du droit interne, une valeur d'ordre public ? », in Les droits de l'homme en droit interne et en droit international, Bruxelles, Presses Universitaires de Bruxelles, 1968, p. 155.

- **Gazier (F.), Gentot (M.), Genevois (B.)**, « La marque des idées et des principes de 1789 dans la jurisprudence du CE et du CC », EDCE 1989, n°40, p. 151.

- **Grabarczyk (K.)**, Les principes généraux dans la jurisprudence de la Cour européenne des droits de l'homme, Aix-Marseille, PUAM, 2008.

- **Grewe (C.)**, « Les influences du drit allemand des droits fondamentaux sur le droit français : le rôle médiateur de la jurisprudence de la Cour européenne des droits de l'homme », RUDH 2004, p. 26 ; « Le contrôle de constitutionnalité de la loi en Allemagne : quelques comparaisons avec le système français », Pouvoirs 2011, p. 143 ; « Le « traité de paix » avec la Cour de Luxembourg : l'arrêt de la Cour constitutionnelle allemande du 7 juin 2000 relatif au règlement du marché de la banane », RTDH 2001, p. 1.

- **Huet (P.)**, « La juridiction administrative gardienne de la liberté individuelle », AJDA 1973, p. 507 ; « L'évolution cyclique de la compétence administrative en matière de protection de la liberté individuelle », RA 1972, p. 19.

- **Jeanneau (B.)**, « La théorie des principes généraux du droit à l'épreuve du temps », EDCE 1981-1982, n° 33, p. 33

- **Jouanjan (O.)**, « La théorie allemande des droits fondamentaux », AJDA 1998, p. 44 et « Une origine des « droits fondamentaux » en Allemagne : le moment 1848 », RDP 2012, p. 766.

- **Kastanas (E.)**, Unité et diversité : notions autonomes et marge d'appréciation des États dans la jurisprudence de la Cour européenne des droits de l'homme, Bruxelles, Bruylant, 1996.

- **Kovar (R.)**, « La contribution de la Cour de justice à l'édification de l'ordre juridique communautaire », RCADE 1993, vol. IV, livre 1, p. 15.

- **Lachaume (J.-F.)**, « Les non-principes généraux du droit », Mélanges Jeanneau, Dalloz, 2002, p. 161

- **Leclercq (G.)**, « Le déclin de la voie de fait », RDP 1963, p. 657.

- **Lecourt (R.)**, « Le rôle unificateur du juge dans la Communauté », Mélanges Teitgen, Paris, Pedone, 1984, p. 223.

- **Lecuyer (Y.)**, L'européanisation des standards démocratiques, Rennes, PU de Rennes, 2011.

- **Le Mire (P.)**, « Inexistence et voie de fait », RDP 1978, p. 1219.

- **Letourneur (M.)**, « Les "principes généraux du droit" dans la jurisprudence du Conseil d'Etat », EDCE 1951, p. 19.

- **Levinet (M.)**, « La CEDH, socle de la protection des droits de l'homme dans le droit constitutionnel européen », RFDC 2011, p. 227.

- **Madelaine (C.)**, « Les obligations positives procédurales, instrument du pluralisme ? », in M. Levinet (dir.), Pluralisme et juges européen des droits de l'homme, Bruxelles, Bruylant-Némésis, Droit et justice, n° 91, 2010, p. 107.

- **Marteins (P.)**, « Y-a-t-il des principes généraux de valeur constitutionnelle ? », Mélanges Van Compernolle, Bruxelles, Bruylant, 2004, p. 387.

- **Martin (R.)**, « Les cheminements des pouvoirs judiciaires depuis 1789 », RTDC 2004, n°2, p. 251.

- **Melchior (M.)**, « Notions « vagues » ou « indéterminées » et « lacunes » dans la Convention européenne des droits de l'homme », Mélanges Wiarda, Cologne, Carl Heymanns Verlag, 1988, p. 411.

- **Mertens de Wilmar (J.)**, « Réflexions sur les méthodes d'interprétation de la Cour de justice des Communautés européennes », CDE 1985, p. 5.

- **Mescheriakoff (A.-S.)**, « La notion de principes généraux du droit dans la jurisprudence récente », AJDA 1976, p. 596.

- **Mignon (M.)**, « La valeur juridique du préambule de la Constitution selon la doctrine et la jurisprudence », D. 1951, chron., p. 127.

- **Moderne (F.)**, « Actualité des principes généraux du droit », RFDA 1998, p. 495 ; « Légitimité des principes généraux et théorie du droit », RFDA 1999, p. 722 ; « Le recours par le juge administratif aux "principes dont s'inspire le Code civil" (autour et à propos de l'arrêt d'Assemblée du Conseil d'État du 8 juillet 2005, Société Alusuisse-Lonza-France) », Mélanges Labetoulle, Dalloz, 2007, p. 641 ; « Sur une méthode d'interprétation du Conseil d'État français. Le recours aux principes dont s'inspirent des textes du droit privé », Mélanges Kakouris, Bruxelles, Bruylant, 2004, p. 285.

- **Morange (G.)**, « Les principes généraux du droit sous la Ve République », RDP 1960, p. 1188 ; « Une catégorie juridique ambiguë : les principes généraux du droit », RDP 1977, p. 761.

- **Normand (J.)**, « Le juge judiciaire, gardien non exclusif des libertés », RTDC 1996, p. 235

- **Osman (F.)**, « Le juge judiciaire, gardien de la liberté individuelle : mythe ou réalité ? », GP 1990, 1, doctr. p. 133.

- **Ost (F.)**, « Originalité des méthodes d'interprétation de la Cour EDH », in M. Delmas-Marty (dir.), Raisonner la raison d'Etat, PUF, 1989, p. 405.

- **Papadopulou (R.)**, Principes généraux du droit et droit communautaire, origines et concrétisation, Bruxelles, Bruylant, 1996.

- **Pavia (M.-L.)**, « Eléments de réflexion sur la notion de droit fondamental », LPA 1994, 6 mai, p. 6.

- **Pelloux (R.)**, « La nouvelle Constitution de la France », D. 1946, chron., p. 81.

- **Pescatore (P.)**, Le droit de l'intégration. Emergence d'un phénomène nouveau dans les relations internationales selon l'expérience des Communautés européennes, Bruxelles, Bruylant, Réimpression, 2005.

- **Petit (S.)**, La voie de fait administrative, Paris, PUF, Que sais-je ?, 1995.

- **Picard (E.)** « L'émergence des droits fondamentaux en France », AJDA 1998, n° spécial, p. 6 ; « Dualisme juridictionnel et liberté individuelle. Le principe selon lequel l'autorité judiciaire est la gardienne de la liberté individuelle », in Le contrôle juridictionnel de l'administration. Bilan critique, Paris, Economica, 1991, p. 165.

- **Picheral (C.)**, L'ordre public européen : droit communautaire et droits européens des droits de l'homme, Paris, La Documentation française, 2001.

- **Picod (F.)**, « La normativité du droit communautaire », Cahiers du CC 2007, n°21.

- **Pinto (J.)**, « La protection des droits de l'homme par les tribunaux judiciaires en France », EDCE 1949, p. 21.

- **Prétot (X.)**, « L'autorité judiciaire est-elle encore gardienne de la liberté individuelle ? », RDP 1997, p. 667.

- **Puisoye (J.)**, « La voie de fait administrative », S. 1962, chron., p. 53.

- **Rasmussen (H.J.)**, « Le pouvoir de décision politique du juge européen et ses limites », RFAD 1992, p. 413.

- **Rideau (J.)**, De la Communauté de droit à l'Union de droit. Continuités et avatars européens, Paris, LGDJ, 2000 et La protection des droits fondamentaux dans l'Union européenne : dans le sillage de la Constitution européenne, Paris, Bruxelles, Bruylant, LGDJ, 2009.

- **Rivero (J.)**, « Dualité de juridictions et protection des libertés », RFDA 1990, p. 735 ; « Le juge administratif français : un juge qui gouverne ? », D. 1951, chron., p. 21.

- **Robert (J.)**, « Le juge administratif et la liberté individuelle », Mélange Waline, Paris, LGDJ, 1974, tome 3, p. 719, Les violations de la liberté individuelle commises par l'administration, Paris, LGDJ, 1953.

- **Rousseau (D.)**, « La notion de patrimoine constitutionnel européen », in Le patrimoine constitutionnel européen, Strasbourg, Conseil de l'Europe, 1997, p. 22 et « La notion de patrimoine constitutionnel européen » in Mélanges Ardant, Paris, LGDJ, 1999, p. 27.

- **Ruiz-Fabri (H.)**, « Principes généraux du droit communautaire et droit comparé », Droits 2007, n°45, p. 127.

- **Salles (D.)**, « Michel Debré et la protection de la liberté individuelle par l'autorité judiciaire », Nouveaux cahiers du CC 2009, n°26.

- **Sauve (J.-M.), Polge (N.)**, « Les principes généraux du droit en droit interne et en droit communautaire. Leçons croisées pour un avenir commun ? » Mélanges Manin, Paris, Pedone, 2010, p. 727.

- **Simon (D.)**, « Y a-t-il des principes généraux de droit communautaire ? », Droits 1991, p. 73 ; « Principes généraux du droit », Europe 2010, n° 5, p. 16 ; « L'identité constitutionnelle dans la jurisprudence de l'Union européenne », in L. Burgorgue-

Larsen (dir.), L'identité constitutionnelle saisie par les juges en Europe, Paris, Pedone, 2011, p. 27.

- **Soulas de Russel (D.), Engels (U.)**, « L'intégration de l'Europe à l'heure de la décision de la Cour constitutionnelle fédérale du 29 mai 1974 », RIDC 1975, vol. 27, p. 377.

- **Szymczak (D.)**, « L'identité constitutionnelle dans la jurisprudence conventionnelle » in L. Burgorgue-Larsen (dir.), L'identité constitutionnelle saisie par les juges en Europe, Paris, Pedone, 2011, p. 45.

- **Vedel (G.)**, « Réflexions sur quelques apports de la jurisprudence du Conseil d'État à la jurisprudence du Conseil constitutionnel », Mélanges Chapus, Montchrestien, 1992, p. 647 ; « La juridiction compétente pour prévenir, faire cesser ou réparer la voie de fait administrative », JCP 1950, I, n°851.

- **Voisset (M.)**, « La reconnaissance de l'existence de principes généraux du droit par le Conseil constitutionnel (à propos de la décision du 26 juin 1969) », JCP 1969, I, n° 2290 bis.

- **Wachsmann (P.)**, « Les droits fondamentaux, sans le savoir, ni le vouloir » in B. Matthieu (dir.), 1958-2008. Cinquantième anniversaire de la Constitution française, Paris, Dalloz, 2008, p. 563 ; « L'importation en France de la notion de droits fondamentaux », RUDH 2004, p. 40 ; « La liberté individuelle dans la jurisprudence du Conseil constitutionnel », RSC 1988, p. 1.

- **Zimmer (W.)**, « De nouvelles bases pour la coopération entre la Cour constitutionnelle fédérale et la Cour de justice de Luxembourg ? (A propos de BverfG, 7 juin 2000, Solange III) », Revue Europe 2001, mars, p. 3.

B – La confirmation de l'implantation de la notion

125 • L'influence des deux juges européens et le passage de la notion de « libertés publiques » à celle de « droits fondamentaux » a amené certaines crispations et critiques en France eu égard à des conséquences procédurales et substantielles non négligeables. Si le dialogue et le temps des influences réciproques l'emportent aujourd'hui, cela n'a pas été sans heurts. Au moment de l'adoption des traités communautaires et de la ConvEDH, les juges nationaux, et particulièrement le juge administratif, s'émancipent hors de la logique européenne. Il y a, à cet égard, immanquablement, une certaine résistance ou réticence face à la montée en puissance des Cours de Luxembourg et de Strasbourg et la dynamique de la construction européenne (1). Mais si le caractère exigeant de l'obligation d'adaptation du droit conduit parfois à un affrontement entre juges européens et juges internes, ces conflits se sont vite estompés et se sont révélés, en définitive, mesurés essentiellement en raison de l'autonomie assurée par les Cours européennes aux systèmes nationaux dans l'exécution de leurs obligations (2).

1 – Une résistance nationale surtout marquée par les réticences des juges

126 • Si on peut parler, à certains égards, de résistances ou de réticences de la part des juges nationaux quant aux prétentions des Cours européennes, c'est, en grande partie, eu égard aux craintes qui pouvaient exister quant aux possibles menaces sur l'autonomie de leurs systèmes juridictionnels. L'Etat français avait, quant à lui, plutôt favorablement accueilli ces prétentions même si certaines divergences ont existé dans sa conduite face aux deux projets d'intégration.

a) Le caractère malaisée de l'acceptation des traités communautaires

Le maintien initial de la doctrine « Matter » et l'article 26 C° du 27 octobre 1946

127 • L'affirmation prétorienne des Cours européennes et leurs prétentions assez incroyables ont, paradoxalement, plutôt bien été accueillies par les Etats malgré l'adaptation des systèmes nationaux. Dans la tradition juridique française, les normes internationales n'ont longtemps pas été considérées comme des normes de droit interne prenant place dans la hiérarchie des normes. La France a ainsi longtemps appliqué la doctrine Matter (du nom de Paul Matter ancien procureur général et premier président de la Cour de cassation directement à l'origine de la théorie Cf. conclusions sous Cass., civ., 22 décembre 1931, *Sanchez*, *D.P.* 1932, 1, p. 131) qui visait, à ce que, depuis la Constitution de la IIIème république, les Conventions internationales, en ce qu'elles étaient autorisées par le Parlement, soient placées au même rang que la loi. En cas de conflit entre les deux normes, c'est la norme la plus récente qui triomphait conformément au principe « *lex posterior priori derogat* » (une loi postérieure déroge à une précédente), principe subsidiaire de résolution de conflits de normes. En conséquence, le juge français, en l'occurrence ici la Cour de cassation reconnaissait bien la supériorité du traité sur la loi antérieure mais, inversement, il faisait prévaloir la loi postérieure sur le traité. La position des normes internationales restait fragile et incertaine, le droit international n'étant pas intégré au système de l'Etat de droit. La doctrine Matter continuera à être appliquée par le juge de cassation malgré les changements constitutionnels et notamment l'article 26 de la Constitution de 1946 qui, en accordant aux traités diplomatiques régulièrement ratifiés et publiés « force de loi, dans le cas même où ils seraient contraires à des lois françaises », les intègre à l'ordre juridique interne en leur donnant apparemment une autorité supérieure à celle des lois. Apparemment, car l'article est rédigé de manière assez ambiguë et peut laisser entendre que seul le cas des lois antérieures est envisagé. Le Conseil d'Etat tirera les conséquences logiques de cette intégration en considérant qu'un acte administratif contraire à un traité international était illégal et qu'il devait, en conséquence, être annulé (CE, 30 mai 1952, *Dame Kirkwood*, req. n°16690, *Rec. CE*, p. 291, *RDP* 1952 p.781, concl. M. Letourneur et note M. Waline, *S.* 1953, III, p. 33, note P. Bouzat où un décret d'extradition est annulé parce que contraire à un traité franco-américain). En revanche, il ne sanctionnera la primauté des traités que par rapport aux lois antérieures, censées avoir été abrogées, et non par rapport aux

lois postérieures. Les traités se retrouvent au même niveau que les lois dans la hiérarchie des normes.

Les articles 54 et 55 C° du 4 octobre 1958 et les traités communautaires (1)

128 • L'article 55 C° tranche le problème de l'applicabilité du droit international par une formule toujours un peu ambiguë mais, cette fois-ci, un peu plus clair en faisant indistinctement prévaloir les traités communautaires et internationaux sur les lois et, *a fortiori*, sur les actes administratifs et en posant, en termes de principe, que « les traités ou accords régulièrement ratifiés ou approuvés ont, dès leur publication, une autorité supérieure à celle des lois ». La formule est ambiguë dans la mesure où il existe une réserve tenant à la condition de réciprocité qui complique quelque peu l'application de la disposition. Reprenant la solution dégagée sous l'arrêt « *Kirkwood* », le juge administratif accepte d'apprécier la légalité d'un acte administratif au regard des conventions internationales (Cf. Par ex., CE, 4 octobre 1967, *Ministre de l'agriculture contre Michels*, req. n° 53352, *Rec. CE*, p. 347 ou CE, Ass., 8 avril 1987, *Ministre de l'intérieur contre Peltier*, req. n° 55895, *Rec. CE*, p. 128) et des traités communautaires (Cf. CE, Ass., 19 juin 1964, *Société des pétroles Shell-Berre et autres*, req. n°47007, *Rec. CE*, p. 344). Il faut aussi mentionner l'article 54 C° qui prévoit que lorsque le Conseil constitutionnel constate une incompatibilité avec la Constitution, le traité ne pourra être ratifié qu'après révision de cette dernière. C'est ainsi que des révisions constitutionnelles ont dû précéder la ratification, concernant le droit de l'Union européenne. On peut citer celle du Pacte budgétaire européen (CC, n°2012-653 DC, 9 août 2012, *Traité sur la stabilité, la coordination et la gouvernance au sein de l'Union économique et monétaire*, JO, 11 août 2012, p. 13283, *Rec. CC*, p. 453) du Traité de Lisbonne (CC, n°2007-560 DC, 20 décembre 2007, *Traité de Lisbonne modifiant le traité sur l'Union européenne et le traité instituant la Communauté européenne*, JO, 29 décembre 2007, p. 21813, *Rec. CC*, p. 459), du Traité d'Amsterdam (CC, n° 97-394 DC, 31 décembre 1997, *Traité d'Amsterdam modifiant le Traité sur l'Union européenne, les Traités instituant les Communautés européennes et certains actes connexes*, JO, 3 janvier 1998, p. 165, *Rec. CC*, p. 344), des accords de Schengen (CC, n° 93-325 DC, 13 août 1993, *Loi relative à la maîtrise de l'immigration et aux conditions d'entrée, d'accueil et de séjour des étrangers en France*, JO, 18 août 1993, p. 11722, *Rec. CC*, p. 224) ou encore du Traité de Maastricht (CC, n° 92-308 DC, 9 avril 1992, *Traité sur l'Union européenne*, JO, 11 avril 1992, p. 5354, *Rec. CC*, p. 55).

Les articles 54 et 55 C° du 4 octobre 1958 et les traités communautaires (2)

129 • Un étage supplémentaire, formé des normes internationales a donc été aménagé dans la hiérarchie des normes sous l'impulsion du juge communautaire et avec l'assentiment de l'Etat français. Dans cet étage supplémentaire figure, en bonne place et dans une position tout à fait originale, le droit communautaire (Cf., dès les années 1960, L. Constantinesco, « La spécificité du droit communautaire », *RTDE* 1966, p. 1 et J. Megret, « La spécificité du droit communautaire », *RIDC* 1967, p. 565). Une controverse doctrinale a émergé, à ce sujet, entre les partisans de l'indépendance et de l'autonomie de l'Union européenne, celle-ci ne pouvant plus être rattachée au droit international traditionnel, et ceux qui considèrent que

l'Union européenne, malgré tout et en dépit de ces caractéristiques spécifiques incontestables, reste une entité du droit international (Voir, sur cette controverse, D. Simon, « Les fondements de l'autonomie du droit communautaire », in *Droit international et droit communautaire. Perspectives actuelles*, SFDI, Pédone, 2000, p. 207, spéc. p. 209 et suiv.). Au-delà de ce caractère spécial, il reste à assurer le respect de l'ordonnancement juridique et notamment la question de la supériorité des traités sur les lois, élément nouveau désormais de l'Etat de droit dont le respect ne sera pas assuré aussi facilement par le juge français.

b) Les hésitations initiales quant aux effets de la ConvEDH

L'absence initiale et paradoxale de la ratification française

130 • La logique concernant l'acclimatation de la France au droit communautaire a été quelque peu différente de celle concernant l'acceptation de la ConvEDH qui, dans le même temps, ne se voyait pas être ratifiée par l'Etat français (Cf. A. Pellet, « La ratification par la France de la ConvEDH », *RDP* 1974, p. 1319 et suiv. ; J.-F. Villevieille, « La ratification par la France de la ConvEDH », *AFDI* 1973, vol. 19, p. 922 et suiv.). Rien ne laissait pourtant supposer que la « patrie des droits de l'homme », qui a fourni au constitutionnalisme moderne la Déclaration des droits la plus célèbre, allait manifester autant de réticences au texte européen. En 1950, le système ingénieux et révolutionnaire d'une garantie internationale et juridictionnelle des droits fut loin d'être accepté avec enthousiasme par la France. Conformément à l'article 66-2 ConvEDH, l'entrée en vigueur de la ConvEDH était conditionnée au dépôt de dix instruments de ratification. Cette condition a été remplie le 3 septembre 1953, à la suite des ratifications des Etats suivants : Royaume-Uni (8 mars 1951), Norvège (15 janvier 1952), Suède (4 février 1952), Allemagne (5 décembre 1952), Sarre (14 janvier 1953, la Sarre est devenue partie intégrante de l'Allemagne le 1er janvier 1957), Irlande (25 février 1953), Grèce (28 mars 1953), Danemark (13 avril 1953), Islande (29 juin 1953), Luxembourg (3 septembre 1953). Dans cette liste il y avait un grand absent : la France. Il a fallu attendre 20 ans après l'entrée en vigueur de la ConvEDH et près de 23 ans après sa signature pour que le Parlement français autorise la ratification de la Convention et de certains des protocoles additionnels qui l'ont ultérieurement complétée (protocole n°1 du 20 mars 1953 et n°4 du 16 septembre 1963 qui complètent la liste des droits et libertés établies par la Convention ; les protocoles n°3 du 6 mai 1963 et n°5 du 20 janvier 1966 qui modifient la Convention sur certains points de procédure) par la loi du 31 décembre 1973 (loi n° 73-1227 du 31 décembre 1973 (JO, 3 janvier 1974, p. 67)) *autorisant la ratification de la Convention européenne de sauvegarde des droits de l'homme et des libertés fondamentales* signée à Rome le 4 novembre 1950). Mais il faut attendre un décret du 3 mai 1974, pour que le Président de la République par intérim, Alain Poher, président du Sénat, ratifie la Convention (Décret n° 74-360 du 3 mai 1974 (JO, 4 mai 1974, p. 4750) *portant publication de la Convention européenne de sauvegarde des droits de l'homme et des libertés fondamentales signée à Rome le 4 novembre 1950 et de ses protocoles additionnels* (ainsi que les déclarations interprétatives formulées par le Gouvernement français)).

Les justifications liées à la longue gestation de la ratification

131 • Un aussi long délai avait de quoi surprendre de la part d'un pays dont l'histoire et la renommée devaient tant aux droits de l'homme. Le texte était d'abord très largement d'inspiration française. La position française, à l'époque de l'élaboration du texte (août 1949-novembre 1949, laps de temps très court pour un texte de cette importance), a aussi été sans ambiguïtés et nul n'opposait d'objections à ce texte. Personne ne pensait à son incompatibilité avec les textes ou les pratiques juridiques françaises. Les articles de la ConvEDH étaient, qui plus est, largement inspirées des travaux de René Cassin, vice-président du Conseil d'Etat dès 1944, grand juriste engagé dans la protection internationale des droits de l'homme (Voir, par ex., C. Malecki, « René Cassin, les droits de l'homme et le XXIème siècle commençant », *Revue de la recherche juridique*. Droit prospectif 2002, n°2, p. 1063 ou J. Waline, « Portrait de René Cassin (1887-1976) », *RTDH* 2010, n°82, p. 203) et l'un des principaux rédacteurs du projet de la Convention avec Pierre Henri Teitgen (Voir P.-H. Teitgen, *Aux sources de la Cour et de la Convention européenne des droits de l'homme*, Paris, Confluences, 2000). Pourquoi une si longue gestation pour la ratification ? Pour des raisons de circonstance, d'abord. Dans les années 1950, les guerres coloniales commencent, les gouvernements s'inquiètent des reproches qui pourraient être adressés à la France quant au comportement de son armée en Indochine ou en Algérie. L'interdiction de la torture aurait pu lui poser problème. De même la ratification de la ConvEDH a été assortie de réserves notamment sur l'article 15 ConvEDH qui permet aux Etats de déroger temporairement aux dispositions de la Convention en cas d'état d'urgence (cas de guerre ou en cas d'autre danger public menaçant la vie de la nation). En fait, la France craignait que la procédure nécessaire pour l'application de cet article 15 (certain contrôle de la part du Conseil de l'Europe et de la CourEDH) limite l'application de l'article 16 C°. La France a émis d'autres réserves lors de la ratification de la ConvEDH, certaines ont été retirées notamment en ce qui concerne le monopole de l'ORTF, mais certaines sont toujours en vigueur. Pour des raisons de principe enfin. La France a pu souffrir d'un certain orgueil national ou d'un certain complexe de supériorité, la DDHC étant souveraine à ses yeux, que lui apporterait de plus la ConvEDH ? La protection des droits est tellement efficace en France grâce aux lois et règlements de la République que la participation à la ConvEDH n'a pas d'intérêt et qu'elle peut se révéler inutile ou superflue (L'exposé des motifs du projet de loi relatif à la ratification précisait lui-même que le gouvernement « ne pense pas que cet engagement soit indispensable pour assurer aux citoyens les libertés que leur garantissent les lois » (JO, Doc. Parl., Sénat, 1ère session ord., 1973-1974, n°2)).

Des échecs multiples qui amènent à une ratification tardive

132 • Par deux fois des gouvernements de la IVème République déposèrent des projets de loi de ratification. C'est d'abord le gouvernement Joseph Laniel, le 29 décembre 1953, qui déposa le 1er projet (JO, Doc. Parl., A.N. 1953, n°7514). Le 23 février 1955, 5 députés dont Paul Reynaud déposèrent une proposition de

résolution tendant à inviter le gouvernement à déposer un nouveau projet de loi autorisant la ratification (JO, Doc. Parl., A.N., session, ord. 1955-1956, n°728) ce qui fut fait par le gouvernement Guy Mollet le 6 mai suivant (JO, Doc. Parl., A.N., session ord. 1955-1956, n°1792). Deux propositions de résolution ont également été déposées au début de la Vème République, l'une le 28 avril 1959 (JO, Débats Parl., A.N., 1959, n°19), l'autre le 6 mai 1959 (JO, Doc. Parl., Sénat, 1959, n°36). Ces projets n'ont pas abouti moins en raison d'obstacles juridiques qu'en vertu de considérations politiques et à l'évolution des circonstances (notamment la guerre d'Algérie). En 1962 cependant, la France aurait pu enfin la ratifier, mais le Général De Gaulle n'en voit pas l'intérêt, malgré les efforts de René Cassin. Il faut attendre la présidence de Pompidou pour qu'une loi autorise la ratification du traité même si le président Pompidou n'effectuera jamais la ratification. Si cette dernière a donc enfin été effectuée le 3 mai 1974 par le président de la république par intérim, Alain Poher, le gouvernement français refusait toujours aux individus le droit de saisir directement la ComEDH en cas de violation de la ConvEDH éliminant, en fait, par cela même, tout contrôle international. Il faudra attendre 1981 pour que la France rentre complètement dans le système de la ConvEDH avec le décret du 9 octobre 1981 (Décret n° 81-917 du 9 octobre 1981 (JO, 14 octobre 1981, p. 2783) portant publication de la déclaration d'acceptation du droit de recours individuel en application de l'article 25 ConvEDH en date du 4 novembre 1950 et de l'article 6 du protocole n° 4 à ladite convention en date du 16 septembre 1963) qui va souscrire au droit de recours individuel devant la ConvEDH (Cf. Gérard Cohen-Jonathan, « La reconnaissance par la France du droit de recours individuel devant la Commission européenne des droits de l'homme », *AFDI* 1981, p. 269 et suiv.). C'est seulement à partir de cette date que la France s'est pleinement soumise à la juridiction obligatoire et à la censure éventuelle de la CourEDH acceptant enfin de voir confronter notre droit national au droit international de la ConvEDH devant une juridiction à caractère supranational.

Les premières décisions du juge européen et la première affaire française

133 • Il faudra attendre l'année 1986 pour voir l'apparition de la 1ère affaire française devant la CourEDH à propos d'une procédure d'extradition de la France vers l'Italie (CEDH, 18 décembre 1986, *Bozano contre France*, req. n°9990/82, série A, n°111 ; Voir F. Sudre, « La 1ère affaire française devant la CourEDH : l'arrêt Bozano di 18 décembre 1986 », *RGDIP* 1987, p. 566 ; G. Cohen-Jonathan, « La France et la CourEDH, l'arrêt Bozano », *RTDE* 1987, p. 255). La 1ère requête avait été pourtant transmise à la ComEDH le 5 juillet 1955, date à laquelle cette dernière s'était vu reconnaître sa compétence à examiner des requêtes individuelles. A cette époque, le système n'était pas entièrement judiciarisé, toutes les affaires passaient devant la ComEDH (Cf. R.-J. Dupuy, « La ComEDH », *AFDI* 1957, vol. 3, p. 449) mais toutes n'arrivaient pas devant la CourEDH. La ConvEDH prévoyait un mécanisme de protection en deux phases : le stade préliminaire et préparatoire de la ComEDH qui pouvait aboutir à une conciliation puis le règlement qui se dédoublait en deux virtualités : l'une à caractère juridictionnel confié à la CourEDH, l'autre à caractère politique confié au Conseil des ministres. Avec le

protocole additionnel à la ConvEDH n°11, entrée en vigueur le 1er novembre 1998 (Protocole n° 11 à la Convention de sauvegarde des Droits de l'Homme et des Libertés fondamentales portant restructuration du mécanisme de contrôle établi par la Convention, STCE, n°155), on a mis en place une Cour unique et la procédure a été entièrement judiciarisée. La ComEDH est supprimée et le rôle du Comité des ministres est modifié, ce dernier conservant un rôle de surveillance de l'exécution des arrêts (anciens article 54 nouvel article 46-2 ConvEDH). Cela permet au Comité de vérifier que le droit de la Convention exerce une influence réelle sur le droit interne des Etats. Installée solennellement le 20 avril 1959, la CourEDH avait pourtant rendu son 1er arrêt le 14 novembre 1960 en statuant sur les exceptions préliminaires et des questions de procédure (CourEDH, 14 novembre 1960, *Lawless contre Irlande*, req. n°332/57, série A, n°1. Cf. M.-A. Eissen, « Le premier arrêt de la CourEDH : affaire Lawless, exceptions préliminaires et questions de procédure », *AFDI* 1960, vol. 6, p. 444) avant que le 1er arrêt au fond ne soit rendu, sous la présidence de René Cassin, le 1er juillet 1961 (CourEDH, 1er juillet 1961, *Lawless contre Irlande*, req. n°332/57, série A, n°3, l'affaire concernait un membre présumé de l'IRA qui se plaignait d'avoir été détenu dans des conditions contraires à la ConvEDH, la cour concluant à une non violation de la part du gouvernement irlandais).

c) Une menace pour l'autonomie des ordres juridictionnels nationaux : la reconnaissance incommode de la primauté communautaire

La réception difficile des principes de primauté et d'effet direct : la théorie de l'acte clair (1)

134 • Les juridictions nationales sont à l'origine des principales oppositions formulées à l'encontre de l'intégration européenne. Elles ont d'abord vu dans les postulats mis en place par les Cours européennes des menaces pour l'autonomie de leur ordre juridique. La Cour de justice a, par sa jurisprudence et comme on l'a vu précédemment, donné une pleine effectivité au droit de l'Union, par la consécration des principes de primauté (CJCE, 15 juillet 1964, *Costa contre E.N.E.L.*, Aff. n°6/64 précité) et d'effet direct (CJCE, 5 février 1963, *Van Gend en Loos contre Administration fiscale néerlandaise*, Aff. n°26/62 précité). La primauté concerne tous les actes européens ayant une force obligatoire (droit primaire ou droit dérivé) et tous les actes nationaux y sont soumis quelle que soit leur nature, y compris les actes de nature constitutionnelle (CJCE, 17 décembre 1970, *Internationale Handelsgesellschaft mbH contre Einfuhr und Vorratsstelle für Getreide und Futtermittel*, Aff. n°11-70 précité). L'effet direct concerne le droit primaire à condition que les droits et obligations qu'il emporte soient précis, clairs, inconditionnels et qu'ils n'appellent pas de mesures complémentaires au niveau national ou européen (CJCE, 5 février 1963, *Van Gend en Loos contre Administration fiscale néerlandaise*, Aff. n°26/62 précité). Il concerne aussi le droit dérivé même si l'effet dépend du type d'acte concerné. Les règlements ont toujours un effet direct (art. 288 TFUE) et le juge de Luxembourg a fait en sorte que les directives le soient aussi après l'expiration du délai de transposition et lorsque leurs dispositions sont claires, précises et inconditionnelles

(CJCE, 4 décembre 1974, *Yvonne Van Duyn contre Home Office*, Aff. n°41-74). La réception de ses principes par les juges français n'a pas été sans heurts. S'il appartient aux juridictions nationales d'appliquer et d'interpréter les actes des droits primaire et dérivé, il est prévu un mécanisme de question préjudicielle par lequel toute juridiction nationale peut interroger la Cour de justice sur la validité et l'interprétation d'un acte de droit de l'Union, ce renvoi est obligatoire pour les juridictions suprêmes (art. 267 TFUE) mais les juridictions françaises se sont reconnues un pouvoir d'interprétation des textes en consacrant la théorie de l'acte clair selon laquelle elles peuvent, elles-mêmes, interpréter une norme européenne lorsque cette norme ne pose pas de difficultés sérieuses.

La réception difficile des principes de primauté et d'effet direct : la théorie de l'acte clair (2)

135 • Parmi les jurisprudences caractéristiques, il faut d'abord mentionner, en 1964, l'arrêt du Conseil d'Etat, *Société des pétroles Shell-Berre* (CE, Ass., 19 juin 1964, *Société des pétroles Shell-Berre*, req. n°47007, *Rec. CE*, p. 344, *RDP* 1964, p. 1019, concl. N. Questiaux, *AJDA* 1964, p. 438, note A. De Laubadère ; voir, aussi, dans le même sens, CE, Ass., 27 juillet 1979, *Syndicat national des fabricants de spiritueux consommés à l'eau*, req. n°09664, *Rec. CE*, p. 335 et CE, Ass., 12 octobre 1979, *Syndicat des importateurs de vêtements et produits artisanaux*, req. n°08788, *Rec. CE*, p. 874). Le même raisonnement a été adopté par la Cour de cassation (Cass, 1ère civ., 19 décembre 1995, *Banque africaine de développement*, n° pourvoi : 93-20424, *Bull. Civ.* 1995, I, n°470, p. 326, *RGDIP* 1996, p. 876, obs. D. Alland). Le juge communautaire a validé cette approche en 1982 en cas de question non pertinente, de question ayant déjà fait l'objet d'une interprétation de la Cour ou si l'application correcte du droit communautaire s'impose avec une telle évidence qu'elle ne laisse place à aucun doute (CJCE, 6 octobre 1982, *Srl CILFIT et Lanificio di Gavardo SpA contre Ministère de la santé*, Aff. n°283/81, *Rec. CJCE*, p. 3415). Mais derrière les décisions des juridictions françaises, notamment du Conseil d'Etat, il y avait cependant la volonté de limiter le nombre des questions préjudicielles : il faudra attendre 1970 pour que soit effectué le 1er renvoi préjudiciel (CE, 10 juillet 1970, *Syndicat national du commerce extérieur des céréales contre Office national interprofessionnel des céréales (ONIC) et Ministre de l'Agriculture*, req. n°76643, *Rec. CE*, p. 477, *JCP* 1971, G, II, n°16701, concl. N. Questiaux, note D. Ruzié, *D.* 1971, 576, note M. Fromont, *AJDA* 1971, p. 1022, obs. J.-F. Lachaume), 13 ans après l'entrée en vigueur du Traité de Rome. D'autres jurisprudences restrictives ont suivi visant à la stricte limitation du respect de l'interprétation à l'étendue de la chose jugée (CE, 13 juin 1986, *Office national interprofessionnel des céréales (ONIC) contre Société des produits de maïs*, req. n°53153, *RTDE* 1986, p. 533, concl. J.-C. Bonichot) et aux questions posées (CE, sect., 26 juillet 1985, *Office national interprofessionnel des céréales (ONIC)*, req. n°42204, *Rec. CE*, p. 233).

Un juge administratif fidèle à la souveraineté de la loi : la théorie de la loi écran (1)

136 • L'inquiétude se manifeste aussi par la théorie de la loi écran, par laquelle le Conseil d'Etat entend rester fidèle à la souveraineté de la loi. De même qu'il refusait d'examiner la conformité d'une loi à la Constitution, le juge administratif s'est, dans un 1er temps et à la différence du juge judiciaire, refusé à examiner la compatibilité d'une loi à un traité signé avant son adoption par l'application de sa jurisprudence dites des « semoules » (CE, sect., 1er mars 1968, *Syndicat général fabricants de semoules de France*, req. n° 62814, *Rec. CE*, p. 149, *AJDA* 1968, p. 235, concl. N. Questiaux, *D.* 1968, jurispr. p. 285, note M. Lagrange, *RCDIP* 1968, p. 516, note R. Kovar, *RGDIP* 1968, p. 1128, obs. C. Rousseau, *RTDE* 1968, p. 399, note C. Constantinides-Megret), en considérant qu'il appartenait au seul Conseil Constitutionnel de procéder à ce contrôle de conventionnalité. Cette position du Conseil d'Etat se fondait sur la vision française très rigide de la séparation des pouvoirs et, en particulier, sur l'interdiction faite au juge de censurer le législateur. S'interdisant de juger l'acte du législateur, le Conseil d'Etat ne pouvait examiner la conformité de la loi au regard de stipulations conventionnelles, pas plus d'ailleurs qu'il n'accepte d'examiner la régularité juridique d'une loi au regard de la Constitution (CE, 6 novembre 1936, *Arrighi*, req. n°41221, *Rec. CE*, p. 966, *S.* 1937, 3, p. 33, concl. R. Latournerie et note A. Mestre, *DP* 1938, 3, p. 1 concl. R. Latournerie et note C. Eisenmann ; CE, sect., 10 juillet 1954, *Fédération conseils parents d'élèves*, req. n°20635, *Rec. CE*, p. 449, *D.* 1955, jurispr. p. 330, concl. A. Jacomet et note M. Virally, *S.* 1953, 3, p. 1, note J. Dehaussy ; Voir, plus récemment CE, 5 janvier 2005, *Deprez et Baillard*, req. n° 257341, *Rec. CE*, p. 1, *AJDA* 2005, p. 845, note L. Burgorgue-Larsen, *RTDE* 2006, p. 183, note A. Ondoua). Mais en 1975, le Conseil Constitutionnel n'a pas suivi le Conseil d'Etat en jugeant qu'il ne lui appartenait pas de contrôler la conformité d'une loi avec un traité (CC, n° 74-54 DC, 15 janvier 1975, *Loi relative à l'interruption volontaire de grossesse*, JO, 16 janvier 1975, p. 671, *Rec. CC*, p. 19, *AJDA* 1979, p. 134, note J. Rivero, *D.* 1975, p. 529, note L. Hamon, *RDP* 1975, p. 185, note L. Favoreu et L. Philip).

Un juge administratif fidèle à la souveraineté de la loi : la théorie de la loi écran (2)

137 • Le juge constitutionnel a précisé, plus récemment, cette volonté de ne pas contrôler la conformité d'une loi à un traité (CC, n° 2010-605 DC, 12 mai 2010, *Loi relative à l'ouverture à la concurrence et à la régulation du secteur des jeux d'argent et de hasard en ligne*, JO, 13 mai 2010, p. 8897, *Rec. CC*, p. 78, §16) même s'il a accepté d'effectuer ce contrôle ensuite dans ses fonctions de juge électoral (CC, n°88-1082/1117 AN, 21 octobre 1988, *Elections du Val d'Oise (5ème circonscription)*, JO, 25 octobre 1988, p. 13474, *Rec. CC*, p. 183). La Cour de cassation avait, pourtant, dès 1975, décidé de combler le vide juridictionnel laissé par la décision du Conseil constitutionnel en écartant l'application d'une disposition législative contraire à un traité et en reconnaissant la compétence du juge judiciaire pour contrôler le respect de la règle

contenue dans l'article 55 C° (Cass. ch. mixte, 24 mai 1975, *Administration des douanes contre Société « Cafés Jacques Vabre »*, n° de pourvoi : 73-13556, *Bull. Civ.* 1975, I, n° 4, *D.* 1975, jurispr. p. 497, concl. A. Touffait, *AJDA* 1975, p. 567, note J. Boulouis, *CDE* 1975, p. 655, note R. Kovar, *JDI* 1975, p. 802, note D. Ruzié, *RDP* 1975, p. 1335, chron. L. Favoreu et L. Philip, *RCDIP* 1976, p. 347, note J. Foyer et D. Holleaux, *RGDIP* 1976, p. 690, obs. C. Rousseau). À l'inverse de la Cour de cassation, le Conseil d'Etat a longtemps continué à appliquer sa jurisprudence traditionnelle. Cette solution a, en effet, été réaffirmée même après les décisions *IVG* et *Jacques Vabre* (CE, Ass., 22 octobre 1979, *UDT et Élections Assemblée Communautés européennes* [2 esp.], req ; n°17541 et req. n°18437, *Rec. CE*, p. 384 et 385, *RDP* 1980, p. 531, concl. M.-D. Hagelsteen [1er arrêt] et p. 541, concl. M. Morisot [2nd arrêt], *AJDA* 1980, p. 19, chron. Y. Robineau et M.-A. Feffer et p. 39, note B. G., *AFDI* 1980, p. 814, chron. J.-F. Lachaume ; CE, Ass., 23 novembre 1984, *Roujansky et autres*, req. n°60106 et autres, *Rec. CE*, p. 383, *AJDA* 1985, p. 216, concl. D. Labetoulle) avant, enfin, que ne soit reconnu cette possibilité d'examiner la compatibilité d'une loi à un traité signé avant son adoption (CE, Ass., 20 octobre 1989, *Nicolo*, req. n°108243, *Rec. CE*, p. 190, concl. P. Frydman, *AJDA* 1989, p.756, chron. E. Honorat et E. Baptiste et p. 788, note D. Simon, *D.* 1990, p.135, note P. Sabourin et p. 57, chron. R. Kovar, *RFDA* 1990, p. 267, chron. D. Ruzié, *RFDA* 1989, p. 824, note B. Genevois et p. 933, note L. Favoreu, *RCDIP* 1990, p. 125, concl. P. Frydman et p. 139, note P. Lagarde, *RTDE* 1989, p. 787, note G. Isaac).

Un juge administratif qui reconnait la spécificité du droit communautaire tout en réaffirmant la suprématie de la Constitution

138 • Après des décisions initiales restrictives, le Conseil d'Etat a progressivement étendu le bénéfice du régime de l'article 55 C° à l'ensemble des actes de droit de l'Union, qu'il a accepté de faire prévaloir sur les lois : les règlements (CE, 24 septembre 1990, *Boisdet*, req. n°58657, *Rec. CE*, p. 251, *AJDA* 1990, p. 906, chronique par E. Honorat-R. Schwartz, *RFDA* 1991, p. 172, note L. Dubouis), les directives (CE, Ass., 28 février 1992, *S.A. Rothmans International France et S.A. Philip Morris France*, req. n°56776 et n°56777, *Rec. CE*, p. 81, concl. M. Laroque, *AJDA* 1992, p. 210, concl. M. Laroque) voire les PGD communautaires (CE, 7 juillet 2006, *Société Poweo et fédération française des combustibles, carburants et chauffage*, req. n°289012 et n°289776, *RFDA* 2006, p. 1088, note P. Terneyre, *RJEP* 2007, note S. Verclytte ; CE, 27 juin 2008, *Société d'exploitation des sources Roxane*, req. n°276848). Par contre, il a tardé à faire de même concernant l'effet des directives non transposées en droit interne où sa jurisprudence a longtemps été un point de tension extrême avec le juge communautaire. Le Conseil d'Etat a jugé que les directives non transposées ne pouvaient avoir aucun effet en droit interne (CE, 22 décembre 1978, *Ministre de l'intérieur contre Cohn-Bendit*, req. n°11604, *Rec. CE*, p. 524, concl. B. Genevois, *AJDA* 1979, p. 27, chron. O. Duthcillct dc Lamothe et Y. Robineau), alors que la CJCE avait jugé exactement le contraire, quelques années auparavant, à propos de surcroît de la même directive. L'effet direct des directives a été affirmé une 1ère fois en 1970 (CJCE, 17 décembre 1970, *SPA SACE contre*

ministère des finances de la République italienne, Aff. n°33/70, *Rec. CJCE*, p. 1213, puis confirmé en 1974 (CJCE, 4 décembre 1974, *Yvonne van Duyn contre Home Office*, Aff. n°41/74 précité). Le juge administratif français se rendait ainsi coupable d'un manque de « déférence » à l'égard du juge de l'Union et de ses attentes (selon l'expression du commissaire du gouvernement Bruno Genevois, qui n'a pas été suivi par la juridiction suprême, dans ses conclusions sous l'affaire *Cohn-Bendit*). Enfin, s'il reconnaît la place spécifique du droit de l'Union dans l'ordre interne, le juge administratif a réaffirmé la suprématie, en droit interne, de la Constitution sur les Traités ou accords internationaux (CE, Ass., 30 octobre 1998, *Sarran et Levacher*, req. n°200286 *RFDA* 1998, p.1081 concl. C. Maugüé, note D. Alland, *RFDA* 1999, p. 57, note L. Dubouis, B. Mathieu et M. Verpeaux, Europe 1999, mars, chron. n°3, obs. D. Simon ou CE, 3 décembre 2001, *Syndicat national de l'industrie pharmaceutique (SNIP)*, req. n°226514, *Rec. CE*, p. 624, *AJDA* 2002, p. 1219, note A.-L. Varembois, *Europe* 2002, n°4, chron n°5, obs. A. Rigaux et D. Simon) tout comme le juge judiciaire (Cass, Ass. Plén., 2 juin 2000, *Melle Pauline Fraisse*, n° de pourvoi : 99. 60274, *Bull. Ass. Plén*, n°4, p. 7, *D.* 2000, p. 865, note B. Mathieu et M. Verpeaux, *D.* 2001, p. 1636, chron. B. Beignier et S. Mouton, *RTDCiv.* 2000, p. 672, obs. R. Libchaber).

Un juge constitutionnel très protecteur de la norme constitutionnelle

139 • Le juge constitutionnel s'est montré très protecteur de la norme constitutionnelle même si sa fonction ne le conduit qu'indirectement à jouer un rôle de « juge communautaire », (Cf. notamment A. Levade, « Le Conseil constitutionnel, régulateur des rapports de systèmes », in B. Mathieu (dir.), *50ème anniversaire de la Constitution française*, Paris, Dalloz, 2008, p. 729). C'est le cas lorsque ce dernier est saisi pour contrôler la conformité des Traités révisés à la Constitution. On peut citer la décision du Conseil relative au Traité établissant une Constitution pour l'Europe (CC, n° 2004-505 DC, 19 novembre 2004, *Traité établissant une Constitution pour l'Europe*, JO, 24 novembre 2004, p. 19885, *Rec. CC*, p. 173) où le juge constitutionnel propose une lecture « interne » du principe de primauté en déclarant que « le constituant a consacré l'existence d'un ordre juridique communautaire intégré à l'ordre juridique interne » (§ 11) laissant supposer que c'est la volonté des Etats membres qui conditionne la place du droit de l'Union (Voir, en ce sens, la critique formulée par D. Ritleng, « De l'utilité du principe de primauté du droit de l'Union », *RTDE* 2009, p. 681). On peut, aussi, citer la décision relative au Traité de Lisbonne (CC, n°2007-560 DC, 20 décembre 2007, *Traité de Lisbonne modifiant le traité sur l'Union européenne et le traité instituant la Communauté européenne*, JO, 29 décembre 2007, p. 21813, *Rec. CC*, p. 459) où l'on peut parler de « renationalisation » de la fonction communautaire du juge national (Cf. A. Pliakos, « La fonction communautaire/européenne du juge national mise en question » *RMCUE* 2011, n°545, p. 79, spéc. p. 86) ou d'un certain retour des Etats dans les rapports avec les autorités de l'Union (cf. A. Rigaux, « Derrière les rideaux de fumée du traité de Lisbonne : le « retour des États » ? » *Mélanges Charpentier*, Paris, Pedone, 2008, p. 447). Cela a aussi été le cas lorsque le Conseil constitutionnel a procédé, pendant longtemps, au contrôle des actes de

transposition des directives affirmant ainsi la sujétion du droit dérivé de l'Union au respect de la norme fondamentale. Ce contrôle ayant été effectué jusqu'en 2004 (CC, n° 2004-496 DC, 10 juin 2004, *Loi pour la confiance dans l'économie numérique*, JO, 22 juin 2004, p. 11182, *Rec. CC*, p. 101). Le Conseil ayant même censuré partiellement une loi transposant une directive (CC, n° 94-348 DC, 3 août 1994, *Loi relative à la protection sociale complémentaire des salariés et portant transposition des directives n° 92/49 et n° 92/96 des 18 juin et 10 novembre 1992 du conseil des communautés européennes*, JO, 6 août 1994, p. 11482, *Rec. CC*, p. 117).

d) Une menace pour l'autonomie des ordres juridictionnels nationaux : la reconnaissance tardive de la primauté conventionnelle

Une volonté de primauté identique affichée du côté de la ConvEDH mais des arrêts qui ne s'imposent pas aux juridictions nationales

140 • Le droit issu de la ConvEDH, à l'instar du droit de l'Union, postule sa propre primauté sur les normes internes quel que soit le statut de ces dernières dans la hiérarchie interne des normes. La CourEDH estime ainsi que les autorités nationales ne peuvent donner effets à des droits constitutionnels que d'une manière conciliable avec leurs obligations conventionnelles (Voir, par ex., CourEDH, 18 décembre 1986, *Johnston et autres contre Irlande*, req. n°9697/82, série A n° 112). Pour le juge de Strasbourg, les dispositions constitutionnelles internes ne peuvent constituer un obstacle à l'application de la ConvEDH. D'ailleurs, la CourEDH n'hésite pas à entrer en conflit avec les Cours constitutionnelles des Etats parties à la Convention si elle estime que leur jurisprudence n'est pas conforme aux dispositions conventionnelles. Pour le dire autrement, ce qui reste certain et général, c'est la force obligatoire des arrêts de la Cour mais l'autorité de la chose jugée reste une autorité relative puisque cette dernière est limitée aux parties dans le cadre d'un litige déterminé. Il en est de même pour n'importe quelle décision d'une juridiction française. Pour autant, si on observe de plus près les effets des arrêts de la CourEDH en droit interne, elle n'existe pas d'autorité de la chose jugée au plein sens du terme. En effet, dès qu'il y a autorité relative, le demandeur peut mettre en avant le jugement et se prévaloir de ses avantages. Or, les décisions du juge européen ne s'imposent pas aux juridictions nationales, le requérant individuel qui a obtenu une décision en sa faveur avec autorité de la chose jugée ne peut pas s'en prévaloir, du moins en tout cas directement, dans l'ordre national. Les arrêts n'ont, ce qu'on appelle, qu'une valeur déclaratoire, valeur qui est sans effet sur la validité des décisions rendues dans la même affaire (Voir, par ex., J.-F. Renucci, « La portée des arrêts de la CourEDH », *D.* 1993, jurisp. p. 515 et suiv. ou G. Cohen-Jonathan, « Quelques considérations sur l'autorité des arrêts de la Cour européenne des droits de l'homme », *Mélanges Eissen*, Bruxelles, Bruylant, Paris, LGDJ, 1995, p. 39 et suiv.). On se retrouve alors dans une situation assez contradictoire ou surprenante dans la mesure où l'Etat partie au litige doit, en toute objectivité, se conformer à la décision de la CourEDH mais le particulier ne peut pas se prévaloir de la décision et de ses avantages au niveau national. Il peut seulement obtenir réparation au niveau européen par le biais de la demande de satisfaction équitable (article 50

ConvEDH). Si l'Etat ne s'exécute pas, la décision du juge européen n'aura aucun aspect positif pour le particulier même s'il obtient gain de cause devant le juge.

Une exécution des arrêts qui dépend, au final, des Etats

141 • Si les arrêts de la CourEDH n'ont que valeur déclaratoire, cela n'empêche pas les Etats membres de devoir s'y conformer. L'article 46 ConvEDH énonce que les « Hautes parties contractantes s'engagent à se conformer aux arrêts définitifs de la Cour dans les litiges auxquels elles sont parties ». L'article 41 ConvEDH énonce, quant à lui, que les arrêts de violation des articles de la ConvEDH n'ont qu'un caractère déclaratoire et ne valent pas titre exécutoire sur le territoire des Etats ayant commis la violation. L'exécution de l'arrêt dépend des Etats, ces derniers ayant, au surplus, le choix quant aux moyens à utiliser dans leur ordre juridique interne. Une condamnation est, ainsi, par principe, sans effet sur les décisions déjà jugées en France. L'exécution d'un arrêt de la CourEDH ne prive donc pas les décisions juridictionnelles de leur caractère exécutoire (CE, sect., 4 octobre 2012, *Gilbert Baumet*, req. n°328502, *Rec. CE*, p. 347, *RGDIP* 2013, p. 164, note T. Fleury Graff, *RFDA* 2013, p. 103, obs. F. Sudre : le Conseil d'Etat estimant que la condamnation de la France pour violation de l'article 6-1 ConvEDH du fait du caractère inéquitable de la procédure administrative contentieuse ne nécessite pas le réexamen des décisions juridictionnelles devenues définitives en l'absence de disposition législative en ce sens). Selon une jurisprudence classique désormais, le Conseil d'Etat juge donc, aujourd'hui, que les arrêts de du juge européen n'ont qu'une autorité relative de chose jugée (CE, 24 novembre 1997, *Ministre de l'économie et des finances contre Société Amibu*, req. n°171929, *Rec. CE*, p. 441, *Droit fiscal* 1998, p. 277, concl. G. Bachelier, *RFDA* 1998, p. 978, note J. Andriantsimbazovina). Il ne faut pas, en conséquence, transposer au droit européen de la ConvEDH la notion d'autorité absolue de « chose interprétée » que l'on retrouve en droit de l'Union européenne. Cette dernière notion, elle, a, en revanche, été acceptée car elle trouve appui dans le système de renvoi préjudiciel institué par le Traité (CE, 20 janvier 1988, *Aubin*, req. n°61136, *Rec. CE*, p. 19). La transposition au droit de la ConvEDH est souhaitée, en tout cas, par la doctrine (Cf. Par ex., W. Ganshof van der Meersch, « La garantie des droits de l'homme et la Cour européenne de Strasbourg », *JTDE* 1982, p. 527 ; J. Vélu, « A propos de l'autorité jurisprudentielle des droits de l'homme », *Mélanges Rigaux*, Bruxelles, Bruylant, 1993, p. 527). Si on laisse de côté la question de l'autorité des réponses de la Cour de justice à des questions préjudicielles en interprétation (Cf. J. Boulouis, « A propos de la fonction normative de la jurisprudence », *Mélanges Waline*, Paris, LGDJ, 1974, p. 149), les interprétations de la ConvEDH par la CourEDH ne lient pas les autorités nationales, spécialement les juridictions. L'application du droit européen dépend donc de leur « bon vouloir ».

La reconnaissance de la primauté conventionnelle par la Cour de cassation (1)

142 • Le Conseil d'Etat avait établi, à l'origine, un constat assez rassurant de l'effet que pouvait avoir la ratification de la ConvEDH sur le droit positif français en

constatant que ce dernier, dans son ensemble comme dans ses dispositions essentielles, était compatible avec le texte européen. Cependant, au fil des ans, les juges français ont été confrontés au dynamisme interprétatif du texte conventionnel par la Cour de Strasbourg et leur réaction n'a pas été identique, la Cour de cassation étant plus prompte à réagir que le Conseil d'Etat (Voir, par ex., E. Bruce, « La Cour de cassation française et l'application d'office de la Convention européenne des droits de l'homme », *RTDH* 2005, p. 401). Un an après la ratification de 1974, la chambre criminelle de la Cour de cassation reconnaissait pourtant déjà que les dispositions de la ConvEDH étaient directement applicables en France et quelles pouvaient être invoquées devant les juridictions françaises (Cass, crim., 3 juin 1975, *Respino*, req. n° du pourvoi : 75-90687, *Bull. crim.* 1975, n°141, p. 382, *D.* 1977, p. 1, note P. Coste-Floret) et l'a reconnu de façon encore plus explicite en 1976 (Cass., crim., 30 juin 1976, *Eisner, Glaser, Munoz-Rojo*, n° du pourvoi : 75-93296, *Bull. crim.* 1976, n°236, p. 620, *JCP* 1976, G, II, n°18435, rapport Mangin, *JDI* 1976, p. 903, note D. Ruzie, *D.* 1977, p. 1, note P. Coste Floret). Un pas de plus a été franchi en 1978 quand la même chambre criminelle a prononcé, pour la 1ère fois, une cassation pour inobservation d'une disposition de la ConvEDH, en l'occurrence l'article 6-3 ConvEDH selon lequel tout accusé a le droit d'être informé, d'une manière détaillée, de la nature et de la cause de l'accusation portée contre lui (Cass., crim., 5 décembre 1978, *Baroun*, n° du pourvoi : 78-91826, *Bull. Civ.* 1978, n°346, p. 906, *D.* 1979, jurisp., p. 50, note S. Kherig).

La reconnaissance de la primauté conventionnelle par la Cour de cassation (2)

143 • Devant la Cour de cassation, la ConvEDH a tout d'abord essentiellement été invoquée dans les litiges de droit pénal. La référence a été, dans un 1er temps, discrète avant de vite devenir plus fréquente entre 1978 et 1981. Si la chambre criminelle vise d'office les dispositions de la ConvEDH, ce n'est pas le cas des autres chambres et notamment de la plupart des chambres civiles qui considèrent qu'elles n'ont pas à soulever d'office le texte et qu'il n'y a lieu de se fonder expressément sur la ConvEDH que lorsque le droit interne n'assure pas le résultat voulu par la ConvEDH. La 1ère chambre civile, par son arrêt « *Rennemann* » (Cass. 1ère civ., 10 janv. 1984, *Rennemann*, n° du pourvoi : 82-16.968, *JCP* 1984, G, II, n°20210, concl. S. Gulphe), a été la 1ère à se référer explicitement à une décision de la Cour de Strasbourg. La 3ème chambre civile, par son important arrêt « *Mel Yedei* » (Cass. 3ème civ., 6 mars 1996, *OPAC de la ville de Paris c/ Mme Mel Yedei*, n° du pourvoi : 91-11113, *JCP* 1997, G, II, n° 22764, note N. Van Tuong, *D.* 1997, p. 167, note B. de Lamy, *RTDCiv.* 1996, p. 580, obs. J. Hauser), a contribué à la diffusion de l'effet dit horizontal de la ConvEDH dans les relations entre le bailleur et le locataire. La chambre commerciale, par son arrêt « *Ferreira* » (Cass. com., 29 avr. 1997, *Ferreira*, n° du pourvoi : 95-20001, *Bull. Civ.* 1997, IV, n° 110 ; *JCP* 1997, G, II, n°22935, note F. Sudre), s'est appuyée sur l'article 6-1 ConvEDH pour reconnaître au juge de l'impôt un pouvoir de modulation des sanctions fiscales. Quant à la chambre criminelle, elle a aussi été la 1ère, dans sa décision « *Bacha Baroudé* » (Cass., crim., 15 mai 1990, *Bacha Baroudé*, n° du pourvoi : 90-80827, *Bull.*

crim. 1990, n° 193, *JCP* 1990, G, II, n°21541, note W. Jeandidier), à opérer un revirement de jurisprudence pour tenir compte d'un arrêt de la Cour EDH qui avait condamné la France trois semaines plus tôt par ses célèbres arrêts *Kruslin* et *Huvig* (CourEDH, 24 avril 1990, *Kruslin*, req. n°11801/85, série A, n°176 A, *D.* 1990, chron. p. 353, obs. J. Pradel ; CourEDH, 24 avril 1990, *Epoux Huvig*, req. n°11105/84, série A, n°176 B, *D.* 1990, chron. p. 187, obs. R. Koering-Joulin).

La reconnaissance de la primauté conventionnelle par le Conseil d'Etat : un désaccord initial avec la conception extensive et autonome de la CourEDH

144 • Du côté du Conseil d'Etat, il faudra attendre plus longtemps pour que la jurisprudence de la Cour de Strasbourg soit prise en compte (Voir, par ex. J.-P. Costa, « L'application par le Conseil d'Etat français de la ConvEDH », *RTDH* 1997, p. 396 et « La ConvEDH et le Conseil d'Etat de France », *RTDH* 1990, p. 125 ou J.-C. Bonichot, « Le Conseil d'Etat et la ConvEDH » in C. Teitgen-Colly (dir.), *50ème anniversaire de la Convention*, Bruxelles, Bruylant, 2002, p. 239). Au nom de l'ancienneté de la jurisprudence administrative et de son libéralisme, on a longtemps pu parler de résistance, et lorsque le Conseil d'Etat aboutissait aux mêmes solutions que celles fournies par la ConvEDH, il préférait se fonder sur le droit interne plutôt que sur le texte conventionnel. Certes, on a vu le Conseil d'Etat, au cours de cette période, suivre la jurisprudence de Strasbourg, mais ce fut souvent sans citer sa source d'inspiration. C'est sur le terrain de la publicité des débats devant la juridiction disciplinaire que le juge administratif a déclenché un conflit entre l'interprétation nationale et l'interprétation européenne quant à l'application des règles du procès équitable de l'article 6-1 ConvEDH. La 1ère décision révélatrice a été une décision rendue en section du contentieux « *Debout* » en 1978 où, statuant sur le recours d'un médecin contre une décision de la section disciplinaire nationale de l'ordre des médecins, le Conseil d'Etat a refusé de reconnaître la publicité des débats devant les juridictions ordinales au motif que celles-ci ne « statuent pas en matière pénale et ne tranchent pas des contestations sur des droits et obligations de caractère civil » (CE, sect., 27 octobre 1978, *Debout*, req. n° 07103, *Rec. CE*, p. 395, concl. D. Labetoulle, *D.* 1979, IR, p. 96, obs. P. Delvolvé, *JCP* 1979, G, II, n°19259, note P. Schultz, *RDSS* 1979, p. 59, note L. Dubouis et p. 201, note J.-M. Auby). Cet arrêt mérite de retenir l'attention par l'approche des problèmes posés par la ConvEDH, telle qu'elle a été préconisée par le commissaire du gouvernement Daniel Labetoulle dans ses conclusions. Selon lui, l'interprétation par le Conseil de la ConvEDH se devait de concilier « dans la mesure du possible, deux préoccupations : d'une part, éviter toute solution qui serait radicalement incompatible avec la jurisprudence de la Cour ; d'autre part, éviter aussi toute solution qui, sur un point, marquerait une rupture avec le droit national ». C'est ensuite la formation la plus solennelle du Conseil d'Etat qui réaffirma, fermement, cette solution en 1984 (CE, Ass., 11 juillet 1984, *Subrini*, req. n°41744, *Rec. CE*, p. 259, *D.* 1985, jurisp., p. 150, concl. B. Genevois, *RA* 1984, p. 482, chron. B. Pacteau, *AJDA* 1984, p. 539, chron. J.-E. Schoettl et S. Hubac, *RDSS* 1985, p. 25, note L. Dubouis) mais, cette fois-ci, contrairement aux conclusions prononcées par le commissaire du gouvernement Bruno Genevois. La

Haute juridiction affichait ainsi clairement son désaccord avec la conception extensive et autonome de la CourEDH de l'application de l'article 6-1 ConvEDH.

La reconnaissance de la primauté conventionnelle par le Conseil d'Etat : un rapprochement actuel conséquent malgré certaines interprétations neutralisantes (1)

145 • A l'issue de près de dix-huit d'opposition, c'est dans une relative discrétion que le Conseil d'Etat, en 1996, par son arrêt d'assemblée « *Maubleu* » (CE, Ass., 14 février 1996, *Maubleu*, req. n°132369, *Rec. CE*, p. 34, concl. M. Sanson, *RFDA* 1996, p. 1186, concl. S. Sanson, *AJDA* 1996, p. 403 et p. 358, chron. J.-H. Stahl et D. Chauvaux, *JCP* 1996, G, II, n°22669, note M. Lascombe et D. Vion), a abandonné sa divergence la plus prononcée et la plus persistante avec la ConvEDH. La pondération des impératifs mis en avant par le commissaire Labetoulle a, ainsi, évolué avec le temps. En admettant l'application de l'article 6-1 ConvEDH aux procédures disciplinaires et en mettant fin, en conséquences, aux jurisprudences « *Debout* » et « *Subrini* », l'arrêt constitue, pour certains, le point de départ d'une orientation jurisprudentielle favorable à la ConvEDH et la fin des résistances du juge administratif en la matière (En ce sens, B. Genevois, « Le Conseil d'Etat et la ConvEDH », *GP* 2007, p. 13 et J. Andriantsimbazovina, « La fin d'une résistance du Conseil d'Etat de France à la chose interprétée par la CourEDH », *RTDH* 1998, p. 365). La Cour de cassation, en formation plénière, avait, pourtant, jugé, de façon contraire, quelques années auparavant en refusant l'application des règles du procès équitable à propos de la Commission nationale de discipline des membres des tribunaux de commerce (Cass., Ass. Plén., 8 février 1993, *Siwek*, n° de pourvoi : 92-14281, *Bull. Civ.*, n°5, p. 7, *D.* 1993, somm., p. 190, obs. P. Julien, *RTDH* 1994, p. 283, obs. C. Pettiti). La 1ère chambre civile était, pourtant, plutôt en faveur de leur application (Cass., 1ère civ., 10 janvier 1984, n° de pourvoi : 82-16968, *JCP* 1984, G, II, n°20210, concl. S. Gulphe (avocats) ; Cass., 1ère civ., 10 décembre 1985, n° de pourvoi : 84-16033, *JCP* 1987, G, II, n°20749, note J.-F. Pillebout (notaires)).

La reconnaissance de la primauté conventionnelle par le Conseil d'Etat : un rapprochement actuel conséquent malgré certaines interprétations neutralisantes (2)

146 • Aujourd'hui, le juge administratif continue de recourir à une interprétation neutralisante des normes internes au regard de la ConvEDH, il ne les censure plus pour contrariété à cette dernière (cas, par ex., des dispositions relatives au principe de non-indemnisation des servitudes d'urbanisme confronté à l'article 1er du 1er protocole additionnel à la ConvEDH consacrant le respect au droit de propriété : CE, sect., 3 juillet 1998, *Bitouzet*, req. n°158592, *Rec. CE*, p. 288, concl. R. Abraham, *BJDU* 1998, n°4, p. 300, note J.-C. Bonichot et n° 5, p. 363, concl. R. Abraham, *RFDA* 1999, p. 812, chron. L. Sermet et p. 841, note D. de Béchillon, *AJDA* 1998, p. 570, chron. F. Raynaud et P. Fombeur, *DA* 1998, comm. n° 329, obs. J.-M. Auby, *RFDA* 1998, p. 1243, concl. R. Abraham), et s'efforce, en pratique, de se conformer à la jurisprudence de la Cour pour laquelle il reconnaît, en droit comme

en fait, des effets *erga omnes*. Le juge judiciaire, de son côté, s'arrête sur une approche identique, même s'il admet, de manière plus formelle, l'autorité interprétative des arrêts de la Cour de Strasbourg. Dans son arrêt d'assemblée plénière du 15 avril 2011 (à propos du régime de la garde à vue), il a jugé que « les Etats adhérents à cette Convention sont tenus de respecter les décisions de la Cour européenne des droits de l'homme, sans attendre d'être attaqués devant elle ni d'avoir modifié leur législation [...] » (Cass, Ass. Plén., 15 avril 2011, *P+B+R+I*, *Procureur général de la Cour d'appel contre Lou*, req. n°10-30316, *Bull. Crim.* 2011, Ass. Plén., n°4 sur les 4 arrêts rendus le même jour).

2 – Une résistance nationale surmontée par l'autonomie assurée aux systèmes nationaux par les cours européennes

147 • La modération des conflits entre juges internes et Cours européennes s'est très vite expliquée par l'autonomie que ces dernières assurent aux systèmes nationaux dans l'exécution de leurs obligations. Dans le cadre de l'Union, la CJUE a consacré le principe d'autonomie institutionnelle et procédurale des Etats membres qui s'est accompagné, depuis le Traité de Maastricht, du principe de subsidiarité permettant d'envisager une régulation de l'exercice des compétences partagées entre institutions communautaires et autorités étatiques. Dans le cadre de la ConvEDH, le juge européena affirmé, très tôt, le caractère subsidiaire de sa jurisprudence par rapport aux systèmes nationaux de garantie des droits. On parle même à cet égard de « subsidiarité juridictionnelle » (Pour l'utilisation de la notion, cf. L'analyse de D. Simon, « La subsidiarité juridictionnelle : notion-gadget ou concept opératoire ? », *RAE* 1998, p. 84 et J. Dupont-Lassalle, « La « subsidiarité juridictionnelle » instrument de l'intégration communautaire », *Droit et Société* 2012, n°80, p. 262). On retrouve la notion dans les deux ordres juridiques même si la subsidiarité n'a pas la même caractéristique devant la CourEDH qu'en droit de l'Union (J. Andriantsimbazovina, « La subsidiarité devant la CJCE et la CourEDH », *RAE* 1998, p. 29). Si au niveau de la CourEDH, l'accès au juge n'est admis qu'après épuisement des voies de recours internes, le juge national procède au contrôle de conventionalité du droit national et est également juge de droit commun de la ConvEDH tout comme il le ferait vis-à-vis des traités communautaires. Mais si l'ordre juridique de l'Union comporte des organes législatifs, exécutifs et judiciaires, celui de la ConvEDH a uniquement mis en place des organes de contrôle des actions des Etats membres.

a) Les principes d'autonomie et de subsidiarité consacrés par le droit de l'Union

L'autonomie procédurale des juges internes (1)

148 • Il y a, au départ, deux principes existentiels qui ont ordonné les effets du droit de l'Union dans l'ordre juridique de ses Etats membres : la primauté et l'effet direct. Parées de ses propriétés, les normes de l'Union n'en arrivent pas moins « nues » (selon l'expression de J. Mertens De Wilmars, « Réflexions sur le système d'articulation du droit communautaire et du droit des Etats membres », *Mélanges Boulouis*, Paris, Dalloz, 1991, p. 391, spéc. p. 401) devant des juridictions nationales

assujetties à un droit procédural n'ayant pas nécessairement été conçu pour résoudre les différends nés de l'application du droit de l'Union. La CJUE a, pourtant, affirmé, sitôt posée la nécessité de confier au juge national la garantie du respect du droit communautaire, qu'il doit, pour ce faire, utiliser les règles de son ordre juridique. Les juges internes disposant, pour exercer leur fonction de juge communautaire, d'une « autonomie procédurale » (Cf. pour une 1ère consécration par le juge : CJCE, 16 décembre 1976, *Comet BV contre Produktschap voor Siergewassen*, Aff. n°45/76, *Rec. CJCE*, p. 2043, § 13 et CJCE, 16 décembre 1976, *Rewe contre LandwirtschaftsKammer Saarland*, Aff. n°33/76 *Rec. CJCE*, p. 1989, § 5 ou, pour des applications en doctrine, par ex., Joël Rideau, « Le rôle des États membres dans l'application du droit communautaire », *AFDI* 1972, p. 884 ou V. Couronne, « L'autonomie procédurale des États membres de l'Union européenne à l'épreuve du temps », *CDE* 2010, n°3-4, p. 273) c'est-à-dire de la capacité d'utiliser les voies de droit et les procédures établies par leur ordre interne.

L'autonomie procédurale des juges internes (2)

149 • L'autonomie procédurale a été voulue très rapidement par la CJUE qui a invité le juge national à appliquer « parmi les divers procédés de l'ordre juridique interne, ceux qui sont appropriés pour sauvegarder les droits individuels conférés par le droit communautaire » (Cf. notamment CJCE, 3 avril 1968, *Firma Molkerei-Zentrale Westfalen contre Lippe GmbH contre Hauptzollamt Paderborn*, Aff. n°28/67, *Rec. CJCE*, p. 228 ; CJCE, 4 avril 1968, *Firma Gebrüder Lück contre Hauptzollamt Köln-Rheinau*, Aff. n°34/67, *Rec. CJCE*, p. 370 ; CJCE, 19 décembre 1968, *Société par actions Salgoil contre Ministère du commerce extérieur de la République italienne*, Aff. n°13/68, *Rec. CJCE*, p. 675). Le juge communautaire invitant même les juridictions à faire une « exploitation intensive des virtualités procédurales du droit national » (Denys Simon, « Les exigences de la primauté du droit communautaire : continuité ou métamorphose ? », *Mélanges Boulouis*, Paris, Dalloz, 1991, p. 485). Le droit de l'Union est donc silencieux quant aux conditions et voies permettant d'obtenir réparation. S'il y a bien une obligation à la charge des Etats, ces derniers conservent toute liberté dans le choix des moyens procéduraux adéquats (juridiction compétente, délais de recours, causes de forclusion, conditions de recevabilité de l'action, modalités de preuve, …). Il revient ainsi aux juridictions nationales d'appliquer et d'interpréter les actes des droits primaire et dérivé de l'Union. Le tout à l'exception du mécanisme de question préjudicielle, déjà évoqué, et dont on a vu que le renvoi ne s'effectuait qu'en cas de difficultés sérieuses en vertu de la théorie de l'acte clair (Cf. n°134 et 135). Cette autonomie comporte tout de même des risques pour l'intégration puisqu'elle pourrait aboutir à une application non uniforme du droit de l'Union dans les différents États membres.

Le devoir de coopération loyale des Etats membres

150 • L'application par les juges nationaux des principes d'effet direct et de primauté a demandé un temps d'adaptation ponctué de certaines résistances. Si elles ont pu paraitre inquiétantes d'un prime abord, elles ont rapidement été réduites pour être finalement dépassés. Comment ? Le droit de l'Union impose, en

raison de sa primauté, une obligation de coopération loyale des Etats et de leurs émanations (juridictions, autorités administratives, …) vis-à-vis des institutions de l'Union (on parle à cet égard de coopération verticale par opposition à la coopération loyale horizontale qui concerne les institutions de l'Union entre elles). Le principe apparait aujourd'hui en tant que tel dans le droit primaire à l'article 4 TUE dans sa version modifiée à Lisbonne : « Les États membres prennent toute mesure générale ou particulière propre à assurer l'exécution des obligations découlant des traités ou résultant des actes des institutions de l'Union » (ex art. 10 TCE et art. 5 CEE) mais la CJCE avait déjà forgé, à travers celui-ci, l'obligation pour les Etats membres d'assurer la protection juridictionnelle effective des droits que les individus tirent de la norme communautaire. Le principe a servi, par exemple, à souligner les obligations à la charge des Etats membres, notamment celle d'assurer le plein effet d'un règlement (CJCE, 17 décembre 1970, *Otto Scheer contre Einfuhr- und Vorratsstelle für Getreide und Futtermittel*, Aff. n°30-70, *Rec. CJCE*, p. 1197). Il a également servi à justifier l'invocabilité des directives non transposées dans les délais lorsqu'elles sont claires, précises et inconditionnelles (CJCE, 5 avril 1979, *Ministère public contre Tullio Ratti*, Aff. n°148/78, *Rec. CJCE*, p. 1629). On peut citer aussi le fait de sanctionner un Etat qui n'a pas soumis un problème d'application du droit de l'Union à la Commission en vue de trouver une solution juridiquement acceptable (CJCE, 15 janvier 1986, *Commission des communautés européennes contre Royaume de Belgique*, Aff. n°52/84, *Rec. CJCE*, p. 89) ou le fait de sanctionner des Etats qui n'ont pas fait tout ce qui était en leur pouvoir pour assurer la bonne mise en œuvre du droit de l'Union, y compris revenir sur l'autorité de chose jugée si cette possibilité existe en droit interne (CJCE, 16 mars 2006, *Rosmarie Kapferer contre Schlank et Schick Gmbh*, Aff. C-234/04, *Rec. CJCE*, I, p. 2585). On peut dire ainsi que s'il est normal que les actes pris par les institutions de l'Union soient exécutés par les Etats membres en vertu du principe d'autonomie institutionnelle et procédurale, il existe un encadrement de l'autonomie étatique fondé sur le devoir de coopération loyale qui dépasse l'obligation d'exécution des engagements librement consentis.

Un principe de subsidiarité utilisé dans une optique d'intégration : les principes d'équivalence et d'effectivité

151 • Le principe de subsidiarité juridictionnelle a également été mis en avant dans le droit de l'Union. S'il fait des juges nationaux les acteurs principaux de l'application du droit de l'Union, il n'en est pas moins utilisé dans une optique d'intégration puisqu'il fait intervenir, à titre subsidiaire, le juge de l'Union. Si on peut dire que l'autonomie institutionnelle et procédurale reconnue aux juges internes n'a pas été remise en cause, elle a néanmoins été, en ce sens, fortement aménagée. De nombreuses obligations ont été imposées aux juges nationaux, afin de s'assurer qu'ils tiraient toutes les conséquences des principes d'effet direct et de primauté du droit de l'Union (Cf., pour une synthèse : D. Simon, « La subsidiarité juridictionnelle : notion-gadget ou concept opératoire ? », *RAE* 1998, p. 89 ou A. Barav, « La plénitude de compétence du juge national en sa qualité de juge communautaire », *Mélanges Boulouis*, Paris, Dalloz, 1991, p. 3). D'une manière

générale, l'action des juridictions nationales est soumise au respect de 2 exigences que le juge communautaire a fait valoir dans l'ensemble du contentieux régissant les rapports entre les ordres juridiques. Les juges nationaux doivent garantir que les procédures utilisées par les juges ne sont pas moins favorables lorsque sont en cause les règles communautaires (CJCE, 16 décembre 1976, *Rewe contre LandwirtschaftsKammer Saarland* précité, § 6 ; CJCE, 16 décembre 1976, *Comet BV contre Produktschap voor Siergewassen* précité, § 13) et que les recours permettent de rendre effective la protection des droits tirés du droit communautaire (CJCE, 16 décembre 1976, *Rewe contre LandwirtschaftsKammer Saarland* précité, § 5, alinéa 6 ; CJCE, 16 décembre 1976, *Comet BV contre Produktschap voor Siergewassen* précité, § 16). Ces 2 principes, dits « d'équivalence » et « d'effectivité » (Cf. P. Girerd, « Les principes d'équivalence et d'effectivité : encadrement ou désencadrement de l'autonomie procédurale des États membres ? », *RTDE* 2002, p. 75), visent à éviter qu'il ne soit fait échec à l'efficacité des normes communautaires, et sont donc utilisés par le juge communautaire de manière rituelle pour contrôler l'utilisation à bon escient par les juges internes de leurs procédures (Pour une utilisation, Cf. CJUE, 8 juillet 2010, *Susanne Bulicke contre Deutsche Büro Service GmbH*, Aff. C-246/09, *Rec. CJUE*, p. 7003).

Des principes d'équivalence et d'effectivité qui imposent des obligations aux juges internes : l'obligation de retirer les actes contraires et le principe de responsabilité

152 • En vertu des principes d'équivalence et d'effectivité, de nombreuses obligations ont été imposées aux juges nationaux. La CJCE a d'abord imposé au juge interne, dans le cadre de conflits de normes, de mettre de côté, au minimum, tout norme nationale incompatible avec le droit de l'Union, de la déclarer, en l'occurrence inapplicable (CJCE, 4 avril 1968, *Firma Gebrüder Lück contre Hauptzollamt Köln-Rheinau*, précité, §81) avant d'imposer une prohibition de plein droit d'appliquer une norme nationale contraire (CJCE, 13 juillet 1972, *Commission contre Italie*, Aff. n°48/71, *Rec. CJCE*, p. 529, § 7). Le juge national a ainsi l'obligation d'assurer le plein effet des normes de l'Union les faisant au besoin passer avant toute disposition contraire qui se retrouve dans la législation nationale. Cela implique qu'il écarte l'application de toute disposition nationale contraire, sans devoir attendre son abrogation par le législateur ou une déclaration d'inconstitutionnalité émanant d'autres organes (CJCE, 9 mars 1978, *Administrazione delle finanze dello stato contre Simmenthal*, Aff. n°106/77, *Rec. CJCE*, p. 629). La Cour de justice, a, ensuite, exigé du juge national qu'il garantisse la réparation des dommages nés des violations du droit de l'Union. Elle oblige les Etats à restituer les montants perçus en violation du droit communautaire, mais laisse aux juges internes le soin d'utiliser leurs procédures pour le faire (CJCE, 16 décembre 1976, *Rewe contre LandwirtschaftsKammer Saarland*, précité, §11 ; CJCE, 16 décembre 1976, *Comet BV contre Produktschap voor Siergewassen*, précité, §13). Elle a également consacré le principe de la responsabilité de l'Etat pour les violations du droit communautaire (CJCE, 19 novembre 1991, *Francovich et Bonifaci contre Italie*, Aff. jointes C-6/90 et C-9/90, *Rec. CJCE*, I, p. 5337). Cette responsabilité pouvant résulter des actes du

législateur (CJCE, 5 mars 1996, *Brasserie du Pêcheur et Factortame*, Aff. jointes C-46/93 et C-48/93, *Rec. CJCE*, I, p. 1029) ou même des juridictions internes (CJCE, 30 septembre 2003, *Gerhard Köbler contre Republik Österreich*, Aff. C-224/01, *Rec. CJCE*, I, p. 10239). Toutefois, le juge européen a renvoyé aux juges nationaux la charge d'assurer la réparation concrète des conséquences des violations avec ses propres règles.

Des principes d'équivalence et d'effectivité qui imposent des obligations aux juges internes : la garantie d'une protection juridictionnelle équivalente

153 • La Cour de justice a, enfin, imposé, au juge national, la garantie d'une protection juridictionnelle effective aux justiciables. Trois exigences se matérialisent ainsi, de manière certaine, pour le juge national au nom de la protection juridictionnelle effective. Un droit au juge doit tout d'abord être garanti. Ce droit consiste essentiellement à avoir accès au juge national pour lui demander la protection des droits tirés du droit communautaire (Cf. CJCE, 5 mai 1986, *Johnston contre Chief Constable of the Royal Ulster Constabular*, Aff. n°222/84, *Rec. CJCE*, p. 1651, §17 ou CJCE, 13 mars 2007, *Unibet (London) Ltd et Unibet (International) Ltd contre Justitiekanslern*, Aff. C-432/05, Rec. CJCE, I, p. 2271). C'est un droit à un égal accès au juge qui doit ensuite être garanti, celui-ci impliquant, par exemple, que ne soit exigé le versement d'un dépôt de garantie par les seuls ressortissants étrangers (CJCE, 1er juillet 1993, *Hubbard contre Hamburger*, Aff. C-20/92, *Rec. CJCE*, I, p. 3777, § 9 et suivants et CJCE, 26 septembre 1996, *Data Delecta*, Aff. C-43/95, *Rec. CJCE*, I, p. 4661, §13). Enfin, la 3ème exigence concerne le droit à une protection provisoire. La CJUE peut ainsi contraindre les Etats ne disposant pas de tels mécanismes à les mettre en place lorsque le droit communautaire est en jeu (Cf. CJCE, 19 juin 1990, *The Queen contre Secretary of State for Transport, ex parte: Factortame Ltd e.a.*, Aff. n°213/89, *Rec. CJCE*, I, p. 2433, § 21 et suiv. et CJCE, 21 février 1991, *Zuckerfabrik Süderdithmarschen et Zuckerfabrik Soest contre Hauptzollamt Itzehoe et Hauptzollamt Paderborn*, Aff. jointes C-143/88 et C-92/89, *Rec. CJCE*, I, p. 415, §20 et suivants).

Un juge national encadré mais qui acquiert de nouveaux pouvoirs

154 • Au final, et dans ce contentieux de 2nde génération (définit comme le contentieux concernant les conséquences que les juges nationaux doivent tirer de la primauté du droit communautaire : Cf. D. Simon, « Les exigences de la primauté du droit communautaire : continuité ou métamorphoses ? », *Mélanges Boulouis*, Paris, Dalloz, 1991, p. 481), on peut penser que le juge communautaire limite le pouvoir du juge national, mais si l'office du juge national est effectivement encadré par la jurisprudence européenne, celui-ci acquiert de nouveaux pouvoirs par rapport au droit national. Il y a là une sorte de paradoxe qui veut que l'obligation européenne qui pèse sur le juge national le « force » indirectement à élargir ses pouvoirs « nationaux » dans les litiges mettant en jeu le droit de l'Union (Voir, en ce sens, par ex., J. Andriantsimbazovina, « La subsidiarité devant la CJCE et la CEDH », *RAE* 1998, p. 37 ou G.-A. Rusu, « L'effectivité du droit de l'Union européenne, une exigence renforçant les pouvoirs du juge national », www.academia.edu).

L'encadrement de l'office du juge interne a ainsi permis à ce dernier d'être plus efficace et de perfectionner l'application du droit de l'Union, ce qui va, au contraire, dans le sens d'une revalorisation de la subsidiarité fonctionnelle qui joue ainsi un rôle déterminant dans l'application du droit à l'intégration. Si on peut parfois reprocher au juge de l'Union d'aller trop loin dans ce rôle, la jurisprudence montre qu'il oscille entre sa volonté de donner pleine garantie à l'autonomie des juges et cette volonté de plutôt modérer cette liberté dans un objectif d'uniformité et d'effectivité des garanties. La doctrine a pu décrire la politique jurisprudentielle de la Cour de justice comme une alternance de phase active, caractérisée par le respect de la marge d'appréciation des juridictions nationales, et de phase passive qui permet de surveiller les actions étatiques (J. Andriantsimbazovina, « La subsidiarité devant la Cour de justice des Communautés européennes et la Cour européenne des droits de l'homme », art. précité, p. 29). Le but étant, en mettant en œuvre la subsidiarité juridictionnelle, de trouver un équilibre permanent entre les exigences inhérentes à la primauté du droit de l'Union et l'autonomie indispensable des juridictions nationales pour mener à bien leur mission.

b) Le principe de subsidiarité juridictionnelle consacré par la CourEDH

Une accusation de « gouvernement des juges » malaisée au regard de ce principe

155 • Certains de ses arrêts ont parfois valu à la CourEDH l'accusation de « gouvernement des juges ». En particulier, deux contentieux assez récents. Le 1er contentieux concernait le droit de vote des détenus (CourEDH, 6 octobre 2005, *Hirst (n°2) contre Royaume-Uni*, req. n°74025/01 ; CourEDH, 23 novembre 2011, *Greens et M. T. contre Royaume-Uni*, req. n°60041/08 et 60054/08 ; CourEDH, 12 août 2014, *Firth et autres contre Royaume-Uni*, req. n°47784/09 et autres, ou encore plus récemment CourEDH, 30 juin 2016, *Millbank et autres contre Royaume-Uni*, req. n°44473/14 et autres) où la Cour a jugé que l'interdiction générale, automatique et indifférenciée du droit de vote imposée à tous les détenus condamnés, indépendamment de la nature ou de la gravité de l'infraction commise, est incompatible avec l'article 3 du Protocole n°1 (droit à des élections libres). Le 2nd contentieux concernait l'expulsion de terroristes vers un pays tiers (CourEDH, 17 janvier 2012, *Omar Othman (Abu Qataba) contre Royaume-Uni*, req. n°8139/09) où la Cour a considéré que l'expulsion d'un requérant vers la Jordanie, où il avait été condamné par défaut pour diverses infractions terroristes, serait contraire à l'article 6-1 ConvEDH eu égard au risque réel que des preuves obtenues sous la torture soient admises lors du procès du requérant en Jordanie. Ces deux contentieux ont donné lieu à une large polémique au Royaume-Uni, conduisant le 1er Ministre David Cameron à convoquer à Brighton une conférence de haut-niveau chargée de réfléchir à l'avenir de la CourEDH (Pour une analyse détaillée de la Déclaration de Brighton, voir les différents articles de Nicolas Hervieu, « Préparatifs et discussions préliminaires à la Conférence de Brighton sur l'avenir de la Cour européenne des droits de l'homme », Lettre « Actualités Droits-Libertés » du *CREDOF* 2012, 4 mars ; « Bilan contrasté pour la périlleuse conférence de Brighton sur l'avenir de la

CourEDH », *Lettre « Actualités Droits-Libertés » du CREDOF* 2012, 23 avril ; et Nicolas Hervieu, « Cour européenne des droits de l'homme : Bilan d'étape d'un perpétuel chantier institutionnel », *Lettre « Actualités Droits-Libertés » du CREDOF* 2013, 3 septembre 2013) et Giorgio Malinverni, « Le Protocole n°15 à la ConvEDH », *RTDH* 2015, n°101, p. 51). Si ces mouvements d'humeur ne sont pas nouveaux, ils méritent d'être sérieusement nuancés eu égard aux règles et principes mis en place par le juge européen. Il est ressorti de cette déclaration non pas une remise en cause du travail de la CourEDH mais un renforcement du principe de subsidiarité marquant l'équilibre de tout le système dans les pouvoirs respectifs du juge européen et des juges internes.

La mise en place du principe : l'affaire « *linguistique belge* » et l'affaire « *Handyside* »

156 • Le principe de subsidiarité qui sous-tend tout le système de la ConvEDH signifie, comme on a pu le voir également pour l'Union européenne, que la tâche d'assurer le respect des droits consacrés par la ConvEDH incombe en 1er lieu, aux autorités des Etats contractants, et au sein de ces autorités, aux juridictions nationales, pierre angulaire de l'Etat de droit. Mais l'exécutif et le législateur ont aussi, bien entendu, des mesures à prendre. Ce n'est qu'en cas de défaillance des autorités nationales que la CourEDH peut et doit intervenir. C'est d'abord dans la très ancienne affaire « *linguistique belge* » (CourEDH, 23 juillet 1968, *Affaire « relative à certains aspects du régime linguistique de l'enseignement en Belgique » contre Belgique*, req. n°1474/62, n°1677/62, n°1691/62, n°1769/63, n°1994/63 et n°2126/64) que la CourEDH indiquait qu'elle « ne saurait se substituer aux autorités nationales compétentes, faute de quoi elle perdrait de vue le caractère subsidiaire du mécanisme international de garantie collective instauré par la ConvEDH ». Puis, c'est dans l'affaire « *Handyside* » (CourEDH, 7 décembre 1976, *Handyside contre Royaume-Uni*, req. n°5493/72, §48) que la CourEDH expliquait, pour la 1ère fois, l'originalité du dispositif en ces termes : « La Cour relève que le mécanisme de sauvegarde instauré par la Convention revêt un caractère subsidiaire par rapport aux systèmes nationaux de garantie des droits de l'homme [...]. La Convention confie en premier lieu à chacun des États contractants le soin d'assurer la jouissance des droits et libertés qu'elle consacre. Les institutions créées par elle y contribuent de leur côté, mais elles n'entrent en jeu que par la voie contentieuse et après épuisement des voies de recours internes [...] ».

Le contrôle de l'épuisement des voies de recours internes

157 • La CourEDH observe le principe de subsidiarité d'abord par le contrôle de l'épuisement des voies de recours interne, condition de la recevabilité des requêtes (art. 35 § 1 ConvEDH) auquel répond en écho l'article 13 ConvEDH qui consacre le droit au recours effectif. On ne peut poursuivre un Etat devant le juge européen que si on lui a laissé la possibilité de remédier à la violation invoquée au niveau national. Le principe a, néanmoins, été assoupli par le juge qui le voit comme ne revêtant pas un caractère absolu (CourEDH, 16 septembre 1996, *Akdivar contre Turquie*, req. n°21893/93, § 69). Seuls les recours utiles (qui sont ceux « à la fois

relatifs aux violations alléguées, accessibles et adéquats » : CourEDH, 6 novembre 1980, *Van Oosterwijck contre Belgique*, req. n°7654/76, §27) ou effectifs (qui doivent exister « à un degré suffisant de certitude, en pratique comme en théorie » (CourEDH, 20 février 1991, *Vernillo contre France*, req. n°11889/85, §27) doivent avoir été épuisés en interne. La CourEDH a jugé, par exemple, que l'absence de pourvoi en cassation devant le Conseil d'Etat ou la Cour de cassation ne faisait pas obstacle à un recours devant la CourEDH en cas de jurisprudence bien établie ou d'absence de jurisprudence favorable (CourEDH, 20 mai 1998, *Gautrin et autres contre France*, req. n°21257/93 et autres, §49 et suiv.). Elle a aussi mis en avant le fait qu'il ne faudrait pas que des requérants se voient imposer l'exercice de voies de recours vouées à l'échec (Voir, par ex., CourEDH, 20 septembre 2007, *Sultani contre France*, req. n°45223/05, dans le cas d'un recours non suspensif contre une mesure d'éloignement d'un étranger lorsque le requérant invoque la violation de l'article 3 ConvEDH). Enfin, la CourEDH pourra estimer que des circonstances particulières justifient de ne pas épuiser les voies de recours en fonction du contexte juridique et politique (Voir, par ex., CourEDH, 16 septembre 1996, *Akdivar contre Turquie*, précité, dans le cas où la situation qui prévalait au moment de la présentation de la requête était une situation de graves troubles civils, rendant « vain l'emploi de recours en justice » (§ 69) ou CourEDH, 28 juillet 1999, *Selmouni contre France*, req. n°25803/94 dans le cas où « les autorités n'ont pas pris toutes les mesures positives que les circonstances de la cause imposaient pour faire aboutir le recours invoqué par le gouvernement » (§ 74 et suiv.) à propos de la lenteur excessive d'une enquête. Dans cette affaire, 5 ans après les faits, aucune mise en examen n'était intervenue suite aux accusations de mauvais traitements ce qui démontrait l'absence d'effectivité d'un recours).

La marge d'appréciation des autorités nationales

158 • Le juge européen observe aussi le principe de subsidiarité en reconnaissant aux Etats membres du Conseil de l'Europe une certaine marge d'appréciation et en acceptant de prendre en compte les spécificités nationales. Ce concept d'origine jurisprudentielle laisse aux Etats contractants une certaine latitude dans la mise en œuvre de la ConvEDH. Il a été consacré implicitement en 1968 dans l'affaire linguistique belge précitée : « la Cour ne saurait ignorer les données de droit et de fait caractérisant la vie de la société dans l'Etat qui, en qualité de partie contractante, répond de la mesure contestée. Ce faisant, elle ne saurait se substituer aux autorités nationales compétentes, faute de quoi elle perdrait de vue le caractère subsidiaire du mécanisme international de garantie collective instauré par la Convention. Les autorités nationales demeurent libres de choisir les mesures qu'elles estiment appropriées dans les domaines régis par la Convention. Le contrôle de la Cour ne porte que sur la conformité de ces mesures avec les exigences de la Convention » (CourEDH, 23 juillet 1968, *Affaire « relative à certains aspects du régime linguistique de l'enseignement en Belgique » contre Belgique* précité, § 10 du point I.B.). Puis le juge européen a utilisé le terme « marge d'appréciation » pour la 1ère fois expressément en 1978 (CourEDH, 18 janvier 1978, *Irlande contre Royaume-Uni*, req. n°5310/71, § 207). Depuis lors, la « marge d'appréciation » a connu un certain succès. Elle a,

d'abord, été utilisée dans les cas où les Etats peuvent déroger aux principes de la ConvEDH dans des situations particulièrement graves et significatives. Par exemple, en matière de dérogations en cas d'état d'urgence (article 15 ConvEDH) s'agissant de la présence d'un danger public nécessitant le recours à des mesures dérogatoires comme de la nature et de l'étendue des mesures nécessaires pour le conjurer (CourEDH, 18 janvier 1978, *Irlande contre Royaume-Uni*, req. n° 5310/71, série A n° 25, § 207) ou pour mener une politique économique et sociale et, notamment, pour déterminer ce qui est d' « utilité publique » en matière de privation de propriété (CourEDH, 21 février 1986, *James contre Royaume-Uni*, req. n° 8793/79, série A n° 98, § 46).

Un juge européen sensible à la diversité des cultures juridiques des Etats membres

159 • La notion de « marge d'appréciation » a, par la suite, singulièrement évolué avec le temps. Le juge européen se montre ainsi sensible à la diversité des cultures juridiques des Etats membres. La CourEDH ne peut, en ce sens, « négliger les caractéristiques de fond et de procédure (des) droits internes respectifs » (CourEDH, 26 avril 1979, *Sunday Times contre Royaume-Uni*, req. n°6538/74, § 61). En conséquence, l'application de la ConvEDH s'accommode des particularismes locaux et n'impose aucune uniformité absolue. Ainsi, la CourEDH peut ainsi prêter attention au « climat moral [...] en matière sexuelle » régnant en Irlande du Nord (CourEDH, 22 octobre 1981, *Dudgeon contre Royaume-Uni*, req. n° 7525/76, série A, n° 45, § 56) ou aux « traditions culturelles et historiques de chaque société » dans un domaine, tel que la question du remariage après divorce, qui touche aux « conceptions profondes » de la société sur la cellule familiale (CourEDH, 18 décembre 1987, *F. contre Suisse*, req. n° 11329/85, série A n° 128, § 33). Il peut exister une grande variété de solutions nationales sans qu'il y ait pour autant violation de la ConvEDH. La diversité des traditions juridiques, culturelles voire sociales fait parfois obstacle à ce qu'un standard de protection puisse être imposé par la CourEDH. On ne peut ainsi dégager « une notion uniforme de la morale » (CourEDH, 7 décembre 1976, *Handyside contre Royaume-Uni*, précité, §48) ou une « conception uniforme » de la réglementation du port des symboles religieux dans les établissements d'enseignement (CourEDH, 10 novembre 2005, *Leyla Sahin contre Turquie*, req. n°44774/98).

Une marge nationale d'appréciation soumise au contrôle de proportionnalité

160 • La marge nationale d'appréciation ne saurait être illimitée et la CourEDH en contrôle l'étendue en appliquant, notamment, le principe de proportionnalité qui vise à traduire une exigence d'adéquation entre un objectif légitime et les moyens utilisés pour l'atteindre. Le juge européen module l'intensité de son contrôle et, en conséquence, fait varier l'étendue de la marge d'appréciation de l'Etat selon son approche plus ou moins stricte de la condition de proportionnalité (proportion rigoureuse, juste, raisonnable). Son contrôle sera strict si la marge d'appréciation de l'Etat est réduite et que l'ingérence est relative. C'est le cas lorsqu'on touche à la sphère d'intimité de l'individu comme le droit d'avoir des relations homosexuelles

(CourEDH, 22 octobre 1981, *Dudgeon contre Royaume-Uni*, req. n°7525/76, série A, n°59) ou à ce qui peut caractériser une société démocratique comme la liberté de la presse (CourEDH, 23 avril 1992, *Castells contre Espagne*, req. n° 11798/85, série A, n° 236). Son contrôle sera plus large si la marge d'appréciation n'est pas réduite et que le juge accorde à l'Etat partie un large pouvoir discrétionnaire. C'est le cas lorsque sont en cause des mesures d'ordre général en matière économique ou sociale comme la législation fixant l'âge légal de la retraite (CourEDH, 12 avril 2006, *Stec et autres contre Royaume-Uni*, req. n° 65731/01 et n° 65900/01) ou lorsque les activités en jeu sont techniques ou complexes comme, par exemple, la politique en matière d'urbanisme (CourEDH, 23 septembre 1982, *Sporrong et Lönnroth contre Suède*, req. n° 7151/75 et n° 7152/75, série A, n° 42). La détermination de la marge nationale d'appréciation par la Cour reste cependant très aléatoire. Elle peut ne pas reconnaître la marge d'appréciation alors même qu'il n'y pas de consensus européen comme en matière de droit au mariage des transsexuels (CourEDH, 11 juillet 2002, *Goodwin contre Royaume-Uni*, req. n°28957/95) ou, au contraire, reconnaître la marge d'appréciation quand il y a un certain consensus européen comme, par exemple, lorsque est concerné le droit de recourir à la procréation médicalement assistée (CourEDH, 3 novembre 2011, *S.H. et autres contre Autriche*, req. n° 57813/00). Une jurisprudence, en conséquence, difficile à lire et à systématiser mais qui serait le prix à payer pour trouver la voie étroite entre l'autonomie des autorités nationales et la protection effective des droits garantis par la ConvEDH.

Un juge européen qui ne doit pas être assimilé à un 4ème degré de juridiction

161 • Enfin, le principe de subsidiarité amène aussi à ce que la CourEDH ne soit pas considérée comme un 4ème degré de juridiction. Il faut se référer, à cet égard, aux propos de l'ancien président de la Cour Jean-Paul Costa pour qui, « la Cour n'est pas une juridiction d'appel, de cassation ou de révision par rapport aux juridictions des États parties à la Convention. La compétence de la Cour se limite au contrôle du respect, par les États contractants – y compris leurs juridictions -, des engagements en matière des droits de l'homme qu'ils ont pris en adhérant à la Convention (et à ses Protocoles). La Cour ne peut pas outrepasser les limites des compétences générales que les États, par leur volonté souveraine, lui ont déléguées. Elle doit respecter l'autonomie des ordres juridiques des Etats contractants, plus encore que la Cour de Justice, qui interfère davantage avec eux, du fait du renvoi préjudiciel » (J.-P. Costa, « Le principe de subsidiarité et la protection européenne des droits de l'homme », *D.* 2010, p. 1364). L'auteur ajoutant que « surtout, notre Cour n'est pas une quatrième instance : elle ne peut apprécier elle-même les éléments de fait ayant conduit une juridiction nationale à adopter telle décision plutôt que telle autre, ni en principe établir ou évaluer les preuves, ni même interpréter elle-même le droit interne » (*Ibid.*). La subsidiarité ne doit cependant pas déboucher sur l'équivalent d'un déni de justice ou sur une trop grande liberté d'interprétation qui serait laissée aux autorités et juridictions des Etats membres du Conseil de l'Europe. Le juge européen doit aussi protéger des droits concrets et effectifs, non théoriques et illusoires (Voir, par ex., CourEDH, 13 mai 1980, *Artico contre Italie*, req. n°6694/74, série A, n°37, §33). Il n'y a, en ce sens, pas de retenue

absolue et excessive quant à l'appréciation des éléments de faits et à la pertinence des décisions des juridictions internes et la possibilité pour la Cour d'apporter un correctif à l'interprétation de la ConvEDH par les autorités nationales.

Bibliographie

- **Abraham (R.)**, « La France devant les juridictions européennes », Pouvoirs 2001, n° 96, p. 156 ; « Le juge administratif et la Cour de Strasbourg » in P. Tavernier (dir.), Quelle Europe pour les droits de l'homme ?, Bruxelles, Bruylant, 1996, p. 217 ; Droit international, droit communautaire et droit français, Paris, Hachette-sup, 1989.

- **Alland (D.)**, « Consécration d'un paradoxe : primauté interne sur le droit international », RFDA 1998, p. 1101 ; « Le droit international « sous » la Constitution de la Vème république », RDP 1998, p. 1649.

- **Andenas (M.), Bjorge (E.)**, « L'application de la ConvEDH : quel rôle pour le juge interne ? », RIDC 2012, vol. 64, p. 383.

- **Andriantsimbazovina (J.)**, L'autorité des décisions de justice constitutionnelles et européennes sur le juge administratif français. Conseil constitutionnel, CJCE et CourEDH, Paris, LGDJ, 1998 ; « Les méthodes d'interprétation de la CourEDH, instrument de dialogue ? », in F. Lichère, L. Potvin-Solis et A. Raynouard (dir.), « Le dialogue entre les juges européens et nationaux : incantation ou réalité ? », Bruxelles, Bruylant, 2004, p. 167 ; « La fin d'une résistance du Conseil d'État de France à la chose interprétée par la CourEDH », RTDH 1998, p. 365 ; « La subsidiarité devant la CJCE et la CourEDH », RAE 1998, n° 1 et 2, p. 28.

- **Barav (A.)**, « La plénitude des compétences du juge national en sa qualité de juge communautaire », Mélanges Boulouis, Paris, Dalloz, 1991, p. 2.

- **Blaizot-Hazard (C.)**, « Les contradictions des articles 54 et 55 de la Constitution face à la hiérarchie des normes », RDP 1992, p. 1293.

- **Blanquet (M.)**, L'article 5 du traité CEE. Recherche sur les obligations de fidélité des Etats membre de la Communauté, Paris, LGDJ, 1994.

- **Blumann (C.)**, « Le juge national, gardien menotté de la protection juridictionnelle effective en droit communautaire », JCP 2007, G, I, n°30 ; « L'article 54 de la Constitution et le contrôle de la constitutionnalité des traités », RGDIP 1978, p. 550.

- **Bonichot (J.-C.)**, « Le Conseil d'Etat et la ConvEDH » in C. Teitgen-Colly (dir.), 50ème anniversaire de la Convention, Bruxelles, Bruylant, 2002, p. 239 ; « Convergences et divergences entre le Conseil d'Etat et la Cour de justice de l'Union européenne », RFDA 1989, p. 579.

- **Boulouis (J.)**, « A propos de la fonction normative de la jurisprudence », Mélanges Waline, Paris, LGDJ, 1974, p. 149.

- **Bruche (E.)**, « La Cour de cassation française et l'application d'office de la Convention européenne des droits de l'homme », RTDH 2005, p. 401.

- **Burgogue-Larsen (L.)**, « Les résistances des Etats de droit » in J. Rideau (dir.), De la communauté de droit vers l'Union de droit, Paris, LGDJ, 2000, p. 423.

- **Callewart (J.)**, « Quel avenir pour la marge d'appréciation ? », Mélanges Ryssdal, Cologne-Berlin-Bonn-Munich, Carl Heymanns Verlag KG, 2000, p. 149.

- **Canivet (G.)**, « Le droit communautaire et l'office du juge national », Droit et Société 1992, n°20-21, p. 150.

- **Carreau (D.)**, « Droit communautaire et droits nationaux : concurrence ou primauté ? », RTDE 1978, p. 319.

- **Caulet (F.)**, « Le principe d'effectivité comme pivot de répartition des compétences procédurales entre les Etats membres et l'Union européenne », RTDE 2012, p. 594.

- **Charpentier (J.)**, « Quelle subsidiarité ? » Pouvoirs 1994, n°69, p. 49.

- **Cherot (J.-Y.)**, « Le droit dans un ordre juridique faiblement ordonné. Le cas de l'Union européenne », Mélanges Genevois, Paris, Dalloz, 2009, p. 178.

- **Cohen-Jonathan (G.)**, « Quelques considérations sur l'autorité des arrêts de la Cour européenne des droits de l'homme », Mélanges Eissen, Bruxelles, Bruylant, Paris, LGDJ, 1995, p. 39 ; « La France et la CourEDH, l'arrêt Bozano », RTDE 1987, p. 255 ; « La reconnaissance par la France du droit de recours individuel devant la Commission européenne des droits de l'homme », AFDI 1981, p. 269.

- **Colliard (C.-A.)**, « Le juge administratif français et le droit communautaire », Mélanges Waline, Paris, LGDJ, 1947, p. 187.

- **Constantinesco (V.)**, « Les compétences et le principe de subsidiarité », RTDE 2005, n°2, p. 305 ; « L'article 5 CEE, de la bonne foi à la loyauté communautaire », Mélanges Pescatore, Baden Baden, Nomos Verlagsgesellschaft, 1987, p. 97 ; « La spécificité du droit communautaire », RTDE 1966, p. 1.

- **Costa (J.-P.)**, « L'application par le Conseil d'Etat français de la ConvEDH », RTDH 1997, p. 396 ; « La ConvEDH et le Conseil d'Etat de France », RTDH 1990, p. 125 ; « Le raisonnement juridique de la Cour européenne des droits de l'homme », in O. Pfersmann et G. Timsit (dir.), Raisonnement juridique et interprétation, Paris, Publications de la Sorbonne, 2001, p. 121.

- **Costa (J.-P.), Sauve (J.-M.),** « Le principe de subsidiarité et la protection européenne des droits de l'homme », D. 2010, p. 1364.

- **Coussirat-Coustère (V.)**, « Le juge administratif et le droit communautaire », Pouvoirs 1988, n°46, p. 85.

- **Debbasch (O.)**, « Les juridictions françaises et les principes généraux du droit international », Mélanges Boulouis, Dalloz, 1991, p. 139.

- **Dehousse (F.)**, « La subsidiarité, fondement constitutionnel ou paravent politique de l'Union européenne », Mélanges Krings, Bruxelles, Story-Scientia, 1991, p. 51.

- **Delmas-Marty (M.), Izorche (M.-L-)**, « Marge nationale d'appréciation et internationalisation du droit. Réflexions sur la validité formelle d'un droit commun pluraliste », RIDC 2000, p. 754.

- **De Salvia (M.)**, « Contrôle européen et principe de subsidiarité : faut-il encore (et toujours) émarger à la marge d'appréciation ? », Mélanges Ryssdal, Cologne-Berlin-Bonn-Munich, Carl Heymanns Verlag KG, 2000, p. 373.

- **Donnedieu de Vabres (J.)**, « La Constitution de 1946 et le droit international », D. 1948, chron. p. 5.

- **D'Onofrio (J.-B.)**, « La subsidiarité européenne », LPA 1995, n°75, p. 28.

- **Dubey (B.)**, « Administration indirecte et fédéralisme d'exécution », CDE 2003, n°1/2, p. 87.

- **Duboas (O.)**, Les juridictions nationales, juge communautaire, Paris, Dalloz, 2001.

- **Dubouis (L.)**, « Bref retour sur la longue marche du Conseil d'État en terres internationales et européennes », Mélanges Genevois, Paris, Dalloz, 2009, p. 391 ; « Droit administratif et droit communautaire », AJDA 1995, p. 66 ; « Le juge administratif français et les règles du droit international », AFDI 1971, p. 9.

- **Dupont-Lassalle (J.)**, « La « subsidiarité juridictionnelle », instrument de l'intégration communautaire », Droit et société 2012, n°80, p. 262.

- **Dupuy (R.-J.)**, « La ComEDH », AFDI 1957, vol. 3, p. 449.

- **Eissen (M.-A.)**, « Le premier arrêt de la CourEDH : affaire Lawless, exceptions préliminaires et questions de procédure », AFDI 1960, vol. 6, p. 444.

- **Esposito (V.)**, « La liberté des États dans le choix des moyens de mise en œuvre des arrêts de la Cour européenne des droits de l'homme », RTDH 2003, p. 823.

- **Favoreu (L.)**, « La prise en compte du droit international et communautaire dans la jurisprudence du Conseil constitutionnel », Mélanges Plantey, Paris, Pédone, 1995 ; « Le Conseil constitutionnel et le droit international », AFDI 1977, p. 95.

- **Feral (P.-A.)**, « Le principe de subsidiarité dans l'Union européenne », RDP 1996, p. 203.

- **Ferrand (F.)**, « La ConvEDH et la Cour de cassation française », RIDC 1995, vol. 47, p. 691.

- **Gaia (P.)**, Le Conseil constitutionnel et l'insertion des engagements internationaux dans l'ordre juridique interne. Contribution à l'étude des articles 53 et 54 de la Constitution, Paris, Economica, 1991.

- **Ganshof van der Meersch (W.J.)**, « Le caractère « autonome » des termes et la « marge d'appréciation » des gouvernements dans l'interprétation de la

ConvEDH », Mélanges Wiarda, Cologne, Heymann, 1988, p. 201 ; « La garantie des droits de l'homme et la Cour européenne de Strasbourg », JTDE 1982, p. 527.

- **Gaudin (H.)**, « La primauté, la fin d'un mythe ? Autour de la jurisprudence de la Cour de justice », Mélanges Manin, Paris, Pédone, 2010, p. 639.

- **Genevois (B.)**, « L'application du droit communautaire par le Conseil d'Etat », RFDA 2009, p. 201 ; « Le Conseil d'Etat et la ConvEDH », GP 2007, p. 13 ; « Le Conseil d'Etat et l'ordre juridique communautaire », EDCE 1979-1980, n°31, p.73.

- **Geouffre de la Pradelle (P.)**, « Juridiction administrative et droit international », EDCE 1962, n° 16, p. 13.

- **Girerd (P.)**, « Les principes d'équivalence et d'effectivité : encadrement ou désencadrement de l'autonomie procédurale des Etats membres », RTDE 2002, n°1, p. 78.

- **De Gouttes (R.)**, « Le juge français et la ConvEDH : avancées et résistances », RTDH 1995, p. 605 ; « Le juge judiciaire français et la ConvEDH : avancées et réticences », in P. Tavernier (dir.), Quelle Europe pour les droits de l'homme ?, Bruxelles, Bruylant, 1996, p. 217.

- **Greer (S.)**, « La marge d'appréciation : interprétation et pouvoir discrétionnaire dans le cadre de la ConvEDH », Dossier sur les droits de l'homme n°17, Strasbourg, Les éditions du Conseil de l'Europe, 2000, p. 5.

- **Guilloud (L.)**, « Le principe de subsidiarité en droit communautaire et en droit constitutionnel », LPA 2007, n°79, p. 54.

- **Hervouet (F.)**, « Politique jurisprudentielle de la Cour de justice et des juridictions nationales. Réception du droit communautaire par le droit interne des Etats », RDP 1992, p. 1257.

- **Heumann (C.)**, « Le contrôle juridictionnel du Conseil d'Etat sur l'application des traités », EDCE 1953, n°7, p. 71.

- **Jacqué (J.-P.)**, « Droit constitutionnel national, Droit communautaire, CEDH, Charte des Nations Unies. L'instabilité des rapports de système entre ordres juridiques », RFDC 2007, n°1, n°69, p. 3.

- **Kovar (R.)**, « Le droit national d'exécution du droit communautaire : essai d'une théorie de l'écran communautaire », Mélanges Boulouis, Paris, Dalloz, 1991, p. 341.

- **Krenc (F.)**, « La comparaison des systèmes de procédure communautaire avec ceux de la ConvEDH », RTDH 2004, n°57, p. 111.

- **Lambert (P.)**, « Marge nationale d'appréciation et contrôle de proportionnalité », in L'interprétation de la ConvEDH, Bruxelles, Bruylant, Nemesis, 1998, p. 63.

- **Lambert Abdelgawad (E.)**, « L'exécution des décisions des juridictions européennes (Cour de justice des Communautés européennes et Cour européenne des droits de l'homme) », AFDI 2006, vol. n°52, p. 677.

- **Landais (C.), Lenica (F.)**, « La réception de la jurisprudence de la CourEDH par le Conseil d'Etat », DA 2005, n°6, p. 8.

- **Laurans (Y.)**, « La résistance des Cours suprêmes à la primauté du droit de l'Union européenne : entre dialogue horizontal et monologues parallèles », Civitas Europa 2008, juin, n° 20, p. 239.

- **Le Barbier-Le Bris (M.)**, « Les principes d'autonomie institutionnelle et procédurale et de coopération loyale. Les Etats membres de l'Union européenne, des Etats pas comme les autres », Mélanges Raux, Rennes, Apogée, 2006, p. 419.

- **Lenaerts (K.)**, « Dialogues juridictionnels et traductions constitutionnelles dans l'Union européenne », Mélanges Van de Kerchove, Bruxelles, Publications des F.U.S.L., 2009, p. 645 ; « L'encadrement par le droit de l'Union européenne des compétences des Etats membres », Mélanges Jacqué, Paris, Dalloz, 2010, p. 421.

- **Lenaerts (K.), Van Ypersele (P.)**, « Le principe de subsidiarité et son contexte : étude de l'article 3 du traité CE », CDE 1994, p. 3.

- **Levade (A.)**, « Identité constitutionnelle et exigence existentielle, comment concilier l'inconciliable ? », Mélanges Manin, Paris, Pédone, 2010, p. 109 ; « Le Conseil constitutionnel, régulateur des rapports de systèmes », in B. Mathieu (dir.), 50ème anniversaire de la Constitution française, Paris, Dalloz, 2008, p. 729.

- **Luchaire (F.)**, « Le contrôle de constitutionnalité des engagements internationaux et ses conséquences relatives à la communauté européenne », RTDE 1979, p. 391.

- **Malecki (C.)**, « René Cassin, les droits de l'homme et le XXIème siècle commençant », Revue de la recherche juridique. Droit prospectif 2002, n°2, p. 1063.

- **Manin (P.)**, « Les effets des juridictions européennes sur les juridictions françaises », Pouvoirs 2001, n°96, p. 51.

- **Mathieu-Izorche (M.-L.)**, « La marge nationale d'appréciation, enjeu de savoir et de pouvoir, ou jeu de construction ? », RSC 2006, p. 25.

- **Megret (J.)**, « La spécificité du droit communautaire », RIDC 1967, p. 565.

- **Mehdi (R.)**, « L'exécution nationale du droit communautaire. Essai d'actualisation d'une problématique au cœur des rapports des systèmes », Mélanges Isaac, Presses de l'Université des sciences sociales de Toulouse, 2004, p. 615 ; « L'autonomie institutionnelle et procédurale et le droit administratif », J.-B. Auby et J. Dutheil de la Rochere (dir.), Droit administratif européen, Bruxelles, Bruylant, 2008, p. 685 ; « L'efficacité de la norme en droit de l'Union européenne », in M. Fatin Rouge Stefanini, L. Gay, A. Vidal Naquet, L'efficacité de la norme juridique, Bruxelles, Bruylant, 2012, p. 319.

- **Mertens de Wilmars (J.)**, « Réflexions sur le système d'articulation du droit communautaire et du droit des Etats membres », Mélanges Boulouis, Paris, Dalloz, 1991, p. 391.

- **Neframi (E.)**, « Le principe de coopération loyale comme fondement identitaire de l'Union européenne », RUE 2012, mars, p. 197 ; « L'exercice en commun des compétences illustré par le devoir de loyauté », in P.-Y. Monjal, E. Neframi (dir.), Le « commun » dans l'Union européenne, Bruxelles, Bruylant, 2009, p. 179 ; « Le principe de solidarité des Etats membres vis-à-vis du droit communautaire : le devoir de loyauté », Académie d'été, Union européenne et solidarité, aspects internes et internationaux, Université Grenoble 2, 2006 (en ligne) ; « Quelques réflexions sur l'article 19 §1 al. 2 TUE et l'obligation de l'Etat membre d'assurer la protection juridictionnelle effective dans les domaines couverts par le droit de l'Union », Mélanges Masclet, Paris, Publications de la Sorbonne, 2013, p. 805.

- **Olinga (A.-D.), Picheral (C.)**, « La théorie de la marge d'appréciation dans la jurisprudence récente de la CourEDH », RTDH 1995, p. 602.

- **Ost (F.), Van de Kerchove (M.)**, De la pyramide au réseau ? Pour une théorie dialectique du droit, Bruxelles, Facultés Universitaires Saint-Louis, 2002.

- **Pacteau (B.)**, « Le juge administratif français et l'interprétation européenne » in F. Sudre (dir.), L'interprétation de la ConvEDH, Bruxelles, Bruylant, 1998, p. 251.

- **Pellet (A.)**, « Vous avez dit « monisme » ? Quelques banalités de bon sens sur l'impossibilité du prétendu monisme constitutionnel à la française », Mélanges Troper, Paris, Economica, 2006, p. 827.

- **Pellet (A.)**, « La ratification par la France de la ConvEDH », RDP 1974, p. 1319.

- **Pelloux (R.)**, « Vrais et faux droits de l'homme. Problèmes de définition et de classification », RDP 1981, p. 53.

- **Pescatore (P.)**, « L'application directe des traités européens par les juridictions nationales : la jurisprudence nationale », RTDE 1969, p. 722 et « Rôle et chance du droit et des juges dans la construction de l'Europe », RIDC 1974, p. 16.

- **Pfersmann (O.)**, « La primauté : double, partiellement directe, organiquement indéterminée, provisoirement fermée », Cahiers du CC 2005, juillet, n° 18.

- **Pinon (S.)**, « L'effectivité de la primauté du droit communautaire sur la Constitution », RTDE 2008, n°2, p. 263

- **Pliakos (A.)**, « La fonction communautaire/européenne du juge national mise en question », RMCUE 2011, n°545, p. 79.

- **Potvin (L.)**, L'effet des jurisprudences européennes sur la jurisprudence du Conseil d'Etat, Paris, LGDJ, 1999.

- **Potvin-Solis (L.)**, « Le principe de coopération loyale », ADE 2008, p. 195.

- **Questiaux (N.)**, « La collaboration du juge administratif avec un juge international (Quelques remarques sur l'application par le Conseil d'Etat français de l'article 177 du traité de Rome) », Mélanges Stassinopoulos, Paris, LGDJ, 1974, p. 387.

- **Quoc Dinh (N.)**, « La Constitution de 1958 et le droit international », RDP 1959, p. 515.

- **Renucci (J.-F.)**, « La portée des arrêts de la CourEDH », Dalloz 1993, jurisp. p. 515.

- **Rideau (J.)**, « Compétences et subsidiarité dans l'Union européenne et les communautés européennes », AEAP 1992, p. 615.

- **Ritleng (D.)**, « De l'utilité du principe de primauté du droit de l'Union », RTDE 2009, n°45 (4), p. 681.

- **Rusu (G.-A.)**, « L'effectivité du droit de l'Union européenne, une exigence renforçant les pouvoirs du juge national », www.academia.edu

- **Sabourin (P.)**, « Le Conseil d'Etat face au droit communautaire. Méthodes et raisonnements », RDP 1993, p. 397.

- **Sauron (J.-L.)**, « La mise en œuvre retardée du principe de subsidiarité », RMCUE 1998, n°423, p. 645.

- **Simon (D.)**, « Les exigences de la primauté du droit communautaire : continuité ou métamorphoses ? », Mélanges Boulouis, Paris, Dalloz, 1991, p. 481 ; « Rapport général, les fondements de l'autonomie communautaire » in J.-C. Gautron et L. Girard (dir.), Le droit international dans la construction de l'Union européenne : droit international et droit communautaire : perspectives actuelles, SFDI, Paris, Pédone, 2000, p. 207.

- **Stirn (B.)**, « Le Conseil d'Etat et l'Europe », Mélanges Braibant, Paris, Dalloz, 1996, p. 653.

- **Strozzi (G.)**, « Le principe de subsidiarité dans la perspective de l'intégration européenne : une énigme et beaucoup d'attentes », RTDE 1994, n°3, p. 373.

- **Sudre (F.)**, « La 1ère affaire française devant la CourEDH : l'arrêt Bozano du 18 décembre 1986 », RGDIP 1987, p. 566

- **Teboul (G.)**, « Le droit international non écrit devant le juge administratif. Quelques réflexions », RGDIP 1991, p. 321 ; « Le juge administratif et le droit international. Aspects récents de droit formel », AJDA 1995, n° spécial, p. 43 ; « Droit administratif et droit international », RDP 1998, p. 979 ; « Ordre juridique international et ordre juridique interne. Quelques réflexions sur la jurisprudence du juge administratif », RDP 1999, p. 697.

- **Teitgen (P.-H.)**, Aux sources de la Cour et de la Convention européenne des droits de l'homme, Paris, Confluences, 2000.

- **Tigroudja (H.)**, « Le juge administratif français et l'effet direct des engagements internationaux », RFDA 2003, p. 154.

- **Tulkens (F.), Donnay (L.)**, « L'usage de la marge d'appréciation par la CourEDH. Paravent juridique superflu ou mécanisme indispensable par nature ? », RSC 2006, p. 3.

- **Velu (J.)**, « A propos de l'autorité jurisprudentielle des droits de l'homme », Mélanges Rigaux, Bruxelles, Bruylant, 1993, p. 527.

- **Villevieille (J.-F.)**, « La ratification par la France de la ConvEDH », AFDI 1973, vol. 19, p. 922.

- **Viralli (M.)**, « Le Conseil d'Etat et les traités internationaux », JCP 1953, I, n°1098.

- **Waline (J.)**, « Portrait de René Cassin (1887-1976) », RTDH 2010, n°82, p. 203.

- **Weil (P.)**, « Droit international public et Droit administratif », Mélanges Trotabas, Paris, LGDJ, 1970, p. 511.

Section 2 : La formalisation de la protection des droits fondamentaux : l'avènement du « pouvoir juridictionnel »

162 • C'est à travers une conception particulière du rôle joué par le législateur que, dans le contexte de la fin du XVIIIème siècle, on a été conduit à répondre à la question fondamentale du moyen devant permettre d'assurer la protection effective des droits et libertés alors nouvellement consacrés. C'est la loi, parce qu'elle est sacralisée par les philosophes des lumières et parce que, inversement, on a une piètre opinion du rôle que doivent réellement jouer les juges dans le nouvel agencement des pouvoirs, qui apparaît, aux acteurs de la révolution, comme le « canal privilégié » de la garantie du respect des droits, comme l'instrument de l'idéal moderne d'émancipation permettant d'appliquer les principes destinés à éviter l'arbitraire. Cette conception légicentriste a perduré même après la 2nde guerre mondiale qui avait pourtant démontré qu'un système politique vivant selon les principes du « droit des Lumières » pouvait approuver, par la loi, un régime qui allait finalement nier toute trace quelconque d'humanité. Ce n'est que, progressivement, qu'on va remettre la norme en cause sous l'influence des 1ères tentatives de mise en place du contrôle juridictionnel de la loi et des débuts de l'internationalisation de la protection des droits fondamentaux (§ 1er).

163 • Ce mouvement convergent lié au contrôle juridictionnel de la loi et à l'internationalisation des droits renforce considérablement les pouvoirs des juges. Il est, aussi, directement à l'origine d'une nouvelle logique dans l'agencement des pouvoirs. L'agencement classique tenant à la séparation des pouvoirs, entre un pouvoir législatif qui légifère, un pouvoir exécutif qui exécute et un pouvoir judiciaire plus en retrait, tend à s'estomper en France. Aujourd'hui, le pouvoir exécutif décide plus qu'il n'exécute et le pouvoir législatif contrôle dans le meilleur des cas, voire enregistre dans le pire des cas, plus qu'il ne détermine une politique. Dans l'exercice de cette confusion des pouvoirs, c'est la séparation entre le pouvoir politique et le « pouvoir juridictionnel » pris largement (Conseil d'Etat, Cour de cassation, Conseil constitutionnel, CJUE, CourEDH) qui définit la nouvelle matrice du système politique ou qui constitue le nouvel axe de la séparation des pouvoirs permettant de faire respecter les droits et libertés. Tout se passe comme si on opérait, à cet égard, un retour assez paradoxal à la monarchie d'Ancien Régime et son « Etat de justice » alors matérialisé par le rôle joué par les Parlements d'Ancien

Régime, seul rempart au pouvoir absolu du Roi pour faire respecter les droits et libertés. La montée en puissance du « pouvoir juridictionnel » constitue, à cet égard, l'une des innovations majeures du droit constitutionnel contemporain et cette réévaluation de l'office des juges n'est permise et justifiée que par la poursuite d'un seul but : permettre le respect et la garantie effective des droits et libertés (§ 2nd).

§ 1er : Le rôle initial et particulier joué par le législateur dans la protection des droits fondamentaux

164 • Plusieurs acteurs sont chargés, selon les équilibres et traditions nationales, d'œuvrer à la garantie et au respect des droits. Les Etats ne se sont pas contentés de proclamer les droits et libertés, ils ont aussi fait en sorte de les protéger effectivement. Mais le système français allait se révéler, dès l'origine et dès la période révolutionnaire, assez particulier dans les croyances alors développées. Le juge s'est révélé être l'acteur essentiel, dans la plupart des Etats ayant proclamé l'existence de ces droits et libertés, pour en assurer la protection. Pour les révolutionnaires français, le simple bon agencement constitutionnel des pouvoirs devait matérialiser la garantie des droits. La séparation des pouvoirs se suffisant à elle seule comme garantie, pas besoin de l'action ou du contrôle des juges.

165 • Si les textes proclamés, comme la DDHC de 1789, étaient dépourvus de qualification juridique, c'est la loi, et, à travers elle, le législateur, qui, naturellement, devait assurer le respect des droits ainsi consacrés. Si sous certains régimes peu libéraux, les proclamations solennelles des Constitutions furent démenties assez rapidement par la pratique des gouvernants ou du législateur, les droits proclamés, notamment ceux de 1789, furent néanmoins globalement respectés tout en étant complétés, notamment, par les lois de la IIIème république. Cette dernière proclamant et aménageant, plus d'un siècle plus tard, les libertés dites « publiques ». Pour autant et ce faisant, la France, contrairement à d'autres puissances étrangères, n'a jamais pris le parti de placer les droits et libertés, fussent-ils fondamentaux, au-dessus de l'ordre juridique garanti par le législateur. Dans plusieurs Etats étrangers, la Constitution place les droits fondamentaux au-dessus d'une quelconque action du législateur et organise pour eux une protection particulière (A). En France, on s'est longtemps fondé sur une logique différente qui fait que la protection des droits et libertés ne peut utilement se faire qu'à travers l'action du législateur (B).

A – Des droits fondamentaux à l'abri de l'action du législateur dans la plupart des pays étrangers

166 • La protection des droits fondamentaux doit primer sur toute autre considération, elle constitue une mission de l'Etat qui est aussi essentielle ou prioritaire que la protection de ses intérêts supérieurs. Tel est le principe consacré, par exemple, par le droit espagnol ou le droit allemand qui font des droits fondamentaux le principal vecteur de légitimité de l'ordre juridique sous le contrôle du juge (1). Dans les pays de tradition anglo-saxonne, marqués par la prééminence

d'un droit à la fois coutumier et jurisprudentiel, c'est la *Common Law* qui a légué, notamment aux anglais et américains, l'idée de droits fondamentaux préexistants, l'idée d'un corps de règles ancestrales qu'il faut respecter au-delà des règles législatives. La notion particulière de « *judge made law* » voulant alors que ce soit le juge qui fasse avant tout le droit et seulement après, de façon supplétive, le législateur (2).

1 – L'exemple espagnol et allemand : les droits fondamentaux, principal vecteur de légitimité de l'ordre juridique

167 • Le droit allemand donne une place centrale aux droits fondamentaux en les érigeant au rang de principes « supra-constitutionnels ». Le droit espagnol les fait bénéficier d'une protection juridique renforcée à travers notamment le recours de *l'Amparo*, recours que l'on retrouve aussi en droit allemand sous l'expression « *Verfassungsbeschwerde* ».

a) L'exemple allemand et la place centrale des droits fondamentaux

Des droits fondamentaux érigés au rang de principes supra-constitutionnels non susceptibles de révision

168 • La Loi fondamentale *(Grundgesetz)* est la Constitution de l'Allemagne depuis le 8 mai 1949. Son contenu est profondément marqué par la volonté de tirer les leçons de l'échec de la république de *Weimar* (1919-1933) et par le contexte historique au sortir de la 2nde Guerre mondiale. Des efforts considérables sont alors entrepris pour développer la protection des droits fondamentaux à un degré de perfection atteint nulle part ailleurs. Le droit allemand fait ainsi des droits fondamentaux *(Grundrechte)* le principal vecteur de légitimité de l'ordre juridique en érigeant ceux-ci au rang de principes « supra-constitutionnels » non susceptibles de révision (art. 79 III de la Loi fondamentale). On parle de clause d'éternité *(Ewigkeitsklausel)* interdisant toute modification des principes constitutionnels fondamentaux comme ceux touchant à la démocratie, l'Etat de droit, la dignité de la personne humaine ou encore le fédéralisme. L'Etat allemand voit sa nature fédérale, sociale et démocratique hors d'atteinte des modifications constitutionnelles. Les droits fondamentaux lient le pouvoir législatif, le pouvoir exécutif et le pouvoir judiciaire à titre de droit directement applicable (art. 1 III Loi fondamentale) et présentent ainsi un caractère obligatoire pour la puissance publique. Il est donc impossible de modifier les droits fondamentaux dans leur substance ou même dans leur forme. Ils sont, en quelque sorte, immuables et rigides.

Des droits fondamentaux qui présentent des caractéristiques remarquables

169 • La place des droits fondamentaux, suivant la logique précédemment décrite, présente plusieurs caractéristiques remarquables. La déclaration de droits fondamentaux, très complète, est présente dans le texte même de la Constitution et non pas en préambule (comme en France par exemple) ou en *addendum* (comme le *Bill of Rights* au Royaume-Uni). Les 19 premiers articles de la Constitution allemande

sont consacrés uniquement aux droits fondamentaux. Toutes les restrictions à la substance d'un droit fondamental sont interdites (art. 19 al. 2). Toute personne qui abuse des droits pour nuire à l'ordre constitutionnel libéral et démocratique peut être déchu de ses droits même si le cas ne s'est encore jamais présenté (art. 18). Il existe aussi des mécanismes de défense active pour protéger ces droits et éviter que les droits garantis par le texte mettent en cause la démocratie elle-même. Il est ainsi possible d'aller jusqu'à l'interdiction de partis politiques opposés à l'organisation démocratique et libérale de la république fédérale. Cette procédure fait partie de ce qu'on appelle la « démocratie combative » (*wehrhafte Demokratie*, article 21-2). Un parti d'extrême droite, le *Socialistische Reichpartei* a été ainsi interdit en 1952, le parti communiste en 1956. Fin 1992, 3 organisations d'extrême droite sont interdites : la *Deutsche Alternative*, le *Nationalistische Front* et la *Nationale Offensive*. En mars 2016, les juges constitutionnels ont été saisis par le *Bundesrat*, la 2nde chambre qui représente les *Länder*, d'une demande d'interdiction du parti néo-nazi NPD. En 2003, une précédente tentative avait échoué. La Cour constitutionnelle allemande a une nouvelle fois rejeté l'interdiction le 17 janvier 2017 justifiant la décision par la marginalité du mouvement (Voir A. Gaschignard, « Nouveau rejet de l'interdiction du parti néo-nazi allemand », *RDH* 2017, février, https://journals.openedition.org/revdh/3019). A noter que l'Allemagne a interdit, en 2020, quatre groupuscules d'extrême droite (le groupe « Combat 18 », le groupe « *Geeinte deutsche Völker und Stämme* » (Peuples et tribus allemands unis), le groupe « *Nordadler* » (« aigle du nord ») et le groupe « *Sturmbrigade 44 ou Wolfsbrigade 44* »).

Des droits fondamentaux qui présentent une double dimension subjective et objective (1)

170 • En Allemagne, la prééminence des droits fondamentaux ne se traduit pas seulement par la place que ceux-ci occupent dans la Loi fondamentale, elle se traduit aussi et surtout par la particularité de leurs effets juridiques. Ces derniers s'appliquent non seulement en droit public mais aussi en droit pénal et en droit civil (dans ce dernier domaine, leur application n'est reconnue que de manière indirecte par la doctrine dominante et la Cour fédérale, on parle « d'effet indirect à l'égard des tiers »). Ces droits possèdent une double dimension : une dimension « subjective », d'une part, permettant à l'individu de se défendre contre l'Etat et de préserver sa sphère de liberté individuelle et une dimension « objective » *(Mittelbare Drittwirkung)* dont le but est de créer un ordre de valeur pour renforcer l'autorité même de ces droits fondamentaux. Cette dimension objective oblige le juge, même dans des litiges de nature civile où le plaignant ne peut invoquer contre le défendeur un droit fondamental qui ne peut être exigé que de la puissance publique, à ne pas ignorer « l'effet d'irradiation des droits fondamentaux » *(Ausstrahlungswirkung)* sur les autres branches du droit (En ce sens, C. Autexier, Chapitre 5 : Les droits fondamentaux, *Introduction au droit public allemand,* Paris, PUF, 1997 précité ; Reprint *Revue générale du droit* on line, 2015, n°20739 https://www.revuegeneraledudroit.eu). Si la dimension subjective ou de garantie institutionnelle concerne surtout le législateur, la dimension objective impose aussi

à l'administration et au juge de tenir compte des droits fondamentaux dans leur activité d'interprétation et de mise en œuvre des règles de droit.

Des droits fondamentaux qui présentent une double dimension subjective et objective (2)

171 • Les droits fondamentaux forment donc « un véritable système de valeurs débouchant sur des fonctions institutionnelles et démocratiques » (C. Grewe, « Le contrôle de constitutionnalité de la loi en Allemagne : quelques comparaisons avec le système français », *Pouvoirs* 2011, n°137, p. 143 et suiv.) et doivent, ainsi, influencer le système juridique tout entier. Dans leur dimension objective, ces droits ne sont plus seulement dirigés contre l'Etat mais deviennent des droits opposables tant à la puissance publique qu'aux puissances privées. Les droits fondamentaux se retrouvent ainsi dans tout l'ordre juridique mais ils comportent aussi un autre aspect éminemment dynamique, celui d'une obligation de protection et de promotion à la charge de l'Etat (En ce sens, C. Grewe, « Le contrôle de constitutionnalité de la loi en Allemagne : quelques comparaisons avec le système français », précité). La prestation essentielle que l'Etat doit à l'individu est d'organiser une protection efficace de ses droits par le juge *(Rechtsschutz)*. Les pouvoirs publics doivent faire constamment attention à ces droits, ils « ne sauraient s'en tenir au statu quo mais ont l'obligation même positive de les protéger et de les développer toujours plus » (C. Grewe, *Ibid.*). Le législateur est obligé de garantir activement les valeurs contenues dans les droits fondamentaux.

Des droits fondamentaux qui associent le juge au contrôle de la loi

172 • La culture juridique allemande s'oppose aux conceptions françaises sur la loi et le juge. La loi n'a jamais été confondue avec le droit ou considérée comme étant la seule source objective. Les parlements allemands, au XIXème, n'ont jamais exercé à eux seuls la souveraineté. Le juge, bénéficiant d'une confiance ancienne, a toujours été, bien plus que la loi, identifié à la figure du droit. Il faut également intégrer dans ce contexte la dimension fédérative très favorable à l'émergence d'une justice constitutionnelle puisque c'est la position éminente du juge qui a permis de penser que des conflits aussi politiques qui ceux qui opposent l'État central aux États fédérés puissent être réglés par un juge spécial de manière juridique. C'est la Cour constitutionnelle fédérale qui va recueillir cet héritage de confiance dans le juge et être doté de larges pouvoirs avec une variété et un nombre important de recours : un contrôle préventif par nature abstrait qui porte sur la conformité générale de la norme à la constitution, un contrôle concret qui veut que tout juge allemand a le droit et l'obligation de s'assurer que les dispositions juridiques qu'il s'apprête à appliquer au litige du fond dont il est saisi sont compatibles avec la Constitution et les normes en vigueur. Dans cette mesure et même s'il est obligé de surseoir à statuer, le juge est associé au contrôle de la loi ce qui ne survient en France que dans le cadre du contrôle de conventionnalité, les juges français classiques s'interdisant un quelconque contrôle de constitutionnalité.

Un recours constitutionnel ou individuel dirigé contre les actes de la puissance publique : le « *Verfassungsbeschwerde* »

173 • Il existe enfin un recours constitutionnel ou recours individuel, voie de droit exceptionnelle et subsidiaire, qui peut être dirigé contre les actes de la puissance publique, notamment contre la loi ou les actes d'un jugement devenu définitif. L'expression « *Verfassungsbeschwerde* » est « le nom que la Constitution, la législation et la doctrine allemande donnent à cette requête qu'une personne peut introduire devant la Cour constitutionnelle fédérale contre la violation de certains droits déterminés par la Constitution » (A. Dittmann, « Le recours constitutionnel en droit allemand », *Cahiers du CC* 2001, n°10). L'utilisation de ce recours individuel, près de 5000 requêtes chaque année, même si beaucoup ne passent pas le cap de l'admission, montre comment le droit institutionnel est réinterprété voire supplanté par la prédominance des droits fondamentaux. Le recours ayant notamment, en ce sens, une double fonction. Quand le citoyen défend sa sphère de liberté, il déclenche en même temps une procédure ayant une approche plus générale et qui sert tout le droit constitutionnel. Cette double fonction se traduit notamment par le caractère obligatoire spécifique que les décisions de la Cour constitutionnelle fédérale revêtent et qui dépassent de loin l'effet habituellement relatif de la chose jugée entre parties (En ce sens, A. Dittmann, « Le recours constitutionnel en droit allemand », précité). Les décisions liant les organes constitutionnels de la Fédération comme les *Länder* ainsi que tous les tribunaux et autorités. Dans certains cas, il leur revient même force de loi notamment lorsque la Cour déclare une loi compatible, incompatible ou nulle.

b) L'exemple espagnol et le recours spécifique d'*Amparo*

Un recours extraordinaire et subsidiaire

174 • Les droits fondamentaux sont l'objet, en Espagne, d'une protection renforcée dans l'ordre juridique parce qu'ils ont une place éminemment centrale et emblématique. Cette protection a été instaurée, en grande partie, en réaction au régime franquiste et fondée sur la normativité de la norme constitutionnelle. Comme dans la plupart des régimes ayant connu un régime autoritaire, la Constitution espagnole du 27 décembre 1978 fait figurer un long catalogue de droits fondamentaux dans le titre 1er de sa Constitution. Ces derniers peuvent être invoqués devant tous les tribunaux et à l'occasion de n'importe quel procès. Mais il existe une « protection constitutionnelle renforcée » devant le Tribunal constitutionnel, via le « recours *d'Amparo* » qui se présente comme le moyen de protection ultime offert aux espagnols dans le cadre de la garantie des droits fondamentaux que la Constitution leur reconnaît. Si la protection des droits est en principe du ressort du juge ordinaire, l'intervention de celui-ci peut être insuffisante ou inefficace. Le recours à *l'Amparo* est là pour parer aux carences de ses juges ordinaires. Ce recours, qui a vocation à rétablir l'intéressé dans la pleine jouissance de son droit fondamental lésé, se caractérise par son ouverture : la conception large de l'intérêt à agir permet à toute personne qui invoque un intérêt légitime d'utiliser *l'Amparo.* Au vu de son objet spécifique, il est une voie de droit à la fois

extraordinaire (le recours n'est utilisé qu'en vue de protéger les droits fondamentaux auxquels tout acte ou agissement des pouvoirs publics aurait pu porter atteinte) et subsidiaire (il ne peut être mobilisé qu'après épuisement des voies de recours internes et en cas de défaut de protection par les juridictions ordinaires). Cette procédure originale n'a pas tout à fait d'équivalent dans les autres grandes démocraties constitutionnelles.

Un recours historique à dimension objective et subjective

175 • Au Moyen-Âge, il existait en Aragon (communauté autonome aujourd'hui) une institution dénommée « *Justicia Mayor* » (sorte de défenseur du peuple). Elle avait notamment comme compétence celle de protéger les individus dans l'exercice de leurs droits que ce soit par rapport aux autorités publiques ou par rapport à d'autres particuliers. Cette institution de protection des droits a été transférée dans le nouveau monde et notamment au Mexique où l'on a pu voir la mise en place de procédures alors dénommées « *Amparo* ». En 1978, quand il a fallu réfléchir à la mise en place de la nouvelle Constitution espagnole, le pouvoir constituant a décidé d'inclure *l'Amparo* comme protection spécifique des droits fondamentaux avec pour référence, certes, déjà l'ancienne constitution de 1931 mais, aussi et surtout, *l'Amparo* mexicain et le recours constitutionnel allemand *(Verfassungsbeschwerde)* (Voir, pour l'ensemble des éléments ici développés, C. Ruiz Miguel, « L'Amparo constitutionnel en Espagne : droit et politique », *Cahiers du CC* 2001, n°10). Deux mécanismes de protection ou deux sortes *d'Amparo* sont institués (article 53.2) : un recours « ordinaire » ou « judiciaire » à la charge des tribunaux ordinaires (proche de « *l'Amparo* » mexicain) et un recours « constitutionnel » confié au Tribunal constitutionnel (art. 161. b) dans la droite ligne de *l'Amparo* prévu dans la Constitution de 1931 et de la *Verfassungsbeschwerde* allemande. Dès l'origine, le recours *d'Amparo* a été configuré avec une double logique, objective et subjective. Il devait, d'abord, faire en sorte de respecter la suprématie de la Constitution tout en en améliorant l'interprétation. Il devait, ensuite, offrir aux citoyens une voie de recours appréciable pour faire valoir leurs libertés et droits fondamentaux.

Une tentative de suppression en 2007 de la dimension subjective du recours

176 • *L'Amparo* a connu un succès retentissant dans le système espagnol. L'instauration du recours a indéniablement participé au processus de démocratisation de l'Espagne post-franquiste en ce sens qu'il a contribué véritablement à la participation et à l'implication du peuple dans la construction de la société. Le recours a également contribué à l'instauration d'un Etat de droit respectueux des droits fondamentaux de la personne humaine. Il a permis de clarifier le contenu des droits, la doctrine ainsi créée a été suivie par les tribunaux et, une « culture des droits fondamentaux » est née au niveau de la magistrature comme au niveau du peuple. En 2007, le recours a fait l'objet d'une réforme (la loi organique n°6/2007 du 24 mai 2007 *modifiant la loi organique n°2/1979 du 3 octobre 1979 relative au Tribunal constitutionnel*). La logique de la réforme a mis l'accent sur l'établissement d'un critère objectif pour juger la recevabilité de la saisine et sur l'objectivation de la demande *d'Amparo*. Le but étant d'alléger la charge de travail du

Tribunal constitutionnel espagnol en effectuant une nouvelle répartition des compétences entre le Tribunal constitutionnel et les juges ordinaires. Le premier nommé s'occupant de la tâche, essentiellement objective, d'établir la jurisprudence constitutionnelle en matière de droits et libertés fondamentaux alors que les seconds nommés devenaient les protecteurs naturels de ces mêmes droits et libertés, en s'appuyant, le cas échéant, sur la jurisprudence rendue par le Tribunal constitutionnel. L'idée était de faire, en définitive, de la juridiction constitutionnelle un « juge du droit » qui agirait dans l'intérêt de la Constitution et non un « juge des droits » qui interviendrait pour défendre les droits et libertés fondamentaux des individus.

Une tentative de suppression avortée par la pratique du Tribunal constitutionnel

177 • La pratique a montré cependant que la révolution n'a pas eu lieu et que la mise en œuvre de la réforme a plutôt généré une évolution qu'une révolution du recours direct (Cf. M. Carillo, « La réforme de l'Amparo en Espagne : un nouveau certoriari ? », *Constitutions* 2014, p. 60 ou F. Barque, « La réforme du recours d'Amparo : évolution ou révolution ? Réflexions en guise de bilan », *RDLF* 2014, chron. n°03). A l'image de ce qui s'est produit en 1993 en Allemagne (Loi *sur la Cour constitutionnelle fédérale du 11 août 1993*, BGBl. I, p. 1473) et en 2004 pour la CourEDH (protocole n°14 à la Convention du 13 mai 2004 amendant le système de contrôle de la Convention, STCE, n°194), où l'objet des réformes semblait davantage la protection de la juridiction constitutionnelle à l'égard des requêtes individuelles que la protection des droits et libertés des individus vis-à-vis des agissements des pouvoirs publics, la *summa divisio* nouvellement établie entre juges ordinaires et tribunal constitutionnel s'est vite trouvée brouillée par une pratique fort discrète du Tribunal constitutionnel. Si la sélection s'est toujours effectuée sur la base de critères objectifs, ce dernier a continué à utiliser un critère subjectif portant sur la gravité de l'atteinte portée aux droits et libertés. Cette logique subjective du contrôle devait disparaitre avec la réforme, cela n'a pas été le cas. Il a été très difficile de rompre avec le passé. Dans un arrêt du 20 janvier 2015, la CourEDH s'est, pour la 1ère fois, prononcée sur la conformité à la ConvEDH de la réforme du recours *d'Amparo* constitutionnel espagnol, introduite par la loi organique du 24 mai 2007 (CourEDH, 20 janvier 2015, *Arribas Antón contre Espagne*, req. n°16563/11). L'appréciation de la CourEDH était attendue dans la mesure où l'on pouvait parler de « la fin de l'illusion de l'accès universel au juge de *l'Amparo* constitutionnel » (S. Nicot, « Il a fallu sauver le Tribunal Constitutionnel… (la fin de l'illusion de l'accès universel au juge de l'Amparo constitutionnel) ? », *Revue d'Actualités juridiques, l'Europe des libertés* 2008, n°25, p. 9 et suiv.). Cette dernière a eu une appréciation largement positive et en a profité pour saluer l'effort de souplesse du Tribunal constitutionnel espagnol dans l'appréciation de ces nouveaux critères de recevabilité, qui auraient pu paraître contraire aux principes de la ConvEDH. Le juge européen concluant à une application non disproportionnée de ces limites ne portant pas atteinte au droit d'accès à un Tribunal et confirmant la survivance de la double dimension, objective et subjective, du recours.

2 – L'exemple anglais et américain et le respect ancestral de la *« Common Law »*

178 • Dans les pays de tradition romaine, où l'on parle de droit romano-civiliste, c'est la loi qui est la source primordiale du droit, les juristes cherchent d'abord les solutions aux problèmes dans les textes législatifs et réglementaires et seulement, de façon supplétive, dans la jurisprudence. Les pays de *Common Law* (Royaume-Uni sauf Ecosse où le droit est mixte influencé par le modèle latin, en Irlande, au Canada sauf Québec, aux Etats-Unis sauf la Louisiane et la Californie et de façon générale dans les pays du *Commonwealth*), à l'inverse, sont marqués par la prééminence d'un droit à la fois coutumier, général, commun et jurisprudentiel. La *Common Law* (droit coutumier ou droit commun) a légué aux anglais et américains l'idée d'un droit fondamental, d'un corps de règles ancestrales qu'il faut respecter au-delà des règles législatives et elle a introduit la notion particulière de *« judge-made law »* qui veut que ce soit le juge qui fasse avant tout le droit et seulement après, de façon supplétive, le législateur. Le droit est idéalement conçu comme venant d'abord du juge et non du législateur que ce soit dans la culture anglaise où l'approche des droits fondamentaux s'articule autour du principe du *Rule of Law* (tel que théorisé par Albert Venn Dicey dans son œuvre majeure *An Introduction to the Study of the Law of the Constitution* (1885) et défini comme étant le « règne du droit » ou la « primauté du droit » et non l' « Etat de droit », le terme « Etat » étant absent dans la version anglaise) ou dans la culture américaine où l'approche est plus pragmatique et s'articule autour de la notion de *Judicial Review* (l'expression *« judicial review »* est utilisée, pour la 1ère fois, par Edward S. Corwin dans son article « The Rise and Establishment of Judicial Review », *Lansing, Michigan Law Review*, vol. 9, n° 2, décembre 2010, pp. 102-125 et 283-316. Elisabeth Zoller propose de la traduire par le « droit de censure judiciaire des lois » (Cf. « Marbury v. Madison : Deux siècles de censure judiciaire sur les lois », in Elisabeth Zoller (dir.), *Marbury v. Madison : 1803-2003. Un dialogue franco-américain*, Paris, Dalloz, 2003).

a) L'exemple anglais et le principe du *Rule of Law*

La naissance de la « *Common Law* »

179 • En Angleterre, c'est d'abord le légicentrisme qui est considéré comme le principe fondateur du droit constitutionnel moderne dans la mesure où le Parlement est à la fois une assemblée législative et constituante et qu'il est, d'un prime abord, totalement libre pour fixer sa législation. Comme la source de toute norme dérive du Parlement, le juge ne peut, a priori, être que la bouche de la loi et ne peut contrôler ni la validité interne ni externe d'une loi promulguée. En réalité, la logique est inverse. Derrière cette image de façade, le principe même de la souveraineté du Parlement repose sur une convention constitutionnelle particulière et des mœurs propres à l'Angleterre qui sont des sortes de garde-fous du système qu'on résume à travers les notions particulières de *Common Law* ou de *Rule of Law*. Le système de *Common Law* tire ses origines de la Conquête normande de 1066 et du règne de Guillaume le Conquérant (Roi d'Angleterre de 1066 à 1087). C'est à partir de cette date que les Cours royales, qui ont alors acquis une certaine

autonomie au sein de la *Curia Regis* et qui ont accru peu à peu leurs compétences par rapport aux juridictions populaires, seigneuriales ou ecclésiastiques, vont chercher à uniformiser le droit au détriment des coutumes locales. Au début du XIIIème siècle, on distinguait, comme déjà vu précédemment, 3 cours royales : la Cour de l'échiquier (compétente pour les finances royales), la Cour des Plaids (compétente pour la propriété foncière et la possession des immeubles) et la Cour du Banc du Roi (compétente pour les affaires criminelles graves). Afin d'assurer la paix royale sur tout le territoire, les Rois d'Angleterre avaient pris l'habitude de confier à des juges itinérants le soin de dire le droit et la mission de transcrire certains édits qui allaient ainsi permettre, sur cette base, d'élaborer petit à petit une jurisprudence commune uniforme. Droit créé par les juges et non par la loi, il allait être rédigé dans les *Year Books* de 1290 à 1536 qui étaient alors la principale source matérielle du droit à cette époque. La *Common Law* était née, ce droit commun donnant la primauté aux précédents jurisprudentiels et voyant son existence, selon une des nombreuses fictions qu'elle a engendrées, définie comme étant immémoriale. En ce sens, le juge ne la crée pas, mais la déclare. Le raisonnement du juge anglais se veut pragmatique et reflète une activité judiciaire qui consiste à évaluer des jugements antérieurs, en vue de retrouver les principes qui décideront de l'affaire. En France, le processus de prise de décision est, à l'inverse, à la fois analytique et abstrait. A la différence du juge anglais dont le 1er devoir est d'identifier la règle qui va s'appliquer, la clef du raisonnement français se trouve, plutôt, dans l'interprétation et l'application de ces règles.

Le principe du règne du droit : le « *Rule of Law* »

180 • Les juges en s'appuyant sur la théorie de la « *Common Law* » réussiront à soumettre le Roi, le pouvoir exécutif au règne du droit et empêcheront l'émergence d'un despotisme absolu en Angleterre. La « *Rule of Law* » fera ainsi prédominer le principe fondamental de la primauté du droit. Selon ce principe, les règles de droit ont priorité sur toutes les autres normes ou règles de conduite. Plus particulièrement, cela veut dire que le droit prime sur la volonté ou l'arbitraire d'un individu (monarque, ministre, fonctionnaire, parti politique, ...) ou sur la volonté ou l'arbitraire de tout autre corps social, religieux ou moral (armée, église, ethnie, minorité, …). Le principe de *Rule of Law*, recouvre, tel qu'il a été défini par Albert Venn Dicey, 3 aspects distincts : un principe de légalité, un principe d'égalité de tous devant le droit et un principe de protection judiciaire des droits (Cf. La traduction d'A. Batut et de G. Jèze de A. V. Dicey, *Introduction à l'étude du droit constitutionnel*, Paris, Girard & Brière, 1902, p. 167). En d'autres termes, cela pourrait se traduire par la soumission de l'Etat (du gouvernement) au droit ordinaire *(Common Law)* administré par les juridictions judiciaires ; l'égalité des citoyens devant le droit (ordinaire) et la vocation du droit ordinaire *(Common Law)* à fournir les principes constitutionnels de protection des droits individuels.

Un contrôle de la loi sans censure formelle

181 • Le principe du règne du droit permet aux tribunaux de contrôler l'Administration et les actes de prérogative royale et éventuellement les lois sans

pour autant censurer formellement cette dernière catégorie de normes. En Angleterre, la constitution est dérivée de la « *Common law* » et non l'inverse : c'est cette dernière qui détermine la position de la Couronne et des fonctionnaires. En effet, la « *Common Law* » de nature constitutionnelle forme un corps de règles supérieures aux lois et, en tant que telle, s'impose au pouvoir législatif. Le juge britannique n'applique une loi qu'après l'avoir interprétée ou même après l'avoir rendue conforme aux grands principes de la « *Common Law* ». Dans la pratique, c'est dès le stade de la discussion sur le projet ou même dès sa préparation, que la loi est confrontée au respect des principes de la « *Common law* ». Cette confrontation est l'œuvre des « Lords judiciaires », qui, en tant que parlementaires, font connaitre leur avis quant à une possible violation de la « *Common law* », le gouvernement prenant soin alors de se conformer aux avis juridiques ainsi définis. Une disposition législative, qui transgresse clairement et ouvertement un droit protégé par la « *Common Law* », est réputée comme non écrite à moins qu'elle ne soit précédée d'une déclaration sans équivoque faisant ressortir que le contenu de la loi en question produit son effet en dépit de tel ou tel principe de la « *Common Law* ». Une dérogation expresse aux droits fondamentaux est nécessaire mais ceci est politiquement difficile à obtenir. Le Parlement conserve toujours la faculté de corriger toute interprétation judiciaire considérée comme erronée à travers une nouvelle législation. Il y a lieu de souligner néanmoins que le prestige et l'autorité des hauts magistrats britanniques font que les principes constitutionnels déclarés de la « *Common Law* » soient des normes quasi immuables. Certains hauts magistrats pensent qu'il appartient uniquement aux tribunaux, en vertu de leur compétence inhérente, d'assurer la protection des droits fondamentaux dans le cadre d'un usage raisonnable par le législatif et l'exécutif de leurs pouvoirs. Les hauts magistrats sont investis d'une double mission : rendre la justice et diriger le développement du droit.

La remise en cause des règles de la « *Common Law* » et la concurrence des règles de « *l'Equity* »

182 • La supériorité de la « *Common Law* » jurisprudentielle est dissimulée et n'est jamais proclamée expressément par le juge britannique sans doute pour des raisons tenant à l'image démocratique du système institutionnel du Royaume-Uni. Elle se cache derrière le principe, certes fictif, mais affirmé avec rigueur, de la souveraineté du Parlement. Cependant, après le XVIème siècle, la « *Common law* » s'est embourbée dans une logique visant à modifier difficilement les règles, les juges étant liés par la jurisprudence. Les règles de « *l'Equity* » fondées sur les principes de justice et d'équité se sont alors développées mettant en place une nouvelle juridiction parallèle permettant de pallier les insuffisances de la « *Common law* » et ses rigidités (Voir, par ex., R.-S. Pasley, « L'Equity en droit anglo-américain », *RIDC* 1961, vol. n°13, n°2, p. 292). Le but étant de rendre des décisions équitables, morales, visant non pas à modifier la « *Common Law* » mais à la compléter voire la corriger. De nouvelles règles autonomes plus simples se sont ainsi développées faisant prévaloir le droit écrit (procédure écrite ou inquisitoriale et non orale, absence de jury alors qu'il en existait même dans les affaires civiles jusqu'au

XIXème siècle). Les deux notions continuent d'exister en droit anglais. Certains juges pouvant statuer selon la procédure de la « *Common Law* », d'autres selon celle de « *l'Equity* ». Avant de lancer une action, il faut savoir dans quelle branche du droit on se trouve d'où l'importance de la distinction entre « *Common Law* » et « *Equity* ». Depuis la 2nde moitié du XIXème siècle, le droit anglais a subi une évolution importante due à l'influence croissante du législateur. Les lois se sont progressivement multipliées en totale rupture avec les siècles précédents où elles ne concernaient que le droit public et presque jamais le droit privé. Elles ont apporté un esprit nouveau, plus collectif, moins individualiste augmentant les pouvoirs du gouvernement et des collectivités publiques, mettant en place une société plus juste et égalitaire. Au-delà de cette révolution pour les juristes anglais, la loi reste une source secondaire du droit. Le *Constitutional Reform Act* du 24 mars 2005 mettant en place une Cour suprême au Royaume-Uni indépendante de la Chambre des Lords (avant les 11 Justices membres de la Cour suprême siégeaient au sein de la chambre haute du parlement de Westminster, la Chambre des Lords) le prouve dans la mesure où il fait référence, pour la 1ère fois, dans un texte de loi, au principe de « *Rule of Law* », qui constitue avec la souveraineté du Parlement, comme on a pu l'expliquer, l'un des deux fondements de la Constitution britannique.

Un rappel récent à l'importance de la « *Rule of Law* » dans la volonté de renationaliser la protection des droits face à l'influence des juges européens

183 • La consécration textuelle de la « *Rule of Law* » s'inscrit dans un mouvement visant à rééquilibrer l'ensemble des fondements constitutionnels anglais en faveur de ce principe. Les deux piliers du système constitutionnel font, aujourd'hui, l'objet d'importantes évolutions. La réalité du principe de souveraineté parlementaire ne correspond plus à l'image qui en faisait le 1er principe du droit public anglais. L'impossibilité pour le Parlement de lier ses successeurs, l'interdiction faite à toute personne ou à tout corps d'annuler ou d'écarter une loi et l'absence de distinction entre lois ordinaires et constitutionnelles, qui sont les 3 composantes de la souveraineté parlementaire, sont aujourd'hui remises en cause. C'est l'adhésion du Royaume-Uni au cadre européen communautaire, avec le *European Communities Act* 1972, et conventionnel, avec le *Human Rights Act* 1998 qui matérialise cette remise en cause. Avec l'institution de la nouvelle Cour suprême, cela témoigne d'un mouvement général de transformation de la Constitution britannique qui résulte de la mutation de ses deux fondements et de son écriture progressive par un nombre croissant de lois matériellement constitutionnelles. La Cour suprême jouant alors le rôle de juge constitutionnel classique tel que l'on peut le voir dans les autres pays de Constitution écrite. Il existe de même, aujourd'hui, un débat incessant sur la création d'un nouveau *Bill of Rights*. Les raisons qui ont conduit le Royaume-Uni de Tony Blair à se donner un *Human Rights Act* en 1998 sont d'ailleurs les mêmes que celles que le Gouvernement conservateur d'aujourd'hui avance pour promouvoir un nouveau *Bill of Rights*. Elles consistent, globalement, à vouloir rapatrier les droits au Royaume-Uni. L'intention en 1998 était notamment de dégonfler le contentieux européen des droits de l'Homme contre le Royaume-Uni par la nationalisation du règlement des litiges en donnant aux juges britanniques les moyens de protéger les

droits de façon cohérente (voire connivente) avec les juges de Strasbourg. Aujourd'hui, c'est un peu différent. L'intention est de renationaliser complètement la protection des droits afin de mieux maîtriser le processus d'application interne de la ConvEDH, quitte à se défaire de l'obligation d'interpréter les droits en fonction de la jurisprudence de Strasbourg. L'exécutif ne semble plus supporter les immixtions des juges sur fond de « *Human Rights Act* » dans ses prérogatives d'exécutif, l'objectif est clairement d'abroger cet acte de manière à limiter la « capacité de nuisance » des juges à l'égard du pouvoir exécutif. L'intention politique est assez nette : en finir avec l'activisme judiciaire, soutenu qui plus est par un pouvoir étranger venu d'Europe que ce soit dans sa version liée à la ConvEDH ou celle liée à l'Union européenne. Le choix récent du Royaume-Uni tendant à mettre fin à son appartenance à l'Union européenne s'inscrit notamment dans ce contexte.

L'évolution du système britannique et l'affirmation de la Cour suprême comme juge constitutionnel : l'affaire *Miller contre 1er Ministre* du 24 septembre 2019

• C'est en pleine crise du Brexit, le 24 septembre 2019, que la Cour suprême du Royaume-Uni a rendu une décision dites décision « *Miller 2* » (Cf. C. Lageot et C. Costello, « Cour suprême du Royaume-Uni, 24 septembre 2019, Miller versus Prime Minister. Traduction intégrale », *RFDC* 2021, n°125, p. 97 et suiv.) que tous les commentateurs ont salué comme étant historique dans l'histoire constitutionnelle britannique. (Voir, en ce sens, A. Antoine, « Le Brexit, la Cour suprême et la prérogative royale », *RFDA* 2020, p. 410 et suiv). La recommandation du Premier ministre, Boris Johnson, faites à la Reine, de suspendre (par prorogation) le Parlement pendant cinq semaines (en vertu de la Prérogative royale, la prorogation visant à suspendre les initiatives législatives et les adoptions des projets de loi ne peut être prononcée que par la Reine) a, en effet, été jugé non seulement illégale, mais aussi nulle et dépourvue d'effet, le Premier ministre ayant agi en dehors de ses pouvoirs. Pour arriver à cette conclusion, elle s'est appuyée, en l'absence de Constitution, sur le droit de la *Common Law* et le principe de la *Rule of Law* pour protéger l'équilibre politique des pouvoirs tel qu'il a été bâti au fil du temps dans le pays. Comme ont pu notamment le souligner Céline Roynier ou Aurélie Duffy-Meunier, en défendant l'autorité politique du Parlement britannique sur la base d'une légitimation par l'histoire et le droit, la Cour a pu « revivifier la confusion originelle entre pouvoir législatif et pouvoir judiciaire » (C. Roynier, « Illégalité de la prorogation du Parlement britannique : seule la reine peut mal faire ! », 1er octobre 2019, https://blog.juspoliticum.com) et remettre au gout du jour « la Constitution judiciaire dans le fonctionnement de la Constitution politique, la seconde dépendant, en l'espèce, de la première » (A. Duffy-Meunier, « L'affaire de la prorogation : Miller (n°2). L'annulation de la suspension du Parlement par la Cour suprême britannique », *RFDC* 2021, n°125, p. 127 et suiv.). Ceci démontrant que « les juges, tout comme les parlementaires, sont donc des représentants, d'abord du roi bien sûr […], mais plus fondamentalement, de la société » et que « lorsque le Parlement ne peut en pratique contrôler le gouvernement ou lui demander des comptes, ce sont les juges aidés de citoyens vigilants, qui, en quelque sorte, assument cette fonction de contrôle » (C. Roynier). C'est en ce sens que la décision *Miller* mérite d'être mentionné parce qu'elle « s'inscrit ainsi dans une tradition centenaire de lutte contre l'abus de pouvoir, une tradition de séparation des pouvoirs » (A. Duffy-Meunier).

b) L'exemple américain et le contrôle du « *Judicial review* »

Une Cour suprême, dès l'origine, aussi puissante que les autres pouvoirs grâce au contrôle de constitutionnalité par voie d'exception (« *Judicial Review* »)

184 • La notion de droits fondamentaux a été l'un des piliers de la République américaine. Le fait que le pouvoir ait été obligé de respecter certains droits fondamentaux des gouvernés fut, à la fois, une justification de la Révolution américaine et de la Déclaration d'indépendance *(The unanimous declaration of the thirteen united States of America)* du 4 juillet 1776 et une part essentielle de la formation du nouveau régime américain, comme l'ont été la Constitution fédérale du 17 septembre 1787 et la Déclaration des droits *(United States Bill of Rights)* du 15 septembre 1791. Très tôt dans l'histoire de la nouvelle République, la notion des droits fondamentaux s'est révélée importante pour fonder le contrôle par voie d'exception ou, en d'autres termes, le contrôle juridictionnel *a posteriori* de constitutionnalité (procédure du « *Judicial Review* »). L'objectif de la Convention de Philadelphie était clair, il fallait sauver une Confédération moribonde et le moyen retenu consistait à placer au-dessus des Etats un autre Etat nécessairement investi des puissances classiques. Mais, contrairement aux révolutionnaires français qui se limitèrent à la puissance exécutive et législative, ce sont bien trois puissances qui ont été retenues avec l'inclusion claire de la puissance de juger. C'est le caractère fédéral des Etats-Unis qui explique, dans une large mesure, cette vision des choses et la puissance ainsi donnée à la représentante de ce pouvoir de juger à savoir la Cour suprême des Etats-Unis. Celle-ci est placée sur un même pied d'égalité que les deux autres pouvoirs dans la mesure où elle est jugée seule capable d'être cet organe indépendant et légitime capable de défendre les lois fédérales et de l'imposer aux Etats fédérés. Et, elle ne peut le faire, en réalité, qu'à travers un seul pouvoir, celui par voie d'exception, qui l'amène, à la fois, à être la gardienne et l'interprète de la Constitution et des lois fédérales et à jouir d'une autorité légitime pour contrôler et redresser les actes du Congrès et du Président qu'elle tient pour inconstitutionnels. En exerçant son contrôle de constitutionnalité, la Cour suprême a gardé vivante la notion de droits fondamentaux dans sa doctrine en constant développement tout en allant, quelquefois, au-delà des dispositions mêmes du texte de la Constitution en estimant comme fondamentaux certains droits. Cela s'est traduit par d'importants débats, qui se poursuivent toujours aux Etats-Unis, sur la question de savoir ce que doit être la vraie nature de l'interprétation constitutionnelle et de la méthode appropriée pour définir les droits fondamentaux.

La décision fondatrice du pouvoir de la Cour suprême : l'arrêt « *Marbury contre Madison* »

185 • C'est par la *décision Marbury contre Madison* rendue le 24 février 1803 (5 U.S. 137) (Cf. J. Henninger, Marbury v. Madison, PU de Strasbourg, 2006 ; J. Lambert, « Les Origines du contrôle de constitutionnalité des lois fédérales aux États-Unis. Marbury v. Madison », *RDP* 1931, p. 1 ; E. Zoller (dir.), *Marbury v. Madison : 1803, 2003, Un dialogue franco-américain*, Paris, Dalloz, 2003 ou, plus récemment, E. Zoller, « Les deux constitutions de John Marshall : Une relecture de l'arrêt Marbury v. Madison », *RFDC* 2020, n°123, p. 521 et suiv.) que la Cour suprême des Etats-Unis institua le mécanisme même du « *Judicial review* », ce principe essentiel du droit américain selon lequel c'est au juge suprême des Etats-Unis qu'il appartient d'interpréter, en dernier ressort et avec l'autorité la plus élevée, la Constitution américaine et les droits fondamentaux qu'elle protège. En effet, par cet arrêt, la Cour avait à connaître d'une nomination d'un juge (Marbury) dont l'affectation avait été signée par le président John Adams mais non notifié au principal intéressé. Le nouveau président, Thomas Jefferson, ordonna de rendre sans effet la nomination. Pour la Cour, et quand bien même le pouvoir de nomination est discrétionnaire, le comportement de l'administration est illégal et cause un dommage au juge effectivement nommé par le président alors en place. Il n'y a pas de contrôle de la nomination par le juge mais ce dernier ordonne néanmoins la délivrance de l'acte d'affectation car Marbury a un droit acquis à l'obtenir. L'exécutif ne peut le priver de ce droit. L'arrêt insiste sur le fait que la Constitution a remis au pouvoir judiciaire le pouvoir de formuler de telles injonctions et pose que la Constitution est une norme suprême et inaltérable par des moyens ordinaires. Tous les juges judiciaires deviennent alors les gardiens de la constitutionnalité des normes (théorie du contrôle diffus de constitutionnalité). Au final, si la constitution est supérieure à la loi, « une loi contraire à la constitution n'est pas du droit, elle est nulle. Si elle est nulle, elle ne doit pas être appliquée » (Cf. L'analyse de l'arrêt par E. Zoller, *Les Grands de la Cour suprême des Etats-Unis*, Dalloz, coll. Les Grands Arrêts, 1ère éd., 2010, p.1 à 28). Dès cette époque, les critiques ont été importantes, notamment celle du président Jefferson qui considérait que ce nouveau pouvoir des juges de la Cour suprême plaçait l'Amérique : « sous le despotisme d'une oligarchie » (Thomas Jefferson, Henry Augustine Washington, *The Writings of Thomas Jefferson : Correspondence. Reports and opinions while Secretary of Stat*e, New York, Derby & Jackson, 1859, p. 178).

La conviction du caractère protecteur de la Constitution

186 • Cette tradition du contrôle de constitutionnalité des actes du législateur peut être tenue pour la caractéristique distinctive du droit américain, en particulier lorsqu'il est comparé aux autres systèmes de *Common law*, inspirés par le modèle juridique anglais. Au cœur de la doctrine du contrôle de constitutionnalité se tient la conviction, partagée par tous, que la Constitution des Etats-Unis et la Déclaration des droits sont par essence des textes juridiques et non pas seulement politiques. Le contrôle judiciaire de constitutionnalité mis en place par la Cour suprême ne suffit

pas à légitimer cette doctrine mais le fait qu'il soit établi depuis près de deux siècles légitime l'amalgame de la Constitution au « droit » et le rôle de gardien, en conséquence, de la Cour suprême. Sur un plan plus concret, beaucoup d'Américains ont la conviction que le pouvoir politique est plus limité par les contrôles juridictionnels liés à la protection des droits fondamentaux, fût-ce-t-ils ponctuels, que par l'exercice de révolutions ou de changements constitutionnels plus dramatique ou spectaculaire. Le régime américain comme sa Constitution n'ont d'ailleurs jamais été remis en cause par un mouvement populaire contrairement aux nombreuses expériences connues en ce sens en France.

Les premières critiques tenant au « gouvernement des juges »

187 • Depuis la 1ère critique du président Jefferson, la Cour suprême a été, à de nombreuses reprises, confrontée à la critique d'un « gouvernement des juges », critique qui s'articulerait autour du fait que la Cour rende ses décisions davantage sur le fondement de considérations personnelles ou politiques que sur le droit existant (Le « gouvernement des juges » est une expression d'Edouard Lambert apparue pour la 1ère fois dans son ouvrage *Le gouvernement des juges et la lutte contre la législation sociale aux Etats-Unis. L'expérience américaine du contrôle judiciaire de la constitutionnalité de la loi,* Paris, Giard, 1921, réédité, Paris, Dalloz, 2005). Le juge suprême s'est justifié en démontrant que sa compétence de « *Judicial Review* » était directement liée au principe de suprématie de la Constitution posée à l'article VI-2 C° (« La présente Constitution, ainsi que les lois des Etats-Unis qui en découleront, et tous les traités déjà conclus, ou qui le seront, sous l'autorité des Etats-Unis, seront la loi suprême du pays ; et les juges dans chaque Etat seront liés par les susdits, nonobstant toute disposition contraire de la Constitution ou des lois de l'un quelconque des Etats »). Il a, de même, justifié sa jurisprudence par sa volonté d'apporter une garantie aux droits constitutionnels ainsi consacré, en particulier, concernant le 14ème amendement et la clause d'égale protection (selon lequel « [...] aucun Etat ne fera ou n'appliquera de lois qui restreindraient les privilèges ou les immunités des citoyens des Etats-Unis [...] ni ne refusera une égale protection des lois à quiconque relève de sa juridiction »). Ni les 1ers constituants américains, ni les 6 juges, qui formèrent la 1ère Cour suprême en 1790 à New York, ne pouvaient, cependant, préjuger de ce que deviendrait la Cour. Son activisme judiciaire l'a amené à s'opposer directement au Président et au Congrès américain sur un certain nombre de sujets relatifs à l'égalité des droits ou aux libertés publiques. L'histoire constitutionnelle des Etats-Unis montre que la mise en œuvre du « *Judicial Review* » ne s'est pas déroulée sans heurts. La guerre civile (1861-1865) fut induite, en partie, par une décision de la Cour suprême du 6 mars 1857, *Dred Scott contre Sandford* (Arrêt 60 U.S. 393) où la Cour prend fermement position en faveur de l'esclavage, déclarant, d'une part, qu'un Noir, même libre, ne peut être citoyen des Etats-Unis, d'autre part que, dans les territoires des Etats-Unis qui, à l'époque, ne sont pas encore des Etats et sont administrés par le gouvernement fédéral, ces derniers ne peuvent y interdire l'esclavage. C'est certainement aujourd'hui l'arrêt de la Cour suprême le plus unanimement réprouvé (Cf. A. Coutant, « Dred Scott v. Sandford,

quand la Cour suprême consacrait l'esclavage », *RFDC* 2015, avril, n°1, p. 27 et E. Zoller, *Grands arrêts de la Cour suprême des Etats-Unis*, Paris, PUF, 2000, p. 209).

Des difficultés tenant à la justification de la légitimité des juges pour exercer leur pouvoir : l'ère « Lochner »

188 • L'argument majeur mis en avant contre l'activisme de la Cour a toujours été celui de son illégitimité en raison de son caractère anti-démocratique. Ce problème essentiel a été qualifié, aux Etats-Unis, de « difficulté contre majoritaire ». Cette expression formalisée par Alexander Bickel signifie que le principe de l'invalidation, par des juges non élus, de lois votées par la majorité des représentants élus du peuple, ne peut pas être réconcilié avec le principe démocratique (A. Bickel, *The Least Dangerous Branch : The Supreme Court at the Bar of Politics,* Yale University Press, New Haven, 1962, p. 16 ; M. Laporte, « La pensée constitutionnelle d'Alexander Mordecai Bickel. La difficulté contre-majoritaire et ses implications », juin 2014, http://juspoliticum.com). La manifestation la plus spectaculaire de l'usage de ce pouvoir par la Cour suprême fut sans aucun doute l'arrêt des 23 et 24 février 1905, *Lochner v. New York (Voir Lochner v. New York,* 198 U.S. 45 (1905), traduit in É. Zoller, *Grands arrêts de la Cour suprême des États-Unis*, Paris, PUF, 2000, n°16 ; également traduit, avec l'adjonction d'un commentaire, in E. Zoller, *Les grands arrêts de la Cour suprême des États-Unis*, Paris, Dalloz, 2010, n°8). Les juges, défavorables à l'interventionnisme public en matière économique, ont invalidé une loi de l'Etat de New York limitant le nombre d'heures de travail hebdomadaire pour les boulangers. Le motif retenu est celui de la méconnaissance de la liberté contractuelle garantie par la « *due process clause* » (Vème amendement) qui implique une liberté contractuelle totale et qui empêche toute régulation législative (le *Bakeshop Act* de 1895 avait limité la journée de travail des boulangers à 10 heures, et la semaine à 60 heures). L'arrêt a donné son nom à l'ère « Lochner » durant laquelle les juges de la Cour suprême se sont opposés, de façon constante, et jusqu'à la fin des années 1930, à toute régulation de l'économie et à toute législation un tant soit peu exigeante concernant le droit du travail.

La crise du « *New Deal* » et l'apogée du « gouvernement des juges »

189 • Le pouvoir des juges a aussi pu engendrer de graves crises constitutionnelles : on cite souvent le bras de fer qui opposa la Cour suprême à l'administration Roosevelt dans les années 1930 et à l'époque de la crise du « *New Deal* ». En 1935 et 1936, la Cour suprême, sur le fondement du pouvoir de contrôle de la constitutionnalité des lois et dans une logique très conservatrice, invalide plusieurs mesures importantes du pouvoir exécutif et place ainsi l'administration démocrate de l'époque dans une situation difficile : c'est toute la politique du *New Deal* qui est remise en cause. Dès le début de 1935, plusieurs mesures, d'une importance mineure, avaient été invalidées. C'est d'abord la décision prise, à l'unanimité des 9 juges, dans l'affaire *L. A. Schechter Poultry Corporation v. United States* (Cour suprême EU, 27 mai 1935, 295 U.S. 495) qui entraîne la condamnation du *National Recovery Administration* ou NRA créée dans le cadre du *National Industrial Recovery Act* du 16 mai 1933. La loi fédérale attaquée avait institué des comités pour les secteurs de

l'industrie pour endiguer la Grande dépression en faisant remonter les prix, chaque comité ayant le pouvoir juridique de proposer au président des codes de « concurrence loyale ». Les juges ont estimé que ces codes impliquaient une délégation du pouvoir législatif en faveur du président et qu'ils étaient, de plus, en contradiction avec les stipulations commerciales de la Constitution. Quelques mois plus tard, un autre arrêt *United States v. Butler* (Cour suprême EU, 6 janvier 1936, 297 U.S. 1) invalide l'*Agricultural Adjustment Act* du 12 mai 1935 (loi d'ajustement agricole), pour avoir créé une taxe de transformation, au profit des fermiers, laquelle était illégale. Mais, cette fois, la décision était prise à la majorité simple (Cf. L. Franck, « Roosevelt face à la Cour suprême », *Le monde diplomatique*, 1982, juin, p. 2). Estimant notamment que la Cour suprême était devenue un sérieux obstacle en retoquant régulièrement les programmes du *New Deal*, le président Roosevelt soumit au congrès, l'année suivante en 1937, son projet de législation de « noyautage de la Cour » *(Court packing)* qui devait lui permettre de nommer un nouveau juge pour chaque juge en fonction ayant atteint l'âge de 70 ans. Cédant à la pression du Président, la Cour adopta une lecture plus souple de la Constitution et mis fin à cette période de « gouvernement des juges » en annonçant, dans sa décision en date du 12 avril 1937, *National Labor Relations Board (NLRB.) v. Jones & Laughlin Steel Corporation* (301 US. 1), un nouveau mode de contrôle de constitutionnalité des lois.

La nouvelle politique de retenue judiciaire *(self-restraint)* de la Cour

190 • L'arrêt du 12 avril 1937 va permettre à la Cour suprême de définir son nouveau mode de contrôle comme suit : « Le principe cardinal de l'interprétation des lois est de sauver, et non de détruire. Entre deux interprétations possibles d'une loi, l'une qui la rend inconstitutionnelle, l'autre qui la valide, notre simple devoir est de retenir celle qui sauvera la loi » (E. Zoller, *Grand arrêts de la Cour suprême des Etats-Unis,* Paris, Dalloz, 2000, arrêt n° 15, p. 235, § 6). Comme peut le relever Elisabeth Zoller, « La Cour admit qu'à l'heure de la démocratie majoritaire, il lui fallait se retenir, s'autolimiter comme on dit aussi, et pratiquer, sauf exceptions soigneusement encadrées, une politique très sage de retenue judicaire *(self-restraint)* » (E. Zoller, « Considérations sur les causes de la puissance de la Cour suprême des États-Unis et de sa retenue », *Cahiers du CC* 2011, n°33). Avec cette nouvelle logique, la Cour inaugura une nouvelle période dans l'histoire du contrôle de constitutionalité des lois. Peu importe la provenance des lois (Président ou Congrès), la logique première n'est plus de les questionner sur leur caractère arbitraire ou contraire aux droits fondamentaux, il est juste question d'abord de les présumer conformes à la Constitution. La Cour n'exerce plus, dans cette logique, qu'un simple contrôle restreint ou minimum sur la constitutionnalité des lois. Les lois américaines, qu'elles concernent l'économie, la finance, la fiscalité ou le droit social, sont aujourd'hui toujours présumées constitutionnelles. La Cour ne s'oppose pas au principe démocratique et laisse le peuple, par le biais des élections, régler les oppositions soulevées. Il n'y a que des cas restreint où la Cour met de côté la retenue judiciaire (par exemple, pour annuler des lois qui sont conçues pour pérenniser la majorité au pouvoir comme les lois qui portent atteinte à la liberté

d'expression ou, par exemple, pour écarter des lois qui ont très peu de chance d'être remises en cause par le suffrage des urnes comme les lois d'oppression concernant certaines communautés raciales ou religieuses).

Une Cour qui se limite au contrôle des prérogatives de puissance publique et qui se révèle, au final, garante des équilibres du système

191 • Avec l'adoption du 14ème amendement en 1868 (qui oblige, on le rappelle, les Etats à garantir à toute personne soumise à leur juridiction les droits fondamentaux à la vie, à la liberté et à la propriété), la Cour a toujours fait en sorte d'appliquer ces décisions à des relations juridiques mettant en cause une action d'Etat (*state action*), c'est-à-dire à une action qui implique l'exercice, si on prend la définition française, de « prérogatives de puissance publique ». En conséquence, la Constitution ne s'applique pas aux relations d'ordre privé et, lorsqu'elles sont concernées, la Cour suprême fait relever la question au niveau des juridictions d'Etats. Aux Etats-Unis, le contentieux constitutionnel ne concerne que les relations entre particulier et l'Etat, en d'autres termes, des relations de droit public. Les relations privées sont uniquement gérées par le législateur des Etats fédérés, éventuellement le législateur fédéral, mais en aucun cas par la Cour suprême. Au final, si on observe toutes ces évolutions, la Cour suprême n'exerce pas la puissance qu'une certaine opinion publique lui donne, elle en a les moyens mais elle ne le fait pas parce qu'elle sait qu'il y a des limites à son pouvoir dans le système des *Checks and Balances* (En ce sens, E. Zoller, « Considérations sur les causes de la puissance de la Cour suprême des États-Unis et de sa retenue » précité). Le Congrès peut d'abord s'opposer aux juges par les menaces d'utilisation de la procédure d'*Impeachment* contre les membres de la Cour même s'il le fait rarement. Le Président, quant à lui, peut profiter de sa légitimité populaire pour rappeler à l'ordre les juges. Il ne faut pas que la Cour s'écarte trop des principes qui ont porté le Président au pouvoir sous peine de voir ce dernier rappeler qu'il est, lui aussi, un interprète de la Constitution.

Les dangers de la politisation toujours plus forte de la Cour suprême dans l'équilibre jusque-là établi (1)

191-1 • Comme peut le noter Elizabeth Zoller, au sein de la Cour suprême et sur la période contemporaine, « un consensus s'était établi qui consistait à reconnaître un équilibre entre un bloc libéral et un bloc conservateur qui se maintenait cahincaha au bénéfice d'un juge-pivot *(swingvote)* qui apportait sa voix prépondérante tantôt à l'un, tantôt à l'autre » (E. Zoller, « Le rôle politique de la Cour suprême, toujours recommencé », *JCP* 2020, G, n°1129). Mais, le 26 octobre 2020, la majorité conservatrice est passée à 6 juges contre 3 pour la tendance libérale (suite à la nomination de la juge Amy Coney Barrett pour succéder à la progressiste Ruth Bader Ginsburg) atteignant une proportion qui n'a jamais été aussi forte même si la Cour n'est plus sous majorité libérale depuis 1969. Si pour certains, « la bataille qui s'annonce est homérique, […] il ne faut pas en exagérer l'importance », (E. Zoller précité), pour d'autres, « il faut s'attendre à de nombreuses décisions accentuant une dérégulation tous azimuts, signant la fin des contre-pouvoirs au bénéfice d'une présidence toute-puissante, l'érosion de la séparation de l'Église et de l'État et un basculement de plusieurs décennies en arrière en termes de libertés, de droits civiques et de garanties en matière de procédure pénale » (A. Deysine, « L'administration Biden face à la polarisation de la Cour suprême », interview, 19 février 2021, https://www.institutmontaigne.org ; M. Bouaziz, « La protection constitutionnelle du droit à l'avortement aux États-Unis : Une garantie en sursis », https://blog.juspoliticum.com, 26 novembre 2021).

Les dangers de la politisation toujours plus forte de la Cour suprême dans l'équilibre jusque-là établi (2)

191-2 • Il reste que dans une société américaine fortement divisée, qui rejette tout compromis et qui renonce aux poids et contrepoids institutionnels au profit des intérêts partisans, la Cour suprême devient un enjeu essentiel et, de plus en plus, « dans la boucle singulière à l'œuvre, […] un moyen d'acquisition du pouvoir et un instrument de sa perpétuation » (I. Fassassi, « La Cour, l'élection et le sens de la « démocratie » américaine en question », 5 septembre 2020, https://blog.juspoliticum.com) et « […] un canon que l'on ne veut ou ne peut détruire, mais dont on cherche uniquement à orienter le tir » (*Ibid.*). Les craintes mentionnées se sont, tout récemment, vérifiées le 23 juin 2022 quand la Cour suprême a consacré le principe d'une liberté totale de porter une arme en tous lieux et donc à sortir armés hors de leur domicile (Décision *New York State Rifle & Pistol Association Inc. v. Bruen*, 597 U.S (2022)), le 24 juin 2022 quand cette même Cour juge que la Constitution américaine ne garantit pas le droit à l'avortement (Décision *Dobbs v. Jackson Women's Health Organization*, 597 U.S (2022) ; Voir M. Sissoko-Noblot, « Dobbs v. Jackson Women's Health Organization, 597 U.S (2022) Requiem pour un mythe jurisprudentiel », https://blog.juspoliticum.com, 15 juillet 2022, C. Fercot, « Dobbs v. Jackson Women's Health Organization ou l'anéantissement du droit à l'avortement en tant que standard fédéral », *RDH* 2022, juillet, https://journals.openedition.org, W. Mastor, « Remise en cause par la Cour suprême des Etats-Unis du droit à l'avortement – Analyse et perspectives », https://blog.leclubdesjuristes.com, 25 juin 2022) ou encore le 30 juin 2022 quand elle limite les pouvoirs de l'Agence de Protection de l'Environnement américaine dans ce combat (Décision *West Virginia v. Environmental Protection Agency*, 597 U.S. (2022), voir M. Hautereau-Boutonnet, « West Virginia v. EPA : la lutte contre le changement climatique à l'épreuve du conservatisme de la Cour Suprême américaine », https://blog.leclubdesjuristes.com, 8 juillet 2022).

Bibliographie

- **Andrews (N.-H.)**, « L'Angleterre doit-elle adopter une Déclaration des droits assortie d'un contrôle juridictionnel des lois ? », AIJC 1989, vol. V, p. 35.

- **Antoine (A.)**, « La question de l'adoption d'un nouveau « Bill of Rights » au Royaume-Uni », RIDC 2013, n°3, p. 685.

- **Arnold (R.)**, « La Cour constitutionnelle fédérale et les institutions politiques », RIDC 2003, p. 965 ; « La loi fondamentale de la RFA et l'Union européenne : le nouvel article 23 de la loi fondamentale », RIDC 1993, n°3, p. 673.

- **Autexier (C.)**, Introduction au droit public allemand, Paris, PUF, 1997, Reprint Revue générale du droit on line, 2015, n°19808 (www.revuegeneraledudroit.eu/?p=19808).

- **Autexier (C.), Genius-Devime (R.)**, « La Cour constitutionnelle fédérale, l'ordre constitutionnel allemand et le Traité de Maastricht », RFDC 1994, n°18, p. 420.

- **Barbe (V.)**, « Le Human Rights Act 1998 et la souveraineté parlementaire », RFDC 2005, n°61, p. 117.

- **Barque (F.)**, « La réforme du recours d'Amparo en Espagne : évolution ou révolution ? Réflexions en guise de bilan », RDLF 2014, chron. n°3 ; « Plaidoyer en faveur de l'objectivation partielle du recours d'Amparo en Espagne », AIJC 2006, vol. n°22, p. 39.

- **Beatson (J.)**, « Le Royaume-Uni et la nouvelle déclaration des droits », RFDC 2001, n°48, p. 687.

- **Beguin (J.-C.)**, Le contrôle de constitutionnalité des lois en République fédérale d'Allemagne, Paris, Economica, 1982.

- **Böckenförde (E.-W.)**, « Théorie et interprétation des droits fondamentaux » in Le droit, l'Etat et la Constitution démocratique, Paris, Bruxelles, LGDJ, Bruylant, 2000.

- **Bon (P.)**, « Présentation du Tribunal constitutionnel espagnol », Cahiers du CC 1997, n°2 ; « La question d'inconstitutionnalité en Espagne », Pouvoirs 2011, n°137, p. 256.

- **Bon (P.), Moderne (F.), Rodriguez (Y.)**, La justice constitutionnelle en Espagne, Paris, Economica, 1984.

- **Briard (F.-H.)**, « La Cour suprême des Etats-Unis d'Amérique et le procès équitable », Mélanges Pactet, Paris, Dalloz, 2003, p. 503.

- **Butavand (Q.)**, « Quelle actualité pour la Constitution du Royaume-Uni ? », RFDC 2015, n°103, p. 539.

- **Canivet (G.)**, « The Court and the World », JCP 2015, G, n°44, p. 1964.

- **Capitant (D.)**, Les effets juridiques des droits fondamentaux en Allemagne, Paris, LGDJ, 2001.

- **Callewaert (J.)**, « Les droits fondamentaux entre Cours nationales et européennes », RTDH 2001, n°48, p. 1183.

- **Carillo (M.)**, « La réforme de l'Amparo en Espagne : un nouveau certoriari ? », Constitutions 2014, p. 60.

- **Chassin (C.-A.)**, « La protection juridictionnelle des droits fondamentaux à travers le recours d'Amparo constitutionnel en Espagne », CRDF 2002, n°1, p. 33.

- **Coutant (A.)**, « Dred Scott v. Sandford, quand la Cour suprême consacrait l'esclavage », RFDC 2015, avril, n°1, p. 27

- **Deparis (O.)**, « La Cour suprême au Royaume-Uni et la question de constitutionnalité », Nouveaux cahiers du CC 2011, n°32, p. 223.

- **De Schutter (O.)**, Fonction de juger et droits fondamentaux. Transformation du contrôle juridictionnel dans les ordres juridiques américain et européens, Bruxelles, Bruylant, 1999.

- **Diez-Picazo (L.-M.)**, « Le recours d'Amparo en droit espagnol », Constitutions 2011, p. 7.

- **Dittmann (A.)**, « Le recours constitutionnel en droit allemand », Cahiers du CC 2001, n°10.

- **Dookhy (P.)**, « Le développement du contentieux de la loi en Angleterre », RFDA 1999, p. 159.

- **Dubourg-Lavroff (S.)**, « Pour une constitutionnalisation des droits et des libertés en Grande-Bretagne ? », RFDC 1993, p.479.

- **Ducoulombier (P.)**, « Le European Union Act 2011 ou la démocratie en excuse de l'euroscepticisme », RTDE 2011, p. 689.

- **Duffy-Meunier (A.)**, « La Cour suprême au Royaume-Uni après le Constitutional Reform Act 2005 : une juridiction hors norme » RIDC 2012, n°3 p. 681 ; La protection des droits et libertés au Royaume-Uni : Recherche sur le Human Rights Act 1998 et les mutations du droit constitutionnel britannique face aux exigences de la Convention européenne des droits de l'homme, Paris, LGDJ, 2007.

- **Dutheil de la Rochère (J.)**, « Le pouvoir judiciaire et les libertés au Royaume-Uni », Pouvoirs 1986, n°37, « La Grande-Bretagne », p. 101.

- **Dworkin (R.)**, « Controverse constitutionnelle », Pouvoirs 1991, n°59, « La Cour Suprême des Etats-Unis », p. 5.

- **Fassassi (I.)**, « L'exigence continue de la légitimité sociale de la Cour suprême », Cahiers du CC 2009, n°26, p. 142.

- **Fercot (C.)**, La protection des droits fondamentaux dans l'Etat fédéral, Paris, Fondation Varenne, 2011.

- **Fernandez Segado (F.)**, « Les revirements de jurisprudence de la jurisprudence constitutionnelle en Espagne », Nouveaux cahiers du CC 2006, n°20, p. 123.

- **Fischer (L.), Mourtaba-Sabbah (N.)**, « La Cour suprême des Etats-Unis : interprète souverain de la Constitution », RDP 2002, p. 1205.

- **Fromont (M.)**, « République fédérale d'Allemagne », RDP 2016, p. 1342 ; « Les revirements de jurisprudence de la Cour constitutionnelle fédérale d'Allemagne », Nouveaux Cahiers du CC 2006, n°20, p. 110 ; « Présentation de la Cour constitutionnelle fédérale d'Allemagne », Nouveaux Cahiers du CC 2003, n°15, p. 90 ; « Le constitutionnalisme allemand », Pouvoirs 1993, n°66, « L'Allemagne », p. 5 ; « Les droits fondamentaux dans l'ordre juridique de la République fédérale d'Allemagne », Mélanges Eisenmann, Paris, Cujas, 1975, p. 49.

- **Gaillet (A.)**, L'individu contre l'Etat. Essai sur l'évolution des recours de droit public dans l'Allemagne du XIXème siècle, Paris, Dalloz, 2012.

- **Girard (C.)**, La conception anglaise des droits fondamentaux dans une perspective européenne, Londres, Esperia publications Ltd, 1999 ; « Royaume-Uni, Droits de l'Homme et Constitution. Quel rapport ? », Lettre « Actualités Droits-Libertés » du CREDOF 2012, 20 décembre.

- **Graf Witzthum (F.)**, « La démocratie des partis politiques en Allemagne », RFDC 2006, n°26, p. 403.

- **Grewe (C.)**, « Le contrôle de constitutionnalité de la loi en Allemagne. Quelques comparaisons avec le système français », Pouvoirs 2011, n°137, p. 143 ; « L'arrêt de la Cour constitutionnelle allemande du 12 octobre 1993 sur le Traité de Maastricht : l'Union européenne et les droits fondamentaux », RUDH 1993, n°7-8, p. 226 ; « Subjectivité et objectivité dans le contentieux de la Cour de Karlsruhe », Droits 1989, p. 131.

- **Guasch (J.)**, « La mise en cause de la constitutionnalité des lois à travers le recours d'Amparo en Espagne », AIJC 1992, p. 25.

- **Haguenau-Moizard (C.)**, « La Cour suprême britannique et la Cour européenne des droits de l'homme : une nouvelle voix dans le dialogue des juges », RTDH 2012, n°91, p. 491.

- **Hayward (J.)**, « Royaume-Uni : l'exception européenne et le modèle européen », Pouvoirs 2000, n°93, « Le Royaume-Uni de Tony Blair », p. 5.

- **Henninger (J.)**, Marbury v. Madison, PU de Strasbourg, 2006

- **Herzog (R.)**, « La hiérarchie des normes constitutionnelles et sa fonction dans la protection des droits fondamentaux », AIJC 1990, vol. n°6, p. 15.

- **Jouanjan (O.)**, « Les effets dans le temps des décisions de la Cour constitutionnelle fédérale », Nouveaux Cahiers du CC 2015, n°47, p. 91 ; « Une origine des « droits fondamentaux » en Allemagne : le moment 1848 », RDP 2012, p. 766 ; Une histoire de la pensée juridique en Allemagne (1800-1918), Paris, PUF, 2005 ; « La théorie allemande des droits fondamentaux », AJDA 1998, p.44.

- **Juillard (P.)**, « Les orientations de la jurisprudence constitutionnelle de la Cour suprême : établissement du marché unique et renforcement des libertés publiques », Pouvoirs 1991, n°59, « La Cour Suprême des Etats-Unis », p. 59.

- **Kinder-Gest (P.)**, « Primauté du droit communautaire et droit anglais ou comment concilier l'inconciliable ? », RAE 1991, n°4, p. 19.

- **Kischel (U.)**, « La liberté d'opinion au défi du néonazisme. La culture juridique allemande évolue », RFDC 2012, n°89, p. 63.

- **De Lairg (I.)**, « Le législateur, la liberté et le droit : le système britannique et le système français », D. 2003, p. 2103.

- **Lambert (J.)**, « Les Origines du contrôle de constitutionnalité des lois fédérales aux États-Unis. Marbury v. Madison », RDP 1931, p. 1.

- **Laporte (M.)**, « La pensée constitutionnelle d'Alexander Mordecai Bickel. La difficulté contre-majoritaire et ses implications », Jus Politicum 2014, n°14.

- **Lavroff (D.), Ramirez (M.)** (dir.), La pratique constitutionnelle en France et en Espagne de 1958 et 1978 à 1999, Paris, PU de Bordeaux, 2001.

- **Lecucq (O.)**, « Les effets dans le temps des décisions du Tribunal constitutionnel espagnol », Nouveaux Cahiers du CC 2015, n°47, p.79.

- **Le Mestre (R.)**, « Un triangle des Bermudes dans un océan de Common Law : le privilège parlementaire au Royaume-Uni », Revue de la recherche juridique. Droit prospectif 2013, n°1, p. 381.

- **Mabaka (P.-M.)**, « L'incorporation de la Convention européenne des droits de l'homme dans l'ordre juridique britannique », RTDH 2000, p. 11.

- **Mastor (W.)**, « La liberté trouve-t-elle enfin refuge dans une jurisprudence qui ne doute plus », JCP 2016, G, n°39, p. 1756.

- **Mathiot (A.)**, « La Cour Suprême de Warren à Burger (1953-1983) », Pouvoirs 1984, n°29, « Les Etats-Unis », p. 59.

- **Morissette (Y.-M.)**, « Les caractéristiques traditionnellement attribuées à la Common Law », RIDC 2013, n°3, p. 613.

- **Muir-Watt (H.)**, « Le problème du « constitutional review » : le modèle du Royaume-Uni », Cahiers du CC 2008, n°24.

- **Nicot (S.)**, « Il a fallu sauver le Tribunal constitutionnel… (la fin de l'illusion de l'accès universel au juge de l'Amparo constitutionnel ?) », Revue d'actualités juridiques, l'Europe des libertés 2007, n°25, p. 9 ; La sélection des recours par la juridiction constitutionnelle (Allemagne, Etats-Unis, Espagne), Paris, LGDJ, 2006.

- **Pasley (R.-S.)**, « L'Equity en droit anglo-américain », RIDC 1961, vol. n°13, p. 292.

- **Pérez De Los Lobos Orihuel (F.)**, « Le Tribunal constitutionnel espagnol », Nouveaux Cahiers du CC 2015, n°49, p. 59.

- **Pfersmann (O.)**, « Le recours direct entre protection juridictionnelle et constitutionnalité objective : expériences et perspectives », Cahiers du CC 2001, n°10.

- **Picard (E.)**, « Les droits de l'homme et l'« activisme judiciaire » », Pouvoirs 2000, n°93, « Le Royaume-Uni de Tony Blair », p. 113.

- **Requejo Rodriguez (P.)**, « Conseil constitutionnel français et Tribunal constitutionnel espagnol, si éloignés, si proches », RFDC 2010, n°83, p. 639.

- **Ruiz Miguel (C.)**, « L'Amparo constitutionnel en Espagne : droit et politique », Cahiers du CC 2001, n°10.

- **Rupp (H.-G.)**, « Objet et portée de la protection des droits fondamentaux », RIDC 1980, p. 743.

- **Saulnier-Cassia (E.), Ward (A.)**, « L'application du droit communautaire par les juridictions britanniques », RTDE 2005, p. 105.

- **Sauve (J.-M.)**, « Les libertés en France et au Royaume-Uni : Etat de droit, Rule of Law », www.conseil-etat.fr, 30 novembre 2015.

- **Schlaich (K.)**, « Procédures et techniques de protection des droits fondamentaux », RIDC 1981, p. 335.

- **Simard (A.)**, « L'échec de la constitution de Weimar et les origines de la « démocratie militante » en RFA », Jus Politicum 2008, p. 77.

- **Soulas de Russel (D.)**, « Aspects dogmatiques et critiques des droits fondamentaux constitutionnels de la république fédérale d'Allemagne », RDP 1980, p. 743.

- **Spencer (J.-R.)**, « L'intégration des droits européens en droit britannique », RSC 2006, p. 537.

- **Stark (C.)**, « La jurisprudence de la Cour constitutionnelle fédérale concernant les droits fondamentaux », RDP 1988, p. 1263 ; Droits fondamentaux et démocratie : les deux faces de l'idée de liberté, la Constitution _ Cadre et mesure du droit, Paris, Economica, 1994.

- **Stirn (B.), Fairgrieve (D.), Guyomar (M.)**, Droits et libertés en France et au Royaume-Uni, Paris, Ed. Odile Jacob, 2006.

- **Toinet (M.-F.)**, « Puissance et faiblesses de la Cour suprême », Pouvoirs 1991, n°59, « La Cour Suprême des Etats-Unis », p. 17.

- **Tourbe (M.)**, « La conception du pouvoir judiciaire chez Woodrow Wilson. Le réalisme juridique à l'épreuve du gouvernement des juges », Jus Politicum 2010, n°4.

- **Tusseau (G.)**, « Façonner le « gardien de la conscience ». Les présidents des États-Unis et les juges de la Cour suprême », Pouvoirs 2014, n°150, « Franklin D. Roosevelt », p. 53.

- **Vilanova (P.)**, « Espagne, trente ans de démocratie : notes pour un bilan », Pouvoirs 2008, n°124, « L'Espagne », p. 5.

- **Vintro (J.)**, « La protection des libertés », Pouvoirs 2008, n°124, « L'Espagne », p. 85.

- **Wahl (R.)**, « Aux origines du droit public allemand contemporain », RDP 2007, p. 795.

- **Wiedhoff Gough (J.)**, L'idée de la loi fondamentale dans l'histoire constitutionnelle anglaise, Paris, PUF, Léviathan, 1992.

- **Zoller (E.)** (dir.), Marbury v. Madison : 1803-2003. Un dialogue franco-américain, Paris, Dalloz, 2003.

- **Zoller (E.)**, « Le combat entre la pensée libérale et la pensée conservatrice aux Etats-Unis », JCP 2015, G, n°44, p. 1968 ; « L'égale protection des lois aux Etats-Unis », Archives de philosophie du droit 2008, n°51, p. 207 ; « La Cour suprême des Etats-Unis entre création et destruction du droit », Archives de philosophie du droit 2007, n°50, p. 277 ; « Procès équitable et due process of law », D. 2007, n°8, p. 517 ; « Les revirements de jurisprudence de la Cour suprême des Etats-Unis », Cahiers du CC 2006, n°20, p. 104 ; «La justice comme contre-pouvoir : regards croisés sur les pratiques américaine et française », RIDC 2001, n°3, p. 559 ; « La Cour suprême des Etats-Unis : présentation », Cahiers du CC 1998, n°5, p. 34.

B – Des droits fondamentaux placés en dessous des droits garantis par le législateur en France

192 • En France, la protection des droits et libertés a une histoire, « qui, à l'inverse des généralités pieuses, met en lumière un parcours complexe, sinueux, fruit de conjonctures politiques singulières et où les effets du hasard paraissent plus faciles à discerner que les progrès de la raison dans l'histoire » (J.-M. Denquin, « Des droits fondamentaux à l'obsession sécuritaire : mutation ou crépuscule des libertés publiques, conclusion d'un colloque », *Jus Politicum* 2010, n°5). Cette histoire peut, ainsi, être entamée avant la révolution dans la mesure où l'absolutisme monarchique n'a pas empêché la garantie, successivement par le Roi et les Parlements d'Ancien Régime, de droits et libertés. L'avènement du siècle des Lumières et la mise en place de la DDHC de 1789 va constituer une 2nde étape fondamentale même si le texte ne va pas faire partie intégrante de l'ordre juridique positif et que les textes constitutionnels du XIXème siècle ne s'y attacheront que de manière indirecte. Malgré les vicissitudes politiques et constitutionnelles qui ont suivi tout au long du XIXème siècle, les droits de 1789 ne seront jamais frontalement désavoués, y compris par des régimes qui se présentent, d'abord, comme des restaurations de l'Ancien Régime (à travers les Chartes constitutionnelles de 1814 ou de 1830) ou des régimes plus autoritaires (1er et 2nd Empire). Mais la période républicaine (IIème, IIIème et IVème républiques) va clairement confirmer un mouvement entamé dès la période révolutionnaire visant à ce que la protection des droits serait atteinte plus par la volonté politique que par la vigilance du juge, toute confiance étant accordée au législateur pour traduire juridiquement l'ensemble des droits et libertés. A la tradition de subordination et de dépendance du pouvoir judiciaire (1) va ainsi succéder le dogme révolutionnaire de la loi (2).

1 – La tradition de subordination et de dépendance du pouvoir judiciaire

193 • Si la monarchie absolue avait pour conséquence de supprimer et limiter les autres formes de pouvoir (celui de l'église romaine, celui du clergé, de la noblesse

ainsi que des Parlements), elle n'empêcha pas la reconnaissance de droits et libertés avant 1789. Contrairement à l'opinion répandue, le Roi reconnaissait des libertés à ces sujets. Ces libertés concernaient le plus souvent des groupes sociaux et étaient placées sous la protection du Roi, source de toute justice, ou de ses Parlements. Au XIIème et XIIIème siècle, la plupart des villes s'autogouvernaient et faisaient leurs propres lois. Les libertés existantes se présentaient alors sous la forme de chartes, de simples franchises ou de privilèges accordées aux villes, celles-ci reconnaissant une assez large autonomie aux « francs-bourgeois », c'est-à-dire aux citadins libres. La qualité de « bourgeois de Paris » donnait des privilèges presque égaux à ceux de la noblesse, tels que le droit d'avoir des armoiries timbrées, de porter l'épée ou d'être exempt de la taille (Cf. article 173 de la Coutume de Paris, codifiée en 1510, qui établissait la qualité pour devenir bourgeois de Paris : il fallait, par exemple, habiter dans la ville, au minimum, durant un an et un jour, payer les taxes de la ville ou encore contribuer à la charité publique voir s'armer à ses frais pour pouvoir participer à la milice urbaine ; Cf. C. Du Moulin, *La Coustume de Paris*, conférée avec les autres coustumes de France et expliquée par les conférée avec les autres coustumes de France et expliquée par les notes de Me Charles Du Moulin, Paris, Ed. J. Guignard, 1666, p. 213-214 et J. Favier, *Le Bourgeois de Paris au Moyen-Age*, Paris, Ed. Tallandier, 2012).

194 • Les droits ancestraux ainsi consacrés étaient considérés comme des libertés auxquels les seigneurs féodaux ne pouvaient porter atteinte, droits garantis par le Roi. Il en était de même des statuts et règlements des corps professionnels (corporations, jurandes) ou des compagnies d'officiers (les magistrats spécialement) que le Roi ne pouvait ignorer. Enfin, le statut des personnes, leur appartenance à l'un des trois ordres selon le modèle tri partite fondé au XIème siècle par Adalbéron de Laon (c'est dans son Poème au Roi Robert qu'il expose la tripartition de la société : ceux qui prient (*oratores*), ceux qui combattent (*bellatores*) et ceux qui travaillent (*laboratores*). Cf. C. Carozzi, *Poème au Roi Robert*, CLVIII, Les belles lettres, 1979 et « Les fondements de la tripartition sociale chez Adalbéron de Laon », *Annales Economie, Société, Civilisations* 1978, vol. n°33, p. 683), déterminait des droits et privilèges particuliers conçus comme autant de libertés qui devaient rester à l'abri du pouvoir royal. Le Roi s'engageait même à les protéger et à les garantir. L'appartenance au clergé et à la noblesse était assortie de privilèges. L'ecclésiastique était exempté de la taille et du service militaire, le noble ne payait pas non plus la taille et l'impôt royal direct puisqu'il versait théoriquement l'impôt du « sang » (l'obligation du service militaire).

195 • En outre, le pouvoir royal se devait de respecter les coutumes ou les adages, c'est-à-dire les règles de droit privé, qui différaient selon les régions. Ces dispositions consacrées par l'usage s'imposaient dans les rapports entre les personnes, les formes de possession, les procédures judiciaires ou encore les droits et prérogatives des différentes communautés en matière politique, civile et criminelle. En droit français, par exemple, l'adage « *paterna paternis, materna maternis* » était une survivance d'une règle coutumière qui voulait que les biens d'un défunt retournassent lors de sa succession dans sa famille par le sang (on retrouve,

aujourd'hui, cette idée dans le principe de la fente successorale de l'article 737 du Code civil). Être jugé en vertu de sa propre coutume locale était une liberté pour les sujets du Roi sous l'Ancien Régime. Ces coutumes étaient des normes dont le Roi n'était souvent pas l'auteur mais le protecteur et qui ne s'adressaient pas à tous : elles étaient, au sens strict, des privilèges, des *privata leges,* des lois privées. Le Roi ne remettait en cause telle coutume ou privilège que lorsqu'il portait atteinte au bien commun du Royaume, aux bonnes mœurs ou à une action que la morale chrétienne réprouve. La mise en cause des libertés devait être puissamment justifiée par une nécessité publique et devait rester exceptionnelle.

196 • Dans cette société très communautarisée, le rôle du Roi était de préserver l'harmonie sociale en n'altérant pas les « droits acquis » et en répartissant équitablement les droits, libertés et privilèges des uns et des autres à l'image du « Roi philosophe » de Platon (Platon, *La République*, Paris, Flammarion, 2002) ou du « Roi chrétien » ayant comme tâche de réaliser la Cité de Dieu sur Terre de Saint Augustin (Saint Augustin, *La Cité de Dieu*, Paris, Seuil, 3 tomes, 2004). Tel était le sens premier de l'intérêt général et du bien commun jusqu'à ce que ces droits et libertés, qui sont censés précéder le Roi et lui être supérieurs, cèdent devant l'intérêt du royaume. Souvent qualifié d'âge sombre, le Moyen-âge et la monarchie médiévale s'inclinaient devant des droits et libertés qui leur précédaient et qu'ils étaient chargés de préserver, de protéger et de garantir jusqu'à ce que l'intérêt du Royaume supplante les intérêts particuliers nouvellement définis. La protection et la garantie des droits, jusque-là l'apanage du Roi, sont devenues, ensuite celles des Parlements d'Ancien Régime conservateurs alors de l'ordre ancien et de la « Constitution du royaume ». Ces derniers vont s'affirmer dès le XIVème siècle dans la défense des intérêts supérieurs de l'Etat et de la nation et se positionner en tant que gardien des lois fondamentales du royaume provoquant des conflits renouvelés avec la monarchie qui s'accentuèrent à la fin du XVIème siècle. On a pu parler, à leur égard, d'obstruction systématique voire égoïste à tel point qu'on pouvait évoquer, certes avec un peu d'avance, un certain « gouvernement des juges » sous l'Ancien Régime. Luttant ainsi contre le despotisme royal, c'est ce rôle politique qui allait pourtant et paradoxalement faire craindre leur influence par la suite. Alors qu'ils avaient préparé la révolution, ils allaient en être la 1ère victime faisant naitre, après cette dernière, toute une tradition de soumission de l'autorité judiciaire au pouvoir.

a) La raison : le « gouvernement des juges » sous l'Ancien-Régime

Un Roi, initialement et traditionnellement « fontaine de justice » au Moyen-Age avant une certaine spécialisation

197 • Au XVIème et XVIIème siècle, les droits et les libertés issus du Moyen-Âge ont progressivement été mis à mal par l'absolutisme et par la loi du Roi qui s'est progressivement imposée. A l'origine, le Roi n'est en France ni un pouvoir exécutif, ni un pouvoir législatif, il est d'abord un juge. Jusqu'au XVIème siècle, lorsqu'il prend un édit ou une ordonnance générale, c'est avant tout pour appliquer la justice (ces normes étaient plutôt rares dans la mesure la loi du Roi était une source

infiniment marginale par rapport au droit romain, au droit canonique et aux coutumes). Après le XVIème siècle, l'accroissement des interventions législatives royales n'a pas modifié le fondement du pouvoir du monarque : il reste « fontaine de justice » (c'est sous Philippe IV Le Bel, Roi de France de 1285 à 1314, grâce à la montée en puissance des légistes qu'on assimile le Roi comme un dispensateur de la justice et un organisateur du droit : Cf. S. Menegaldo et B. Ribemont, *Le Roi fontaine de justice. Pouvoir justicier et pouvoir royal au Moyen-âge et à la Renaissance*, Paris, Klincksieck, 2012) mais il apparaît néanmoins une certaine spécialisation des fonctions contrairement à cette image d'absolutisme qui ressort en 1er lieu. Le Roi et son conseil exerce les activités gouvernementales et font les principaux choix politiques, la justice déléguée règles les différends entre particuliers et juge les crimes et délits. L'activité normative est, quant à elle, partagée entre le Roi législateur et son conseil des ministres et les Cours souveraines puisque ces dernières avaient l'obligation d'enregistrer les actes royaux, c'est-à-dire de les publier dans leurs registres pour assurer leur publicité et leur conservation, après avoir vérifié leur compatibilité avec le droit, les usages et les coutumes locales.

Des Cours de justice qui deviennent progressivement protectrices des « Lois fondamentales du Royaume »

198 • Avec le terrain gagné par la loi du Roi, les libertés et droits ont été relégués au rang de privilèges mais, cette fois, au sens péjoratif du terme c'est-à-dire comme intérêts particuliers contraires à l'intérêt du Royaume. Mais ils n'ont pas disparu à la veille de la Révolution et les nouveaux défenseurs des droits, des franchises et des privilèges sont alors les Cours de justice qui jouissent d'une indépendance de fait très large. Ces Parlements d'Ancien-Régime se veulent conservateurs de l'ordre ancien et de la « Constitution du royaume », ce corps de principes de droit public impératifs et consacrés par l'usage progressivement formulées en « Lois du Royaume » puis, vers 1575, en « Lois fondamentales du royaume » (Cf. Par ex. I. Brancourt, « Les « lois fondamentales de l'Etat » dans quelques délibérations cruciales du parlement de Paris », *Mélanges Harouel*, Ed. Panthéon-Assas, 2015, p. 131). Si la dévolution de la Couronne et le consentement à l'impôt par les assemblées sont les plus représentatifs de ces coutumes, il faut aussi mentionner l'obligation de respecter les droits coutumiers des provinces, l'inamovibilité des magistrats ou encore le respect des droits procéduraux. Il y a, immanquablement, de nombreux conflits entre la Monarchie et les Cours, la monarchie soutenant que le juge s'immisce dans les affaires d'Etat gouvernées par la raison d'Etat par rapport à laquelle les juges sont doublement incompétents techniquement et juridiquement. Les Parlements faisant valoir, quant à eux, que légiférer sans respecter les droits et l'ordre constitutif de la Monarchie revient à s'exposer à la tyrannie.

La mise en place par les Parlements d'Ancien-Régime d'un droit à la sûreté à travers le contrôle des « lettres de cachet » (1)

199 • Grace au travail des Parlements, on assiste, sous l'Ancien Régime, à la mise en place d'un véritable « *habeas corpus* » à la française » pour lutter contre l'arbitraire du Prince. Les parlementaires vont développer un droit à la sûreté dans leur

opposition aux « lettres de cachet » ou aux « ordres particuliers », stigmatisées comme étant le symbole marquant de l'absolutisme monarchique. Définies comme étant des mesures restrictives de liberté ordonnées par le Roi, elles permettaient l'incarcération sans jugement, l'exil ou l'internement de personnes jugées indésirables par le pouvoir. D'abord utilisées dans un cadre politique (l'exemple le plus souvent citée est celui de l'arrestation du surintendant Fouquet le 5 septembre 1661 diligentée par d'Artagnan sur ordre de Louis XIV) puis par convenance personnelle par le Roi, elles ont fini, contrairement aux idées reçues, par échapper à ce dernier et être établies, le plus souvent, à la demande et aux frais de la famille, pour empêcher un scandale à venir ou étouffer une affaire sensible (on cite souvent comme exemple les lettres de cachet obtenues par le père de Mirabeau pour l'enfermer au château d'If, près de Marseille, ou au donjon de Vincennes pour dettes de jeu, le but étant de lui éviter la condamnation à mort ; ce qui n'empêcha pas une critique des plus virulentes du principal intéressé contre cet instrument malgré son caractère bienfaiteur le concernant : Cf. H.-G.-R. Comte de Mirabeau, *Des Lettres de cachet et des Prisons d'état* in *Œuvres de Mirabeau*, Paris, Ed. Lecointe et Poucin, Didier, tome n°7, 1835). Elles ont aussi été utilisées pour éviter une condamnation criminelle (le cas de Donatien de Sade est l'exemple le plus souvent citée, il a été enfermé à Vincennes le 13 février 1777 à la demande de sa famille après avoir été rattrapé par plusieurs scandales et éviter la honte d'une condamnation à mort en conséquence) ou pour se débarrasser d'un héritier gênant (Voir, l'essai historique, très bien documenté, sur tous ses exemples de C. Quétel, *Les Lettres de cachet. Une légende noire*, Paris, Ed. Perrin, 2011).

La mise en place par les Parlements d'Ancien-Régime d'un droit à la sûreté à travers le contrôle des « lettres de cachet » (2)

200 • Il y a ainsi un côté assez paradoxal dans l'utilisation des lettres de cachet. La détention dans une prison royale confère, en effet, à l'époque, une immunité qui met hors de portée du système judiciaire ordinaire. L'emprisonnement apparait comme une « porte de sortie » car elle n'est pas en soi une peine à cette époque mais un lieu où l'on attend une condamnation ou l'exécution d'une sentence. Là encore, contrairement aux idées reçues, les Rois ont cherché à limiter les excès et ont fait procéder à des contrôles pour éviter les accusations farfelues. Louis XVI a ainsi encadré la pratique par la circulaire du Baron de Breteuil, ministre de la Maison du Roi, rédigée en 1784, qui limite la durée de la détention consécutive aux lettres de cachet sollicitées par les familles (Cf. Lettre circulaire de M. le baron de Breteuil, Ministre d'Etat, à MM. les Intendants des Provinces de son département au sujet des Lettres de Cachet et Ordres de détention in L. Petit de Bachaumont et J.-T. Merle, *Mémoires historiques, littéraires et critiques depuis l'année 1762 jusqu'en 1788*, Paris, Ed. Léopold Collin, 1808, p. 160). Les lettres de cachet concernant les affaires d'Etat ne représentaient qu'une faible minorité du corpus (de l'ordre de 4 à 5 %). Au-delà de la pratique assez paradoxale de ces lettres, les Parlements, par leur contrôle, ont saisi l'occasion de s'opposer à la souveraineté du Roi en cas d'arbitraire en affirmant, par exemple, le droit à l'inviolabilité de la magistrature ou la garantie pour un citoyen de n'être privé de liberté qu'après instruction légale, par

une juridiction ordinaire. À la fin de la période, les parlementaires influencés par les philosophes des lumières se prévalent du « droit naturel » pour étayer leurs prétentions.

Un pouvoir d'enregistrement des lois qui s'apparente à un contrôle *a priori* de constitutionnalité

201 • L'opposition des Parlements au caractère absolu du régime va être, surtout, marquante dans l'exercice du pouvoir d'enregistrement des lois. L'idée de soumission des lois du Roi à des normes hiérarchiquement supérieures fait peu à peu son chemin et laisse place à une « sorte d'ancêtre du contrôle *a priori* de la constitutionnalité des lois ». Ce dernier s'analysant comme le « droit des cours de vérifier, dans chaque province, les volontés du roi, et n'en ordonner l'enregistrement qu'autant qu'elles étaient conformes aux lois constitutives de la province, ainsi qu'aux lois fondamentales » (Cf. F. Saint-Bonnet, « Le pouvoir normatif des anciens juges. Le contrôle juridictionnel a priori des lois du royaume », *Cahiers du CC* 2008, n°24). Lors de cet enregistrement, la loi du Roi faisait l'objet d'un examen préalable, une « vérification » demandée par le Roi à sa Cour consistant à parfaire juridiquement la loi. A l'origine, au XIVème siècle, le contrôle des Parlements portait, essentiellement, sur des opérations matérielles, l'équité ou la satisfaction du bien du Roi ou du Royaume. Le Roi n'y voyait aucune offense ou un quelconque contre-pouvoir, les Cours complétant la mission du Roi pour l'utilité du bien commun. Mais les Parlements vont peu à peu dépasser ce rôle de complément visant à renforcer l'autorité royale pour, au contraire, dépasser cette dernière à travers des refus obstinés quant à certains édits, ordonnances et autres lettre patentes. Plusieurs tactiques vont alors être envisagées pour contourner l'obstacle « parlementaire » avec, notamment, des réformes qui auront plus ou moins de succès à court ou à moyen terme.

Un droit de remontrance équivalent aux réserves d'interprétation actuelles du Conseil constitutionnel

202 • Au XVIème siècle, les Parlements vont développer une technique ayant beaucoup de similitudes avec celle des réserves d'interprétation utilisée aujourd'hui par le Conseil constitutionnel. Cette technique, qu'on évoque sous le nom de « droit de remontrance », permettait à la Cour, après délibération, de présenter des observations critiques sur un texte qui méconnaissait des ordonnances de principe ou des principes juridiques jugés fondamentaux. Le Roi pouvait ne pas en tenir compte et imposer sa volonté au Parlement en émettant, en 1er lieu, des « lettres de jussion ». Elles ordonnaient expressément à ce dernier d'enregistrer (les lettres de jussion sont assez nombreuses sous Henri III où l'on parle d'« expresse jussion » ou de « première et finale jussion »). La Cour pouvait encore s'obstiner par des « remontrances itératives » qui pouvaient, à leur tour, être suivies de la tenue d'un lit de justice (séance solennelle en présence du Roi) pour forcer l'enregistrement (avec la présence du Roi, le Parlement perd sa qualité de juge pour redevenir simple conseiller suivant l'adage : « *adveniente principe, cessat magistratus* » (« quand le Prince arrive, les magistrats se taisent »)). Le lit de justice pouvait s'apparenter à une

véritable Cour constitutionnelle du royaume spécialement lorsqu'il était question de l'application des traités internationaux. Tout traité qui n'était pas conforme aux Lois du royaume pouvait se voir censurer d'un ou plusieurs articles (ex : François 1er a évité à la France la perte de la Bourgogne en faisant déclarer par les Pairs que cette province était inaliénable).

Un contre-pouvoir politique au pouvoir législatif du Roi : la remise en cause de la validité du droit de remontrance

203 • Du XVIème siècle à la révolution, la réglementation de l'ensemble des procédures, jusque-là décrites, a beaucoup changé attestant de la réalité de la participation des juges au processus normatif. Face à ce qui apparaît comme une forme de contrôle politique sur son pouvoir législatif, le Roi doit régulièrement rappeler aux Cours souveraines les limites de leurs compétences (Cf. Le lit de justice des 24, 26 et 27 juillet 1527 au Parlement de Paris où François 1er rappelle aux parlements qu'ils ne sont que des juges délégués soumis aux lois du Roi et leur interdit de s'immiscer dans les affaires d'Etat ou dans tout autre chose que la justice). Les Parlements se considèrent comme l'équivalent du Sénat romain, ils font partie du « corps du prince », ils ne sont pas de simples délégués du Roi mais partagent avec lui la même nature donc le même pouvoir (cette doctrine a été théorisée dès les débuts du XVIème siècle dans un ouvrage rédigé par Bernard de La Roche Flavin, *Treze Livres des Parlemens de France*, Bordeaux, Simon Millanges, 1617 réédité sous le titre *Treize livres des parlemens de France*, Genève, M. Berjon, 1621). L'arme principal des juges, le droit de remontrance est, tour à tour, supprimé puis restauré. S'il est impossible ici de détailler la teneur de l'ensemble des textes, on peut néanmoins faire référence à certains d'entre eux : ce droit a d'abord été limité par l'ordonnance de Moulins de février 1566 *sur la réforme de la justice* (Recueil général des anciennes lois françaises, t. XIV, p. 189) puis l'ordonnance royale du 15 janvier 1629 dite Code Michau (Cf. M. de Marillac Ordonnance du roy Louis XIII... *sur les plaintes et doléances faites par les députés des Etats de son royaume*, convoqués et assemblés en la ville de Paris en l'année 1614... publiée en Parlement le 15 janvier 1629, Paris, A. Estienne, 1629 et L. Kadlec, « Le Code Michau : la réformation selon le garde des sceaux Michel de Marillac », Les dossiers du Grihl (En ligne)). C'est Louis XIII, Roi de France de 1610 à 1643, qui va, ensuite, condamner solennellement le Parlement de Paris pour son attitude pendant sa minorité jusqu'à supprimer le droit de remontrance par l'édit de Saint-Germain-en-Laye du 21 février 1641 *(Recueil général des anciennes lois françaises*, t. XVII, p. 529) qui défend aux Parlements et autres cours de justice de prendre connaissance à l'avenir des affaires d'Etat et d'administration (« Très expresses inhibitions et défenses » aux corps judiciaires « de prendre à l'avenir connaissance d'aucunes affaires qui peuvent concerner l'Etat, l'administration et le gouvernement d'icelui que nous réservons à notre seule personne »).

Un contre-pouvoir politique au pouvoir législatif du Roi : la période de la Fronde (1648-1653) et l'arrêt d'*Union*

204 • Quand Richelieu est mort en 1642 puis Louis XIII en 1643, le pouvoir royal se retrouve en position de faiblesse et doit faire face à une période de régence (menée par Anne d'Autriche de 1643 à 1651) et à une situation financière et fiscale difficile en raison des prélèvements nécessaires à effectuer pour subvenir aux besoins de la guerre de Trente Ans. Mais l'autorité monarchique redore, peu à peu, son blason. La montée de son autorité, qui va connaitre son apogée sous le règne de Louis XIV, va provoquer la rencontre de multiples oppositions, qu'elles soient, parlementaires, aristocratiques ou populaires. Ces oppositions marqueront la période de la Fronde (1648-1653) (Voir, par ex., J.-M. Constant, *C'était la Fronde*, Paris, Flammarion, 2016) où les Cours souveraines ont joué un rôle prépondérant. Le 13 mai 1648, les Cours souveraines rendent « *l'arrêt d'Union* » qui propose aux 4 cours souveraines de délibérer en commun (Parlement, Chambre des comptes, Cour des Aides, Grand Conseil) et qui les fédèrent « pour la défense du public et la réforme de l'Etat ». C'est un défi institutionnel lancé à l'exécutif pour protéger les intérêts de l'Etat et défendre le bien public contre un pouvoir absolu. La régente essayera, en premier lieu, de s'y opposer mais, le 15 juin, le Parlement fait front et appelle les autres cours du royaume à le rejoindre le lendemain à la chambre Saint-Louis du Palais de justice. Au début de l'été 1648, ces assemblées élaborent un texte de 27 articles dont l'objectif est de réformer l'Etat. Elles proposent, spécialement, de donner un droit de veto à la chambre Saint-Louis en matière de création d'impôts royaux, de supprimer les intendants, d'abolir les juridictions d'exception et les lettres de cachet ou de contrôler la création des offices en exigeant au préalable leurs enregistrements par les Cours souveraines. Si le texte ou l'arrêt a été une tentative visant à freiner la tendance absolutiste de la Monarchie, en mettant des barrières au pouvoir absolu du Roi en matière financière, il n'empêche pas une remise en ordre et reprise en main du pouvoir royal en 1653 (un lit de justice avait pourtant accepté le 31 juillet 1648 presque toutes les propositions avant que Mazarin fasse arrêter, le 26 août, les 3 chefs de la contestation parlementaire (Blancmesnil, Charton et Broussel) entrainant l'épisode des trois journées de barricades puis la libération forcée des prisonniers. Retiré à Saint-Germain avec la régente et Louis XIV, Mazarin organise le blocus de Paris où le Parlement, qui s'est emparé du gouvernement, organise la résistance. Mais craignant l'agitation populaire, il négocie la paix par la signature du compromis de Rueil, le 11 mars 1649, où en échange de l'amnistie des parlementaires, il s'engage à renoncer à s'imposer comme un contre-pouvoir indépendant. Un lit de justice solennel pris le 22 octobre 1652 au Louvre, après le retour du Roi sur Paris, interdit aux magistrats de « prendre aucune connaissance des affaires de l'Etat ») Les Parlements, ou plutôt le Parlement de Paris, sortent affaiblis et diminués de leur tentative de prédominance sur l'autorité royale. Leur audace leur vaut une censure et mise au silence délibérée orchestrée par le pouvoir royal même s'ils ne vont pas cesser de mener une guerre d'influence avec le Roi Louis XIV jusqu'à sa mort en 1715.

Une guerre d'influence permanente avec le Roi Louis XIV

205 • Louis XIV fera tout pour affaiblir les Parlements qui sont à l'origine de la « Fronde » et ceci dès son arrivée au pouvoir. Le 13 avril 1655, il entre dans la grande chambre du Parlement de Paris en habit de chasse, un fouet à la main pour faire enregistrer des édits bursaux destinés à faire rentrer de l'argent dans les caisses de l'Etat au moyen de la création d'offices et de nouvelles impositions (Le président du Parlement lui parlant alors de l'intérêt de l'Etat dans cette affaire, le jeune Louis XIV se serait écrié : « l'Etat, c'est moi ! » même si les historiens ne sont pas tous d'accord sur ce point). Dès 1665, un lit de justice pouvait s'effectuer sans la présence du Roi et Louis XIV enleva le nom de « Cour souveraine » aux Parlements pour le remplacer par celui de « Cour supérieure ». Deux ans plus tard, l'ordonnance civile d'avril 1667 (Cf. D. Jousse, *Nouveau commentaire sur l'ordonnance civile d'avril 1667 (Ed. 1771)*, Hachette BNF, 2012) n'autorisa les remontrances que dans un délai très bref après la présentation d'un édit et pour une seule fois. La déclaration du 24 février 1673 (Voir Déclaration du Roy qui règle la forme de l'enregistrement des Edits, *Lettres patentes et règlements concernant les affaires du Roy dans les compagnies supérieures*, Paris, Ed. Antoine Jullieron, 1673) impose, ensuite, l'enregistrement des édits royaux dès réception sans même pouvoir opiner, les remontrances éventuelles étant repoussées (à Paris, les Cours ont 8 jours pour adresser les leurs, celles de province six semaines). Le Roi emporte alors une victoire durable sur les Cours portant l'autorité monarchique à un degré inégalé. Pour Colbert en 1679, « les bruits du parlement ne sont plus de saison » (Cité par P. Clément, *Lettres, instructions et mémoires de Colbert*, Paris, Imprimerie impériale, 1868, t. IV, p. 136).

La révolte des juges dès 1715 et le droit de libre vérification des lois du Roi

206 • Le 2 septembre 1715, Philippe d'Orléans, qui a obtenu le soutien des membres du Parlement de Paris, est proclamé, après la mort de Louis XIV, régent du royaume et détenteur effectif du pouvoir, durant la minorité du jeune Louis XV. Le 15 septembre 1715, il restitue au Parlement de Paris son droit de remontrance pour acquérir leurs faveurs et se voir confirmer la régence du Royaume pendant la minorité de Louis XV. Dès 1718 le régent tente de restaurer le texte de Louis XIV, sans succès. Les conflits sont récurrents à partir des années 1750 et les Parlements ont, avec eux, l'opinion publique qui rejette le pouvoir absolu au nom d'une royauté traditionnelle modérée. Les Parlements multiplient les lettres itératives, les remontrances sont de plus en plus longues. Normalement écrites et secrètes, elles font l'objet d'une publication, sont diffusées, et participent à l'élaboration d'une propagande. Les lettres de jussion et lits de justice sont impuissants, puisque les cours s'obstinent et répondent par des démissions collectives et des grèves de la justice. Au XVIIIème siècle, les Cours estiment disposer d'un droit de libre vérification des lois du Roi et, de la sorte, du pouvoir d'empêcher leur entrée en vigueur si elles étaient contraires aux règles constitutives de la Monarchie développant ainsi l'idée que les lois du Roi étaient déjà implicitement soumises à

des normes qui leur étaient supérieures comme s'il existait une sorte de contrôle de constitutionnalité *a priori* tel qu'il existe aujourd'hui.

Les Parlements, Louis XV, la séance de la « flagellation » et la réforme « Maupeou »

207 • Après plusieurs provocations du Parlement, le Roi Louis XV réagit par un discours prononcé lors du lit de justice du 3 mars 1766. Louis XV, mesurant la gravité de la révolte des juges et de la fronde parlementaire, réaffirme fermement, dans son discours, la position de la monarchie absolue. Cette séance au Parlement de Paris est qualifiée de séance de la « flagellation » ou de « coup de majesté » car Louis XV, en reprenant d'autorité la justice qu'il a déléguée au Parlement, tient des propos assez durs, « flagellant » l'orgueil des Parlementaires. Pour en finir de la guerre entre Parlements et pouvoir royal, le garde des sceaux, René Nicolas de Maupeou, met en place, en 1771, une réforme spectaculaire pour contrôler à nouveau le pouvoir judiciaire. La réforme a amené à l'arrestation et l'exil des parlementaires parisiens, à la confiscation de leurs charges et à leur rachat par l'Etat. Elle a aussi séparé le Parlement de Paris en 6 circonscriptions pour y placer, à l'intérieur de chacune, un Conseil supérieur, nouvelle juridiction souveraine (le Parlement de Paris subsiste mais n'a plus qu'une circonscription réduite). La vénalité des offices est abolie, les magistrats sont nommés et révoqués par le Roi qui choisit seul ceux d'entre eux qui sont inamovibles. Le rôle des nouveaux conseils se limitent à la promulgation des lettres patentes. La remontrance n'est plus qu'un devoir de conseil. A partir du moment où les magistrats sont révocables, ils ne peuvent plus être dans une éternelle opposition au Roi.

Une révolution initiée par leur action qui allait finalement provoquée leur perte

208 • Louis XVI, soucieux de sa popularité personnelle, a rétabli les anciens Parlements dès 1774 et rend, en conséquence, le droit de remontrance aux Parlements. Le 12 novembre 1774, au cours d'un lit de justice, le jeune Roi (20 ans) réintègre les magistrats exilés dans leurs anciennes fonctions. C'est le début de la marche en avant vers la Révolution. Louis XVI reculera désormais chaque fois devant l'opposition des Parlements qui joueront un rôle important dans l'agitation pré-révolutionnaire des années 1780. Ce ne fut pas sans un dernier baroud d'honneur. Un arrêt du 3 mai 1788 du Parlement de Paris, qui, se sentant menacé de suppression, avait exposé les Lois fondamentales de la Monarchie tout en faisant des corps intermédiaires liés à la société d'ordre le caractère essentiel de la Constitution monarchique. Pour imposer les décisions du Roi, le garde des sceaux, le 8 mai 1788, fait une réforme de la justice en retirant aux Parlements leur droit d'enregistrement et de remontrance, qu'il confie à une Cour plénière dont il contrôle les membres. Cette réforme trop tardive ne sauvera pas la Monarchie. Les Parlements sont soutenus par une partie du peuple dont ils prétendent être les protecteurs contre le « despotisme » royal. En empêchant toute réforme de celui-ci, ils préparent la Révolution, dont ils seront, paradoxalement, les premières victimes. Leur rôle politique n'a, au final, jamais été accepté même si le but était de lutter

contre l'absolutisme royal. En définitive, la volonté de faire des magistrats de l'Ancien Régime de simples automates appliquant mécaniquement la loi du Roi ne se traduira jamais dans les faits faisant de la monarchie absolue une monarchie pas si absolue que cela. Paradoxalement, ce sont les révolutionnaires qui parviendront à systématiser en entier ce côté absolu en interdisant tout contrôle *a priori* ou *a posteriori* de la loi.

b) La conséquence : une autorité judiciaire au service du pouvoir après la Révolution

Montesquieu et sa conception *a priori* négative de la fonction de juger

209 • La conception que l'on se fait du rôle des juges en 1789 est déterminante : ils ne doivent être, comme le dit Montesquieu que « le bouclier qui prononce les paroles de la loi ; des êtres inanimés qui n'en peuvent modérer ni la force, ni la rigueur » (*L'esprit des lois* (1748), chapitre « De la Constitution d'Angleterre », chapitre VI, Livre XI, http://classiques.uqac.ca/classiques/montesquieu). Ils doivent se limiter à confronter un cas concret à une loi par essence respectueuse des droits et libertés : ils sont des automates qui n'ont pas à disposer de lumières particulières en droit. Les jugements ne devant jamais être « qu'un texte précis de la loi. S'ils étaient une opinion particulière du juge, on vivrait dans la société sans savoir précisément les engagements que l'on y contracte » (p. 48). Dans ses propos, l'auteur attribue un rôle très réduit à la puissance de juger qui apparaît comme une branche du pouvoir exécutif : « la puissance exécutrice des choses qui dépendent du droit civil » (p. 47). Il n'en fait pas un égal des deux autres pouvoirs : « des trois puissances dont nous avons parlé, celle de juger est en quelque façon nulle. Il n'en reste que deux » (p. 50). Il a une approche très restrictive de la faculté laissée aux juges d'interpréter la loi, a fortiori, de la compléter ou de la suppléer par la jurisprudence. Il juge que cette puissance serait « terrible parmi les hommes » (p. 48) et qu'elle serait « dangereuse si elle était jointe à la puissance législative ou à la puissance exécutrice » (p. 47). Il ne veut pas que ce pouvoir soit autonome, il ne doit pas être confié à un corps spécialisé permanent : « la puissance de juger ne doit pas être donnée à un sénat permanent, mais exercée par des personnes tirées du peuple dans certains temps de l'année, de la manière prescrite par la loi, pour former un tribunal qui ne dure qu'autant la nécessité le requiert » (p.48). Il vaut mieux qu'elle soit confiée à des personnes tirées temporairement du peuple comme à Athènes ou à des pairs de l'accusé c'est-à-dire à des personnes qui ne sont ni attachés à un certain Etat, ni attachés à une certaine profession. En réalité, la fonction de juger est pour l'auteur « invisible et nulle » (p. 48). Pour lui, le jugement des nobles et des crimes qui violent les droits du peuple doit être réservé à la chambre haute. Montesquieu était véritablement opposé à la constitution d'un pouvoir judiciaire fort disposant de la faculté d'empêcher.

Montesquieu et une conception *a posteriori* positive de la fonction de juger

210 • L'approche de Montesquieu peut sembler paradoxale lorsqu'on sait que l'auteur était un défenseur des Parlements d'Ancien Régime, lui-même ancien

président à mortier (l'une des charges les plus importantes de la justice d'Ancien Régime, le mortier étant le nom de leur couvre-chef, une toque de velours noir rehaussée de deux galons dorés) au Parlement de Guyenne (ancienne province située dans le sud-ouest de la France autour de Bordeaux). Mais, il faut noter, qu'à contre-pied de la vision traditionnelle, l'auteur ne s'est pas arrêté là concernant la fonction des juges. Il a conçu, en réalité, 2 mécanismes distincts destinés à assurer la modération ou l'équilibre entre les pouvoirs et, en définitive, le respect des droits et libertés (voir, en ce sens, par ex., F. Saint-Bonnet, « Le pouvoir normatif des anciens juges. Le contrôle juridictionnel a priori des lois du Roi », *Cahiers du CC* 2008, n°24 et E. Gojosso, « L'encadrement juridique des pouvoirs selon Montesquieu. Contribution à l'étude des origines du contrôle de constitutionnalité », *RFDC* 2007, n°3, p. 228 et suiv. ; S. Roland, « Les figures organiques de la légitimité dans la doctrine constitutionnelle de Montesquieu », *Revue française d'histoire des idées politiques* 2009, n°29, p. 3 et suiv.) A la « distribution des fonctions » bien connue des étudiants mais classiquement voire abusivement présentée comme étant une « séparation des pouvoirs », s'ajoute, en effet, ce que l'auteur a qualifié comme étant la pratique du « dépôt des lois » (*Esprit des lois*, Livre II, Chapitre 4, p. 46).

Montesquieu et la pratique judiciaire et politique du « dépôt des lois »

211 • Lorsque Montesquieu examine les monarchies dans son ouvrage, il les caractérise toutes par le fait que le prince y détient « la puissance exécutrice et la législative, ou du moins une partie de la législative [...] » (*Esprit des lois*, Livre XI, chapitre XI). Elles sont, de ce fait, davantage exposées au risque despotique que les républiques démocratiques ou aristocratiques. Pour pallier ce risque, l'auteur imagine confier à un corps politique la fonction d'annoncer les « lois fondamentales » établies par l'autorité monarchique et la fonction de les rappeler lorsqu'on les oublie. Cette procédure appelée « dépôt des lois » serait destinée à rappeler les limites attachées au pouvoir de l'autorité monarchique car si le prince détient « la puissance exécutrice et la législative, ou du moins une partie de la législative [...] il ne juge pas » (*Esprit des lois*, Livre XI, chapitre XI). Pour l'auteur, ce « dépôt des lois » ne peut être confié au « conseil du Prince » qui est, « par sa nature, le dépôt de la volonté momentanée du prince qui exécute, et non pas le dépôt des lois fondamentales » (p. 46). Ce dépôt ne peut être confié qu'aux « corps politiques, qui annoncent les lois lorsqu'elles sont faites et les rappellent lorsqu'on les oublie » (p. 46). L'auteur pense, à cet égard, aux Parlements dont les missions sont la conservation des lois (enregistrement), leur publicité et leur bonne application dont il a déjà pu relever le rôle essentiel (Voir, par ex., dans les Lettres persanes où les Parlements apparaissaient comme porteurs de « vérités » tout aussi « tristes » que nécessaires (Lettres persanes, in *Œuvres complètes de Montesquieu*, éd. R. Caillois, Paris, Gallimard, 1951, CXL, t. 1, p. 340-341) et comme acteurs principaux de la modération (En ce sens, E. Gojosso, « L'encadrement juridique des pouvoirs selon Montesquieu. Contribution à l'étude des origines du contrôle de constitutionnalité », précité). Le but n'est pas de s'opposer à la Monarchie mais simplement de la modérer en rappelant certaines valeurs essentielles. Les Parlements apparaissant

ainsi comme les derniers remparts contre les atteintes à la liberté et à la sûreté. Au final, Montesquieu n'a pas attribué positivement aux magistrats la prérogative de censurer les lois, ou une certaine « faculté d'empêcher », préservant ou défendant en cela le régime monarchique qui repose sur la confusion des fonctions législative et exécutive, assumées par le seul Prince. Il a tenu compte de ce qu'on pouvait appeler, avant la lettre, du « gouvernement des juges » dans l'action des Parlements par leur obstruction à l'enregistrement des lois. Mais, s'il n'a pas placé la puissance de juger au même rang que les pouvoirs exécutif et législatif, il raisonne différemment pour ce qui relève du « dépôt des lois » qui apparaît bien comme une prérogative judiciaire. La justice en ce sens est conçue par l'auteur comme un pouvoir politique sans pour autant empiéter sur le pouvoir législatif royal et sans porter atteinte à la souveraineté comme pouvoir absolu.

La défiance révolutionnaire envers la fonction de juger

212 • Les révolutionnaires, une fois arrivés au pouvoir, ne vont pas tenir compte de la mécanique du « dépôt des lois » prônée par Montesquieu. En provoquant la réunion des Etats généraux le 24 janvier 1789 (les Etats généraux ont vocation à lever des impôts exceptionnels et ne se sont plus réunis depuis 1614, ils sont le dernier moyen restant au Roi Louis XVI pour tenter de sauver le Royaume de la faillite et contenir la révolte qui gronde) ils vont, avant tout, s'attarder aux considérations qui avaient amenées les juges à paralyser le pouvoir royal sous l'Ancien Régime. Si, comme on l'a vu, les magistrats ont pourtant joué un rôle considérable dans la mécanique de la révolution, c'est, surtout, le souvenir des coups portés au pouvoir royal qui va prédominer. A cela s'ajoute l'impopularité tardive du Parlement de Paris qui, lors de la convocation des Etats généraux, s'est montré plus préoccupé de défendre ses privilèges que de promouvoir un nouvel ordre social plus libre et plus juste (le Parlement de Paris sera notamment hostile au doublement du nombre des députés du tiers état, ce qui lui fera perdre toute popularité). L'ensemble conduit les membres de l'Assemblée constituante à se défier du pouvoir judiciaire. Il y a, aussi, les attaques répétées des avocats et intellectuels de l'époque qui, si elles ont fait naitre les prémisses de l'existence d'une certaine opinion publique avec déjà tous les travers que l'on peut lui connaître aujourd'hui, ont stigmatisé les reproches voire la cruauté de certains procédés employés par la magistrature de l'époque. On peut citer Beccaria (C. Beccaria, *Traité des Délits et des Peines*, Livourne, 1764, rééd. aux éd. du Boucher, 2002 (En ligne) ou M. Porret (dir.), *Beccaria et la culture juridique des lumières*, Genève, Librairie Droz, 1997) ou Voltaire (ces gravures de brodequins, permettant l'application de la question et autres roues en place de Grève, ont mis à la postérité les coutumes barbares de l'Ancien Régime même si l'image peut parfois se révéler inexacte ou faussée. Voir, en ce sens, B. Garnot, *C'est à la faute à voltaire… une imposture intellectuelle*, Belin éditions, 2009 ou « Voltaire et la justice d'Ancien Régime : la médiatisation d'une imposture intellectuelle », *Le temps des médias* 2010, n°15, p. 26). L'intolérance religieuse du système judiciaire a également été relevé (affaires Calas, Sirven, Chevalier de la Barre qui sont autant de fait divers qui témoignaient de l'intolérance religieuse qui existait sous l'Ancien Régime et qui avaient été

notamment dénoncés par les philosophes des lumières comme étant la marque de l'arbitraire du système judiciaire. Cf. Par ex. N. Castan, « La justice en question en France à la fin de l'Ancien Régime », *Déviance et Société* 1983, vol. n°7, n°1, p. 23).

La loi des 16 et 24 août 1790 *sur l'organisation judiciaire*

213 • C'est la loi des 16 et 24 août 1790 *sur l'organisation judiciaire* (*Rec. Duvergier*, p. 361), confirmée par le décret du 16 fructidor an III (JO, 21 août 1944, p. 315), qui va marquer la méfiance des révolutionnaires vis-à-vis des tribunaux de droit commun et leur volonté de protéger l'administration. Rédigée exclusivement sous une forme négative, la loi va se borner à poser deux grandes interdictions à l'encontre des Parlements. La 1ère interdiction vise à protéger le pouvoir législatif du pouvoir judiciaire en interdisant aux tribunaux judiciaires de s'immiscer dans l'exercice de l'activité législative. Les « tribunaux ne pourront prendre directement ou indirectement aucune part à l'exercice du pouvoir législatif [...] » (article 10) et « [...] ils ne pourront point faire de règlements » (article 12). Ceci implique, notamment, l'interdiction des arrêts de règlement, c'est-à-dire des décisions de justice posant des règles de portée générale. La 2nde interdiction vise à protéger le pouvoir exécutif du pouvoir judiciaire et interdit aux tribunaux ordinaires de s'immiscer dans l'activité administrative. L'article 13 prévoyant que « les fonctions judiciaires sont distinctes et demeureront toujours séparées des fonctions administratives. Les juges ne pourront, à peine de forfaiture, troubler, de quelque manière que ce soit, les opérations des corps administratifs, ni citer devant eux les administrateurs pour raison de leurs fonctions ». Cette règle sera rappelée avec vigueur par le décret du 16 fructidor an III selon lequel « défenses itératives sont faites aux tribunaux de connaître des actes d'administration, de quelque manière que ce soit, aux peines de droit ».

La tradition conséquente de dépendance du pouvoir judiciaire dans tous les régimes postérieurs : la période 1791-1814

214 • Pour s'assurer contre toute tentation du juge de sortir de son champ de compétence, l'assemblée nationale, dans la Constitution du 3 septembre 1791, fixe de strictes limites au pouvoir judiciaire en le « subordonnant » à la puissance législative et en le « séparant » du pouvoir administratif : « Les tribunaux ne peuvent, ni s'immiscer dans l'exercice du Pouvoir législatif, ou suspendre l'exécution des lois, ni entreprendre sur les fonctions administratives, ou citer devant eux les administrateurs pour raison de leurs fonctions » (art. 3 chapitre V, titre II). Confiance dans le législateur, défiance envers le juge, ces deux éléments, mis en place par les révolutionnaires, vont ainsi se perpétuer chez leurs successeurs. L'article 203 de la constitution de l'an III (constitution du 5 fructidor an III) établit que « les juges ne peuvent s'immiscer dans l'exercice du Pouvoir législatif, ni faire aucun règlement » (art. 203). L'article 5 du Code civil dispose qu'il est « défendu aux juges de prononcer par voie de disposition générale et réglementaire sur les causes qui leur sont soumises » et l'article 127 du Code pénal (1810) punit les juges qui « se seront immiscés dans l'exercice du pouvoir législatif [...] par des règlements contenant des dispositions législatives » (Cf. J.-L. Halperin, « Le juge et le jugement

en France à l'époque révolutionnaire » in J. Robert (dir.), *Le juge et le jugement dans les traditions juridiques européennes*, Paris, LGDJ, 1996, p. 223). A la fin de la période de tradition révolutionnaire, Napoléon met en place des « fonctionnaires- juges ». La Justice devient une administration de l'Etat, entourée d'un certain prestige, certes, mais une administration, avant tout, comme une autre, au service de l'Etat. Sous le Consulat et l'Empire, l'esprit de caserne a substitué une vassalité à une autre, l'autorité judiciaire étant exercée par un corps de fonctionnaire maintenant subordonné au gouvernement. Le consulat et l'empire vont consacrer l'autorité judiciaire dans l'Etat. L'ordre judiciaire est présenté de manière globale comme un grand corps de l'Etat. On réhabilite la jurisprudence civile et Napoléon appelle de ses vœux une justice criminelle très imposante. Cependant cette consécration de l'autorité judiciaire s'accompagne d'une perte d'indépendance pour les magistrats. L'autorité judiciaire agissait librement mais sous la surveillance de l'Empereur duquel émanait le pouvoir suprême.

La tradition conséquente de dépendance du pouvoir judiciaire dans tous les régimes postérieurs : la période du XIXème siècle

215 • L'autorité judiciaire mise au service du pouvoir inspira, aussi, la Monarchie restaurée en 1814. Les institutions existantes sont maintenues mais la Charte de 1814 déclare notamment que « toute justice émane du roi. Elle s'administre en son nom par des juges qu'il nomme et qu'il institue » (art. 57). La justice est plus que jamais réduite à une fonction qui s'administre au moyen de juges nommés par l'exécutif (Cf. J.-L. Halperin, « 1789-1815 : un quart de siècle décisif pour les relations entre la Justice et le Pouvoir en France », *Justices* 1995, p. 13). Les Régimes monarchiques et républicains, qui se sont succédé tout au long du XIXème siècle, ont apporté des aménagements mais n'ont pas modifié le moule : des juges fonctionnaires, hiérarchisés, appelés à faire carrière et soumis au pouvoir politique. Cette soumission s'est alors logiquement illustrée par des procédures de destitution des magistrats suspectés de ne pas partager la politique des nouveaux gouvernants. Chaque révolution s'est ainsi traduite en épuration de la magistrature pendant un siècle et demi d'histoire de la justice française. Plus le changement politique est radical, plus l'épuration a été importante, sans que le principe d'inamovibilité ne constitue un quelconque obstacle (Cf. A. Bancaud et H. Rousso (dir.), *L'épuration de la magistrature de la révolution à la libération*, Paris, Ed. Loysel, 1994).

Des procédures d'épuration de magistrats constantes à chaque changement de régime au XIXème et XXème siècle

216 • Après la période du 1er Empire, le pouvoir royal procéda, de septembre 1815 à avril 1816 (période des 100 jours entre le retour en France de l'empereur Napoléon Ier, le 1er mars 1815, et la dissolution de la Commission Napoléon II, chargée du pouvoir exécutif après la 2nde abdication de Napoléon Ier, le 7 juillet 1815), à une réduction massive des effectifs des magistrats (l'opération permit d'écarter 1700 magistrats impériaux des cours et tribunaux). La Révolution de juillet 1830 (27, 28, 29 juillet 1830 dites des « Trois glorieuses ») impose l'obligation de prêter serment à la nouvelle dynastie et amène 213 magistrats à démissionner. En

même temps le nouveau pouvoir remplace un grand nombre de magistrats du parquet. Avec l'avènement de la 2nde République, les républicains rappellent, dans un article unique du décret du 17 avril 1748 *concernant la suspension ou la révocation des magistrats* (*Rec. Général des lois et des décrets* 1848 (SER2), p. 50) que « le principe de l'inamovibilité de la magistrature, incompatible avec le gouvernement républicain, a disparu avec la charte de 1830 ». Le décret vise en fait à justifier l'épuration conduite au lendemain de la Révolution. Comme lors des changements précédents de régime, les procureurs généraux ont, pratiquement, tous été changés dans les quelques semaines suivant les journées de février 1848. La purge fut cependant limitée par l'évolution politique après juin 1848.

Un conflit majeur entre pouvoir politique et magistrature sous les débuts de la IIIème République

217 • Le conflit entre pouvoir politique et magistrature est réapparu avec une intensité plus grande aux premiers temps de la IIIème République. Le corps judiciaire, recruté pour une grande partie pendant le 2nd Empire, s'accommoda assez aisément des premiers gouvernements d'ordre moral mis en place dès les débuts de la République mais le triomphe républicain qui suivit les élections de 1877 faisait, par la suite, de l'épuration de la magistrature une exigence politique de 1ère importance. Les magistrats avaient été largement recrutés dans les élites catholiques traditionnelles et ils refusèrent notamment d'appliquer les décrets de Jules Ferry *anti-congrégations concernant les Jésuites et autres congrégations religieuses* (Cf. Supra n°65). L'inamovibilité des juges est, d'abord, suspendue pour trois mois afin, officiellement, de procéder à une réduction du personnel des cours d'appel et des tribunaux (article 11 de la loi du 30 août 1833 *sur la réforme de l'organisation judiciaire* (JO, 31 août 1883, p. 4569)). Le quart des effectifs est alors révoqué (611 juges), dix premiers présidents de cour d'appel et 117 présidents de tribunal, pour l'essentiel ceux qui avaient manifesté leur indépendance au moment des décrets (Cf. J.-P. Machelon, « L'épuration républicaine. La loi du 30 août 1833 », in A. Bancaud et H. Rousso (dir.), *L'épuration de la magistrature de la révolution à la libération,* Paris, Ed. Loysel, 1994, p. 87). Le Conseil d'Etat est épuré, quant à lui, en 1879 (loi du 13 juillet 1879 (JO, 14 juillet 1879, p.6633) relative au Conseil d'Etat) où la composition de l'institution est presque entièrement renouvelée à la suite, là encore, de démission de membres en marge de protestations.

2 – La consécration du dogme révolutionnaire de la loi

218 • A l'époque de la Révolution française, la plupart des démocraties occidentales vont théoriser ou constitutionnaliser le principe de séparation des pouvoirs tel qu'il a été évoqué par Montesquieu et les philosophes des lumières mais l'application même du principe va différer selon les us et coutumes de chacun puisque le principe était avant tout défini de façon négative comme étant destiné à éviter le despotisme et à garantir les droits et libertés. Il n'y avait pas de définition positive, d'explications sur la manière dont il devait être conçu ou interprété. On a ainsi longtemps eu en France une autre lecture de la séparation des pouvoirs que celle

qui a, par exemple, été mise en place aux Etats-Unis. La constitution américaine adoptée le 17 septembre 1787 a été fondée, dès l'origine, sur une séparation équilibrée des pouvoirs selon le principe des freins et contrepoids mais une séparation incluant un pouvoir judiciaire fort, symbolisé et incarné par la Cour suprême des Etats-Unis. Même si plusieurs arrêts de cette Cour ont été et demeurent encore controversés, la pérennité de la Constitution américaine et l'affermissement de la garantie des droits et libertés démontrent avec éclat l'apport de cette séparation équilibrée incluant un véritable pouvoir judiciaire (Cf. Supra n°185 et suiv.).

219 • La cause de l'immense pouvoir des juges américains ne tient qu'à un seul fait : leur pouvoir de contrôler la constitutionnalité des lois. Si les révolutionnaires français ont reconnu l'existence d'un pouvoir judiciaire à part entière, contrairement à ce qu'a pu écrire Montesquieu, ils ont surtout joué sur l'ambiguïté du terme « pouvoir judiciaire » en lui donnant essentiellement une définition formelle et matérielle. Ce dernier est cantonné dans une sphère réduite au règlement des litiges entre individus dans les matières civiles ou pénales. Les tribunaux ne peuvent s'immiscer dans le domaine législatif ni entreprendre sur les fonctions administratives. Le pouvoir judiciaire est le seul « pouvoir » à n'avoir aucun moyen d'action sur les deux autres pouvoirs et, bien entendu, pas question, à l'époque, d'en faire un pouvoir équivalent au pouvoir législatif ou au pouvoir exécutif. On ne lui donne pas les moyens d'intervenir dans la sphère politique que ce soit à travers le contrôle de la conformité des lois à la Constitution ou la sanction des fautes commises par les agents du pouvoir. Cette vision des choses amènera à un refus traditionnel et historique d'un quelconque contrôle juridictionnel de la loi. Les constituants pensent qu'un bon agencement du pouvoir politique ou une bonne répartition des pouvoirs pour confectionner la loi la plus représentative de la volonté générale doit suffire à garantir les droits et libertés.

a) L'absence traditionnelle de contrôle juridictionnel de la loi

La conception française de la séparation des pouvoirs : une « théorie anti-juge »

220 • Tous les textes de la période de tradition révolutionnaire (1789-1799) vont consacrer le refus explicite d'un quelconque contrôle juridictionnel de la loi. « Les tribunaux ne pourront [...] empêcher ou suspendre l'exécution des décrets du Corps législatif [...] » (article 10 du titre II de la loi des 16 et 24 août 1790 précitée) ou « Les tribunaux ne peuvent [...] suspendre l'exécution des lois » (article 3, chapitre V, titre II de la Constitution du 3 septembre 1791). Les juges « ne peuvent arrêter ou suspendre l'exécution d'aucune loi » (article 203 de la Constitution de l'an III). Sont punis les juges « qui se seront immiscés dans l'exercice du pouvoir législatif [...] en arrêtant ou en suspendant l'exécution d'une ou de plusieurs lois » (article 127 du Code pénal de 1810). Ces dispositions entraînent, évidemment, une interdiction absolue de tout contrôle juridictionnel sur la conformité des lois à la Constitution. L'application de la loi ne peut être refusée par les juges dans aucun cas, même dans le cas où le juge estimerait qu'une loi est contraire à la Constitution. Le refus ou la

suspension de l'application de la loi, même de la loi inconstitutionnelle, par les juges est censé être une violation de la règle de spécialisation des pouvoirs. Ce serait une participation indirecte, et donc proscrite, à la fonction législative. La conception française de la séparation des pouvoirs devient une « théorie anti-juge » où l'on s'oppose, de manière marquante, à la mise en place d'un contrôle juridictionnel de la constitutionnalité des lois et où l'on consacre le principe de séparation des autorités administratives et judiciaires. Les constituants révolutionnaires prononcent, en ce sens, dès le 3 novembre 1789, « la mise en vacance des parlements pour une durée illimitée », prélude à la suppression pure et simple (Voir, par ex., M. Figeac, « Les magistrats en révolte en 1789 ou la fin du rêve politique de la monarchie des juges », *Histoire, Economie et société* 2006, n°25-3, p. 385 et suiv.). Ils ne se contentent pas d'interdire au juge toute immixtion dans le domaine de la législation ou de l'administration, ils leur dénient, au surplus, tout pouvoir d'interprétation et les soumettent au législateur par l'interdiction des arrêts de règlement (art. 12 Titre II de la loi des 16 et 24 août 1790 qui dispose qu'« ils (les tribunaux) ne pourront point faire des règlements, mais ils s'adresseront au corps législatif toutes les fois qu'ils croiront nécessaire, soit d'interpréter une loi, soit d'en faire une nouvelle »).

Le Tribunal de cassation, le référé législatif et les articles 4 et 5 du Code civil de 1804

221 • La loi des 27 novembre et 1er décembre 1790 (Loi et Actes du gouvernement, t. II, p. 156), après avoir dissout les Parlements, institue le Tribunal de cassation en lui interdisant de juger du fond des affaires. Son rôle est limité au contrôle du respect de la loi et de la régulation de la jurisprudence. Le nouveau vide laissé par l'impossibilité d'interpréter loi par la jurisprudence est comblé par la création du référé législatif institué par la Constituante avec les lois des 16 et 24 août 1790 (art. 12 du titre II précité) et du 27 novembre et 1er décembre 1790 (art. 21). Le référé était articulé en deux institutions différentes : à savoir le « référé facultatif », demandé par un juge du fond en cas de doute interprétatif ou de lacune législative, et le « référé obligatoire » provoqué par un conflit entre l'interprétation du Tribunal de Cassation et celle du juge de renvoi. Dans ce dernier cas, le Tribunal de cassation avait l'obligation d'en référer au Corps législatif, lorsqu'après deux cassations une 3ème juridiction du fond jugeait de la même manière que les deux premières. Le référé facultatif des juges du fond fut supprimé par l'article 4 du Code civil qui restituait au juge le pouvoir d'interprétation nécessaire à l'exercice de sa fonction (« le juge qui refusera de juger, sous prétexte du silence, de l'obscurité ou de l'insuffisance de la loi, pourra être poursuivi comme coupable de déni de justice »). L'article 5 de ce même Code réitérait, quant à lui, la condamnation des arrêts de règlement (« Il est défendu aux juges de prononcer par voie de disposition générale et réglementaire sur les causes qui leur sont soumises ») rappelant, ainsi, qu'il n'était, cependant, pas question de rétablir les errements de l'Ancien-Régime. Si certains ont pu parler de « semi-résurrection de la « puissance de juger » » (P. Remy, « La part faites au juge », *Pouvoirs* 2003, n°107, p. 26), il y avait, surtout, une complémentarité entre les deux articles du Code civil. La liberté d'interprétation qui

découlait ainsi de l'obligation de juger dans le silence ou l'obscurité de la loi avait, en quelque sorte, pour limite l'interdiction de disposer de façon générale et réglementaire (En ce sens, L. Condé, « La prohibition des arrêts de règlement. Le mode juridictionnel », *Jurisclasseur Civil Code*, 2014, art. 5, n°1). Comme pouvait le relever le conseiller d'Etat Portalis lorsqu'il présenta au corps législatif le futur Code civil de 1804 et les articles 4 et 5 jamais modifiés jusqu'à aujourd'hui, s'il fallait laisser « à l'exercice du ministère du juge toute la latitude convenable », il fallait lui rappeler « les bornes qui dérivent de la nature même de son pouvoir. Un juge est associé à l'esprit de législation ; mais il ne saurait partager le pouvoir législatif. Une loi est un acte de souveraineté, une décision n'est qu'un acte de juridiction ou de magistrature » (P.-A. Fenet, *Recueil complet des travaux préparatoires du Code civil,* Paris, Videcoq, t. VI, 1836, p. 361).

Un pouvoir judiciaire dont l'autonomie est progressivement accentuée

222 • Les lendemains du Code civil sont difficiles pour le juge judiciaire français, le poids du passé et la remise en cause du rôle joué par les Parlements d'Ancien-Régime impliquent un retour très net à la discipline même si derrière les apparences, cela n'a pas empêché les juges de faire œuvre prétorienne ou de création (Cf. J. Hauser, « Les juges et la loi », *Pouvoirs* 2005, n°114, p. 139 et suiv.). L'autonomie du pouvoir judiciaire est ainsi accentuée et on libère sa jurisprudence par la suppression du référé législatif pour les juges du fond. Restait encore à affranchir le Tribunal de cassation du législateur. Une 1ère réforme fut apportée en l'an VIII (la loi du 27 ventôse an VIII *sur l'organisation des tribunaux*, *Rec. Duvergier*, p. 166) pour préciser, qu'après une 1ère cassation, si une 2nde décision sur le fond était attaquée par les mêmes moyens que la 1ère, la question était portée devant toutes les sections réunies du Tribunal de cassation (article 78 de la loi). Auparavant, l'interprétation de la loi, en dernière instance, dans ce cas de figure, relevait du référé législatif et donc, in fine, du législateur. Par la suite, le Tribunal de cassation est devenu, entre-temps, la « Cour de cassation » en 1804 (Constitution de l'an XII ou sénatus-consulte du 28 floréal an XII, article 136, www.conseil-constitutionnel.fr) puis il est définitivement libéré du législateur en 1837 sous la Monarchie de juillet (la loi du 1er avril 1837 (Bulletin des lois 9e S. B. 490, n° 6769) *relative à l'autorité des arrêts rendus par la Cour de cassation après 2 pourvois*). La loi supprime effectivement et entièrement le référé législatif (il avait connu un dernier baroud d'honneur avec la loi du 16 septembre 1807 qui le fit renaitre et qui avait octroyé à l'Empereur Napoléon 1er le droit d'arbitrer les conflits persistants entre les juges de cassation et les juges d'appel, l'interprétation de la loi étant donnée, en cas de résistance des juges du fond à une 2nde cassation, par un règlement d'administration publique).

Une autorité judiciaire libre mais surveillée sous le Consulat et l'Empire

223 • Sous le Consulat et l'Empire, beaucoup d'honneur couvre « l'ordre judiciaire » présenté désormais, de manière globale, comme un grand corps de l'Etat. La robe, les titres et les appellations d'Ancien-Régime sont rétablis ce qui pourrait faire croire à un surcroit de pouvoir. Il n'en est rien en réalité car seule « l'autorité

judiciaire » dans l'Etat est consacrée, l'Empereur s'affirmant comme étant le « pouvoir suprême » à l'égal des Rois de France. L'autorité judiciaire agit librement mais sous la surveillance du souverain et du « Grand juge » (Ministre de la justice depuis l'an X et preuve supplémentaire de la subordination des magistrats). De plus, la Constitution de l'an VIII accentue l'incapacité des tribunaux à traiter des questions administratives ou tant soit peu politiques. La création d'un Conseil d'Etat (article 52 de la Constitution du 22 frimaire an VIII, www.conseil-constitutionnel.fr) chargé de résoudre les difficultés s'élevant en matière administrative, renforce la spécificité du contentieux administratif (notamment à partir des décrets des 11 juin et 22 juillet 1806 (JO, 21 août 1944, p. 11) *créant la commission du contentieux chargé de recevoir les litiges avant la délibération du Conseil d'Etat*, avant ce dernier n'était saisi que par le chef de l'État et ne pouvait entendre les arguments de la personne privée, ni verbalement ni par écrit). Enfin, reprenant un principe révolutionnaire, l'article 75 de la Constitution de l'an VIII interdit de poursuivre des « agents du gouvernement » pour des faits relatifs à leurs fonctions sans l'autorisation du Conseil d'Etat. Dès 1815, les habitudes sont prises pour tout le XIXème siècle et même au-delà pour que le pouvoir judiciaire ne se mêle pas trop du politique.

Le refus du Conseil d'Etat de connaitre de la constitutionnalité de la loi par voie d'exception

224 • La position traditionnelle du Conseil d'Etat a été systématisée assez tardivement par deux arrêts de principe du 6 novembre 1936, *Arrighi et Dame Coudert.* Par ces arrêts, le juge suprême a, en effet, refuser de contrôler la constitutionnalité d'une loi en estimant qu'en « l'état actuel du droit public français, le moyen tiré de l'inconstitutionnalité d'une loi n'est pas de nature à être discuté devant le Conseil d'Etat statuant au contentieux » (CE, sect., 6 novembre 1936, *Arrighi,* req. n°41221, *Rec. CE*, p. 966, *D.* 1938, 3, 1, concl. Latournerie, note C. Eisenmann, *RDP* 1936, p. 671, concl. Latournerie, *S.* 1937, 3, 33, concl. Latournerie, note A. Mestre. L'arrêt *Dame Coudert* du même jour n'est pas reproduit au Recueil Lebon). C'est une solution qui n'allait pas de soi en 1936 et la question était très largement discutée, beaucoup d'avis militant en faveur du contrôle de constitutionnalité. Il suffit de se référer, à cet égard, aux conclusions du président Latournerie qui pouvait concéder qu'un tel contrôle pouvait se recommander de « considérations de logique pure ». Il a pu ainsi relever que « lorsqu'un régime juridique établit [...] une hiérarchie entre les lois, c'est-à-dire lorsqu'il existe ce qu'on a appelé une « super- légalité » [...] le juge, dans cette [...] conception, ne fait rien que de conforme à sa mission [...] en faisant céder, le cas échéant, à la loi supérieure celle du degré inférieur. Il ne fait [...], en pareil cas, que statuer sur un conflit de lois qui ne diffère guère par nature d'autres conflits qui se présentent devant lui entre lois [...] ». En dépit de ce raisonnement, le commissaire du gouvernement a invité le Conseil d'Etat à ne pas s'engager dans la voie ainsi tracée et à tenir compte plutôt de critères d'opportunité. Il s'est appuyé sur la conception française de la séparation des pouvoirs « entièrement dominée par la souveraineté de la loi » et sur la jurisprudence des tribunaux de l'ordre judiciaire qui avait jusque-

là toujours écarté la possibilité du contrôle de la loi (excepté deux arrêts rendus par la Cour de cassation sous la 2nde République : Cass., crim., 15 mars 1851, *Gauthier, D.* 1851, 1, 42, *S.* 1851, 1, 214 et Cass., crim., 17 novembre 1851, *Gent, D.* 1851, 1, 333, *S.* 1851, 1, 708). Il montre bien ainsi que le juge administratif ne souhaite ni prendre le risque de mettre à mal la souveraineté de la loi, ni outrepasser ses fonctions et usurper sa place dans la théorie de la séparation des pouvoirs. Il fallait, pour ainsi dire et toujours selon les mêmes conclusions du président Latournerie, « se résigner […] tout au moins provisoirement, même aux dépens de l'harmonie des plus belles constructions juridiques, même aux dépens parfois de l'apparente équité, à ce que certaines parties du droit restent à l'état de droit imparfait, à l'état de droit sans sanction ».

Un refus globalement critiqué par la doctrine

225 • Ce sont la révérence extrême envers la loi écrite et la vision restrictive du rôle du juge dans la séparation des pouvoirs qui sont à l'origine du refus des juridictions françaises de contrôler les lois et donc de la théorie de la loi écran. Les critiques et questionnements de la doctrine, même avant l'arrêt de 1936, avaient, pourtant, déjà été marquants pour dénoncer la primauté des motifs d'opportunité sur les pures motifs de logique juridique (Cf. F. Larnaude, « L'inconstitutionnalité des lois et le droit public français », *RDP* 1926, p. 181 ; M. Hauriou, *Précis de droit constitutionnel, 2nde éd.*, 1929, p. 266 et suiv. ; L. Duguit, *Traité de droit constitutionnel, 2nde éd.*, t. III, p. 659 ; G. Jèze, « Le contrôle juridictionnel des lois », *RDP* 1924, p. 399 ; Ch. Eisenmann, note sous CE Sect., 6 novembre 1936, *Arrighi, D.* 1938, 3, 1 ; R. Carré de Malberg, « La constitutionnalité des lois et la Constitution de 1875 », *RDP* 1927, p. 339 ; H. Berthélémy, « Les lois inconstitutionnelles devant les juges », *RDP* 1927, p. 183 ; P. Duez, « Le contrôle juridictionnel de la constitutionnalité des lois en France », *Mélanges Hauriou*, Paris, Sirey, 1929, p.21). Cela n'a pas empêché le Conseil d'Etat de réaffirmer sa position durant toute la IIIème République même si certains auteurs avaient pu signaler « la nuance de regret qui semble transparaitre dans la formule : en l'état actuel du droit public » (Cf. Note A. Mestre, *S.* 1937, 3, 33) et l'idée que si le pouvoir constituant en décidait ainsi, le Conseil d'Etat était disposé à exercer le contrôle ainsi refusé.

Un refus toujours persistant même si tendance actuelle à une remise en cause

226 • La résignation du Conseil d'Etat est vite apparue comme n'étant pas irrémédiable et comme attendant, au contraire, une évolution ou une habilitation. Celle-ci tardera à venir et sera finalement écartée par les choix opérés par les constituants de 1946 et 1958 qui privilégieront la création d'une institution spécialisée, respectivement le Comité constitutionnel puis le Conseil constitutionnel, dont les caractéristiques seront très révélatrices de la crainte que suscitera encore ce contrôle. Sous l'empire des deux dernières Constitutions, le Conseil d'Etat réitère son refus d'exercer un tel contrôle mais en se fondant, cette fois, sur des arguments juridiques tenant à l'existence de ces institutions spécialisées, seules compétentes pour opérer un tel contrôle (Cf., par ex., CE, 5

janvier 2005, *Deprez et Baillard,* req. n°257341, *Rec. CE*, p. 1, *RFDA* 2005, p. 56, note B. Bonnet). Depuis, le Conseil d'Etat, suivant une formulation qui remonte à un arrêt d'assemblée du 4 février 1949 (CE, Ass., 4 février 1949, *Chambre syndicale des agents généraux d'assurance de la Martinique*, req. n°94997, *Rec. CE*, p. 49) et avant la mise en place de la Question prioritaire de constitutionnalité (QPC), écarte tout moyen tiré de ce qu'une disposition législative serait contraire à la Constitution au motif qu'un tel moyen n'était pas « de nature à être utilement présenté devant la juridiction contentieuse ». C'est aussi l'application de la théorie de loi écran ou de l'écran législatif qui fait que dans le cadre du contrôle de constitutionnalité des actes administratifs, le juge distingue 2 hypothèses : si aucune loi ne s'interpose entre la Constitution et l'acte administratif, le juge effectue normalement son contrôle, par contre, si l'acte administratif est fondé directement sur une loi, celle-ci fait écran entre cet acte et la Constitution et le juge refuse tout contrôle en ce sens. Contrôler la constitutionnalité de l'acte reviendrait à contrôler indirectement la constitutionnalité de la loi car l'acte serait toujours conforme à la loi même si non-conforme à la Constitution. Néanmoins, si la théorie est très bien ancrée dans la jurisprudence administrative, elle est de plus en plus, aujourd'hui, remise en question par le recours à certaines techniques ou l'évolution jurisprudentielle ou constitutionnelle.

b) La mise en place de la Constitution politique pour protéger les droits fondamentaux

Une Constitution servant longtemps à fixer le statut de l'Etat et non celui du citoyen

227 • Toute Constitution a normalement deux fonctions : limiter le pouvoir et garantir les droits des citoyens. On a longtemps, en France, tenu compte que du 1er aspect de la notion de Constitution, jadis distingué par Maurice Hauriou (M. Hauriou, *Précis de droit constitutionnel*, Sirey, 1929), voulant que cette dernière ne soit considérée, simplement, que comme une Constitution politique fixant le statut de l'Etat et non comme une Constitution sociale fixant également le statut du citoyen pour préserver les droits et libertés. Il y a ainsi eu beaucoup de mystères autour de la notion de « garantie des droits » à laquelle fait référence l'article 16 DDHC notamment dans ses relations avec le principe de séparation des pouvoirs. Ces mystères ont cependant été progressivement éclairés. Ainsi, l'on ignore plus que, pour les révolutionnaires, la garantie des droits devait résulter, en quelque sorte mécaniquement, d'un bon agencement constitutionnel. Les constituants pensaient que la seule organisation politique du pouvoir suffisait à protéger les droits et libertés. A partir du moment où la séparation des pouvoirs est clairement définie dans la Constitution et correctement appliquée en pratique, cela doit suffire à garantir les droits et libertés, pas besoin de déclaration des droits définissant le statut du citoyen et d'organe spécialisée chargée de faire respecter cette déclaration des droits. La meilleure répartition des pouvoirs entre les organes doit permettre à ce que chacun d'eux puisse rappeler à celui qui s'égarerait ce que sont les droits et libertés par le pouvoir d'empêcher et ceci, même si, dans ce jeu d'empêchements

réciproques, le pouvoir judiciaire est singulièrement absent. Mais dans cette combinaison entre les organes et les fonctions pour se protéger contre l'arbitraire, c'est la compétence attribuée au législateur pour concrétiser la loi naturelle qui constitue, néanmoins, le point central du système de garantie des droits pensé par les révolutionnaires.

Les révolutionnaires et la « mystique rousseauiste » de la loi

228 • Les révolutionnaires sont imprégnés de la « mystique rousseauiste » de la loi qui, votée par les représentants de la nation et censée exprimer la volonté générale, se trouve investie d'une puissance toute particulière au sein de l'ordre juridique. Si Rousseau incarne, plutôt, aujourd'hui, l'individualisme le plus anarchique et le naturisme le plus anti-social, c'est pourtant l'un des auteurs qui a le plus fortement éprouvé et exprimé le sentiment du caractère sacré du lien social, ainsi que de la loi par où il se manifeste. Comme peut le noter Jean-Jacques Chevallier, « Rousseau a de la loi l'idée la plus haute, la plus religieuse. A ses yeux, elle relève, elle aussi, du sacré, elle est le reflet, ici-bas, d'un ordre transcendant, elle relève de la moralité avant de relever de la puissance. Le caractère propre et la beauté propre de la loi, c'est sa généralité, son impersonnalité, qui excluent l'arbitraire et l'instabilité des volontés particulières, bêtes noires de Rousseau ». L'auteur ajoutant que « la loi permet à l'homme d'imiter dans sa sphère les décrets immuables de la divinité ; c'est à elle seule que sont dues la justice et la liberté ; c'est elle qui rétablit dans le droit social l'égalité naturelle […] Et le meilleur gouvernement est celui qui par sa nature même, se tient « toujours le plus près de la loi » » (J.-J. Chevallier, « Jean-Jacques Rousseau ou l'absolutisme de la volonté générale », *RFSP* 1953, n°1, p. 5). La loi est donc un acte par naissance général, impersonnel et inflexible, elle ne peut jamais considérer un homme comme individu ni une action particulière. Son objet est toujours général comme est toujours générale la volonté qui l'édicte et, en ce sens, elle ne peut être injuste. Mais si la volonté générale est toujours droite, le jugement qui la guide, selon Rousseau, n'est pas toujours éclairé. Le peuple est à demi-aveugle. Il veut certes toujours le bien mais, de lui-même, ne le voit pas toujours. Il a besoin, en ce sens, d'un être d'exception pour l'éclairer. Dans le Contrat social, Rousseau brosse le portrait de cet « être d'exception » respectueux de la souveraineté du peuple : le législateur. Il est « à tous égards un homme extraordinaire dans l'État [...] par son génie » (J.-J. Rousseau, *Du Contrat social,* chapitre VII du livre II, in *Œuvres complètes*, Paris, Gallimard, Bibliothèque de la Pléiade, p. 241) et sa force lui vient de « sa grande âme […], vrai miracle qui doit prouver sa mission [...] » (*Ibid.*, p. 384). Ainsi, si la figure du législateur dominait déjà les Lois de Platon (les cités grecques ont été le théâtre de la naissance de la loi mais aussi d'une réflexion sur la meilleure manière de les établir et ses limites. Cf. L. Brisson et J.-F. Pradeau, *Les lois de Platon*, Paris, PUF, 2007), la philosophie des Lumières et la Révolution française l'élevèrent au rang de quasi-divinité, de guide éclairé de la Cité.

La souveraineté du principe de légalité dès la DDHC

229 • La confiance en la loi est attestée dès la rédaction de la DDHC elle-même, qui, si elle fixe, à la loi, quelques limites (art. 5 à 8), renvoie systématiquement à elle pour la détermination concrète des conditions d'exercice des droits proclamés et la détermination de leur étendue. Il n'y a pas de prééminence accordée aux droits de l'homme et de mise hors d'atteinte par rapport aux pouvoirs institués. A cela s'ajoute la logique même du gouvernement représentatif qui, en transférant la souveraineté à la nation et à ses représentants, seuls chargés d'exprimer sa volonté, déséquilibre, d'emblée, l'agencement des pouvoirs. La hiérarchie des normes s'interprète alors comme l'expression de la simple prééminence de la loi et s'assimile en définitive au principe de légalité. C'est la théorie de l'Etat légal, tel que défini par Raymond Carré de Malberg (R. Carré de Malberg, *Contribution à la théorie générale de l'Etat*, Paris, Sirey, 1920-1922, 2 tomes, p. 490) qui se met ainsi progressivement en place, cet Etat qui tend purement à assumer la suprématie du corps législatif et à confier à ce dernier une puissance quasi indéfinie forcément dangereuse pour le respect des droits et libertés. Le principe de légalité implique pourtant une confiance absolue dans le droit et en conséquence un pouvoir qui se voit encadré et limité.

Des pouvoirs constitués au service du principe de légalité

230 • L'Etat de police était fondé sur le bon plaisir du Prince, il n'y avait ni véritable limite à l'action du pouvoir, ni réelle protection des individus contre lui. Avec le principe de légalité, les gouvernants se retrouvent soumis à des règles qui s'imposent à eux de façon contraignante. Le pouvoir alors détenu ne se présente plus que comme une simple fonction assujettie au droit ramenant les autorités publiques au même niveau que les citoyens. Cela est très explicite lorsque l'on regarde les représentants du pouvoir exécutif dont la fonction est censée se réduire à l'application des lois, les gouvernants et l'administration ne pouvant agir qu'en vertu d'un titre légal. La fonction exécutive est une fonction purement subordonnée placée au service exclusif de la loi et on ne peut, en conséquence, lui octroyer la moindre dimension normative. Comme on a aussi pu le relever, si le juge se voit assigner la fonction de garantir le respect des lois, cette fonction est avant tout perçue comme une fonction « objective » excluant toute marge de libre détermination pour que le contrôle juridictionnel ne se transforme pas en « gouvernement des juges ». Les juges doivent être au service de la loi et n'avoir qu'une démarche purement déductive. Enfin, le législateur, lui-même, doit plus agir par raison que par volonté, le débat parlementaire n'étant pas perçu comme une manifestation de puissance des élus mais comme un moyen d'activer la représentation de la nation, seule source légitime de pouvoir.

La Constitution érigée en loi spéciale et les déclarations de droits assimilées à des engagements idéologiques

231 • En réalité, aucun des gouvernements français qui se succèdent au XIXème siècle n'a la volonté de porter atteinte aux droits et libertés, ils s'efforcent même de

les promouvoir lorsque leur légitimité n'est pas contestée quelles que soient leurs orientations dynastique et politique mais ils le font en considérant la loi comme un dispositif de garantie et de protection suffisant. Cette loi dominée par un idéal de justice destinée à préserver l'égalité des individus dans leurs rapports mutuels ou dans leur rapport avec le groupe. Cette loi qui, tout en étant un rempart contre le pouvoir et l'absolutisme, sert aussi à corriger les inégalités sociales et à satisfaire les aspirations de chacun. Mais la perception quant aux éléments classiques de l'Etat de droit était à l'époque différente. Théoriquement, une hiérarchie est forcément établie entre la Constitution et la Loi puisque même si cette dernière bénéficie d'une « autorité supérieure », elle ne peut porter atteinte, ni mettre obstacle à l'exercice des « droits naturels et civils » garantis par la Constitution. Mais, il y a une telle confiance dans la loi, incarnation de la vérité, de la raison, de la justice qu'elle est perçue comme un acte incontestable dont le bien-fondé ne saurait être mis en doute. Ce privilège d'incontestabilité poussera le mythe de la loi jusqu'à ces conséquences ultimes rejetant un quelconque mécanisme de contrôle. On ne considérait pas, d'abord, une déclaration ou un préambule comme une norme juridique (donc une collection de droits opposables par les citoyens) et la Constitution n'a jamais, ensuite, été regardée autrement que comme une loi spéciale, dont l'objet est le pouvoir politique, même si cette loi est adoptée selon une procédure plus rigide que la loi ordinaire. Autrement dit, les textes qui réunissaient des énoncés de droits et de libertés restaient avant tout des engagements idéologiques et des programmes politiques à l'attention des législateurs souverains qui prenaient à témoin les citoyens mais qui ne leur offraient pas d'autres garanties que l'action dans la vie politique, la pétition ou la résistance à l'oppression.

Une application variée selon les régimes mais avec une constante tenant toujours à la remise en cause des droits et libertés

232 • C'est l'agencement du pouvoir politique qui doit traduire dans la réalité juridique le respect de ces droits et libertés. En l'occurrence, la meilleure façon de confectionner une loi qui protège les lois et libertés est d'établir une bonne répartition du pouvoir et un bon recrutement du législateur (en y incluant l'exécutif quand il participe à la fonction législative). Sur le 1er élément comme sur le 2nd, les recettes ont divergé selon les familles politiques (légitimiste, orléaniste, bonapartiste et républicains) et les périodes de tradition révolutionnaire (1789-1799), césariste (1800-1814 et 1852-1870) ou parlementaire (1814-1848 et 1875-1958) allant, indistinctement, de l'exécutif simple exécutant à celui quasi législateur, alternant le recrutement dynastique, plébiscitaire ou électif du chef de l'Etat, la sélection au suffrage censitaire ou au suffrage universel de l'Assemblée, le monocamérisme ou le bicamérisme dans les différents parlements s'étant succédés, etc... Les variations sur ce thème ont été aussi nombreuses que les Constitutions et le respect des droits et libertés la plupart du temps remis en cause jusqu'à l'avènement du nouvel Etat de droit et de ces mécanismes de protection des droits et libertés affirmant la primauté de l'individu dans l'organisation politique et sociale.

Bibliographie

- **Aubert (G.), Chaline (O.) (dir.)**, Les Parlements de Louis XIV, PU de Rennes, 2010.

- **Badinter (R.)**, « Une si longue défiance », Pouvoirs 1995, n°74, p. 7.

- **Barberis (M.)**, « Le futur passé de la séparation des pouvoirs », Pouvoirs 2012, n°143, p. 5

- **Batailler (F.)**, Le Conseil d'Etat, juge constitutionnel, Paris, LGDJ, 1966.

- **Beaud (O.)**, « L'histoire du concept de Constitution en France. De la Constitution politique à la Constitution comme statut juridique de l'Etat », Jus Politicum 2009, on line, n°3, p. 3.

- **Bertozzo (M.)**, « Le 3 novembre 1790, la mise au pas des juges sous la Révolution, De la vacance indéterminée à l'abolition des Parlements d'Ancien Régime », RGD 2015, on line, n°22827 : www.revuegeneraledudroit.eu.

- **Bidouze (F.)**, « Pour une autre histoire des Parlements au XVIIIème siècle : discours et représentations, une culture française du politique », Revue Parlement [s], Revue d'histoire politique 2011, n°15, n° spécial, « Parlements et parlementaires de France au XVIIIème siècle », p. 114 ; « Discours parlementaire et culture politique », Revue 18ème siècle 1998, p. 347.

- **Bidouze (F.), Menges Mironneau (C.)**, « Le lit de justice en image et en décors, un peintre « galant » pour un règne majeur », Revue Parlement [s], Revue d'histoire politique 2011, n°15, n° spécial, « Parlements et parlementaires de France au XVIIIème siècle », p. 136.

- **Bigot (G.)**, Introduction historique au droit administratif depuis 1789, Paris, PUF, 2002 ; « Les mythes fondateurs du droit administratif », RFDA 2000, p. 527.

- **Bonin (P.)**, « En attendant les droits de l'homme, liberté et libertés dans les dictionnaires de l'Ancien Régime », Droits 2012, 1, p. 139.

- **Borgetto (M.)**, « La genèse du contrôle de constitutionnalité des lois en France (1789-1958) », RA 1997, comm. n°177, p. 19.

- **Boucobza (I.)**, « Un concept erroné, celui de l'existence d'un pouvoir judiciaire », Pouvoirs 2012, n°143, p. 73.

- **Chagnollaud (D.)**, (dir.) Aux origines du contrôle de constitutionnalité, XVIIIe-XXe siècles, Paris, LGDJ, 2003.

- **Chamine (O.)**, « La pratique des remontrances au XVIIIème siècle. Paris. Rouen. Rennes », Annales de Bretagne et des pays de l'ouest 2015, n°122-3, p. 89.

- **Chevallier (J.)**, « Jean-Jacques Rousseau ou l'absolutisme de la volonté générale », RFSP 1953, n°1, p. 5 ; « La dimension symbolique du principe de légalité », RDP 1990, p. 1651 ; « Du principe de séparation au principe de dualité », RFDA 1990, p. 723.

- **Costa (J.-L.)**, « Nécessité, conditions et limites d'un pouvoir judiciaire en France », RFSP 1960, vol. 10, n°2, p. 261.

- **Decroix (A.)**, « Les Parlements, la réforme fiscale et l'opinion publique dans les dernières décennies de l'Ancien-Régime », Revue Parlement [s], Revue d'histoire politique 2011, n°15, n° spécial, « Parlements et parlementaires de France au XVIIIème siècle », p. 92.

- **Farcy (J.-C.)**, Histoire de la justice en France. De 1789 à nos jours, Paris, La découverte, 2015.

- **Favoreu (L.)**, « Légalité et constitutionnalité », Cahiers du CC 1997, n°3.

- **Felix (J.-M.)**, « Nécessité et obéissance : le Parlement de Paris et la critique de la raison d'État, 1741-1763 », in A. Lemaître (dir.), Le monde parlementaire au XVIIIème siècle. L'invention du discours politique, PU de Rennes 2010, p. 39.

- **Flammermont (J.)**, Les Remontrances du Parlement de Paris au XVIIIème siècle, Paris, Imprimerie Nationale, t. 1 (1715-1753), t. 2 (1755-1768), t. 3 (1768-1788), 1888.

- **Foyer (J.)**, « La justice : histoire d'un pouvoir refusé », Pouvoirs 1981, n°16, p. 17.

- **Gojosso (E.)**, « L'encadrement juridique du pouvoir selon Montesquieu. Contributions à l'étude des origines du contrôle de constitutionalité », RFDC 2007, n°71/3, p. 499.

- **Goyard-Fabre (S.)**, « La politique constitutionnelle de Montesquieu », in S. Goyard-Fabre, L'Etat moderne (1715-1848), Paris, Vrin, 2000, p. 89.

- **Halperin (J.-L.)**, « Le pouvoir exécutif et la justice en France, l'échec du pouvoir judiciaire sous la révolution », Journal of Constitutional History / Giornale di Storia Costituzionale 2014, Issue 28, p. 111 ; « Le juge et le jugement en France à l'époque révolutionnaire » in J. Robert (dir.), Le juge et le jugement dans les traditions juridiques européennes, Paris, LGDJ, 1996, p. 223 ; « 1789-1815 : un quart de siècle décisif pour les relations entre la Justice et le Pouvoir en France », Justices 1995, p. 13 ; Le tribunal de cassation et les pouvoirs sous la révolution (1790-1799), Paris, LGDJ, 1987 ; « Haro sur les hommes de loi », Droits 1993, n°17, p. 55.

- **Hanley (S.)**, Le Lit de Justice des Rois de France, Paris, Aubier, 1991.

- **Hauser (J.)**, « Les juges et la loi », Pouvoirs 2005, n°114, p. 139.

- **Hilaire (J.)**, « Un peu d'histoire », Justices 1996, n°4, p. 9.

- **Henrion de Pansey (P.-P.-N.)**, De l'autorité judiciaire en France, Paris, Librairie Théophile Barois Père, 1818.

- **Hourquebie (C.)**, Le pouvoir juridictionnel en France, Paris, LGDJ, Systèmes, 2010.

- **Jandaux (J.-M.)**, « La révolution face aux « victimes du pouvoir arbitraire » : l'abolition des lettres de cachet et ses victimes », Annales historiques de la révolution française 2012, n°368, p. 33.

- **Kernamaleguen (F.)**, « L'excès de pouvoir du juge », Justices 1996, n°3, p. 151.

- **Lafon (J.-L.)**, La révolution française face au système judiciaire d'Ancien-Régime, Genève, Paris, Librairie Droz, 2001.

- **Lahmer (M.)**, « Le moment de 1789 et la séparation des pouvoirs », Jus Politicum 2014, n°12.

- **Leca (A.)**, « Les grandes étapes du contrôle de constitutionnalité des lois dans la pensée politique européenne d'Aristote à Kelsen », Revue de la Recherche juridique – Droit prospectif 1987, n°3, p.960.

- **Lemaitre (A.)** (dir.), Le monde parlementaire au XVIIIème siècle. L'invention du discours politique, PU de Rennes 2010.

- **Libmann (J.)**, « La « politisation » des juges : une vieille histoire ? », Pouvoirs 1981, n°16, p. 43.

- **Louandre (C.)**, « Les Conflits des pouvoirs publics sous l'ancien régime », Revue des Deux Mondes, 3e période, t. 28, 1878, p. 165.

- **Machelon (J.-P.)**, « L'épuration républicaine. La loi du 30 août 1833 » in L'épuration de la magistrature de la Révolution à la Libération, Paris, Ed. Loysel, 1994, p. 87.

- **Martin (R.)**, « Les cheminements des pouvoirs judiciaires depuis 1789 », RTDC 2004, p. 251.

- **Maus (D.)**, « La naissance du contrôle de constitutionnalité en France », Mélanges Pactet, Paris, Dalloz, 2003, p. 713.

- **Mestre (J.-L.)**, Introduction historique au droit administratif français, Paris, PUF, 1985 ; « La nature législative du décret du 16 fructidor an III », RFDA 2012, p. 915 ; « Les contrôles judiciaires a posteriori de constitutionnalité à partir de la révolution », Cahiers du CC 2010, n°28.

- **Olivier-Martin (F.)**, L'absolutisme français et les parlements contre l'absolutisme traditionnel au XVIIIème siècle, Paris, LGDJ, 1997 ; Les lois du Roi, Paris, Loysel, 1988.

- **Payen (P.)**, Les arrêts de règlement du parlement de Paris au XVIIIème siècle : dimension et doctrine, PUF, 1997.

- **Picard (E.)**, « Les droits de l'homme et l'« activisme judiciaire » », Pouvoirs 2000, n°93, p. 115.

- **Pisier (E.)**, « Léon Duguit et le contrôle de constitutionnalité des lois : paradoxes pour paradoxes », Mélanges Duverger, Paris, PUF, 1987, p. 189.

- **Poumarede (J.), Thomas (J.)**, Les Parlements de province : pouvoirs, justice et société du XVème au XVIIIème siècle, Toulouse, Framespas, 1996.

- **Raynaud (P.)**, « La loi et la jurisprudence, des Lumières à la Révolution française », APD 1985, n°30, p. 61 et suiv.

- **Regad-Albertin (C.)**, « Un contrôle de constitutionnalité avant l'heure : l'affaire des fils légitimés de Louis XIV », in line www.academia.edu.

- **Remy (P.)**, « La part faites au juge » Pouvoirs 2003, n°107, p. 22.

- **Renoux-Zagame (M.-F.)**, Du droit de Dieu au droit de l'homme, Paris, PUF « Léviathan », 2003.

- **Renoux (T.)**, « Le pari de la justice », Pouvoirs 2001, n°99, p. 90 ; « La Constitution et le pouvoir juridictionnel. De l'article 64 de la Constitution et l'indépendance de l'autorité judiciaire à l'article 16 de la déclaration des droits et l'indépendance de la justice », D. 2008, p. 293 ; « L'apport du Conseil constitutionnel à l'application de la théorie de la séparation des pouvoirs en France », D. 1991, p. 169.

- **Rivero (J.)**, « Les garanties constitutionnelles des droits de l'homme en droit français », RIDC 1977, vol. n°29, n°1, p. 9.

- **Roblot-Troizier (A.)**, « Un concept moderne : séparation des pouvoirs et contrôle de la loi », Pouvoirs 2012, n°143, p. 89.

- **Rogister (J.)**, « La résonnance des Parlements de l'Ancien-Régime au XIXème siècle », Revue Parlement [s], Revue d'histoire politique 2011, n°15, n° spécial, « Parlements et parlementaires de France au XVIIIème siècle », p.105.

- **Roulhac (C.)**, « Les droits de l'homme sans la loi ? Conception(s) et effectivité des droits de l'homme en droit français », RDH 2014, n°5 (en ligne : http://revdh.revues.org/741).

- **Saint-Bonnet (F.)**, « Le droit des libertés publiques, antonyme du droit administratif au XIXe siècle », RDP 2012, p. 457 ; « Le « constitutionnalisme » des parlementaires et la justice politique. Les équivoques des « lits de justice » du XVIIIe siècle », Revue Parlement [s], Revue d'histoire politique 2011, n°15, n° spécial, « Parlements et parlementaires de France au XVIIIème siècle », p. 16 ; « Le contrôle a posteriori : les Parlements de l'Ancien Régime et la neutralisation de la loi », Cahiers du CC 2010, n°28, p. 23 ; « Le pouvoir normatif des anciens juges. Le contrôle juridictionnel a priori des lois du roi », Cahiers du CC 2009, n°24, p. 86 ; « La protection juridique des droits en 1791. Les Dispositions fondamentales garanties par la Constitution en débats », Mélanges Burdeau, Paris, Litec, 2008, p. 237 ; « La double genèse de la justice constitutionnelle en France. La justice politique au prisme des conceptions françaises », RDP 2007, p. 753 ; « La « politique de juge constitutionnel » du Conseil d'Etat. Propédeutique pour un nouveau droit constitutionnel », in G. Bigot et M. Bouvet (dir), Regards sur l'histoire de la justice administrative, Paris, Litec, 2006, p. 289 ; « Le constitutionnalisme libéral français en un trompe-l'oeil. Actualité de l'autre Montesquieu », Droits 2006, n°43, p. 15 ; « L'« autre » séparation des pouvoirs de Montesquieu », in F. Mélin-Soucramanien et A. Pariente (dir.), La séparation des pouvoirs, Paris, Dalloz, 2006, p. 49 ; « Le droit contre la loi. Regard sur les mutations du droit constitutionnel au XXe siècle » in S. Goyard-Fabre (dir), L'Etat au XXe siècle, Paris, Vrin, 2004, p. 87 ; « Le parlement, juge constitutionnel (XVIe-XVIIIe) », Droits 2001, n°34, p. 177 ; « Un droit constitutionnel avant le droit constitutionnel ? », Droits 2000, n°32, p. 7.

- **Saint-Bonnet (F.), Sassier (Y.)**, Histoire des institutions avant 1789, LGDJ-Domat « Droit public », 5ème éd., 2015.

- **Slimani (A.)**, « Les magistrats français au XVIIIème siècle : des schizophrènes juridiques et politiques ? », on line sur le site du laboratoire du CERAL-Université Paris XIII (rubrique colloques) : http://www.univ-paris13.fr/ceral.

- **Swann (J.)**, « Un monarque qui veut « régner par les lois » : le Parlement de Paris et le Roi dans la France de Louis XIV », Revue Parlement[s], Revue d'histoire politique 2011, n°15, n° spécial, « Parlements et parlementaires de France au XVIIIème siècle », p. 44 ; « Repenser les parlements au XVIIIe siècle : du concept de l'« opposition parlementaire » à celui de « culture juridique des conflits politiques » », in A. Lemaître (dir.), Le monde parlementaire au XVIIIème siècle. L'invention du discours politique, PU de Rennes 2010, p.17.

- **Troper (M.)**, « Histoire constitutionnelle et théorie constitutionnelle », Cahiers du CC 2010, n°28, on line ; « L'invention de la Constitution », in S. Goyard-Fabre, L'Etat moderne (1715-1848), Paris, Vrin, 2000, p. 136 ; « La notion de pouvoir judiciaire au début de la révolution française », Mélanges Vélu, Bruxelles, Bruylant, 1992, p. 829 ; « Fonction juridictionnelle ou pouvoir judiciaire », Pouvoirs 1981, n°16, p. 5.

- **Vedel (G.)**, « La loi des 16-24 août 1790 : texte ? Prétexte ? Contexte ? », RFDA 1990, p. 698.

- **Vergne (A.)**, « La première référence à la Constitution de l'Etat dans les remontrances du Parlement de Paris (1er mars 1721) » in A. Lemaître (dir.), Le monde parlementaire au XVIIIème siècle. L'invention du discours politique, PU de Rennes 2010, p.137.

- **Verpeaux (M.)**, « La notion révolutionnaire de juridiction », Droits 1989, n°9, p. 33.

- **Wachenheim (P.)**, « Les remontrances représentées : donner à voir les remontrances au XVIIIe siècle », in A. Lemaître (dir.), Le monde parlementaire au XVIIIème siècle. L'invention du discours politique, PU de Rennes 2010, p. 89.

§ 2nd : Le retour en force du « juge » et l'avènement du nouvel équilibre des pouvoirs préservant les droits et libertés

233 • Si le principe de légalité a dominé tout le XIXème siècle en France, il va faire l'objet, au XXème siècle, sous couvert de dépassement de « l'Etat légal » par « l'Etat de droit », d'une remise en cause progressive qui va bouleverser l'agencement des pouvoirs censé protéger les droits et libertés. La puissance législative illimitée, favorisée par la représentation idéalisée de la loi, acte incontestable dont le bien-fondé ne saurait être mis en doute, est apparue de plus en plus incompatible avec les fondements de l'ordre juridique (tout pouvoir institué est, par essence, limité et ne saurait être considéré comme « souverain ») et la protection des droits. Si le contrôle juridictionnel de la loi avait, jusque-là, été jugé pas nécessaire et contraire à nos traditions juridiques, la remise en cause du privilège d'incontestabilité de la loi va progressivement légitimer l'existence d'un tel contrôle. Elément clé dans d'autres régimes, comme les Etats-Unis, pour garantir l'équilibre des pouvoirs et le respect conséquent des droits et libertés, il va permettre à ceux qui vont l'exercer, en l'occurrence les juges, de jouer un nouveau rôle dans la lecture de la séparation tripartite des pouvoirs (A).

234 • En France, le contrôle juridictionnel de la loi va se matérialiser sous une double forme : le contrôle de la loi par rapport à la Constitution (contrôle de constitutionnalité) mais aussi par rapport aux traités internationaux (contrôle de conventionnalité) ce qui va légitimer l'action et la montée en puissance de ce qu'on peut qualifier de nouveau « pouvoir juridictionnel » puisque c'est dorénavant cinq catégories de juges ou cinq cours suprêmes (Cf. les deux articles de D. de Béchillon, « Conflits de sentences entre les juges et la loi », *Pouvoirs* 2001, n°96, p. 107 et « Cinq cours suprêmes ? Apologie (mesurée) du désordre », *Pouvoirs* 2011, n°137, p. 33) qui se disputent, dorénavant, le pouvoir de contrôler la loi française. Le Conseil constitutionnel, qui a reçu l'office d'en examiner la constitutionnalité par voie d'action et par voie d'exception, la Cour de cassation et le Conseil d'Etat, qui se sont l'un et l'autre reconnu le pouvoir de contrôler la conventionnalité des lois par rapport aux traités internationaux sur le fondement de l'article 55 C°, et la CJUE et la CourEDH qui peuvent être amenés à vérifier l'adéquation des lois aux traités dont elles ont respectivement la garde. Traditionnellement perçu comme contrevenant à la théorie de la séparation des pouvoirs, le contrôle de la loi par le juge devient ainsi la nouvelle « faculté d'empêcher » propice à l'équilibre des pouvoirs (B).

A – La mise en place du contrôle juridictionnel de la loi

235 • Si on a mis du temps pour déceler les insuffisances du principe de légalité, il a fallu aussi du temps pour mettre en place le contrôle juridictionnel de la loi dans la mesure où, contraire à nos traditions juridiques, il a fait l'objet de multiples discussions et tentatives (1) avant de faire partie concrètement du paysage juridique et, ainsi, concrétiser, au final, un Etat de droit complet dans notre pays (2).

1 – Les prémisses du contrôle juridictionnel de la loi

236 • Les moyens mis en place par les révolutionnaires, couplés au principe de légalité, se sont vite retrouvés incertains et insuffisants pour garantir les droits et libertés. A défaut de l'existence d'un juge constitutionnel pouvant contrôler l'action du législateur dans le respect des droits et libertés, ce sont les juges ordinaires qui ont été amenés à contrôler indirectement la loi par certaines techniques faisant alors naitre un certain contrôle indirect de constitutionnalité de la loi.

a) Des moyens révolutionnaires et un principe de légalité insuffisants et incertains pour préserver les droits et libertés : le moyen tenant à l'organisation politique

La Constitution de 1791 et le régime de « la terreur » : un abandon des principes démocratiques un an après leur adoption

237 • Le 1er moyen de garantir les droits et libertés pour les révolutionnaires tenait à l'organisation politique des pouvoirs et à la mise en place d'une répartition équitable pour que chacun des pouvoirs puisse rappeler à celui qui s'égarerait ce que sont les droits et libertés par le pouvoir d'empêcher. Il a rapidement montré ses insuffisances dans la mesure où la 1ère tentative de mise en place d'une république démocratique s'est rapidement transformée en un régime quasi totalitaire : la Constitution du 3 septembre 1791 est abandonnée un an après son adoption et fait place au régime de « la Terreur » (2 au 7 septembre 1792 jusqu'au 28 juillet 1794, date de la chute de Robespierre) caractérisée par le règne de l'arbitraire et les exécutions de masse contre les ennemis de l'extérieur (coalition des monarchies européennes) et les opposants de l'intérieur (les vendéens). Beaucoup de personnes sont emprisonnées, exécutées (guillotinés ou fusillés) ou victimes de massacres et la légalisation d'une telle violence est en totale contradiction avec les principes proclamés quelques années auparavant par la DDHC. Tout avait pourtant bien commencé, notamment avec la « fête de la Fédération », le 14 juillet 1790, fêtant le 1er anniversaire de la prise de la Bastille et symbolisant l'union entre le Roi et la Nation. La Constitution de 1791 établissait une stricte séparation des pouvoirs, certes, contraire au système alors préconisé par Montesquieu. Ce dernier visait, lui, à garantir plutôt une séparation souple des pouvoirs en leur confiant à chacun une « faculté de statuer » et une « faculté d'empêcher ». Mais les trois pouvoirs sont, pour la 1ère fois, confiés à des organes distincts avec une participation des deux principaux (exécutif et législatif) à la confection des lois. L'initiative et le droit de vote appartiennent à l'Assemblée mais une fois voté le texte n'est qu'un décret. Pour devenir loi, il doit être revêtu de la sanction royale. Le Roi est un véritable co-auteur de la loi même si le veto royal est simplement suspensif (l'Assemblée peut, après deux sessions parlementaires, passer outre le veto mais l'entrée en vigueur de la loi peut néanmoins être retardée de 6 ans).

La Constitution de 1791 et le régime de « la terreur » : un système absolutiste par l'entremise du législateur

238 • La stricte égalité dans la répartition des pouvoirs de la Constitution de 1791 va vite se transformer en séparation inégalitaire au profit du pouvoir législatif. Le serment civique inscrit dans la Constitution visant, à ce que, pour régner, le Roi devait prêter serment d'être fidèle à la nation et à la loi et de maintenir la Constitution, était déjà révélateur de cette subordination de la fonction exécutive royale à la fonction législative. Mais celle-ci va être accentuée par le choix de la mise en place d'une chambre unique au sein du corps législatif. Les constituants appliquant, à leur tour, un système absolutiste par l'entremise du législateur, système qu'ils voulaient justement combattre, en transférant le siège de la souveraineté du Roi à l'Assemblée nationale. Au final, le système va échouer par manque de moyens d'action entre les pouvoirs pour régler les différents mais aussi en raison de l'attitude de Louis XVI qui n'était pas disposé à devenir un monarque constitutionnel. La loi comme le veto royal sont devenus une arme de détournement de la volonté du peuple, on bascule à nouveau vers une révolution : c'est la journée insurrectionnelle du 10 août 1792 qui met fin à la Constitution de 1791 seulement un an après son instauration. La 1ère introduction de l'idée démocratique en France a été un échec dans cette appropriation de la souveraineté sans partage par une assemblée élue et l'effacement du pouvoir exécutif subordonné au seul pouvoir créateur, celui de la loi. Le contexte international allait encore accentuait cette remise en cause des droits et libertés. Robespierre justifie la mise en place du gouvernement révolutionnaire par le contexte que connaît la France en 1793 (« le gouvernement révolutionnaire a besoin d'une activité extraordinaire, précisément parce qu'il est en guerre » (*Le Moniteur universel,* n°97, p. 390)). La Révolution, il est vrai, est alors menacée de toutes parts, l'exécution du Roi et la persécution des prêtres ayant retourné contre elle l'opinion de la plupart des Etats Européens et des citoyens français.

La Constitution de 1791 et le régime de « la terreur » : un Etat d'exception

239 • L'objectif de Robespierre est de « fonder » la République même si cela doit se faire au prix du sang des ennemis. Il entend imposer cette conception à tous, quitte à recourir à la force, ce qui par essence porte atteinte aux droits et libertés. Pour ce faire, il n'hésite pas à recourir aux menaces, aux allusions expéditives (« le gouvernement révolutionnaire [...] ne doit aux ennemis du peuple que la mort [...] », *Le Moniteur universel,* n°97, p. 390) tout en mettant en place un régime d'exception. Le cœur du pouvoir est aux mains du Comité de salut public, qui contrôle les ministres et les généraux. Robespierre est à la tête du Comité. La terreur est appliquée. Parmi les textes et normes mis alors en application au détriment des droits et libertés les plus élémentaires et des principes consacrés par la DDHC, on peut citer le décret du 17 septembre 1793 (20 vendémiaire an II, http://mafr.fr) dites « *loi des suspects* » ou « *loi de prairial* » où « Tous les gens suspects qui se trouvent dans le territoire de la République et qui sont encore en liberté seront mis en état d'arrestation » (art. 1er). On retrouve parmi les suspects : des « émigrés », des

« nobles » mais il y a aussi les opposants politiques comme les Girondins « partisans du fédéralisme » et plus généralement toute personne sortant du lot « ceux qui par leur conduite, leurs relations, leurs propos, leurs écrits, se sont montrés partisans de la tyrannie, du fédéralisme et ennemis de la liberté » (art. 2). La population française est donc sous étroite surveillance. Cette loi correspond typiquement à un Etat policier où l'on confisque la démocratie. Si « la Terreur » a permis de redresser la situation externe (fin 1793, les armées étrangères sont repoussées, l'insurrection vendéenne et les soulèvements en province sont écrasés), au niveau interne, le bilan est accablant (17 000 personnes condamnées à mort par les tribunaux révolutionnaires, 23 000 exécutées sans jugement, et 150 000 victimes civiles en Vendée).

b) Des moyens révolutionnaires et un principe de légalité insuffisants et incertains pour préserver les droits et libertés : le moyen tenant au « droit de résister à l'oppression »

Des dispositions juridiques qui s'opposent à la reconnaissance d'un tel droit

240 • Le 2nd moyen permettant pour les révolutionnaires de faire respecter les droits et libertés est la résistance à l'oppression (art. 2 DDHC qui proclame que « le but de toute association politique est la conservation des droits naturels et imprescriptibles de l'homme » et qui compte parmi ces droits « la résistance à l'oppression »). Si le pouvoir exécutif (et non le législatif puisque la résistance à la loi est jugée absurde, elle est nécessairement bonne en tant qu'elle est l'expression de la volonté générale, on ne résiste pas à la loi sans se désobéir à soi-même), enfreint les droits fondamentaux, l'usage de la violence est légitime car il ne s'agit que de légitime défense, ce droit naturel de répliquer à la violence par la violence *(Vim vi repellere licet)*. L'idée d'un droit de résistance est justifiée par la considération selon laquelle la communauté n'institue le pouvoir politique qu'en vue de son propre bien. Si les gouvernants utilisent le pouvoir pour opprimer le peuple, celui-ci a le droit de s'opposer à leur autorité. Cependant, au-delà du caractère extrême et ambigu du droit ainsi consacré, il y a beaucoup de dispositions juridiques qui s'opposent manifestement à la reconnaissance de ce droit et à donner une valeur juridique contraignante à l'article 2 DDHC. C'est le cas, tout d'abord de la déclaration elle-même qui met en avant, à travers son article 5 DDHC, que « tout ce qui n'est pas défendu par la Loi ne peut être empêché » ce qui, a contrario, peut s'interpréter comme autorisant le législateur et lui-seul à contraindre ou à interdire à l'individu tel droit ou telle action. De plus, l'article 7 DDHC établit que « tout citoyen appelé ou saisi en vertu de la Loi doit obéir à l'instant : il se rend coupable par la résistance » ce qui transforme la résistance en infraction. Il y a, à cet égard, dans le Code pénal un délit de rébellion qui a été posé par les articles 433-6 à 433-10 du Code pénal qui interdit de s'opposer à tout acte d'un agent dépositaire de l'autorité publique dans l'exercice de ces fonctions.

Une résistance à un acte illégal de l'autorité publique qui n'est pas un droit

241 • On a parfois soutenu que la résistance à un acte illégal de l'autorité publique serait un droit, le Code pénal ne pouvant protéger que l'exercice régulier de la fonction publique. Cette affirmation semble pouvoir être contredite par la lettre de plusieurs arrêts de la Cour de cassation qui paraissent poser certains principes contraires. Un citoyen n'est, d'abord, jamais autorisé à résister avec violence et voies de fait à une action même illégale des agents de l'autorité. Une jurisprudence constante et ancienne décide « que le délit de rébellion ne saurait être excusé à raison de la prétendue illégalité de l'acte accompli par l'agent » (Cf., par ex., Cass., crim., 23 janvier 1991, n° de pourvoi : 90-82.761 ; Cass., crim., 7 février 1995, n° de pourvoi : 94-81.502, *Bull. crim.* 1995, n° 51 ; Cass., crim., 1er juin 1999, n° de pourvoi : 98-83.609). De même, le particulier doit obéissance aux injonctions de ces mêmes autorités et ne peut que réclamer, après l'exécution, pour obtenir la réparation qui lui est due et la punition de l'agent coupable s'il y a lieu. La simple incitation à s'opposer par la résistance violente à un acte prétendu illégal est qualifiée de « provocation directe à la rébellion » (art. 433-10 Code pénal). Cette dernière permet de réprimer des comportements d'auteurs intellectuels actifs qui rendent particulièrement difficile la mission des représentants de la force publique, la répression étant permise même si la provocation n'a pas été suivie d'effet. Il y a, enfin, une présomption légale selon laquelle les agents d'autorité n'agissent que pour l'exécution des lois, sans qu'il y ait lieu de distinguer s'ils agissent sans ordres légaux ou pour l'exécution de tels ordres (Cass., crim., 5 janvier 1821, *S.* 1821, 1, p. 358 ; Cass., crim., 22 août 1866, *Bull. crim.* 1866, n° 199 ; Cass., crim., 29 février 1884, *Bull. crim.* 1884, n° 60). A noter qu'il n'y a pas néanmoins de devoir absolu d'obéissance qui amènerait les autorités publiques à accomplir en toute impunité des actes dont l'illégalité est flagrante. La jurisprudence a pu admettre que la rébellion ne pouvait pas être retenue à l'endroit de la personne qui a résisté, même avec violence, à un officier public agissant manifestement hors de ses fonctions, sans titre légal, sans la moindre base légale. La résistance est autorisée dans cette hypothèse mais les violences et voies de fait opposées à l'action illégale doivent être indispensables pour éviter un mal grave (mise en péril grave de l'intégrité corporelle par exemple), voire des conséquences irréparables (mort ou blessures par exemple) et elles doivent être adéquates et mesurées. Cette résistance relève alors de la légitime défense et comporte les limites de celle-ci.

Des éléments indirects qui permettent néanmoins de consacrer ce droit

242 • Si l'on ne peut donner une certaine effectivité juridique au « droit de résistance », il y a, néanmoins, certains éléments indirects qui permettent de consacrer ce droit. Le Conseil constitutionnel fait ainsi du « droit de résistance » un principe à valeur constitutionnelle dans la mesure où il a pu affirmer que : « les principes mêmes énoncés par la DDHC ont pleine valeur constitutionnelle [...] en ce qui concerne le caractère fondamental du droit de propriété dont la conservation constitue l'un des buts de la société politique et qui est mis au même rang que la liberté, la sûreté et la résistance à l'oppression » (CC, n° 81-132 DC, 16 janvier

1982, *Loi de nationalisation, Rec. CC*, p. 18, JO, 17 janvier 1982, p. 299). Il existe aussi certaines garanties légales posées par le législateur qui peuvent être interprétées comme aménageant légalement le « droit de résistance ». Si le fonctionnaire doit, en principe, obéissance à ses supérieurs hiérarchiques, la désobéissance devient un devoir lorsque l'ordre donné est « manifestement illégal et de nature à compromettre gravement un intérêt public » (CE, sect., 10 novembre 1944, *Langneur*, req. n°71856, *Rec. CE*, p. 288, *D.* 1945, p. 87, concl. B. Chenot, *JCP* 1945, II, n°2852, note C. Chavanon qui théorise ce devoir de résistance du fonctionnaire et art. 28 de la loi n°83-634 du 13 juillet 1983 *portant droits et obligations des fonctionnaires).*

La paillote de « Chez Francis » et les conditions très restrictives du devoir de désobéissance

243 • Les autorités publiques qui ont incendié la fameuse paillote corse de « Chez Francis » sur les ordres de leur Préfet ont tous été condamnés pénalement (directeur de cabinet, colonel, capitaine et simples gendarmes) pour ne pas s'être soustraits à un ordre illégal du Préfet (Cass., crim., 13 octobre 2004, *Bernard Bonnet et autres*, n° de pourvoi : 03-81763, 00-86727, 00-86726, 01-83943, 01-83945, 01-83944, *Bull. crim.* n° 243, p. 885). Pour autant, la jurisprudence amenant à clarifier le devoir de désobéissance est très restrictive. Les deux conditions (l'ordre donné doit être « manifestement illégal et de nature à compromettre gravement un intérêt public ») sont cumulatives et l'absence de l'une ou de l'autre impose l'obéissance. L'appréciation de ces conditions est aussi très délicate pour les agents concernés eu égard, notamment, à l'appréciation de l'illégalité manifeste alors que le critère de grave compromission d'un intérêt public est difficilement prévisible. Comme peut le relever Clément Chauvet, « en apparence donc, le devoir de désobéir est pleinement consacré dans l'administration civile. À l'analyse néanmoins, on peut aussi estimer que le régime issu de la décision *Langneur* conduit, dans bien des cas, à affermir l'obligation d'obéissance » (C. Chauvet, « Fonctionnaire Obéir/Désobéir », *Pouvoirs* 2015, n°155, p. 153), l'auteur poursuivant sur le fait qu'on « peut alors nourrir le sentiment que l'édifice jurisprudentiel et textuel prolongeant la jurisprudence « *Langneur* » conduit à proclamer le devoir de désobéir en posant des modalités si restrictives et ambiguës qu'elles incitent à ne pas désobéir » (*Ibid.*, p. 155).

c) Des moyens révolutionnaires et un principe de légalité insuffisants et incertains pour préserver les droits et libertés : le moyen tenant à l'imposition par la force mentale

Les trois déclarations de la période révolutionnaire

244 • Les révolutionnaires de 1789 ont toujours été philosophiquement convaincus que les hommes ont des droits naturels qui s'imposent par la force de l'évidence ou de la vérité. Les imposer au législateur semble, en conséquence, inutile mais il a semblé, néanmoins, nécessaire de fixer une sorte d'aide-mémoire rappelant ce qui est d'ores et déjà acquis et inscrit dans la conscience de chacun. C'est en ce sens

que la DDHC précèdera la Constitution de 1791 pour fixer « l'esprit de la législation » et devenir, selon la métaphore de Barnave, « un catéchisme national » (Discours sur la DDHC du 1er août 1789). L'idée est de garantir les droits par la conscience, la raison voire la foi dans cette idéologie qui se traduira dans la législation et non par des actions reconnues à chaque citoyen afin de défendre les droits et libertés contre le pouvoir. La DDHC doit ainsi être « constamment présente à tous les Membres du corps social » pour leur rappeler « sans cesse leurs droits et leurs devoirs » (Préambule de la DDHC de 1789) mais ne fait, en aucun cas, partie intégrante du droit positif. C'est en ce sens que la DDHC et l'ensemble des textes proclamant des droits et libertés ont été perçues par la suite. Deux déclarations ont succédé à celle de 1789. La 2nde déclaration est celle du 24 juin 1793 rédigée après la destitution des Girondins et l'exécution d'une grande partie d'entre eux. Elle est marquée par la victoire des Montagnards et leur philosophie plus égalitaire. Elle constitue le préambule de la 2nde Constitution française, celle qu'on a dénommée Constitution montagnarde du 24 juin 1793. En conséquence, elle a suivi le sort de cette dernière et n'a jamais été appliquée. La 3ème a été élaborée par les « Thermidoriens » après leur coup d'Etat contre les tenants de « la Terreur », le 27 juillet 1794 et se trouvait en position liminaire de la 3ème Constitution française du 22 août 1795. Leurs formes sont quasiment similaires, puisque toutes comprennent une déclaration liminaire suivie d'un énoncé des articles excepté, peut-être, la déclaration de 1795 qui se démarque par sa partie devoirs et une modification formelle qui marque une volonté de raffermissement de l'ordre. Si la DDHC de 1789 est d'idéologie bourgeoise, la 2nde se veut plus égalitariste et socialiste car plus axée sur des revendications sociales et collectives. La 3ème déclaration rompt avec l'esprit de celle de 1793. Elle proclame aussi la propriété mais restreint l'égalité au domaine de la loi et donne en conséquence plus de marge à la liberté.

Des rappels aux principes de 1789 mais sans réalisations législatives

245 • Les trois déclarations consacrent la logique révolutionnaire liée à la mise en place de la séparation des pouvoirs (art. 16 en 1789, de façon sous-entendue dans les propos liminaires de la déclaration en 1793 et à l'article 18 en 1795) et du principe de légalité (art. VI en 1789, art. 4 en 1793 et art. 6 en 1795). La Constitution du 22 frimaire An VIII marque une rupture avec les constitutions précédentes puisqu'on ne trouve pas de déclaration des droits et des libertés. Cependant certains droits sont affirmés dans les dispositions générales, comme l'inviolabilité du domicile (art. 76), le droit à la sûreté (art. 77 à 82) ou encore le droit de pétition (art. 83). Les Chartes constitutionnelles de 1814 et 1830 énoncent les principales libertés qui figurent dans la déclaration de 1789 dans un titre 1er consacré aux « droits publics des français » (respectivement 12 puis 11 articles). La Constitution de 1848 reconnaît dans son préambule « des droits et des devoirs antérieurs et supérieures aux lois positives » et dans son chapitre 1er les « droits des citoyens garantis par la Constitution ». La Constitution du 14 janvier 1852 redevient plus explicite par rapport à la déclaration en ce qu'elle « reconnaît, confirme et garantit les grands principes proclamés en 1789, et qui sont la base du droit public

des Français » (art. 1er). Finalement, à travers toutes ses constitutions, la référence ou la révérence aux principes de 1789 est incontestable mais les déclarations d'intention ne se traduisent pas forcément par des réalisations législatives. A partir des années 1880, le régime républicain s'implante durablement mais les trois lois constitutionnelles instituant la IIIème république ne portent pas le nom de Constitution. Si cette forme originale peut s'expliquer par le compromis rendu nécessaire entre monarchistes et républicains et l'impossibilité concrète de se mettre d'accord sur tous les points, elle s'explique aussi par la prégnance et la permanence du principe de légalité faisant des trois lois de simples règles de répartition des compétences et non des normes suprêmes garantissant les droits et libertés hérités de la révolution.

Le débat doctrinal sur la valeur et la portée des principes de 1789

246 • Le débat porte sur la valeur et la portée des dispositions de la DDHC de 1789 mais aussi, plus généralement, de toutes les déclarations de droits. La plupart des auteurs leur refusent une quelconque autorité juridique même s'ils reconnaissent aux déclarations une certaine valeur historique, morale et politique. Ils font, ainsi, une opposition classique entre déclaration de droits et garantie de droits. Pour Adhémar Esmein, « Les déclarations de droit émanent donc de corps possédant une autorité légale et même souveraine, d'assemblées constituantes ; mais ce ne sont pas des articles de lois précis et exécutoires. Ce sont purement et simplement des déclarations de principes [...] ». (A. Esmein, *Eléments de droit constitutionnel français et comparé*, Paris, Sirey, 6e éd., 1914, réimpr. Panthéon-Assas, 2001, pp. 554-564, spéc., p. 554). De même, pour Raymond Carré de Malberg, « les lois constitutionnelles de 1875 ne s'occupent – ainsi que leur titre même l'annonce – que de l'organisation et des rapports des pouvoirs publics, et (…) elles ne formulent, au profit des Français, aucune garantie juridique, ni même aucune énumération ou déclaration, de leurs droits opposables à l'État. De toutes les lacunes qui ont pu être reprochées à la Constitution de 1875 », convient-il, « aucune n'est plus grave » (R. Carré de Malberg, *Contribution à la théorie générale de l'Etat*, Paris, Sirey, 1922, tome 2, p. 578-579). D'autres auteurs partagent néanmoins l'idée du caractère juridiquement obligatoire des droits et libertés et, entre tous, ceux de la DDHC de 1789, tant à l'égard du pouvoir législatif que du pouvoir constituant. Les droits et libertés formeraient alors une sorte d'ensemble normatif extérieur, antérieur et supérieur à l'Etat, donc l'existence et la force juridique ne dépendent donc pas de sa volonté. Ainsi pour Léon Duguit « la Garanties des droits, comme les Déclarations des droits, sont des dispositions impératives pour l'Etat lui-même, parce qu'elles formulent une règle antérieure et supérieure à l'Etat, qui s'impose à lui » (L. Duguit, *Traité de droit constitutionnel,* Paris, De Boccard, 3e éd., tome 2, 1928, p. 186). Maurice Hauriou a également défendu la thèse de la valeur juridique, en quelque sorte supra-constitutionnelle, des déclarations en précisant qu'« ayant une valeur juridique, les déclarations de droit ont une valeur constitutionnelle. Sans doute, elles ne sont pas incorporées au texte même de la Constitution, elles lui servent de préambule, mais cela signifie qu'elles contiennent des principes

constitutionnels supérieurs à la constitution écrite [...] » (M. Hauriou, *Précis élémentaire de droit constitutionnel*, Paris, Sirey, 2e éd., 1929, p. 243).

Un accord général sur l'absence de portée pratique des principes de 1789

247 • Au-delà des divergences entre les auteurs sur l'autorité des Déclarations de droits, ils s'accordaient néanmoins à cette époque pour considérer que les droits et libertés inscrits dans ces textes étaient, au regard de la configuration du système juridique et du fait de leur imprécision, privés de toute portée pratique en l'absence d'intervention du législateur. Or, sous la IIIème république, l'omnipotence parlementaire fait de plus en plus craindre la tyrannie de la majorité et, partant, le mépris pour les droits et libertés. Les excès du parlementarisme contribuent à discréditer la loi dont on relativise alors les vertus. Une réflexion renouvelée sur la sanction de la règle de droit conduit ainsi à une revalorisation notable du rôle du juge et des garanties juridictionnelles. On commence à parler de contrôle de constitutionnalité des lois mais exercé non par une instance spécialisée mais par les juges ordinaires pour ne pas mettre en cause la vocation libérale de la loi (Voir, en ce sens, M. Hauriou, op. cit., p. 270 et L. Duguit, op.cit., tome 3, 1930, p. 715 et suiv.). Seule Charles Eisenmann, dans la digne lignée de Hans Kelsen, suggère alors l'idée d'un contrôle de constitutionnalité des lois avant leur entrée en vigueur par un juge spécialisé (C. Eisenmann, *La justice constitutionnelle et la Cour constitutionnelle d'Autriche*, Aix, Economica-PUAM, rééd., 1986). A noter, cependant, que le célèbre théoricien pris en exemple par Charles Eisenmann était néanmoins opposé à ce que les Cours constitutionnelles puissent se prononcer sur la constitutionnalité des lois au regard des droits et libertés. Il considérait qu'un tel contrôle, exercé à l'aune d'énoncés exprimés en des termes très généraux, pouvait « jouer un rôle extrêmement dangereux » et opérer un transfert « insupportable » de pouvoir du Parlement vers le juge constitutionnel (H. Kelsen, « La garantie juridictionnelle de la Constitution (La Justice constitutionnelle) », *RDP* 1928, p. 240 à 242).

d) La mise en place d'un contrôle indirect de constitutionnalité par les juges ordinaires

248 • La posture des juridictions à l'égard de la DDHC de 1789 fut, à l'origine, plutôt nuancée. Le juge judiciaire a mobilisé dès la fin du XVIIIème siècle des dispositions de la déclaration en les comme une source légitimante de ses décisions. Le juge administratif a, lui, nié la valeur juridique de ce texte en refusant, jusqu'à la toute fin de la IVème République, de trancher un litige sur le fondement de l'une de ses dispositions. La Constitution a pourtant vocation à être appliquée par toutes les juridictions.

Le Tribunal de cassation et le contrôle de constitutionnalité des décisions des juridictions judiciaires

249 • C'est d'abord le Tribunal de cassation qui, en tant que juridiction suprême nouvellement instituée, considéra que les articles de la Constitution de 1791 étaient susceptibles d'être invoqués en justice. Il pratiqua un véritable contrôle de constitutionnalité en privant de tout effet des décisions de justice qui violaient les

dispositions des 27 articles du Titre III, Chapitre V de la Constitution de 1791 consacré au Pouvoir judiciaire. On peut citer, à titre d'exemple, deux arrêts du 1er octobre 1791 qui cassent et annulent respectivement un arrêt de la Cour des aides de Paris (Trib. de cass., 1er octobre 1791, *Mager C. Les invalides* in Ledru-Rollin, Journal du Palais. *Recueil le plus ancien et le plus complet de la jurisprudence française*, Paris, F.F. Patris, tome 1er, 1791-1792), 1841, 3ème éd., p. 7) ou un jugement du Tribunal de district de Semur en Auxois (Trib. de cass., 1er octobre 1791, *Commissaire du Roi du Tribunal de Semur en Auxois* in *Gazette des tribunaux ou Recueil de jurisprudence et de législation*, Paris, C.F. Perlet et L.P. Couret, 3ème tome, 1792, p. 29). Les arrêts en question étaient contraires à certains articles de la « loi constitutionnelle de l'Etat ». On pouvait parler, dans cette logique et eu égard aux termes utilisés, d'un certain contrôle de constitutionnalité. Beaucoup de jugements ont été censurés, par la suite, eu égard aux dispositions du titre VIII (71 articles) de la Constitution de l'an III. Ces dispositions amenaient une protection aux personnes poursuivies devant les juridictions répressives en réaction contre les abus de la Terreur (il y a eu un peu plus de 200 jugements en cassation pour inconstitutionnalité dont une quinzaine liée à la DDHC de 1795. Cité par J.-L. Mestre, « Les contrôles judiciaires a posteriori de constitutionnalité à partir de la Révolution », *Les cahiers du CC* 2010, n°28).

La Cour de cassation et le contrôle de constitutionnalité du pouvoir réglementaire

250 • Depuis 1804, c'est au tour de la Cour de cassation de veiller, au respect, par les juridictions inférieures, des Constitutions qui se sont succédé. C'est surtout un contrôle de constitutionnalité du pouvoir réglementaire qui va être mis en place d'abord à propos des décrets impériaux (Cf. C. Durand, « Les décrets-lois napoléoniens devant la jurisprudence de la restauration », *Mélanges Macqueron*, Aix, PUAM, 1995, p. 35) puis, surtout, ensuite, à propos du contrôle de la « légalité constitutionnelle » des ordonnances royales qui se développèrent dès le règne de Charles X (1824-1830). La révolution de juillet 1830 a précisément été suscitée par des ordonnances royales jugées contraires à la Charte de 1814 (Cf. J.-L. Mestre, « Les juridictions judiciaires et l'inconstitutionnalité des ordonnances royales », *RFDC* 1993, n°15, p. 451 et « L'inconstitutionnalité des actes réglementaires de 1814 à 1851 » in G. Burdeau (dir.), *Administration et droit*, Paris, LGDJ, 1996, p. 122). Le rétablissement du Sénat sous le 2nd Empire chargé, sur le modèle de celui du 1er Empire, du contrôle de constitutionnalité des lois ne mit pas fin au contrôle exercé par la Cour de cassation, ce contrôle apparaissant comme un moyen de compenser l'omnipotence et les pleins pouvoirs de Napoléon III. La pratique persiste sous la IIIème république notamment dans le contrôle des décrets pris par le Président de la République dans le cadre du pouvoir législatif alors confié au chef de l'Etat dans certaines colonies françaises (Cf. Sénatus-Consulte du 3 mai 1854 qui règle la Constitution des colonies de la Guadeloupe, de la Martinique et de la Réunion) (Cf. J.-L. Mestre, « Les contrôles judiciaires a posteriori de constitutionnalité à partir de la Révolution », *Les cahiers du CC* 2010, n°28).

La Cour de cassation et le contrôle de constitutionnalité des lois proprement dites : l'affaire « *Paulin* » et un premier refus

251 • En réalité, le juge judiciaire n'a exercé que de façon très rare un contrôle de constitutionnalité vis-à-vis des lois proprement dites. Ce problème s'est notamment posé au début de la Monarchie de juillet à l'occasion de l'affaire « *Paulin* ». L'article 69 de la Charte de 1830 annonçait l'adoption future d'une loi mettant en place des jurys pour les délits de presse. Or, le sieur *Paulin*, gérant d'un journal, a été condamné sans l'intervention d'un jury par des magistrats se fondant explicitement sur une loi du 8 octobre 1830 qui ne prévoyait pas une telle intervention. L'exception d'inconstitutionnalité est soulevée mais sans succès, la chambre criminelle de la Cour de cassation refusant de se prononcer sur l'inconstitutionnalité du texte car la loi, adoptée et promulguée « dans les formes constitutionnelles prescrites par la Charte, fait la règle des tribunaux et ne peut être attaquée devant eux pour cause d'inconstitutionnalité » (Cass., Crim. 11 mai 1833, *Paulin*, *S.* 1833, 1, p. 357, concl. Voysin de Gartempe). La Cour de cassation a, cependant, élargi sa jurisprudence sous la 2nde république en acceptant d'examiner la constitutionnalité intrinsèque de deux dispositions législatives (Cf. En ce sens, J.-L. Mestre, « Les contrôles judiciaires a posteriori de constitutionnalité à partir de la révolution », *Cahiers du CC* 2010, n°28).

La Cour de cassation et le contrôle de constitutionnalité des lois proprement dites : un contrôle qui existe sous la 2nde République

252 • La chambre criminelle a, à deux reprises, expressément accepté d'exercer un contrôle de constitutionnalité (Cass., crim., 15 mars 1851, *Gauthier*, *D.* 1851, I, 142 et Cass., crim., 17 novembre 1851, *Gent*, *S.* 1833, I, 333). L'article 4 de la Constitution de 1848 interdisait la création de « tribunaux extraordinaires » et posait en principe que « nul ne sera distrait de ses juges naturels ». Or, les prévenus, dans les deux affaires en question, étaient des civils jugés par des Conseils de guerre alors que l'Etat de siège était en vigueur posant la question de la constitutionnalité de l'attribution, vis-à-vis des civils, de ces Conseils de guerre. Les requérants s'appuyaient, au surplus, sur un précédent qui avait jugé, dans des circonstances comparables lors d'une tentative d'insurrection républicaine à Paris en juin 1832 menée par les Républicains pour renverser la Monarchie de juillet, que les Conseils de guerre devenaient alors des tribunaux extraordinaires et qu'un décret impérial était ainsi contraire aux articles 53, 54 et 56 à la Charte de 1814 qui prohibaient les tribunaux d'exception et garantissaient le jugement par jury (Cass., crim., 29 juin 1832, *Geoffroy*, *Journal du Palais. Jurisprudence française*, Paris, Imprimerie Lange Levy, tome 24, p. 1219). La Cour de cassation a rejeté les deux pourvois faisant état de dérogations possibles à l'article 4 de la Constitution de 1848 mais elle avait ainsi atteint « le point culminant » de la « tendance des juges judiciaires à contrôler la constitutionnalité des textes invoqués devant eux » (J.-L. Mestre, « Les contrôles judiciaires a posteriori de constitutionnalité à partir de la révolution », *Cahiers du CC* 2010, n°28 et voir, en ce sens, du même auteur, « Le contrôle de la

constitutionnalité de la loi par la Cour de cassation sous la 2nde république », *Mélanges Favoreu*, Paris, Dalloz, 2007, p. 291 et suiv.).

e) Des techniques jurisprudentielles qui permettent un contrôle indirect de la loi par le Conseil d'Etat

L'exemple de la fonction consultative

253 • On a vu que le juge administratif s'était traditionnellement refusé, dans un souci d'opportunité politique, à opérer un contrôle de constitutionnalité des lois que ce soit de manière directe ou dans le cadre de l'examen de la légalité d'un acte administratif (CE, sect., 6 novembre 1936, *Arrighi et Dame Coudert*, op.cit.). Malgré les réticences de la doctrine, cette position a été constamment réaffirmée par la suite. Or, l'interprétation et la garantie de la Constitution ne sont pas l'apanage du Conseil constitutionnel, qui n'a qu'un monopole en matière de contrôle *a priori* des lois et des traités. La Constitution est aussi une règle obligatoire pour l'administration et le juge administratif a vocation à l'appliquer et à la faire respecter. L'incompétence de principe du juge administratif pour contrôler explicitement la constitutionnalité de la loi n'empêche pas l'existence d'un certain contrôle, moins explicite, lié à la hiérarchie des normes et aux règles de la Constitution. C'est le cas lorsque le Conseil d'Etat intervient dans le processus de confection de la loi grâce à sa fonction consultative (Cf. ordonnance n°45-1708 du 31 juillet 1945 (JO, 1er août 1945, p. 4770) *sur le Conseil d'Etat et art. 39 al. 2 de la Constitution pour les projets de lois et d'ordonnances et art. 39 al.5 de la Constitution qui étend la possibilité de consultation aux propositions de lois.* Cf., sur ce dernier point, la loi n°2009-689 (JO, 16 juin 2009, p. 9784) *tendant à modifier l'ordonnance n°58-1100 du 17 novembre 1958 relative au fonctionnement des assemblées parlementaires et à compléter le code de justice administrative).* Ce contrôle non juridictionnel a pu être considéré par certains (Par ex., O. Gohin, « Le Conseil d'Etat et le contrôle de constitutionnalité de la loi », *RFDA 2000*, p. 1175 ou Y. Gaudemet, « La Constitution et la fonction législative du Conseil d'Etat », *Mélanges Foyer,* Paris, PUF, 1997, p. 61) comme étant un certain contrôle de constitutionnalité de la loi eu égard à l'intérêt particulier que pouvait avoir le Conseil d'Etat à soulever, pendant sa fonction, des questions de constitutionnalité.

L'exemple de l'abrogation implicite de la loi

254 • Le Conseil d'Etat peut aussi constater, selon une technique jurisprudentielle assez ancienne, l'abrogation implicite d'une loi du fait de l'application d'une disposition de la Constitution entrée en vigueur postérieurement à la loi. Ce moyen a été utilisé sous l'empire de la Constitution de la IVème république (CE, 9 octobre 1959, *Taddéi*, req. n°24244, 24245, 32862, 32863, 34576 et 34577, *Rec. CE*, p. 495) mais aussi depuis l'entrée en vigueur de la Constitution de la Vème république (CE, sect., 20 mai 1966, *Meunier,* req. n° 58839, *Rec. CE*, p. 343 ; CE, 2 octobre 1981, *Mama M'Bodj et autres*, req. n°17721, *Rec. CE*, p. 345). La méthode employée par le juge a été clarifiée assez récemment, l'abrogation implicite tenant essentiellement au caractère « inconciliable » des normes entre elles (CE, 16 décembre 2005, *Ministre*

des affaires sociales, du travail et de la solidarité et Syndicat national des huissiers de justice, req. n°259584, *Rec. CE*, p. 570 ; CE, 21 novembre 2005, *Boisvert*, req. n°287217 ; CE, sect., 23 novembre 2005, *Mme Baux,* req. n° 285601, *Rec. CE*, p. 519). Le Conseil d'Etat distingue clairement ce contrôle de compatibilité avec le contrôle de constitutionnalité parce que la règle constitutionnelle l'emporte sur la règle législative non en raison de sa supériorité mais en raison de sa postériorité. La distinction est, cependant, moins claire pour certains auteurs qui parlent d'une « technique de substitution » qui viendrait pallier l'impossibilité pour le juge, jusqu'en 2008, de contrôler la constitutionnalité d'une loi promulguée (Cf. C.-E. Sénac, « Le constat juridictionnel de l'abrogation implicite d'une loi par la Constitution », *RDP 2008*, p. 1081 ; G. Vedel, « Excès de pouvoir législatif et excès de pouvoir administratif », *Cahiers du CC* 1996 et 1997, n°1 et n°2 ; J. Dubrulle, « La compatibilité des lois avec la Constitution : un contrôle de constitutionnalité ? », *AJDA 2007*, p. 127).

L'exemple de l'interprétation de la loi au regard des règles constitutionnelles

255 • Le juge administratif peut aussi, enfin, lorsqu'il est saisi de la légalité d'un acte administratif et lorsqu'il a des doutes sur la constitutionnalité de la loi qui sert de fondement à l'acte administratif, faire une interprétation de cette loi conformément aux règles et principes à valeur constitutionnelle qui régissent l'exercice du pouvoir législatif. La technique a d'abord été utilisée à travers le recours aux principes généraux du droit avant d'être également utilisée en dehors de ces principes. Le Conseil d'Etat a ainsi pu interpréter une loi en conciliant l'objectif d'égalité homme-femme et l'article 6 de la DDHC *relatif au principe d'égalité d'accès aux emplois publics* (CE, sect., 22 juin 2007, *Lesourd*, req. n°288206). En privilégiant l'interprétation de la loi la plus favorable au respect de la Constitution, le juge administratif neutralise ainsi les possibles effets d'une loi suspectée d'inconstitutionnalité et opère un contrôle indirect de constitutionnalité même si l'on peut parler parfois d'une technique de conciliation entre les normes plutôt qu'un réel contrôle.

2 – La naissance du contrôle juridictionnel de la loi

256 • Une réflexion renouvelée sur la sanction de la règle de droit conduit, au XXème siècle, à une revalorisation notable du rôle du juge et des garanties juridictionnelles. Alors que la conception légicentriste de l'« effectivité » domine encore, la doctrine encourage le développement du mécanisme du recours pour excès de pouvoir devant le juge administratif pour imposer à l'administration les lois protégeant les droits fondamentaux. Cette doctrine tend, aussi, par ailleurs, à admettre, de plus en plus, le principe d'un contrôle de constitutionnalité des lois, contrôle dont les premières tentatives de mise en place remontent, contrairement à ce que l'on peut penser, aux premières années de la révolution.

a) Les 1ères tentatives de mise en place d'un contrôle de constitutionnalité des lois (1789-1851)

257 • L'analyse de la réalité de la garantie des droits fondamentaux n'est guère une question constitutionnelle au XIXe siècle. Toutes les réalisations effectives de contrôle de constitutionnalité sont, avant tout, conçues comme une manière de contrôler plus efficacement le pouvoir législatif soupçonné de vouloir outrepasser ses compétences. On a, très tôt, admis le besoin de mettre en place un organe conservateur veillant au respect de la Constitution par les pouvoirs constitués mais, essentiellement en parlant d'un contrôle formel visant à vérifier que le pouvoir législatif ne sorte pas de son domaine de compétence plutôt qu'un contrôle matériel marquant la garantie effective des droits et libertés reconnus par la Constitution. C'est vrai, tout d'abord, du projet de « *Jurie constitutionnaire* » proposés en l'an III par Sieyès, du projet de « pouvoir neutre et préservateur » dans sa version républicaine puis dynastique de Benjamin Constant entre 1795 et 1815 ou des attributions constitutionnelles des Sénats des 1er et 2nd Empire mais aussi, ensuite, du Comité constitutionnel de la IVème république ou du Conseil constitutionnel de la Vème république dans sa version de 1958.

Des mécanismes initiaux de démocratie directe pour contrôler les lois

258 • La délicate question de la conservation de la Constitution et donc, conjointement, celle du contrôle de la constitutionnalité des lois a été soulevée dès la fin de l'été 1789. De nombreux projets furent présentés dans les assemblées révolutionnaires. On a d'abord évoqué des mécanismes de démocratie directe pour contrôler les actes législatifs et le système représentatif dans son ensemble. Le but étant de protéger les citoyens contre le risque de violation de la Constitution par le Corps législatif. Le moyen le plus souvent proposé étant le « véto populaire » sur les lois (Contrôle théorisé par J.-A.-N. Caritat de Condorcet, *Archives parlementaires*, I s., LVIII, p. 588 et relevant du titre VIII – De la censure du peuple sur les actes de la représentation nationale et du droit de pétition – du projet de Constitution du 13 février 1793). Plusieurs constituants ont ensuite proposé la création d'un « tribunal des censeurs » chargé de contrôler la conformité à la Constitution de la conduite de la chambre et de l'exécutif (Cf. Par ex., les projets de A.-G. Kersaint, *Archives parlementaires*, I s., LXII, p. 420, C. Lambert, *Archives parlementaires*, I s., LXII, p. 431 ou encore D. Williams, *Archives parlementaires*, I s., LXIII, p. 583 ; le chapitre XV du projet de Constitution jacobine contenait des dispositions qui instituaient un jury, Du grand jury national, *Moniteur*, séance du 16 juin 1793, p. 732). Mais parmi la multitude de projets mis en avant, c'est celui de Sieyès qui allait se retrouver être le plus abouti et le plus complet.

La « *Jurie constitutionnaire* » d'Emmanuel Sieyès

259 • C'est lors du débat constitutionnel déclenché par les « thermidoriens » après la chute de Robespierre en 1794 et celui, jusqu'en 1795, pour mener à la Constitution de l'an III que Sieyès propose que soit établi « un jury de constitution ou […] une jurie constitutionnaire » (E. Sieyès, « Opinions sur plusieurs articles des

titres IV et V du projet de Constitution prononcée à la Convention le 2 thermidor de l'an III », *Ruvres*, t. III, §40, p. 11). Les membres de l'institution devaient être élus parmi les membres des deux conseils du Corps législatif, à savoir le Conseil des anciens et le Conseil des Cinq-Cents et auraient été les dépositaires conservateurs de l'acte constitutionnel. La seule division au sein du pouvoir législatif ne lui suffisait pas étant soucieux, au lendemain de « la Terreur », d'éviter que la République devienne une « Ré-totale » (E. Sieyès, « Opinions [...] », op. cit., §41, p. 7) au lieu de rester simplement une « république » libérale (*Ibid.*). Le jury aurait exercé trois fonctions : être un tribunal de cassation de l'ordre constitutionnel en garantissant, tout d'abord, pour la 1ère fois en France, la sauvegarde de la Constitution et le maintien des principes fondamentaux de la société ; être un endroit où l'on présente les projets de révisions constitutionnelle (fonction non prévue pour le conseil constitutionnel d'aujourd'hui) pour améliorer la C° ; être, enfin, un lieu de contrôle des jugements émis par les juges ordinaires fondé sur le droit naturel. Cette 3ème prérogative est la plus originale, le jury aurait exercé les fonctions d'une sorte de tribunal des droits de l'homme dans le cas où les tribunaux ordinaires auraient considéré que la loi positive présentait des lacunes ou aurait été injuste.

La création du Sénat conservateur sous la Constitution de l'an VIII et son pouvoir politique de contrôle de constitutionnalité

260 • Si l'institution d'une « *Jurie constitutionnaire* » a été réduite à néant dans le débat constitutionnel de l'an III, la question de la constitutionnalité des lois est régulièrement soulevée dans les années 1795-1797 à la tribune des assemblées. La nécessité d'un pouvoir conservateur se fait de plus en plus sentir. Sieyès va retenir les leçons et développer ses idées. En 1799, il entre au Directoire et prépare le coup d'Etat du 18 brumaire. Il est, avec Napoléon Bonaparte et Roger Ducos, l'un des trois consuls provisoires chargés de préparer une nouvelle Constitution : ce sera celle du Consulat (dite aussi du 22 frimaire an VIII), dans laquelle certaines de ses idées sont retenues et notamment la proposition de création d'un « collège de conservateurs » devenant plus tard le « Sénat conservateur », qui, contrairement à ce que son nom peut laisser penser, n'était pas une assemblée exerçant une fonction législative (puisque les deux assemblées législatives sont alors le Tribunat et le Corps législatif) mais une assemblée chargée de maintenir ou d'annuler « tous les actes qui lui sont déférés comme inconstitutionnels par le Tribunat ou par le Gouvernement » (art. 21 de la Constitution du 22 frimaire an VIII (13 décembre 1799)). Le but de la Constitution de l'an VIII était de remplacer la primauté du pouvoir législatif, très caractéristique de la période révolutionnaire, par la prépondérance de la fonction gouvernementale et, dans cette logique, apparaissait la question d'un contrôle des actes du pouvoir législatif. Le contrôle de constitutionnalité avait ici une valeur plus politique que juridictionnelle par rapport à l'an III ce qui indique le choix en faveur des termes de « Collège » et « Sénat » plutôt que le terme de « Jury ». Le contrôle *a priori* voit, ainsi, constitutionnellement le jour pour la 1ère fois depuis 1789. L'innovation ne concrétisera pas tous les espoirs placés en elle puisque le Sénat n'exerça pas la mission qui lui avait été

confiée. Placé sous la dépendance de Bonaparte, son principal rôle consista à veiller à la conservation de l'ordre napoléonien face à ses ennemis, ce qui aura pour effet d'affaiblir durablement en France l'idée même d'un contrôle de constitutionnalité des lois. Le rôle du Sénat resta théorique dans la pratique, il ne pouvait décider tout seul. Aucun acte de gouvernement ne fut jamais l'objet d'un renvoi et le Tribunat, autre organe propulseur, hésitait souvent sur l'entrée de rentrer en conflit avec le gouvernement.

Les tentatives doctrinales quant à la mise en place d'une magistrature inamovible chargé de garantir la Constitution et les droits et libertés

261 • Le contrôle de constitutionnalité de Sieyès, théorisé en l'an III et constitutionnalisé en l'an VIII, n'a jamais fonctionné. Il y avait, pourtant là, une 1ère tentative de créer en France un pouvoir neutre de nature politico-juridictionnelle. On ne parlait pas encore de garantie effective des droits et libertés par ce contrôle même si l'idée avait été effleurée par Sieyès dans sa *Jurie constitutionnaire* statuant en tant que tribunal de l'équité naturelle. Seuls quelques auteurs explorent alors cette piste. On peut citer Alexis de Tocqueville et Edouard Laboulaye attentifs, l'un comme l'autre, à tempérer les excès de la démocratie par la présence d'une magistrature inamovible chargé de garantir, face aux caprices de l'opinion, le respect de la Constitution et la préservation des droits et libertés (Cf. par ex., A. de Tocqueville, *De la démocratie en Amérique*, 1835, t. 1, 2ème partie, chapitre VIII – De qui tempère aux Etats-Unis la tyrannie de la majorité –, www.classiques.uqac.ca et E. Laboulaye, *La république constitutionnelle*, Paris, Charpentier, 1871). A ceux qui les accusent de vouloir établir un « gouvernement des juges », ils répondent, et notamment Laboulaye, que : « Croire qu'il y a une démocratie indépendante de la justice, c'est là qu'est l'erreur ; la véritable liberté n'est que le règne du droit » (E. Laboulaye, *Histoire des Etats-Unis*, Paris, Charpentier, t. III, 1867, p. 498).

Le pouvoir neutre et conservateur de Benjamin Constant

262 • Parmi les auteurs qui se sont essayés à définir et établir l'existence d'une magistrature inamovible chargé de garantir la Constitution et les droits et libertés, il faut citer Benjamin Constant qui aborde également la question lorsqu'il manifeste son souci d'ajouter « un supplément de vertu institutionnelle à la séparation des pouvoirs par l'instauration d'un pouvoir neutre, arbitre des autres pouvoirs » (Cf. , J.-P. Feldmann, « Le constitutionnalisme selon Benjamin Constant », *RFDC* 2008, n°76, p. 675). Pour l'auteur, qui suit ainsi la logique de Sieyès, si la séparation des pouvoirs a « le grand mérite de freiner la volonté souveraine, [elle] ne peut affirmer sa vocation vertueuse pour les institutions représentatives qu'en prenant appui sur une institution « neutre » dédiée à la limitation du contenu même de cette volonté » (M.-H. Caitucoli-Wirth, « La vertu des institutions : l'héritage méconnu de Sieyès et Constant », *Histoire@Politique* 2012, n°16, p. 121 et suiv.). A la base, il faut que quelqu'un rappelle à l'exécutif ou au législatif les règles du jeu et la souveraineté limitée de ces pouvoirs comme le ferait un arbitre. Comme un arbitre, ce quelqu'un doit être neutre et en aucun cas capable d'action despotique. En Monarchie, l'auteur confie ce pouvoir neutre au Roi. Dans une République, il imagine un

organe collectif spécialisé ayant la seule fonction de préservation des institutions, formés de membres désignés à vie par les citoyens de chaque département parmi des hommes ayant déjà exercé des fonctions exécutives ou législatives et offrant des garanties d'âge et de fortune. Pour finir, ce pouvoir neutre ou préservateur se rapproche de la *jurie constitutionnaire* de Sieyès dans les modalités de formation : quand il n'est pas héréditaire, il est particulièrement démocratique alors que le jury de Sieyès repose sur un principe de nomination plus aristocratique.

b) Les 1ères tentatives de mise en place d'un contrôle de constitutionnalité des lois (1851-1958)

Le contrôle de constitutionnalité du Sénat du 2nd Empire : un contrôle juridictionnel

263 • On a pu voir que le Sénat de l'an VIII avait plus été un agent de la concentration du pouvoir qu'un juge constitutionnel. Le sort du Sénat du 2nd Empire va être différent. Son intitulé fait d'abord l'économie de l'adjectif « conservateur » même s'il l'a bien été au sens politique cette fois. Composé « des cardinaux, des maréchaux, des amiraux » et « des citoyens que le président de la République juge convenable d'élever à [cette] dignité » (article 20), il est présenté comme « le gardien du pacte fondamental et des libertés publiques » car « aucune loi ne peut être promulguée avant de lui avoir été soumise » (article 25). Il n'était pas un organe exclusivement chargé du contrôle de constitutionnalité. Il pouvait annuler d'autres actes (article 29), exercer le pouvoir constituant (article 27) tout comme proposer « les bases de projets de loi d'un grand intérêt national » (article 30). Il n'était pas une assemblée législative, simplement une composante de la puissance législative (article 4) dans l'impossibilité de se livrer au vote de la loi. Il était associé à la procédure législative mais seulement à travers son pouvoir de sanction qu'il exerçait de façon autonome et concurrente avec celui exercé par l'Empereur. Son contrôle n'était donc pas politique mais plutôt juridictionnel puisqu'il consistait à confronter l'existence ou non d'une contrariété entre deux normes, en l'occurrence les lois et les normes constitutionnelles. On parlait déjà à l'époque de bloc de constitutionnalité puisque les sénateurs avaient une interprétation large de la notion de Constitution incluant des textes extérieurs (ex : les Sénatus-consultes) et que l'article 1er de la Constitution faisant référence aux « grands principes proclamés en 1789 » leur offrait une très grande liberté d'interprétation. Néanmoins, les sénateurs se comportaient plus en politiques qu'en juristes s'interrogeant plus sur l'opportunité de la loi que sur sa constitutionnalité. Au final, en raison de l'imbrication des caractères juridique et politique, la nature du contrôle de constitutionnalité était difficilement définissable. C'est une des raisons de l'échec de ce contrôle même si celui-ci n'a pas été inexistant (le Sénat procéda effectivement à l'examen de la conformité des lois à la Constitution même si son interprétation des textes était souvent plus favorable à la défense des prérogatives parlementaires qu'à celles du respect des droits et libertés).

Le contrôle de constitutionnalité du Sénat du 2nd Empire : un échec comme contre-pouvoir

264 • Ce sont les principes relatifs à la compétence du Corps législatif qui furent principalement invoqués et interprétés par le Sénat du 2nd Empire. Il y avait, pourtant, une volonté de faire exister le Sénat en tant que contre-pouvoir à la fois face à l'exécutif mais aussi face à la possible émancipation du Corps législatif. L'opposition face au Corps législatif ne se présenta jamais. Celle face au pouvoir exécutif ne fut pas gênante puisque le refus de promulgation ne fut opposé qu'à l'égard de textes d'intérêt local et non de textes d'intérêt national. On a souvent attribué cet échec au fait que le Sénat eut été un instrument docile aux mains de l'Empereur. En cela, c'est surtout la composition du Sénat qui a amené à ce que l'assemblée soutienne plus qu'elle ne s'oppose à l'Empereur. Beaucoup de sénateurs appartenaient à des instances politiques ou administratives ce qui portait atteinte à leur indépendance. Enfin, certains aspects procéduraux du contrôle sont venus conforter l'attitude de prudence des sénateurs. Il n'y avait, par exemple, pas de possibilité de procéder à des annulations partielles (l'appréciation portait sur toute la loi ce qui rendait le contrôle *a priori* assez brutal et ce qui renforça le caractère politique du débat à la mesure de l'enjeu de la décision). De même, le choix de refuser ou d'accorder la promulgation résultait d'un vote qui, par définition, n'avait pas à être motivé empêchant un quelconque impact des décisions sur le fonctionnement des institutions et les auteurs de la loi comme pourraient l'avoir aujourd'hui les décisions du Conseil constitutionnel. On peut comparer le Sénat à ce dernier à travers l'activité même de contrôle ou la tendance à avoir une conception extensive de la notion de Constitution mais la logique du contrôle était différente (le Sénat était guidé par une volonté d'expansion de la dynamique parlementaire alors que le juge constitutionnel vise aujourd'hui surtout à soumettre l'activité parlementaire aux contraintes de l'Etat de droit).

Le Comité constitutionnel de la IVème république : une création sous l'égide des partis politiques

265 • L'échec des Sénats impériaux a discrédité le système d'un contrôle par un organe politique voir le système de contrôle de constitutionnalité tout entier. C'est tout naturellement que la Charte de 1814 et les Lois constitutionnelles de 1875, qui ont succédés aux constitutions du 1er et 2nd Empire, n'organisent, en réaction, aucun contrôle de constitutionnalité. A la fin du XIXème siècle, les hommes politiques et la doctrine commencent néanmoins à reconsidérer la tradition d'hostilité à l'égard d'un contrôle juridictionnel de la loi. Un mouvement se déclenche sous la IIIème république avant de se concrétiser, très timidement, sous la IVème à travers la création du Comité constitutionnel (Cf. M. Charpy, « Le Comité constitutionnel de la Constitution de la IVe République », Mémoire de M2, *Jus Politicum*, n°16, 2015, http://juspoliticum.com). La volonté des constituants est de faire des partis politiques les maîtres de la désignation des membres de cet organe puisque ce dernier est présidé par le Président de la République (art. 91 titre XI C° 1946) est Constitué du Président de l'Assemblée nationale, du Président du

Conseil de la République, de 7 membres élus par l'Assemblée nationale et de 3 membres élus par le Conseil de la République (ces derniers membres étant élus à la représentation proportionnelle des groupes parlementaires)

Le Comité constitutionnel de la IVème république : un rôle très limité

266 • Le comité était saisie des lois de l'Assemblée nationale sur demande conjointe du Président de la République et du Président du Conseil de la République. En examinant la loi, il devait, avant de la juger contraire à la Constitution, d'abord inviter les deux chambres à une nouvelle délibération sur la loi et provoquer ainsi un accord pour qu'elles rendent elles-mêmes la loi conforme à la Constitution (art. 92 C° 1946). Dans l'impossibilité de trouver cet accord, le Comité n'était compétent que pour statuer sur la possibilité de révision des dispositions (art. 91 al. 3 C° 1946). Si l'avis du Comité impliquait une révision de la loi, cette dernière était renvoyée à l'Assemblée nationale pour une nouvelle délibération. Dans l'hypothèse où cette assemblée maintenait son vote, la loi ne pouvait être promulguée avant la révision de la Constitution dans les conditions prévues à l'article 90 (art. 93 al. 1er et 2 C° 1946). Il apparaît, ainsi, plus comme un arbitre entre les pouvoirs publics que comme une véritable juridiction, et il est, dans sa composition comme dans ses attributions, un organe politique. Le caractère non juridictionnel est également illustré par la justification véritable de ses interventions : en cas de contrariété entre la loi et la Constitution, c'est cette dernière qui doit être révisée. Autrement dit, il ne faisait pas prévaloir la Constitution sur la loi mais la loi sur la Constitution dénaturant totalement le contrôle de constitutionnalité. Son intervention n'est destinée qu'à faire respecter la procédure adéquate, sur l'initiative de l'autre assemblée. Le contrôle opéré ne peut pas porter sur le fond de la loi, le Comité n'a pas la compétence pour déclarer une loi non conforme à la Constitution, encore moins pour l'annuler, il ne peut que renvoyer la loi au Parlement pour que celui-ci délibère à nouveau. Il n'y a pas de véritable contrôle de la loi, ni de sanction en cas de violation de la Constitution. De surcroit, le champ matériel de son contrôle ne pouvait porter que sur les Titres I à X de la Constitution, non sur le préambule. Ledit contrôle s'avérait, en conséquence, purement formel et procédural en aucune façon fondé sur la protection des libertés (Le Comité ne fut saisi qu'une seule fois sans même statuer, le 16 juin 1948, sur un problème de procédure à la suite d'un conflit entre les deux chambres à propos du délai dans lequel le Conseil de la République devait donner son avis sur les textes adoptés par l'Assemblée selon la procédure d'urgence. Le Comité se déclara compétent et invita les assemblées à harmoniser leurs règlements qui divergeaient et l'accord entre les deux chambres empêcha une révision de la Constitution).

Un Conseil constitutionnel simple protecteur de la répartition des compétences en 1958

267 • Si le dogme de la loi disparaissait avec l'avènement de la Vème république, l'idée même d'instaurer enfin un véritable contrôle de constitutionnalité à travers un organe spécifique, spécialement dédié à cette fonction, s'avérait encore trop audacieuse. Il est intéressant, à cet égard, de se référer à la loi constitutionnelle du 3

juin 1958 dans laquelle les assemblées de la IVème République prévoyaient la révision, par le Gouvernement, de la Constitution de 1946. Un seul article dans la loi qui fixait les 5 principes que le projet de loi constitutionnelle devrait mettre en œuvre. Le 4ème de ces principes était le suivant : « L'autorité judiciaire doit demeurer indépendante pour être à même d'assurer le respect des libertés essentielles telles quelles sont définies par le Préambule de la Constitution de 1946 et par la Déclaration des droits de l'homme à laquelle il se réfère ». On ne parle pas de Conseil constitutionnel dans le projet de loi mais de l'autorité judiciaire et le respect des principes, aujourd'hui, sous la Vème République, est assuré, non par l'autorité judiciaire, mais par le Conseil constitutionnel. La fonction dévolue à ce dernier par la Constitution, dans sa rédaction initiale, lui conférait uniquement un rôle de juge de la répartition des compétences. Il se définissait, lui-même, d'ailleurs comme « un organe régulateur de l'activité des pouvoirs publics » (CC, n°62-20 DC, 6 novembre 1962, *Loi relative à l'élection du Président de la République au suffrage universel direct, adoptée par le référendum du 28 octobre 1962*, *Rec. CC*, p. 27, JO, 7 novembre 1962, p.10778, cons. n°2).

Un Conseil constitutionnel avant tout protecteur du gouvernement en 1958

268 • Sans retracer les débats qui ont eu lieu en 1958 à propos du Conseil constitutionnel, il faut rappeler qu'il a été conçu avant tout comme le censeur des assemblées législatives qui tenteraient de s'évader du cadre de l'article 34 C°. Le contrôle de la constitutionnalité des lois ordinaires n'est pas, dans sa conception initiale, une des compétences essentielles du Conseil constitutionnel. C'est surtout le respect du domaine respectif de la loi et du règlement (art. 34 et 37 C°) qui apparaît comme la tâche principale du nouvel organe. Ainsi, paradoxalement, il était à l'origine un organe plutôt favorable au gouvernement et, inversement sévère à l'égard du Parlement. Aujourd'hui, l'institution apparaît beaucoup plus comme une juridiction contrôlant et limitant le pouvoir du gouvernement que comme son défenseur face au Parlement. On peut même constater, qu'en de nombreuses circonstances, elle se présente comme un protecteur des droits du Parlement. Dans cette logique, les premières années du Conseil constitutionnel, qui coïncidaient avec la présidence de Charles de Gaulle, ont été marquées par une grande discrétion et l'alignement du Conseil sur la vision gaullienne des institutions : mise au pas des velléités d'indépendance des assemblées par une censure stricte sur les règlements, passivité face à l'utilisation extensive de l'article 16 C° (au-delà de la durée nécessaire) ou l'utilisation de l'article 11 C° lors de la révision constitutionnelle de 1962.

c) L'extension du principe de légalité et le contrôle premier du juge administratif pour protéger les droits et libertés

La crise du principe de légalité et l'effritement de la symbolique de la loi

269 • La période charnière de la IIIème République marque une évolution dans les représentations associées au législateur et au juge. Cette période est caractérisée par un certain désenchantement à l'égard des mécanismes traditionnels de garantie des

droits. Les excès du parlementarisme contribuent à discréditer la loi, dont on relativise alors les vertus. La loi n'apparait plus comme l'acte suprême et sacré placé en dehors du champ du pouvoir. L'objectif de limitation du pouvoir, qui était au cœur du principe de légalité, passe désormais au 2nd plan devant les mutations qu'entraîne la désacralisation de la loi. La confiance absolue en la loi s'est effritée sous l'effet de deux facteurs. Le 1er facteur est la crise de la représentation. Le mythe de la loi, expression de la volonté générale, est mis à rude épreuve. La conception selon laquelle les élus ne feraient que parler au nom de la nation a fait place à une perception plus réaliste et à une évaluation beaucoup plus critique des vertus de la démocratie représentative. De même, le principe de majorité n'est plus considéré comme la garantie du bien-fondé de la loi mais comme un instrument de domination permettant au plus grand nombre de faire valoir ses vues. Le débat parlementaire n'est plus une caution suffisante pour légitimer la loi et éviter le risque d'arbitraire. Le 2nd facteur apparait dans la réorganisation des rapports entre le pouvoir et la loi. La loi apparaissait auparavant comme un principe d'assujettissement du pouvoir, elle apparait plus aujourd'hui comme un moyen d'action au service du pouvoir. En conséquence, le développement de la production législative étend plus l'emprise du pouvoir sur la vie sociale qu'il n'aboutit à une meilleure protection des droits individuels. Comme le note Jacques Chevallier, « ainsi, la loi se profile-t-elle sous un éclairage nouveau : de garantie suprême de la liberté, elle se transforme en vecteur d'un nouvel absolutisme ; la prolifération des lois dans tous les domaines aboutirait à une réduction croissante de la marge d'autonomie individuelle » (J. Chevallier, « La dimension symbolique du principe de légalité », *RDP* 1990, p. 1668).

La crise du principe de légalité et la dégradation de l'ordre juridique classique

270 • Sous la IIIème république, la loi était le symbole du pouvoir normatif, c'était la seule norme qui avait une autorité suffisante pour imposer des obligations de comportement déterminées. Depuis la révolution, il n'existe pas de réel pouvoir normatif en faveur de l'exécutif et, si le pouvoir réglementaire sera ultérieurement reconnu, ce n'est qu'au prix d'une stricte subordination à la loi. Aujourd'hui, la loi n'est plus la seule source de contrainte juridique, elle est remise en cause par un ensemble de mutations qui affecte la structure de l'ordre juridique. Le principe de légalité, tel qu'il était originellement conçu, a été progressivement vidé de sa substance. Trois facteurs sont à l'origine de ce phénomène. Le 1er facteur tend au fait que le règlement devient désormais la source essentielle d'obligations et de contraintes pour les administrés. Les lois ne se présentent plus que comme des textes assez généraux fixant certains objectifs à atteindre. C'est l'administration qui est chargé, à partir des standards définis par le législateur, de donner un contenu concret à la règle. Cette dernière étant notamment chargée de l'exécution des lois. Le 2nd facteur tient à l'émancipation du pouvoir réglementaire par rapport à la loi. La législation, dans nos sociétés contemporaines, connait un développement exponentiel. Sur le plan juridique, cela se traduit par l'apparition de formules de délégations du pouvoir législatif (décrets-lois puis ordonnances) et par la

consécration d'un pouvoir propre de réglementation au profit de l'exécutif (règlements autonomes). Le 3ème facteur tient à l'influence décisive aujourd'hui exercée par l'exécutif à l'intérieur même de la production législative. Les lois sont de plus en plus adoptées à l'initiative du gouvernement qui dispose des moyens de faire prévaloir ses vues à travers tous les moyens que lui offre le parlementarisme rationalisé et le phénomène majoritaire. Les services administratifs jouent, enfin, au surplus, un rôle déterminant dans la préparation des textes. On peut ainsi dire qu' « à l'origine de la quasi-totalité des textes, quelle que soit leur forme, le gouvernement et l'administration sont devenus les nouveaux foyers de la normativité, en se substituant aux représentants élus de la Nation » (J. Chevallier, « La dimension symbolique du principe de légalité », *RDP* 1990, p. 1670).

La nécessité d'un contrôle plus poussé de l'activité administrative par un juge indépendant pour faire face à la montée en puissance de l'exécutif (1)

271 • La crise du principe de légalité a eu pour corollaire la montée en puissance de l'exécutif. Le contrôle de l'activité administrative par un juge indépendant est alors apparu plus que nécessaire. Juge naturel de l'administration et de l'activité administrative, le juge administratif s'est imposé comme le juge garant de la protection des droits et libertés contre les possibles excès de l'exécutif. Même si les améliorations avaient été réelles sous le 2nd Empire, le Conseil d'Etat (justice déléguée depuis la loi du 24 mai 1872 (JO, 31 mai 1872, p. 3625) *de réorganisation du Conseil d'Etat*), s'est surtout efforcé de soumettre l'Administration au principe de légalité sous la IIIème République, peut-être moins par égard pour les droits des administrés que par souci de bonne administration mais les effets ont souvent convergé. L'intervention du juge administratif a été rendue nécessaire parce que l'Etat de droit a été confronté à un facteur essentiel de déstabilisation : la montée en puissance de l'exécutif, qui s'est traduite par un processus d'émancipation juridique et par la crise du principe de légalité. De fortes secousses ont agité l'ordre juridique depuis la 1ère guerre mondiale. Des secousses d'abord conjoncturelles liées aux crises politiques et aux changements de régime. Si le régime de Vichy a contredit certains des principes les plus ancrés de l'Etat de droit, la libération et la mise en place de la Vème république ont aussi été marquées par des brèches dans la normalité. On peut citer, par exemple, les Ordonnances de l'article 92 qui sont des mesures législatives que le gouvernement a pu prendre pendant quatre mois à compter de la promulgation de la Constitution pour permettre la mise en place des institutions.

La nécessité d'un contrôle plus poussé de l'activité administrative par un juge indépendant pour faire face à la montée en puissance de l'exécutif (2)

272 • Les perturbations agitant l'ordre juridique se sont aussi manifestées par la guerre d'Algérie. La loi référendaire du 13 avril 1962 a, par exemple, donné au Président de la République l'autorisation d'agir par ordonnances pour l'application des accords d'Evian mais cette fois par le biais d'ordonnances de nature administrative (CE, Ass., 19 octobre 1962, *Canal, Robin, Godot,* req. n°58502, *Rec. CE*, p. 552, *AJDA* 1962, p. 612, obs. A. de Laubadère, *JCP* 1963, II, n°13068, note

C. Debbasch, *RA* 1962, p.623, note G. Liet-Veaux). Il y a eu des perturbations plus durables ensuite où, l'autonomie nouvelle dont a bénéficié l'exécutif, a touché les fondements mêmes de la hiérarchie des normes. On peut citer, à cet égard, l'apparition de formules de délégation du pouvoir législatif comme les Décrets-lois sous les IIIème et IVème républiques ou les Ordonnances de l'article 38 auxquels ont eu recours tous les gouvernements de la Vème république. Il faut aussi évoquer la consécration d'un pouvoir réglementaire autonome. C'est d'abord la loi « *André Marie* » (loi n°48-1268 du 17 août 1948 (JO, 18 août 1948, p. 8082) *tendant au redressement économique et financier)* qui créa un domaine où le pouvoir réglementaire pouvait intervenir sans habilitation spécifique du législateur mais l'exécutif ne se voyait conférer qu'une compétence d'attribution, la compétence de droit commun restant celle du législateur. Le rapport de force s'inverse en 1958 avec les décrets de l'article 37 C°, le pouvoir réglementaire disposant désormais de la compétence de droit commun et le législateur ne disposant plus qu'une compétence d'attribution. Il faut aussi, enfin, évoquer l'article 16 de la Constitution de 1958, qui autorise, en cas de nécessité, le Président de la République à exercer une dictature temporaire, au sens romain du terme, et qui introduit dans la Constitution un régime d'exception prévu pour faire face à une crise institutionnelle particulièrement grave.

d) Un juge administratif qui impose son contrôle aux innovations normatives de la C° de 1958

Une indulgence première envers l'administration grâce à une conception élargie du principe de légalité avant 1958

273 • Toutes les secousses affectant la hiérarchie des normes ont été contenues par le recours à une conception élargie du principe de légalité grâce, notamment, à la mise en place d'une jurisprudence, parfois osée, du juge administratif. Pour faire reculer l'arbitraire de l'administration, le juge administratif a étendu les voies de recours (spécialement le recours pour excès de pouvoir) et les motifs d'annulation des actes tout comme il a délimité plus strictement la liste des actes de gouvernement. Il a, aussi, profondément modifié la conception même de la légalité et des normes de référence en intégrant, de façon progressive, dans le « bloc de légalité », la Constitution et les Traités tout comme les PGD. Le but étant de lui permettre de maintenir la subordination juridique de l'administration en comblant les failles de la législation. Il a, certes, comme on l'a vu, refusé d'opérer un contrôle de constitutionnalité des lois et appliquer très tôt la technique de l'écran législatif. Il s'est aussi montré indulgent avec l'Administration lorsqu'elle devait faire face à des circonstances exceptionnelles. Lors de la 1ère guerre mondiale, par exemple, il a consenti à ne pas déclarer illégales des mesures qui l'auraient été en période normale (jurisprudence des circonstances exceptionnelles : CE, 28 juin 1918, *Heyriès*, req. n°63412, *Rec. CE*, p. 651). Enfin, il a, aussi et surtout, assimilé aux lois proprement dites les actes faits pendant des périodes exceptionnelles, les textes en question n'étant pas des règlements administratifs malgré la confusion des pouvoirs législatif et exécutif dans les mains du gouvernement. Il en a décidé ainsi au sujet des lois édictées par le Gouvernement de Vichy (CE, 22 mars 1944, *Vincent*, *Rec.*

CE, p. 417, *S*. 1945, 3, p. 53, concl. H. Detton, note R.-E. Charlier), des ordonnances du Comité français de Libération nationale et du Gouvernement provisoire de 1944 (CE, 22 février 1946, *Botton*, *Rec. CE*, p. 58, *S*. 1946, 3, p. 56, note P.H.), des ordonnances prises en vertu de l'article 92 C° (CE, 12 février 1960, *Société Eky*, req. n°46922, *Rec. CE*, p. 101, *S*. 1960, p. 131, concl. Kahn, *D*. 1960, jurispr. p. 236, note L'Huillier, *JCP* 1990, G, II, n°11629 bis, note G. Vedel).

Un contrôle plus poussé de l'administration sur la base de la même jurisprudence : l'exemple des mesures liées à l'article 16 C°

274 • Au-delà de cette indulgence envers l'administration, le juge administratif s'est, aussi, efforcé, très tôt, de dégager certaines règles jurisprudentielles dont il imposera, même sans texte, le respect à l'administration (jurisprudence *praeter legem)*. Il s'est accordé un pouvoir d'interprétation assez libre des lois existantes pouvant aller, dans certains cas, jusqu'à contredire la lettre même de leurs dispositions (jurisprudence *contra legem*). Il a consacré, enfin, comme on a pu déjà le voir, des principes d'application générale (PGD) pour amortir ainsi toutes les secousses brutales que connaît l'ordre juridique et suppléer ainsi une légalité devenue défaillante. Cette conception extensive du principe de légalité va permettre au Conseil d'Etat d'atténuer la portée des innovations les plus spectaculaires de la Constitution de 1958 et de les rendre compatibles avec la structure classique de l'ordre juridique. Le Conseil d'Etat a d'abord fait en sorte que les décisions prises au titre de l'article 16 C° rentrent dans le moule de la hiérarchie des normes. Dans son arrêt « *Rubin de Servens* », il précise, certes, que la décision de mettre en œuvre les pouvoirs exceptionnels est « un acte de gouvernement dont il n'appartient pas au Conseil d'Etat d'apprécier la légalité ni de contrôler la durée d'application » (CE, Ass., 2 mars 1962, *Rubin de Servens*, req. n°55049, *Rec. CE*, p. 143, *RDP* 1962, p. 294, concl. Henry, *AJDA* 1962, p. 214, chron. J.-M. Galabert et M. Gentot, *D*. 1962, p. 109, chron. G. Morange, *JCP* 1962, I, n°1711, chron. J. Lamarque, *S*. 1962, p. 147, note R. Bourdoncle) mais il admet, qu'en revanche, les décisions prises par le Chef de l'Etat sur son fondement peuvent, dans certains cas, faire l'objet d'un recours dont la recevabilité sera admise. Les mesures de police du président de la République qui interviennent dans le domaine réglementaire peuvent ainsi être déférées au Conseil d'Etat (CE, Ass., 2 mars 1962, *Rubin de Servens*, op.cit.) Il faut néanmoins noter qu'aucun acte de cette nature ne lui a été soumis dans le cadre des décisions prises entre le 23 avril et le 29 septembre 1961, seule période où on a appliqué l'article 16 C° (la décision du 27 avril 1961 autorisant le ministre de l'Intérieur à interdire un écrit impliquait bien un pouvoir de police administrative mais cette dernière relevait du domaine de la loi : CE, 22 avril 1966, *Société Union africaine de presse*, req. n°61565, *Rec. CE*, p. 276, concl. Galmot, *JCP* 1966, G, II, n°14805, concl. Galmot, note R. Drago).

Un contrôle plus poussé de l'administration sur la base de la même jurisprudence : un contrôle des ordonnances prises sur habilitation législative ou référendaire

275 • Le Conseil d'Etat a transposé aux ordonnances prises sur habilitation législative (CE, 3 novembre 1961, *Damiani*, *Rec. CE*, p. 607 ; CE, Ass., 24 novembre 1961, *Fédération nationale des Syndicats de Police,* req. n°48841, *Rec. CE*, p. 658, *S.* 1963, p. 59, note L. Hamon, *D.* 1962, p. 424, note M. Fromont, *AJDA* 1962, p. 114, note J.T) ou référendaire (CE, Ass., 19 octobre 1962, *Canal, Robin et Godot,* op.cit.), la jurisprudence inaugurée en matière de décrets-lois en les considérant, jusqu'à leur ratification, comme des actes administratifs soumis à son contrôle. L'arrêt « *Canal* » a posé question à une bonne partie de la doctrine car la compétence du Conseil d'Etat en la matière était plus qu'hypothétique. Le recours était dirigé contre une ordonnance prise sur le fondement d'une habilitation accordée directement par le peuple souverain, et qui présentait une valeur législative. Le Conseil d'Etat aurait pu se déclarer incompétent et considérer que l'habilitation était une attribution d'une portion du pouvoir législatif. Il a plutôt considéré qu'il s'agissait simplement d'une autorisation accordée au pouvoir réglementaire d'intervenir, dans les strictes limites de l'habilitation, dans le domaine de la loi. Même si une telle ordonnance peut modifier une loi, elle conserve son caractère réglementaire justifiant le contrôle du juge administratif. A noter aussi que le Conseil d'Etat a fait prévaloir la hiérarchie traditionnelle entre la loi et le règlement en se reconnaissant compétent pour connaître des règlements autonomes et en les soumettant aux PGD (CE, sect., 26 juin 1959, *Syndicat des ingénieurs-conseils,* req. n°92099, *Rec. CE*, p. 354). Il rappelle, en agissant, ainsi le caractère subordonné du pouvoir réglementaire qui n'est pas l'égal du pouvoir législatif.

e) Le renforcement du contrôle juridictionnel du juge administratif pour faire face au développement du pouvoir discrétionnaire

276 • En interprétant largement le principe de légalité, le juge administratif maintien un contrôle poussé de l'administration pour lui faire respecter les droits et libertés. Mais encore fallait-il que des mécanismes efficaces de contrôle, notamment à travers le contrôle juridictionnel, permettent d'en assurer concrètement le respect. On a pu voir que la marge d'autonomie dont bénéficiaient le gouvernement et l'Administration était croissante. Les lois ne contrôlent et ne limitent plus la puissance de l'administration, ils ne sont que des textes généraux d'habilitation. Il y a, du coup, des nouveaux domaines d'intervention et un champ de compétence plus étendu pour l'administration. C'est le développement du pouvoir discrétionnaire à travers lequel l'administration dépasse la simple fonction « exécutive » à laquelle la tradition libérale prétendait la limiter. Elle ne se borne plus à appliquer la « loi » à un cas concret, elle va produire elle-même la règle juridique adéquate aux circonstances de chaque situation puisque les autorités administratives vont avoir le pouvoir de choisir entre deux décisions ou deux comportements qui sont considérés d'un point de vue égal au regard de la légalité. Le juge administratif s'est efforcé alors de parer à ce risque en adaptant son contrôle aux mutations du principe de légalité. Contrôlant l'administration sur le

terrain des faits, il a subordonné, de plus en plus, la validité de ses actes à la double adéquation aux objectifs définis par le législateur et aux circonstances concrètes. En d'autres termes, il a été amené à vérifier que les mesures prises par les autorités administratives soient, à la fois, « nécessaires » compte tenu des objectifs de la loi et « proportionnés » à la situation. C'est la jurisprudence dite du « bilan coût-avantages » ou dites du « plein contrôle de proportionnalité » où les avantages et effets positifs d'une décision sont confrontés aux inconvénients et effets négatifs.

La technique du bilan coûts-avantages ou le « plein contrôle de proportionnalité »

277 • Dans la mise en œuvre de la technique, c'est seulement si les avantages ou effets positifs d'une décision l'emportent sur les inconvénients et les effets négatifs que les faits dont la décision procède seront reconnus comme de nature à la justifier juridiquement. D'abord reconnu en matière d'expropriation (CE, Ass., 28 mai 1971, *Fédération de défense des personnes concernées par le projet « Ville nouvelle Est »*, req. n°78825, *Rec. CE*, p. 409, concl. G. Braibant, *AJDA* 1971, chron. D. Labetoulle et P. Cabanes, *D.* 1972, p. 194, note J. Lemasurier, *JCP* 1971, n°16873, note A. Homont, *RA* 1971, p. 422, concl. G. Braibant, *RDP* 1972, p. 454, note M. Waline), cette jurisprudence n'a cessé de s'étendre et de se développer en dehors de son domaine initial. On peut citer, pour des exemples rapides après la décision, et sans aller évoquer les exemples plus récents, le licenciement de « salariés protégés » dans une entreprise privé (CE, Ass., 5 mai 1976, *Safer d'Auvergne contre Bernette,* req. n°98647 et n°98820, *Rec. CE*, p. 232, *AJDA* 1976, p. 304, chron. M. Nauwelaers et L. Fabius, *D.* 1976, p. 563, note H. Sinay, *JCP* 1976, n°18429, note J.-P. Machelon) ou la légalité de certaines décisions de police notamment en matière de police des étrangers : CE, Ass., 18 mars 1955, *Hamou Ben Brahin Ben Mohamed dit Paci*, *Rec. CE*, p. 168 ou CE, Ass., 6 novembre 1987, *Buayi*, req. n°65590, *Rec. CE*, p. 348, *AJDA* 1987, p. 713, chron. M. Azibert et M. de Boisdeffre, *RFDA* 1988, p. 86, concl. C. Vigouroux). Elle apparaît désormais comme un nouveau principe général, le principe de proportionnalité, qui conduit le juge, pour apprécier la légalité d'une décision, à faire la balance entre son utilité et son coût financier et social. La décision ne sera légale que si elle est adéquatement proportionnée aux faits (Cf. X. Philippe, *Le contrôle de proportionnalité dans les jurisprudences constitutionnelle et administrative françaises*, Economica-PU d'Aix-Marseille, 1990).

La technique de l'erreur manifeste d'appréciation

278 • Dans le domaine du pouvoir discrétionnaire, le juge a été amené à vérifier à ce que l'Administration respecte un minimum de logique ou de bon sens. A 'origine seule la réalité des faits était contrôlée par le juge qui, pour le reste, s'en remettait aux appréciations de l'administration. On parle de « contrôle minimum » ou de « contrôle restreint » qui s'arrête à la vérification de l'existence matérielle des faits sans tenir compte de l'examen de la qualification des faits. C'est là que le juge administratif est intervenu, une 1ère fois, en limitant le pouvoir discrétionnaire par le recours à la notion d'erreur manifeste d'appréciation. C'est à partir de 1960 que la jurisprudence a ajouté l'exigence que la décision soit exempte d'erreur de fait,

d'erreur de droit et de détournement de pouvoir, celle qu'elle ne soit pas viciée par une erreur manifeste d'appréciation (CE, sect., 15 février 1961, *Lagrange,* req. n°42259 et n°42260, *Rec. CE*, p. 121, *AJDA* 1961, p. 200, chron. J.-M. Galabert et M. Gentot). La notion a été étendue à des domaines jusque-là largement discrétionnaires, notamment celui de la « haute police » (CE, Ass., 2 novembre 1973, *Société anonyme « Librairie François Maspero »,* req. n°82590, *Rec. CE*, p. 611, *JCP* 1974, II, n°17642, concl. G. Braibant, note R. Drago, *AJDA* 1973, p. 577, chron. M. Franc et M. Boyon, *D.* 1974, p. 433, note A. Pellet à propos d'un contrôle sur les publications étrangères ; CE, 3 février 1975, *Pardov,* req. n°94108, *Rec. CE*, p. 83, *AJDA* 1975, p. 131, chron. M. Franc et M. Boyon pour une décision d'expulsion d'un étranger ; CE, 19 février 1975, *Fouéré,* req. n°80470, *Rec. CE*, p. 1177, *D.* 1975, p. 435, note B. Pacteau, *AJDA* 1975, p. 143 pour un refus de passeport) avant que la jurisprudence ne la systématise à travers le contrôle de la détermination des sanctions disciplinaires dans la fonction publique (CE, sect., 9 juin 1978, *Lebon,* req. n°05911, *Rec. CE*, p. 245, *AJDA* 1978, p. 573, concl. B. Genevois, *D.* 1979, p. 30, note B. Pacteau, *JCP* 1979, n°19159, note S. Rials, *RA* 1978, p. 634, note F. Moderne, *RDP* 1979, p. 227, note J.-M. Auby).

f) La mise en place d'un droit administratif des droits et libertés

La reconnaissance première de la valeur juridique des préambules

279 • Le juge administratif ne peut agir en tant que juge constitutionnel et user du droit constitutionnel proprement dit. Pour autant, il a néanmoins pu s'emparer d'un corpus de règles formellement constitutionnelles. Cela se justifie par le fait qu'il entend avant tout garantir aux administrés des droits et des libertés essentielles, sauf si la loi s'y oppose et donc, développer, autant qu'il soit possible, un droit administratif des libertés. Il a ainsi été beaucoup plus prompt que le Conseil constitutionnel à reconnaître la valeur juridique du préambule de la Constitution de 1946 (CE, Ass., 7 juillet 1950, *Dehaene,* req. n°01645, *Rec. CE*, p. 426, *D.* 1950, p.538, note A. Gervais, *JCP* 1950, II, 5681, concl. Gazier, *RDP* 1950, p. 691, concl. Gazier, note M. Waline, *RA* 1950, p. 366, concl. Gazier). Cependant, cette reconnaissance avait été possible grâce à la Constitution de 1946 où l'article 81 reconnaissait aux citoyens le droit « à la jouissance des droits et libertés garantis par le préambule de la présente Constitution ». Il n'y avait pas le même type de dispositions dans la Constitution de 1958. En effet, le Préambule se contente de proclamer « l'attachement » aux différentes déclarations de droits auxquelles il renvoie. Ce rattachement, pourtant assez lâche, n'a pas empêché le Conseil d'Etat de reconnaître la valeur constitutionnelle du Préambule (CE, Sect., 12 février 1960, *Société Eky,* req. n°46922, op. cit.).

La reconnaissance consécutive de la valeur constitutionnelle des normes du préambule

280 • La DDHC de 1789 (faisant déjà parti du Préambule de la Constitution de 1946) a été directement appliquée par le Conseil d'Etat dès 1957 dans l'arrêt « *Condamine* », dans lequel ce dernier applique directement les articles 9 et 10

respectivement relatifs à la présomption d'innocence et à la liberté de conscience (CE, 7 juin 1957, *Condamine, RDP* 1958, p. 98, note M. Waline) puis la jurisprudence deviendra constante dès la Vème République, avec notamment l'arrêt « *Société Eky* » précité dans lequel le Conseil d'Etat applique directement l'article 8 DDHC. Les Principes particulièrement nécessaires à notre temps ont eux aussi été consacrés, même si leur application a été plus indirecte. On peut citer, à cet égard, l'arrêt « *Gisti* » où le juge fonde sa décision directement sur ces principes, leur accordant ainsi une valeur constitutionnelle (CE, 8 décembre 1978, *Gisti, CFDT, CGT*, req. n°10097, 10677 et 10679, *Rec. CE*, p.493, concl. P. Dondoux, *DSoc* 1979, p. 57, concl. P. Dondoux, *AJDA* 1979, p. 38, chron. O. Dutheillet de Lamothe et Y. Robineau, *D.* 1979, p. 661, note L. Hamon). Enfin, le Conseil d'Etat va reconnaître aux Principes fondamentaux reconnus par les lois de la République (PFRLR) une valeur constitutionnelle, clairement établie dès l'arrêt « *Amicale des Annamites de Paris* » en 1956, dans lequel le juge reconnaît la liberté d'association comme PFRLR (CE, Ass., 11 juillet 1956, *Amicale des Annamites de Paris,* req. n°26638, *Rec. CE*, p. 317, *AJDA* 1956, II , p. 395 et note H. Fournier et G. Braibant).

La reconnaissance finale de la valeur juridique de la Charte de l'environnement

281 • Le long processus de la consécration de la valeur constitutionnelle des normes du Préambule de la Constitution s'est terminé avec la reconnaissance de la valeur juridique de la Charte de l'environnement. Alors qu'il avait estimé que si une loi s'interpose entre la Charte de l'environnement et un acte administratif, c'est cette loi qui est déterminante pour vérifier la légalité de l'acte en cas de litige (CE, 19 juin 2006, *Association eaux et rivières de Bretagne*, req. n°282456, *BDEI* 2006, p. 41, concl. M. Guyomar), sa position a fini par évoluer reconnaissant la valeur constitutionnelle de l'ensemble des dispositions contenues dans la Charte de l'environnement (CE, Ass., 3 octobre 2008, *Commune d'Annecy,* req. n°297931, *Rec. CE*, p. 322, *AJDA* 2008, p. 2166, chron. E. Geffray et S.-J. Liéber, *D.* 2009, p.1852, obs. V. Bernaud et L. Gay et p. 2448, obs. F. G. Trébulle, *RDI* 2008, p. 563, obs. P. Soler-Couteaux, *RFDA* 2008, p. 1147, concl. Y. Aguila et p. 1158, note L. Janicot, *Constitutions* 2010, p.139, obs. Y. Aguila). En l'espèce, le juge administratif se fonde sur l'article 7 de la Charte consacrant le principe de participation du public pour annuler pour incompétence un décret *relatif aux lacs de montagne.* Seul le législateur est, en effet, compétent, en vertu de l'article mentionné, pour préciser les conditions et les limites du droit de participation du public. Il faut relever, dans cet arrêt, que le juge administratif insiste sur la valeur supra-législative accordée à la Charte, en précisant que si un décret ne peut intervenir que pour appliquer des dispositions législatives, c'est sous réserve dans le cas d'espèce, « qu'elles ne soient pas incompatibles avec les exigences de la Charte ». Ainsi, le juge administratif pose le principe selon lequel la loi doit se soumettre à la Charte : une disposition contraire à une norme constitutionnelle se verrait obligatoirement annulée pour inconstitutionnalité.

Bibliographie

- **Antonmattei (P.-H.)**, « Le préambule de 1946 et la Cour de cassation », RA 1997, p. 290.

- **Ashworth (A.)**, « Le contrôle de la constitutionnalité des lois par le Sénat du 2nd Empire », RDP 1994, p. 45.

- **Became (J.-C.), Couderc (M.)**, La loi, Paris, Dalloz, 1994.

- **Batailler (F.)**, Le Conseil d'Etat, juge constitutionnel, Paris, LGDJ, 1966.

- **Belloubet (N.)**, « Désobéir pour être : les Noirs américains », Pouvoirs 2015, n°155, p. 97

- **Benoît-Rohmer (F.), Wachsmann (P.)**, « La résistance à l'oppression dans la déclaration », Droits 1988, n°8, p. 98.

- **Berthelemy (H.)**, « Les lois inconstitutionnelles devant les juges », Revue politique et parlementaire 1927, tome 133, 10 novembre, p. 183.

- **Bigot (G.)**, Introduction historique au droit administratif depuis 1789, Paris, PUF, 2002 ; L'autorité judiciaire et le contentieux de l'administration. Vicissitudes d'une ambition (1800-1872), Paris, LGDJ, 1999.

- **Bonnet (J.)**, Le juge ordinaire français et le contrôle de la constitutionnalité des lois. Analyse critique d'un refus, Paris, Dalloz, 2009.

- **Borghetto (M.)**, « La genèse du contrôle de constitutionnalité des lois en France (1789-1958) », RA 1997, comm. n°177, p. 19.

- **Bougrab (J.)**, « Le contrôle de constitutionnalité des lois dans l'élaboration de la Constitution du 27 octobre 1946 », RFDC 1999, n° 38, p. 285.

- **Caitucoli-Wirth (M.-H.)**, « La vertu des institutions : l'héritage méconnu de Sieyès et de Constant », Histoire@Politique 2012, n°16, p. 121.

- **Carré de Malberg (H.)**, La loi, expression de la volonté générale, Paris, Sirey, 1931 ; « La constitutionnalité des lois et la Constitution de 1875 », Revue politique et parlementaire 1927, tome 132, p. 339.

- **Chagnollaud (D.)** (dir.), Aux origines du contrôle de constitutionnalité (XVIIIe-XXe siècles), Paris, Éd. Panthéon Assas, LGDJ, 2003.

- **Chauvet (C.)**, « Fonctionnaire, obéir/désobéir » Pouvoirs 2015, n°155, p. 149.

- **Chapus (R.)**, « De la soumission au droit des règlements autonomes », D. 1960, chron., p. 119.

- **Charlier (R.-E.)**, « Les vicissitudes de la loi » Mélanges Maury, Paris, Dalloz, 1960, t. 2, p. 305.

- **Chevallier (J.)**, « La dimension symbolique du principe de légalité », RDP 1990, p. 1668.

- **Clapie (M.)**, « Le Conseil d'Etat et le préambule de la Constitution de 1946 », RA 1997, p. 278.

- **Constant (B.)**, Principes de politique applicables à tous les gouvernements représentatifs et particulièrement à la Constitution actuelle de la France, Paris, Alexis Eymery, 1815.

- **De Corrail (J.-L.)**, « Le Conseil d'Etat et l'interprétation de la loi. L'équilibre des pouvoirs. Observations et thèmes de réflexion » Mélanges Pactet, Paris, Dalloz, 2003, p. 593.

- **Derrien (A.)**, Les juges français de la constitutionnalité, Bruxelles, Bruylant, 2003.

- **Desaulnay (O.)**, L'application de la Constitution par la Cour de cassation, Paris, Dalloz, 2009.

- **Desmons (E.)**, Droit et devoir de résistance en droit interne, Paris, LGDJ, 1999.

- **Druesne (G.)**, « La jurisprudence constitutionnelle des tribunaux judiciaires sous la Vème république », RDP 1974, p. 169.

- **Dubrulle (J.)**, « La compatibilité des lois avec la Constitution : un contrôle de constitutionnalité ? », AJDA 2007, p. 127.

- **Duez (P.)**, « Le contrôle juridictionnel de la constitutionnalité des lois en France. Comment il convient de poser la question ? », Mélanges Hauriou, Sirey, 1929, p. 211.

- **Durand (C.)**, « Les décrets-lois napoléoniens devant la jurisprudence de la Restauration », Mélanges Macqueron, Aix, PUAM, 1970, p. 269.

- **Durand (P.)**, « La décadence de la loi dans la Constitution de la Vème République », JCP 1959, I, n° 1470.

- **Favoreu (L.)**, « Le pouvoir normatif primaire du gouvernement en droit français », RFDC 1997, n°32, p. 713 ; « Légalité et constitutionnalité » Cahiers du CC 1997, n°3 ; « Le Conseil d'Etat, défenseur de l'exécutif », Mélanges Boulouis, Paris, Dalloz, 1991, p. 237 ; « Les règlements autonomes n'existent pas », RFDA 1987, p. 871 ; « Les règlements autonomes existent-ils ? », Mélanges Burdeau, Paris, LGDJ, 1976, p. 405.

- **Feldmann (J.-P.)**, « Le constitutionnalisme selon Benjamin Constant », RFDC 2008, n°76, p. 675.

- **Fioravanti (M.)**, « Sieyès et le jury constitutionnaire : perspectives historico-juridiques », Annales historiques de la révolution française 2007, n°349 [En ligne].

- **Foyer (J.)**, « L'affaire Canal », RA 2004, p. 6.

- **Fromont (M.)**, « La justice constitutionnelle en France ou l'exception française », Mélanges Conac, Economica, 2001, p. 168.

- **Hauriou (M.)**, « La technique française de contrôle juridictionnel de constitutionnalité des lois », in Mélanges Lambert, Paris, L. R. Sirey, 1938, tome 2, p. 336.

- **Gauchet (M.)**, La révolution des pouvoirs, Paris, Gallimard, 1995.

- **Gaudemet (Y.)**, « La Constitution et la fonction législative du Conseil d'Etat », Mélanges Foyer, PUF, 1997, p. 61.

- **Gazier (F.), Gentot (M.), Genevois (B.)**, « La marque des idées et des principes de 1789 dans la jurisprudence du Conseil d'Etat et du Conseil constitutionnel », EDCE 1989, n°40, p. 151.

- **Genevois (B.)**, « Le Conseil d'Etat n'est pas le censeur de la loi au regard de la Constitution », RFDA 2000, p. 715 ; « Le Conseil d'Etat et l'interprétation de la loi », RFDA 2002, p. 877 ; « Le Conseil d'Etat et l'application de la Constitution » in G. Drago (dir.), L'application de la Constitution par les cours suprêmes, Paris, Dalloz, 2007, p. 133.

- **Gentot (M.)**, « L'arrêt Canal, le Conseil d'Etat affirme son indépendance », AJDA 2014, p. 90.

- **Gohin (O.)**, « Le Conseil d'Etat et le contrôle de constitutionnalité de la loi », RFDA 2000, p. 1175.

- **Gonod (P.)**, « Le Conseil d'Etat, conseil du Parlement », RFDA 2008, p. 871.

- **Grosbon (S.)**, « La justiciabilité problématique du droit de résistance à l'oppression : antilogie juridique et oxymore politique » in D. Lochak et V. Champeil-Desplats (dir.), A la recherche de l'effectivité des droits de l'homme, PUF Paris Ouest, 2008, p. 139.

- **Jaume (L.)**, « Le contrôle de constitutionnalité de la loi a-t-il un sens pour la doctrine française de la révolution et des premières années du XXème siècle ? », in Aux origines du contrôle de constitutionnalité, XVIIIe-XXe siècle, Paris, éd. Panthéon-Assas, LGDJ, 2003, p. 17.

- **Jaume (L.)**, « Sieyès et le sens du jury constitutionnaire : une réinterprétation », Droits 2002, n°36, p. 11.

- **Jeze (G.)**, « Le contrôle juridictionnel des lois », RDP 1924, p. 401.

- **Kelsen (H.)**, « La garantie juridictionnelle de la Constitution (La Justice constitutionnelle) », RDP 1928, p. 240.

- **Lamarque (J.-M.)**, « Légalité constitutionnelle et contrôle juridictionnel des actes pris en vertu de l'article 16 », JCP 1962, I, n°1711.

- **Lambert (J.)**, Du contrôle de la constitutionnalité des lois au gouvernement des juges, Paris, Sirey, 1937.

- **Laquièze (A.)**, « Le contrôle de la constitutionnalité de la loi vu par les penseurs libéraux français du XXe siècle », in Aux origines du contrôle de constitutionnalité, XVIIIe-XXe siècle, Paris, Ed. Panthéon-Assas, LGDJ, 2003, p. 85.

- **Larnaude (F.)**, « L'inconstitutionnalité des lois et le droit public français », Revue politique et parlementaire 1926, tome 126, 10 février, p. 181.

- **Laroque (P.)**, « Les juges français et le contrôle de la constitutionnalité des lois », RDP 1926, tome 43, p. 722.

- **Le Bos-Le Pourhiet (A.-M.)**, L'article 92 de la Constitution de 1958, Paris, Economica, 1981.

- **Le Fur (L.)**, Le gouvernement des juges, Paris, Giard, 1922.

- **Lochak (D.)**, « Désobéir à la loi », Mélanges Mourgeon, Bruxelles, Bruylant, 1998, p. 192.

- **Louis-Lucas (P.)**, « La loi », D. 1964, chron., p. 197.

- **Luchaire (F.)**, « Les sources des compétences législatives et réglementaires », AJDA 1979, n°6, p. 3.

- **Machelon (J.-P.)**, « Parlementarisme absolu : État de droit relatif. À propos du contrôle de la constitutionnalité des lois en France sous la IIIe République (positions et controverses) », RA 1995, p. 628.

- **Mastor (W.)**, « Obéissance à la loi ? », Pouvoirs 2015, n°155, p. 81

- **Mestre (J.-L.)**, Introduction historique au droit administratif français, Paris, PUF, 1985 ; « Les juridictions judiciaires et l'inconstitutionnalité des ordonnances royales de la Restauration au Second Empire », RFDC 1993, n° 15, p. 451 ; « La Cour de cassation et le contrôle de constitutionnalité. Données historiques » in La Cour de cassation et la constitution de la Vème république, Aix, PUAM, 1995, p. 35 ; « L'inconstitutionnalité des actes réglementaires de 1814 à 1851 » in F. Burdeau (dir.), Administration et droit, Paris, LGDJ, 1996, p. 122 ; « Le contrôle de constitutionnalité de la loi par la Cour de cassation sous la 2nde république », Mélanges Favoreu, Paris, Dalloz, 2007, p. 291 ; « A propos de l'application de la constitution de 1791 par le Tribunal de cassation », Mélanges Antoine, Paris, Champion, 2003, p. 243 ; « Les contrôles judiciaires a posteriori de constitutionnalité à partir de la Révolution », Cahiers du CC 2010, n°28 ; « Le Tribunal de cassation et l'inconstitutionnalité des actes administratif », RFDA 2011, p. 117.

- **Mathieu (B.)**, La loi, Paris, Dalloz, 1996.

- **Maulin (E.)**, « Le principe du contrôle de constitutionnalité des lois et R. Carré de Malberg », RFDC 1995, n° 21, p. 79 ; « Réforme de l'État et contrôle de constitutionnalité des lois sous la IIIe République », in Aux origines du contrôle de constitutionnalité, XVIIIe-XXe siècle, Paris, Ed. Panthéon-Assas, LGDJ, 2003, p. 57.

- **Mignon (M.)**, « Le contrôle juridictionnel de la constitutionnalité des lois », D. 1952, chron. XI, p. 45.

- **Moderne (F.)**, « A propos du contrôle de constitutionnalité des actes administratifs dans le droit public français contemporain », RFDA 2008, p. 915.

- **Morabito (M.)**, Histoire constitutionnelle de la France (1789-1958), Paris, LGDJ, 13ème éd., 2014.

- **Morange (J.)**, « Le contrôle des décisions prises au titre de l'article 16 », D. 1962, chron., p. 109.

- **Moreau (J.)**, « Le caractère réglementaire ou législatif des règles de procédure administrative contentieuse », Mélanges Waline, Paris, LGDJ, 1974, p. 635.

- **Naudin-Patriat (F.)** (dir.), 1791, la première constitution française, Paris, Economica, 1993.

- **Pactet (P.)**, « La loi, permanence et changements », Mélanges Chapus, Paris, LGDJ, 1992, p. 503.

- **Pasquino (P.)**, Sieyès et l'invention de la Constitution en France, Paris, Odile Jacob, 1998 ; « Le contrôle de constitutionnalité : généalogie et morphologie », Cahiers du CC 2010, n° 28 ; « Le républicanisme constitutionnel de E. Sieyès », Droits 1993, n°17, p. 67.

- **Philip (L.)**, « La valeur juridique du préambule de la Constitution de 1946 selon la jurisprudence du Conseil constitutionnel », Mélanges Pelloux, Paris, L'Hermès, 1980, p. 265.

- **Philippe (X.)**, Le contrôle de proportionnalité dans les jurisprudences constitutionnelle et administrative françaises, Economica-PU d'Aix-Marseille, 1990.

- **Pichot (P.)**, « Penser le contrôle a priori (1789-1870) », Cahiers du CC 2010, n° 28.

- **Pisier (E.)**, « Léon Duguit et le contrôle de constitutionnalité des lois : paradoxes pour paradoxes », Mélanges Duverger, Paris, PUF, 1987, p. 189.

- **Poulet-Giblot Leclerc (N.)**, La place de la loi dans l'ordre juridique interne, Paris, PUF, 1992.

- **Redor (M.-J.)**, De l'Etat légal à l'Etat de droit. L'évolution des conceptions de la doctrine publiciste française. 1879-1914, Paris-Aix, Economica, PUAM, 1992.

- **Rouvillois (H.)**, « Michel Debré et le contrôle de constitutionnalité », RFDC 2011, n° 46, p. 227.

- **Rolland (P.)**, « Comment préserver les institutions politiques ? La théorie du pouvoir neutre chez B. Constant », Revue française d'histoire des idées politiques 2008, n°7, p. 43.

- **Rousseau (D.)**, « Le Conseil constitutionnel et le préambule de 1946 », RA 1997, p. 160.

- **Saint-Bonnet (F.)**, « Le droit contre la loi. Regard sur les mutations du droit constitutionnel au XXème siècle » in S. GOYARD-FABRE (dir.), L'Etat au XXème siècle, Paris, Vrin, 2004, p. 87 ; « La « politique de juge constitutionnel » du Conseil d'Etat. Propédeutique pour un nouveau droit constitutionnel » in G. Bigot et M. Bouvet (dir.), Regards sur l'histoire de la justice administrative, Paris, Litec, 2006, p. 289 ; « La double genèse de la justice constitutionnelle en France », RDP 2007, p. 757 ; « La protection juridique des droits en 1791 », Mélanges Burdeau, Paris, Litec, 2008, p. 359.

- **Senac (C.-E.)**, « Le constat juridictionnel de l'abrogation implicite d'une loi par la Constitution », RDP 2008, p. 1081.

- **De Stael (G.)**, Des circonstances actuelles qui peuvent terminer la révolution et des principes qui doivent fonder la république en France, Paris, Fischbacher, 1906.

- **Stillmunkes (P.)**, « La classification des actes ayant force de loi en droit françaises », RDP 1964, p. 261.

- **Thiers (E.)**, « La désobéissance comme principe de la démocratie », Pouvoirs 2015, n°155, p. 55

- **Tuot (T.)**, « La désobéissance en droit pénal », Pouvoirs 2015, n°155, p. 125.

- **Vedel (G.)**, « Excès de pouvoir législatif et excès de pouvoir administratif », Cahiers du CC 1996, n°1, p.59.

- **Venezia (J.-C.)**, « La loi, le juge et la Constitution », Mélanges Boulouis, Paris, Dalloz, 1991, p. 505.

- **Verpeaux (M.)**, « Le contrôle de la loi par la voie d'exception dans les propositions parlementaires sous la IIIème république », RFDC 1990, n°4, p. 688.

- **Vidal-Naquet (A.)**, « Abandonner la jurisprudence du Conseil d'Etat Arrighi ? » in G. Drago (dir.), L'application de la Constitution par les cours suprêmes, Paris, Dalloz, 2007, p. 133.

- **Waline (M.)**, « Les rapports entre la loi et le règlement avant et après la Constitution de 1958 », RDP 1959, p. 699.

B – Le nouvel équilibre des pouvoirs permettant la préservation des droits et libertés

282 • La séparation des pouvoirs est avant tout, à l'origine, un principe de technique constitutionnelle destinée à éviter le despotisme et à garantir les droits et libertés. C'est la combinaison de la règle de la spécialisation (l'Etat exerce ou doit exercer trois activités : il fait la loi, il l'exécute et il tranche les litiges. Il a donc trois fonctions, législative, exécutive et juridictionnelle) et de l'indépendance (les pouvoirs ne resteraient pas longtemps spécialisés si l'un d'eux pouvait exercer des pressions sur le titulaire de l'autre) qui doit procurer le résultat souhaité. Et c'est généralement à Montesquieu que la doctrine traditionnelle a imputé ce système. Or, comme l'ont montré Eisenmann (C. Eisenmann, « L'Esprit des lois et la séparation des pouvoirs », *Mélanges Carré de Malberg*, Paris, Librairie du recueil Sirey, 1933, p. 190) et Troper (M. Troper, *La Séparation des pouvoirs et l'Histoire constitutionnelle française*, Paris, LGDJ, 1980) de manière irréfutable, le système préconisé par Montesquieu est, en réalité, entièrement différent et même radicalement opposé à celui de la séparation des pouvoirs (terme qui n'est d'ailleurs pas employé par l'auteur dans l'Esprit des lois). L'auteur cherche, en réalité, à sauvegarder les droits et libertés par des mécanismes souples impliquant des rapports entre les pouvoirs et même une véritable collaboration. Chaque pouvoir ne peut agir sans le concours des autres, ils doivent collaborer et, « par le mouvement nécessaire des choses », ils sont « forcés d'aller de concert ». Si chacun peut décider dans son domaine, il peut

aussi s'opposer aux décisions de l'autre, c'est la fameuse « faculté d'empêcher » distinguée de la « faculté de statuer ». C'est pour ne pas l'avoir compris que l'Assemblée constituante de 1791 instaura, dans notre 1ère Constitution, une séparation tranchée qui devait se révéler impraticable avant que l'histoire constitutionnelle, sous les régimes des deux Chartes (Chartes de 1814 et 1830), ne réussisse, enfin, à concrétiser et appliquer les principes dégagés par l'auteur à travers la naissance du régime parlementaire en France

283 • La pratique du régime parlementaire a, néanmoins, essentiellement été centrée sur la dualité de rapport entre le pouvoir exécutif et le pouvoir législatif et l'exercice entre eux de moyens d'action réciproques (dissolution et responsabilité politique du gouvernement), la tradition constitutionnelle étant, par nature, hostile à un quelconque rôle du pouvoir juridictionnel dans l'agence des pouvoirs depuis 1789. Fondement théorique du système actuel, le principe ainsi décrit ne rejoint, en aucun cas, la pratique et ne correspond plus à la réalité de l'Etat moderne. On ne peut plus faire la distinction entre un parlement qui élabore les lois et un gouvernement qui reste cantonné dans sa tâche exécutive. Aujourd'hui, le pouvoir exécutif dispose non seulement de l'administration ou « pouvoir gouvernemental » mais il possède aussi le pouvoir d'édicter les règles législatives indispensables à la mise en œuvre de la politique décidée. Plus qu'il n'exécute, le pouvoir exécutif décide, administre mais fait aussi les lois. Il tend de plus en plus à être un pouvoir d'impulsion, d'animation de direction générale de l'Etat. A ces côtés, on a plutôt un Parlement qui surveille, contrôle et sanctionne l'action du gouvernement quand il n'est pas, en réalité, qu'une vulgaire chambre d'enregistrement des lois. Il reste néanmoins là pour poser quelques bornes générales et en assurer le contrôle et on continue à opposer, à cet égard, plutôt le pouvoir d'action du gouvernement au pouvoir de contrôle du Parlement même si celui-ci peut se révéler par moment plus que relatif. Et on peut dire que cette distinction avait été déjà clairement aperçue par Montesquieu lorsqu'il opposait la faculté de statuer donc la faculté d'agir à la faculté d'empêcher qu'on peut, elle, assimiler à une faculté de contrôler.

284 • Est-ce à dire que l'équilibre des pouvoirs permettant la préservation des droits et libertés a disparu ? Il a disparu si on reste fixé sur l'architecture classique entre les différents pouvoirs mais il est toujours présent si l'on tient compte du mouvement tendant à développer le droit des droits fondamentaux qui renforce considérablement le rôle et les pouvoirs des juges chargés de les faire respecter. La séparation entre ce qu'on peut appeler le « pouvoir juridictionnel » et le « pouvoir politique », pris dans son ensemble, remplace la séparation classique entre pouvoir exécutif et législatif. Elle est devenue la nouvelle matrice du système, le nouvel axe majeur de la séparation des pouvoirs. Cette montée en puissance du « pouvoir juridictionnel » constitue l'une des innovations majeures du droit constitutionnel contemporain se traduisant par une multiplication des fonctions du juge et un renforcement corrélatif de son pouvoir normatif. Comme on a déjà pu le montrer, 5 Cours suprêmes se disputent aujourd'hui le pouvoir de contrôler la loi française à travers le contrôle de constitutionnalité (Conseil constitutionnel) et le contrôle de conventionnalité (Conseil d'Etat, Cour de cassation, CourEDH, CJCE).

Traditionnellement perçu comme contrevenant à la théorie de la séparation des pouvoirs, le contrôle de la loi par le juge doit, au contraire, être considéré comme une application de celle-ci en ce qu'il confère au juge une « faculté d'empêcher » propice à l'équilibre des pouvoirs. Le contrôle juridictionnel de la loi a redonné ses lettres de modernité au concept de séparation des pouvoirs tout en faisant ressortir une des dimensions fondamentales du concept : la protection des droits et libertés. Plus qu'une remise en cause (1), on peut parler aujourd'hui de l'avènement d'une nouvelle séparation des pouvoirs (2).

1 – La remise en cause de la séparation classique des pouvoirs sous la Vème république

285 • Toutes les théories liées à la séparation des pouvoirs ont toujours reposées sur un but identique : mettre fin au despotisme et préserver les droits et libertés. Influencés par la pensée de Montesquieu, les constituants de 1789 considéraient cette protection comme la conséquence nécessaire d'une limitation du pouvoir obtenue par sa division. Cette conception se maintiendra comme discours légitime jusqu'à ce que la doctrine reconnaisse que, pris dans toute sa rigueur, le principe de la séparation des pouvoirs n'a, en réalité, jamais pu assurer seul une telle protection et que, s'il s'avère impossible que « par la disposition des choses, le pouvoir arrête le pouvoir », il faut que le texte constitutionnel s'intéresse davantage aux « droits des gouvernés » qu'au « statut des gouvernants ». Le constat est le même sous la Vème république d'autant plus que la séparation des pouvoirs y a été complètement dénaturé et que le fonctionnement du système a abouti à une confusion des pouvoirs au profit de l'exécutif et que le contrôle juridictionnel de la loi ne servait, à l'origine, qu'à réguler l'activité des pouvoirs publics.

a) La confusion des pouvoirs au profit de l'exécutif : une amorce dans le texte de la C°

Une Constitution qui présente, d'un prime abord, les caractéristiques d'un régime parlementaire (1)

286 • Lorsqu'on regarde la Constitution, toutes les caractéristiques d'un régime parlementaire classique de séparation souple des pouvoirs sont réunies. Il existe un équilibre à l'intérieur de chacun des pouvoirs. Le pouvoir législatif est bicaméral avec une organisation permettant la meilleure confection possible de la loi. La chambre basse, l'Assemblée Nationale, assure la représentation démocratique des opinions et représente les « grands courants de politique générale » (Général De Gaulle, Discours de Bayeux, 16 juin 1946, www.charles-de-gaulle.org) tout en exerçant de façon pleine et entière le pouvoir législatif. Les membres de cette chambre sont, en conséquence, élus au suffrage universel (art. 24 al. 3 C°). La chambre haute, le Sénat, élu et composé différemment, ne procède pas de la même légitimité populaire que la 1ère chambre. Il incarne, avant tout, l'unité nationale par rapport aux divisions des opinions politiques de la chambre basse. Les membres de cette chambre sont, en conséquence, élus au suffrage universel indirect et assurent la représentation des collectivités territoriales de la République (art. 24 al. 4 C°).

L'intervention de la 2nde chambre est d'ordre technique plus que politique. L'objectif étant de compléter et tempérer les excès de la première chambre en faisant « valoir dans la confection des lois, ce facteur d'ordre administratif qu'un collège purement politique a tendance forcément à négliger » (Général De Gaulle, Discours de Bayeux, 16 juin 1946, op. cit.)

Une Constitution qui présente, d'un prime abord, les caractéristiques d'un régime parlementaire (2)

287 • Le pouvoir exécutif procède du même équilibre. Il est bicéphale parce qu'il comprend deux têtes : un chef d'Etat (le Président de la République) et un chef de gouvernement (le Premier Ministre). Il est dyarchique parce que les deux têtes ont des pouvoirs d'importance comparable pour un exercice conjoint de la fonction. La légitimité supérieure du Président compense les pouvoirs plus étendus du Premier Ministre. Au chef de l'Etat revient la fonction supérieure de l'arbitrage et du long terme (art. 5 C° et art. 19 C°), au chef de gouvernement, la responsabilité du quotidien et la détermination de la politique de la nation (art. 20 C°). L'indépendance du gouvernement, son unité, sa cohésion, sa discipline intérieure est garantie par le chef d'Etat, en tant « qu'arbitre au-dessus des contingences politiques » (Général De Gaulle, Discours de Bayeux, 16 juin 1946, op. cit.). Au-delà de l'équilibre intérieur à chaque pouvoir, ce dernier se matérialise aussi entre les pouvoirs puisque, comme dans tous les régimes parlementaires, la majorité parlementaire vote les lois que le gouvernement qu'elle soutient lui présente. Si un désaccord durable voit le jour et subsiste, chaque pouvoir dispose d'un moyen d'action pour contrer l'autre et maintenir l'équilibre. L'Assemblée nationale, seule chambre élue au suffrage universel direct, dispose de la faculté d'engager la responsabilité du gouvernement, et donc de pouvoir le renverser, en adoptant une motion de censure ou en désapprouvant le programme ou la déclaration de politique générale du Gouvernement (art. 49 et 50 C°). En retour, cette même chambre peut être dissoute par le Président de la République après consultation du Premier Ministre et des présidents des assemblées (art. 12).

La 1ère particularité de l'équilibre des pouvoirs : le parlementarisme rationalisé

288 • La tradition et les éléments classiques du régime parlementaire sont clairement respectés dans le texte de la Constitution. Par certains aspects, cette dernière s'en éloigne. C'est en raison de la volonté initiale des constituants de restaurer, en priorité, l'autorité de l'Etat tout comme celle de diminuer, en corrélation directe, l'influence des partis politiques dont les intérêts l'ont trop longtemps emporté sur l'intérêt national et notamment réduit à l'impuissance les régimes des IIIème et IVème républiques. Une des premières préoccupations des constituants a été de corriger l'instabilité des républiques précédentes en mettant en place un ensemble de règles techniques destinées à encadrer les pouvoirs du Parlement qu'on résume à travers l'expression commune de Parlementarisme rationnalisé (Voir discours prononcé par Michel Debré devant le Conseil d'Etat le

27 août 1958, mjp.univ-perp.fr) dont le champ a été étendu par rapport à celui existant sous la IVème république.

Le parlementarisme rationnalisé et la perte de souveraineté de la loi

289 • Le 1er élément révélateur du parlementarisme rationnalisé est la perte de souveraineté de la loi. Il est mis fin à la confusion de la loi, du règlement et de la mesure individuelle qui avait conduit à l'encombrement du Parlement et à l'impossibilité pour celui-ci d'examiner sérieusement les textes. Il est assigné, pour la 1ère fois, un domaine de la loi alors que la norme n'avait aucune limite sous les IIIème et IVème républiques. L'article 34 C° distingue les matières dans lesquelles le Parlement fixe les règles et celles pour lesquelles il détermine les principes fondamentaux. La fixation de ce domaine tend à faire de la loi la norme d'exception par rapport au règlement, la norme principale, dans la mesure où l'article 37 C° affirme que ce qui n'est pas du domaine de la loi est du domaine du règlement. Dans cette logique, l'article 37 C° donne un champ de compétences très large au gouvernement et au pouvoir règlementaire, que ce soit pour l'application de la loi ou que ce soit dans des matières *a priori* exclues du domaine de la loi (pouvoir réglementaire « autonome »). A cela s'ajoute la possibilité pour le gouvernement de demander au Parlement le droit de légiférer par voie d'ordonnances (art. 38 C°) dont la pratique est officialisée sous la Vème république en héritage des anciens décrets lois des IIIème et IVème républiques. La suprématie absolue de la loi, expression de la volonté générale se traduisait aussi par l'absence d'un quelconque recours la concernant. Sous la Vème république, celle-ci est désormais contrôlée par le Conseil constitutionnel par rapport à la Constitution qui devient la norme de référence (art. 61 C°).

Le parlementarisme rationnalisé et les nouvelles prérogatives de l'exécutif

290 • Les nouvelles prérogatives de l'exécutif dans la procédure législative sont une autre marque de ce Parlementarisme rationalisé. Le gouvernement bénéficie d'une réorganisation profonde de la procédure législative qui lui donne de larges pouvoirs d'intervention. C'est le gouvernement qui fixe, dans le texte de 1958, l'ordre du jour (art. 48 C° avant la réforme de 2008), il dispose de moyens constitutionnels pour diriger les débats ou faire voter les textes dans le sens voulu par le gouvernement (art. 40 et 41 C° et la possibilité d'empêcher l'adoption de propositions parlementaires gênant la politique du gouvernement ; art. 44-3 et la procédure du vote bloqué qui règlemente et encadre aussi le droit d'amendement ; art. 49-3 C° et la mise en jeu de la responsabilité du gouvernement sur le vote d'un texte ; art. 45-4 C° donnant le dernier mot à l'Assemblée Nationale en cas d'échec de la commission mixte paritaire). Dans le même ordre d'idée, le travail des assemblées a été réglementé, dans le texte de 1958, de façon stricte à travers, notamment, le régime des sessions parlementaires dont les durées limitées peuvent seulement, sous certaines conditions, être prolongées par des sessions extraordinaires (art. 28 et 29 C°). Il y a aussi des obstacles à l'exercice du contrôle du Parlement sur l'activité du Gouvernement qui sont fixés. La mise en cause de la responsabilité du gouvernement est plus difficile à mettre en œuvre que ce soit à travers une

déclaration de politique générale, à travers le programme du gouvernement ou, surtout, par le biais de la procédure de la motion de censure (art. 49 et 50 C°). L'obligation du vote personnel est officialisée pour ne plus délibérer en l'absence des parlementaires (art. 27 C°). Le travail des commissions parlementaires, qui avait favorisé le régime des assemblées, est étroitement réglementé. Les questions des parlementaires ne peuvent engager la responsabilité et donner lieu à une interpellation. Enfin, il faut relever l'incompatibilité entre les fonctions ministérielles et le mandat parlementaire (art. 25 C°) qui marque une séparation stricte entre les ministres et les députés ou les sénateurs, alors même que, dans les régimes des IIIème et IVème républiques, les fonctions exécutives étaient systématiquement exercées par des parlementaires et que les ministres disposaient du droit de vote dans leur assemblée d'origine.

Une 2nde particularité dans l'équilibre des pouvoirs : le nouveau statut présidentiel

291 • Le rationalisme parlementaire sous la Vème république va être soutenu par le nouveau statut et les nouveaux pouvoirs du Président de la République qui tranchent avec ce qui existait sous les régimes précédents. Si la responsabilité politique pèse sur le Premier Ministre, c'est parce que la Constitution lui donne le rôle majeur. A lui la charge de choisir les orientations et réformes politiques et de les traduire en actes mais certains éléments de texte vont montrer que sa position n'est pas aussi centrale qu'elle devrait l'être dans un régime parlementaire. La fonction présidentielle de la Constitution de 1958 est sans aucun précédent ni aucune référence. Le Président conserve les attributions traditionnelles d'un chef d'Etat parlementaire (la promulgation des lois (art. 10 C°), la nomination aux emplois civils et militaires de l'Etat (art. 13 C°), la qualité de chef des armées (art. 15 C°) ou encore la négociation et la ratification des traités (art. 52 C°)) mais deux articles vont innover pour finaliser, pour la 1ère fois dans un texte constitutionnel français, la fonction présidentielle proprement dite (art. 5 C°) et l'existence de pouvoirs propres du Président pouvant s'exercer sans contreseing ministériel directement en opposition à une règle classique du régime parlementaire (art. 19 C°).

Le nouveau statut présidentiel et l'article 5 C°

292 • D'un prime abord, l'article 5 C° donne une idée très générale et un peu vague du rôle du Président de la République puisqu'il ne lui confère ni compétences concrètes, ni obligations précises. Mais les devoirs définis sont surtout significatifs et symboliques et donnent ainsi un statut à part au Président puisqu'il se voit clairement propulser au rang de défenseur des intérêts supérieurs et vitaux de la nation. On distingue traditionnellement 3 aspects : le gardien, le garant et l'arbitre. En tant que gardien, il est chargé de « veiller au respect de la Constitution » (al. 1er) même s'il n'y a pas d'exclusivité et que sa mission est limitée par rapport aux attributions du Conseil constitutionnel. En tant que garant, il est chargé d'être le « garant de l'indépendance nationale, de l'intégrité du territoire et du respect des traités » (al. 2nd) ce qui témoigne de devoirs en matière de défense nationale et de

souveraineté internationale de l'Etat mais là encore il n'est pas le seul à exercer cette charge puisque-en sont responsables aussi les autres pouvoirs institutionnels comme le Parlement ou le Gouvernement, défenseurs ordinaires de la souveraineté. Le Président n'étant habilité à se substituer à eux qu'en cas d'ultime recours (art. 16 C°). En tant qu'arbitre, le Président doit assurer « le fonctionnement régulier des pouvoirs publics ainsi que la continuité de l'Etat » (al. 1er). C'est la fonction la plus ambiguë des trois dans la mesure où le terme « arbitre » peut être pris dans un sens faible (veiller à la régularité du système sans participer au jeu politique) comme dans un sens fort (concilier des intérêts opposés en décidant souverainement) justifiant des compétences différentes du Président. Au-delà de cette distinction et contrairement aux deux premières fonctions, la fonction d'arbitre n'a pas une portée générale puisque deux domaines sont définis à la portée assez limitée. Ces deux domaines font que le Président n'a pas pour rôle de fixer les réformes politiques ou d'être le régulateur de l'activité publique (c'est le rôle du gouvernement) mais plutôt, plus modestement, d'assurer la continuité de l'exécutif ou de faire appel au peuple lors d'un différend.

Le nouveau statut présidentiel et l'article 19 C°

293 • L'article 19 C° dresse, pour la 1ère fois, la liste de ce qu'on peut définir comme étant des « pouvoirs propres » du Président pouvant s'exercer sans contreseing ministériel. La règle du contreseing subsiste comme dans n'importe quel régime parlementaire mais l'article 19 C° énumère, limitativement, un certain nombre d'exceptions où le Parlement ne peut exercer un quelconque contrôle, exceptions qui échappent donc à toute responsabilité politique. Parmi ces actes faisant office d'exception, il y en a un qui va être particulièrement révélateur de la future primauté du Président dans le couple de l'exécutif, celui concernant la nomination et la démission du Premier Ministre (art. 8 al. 1er). Les autres actes concernent respectivement le referendum législatif (art. 11 C°), le droit de dissolution (art. 12 C°), les pouvoirs de crise (art. 16 C°), le droit de message (art. 18 C°), l'organisation et le fonctionnement de la justice constitutionnelle (art. 54, 56, 61 C°). Il y a là, contrairement à l'article 5 C°, des attributions concrètes pour le Président mais ces dernières restent néanmoins d'un usage exceptionnel pour ne pas dire théorique ou fictif eu égard à la conjoncture politique.

b) La confusion des pouvoirs au profit de l'exécutif : une confirmation dans la pratique du régime

Le nouveau statut présidentiel accentué par l'élection au suffrage universel direct

294 • Le statut exceptionnel défini dans le texte de la Constitution ne permet pas au Président de gérer les intérêts généraux de la nation. Le quotidien comme les orientations à long terme lui échappent et sont gérés par le Premier Ministre. Les circonstances et l'évolution des forces politiques vont transformer la nature des liens entre Président et Premier Ministre et instituer, en conséquence, une subordination ou une hiérarchie à la place de la dyarchie initiale entre les deux têtes

de l'exécutif. Le Président devenant à la fois chef de l'Etat et chef du gouvernement. Le fondement initial de la nouvelle prépondérance présidentielle est l'élection au suffrage universel direct instituée par le général De Gaulle par le referendum du 28 octobre 1962 (Loi n° 62-1292 du 6 novembre 1962 (JO, 7 novembre 1962, p. 10762) *relative à l'élection du Président de la République au suffrage universel*). Le texte originel de l'article 6 C° avait institué l'élection du Président par un collège électoral composé de 81 764 grands électeurs (parlementaires, conseillers généraux, élus municipaux). Sans modifier les prérogatives présidentielles, elle conforte la position du Président en lui confiant une autorité indéniable. Il est maintenant l'élu de la nation entière et il dispose d'une légitimité supérieure à toute autre autorité publique conforté, de plus, par le mode de scrutin. Le scrutin uninominal majoritaire à deux tours permettant au candidat élu d'obtenir la majorité absolue des suffrages exprimés.

Le nouveau statut présidentiel accentué par la bipolarisation et le phénomène majoritaire

295 • L'élection au suffrage universel direct et son mode de scrutin vont aussi être directement à l'origine de 2 phénomènes qui vont structurer la vie politique sous la Vème république et renforcer d'autant plus les pouvoirs du Président. Tout d'abord la bipolarisation et cette tendance à l'organisation de la vie politique autour de deux blocs, deux pôles dominants qui s'opposent pour la prise de pouvoir au détriment du pluralisme. En réservant le 2nd tour aux deux candidats arrivés en tête du 1er tour, l'élection du Président structure un comportement bipolaire en poussant les forces politiques à se regrouper autour des leaders arrivés au 2nd tour. Le pays est divisé en deux camps qui soutiennent chacun un des prétendants et s'identifient à lui. On observe le même phénomène au niveau de l'élection législative où le scrutin uninominal à deux tours écarte les partis aux scores trop faibles tout en favorisant les grosses formations politiques et donc la création d'une majorité parlementaire à l'Assemblée Nationale. L'élection présidentielle devient l'évènement majeur de la vie politique, les élections législatives, normalement les plus importantes en régime parlementaire, deviennent le moyen de concrétiser, sanctionner ou de continuer la politique présidentielle. Le lien entre la majorité parlementaire et présidentielle assure, en conséquence, une place prépondérante quant à la direction de l'Etat. C'est le 2nd phénomène : on parle de fait majoritaire ou de phénomène majoritaire permettant à l'exécutif de disposer d'une majorité fidèle tout au long de sa législature. Cette nouvelle donne fait du Président le leader de la majorité au détriment du Premier Ministre. Le gouvernement ne peut agir que sous son autorité et met en œuvre la politique présidentielle avec le soutien de sa majorité au Parlement. Les députés s'engagent à une forte discipline de vote pour la majorité ou l'opposition ce qui rend les débats souvent assez stériles.

Un président législateur confirmé par la réforme constitutionnelle de 2008

296 • La personnalisation du pouvoir exécutif au profit du Président, associée aux éléments du Parlementarisme rationalisé, va faire en sorte que le Président s'arroge toutes les compétences constitutionnelles du Premier Ministre. On parle

dorénavant de « Président législateur » ou de « domaine réservé » (la paternité de l'expression revient à Jacques Chaban-Delmas au début de la Vème république) où le chef de l'Etat, par l'usage et non le texte, se réserve certaines compétences (affaire étrangères, défense nationale et toutes les grandes réformes) tout en intervenant directement dans la gestion des affaires courantes du gouvernement. La puissance du Président a été sans limite tant que le fait majoritaire a été parfait (Après 1986, il s'est quelque peu modifié, jouant en faveur du Premier Ministre en périodes de cohabitation (1986-88, 1993-95 et 1997-2002) voire disparaissant (1988-1993) jusqu'à ce qu'il soit quelque peu discuté aujourd'hui en raison de conflits au sein des majorités qui se sont succédé dernièrement et de l'existence de « députés frondeurs ». Mais mis à part ces différentes périodes, l'influence du Président n'a jamais été remise en cause). La réforme du quinquennat suite au referendum du 24 septembre 2000 (loi constitutionnelle n° 2000-964 du 2 octobre 2000 (JO, 3 octobre 2000, p. 15582) *relative à la durée du mandat du Président de la République) et celle, conjointe du calendrier électoral* (loi organique n°2001-419 du 15 mai 2001 (JO, 16 mai 2001, p. 7776) *modifiant la date d'expiration des pouvoirs de l'Assemblée nationale*) plaçant les élections législatives juste derrière l'élection présidentielle et faisant coïncider le mandat des députés avec celui du Président, ont fait en sorte de supprimer ou, tout le moins, plus que limiter, à l'avenir, les périodes de cohabitations. La réforme du 23 juillet 2008 (loi constitutionnelle n°2008-724 du 23 juillet 2008 (JO, 24 juillet 2008, p. 11890) *de modernisation des institutions de la Ve République)* encadre les pouvoirs du Président sans changer l'orientation du régime. Si elle multiplie apparemment les garde-fous, elle offre, en réalité, les moyens de renforcer encore sa prééminence (Voir, en ce sens, par ex., A. Vidal-Naquet, « Un Président de la République plus « encadré » », *JCP* 2008, G, I, n°172). Peut-on parler d'une certaine « confusion des pouvoirs », d'« arbitraire présidentiel », de « monarque républicain » (L'expression de Maurice Duverger voulant ainsi caractériser les nouveaux pouvoirs dont dispose, sous la Ve République, le chef de l'État a connu un vif succès) et, en définitive, d'un agencement des pouvoirs attentatoires aux droits et libertés ? Oui, si l'on se fonde sur la séparation classique des pouvoirs, non si l'on tient compte du nouveau contre-pouvoir que constitue le « pouvoir juridictionnel ».

Un président dont la confusion des pouvoirs reste néanmoins conditionnée au choix des électeurs (1)

296-1 • Le processus par lequel les électeurs donnent au Président la majorité absolue dont il a besoin pour gouverner, n'est pas automatique ni inscrit dans la Constitution. Les élections législatives des 12 et 19 juin 2022 ont montré que ce processus n'était pas inéluctable malgré toutes les précautions prises notamment depuis les réformes du quinquennat et du calendrier électoral. Le gouvernement ne dispose pas, aujourd'hui et pour la 2nde fois sous la Vème république, d'une majorité absolue à l'Assemblée nationale. La situation est même pire que celle de 1988 (1er cas de majorité relative sous le gouvernement Rocard) dans la mesure où la constitution de la majorité absolue est plus difficile à obtenir (le parti socialiste avait 275 sièges au lieu de 245 pour la majorité actuelle et les différences idéologiques et politiques sont beaucoup plus fortes entre les partis de l'opposition entre eux (NUPES, RN, LR) ou avec la majorité présidentielle). La Constitution ou les équilibres institutionnels ne sont pas forcément remis en cause mais ce serait plutôt une certaine pratique du régime, celle qu'on avait précisément défini sous le vocable « présidentialisme majoritaire » (Voir, par exemple et en ce sens B. Daugeron, « Elections législatives de 2022 : la fin du présidentialisme majoritaire ? », https://blog.juspoliticum.com, 9 juin 2022). Celle qui a négligé le Parlement et ses prérogatives (on songe par exemple au nombre important d'ordonnances issues de lois d'habilitations, aux amendements gouvernementaux déposés en cours de procédure sans réel contrôle, aux procédures accélérées sur le vote des lois voire à cette logique visant à se priver de la représentation parlementaire à travers les moyens de démocratie particpative comme le Grand débat national ou le récent Conseil national de la refondation (voir en ce sens D. Baranger, « Ni fait majoritaire, ni cohabitation : : la Cinquième République dans le monde d'après… », https://blog.juspoliticum.com, 24 juin 2022).

Un président dont la confusion des pouvoirs reste néanmoins conditionnée au choix des électeurs (2)

296-2 • Au-delà de cette pratique condamnable, le système devrait néanmoins se maintenir grâce aux moyens du parlementarisme rationalisé. L'assemblée peut retirer sa confiance à la majorité simple (d'où l'intérêt de ne pas la solliciter) mais, dans sa configuration actuelle, elle ne peut censurer le gouvernement (à moins d'une improbable alliance entre les partis d'opposition). Les armes dont dispose le gouvernement existent toujours (contrairement aux armes dont dispose les assemblées ou *leaders* de la majorité notamment mis en place depuis la réforme de 2008, voire à ce sujet et sur la distinction entre armes du gouvernement et des *leaders* parlementaires de la majorité, C. Vintzel, *Les armes du gouvernement dans la procédure législative*, Paris, Dalloz, 2011, p. 708, cité par J.-F. de Bujadoux, « Chausse-trapes parlementaires pour un gouvernement minoritaire », https://blog.juspoliticum.com, 5 juillet 2022). Le gouvernement garde ainsi le droit d'amendement (art. 44-1 C°), peut toujours recourir à l'irrecevabilité financière (art. 40 C°) ou au vote bloqué (art. 44-3 C° avec possibilité de priorisier la discussion sur les amendements). Enfin, il lui reste aussi l'engagement de la responsabilité du gouvernement sur un texte de loi (art. 49-3 C°) même s'il est limité, depuis 2008, à une seule utilisation par session en dehors des projets de lois de finances et de financement de la sécurité sociale. Cette limitation est relative dans la mesure ou elle ne concerne que les sessions ordinaires (et non les sessions extraordinaires convoquées par le chef de l'Etat) et que beaucoup de textes relèvent désormais des projets de loi de financement de la sécurité sociale (voir en sens J.-F. de Bujadoux, « Chausse-trapes parlementaires pour un gouvernement minoritaire » précité). En dernier recours, il restera au président le choix du peuple pour arbitrer le conflit avec l'assembléeque ce soit par le recours à la dissolution (art. 12 C°) ou du referendum (art. 11 C°).

c) Un Conseil constitutionnel qui ne servait, à l'origine, qu'à réguler l'activité des pouvoirs publics

Un Conseil constitutionnel institué pour servir les desseins de l'exécutif

297 • La Vème république a proclamé son attachement aux droits et libertés en les plaçant dans le préambule du texte constitutionnel. Elle a également prévu un contrôle concret et direct permettant de les mettre en avant et de les faire respecter. Ce contrôle, c'est le contrôle de constitutionnalité. Si ce contrôle existe sous la Vème république et est exercé par le tout nouveau Conseil constitutionnel, il n'a pourtant pas été appliqué dans la logique de protection des droits et libertés mais plutôt pour servir les dessins de l'exécutif. En ce sens, le juge constitutionnel a été établi pour être l'organe clé du régime parlementaire rationalisé, l'arme principale contre la déviation du régime parlementaire. Son but initial est de sanctionner le dépassement par les organes constitutionnels des compétences qui leur ont été attribuées par la loi fondamentale, le contrôle de constitutionnalité des lois étant considéré comme une arme supplémentaire aux mains de l'exécutif pour cantonner le pouvoir normatif du Parlement et le réduire à la portion congrue. Toute la logique de la construction de l'institution l'amène, à l'origine, à veiller à ce que l'autorité législative et l'autorité réglementaire disposent de domaines d'intervention propres d'où la mission de veiller au respect du domaine de la loi et du domaine du règlement. Du « chien de garde de l'exécutif » au « canon braqué vers le Parlement » en passant par l'institution « qui rend des services et non des arrêts », le Conseil constitutionnel sera en ce sens, d'emblée décrié par une grande partie de la doctrine et de la classe politique (ex : J. Boulouis, « Le défenseur de l'exécutif », Pouvoirs 1980, n°13, p. 33 ou D. Lochak, « Le Conseil constitutionnel, protecteur des libertés ? », *Pouvoirs* 1980, n°13, p. 41). Il est intéressant ainsi de constater, par exemple, que près de 20 ans après sa création, aucun article ne lui a été consacré dans un numéro spécial de la Revue Pouvoirs consacré à la Vème république *(Revue Pouvoirs* 1978, n°4).

Un Conseil constitutionnel qui n'est pas une Cour constitutionnelle au sens plein du terme

298 • La création du Conseil constitutionnel, dénommé ainsi notamment par référence au Conseil d'Etat, manifeste la volonté de subordonner la loi à la règle supérieure édictée par la Constitution mais comme peut le relever Michel Debré, directement à l'origine de la création de l'institution, « il n'est ni dans l'esprit du régime parlementaire, ni dans la tradition française de donner à la justice, à chaque justiciable le droit d'examiner la valeur de la loi » (Cf. F. Rouvillois, « Michel Debré et le contrôle de constitutionnalité », *RFDC* 2001, n°46, p. 227). Les constituants n'ont donc pas voulu créer une Cour constitutionnelle au sens plein du terme à l'exemple des autres juridictions constitutionnelles existantes en Europe. Ils ont imaginé une institution « *sui generis* », sans exemple dans les autres démocraties, à la procédure spécifique échappant aux règles du procès équitable et qui peut seulement être saisie par quatre autorités (Président de la République, Premier Ministre, Président du Sénat, Président de l'Assemblée Nationale) pour contrôler,

de manière facultative, la constitutionnalité d'une loi (art.61 alinéa 2 C°). Le contrôle a été envisagé de façon abstraite en ce que le juge considère la loi en elle-même indépendamment de tout litige particulier (le contrôle concret ne sera mis en place qu'à partir de la loi de révision du 23 juillet 2008 précitée et l'instauration de la QPC). Une fois saisi, la suite de la procédure ne dépend plus de la volonté des saisissants. Le Conseil se réserve aussi la possibilité de statuer *ultra petita* en retenant des moyens non soulevés par les saisines mais qui lui paraissent suffisamment importants pour être soulevés d'office ou, en d'autres termes, de sa propre initiative.

Un contrôle obligatoire sur les lois organiques pour que les parlementaires ne puissent pas modifier l'équilibre des pouvoirs

299 • Dans l'optique du contrôle des moyens pouvant être employées par le Parlement pour rompre l'équilibre des pouvoirs, les constituants ont prévu un contrôle obligatoire du Conseil constitutionnel pour deux types de normes que sont les lois organiques et les règlements d'assemblée (il y a un 3ème contrôle obligatoire, en vertu de la révision constitutionnelle du 23 juillet 2008 précitée, sur les propositions de loi mentionnées à l'article 11 C°, avant qu'elles ne soient soumises au referendum). Il n'y a pas de lettre de saisine, le Conseil recherchant lui-même les moyens d'inconstitutionnalité avant de statuer dessus en remplissant à la fois la fonction de procureur et de juge. Les lois organiques sont des lois qui fixent les modalités d'application de certains articles de la Constitution. Les constituants redoutaient que, par ce biais, les parlementaires puissent modifier l'équilibre des pouvoirs ou procéder à une révision constitutionnelle déguisée. Le contrôle est obligatoire mais non automatique puisque c'est sur saisine du 1er Ministre que le Conseil effectue son contrôle. La loi organique ne peut ainsi être promulguée qu'après déclaration de conformité de l'ensemble du texte. Cette saisine automatique est exclusive de toute autre procédure, elle fait obstacle à ce que le Conseil puisse être saisi par des députés ou des sénateurs sur le fondement du 2ème alinéa de l'article 61 C° (CC, n°92-305 DC, 21 février 1992 *Loi organique modifiant l'ordonnance n° 58-1270 du 22 décembre 1958 portant loi organique relative au statut de la magistrature,* JO, 29 février 1992, p. 3122, *Rec. CC*, p. 27) ou d'une demande de délégalisation, par exemple, du Premier Ministre.

La présomption de constitutionnalité des ordonnances organiques de l'article 92 C°

300 • Le contrôle du Conseil ne s'est pas appliqué aux 25 ordonnances organiques adoptées avant le 4 février 1959 pour la mise en place des institutions et prises sur le fondement de l'article 92 C°. Ces lois organiques prises sous la forme d'ordonnances sont entrées en vigueur sans avoir pu être déférées au contrôle du Conseil (ce dernier n'a été installé que le 13 mars 1959). Par une décision dite « Magistrats musulmans » (CC, n°60-6 DC, 15 janvier 1960, *Loi organique portant promotion exceptionnelle des Français musulmans dans la magistrature et modifiant l'ordonnance n° 58-1270 du 22 décembre 1958,* JO, 20 janvier 1960, p. 629, *Rec. CC*, p. 21), le Conseil a exclu tout contrôle par voie d'exception de ces « ordonnances organiques

» à l'occasion du contrôle des lois organiques qui les modifient. Il a néanmoins admis, logiquement, qu'elles pouvaient faire l'objet d'une procédure de délégalisation de l'article 37-2 C° (CC, n°59-1 L, 27 novembre 1959, *Nature juridique de l'article 2, alinéa 3 de l'ordonnance n° 59-151 du 7 janvier 1959 relative à l'organisation des transports de voyageurs dans la région parisienne*, JO, 14 janvier 1960, p. 442, *Rec. CC*, p. 67). La jurisprudence « Magistrats musulmans » est aujourd'hui peu en phase avec la jurisprudence « Etat d'urgence en Nouvelle-Calédonie » (CC, n°85-187 DC, 25 janvier 1985, *Loi relative à l'état d'urgence en Nouvelle-Calédonie et dépendances,* JO, 26 janvier 1985, p.1137, *Rec. CC*, p. 43) par laquelle, dans une situation similaire, le Conseil accepte de contrôler la constitutionnalité de lois ordinaires en vigueur à l'occasion de recours contre des lois ordinaires non promulguées qui modifient ces ordonnances organiques). La présomption de constitutionnalité dont les « ordonnances organiques » bénéficient est partiellement tombée avec l'adoption de la QPC. Conformément aux solutions retenues pour un décret dit *« loi du gouvernement de Vichy »* (CC, n°2010-52 QPC, 14 octobre 2010, *Compagnie agricole de la Crau [Imposition due par une société agricole],* JO, 15 octobre 2010, p. 18540, *Rec. CC*, p. 278), une ordonnance prise par le gouvernement provisoire de la République française (CC, n°2011-211 QPC, 27 janvier 2012, *M. Éric M. [Discipline des notaires],* JO, 28 janvier 2012, p. 1674, *Rec. CC*, p. 87) ou une ordonnance du Comité français de libération nationale (CC, n°2012-259 QPC, 29 juin 2012, *M. Mouloud M. [Statut civil de droit local des musulmans d'Algérie et citoyenneté française],* JO, 30 juin 2012, p.10803, *Rec. CC*, p. 320), une ordonnance de l'article 92 C° peut faire l'objet d'une QPC (CC, n°2012-278 QPC, 5 octobre 2012, *Mme Elisabeth B. [Condition de bonne moralité pour devenir magistrat],* JO, 6 octobre 2012, p. 15655, *Rec. CC*, p. 511).

Un contrôle des lois organiques qui va au-delà des simples règles formelles ou procédurales

301 • Au début de son activité, le Conseil constitutionnel a semblé cantonner le contrôle des lois organiques au respect des règles formelles et procédurales, se bornant à vérifier la procédure d'adoption de ces textes et le respect du domaine qui leur est assigné par la Constitution. Ainsi, si des dispositions ne relèvent pas de la matière organique mais de la loi ordinaire, le Conseil « déclasse » ces dispositions mais ne les censure pas (CC, n°87-234 DC, 7 janvier 1988, *Loi organique relative au contrôle du Parlement sur les finances des régimes obligatoires de sécurité sociale*, JO, 9 janvier 1988, p. 444, *Rec. CC*, p. 26 ; CC, n°99-410 DC, 15 mars 1999, *Loi organique relative à la Nouvelle-Calédonie,* JO, 21 mars 1999, p. 4234, *Rec. CC*, p. 51). Le législateur organique ne peut, de même, intervenir là où une loi constitutionnelle est nécessaire pour modifier la Constitution (CC, n°77-80/81 DC, 5 juillet 1977, *Lois organiques complétant les articles L.O. 176, L.O. 319 et L.O. 320 du code électoral (remplacement des députés et des sénateurs),* JO, 6 juillet 1977, p. 3561, *Rec. CC*, p. 24 ; CC, n° 87-234 DC, 7 janvier 1988, *Loi organique relative au contrôle du Parlement sur les finances des régimes obligatoires de sécurité sociale,* JO, 9 janvier 1988, p.444, *Rec. CC*, p. 26). Le Conseil a aussi censuré toute disposition d'une loi organique renvoyant au pouvoir réglementaire la fixation de règles qui relèvent de la compétence du seul législateur organique (CC, n°94-353/356 DC, 11 janvier 1995, *Loi organique modifiant diverses*

dispositions relatives à l'élection du Président de la République et à celle des députés à l'Assemblée nationale et loi organique relative au financement de la campagne en vue de l'élection du Président de la République, JO, 14 janvier 1995, p. 731, *Rec. CC*, p. 166, § 12, 13 et 14). Aujourd'hui, le contrôle s'étend, comme pour tout autre texte soumis au Conseil, à la vérification du respect des normes constitutionnelles substantielles et, en particulier, des dispositions constitutionnelles qui garantissent les droits et libertés (CC, n° 70-40 DC, 9 juillet 1970, *Loi organique relative au statut des magistrats,* JO, 19 juillet 1970, p. 6773, *Rec. CC*, p. 25). Le Conseil vérifie ainsi que le législateur organique, dans l'exercice de son pouvoir de modification et d'abrogation, ne prive pas de garanties légales des principes constitutionnels (CC, n° 92-305 DC, 21 février 1992, *Loi organique modifiant l'ordonnance n° 58-1270 du 22 décembre 1958 portant loi organique relative au statut de la magistrature,* JO, 29 février 1992, p. 3122, *Rec. CC*, p.27).

Un contrôle obligatoire sur les règlements des assemblées parlementaires pour éviter l'octroi de pouvoirs que la Constitution ne définit pas

302 • Les règlements des assemblées parlementaires sont de simples résolutions (noms donnés aux délibérations adoptées par une seule assemblée) sans valeur constitutionnelle ni même législative par lesquelles une assemblée parlementaire détermine les modalités de son organisation et de son fonctionnement. L'expérience des IIIème et IVème républiques avait montré que, par le biais de ses instruments, une assemblée parlementaire pouvait parfois s'octroyer des pouvoirs que la Constitution ne lui avait pas accordés. C'est pour éviter une telle dérive qu'ils sont désormais obligatoirement soumis, avant leur mise en application, au contrôle du Conseil constitutionnel. Le risque n'est pas simplement théorique puisque le Conseil a déclaré, dès leur 1er établissement en 1959, et à plusieurs reprises lors des révisions qui sont intervenues depuis, inconstitutionnelles certaines dispositions du règlement de chacune des assemblées et celles-ci durent s'incliner. Si on a ainsi pu conclure à une défense renforcée des prérogatives du gouvernement (C.-L. Vier, « Le contrôle du Conseil constitutionnel sur les règlements des assemblées parlementaires », *RDP* 1972, p. 165), il faut néanmoins relever que le contrôle s'exerce, plutôt, aujourd'hui dans l'intérêt de la C° et de l'équilibre entre les organes qu'elle établit. Le Conseil a, par exemple, dégagé de l'article 6 DDHC et du 1er alinéa de l'article 3 C°, les exigences de clarté et de sincérité du débat budgétaire pour les appliquer aux règlements (voir, par ex., CC, n° 2014-705 DC, 11 décembre *2014, Résolution tendant à modifier le règlement de l'Assemblée nationale,* JO, 13 décembre 2014, p. 20882). Depuis 1959, le Conseil a examiné à 40 reprises celui de l'Assemblée nationale (voir, dernièrement, CC, n°2019-785 DC, 4 juillet 2019, *Résolution modifiant le règlement de l'Assemblée nationale,* JO, 6 juillet 2019, texte n°123) et aussi à 42 reprises celui du Sénat (voir, dernièrement, CC, n°2019-786 DC, 11 juillet 2019, *Résolution clarifiant et actualisant le règlement du Sénat,* JO, 13 juillet 2019, texte n° 101). Il s'est aussi déclaré compétent pour examiner le règlement du Congrès (dernière en date : CC, n°2009-583 DC, 22 juin 2009 *Résolution modifiant le règlement du Congrès,* JO, 23 juin 2009, p. 10248, *Rec. CC*, p. 118) ou du Parlement

réuni en Haute Cour (CC, n°2014-703 DC, 19 novembre 2014 *Loi organique portant application de l'article 68 de la Constitution*, JO, 25 novembre 2014, p. 19698).

d) Un Conseil constitutionnel destiné à éviter l'intrusion du Parlement dans le domaine du gouvernement

La procédure spécifique d'irrecevabilité (art. 41 C°) : une utilisation initiale rare

303 • Des procédures spécifiques ont été mises en place par le constituant pour assurer le respect et la frontière entre les deux domaines respectifs de la loi et du règlement. Le but étant d'assurer les équilibres institutionnels et l'efficacité de la production normative. Si le Gouvernement veut ainsi éviter l'intrusion du Parlement dans son domaine, il dispose de la procédure d'irrecevabilité de l'article 41 C°. Cet article donne au Gouvernement et au Président de l'Assemblée concernée le droit, au cours de la procédure législative, de saisir le Conseil d'une proposition de la loi ou d'un amendement estimé irrecevable car ne faisant pas partie du domaine de la loi. C'est un contrôle préventif dont l'utilisation est peu à peu tombée en désuétude. Dans l'ensemble, les chiffres restent maigres, invoqué une cinquantaine de fois à l'Assemblée nationale et, approximativement autour de 80 au Sénat, l'exception d'irrecevabilité n'a donné lieu qu'à 12 décisions du Conseil (Cf. pour la dernière décisions en date : CC, n° 2014-12 FNR, 1er juillet 2014, *Présentation du projet de loi relatif à la délimitation des régions, aux élections régionales et départementales et modifiant le calendrier électoral,* JO, 3 juillet 2014, p. 11023 ; E. Olliva, *L'article 41 de la Constitution du 4 octobre 1958, initiative législative et Constitution*, Paris/Marseille, Economica/PUAM, 1997 ; E. Douat, « L'article 41 de la constitution : le contrôle au dépôt des initiatives parlementaires » *LPA* 2018, 9 juillet, n°137, p. 15 et suiv.). Jusqu'à récemment, elle semblait même en voie de disparition jusqu'à ce que Jean-Louis Debré, alors Président de l'Assemblée Nationale, ne relance quelque peu la pratique et déclare irrecevable, en janvier et avril 2005, des amendements au projet de loi relatif aux activités postales (14587 en 1ère lecture et 101 en 2nde lecture). Il y a, globalement, plusieurs raisons à ces mauvais chiffres. D'abord, le recours à la procédure n'est qu'une faculté pour le Gouvernement qui n'a, d'ailleurs, pas toujours intérêt à protéger le domaine du règlement pour renforcer la cohérence d'un texte. Tolérer l'inclusion de dispositions réglementaires dans une loi peut avoir certains avantages comme celui, par exemple, de soustraire la disposition réglementaire au contrôle du juge administratif même si, naturellement, la pratique est contestable. La procédure est aussi lourde et difficile à mettre en œuvre, l'examen du texte peut s'éterniser et il crée, au sein du Parlement, un climat conflictuel d'autant plus que la frontière entre le domaine de la loi et du règlement est difficile à maitriser. Enfin, aujourd'hui, les limitations au droit d'amendement, en vertu notamment de la valorisation de la clarté et de la sincérité du débat budgétaire ou le recadrage des conditions particulières d'exercice au cours de la navette, empêchent ou rendent inutile l'utilisation de la procédure (Cf. M.-A. Granger, « La rénovation du droit d'amendement », *RFDC* 2008, n°75, p. 585).

La procédure spécifique d'irrecevabilité (art. 41 C°) : une utilisation contemporaine renouvelée

304 • On note aujourd'hui une certaine revalorisation de la procédure, cette dernière faisant l'objet d'une attention jurisprudentielle renouvelée. Ainsi, pour faire face à des lois qui dépassent trop largement leur domaine initial, le Conseil s'estime désormais compétent pour déclarer préventivement règlementaires des dispositions contenues dans des lois (CC, n°2005-512 DC, 21 avril 2005, *Loi d'orientation et de programme pour l'avenir de l'école*, JO, 24 avril 2005, p. 7173, *Rec. CC*, p. 72). Même si le Gouvernement ne fait pas usage de l'exception d'irrecevabilité, des articles d'une loi déférée au Conseil et dépassant le domaine de la loi peuvent se voir piéger par le jeu de cette délégation préventive. Faute d'assurer sa mission de police qui lui a été confié par la Constitution (en vertu de la décision « *Blocage des prix et des revenus* » : CC, n°82-143 DC, 30 juillet 1982, *Loi sur les prix et les revenus, notamment ses articles 1, 3 et 4*, JO, 31 juillet 1982, p. 2470, *Rec. CC*, p. 57), le Conseil vient néanmoins en aide à ce dernier en assurant une certaine discipline et oblige les parlementaires à redoubler de vigilance. La révision constitutionnelle du 23 juillet 2008 précitée permet aussi aux présidents des Assemblées de saisir, en vertu de l'article 41 C°, le Conseil eu égard au fait que c'est souvent à l'initiative ou avec l'accord du Gouvernement que le Législateur intervient dans le domaine réglementaire. Mais si l'on donne ce pouvoir aux Présidents de chambre, ce n'est plus pour corriger un déséquilibre entre le législatif et l'exécutif mais pour qu'ils améliorent ensemble la qualité de la loi, l'article 41C° ayant en l'occurrence un nouvel objectif. Il devient plutôt une arme au service de la loi qui incite les pouvoirs à la protéger plutôt qu'à protéger leur domaine respectif (Cf. En ce sens B. Quiriny, « La métamorphose de l'article 41 de la Constitution », *RFDC* 2010, n°82, p. 313).

La procédure spécifique de délégalisation (37-2 C°) : redonner un caractère réglementaire à certaines dispositions législatives prises hors du domaine de la loi

305 • Si le Gouvernement a laissé passer par mégarde des dispositions de nature réglementaire, il peut rétablir les choses à tout moment par la procédure de délégalisation de l'article 37-2 C°. L'article reconnaît le droit au gouvernement de modifier par décret en Conseil d'Etat les textes de forme législative qui ont été pris dans des matières relevant du domaine règlementaire. La procédure peut être employée, à tout moment, de façon discrétionnaire même si, sur le principe, elle est susceptible de recours (CE, Sect., 3 décembre 1999, *Association ornithologique et mammologique de Saône-et-Loire*, req. n°164789, *Rec. CE*, p. 379, concl. F. Lamy). Elle a d'abord, à l'origine, été destinée à surveiller les limitations de l'activité législative et à faciliter une extension maximale de la compétence réglementaire du Gouvernement. Il s'agissait d'un instrument purement technique permettant à ce dernier de ne pas être systématiquement contraint de repasser devant le Parlement afin de modifier ou d'abroger certaines règles législatives. Puis le développement de la codification a entraîné une utilisation renouvelée de la procédure, dans la mesure où la codification permet un réaménagement entre la partie législative et la partie

réglementaire des Codes. On remarque, dans ce cadre, une certaine hésitation du Gouvernement à recourir à la procédure de délégalisation et donc à saisir le Conseil constitutionnel. Le processus de codification se substitue ainsi la délégalisation, ce qui est contraire tant à la lettre qu'à l'esprit de l'article 37 C° (G. Drago, « Lois : de la codification à l'évaluation », *JCP* 1996, G, n°3953). On peut même se demander si le processus d'abrogation des textes antérieurs, législatifs et réglementaires, qui accompagne la codification n'est pas en train de supplanter la procédure de délégalisation.

La procédure spécifique de délégalisation (37-2 C°) : une remise en cause par la bienveillance du Conseil à l'égard du domaine de la loi

306 • La procédure de délégalisation a aussi été touchée par l'attitude et la bienveillance du Conseil constitutionnel à l'égard du domaine de la loi qui s'est irrésistiblement étendu. Au titre d'un discours révérencieux à l'égard de la loi, il rappelle qu'il ne dispose pas d'un pouvoir général d'appréciation de même nature que le Parlement. Il indique qu'il ne lui appartient pas de s'immiscer dans les choix politiques que seul le Parlement peut faire mais seulement de juger de la constitutionnalité d'une loi parce que la loi votée n'exprime la volonté générale que dans le respect de la Constitution. En conséquence, et en 1er lieu, la distinction au sein de l'article 34 C° entre la fixation des règles et la détermination des principes fondamentaux n'a pas lieu d'être (CC, n°59-1 FNR, 27 novembre 1959, *Nature juridique de l'article 2, alinéa 3 de l'ordonnance n° 59-151 du 7 janvier 1959 relative à l'organisation des transports de voyageurs dans la région parisienne*, JO, 14 janvier 1960, p. 442, *Rec. CC*, p. 67). Quelle que soit la matière, le législateur est compétent pour les mettre en cause et le Gouvernement, par le biais de décrets du 1er Ministre, ne peut, de son côté, que les mettre en œuvre. En 2nd lieu, le Conseil estima que l'article 34 C° n'épuise pas, à lui seul, le domaine de la loi (CC, n°65-34 L, 2 juillet 1965, *Nature juridique des articles 1er, 5 et 6 de l'ordonnance n° 58-1383 du 31 décembre 1958 portant modification de certaines dispositions du régime de retraite des marins du commerce*, JO, 23 août 1965, *Rec. CC*, p. 75) se fondant sur d'autres articles de la Constitution (art. 3, 35, 53 et 72 C°) et, plus tard, sur ceux de la DDHC de 1789 (art. 7 à 11) et du Préambule de la Constitution de 1946 (al. 7). Enfin, en 3ème lieu, le Conseil a été amené à fragiliser sérieusement la délimitation des domaines dans sa décision « *Blocage des prix et des revenus* » (CC, n°82-143, 30 juillet 1982, précitée) puisqu'il refuse, s'il est saisi au titre du contrôle de constitutionnalité des lois (art. 61 C°), d'invalider une disposition législative en raison de son immixtion dans le domaine réglementaire. Il n'existe, en réalité, pas de domaine de la loi, la loi ayant retrouvé son aire initiale si le gouvernement laisse le législateur agir.

La procédure spécifique de délégalisation (37-2 C°) : une résurgence de la séparation des deux domaines pour faire face aux dérives de la loi

307 • La malléabilité qui a été introduite dans les règles de délimitation du champ législatif a contribué à un phénomène qui pourrait s'analyser comme une sorte de « dérive de la loi ». On observe, aujourd'hui, une sorte d'inflation de la loi qui déborde de détails techniques, empiète fréquemment sur le domaine du règlement

ou se répand encore en dispositions qui sont plus proclamatoires qu'autre chose. Pour restaurer l'autorité de la loi, le Conseil est revenu sur l'ouverture qu'il avait ainsi dégagée en infléchissant sa jurisprudence « Blocage des prix et des revenus » à travers sa décision « *Avenir de l'école* ». Il juge, dorénavant, comme on a déjà pu le voir, qu'il peut désormais identifier, dans les motifs et le dispositif de sa décision, les dispositions législatives qui « à l'évidence » relèvent du domaine réglementaire (CC, n°2005-512 DC, 21 avril 2005, précitée). L'identification entraînant, *de facto*, la délégalisation de la disposition. Si ce nouveau courant jurisprudentiel ne s'est pas trop développé, il témoigne néanmoins d'une certaine résurgence de la séparation entre les deux domaines au titre, notamment, de la clarté de la loi. Aujourd'hui, plus de 291 décisions ont été prises dans ce cadre (Cf. Pour la dernière en date : CC, n° 2021-290 L, 11 février 2021, *Nature juridique de certaines dispositions de l'article L. 3122-3 du code des transports,* JO, 12 février 2021, texte n°85).

<u>e) Un Conseil constitutionnel qui s'autolimite</u>

Le refus de contrôler les lois référendaires : la décision du 6 novembre 1962

308 • Les attributions du Conseil constitutionnel sont énumérées de façon limitative et la plupart d'entre elles correspondent à des hypothèses très spécifiques. On ne trouve pas dans la Constitution de clause de compétence générale analogue, par exemple, à celle de l'article 93 alinéa 1er de la Loi fondamentale allemande qui permet au Tribunal constitutionnel allemand de statuer « en cas de litiges portant sur les droits et obligations d'un organe fédéral ». L'autorité constitutionnelle française n'a, en d'autres termes, qu'une compétence d'attribution et certains problèmes peuvent lui échapper pour la simple et bonne raison que ni la Constitution, ni la Loi organique n'ont prévu de le saisir. Si, pour autant, l'article 61 C° ne fait aucune distinction entre les lois selon leur mode d'élaboration, le Conseil a jugé que les lois référendaires ne peuvent pas faire l'objet d'un contrôle de constitutionnalité. Saisi d'une demande du Président du Sénat tendant à déclarer non-conforme à la Constitution la loi relative à l'élection du Président de la République adoptée par le referendum du 28 octobre 1962, le Conseil s'est déclaré incompétent au motif que la loi ne pouvait être assimilée ni aux lois organiques automatiquement déférées ni aux lois ordinaires car, n'émanant pas des représentants du peuple mais du peuple lui-même et tenant compte de « l'esprit de la Constitution interprété par la juridiction constitutionnelle », il ne pouvait exercer un contrôle sur « l'expression directe de la volonté du peuple » (CC, n°62-20 DC, 6 novembre 1962, *Loi relative à l'élection du Président de la République au suffrage universel direct, adoptée par le référendum du 28 octobre 1962*, JO, 7 novembre 1962, p. 10778, *Rec. CC*, p. 27).

Le refus de contrôler les lois référendaires : la décision du 20 septembre 1992

309 • La nature souveraine des lois référendaires interdit qu'en l'absence de dispositions expresses de la Constitution, le Conseil, qui est « un organe régulateur de l'activité des pouvoirs publics », puisse se prononcer sur la conformité à la Constitution d'une loi votée directement par le peuple souverain. La doctrine a pu

faire ressortir le raisonnement assez étrange du juge constitutionnel dans sa décision de 1962 notamment si on tient compte de l'article 3 C° qui définit la souveraineté comme appartenant au peuple qui l'exerce par ses représentants et par la voie du referendum. En effet, lorsque le peuple se prononce par referendum, il n'exerce pas plus sa souveraineté que lorsqu'il s'exprime par ses représentants (Voir, en ce sens, F. Hamon et M. Troper, *Droit constitutionnel,* LGDJ, 32ème éd., 2011, p. 820). Cela ne l'a pas empêché de confirmer cette jurisprudence par une décision du 20 septembre 1992 dite « *Maastricht III* » (CC, n°92-313 DC, 20 septembre 1992, *Loi autorisant la ratification du traité sur l'Union européenne*, JO, 25 septembre 1992, page 13337, *Rec. CC*, p.94) mais avec des motifs nouveaux. Il ne fait plus référence à « l'esprit de la Constitution », ne se qualifie plus comme « un organe régulateur de l'activité des pouvoirs publics » mais comme étant chargé d'assurer « l'équilibre des pouvoirs publics établis par la Constitution ». Certaines décisions rendues par le juge constitutionnel en 2005 dans le cadre de la campagne du referendum sur le Traité établissant une Constitution pour l'Europe laissent néanmoins supposer que cette position est susceptible d'évolution.

Le refus de contrôler les lois référendaires : les décisions « *Hauchemaille* » du 25 juillet 2000 et du 24 mars 2005

310 • Chargé de veiller à la régularité des opérations de referendum, le juge constitutionnel s'est toujours déclaré incompétent pour examiner les réclamations dirigées contre les actes préparatoires de ces referendums (CC, n°88-13 REF, 25 octobre 1988, *M. Stéphane Diemert et M. Cédric Bannel,* JO, 26 octobre 1988, p. 13521, *Rec. CC*, p. 191). Les réclamations relèvent de la compétence du Conseil d'Etat à travers une procédure d'urgence (CE, 28 octobre 1988, *Centre national des indépendants et paysans*, req. n°107769, *Rec. CE*, p. 385). L'autorité constitutionnelle a, cependant, opéré un revirement de jurisprudence à l'occasion de la campagne sur le quinquennat en l'an 2000 en étendant sa compétence au contrôle des actes préalables au referendum (CC, n°2000-21 REF, 25 juillet 2000, *M. Stéphane Hauchemaille,* JO, 29 juillet 2000, p. 11768, *Rec. CC*, p. 117). Puis en 2005 la question lui était posée de savoir, si par le biais d'un recours dirigé contre un acte préparatoire, il pouvait apprécier la conformité à la Constitution du projet de loi soumis au referendum. Au lieu de décliner sa compétence, il rejeta directement la requête (CC, n°2005-31 REF, 24 mars 2005, *M. Stéphane Hauchemaille et M. Alain Meyet,* JO, 31 mars 2005, p. 5834, *Rec. CC*, p. 56, considérant n°7) ce qui, pour nombre de commentateurs, laisse au minimum entrevoir le fait qu'il n'exclut pas un jour de se déclarer compétent en la matière ou une sorte d'avertissement adressé au pouvoir exécutif au cas où ces observations formulées dans le cadre de ces attributions consultatives seraient systématiquement ignorées par ce dernier (Voir, en ce sens, F. Hamon et M. Troper, *Droit constitutionnel*, Paris, LGDJ, 32ème éd., 2011, p. 578).

Le refus de contrôler les lois constitutionnelles : le caractère souverain du pouvoir constituant

311 • La question du contrôle éventuel des lois constitutionnelles a longtemps été considérée comme ne se posant pas. Le pouvoir constituant étant l'expression de la souveraineté du peuple, pas de contrôle de constitutionnalité sur l'acte pris par le constituant lui-même. Le problème a, cependant, été renouvelé suite à deux décisions importantes du juge constitutionnel en 1992 et 2003 (CC, n°92-312 DC, *Traité sur l'Union européenne*, JO, 3 septembre 1992, p. 12095, *Rec. CC*, p. 76 et CC, n°2003-469 DC, *Révision constitutionnelle relative à l'organisation décentralisée de la République,* JO, 29 mars 2003, p. 5570, *Rec. CC*, p. 293). Le Conseil a d'abord rappelé fermement le caractère souverain du pouvoir constituant interdisant toute forme de contrôle, l'article 61-2 C° visant exclusivement les lois ordinaires et non les lois de révision adoptées dans le cadre de l'article 89 C°. Il s'est donc déclaré incompétent pour contrôler les lois de révision même lorsqu'elles ont été adoptées par la voie du Congrès et non par celle du referendum. La réaffirmation du principe semblait ainsi faire cesser les interrogations mais le juge a également rappelé, dans ces deux décisions, que si le pouvoir constituant était souverain, il était néanmoins soumis à certaines limites (ces dernières concernent, d'une part, les périodes au cours desquelles les lois de révision ne peuvent être adoptées (art. 7 et art. 16 C°) et, d'autre part, l'interdiction de porter atteinte à la « forme républicaine du gouvernement » (art. 89 C°) auxquelles il faudrait rajouter, au surplus, des limitations, dont la méconnaissance est au demeurant plus plausible, que le Conseil n'a pas évoqué et qui tiennent à tous les incidents qui peuvent corrompre la procédure législative qui préside aussi l'adoption des révisions constitutionnelles). De là vient le paradoxe dans la mesure où si l'on marque les limites du pouvoir de révision, on apporte également la preuve qu'il ne s'agit pas, en réalité, d'un pouvoir souverain.

Le refus de contrôler les lois constitutionnelles : les thèses concernant l'existence de principes supra-constitutionnels inviolables

312 • Deux thèses et deux interprétations doctrinales divergentes ont vu le jour autour de l'adoption ou non de la notion de « supraconstitutionnalité » et le débat, notamment célèbre, entre les doyens Favoreu et Vedel (Cf. L. Favoreu, « Souveraineté et supraconstitutionnalité », *Pouvoirs 1993*, n°67, p. 71 ; G. Vedel, « Souveraineté et supraconstitutionnalité », *Pouvoirs 1993,* n°67, p. 79 et A. Le Divellec, A. Levade et C. Miguel Pimentel, « Le contrôle de constitutionnalité des lois constitutionnelles - Avant-propos », *Cahiers du CC* 2010, n°27). La 1ère thèse défendue par le doyen Vedel va dans le sens de la déclaration d'incompétence du Conseil dans la mesure où comme le pouvoir constituant est souverain, il n'y aurait aucune norme de valeur supérieure à la Constitution, aucune disposition de valeur supra-constitutionnelle qui puisse être imposé au constituant et justifier le contrôle. L'énumération des limites ne pouvant aller jusqu'au contrôle de constitutionnalité et le Conseil ne pouvant, en tout état de cause, sous l'égide du respect du droit, empêcher un coup d'Etat (Voir, en ce sens, F. Luchaire, « L'Union européenne et la

Constitution », *RDP* 1992, p. 157, G. Vedel, « Schengen et Maastricht », *RFDA 1992*, p. 173 ou la doctrine sur la décision de 2003 : H. Moutouh, « Décision prévisible », *AJDA* 2003, p. 753 ou J.-E. Schoettl, « Le Conseil constitutionnel peut-il contrôler une loi constitutionnelle ? », *LPA* 2003, n°70, 8 avril, p. 793). La 2nde thèse défendue par le doyen Favoreu va à l'encontre de la déclaration d'incompétence du Conseil puisque l'existence de principes de valeur supra-constitutionnelle justifierait, en réalité, le contrôle (Voir, en ce sens, L. Favoreu et sa note sur CC, n°92-312 DC, Traité sur l'Union européenne, *RFDC* 1992, n°12, p. 738 et G. Carcassonne, « un plaidoyer résolu en faveur d'un tel contrôle sagement circonscrit », *Cahiers du CC* 2010, n°27). Mais plus qu'un contrôle fondé sur une idée de droit naturel, ce dernier se ferait plutôt sur le fondement même d'une Constitution positive, le contrôle restant à l'intérieur du cadre constitutionnel, de la Constitution prise dans son ensemble et dans sa globalité (en y incluant les principes à valeur constitutionnelle). Le but n'étant pas de faire que le droit puisse empêcher un coup d'Etat mais de se protéger contre le détournement de la légalité à l'occasion d'une révision et, en tout cas, de ne pas autoriser sous couvert de légalité constitutionnelle un changement de nature du régime politique (voir, en ce sens, O. Beaud, « Un plaidoyer modéré en faveur d'un tel contrôle », *Cahiers du CC 2010,* n°27).

2 – L'avènement d'une nouvelle séparation des pouvoirs : la formalisation du « pouvoir juridictionnel »

313 • La France n'est ni un Etat fédéral, ni un pays de *Common Law* et rien ne la prédisposait à recevoir l'existence d'un contrôle juridictionnel sur les lois. Toutes les traditions juridiques étaient même plutôt contre. Le principe d'une censure juridictionnelle sur les lois est pourtant aujourd'hui accepté et intégré dans notre système juridique. On peut donc dire que c'est l'une des transformations les plus importantes enregistrées par notre droit au cours du XXème siècle. Cette révolution s'est faite, à la faveur, d'une part, d'une métamorphose complète du Conseil constitutionnel et, d'autre part, d'une lente dérive du principe de supériorité des traités sur les lois.

a) La métamorphose du Conseil constitutionnel : une fonction législative qui devient dominante

Un organe à la fois juge, administrateur et législateur

314 • A l'origine et conformément aux traditions de notre droit public qui ne retient pas une séparation stricte des fonctions, le Conseil constitutionnel était une institution mixte (comme d'ailleurs le parquet ou le Conseil d'Etat) c'est-à-dire un organe exerçant plusieurs des fonctions politiques de l'Etat, un organe à la fois juge, administrateur et législateur. Une fonction consultative (R. Arsac, « La fonction consultative du Conseil constitutionnel », *RFDC* 2006, n°68, p. 228) lorsque le Conseil doit être consulté dans le cadre de l'exercice des pouvoirs exceptionnels de l'article 16 C° et des décisions prises dans ce cadre. Il vérifie, aujourd'hui, en se prononçant dans les délais les plus brefs, par un avis public, si les conditions de

mise en œuvre sont toujours réunies soit à la demande d'un président d'assemblée ou 60 députés ou sénateurs au bout de 30 jours, soit de plein droit au bout de 60 jours et à tout moment au-delà de cette durée (art. 16 C°). Le Conseil est également consulté sur les textes relatifs aux opérations de referendum et les textes relatifs à l'élection du Président de la République. Une fonction juridictionnelle lorsqu'il statue, en cas de contestation, sur la régularité de l'élection du Président de la République (art. 58 C°) ou des parlementaires (art. 59 C°) dont il juge les inéligibilités et les incompatibilités ou lorsqu'il veille à la régularité des opérations de referendum dont il proclame les résultats. Une fonction législative, enfin, lorsqu'il est appelé à contrôler la constitutionnalité des normes.

Un organe à la fonction législative dominante pour confirmer, paradoxalement, la qualité de « juge constitutionnel »

315 • En l'espace d'une trentaine d'année, la fonction législative du Conseil a pris complètement le pas sur les autres pour arriver à ce qu'on retienne paradoxalement et principalement, à son égard, la fonction juridictionnelle. On parle désormais de deux fonctions juridictionnelles distinctes : le contentieux électoral et référendaire, d'un côté, et le contentieux normatif, de l'autre côté. L'ancienne fonction législative est désormais assimilée à un contentieux distinct de la compétence juridictionnelle (Cf. Site Internet du Conseil constitutionnel : www.conseil-constitutionnel.fr). L'institution est maintenant tenue pour une juridiction à part entière à la fois dans sa fonction juridictionnelle classique mais aussi dans sa fonction de contrôle de constitutionnalité des normes, ses membres sont présentés comme des juges et l'on enseigne dans les facultés qu'il faut désormais compter dans l'ordre juridique français sur une « justice constitutionnelle ». Cette transformation s'est opérée à travers l'ouverture du contrôle, l'approfondissement du contrôle mais aussi l'élargissement de la portée des décisions du Conseil à la faveur de la politique de juridictionnalisation de l'institution entamée, notamment, dans les années 1980.

b) La métamorphose du Conseil constitutionnel : l'extension aux droits et libertés du contrôle de la loi

La décision du 16 juillet 1971 « *Liberté d'association* »

316 • Le Conseil constitutionnel s'est lui-même libéré du carcan dans lequel il avait été enfermé par les constituants de 1958. Le 1er pas et le plus révélateur en ce sens fut celui de la décision du 16 juillet 1971, « *Liberté d'association* » (CC, n°71-44 DC, 16 juillet 1971, *Loi complétant les dispositions des articles 5 et 7 de la loi du 1er juillet 1901 relative au contrat d'association,* JO, 18 juillet 1971, p. 7114, *Rec. CC*, p. 29), « véritable coup d'Etat juridique » (R. Badinter, « Une longue marche « du Conseil à la Cour constitutionnelle » », *Cahiers du CC* 2009, n°25) par laquelle le Conseil s'est reconnu compétent pour apprécier la constitutionnalité d'un texte au regard du Préambule de la Constitution. Par la même, il reconnaissait sans ambiguïté que la DDHC de 1789 et le préambule de la Constitution de 1946, auxquels renvoie le préambule de la Constitution de 1958, font partie des normes constitutionnelles de référence et peuvent donc être invoqués dans le cadre du contrôle de constitutionnalité. Il

adopte ainsi une conception large de la notion de Constitution comprenant les textes auxquels, selon l'alinéa 1er du préambule, le peuple français réaffirme solennellement son attachement (il faut aujourd'hui rattacher la Charte de l'environnement de 2004 à la DDHC de 1789 et au préambule de la Constitution de 1946). Ces dispositions ont toujours été considérées comme étant trop générales, souvent vagues et contradictoires, et ayant un caractère surtout plus philosophique que juridique pour pouvoir servir de normes de références. En les incluant dans ses normes de référence, le Conseil prend le contrepied des intentions des constituants de 1958 (certains ayant nié la valeur juridique de ces dispositions pendant les travaux préparatoires : Séance du Comité consultatif constitutionnel, 9ème séance, 7 août 1958, *Documents pour servir à l'histoire de l'élaboration de la Constitution du 4 octobre 1958*, vol. II, Paris, La Documentation française, 1998, p. 254-257) et élargi considérablement son pouvoir de contrôle puisqu'il dispose dorénavant d'une marge de pouvoir discrétionnaire considérable pour pouvoir juger de la constitutionnalité d'une loi.

L'apparition du bloc de constitutionnalité

317 • En 1971, le principe de « liberté d'association » n'était mentionné ni dans la Constitution, ni dans la DDHC de 1789, ni même dans le préambule de 1946. Il constituait néanmoins un PFRLR, notion énoncée sans plus de précisions par le préambule de la C° de 1946 et dont aucune liste ne figure dans un document à valeur normative. De telle sorte, la loi de 1971, portant atteinte au principe de cette liberté, était contraire à la Constitution (pour une analyse plus que complète et remarquable de la décision Cf. G. Boudou, « Autopsie de la décision du 16 juillet 1971 sur la liberté d'association », *RFDC* 2014, n°1, n°97, p. 5). Par sa décision et la marge de manœuvre qu'elle lui offre, le Conseil peut ainsi devenir l'interprète autorisé et le gardien nouveau des libertés et droits fondamentaux des citoyens. La voie vers un contrôle juridictionnel des lois fondées sur le respect par le législateur des libertés et droits fondamentaux exprimés au plus haut niveau de la hiérarchie des normes de l'ordre juridique français est ouverte. C'est désormais tout un « bloc de constitutionnalité » et non simplement le texte fondateur de la Vème république qui s'impose au législateur quand il vote une loi ou ratifie un traité. S'il faut rajouter dans ce bloc, aux éléments déjà évoqués, les principes ou objectifs à valeur constitutionnelle à la construction très audacieuse (puisqu'ils ne reposent sur aucun texte précis et que le Conseil les définit eu égard à « l'esprit » de certaines dispositions), il reste néanmoins certaines normes ne faisant pas partie des normes de référence. Le Conseil refusant toujours d'intégrer dans le bloc de constitutionnalité les traités ou accords régulièrement ratifiés ou approuvés, ayant, dès leur publication, une autorité supérieure aux lois et d'exercer ainsi un contrôle de conventionnalité (CC, n°74-54 DC, 15 janvier 1975, *Loi relative à l'interruption volontaire de la grossesse,* JO, 16 janvier 1975, p. 671, *Rec. CC*, p. 19).

La juridictionnalisation de l'institution

318 • Il y a d'abord certains éléments qui éloignent le Conseil de la pratique d'un juge. Ainsi, s'il répond presque systématiquement aux arguments avancés par les

requérants dans les mémoires déposés par les parties, il estime que son contrôle porte sur l'ensemble du texte. Il n'est pas lié par l'argumentation des auteurs de la saisine. Il met en œuvre un contrôle objectif de la loi en se laissant la possibilité de statuer *ultra petita* c'est-à-dire d'aller au-delà des moyens invoqués en examinant des dispositions dont l'inconstitutionnalité n'avait pas été soulevée par les requérants. Pour autant, il faut noter que la procédure s'est considérablement juridictionnalisée ces dernières décennies et ceci sans parler du nouveau contrôle *a posteriori*. Les audiences ne sont pas publiques et le recours à des avocats n'est pas pris en compte mais la procédure est devenue de plus en plus contradictoire (Cf. D. Rousseau, « Le procès constitutionnel », *Pouvoirs* 2011, n° 137, p. 47 ; G. Drago, « Quels principes directeurs pour le procès constitutionnel ? », *Mélanges Guinchard*, Paris, Dalloz, 2010, p. 442 ; S. Nicot, « Le Conseil constitutionnel face à ces contradictions », *RDLF* 2011, chron. n°13, www.revuedlf.com). Par définition, pourtant, la contradiction ne s'applique pas dans le contrôle *a priori* effectué par le Conseil, puisque le procès constitutionnel est un procès sans partie malgré la qualité de requérants que l'on peut attacher aux parlementaires.

Les progrès du contradictoire

319 • La pratique a démontré que, suite à la volonté de ses présidents successifs (Cf. f., sur ce point, le témoignage de Robert Badinter in R. Badinter, « Une longue marche « du Conseil à la Cour constitutionnelle » », op. cit.), le développement de cette contradiction a été encouragé. On peut citer, à titre d'exemple, le développement des échanges organisés entre les requérants et le secrétariat général du Gouvernement. Mais la procédure est aussi devenue moins secrète par le biais de sa publication au Journal officiel, depuis 1983, des saisines des parlementaires et, depuis 1994, des mémoires des députés ou des sénateurs et du mémoire en réponse du secrétariat général du gouvernement (ou encore depuis 1995 du nom des membres du Conseil ayant participé aux délibérations). Les progrès du contradictoire ont été officialisés avec l'avènement du contrôle par voie d'exception et de l'accès au prétoire du juge constitutionnel des parties. On sait que le juge européen exige le respect du contradictoire pour le contrôle de constitutionnalité des lois exercé sur renvoi préjudiciel (CourEDH, 23 juin 1993, *Ruiz-Mateos contre Espagne*, req. n°12952/87 où l'Etat espagnol a été condamné pour violation du principe d'égalité des armes, faute d'un échange contradictoire sur la question préjudicielle examinée par le Tribunal constitutionnel). En ce sens, la procédure relative à la QPC a résolument été inscrite dans une perspective de contradiction (article 23-10 de l'ordonnance n° 58-1067 du 7 novembre 1958 *portant loi organique sur le Conseil constitutionnel ou article 3 du Règlement intérieur du 4 février 2010 sur la procédure suivie devant le Conseil constitutionnel pour les QPC*). En pratique, le contradictoire de la procédure est respecté par la communication, sous format électronique, des observations en intervention à l'ensemble des parties et autorités de l'Etat.

Le contrôle de proportionnalité

320 • Dans le cadre de l'approfondissement du contrôle du Conseil, il faut aussi évoquer la mise en place d'un contrôle de proportionnalité inspiré quelque peu du modèle allemand et de celui mis en place par le juge de l'Union. Selon ces modèles, pour être proportionnée, la disposition législative doit satisfaire à une triple exigence : d'adéquation (la mesure doit être appropriée), de nécessité (la mesure ne doit pas excéder, par sa nature ou ses modalités, ce qu'exige la réalisation du but poursuivi) et de proportionnalité au sens strict (la mesure ne doit pas, par les charges qu'elle crée, être hors de proportion avec le résultat recherché ce qui correspondrait, à titre de comparaison au contrôle de l'erreur manifeste d'appréciation pratiqué par le juge administratif). Le contrôle exercé par le Conseil ne reprend pas cette triple exigence et se contente des deux premiers éléments (adéquation et nécessité). Si le contrôle s'apparente ainsi à un contrôle restreint ou contrôle minimum, il suppose néanmoins un examen par le Conseil au cœur de la loi. Le contrôle ne s'effectuant plus entre la loi et la Constitution mais plutôt à l'intérieur même de la loi. De même, alors que l'exigence de proportionnalité n'est inscrite dans aucun texte de portée générale, le Conseil tend à en faire une exigence autonome que le législateur doit respecter indépendamment de toute conciliation entre des principes constitutionnels même s'il veille au respect de la liberté du choix politique (CC, n°2000-433 DC, 27 juillet 2000, *Loi modifiant la loi n° 86-1067 du 30 septembre 1986 relative à la liberté de communication,* JO, 2 août 2000, p. 11922, *Rec. CC*, p. 121, §41 où le Conseil précise qu'il ne dispose pas d'un pouvoir de décision et d'appréciation identique à celui du Parlement). Le pouvoir discrétionnaire du Parlement est ainsi encadré tout en respectant la nature particulière de ce dernier liée à sa qualité première de représentant du peuple.

La Constitutionnalisation des branches du droit

321 • C'est la décision du 16 juillet 1971 qui a déclenché le processus de constitutionnalisation des branches du droit. En étendant ces normes de contrôle aux droits proclamés par le préambule de la Constitution, le Conseil a augmenté considérablement les règles de fond ayant valeur constitutionnelle. Mais c'est la révision constitutionnelle du 29 octobre 1974 (Loi constitutionnelle n° 74-904 du 29 octobre 1974 (JO, 30 octobre 1974, p.11035) *portant révision de l'article 61 de la Constitution)* ouvrant la saisine à une minorité parlementaire, en d'autres termes à l'opposition (60 députés ou 60 sénateurs) qui allait réellement formaliser ce processus. Bien vite, les groupes parlementaires comprirent l'intérêt que pouvait offrir la saisine du Conseil. Celle-ci devint de plus en plus fréquente (il y a eu seulement 9 lois ordinaires qui ont été déférées au Conseil de 1958 à 1974 alors que pendant la période suivante de même durée (de 1974 à 1989), ce sont 166 lois qui ont été soumises à l'examen du Conseil). Le recours se banalise d'autant plus que les moeurs politiques sous la Vème République incitent l'opposition à poursuivre le débat parlementaire et sa critique politique par une critique plus juridique sous peine d'adhérer à la politique mise en place par la majorité. La saisine reste plutôt fondée sur une stratégie politique, mais la nécessité d'argumenter juridiquement les

requêtes va susciter l'intérêt de la doctrine et renforcer la discussion proprement juridique des normes constitutionnelles au détriment de l'analyse des politistes. Désormais, toutes les branches du droit (pénal, social, fiscal, civil, …) sont affectées par la jurisprudence du Conseil à l'occasion de la discussion des lois. En leur donnant un fondement constitutionnel, le Conseil unifie ainsi le droit français autour de la notion de Constitution au sens large et autour, surtout, des droits et libertés consacrés par le préambule (Cf. B. Mathieu et M. Verpeaux, *La constitutionnalisation des branches du droit,* Paris, Economica, 1998 ; L. Favoreu, « Le droit constitutionnel, droit de la Constitution et constitution du droit », *RFDC* 1990, p. 71 ou « La constitutionnalisation du droit », *Mélanges Drago*, Paris, Economica, 1996, p. 25). Le développement du contrôle par voie d'exception ou *a posteriori* de la constitutionnalité des lois amplifie encore ce phénomène.

c) La métamorphose du Conseil constitutionnel : l'extension de la portée de ses décisions

Le caractère particulier de l'article fixant l'autorité de chose jugée (art. 62 C°)

322 • A l'inverse de ce qui peut exister pour la Cour suprême aux Etats-Unis (qui peut, par exemple, tenir toute juridiction inférieure, fédérale ou d'Etat, dans les limites de sa compétence en lui retirant une affaire pour en décider elle-même *(certiorari),* annuler des jugements des autres juridictions, rendre des jugements déclaratoires *(declaratory judgments)* ou protéger la liberté des citoyens contre l'emprisonnement arbitraire par une interposition rapide et sommaire qui prend la forme d'un ordre de remise en liberté immédiate *(habeas corpus)),* il n'existe pas de sanction quant au non-respect de l'autorité des décisions du Conseil constitutionnel. On retrouve cette logique pour l'ensemble des juridictions constitutionnelles européennes voire pour la CourEDH qui ne peuvent compter que sur la coopération loyale des juges nationaux. En France, le juge constitutionnel reste un juge spécialisé à travers la matière constitutionnelle et n'est pas le supérieur hiérarchique du Conseil d'Etat ou de la Cour de cassation. En aucun cas, il ne peut annuler les jugements des autres juridictions. La portée de l'autorité de chose jugée des décisions est fixée par l'article 62 C° : « Les décisions du Conseil Constitutionnel ne sont susceptibles d'aucun recours. Elles s'imposent aux pouvoirs publics et à toutes les autorités administratives et juridictionnelles ». Il n'est pas fait mention dans l'article de la notion « d'autorité de chose jugée », une certaine supériorité est reconnue aux décisions du juge constitutionnel mais la portée de l'article est assez incertaine à définir.

Une autorité définie personnellement par le juge constitutionnel

323 • C'est le Conseil lui-même qui s'est attaché à définir cette autorité de chose jugée. Il l'a fait sans la mentionner dans une décision de 1962 à propos d'une procédure de délégalisation de l'article 37-2 C° (CC, n°62-18 L, 16 janvier 1962, *Nature juridique des dispositions de l'article 31 (alinéa 2) de la loi n° 60-808 du 5 août 1960 d'orientation agricole*, JO, 25 février 1962, p.1915, *Rec. CC*, p. 31) en faisant référence

au dispositif de la décision et « aux motifs qui en sont le soutien nécessaire et en constituent le fondement même » (cons. n°1). Par la même, le Conseil mettait en avant, le fondement juridique de la décision tout en faisant ressortir le caractère objectif du contentieux porté devant lui. L'autorité de chose jugée ne se limitant pas à l'effet sur les parties ou à son caractère relatif. Cette jurisprudence a été reprise, pour le contentieux des décisions « DC », dans 2 décisions de 1988 et de 1989 où l'autorité de chose jugée est expressément visée (CC, n°88-244 DC, 20 juillet 1988, *Loi portant amnistie*, JO, 21 juillet 1988, p. 9448, *Rec. CC*, p. 119, considérant n°18 et CC, n° 89-258 DC, 8 juillet 1989, *Loi portant amnistie,* JO, 11 juillet 1989, p. 8734, *Rec. CC*, p. 48, considérant n°12 et n°13). La décision de 1989 comportant juste une évolution par rapport à celle de 1988 dans la mesure où le Conseil a considéré que l'autorité qui s'attache à l'une de ses décisions peut être invoquée à l'encontre d'une disposition qui diffère de celle initialement déférée. Il s'agit d'opposer cette autorité à une autre loi qui a « en substance » un objet « analogue ». Dans le cadre ainsi fixé, les deux Cours suprêmes se conforment à la chose jugée par le Conseil mais elles ne s'estiment pas juridiquement liées par ses décisions ou sa jurisprudence. L'autorité s'imposant que lorsqu'elles font application du texte même qui a été déféré au Conseil. Si le litige concerne une autre disposition alors que le problème est analogue, la décision du Conseil n'aura pas la même portée.

L'interprétation stricte de l'autorité par la Cour de cassation

324 • Pour vérifier la réception de l'autorité des décisions du juge constitutionnel par la Cour de cassation, il faut évoquer l'affaire de la responsabilité pénale du chef de l'Etat entre 1999 et 2001, où le juge judiciaire a été saisi à peu près au même moment que le Conseil Constitutionnel. L'affaire en question a montré les limites de cette autorité de chose jugée. Une 1ère décision du Conseil concernait le traité sur la Cour pénale internationale (CC, n°98-408 DC, 22 janvier 1999, *Traité portant statut de la Cour pénale internationale*, JO, 24 janvier 1999, p. 1317, *Rec. CC*, p. 29). Il a notamment mis en avant que l'article 68 C° posait une irresponsabilité absolue et perpétuelle du Président et interdisait les poursuites pendant la durée du mandat sauf devant la Haute Cour de Justice (considérant n°16). La Cour de cassation, quant à elle, restreint la compétence de la Haute Cour de Justice au seul cas de haute trahison (Cass., Ass. Plén., 10 octobre 2001, *Breisacher,* n° 01-84922, *Bull. Civ.*, Ass. Plén., n° 11) et, pour elle, la responsabilité pénale du Président peut donc en conséquence être mise en cause devant les juridictions répressives ordinaires, pour des actes antérieurs à ses fonctions ou des actes détachables commis pendant son mandat. Il y a divergence avec le Conseil sur ce point, la décision de ce dernier n'ayant pas de caractère obligatoire, simplement une autorité « morale » ou « persuasive » (l'expression étant attribuée à Bruno Genevois in « Le Conseil constitutionnel et le droit pénal international », *RFDA* 1999*,* p. 285 et suiv. et « Observations complémentaires », *RFDA* 1999, p. 717 et suiv.) et non l'autorité de chose jugée parce que l'affaire dont elle était saisie ne concernait pas le Traité sur la Cour pénale internationale.

L'interprétation stricte de l'autorité par le Conseil d'Etat

325 • L'interprétation est tout aussi restrictive du côté du Conseil d'Etat. En présence d'un texte sur lequel le juge constitutionnel n'a pas eu à statuer, le juge administratif estime qu'il est libre de choisir même si la question de principe soulevée par l'affaire a, à propos d'un autre texte, déjà été examiné par le Conseil constitutionnel. On cite généralement, à ce propos, la décision « *Outters* » (CE, Ass., 20 décembre 1985, *Société Établissements Outters,* req. n°31927*, Rec. CE*, p. 382, rendue au visa de l'article 62 C°, à propos d'un texte sur lequel le Conseil s'était prononcé dans le cadre de la procédure de délégalisation (art. 37 C°)) voire une décision dès 1983 où le juge avait accepté de vérifier qu'un texte réglementaire ne méconnaissait pas des dispositions législatives telles qu'interprétées par le Conseil (CE, 1er juillet 1983, *Syndicat unifié de la radio et de la télévision CFDT,* req. n°20838, *Rec. CE*, p. 293).

Une autorité de « chose jugée » qui s'étend à l'autorité de « chose interprétée »

326 • L'autorité des décisions du Conseil ne se limite pas à la « chose jugée » et s'étend aussi à la « chose interprétée » (Voir M. Disant, « Quelle autorité pour la « chose interprétée » par le Conseil constitutionnel ? De la persuasion à la direction », in B. Mathieu et M. Verpeaux (dir.), *L'autorité des décisions du Conseil constitutionnel*, Paris, Dalloz, 2010, p. 57, et, du même auteur, *L'autorité de la chose interprétée*, Paris, LGDJ, 2010). Parfois le Conseil ne se limite pas à déclarer une loi ou une de ses dispositions conforme ou non à la Constitution, il peut aussi donner, dans sa décision, l'interprétation qu'il estime correcte de la loi : c'est la technique des « réserves d'interprétation » par laquelle le Conseil est amené à réécrire la loi voire à devenir co-législateur. Ces réserves sont, tout autant que la qualification juridique retenue, revêtue de l'autorité de chose jugée de l'article 62 C°. Le juge constitutionnel l'a rappelé (CC, n°2004-506 DC, 2 décembre 2004, *Loi de simplification du droit,* JO, 10 décembre 2004, p. 20876, *Rec. CC*, p. 211, considérant n°17 à 22) tout comme le Conseil d'Etat (CE, 26 juin 2006, *Anfian et Hassani,* req. n° 294505 et n°294506 où « pour l'application et l'interprétation d'une loi, aussi bien les autorités administratives que le juge, sont liés par les réserves d'interprétation énoncées par le Conseil constitutionnel dans sa décision statuant sur la conformité de cette loi à la Constitution » ; il s'agissait, en l'espèce, d'une interprétation faite par le Conseil constitutionnel, dans une décision CC, n°97-389 DC, 22 avril 1997, *Loi portant diverses dispositions relatives à l'immigration*) et la Cour de cassation (par ex., Cass., com., 25 janvier 2005, n° de pourvoi: 03-10068, *Bulletin* 2005, IV n°16, p. 15 où la chambre commerciale a mis en avant le fait qu'un arrêt de cour d'appel n'avait pas méconnu une décision du Conseil constitutionnel ou Cass., 1ère civ., 22 mars 2005, n° de pourvoi : 04-50024, *Bull.* 2005, I, n° 150, p. 128 rendu en matière de rétention des étrangers où la 1ère chambre civile a cassé la décision d'un 1er président de cour d'appel qui avait estimé ne pas tenir compte d'une réserve d'interprétation émise par le Conseil constitutionnel).

Une appréciation restrictive des cours suprêmes qui n'empêche pas une jurisprudence en phase

327 • Au-delà de l'interprétation restrictive du Conseil d'Etat et de la Cour de cassation, les 2 cours suprêmes sont le plus souvent en phase avec les jurisprudences du Conseil et s'attachent à en rendre compte. Elles se laissent facilement convaincre du bien-fondé des solutions adoptées. Même si elles élaborent leur propre interprétation, ces juridictions ordinaires sont forcément amenées à retenir, parmi les divers arguments juridiques pertinents, ceux qui ont pu conduire le juge constitutionnel à faire son interprétation. Mais comme peut le souligner l'ex-secrétaire général du Conseil, Marc Guillaume, cette « interprétation restrictive de l'article 62 de la Constitution pose problème alors que les juridictions administratives et judiciaires ont développé des jurisprudences très respectueuses de l'autorité des décisions de la CJUE et de la CourEDH. Il est notamment paradoxal de reconnaître l'autorité de l'interprétation de la convention européenne des droits de l'homme par la Cour de Strasbourg et non l'autorité de l'interprétation de la Constitution par le Conseil constitutionnel » (M. Guillaume, « L'autorité de la chose interprétée par le Conseil constitutionnel. Permanence et actualité(s) », *Cahiers du CC* 2010, n°28).

d) La métamorphose du Conseil constitutionnel : la finalisation du rôle de protecteur des droits et libertés

L'avènement compliqué du contrôle par voie d'exception

328 • La dernière étape tendant à faire du juge constitutionnel un véritable protecteur des droits et libertés va se concrétiser dans la mise en place d'un contrôle *a posteriori* et par voie d'exception de la loi. Le chemin a été long et compliqué par aboutir à cette réforme. C'est dans le début des années 1990 qu'un élargissement plus significatif de l'accès au contrôle de constitutionnalité a été sérieusement envisagé en France. L'idée de permettre aux justiciables de saisir le Conseil constitutionnel à l'occasion d'une instance devant une juridiction ordinaire a d'abord été mentionnée par Robert Badinter, alors Président du Conseil puis par François Mitterrand, dès 1989 mais les 2 projets de loi constitutionnelle qui devaient mettre en place la procédure, déposés en 1990 et en 1993, n'ont pas passés l'obstacle du Sénat, qui y voyait la manifestation d'un abaissement de la loi. Le projet de loi du 30 mars 1990 (Projet de loi constitutionnelle n°1203 *portant révision des articles 61, 62 et 63 de la Constitution et instituant un contrôle de constitutionnalité des lois par voie d'exception déposé à l'Assemblée nationale le 30 mars 1990)* n'a pu faire l'objet d'un accord entre les deux assemblées et a été abandonné après deux lectures devant chacune des chambres. Peu de temps après, en 1993, un Comité consultatif pour la révision de la Constitution, mis en place par le Président de la République et présidé par le Doyen Georges Vedel, ancien membre du Conseil, a proposé, à nouveau, de permettre aux justiciables de saisir le Conseil par la voie de l'exception. Un projet de loi a été déposé, en ce sens, au Sénat le 11 mars 1993 (Projet de loi constitutionnelle *portant révision de la Constitution du 4 octobre 1958 et modifiant ses titres VII, VIII, IX et X* (n° 231), art. 3) mais il n'a pas été repris après l'alternance

politique qui a suivi. Les deux projets, celui de 1990 et celui de 1993, avaient comme point commun l'instauration d'un filtre obligatoire des questions de constitutionnalité, exercé par le Conseil d'Etat et la Cour de cassation.

La QPC du nouvel art. 61-1 C°

329 • Les esprits ont évolué depuis les 1ères tentatives aboutissant enfin à la réforme constitutionnelle du 23 juillet 2008 (Loi constitutionnelle n° 2008-724 du 23 juillet 2008 (JO, 24 juillet 2008, p.11890) *de modernisation des institutions de la Ve République)* qui insère dans la Constitution un nouvel article 61-1 C° et modifie son article 62 C° pour créer une procédure d'examen par voie d'exception de la constitutionnalité des lois et insérer ainsi, dans notre ordonnancement juridique, la nouvelle QPC (Cf. La loi organique n° 2009-1523 du 10 décembre 2009 (JO, 11 décembre 2009, p.21379) *relative à l'application de l'article 61-1 de la Constitution qui définit la procédure applicable en la matière).* Cette dernière avait d'abord comme objectif de réaffirmer la suprématie de la Constitution dans notre ordre juridique interne en la plaçant au cœur du dispositif de contrôle de la loi par rapport aux engagements internationaux qui s'étaient jusqu'alors imposés comme les principales normes de référence. Mais la QPC avait aussi comme objectif de permettre à tous les citoyens de faire valoir directement devant leurs juges les droits et libertés que la Constitution garantit. Et c'est à travers ce 2nd objectif que la procédure s'est résolument imposée comme « la pierre d'angle du système de garantie des droits fondamentaux dans notre ordre juridique, aux côtés de l'apport qui demeure essentiel des deux ordres juridiques européens, celui de l'Union et celui de la convention européenne des droits de l'Homme » (J.-M. Sauvé, « La mise en œuvre de la question prioritaire de constitutionalité dans la juridiction administrative », audience solennelle de rentrée du tribunal administratif de Lyon, 12 septembre 2011).

La QPC et la finalisation de l'Etat de droit complet

330 • Il y a différents éléments qui permettent de matérialiser l'apport de la nouvelle procédure de QPC. Tout d'abord, la constitutionnalisation des branches du droit se trouve renforcée dans la mesure où c'est désormais la totalité des lois qui est soumise au crible des normes constitutionnelles ce que ne permettait pas le contrôle *a priori* puisque ce contrôle était facultatif. On dépasse aussi le caractère politique du contrôle *a priori* dans la mesure où l'on sort du débat politique traditionnel entre majorité et opposition et du temps contraint dans lequel il doit s'insérer pour une vision plus large et avec plus de recul touchant au respect des droits et libertés. Ce contrôle de constitutionnalité *a posteriori* devient aussi complémentaire au contrôle de conventionnalité dans la mesure où ce dernier ne permet que d'écarter une loi et non de la censurer. Au contraire, lorsque le Conseil valide une QPC, il prononce l'abrogation de la loi, la solution est plus efficace du fait de l'effet *erga omnes* qui s'attache à l'abrogation (Cf. En ce sens J.-M. Sauvé, op. cit.). Ce caractère complémentaire s'observe également dans les droits et libertés mis en avant par le Conseil. On assimile toujours les droits et libertés protégés par la Constitution et ceux protégés par les engagements internationaux mais il n'y a pas toujours une stricte identité, certains sont propres à notre tradition juridique

(Cf. En ce sens J.-M. Sauvé, op. cit.) comme par exemple le principe de laïcité (art. 1er al. 1 C°), le droit à la protection de la santé (préambule de la Constitution du 27 octobre 1946, n°11), le droit au logement opposable (préambule de la Constitution du 27 octobre 1946, n°10 et n°11) ou encore le principe de continuité des services publics (CC, n° 79-105 DC, 25 juillet 1979, *Loi modifiant les dispositions de la loi n° 74-696 du 7 août 1974 relatives à la continuité du service public de la radio et de la télévision en cas de cessation concertée du travail,* JO, 27 juillet 1979, *Rec. CC*, p. 33).

e) La difficile évolution du principe de supériorité des traités sur les lois : les manques initiaux liés à l'absence de contrôle du Conseil constitutionnel

Une tradition juridique contraire au principe de supériorité des traités sur les lois

331 • Dans la tradition juridique française, les normes internationales n'ont jamais été considérées comme des sources de droit interne prenant place dans la hiérarchie des normes, les administrés ne pouvaient s'appuyer sur ces dernières, par exemple, pour obtenir l'annulation d'un acte administratif. On a pu voir néanmoins que la Cour de cassation avait adopté, au début des années 1930, une position plus nuancée à travers la doctrine Matter précitée selon laquelle, lorsqu'un traité était postérieur à la loi, le juge se devait de tenter de résoudre le conflit entre la loi interne et le traité, au besoin, en interprétant l'un et l'autre pour permettre une certaine conciliation. Malgré cette doctrine, la position des normes internationales restait fragile et incertaine et le droit international n'était pas intégré au système de l'Etat de droit. La situation change avec l'article 26 de la Constitution de 1946 qui, en faisant que les traités diplomatiques régulièrement ratifiés et publiés aient « force de loi, dans le cas même où ils seraient contraires à des lois françaises », les incorpore à l'ordre juridique interne, tout en leur conférant, apparemment, une autorité supérieure à celle des lois. Apparemment parce que l'expression avoir « force de loi » n'est pas très heureuse. Si les conditions de ratification et de publications sont remplies, le traité a « force de loi » même s'il est contraire à une loi interne française. En conséquence, le traité postérieur l'emporte sur la loi antérieure en vertu de cet article 26. Concernant le traité antérieur, il faut retenir la formulation de l'article 28 de la même Constitution selon laquelle les traités diplomatiques régulièrement ratifiés et publiés ont « une autorité supérieure à celle des lois internes ». Le traité doit donc sortir vainqueur en cas de conflit entre le traité antérieur et la loi postérieure. Pour finir, lorsqu'on regarde les articles 26 et 28 ensembles, ils consacrent bien le principe de la primauté des traités sur le droit interne. C'est dans la logique de cette intégration que le Conseil d'Etat a accepté d'apprécier la conformité d'un décret d'extradition à une convention conclue par la France (CE Ass., 30 mai 1952, *Dame Kirkwood,* req. n°16690, *Rec. CE*, p. 291, *RDP* 1952, p. 781, concl. M. Letourneur, note M. Waline, *S.* 1953, 3, 33, note P. Bouzat). En revanche, il ne sanctionnera la primauté des traités que par rapport aux lois antérieures, qu'ils sont censés avoir abrogées, et non par rapport aux lois postérieures. Les traités se retrouvent dès lors au même niveau que les lois dans la hiérarchie des normes.

Le principe assez équivoque de l'article 55 C°

332 • L'article 55 de la Constitution de 1958 va plus loin que l'ancien article 26 par une formule plus claire encore puisqu'il pose que les traités ou accords régulièrement ratifiés ou approuvés ont, dès leur publication, « une autorité supérieure à celle des lois ». Il y a néanmoins un flou terminologique dans les prescriptions posées et un principe qui reste assez équivoque ou ambigu. L'article ne précise pas si la primauté établie des traités vaut pour les lois postérieures ou antérieures à l'entrée en vigueur du traité, si cette primauté concerne les lois ordinaires ou s'il faut y inclure les lois constitutionnelles. Il ne précise pas non plus si le contrôle de conventionnalité des lois doit être exercé par un juge ou s'il constitue une règle adressée au pouvoir législatif mais soustraite au contrôle juridictionnel et, dans l'hypothèse où elle entre dans les compétences d'un juge, si ce juge est ordinaire ou constitutionnel. En conséquence de ce flou terminologique, les mécanismes de contrôle indispensables pour sanctionner la primauté des traités, et notamment des traités européens, sur les lois et la cristallisation de la nouvelle configuration de l'ordre juridique mettront longtemps à s'établir. C'est notamment dû au refus du juge administratif d'écarter une loi postérieure contraire à un traité ou à un règlement communautaire (CE, sect., 1er mars 1968, *Syndicat général fabricants de semoules de France,* req. n°62814, *Rec. CE*, p. 149, *AJDA* 1968, p. 235, concl. N. Questiaux, *D.* 1968, jurispr. p. 285, note M. Lagrange). Le Conseil constitutionnel avait pourtant lancé une invitation expresse aux juges ordinaires en jugeant, dans sa décision *IVG*, qu'il ne lui appartenait pas de vérifier le respect des engagements internationaux par les lois (CC, n°74-54 DC, 15 janvier 1975, *Loi relative à l'interruption volontaire de la grossesse,* JO, 16 janvier 1975, p.671, *Rec. CC*, p. 19) tout en estimant qu'il appartenait « aux divers organes de l'Etat de veiller à l'application des conventions internationales dans le cadre de leurs compétences respectives » (CC, n°86-216 DC, 3 septembre 1986, *Loi relative aux conditions d'entrée et de séjour des étrangers en France,* JO, 5 septembre 1986, p.10790, *Rec. CC*, p. 135).

Un juge judiciaire rapidement en accord avec l'invitation à juger du Conseil constitutionnel

333 • Le Conseil constitutionnel, lorsqu'il est appelé à statuer en tant que juge électoral, se trouve dans la position d'un juge ordinaire et ne peut notamment pas apprécier par voie d'exception la constitutionnalité d'une loi. Mais, dans ce cas, il lui appartient, au même titre que les juges ordinaires classiques, d'écarter une loi présentant une contrariété avec un engagement international (CC, n° 88-1082/1117 AN, 21 octobre 1988, *5ème circonscription du Val d'Oise,* JO, 25 octobre 1988, p. 13474, *Rec. CC*, p. 183). Mais ce sont surtout les juridictions judiciaires qui se sont engouffrées dans la voie ainsi ouverte. La Cour d'appel de Paris avait déjà, par un arrêt du 7 juillet 1973, rejeté une taxe intérieure de consommation du fait de son incompatibilité avec des dispositions du Traité de Rome au motif que celui-ci a une autorité supérieure à celle de la loi interne même postérieure en vertu de l'article 55 C° (CA de Paris, 7 juillet 1973, *Administration des douanes contre Société des Cafés Jacques Vabre*, *D.* 1974, p. 159, note J. Rideau, *GP* 1973, 2, p. 661, concl. J. Cabannes).

C'est en confirmant cet arrêt de la Cour d'appel de Paris que la Cour de cassation rendait son arrêt de principe, quatre mois après la décision *IVG* et en réponse directe à l'invitation du juge constitutionnel (Cass., Ch. mixte, 24 mai 1975, *Administration des douanes contre Société des Cafés Jacques Vabre*, n° pourvoi 73-13556, *Bull. Civ.* 1975, I, n° 4, *D.* 1975, jurispr. p. 497, concl. A. Touffait, *AJDA* 1975, p. 567, note J. Boulouis, *RDP* 1975, p. 1335, chron. L. Favoreu et L. Philip).

Un juge administratif longtemps en désaccord avec l'invitation à juger du Conseil constitutionnel

334 • A l'inverse de la Cour de cassation qui, en se faisant juge de la loi, se donnait deux siècles plus tard des allures de Parlement d'Ancien Régime, le Conseil d'Etat a, longtemps, continué à appliquer sa jurisprudence traditionnelle réaffirmée même après les décisions *IVG* et *Société des Cafés Jacques Vabre* (CE, Ass., 22 octobre 1979, *UDT et Élections Assemblée Communautés européennes [2 espèces]*, req. n°17541 (1ère espèce), req. n°18449 et autres (2nde espèce), *Rec. CE*, p. 384 et 385, *RDP* 1980, p. 531, concl. M.-D. Hagelsteen [1er arrêt] et p. 541, concl. B. Morisot [2ème arrêt], *AJDA* 1980, p. 19, chron. Y. Robineau et M.-A. Feffer ; CE, Ass., 23 novembre 1984, *Roujansky*, req. n° 60106 et autres, *Rec. CE*, p. 383, *AJDA* 1985, p. 216, concl. Labetoulle). La primauté constitutionnellement affirmée des traités n'était pas ignorée par le juge administratif, mais simplement neutralisée en raison de son incompétence pour apprécier la régularité d'une loi. Il a appliqué, par la suite, les conventions internationales comme si elles étaient d'un rang hiérarchique identique à celui de la loi en s'efforçant de faire prévaloir les normes internationales sur les lois antérieures (par ex. : CE, Ass., 7 juillet 1978, *Croissant*, req. n°10079, *Rec. CE*, p. 292, *AJDA* 1978, p. 559, chron. O. Dutheillet de Lamothe et Y. Robineau ; CE, sect., 13 décembre 1985, *Société internationale Sales and Import Corporation*, req. n° 09688 et n° 15618, *Rec. CE*, p. 376, *AJDA* 1986, p. 174, concl. P. Laroque) et en s'efforçant de concilier les dispositions des traités avec celles des lois en procédant à une interprétation conforme des 2ndes au regard des exigences des 1ers (CE, Ass., 24 juin 1977, *Astudillo Calleja*, req. n°01591, *Rec. CE*, p. 290). Reste qu'en cas de contradiction irréductible entre un traité et une loi postérieure, le juge administratif se refusait à faire prévaloir le traité.

Une absence de contrôle du juge constitutionnel qui ne convainc pas : une condition de réciprocité qui est devenue sans objet

335 • La prise de position du juge constitutionnel est d'abord apparue assez critiquable devant les arguments avancés. A la différence de la supériorité de la Constitution sur la loi, la primauté des traités internationaux n'est, pour le Conseil, que relative (puisque limitée au champ d'application de l'engagement international considéré) et contingente (puisque subordonnée à la condition de réciprocité et donc susceptible d'évolutions). Or, le contrôle de constitutionnalité de l'article 61 C° revêt « un caractère absolu et définitif » et ne saurait être adaptable au contrôle de conventionnalité. La référence au « caractère relatif et contingent » a été abandonné par la suite d'autant qu'elle renvoie essentiellement à la condition de réciprocité qui est devenue sans objet aujourd'hui comme le Conseil a eu l'occasion

de le préciser plusieurs fois pour les engagements internationaux relatifs aux droits fondamentaux (Ex : CC, n°98-408 DC, 22 janvier 1999, *Traité portant statut de la Cour pénale internationale,* JO, 24 janvier 1999, p. 1317, *Rec. CC*, p. 29 ; CC, n°92-308 DC, 9 avril 1992, *Traité sur l'Union européenne,* JO, 11 avril 1992, p. 5354, *Rec. CC*, p. 55 et CC, n°98-400 DC, *Loi organique déterminant les conditions d'application de l'article 88-3 de la Constitution relatif à l'exercice par les citoyens de l'Union européenne résidant en France, autres que les ressortissants français, du droit de vote et d'éligibilité aux élections municipales, et portant transposition de la directive 94/80/CE du 19 décembre 1994*, JO, 26 mai 1998, p. 8003, *Rec. CC*, p. 251).

Une absence de contrôle du juge constitutionnel qui ne convainc pas : une jurisprudence *IVG* non fondée

336 • Un 2nd argument, tiré de ce « qu'une loi contraire à un traité ne serait pas, pour autant, contraire à la Constitution », a également été critiqué dans la mesure où la supériorité des traités sur les lois résulte d'une disposition expresse de la Constitution (pour une synthèse des différents arguments et du débat doctrinal qui perdure depuis 1975, G. Carcassonne, « Faut-il maintenir la jurisprudence issue de la décision n° 74-54 DC du 15 janvier 1975 ? », *Cahiers du CC* 1999, n° 7, p. 93, qui se prononce en faveur de l'abandon et B. Genevois, « Faut-il maintenir la jurisprudence issue de la décision n° 74-54 DC du 15 janvier 1975 ? », *Cahiers du CC* 1999, n°7, p. 101 qui retient une position contraire). La jurisprudence IVG apparaît globalement non fondée (Cf., par ex., D. de Béchillon, « De quelques incidences du contrôle de la conventionnalité internationale des lois par le juge ordinaire [Malaise dans la Constitution] », *RFDA* 1998, p. 225). Une loi contraire à un traité est de ce fait contraire à l'article 55 C° et devrait donc, sur la base de l'article 61 C°, être censurée par le Conseil constitutionnel quelles que puissent être par ailleurs les particularités du contrôle de conventionnalité. On peut même noter que ce dernier opère déjà un contrôle de conventionnalité des lois adoptées sur le fondement de l'article 88-1 C° relatif à la participation de la France à certaines politiques de l'Union européenne (CC, n°98-400 DC, 20 mai 1998, op.cit.) posant, pour certains, la question de l'appartenance éventuelle du droit de l'Union au bloc de constitutionnalité (E. Picard, « Vers l'extension du bloc de constitutionnalité au droit européen ? », *RFDA* 1993, p. 47).

f) La métamorphose du principe de supériorité des traités sur les lois : un contrôle des juges ordinaires finalement très efficace

Un revirement de jurisprudence pas nécessaire eu égard à l'efficacité du contrôle des juges ordinaires : un juge administratif qui utilise à bon escient l'art. 55 C°

337 • Jusqu'à aujourd'hui, la position du Conseil constitutionnel demeure inchangée malgré la création de la QPC qui a, en partie, inverser le mouvement. Mais autant sa position était difficilement justifiable, autant un revirement de jurisprudence peut ne plus autant se justifier dorénavant dans la mesure où le respect de l'article 55 C° est désormais probablement mieux assuré par les juges ordinaires. Le Conseil n'est,

en effet, probablement pas le plus à même d'opérer un contrôle de conventionalité des lois eu égard à la quantité de normes internationales introduites dans l'ordre juridique français et aux investigations que leur mise en œuvre exige. Certes, le Conseil d'Etat a mis 14 ans pour s'engager dans la voie ouverte par la décision *IVG* (CE, Ass., 20 octobre 1989, *Nicolo,* req. n°108243, *Rec. CE*, p. 190, concl. P. Frydman, *RFDA* 1989, p. 812, concl. P. Frydman, p. 824, note B. Genevois, p. 993, note L. Favoreu, p. 1000, note L. Dubouis, *AJDA* 1989, p. 756, chron. E. Honorat et E. Baptiste, p. 788, note D. Simon, *D.* 1990, chron. p. 57, obs. R. Kovar et jurispr. p. 135, note P. Sabourin, *RDP* 1990, p. 801, note J.-F. Touchard) mais il va, par la suite, utiliser, à bon escient, toutes les potentialités de l'article 55 C° pour aménager la hiérarchie interne des normes de façon à permettre progressivement à la norme internationale de s'appliquer effectivement dans l'ordre interne tout en maintenant la Constitution tout en haut de la hiérarchie des normes et tout en en faisant un « bouclier » à la pression du droit international.

Un revirement de jurisprudence pas nécessaire eu égard à l'efficacité du contrôle des juges ordinaires : un juge administratif qui utilise à bon escient sa marge d'appréciation

338 • La marge d'appréciation ainsi laissée au juge par l'article 55 C° va lui permettre tantôt de mettre en exergue le principe de la séparation des pouvoirs, tantôt d'appliquer le principe de primauté des traités et accords sur les lois à un règlement de l'Union européenne (CE, 24 septembre 1990, *Boisdet,* req. n°58657, *Rec. CE*, p. 250, *AJDA* 1990, p. 863, chron. E. Honorat et R. Schwartz, *RFDA* 1991, p. 172, note L. Dubouis) ou à une directive de l'Union européenne (CE, Ass., 28 février 1992, *SA Rothmans International France*, req. n°56776 et n°56777, *Rec. CE*, p. 80, concl. P. Laroque, *RFDA* 1992, p. 425, note L. Dubouis, *AJDA* 1992, p. 329, chron. C. Maugüé et R. Schwartz, *JCP* 1992, G, II, n°21859, note G. Teboul) voire encore une décision de jurisprudence (Ex : CE 22 novembre 1991, *Association des centres distributeurs E. Leclerc,* req. n°70946, *Rec. CE*, tables, p. 658). Cette marge d'appréciation va également lui permettre de construire des écrans normatifs et d'agir, à sa guise, pour les abandonner ou les dépasser en adoptant un raisonnement en termes de compétence du juge ou en établissant la suprématie de la norme constitutionnelle (CE, 3 juillet 1996, *Koné,* req. n°169219, *Rec. CE*, p. 25, *RFDA* 1996, p. 882, concl. J.-M. Delarue et notes L. Favoreu, P. Gaïa, H. Labayle et P. Delvolvé, *AJDA* 1996, p. 722, chron. D. Chauvaux et F.-X. Girardot, *RDP* 1996, p. 1751, note C. Braud, *D.* 1996, jurispr. p. 509, note F. Julien-Laferrière ; CE, 30 octobre 1998, *Sarran et Levacher,* req. n° 200286 et n° 200287*, RFDA* 1998, p. 1081, concl. C. Maugüé et p. 1094, note D. Alland, *RFDA* 1999, p. 57, notes L. Dubouis, B. Mathieu et M. Verpeaux, *AJDA* 1998, p. 962, chron. F. Raynaud et P. Fombeur, *RDP* 1999, p. 19, note J.-F. Flauss ; CE, 3 décembre 2001, *Syndicat national de l'industrie pharmaceutique (SNIP),* req. n°169219, *Rec. CE*, p. 624 dans lequel le Conseil d'Etat affirme clairement que la primauté du droit de l'Union européenne « ne saurait conduire, dans l'ordre interne, à remettre en cause la suprématie de la Constitution »). Parallèlement, il mettra fin à la pratique traditionnelle renvoyant au Ministre des Affaires étrangères toute difficulté d'interprétation des traités en se

reconnaissant compétent pour résoudre un problème d'interprétation d'un traité franco-algérien (CE, Ass., 29 juin 1990, *GISTI,* req. n°78519, *Rec. CC*, p. 171, *AJDA* 1990, p. 621, concl. R. Abraham et p. 631, note G. Teboul, *RFDA* 1990, p. 924, note J.-F. Lachaume et p. 1095, obs. D. Ruzié, *D.* 1990, jurispr. p. 560, note P. Sabourin, *JCP* 1990, G, II, n°21579, note J. Tercinet, *RDP* 1990, p. 1579, note F. Sabiani). Ce faisant, le juge administratif, comme le juge judiciaire, sera amené à exercer, par voie d'exception, un « contrôle de conventionnalité » qui va les amener, tous les deux, à concurrencer le juge constitutionnel sur son propre terrain.

Des juges ordinaires dorénavant chargés de l'application d'un droit fondamental placé au-dessus du législateur

339 • A l'origine rien ne prédisposait l'art. 55 C° à devenir le moyen pour le juge de se poser en censeur de la loi. Quand la règle fut insérée dans la Constitution de 1958, il s'agissait d'empêcher que le législateur n'adopte à nouveau des lois qui pourraient porter atteinte au droit des étrangers. Car, avant la guerre, l'effet des traités dans l'ordre interne était de protéger les étrangers. Mettre les traités au-dessus des lois revenait à garantir un principe de non-discrimination. C'est tout le contraire aujourd'hui, que ce soit à travers la ConvEDH ou le Traité sur l'Union européenne, l'effet des traités dans l'ordre interne s'est augmenté d'une protection des nationaux. Si on combine ce mécanisme au principe de supériorité des traités sur les lois, çà permet, aujourd'hui, au citoyen français de demander au juge judiciaire ou au juge administratif la protection du droit européen ou du droit de l'Union contre le droit français, exactement comme un citoyen américain peut demander au juge la protection du droit fédéral contre le droit de l'Etat fédéré. Au terme de ces évolutions, la position du juge français a radicalement changé. La justice française est désormais investie de la haute mission de garantir l'application d'un droit fondamental situé au-dessus du législateur. Le grand défi des années à venir est d'en assumer les conséquences. Mais le nouvel espace de défi ne se limite plus au territoire français, il faut tenir compte plus généralement de l'espace européen.

Des juges ordinaires qui se disputent le pouvoir de contrôler la loi française par rapport à la norme internationale

340 • Il y a, aujourd'hui, deux catégories de juges qui se disputent le pouvoir de contrôler la loi française par rapport à la norme internationale : les juges judiciaires et administratifs qui se sont, l'un et l'autre, reconnus la compétence de contrôler la conventionnalité des lois au regard du droit international originaire mais aussi dérivé et la CJUE et la CourEDH qui peuvent être amenées, de manière plus ou moins immédiate, à en examiner l'adéquation aux traités dont ils ont effectivement la garde. Le système de la ConvEDH et celui de l'Union européenne ont rompu avec l'inspiration classique du droit international fondé sur la coopération entre Etats souverains. Ils confèrent ainsi aux individus des droits invocables immédiatement devant les juridictions nationales contre les personnes publiques ou privées. La sanction de la violation de ces droits par le juge interne est aussi complétée par un mécanisme de garantie supranationale au sein duquel un juge

international occupe une place d'autant plus centrale qu'il peut être saisi directement par les justiciables. Si l'on ajoute à ce quatuor le Conseil constitutionnel qui a reçu, lui, l'office d'en examiner la constitutionnalité par voie d'action comme par voie d'exception, on peut parler de cinq cours suprêmes qui matérialisent aujourd'hui ce que l'on peut appeler le « pouvoir juridictionnel ».

L'impossibilité actuelle d'envisager l'action d'un juge sans celle des autres juges

341 • La France n'est pas, on le rappelle à nouveau ici, un Etat fédéral, ni un pays de *Common Law*. C'est un Etat unitaire avec un système de droit codifié et gouverné par un régime parlementaire. Ces éléments ont leurs exigences et leurs propres logiques. Dans la culture juridique française, le juge n'est pas un censeur, mais un allié du législateur. Il n'est peut-être pas impossible dans un régime parlementaire que le juge puisse rappeler au législateur le respect de ses engagements internationaux et européens mais à condition que, conformément à la logique du régime, ledit rappel se fasse sous la forme plus d'un dialogue que d'un rapport de force entre les deux. Ce dialogue, c'est aussi entre les juges qu'il doit se matérialiser car les différents systèmes ne relèvent pas complètement d'une logique fédérale de superposition et ils sont insérés dans un réseau contraignant de relations parfois contradictoires : primauté du droit de l'Union, supériorité du droit constitutionnel, portée des arrêts de la CJUE, de la CourEDH ou des cours suprêmes internes, interprétation des traités par le juge interne et/ou par les juges européens… Si l'on veut que la protection de l'Etat de droit soit l'un des objectifs essentiels de notre société actuelle, il n'est plus possible aujourd'hui d'envisager l'action d'un juge sans celle des autres.

g) Le développement du dialogue des juges

Un nouvel axe majeur : le « pouvoir politique » vs le « pouvoir juridictionnel »

342 • Dans un système libéral, plus que démocratique, fondé non pas tant sur la légitimité du peuple souverain et l'utilisation du suffrage universel, mais plutôt sur l'existence d'un pouvoir limité par le respect des droits et libertés, c'est la distinction entre le « pouvoir politique » et le « pouvoir juridictionnel » qui devient l'axe majeur de la séparation des pouvoirs, l'axe permettant de garantir l'équilibre fondamental visant à préserver les droits et libertés. Comme peut le relever Paul Maertens, « on est encore en démocratie, mais celle-ci est de moins en moins représentative et de plus en plus juridictionnelle » (P. Martens, « Les juges ne gouvernent pas : ils gèrent tant bien que mal une démocratie du ressentiment, de la controverse et de la défiance », www.dev.ulb.ac.be), l'auteur ajoutant que le « véritable phénomène qui bouleverse les rapports entre pouvoirs, c'est que le citoyen ne se satisfait plus du truchement de ses représentants pour faire entendre sa voix : il s'adresse de plus en plus au juge pour sommer le pouvoir de tenir les promesses qu'il lui avait faites » (*Ibid.*). C'est la volonté 1ère du respect des droits et libertés qui amène à ce bouleversement, le développement du « droit » des droits

fondamentaux renforçant considérablement les pouvoirs du juge. Les éléments clés de l'évolution se situent notamment à travers le phénomène de judiciarisation des rapports sociaux. Comme le droit devient, de plus en plus, « la grammaire propre des relations entre les individus » (J. Allard et A. Van Waeyenberge, « De la bouche à l'oreille ? Quelques réflexions autour du dialogue des juges et de la montée en puissance de la fonction de juger », *Revue interdisciplinaire d'études juridiques* 2008, vol. n°61, p. 109 et suiv.) et s'intègre, de plus en plus, dans la vie en société (la famille ou la religion par exemple), le recours au juge devient, en conséquence, plus fréquent. Mais il faut aussi évoquer le phénomène lié à l'émancipation et à l'autonomisation du travail des juges. La constitutionnalisation des droits, plaçant l'Etat de droit au -dessus des lois et de la volonté du législateur, donne ainsi au juge le dernier mot sur le droit et lui confie une certaine indépendance par rapport aux autres pouvoirs constitués. L'européanisation des droits accentue cette autonomie vis-à-vis de l'Etat en tant que tel dans la mesure où les normes mises en place par ce dernier ne sont plus la seule source du droit applicable sur le territoire et dans la mesure où les cours européennes (CourEDH, CJUE) peuvent directement condamner l'Etat pour des actions commises à l'intérieur même de ses frontières (Voir, dans le même sens, J. Allard et A. Van Waeyenberge, « De la bouche à l'oreille ? Quelques réflexions autour du dialogue des juges et de la montée en puissance de la fonction de juger », précité).

Une montée en puissance des juges qui se manifeste par un renforcement du dialogue entre eux

343 • Parallèlement à leur montée en puissance, les juges entretiennent des relations de plus en plus étroites entre eux, et cela par-delà les frontières qu'on peut résumer à travers l'expression « dialogue des juges ». Historiquement, la 1ère expression, remarquée, du « dialogue des juges », revient au Président Genevois, dans ses célèbres conclusions sous l'affaire *Cohn-Bendit* (CE, Ass., 22 décembre 1978, *Ministre de l'intérieur contre Cohn-Bendit,* req. n° 11604, *D.* 1979, jurisp., p. 155), ces conclusions l'ayant alors érigé en créateur de cette doctrine. Il y déclare qu'à « l'échelon de la Communauté européenne, il ne doit y avoir ni gouvernement des juges, ni guerre des juges » il doit, plutôt, « y avoir place pour le dialogue des juges ». Si ce dialogue se matérialise d'abord à travers des voies et mécanismes institutionnels (par le biais des questions préjudicielles notamment), il peut être aussi à l'initiative des magistrats eux-mêmes. C'est particulièrement marquant lorsque les contentieux s'internationalisent comme c'est le cas dans la protection des droits et libertés. Ces contentieux encouragent les juges à se livrer à un exercice comparatif de leur office. On assiste à une sorte de « circularité de la jurisprudence » (J.-F. Flauss, « Cour européenne des droits de l'homme et Cours Suprêmes », in J. Iliopoulos-Stangas (dir.), *Cours suprêmes nationales et cours européennes : concurrence ou collaboration*, p. 327, spéc., p. 346) et à un dialogue qui peut être aussi bien « horizontal que vertical, institutionnel qu'informel, national qu'international, international que transnational, bref, il est multidimensionnel » (J. Allard et A. Van Waeyenberge, « De la bouche à l'oreille ? Quelques réflexions autour du dialogue des juges et de la montée en puissance de la fonction de juger », précité). Le

dialogue que l'on peut qualifier d'« horizontal » entre les juges internes permet, ainsi, aux juges suprêmes (Conseil d'Etat et Cour de cassation) de s'approprier et de s'organiser face au nouveau rôle joué par le juge constitutionnel. L'harmonisation jurisprudentielle amenant alors à consolider la protection des droits fondamentaux. Le dialogue que l'on peut qualifier de « vertical » entre juges internes et juges européens va, quant à lui, permettre d'optimiser la protection à un niveau dépassant le cadre étatique classique.

Bibliographie

- **Alland (D.)**, « Le juge interne et les conflits de traités internationaux », RFDA 2012, p. 26.

- **Andriantsimbazovina (J.)**, « La conception des libertés par le Conseil constitutionnel et par la Cour européenne des droits de l'homme », Nouveaux Cahiers du CC 2011, n°32.

- **Arrighi de casanova (J.)**, « L'autorité des décisions du Conseil constitutionnel vue par le Conseil d'Etat », Nouveaux cahiers du CC 2011, n°30

- **Auby (J.-B.)**, « L'avenir de la jurisprudence Blocage des prix et des revenus », Cahiers du CC 2006, janvier, n°19.

- **Avril (P.)**, « Le Conseil constitutionnel est-il toujours le bras armé du Gouvernement dans le parlementarisme rationnalisé ? », Nouveaux Cahiers du CC 2016, n°50, p. 39 ; « Enchantement et désenchantements constitutionnels sous la Vème république », Revue Pouvoirs 2008, n°126, p. 5 ; « Qui fait la loi ? », Revue Pouvoirs 2005, n°114, p. 89 ; « Quel équilibre entre exécutif et législatif ? », RDP 2002, p. 269 ; « La majorité parlementaire ? », Revue Pouvoirs 1994, n°68, p.45.

- **Baranger (D.)**, « Sur la manière française de rendre la justice constitutionnelle », Jus Politicum 2012, n°7.

- **Barberis (M.)**, « Le futur passé de la séparation des pouvoirs », Revue Pouvoirs 2012, n°143, p. 5.

- **Beaud (O.)**, « La multiplication des pouvoirs », Revue Pouvoirs 2012, n°143, p. 47 ; « Les mutations de la Vème république ou comment se modifie une Constitution écrite », Revue Pouvoirs 2001, n°99, p. 19.

- **Beaud (O.), Pasquino (P.)** (dir.), La controverse sur le « gardien de la Constitution » et la justice constitutionnelle. Kelsen contre Schmitt, Paris, Ed. Panthéon-Assas, 2007.

- **Beaune (S.)**, « De l'usage des pouvoirs neutres », Pouvoirs 2012, n°143, p. 17.

- **De Béchillon (D.)**, « De quelques incidences du contrôle de la conventionnalité internationale des lois par le juge ordinaire », RFDA 1998, p. 225 ; « Ce qu'a changé la QPC », JCP 2013, G, n° spécial, n°29-34, p.3 ; « 5 Cours suprêmes ? Apologie (mesurée) du désordre », Pouvoirs 2011, n°137, p. 33.

- **Berger (V.)**, « Les Cours constitutionnelles et la Cour européenne des droits de l'homme », Nouveaux cahiers du CC 2011, n°32.

- **Blacher (P.)**, « Le contrôle par le Conseil constitutionnel des lois constitutionnelles », RDP 2016, p. 545 ; « Les pouvoirs discrétionnaires du chef de l'Etat, sources de la présidentialisation du régime », LPA 2008, n°138, p. 5.

- **Bonnet (B.)**, « Le Conseil d'Etat, la Constitution et la norme internationale », RFDA 2005, p. 225.

- **Boucher (J.)**, « Le juge administratif et la combinaison des conventions internationales », RFDA 2012, p. 1.

- **Boudou (G.)**, « Autopsie de la décision du Conseil constitutionnel du 16 juillet 1971 sur la liberté d'association », RFDC 2014, n°97, p.5.

- **Boulouis (J.)**, « Le défenseur de l'exécutif », Revue Pouvoirs 1980, n°13, p. 33.

- **Bredin (J.-D.)**, « Un gouvernement des juges ? », Revue Pouvoirs 1994, n°68, p. 77.

- **Breyer (S.-G.)**, « La QPC, un nouvel équilibre des pouvoirs ? », JCP 2013, G, n° spécial, n°29-34, p. 25.

- **Cadiet (L.), Guinchard (S.)**, « La justice à l'épreuve des pouvoirs, les pouvoirs à l'épreuve de la justice », Justices 1996, n°1, p. 1.

- **Camby (J.-P.)**, « Supra constitutionnalité : la fin d'un mythe ? », RDP 2003, p. 671.

- **Camy (O.)**, « Le chef de l'Etat est-il souverain sous la Vème république ? », RFDC 1996, n°25, p. 3.

- **Cans (C.)**, « La délégalisation : un encouragement au désordre », RDP 1999, p. 1439.

- **Car (J.-C.)**, Les lois organiques de l'article 46 de la Constitution du 4 octobre 1958, Economica/PUAM, 1990.

- **Carcassonne (G.)**, « Immuable Vème république », Pouvoirs 2008, n°126, p. 27 ; « Les rapports du président français et du 1er ministre », RFAP 1997, n°83, p. 397.

- **Cassaia (P.), Saulnier Cassia (E.)**, « Contrôle de constitutionnalité a priori et contrôle de conventionnalité de la loi : une coexistence impossible ? », D. 2008, p. 166.

- **Cayla (O.)**, « Lire l'article 55 : comment comprendre un texte établissant une hiérarchie des normes comme étant lui-même le texte d'une norme ? », Cahiers du CC 1999, décembre, n°7.

- **Champeil-Desplats (V.)**, « Le Conseil constitutionnel a-t-il une conception des libertés publiques ? », Jus Politicum 2012, n°7.

- **Chamussy (D.)**, « La procédure parlementaire et le Conseil constitutionnel », Nouveaux Cahiers du CC 2013, n°38, p. 37.

- **Charlot (J.)**, « Les mutations du système des partis français », Pouvoirs 1989, n°49, p. 27.

- **Chenede (F.)**, « Contre révolution tranquille à la Cour de cassation ? », D. 2016, p. 796.

- **Chiroux (R.)**, « Une nouvelle chance pour les institutions de la république gaullienne », RA 2002, n°328, p. 439 ; « Le Président de la République, « clé de voute » des institutions de la Vème république », RA 2004, n°341, p. 452.

- **Cossalter (P.)**, « Le juge administratif peut contrôler la conventionnalité d'une loi organique », RGD 2016, n°23792.

- **Colliard (J.-C.)**, « Un nouveau Conseil constitutionnel », Pouvoirs 2011, n°137, p. 155 ; « Que peut le président ? », Pouvoirs 1994, n°68, p. 15.

- **Debré (J.-L.)**, « Propos conclusifs » (La QPC, une question pour la démocratie), JCP 2013, G, n° spécial, n°29-34, p. 38

- **Debré (J.-L.), Simon (D.),** « Le Conseil constitutionnel et le droit de l'Union européenne », Europe 2016, p. 4.

- **Denquin (J.-M.)**, « La jurisprudence du conseil constitutionnel : grandeur ou décadence du droit constitutionnel ? », Jus Politicum 2012, n°7.

- **Desaulnay (O.)**, « L'autorité des décisions du Conseil constitutionnel vue par la Cour de cassation », Nouveaux cahiers du CC 2011, n°30.

- **Disant (M.)**, L'autorité de la chose interprétée, Paris, LGDJ, 2010 ; « L'autorité de la chose interprétée par le Conseil constitutionnel : permanence et actualités », Cahiers du CC 2010, n°28.

- **Domino (X.), Bretonneau (A.)**, « Le juge administratif, arbitre international ? », AJDA 2012, p. 201.

- **Dord (O.)**, Contentieux constitutionnel, Paris, Lexis Nexis, 2016.

- **Drago (G.)**, Contentieux constitutionnel, Paris, PUF, 3ème éd., 2016 ; « Le domaine de la loi : brève histoire d'une dérive constitutionnelle », Mélanges Truchet, Paris, Dalloz, 2015, p. 169 ; « La loi et l'étendue du contrôle du Conseil constitutionnel », RFDA 2013, p. 936 ; « Le partage loi/règlement : un nouvel équilibre à construire », LPA 2008, 19 décembre, p. 65.

- **Duhamel (O.)**, « La QPC et les citoyens », Pouvoirs 2011, n°137, p. 183 ; « Une démocratie à part », Pouvoirs 2008, n°126, p. 17.

- **Dupré de Boulois (X.)**, « Le juge, la loi et la Convention européenne des droits de l'homme », RDLF 2015, chron. n°8.

- **Dutheillet de Lamothe (L.), Ondinet (G.)**, « De l'art de contester une loi par des voies détournées », AJDA 2015, p. 2374.

- **Dutheillet de Lamothe (L.), Lessi (J.)**, « 5 ans de QPC devant le juge administratif : retour d'expérience », AJDA 2015, p. 755.

- **Fatin-Rouge Stefanini (M.)**, « Le Conseil constitutionnel dans la révision constitutionnelle du 23 juillet 2008 sur la modernisation des institutions », RFDC 2009, n°78, p. 269.

- **Favoreu (L.)**, « L'injusticiabilité des lois constitutionnelles », RFDA 2003, p. 792 ; « La notion de Cour constitutionnelle », Mélanges Aubert, Bâle, Helbing et Lichtenhahn, 1996, p. 15 ; « La prise en considération en considération du droit international et communautaire par la jurisprudence du Conseil constitutionnel », Mélanges Plantey, Pédone, 1995, p. 33 ; « Souveraineté et supraconstitutionnalité », Pouvoirs 1993, n°67, p. 71 ; « Les cent premières annulations prononcées par le Conseil constitutionnel », RDP 1987, p. 443 ; « La justice constitutionnelle en France », Cahiers du Droit 1985, vol. n°26, p. 299 ; (dir.), Le domaine de la loi et du règlement, Economica/PUAM, 1981 ; « Le Conseil constitutionnel et le droit international », AFDI 1977, p. 95 ; « La procédure de l'article 37, alinéa 2 », RDP 1976, p. 225 ; « Le principe de constitutionnalité. Essai de définition d'après la jurisprudence du Conseil constitutionnel », Mélanges Eisenmann, Paris, Ed. Cujas, 1975, p. 33 ; « La délégalisation des textes de forme législative par le Conseil constitutionnel », Mélanges Waline, Paris, LGDJ, 1974, t. II, p. 429 ; « Le Conseil constitutionnel, régulateur de l'activité normative des pouvoirs publics », RDP 1967, p. 5.

- **Favoreu (L.), Philip (L.)**, Le Conseil constitutionnel, Paris, PUF, Que sais-je ?, 2005.

- **Flauss (J.-F.)**, « Le contrôle de constitutionnalité des lois référendaires », LPA 1997, n°75, p. 7.

- **Fombeur (P.)**, « L'affirmation de la primauté de la Constitution », AJDA 2014, p. 114.

- **Francois (B.)**, « Le Conseil constitutionnel et la Vème république. Réflexions sur l'émergence et les effets du contrôle de constitutionnalité en France », RFSP 1997, vol. n°47, p. 377.

- **Fricero (N.)**, « L'avenir de la Cour de cassation : la vision originale du Club des juristes », JCP 2015, G, n°753.

- **Gaia (P.)**, « Le contrôle de conventionnalité », RFDC 2008, p. 201.

- **Garapon (A.)**, « La démocratie à l'épreuve de la justice », Justices 1999, n°1, p. 43.

- **Genevois (B.)**, « L'influence du Conseil constitutionnel », Pouvoirs 1989, n°49, p. 47.

- **Goesel-Le Bihan (V.)**, « Le contrôle de proportionnalité exercé par le Conseil constitutionnel, technique de protection des libertés publiques ? », Jus Politicum 2012, n°7 ; « Le contrôle de proportionnalité dans la jurisprudence du Conseil constitutionnel », RFDC 2007, n°70, p. 269.

- **Gondoin (C.)**, « Le Conseil constitutionnel et la révision de la Constitution », RDP 2001, p. 489.

- **Grewe (C.), Jouanjan (O.), Maulin (E.), Wachsmann (P.)** (dir.), La notion de « justice constitutionnelle », Paris, Dalloz, 2005.

- **Grewe (C.)**, « Contrôle de constitutionnalité et contrôle de conventionnalité : à la recherche d'une frontière introuvable », RFDC 2014, n°100, p. 961.

- **Guillaume (M.)**, « L'autorité des décisions du Conseil constitutionnel : vers de nouveaux équilibres », Nouveaux cahiers du CC 2011, n°30 ; « Avec la QPC, le Conseil constitutionnel est-il devenu une Cour suprême ? », JCP 2012, G, n°722 ; « Question prioritaire de constitutionnalité et Convention européenne des droits de l'homme », Nouveaux Cahiers du CC 2011, n°32.

- **Guilloud (L.)**, « La QPC et le contrôle de conventionnalité : nouvelles variations sur le dialogue des juges », LPA 2011, n°89, p. 31.

- **Guinchard (S.), Ferrand (F.), Moussa (T.)**, « Une chance pour la France et le droit continental : la technique de cassation, vecteur particulièrement approprié au contrôle de conventionnalité », D. 2015, p. 278.

- **Haenel (H.), Frison Roche (M.-A.)**, Le juge et le politique : les nouvelles règles du jeu, Paris, PUF, 2015.

- **Hamon (F.), Wiener (C.)**, La justice constitutionnelle en France et à l'étranger, Paris, LGDJ, Systèmes, 2011.

- **Hamon (F.)**, « Les pouvoirs respectifs du Conseil constitutionnel et des juges chargés de l'application des lois en matière d'interprétation », LPA 2013, n°144, p. 3.

- **Hourquebie (F.)**, Sur l'émergence du contre-pouvoir juridictionnel sous la Vème république, Bruxelles, Bruylant, 2004.

- **Jan (P.)**, « Le Conseil constitutionnel », Pouvoirs 2001, n°99, p. 59.

- **Jeanneau (B.)**, « L'antiparlementarisme d'hier à aujourd'hui », Pouvoirs 1993, n°64, p. 23.

- **Jestaz (P.), Marguenaud (J.-P.), Jamin (C.)**, « Une révolution tranquille à la Cour de cassation », D. 2014, p. 2061.

- **Jouanjan (O.)**, « Le Conseil constitutionnel, gardien de l'égalité ? », Jus Politicum 2012, n°7.

- **Jouve (E.)**, « Justices, vicissitudes de la politique et force du droit », Mélanges Pactet, Paris, Dalloz, 2003, p. 675.

- **Kirsey (V.), Portelli (H.)**, « Droits fondamentaux : du bon usage de la guerre des juges par le justiciable », JCP 2010, G, n° 799.

- **Labetoulle (D.)**, « Des semoules à Nicolo », RFDA 2014, p. 585.

- **Lamanda (V.)**, « La QPC, un nouvel équilibre des pouvoirs : un équilibre renouvelé », JCP 2013, G, n° spécial, n°29-34, p. 31.

- **Le Bos-Le Pourhiet (A.-M.)**, L'article 92 de la Constitution de 1958, Paris, Economica, 1981.

- **Lemaire (E.)**, « Dans les coulisses du Conseil constitutionnel », Jus Politicum 2012, n°7.

- **Levade (A.)**, « L'objectif de valeur constitutionnelle, vingt ans après. Réflexions sur une catégorie juridique introuvable », Mélanges Pactet, Paris, Dalloz, 2003, p. 688 ; « Perspectives : confrontation entre contrôle de conventionnalité et contrôle de constitutionnalité », AJDA 2011, p. 1257.

- **Lochak (D)**, « Le Conseil constitutionnel, protecteur des libertés ? », Pouvoirs 1980, n°13, p. 41.

- **Long (M.)**, « Genèse de la décision Nicolo », AJDA 2014, p. 114.

- **Louvel (B.)**, « Réflexions à la Cour de cassation », D. 2015, p. 1326 ; « Vers un office renouvelé de la Cour de cassation », www.courdecassation.fr, 11 décembre 2014 ; « La Cour de cassation face au défi du XXIème siècle », www.courdecassation.fr, mars 2015 ; « La Cour de cassation face à l'évolution juridique internationale », www.courdecassation.fr, 31 mars 2015.

- **Luchaire (F.)**, « Brèves remarques sur une création du Conseil constitutionnel : l'objectif de valeur constitutionnelle », RFDC 2005, n°64, p. 678.

- **Magnon (X.)**, « Sur un pont-aux-ânes ? L'autorité des décisions du Conseil constitutionnel, pour une distinction entre « autorité » et « force » de chose jugée », RFDA 2013, p. 859.

- **Mathieu (B.)**, « Transformer la Vème république sans la trahir », AJDA 2008, p. 1858.

- **Mathieu (B.)**, Justice et politique : la déchirure ? Paris, LGDJ, 2015 ; « Les mécanismes de freins et d'équilibre des pouvoirs dans la Constitution : réflexions générales et illustrations françaises », Mélanges Masclet, Paris, publications de la Sorbonne, 2013, p. 325 ; « Les décisions du Conseil constitutionnel et de la Cour européenne des droits de l'homme : coexistence, autorité, conflits, régulation », Nouveaux Cahiers du CC 2011, n°32.

- **Mathieu (B.), Verpeaux (M.)** (dir.), Les lois organiques et la mise en œuvre de la révision constitutionnelle, Paris, Dalloz, 2009.

- **Mathieu (B.), Verpeaux (M.)** (dir.), L'autorité des décisions du Conseil constitutionnel, Paris, Dalloz, Thèmes et commentaires, 2010 ; Contentieux constitutionnel des droits fondamentaux, Paris, LGDJ, 2002.

- **Maus (D.)**, « Sur la décision du Conseil constitutionnel du 16 juillet 1971 sur la liberté d'Association. En guise d'introduction à l'article de G. Boudou », RFDC 2014, n°97, p. 3 ; « La naissance du contrôle de constitutionnalité en France », Mélanges Pactet, Paris, Dalloz, 2003, p. 713.

- **Melleray (F.)**, « Codification, loi et règlement », Cahiers du CC 2006, janvier, n°19.

- **Menard (J.-C.)**, « Justice et politique. Heurs et malheurs de l'argument « Montesquieu » », D. 2004, p. 1091.

- **Moutouh (H.)**, « Le contrôle de constitutionnalité des lois constitutionnelles : suite et fin », AJDA 2003, p. 753.

- **Oliva (E.)**, L'article 41 de la Constitution du 4 octobre 1958, initiative législative et Constitution, Economica/PUAM, 1997.

- **Perraudeau (E.)**, « Le système des partis sous la Vème république », Pouvoirs 2001, n°99, p. 71.

- **Platon (S.)**, « Les interférences entre l'office du juge ordinaire et celui du Conseil constitutionnel : malaise dans le contentieux constitutionnel ? », RFDA 2012, p. 639.

- **Ponthoreau (M.-C.)**, « Le Président de la République. Une fonction à la croisée des chemins », Pouvoirs 2001, n°99, p. 33.

- **Portelli (H.)**, « La Vème république et les partis », Pouvoirs 2008, n°126, p. 61, « Les partis et les institutions », Pouvoirs 1989, n°49, p. 57.

- **Prelot (P.-H.)**, « L'élection présidentielle et les transformations de la Vème république », Politéa 2013, n°23, p. 357.

- **Quiriny (B.)**, « La métamorphose de l'article 41 de la Constitution », RFDC 2010, n°82, p. 313.

- **Robert (M.)**, « L'autorité judiciaire, la Constitution française et la Convention européenne des droits de l'homme », Nouveaux Cahiers du CC 2011, n°32.

- **Roblot Troizier (A.)**, « Un concept moderne : séparation des pouvoirs et contrôle de la loi », Pouvoirs 2012, n°143, p. 89.

- **Rossetto (J.)**, « La Vème république entre pérennité et perfectibilité », RDP 2002, p. 157.

- **Roux (A.)**, « Le nouveau Conseil constitutionnel. Vers la fin de l'exception française ? », JCP 2008, G, I, n°175.

- **Rousseau (D.)**, « De quoi le Conseil constitutionnel est-il le nom ? », Jus Politicum 2012, n°7 ; « Le procès constitutionnel », Pouvoirs 2011, n°137, p. 47 ; « L'Etat de droit est-il un Etat de valeurs particulières », Mélanges Pactet, Paris, Dalloz, 2003, p. 885.

- **Rousseau (D.), Gahdoun (P.-Y.), Bonnet (J.)**, Droit du contentieux constitutionnel, Paris, LGDJ, 11ème éd., 2016.

- **Rousillon (H.), Esplugas-Labatut (P.)**, Le Conseil constitutionnel, Paris, Dalloz, 8ème éd., 2015.

- **Rouvillois (F.)**, « La Vème république et le mythe du régime présidentiel », RDP 2002, p. 139 ; « Michel Debré et le contrôle de constitutionnalité », RFDC 2001, n°46, p. 227.

- **Sauve (J.-M.)**, « La QPC, un nouvel équilibre des pouvoirs ? Le rapport du juge ordinaire à la loi », JCP 2013, G, n° spécial, n°29-34, p. 26 ; « Le Conseil d'Etat et l'application de la Convention européenne des droits de l'homme », LPA 2010, n°254, p. 29.

- **Schoettl (J.-E.)**, « Le Conseil constitutionnel peut-il contrôler une loi constitutionnelle ? », LPA 2003, n°70, p.793 ; « La réforme de la loi du 6 novembre 1962 relative à l'élection présidentielle », LPA 2001, n°44, p. 12.

- **Spinosi (P.)**, « La QPC, une protection efficace des droits et des libertés ? Entre contrôle de constitutionnalité et contrôle de conventionnalité, le choix difficile du joueur de cartes », JCP 2013, G, n° spécial, n°29-34, p. 13.

- **Simon (D.)**, « Conventionnalité et constitutionnalité », Pouvoirs 2011, n°137, p. 19.

- **Sudre (F.)**, « De QPC en qpc…ou le Conseil constitutionnel juge de la Convention européenne des droits de l'homme », JCP 2014, G, n°1027.

- **Szymczak (D.)**, « Question prioritaire de constitutionnalité et Convention européenne des droits de l'Homme : l'européanisation « heurtée » du Conseil constitutionnel français », Jus Politicum 2012, n°7.

- **Thiers (E.)**, « La majorité contrôlée par l'opposition : pierre philosophale de la nouvelle séparation des pouvoirs », Pouvoirs 2012, n°143, p. 61.

- **Tinière (R.)**, « Constitutionnalité et conventionnalité. QPC et droit européen des droits de l'homme. Entre équivalence et complémentarité. Présentation », RFDA 2012, p. 621.

- **Tukov (C.)**, « La 5ème mue du Conseil constitutionnel ? Point sur l'Etat de droit et le gouvernement des juges », JCP 2013, G, n°8, p. 378.

- **Tusseau (G.)**, « La fin de l'exception française », Pouvoirs 2011, n°137, p. 5.

- **Urvoas (J.-J.)**, « La QPC, un nouvel équilibre des pouvoirs ? La QPC, une question de démocratie », JCP 2013, G, n° spécial, n°29-34, p. 29.

- **Vandendriessche (X.)**, « Le Parlement entre déclin et modernité », Pouvoirs 2001, n°99, p. 101.

- **Van Tuong (N.)**, « Une loi référendaire est-elle soumise au contrôle de constitutionnalité ? », D. 1996, p. 17.

- **Vedel (G.)**, « Souveraineté et supraconstitutionnalité », Pouvoirs 1993, n°67, p. 79.

- **Verpeaux (M.)**, Le Conseil constitutionnel, Paris, La documentation française, 2014 ; Contentieux constitutionnel, Paris, Dalloz, Mémentos, 2016 ; « Brèves considérations sur l'autorité des décisions du Conseil constitutionnel », Nouveaux cahiers du CC 2011, n°30 ; « Le Conseil constitutionnel, 49 ans après », LPA 2008, n°138, p. 62.

- **Vidal-Naquet (A.)**, « Un Président de la République plus « encadré » », JCP 2008, n°31, p. 28.

- **Vier (C.-L.)**, Le contrôle du Conseil constitutionnel sur les règlements des assemblées, Paris, LGDJ, 1972.

- **Wachsmann (P.)**, « L'oracle des libertés ne parle qu'une seule fois », Jus Politicum 2012, n°7.

- **Zoller (E.)**, « La justice comme contre-pouvoir : regards croisés sur les pratiques américaine et française », RIDC 2001, n°3, p. 559.

CHAPITRE 2ND LA CONSOLIDATION DE LA PROTECTION : LE DIALOGUE HORIZONTAL ENTRE LES JUGES INTERNES

Un juge judiciaire qui apparait comme le juge « naturel » de la protection « des » droits et libertés

344 • Le juge judiciaire a toujours été considéré comme le juge « naturel » de la protection « des » droits et libertés. L'idée n'est pas nouvelle et a été établie au cours du XIXème siècle lors de la formation du droit administratif. Deux domaines apparaissent, très tôt, comme étant par nature de la compétence de « l'autorité judiciaire » : la protection de la liberté individuelle et celle de la propriété privée. Un certain nombre de normes ont ainsi commencé par attribuer compétence au juge judiciaire pour connaitre de certaines atteintes administratives à la liberté individuelle ou à la propriété. Il faut évoquer, par exemple, la loi du 8 mars 1810 *en matière d'expropriation* (Cf., par ex., M. le Baron Locré, *Législation sur les mines et sur les Expropriations pour cause d'utilité publique ou les lois des 21 avril et 8 mars 1810*, Paris, librairie Treuttel et Wurtz, 1828), la loi du 30 juin 1838 *relative à l'hospitalisation forcée dans les hôpitaux psychiatriques* (*Loi Esquirol* n°7443 *sur les aliénés du 30 juin 1838*, *Recueil Duvergier*, p. 490, voir M.-P. Champenois-Marmier, J. Sansot, *Droit, folie, liberté. La protection de la personne des malades mentaux* (loi du 30 juin 1838), Paris, PUF, 1983 ; Cf., aujourd'hui, art. L. 3216-1 CSP) ou encore la loi du 7 février 1933 *en matière d'arrestations et d'internements arbitraires* (JO, 9 février 1933, p. 1354. Cf. D. Salama, *La Loi du 7 février 1933 sur les garanties de la liberté individuelle*, Paris, Éditions A. Pédone, 1934 ; Cf., aujourd'hui, art. 136 al. 3 du Code de procédure pénale). La consécration de cette compétence n'a pas été évidente et a conduit à d'âpres débats sur la valeur même de cette consécration (voir pour une approche historique de la question : C. Goyard, *La compétence des tribunaux judiciaires en matière administrative*, Paris, Montchrestien, 1962 ; P. Amselek, « Les vicissitudes de la compétence juridictionnelle en matière d'atteintes administratives à la liberté individuelle », *RDP* 1965, p. 801 et suiv. ; D. Turpin, « L'autorité judiciaire, gardienne de la liberté individuelle », *AJDA* 1983, p. 653 et suiv. ; G. Bigot, *L'autorité judiciaire et le contentieux de l'administration, vicissitudes d'une ambition, 1800-1872*, Paris, LGDJ, 1999).

Un juge judiciaire dont la compétence a été reconnue tardivement au niveau constitutionnel (article 66 C°)

345 • Au-delà des débats doctrinaux sur la compétence du juge judiciaire, ce dernier a interprété de façon assez large sa compétence en faisant en sorte d'imposer, progressivement, une définition purement jurisprudentielle de sa compétence, par exemple, sur les questions d'état des personnes, de domicile ou de propriété. Malgré cette interprétation, il n'existait pas, avant que n'intervienne l'article 66 C°, de principe selon lequel l'autorité judiciaire serait la gardienne des libertés individuelles. Il n'y a aucune trace d'une norme qui fait de l'autorité judiciaire la gardienne de l'ensemble des libertés ni même d'une partie d'entre elles qui

correspondrait aux libertés individuelles. Seule l'élargissement du champ d'application de la théorie de la voie de fait, dans les années 1830, pouvait, a minima, justifier l'existence d'une telle compétence. La théorie a, en effet, été étendue à toutes les atteintes graves aux libertés fondamentales dans leur ensemble dès lors que ces atteintes étaient manifestement insusceptibles de se rattacher à l'exercice par l'administration de l'un de ses pouvoirs ou résultaient de l'exécution forcée irrégulière d'une décision administrative (TC, 8 avril 1835, *L'action française contre Bonnefoy-Sibour,* n°0822, *Rec. CE*, p. 1226, concl. P.-L. Josse, *D.* 1935, 3, p. 25, note M. Waline, *RDP* 1935, p. 309, concl. P.-L. Josse, note G. Jèze, *S.* 1935, 3, p. 6, concl. P.-L. Josse). Mais cette extension n'a jamais entrainé la reconnaissance d'une telle compétence au-delà du cadre de la voie de fait. A la fin du siècle dernier, pourtant, tout notre système juridique plaçait le juge judiciaire au cœur de la défense « des » libertés.

Un juge administratif qui voit sa compétence renforcée grâce à l'acquisition de nouveaux pouvoirs

346 • Le statut précédemment décrit a connu une évolution rapide à partir des années 2000 et un recentrage de la fonction vers le juge administratif. Cette extension de la compétence juridictionnelle administrative a été rendue possible par un 1er mouvement tendant à évincer le juge judiciaire du contentieux administratif des libertés par l'acquisition de pouvoirs nouveaux au juge administratif. Ce dernier a longtemps été incapable d'assurer une protection efficace des libertés et a été obligé, en ce sens, de composer avec une compétence judiciaire sur les actes de puissance publique portant atteinte aux libertés. En le dotant des outils nécessaires et manquants, le législateur prive ainsi de justification la compétence initiale du juge judiciaire en ce domaine (Cf., par ex., la loi n°2000-597 du 30 juin 2000 (JO, 1er juillet 2000, p. 9948) *relative au référé devant les juridictions administratives et l'instauration notamment du référé liberté).* Ces nouveaux pouvoirs ont abouti à un équilibre plus marqué entre les juges, avec, notamment, le resserrement du champ d'application des procédures de la voie de fait et de l'emprise irrégulière ou le recentrage du rôle de l'autorité judiciaire par le Conseil constitutionnel vers la protection de « la » liberté individuelle (principalement de la garantie de la sûreté, de l'*Habeas Corpus*).

Un juge administratif qui voit sa compétence renforcée grâce à l'extension récente du domaine de la police administrative

347 • Le 2nd mouvement propre à réduire les compétences du juge judiciaire concerne l'extension récente du domaine de la police administrative. L'autorité administrative a, de plus en plus, le pouvoir de prendre, préventivement, des mesures de nature à éviter les infractions pénales avant le moindre commencement d'exécution. La loi sur le renseignement en 2015 (loi n° 2015-912 du 24 juillet 2015 (JO, 26 juillet 2015, p. 12735) *relative au renseignement),* par exemple, s'inscrit dans cette logique et témoigne ainsi du nouveau champ de compétence ainsi offert au juge administratif dans le contrôle de ses mesures et, corrélativement, dans la protection des libertés afférentes. Si ces deux mouvements ont contribué ainsi au rééquilibrage des compétences entre juge judiciaire et juge administratif et si on a

pu parler alors de conflit ou de concurrence entre les juges, il y a, avec le recul et au final, un dialogue plutôt fructueux entre les juges qui s'est instauré, dialogue qui permet, sur la base d'une complémentarité de compétences et de jurisprudences, de rendre consolider la protection des droits et libertés (Section 1).

Un dialogue nouveau entre juges ordinaires et juge constitutionnel : de l'approche restrictive initiale au dialogue renforcé

348 • Si le Conseil d'Etat et la Cour de cassation sont et demeurent les deux cours suprêmes au sommet des deux ordres de juridiction, il existe aujourd'hui un « autre juge », plus spécialisé, qui, depuis la reconnaissance du bloc de constitutionnalité et de la valeur juridique du préambule de la Constitution de la Vème République, a pris beaucoup d'importance dans la protection des droits et libertés. Si la compétence du Conseil constitutionnel est clairement délimitée à la matière constitutionnelle et qu'il est le seul à pouvoir opérer un tel contrôle, la question de l'interaction de sa jurisprudence avec celle des juges suprêmes se pose. On a pu voir qu'il existait aucune hiérarchie entre le Conseil d'Etat, la Cour de cassation et le Conseil constitutionnel et que seul l'article 62 C° disposait en son 2nd alinéa que : « Les décisions du Conseil constitutionnel ne sont susceptibles d'aucun recours. Elles s'imposent aux pouvoirs publics et à toutes les autorités administratives et juridictionnelles ». Mais l'absence de hiérarchie entre les juges fait qu'il n'existe pas de sanction du non-respect de l'autorité des décisions du juge constitutionnel par les autres juges. Il ne peut pas annuler les jugements des autres juridictions comme pourrait le faire, par exemple, la Cour suprême des États-Unis d'Amérique. Il est même doublement tributaire des deux cours suprêmes nationales : d'une part, dans le cadre du contrôle *a priori*, la prise en compte de ses décisions et, notamment, de ses réserves d'interprétation dépend largement de la bonne volonté des juges ordinaires et de leur connaissance de la jurisprudence constitutionnelle, d'autre part, dans le cadre du contrôle *a posteriori*, le pouvoir de filtrage des QPC par les deux cours suprêmes peut l'empêcher de contrôler un texte. Dans le 1er cas, on note une interprétation restrictive de l'article 62 C° dans la mesure où l'autorité des décisions du Conseil est assimilée à l'autorité de chose jugée. Cette restriction amène à des interprétations constitutionnelles divergentes mais beaucoup d'éléments amènent à une évolution en la matière notamment depuis l'instauration du contrôle *a posteriori* dont le système même implique un dialogue renforcé entre les trois institutions. Dans le 2nd cas, la QPC est transmise d'office au Conseil constitutionnel si les juges suprêmes ne se sont pas prononcées au bout de trois mois donc son intervention ne peut être longtemps retardée par la simple inertie des deux cours. Le dialogue passe par la prise en compte par le Conseil constitutionnel de l'interprétation de la loi par les deux cours suprêmes d'une part, et, par la prise en compte par ces deux cours suprêmes des décisions du Conseil constitutionnel, d'autre part (Section 2).

Section 1 : Le dialogue entre le juge judiciaire et le juge administratif

Un législateur totalement libre pour fixer le juge compétent en matière de protection des droits et libertés

349 • Si on se focalise sur le seul ordre juridique interne, il est quelque peu difficile d'identifier le juge compétent en matière de protection des droits et libertés. Si on regarde le Conseil constitutionnel, il n'y pas de soucis pour caractériser sa compétence puisque celle-ci porte sur l'identification des obligations juridiques découlant des droits fondamentaux issus du bloc de constitutionnalité et il est le seul compétent pour le faire. Du côté du juge judiciaire ou du juge administratif, il n'y a pas de blocs de compétence aussi clairement identifiables, pas plus depuis la naissance du contentieux nouveau traitant des droits fondamentaux lié à la procédure de la QPC qui n'accorde qu'un pouvoir de filtrage aux deux juridictions suprêmes et ne leur ouvre aucune compétence nouvelle en la matière. Pourtant il s'agit là, comme peut le noter Vincent Tchen, d'un « élément indissociable de leur statut. Elle garantit leur effectivité en assurant à l'individu une action en indemnisation ou en contestation d'un agissement ou d'un acte émanant de l'autorité publique » (V. Tchen, « Compétences en matière des droits fondamentaux des personnes », *Jurisclasseur administratif*, fasc. n° 1054, octobre 2014, n°3). Le législateur est même assez libre dans l'organisation de cette protection juridictionnelle et la fixation respective des compétences dans la mesure où il n'y pas de limites dans son pouvoir d'appréciation. En vertu de l'article 34 C°, le constituant dispose seulement que « la loi fixe les règles concernant les droits civiques et les garanties fondamentales accordées aux citoyens pour l'exercice des libertés publiques ».

Une compétence « naturelle » du juge judiciaire fixée par défaut par l'article 66 C°

350 • Seule une disposition constitutionnelle limite quelque peu la liberté d'appréciation du législateur puisque l'article 66 C° confie au juge judiciaire la protection de la liberté individuelle en disposant que : « Nul ne peut être arbitrairement détenu. L'autorité judiciaire, gardienne de la liberté individuelle, assure le respect de ce principe dans les conditions prévues par la loi ». Le Conseil constitutionnel a confirmé la compétence de principe ainsi établie envers le juge judiciaire par l'article tout en rappelant que la liberté individuelle constituait un des PFRLR (CC, n° 76-75 DC, 12 janvier 1977, *Loi autorisant la visite des véhicules en vue de la recherche et de la prévention des infractions pénales*, JO, 13 janvier 1976, p. 344, *Rec. CC*, p. 33, cons. n°2 et n°3). La notion recouvre, de plus, bien plus que la seule idée de « sûreté personnelle » ou « d'*Habeas Corpus* » (c'est-à-dire le droit de n'être ni arrêté, ni détenu illégalement), mais peut s'étendre à d'autres droits et libertés. La liberté individuelle étant alors assimilée à un élément plus large comprenant l'ensemble des droits fondamentaux et faisant naitre « le mythe d'un juge judiciaire gardien naturel

des droits de l'individu » (V. Tchen, « Compétences en matière des droits fondamentaux des personnes » précité) tout en lui donnant un « ancrage constitutionnel » (*Ibid.*). La consécration de cette compétence est assez paradoxale dans la mesure où elle n'avait, jusqu'alors, jamais été placée au plus haut niveau, ni par les déclarations des droits ni par aucun préambule constitutionnel antérieur. Nonobstant ces éléments, le droit positif reconnait une compétence de principe au juge judiciaire depuis les origines de la IIIe République et ceci même quand est en cause une décision ou un acte administratif. Cette assise historique a pendant longtemps été consolidée par l'idée qu'il était le seul juge réellement efficace pour assurer une telle protection eu égard au manque d'indépendance de la justice administrative. L'image du juge protecteur des prérogatives de l'administration était encore très présente et celle-ci se doublait d'un manque quant aux outils (référé, injonction, ...) à disposition du juge pour sanctionner les atteintes aux droits consacrés. C'est donc, en quelque sorte, « par défaut » que l'autorité judiciaire a été couronnée de cette fonction « naturelle » quasi divine de gardienne de la liberté individuelle.

Une compétence du juge judicaire qui s'étend de la protection de « la » liberté individuelle à la protection « des » libertés individuelles

351 • Lorsque l'on se penche sur l'article 66 C°, il semble, en réalité, que l'autorité judiciaire ne soit la protectrice que de « la » liberté individuelle, celle qu'on identifie habituellement à travers la notion historique « d'*Habeas Corpus* », c'est-à-dire, comme déjà mentionné, la protection contre l'arrestation et la détention arbitraires telles que mentionnée dans la *Magna Carta* de 1215, l'*Habeas Corpus* de 1679 ou par le législateur de la IIIème république qui avait volontairement limité « la » liberté individuelle à la protection contre l'arrestation et la détention arbitraires (Loi du 7 février 1933 (JO, 9 février 1933, p. 1354) dite « *loi sur les garanties de la liberté individuelle* » qui modifie ou abroge certains articles du Code d'instruction criminelle de 1808 et du Code pénal de 1804). D'autres paramètres montrent, au contraire, qu'on ait pu envisager une conception large de la compétence de l'autorité judiciaire en matière de protection « des » libertés (Cf. Bertrand Louvel, 1er président de la Cour de cassation, « L'autorité judiciaire, gardienne de la liberté individuelle ou des libertés individuelle ? Réflexion à l'occasion de la rencontre annuelle des premiers présidents de cour d'appel et de la Cour de cassation », www.courdecassation.fr qui évoque, notamment, la loi constitutionnelle du 3 juin 1958 qui expose le principe que « l'autorité judiciaire doit demeurer indépendante pour être à même d'assurer le respect des libertés essentielles telles qu'elles sont définies par le préambule de la Constitution de 1946 et la Déclaration des droits de l'homme à laquelle il se réfère »*)*. Mais il n'y a aucune hésitation à avoir dans le contexte de 1958 (évènements de la guerre d'Algérie), il y a eu un choix clair et précis qui a été opéré par le constituant, le gouvernement ne voulant pas chercher à étendre le rôle de l'autorité judiciaire au-delà de l'*Habeas Corpus* (Voir, en ce sens, par ex., C. Tukov, « L'autorité judiciaire, gardienne exclusive de la liberté individuelle ? », *AJDA* 2016, p. 936 ; D. Maus, « Habeas Corpus, liberté individuelle et contrôle du juge : quel

juge ? », *D.* 2016, p. 671 ; J.-M. Sauvé, « Quel juge pour les libertés ? », *D.* 2016, p. 936).

Un contexte d'Etat d'urgence « sécuritaire » qui remet en cause la compétence « naturelle » du juge judiciaire

352 • Tous les facteurs, qu'ils soient juridiques ou politiques, qui ont fait de « l'autorité judiciaire » la gardienne de « la » liberté individuelle ou « des » libertés individuelles sont, aujourd'hui, battus en brèche. C'est notamment le contexte d'exception récent dans le cadre du 1er état d'urgence suite aux attentats de 2015 qui a mis en lumière cet état de fait puisque le juge administratif y est devenu le principal garant de la légalité des mesures attentatoires aux droits et libertés (loi n° 2014-1353 du 13 novembre 2014 (JO, 14 novembre 2014, p.19162) *renforçant les dispositions relatives à la lutte contre le terrorisme* ; loi n°2015-912 du 24 juillet 2015 (JO, 26 juillet 2015, p. 12735) *relative au renseignement* ; Décrets n°2015-1475, 2015-1476, 2015-1478 du 14 novembre 2015 (JO, 14 novembre 2015, p. 21297) *portant application de la loi n°55-385 du 3 avril 1955 ; loi n° 2016-731 du 3 juin 2016* (JO, 4 juin 2016, texte n°1*) renforçant la lutte contre le crime organisé, le terrorisme et leur financement.* Il faut ajouter toutes les lois prorogeant l'état d'urgence : ce dernier ayant été prolongé 6 fois par le Parlement : loi n°2015-1501 du 20 novembre 2015 (JO, 21 novembre 2015, p. 21665) ; loi n°2016-162 du 19 février 2016 (JO, 20 février 2016, texte n°5) ; loi n°2016-629 du 20 mai 2016 (JO, 21 mai 2016, texte n°1) ; loi n°2016-987 du 21 juillet 2016 (JO, 22 juillet 2016, texte n° 2) ; loi n° 2016-1767 du 19 décembre 2016 (JO, 20 décembre 2016, texte n°1) et loi n° 2017-1154 du 11 juillet 2017 (JO, 12 juillet 2017, texte n°1). L'état d'urgence a pris fin le 1er novembre 2017 suite à l'entrée en vigueur de la loi du 31 octobre 2017 (JO, 31 octobre 2017, texte n°1) *renforçant la sécurité intérieure et la lutte contre le terrorisme.* Celle-ci a pour objet de doter l'Etat de nouveaux moyens juridiques de droit commun permettant de mieux prévenir la menace terroriste hors période d'état d'urgence mais pose la question, dans le contexte sécuritaire, d'une atteinte encore plus durable voire permanente aux droits et libertés (Cf. Par ex. P. Cassia, « Sortie de l'état d'urgence temporaire, entrée dans l'état d'urgence permanent », https://blogs.mediapart.fr).

Un contexte d'Etat d'urgence « sanitaire » qui confirme la compétence « nouvelle » du juge administratif

352-1 • Le régime de l'état d'urgence « sanitaire », tel qu'il a été mis en place par la loi du 23 mars 2020 *visant à lutter contre la pandémie liée au Covid-19* (loi précitée) poursuit la logique même de l'état d'urgence « sécuritaire » ou de tout régime d'exception qui, par définition, amènent une prépondérance du pouvoir exécutif, pouvoir le plus à même de faire face à la crise. Ce sont les autorités du pouvoir exécutif qui ont vu leur pouvoir renforcé même si le fait de passer par la loi pour créer le nouveau type d'état d'urgence a, quelque peu, rappeler la compétence essentielle du législateur en cas d'atteinte aux droits et libertés (en ce sens, D. Rousseau, « Quand l'urgence fait mal au droit », *AJCT* 2020, p. 169 et suiv.). L'augmentation des pouvoirs de police dans le domaine sanitaire ayant surtout profité au 1er Ministre et au ministre de la santé tout en habilitant les préfets de département à agir localement après avis du directeur général de l'ARS (voir, sur la question, O. Renaudie, « La police sanitaire, un outil au service de la lutte contre le coronavirus », *Civitas Europa* 2020, p. 43 et suiv.). Mais à même cause, mêmes effets, comme a pu naître un « droit administratif de l'ennemi » (S. Hennette-Vauchez et S. Slama, « Etat d'urgence : l'émergence d'un droit administratif de l'ennemi ? », *AJDA* 2017, p. 1081 et suiv.) avec la crise sécuritaire, on a vu apparaitre un « droit administratif de la pandémie » avec comme même caractéristique un contrôle du juge administratif sur les principales mesures alors prises amenant à toujours plus développer ce nouveau rôle protecteur apparu clairement avec la crise sanitaire (Cf. Par ex, C. De Bernardinis, « La crise sanitaire : la confirmation du rôle protecteur du juge administratif ? », *Civitas Europa* 2020, p. 97 et suiv.).

Une compétence « naturelle » du juge judiciaire, en vérité, contraire à la réalité juridique

353 • L'origine de la nouvelle compétence du juge administratif est plus lointaine. Le dogme d'une compétence naturelle du juge judiciaire pour garantir le respect des droits fondamentaux est en contradiction avec la réalité juridique qui ne consacre pas une incompétence généralisée du juge administratif. La compétence du juge judiciaire touche les droits civils attachés à la personne (vie privé, mariage, domicile, correspondance, etc....) et non tous les droits fondamentaux. De plus, si le juge administratif n'a pas été conçu, initialement, pour traiter de la question spécifique des droits fondamentaux, les atteintes les plus graves résultent, en majorité, de décisions directement prises par la puissance publique. Si on a pu parler, à propos de l'ordre juridictionnel administratif et du droit public, d'un certain droit de privilège de l'Etat puisque ce dernier pouvait disposer de sa propre juridiction, on parle plutôt, aujourd'hui, d'un outil de soumission de l'Etat au droit positionnant le juge administratif, de plus en plus, comme un juge protégeant et défendant les droits et libertés. Ainsi, si on peut évoquer ou parler de concurrence, à l'origine, entre les deux juges sur la question notamment des compétences respectives (§1er), l'examen de la jurisprudence amène à nuancer l'importance de ce conflit dans le champ de la protection des droits fondamentaux. Il y a plutôt une coexistence, voire une coaction des juges, qui s'est construite avant tout par le dialogue témoignant d'une complémentarité latente ou cachée s'exerçant, notamment, par le biais des questions préjudicielles, la protection étant corrélativement assurée et ainsi même perfectionnée (§ 2nd).

§ 1er : Une concurrence initiale apparente dans la protection des droits et libertés

354 • Si c'est au juge judiciaire que le pouvoir constituant de 1958 a décidé de confier la protection de la liberté individuelle à travers l'article 66 C°, beaucoup d'éléments témoignent, aujourd'hui, d'un rééquilibrage de la fonction vers le juge

administratif (A) éléments qui corrigent quelque peu le choix initial pris par défaut de la compétence du juge judiciaire (B).

A – Une compétence de principe du juge judiciaire fixée par défaut

L'origine « lointaine » de l'article 66 C° : la loi du 8 mars 1810

355 • La coutume issue de l'article 7 DDHC (« Nul homme ne peut être accusé, arrêté, ni détenu, que dans les cas déterminés par la loi, et selon les formes qu'elle a prescrites. [···] ») et de l'art. 9 DDHC (« Tout homme étant présumé innocent jusqu'à ce qu'il ait été déclaré coupable ; s'il est jugé indispensable de l'arrêter, toute rigueur qui ne serait pas nécessaire pour s'assurer de sa personne, doit être sévèrement réprimée par la loi ») a amené à ce que, dans le Code d'instruction criminelle de 1808, les mandats de comparution, d'amener, d'arrêt et l'exécution des jugements soient aménagés de façon à assurer, avec le contrôle du juge judiciaire, les garanties les plus sérieuses pour protéger la liberté individuelle. Le Code de procédure pénale (entré en vigueur le 31 décembre 1958) a aussi méticuleusement encadré les conditions de la garde à vue en disposant que tout individu arrêté devra être conduit devant un magistrat dans les 24 heures (Art. 63, 77 et 154 du Code de procédure pénale). Mais rien ne pouvait prédisposer à ériger la protection ainsi définie au niveau constitutionnel. L'origine de l'article 66 C° est, plus prosaïquement, comme le qualifie le professeur Chapus, « lointaine » (R. Chapus, *Droit administratif général*, tome 1er, 14ème éd., 2000, p. 839, n°1078) dans la mesure où elle dérive de la loi *Napoléonienne* du 8 mars 1810 *sur les expropriations pour cause d'utilité publique* (Cf. Par ex., le dossier sur le bicentenaire de la loi de 1810 *sur l'expropriation organisé par l'Association française pour la recherche en droit administratif à Tours*, JCP 2011, A, n°2069 à 2078). C'est pour faire face au caractère impopulaire des mesures d'expropriation, qu'on a confié au juge judiciaire, alors le plus naturellement porté à protéger les droits privés, la compétence de prononcer le transfert du droit de propriété (après vérification de l'observation par l'administration des formalités prescrites) et l'office d'évaluer et de fixer les indemnités à payer aux ayants droit.

Un lien logique entre atteinte au droit de propriété et atteinte aux libertés individuelles

356 • Par la suite, on va raisonner de manière assez simple pour faire le lien, au début du XIXème siècle, entre le droit fondamental du « droit de propriété » et les autres droits fondamentaux comme la « liberté individuelle ». Si les toutes atteintes portées au droit de propriété entrainent la compétence de l'autorité judiciaire, il est logique qu'elle se manifeste aussi en cas d'obstacles à l'exercice des libertés, libertés qui sont tout autant importantes que la propriété immobilière (Cf. En ce sens : C R. Chapus, *Droit administratif général*, n°1078 précité et R. Desgorces, « Les armes du juge judiciaire dans la protection des libertés fondamentales : le point de vue de la doctrine », G. Eveillard (dir.), *La guerre des juges aura-t-elle lieu ? Analyse comparée des offices du juge administratif et du juge judiciaire dans la protection des libertés fondamentales*, 2016, In Line www.revuegeneraledudroit.eu). C'est le juge, et notamment celui du Tribunal des conflits, qui va alors placer sur un pied d'égalité la propriété privée et

la liberté individuelle et en conclure à la compétence du juge judiciaire sur le fondement d'une sorte de coutume jurisprudentielle (Cf. TC, 8 avril 1935, *Action Française*, précité où « L'autorité judiciaire doit être compétente et doit assurer la protection des administrés contre les agissements les plus graves, les abus les plus inadmissibles envers les libertés susceptibles d'être commis par la puissance publique. » ; TC, 4 juin 1940, *Société Schneider et Compagnie, Rec. CE*, p. 248 où « la protection de la propriété privée rentre essentiellement dans les attributions de l'autorité judiciaire » ; TC, 18 décembre 1947, *Hilaire et Dame Cortesi,* 2 arrêts, *Rec. CE*, p. 516, *D.* 1948, p. 62 note M. Fréjaville, *JCP* 1948, n°4087, note G. Vedel où « la sauvegarde de la liberté individuelle et la protection de la propriété privée rentrent essentiellement dans les attributions de l'autorité judiciaire »).

Un juge administratif qui protégeait déjà, à la même époque, la DDHC

357 • Même si le juge administratif ne pouvait plus être accusé de ne pas garantir une protection normale des droits et libertés, l'état du droit est, ensuite, resté tel quel. L'idée qui continuait à prédominer était celle d'une justice administrative encore trop partiale vis-à-vis du gouvernement et de l'administration et qui ne pouvait correctement assurer sa fonction de « juge ». Cette fonction n'étant pas premièrement de protéger les libertés mais plutôt de contrôler l'action de l'administration dans son intérêt même, c'est-à-dire eu égard à l'intérêt général. C'était une image assez fausse dans la mesure où, alors que les droits et libertés n'avaient pas encore obtenu de valeur constitutionnelle, le juge administratif, comme on l'a vu, s'appuyait et garantissait déjà le respect de la DDHC du 26 août 1789. Le Conseil d'Etat a été beaucoup plus rapide que le Conseil constitutionnel à reconnaître la valeur juridique du préambule de la C° puisque celui-ci lui servait de référence déjà sous la IVème République (CE, Ass., 7 juillet 1950, *Dehaene,* req. n°01645, préc.). La DDHC a été directement appliquée dès 1957 dans l'arrêt « *Condamine* », dans lequel il applique directement ses articles 9 et 10 DDHC (CE, 7 juin 1957, *Condamine,* préc.). Cette jurisprudence deviendra constante dès la Vème République, avec notamment l'arrêt « *Société Eky* », dans lequel est appliqué directement l'article 8 de la DDHC (CE, Sect., 12 février 1960, *Société Eky,* req. n°46922, préc.).

Un juge administratif qui avait déjà étendu son contrôle dans tous les domaines de l'action publique

358 • Toujours à la même époque, le juge administratif avait, déjà, affirmé la prééminence des libertés en exerçant un entier contrôle de proportionnalité sur les mesures de police administrative (CE, Ass., 19 mai 1933, *Sieur Benjamin et Syndicat d'initiative de Nevers,* req. n°17413 et n°17520, *Rec. CE*, p. 541, *S.* 1934, I, concl. Michel, note Mestre, *D.* 1933, III, p.354, concl. Michel), en renforçant progressivement l'étendue et le degré de son contrôle en matière de recours pour excès de pouvoir (CE, 4 avril 1914, *Gomel,* req. n°55125, *Rec. CE*, p.488 ; *S.* 1917, III, p. 25, note Hauriou qui précise la notion de qualification juridique des faits ou CE, 14 janvier 1916, *Camino,* req. n°59619 et n°59679, *Rec. CE*, p. 15, *RDP* 1917, p. 463, concl. Corneille, note G. Jèze, *S.* 1922, III, p.10, concl. Corneille qui précise la

notion d'erreur de fait), en veillant au respect des PGD (CE, Ass., 5 mai 1944, *Dame Veuve Trompier-Gravier,* req. n°69751, *Rec. CE*, p.133, *D.* 1945, p.110, concl. Chenot, note de Soto, *RDP* 1944, p. 256, concl. Chenot, note G. Jèze ; CE, Ass., 26 octobre 1945, *Aramu et autres, Rec. CE*, p.213, *D.* 1946, p. 158, note Morange, *EDCE* 1947, n°1, p.48, concl. Odent, *S.* 1946, III, p. 1, concl. Odent), parfois en allant même directement contredire l'exécutif (A propos de l'application de l'article 16 C° et des pouvoirs de crise du gouvernement : CE, Ass., 19 octobre 1962, *Canal, Robin et Godot,* req. n°58502, préc.). C'est le passage, au final, du droit de privilège de l'Etat au droit permettant de le soumettre à l'Etat de droit. Cela n'a pas empêché, au final, la confirmation de la compétence de principe du juge judiciaire en la matière. Cette dernière étant confirmée par des solutions législatives (1) comme par des solutions jurisprudentielles de l'ordre de celles existant en matière de voie de fait (2).

1 – Une compétence de principe confirmée, à l'origine, par des solutions législatives

La loi du 31 décembre 1957 et l'article 136 CPP

359 • Malgré les éléments contraires démontrés quant à la capacité d'action du juge administratif, le principe de l'autorité judicaire gardienne de la liberté individuelle continuait à être illustré et confirmé par différentes solutions législatives. On peut citer, par ex., une loi du 31 décembre 1957 (Loi n°57-1426 du 31 décembre 1957(JO, 8 janvier 1958, p. 258) *portant institution d'un code de procédure pénale)* qui, en fixant les termes de l'article 136 du Code de procédure pénale, disposait que les tribunaux judiciaires sont « toujours exclusivement compétents » pour statuer dans les « instances civiles » fondées sur des faits constitutifs d'atteinte à la liberté individuelle réprimées par le Code pénal et cela que ces instances soient dirigées contre l'administration ou qu'elles le soient contre ses agents (la règle a été rajoutée car elle ne se trouvait pas dans l'ancien article 112 du Code d'instruction criminelle ; le tribunal des conflits avait jugé que l'article ne pouvait donner un tel pouvoir au juge judiciaire qu'à l'égard des actions exercées contre les agents publics auteurs de la mesure attentatoire : TC, 27 mars 1952, *Dame de la Murette,* req. n°01339, *Rec. CE*, p. 626, *D.* 1954, p. 291, note C. Eisenmann, *RA* 1952, p. 268, note G. Liet-Veaux, *RDP* 1952, p. 757, note M. Waline, *S.* 1952.3.81, note M. Gravitz). Au-delà de cette disposition législative, d'autres contentieux ont, dans le même sens, été attribués au juge judiciaire.

a) Le contentieux du droit de propriété

Un rejet initial de la conception sociale du droit de propriété

360 • On a d'abord admis le caractère fondamental du droit de propriété par la DDHC de 1789 (le droit de propriété est l'un des « droits naturels et imprescriptibles de l'homme » (art. 2 DDHC) ; la propriété est « un droit inviolable et sacré » (art. 17 DDHC) (Cf. CC, n°81-132 DC, 16 janvier 1982, *Loi de nationalisation,* JO, 17 janvier 1982, p. 299, *Rec. CC*, p. 18). Cette consécration

constitutionnelle n'allait pas de soi malgré la reconnaissance du « bloc de constitutionnalité » depuis 1971 dans la mesure où les articles de la DDHC ne faisaient partie des règles et principes à valeur constitutionnelle que dans la mesure où ils consacraient un droit de l'homme ou des principes de la souveraineté nationale ce qui n'était pas le cas du droit de propriété. De même, la Constitution a clairement désigné le législateur, à travers son article 34, pour définir le champ d'application, le contenu et les attributions attachées à ce droit. En agissant de la sorte, le Conseil rejette la conception sociale de ce droit, à laquelle font pourtant référence bon nombre de constitutions étrangères (par exemple, les Constitutions italienne et espagnole qui disposent, respectivement que « La propriété privée est reconnue et garantie par la loi qui en détermine les modalités d'acquisition, de jouissance, ainsi que les limites, afin d'assurer sa fonction sociale » (art. 42 al. 2 C° italienne) et « Le droit à la propriété privée et à l'héritage est reconnu. La fonction sociale de ces droits délimite leur contenu, en accord avec les lois » (art. 14 al. 2 C° espagnole)).

Une compétence du juge judiciaire valorisée par le biais des PFRLR

361 • Le juge constitutionnel n'a pas envisagé les modalités de protection du droit de propriété. C'est le législateur qui a agi tout d'abord à travers la loi impériale du 8 mars 1810 précitée, qui a fait du juge judiciaire le gardien de la propriété privée mais que dans la mesure où il prononce formellement le transfert de propriété par voie d'expropriation. Il n'existe pas de principe général de compétence ou de monopole de compétence. Le juge constitutionnel a d'ailleurs formellement écarté l'existence d'un principe selon lequel « le juge judiciaire (serait) le gardien de la propriété privée » (CC, 85-189 DC du 17 juillet 1985, *Loi relative à la définition et à la mise en œuvre des principes d'aménagement,* JO, 19 juillet 1985, p. 8200, *Rec. CC*, p. 49, cons. n°2). Pour ce dernier, aucun élément du bloc de constitutionnalité pas plus que l'article 66 C° n'établissent de lien entre le droit de propriété et le juge judiciaire, ce dernier n'étant pas une composante de la liberté individuelle. La valeur constitutionnelle de l'intervention du juge judiciaire a, néanmoins, été établie par l'intermédiaire des PFRLR (CC, n°89-256 DC, *Loi portant dispositions diverses en matière d'urbanisme et d'agglomérations nouvelles*, JO, 28 juillet 1989, p. 9501, *Rec. CC*, p. 53). Le Conseil vérifie ainsi que la loi déférée ne méconnaît pas « l'importance des attributions conférées à l'autorité judiciaire en matière de protection de la propriété immobilière par les PFRLR » (cons. n°23). Il a aussi élevé au rang constitutionnel le principe ainsi déjà énoncé par le Tribunal des conflits, selon lequel « la protection de la propriété privée rentre essentiellement dans les attributions de l'autorité judiciaire » (TC, 18 décembre 1947, *Hilaire*, *Rec. CE*, p. 516, *JCP* 1948, G, II, n°4087, note G. Vedel, *D.* 1948, p. 62, note M. Fréjaville). Le principe a également été admis par la Cour de cassation (Cass., 1ère civ., 24 février 1956, *Bull. Civ.* 1956, I, n° 95 ; Cass, Ass. Plén., 8 mars 1996, n° de pourvoi : 93-15274, *Bull.* 1996, A. P., n°2, p. 3) ou le Conseil d'Etat (CE, 18 novembre 1949, *Carlier,* req. n°77441, *Rec. CE*, p. 490, *S.* 1950, 3, p. 49, note R. Drago) mais cette compétence n'est établie qu'à propos de la propriété immobilière et le principe consacré ne constitue, certainement pas, une clause générale de compétence judiciaire en cas d'atteinte à la

propriété (Cf. P. Bon, « Le statut constitutionnel du droit de propriété », *RFDA* 1989, p. 1018).

b) Le contentieux de la liberté d'expression écrite et orale

Un contrôle partagé entre le juge civil et le juge pénal depuis la loi sur la presse du 29 juillet 1881

362 • Le contrôle du juge judiciaire, dans ce cadre, est appliqué depuis la loi du 29 juillet 1881 (JO, 30 juillet 1881, p. 4201) *sur la liberté de la presse*. Le contrôle des atteintes est partagé entre le juge civil et le juge pénal. Les règles de compétence devant la juridiction civile ont longtemps été assez complexes. Il existait en effet un partage de compétence entre le TGI et le TI (article R. 321-8 COJ). Mais depuis le 1er janvier 2010, toutes les diffamations et injures publiques ou non publiques relèvent de la compétence du TGI (décret n° 2009-1693 du 29 décembre 2009 (JO, 31 décembre 2009, p. 23109) *relatif à la répartition des compétences entre le TGI et le TI*). C'est le Tribunal judiciaire qui est compétent dorénavant (depuis le 1er janvier 2020 et l'entrée en vigueur de la loi n°2019-222 du 23 mars 2019 (JO, 24 mars 2019, texte n° 2) de programmation et de réforme pour la justice qui a fusionné l'ensemble des contentieux qui relevaient des TI et TGI). Le TA peut également être compétent lorsqu'on juge la responsabilité d'un agent public pour une infraction à la loi sur la presse. Par exemple, lorsque ce dernier a agi dans l'exercice de ses fonctions sans commettre une faute personnelle détachable du service (Cass., crim., 20 juin 2006, pourvoi n° 05-87.415 ; Cass., crim., 25 septembre 2007, pourvoi n° 06-88.462 ; Cass., 1ère civ., 23 février 2011, pourvoi n° 09-72.059). Cette règle ne s'applique pas à l'action publique devant le juge pénal. Les règles de compétence juridictionnelle devant la juridiction pénale sont édictées par l'article 45 de la loi du 29 juillet 1881. L'article confiait initialement à la Cour d'assises la répression de l'ensemble des délits de presse. Aujourd'hui, réserve faite de la provocation suivie d'effet à commettre un crime (art. 23) et des hypothèses de simples contraventions relevant du Tribunal de police, le Tribunal correctionnel est investi d'une compétence de principe.

La protection de la vie privée et du droit à l'image et l'article 9 du Code civil

363 • Même si le législateur de 1881 avait pu penser régir l'ensemble de l'activité de presse par le biais d'une seule loi, il existe en matière de responsabilité des médias, qu'il s'agisse de la responsabilité civile ou pénale, des textes situés en dehors de la loi sur la presse et qui, pour certains, sont pourtant directement édictés pour régir l'activité de presse. Le principal domaine, en matière de responsabilité civile, concerne celui des droits de la personnalité, c'est-à-dire essentiellement la protection de la vie privée et du droit à l'image. Jusqu'en 1970, les tribunaux protégeaient sporadiquement la vie privée et l'image en ayant recours aux textes généraux (on fait généralement remonter à la fameuse affaire « *Rachel* » concernant une tragédienne de renom, Mademoiselle Rachel, peinte sur son lit de mort et ce sans autorisation de sa famille : Tribunal civil de la Seine, 16 juin 1858, *Felix contre O' Connell*, *D.* 1858, III, p. 62). L'avènement du star-system et de la société de

communication a ensuite obligé le législateur à intervenir en 1970 (loi n° 70-643 du 17 juillet 1970 (JO, 19 juillet 1970, p. 6751) *tendant à renforcer la garantie des droits individuels des citoyens)* en introduisant dans le Code civil un article 9 établissant, dans son 1er alinéa, que : « Chacun a droit au respect de sa vie privée » dont le contentieux représente aujourd'hui une masse d'instances supérieures à celle qui résulte de la loi sur la presse en grande partie du fait que les tribunaux ont maximisé le domaine d'application de l'article 9 pour y rattacher la protection du droit à l'image.

La protection de la présomption d'innocence et l'article 9-1 du Code Civil

364 • En 1993 des règles destinées à protéger la présomption d'innocence (loi n° 93-2 du 4 janvier 1993 (JO, 4 janvier 1993, p. 215) *portant réforme de la procédure pénale)* sont venus s'ajouter à celles protégeant la vie privée et le droit à l'image, le législateur ajoutant un texte calqué sur l'article 9, celui-ci proclamant que « Chacun a droit au respect de la présomption d'innocence » (art. 9-1 du Code civil). Jusqu'en 1993, la présomption d'innocence, protégée dans le cadre du procès pénal, ne faisait pas l'objet d'une protection spécifique de la personne dans ses rapports avec la presse. La protection civile est très ouverte dans la mesure où elle prévoit à la fois la réparation du dommage subi c'est-à-dire une action au fond devant la juridiction civile qui suit les règles habituelles de compétence, mais aussi une procédure de référé spécifique permettant aux juges de : « prescrire toute mesure, telle que l'insertion d'une rectification ou la diffusion d'un communiqué, aux fins de faire cesser l'atteinte à la présomption d'innocence ». Le législateur en l'an 2000 (loi n° 2000-516 du 15 juin 2000 (JO, 16 juin 2000, p. 9038) *renforçant la protection de la présomption d'innocence et les droits des victimes)* a, par ailleurs, ajouté une 2nde protection de la présomption d'innocence visant les images de personnes menottées ou entravées, protection d'ordre pénal qui a été insérée à l'article 35 ter de la loi du 29 juillet 1881.

Les délits d'apologie et de provocation au terrorisme, les contenus haineux sur Internet et la liberté d'expression (1)

365 • Pour lutter plus efficacement contre la propagande terroriste, le législateur a, en 2014 (loi n° 2014-1353 du 13 novembre 2014 (JO, 14 novembre 2014, p. 19162) *renforçant les dispositions relatives à la lutte contre le terrorisme),* déplacé les délits d'apologie et de provocation au terrorisme de la loi de 1881 sur la presse au Code pénal. Ce transfert a ainsi permis de changer a minima les éléments constitutifs de ces deux délits et de les contrôler à travers un régime procédural plus rigoureux. Le nouvel article 421-2-5 du Code pénal incrimine ainsi de manière combinée le « fait de provoquer directement à des actes de terrorisme ou de faire publiquement l'apologie de ces actes ». La provocation n'a donc plus besoin de la condition de publicité exigée auparavant par l'article 24 alinéa 6 de la loi de 1881. Le transfert des textes vers le Code pénal permet donc un régime procédural bien plus rigoureux que celui prévu par la loi de 1881 et notamment de leur appliquer certaines règles de procédure exclues en matière de presse, comme la possibilité de saisies ou le recours à la procédure de comparution immédiate ce qui pose la question

forcément de la remise en cause de la liberté d'expression en l'espèce (C. Godeberge et E. Daoud, « La loi du 13 novembre 2014 constitue-t-elle une atteinte à la liberté d'expression ? », *AJ pénal* 2014, p. 563). Le Conseil constitutionnel a néanmoins validé le délit en question (CC, n°2018-706 QPC, 18 mai 2018, *M. Jean-Marc R. [Délit d'apologie d'actes de terrorisme],* JO, 30 mai 2018, texte n°110) malgré des critiques persistantes (E. Dreyer, « Apologie du terrorisme par légitimation des moyens indépendamment de toute adhésion aux fins poursuivies », *RSC* 2019, p. 116 et suiv. ; Y. Mayaud, « L'apologie du terrorisme, un « acte de terrorisme » qui n'en est pas un... », *D.* 2018, p. 1233 et suiv.) et une décision contraire, pour un délit identique, par la Cour constitutionnelle belge (Cour Const. Belge, n°31/2018, 15 mars 2018, *Recours en annulation de la loi du 3 août 2016 portant des dispositions diverses en matière de lutte contre le terrorisme (III), introduit par l'ASBL « Ligue des Droits de l'Homme »*, n° de rôle : 6614 ; Cf., A. Fitzjean O Cobhthaigh, « La Cour constitutionnelle belge déclare le délit d'apologie de terrorisme inconstitutionnel », *CCE* 2018, n°6, alerte n°48 et www.const-court.be).

Les délits d'apologie et de provocation au terrorisme, les contenus haineux sur Internet et la liberté d'expression (2)

365-1 • En faisant passer le délit d'apologie du terrorisme dans le Code pénal, le législateur a introduit une exception à la loi de 1881 qui a fait beaucoup discuter, certains soulignant, par exemple, que « le droit positif actuel est plus proche du règne de Charles X et du Second Empire que des principes fondateurs de la IIIe République » (F. Gras, « Des « lois scélérates » aux premières applications par les tribunaux du délit d'apologie de terrorisme » *Légicom* 2016, p. 57 et suiv.). Depuis les attentats de Charlie Hebdo en 2015, la catégorie d'apologie du terrorisme a, en effet, été interprété largement amenant à multiplier les procédures ou les condamnations à des peines de prison ferme en comparution immédiate. Certains cas portant à discussion comme la condamnation de personnes déficientes intellectuellement ou en état d'ébriété au moment des propos tenus ou, à la suite de l'attentat mortel contre Samuel Paty, le placement en garde à vue d'enfants d'une dizaine d'année sur des propos supposés tenus en classe. Certains craignent la naissance d'un « délit d'opinion » (E. Araez, « Nous risquons d'attaquer la liberté d'expression sous couvert de la défendre », entretien, *LPA* 2020, n° 158, 2 décembre, p. 3 et suiv.) et il faut rappeler que pour le juge européen, la liberté d'expression s'articule aussi autour des idées qui « [...] heurtent, choquent ou inquiètent l'Etat ou une fraction quelconque de la population » (CourEDH, 7 décembre 1976, *Handyside c. Royaume-Uni,* req. n°5493/72, § 49, voir, par ex., F. Krenc, « La liberté d'expression vaut pour les propos qui « heurtent, choquent ou inquiètent ». Mais encore ? », *RTDH* 2016, n°106, p. 311 et suiv.).

Les délits d'apologie et de provocation au terrorisme, les contenus haineux sur Internet et la liberté d'expression (3)

365-2 • A noter que le Conseil constitutionnel a, récemment, jugé que le délit de recel d'apologie d'actes de terrorisme (qui permet d'incriminer la détention, en toute connaissance de cause, de fichiers ou de documents caractérisant l'apologie d'actes de terrorisme) porte une atteinte à la liberté d'expression qui n'est pas nécessaire, adaptée et proportionnée (CC, n° 2020-845 QPC, 19 juin 2020, *M. Théo S. [Recel d'apologie du terrorisme]*, JO, 20 juin 2020, texte n°67, voir, par ex., D. Goetzle, « Recel d'apologie du terrorisme : un outil non nécessaire pour prévenir le terrorisme ou un outil de moins ? », *Dalloz actualité* 2020, 26 juin). Il a également remis en cause le contenu initial de la loi dite « *Avia* » n°2020-766 du 24 juin *2020 visant à lutter contre les contenus haineux sur internet* (CC, n°2020-801 DC, 18 juin 2020, *Loi visant à lutter contre les contenus haineux sur internet,* JO, 25 juin 2020, texte n°2) posant la question, à terme, de la régulation des contenus haineux en ligne (Voir le dossier « La liberté d'expression à l'épreuve de la haine en ligne », *Dalloz IP/IT* 2020, p. 530 et suiv.) malgré le maintien de la création d'un parquet spécialisé et d'un observatoire de la haine en ligne rattaché au CSA (Cf. L. Castex, K. Favro et C. Zolynski, « La lutte contre la haine en ligne : de l'appel du 18 juin au discours de la méthode » *D.* 2021, p. 246 et suiv. ou P. Sirinelli et S. Prévost, « Démocratie versus Tweetocratie » *Dalloz IP/IT* 2021, p. 1 et suiv.) mais aussi, tout simplement, la question de la liberté d'expression sur Internet (Voir, par ex., B. Ader, « La loi de 1881 n'est pas le problème mais la réponse qu'il faut préserver », *Légipresse* 2020, p. 521 et suiv. ; A. Granchet, « Réseaux sociaux, médias en ligne et partage de contenus : le temps de la responsabilité et de la régulation », *Légipresse* 2020, p. 93 et suiv. et « La liberté d'expression dans la tourmente numérique », *Légipresse* 2019, p. 34 et suiv.).

c) Le contentieux des étrangers : l'exemple de la rétention administrative

Un juge judiciaire compétent pour prolonger les mesures de rétention administrative

366 • Dans ce contentieux, dont les recours relèvent en grande partie du juge administratif, c'est sur le fondement de l'article 66 C° que le juge judiciaire a été désigné par le législateur pour autoriser la prolongation des mesures de rétention administrative des étrangers en situation irrégulière. Les articles L. 552-1 à L. 552-6 CESEDA confient ce soin au juge des libertés et de la détention (JLD). C'est la loi du 29 octobre 1981 (loi n°81-973 du 29 octobre 1981 *relative aux conditions d'entrée et de séjour des étrangers en France,* (JO, 30 octobre 1981, p. 2970) qui a d'abord donné à « l'autorité judiciaire » le pouvoir de décider de la prolongation éventuelle de la rétention après un délai de 48 heures (délai fixé par la loi « *Debré* » n°97-396 du 24 avril 1997 *portant diverses dispositions relatives à l'immigration*, JO, 25 avril 1997). Au-delà de ce seuil, la décision administrative de placement en rétention devient une mesure privative de liberté relevant de l'article 66 C° et, de ce fait, soumise au contrôle exclusif du juge des libertés et de la détention (JLD). La réforme du 16 juin 2011 (loi n° 2011-672 du 16 juin 2011 *relative à l'immigration, à l'intégration et à la nationalité,* JO, 17 juin 2011, p. 10290) a souhaité, ensuite, en raison de l'enchevêtrement des procédures, repousser dans le temps l'intervention respective des juges administratifs et judiciaires en épuisant d'abord le contentieux de la légalité de la mesure d'éloignement avant que n'intervienne le juge judiciaire. Ce dernier n'intervenant qu'au terme d'un délai de placement initial de 5 jours, la mesure

pouvant être contestée avant dans un délai de 48 heures devant le juge administratif qui a alors 72 heures pour statuer. Alors que ce délai avait été validé par le juge constitutionnel (CC, 9 juin 2011, n°2011-631 DC, *Loi relative à l'immigration, à l'intégration et à la nationalité,* JO, 17 juin 2011, texte n°2, *Rec. CC*, p. 252), il a, de nouveau et au final, été porté à 48 heures en 2018 (loi n°2018-778 du 10 septembre 2018 *pour une immigration maîtrisée, un droit d'asile effectif et une intégration réussie,* JO, 11 septembre 2018).

La loi du 7 mars 2016 : un nouveau partage de compétences entre le juge administratif et le juge judiciaire

367 • Si la durée maximum de rétention administrative ne cesse d'augmenter (la mesure de placement peut, aujourd'hui, aller jusqu' à 90 jours en vertu de la loi n°2018-778 du 10 septembre 2018 précité), la loi du 7 mars 2016 (loi n° 2016-274 du 7 mars 2016 (JO, 8 mars 2016, texte n°1) *relative au droit des étrangers en France* ; Cf. E. Aubin, « La loi du 7 mars 2016 : le changement en droit des étrangers, c'est maintenant ? », *AJDA* 2017, p. 677 et suiv.) a établi un nouveau partage de compétences entre les deux ordres juridictionnels administratif et judiciaire : le juge administratif est toujours compétent quant à la légalité des mesures d'éloignement mais le juge judiciaire devient désormais compétent en matière d'appréciation de la légalité du placement en rétention, en plus du contentieux de la prolongation. L'article L. 512-1 CESEDA prévoit désormais que le contentieux des décisions de placement en rétention relèvera exclusivement du juge de la liberté et des détentions (JLD). Lorsqu'il est également saisi aux fins de prolongation de la rétention (art. L. 551-1 CESEDA), le juge statue dans une audience commune aux deux procédures par une ordonnance unique. Il y a deux éléments majeurs qui découlent des nouveaux textes mis en place par le législateur. Le 1er élément vise à mettre fin à la compétence du juge administratif en matière de placement en rétention afin de confier l'ensemble du contentieux au juge judiciaire. Le 2nd élément vise à réduire le délai initial de placement et donc l'intervention du juge judiciaire de 5 jours à 48 heures. En définitive, le juge administratif est seulement amené à contrôler le refus de séjour, l'obligation de quitter le territoire français (OQTF) et l'arrêté mentionnant le pays de destination.

La loi du 7 mars 2016 : des dérogations à la compétence du juge administratif visant à unifier le contentieux

368 • Si le contentieux de l'annulation des actes administratifs ressort, en principe, de la compétence du juge administratif, la dérogation à la répartition des compétences concernant la légalité du placement en rétention a été justifiée par le souci d'une « bonne administration de la justice » telle qu'entendue par le Conseil constitutionnel, dont la décision de principe est citée par le rapporteur du texte à l'Assemblée nationale. Cette décision permet de justifier une unification des « règles de compétence juridictionnelle au sein de l'ordre juridictionnel principalement intéressé » lorsqu'un même contentieux dépend, en raison des règles de principe de répartition des compétences, des deux ordres de juridiction (CC, n°86-224 DC, 23 janvier 1987, *Loi transférant à la juridiction judiciaire le contentieux des décisions du Conseil de*

la concurrence, JO, 25 janvier 1987, p. 924, *Rec. CC,* p. 8). Cette unification est notamment justifiée par le fait que le législateur a entendu conférer au juge statuant sur la rétention le pouvoir de lui substituer, le cas échéant, une mesure d'assignation à résidence. Cette dernière mesure doit avoir, à l'avenir, selon les vœux du législateur, un caractère prioritaire par rapport au placement en rétention administrative. La rétention administrative ne pouvant être mis en place dorénavant qu'en l'absence de garanties de représentation effectives, notamment parce qu'il n'a pas respecté les prescriptions liées à l'assignation à résidence ou qu'à l'occasion de la mise en œuvre de la mesure d'éloignement il a pris la fuite ou opposé un refus. Dans cet ordre d'idée, il était logique que le contentieux soit unifié et que le JLD soit aussi le juge de la légalité du placement même si la situation contentieuse reste quelque peu confuse : le juge administratif continuant à se prononcer sur la légalité de l'assignation à résidence, le JLD se prononçant sur la légalité du placement en rétention, ses prolongations et, le cas échéant, sa transformation en assignation à résidence.

La loi du 7 mars 2016 : un nouveau partage de compétence voulu par le juge européen

369 • A noter que c'est aussi en raison de la jurisprudence européenne que le nouveau partage de compétences a été effectué. On a notamment dénoncé l'apparition de deux contentieux parallèles de la rétention : l'un devant le juge administratif, qui restait compétent pour apprécier la légalité de la mesure de rétention, l'autre devant le juge judiciaire comme décrit précédemment (Cf., par exemple, H. Labayle, « La loi relative à l'immigration, l'intégration et la nationalité du 16 juin 2011 réformant le droit des étrangers. Le fruit de l'arbre empoisonné », *RFDA* 2011, p. 934). Le juge judiciaire devant vérifier la justification du maintien en rétention, la nécessité de la prolongation ou encore les éventuelles irrégularités commises durant le processus d'éloignement dans la seule limite de ne pas se prononcer sur la légalité de la décision initiale de placement en rétention. Le dispositif ainsi mis en place se révélait être d'une grande complexité et amenait à une distorsion assez évidente entre les deux ordres juridictionnels pouvant conduire à placer l'étranger dans une situation de déni de justice contraire à l'exigence européenne d'un recours effectif. C'est ainsi qu'à récemment jugé le juge européen en dénonçant l'absence de protection suffisante et effective contre l'arbitraire telle que requise par l'article 5 ConvEDH. La Cour relevant que « le juge administratif [...] n'a le pouvoir que de vérifier la compétence de l'auteur de cette décision ainsi que la motivation de celle-ci, et de s'assurer de la nécessité du placement en rétention. Il n'a, en revanche, pas compétence pour contrôler la régularité des actes accomplis avant la rétention et ayant mené à celle-ci [...]. Notamment, il ne peut contrôler les conditions dans lesquelles s'est déroulée l'interpellation de l'étranger » (CourEDH, 12 juillet 2016, *A. M. contre France,* req. n°56324/13 ; Cf. C. Palluel, « Le contrôle juridictionnel de la rétention administrative devant la CourEDH : un contrôle au conditionnel », *RDH* 2016, octobre). Le juge administratif n'est pas ainsi en mesure de protéger l'étranger contre l'arbitraire (art. 5-4 ConvEDH) d'où

le dernier changement législatif mis en place par la loi du 7 mars 2016 *faisant intervenir plus tôt le juge judiciaire.*

La loi du 10 septembre 2018 et l'absence de clarté persistante dans la répartition des compétences entre les deux juges

369-1 • Le droit des étrangers, et plus particulièrement la question rétention administrative, a, encore, été modifié par la loi du 10 septembre 2018 (loi n° 2018-778 du 10 septembre 2018 (JO, 11 septembre 2018, texte n° 1) *pour une immigration maîtrisée, un droit d'asile effectif et une intégration réussie).* Très critiquée (Cf. Par ex., K. Parrot, « Aperçu critique de la loi du 10 septembre 2018 *relative à une immigration maîtrisée, un droit d'asile effectif et une intégration réussie », D.* 2018, p. 2431 et suiv. ; X. Vandendriessche, « La loi Immigration et asile, une nouvelle occasion manquée ? », *AJDA* 2018, p. 2234 et suiv. ; V. Tchen, « La loi pour une immigration maîtrisée, un droit d'asile effectif et une intégration réussie. Des moyens juridiques à la hauteur des ambitions affichées ? », *JCP* 2018, G, n° 976 ; Dictionnaire permanent Droit des étrangers, « Loi asile et immigration du 10 septembre 2018. Un puzzle de dispositions pour un texte sur mesure au service de l'administration », n° spécial, bulletin n° 281-1, oct. 2018), la loi est loin de clarifier le contentieux en la matière et, comme toutes les autres lois récentes en la matière, sert avant tout de « moyen de communication politique » (En ce sens, S. Corneloup et F. Jault-Seseke, « La loi du 10 septembre 2018 pour une immigration maîtrisée, un droit d'asile effectif et une intégration réussie », *RCDIP* 2019, p. 5 et suiv). L'avis préalable du Conseil d'Etat souligne même les « difficultés inextricables qui envahissent [...] la définition des compétences respectives du juge de l'asile (la Cour nationale du droit d'asile (CNDA) et du juge administratif de droit commun (le tribunal administratif) » (CE, avis, 15 février 2018, *Projet de loi pour une immigration maîtrisée et un droit d'asile effectif,* n°394206, point n°8 ; compétences respectives auxquelles il faut encore ajouter celles du juge des libertés et de la détention). La durée maximale de la rétention administrative a été portée de 45 à 90 jours (le projet de loi du gouvernement prévoyait de la porter jusqu'à 135 jours), elle peut aller jusqu'à 210 jours pour actes de terrorisme (art. L 552-7 al. 5 CESEDA). L'intervention du juge judiciaire est donc séquencée différemment selon la chronologie suivante : une première intervention 48 heures après la décision de placement en rétention pour se prononcer sur une prolongation d'une durée maximale de 28 jours (art. L 552-1 CESEDA, le délai dans lequel le JLD peut se prononcer a été allongé de 24 heures). Quand ce dernier délai est écoulé, deuxième intervention du juge judiciaire qui peut ordonner une nouvelle prolongation d'une durée maximale de 30 jours (art. L 552-7 CESEDA). Après ces 60 premiers jours de la rétention, le juge des libertés et de la détention peut, enfin, ordonner deux nouvelles prolongations à titre exceptionnel, chacune pour une durée de 15 jours (art. L 552-7 al. 5 CESEDA) pour un délai maximum, pour finir, de 90 jours.

d) Le contentieux des hospitalisations d'office

Une compétence limitée d'abord définie par la loi du 27 juin 1990

370 • La compétence du juge judicaire a été défini par le législateur en 1990 (loi n°90-527 du 27 juin 1990 (JO, 30 juin 1990, p. 7664) *relative aux droits et à la protection des personnes hospitalisées en raison de troubles mentaux et à leurs conditions d'hospitalisation)* et était, à l'origine, assez limité dans la mesure où il se bornait à « apprécier la nécessité d'une mesure de placement d'office en hôpital psychiatrique » (TC, 22 mars 2004, *Deshayes contre Centre hospitalier spécialisé de la Sarthe, req. n°3341.* Cf. Anciens articles L. 333 et suivants CSP et art. L. 3211-12 CSP). C'est le juge administratif qui appréciait la régularité de l'arrêté préfectoral de placement (CE, 11 juin 2003, *Pouzin*, req. n°249086 et n°251973), le refus de placement d'office (CE, 13 juin 1971, *Sieur Planchon*, req. n°80251, *Rec. CE*, p. 33) ou encore les sorties d'essai *(TC, 30 mars 1992, Préfet Ille-et-Vilaine contre Saulnier,* req. n°2691, *Rec. CE*, p. 481 ; CE, 9 novembre 2001, *Deslandes*, req. n°235247). Le juge administratif est ainsi compétent pour examiner la régularité de la procédure et la motivation des arrêtés préfectoraux mais, une fois l'illégalité constatée, il n'appartient qu'au juge judiciaire de statuer sur les conséquences dommageables et de se prononcer sur l'indemnisation du préjudice (TC, 17 février 1997, *X contre Commune de Tarbes et Centre hospitalier spécialisé de Lannemezan,* req. n°3045)

Une dualité de juridiction mise en cause par les juges européens et le juge constitutionnel

371 • La dualité de juridictions dans ce contentieux de l'hospitalisation d'office a été dénoncée plusieurs fois par le juge européen comme contraire au droit à un recours effectif et comme excédant le « le bref délai » prévu à l'article 5-4 ConvEDH pour statuer sur la légalité de la détention et ordonner sa libération si celle-ci s'avère illégale (CourEDH, 14 avril 2011, *Patoux contre France,* req. n°35079/06, § 74 ; CourEDH, 18 novembre 2010, *Baudoin contre France,* req. n°35935/03, § 101 et suivants ; CourEDH, 18 juin 2002, *Delbec contre France,* req. n° 43125/98, § 33). Le Conseil constitutionnel a dû tirer les conséquences de ces décisions en émettant une réserve d'interprétation des textes : « s'agissant d'une mesure privative de liberté, le droit à un recours juridictionnel effectif impose que le juge judiciaire soit tenu de statuer sur la demande de sortie immédiate dans les plus brefs délais » (CC, n°2010-71 QPC, 26 novembre 2010, *Melle Danièlle S.,* JO, 27 novembre 2010, p. 21119, *Rec. CC*, p. 343, cons. n°39 ; Cf. Aussi CC, n°2011-135/140 QPC, 9 juin 2011, *Abdellatif B. et autres*, JO, 10 juin 2011, p. 9892, *Rec. CC*, p. 272). Cette réserve d'interprétation a obligé le législateur à unifier, en conséquence, le contentieux correspondant au profit du juge judiciaire (loi n°2011-803 du 5 juillet 2011 (JO, 6 juillet 2011, p. 11705) *relative aux droits et à la protection des personnes faisant l'objet de soins psychiatriques et aux modalités de leur prise en charge).*

Un contentieux unifié par la loi du 5 juillet 2011

372 • Comme l'avait prescrit le Conseil constitutionnel, le législateur a prévu l'intervention du JLD pour prolonger une hospitalisation sans consentement au-delà de quinze jours (art. L. 3211-12-1 CSP). Si la mesure n'est pas levée, elle est, par la suite, déférée, au moins tous les six mois, au juge judiciaire et même à tout moment (art. L. 3211-12 CSP). Contrairement à la solution qui prévalait jusqu'alors, la régularité des placements administratifs décidés à la demande d'un tiers, en cas de péril imminent ou sur décision du préfet, ne peut ainsi « être contestée que devant le juge judiciaire » (art. L. 3216-1 CSP), l'irrégularité affectant la décision administrative n'entraînant « la mainlevée de la mesure que s'il en est résulté une atteinte aux droits de la personne qui en faisait l'objet » (*Ibid.*). La régularité de la décision administrative d'admission s'apprécie donc, concrètement, en tenant compte de la situation effective du patient au regard de ses droits. Le Conseil d'Etat a pris acte, en conséquence, de ce bloc de compétence judiciaire (CE, 16 juillet 2012, *CH spécialisé Guillaume Régnier,* req. n°360793, JCP 2013, A, n°2168, E. Péchillon). Cette compétence est d'autant plus remarquable qu'elle impose au juge judiciaire de se prononcer sur la légalité d'un acte administratif unilatéral pris par un préfet ou un directeur d'établissement dans l'exercice d'un pouvoir de police spéciale. A noter que la levée d'une mesure d'hospitalisation d'office n'est pas considérée comme caractérisant la mise en œuvre d'une prérogative de puissance publique. Le juge judiciaire est donc compétent pour connaître de ses conséquences dommageables (CAA Bordeaux, 24 juillet 2018, *Association hospitalière Sainte-Marie,* req. n°18BX00275, AJDA 2018, p. 2429).

Des conditions de contrôle du juge judiciaire revues par la loi du 27 septembre 2013

373 • La procédure de l'hospitalisation d'office n'a pas été directement remise en cause par le Conseil constitutionnel dans la mesure où, si l'article 66 C° exige que toute privation de liberté soit placée sous le contrôle de l'autorité judiciaire, il n'impose pas que cette dernière soit saisie préalablement à toute mesure de privation de liberté. Le Conseil a simplement contesté la durée de privation de liberté qui pouvait être prolongée d'un mois au vu d'un certificat médical circonstancié et pour des périodes successives d'un mois selon les mêmes modalités (art. L. 3212-7 CSP) (cons. n°23 de la *décision n° 2010-71 QPC du 26 novembre 2010* précitée). L'intervention d'une commission administrative ne constituait pas ici une garantie suffisante car elle n'autorisait pas le maintien dans un centre fermé et examinait obligatoirement la seule situation des personnes dont l'hospitalisation se prolongeait au-delà de trois mois (*Ibid.*, cons. n°24). Pour ces raisons, en dépit de l'obligation faite à des magistrats judiciaires de visiter périodiquement les établissements et d'un recours pour faire annuler une hospitalisation d'office, le dispositif a été jugé contraire à l'article 66 C° qui implique l'intervention de l'autorité judiciaire dans le plus court délai possible (*Ibid.*, cons. n°25). Le législateur a apporté certaines réponses sur ces points avec la loi du 27 septembre 2013 (loi n° 2013-869 du 27 septembre 2013 (JO, 29 septembre 2013, p. 16230) *modifiant certaines*

dispositions issues de la loi n° 2011-803 du 5 juillet 2011) en revoyant les conditions dans lesquelles le juge judiciaire exerce son contrôle. Il a notamment davantage pris en compte l'intérêt du malade et rendu plus effectifs les droits de la défense. Pour le reste, il faut juste relever le rétrécissement du délai d'intervention du juge judiciaire sur les mesures d'hospitalisation complète, celui-ci pouvant désormais intervenir avant l'expiration d'un délai de 12 jours et non plus de 15 jours comme précédemment (art. L. 3211-12-1 CSP).

Une unification du contentieux qui continue à susciter des interrogations (1)

373-1 • Ce sont les droits des personnes lors de la mesure de contrainte qui suscitent notamment certaines interrogations. Il en est ainsi concernant, par exemple, les garanties liées au droit à l'information. Alors que ces droits doivent être considérés comme absolus, la Cour de cassation a pu estimer que ce défaut d'information lors d'une mesure de placement ou maintien en hospitalisation sans consentement affectait l'exécution de la mesure et non la mesure elle-même (Cass., 1ère civ., 15 janvier 2015, n° de pourvoi : n° 13-24361 ; Cf. L. Friouret, « L'absence d'information des droits de la personne hospitalisée sous contrainte, un manquement sans incidence sur la légalité de la décision administrative », *Revdh* 2015, http://journals.openedition.org/revdh/1064). Le Conseil d'Etat, avant l'unification de 2011 avait, pourtant, jugé en sens contraire et rappelé la nécessité pour l'autorité administrative de justifier la mesure par les éléments de droit et de fait (CE, 9 novembre 2001, *Deslandes,* req. n°235247, *Rec. CE*, p. 547). La Cour de cassation a, de même, considéré qu'en cas de contestations portant sur la régularité des décisions administratives de soins sans consentement, le juge judiciaire ne pouvait prononcer que la mainlevée de la mesure et qu'il n'était pas compétent pour annuler une décision administrative (Cass. 1ère civ., 11 mai 2016, n° de pourvoi : 15-16233). La seule mainlevée de la mesure de soins par le juge judiciaire, même si elle permet d'en faire cesser les effets pour le futur, laisse néanmoins persister la décision d'admission en soins dans l'ordre juridique au moins pour le passé puisqu'elle n'est pas annulée. La Cour de cassation a, pourtant, confirmé sa jurisprudence en rejetant une QPC sur ce point et en réaffirmant qu'il n'était pas du pouvoir du juge judiciaire d'annuler une décision administrative illégale d'admission en soins psychiatriques sans consentement (Cass. 1ère civ., 25 janvier 2018, n° de pourvoi : 17-40066) (Cf. Sur l'ensemble de la question P. de Niort, « Les droits de la personne hospitalisée en soins psychiatriques sans consentement pour péril imminent », 27 juillet 2020, https://www.village-justice.com).

Une unification du contentieux qui continue à susciter des interrogations (2)

373-2 • Le juge constitutionnel a, récemment, été saisi d'une QPC quant à la conformité à l'article 66 C° de l'article L. 3222-5-1 CSP traitant de l'isolement et de la contention en psychiatrie. Le Conseil a considéré que lorsque les mesures étaient prolongées au-delà d'une certaine durée, l'absence d'intervention systématique du juge judiciaire n'offrait pas de garanties suffisantes au regard de l'article 66 C° (CC, n°2020-844 QPC, 19 juin 2020, *M. Eric G. [Contrôle des mesures d'isolement ou de contention dans le cadre des soins psychiatriques sans consentement],* JO, 20 juin 2020, texte n°66). L'article 84 de la loi du 14 décembre 2020 (Loi n°2020-1576 du 14 décembre 2020 (JO, 15 décembre 2020, texte n°1) *de financement de la sécurité sociale pour 2021)* vient en conséquence accroitre le rôle et les pouvoirs du JLD pour trouver le nécessaire compromis entre l'ordre public et la protection des libertés individuelles. Il prévoit, pour remplacer la « durée limitée » de l'ancien texte, une limite différente pour l'isolement et pour la contention en tenant compte de leur originalité respective, une durée maximale de 12 heures étant prévue pour l'isolement. Le JLD voit ainsi son rôle dans l'isolement ou la contention assuré de la même manière que celui déjà existant dans le prolongement ou la mainlevée de l'hospitalisation sans consentement.

2 – Une compétence de principe accentuée par des solutions jurisprudentielles contestables : l'exemple de la voie de fait

a) Un juge administratif qui renonce de lui-même à un contentieux qui lui revient de droit

Un domaine de compétence qui appartient par nature au Conseil d'Etat

374 • La compétence du juge judiciaire a été confirmée par le biais de solutions jurisprudentielles dont la plus remarquable est celle relative à la théorie de la voie de fait. Elle se définit, en premier lieu, comme un titre de compétence judiciaire se présentant comme une exception au principe fondamental de séparation des autorités administratives et judiciaires. Lorsque l'administration prend une décision ou commet une action manifestement et grossièrement illégale en portant atteinte aux propriétés privées et aux libertés fondamentales, elle apparaît insusceptible de se rattacher à une compétence légale. L'acte est en quelque sorte dénaturé et l'administration perd son privilège de juridiction. C'est alors au juge judiciaire de faire cesser son action et de la réparer en traitant l'administration dans les conditions du droit commun pour protéger la victime. L'agissement en cause perdant son caractère administratif au-delà d'un certain degré d'irrégularité commise par l'administration. Apparue dans le courant du XIX° siècle et initiée par le Conseil d'Etat lui-même (CE, 9 mai 1867, *Duc d'Aumale et Michel Levy,* req. n°39621, *S.* 1867, III, p.124, concl. L. Aucoc, note R. Chopin ; CE, 21 septembre 1827, *Rousseau, Rec. CE*, p. 504), la théorie a, ensuite, été systématisée par le Tribunal des conflits (TC, 13 mai 1875, *Lacombe, Rec. CE*, p. 896 ; TC, 8 avril 1935, *Action Française* précitée qui fixe les conditions de la voie de fait). En procédant de la sorte, le Conseil d'Etat a implicitement renoncé à un contentieux dont il était le juge naturel. Il restait néanmoins la condition qu'il soit seul compétent pour constater et qualifier une voie de fait avant de la renvoyer devant le juge judiciaire. En pratique, c'est le juge judiciaire qui s'est pourtant approprié ce pouvoir de constater et ceci, de façon quasi-exclusive, avant, qu'en 1966, le Tribunal des conflits n'intervienne pour établir une compétence partagée en la matière (TC, 27 juin 1966, *Guigon contre Armées,* req. n° 1889, *Rec. CE*, p. 830, *JCP* 1967, II, n°15135, concl. R. Lindon, *AJDA* 1966, p.547, note A. de Laubadère, *D.* 1968, p. 7, note J.-C. Douence).

Un juge judiciaire qui étend son domaine de compétence : la jurisprudence des « passeports »

375 • On ne peut que parler, au minimum, du caractère plus que discuté de la théorie, caractère magnifiquement et classiquement décrit par le professeur Chapus : « C'est la folle du logis, présente là où on l'attend le moins, et perturbatrice au-delà de l'acceptable, du fait de la difficulté fréquente du diagnostic comme de l'usage aisément abusif qu'en font maints magistrats judiciaires, que le Tribunal des conflits, trop souvent sollicité, ne parvient guère, cependant, à ramener dans le droit chemin » (R. Chapus, *Droit administratif général* précité, n°1087). La voie de fait a toujours été comprise, depuis l'arrêt « *Carlier* », comme étant l'acte commis par l'Administration, portant atteinte à la propriété privée ou à une liberté fondamentale et présentant le signe distinctif d'être « manifestement insusceptible de se rattacher à l'exercice d'un pouvoir reconnu à l'Administration » (CE, Ass., 18 novembre 1949, *Carlier, Rec. CE*, p. 490, *RDP* 1950, p. 172, concl. F. Gazier, note M. Waline, *S.* 1950.3.49, note R. Drago, *JCP* 1950, II, n°5535, note G. Vedel). C'est de sa propre initiative que le juge judiciaire a, alors, entrepris, à partir des années 1980, d'étendre un domaine de compétence qui, pourtant, ne lui appartenait pas par nature. Il crée, en effet, à cette époque, à travers ce qu'on a pu appeler la jurisprudence des « passeports » (des passeports n'avaient pas été renouvelés par l'administration eu égard à des impôts non payés), une nouvelle catégorie attachée à la notion en qualifiant une simple illégalité commise par l'administration de voie de fait effaçant ainsi purement et simplement le critère du non rattachement aux « pouvoirs » de l'administration (Cass., 1ère civ., 28 novembre 1984, (2 arrêts) *Bonnet contre Trésorier principal de Boulogne Billancourt*, n° pourvoi : 83-16552 et *Receveur général des finances de Paris*, n° pourvoi : 83-14046, *Bull. Civ.* 1984, I, n° 321, *RFDA* 1985, p. 761, concl. P.-A. Sadon et p. 145, note B. Pacteau, *D.* 1985, p. 313, note C. Gavalda, *JCP* 1986, G, II, n°20600, note M. Lombard).

b) Une illégalité simple pouvant être à l'origine de la voie de fait

Une extension de compétence confirmée par le Tribunal des conflits : l'arrêt « *Eucat* »

376 • En vertu de la jurisprudence des « passeports », il suffit, maintenant, que l'acte qui a porté atteinte à une liberté fondamentale soit « manifestement insusceptible de se rattacher à un pouvoir conféré à l'Administration dans l'exercice de fonctions données ». Ce considérant de principe a été inauguré et rappelé par le Tribunal des conflits dans sa jurisprudence « *Eucat* » (TC, 9 juin 1986, *Eucat contre Trésorier payeur général du Bas-Rhin*, n°2434, *Rec. CE*, p. 301, *JCP* 1987, G, II, n° 20746, note B. Pacteau, *AJDA* 1986, p. 428, chron. M. Azibert et M. de Boisdeffre, *D.* 1986, p. 493, note C. Gavalda, *RFDA* 1987, p. 53, concl. M.-A. Latournerie) puis, indirectement, par le Conseil d'Etat dans des décisions prises dans le même sens à propos de la question des passeports (CE, 8 avril 1987, *Ministre de l'intérieur contre Peltier*, req. n°55895, *Rec. CE*, p. 128 ou CE, 4 mai 1988, *Plante*, req. n°60590, *RFDA* 1989, p. 197, B. Pacteau). Les décisions en cause dans ces affaires (retrait des passeports à la demande des administrations financières et sur décision du

Ministre de l'Intérieur) n'étaient pas manifestement insusceptibles d'être rattachés à un pouvoir de l'administration puisque cette dernière détient précisément celui de retirer un passeport ou d'en refuser la délivrance ou le renouvellement notamment quand il y a poursuite ou condamnations pénales. Il y a pourtant voie de fait parce que le retrait de passeports est manifestement insusceptible de se rattacher à un pouvoir conféré par la loi à l'Administration dans le cas d'espèce. Le Tribunal des conflit (comme la cour de cassation ou le Conseil d'Etat) apprécie, en réalité, « le rapport existant entre la mesure contestée et, non pas les pouvoirs de l'administration en général, mais un pouvoir déterminé, caractérisé par sa finalité : celui d'assurer le recouvrement des impôts » (R. Chapus, *Droit administratif général,* Paris, Montchrestien, 14ème éd., 2000, p. 862-863) ce qui dénature la voie de fait et ouvre la possibilité que cette dernière ne soit en définitive qu'une « simple illégalité » (*Ibid.*, p. 863). Comme pouvaient le noter les chroniqueurs à l'AJDA sous la décision « *Eucat* », « n'est donc plus condamné un agissement à proprement parler « monstrueux », comme ont pu l'écrire certains auteurs, ou du moins aberrant à l'occasion duquel l'Administration est sortie des sentiers de tout droit, des chemins de toute légalité d'une façon inexcusable, mais plutôt l'usage d'un droit inadéquat, inapproprié, l'application à une activité de pouvoirs dont l'Administration ne dispose qu'à l'occasion d'autres opérations » (M. Azibert et M. de Boisdeffre, *AJDA* 1986, p. 428). Si la plupart de la doctrine avait accueilli avec une certaine mesure l'innovation jurisprudentielle, le professeur Chapus n'avait pas manqué de souligner, dans des propos plus critiques, l'évolution regrettable contribuant à encourager la compétence du juge judiciaire, l'auteur considérant qu' « accepter qu'une illégalité simple puisse être à l'origine d'une voie de fait [...], ce n'est rien de moins que mettre en cause la légitimité et, par suite, la raison d'être, de la justice administrative » (R. Chapus, *Droit administratif général*, précité, p. 863).

Un Tribunal des conflits qui revient aux fondements de la voie de fait en 1997

377 • La formule « inaugurée » par la décision « *Eucat* » a été à nouveau utilisée par le Tribunal des conflits dans des affaires touchant à des domaines autres que celui des passeports comme à propos du refus d'autorisation de séjour (TC, 2 mars 1987, *Iskounene,* req. n°2461, RDP 1988, p. 1395) ou encore à propos du retrait de la carte d'un résident (TC, 27 novembre 1995, *Préfet de la région Champagne-Ardenne, préfet de la Marne contre Mme Muzgun,* req. n°02986, RA 1996, p. 73). Mais le Tribunal des conflits, dans la majorité des cas, continuait à se référer à la formule habituelle consacrée par sa jurisprudence traditionnelle « *Carlier* », considérant, à chaque fois, que l'Administration « n'a pas pris une mesure manifestement insusceptible de se rattacher à un pouvoir appartenant à l'Administration et n'a donc pas commis une voie de fait » (Voir, en ce sens, D. Thierry, « La jurisprudence Eucat dix ans après : sa portée sur la théorie de la voie de fait », *RFDA* 1997, p. 524). Il faudra attendre 1997 pour que le Tribunal des conflits revienne aux fondements de la voie de fait en rappelant qu'il ne peut y avoir voie de fait sans que l'acte ne soit susceptible d'être rattaché à un pouvoir de l'administration (TC, 12 mai 1997, *Préfet de police de*

Paris contre TGI de Paris, req. n°03056, *Rec. CE*, p. 528, *RFDA* 1997, p. 514, concl. J. Arrighi de Casanova).

Bibliographie

- **Abraham (R.)**, « L'avenir de la voie de fait et le référé administratif », Mélanges Braibant, Paris, Dalloz, 1996.

- **Albert (N.)**, « Hospitalisation d'office, le juge judiciaire sous pression », JCP 2011, A, n°17, p. 4.

- **Alland (D.). Teitgen-Colly (C.)**, Traité du droit de l'asile, Paris, PUF, 2002.

- **Amseleck (P.)**, « Les vicissitudes de la compétence juridictionnelle en matière d'atteintes administratives à la liberté individuelle », RDP 1965, p. 801.

- **Aubin (E.)**, L'essentiel du droit des étrangers, Paris, Gualino, 2014.

- **Auby (J.-M.)**, « Emprise irrégulière et voie de fait », JCP 955, G, I, n°1259.

- **Barbou des Places (S.), Corneloup (S.), Jault-Seseke (F.)**, Droit de la nationalité et des étrangers, Paris, PUF, 2015.

- **Bioy (X.)**, « La judiciarisation accrue de l'hospitalisation sous contrainte », AJDA 2011, p. 174.

- **Blay Grabarczyk (K.)**, « Le régime de l'hospitalisation sous contrainte », RFDA 2012, p. 629.

- **Bockel (J.-M.)**, « La voie de fait : mort et résurrection d'une notion discutable », D. 1970, chron. p. 29

- **Bouffandeau (T.)**, « La délimitation de la compétence de la juridiction administrative par la jurisprudence du Tribunal des conflits », Livre jubilaire du Conseil d'Etat, Paris, Sirey, 1952, p. 143.

- **Braibant (G.)**, « Voie de fait et recours pour excès de pouvoir », AJDA 1958, p. 90.

- **Bretton (P.)**, L'autorité judiciaire, gardienne des libertés essentielles et de la propriété privée, Paris, LGDJ, 1964.

- **Brunet (B.)**, « Le juge judiciaire et les libertés individuelles à l'occasion de l'application de l'article 35 bis de l'ordonnance du 2 novembre 1945 », GP 1996, 1, doctr. p. 61.

- **Dauchy (J.-M.)**, « Le contrôle par la CourEDH des décisions administratives d'internement psychiatrique », RDSS 2013, p. 474.

- **Debary (M.)**, La voie de fait en droit administratif, Paris, LGDJ, 1960.

- **Delvolé (J.)**, « Une crise du principe de séparation des autorités administratives et judiciaires (la jurisprudence du Tribunal des conflits de 1947 à 1950) », EDCE 1950, n°4, p. 21.

- **Depaix (M.)**, « Le placement d'office des aliénés et les questions qu'il pose au juge administratif », AJDA 1989, p. 169.

- **Desgorces (R.)**, « Les armes du juge judiciaire dans la protection des libertés fondamentales : le point de vue de la doctrine », G. Eveillard (dir.), La guerre des juges aura-t-elle lieu ? Analyse comparée des offices du juge administratif et du juge judiciaire dans la protection des libertés fondamentales, 2016, In Line www.revuegeneraledudroit.eu

- **Douaki (T.)**, La ConvEDH et le droit à la liberté de certains malades et marginaux, Paris, LGDJ, 1986.

- **Drago (R.)**, « Le juge judiciaire, juge administratif », RFDA 1990, p. 71.

- **Dran (M.)**, Le contrôle juridictionnel et la garantie des libertés publiques, Paris, LGDJ, 1968.

- **Dubuis (L.)**, « La loi du 27 juin 1990 assure-t-elle une protection des personnes hospitalisées en raison des troubles mentaux conforme au droit européen ? », Mélanges Auby, Paris, Dalloz, 1992, p. 127.

- **Eisenmann (C.)**, « Le contentieux des atteintes arbitraires à la liberté et à la sécurité individuelle », RDP 1956, p. 1.

- **Gacon (H.)**, « L'intervention du juge judiciaire dans la procédure de rétention administrative », AJDPénal 2008, p. 16.

- **Gal (M.)**, « La juridiction compétente pour connaître des atteintes aux droits fondamentaux de la personne humaine », JCP 951, G, I, n°927.

- **Galmot (Y.)**, « Le contrôle juridictionnel des saisies d'imprimés », EDCE 1959, p. 57.

- **Goyard (C.)**, La compétence des tribunaux judiciaires en matière administrative, Paris, Montchrestien, 1962.

- **Godeberge (C.), Daoud (E.)**, « La loi du 13 novembre 2014 constitue-t-elle une atteinte à la liberté d'expression ? », AJ pénal 2014, p. 563.

- **Gros (L.)**, « Théorie de la voie de fait : une évolution en forme de retour aux sources », LPA 1996, 20 mai, n° 61, p. 7.

- **Guery (C.)**, « Le juge des libertés et de la détention : un juge qui cherche à mériter son nom… », D. 2004, p. 583.

- **Huet (P.)**, « La juridiction administrative gardienne de la liberté individuelle », AJDA 1973, p. 507 et « L'évolution cyclique de la compétence administrative en matière de protection de la liberté individuelle », RA 1972, p. 19.

- **Jonquere (J.)**, « Saisies administratives et judiciaires et liberté de la presse », GP 1967, 1, doctr. p. 35.

- **Kaci (M.)**, « Voie de fait. Quo vadis ? », LPA 1997, 21 février, p. 7.

- **Keller (R.)**, « La mission constitutionnelle de l'autorité judiciaire », www.conseil-etat.fr.

- **Labayle (H.)**, « La loi relative à l'immigration, l'intégration et la nationalité du 16 juin 2011 réformant le droit des étrangers. Le fruit de l'arbre empoisonné », RFDA 2011, p. 934

- **De Lamy (B.)**, « Le juge judiciaire, juge constitutionnel », RDP 2002, p. 781.

- **Landais (C.), Lenica (F.)**, « Le placement d'office et ses deux juges », AJDA 2005, p. 1246.

- **Lavialle (C.)**, « La compétence juridictionnelle en matière de réparation des atteintes à la propriété privée consécutives à une expropriation », CJEG 1990, p. 213 et « Le juge administratif et l'exception de propriété », RFDA 2004, p. 497.

- **Leclercq (C.)**, « Le déclin de la voie de fait », RDP 1963, p. 657.

- **Le Mire (P.)**, « Inexistence et voie de fait », RDP 1978, p. 1219.

- **Lemode (M.)**, « Le juge des libertés et de la détention : une réelle avancée ? », RSC 2001, p. 51.

- **Mechelon (J.-P.)**, « La loi de 1838 sur les aliénés : la résistance au changement », RDP 1984, p. 105.

- **Massot (J.)**, « La répartition du contentieux entre les deux ordres », RFDA 2010, p. 907.

- **Matsopoulou (H.)**, « Le juge des libertés et de la détention : un acteur de 1er ou de 2nd rôle en matière de détention provisoire », D. 2008, p. 1494.

- **Mestre (J.-L.)**, « L'expropriation face à la propriété (Du Moyen Âge au Code civil) », Droits 1985, p. 51 ; « La Déclaration des droits de 1789 et la propriété mobilière », RFDC 1996, p. 227 ; « La propriété, liberté fondamentale pour les constituants de 1789 », RFDA 2004, p. 1.

- **Meurisse (R.)**, « La définition de la voie de fait », GP 1950, 2, doctr. p. 28.

- **Morange (J.)**, « La Déclaration et le droit de propriété », Droits 1988, p. 101.

- **Normand (J.)**, « Le juge judiciaire, gardien non exclusif des libertés. Le cas des étrangers », RTDCiv1996, p. 235 et « Le juge judiciaire, juridiction d'exception des atteintes portées par les autorités administratives à la liberté individuelle », RTDCiv 1998, p. 181.

- **Osamn (F.)**, « Le juge judiciaire, gardien de la liberté individuelle : mythe ou réalité ? », GP 1990, 1, doctr. p. 133.

- **Pauliat (H.)**, « Le droit de propriété devant le Conseil constitutionnel et la CourEDH », RDP 1995, p. 1445

- **Perrier (J.-B.)**, « Hospitalisation sans consentement », RSC 2014, p. 406.

- **Pena (A.)**, « Internement psychiatrique, liberté individuelle et dualisme juridictionnel : la nouvelle donne », RFDA 2011, p. 951.

- **Petit (S.)**, La voie de fait administrative, Paris, PUF, coll. « Que sais-je ? », 1995.

- **Philip (L.)**, « Les internements administratifs », D. 1962, chron. p. 135.

- **Picard (E.)**, « Dualisme juridictionnel et liberté individuelle. Le principe selon lequel l'autorité judiciaire est la gardienne de la liberté individuelle », in Le contrôle juridictionnel de l'administration, colloque CERAP, Economica, 1991, p. 165.

- **Pinto (J.)**, « La protection des droits de l'homme par les tribunaux judiciaires en France », EDCE 1949, p. 21.

- **Plessix (B.)**, « Compétence incidente du juge judiciaire en matière d'appréciation de la légalité des actes administratifs », JCP 2011, G, n°2523.

- **Plouvin (Y.)**, « Au secours ! Le juge civil des référés arrive (ou la réduction du juge administratif par le juge judiciaire des référés) », GP 1989, 1, doctr. p. 102.

- **Pontier (J.M.)**, « Propriété littéraire et artistique et étendue de la compétence du juge judiciaire », AJDA 2014, p. 2364.

- **Puisoye (J.)**, « La voie de fait administrative », S. 1962, chron. p. 53.

- **Rivero (J.)**, « Le système français de protection des citoyens contre l'arbitraire administratif à l'épreuve des faits », Mélange Dabin, Bruxelles, Bruylant, t. II,1963, p. 813 et « Dualité de juridictions et protection des libertés », RFDA 1990, p. 734.

- **Robert (J.)**, Les violations de la liberté individuelle commises par l'administration et le problème des responsabilités, LGDJ, 1956, « Le juge administratif et la liberté individuelle », Mélange Waline, Paris, LGDJ, 1974, t. 3, p. 719.

- **Roger (A.)**, « Le contrôle judiciaire de la rétention des étrangers en instance d'éloignement : entre formalisme et efficacité », RPénDPal 2010, n°4, p. 797.

- **Rouge Guichard (S.)**, « Réflexion autour de l'extinction du droit de propriété. Critère inédit de répartition des compétences entre juge administratif et juge judiciaire », JCP 2014, A, n°41, p. 19.

- **Saint Pau (J.-C.)**, « L'article 9 du Code civil, matrice des droits de la personnalité », D. 1999, jurispr. p. 542.

- **Sainte Rose (J.), Mucchielli (P.)**, « Le contrôle du juge judiciaire sur la rétention administrative », GP 1996, n°248, p. 2.

- **Sudre (F.)**, « La protection du droit de propriété par la Cour européenne des droits de l'homme », D. 1988, chron. p. 71.

- **Seguin (D.)**, Guide du contentieux du droit des étrangers, Paris, LexisNexis, 2015.

- **Suel (M.)**, « La déclaration des droits de l'homme et du citoyen. L'énigme de l'article 17 sur le droit de propriété », RDP 1974, p. 1295.

- **Tchen (V.), Tchen (V.)**, Code de l'entrée et du séjour des étrangers et du droit d'asile, Paris, LexisNexis, 2017 ; Le droit des étrangers, Paris, Ellipses, 2011.

- **Thierry (D.)**, « La jurisprudence Eucat dix ans après : sa portée sur la théorie de la voie de fait », RFDA 1997, p. 524.

- **Tsiklitiras (S.)**, La protection effective des libertés publiques par le juge judiciaire français, Paris, LGDJ, 1991.

- **Terre (F.)**, « L'évolution du droit de propriété depuis le Code civil », Droits 1985, p. 33.

- **Turpin (D.)**, « L'autorité judiciaire gardienne de la liberté individuelle », AJDA 1983, p. 653.

- **Viala (A.)**, « La voie de fait, voie d'eau dans le dualisme juridictionnel », LPA 1998, 21 janvier, n°9, p. 9.

- **Vandendriessche (X.)**, Le droit des étrangers, Paris, Dalloz, 2012.

- **Van Lang (A.)**, Juge judiciaire et droit administratif, Paris, LGDJ, 1996.

- **Vedel (G.)**, « De l'arrêt Septfonds à l'arrêt Barinstein », JCP 1948, G, I, n°682 ; « La juridiction compétente pour prévenir, faire cesser ou réparer la voie de fait administrative », JCP 1950, G, I, n°851.

- **Verpeaux (M.)**, « Le droit de propriété dans la jurisprudence du Conseil constitutionnel : permanence et actualité », CJEG 1999, p. 411 ; « Le juge administratif, gardien du droit de propriété », RFDA 2002, p. 1096.

- **Weil (P.)**, « Emprise et voie de fait », D. 1961, chron. p. 612 et « Les techniques de protection des libertés publiques en droit français », Mélange Bridel, Lausanne, Imprimerie réunies, 1968, p. 628.

B – Un rééquilibrage de la fonction vers le juge administratif

378 • On a vu que les textes législatifs récents avaient quelque peu marginalisé la compétence du juge judiciaire en matière de défense des droits et libertés en inscrivant les mesures attentatoires dans une logique de police administrative ayant comme conséquence la compétence du juge administratif dans leur contrôle. C'est d'abord le Conseil constitutionnel qui, en restreignant le champ d'application de l'article 66 C°, a permis cette évolution des choses (1). A cela, il faut ajouter des remises en causes postérieures de la compétence du juge judiciaire. La prolifération du phénomène des autorités administratives indépendantes (AAI) ou autorités de régulation a amené le législateur à modifier grandement les équilibres en présence et accentué la marginalisation du juge judiciaire (2). Le juge a aussi agi en ce sens en bouleversant la répartition des compétences précédemment définis en matière de voie de fait et de rétention administrative des étrangers (3). Enfin, le mouvement d'extension du domaine de la police administrative décrit plus haut a mis en avant de nouveaux pouvoirs chez les autorités administratives pour prévenir des

infractions pénales dans le cadre de l'état d'urgence. Ces nouveaux pouvoirs, contrôlés par le juge administratif, confirment définitivement le nouveau rééquilibrage opéré en la matière dans le domaine de la protection des droits et libertés (4).

1 – L'interprétation restrictive, par le Conseil constitutionnel, du champ d'application de l'article 66 C°

a) Une interprétation initiale large de la notion de liberté individuelle confirmée par la Cour de cassation

Un choix conforme à la loi du 3 juin 1958 mais contraire à la lettre de l'article 66 C

379 • Le Conseil constitutionnel est longtemps resté fidèle à une interprétation large de la compétence du juge judiciaire. C'est contraire au choix rédactionnel précis effectué par le constituant de l'article 66 C° mais conforme à la loi constitutionnelle du 3 juin 1958 précitée et à sa conception plurielle des libertés selon laquelle « l'autorité judiciaire doit demeurer indépendante pour être à même d'assurer le respect des libertés essentielles [...]. D'abord délaissé, l'article 66 C° fit l'objet d'une 1ère réactivation par le biais d'une décision du 12 janvier 1977 dite « fouille des véhicules » (CC, n°76-75 DC, 12 janvier 1977, *Loi autorisant la visite des véhicules en vue de la recherche et de la prévention des infractions pénales dite « Fouille des véhicules »*, *Rec. CC*, p. 33, JO, 13 janvier 1976, p. 344). Le juge constitutionnel rattachant, de façon surprenante, la liberté individuelle aux PFRLR. Par la suite et, abandonnant son fondement initial, le Conseil s'est efforcé, toujours à travers une conception large de la notion, d'isoler les composantes de la liberté individuelle pour justifier la compétence du juge judiciaire. Il a procédé de la sorte pour la liberté d'aller et venir (CC, n°79-109 DC, 9 janvier 1980, *Loi relative à la prévention de l'immigration clandestine et portant modification de l'ordonnance n° 45-2658 du 2 novembre 1945 relative aux conditions d'entrée et de séjour en France des étrangers et portant création de l'office national d'immigration, Rec. CC*, p. 29, JO,11 janvier 1980, p. 84) tout comme pour la question de l'inviolabilité du domicile (CC, n°83-164 DC, 29 décembre 1983, *Loi de finances pour 1984, Rec. CC*, p. 67, JO, 30 décembre 1983, p. 3871).

Un Tribunal des conflits et un Conseil d'Etat qui ne suivent pas le juge constitutionnel

380 • Dès la fin des années 1980, le Tribunal des conflits et le Conseil d'Etat vont prendre leurs distances par rapport à la conception extensive du juge constitutionnel tant de l'application de l'article 66 C° que de la notion même de « liberté individuelle » qui s'éloignait de la lettre même du texte constitutionnel. C'est en 1986 que le Tribunal des conflits va détacher la liberté d'aller et venir de l'article 66 C° pour la rapporter à la DDHC (TC, 9 juin 1986, *Commissaire de la République de la région Alsace et autres contre Eucat* précité). Il sera suivi en cela par le Conseil d'Etat, en 1987, qui jugera, à son tour, que « la liberté fondamentale d'aller et venir » constitue un droit reconnu par la DDHC et non par l'article 66 C° (CE,

Ass., 8 avril 1987, *Ministre de l'intérieur et de la décentralisation contre Peltier,* req. n° 55985, précité). Les deux juridictions renouaient ainsi avec une interprétation de l'article 66 C° comme un *Habeas Corpus* portant non sur l'ensemble des libertés individuelles mais sur la seule liberté de ne pas être détenu arbitrairement.

Une Cour de cassation qui s'inscrit dans le sillage du Conseil constitutionnel

381 • Cela n'a pas empêché les magistrats de la Cour de cassation, dans le sillage du Conseil constitutionnel, de continuer à considérer que le secret des correspondances relevait lui aussi de la liberté individuelle. Ainsi, en matière d'écoutes téléphoniques (judiciaires en l'espèce), un arrêt de l'assemblée plénière de la Cour de cassation de 1989 établissait, pour la 1ère fois, un lien entre l'article 66 C°, le droit au respect de la vie privée et le secret des correspondances (Cass., ass. plén., 24 novembre 1989, req. n°89-84439, *Bull. Crim.* 1989, n°440, p. 1073). Le juge constitutionnel maintiendra lui aussi sa jurisprudence en confirmant le rattachement à la liberté individuelle de la liberté d'aller et venir, de la liberté de mariage et de la sûreté personnelle (CC, n°93-325 DC, 13 août 1993, *Loi relative à la maîtrise de l'immigration et aux conditions d'entrée, d'accueil et de séjour des étrangers en France, Rec. CC*, p. 224, JO, 18 août 1993, p. 11722) cons. n°7 pour la liberté de mariage et cons. n°113 pour la sûreté personnelle), du respect de la vie privée (CC, n°95-352 DC, 18 janvier 1995, *Loi d'orientation et de programmation relative à la sécurité*, *Rec. CC*, p. 170, JO, 21 janvier 1995, p. 1154, cons. n°3) et, enfin, de l'inviolabilité du domicile (CC, n°97-389 DC, 22 avril 1997, *Loi portant diverses dispositions relatives à l'immigration, Rec. CC*, p. 45, JO, 25 avril 1997, p. 6271).

b) Une interprétation postérieure plus stricte de la notion de liberté individuelle confirmée par le Conseil d'Etat

Un Conseil constitutionnel qui renoue avec l'esprit de 1958 : la consécration de la notion de « liberté personnelle »

382 • C'est seulement à partir de 1998 que le Conseil constitutionnel va de nouveau se rapprocher de l'esprit du constituant de 1958 en rattachant explicitement le droit au respect de la vie privée à la « liberté personnelle » garantie à l'article 2 de la DDHC (CC, n°98-405 DC, 29 décembre 1998, *Loi de finances pour 1999*, *Rec. CC*, p. 326, JO, 31 décembre 1998, p. 20138, cons. n°60 à 62 et CC, n°99-416 DC, 23 juillet 1999, *Loi portant création d'une couverture maladie universelle*, *Rec. CC*, p. 100, JO, 28 juillet 1999, p. 11250, cons. n°45 ; CC, n° 99-419 DC, 9 novembre 1999, *Loi relative au pacte civil de solidarité, Rec. CC*, p. 116, JO, 6 novembre 1999, p. 16962, cons. n°73 ; CC, 21 décembre 1999, n° 99-422 DC, *Loi de financement de la sécurité sociale pour 2000, Rec. CC*, p. 143, JO, 30 décembre 1999, p. 19730, cons. n°52), combiné ensuite avec l'article 4 DDHC (CC, n°2003-467 DC, 13 mars 2003, *Loi pour la sécurité intérieure, Rec. CC*, p. 211, JO, 19 mars 2003, p. 4789, cons. n°8). Il fit ensuite de même pour la liberté d'aller et venir (*Ibid.*), l'inviolabilité du domicile privé et le secret des correspondances (CC, n°2004-492 DC, 2 mars 2004, *Loi portant adaptation de la justice aux évolutions de la criminalité, Rec. CC*, p. 66, JO, 10 mars 2004, p. 4637, cons. n°4) et la liberté du mariage (CC, n° 2010-92 QPC, 28 janvier 2011, *Mme*

Corinne C. et autres [Interdiction du mariage entre personnes de même sexe], *Rec. CC*, p. 87, JO, 29 janvier 2011, p. 1894, cons. n°6). Le juge constitutionnel indiquant même, dans le commentaire de l'une de ses décisions, avoir ainsi « stabilisé sa jurisprudence autour d'une définition plus étroite de la liberté individuelle, en ne se référant à l'article 66 de la Constitution que dans le domaine des privations de liberté (garde à vue, détention, rétention, hospitalisation sans consentement) » (Commentaire du Conseil constitutionnel de sa décision CC, n°2013-357 DC, 29 novembre 2013, *Société Wesgate Charters Ltd [Visite des navires par les agents des douanes]*, *Rec. CC*, p. 1053, p. 7 du commentaire).

Une consécration qui permet de clarifier la répartition des compétences dans le cadre du contrôle des mesures de police pour lutter contre le terrorisme (1)

383 • La consécration de la notion de « liberté personnelle » afin de définir toutes les libertés qui ne relèvent pas de l'article 66 C° se retrouve également dans la jurisprudence du Conseil d'Etat (par ex., CE, 29 mai 2013, *Mme B. contre Agence française de lutte contre le dopage,* req. n°364839). Si la notion fut d'abord malaisée à appréhender, elle a eu le mérite de clarifier la compétence respective des deux juges dans le contexte de la lutte contre le terrorisme et de l'Etat d'urgence, notamment à propos du contrôle de la mise en œuvre des mesures de police administrative, un contrôle systématique du juge judiciaire apparaissant excessif en la matière. Dans ces décisions les plus récentes, notamment celles relatives aux lois « renseignement » (CC, n°2015-713 DC, 23 juillet 2015, *Loi relative au renseignement,* JO, 26 juillet 2015, p.12751) et « état d'urgence » (CC, n°2015-527 QPC, 22 décembre 2015, *M. Cédric D. [Assignations à résidence dans le cadre de l'état d'urgence],* JO, 26 décembre 2015, p. 24084), le juge constitutionnel a confirmé cette évolution plaçant le juge administratif au centre du système. En ce sens, la compétence de juge judiciaire ne cesse ainsi de s'effriter, y compris pour des mesures aussi graves que des perquisitions ou des assignations à résidence. Le Conseil allant même jusqu'à préciser, dans la décision « état d'urgence », que la privation de liberté ne constitue une atteinte à la liberté individuelle qu'à partir de la 13ème heure, ce qui a pour effet de ne pas soumettre au contrôle de l'autorité judiciaire l'astreinte à domicile ne dépassant pas douze heures dans le cadre d'une assignation à résidence (cons. n°6). En plaçant le juge administratif au centre du système de contrôle de mesures de police prises dans le cadre de l'état d'urgence, le législateur n'a, cependant, rien révolutionné, il s'inscrit bien dans la distinction classique entre police administrative et police judiciaire, entre prévention et répression, tout en se conformant à la théorie du privilège du préalable interdisant le contrôle *a priori* de l'administration.

Une consécration qui permet de clarifier la répartition des compétences dans le cadre du contrôle des mesures de police pour lutter contre le terrorisme (2)

384 • C'est la finalité d'une opération de police, selon qu'elle soit préventive ou répressive, qui permet de déterminer l'ordre de juridiction compétent et, en cas d'opération mixte, administrative et judiciaire, c'est l'objet principal et le but

essentiel de l'opération qui est pris en compte. Le juge administratif ne saurait ainsi connaître des mesures qui ont pour objet de constater une infraction pénale déterminée, d'en rassembler les preuves ou d'en rechercher les auteurs (CC, n°2011-625 DC, 10 mars 2011, *Loi d'orientation et de programmation pour la performance de la sécurité intérieure, Rec. CC*, p. 122, JO, 15 mars 2011, p. 4630, cons. n°59). C'est dans ses limites que, selon le Conseil constitutionnel, le juge administratif a pu contrôler des mesures de réquisition (CC, n°2005-532 DC, 19 janvier 2006, *Loi relative à la lutte contre le terrorisme et portant dispositions diverses relatives à la sécurité et aux contrôles frontaliers, Rec. CC*, p. 31, JO, 24 janvier 2006, p.1138, cons. n°5) ou de recueil de renseignement (CC, n° 2015-713 DC, 23 juillet 2015, *Loi relative au renseignement précité,* cons. n°9). Il en a été de même à l'occasion de trois QPC transmises par le Conseil d'Etat concernant des mesures de police prises au titre de l'état d'urgence à savoir des mesures d'assignations à résidence (CC, n°2015-524 QPC, 2 mars 2016, *Abdel Manane M. K. [Gel administratif des avoirs],* JO, 4 mars 2016, n° 121, cons. n°9), de fermetures de lieu de réunion (CC, n°2015-527 QPC, 22 décembre 2015, *Cédric D.* précité, cons. n°5) ou de perquisition (CC, n°2016-535 QPC, 19 février 2016, *Ligue des droits de l'homme [Police des réunions et des lieux publics dans le cadre de l'état d'urgence],* JO, 21 février 2016, n°26, cons. n°8).

Une consécration qui permet de clarifier la répartition des compétences dans le cadre du contrôle des mesures de police pour lutter contre le terrorisme : l'exemple des assignations à résidence (1)

384-1 • L'état d'urgence a ouvert la possibilité, pour le Ministre de l'intérieur, d'assigner des personnes à résidence même si elles ne font pas l'objet d'une procédure judiciaire. Cette assignation pouvant s'effectuer à l'égard de personnes pour lesquelles il existe des raisons sérieuses de penser que leur comportement constitue une menace pour la sécurité et l'ordre publics pour une durée maximale de 12 mois. Elle peut s'accompagner d'une « assignation à domicile » dans la limite de 12 heures par 24 heures. Le Conseil constitutionnel a, une première fois, jugé la procédure conforme à la constitution (CC, n°2015-527 QPC, 22 décembre 2015, *M. Cédric D.* précité, voir, par ex., S. Degirmenci, « Une validation sinueuse de l'assignation à résidence en état d'urgence doublée d'un appel renforcé au contrôle du juge administratif », *Revdh* 2015, décembre, https://journals.openedition.org). L'état d'urgence s'inscrivant dans la durée, la question du renouvellement des assignations s'est posée. Les modalités définies par le législateur ont fait l'objet de plusieurs QPC par lesquelles le juge constitutionnel a rappelé que la seule prolongation dans le temps n'a pas pour effet de modifier la nature de la mesure (CC, n° 2017-624 QPC, 16 mars 2017, *M. Sofiyan I. (Assignations à résidence dans le cadre de l'état d'urgence II)*, § 7, JO, 17 mars 2017, texte n°67) ni de la rendre assimilable à une mesure privative de liberté au sens de l'article 66 C° même lorsqu'elle se prolonge dans le temps et qu'elle n'est pas limitée dans sa durée totale (CC, n°2017-674 QPC, 30 nov. 2017, *M. Kamel D. (Assignation à résidence de l'étranger faisant l'objet d'une interdiction du territoire ou d'un arrêté d'expulsion),* JO, 2 décembre 2017, texte n°75). Mais il rappelle que l'astreinte à domicile définie plus haut pourrait, à l'inverse, être privative de liberté et pourrait porter atteinte à la liberté individuelle faute de contrôle possible du juge judiciaire si elle dépassait 12 heures par jour (§ 15).

Une consécration qui permet de clarifier la répartition des compétences dans le cadre du contrôle des mesures de police pour lutter contre le terrorisme : l'exemple des assignations à résidence (2)

384-2 • Il est très difficile pour le Conseil constitutionnel de trouver le bon équilibre entre les systèmes judiciaires et administratifs ou entre l'objectif de prévention des infractions et celui de respect des droits fondamentaux. Ce dernier a été amené à se prononcer, pour la première fois, sur les assignations à résidence de droit commun désormais inscrites dans le code de la sécurité intérieure. Il a validé le cadre général du dispositif mais a sanctionné certaines modalités des recours prévus devant le juge administratif (CC, n°2017-691 QPC, 16 février 2018, *M. Farouk B. [Mesure administrative d'assignation à résidence aux fins de lutte contre le terrorisme]*, JO, 18 février 2018, texte n°27 ; la limite à un mois pour le recours devant le juge administratif doublé du délai de deux mois pour statuer tout comme la possibilité d'effectuer un référé liberté ont été jugé pas suffisamment protecteur). L'ensemble du raisonnement du juge constitutionnel et la censure partielle à la laquelle il a abouti étant plus que discuté (Voir, par ex., P. Rrapi, « La mise en scène de l'Etat de droit », 20 mars 2018, https://blog.juspoliticum.com ; S. Pellé, « Censure partielle de la nouvelle mesure administrative d'assignation à résidence : à la recherche de l'impossible équilibre en matière de lutte contre le terrorisme ? », *D.* 2018, p. 830 et suiv.) même si le juge a apporté plus de garanties en confirmant les 12 mois de durée de la mesure comme un seuil à ne pas dépasser ou en censurant l'insuffisance du contrôle juridictionnel alors opéré.

Une consécration qui permet de clarifier la répartition des compétences dans le cadre du contrôle des mesures de police prises pour lutter contre la Covid-19

384-3 • Le projet de loi prorogeant l'état d'urgence sanitaire et complétant ses dispositions a mis en place deux régimes de confinement forcé : la mise en quarantaine des personnes susceptibles d'être affecté par la Covid 19 et l'isolement des personnes affectées pour une durée initiale maximale de 14 jours renouvelable dans la limite d'un mois. Ces deux régimes ont été contestés principalement au titre de l'article 66 C° devant le Conseil constitutionnel. Pour répondre, ce dernier a transposé le raisonnement suivi pour les assignations à résidence lors de l'état d'urgence sécuritaire (CC n°2015-527 QPC, 22 décembre 2015, *M. Cédric D.*, cons. 6 précité) et jugé que ces mesures ne sont pas nécessairement privatives de libertés au sens de l'article 66 C° et ne rentrent pas dans le champ de la liberté individuelle sauf lorsqu'elles se traduisent par l'isolement complet de la personne en application d'une interdiction de toute sortie ou « lorsqu'elles imposent à l'intéressé de demeurer à son domicile ou dans son lieu d'hébergement pendant une plage horaire de plus de douze heures par jour » (CC, n°2020-800 DC, 11 mai 2020, *Loi prorogeant l'état d'urgence sanitaire et complétant ses dispositions*, JO, 12 mai 2020, texte n°2, §33 ; voir, par ex., V. Sizaire, « Consolidation du domaine de la liberté », *Revdh* 2020, mai, https://doi.org/10.4000/revdh.9437 ou M. Verpeaux, « Le Conseil constitutionnel sauve l'essentiel », *AJDA* 2020, p. 1242 et suiv.). Pour autant, le contrôle de toutes ces mesures a été confié au juge judiciaire. Ce dernier voyant même son contrôle étendu à l'ensemble des mesures de surveillance sanitaire, même lorsqu'elles n'imposent qu'un isolement partiel faisant naitre un nouveau bloc de compétence mais cette fois au détriment du juge administratif (voir, en ce sens, A. Pena, « La liberté individuelle face au Covid-19 : l'adaptation des garanties de l'article 66 de la Constitution aux circonstances d'urgence sanitaire », (1ère partie) *LPA* 2020, 1er décembre, n°155, p.8 et suiv. et (2nde partie, suite et fin) LPA 2020, 2 décembre, n°158, p. 9 et suiv.).

Une consécration qui n'enlève pas tous les doutes quant à la répartition des compétences : l'exemple du contrôle des mesures de sureté

384-4 • Le législateur a, récemment, fait le constat que certaines personnes condamnées pour terrorisme, tout en arrivant au bout de leur détention dans les années à venir, continuaient de présenter un sérieux risque de récidive. Pour pallier ce risque, il a été proposé une nouvelle section dans le Code de procédure pénale portant sur les « mesures de sûreté applicables aux auteurs d'infractions terroristes ». Les personnes concernées devant, une fois libérées, respecter un certain nombre d'obligations (répondre à des convocations, le suivi d'une formation professionnelle, la nécessité de l'obtention d'une autorisation d'un juge pour tout déplacement à l'étranger ou encore le fait de ne pas entrer en relation avec certaines personnes ou se rendre en certains lieux, etc…). Ce sont ces mesures qui ont été censurées par le juge constitutionnel (CC, n°2020-805 DC, 7 août 2020, *Loi instaurant des mesures de sûreté à l'encontre des auteurs d'infractions terroristes à l'issue de leur peine,* JO, 11 août 2020, texte n°4) au visa de l'article 9 DDHC pour atteinte disproportionnée à la liberté personnelle, faisant dire à certains qu' « une fois n'est pas coutume - on en avait en tout cas perdu l'habitude ! -, la sécurité n'a pas brisé la liberté » (G. Beaussonie, « Une goutte de sûreté dans un océan de sécurité », *D.* 2020, p. 1869 et suiv. ; voir aussi J. Pradel, « Le législateur foudroyé par les juges constitutionnels », *D.* 2020, p. 1853 et suiv.). Le Conseil y a appliqué la distinction, désormais classique entre « liberté individuelle » et « liberté personnelle » mais en y excluant, dans le cas d'espèce, le droit au respect de la vie privée et en la limitant, a priori, à la liberté d'aller et venir amenant à « résumer la liberté personnelle à celle d'aller et de venir » et, ainsi, à « confondre contenant et contenu » (A. Botton, « La liberté « personnelle » appliquée aux mesures de sûreté » *RSC* 2020, p. 986 et suiv. ; voir aussi, V. Goesel-Le Bihan, « La liberté personnelle dans la décision n° 2020-805 DC : entre continuité et innovation », *AJDA* 2020, p. 1817 et suiv.). Si le Conseil précise aussi, toujours de manière classique, que la mesure envisagée n'est « ni une peine ni une sanction ayant le caractère d'une punition » (cons. n°9) pour éviter l'application du principe de nécessité, la question se pose de savoir comment le juge constitutionnel va gérer, dans le futur, la distinction entre peine et mesures de sureté (Voir, par ex., C. Duvert, « Qu'est-ce qu'une peine ? », *D.* 2020, p. 2407 et suiv. ; G. Beaussonie, « L'essor des lois pénales inconstitutionnelles », *RSC* 2021, p. 975 et suiv.).

2 – La remise en cause législative et le phénomène des autorités de régulation

385 • Il y a aujourd'hui, chez le législateur, une tendance générale à faire protéger certains secteurs sensibles de l'économie, où les droits et libertés sont particulièrement menacés, par des organismes quasi-juridictionnels censés incarner une forme spécifique d'autorité administrative plus indépendante et autonome vis-à-vis du pouvoir exécutif. Leur apparition sur la scène juridique, il y a une trentaine d'années (instauration de la Commission nationale de l'informatique et des libertés (CNIL) par la loi n° 78-17 du 6 janvier 1978 (JO, 7 janvier 1978, p. 227) *relative à l'informatique, aux fichiers et aux libertés*), a opéré une rupture dans la tradition administrative française, fondée sur le principe hiérarchique et la dépendance de l'administration vis-à-vis de l'autorité politique. Parmi les justifications essentielles qui ont pu être avancées pour leur création, figure le souci « d'offrir à l'opinion une garantie d'impartialité renforcée des interventions de l'Etat » (Conseil d'Etat, Étude sur les Autorités administratives indépendantes, *EDCE* 2001, n° 52, p. 275). Autrement dit, la mise en place de ces autorités a souvent répondu au besoin de protéger les libertés dans une perspective où l'intervention de l'Etat est à la fois redoutée et recherchée par des méthodes non-conventionnelles.

a) Une mise en place souvent justifiée par la protection des droits et libertés

Des créations aléatoires et dans l'urgence pour résoudre des crises politiques : la CNCCFP et la CNCIS

386 • Au fil des ans, ces AAI ont proliféré sans ligne directrice ni plan d'ensemble et, alors qu'elles étaient plutôt considérées comme une solution à part ou ponctuelle dans le dispositif institutionnel, elles sont devenues « le » remède universel contre tous les maux, capable de résoudre tous les problèmes et ralliant (presque) tous les suffrages. Certaines de ses autorités sont nées au hasard de l'actualité et des intentions du Gouvernement. A un problème donné, jugé généralement sensible, on répond par une AAI chargée de gérer la situation. Plusieurs d'entre elles sont nées à la suite d'un problème politique auquel il a fallu apporter, dans l'urgence souvent, une réponse adéquate et proportionnée. On peut citer, à titre d'exemple, la Commission nationale des comptes de campagne et des financements politiques (CNCCFP) créée en 1990 (loi n°90-55 du 15 janvier 1990 (JO, 16 janvier 1990, p. 300) *relative à la limitation des dépenses électorales et à la clarification du financement des activités politiques)* dans le contexte des procès sur le financement illégal des partis politiques (Cf. l'affaire Urba du nom d'un bureau d'étude qui percevait des fausses factures liées à l'attribution de marchés publics à hauteur de 2 à 4 % du montant des marchés concernés, le montant lié à ces fausses factures servait à financer de manière occulte le parti socialiste). On peut aussi citer la Commission nationale de contrôle des interceptions de sécurité (CNCIS) créé en 1991 (loi n°91-646 du 10 juillet 1991(JO, 13 juillet 1991, p. 9167) *relative au secret des correspondances émises par la voie des communications électroniques)* pour compenser la dangerosité du dispositif d'interception mis en place vis-à-vis des libertés et sur fond de scandale des écoutes de l'Elysée (écoutes menées et enregistrées de façon illégale entre 1983 et 1986 par

la cellule antiterroriste de l'Elysée de 1983 à 1986 sur 3000 conversations concernant 150 personnes).

Des créations aléatoires et dans l'urgence pour résoudre des crises politiques : un secteur de la surveillance des personnes particulièrement propice (1)

387 • Le législateur a modifié en 2015 (loi n° 2015-912 du 24 juillet 2015(JO, 26 juillet 2015, p. 12735) *relative au renseignement)* le cadre de la surveillance des personnes. Elle a étendu les pouvoirs des services de renseignement mais a créé, en compensation, un contrôle plus large de leur activité. Ce contrôle passe par la création d'une nouvelle AAI, la Commission nationale de contrôle des techniques de renseignement (CNCTR) en organisant, pour la toute première fois, un contrôle juridictionnel de la mise en œuvre des techniques de renseignement et des fichiers intéressant la sûreté de l'Etat (art. L. 841-1 et L. 841-2 CSI et art. L. 773-1 et suiv. CJA). Le texte légalise des pratiques permettant à l'autorité publique de déroger aux principes du secret des correspondances et de protection des données personnelles « dans les seuls cas de nécessité d'intérêt public prévus par la loi, dans les limites fixées par celle-ci et dans le respect du principe de proportionnalité » (art. L. 801-1 CSI). La mise en œuvre des pratiques de renseignement est soumise à autorisation préalable du 1erministre (art. L. 821-1 CSI) après avis de la CNCTR (sauf dans les cas d'urgence absolue). L'innovation majeure du point de vue des garanties dont peut faire preuve la CNCTR est la possibilité qui lui est donnée de saisir le Conseil d'Etat notamment « lorsque le Premier ministre ne donne pas suite aux avis ou aux recommandations de la Commission ou que les suites qui y sont données sont estimées insuffisantes » (art. L. 833-8 CSI) le Conseil d'Etat jugeant par le biais d'une formation de jugement spécialisée au sein du Conseil d'Etat, dont les membres sont habilités ès qualités au secret de la défense nationale (art. 773-3 CJA, voir, par ex., A. Meynaud-Zeroual, « Le contentieux du renseignement : un contre-exemple ? », *AJDA* 2020, p. 226 et suiv.). Si elle estime qu'une illégalité serait en mesure de constituer une infraction, la CNCTR peut également saisir le procureur de la République après avoir demandé l'avis de la Commission consultative du secret de la défense nationale (CCSDN) sur la possibilité de déclassifier les éléments de l'affaire (art. L. 861-3 al. 2 CSI). Cette CCSDN est une autre AAI qui a été créé en 1998 pour contrôler les demandes de déclassification des actes couverts par le secret national pour que le juge puisse, le cas échéant, les contrôler.

Des créations aléatoires et dans l'urgence pour résoudre des crises politiques : un secteur de la surveillance des personnes particulièrement propice (2)

387-1 • Il n'est pas rare que les prérogatives existant pour prévenir les attaques terroristes soient couvertes par la notion de « secret de la défense nationale » (par décisions de classement du 1er ministre ou d'un ministre). Le juge s'interdit traditionnellement d'exiger la communication d'un acte couvert par un tel secret (CE, Ass., 11 juin 1955, *Secrétaire d'Etat à la guerre contre Coulon,* req. n°34036, *Rec. CE*, p. 149). Il peut toutefois, exceptionnellement, demander la déclassification des documents et il l'obtient parfois (CE, Sect., 11 mai 1962, *Sieur Foucher-Créteau, Rec. CE*, p. 319, concl. G. Braibant). Depuis 1998 (loi n°98-567 du 8 juillet 1998 (JO, 9 juillet 1998, p. 10488) *instituant une Commission consultative du secret de la défense nationale)*, la CCSDN peut être saisie des demandes de déclassification même si son avis ne lie pas le ministre. Il faut relever, dernièrement, la réforme entrée en vigueur le 21 juillet 2021 (Décret n°2019-1271 du 2 décembre 2019 (JO, 3 décembre 2019, texte n°10) *relatif aux modalités de classification et de protection du secret de la défense nationale et Arrêté du 13 novembre 2020* (JO, 15 novembre 2020, texte n°4) portant approbation de l'instruction générale interministérielle n°1300 sur la protection du secret de la défense nationale) qui va dans un sens contraire à la dynamique jusque-là existante dans le cadre de la procédure de déclassification des documents classifiés depuis plus de 50 ans. Les documents « communicables de plein droit » après les 50 ans seraient désormais toujours communicables « de plein droit » mais seulement après une décision préalable de déclassification par l'autorité compétente transformant, pour certains, par une « fascinante alchimie administrative » un document « « communicable de plein droit » en « librement incommunicable » » (F. Rolin et N. Wagener, « Archives classées secret défense : « communicables de plein droit » ou « librement incommunicables » ? », *AJDA* 2021, p. 297 et suiv. ; voir, dans le même sens, T. Desmoulins, « Vers une politisation du secret défense ? Illustrations récentes depuis le Conseil de défense jusqu'aux Archives », 2 avril 2021 https://blog.leclubdesjuristes.com). Le Conseil d'Etat continue lui, pourtant, à libéraliser le régime en la matière (Cf. L'ouverture dérogatoire, avant le délai de cinquante ans, des archives sur le génocide des Tutsis au Rwanda : CE, Ass., 12 juin 2020, *François Graner*, req. n° 422327, *AJDA* 2020, p. 1416, chron. C. Malverti et C. Beaufils, *Dalloz actualité* 2020, 17 juin, obs. J.-M. Pastor).

Des créations aléatoires et dans l'urgence pour résoudre des crises politiques : la CNDS et la HATVP

388 • Parmi les créations urgentes et aléatoires pour résoudre une crise politique, il faut citer la Commission nationale de déontologie de la sécurité (CNDS) créée en l'an 2000 (loi n°2000-494 du 6 juin 2000 (JO, 7 janvier2000, p. 8562*) portant création d'une Commission nationale de déontologie de la sécurité)*. Elle est apparue à point nommé comme un préalable au renforcement des pouvoirs des forces de sécurité en France (tel que réalisé, par exemple, par la loi n°2001-1062 du 15 novembre 2001 (JO, 16 novembre 2001, p. 18215) *relative à la sécurité quotidienne*, Cf. S. Gouhier, La déontologie de la sécurité sous surveillance d'une autorité administrative indépendante [Une loi pour rassurer les citoyens ?], *RFDA* 2002, p. 384). Cette commission a, aujourd'hui, disparu sachant que, depuis le 1er mai 2011, c'est le Défenseur des droits qui exerce ces missions. Enfin, de façon plus récente, il est manifestement connu que les débats parlementaires autour de la création de la Haute Autorité pour la transparence de la vie publique (HATVP) en 2013 (Loi organique n° 2013-906 du 11octobre 2013 (JO, 12 octobre 2013, p. 16824) *relative à la transparence de la vie* publique et loi n°2013-907 du 11 octobre 2013 (JO, 12 octobre 2013, p. 16829) *relative à la transparence de la vie publique)* ont eu lieu sous l'influence de l'affaire « *Cahuzac* » (mis en avant par Médiapart en 2012 suite à la

révélation de l'existence d'un compte en Suisse non déclaré que possédait le Ministre). La HATVP ayant précisément pour mission principale le contrôle des déclarations d'intérêts et de situation patrimoniale des responsables publics. Une instance de contrôle existait pourtant déjà : la Commission pour la transparence financière de la vie politique (CTFVP) créée en 1988 (loi n° 88-227 du 11 mars 1988 (JO, 12 mars 1988, p. 3290) *relative à la transparence financière de la vie politique).* Celle-ci avait également été fondée à la suite d'une affaire juridico-politique (une vente illégale d'armes à l'Iran qui aurait été couverte par le Ministre de la Défense d'alors). Cette commission, sans moyens juridiques et matériels pour agir, ne pouvait néanmoins compter que « sur la bonne foi des déclarants ».

b) Une importance renouvelée par le contexte sécuritaire et la nécessité de réguler Internet

Les créations initiales d'HADOPI et de l'ARCEP

389 • L'un des derniers secteurs symptomatiques de la recrudescence des AAI est celui de la régulation d'Internet. Le législateur a écarté à ce jour la création d'une autorité globale de régulation de l'Internet. Tout au plus, les pouvoirs publics ont suscité une forme d'autorégulation qui s'est traduite par l'élaboration de chartes de bonne conduite et, en 2000, d'un Forum des droits sur l'Internet. Si elle ne constitue pas à proprement parler une autorité de régulation globale, la Haute autorité pour la diffusion des œuvres et la protection des droits sur Internet (HADOPI)(créée par l'article 5 de la loi n° 2009-669 du 12 juin 2009 (JO, 13 juin 2009, p. 9666) *favorisant la diffusion et la protection de la création sur internet* ; art. L. 331-12 à L. 331-45 CPI) doit être mentionnée dès lors qu'elle a été instituée pour encadrer des pratiques constatées sur Internet. Les fournisseurs de contenus audiovisuels utilisant un réseau doivent obtenir une autorisation qui est délivrée par le Conseil supérieur de l'audiovisuel (CSA). A noter que la loi du 25 octobre 2021 relative à la régulation et à la protection de l'accès aux œuvres culturelles à l'ère numérique (loi n° 2021-1382, JO, 26 octobre 2021, texte n°2) a fusionné le CSA et HADOPI pour former l'Autorité de régulation de la communication audiovisuelle et numérique (ARCOM). Le nouveau régulateur étant davantage centré sur le numérique, avec des pouvoirs plus étendus notamment sur le piratage avec la possibilité de créer des listes noires de sites facilitant le piratage et la mise en place de sanctions automatiques. Les fournisseurs d'accès à Internet (FAI) dont l'activité implique un service de téléphonie doivent, pour leur part, se déclarer auprès de l'Autorité de régulation des communications électroniques et des postes et de la distribution de la presse (ARCEP) (créée par la loi n° 96-659 du 26 juillet 1996 (JO, 27 juillet 1996, p. 11384) *de réglementation des télécommunications sous le nom d'Autorité de régulation des télécommunications* (ART), ses compétences ont été étendues au secteur postal avec la loi n°2005-516 du 20 mai 2005 (JO, 21 mai 2005, p. 8825) *de régulation des activités postales pour prendre le nom d'ARCEP*, une dernière loi n° 2019-1063 du 18 octobre 2019 (JO, 19 octobre 2019, texte n°1) *relative à la modernisation de la distribution de la presse étendant la compétence de l'autorité à la distribution de la presse).* Mais si le principe de liberté est la règle et si aucune contrainte juridique préalable n'est

donc opposable aux utilisateurs et aux fournisseurs de contenu, c'est depuis les évènements liés aux derniers attentats terroristes et depuis la mise en place du contexte sécuritaire que se pose réellement la régulation d'Internet.

Une régulation d'Internet qui se pose davantage depuis la mise en place du contexte sécuritaire : la création de la CNCTR

390 • Les FAI doivent, pour les besoins d'une enquête pénale, conserver pendant un an des informations permettant d'identifier un utilisateur, les données relatives aux équipements de communication, aux destinataires et caractéristiques techniques de la communication ainsi qu'aux services complémentaires demandés ou utilisés (art. R. 10-13 CPCE). Pour des raisons identiques, le législateur impose une réquisition des données relatives à des utilisateurs d'Internet (loi n° 2006-64 du 23 janvier 2006 (JO 24 janv. 2006, p. 1129) *relative à la lutte contre le terrorisme et portant dispositions diverses relatives à la sécurité et aux contrôles frontaliers)*. La CNCTR (anciennement CNCIS) est ici saisie pour avis. De même, il y avait, dans la loi antiterroriste de 2014 (art. 12 de la loi n°2014-1353 du 13 novembre 2014 (JO, 14 novembre 2014, p. 19162) *renforçant les dispositions relatives à la lutte contre le terrorisme* et décret n° 2015-125 du 5 février 2015 (JO, 6 février 2015, p. 1811*) relatif au blocage des sites provoquant à des actes de terrorisme ou en faisant l'apologie et des sites diffusant des images et représentations de mineurs à caractère pornographique*), une disposition qui était particulièrement décriée, en particulier par le Conseil national du numérique. Pour ce dernier, elle est inadaptée et n'offre pas de garanties suffisantes en matière de libertés. La disposition concernée est celle du « blocage administratif », donc sans passage devant le juge judiciaire, des sites web qui n'auraient pas, dans un délai de 24 heures, retiré des contenus « provoquant à des actes de terrorisme ou en faisant l'apologie » (loi n°2014-1353 du 13 novembre 2014 (JO, 14 novembre 2014, p. 19162) *renforçant les dispositions relatives à la lutte contre le terrorisme* et insérant un art. 6-1 dans la loi n° 2004-575 du 21 juin 2004 (JO, 22 juin 2004, p. 11168) *pour la confiance dans l'économie numérique* ; Voir, par ex., J.-Y. Monfort « Le blocage administratif des sites prévu dans la loi du 13 novembre 2014 de lutte contre le terrorisme », *Legicom* 2016, n°57, p. 69 et suiv. ou E. Dreyer, « Le blocage de l'accès aux sites terroristes ou pédopornographiques », *JCP* 2015, G, n° 423).

Une régulation d'Internet qui se pose davantage depuis la mise en place du contexte sécuritaire : le blocage administratif des sites internet

391 • Pour empêcher l'accès aux sites provoquant à des actes de terrorisme ou en faisant l'apologie, le ministère de l'Intérieur transmet la liste de leurs adresses électroniques aux FAI afin qu'ils procèdent, dans les 24 heures, à leur blocage. Sur demande du ministère de l'Intérieur, il est également prévu une procédure de déréférencement des moteurs de recherche ou d'annuaires des sites concernés dans les 48 heures. La loi de 2014 de lutte contre le terrorisme a fait l'objet d'un consensus parlementaire et à échapper à la saisine du Conseil constitutionnel. Le « blocage administratif » des sites internet continue, néanmoins, à soulever des interrogations au regard du principe de liberté de communication (C. Godeberge et E. Daoud, « La loi du 13 novembre 2014 constitue-t-elle une atteinte à la liberté

d'expression ? De la nouvelle définition de la provocation aux actes de terrorisme et apologie de ces actes », *AJ Pénal* 2014, p. 563 et suiv. ; X. Latour, « La lutte contre les sites djihadistes et la liberté de communication », *JCP* 2018, A, n°2056). A noter que le juge administratif de première instance a, pour la 1ère fois, dans le contexte du procès de l'affaire dites du « Quai de Valmy » (voiture de police brûlée en mai 2016 en plein mouvement social contre la loi *Travail*), levé le blocage d'un site internet (annulation du retrait et du déréférencement de plusieurs contenus figurant sur le site « Indymedia » pour condamner les propos revendiquant de nombreux incendies volontaires de véhicules appartenant à la police municipale ou à la gendarmerie) (Cf. TA Cergy-pontoise, 4 février 2019, *M. N.*, req. n°1801344, *DA* 2019, n°4, alerte n°61).

Une régulation d'Internet qui se pose davantage depuis la mise en place du contexte sécuritaire : le contrôle d'une personnalité qualifiée de la CNIL

392 • La mission de lister les demandes de retrait des contenus et les sites à bloquer, via les FAI, ou à déréférencer, a été confiée à l'Office central de lutte contre les criminalités liées aux technologies de l'information et de la communication (OCLCTIC), déjà en charge de Pharos, la plateforme de signalement de contenus suspects ou illicites du Ministère de l'intérieur (https://www.internet-signalement.gouv.fr). En aval et afin d'éviter toute mesure qui serait disproportionnée ou abusive, le contrôle a été confié non pas, comme le prévoyait le projet de loi initial, à «un magistrat de l'ordre judiciaire désigné par le ministre de la Justice», mais à une « personnalité qualifiée » de la Commission nationale de l'informatique et des libertés (CNIL) (le 29 janvier 2015, les membres de la CNIL ont désigné M. Alexandre Linden, conseiller honoraire à la Cour de cassation et membre de la CNIL depuis février 2014, pour remplir cette mission, il a présenté son 5ème rapport d'activité (2 février – 31 décembre 2019) le 28 mai 2020). La personnalité qualifiée doit vérifier le bien-fondé des demandes de retrait de contenus et de blocage formulées par l'OCLCTIC, s'assurer, aussi, des conditions d'établissement, de mise à jour, de communication et d'utilisation de la liste des sites bloqués ou déréférencés et établir des rapports d'activité dont le premier a été publié en février 2016. Par ailleurs, la législation relative à l'état d'urgence (art. 11 de la loi n°55-385 du 3 avril 1955 (JO, 7 avril 1955, p. 3479) *instituant un état d'urgence et en déclarant l'application en Algérie* dans sa rédaction tirée de la loi n° 2016-987 du 21 juillet 2016 (JO, 22 juillet 2016, texte n° 2) *prorogeant l'application de la loi et portant mesures de renforcement de la lutte antiterroriste),* autorise le Ministre de l'intérieur à prendre toutes les mesures afin d'assurer l'interruption de tout service de communication au public en ligne provoquant à la commission d'actes de terrorisme ou en faisant l'apologie. Et ceci, en passant outre la procédure mise place par la loi de 2015.

Une régulation d'Internet qui se pose davantage depuis la mise en place du contexte sécuritaire : l'exemple de la lutte contre les discours de haine en ligne

392-1 • Avec les attentats terroristes, le côté exacerbé, totalement extrême ou sans limites des discours tenus sur Internet ou encore la nouvelle montée de l'antisémitisme, le gouvernement français a fait de la lutte contre les discours de haine en ligne une préoccupation politique majeure. L'objectif est la mise en place d'une plus grande responsabilité des plateformes et le développement de la lutte contre l'impunité des responsables des discours haineux, la proposition de loi *Avia* devait être une étape marquante des nouveaux équilibres mis en place mais le Conseil constitutionnel a censuré une grande partie de ses dispositions (CC, n°2020-801 DC, 18 juin 2020, *Loi visant à lutter contre les contenus haineux sur internet*, précité). Si la création d'un parquet spécialisé ou d'un observatoire de la haine en ligne n'ont pas été remis en cause, l'obligation pour les plateformes de retirer, sous une heure, les contenus à caractère terroriste ou pédopornographique notifiés par l'autorité administrative et l'obligation de retirer sous 24 heures les contenus haineux manifestement illicites signalés par un internaute, ont été censurées (ainsi que d'autres dispositions directement en lien). Suite à cette décision, le chemin à suivre s'avère « étroit et escarpé » entre « un *statu quo* qui entérinerait une forme d'impuissance publique et une atteinte disproportionnée à la liberté d'expression » et les « outils juridiques obsolètes » pour « combattre efficacement l'hydre de la haine » (F. Potier, « Le chemin escarpé de la lutte contre la cyberhaine », *Dalloz IP/IT* 2020, p. 542 et suiv.) mais comme le mentionne un avis sur la lutte contre les discours de haine sur internet de la commission nationale consultative des droits de l'homme (CNCDH), il est donc « nécessaire de disposer d'une instance susceptible d'agir préventivement et d'apporter une réponse rapide et adaptée [...] de confier à une autorité administrative indépendante (AAI), existante ou à créer, une mission générale de protection des droits et libertés du numérique » (JO, 10 juillet 2015, texte n°125) (voir aussi : K. Favro et C. Zolynski, « Penser la régulation à l'ère des conversations », *Mélanges Vivant*, Paris, Dalloz, 2020, p. 121 et suiv. ; K. Favro, *Droit de la régulation des communications numériques,* Paris, LGDJ, coll. Systèmes, 2018). Deux textes sont en préparation au niveau européen : *le Digital Markets Act* (DMA) et *le Digital Services Act* (DSA) (Voir, B. Ader, « Confinée, l'Europe se réveille dans la lutte contre les contenus digitaux illicites », *Légipresse* 2020, p. 641 et suiv.). Ils prennent en compte la proposition de loi *Avia* revue et corrigée par le Conseil constitutionnel et rappellent l'importance de la mise en place d'un régulateur, élément sur lequel la France a déjà œuvré à travers la fusion du CSA et d'HADOPI, celle-ci ayant fait naitre l'Autorité de régulation de la communication audiovisuelle et numérique (ARCOM).

c) Un champ d'intervention qui ne cesse de s'étendre et un rôle de substitut au juge

Un champ d'intervention qui s'étend jusqu'à l'économie de marché

393 • Le champ d'intervention des AAI ou autorités publiques indépendantes (API) n'a cessé de s'étendre provoquant de multiples désordres et si, à plusieurs reprises

dans leur brève histoire, des mises en garde ont été formulées à ce sujet (Rapport n°126 Jacques Mézard sur Le bilan et le contrôle de la création, de l'organisation, de l'activité et de la gestion des autorités administratives indépendantes déposé le 28 octobre 2015, la loi organique n° 2017-54 du 20 janvier 2017 (JO, 21 janvier 2017, texte n° 1) *relative aux AAI et autorités publiques indépendantes* (API) et la loi n° 2017-55 du 20 janvier 2017 (JO, 21 janvier 2017, texte n°2) *portant statut général des AAI et des API* reprennent les onze propositions formulées par la commission d'enquête sénatoriale et visent à fixer, enfin, un statut général des 26 AAI et API), on peut dire, aujourd'hui, que tous les secteurs de l'action publique sont concernés, y compris ceux qui correspondent à des prérogatives régaliennes de l'Etat classique. Les droits des administrés font ainsi l'objet d'une attention particulière, qu'il s'agisse de leur domaine traditionnel d'élection (respect de la vie privée, transparence administrative) ou de nouveaux secteurs où une protection s'impose (comme la sûreté et la sécurité). Les AAI ont même gagné de nouveaux territoires que l'on pouvait penser inaccessibles comme le champ de la régulation de l'économie de marché qui représente sans doute la manifestation la plus spectaculaire de cette nouvelle manière d'être de la puissance publique, la régulation traduit le souci d'organiser la liberté économique sur des segments d'activité récemment ouverts à la concurrence, tout en s'assurant que les exigences du service public ou d'autres impératifs d'intérêt général ne sont pas négligés : Autorité des marchés financiers (AMF), Autorité de contrôle prudentiel et de résolution (ACPR), Autorité de la concurrence (AC), Commission de régulation de l'énergie (CRE), l'ARCEP ou, plus récemment, l'Autorité de régulation des transports (ART) en sont les archétypes.

Des autorités reconnues comme étant des juridictions

394 • Au-delà de la perturbation des équilibres institutionnels, les AAI ont aussi et surtout été envisagées comme des substituts au juge. Dans un 1er temps, le Conseil constitutionnel s'est refusé à voir ces autorités comme des juridictions (CC, n° 89-271 DC,11 janvier 1990, *Loi relative à la limitation des dépenses électorales et à la clarification du financement des activités politiques*, JO, 13 janvier 1990, p. 573, *Rec. CC*, p. 21), fidèle en cela au rattachement qu'il faisait de ces autorités à l'exercice du pouvoir exécutif. Par la suite et dans un 2nd temps, il s'est rallié aux exigences de la jurisprudence européenne. Prenant acte de la coloration juridictionnelle qui entoure une partie de leurs décisions, le juge constitutionnel s'est résolu à imposer une stricte séparation entre l'autorité de poursuite et la formation de jugement au sein des AAI ou autorités de régulation lorsqu'elles infligent une sanction administrative (à propos de l'ARCEP : CC, n° 2013-331 QPC, 5 juillet 2013, *Société Numéricâble SAS et autres,* JO, 7 juillet 2013, p. 11356, *Rec. CC*, p. 876). Jugé plus efficace et rapide que la répression pénale devant l'autorité judiciaire, le recours aux sanctions administratives confiées à des autorités indépendantes du Gouvernement a prospéré. Ce mouvement devrait encore aller plus loin dans la mesure où, jusqu'à présent, il faisait coexister action pénale et sanction administrative, ce qui n'est plus le cas grâce à une décision récente du juge constitutionnel interdisant de réprimer par une sanction pénale et une sanction administrative distincte le même comportement (à propos de l'AMF : CC, n° 2014-453/454 QPC et 2015-462 QPC,

18 mars 2015, *M. John L. et autres*, JO, 20 mars 2015, p. 5183). La répression administrative devrait, de la sorte, être privilégiée. Cette substitution de sanctions administratives à des sanctions pénales a pour effet de transférer des pans du contentieux de l'autorité judiciaire vers la juridiction administrative, juge naturel de l'excès de pouvoir dans l'exercice des prérogatives de puissance publique.

3 – La remise en cause juridictionnelle en matière de voie de fait et de rétention administrative des étrangers

a) Le nouvel équilibre réduisant les cas de voie de fait et la compétence du juge judiciaire

La décision du Conseil d'Etat « *Commune de Chirongui* »

395 • La tendance visant à rééquilibrer la fonction de protecteur des libertés vers le juge administratif se retrouve aussi à travers l'activité juridictionnelle classique notamment en ce qui concerne la mise en application, par le juge, du nouvel équilibre dans la théorie de la voie de fait. C'est d'abord le Conseil d'Etat qui, en se servant de règles plus souples en matière de référé dans le cadre de la répartition des compétences entre les deux ordres, a commencé à agir sur des situations relevant normalement de la voie de fait et de la compétence du juge judiciaire. La loi du 30 juin 2000 (loi n° 2000-597 du 30 juin 2000 (JO, 1er juillet 2000, p. 9948) *relative au référé devant les juridictions administratives)* avait, dès son entrée en vigueur, combinée la compétence légale du juge du référé liberté avec celle du juge judiciaire en matière de voie de fait en limitant la compétence du 1er nommé aux atteintes commises par l'Administration « dans l'exercice de l'un de ses pouvoirs » (art. L. 521-2 CJA). Cette limitation implicite avait été actée par le Tribunal des conflits qui a souscrit à la lettre de la loi en rappelant que la nouvelle loi ne conduit pas à l'abandon de la voie de fait et qu'il n'y a voie de fait que dans les cas « où l'administration, soit a procédé à l'exécution forcée, dans des conditions irrégulières, d'une décision portant une atteinte grave au droit de propriété ou à une liberté fondamentale, soit a pris une décision ayant l'un ou l'autre de ces effets à la condition toutefois que cette décision soit manifestement insusceptible d'être rattachée à un pouvoir appartenant à l'autorité administrative » (TC, 23 octobre 2000, *Préfet de police contre Boussadar,* req. n°3227, *Rec. CE*, p. 775, *D.* 2001, p. 2332, concl. J. Sainte-Rose). Dans une espèce où l'engagement de travaux semblait manifestement insusceptible de se rattacher au pouvoir appartenant à l'autorité administrative et était donc susceptible de voie de fait, le juge administratif s'est néanmoins déclaré officiellement compétent à faire cesser la situation de voie de fait à travers la procédure du référé liberté (CE, ord., 23 janvier 2013, *Commune de Chirongui,* req. n°365262, *Rec. CE*, p. 6, *AJDA*, 2013, p. 788, chron. A. Bretonneau et X. Domino, *DA* 2013, n°24, note S. Gilbert, *JCP* 2013, A, n° 2047, note H. Pauliat, n°2048, note O. Le Bot, *RFDA*, 2013, p. 299, note P. Delvolvé). Il avait fait de même, quelques temps auparavant, par la voie du référé conservatoire (CE, 12 mai 2010, *M. Alberigo*, req. n° 333565, *Rec. CE*, tables, p. 904).

La confirmation du Tribunal des conflits : la décision « *Bergoend* »

396 • Le Conseil d'Etat a élargi le champ d'application du référé liberté à la voie de fait de manière à rompre avec le régime strict qui était jusque-là assigné à cette dernière. Le Tribunal des conflits a confirmé l'orientation ainsi choisie. Ce fut le cas six mois plus tard par la décision « *Bergoend* » (TC, 17 juin 2013, *Bergoend contre Société ERDF Annecy Leman*, req. n°3911, *Rec. CE*, p. 370, *AJDA*, 2013, p. 1568, chron. X. Domino et A. Bretonneau, *JCP* 2013, A, n°1057, obs. S. Biagini-Girard et n°2301, obs. C.-A. Dubreuil, *RJEP* 2013, oct., p. 38, note B. Seiller. obs. C.-A. Dubreuil, *DA* 2013, comm. n°86, obs. S. Gilbert). La décision a confirmé la redéfinition plus stricte des contours de la voie de fait en limitant l'application de la théorie à l'atteinte à la liberté individuelle. L'atteinte au droit de propriété devant être tellement grave qu'elle entraine ipso facto l'extinction de la théorie dans ce cadre. La Cour de cassation a rapidement tiré toutes les conséquences du changement de perspective et de la compétence conséquente limitée du juge judiciaire en la matière (Cass., 1ère civ., 13 mai 2014, req. n°12-28.248, *JCP* 2014, G, n°1129, chron. H. Pétrinet-Marquet ; Cass., 1ère civ., 15 octobre 2014, req. n° 13-27.484 ; Cass., 1ère civ., 11 mars 2015, req. n°13-24.133, *D.* 2015, note N. Reboul-Maupin). Peu après l'arrêt *Bergoend*, le Tribunal des conflits a aussi été amené à reconsidérer la distinction classique en matière d'emprise irrégulière, puisque, désormais, que ce soit en cas d'emprise régulière ou irrégulière le juge administratif sera compétent pour faire cesser et réparer l'atteinte (TC, 9 décembre 2013, *Époux Panizzon contre Commune de Saint-Palais-sur-Mer,* req. n° 3931, *AJDA* 2013, p. 2519, chron. A. Bretonneau et J. Lessi, *RFDA* 2014, p. 61, note P. Delvolvé, *RDI* 2014, p. 171, note N. Foulquier). Le juge judiciaire ne sera compétent que dans les cas où l'atteinte entrainera l'extinction du droit de propriété, seuls cas relevant alors de la voie de fait.

La persistance d'une certaine confusion après le nouvel état du droit

396-1 • La Cour de cassation a, suite au nouvel état de la jurisprudence, écarté, de manière systématique, la compétence des juridictions de l'ordre judiciaire dans les cas où, malgré une atteinte à la propriété privée par l'Administration, il n'en ressortait pas pour autant l'extinction de celle-ci (Cass., 1ère civ., 13 mai 2014, n° de pourvoi : 12-28248, *Bull. Civ.* I, n° 87 ; Cass., 3ème civ., 11 mars 2015, n° de pourvoi : 13-24133, *Bull. Civ.* III, n° 32 ; Cass., 1ère civ., 9 décembre 2015, n° de pourvoi : 14-24880, *Bull. Civ.* I, n°313 ; Cass. 1ère civ., 15 juin 2016, n° de pourvoi : 15-21628, *Bull. Civ.* I, n° 134 ; Cass., 3e civ., 18 janvier 2018, n° de pourvoi : 16-21993, *Bull. Civ.* III, n°6). A noter, néanmoins, dans certains cas, une certaine discordance dans l'interprétation entre les juges de la Cour de cassation de la question de l'extinction définitive du droit de propriété. C'est le cas, par exemple, pour l'abattage, même sans titre, d'une haie implantée sur le terrain d'une personne privée qui en demande la remise en état qui pour la 1ère chambre civile (Cass. 1ère civ., 5 février 2020, n° de pourvoi : 19-11864) entraine une extinction du droit de propriété et la compétence du juge judiciaire alors que la 3ème chambre civile avait jugé en sens contraire (Cass. 3ème civ., 24 octobre 2019, n° de pourvoi : 17-13550)

(Voir pour un rappel à une certaine unité de la part du juge judiciaire : J.-F. Barbièri, « Propriété privée et voie de fait : approches discordantes au sein de la Cour de cassation », *LPA* 2020, 11 mai, n°152 p. 15 et suiv. ; J.-P. Feldman, « La propriété privée : une garantie de la liberté qui doit être strictement défendue », *D.* 2020, p. 157 et suiv.).

b) Le nouvel équilibre en matière de rétention administrative des étrangers

Une intervention du juge judiciaire strictement définie

397 • La compétence du juge judiciaire a été limitée en matière de contentieux des étrangers en situation irrégulière et plus particulièrement en matière de rétention administrative. On a vu que l'intervention du juge judiciaire n'était requise qu'à une double condition : il faut une mesure qui prive d'abord véritablement un individu de toute liberté d'aller et venir (il ne faut pas une simple entrave) et il faut, ensuite, que la privation de liberté soit d'une durée suffisamment importante (CC, n°2011-631 DC, 9 juin 2011, *Loi relative à l'immigration, à l'intégration et à la nationalité*, JO, 17 juin 2011, p. 10306, *Rec. CC*, p. 252, cons. n°63 ; CC, n°92-307 DC, 25 février 1992, *Loi portant modification de l'ordonnance n° 45-2658 du 2 novembre 1945 modifiée relative aux conditions d'entrée et de séjour des étrangers en France*, JO, 12 mars 1992, p. 3003, *Rec. CC*, p. 48, cons. n°13 à 16). Si les conditions ne sont pas réunies, c'est le juge administratif qui est compétent. Le juge judiciaire est notamment compétent, en vertu de cette doctrine, pour la prolongation du placement en zone d'attente (art. L. 222-2 CESEDA) ou pour la prolongation du placement en rétention administrative (art. L. 551-2 CESEDA) à laquelle il faut rajouter, on l'a vu, dans l'optique d'une bonne administration de la justice, la question la légalité du placement en rétention depuis la loi du 7 mars 2016 précitée.

Une compétence exclusive du juge judiciaire pour mettre fin à la rétention administrative

398 • En matière de rétention administrative, on a pu voir que le législateur avait mis en place une procédure spéciale, s'appliquant en lieu et place des voies procédurales communes (dont le référé liberté), fondée sur une compétence complémentaire et successive entre les deux ordres de juridiction. Le juge administratif (« juge des 72 heures ») intervenant en 1er, le cas échéant, pour épuiser le contentieux de la légalité avant que n'intervienne, en 2nd, le JLD sur les questions de prolongation de la mesure. Le Tribunal des conflits a validé cet état de fait en affirmant la compétence exclusive du juge judiciaire pour mettre fin à la rétention administrative dans le cadre d'un conflit négatif de compétence (TC, 9 février 2015, *M. Mohammed H. contre Préfet de Seine et Marne,* req. n°3986, *Rec. CE*, p. 309). Le requérant avait sollicité auprès du juge judiciaire, à l'origine de la prolongation de sa rétention, une mise en liberté au moyen de la disparition d'une perspective raisonnable d'exécution de la mesure d'éloignement dont il faisait l'objet dans le délai restant à courir de la rétention. Le juge judiciaire se déclara alors incompétent pour « pour apprécier la condition de délai de mise en œuvre de la mesure d'éloignement ». Le juge administratif des référés déclina aussi sa compétence au

motif que « que le maintien en rétention résultait d'une décision du juge judiciaire et que le CESEDA attribuait compétence à ce dernier pour y mettre fin ». Le Tribunal a estimé « [...] qu'il appartient au juge judiciaire de mettre fin, à tout moment, à la rétention administrative, lorsque les circonstances de droit ou de fait le justifient [...] et qu'il « est seul compétent pour mettre fin à la rétention lorsqu' elle ne se justifie plus pour quelque motif que ce soit » (décision précitée).

La possibilité néanmoins de faire un référé liberté pour contester la décision de placement en rétention

399 • Le Conseil d'Etat a remis en cause cette vision complémentaire et successive de l'intervention des deux juges en dépit de la motivation claire adoptée quelques mois auparavant par le Tribunal des conflits tout comme le juge des référés à la même période (CE, ord., 19 janvier 2015, *Kulasingam,* req. n°387189). La jurisprudence paraissait pourtant claire et sans aucune dérogation. Les procédures de droit commun du CJA en matière de référé ne sont pas accessibles aux étrangers dès lors que le CESEDA a mis en place des procédures spéciales. Le juge administratif suprême a même, clairement, affirmé le caractère exclusif de la procédure en 2014 en prononçant l'irrecevabilité d'un référé suspension et fermant, par la même occasion, pour l'avenir, toute possibilité de former un quelconque référé à l'encontre d'une mesure d'éloignement, de placement en rétention ou d'assignation à résidence (CE, 6 octobre 2014, *Ministre de l'intérieur,* req. n°381573, AJDA 2014, p. 2399). Cela ne l'a pas empêché, au final, d'admettre une dérogation, certes exceptionnelle, mais dérogation quand même, qui offre la possibilité à un étranger placé en rétention administrative, de former un référé liberté afin de contester la décision de placement en rétention ainsi que l'obligation de quitter le territoire (OQTF) qui en constitue le fondement (CE, 11 juin 2015, *Ministre de l'intérieur contre Khizaneishvili,* req. n°390704, *JCP* 2016, A, n°2076, note G. Marti, *AJDA* 2015, p. 1186, note D. Poupeau et p. 2042, note L. Fermaud). Cet assouplissement a été néanmoins encadré puisqu'il faut, pour admettre la recevabilité du référé liberté, que l'exécution de la mesure d'éloignement ait des effets qui « excèdent ceux qui s'attachent normalement à sa mise en exécution » et que soit constaté une atteinte grave et manifestement illégale que l'exécution de l'arrêté porterait à la liberté personnelle de l'intéressé. Il faut, en ce sens, que le requérant puisse démontrer un ou plusieurs « changements dans les circonstances de droit ou de fait » après que le juge ait statué ou que le délai prévu pour le saisir ait expiré soit, par hypothèse, après l'expiration du délai de compétence exclusive du « juge des 72 heures » et donc à l'intérieur de la période de compétence réputée exclusive du juge judiciaire. En l'espèce le requérant souffrait d'une hépatite C qui ne constituait pas en tant que telle un changement dans les circonstances de droit ou de fait contrairement à l'avis rendu par le médecin de l'ARS mettant en lumière un état de santé particulièrement dégradé ainsi que les conséquences dramatiques que pourrait avoir l'exécution de la mesure d'éloignement dans de telles circonstances.

Une compétence parallèle supprimée au profit du juge judiciaire par la loi du 7 mars 2016 obligeant le juge administratif à s'incliner

400 • La compétence des deux juges est devenue parallèle dans le contentieux mentionné comme l'a confirmé le Conseil d'Etat en considérant que « l'intervention de la décision du juge des libertés et de la détention qui en a autorisé la prolongation ne prive pas d'objet les conclusions, présentées devant le juge administratif, tendant à l'annulation de la décision initiale de placement en rétention » (CE, 7 mars 2016, *Mohamud*, req. n°379971). La loi du 7 mars 2016 a mis fin néanmoins à cette évolution jurisprudentielle depuis le 1er novembre 2016, date de l'entrée en vigueur de la loi. Le contentieux lié à la décision de rétention des étrangers est transmis au juge des libertés et de la détention (JLD), seul juge devant lequel cette décision peut, désormais, être contestée (art. L 512-1 CESEDA). Le juge judiciaire maîtrise désormais tous les aspects de la rétention administrative des étrangers. L'objectif du législateur étant de créer un bloc de compétence judiciaire contrôlant les circonstances dans lesquelles l'étranger a été privé de liberté (de son interpellation jusqu'à son placement en rétention, ce qui inclue le contrôle de la légalité). Le droit au recours effectif est, de la sorte, préservé par le législateur (cf. CourEDH, 12 juillet 2016, *A. M. contre France*, req. n°56324/13, §42). Le Conseil d'Etat s'est incliné en reconnaissant que « la juridiction administrative cesse d'être compétente pour connaître de conclusions tendant à ce qu'il soit mis fin à cette rétention dès lors que la prolongation de cette rétention a été autorisée par une ordonnance du juge des libertés et de la détention [...] », « [...] le juge des libertés et de la détention est alors le seul compétent pour y mettre fin, soit à la demande de l'étranger, [...], soit de sa propre initiative, [...] » (CE, ord., 15 avril 2016, *M. A. B. contre Préfet de la Manche,* req. n° 398550). Si l'absence de pouvoirs conséquents du juge administratif peut parfois, comme on vient de le voir, justifier une compétence plus accrue du juge judiciaire ce n'est plus le cas aujourd'hui lorsqu'on procède à une approche plus générale de la protection. Tout est question d'une bonne administration de la justice pour éviter une sorte de déni de justice pour le justiciable.

La loi du 10 septembre 2018 et la confirmation du maintien de la compétence du juge administratif (1)

401 • Si le juge constitutionnel a validé le dispositif mis en place par la loi du 10 septembre 2018, c'est sous réserve que le juge judiciaire conserve la possibilité d'interrompre, à tout moment, le fait de prolonger le maintien en rétention, de sa propre initiative ou à la demande de l'intéressé, lorsque les circonstances de droit ou de fait le justifient (CC, n°2018-770 DC, 6 septembre 2018, *Loi pour une immigration maîtrisée, un droit d'asile effectif et une intégration réussie,* JO, 11 septembre 2018, texte n°2, cons. n°75 et n°76). Au final, le juge administratif est toujours seul compétent pour statuer sur la légalité de la décision de maintien en rétention dans le cas où l'autorité administrative a estimé, sur le fondement de critères objectifs, que la demande d'asile est présentée dans le seul but de faire échec à l'exécution de la mesure d'éloignement (art. L 556-1 du CESEDA) (il est également compétent

pour statuer sur la légalité de la décision d'éloignement (OQTF), celle refusant un délai de départ volontaire, celle mentionnant le pays de destination ou encore celle visant l'interdiction de retour sur le territoire français ou l'interdiction de circulation sur le territoire français (art. 552-1 CESEDA). Par contre, le juge judiciaire est seul compétent pour statuer sur le recours contre la décision de placement en rétention (art. L 512-1 CESEDA), ainsi que sur la demande de prolongation de celle-ci (art. L. 552-1 CESEDA) avec, comme avantage, de se prononcer en principe avant le juge administratif (le juge judiciaire dispose désormais d'un délai de 48 heures, dans les deux cas mentionnés, pour statuer alors que le juge administratif doit prendre sa décision dans un délai de 96 heures à compter de l'expiration du délai de recours, au lieu des 72 heures auparavant).

La loi du 10 septembre 2018 et la confirmation du maintien de la compétence du juge administratif (2)

402 • Les réformes de 2016 et de 2018 n'ont pas totalement amené à l'unification du contentieux de la rétention. L'exception de l'article L. 556-1 CESEDA, qui amène à la compétence du juge administratif (lorsque l'étranger a déposé une demande d'asile en rétention, la décision du maintien en rétention peut être prise par le préfet et cette décision peut alors être contestée, dans un délai de 48 heures, devant le président du TA), persiste. La Cour de cassation a décidé que la décision du maintien en rétention prise par le préfet ne pouvait faire l'objet d'un contrôle par voie d'exception dans le cadre des compétences du JLD (contrôle du placement ou de la prolongation de la mesure) (Cass., 1ère civ., 16 mars 2019, n° de pourvoi : 18-13908, voir, par ex., S. Slama, « Rétention administrative : la Cour de cassation ne franchit pas le rubicond du contrôle de la légalité de la mesure d'éloignement par voie d'exception », *Lexbase*, Hebdo, éd. pub. 2019, n°477 ; Cass., 1ère civ., 27 septembre 2017, n° de pourvoi : 17-10207 et 17-10206). Cette interprétation du juge judiciaire a fait l'objet d'une QPC pour savoir si elle était conforme aux droits et libertés garantis par la Constitution, notamment en ce qu'elle pouvait exclure la compétence du juge judiciaire, gardien de la liberté individuelle au titre de l'article 66 C° ou priver le requérant un droit au recours juridictionnel effectif eu égard à la complexité de la répartition des compétences entre le juge judiciaire et le juge administratif. Le juge constitutionnel a répondu par la négative (CC, ° 2019-807 QPC, 4 octobre 2019, *M. Lamin J. [Compétence du juge administratif en cas de contestation de l'arrêté de maintien en rétention faisant suite à une demande d'asile formulée en rétention]*, JO, 5 octobre 2019, texte n°59) faisant alors, pour certains, « primer la situation d'irrégularité sur celle de privation de liberté et sur celle de demandeur d'asile » (J. Schmitz, « Toujours à la recherche du gardien de l'article 66 de la Constitution », *AJDA* 2020, p. 412 et suiv.). La compétence du juge administratif n'est donc pas contraire à l'article 66 C° compte tenu des liens particulièrement étroits qui unissent la mesure en question avec la mesure d'éloignement du territoire dont le contentieux relève de la juridiction administrative. Il n'y a pas, en ce sens, d'obligation d'instituer, en la matière, un « bloc de compétence » en faveur du juge judiciaire (voir, sur cette question, P.-Y. Sagnier, « Le maintien en rétention du

demandeur d'asile : le dualisme juridictionnel à l'épreuve des décisions administratives privatives de liberté », *LPA* 2020, 20 janvier, n°150, p. 7 et suiv.).

4 – Le mouvement d'extension du domaine de la police administrative suite aux mesures liées à l'état d'urgence « sécuritaire » et à la prévention des actes de terrorisme

403 • C'est normalement la police judiciaire, puis la justice pénale, qui est chargée d'assurer la poursuite des infractions pénales, par opposition à la police administrative, sous le contrôle du juge administratif, qui vise, pour sa part, à préserver l'ordre public (CE, sect., 11 mai 1951, *Consorts Baud,* req. n°2542, *Rec. CE*, p. 265, S. 1952, 3, p. 13, concl. J. Delvolvé, note R. Drago ; TC, 7 juin 1951, *Dame Noualek,* req. n°1316, *Rec. CE*, p. 636, concl. J. Delvolvé, *S.* 1952, 3, p. 13, concl. J. Delvolvé, note R. Drago). Les qualifications juridiques, d'infraction d'une part, de trouble à l'ordre public d'autre part, sont indépendantes. Si elles peuvent concerner les mêmes faits, ce n'est pas sous la même perspective. L'existence d'une infraction s'apprécie toujours par rapport au caractère intrinsèque d'un acte déterminé (CE, sect., 11 mai 1951, *Consort Baud* précité ; *TC, 7 juin 1951, Dame Noualek* précité), alors que l'atteinte à l'ordre public s'apprécie au regard des conséquences d'un acte, qui n'a pas une vocation particulière à être un acte déterminé même s'il peut l'être effectivement (TC, 19 octobre 1998, *Bolle veuve Laroche,* req. n° 3088, *Rec. CE*, p. 547) et indépendamment de son caractère infractionnel. Il incombe donc au juge de ne pas utiliser ces qualifications de manière indifférente.

a) La mise en place d'une répression administrative préventive pour lutter contre le terrorisme

Des autorités administratives qui peuvent prendre des mesures de nature à éviter des infractions pénales

404 • Malgré le cadre général précédemment défini, le juge administratif reconnait, depuis récemment, à l'autorité administrative, le pouvoir de prendre des mesures de nature à éviter que des infractions pénales soient commises développant ainsi ce qu'on peut appeler un système de « prévention punitive ». (Sur le développement des mesures préventives liberticides et l'apparition d'une « prévention punitive », voir B. E. Harcourt, « Preventing Injustice », *Mélanges Lazerges,* Paris, Dalloz, 2014, p. 633 ; C. Lazerges, « Dédoublement de la procédure pénale et garantie des droits fondamentaux », *Mélanges Bouloc*, Paris, Dalloz, 2007, p. 573 ; F. Ragazzi, « Vers un multiculturalisme policier ? La lutte contre la radicalisation en France, aux Pays-Bas et au Royaume-Uni », *Les études du CERI n° 206*, Sciences Po/CERI (CNRS) 2014). Dans un contentieux provisoire touchant à la liberté d'expression et concernant l'humoriste Dieudonné, il a ainsi opté pour une acception particulièrement large de la notion d'ordre public et pour le caractère préventif de l'intervention (CE, ord., 9 janvier 2014, *Ministre de l'intérieur contre Société Les Productions de la plume,* req. n°374508, *Rec. CE*, p. 1, *AJDA* 2014, p. 129, tribune B. Seiller et p. 473, tribune C. Broyelle, note J. Petit, *D.* 2014, p. 86, obs. J. M. Pastor, *RFDA* 2014, p. 87, note O. Gohin). La solution a été confirmée au fond par le Conseil d'Etat, ce dernier

rappelant que « dans cette hypothèse, la nécessité de prendre des mesures de police administrative et la teneur de ces mesures s'apprécient en tenant compte du caractère suffisamment certain et de l'imminence de la commission de ces infractions ainsi que de la nature et de la gravité des troubles à l'ordre public qui pourraient en résulter » (CE, 9 novembre 2015, *Association générale contre le racisme et pour le respect de l'identité française chrétienne (AGRIF),* req. n°376107, *Rec. CE*, p. 377, *AJDA* 2015, p. 2508, concl. A. Bretonneau, note X. Bioy).

Une nouvelle compétence rattachée à l'article 2 du protocole n°4 additionnel à la ConvEDH

405 • Cette nouvelle compétence du juge administratif a été rattachée à l'article 2 du protocole n°4 additionnel à la ConvEDH dans la décision du 11 décembre 2015, *M. Cédric Domenjoud* (CE 11 déc. 2015, *M. Cédric Domenjoud,* req. n° 395009, *Rec. CE*, p. 438, concl. X. Domino, *AJDA* 2016, p. 247, chron. L. Dutheillet de Lamothe et G. Odinet, *RFDA* 2016, p. 105, concl. X. Domino, note A. Roblot Rozier) dans laquelle la section du contentieux du Conseil d'Etat a défini le cadre du contrôle du juge administratif sur les assignations à résidence prononcées par le Ministre de l'intérieur dans le cadre de l'état d'urgence. Les dispositions de cet article 2 admettent des restrictions à la liberté de circulation lorsque celles-ci « constituent des mesures nécessaires, dans une société démocratique, à la sécurité nationale, à la sûreté publique, au maintien de l'ordre public, à la prévention des infractions pénales, à la protection de la santé ou de la morale, ou à la protection des droits et libertés d'autrui ». Par sa décision QPC du 22 décembre 2015 (CC, n°2015-527 DC, 22 décembre 2015, *Cédric D.,* JO, 26 décembre 2015, p. 24084), le Conseil constitutionnel a déclaré ces dispositions conformes à la Constitution, eu égard notamment à l'absence d'atteinte disproportionnée à la liberté d'aller et venir garantie par les articles 2 et 4 DDHC. Le Conseil relevant, de même, que la possibilité de prendre une mesure d'assignation à résidence n'était, en tout état de cause, pas incompatible, compte tenu des motifs ayant justifié la déclaration de l'état d'urgence, avec les stipulations européennes. Au stade de la simple intention et avant le moindre commencement d'exécution, l'autorité administrative se voit ainsi reconnaitre le pouvoir d'empêcher la commission d'une infraction éventuelle.

Une nouvelle répression pénale initiée par la loi du 22 juillet 1996

406 • Dénommée « droit répressif de la sécurité nationale » (...), « droit administratif de l'ennemi » (...) ou encore, plus prosaïquement, « droit administratif de l'antiterrorisme » (...), la nouvelle répression administrative mise en place pour lutter contre le terrorisme date des premiers attentats commis en France en 1995. Avec la loi du 22 juillet 1996 (loi n°96-647 du 22 juillet 1996 (JO, 23 juillet 1996, p. 11104) *tendant à renforcer la répression du terrorisme et des atteintes aux personnes dépositaires de l'autorité publique ou chargées d'une mission de service public et comportant des dispositions relatives à la police judiciaire*), on étend, pour la première fois, la qualification « d'actes terroristes ». Le dispositif répressif est enrichi aux actes d'aide aux terroristes, soit avant l'action (constitution de groupes armés, fourniture d'armes, de faux papiers, association de malfaiteurs, ...), soit après l'action (recel de choses, recel de

malfaiteurs, ...). L'action terroriste en elle-même n'est plus la seule à être réprimée. L'association de malfaiteurs en vue de commettre des actes de terrorisme est aussi créé et devient un acte de terrorisme autonome puni plus sévèrement que l'association de malfaiteurs « ordinaire » (art. 421-2-1 Code pénal). Tous les actes périphériques aux actions terroristes sont aussi progressivement réprimés. Par exemple, le financement du terrorisme (art. 421-2-2 Code pénal et loi n°2001-1062 du 15 novembre 2001 (JO, 16 novembre 2001, p. 18215) *relative à la sécurité quotidienne* ; Cf. J. Lasserre Capdeville, « La répression pénale du financement du terrorisme : analyse contemporaine », *LPA* 2018, 7 novembre, n°223, p. 10 et suiv.), le blanchiment d'argent ou délit d'initiés (art. 421-2-2 Code pénal et loi n°2001-1062 du 15 novembre 2001 précité ; L'efficacité de la poursuite du blanchiment a été considérablement renforcée ces dernières années, notamment sous l'influence du droit européen : voir, en ce sens, la loi n° 2015-1197 du 30 septembre 2015 (JO, 1er octobre 2015, p. 17569) *qui a autorisé la ratification de la convention du Conseil de l'Europe relative au blanchiment, au dépistage, à la saisie et à la confiscation des produits du crime et au financement du terrorisme,* du 16 mai 2005 (signée par la France à Strasbourg le 23 mars 2011) et l'ordonnance n°2016-1635 du 1er décembre 2016 (JO, 2 décembre 2016, texte n°14) *renforçant le dispositif français de lutte contre le blanchiment et le financement du terrorisme),* la non justification des ressources (loi n°2003-239 du 18 mars 2003 (JO, 19 mars 2003, p. 4761) *pour la sécurité intérieure et art. 421-2-3 CP)* ou encore l'apologie ou la provocation au terrorisme (Article 421-2-5 et loi n°2014-1353 du 13 novembre 2014 (JO, 14 novembre 2014, p. 19162) *renforçant les dispositions relatives à la lutte contre le terrorisme* ; Cf. supra n°365)

La loi du 23 janvier 2006 et la réaffirmation de la police administrative pour lutter contre le terrorisme

407 • L'augmentation des pouvoirs de la police administrative s'est intensifiée depuis 2001 sur fond de maintien de la sécurité et de lutte contre le terrorisme. La loi du 18 mars 2003 précitée a d'abord étendu le système de fichage et de traitements automatisé de données nominatives par la police et la gendarmerie (art. 21 et 25). Mais c'est surtout, la loi du 23 janvier 2006 (loi n°2006-64 du 23 janvier 2006 (JO, 24 janvier 2006, p. 1129) *relative à la lutte contre le terrorisme et portant dispositions diverses relatives à la sécurité et aux contrôles frontaliers)* qui marque un véritable tournant en la matière. Sont, ainsi, mis en place, pêle-mêle, l'amélioration des procédures de réquisition de données techniques de connexion, la mise en place de dispositif de lecture systématique des plaques d'immatriculation (art. 6 et 8) ou encore l'extension des contrôles d'identité aux frontières dans les trains internationaux (art. 3). Mais la procédure la plus significative est la procédure administrative de gel des avoirs des individus suspectés d'entretenir des relations avec le terrorisme ou de le financer (art. L. 562 -1 Code monétaire et financier ; Cf. D. Burriez, « Le dispositif national de gel des avoirs : discrète mais contestable mesure de police administrative en matière de lutte contre le terrorisme », *RDFA* 2017, p. 139 et suiv.). Modifiée à trois reprises depuis lors (la dernière en date : ordonnance n°2016-1575 du 24 novembre 2016, JO, 25 novembre 2016, texte n°7) *portant réforme du dispositif de gel des avoirs qui a notamment étendu le champ des avoirs*

susceptibles d'être gelés), la mesure, qui consiste à bloquer toutes sortes d'avoir, le gel des avoirs, a été qualifiée expressément de mesure de police administrative (CC, n°2015-524 QPC, 2 mars 2016, *M. Abdel Manane M. K. [Gel administratif des avoirs],* JO, 4 mars 2016, texte n°121) malgré ces liens étroits avec l'existence d'une infraction pénale (Cf. J.-F. Giacuzzo, « Le gel des avoirs : une limitation de la propriété du « terroriste-ennemi » », *Constitutions* 2016, p. 269 et suiv. ou C. Mauro, « Le gel des avoirs n'est pas une sanction…mais un peu quand même », *JCP* 2016, G, n°589).

La loi du 13 novembre 2014 et les dispositifs d'entrée et de sortie du territoire : l'interdiction de sortie du territoire (IST) pour les français suspectés de lien avec des activités terroristes

408 • Le législateur a, en 2014 (loi n° 2014-1353 du 13 novembre 2014 précitée) poursuivi le mouvement de prévention pénale ou d'anticipation répressive en mettant en place le blocage et le déréférencement administratif des sites internet faisant l'apologie ou provoquant au terrorisme (Cf. Supra n°390 et suiv.). Mais il a aussi surtout institué des dispositifs spéciaux d'entrée et de sortie du territoire. La première des nouvelles mesures est une interdiction de sortie du territoire (IST) pouvant être établie, à l'égard de tout Français, lorsqu'il existe de sérieuses raisons de penser qu'il projette des déplacements à l'étranger qui ont pour objet la participation à des activités terroristes ou qui se déroulent sur un théâtre d'opérations de groupements terroristes (l'article L. 224-1 CSI en contient le principe et le régime ; Voir, A. Capello, « L'interdiction de sortie du territoire dans la loi renforçant les dispositions relatives à la lutte contre le terrorisme » : *AJ pénal* 2014, p. 562 et suiv.). Au-delà de la mesure touchant les nationaux, le législateur a créé, réciproquement, une seconde mesure qui est celle de l'interdiction administrative d'entrer sur le territoire (IAT) pour les ressortissants étrangers. Celle-ci concerne tout étranger ne résidant pas habituellement en France et dont la présence sur le territoire national constitue une menace grave pour l'ordre ou la sécurité publics (articles L. 214-1 à L. 214-7 CESEDA). Liées à des mouvances radicales, voire à des organisations terroristes, ces personnes pouvaient se rendre en France pour des séjours de très courte durée, afin de rencontrer des ressortissants français ou étrangers également impliqués dans ces structures. Auparavant, seuls les résidents pouvaient faire l'objet d'une expulsion d'où la mise en place de cette nouvelle disposition de police administrative afin d'entraver de tels déplacements, et de prévenir la présence sur le territoire français de ces personnes. Le dispositif ne figurait pas dans le projet initial, et c'est sur amendement tardif du gouvernement déposé au Sénat qu'il a été adopté, dans un contexte de procédure accélérée (Cf. E. Dreyer, « Les restrictions administratives à la liberté d'aller et de venir des personnes suspectées de terrorisme », *GP* 2015, 4 février, n°55, p. 22 et suiv.)

La loi du 24 juillet 2015 et les nouvelles méthodes de surveillance des autorités administratives jusque-là réservées à la police judiciaire

409 • La loi de renseignement du 24 juillet 2015 (loi n°2015-912 du 24 juillet 2015 (JO, 26 juillet 2015, p. 12735*) relative au renseignement)* s'inscrit dans le mouvement

précédemment décrit en développant, de façon considérable, les pouvoirs dont disposent les services de renseignement pour protéger l'ordre public. Sous le prétexte de « prévention du terrorisme », de « prévention de la criminalité et de la délinquance organisée », de lutte contre « les violences collectives », de protection « du territoire et de la défense nationale » ou bien encore de protection des « intérêts économiques, industriels et scientifiques majeurs de la France » (Cf. L'énumération totale de l'art. L. 811-3 CSI), les services de renseignements se voient dotés, nommément, du droit d'utiliser de nouvelles méthodes de surveillance jusque-là non autorisées. Ils pourront ainsi se servir de tout un ensemble de techniques, allant de la simple écoute téléphonique jusqu'à l'interception de courriels ou de SMS, en passant par la mise en place de caméras, micros et balises GPS ou encore le piratage d'ordinateurs de suspects, l'installation de logiciels-espions ou l'accès aux données Internet. La seule limite, fixée par le juge constitutionnel, étant que le choix des techniques soit proportionné à la finalité poursuivie et aux motifs invoqués (CC, n°2015-713 DC, 23 juillet 2015, *Loi relative au renseignement*, JO, 26 juillet 2015, p. 12751). Toutes ces techniques sont légalisées par la loi mais aussi nouvellement attribuées aux autorités administratives. Elles relevaient auparavant des autorités judiciaires et étaient exercées, la plupart du temps, dans le cadre d'une procédure pénale à un stade plus avancée de l'enquête. Parmi les nouvelles techniques de surveillance utilisées par les services de renseignement figure les « interceptions de sécurité » qui pourront viser la personne ciblée comme son entourage proche. Des nouvelles dispositions du Code de sécurité intérieure sont également destinées à légaliser le recours à la technologie dite de *« l'IMSI-catching »* (article L. 851-6 I CSI qui prévoit la possibilité, pour les services de renseignement, de collecter des données de connexion à partir d'un « appareil » ou d'un « dispositif technique mentionné au 1° de l'article 226-3 du code pénal ») permettant de capter toutes les communications d'un individu situé dans un périmètre donné, en imitant à son insu le fonctionnement d'un relais de téléphonie mobile. La mise en œuvre d'un tel procédé technique comporte un risque majeur d'atteinte au droit à la vie privée (article 8 ConvEDH) à partir du moment où les données de connexion de personnes non suspectées d'actes de terrorisme qui se trouvent dans le périmètre d'action de « *l'IMSI-catcher* » (riverains, avocats, magistrats et autres personnels de justice, agents de l'administration pénitentiaire, etc.…) seront inévitablement interceptées à leur insu. L'Etat pourra aussi inviter les opérateurs de communication ainsi que les FAI à mettre en place un algorithme automatisé capable de déceler des connexions susceptibles de révéler « une menace terroriste », et lui demander de lever l'anonymat de ces métadonnées en cas de menace avérée (art. L. 851-4 CSI).

La loi du 3 juin 2016 et le contrôle administratif des retours en France

410 • La loi du 3 juin 2016 (Loi n°2016-731 du 3 juin 2016 (JO, 4 juin 2016, texte n°1) *renforçant la lutte contre le crime organisé, le terrorisme et leur financement, et améliorant l'efficacité et les garanties de la procédure pénale)* est une loi essentiellement répressive qui s'inscrit dans un ensemble de règles sécuritaires plus larges. Il faut, par ex., y ajouter la loi du 21 juillet 2016 (Loi n°2016-987 du 21 juillet 2016 (JO, 22 juillet 2016, texte

n° 2) *prorogeant l'application de la loi n°55-385 du 3 avril 1955 relative à l'état d'urgence et portant mesures de renforcement de la lutte antiterroriste)* qui proroge l'état d'urgence suite à l'attentat de Nice du 14 juillet 2016. La loi du 3 juin 2016 ne transpose pas, en ce sens, dans le droit commun les procédures spécifiques de l'état d'urgence mais elle va doter les magistrats et forces de l'ordre de nouveaux moyens (perquisitions de nuit à domicile facilitées, prescription d'actions spécifiques de prise en charge de la radicalisation, création du délit d'entrave au blocage des sites faisant l'apologie du terrorisme ou du délit de consultation habituelle de tels sites, élargissement du périmètre du fichier national automatisé des empreintes génétiques ou encore saisie de correspondances électroniques hors perquisition). Au niveau administratif, le législateur légalise les unités de déradicalisation (regroupant les détenus radicalisés ou en voie de radicalisation (art. 726-2 Code pénal)) avec contrôle du juge administratif). Mais le dispositif phare de la loi, révélateur du renforcement des pouvoirs de la police administrative est le contrôle administratif des retours sur le territoire national des personnes soupçonnées de revenir d'un théâtre d'opérations terroristes. Ce contrôle brouille encore davantage les frontières entre la police administrative et la police judiciaire dans la mesure où il permet au ministère de l'intérieur d'imposer des mesures de sûreté (obligation de résider dans un périmètre géographique déterminé, obligation de déclaration de domicile, obligation de présentation périodique aux services de polices ou de gendarmerie, interdiction de mise en relation avec certaines personnes, assignation à résidence, …). Toujours au titre des nouvelles mesures de police administrative, la loi du 3 juin 2016 permet, outre les contrôles d'identité et les visites des véhicules, l'inspection visuelle et la fouille administrative des bagages aux fins de recherche et de poursuites de certaines infractions (art. 78-2-2 III du Code de procédure pénale). Jusqu'alors, la fouille des bagages ne pouvait être réalisée que dans le cadre d'une enquête ou d'une information judiciaire et elle devient désormais possible dans le cadre d'un contrôle administratif. Enfin la loi permet une retenue pour vérification d'identité durant quatre heures (au maximum) d'une personne soupçonnée d'être liée à des activités présentant un caractère terroriste (art. 78-3-1 du CPP). La personne retenue y bénéficie de bien peu de droits par rapport à l'audition libre ou à la garde à vue (elle ne bénéficie notamment pas du droit à un avocat).

La loi du 21 juillet 2016 et la nouvelle procédure de saisie des données informatiques : un juge administratif qui autorise a priori une mesure qui est susceptible de donner lieu à des poursuites pénales

411 • La loi du 21 juillet 2016 institue une nouvelle procédure de saisie des données informatiques découvertes à l'occasion des perquisitions administratives. Ce pouvoir avait déjà été prévu par la loi du 20 novembre 2015 (loi n°2015-1501 du 20 novembre 2015 (JO, 21 novembre2015, p. 21665) *prorogeant l'Etat d'urgence* (article 11-1 de la loi n°55-385 du 3 avril 1955 modifié) mais, le Conseil, saisi d'une QPC, avait censuré de telles dispositions au préalable (CC, n°2016-536 QPC, 19 février 2016, *Ligue des droits de l'homme,* JO, 21 février 2016, texte n° 27). La loi nouvelle prévoit donc des nouvelles garanties. Les données informatiques ne pourront être saisies que si la perquisition « révèle l'existence d'éléments, notamment

informatiques, relatifs à la menace que constitue pour la sécurité et l'ordre publics le comportement de la personne concernée » (al.5 art. 11-1 précité). De même, l'administration ne pourra, surtout, exploiter ces données que si elle est autorisée par le juge des référés du tribunal administratif statuant dans un délai de 48 heures (al.7 art. 11-1 précité). La Constitution n'impose pas l'intervention d'un juge pour accéder aux données pendant la perquisition. Par contre, son contrôle est nécessaire pour poursuivre l'exploitation des données après la perquisition. La compétence revient au juge administratif eu égard à la nature de police administrative de l'opération et parce qu'elle n'emporte pas privation de liberté. Le dispositif est inédit puisqu'il conduit le juge administratif non pas à statuer *a posteriori* sur la légalité d'une mesure de police administrative mais à autoriser a priori une mesure qui est susceptible de donner lieu à des poursuites pénales.

La loi du 21 juillet 2016 et la nouvelle procédure de saisie des données informatiques : un juge administratif qui valide la procédure tout en en rappelant ses dangers au regard des droits et libertés

412 • Depuis l'entrée en vigueur de la loi du 21 juillet 2016, les tribunaux administratifs se sont prononcés à plusieurs reprises sur de telles demandes d'autorisation. Suite à des refus d'autoriser l'administration à exploiter les données contenues sur des supports numériques durant les perquisitions administratives prononcées par les tribunaux administratifs en août 2016, le Ministre de l'intérieur a fait appel devant le Conseil d'Etat. Le juge des référés du Conseil d'Etat, après avoir relevé que les procédures étaient régulières au vu des éléments révélés par la perquisition, a annulé les ordonnances litigieuses et a estimé que les supports numériques saisis étaient susceptibles de contenir des données relatives à une menace pour la sécurité et l'ordre publics (CE, ord., 5 août 2016, *Ministre de l'intérieur contre M. Dems,* req. n°402139 ; CE, ord., 12 août 2016, *Ministre de l'Intérieur contre M. Jahrling,* req. n°402348 ; CE, ord., 23 août 2016, *Ministre de l'Intérieur contre M. Khelfaoui,* req. n°402571 ; CE, ord., 23 septembre 2016, *M. Benadji,* req. n°403675) mais il a aussi pu remettre en cause la procédure et rappelé « que la seule circonstance, invoquée par le ministre de l'intérieur, que ces fichiers comportent des éléments en langue arabe qui n'ont pas pu être exploités immédiatement ne suffit pas à les faire regarder comme relatifs à la menace que constituerait pour la sécurité et l'ordre publics le comportement des personnes concernées » (CE, ord., 5 septembre 2016, *Ministre de l'Intérieur contre Mme Doppler et M. Simmou,* req. n° 403026).

La loi *SILT* du 30 octobre 2017 et la légalisation de la « prévention pénale » hors d'état d'urgence (1)

413 • Etablie dans, ce qu'on peut appeler, « le silence des pantoufles » (E. Plenel, « Quand la liberté s'éteint en silence », Médiapart, 3 octobre 2017, www.mediapart.fr), la loi dites « *SILT* » du 30 octobre 2017 (Loi n°2017-1510 du 30 octobre 2017 (JO, 31 octobre 2017, texte n°1) *renforçant la sécurité intérieure et la lutte contre le terrorisme)* a pu être définie comme étant la loi « la plus attentatoire aux libertés individuelles de l'histoire de la Vème République » (P. Cassia, « Sortie de

l'état d'urgence temporaire, entrée dans l'état d'urgence permanent », 31 octobre 2017, Médiapart, www.mediapart.fr). Dans la logique de la loi, la sécurité intérieure et la lutte contre le terrorisme se retrouverait, ainsi, « entre cadence et décadence » (E. Raschel, « La sécurité intérieure et la lutte contre le terrorisme entre cadence et décadence : commentaire de la loi n° 2017-1510 du 30 octobre 2017 », *Droit pénal* 2017, n°12, étude n°23). Mireille Delmas-Marty évoque, à cet égard et successivement, un risque de « despotisme doux » (M. Delmas-Marty, « De l'état d'urgence au despotisme doux », 16 juillet 2017, www.liberation.fr), une « contamination permanente du système pénal » (*Ibid.*) ou encore le passage « d'une société de responsabilité à celle de la suspicion » (*Ibid.*). Au final, les mots et les commentaires sont durs et ne transigent pas pour qualifier la loi du 30 octobre 2017 (Dans un appel lancé dans Libération et Mediapart, près de 500 universitaires et chercheurs s'alarment de la volonté du gouvernement d'inscrire dans le droit ordinaire les principales mesures de l'état d'urgence : Collectif d'universitaires et d'artistes, « Banalisation de l'état d'urgence : une menace pour l'Etat de droit », 12 juillet 2017, Libération et Médiapart, www.liberation.fr et www.mediapart.fr). L'exception devient pérenne et se banalise tout comme l'augmentation, normalement opportune et ponctuelle, des pouvoirs des autorités de police administrative aux seules fins de prévenir la commission d'actes de terrorisme ou d'assurer la sécurité d'un lieu ou d'un évènement exposé. Le législateur intègre dans le droit commun et le Code de la sécurité intérieure des mesures jusque-là établies dans le cadre de l'état d'urgence. On trouve désormais dans le CSI, les zones de protection et de sécurité de l'état d'urgence (qui deviennent les « périmètres de protection » art. L. 226-1 CSI), la fermeture des lieux de culte (art. L. 227-1 CSI), les assignations à résidence (désormais appelées « mesures individuelles de contrôle administratif et de surveillance », art. L. 228-1 CSI) et un nouveau régime de perquisitions administratives dénommées « visite » et « saisie » (art. L. 229-1 CSI).

La loi *SILT* du 30 octobre 2017 et la légalisation de la « prévention pénale » hors d'état d'urgence (2)

414 • Le législateur confère, tout d'abord, un fondement législatif aux périmètres dits « de protection » Ils sont créés par arrêté préfectoral pour assurer la sécurité d'un lieu ou d'un évènement. Les forces de police pouvant, à l'intérieur de ces périmètres, exercer des contrôles d'identité, des palpations, des fouilles des bagages et des véhicules. Il y a obligation de se soumettre à ces contrôles sous peine d'interdiction d'entrée. L'autorité administrative peut aussi décider la fermeture d'un lieu de culte, « dans lesquels les propos qui sont tenus, les idées ou théories qui sont diffusées ou les activités qui se déroulent provoquent à la violence, à la haine ou à la discrimination, provoquent à la commission d'actes de terrorisme ou font l'apologie de tels actes » (art. L. 227-1 CSI). Les motifs de fermeture étant étendus aux « propos tenus », aux « idées ou théories » qui y seraient diffusées ou aux « activités » à l'intérieur du lieu de culte. La loi évoque aussi « la mesure individuelle de contrôle administratif et de surveillance » (MICAS) (art. L. 228-1 CSI) qui remplace la notion d'« assignation à résidence ». Le législateur autorise aussi « la visite d'un lieu ainsi que la saisie des documents, objets ou données qui s'y

trouvent » (art. L. 229-1 CSI) en prenant bien soin de ne pas mentionner le terme de « perquisitions » (certainement en raison de sa connotation trop pénale). Les anciennes « assignations à résidence » ou « perquisitions » au domicile privé des individus pouvant être effectuées dès lors qu'il existe « des raisons sérieuses de penser qu'un lieu est fréquenté par une personne dont le comportement constitue une menace d'une particulière gravité pour la sécurité et l'ordre publics et qui, soit entre en relation de manière habituelle avec des personnes ou des organisations incitant, facilitant ou participant à des actes de terrorisme, soit soutient, diffuse, lorsque cette diffusion s'accompagne d'une manifestation d'adhésion à l'idéologie exprimée, ou adhère à des thèses incitant à la commission d'actes de terrorisme ou faisant l'apologie de tels actes » (art. L. 228-1 et L. 229-1 CSI).

Les dernières lois anti-terroristes et la poursuite de la logique de « prévention pénale »

414-1 • Parmi les dernières lois entrées en vigueur récemment, il faut d'abord mentionner la loi du 24 décembre 2020 qui prolonge d'un an les différentes mesures de lutte contre le terrorisme (Loi n° 2020-1671 du 24 décembre 2020 (JO, 26 décembre 2020, texte n°3) *relative à la prorogation des chapitres VI à X du titre II du livre II et de l'article L. 851-3 CSI).* Ces mesures, mises en place par la loi *SILT*, avaient été autorisé seulement jusqu'au 31 décembre 2020, leur prolongement marquant d'autant plus la logique de pérennisation de ces mesures dans le droit commun. A noter que la technique de renseignement dite « algorithme » (art. L. 851-3 CSI et qui avait été mise en place à titre expérimental par la loi du 24 juillet 2015 *relative au renseignement*) est prolongée d'un an (jusqu'au 31 décembre 2021). Il faut aussi évoquer la loi du 10 août 2020, votée quelque temps auparavant, qui instaure des mesures de sûreté spécifiques pour les sortants de prison (Loi n° 2020-1023 du 10 août 2020 (JO, 11 août 2020, texte n°2) *instaurant des mesures de sûreté à l'encontre des auteurs d'infractions terroristes à l'issue de leur peine).* Ces mesures, qu'elles soient prononcées par les autorités administratives comme judiciaires, existaient déjà dans ce cadre (par exemple, les MICAS précitées qui obligent notamment à trois pointages hebdomadaires, les notes de signalement en fin d'incarcération avant la libération des détenus TIS ou RAD transmises à la DGSI, l'inscription au fichier judiciaire national automatisé des auteurs d'infractions terroristes (FIJAIT) avec obligation de déclarer tout changement d'adresse ou déplacement à l'étranger). Mais le législateur va plus loin en créant une mesure de sûreté se rapprochant de plus en plus de la peine, mesure destinée à combler les zones d'inapplication des dispositifs préexistants et en rendant le suivi socio-judiciaire obligatoire (article 706-25-15 CPP ouvre la possibilité à la juridiction parisienne de la rétention de sûreté d'ordonner, à l'égard des individus ayant été condamnés à une peine supérieure ou égale à 5 ans d'emprisonnement pour une infraction terroriste et présentant « une particulière dangerosité », une ou plusieurs obligations ou interdictions pendant une durée maximale d'un an). Si « institutionnaliser un suivi non seulement post-carcéral, mais post-pénal des « fins de peine » terroristes, c'est faire le choix de la surveillance contre celui de l'accompagnement, de la défiance sur la confiance » (J. Alix et O. Cahn, « Au tournant de la punitivité en matière terroriste » *Lexbase* 2020, La lettre juridique n° 841 du 29 octobre) il y a immanquablement un rapprochement entre les mesures de sûreté et les peines

Les dernières lois anti-terroristes et la poursuite de la logique de « prévention pénale » hors d'Etat d'urgence

441-2 • La récente loi *relative à la prévention d'actes de terrorisme et au renseignement* (loi n°2021-998 du 30 juillet 2021 (JO, 3 juillet 2021, texte n°1) *relative à la prévention d'actes de terrorisme et au renseignement)* vise principalement à conférer un caractère permanent aux mesures figurant dans la loi *SILT* finalement autorisés jusqu'au 31 juillet 2021. Le droit né à la suite des attentats de 2015 entrera ainsi, définitivement, dans le droit commun en cas de vote définitif de la loi. C'est la « menace grave, réelle, actuelle et prévisible » du terrorisme islamiste qui justifie la pérennisation des mesures (Cf. Pour la qualification de la menace : CE, Ass, 21 av. 2021, *French Data Network,* req. n°393099). Les mesures de la loi *SILT* sont complétées par diverses mesures comme la possibilité de fermer des lieux « dépendant » d'un lieu de culte ou encore l'interdiction, pour une personne sous surveillance et assignée dans un périmètre de résidence, d'être présente lors d'un évènement exposé à un risque terroriste particulier. Les MICAS pourraient durer deux ans (contre un an auparavant) pour les personnes sortant de prison après une condamnation à une peine d'au moins cinq ans ferme pour terrorisme et pourraient se cumuler avec une mesure judiciaire de réinsertion sociale sous le contrôle du tribunal de l'application des peines (pour tenir compte de la censure opérée par le juge constitutionnel lors de la création de mesures de sûreté par la loi du 10 août 2020 : CC, n° 2020-805 DC, 7 août 2020, *Loi instaurant des mesures de sûreté à l'encontre des auteurs d'infractions terroristes à l'issue de leur peine,* JO, 11 août 2020, texte n°4). Le législateur donne aussi une base légale aux transferts d'information entre les différents services tout en pérennisant les nouveaux moyens donnés aux services de renseignement (comme l'autorisation de recourir à la technique de l'algorithme qui est élargie aux URL ou l'interception de correspondances émises ou reçues par la voie satellitaire) qui n'ont cessé de se développer depuis la loi du 24 juillet 2015. Le tout toujours justifié par la nécessité pour le gouvernement de constater la persistance d'une menace grave, réelle et actuelle ou prévisible, pour la sécurité nationale (CE, Ass., 21 avril 2021, *French Data Network* précité).

Les dernières lois anti-terroristes et la poursuite de l'extension des pouvoirs de « prévention pénale » pour les autorités administratives

441-3 • La nouvelle loi pour une sécurité globale préservant les libertés (Loi n°2021-646 du 25 mai 2021 (JO, 26 mai 2021, texte n°1) *pour une sécurité globale préservant les libertés)* met toujours plus en avant l'usage d'instruments de prévention pénale ou de contrôle. On pense à l'usage des drones ou « caméras aéroportées » par la puissance publique, usage dont le manque d'encadrement légal avait été souligné par le Conseil d'Etat (CE, Avis, 20 septembre 2020, *Avis relatif à l'usage de dispositifs aéroportés de captation d'images par les autorités publiques,* n°401 214 à rapprocher d'une délibération de la CNIL, 12 janvier 2021, délib. n°SAN-2021 et d'un arrêt du juge de l'Union : CJUE, 11 décembre 2014, *František Ryneš contre Úrad pro ochranu osobních údaju* Aff. n°C-212/13, § n°22) et dont la pratique, en dehors d'autorisation spécifique, avait pu être remise en cause à la suite de deux décisions contentieuses (CE, ord., 18 mai 2020, *La Quadrature du net, Ligue des droits de l'homme,* req. n°440442, *AJDA* 2020, p. 1552, note X. Bioy, *D.* 2020, p. 1336, obs. P. Dupont, note P. E. Audit et p. 1262, obs. W. Maxwell et C. Zolynski et CE 22 déc. 2020, *La Quadrature du Net,* req. n°446155). Dénoncée par la doctrine (O. Cahn, « Construction d'un maintien de l'ordre (il)légaliste », *RSC* 2020, p. 1069 et suiv. et « Police et Caméras : « Observer sans temps mort, jouir sans entrave » », *AJ pénal* 2021, p. 128 et suiv. ; P. Cassia, « Demain les drones », www.mediapart.fr, 20 mai 2020 ; V. Audubert, « Face aux menaces sur les libertés publiques, les juristes doivent prendre parti », *Dalloz actualités* 2020, 23 octobre), la future loi, si elle encadre la pratique (interdiction de la reconnaissance faciale et des interconnexions avec d'autres fichiers ; prohibition de la visualisation de l'intérieur des domiciles ou de leurs entrées ; limitation de durée de conservation des images...) va quand même, l'élargir puisqu'elle se verrait autorisée grâce à un nombre très important de « finalités précises » (la prévention d'actes de terrorisme ; le constat des infractions et la poursuite de leurs auteurs par la collecte des preuves; la sauvegarde des bâtiments et installations publics et leurs abords ; la sécurité des rassemblements de personnes ou dans les lieux ouverts au public si les circonstances font craindre des troubles graves à l'ordre public, etc…).

b) La nouvelle répartition des compétences entre les deux ordres juridictionnels

La loi « *SILT* » du 30 octobre 2017 et la confirmation du nouveau rôle joué par le juge administratif (1)

415 • Trois mesures fortes empruntées à l'état d'urgence (la fermeture des lieux de culte, les périmètres de protection et les mesures individuelles de contrôle administratif et de surveillance) continuent, depuis la loi « *SILT* », d'être soustraites à un quelconque contrôle du juge judiciaire et relèvent de la compétence du juge administratif alors qu'elles sont susceptibles de mettre en cause des droits et libertés. Malgré cette volonté d'aller dans le sens de l'efficacité administrative, la dernière mesure forte (visites et saisies) relève du juge judiciaire et fait l'objet d'un contrôle du JLD du Tribunal judiciaire de Paris. Si le législateur semble ainsi « ménager » le juge judiciaire sur cet élément, ce dernier reste écarté, avec l'aval du Conseil constitutionnel, dans l'ensemble du contrôle de la mise en œuvre de l'état d'urgence et de sa nouvelle version installée dans le droit commun. On a vu que la répartition classique des compétences était fondée sur deux éléments. Le 1er élément tenait à l'interprétation restrictive, par le Conseil constitutionnel, de la notion de « liberté individuelle » telle que mentionnée dans l'article 66 C°. La notion est définie comme étant seulement l'équivalent de la notion de « sûreté » soit l'interdiction de l'arrestation et de la détention arbitraire (Cf. Supra n° 382 et suiv.). Le contrôle du juge judiciaire n'est exigé que pour le contrôle des mesures privatives et non restrictives de liberté. La différence n'est pas facile à fixer car, comme a pu le relever le juge européen, il n'y a « qu'une différence de degré ou d'intensité, non de nature ou d'essence » entre privation et restriction de

liberté (CourEDH, 17 janvier 2012, *Stanev contre Bulgarie*, req. n°36760/06, § 115). Le Conseil constitutionnel, dans le cadre de l'état d'urgence et de l'appréciation de la notion « d'assignation à résidence », a précisé, très rapidement, cette distinction en fixant une amplitude horaire maximum à l'astreinte à domicile dans ce cadre. Celle-ci « fixée à douze heures par jour, ne saurait être allongée sans que l'assignation à résidence soit alors regardée comme une mesure privative de liberté, dès lors soumise aux exigences de l'article 66 de la Constitution » (CC, n°2015-527 QPC, 22 décembre 2015, *M. Cédric D. [Assignations à résidence dans le cadre de l'état d'urgence]*, JO, 26 décembre 2015, p. 24084, cons. n°6). Il importe peu que l'astreinte à domicile de 12 heures par jour soit effectuée au-delà d'un an (CC, n°2017-624 QPC, 16 mars 2017, *M. Sofiyan I. [Assignations à résidence dans le cadre de l'état d'urgence II]*, cons. n°7).

La loi « *SILT* » du 30 octobre 2017 et la confirmation du nouveau rôle joué par le juge administratif (2)

416 • Le 2nd élément de la répartition classique des compétences était fondé sur la distinction entre les notions de police administrative à vocation préventive (préservation de l'ordre public et prévention des infractions) et de police judiciaire à vocation répressive (pour les infractions et atteintes à l'ordre public). Cette distinction est aujourd'hui dépassée dans la mesure où, d'une part, les mêmes autorités agissent dans le cadre des deux polices et, d'autre part, des actes matériels peuvent relever de ces mêmes polices (Cf. R. Parizot, « La distinction entre police administrative et police judiciaire est-elle dépassée ? », in Marc Touillier (dir.), *Le Code de la Sécurité Intérieure, artisan d'un nouvel ordre ou semeur de désordre ?*, Paris, Dalloz, 2017, p. 133 et suiv.). C'est le cas typique des mesures prises par les services de renseignement dans la lutte anti-terroriste à forte connotation pénale (réquisitions administratives, assignations à résidences, etc…). On retrouve cette même logique de confusion quand on essaye aujourd'hui de distinguer les mesures visant à assurer la sauvegarde de l'ordre public des mesures visant à rechercher les auteurs d'infractions pénales (par ex., les assignations à résidence inférieures à 12 mois accompagnées de multiples conditions qui peuvent tout à la fois être des mesures préventives comme répressives). La confusion est de plus en plus prégnante entre prévention et répression ou entre surveillance et recherche d'une infraction ce qui peut amener à rendre les deux juges autant légitimes l'un que l'autre, le choix procédant plus d'une logique politique que d'une logique juridique (Voir en ce sens, I. Boucobza, « Quel juge pour l'état d'urgence ? », in S. Hennette Vauchez (dir.), *Ce qui reste(ra) toujours de l'urgence*, Paris, Institut Universitaire Varenne, tome n°69, 2018, p. 77 et suiv.). Certains auteurs parlent, à cet égard, d'un « usage stratégique qui est fait de la distinction pour déterminer la nature d'un acte, et par voie de conséquence, le régime auquel il doit être soumis et le juge compétent pour en connaître » (*Ibid.*) ou « bien la possibilité […] d'instrumentaliser la distinction des polices pour décider du niveau de garanties plus ou moins élevé à accorder à certaines mesures selon qu'elles seront ou non qualifiées d'administratives » (*Ibid.*).

La loi « *SILT* » du 30 octobre 2017 et l'approbation de la compétence administrative par le Conseil constitutionnel

417 • Dans le cadre de l'état d'urgence, c'est l'extension des pouvoirs de police administrative qui entraine mécaniquement une extension de compétence du juge administratif et le juge constitutionnel a eu l'occasion d'apporter son soutien à la nouvelle compétence ainsi définie en rappelant sa jurisprudence validant l'absence de contrôle du juge judiciaire. Il a agi de la sorte à propos des anciennes perquisitions administratives (CC, n°2016-536 QPC, 19 février 2016, *Ligue des droits de l'homme [Perquisitions et saisies administratives dans le cadre de l'état d'urgence]*, JO, 21 février 2016, texte n°27, cons. n°4) comme des anciennes assignations à résidence (CC, n°2015-527 QPC, 22 décembre 2015, *M. Cédric D. [Assignations à résidence dans le cadre de l'état d'urgence]* précité, cons. n°4 et suiv.) en se gardant de rappeler que si le confinement ne dépasse pas 12 heures par jour, il y a juste « restriction » à la liberté de circulation et non « privation » de liberté au sens de l'article 66 C. Le Conseil constitutionnel a, aussi, précisé, pour ces mêmes mesures, le fait que la prolongation dans le temps au-delà de 12 mois de la mesure « n'a pas pour effet de modifier sa nature et de la rendre assimilable à une mesure privative de liberté » (CC, n°2017-624 QPC, 16 mars 2017, *M. Sofiyan I. [Assignations à résidence dans le cadre de l'état d'urgence II]*, JO, 17 mars 2017, texte n°67). Lorsqu'on observe les décisions du Conseil d'Etat et du Conseil constitutionnel à la fois, on voit apparaitre « clairement l'existence d'une alliance entre le juge constitutionnel et le juge administratif au détriment du juge judiciaire. Le match pour la protection des droits et libertés se jouant alors « à deux contre un » » (Voir I. Boucobza, « Quel juge pour l'état d'urgence ? » précité).

La compétence par voie d'exception du juge pénal (1)

418 • Les mesures exceptionnelles prises dans le cadre de l'état d'urgence n'ont pas dessaisi totalement le juge judiciaire et plus précisément le juge pénal qui peut intervenir par voie d'exception dans le contentieux (Voir, en ce sens, J.-B. Perrier, « Le juge judiciaire et l'état d'urgence », *RFDA* 2017, p. 949 et suiv.). L'intervention du juge judiciaire est possible en cas de découverte d'une infraction ou quand les personnes concernées par les mesures ne respectent pas les obligations qui y sont attachées ce qui déclenche automatiquement une infraction pénale. La chambre criminelle de la Cour de cassation a pu ainsi contrôlé, sur le fondement de l'article 111-5 CP (selon lequel le juge pénal peut interpréter un acte administratif si nécessaire à la solution du procès), des perquisitions administratives (Cass., crim., 13 décembre 2016, n° de pourvoi : 16-84.794, 16-82.176, 16-84.162 rendu sur le fondement de l'article 111-5 CP mais aussi de l'article préliminaire du CPP selon lequel c'est à l'autorité judiciaire de prendre et de contrôler les mesures ; Cass., crim., 28 mars 2017, n° de pourvoi : 16-85.072 et n°16-85.073 rendu seulement sur le fondement de l'article 111-5 CP) ou des assignations à résidence (Cass., crim., 3 mai 2017, n° de pourvoi : 16-86.155) Pour cette dernière décision, le juge judiciaire fonde son contrôle essentiellement sur l'article 2 DDHC concernant le droit à la sureté, les assignations à résidence n'étant pas susceptible de déclencher un

processus répressif. Pour le juge pénal, ce droit à la sûreté justifie sa compétence au-delà de la procédure pénale au sens strict. On rappelle que, pour le Conseil constitutionnel, c'est la liberté d'aller et venir qui est en cause avec les assignations à résidence et non le droit à la sureté au sens strict (Cf. Par ex., G. Beaussonie, « Poursuite de la reconquête du contrôle de l'état d'urgence par la chambre criminelle », *D.* 2017, p. 1175 et suiv.). Pour terminer, il faut aussi parler de la nouvelle compétence attribuée au juge judiciaire, plus précisément le juge des libertés et de la détention (JLD), par la loi « *SILT* » pour autoriser l'exploitation des données saisies au cours d'une perquisition administrative (compétence du juge administratif auparavant) (Cf. articles L. 229-1 et suiv. CSI). La Cour de cassation ayant fait une application immédiate de la loi nouvelle y compris pour les perquisitions ordonnées avant la date d'effet de la loi (Cass., crim., 14 novembre 2018, n° de pourvoi : 18-80.507et n° 18-80.510 ; Cf. H. Robert, « Sécurité intérieure - Transition du droit d'exception au droit commun », *Droit pénal* 2019, n° 1, comm. n°8).

La compétence par voie d'exception du juge pénal (2)

418-1 • Le développement de la prévention pénale en matière d'antiterrorisme depuis le début des années 1990 a, en renforçant les pouvoirs exorbitants du droit commun accordés à la police, aux services de renseignement et à l'administration, considérablement affaibli le juge judiciaire (voir, sur la question, Vanessa Codaccioni, « La place de l'autorité judiciaire dans l'antiterrorisme : des juridictions politiques à l'avènement d'une justice d'exception policière et administrative », *Les Cahiers de la Justice* 2016, n°3, p. 549 et suiv.). Mais si la justice mise en place dans ce cadre n'est plus judiciaire mais administrative et policière, on note, tout récemment, un retour en force du juge judiciaire et, plus particulièrement, du juge pénal. On note, en effet, une priorisation marquée de l'exercice de l'action publique au profit de juridictions spécialisées, le législateur ne se contentant pas de spécialiser les autorités de poursuite et la procédure pénale mais aussi les autorités juridictionnelles. Cela se manifeste tout d'abord par la mise en place du parquet européen, première instance européenne indépendante avec des compétences judiciaires propres qui est entrer en fonction le 1er juin 2021 (Voir la loi n°2020-1672 du 24 décembre 2020 (JO, 26 décembre 2020, texte n°4) *relative au Parquet européen, à la justice environnementale et à la justice pénale spécialisée* qui introduit le Parquet européen dans la législation nationale en spécifiant les compétences et attributions de ses membres au niveau national : les procureurs européens délégués). Outre le parquet national financier et la spécialisation de la justice pénale environnementale, c'est la mise en place d'un parquet national antiterroriste (PNAT) qui se trouve être au cœur des réformes (mesure phare de la loi n°2019-222 du 23 mars 2019 (JO, 24 mars 2019, texte n°2) *de programmation 2018-2022 et de réforme de la justice*, il a officiellement vu le jour le 1er juillet 2019, voir, par ex., D. Bauer, « Ouverture du parquet national antiterroriste : pour une force de frappe judiciaire renforcée », *LPA* 2019, 22 juillet, n° 146, p. 3 et suiv.) et intervient à toutes les étapes de la procédure : enquêtes, suivi des informations judiciaires, jugement, exécution et application des peines). Parallèlement à la spécialisation des autorités de poursuite qui ne cesse de croître, on note une recrudescence des pouvoirs du juge pénal dans le cadre des mécanismes de prévention de la récidive terroriste amenant à une confusion de plus en plus marquée entre les mesures qui relèvent d'une peine et les mesures de sureté. La loi du 30 juillet 2021 (n°2021-998, JO, 31 juillet 2021, texte n° 1) relative à la prévention d'actes de terrorisme et au renseignement donne ainsi compétence au tribunal de l'application des peines de Paris pour ordonner une « mesure judiciaire de prévention de la récidive terroriste et de réinsertion » à l'encontre des anciens condamnés pour terrorisme ayant purgé au moins cinq ans de prison.

c) La nécessité d'un contrôle efficient du juge constitutionnel pour préserver les droits et libertés

Une loi « *SILT* » du 30 octobre 2017 réellement attentatoire à nos droits et libertés qu'en cas de déficience du contrôle du juge

419 • La loi du 30 octobre 2017 bouleverse, au minimum, notre perception classique du système de garantie des droits et libertés tout comme notre système d'organisation des pouvoirs. Elle s'éloigne en cela de notre conception classique de l'Etat de droit développée depuis la seconde moitié du 20e siècle. C'est une autorité administrative et non un juge qui peut, désormais, restreindre les droits et libertés ou décider d'arrêter un individu sur la base de simples soupçons ou avant même que ces actions ne créent de dommages à la société ou à l'organisation constitutionnelle de l'Etat. Le tout n'étant plus exceptionnel mais inscrit dans le Code de la sécurité intérieure de façon pérenne. Les dangers quant aux dérives pouvant exister quant à ces mesures sont forcément plus marqués et potentiellement attentatoires aux droits et libertés. Prises par l'exécutif, ces mesures amènent à une application fortement subjective et, au minimum, potentiellement discriminantes mais il nous semble, tout comme peut le relever Frédéric Rolin, que « l'enjeu essentiel est celui d'assurer un contrôle efficient du juge plutôt que de remettre en cause le principe même de ces mesures » (F. Rolin, « La future loi sur « la sécurité intérieure et la lutte contre le terrorisme » est-elle si menaçante pour nos libertés ? », https://actu.dalloz-etudiant.fr) . L'auteur souligne ainsi le caractère déjà existant de ces mesures qui ont toujours fait partie des pouvoirs de police (périmètre de sécurité, fermeture de lieu de culte, visites domiciliaires très proches, pour ces dernières, de celles existant dans le domaine douanier ou fiscal). La seule mesure réellement nouvelle dans le droit commun administratif étant « l'assignation à résidence ». Reste la question de l'effectivité de la qualité du contrôle juridictionnel, il est là le véritable enjeu, peu importe que le juge soit judiciaire ou administratif car « dans ce domaine comme dans bien d'autres, il faut arrêter de penser le droit par mots d'ordre et slogans pour se concentrer sur les enjeux réels et ne pas alimenter fantasmes et peurs de tous horizons » (*Ibid.*)

Le contrôle initial timide du Conseil constitutionnel

420 • Comme il est d'usage en période de crise, les parlementaires se sont abstenus de toute saisine *a priori* du juge constitutionnel sur la mise en œuvre de l'état

d'urgence ou sur toutes les lois qui l'ont prorogé. Ce dernier avait aussi affirmé la constitutionnalité de principe du régime de l'état d'urgence. Mais une constitutionnalité par défaut dans la mesure où, pour le Conseil, si le régime n'était pas prévu dans la Constitution, cette dernière n'empêchait pas le législateur de prévoir un tel régime sur la base de l'article 34 C° (CC, n°85-187 DC, 25 janvier 1985, *Loi relative à l'état d'urgence en Nouvelle-Calédonie et dépendances*, JO, 26 janvier 1985, p. 1137, *Rec. CC*, p. 43). Si on peut discuter de l'argument sur le plan théorique, il sera repris dans toutes les décisions validant les différents dispositifs du dernier état d'urgence (Voir en ce sens CC, n° 2015-527 QPC, 22 décembre 2015, *M. Cédric D. [Assignations à résidence dans le cadre de l'état d'urgence]*, précité, cons. n°8 pour la 1ère décision rendue et le rappel opéré dans la dernière décision adoptée en la matière : CC, n°2017-684 QPC, 11 janvier 2018, *Associations La cabane juridique / Legal Shelter et autre [Zones de protection ou de sécurité dans le cadre de l'état d'urgence]*, JO, 12 janvier 2018, texte n° 92, cons. 3). Il y a 6 décisions qui ont été rendues. La majorité d'entre elles a fait l'objet d'un contrôle restreint limité au contrôle de la disproportion manifeste et certains ont dénoncé l'insuffisance du contrôle alors opéré (Voir, par ex., A. Roblot-Troizier, « Etat d'urgence et protection des libertés », *RFDA* 2016, p. 433 et suiv., le Conseil faisant jouer une sorte de « présomption d'inconstitutionnalité » : V. Champeil-Desplats, « L'état d'urgence devant le Conseil constitutionnel ou quand l'Etat de droit s'accommode de normes inconstitutionnelles », in S. HennetteVauchez (dir.), *L'état d'urgence au prisme contentieux : analyse transversale de corpus*, CREDOF, Défenseur des Droits, 2018, p. 106 et suiv.). C'est le cas à propos de décisions rendues sur les perquisitions et saisies administratives. Les deux premières au regard de la violation du droit au respect de la vie privée (CC, n°2016-536 QPC, 19 février 2016, *Ligue des droits de l'homme [Perquisitions et saisies administratives dans le cadre de l'état d'urgence]*, JO, 21 février 2016, texte n°27 et CC, n°2016-567/568 QPC, 23 septembre 2016, *M. Georges F. et autre [Perquisitions administratives dans le cadre de l'état d'urgence II]*, JO, 25 septembre 2016, texte n°28). La troisième au regard de la violation du droit de propriété (CC, n°2016-600 QPC, 2 décembre 2016, *M. Raïme A. [Perquisitions administratives dans le cadre de l'état d'urgence III]*, JO, 4 décembre 2016, texte n°29). C'est aussi le cas à propos de la décision établie dans le cadre de la fermeture provisoire des lieux de réunion eu égard à la liberté de réunion et d'entreprendre (CC, n° 2016-535 QPC, 19 février 2016, *Ligue des droits de l'homme [Police des réunions et des lieux publics dans le cadre de l'état d'urgence]*, JO, 21 février 2016, texte n°26).

Un contrôle plus conséquent par la suite amenant à une remise en cause partielle ou totale des mesures préconisées

421 • Le juge constitutionnel a aussi procédé à un contrôle normal à propos du contrôle des assignations à résidence (CC, n° 2015-527 QPC, 22 décembre 2015 précité et CC, n° 2017-624 QPC, 16 mars 2017, *M. Sofiyan I. [Assignations à résidence dans le cadre de l'état d'urgence II]*, JO, 17 mars 2017, texte n°67) ou à propos du contrôle de la création des zones de protection et de sécurité (ZPS) (CC, n°2017-684 QPC, 11 janvier 2018 précité). Le contrôle opéré par le juge constitutionnel est, dans ce cas, plus exigeant pour les atteintes graves à la liberté d'aller et de venir et

au droit de mener une vie familiale normale (En ce sens, V. Goesel-Le Bihan, « Conseil constitutionnel et état d'urgence : état des lieux », *AJDA* 2017, p. 2033). Si les premières décisions ont été timides dans le contrôle, les décisions suivantes ont toujours amené une remise en cause partielle ou totale des mesures préconisées dans le cadre de l'état d'urgence. Le Conseil a pu ainsi retoquer certaines conditions des perquisitions et saisies (CC, n° 2016-536 QPC, 19 février 2016 précité), les critères de l'interdiction de séjour (CC, n°2017-635 QPC, 9 juin 2017 précité), certains aspects du régime des assignations à résidence (CC, n°2017-624 QPC, 16 mars 2017 précité), les conditions des contrôles d'identité, de fouilles de bagages et de visites des véhicules (décision n° 2017-677 QPC, 1er décembre 2017 précité) ou encore la délimitation de zones de protection ou de sécurité (décision °2017-684 QPC, 11 janvier 2018 précité). Le Conseil a aussi su utiliser des moyens soulevés d'office (on pense au moyen d'office tiré de l'atteinte au droit un recours juridictionnel effectif (art. 16 DDHC) pour le contrôle des assignations à résidence longue durée : CC, n°2017-624 QPC, 16 mars 2017 précité) ou des réserves d'interprétation (toujours pour le contrôle des assignations à résidence longue durée : CC, n°2017-624 QPC, 16 mars 2017 précité) pour renforcer l'encadrement de certaines mesures.

Des décisions néanmoins dépourvues d'effet utile pour préserver le caractère politique de l'état d'urgence (1)

422 • Si le juge constitutionnel n'a pu exercer son rôle dans le cadre du contrôle a priori, il n'a pas hésité à utiliser tous les outils à sa disposition dans son office a posteriori pour matérialiser sa jurisprudence. Parmi ces outils, celui qui a été le plus relevé est sans conteste son pouvoir de modulation dans le temps (art. 62 al. 2 C) des effets de ses déclarations d'inconstitutionnalité faisant dire à certains que « si l'ensemble des décisions n'a atteint le régime d'état d'urgence qu'à la marge, elles ont surtout été dépourvues d'effet utile » et ont « conduit à faire perdurer dans le temps les inconstitutionnalités constatées » (en ce sens, V. Champeil-Desplats « L'état d'urgence devant le Conseil constitutionnel ou quand l'Etat de droit s'accommode de normes inconstitutionnelles » précité). L'abrogation immédiate des dispositions législatives censurées a toujours été jugée comme pouvant entrainer des « conséquences manifestement excessives » (par ex., CC, n° 2017-635 QPC précité, cons. n°9). La doctrine a alors pu souligner les conséquences de cette façon de raisonner sur le respect des droits et libertés eu égard aux requérants (qui malgré leur saisine victorieuse du Conseil, n'ont pu se prévaloir des décisions d'inconstitutionnalité dont ils ont bénéficié, Cf. V. Champeil-Desplats précité) ou au législateur (lui permettant de corriger les mesures inconstitutionnelles en mettant « à disposition du Parlement des quasi-feuilles de route » lui permettant d'adopter des mesures « non manifestement déséquilibrées ou disproportionnées », Cf. V. Champeil-Desplats précité).

Des décisions néanmoins dépourvues d'effet utile pour préserver le caractère politique de l'état d'urgence (2)

423 • Le recours à l'article 62 C° n'a pas été utilisé dans toutes les décisions du juge constitutionnel mais cela n'a pas empêché, pour certains, la privation de l'effet utile. Certains auteurs ont fait remarqué que le simple caractère tardif de la prise de certaines décisions suffisait à empêcher leur application effective (cas de la décision CC, n° 2017-624 QPC, 16 mars 2017 précité, V. Champeil-Desplats précité) ou que certaines décisions avaient néanmoins pour effet « de durcir les situations individuelles et l'état de la législation » (V. Champeil-Desplats, « Histoire de lumières françaises : l'état d'urgence ou comment l'exception se fond dans le droit commun sans révision constitutionnelle », *RIEJ* 2017, n°79), p. 205 et suiv. ; cas de la décision CC, n° 2017-624 QPC, 16 mars 2017 précité dans la mesure où la décision a eu « pour effet de permettre au ministre de l'Intérieur de « décider de prolonger une assignation à résidence au-delà de 12 mois sans avoir besoin de l'autorisation » préalable du juge qui était prévue par la disposition législative censurée »). A noter néanmoins que pour les décisions amenant à un recul pour la protection des droits, le Conseil n'a pas hésité à encadrer alors davantage le cadre d'action des autorités par des réserves d'interprétation importantes (cas de la décision CC, n° 2017-624 QPC, 16 mars 2017 précité où le Conseil a formulé une série de réserves d'interprétation afin de renforcer l'encadrement des mesures de prolongation au-delà de 12 mois : menace d'une particulière gravité, éléments nouveaux ou complémentaires, le fait de tenir compte de la durée totale de l'assignation à résidence et de ses modalités dans l'examen de la situation de l'intéressé).

La continuité du contrôle du Conseil constitutionnel avec la loi « *SILT* » du 30 octobre 2017 (1)

424 • C'est moins de 6 mois après l'adoption de la loi du 30 octobre 2017 précitée que les pouvoirs essentiels inspirés de l'état d'urgence et inscrit dans le droit commun (le pouvoir de fixer des périmètres de protection et de sécurité, le pouvoir d'ordonner la fermeture administrative des lieux de cultes, le pouvoir de surveiller des personnes constituant une menace pour la sécurité et l'ordre public notamment par le biais d'assignations à résidence et le pouvoir d'effectuer des visites domiciliaires et saisies anciennement perquisitions administratives) ont vu leur constitutionnalité examiné. La 1ère mesure individuelle de contrôle administratif et de surveillance, celle qui autorise les assignations à résidence dans un périmètre géographique déterminé (art. L. 228-2 CSI) a été déclaré conforme à la Constitution (CC, n°2017-691 QPC, 16 février 2018, *M. Farouk B. [Mesure administrative d'assignation à résidence aux fins de lutte contre le terrorisme]*, JO, 18 février 2018, texte n°27). Le Conseil a considéré que les garanties entourant ses mesures étaient suffisantes et que les conditions du prononcé de la mesure étaient suffisamment précises (il s'agissait des conditions de radicalisation idéologique et de la présence d'un comportement constituant une menace en lien avec le risque de commission d'un acte de terrorisme). Mais il a aussi jugé que, contrairement à ce qui existait

sous l'état d'urgence, il n'est plus possible, dorénavant, même en cas de menace persistante, de proroger la mesure au-delà d'un an (§ 17 ; Cf. supra n° 417 pour les anciennes modalités) faisant en sorte que les exigences soient ainsi plus fortes (Cf. J.-C. Jobart, « Les assignations à résidence de droit commun validées par le Conseil constitutionnel », *JCP* 2018, A, n°2146).

La continuité du contrôle du Conseil constitutionnel avec la loi « *SILT* » du 30 octobre 2017 (2)

425 • Les autres mesures ont été déférées au Conseil constitutionnel par le renvoi de 4 QPC (CE, 28 décembre 2017, *Ben Fredj, Ligue des droits de l'homme*, req. n°415434 et req. n°415697). Le Conseil a rendu sa décision le 29 mars 2018 (CC, n° 2017-695-QPC, 29 mars 2018, *M. Rouchdi B. et autre [Mesures administratives de lutte contre le terrorisme]*, JO, 30 mars 2018, texte n°111) en vérifiant, pour l'essentiel, si les dispositions contestées réalisaient une conciliation non manifestement déséquilibrée entre garantie des libertés et recherche de la sécurité. C'est d'abord l'ensemble des conditions des périmètres de protection et de sécurité (la motivation de l'arrêté quant à la nature de l'événement et l'ampleur de sa fréquentation, la durée maximale d'un mois, le consentement des intéressés pour les palpations, fouilles et inspections visuelles ou l'accord des conducteurs pour les visites de véhicule) qui ont été validés par le juge constitutionnel (§31). Cela n'avait pas été le cas, dans le cadre de l'état d'urgence (CC, n° 2017-684 QPC, 11 janvier 2018 précité). Le Conseil a néanmoins adopté 3 réserves d'interprétation (les vérifications doivent exclure « toute discrimination » pour éviter les contrôles au faciès, les agents privés doivent être placés sous le contrôle effectif d'officiers de police judiciaire et le préfet doit justifier le renouvellement des zones en établissant « la persistance du risque » d'acte de terrorisme). Malgré l'atteinte à la liberté de conscience et au libre exercice des cultes, la fermeture administrative provisoire des lieux de culte (art. L. 227-1 CSI) a aussi été admise dans le sillage de ce qui avait déjà été décidé auparavant (la fermeture des lieux de réunion avait, en effet, été admise dans le cadre de l'état d'urgence : CC, n°2016-535 QPC, 19 février 2016 précité). Concernant la surveillance des personnes constituant une menace pour la sécurité et l'ordre publics (art. L. 228-1 CSI), et en particulier l'interdiction faite aux individus susceptibles de constituer une menace en lien avec le terrorisme de fréquenter certaines personnes, le raisonnement est identique à la décision prise lors de l'état d'urgence ne retient guère l'attention (mêmes motifs décision CC, n°2017-691 QPC, 16 février 2018 précitée). Enfin, pour les visites domiciliaires et saisies, le Conseil considère à nouveau (§59) que la loi définit avec suffisamment de précision les conditions des visites domiciliaires (article L. 229-2, la perquisition s'effectue en présence de l'occupant des lieux et sous le contrôle du juge, entre 6h et 21h, l'OPJ peut retenir pendant 4 h la personne après information du JLD). Il apporte une seule réserve d'interprétation en cas de découverte d'autres lieux dont la visite doit être autorisée par un juge.

La confirmation du contrôle restreint du Conseil constitutionnel avec la loi « *SILT* » du 30 octobre 2017

426 • Le contrôle opéré par le juge constitutionnel sur la loi n'est pas un contrôle normal ou un plein contrôle de proportionnalité comme il a pu le faire pour certaines décisions liées à l'état d'urgence (voir, en ce sens, V. Sizaire, « Une question d'équilibre ? À propos de la décision du Conseil constitutionnel n° 2017-695 QPC du 29 mars 2018 », *RDH* 2018, 28 mai). Il ne regarde pas si l'atteinte à la liberté est strictement nécessaire à la finalité de la mesure prise et se contente d'examiner si l'équilibre global entre les deux objectifs poursuivis par le texte de loi est satisfaisant (en l'occurrence les droits et libertés en cause et l'objectif de prévention des atteintes à l'ordre public). Il fait le choix d'un contrôle restreint en limitant la censure à ce qui serait « manifestement déséquilibrée » (CC, n°2017-695 QPC, 29 mars 2018 précité, cons. n°35, n°43, n°53, n°54 et n°66). Pour le dire autrement, si la disproportion n'est pas suffisamment importante, même si elle existe, elle ne sera pas considérée comme manifeste et n'encourra pas la censure. Reste alors la question de l'interprétation des motifs pour apprécier la disproportion et plus précisément la justification qui amène à lancer le processus de mesures coercitives, en l'occurrence ce que certains peuvent qualifier « d'effet terroriste » (V. Sizaire, article précité). La définition de l'infraction liée au terrorisme est très large (art. 421-1 du Code pénal pour qui sont des actes terroristes des actes qui sont « intentionnellement en relation avec une entreprise individuelle ou collective ayant pour but de troubler gravement l'ordre public par l'intimidation ou la terreur ») d'autant plus s'il s'agit simplement de la prévenir. La loi du 30 octobre 2017 autorise des mesures coercitives en l'absence de tout fait matériel lié au terrorisme puisque seule demeure l'intention de troubler gravement l'ordre public. Le contrôle normal du juge constitutionnel aurait été en ce sens une garantie supplémentaire contre le possible arbitraire des mesures ainsi prises.

Des censures qui se font, néanmoins, aujourd'hui, plus fréquentes (1)

426-1 • On peut dire que, globalement, le juge constitutionnel, comme les autres juges, n'a censuré qu'à la marge les différentes mesures présentes dans les lois antiterroristes se limitant, notamment, à quelques réserves d'interprétation (Voir, par ex., O. Cahn, « Contrôles de l'élaboration et de la mise en œuvre de la législation antiterroriste », *RDLF* 2016, chron. n°08). Il faut pourtant noter une certaine évolution dans le contrôle de la nécessité de la coercition. Si l'infraction d'apologie au terrorisme avait été jugé conforme aux principes de proportionnalité et de nécessité (CC, n°2018-706 QPC, 18 mai 2018, *M. Jean-Marc R. [Délit d'apologie d'actes de terrorisme]*, JO, 30 mai 2018, texte n°110), il a ainsi censuré, en 2017 et respectivement, la mise en place du délit de consultation habituelle d'un site internet « terroriste » (CC, n°2016-611 QPC du 10 février 2017, M. *David P. [Délit de consultation habituelle de sites internet terroristes]*, JO, 12 février 2017, texte n°46 et CC, n°2017-682 QPC, 15 décembre 2017, M. *David P. [Délit de consultation habituelle des sites internet terroristes II]*, JO 16 décembre 2017, texte n°90) et, pour partie, du délit d'entreprise terroriste individuelle (CC, n°2017-625 QPC du 7 avril 2017, *M.*

Amadou S. [Entreprise individuelle terroriste], JO, 9 avril 2017, texte n°38) soulignant, dans les deux cas, une atteinte non nécessaire aux libertés. Si l'objet même de ces lois a conduit le Conseil à « développer une jurisprudence « élastique » » et « un contrôle de constitutionnalité « sur mesure » » (K. Koudier, « Le contrôle de constitutionnalité de la législation antiterroriste. Étude comparée des expériences espagnole, française et italienne », *Nouveaux cahiers du CC* 2012), il faut, aujourd'hui, réellement parler d'un affermissement de son contrôle eu égard à la nécessité des lois pénales (cf. En ce sens V. Sizaire, « Pas plus qu'il n'est nécessaire », *Revdh* 2020, n°10471).

Des censures qui se font, néanmoins, aujourd'hui, plus fréquentes (2)

426-2 • Ce renforcement s'est, par exemple, manifesté dans la censure du délit de recel d'apologie de terrorisme par lequel des personnes ont pu être poursuivies et condamnées pour la simple détention de fichiers vidéo jugés apologétiques (CC, n°2020-845 QPC, 19 juin 2020, *M. Théo S. [Recel d'apologie du terrorisme]*, JO, 20 juin 2020, texte n°67). Le législateur ne pouvant réprimer la seule intention ou des « actes ne matérialisant pas, en eux-mêmes, la volonté de préparer une infraction » et l'infraction pouvant se justifier que si les pouvoirs des autorités publiques pour lutter contre l'acte incriminé sont insuffisants. Le renforcement peut se percevoir aussi à travers la censure de la loi imposant de nouvelles mesures de sûreté aux personnes condamnées du chef d'une infraction terroriste (CC, n°2020-805 DC, 7 août 2020, *Loi instaurant des mesures de sûreté à l'encontre des auteurs d'infractions terroristes à l'issue de leur peine*, JO, 11 août 2020, texte n°4). Soumises au principe selon lequel « la liberté de la personne ne saurait être entravée par une rigueur qui ne soit nécessaire » (art. 9 DDHC) même si elles ne sont pas des sanctions à proprement parler (CC, n°2005-527 DC, 8 décembre 2005, *Loi relative au traitement de la récidive des infractions pénales*, JO, 13 décembre 2005, p. 19162, Rec. p. 153), le Conseil juge, en conséquence, le surcroit de coercition proposé par le législateur comme étant non nécessaire (la personne ne pouvant bénéficier, au surplus, de mesures favorisant sa réinsertion) et non proportionné (les mesures pouvant être prononcées pour des peines avec sursis et sur une durée pouvant aller jusqu'à 10 ans) (Voir, de manière plus générale, par ex., V. Sizaire, *Etre en sûreté*, La dispute, Paris, 2020 ; P. Cassia, « La rétention de sûreté : une peine après la prison ? », *Commentaire* 2008, vol. n°122, p. 569 et suiv. ou encore G. Beaussonie, « L'essor des lois pénales inconstitutionnelles », *RSC* 2020, p. 975 et suiv.). Enfin, il faut citer aussi, par exemple, la censure de nombreuses dispositions de la loi *Avia* du 24 juin 2020 visant à lutter contre les contenus haineux sur Internet (loi n°2020-766) pour préserver l'équilibre entre la sauvegarde de l'ordre public et la liberté d'expression et de communication (CC, n° 2020-801 DC, 18 juin 2020, *Loi visant à lutter contre les contenus haineux sur internet*, JO, 25 juin 2020, texte n°2) ou celle de certains articles de la loi du 25 mai 2021 pour une sécurité globale préservant les libertés (loi n°2021-646) dont le très controversé article 52 visant à protéger les forces de l'ordre en opération en pénalisant la diffusion malveillante de leur image (CC, n°2021-817 DC, 20 mai 2021, *Loi pour une sécurité globale préservant les libertés*, JO, 26 mai 2021, texte n°2).

d) La nécessité d'un contrôle efficient du juge administratif pour préserver les droits et libertés

Le contrôle « normal » du juge administratif

427 • Dans le cadre des régimes d'exception, le juge administratif a progressivement développé son contrôle. Il s'est d'abord limité au seul contrôle de l'exactitude matérielle des faits (CE, ass., 16 décembre 1955, *Dame Bourokba*, req. n°36478, *Rec. CE*, p. 590, *D.* 1956, p. 392, note R. Drago, *AJDA* 1956, II, p. 29, obs. M. Long) avant de stabiliser sa jurisprudence autour d'un contrôle de l'erreur manifeste d'appréciation (CE, 25 juillet 1985, *Mme Dagostini*, req. n°68151, *Rec. CE*, p. 226, *AJDA* 1985, p. 558, concl. B. Lasserre, *RA* 1985, p. 581, note B. Pacteau). Ce contrôle de l'erreur manifeste ayant été maintenu aussi bien pour la décision du Président de la République de promulguer l'état d'urgence que pour celle de le suspendre ou à défaut d'y mettre un terme ou de réexaminer la nécessité de son maintien (CE, ord., 9 décembre 2005, *Mme Allouache*, req. n°287777, *Rec. CE*, p. 562 ; CE, 27 janvier 2016, *Ligue des droits de l'homme*, req. n°396220). C'est en 2015 (CE, Sect., 11 décembre 2015, *M. Domenjoud* et autres, req. n°394989 et autres précité) que le passage au contrôle normal ou entier se matérialise. Plus précisément celui qui amène le juge à exercer, conformément à ce qui se pratique au niveau européen (Cf. CJCE, 13 novembre 1990, *The Queen contre Minister of Agriculture, Fisheries and Food et Secretary of State for Health*, ex parte : Fedesa e.a., aff. C-331/88, *AJDA* 1991, p. 267, chron. T. Debard et C. Alibert), constitutionnel (CC, n°2015-527 QPC, 22 décembre 2015 précité, cons. n°12) et depuis peu dans sa jurisprudence (CE, ass., 26 octobre 2011, *Association pour la promotion de l'image*, req. n°317827, *Rec. CE*, p. 505, concl. J. Boucher, *AJDA* 2012, p. 35, chron. M. Guyomar et X. Domino, *DA* 2012, n° 1, p. 29, note V. Tchen), un « triple test de proportionnalité » fondée sur trois éléments : les mesures devant être nécessaires, adaptées et proportionnées (Cf. C. Roulhac, « La mutation du contrôle des mesures de police administrative. Retour sur l'appropriation du « triple test de proportionnalité » par le juge administratif », *RFDA* 2018, p. 343 et suiv). Perçu comme le plus approprié en matière d'examen de la légalité des mesures restrictives des droits et libertés, ce contrôle est aujourd'hui exercé aussi bien pour les assignations à résidence (CE, Sect., 11 décembre 2015, précité, cons. n°27 ; CE, ord., 6 janvier 2016, *Mme Milana E*, req. n°395622 ; CE, ord., 22 janvier 2016, *Halim A.*, req. n°396116) que pour les perquisitions (CE, avis, 6 juillet 2016, *Napol et autres*, req. n°398234, cons. n°6) ou une fermeture administrative prescrite par le préfet (CE, ord., 25 février 2016, *Mosquée de Lagny-sur-Marne*, req. n°397153).

La confirmation de l'efficacité du référé liberté (1)

428 • Le passage au contrôle normal du juge est d'autant plus marquant qu'il s'effectue dans le contexte des procédures d'urgence et plus particulièrement du référé liberté. L'idée est de tout faire pour donner au juge, dans ce cadre, les pouvoirs de contrôle nécessaires qui vont lui permettre d'éviter l'arbitraire dans l'utilisation des mesures prises dans le cadre de l'état d'urgence. Comme le souligne Xavier Domino, il faut « que votre décision envoie le signal clair, tant à l'égard de

l'administration, des citoyens que des juges, que le contrôle exercé par le juge administratif sur les mesures prises dans le cadre de l'état d'urgence n'aura rien d'un contrôle au rabais, et que l'Etat de droit ne cède pas face à l'état d'urgence » (X. Domino, conclusions sous CE, Sect., 11 décembre 2015, *M. Domenjoud et autres*, *RFDA* 2016, p. 105). On sait d'abord que le recours au référé-liberté est, en pratique, un recours autonome qui peut s'assimiler à un recours au fond dans la mesure où il n'est pas une procédure accessoire, qu'il n'a pas à être suivi d'une procédure au fond (comme le référé suspension) et qu'il va permettre au juge de prendre toute mesure utile (suspension de la décision administrative, pouvoir d'injonction pour imposer une obligation de faire ou de ne pas faire). Dans le même esprit, le juge interprète largement l'atteinte à proprement parler à la liberté fondamentale. Il considère, par exemple, que la liberté de culte, qui est une liberté fondamentale, « a également pour composante la libre disposition des biens nécessaires à l'exercice d'un culte » (CE, ord., 25 août 2005, n° 284307, *Commune de Massat*, *Rec.* CE, p. 386, *AJDA* 2006, p. 91, note P. Subra de Bieusses). Par conséquent, ce qui implique qu' « un arrêté prescrivant la fermeture d'un lieu de culte, telle qu'une salle de prière, est susceptible de porter atteinte à cette liberté fondamentale » (CE, ord., 25 février 2016, *Mosquée de Lagny-sur-Marne* précité).

La confirmation de l'efficacité du référé liberté (2)

429 • Autre point très important, le juge a aussi ouvert largement l'accès au référé en posant une présomption d'urgence à propos des assignations à résidence décidées dans le cadre de l'état d'urgence (CE, Sect., 11 décembre 2015, *M. Domenjoud et autres* précité). Il n'est pas nécessaire, dès lors, pour le juge, d'apprécier, au cas par cas, si la situation d'urgence est en l'espèce caractérisée. Si c'est à l'administration de prouver ou faire valoir les « circonstances particulières » pour rompre la présomption, cela permet surtout au juge de juger en temps utile. A noter pour terminer que si la jurisprudence exclut en principe les moyens tirés de la violation par la loi du droit international dans les procédures de référé (CE, 30 décembre 2002, *Carminati*, req. n°240430 précité même si le droit de l'Union européenne peut être invoqué dès lors qu'est en cause une « méconnaissance manifeste des exigences qui découlent du droit de l'Union » CE, 16 juin 2010, *Diakité*, req. n°340250 précité), le juge administratif n'a pas hésité à accueillir des moyens fondés sur la violation prétendue d'instruments internationaux de protection des droits de l'homme. S'il a admis, pour la première fois, le caractère « manifestement illégal » d'une décision à partir d'un contrôle de sa conventionnalité dans une décision du 31 mai 2016 (CE, ass., 31 mai 2016, *Mme Gomez*, req. n°396848 précité), il a élargi ses normes de référence en prenant en compte l'article 8 ConvEDH (atteinte à la vie privée et familiale : CE, ord., 28 juill. 2016, *Abdeslam*, req. n°401800, *AJDA* 2016, p. 2052, note M. Sztulman, *D.* 2017, p. 1274, obs. J.-P. Céré et M. Herzog-Evans), l'article 2 du protocole n° 4 à la ConvEDH (liberté de circulation : CE, sect., 11 déc. 2015, *M. Domenjoud et autres* précité) ou encore la convention internationale sur les droits de l'enfant (les modalités de l'assignation à résidence peuvent porter atteinte à l'intérêt supérieur des enfants : CE, ord., 6 janvier 2016, n°395622 précité).

Un juge administratif qui remplit, pour finir, son office de protecteur des droits et libertés (1)

430 • Pour certains, au regard de la gravité des atteintes possibles portées aux libertés fondamentales, le contrôle opéré par le juge administratif dans le cadre de l'état d'urgence et de la lutte contre le terrorisme a atteint ses objectifs : « l'administration est contrôlée, le justiciable est protégé, l'ordre public est respecté » (C. Fardet, « L'état d'urgence : point de vue du droit administratif », *Civitas Europa* 2016, n°36, p. 155 et suiv.). L'effectivité des garanties apportées aux libertés paraît, de même, conforme, pour l'essentiel, à ce que requiert la ConvEDH et « ne semble encourir que des critiques marginales » (P. Wachsmann, « Contrôle des mesures prises au titre de l'état d'urgence et convention européenne des droits de l'homme », *AJDA* 2016, p. 2425 et suiv.). Mais cette façon de voir les choses chez les « administrativistes » n'est pas la même chez les « constitutionnalistes » (Voir par ex., V. Champeil Desplats « L'état d'urgence devant le Conseil constitutionnel, ou quand l'Etat de droit s'accommode de normes inconstitutionnelles », précité ; A. Roblot-Troizier, « Assignations à résidence en état d'urgence », *RFDA* 2016, p. 123 et suiv. ou « Etat d'urgence et protection des libertés », *RFDA* 2016, p. 424 et suiv. ; D. Baranger, « Quel « Etat de droit » ? Quels contrôles ? Le juge des référés et le maintien en vigueur de l'état d'urgence », note sous CE, ord., 27 janv. 2016, *Ligue des droits de l'homme et autres*, *RFDA* 2016, p. 355 et suiv. ou « L'état d'urgence dans la durée », *RFDA* 2016, p. 447 et suiv.) ou chez d'autres auteurs qui se posent certains questions (Voir X. Vandendriessche, « Le contrôle du Conseil d'Etat sur les mesures prises au titre de l'état d'urgence », *AJDA* 2018, p. 1322 et suiv.).

Un juge administratif qui remplit, pour finir, son office de protecteur des droits et libertés (2)

431 • Les questionnements de certains auteurs se matérialisent, notamment, autour la saisie répétée, par le biais de QPC, du Conseil constitutionnel par le juge des référés du Conseil d'Etat. Il a pu, ainsi, être souligné qu' « il peut paraître, à première vue, paradoxal que, d'un côté, le Conseil d'Etat juge suffisamment sérieuse la question de la méconnaissance des droits et libertés constitutionnellement garantis, et notamment de la liberté d'aller et venir, et que, de l'autre, il considère, en référé, que les assignations à résidence prises ne portent pas d'atteinte grave et manifestement illégale à une liberté fondamentale » (A. Roblot-Troizier, « Assignations à résidence en état d'urgence » précité). C'est d'autant plus paradoxal que « la constitutionnalité est principalement fondée sur l'existence et la nature du contrôle exercé par le juge administratif » (X. Vandendriessche, « Le contrôle du Conseil d'Etat sur les mesures prises au titre de l'état d'urgence » précité). La question de l'appréciation du risque ou de la potentialité de la menace terroriste est également sujette à débat notamment à travers les éléments dont dispose le juge pour se prononcer (les notes blanches des services de renseignement qui constituent le seul moyen de preuve de la menace ont un caractère controversé et sont très critiqués dans leur utilisation comme moyen de

preuve ; l'utilisation de certaines techniques pour caractériser la menace comme la menace par ricochet où l'appréciation du comportement d'un intéressé réside essentiellement dans la dangerosité de ses proches ou l'appréciation de la légalité de la mesure restrictive de liberté par le constat de l'existence d'autres actes administratifs pris dans le même cadre ; Cf. En ce sens X. Vandendriessche, « Le contrôle du Conseil d'Etat sur les mesures prises au titre de l'état d'urgence » précité).

5 – Le mouvement d'extension du domaine de la police administrative suite aux mesures liées à l'état d'urgence « sanitaire »

<u>a) Le renforcement de la police sanitaire pour lutter contre la crise du Covid-19</u>

L'état d'urgence sanitaire : la création par la loi du 23 mars 2020

431-1 • La santé publique étant une compétence centralisée (voir O. Renaudie « Eloge de la centralisation sanitaire », *AJDA* 2020, p. 1313 et suiv.), c'est tout naturellement que l'Etat s'est tournée vers la police sanitaire pour faire face à la crise d'importance et relativement inédite du Covid-19. Les premières mesures ont été édictées par le Ministre de la santé sur la base de l'article L. 3131-1 CSP qui institue une police administrative spéciale de l'urgence sanitaire (voir D. Truchet, « L'urgence sanitaire », *RDSS* 2007, p. 411 et suiv. et O. Renaudie, « La police sanitaire : un outil au service de la lutte contre le coronavirus », *Revue Civitas Europa* 2020, p. 43 et suiv.) puis par le 1er Ministre sur le fondement de son pouvoir de police administrative générale (Cf. Décret n° 2020-260 du 16 mars 2020 (JO, 17 mars 2020, texte n°2) portant réglementation des déplacements dans le cadre de la lutte contre la propagation du virus Covid-19 par lequel le 1er Ministre interdit le déplacement de toute personne hors de son domicile jusqu'au 31 mars 2020). C'est seulement, après, que les autorités ont créé un nouveau régime dérogatoire, celui de l'état d'urgence « sanitaire » (Loi n°2020-290 du 23 mars 2020 (JO, 24 mars 2020, texte n°2) *d'urgence pour faire face à l'épidémie de covid-19* loi du 23 mars 2020 qui l'a mis en place pour une durée de 2 mois, il a ensuite été prolongé par la loi du 11 mai 2020 (JO, 12 mai 2020, texte n°1) *prorogeant l'état d'urgence sanitaire et complétant ses dispositions jusqu'au 10 juillet 2020 inclus* puis a de nouveau été déclaré par le décret n°2020-1257 du 14 octobre 2020 (JO, 15 octobre 2020, texte n°30) *déclarant l'état d'urgence sanitaire* et prorogé jusqu'au 16 février 2021 par la loi n° 2020-1379 du 14 novembre 2020 (JO, 15 novembre 2020, texte n°1) *autorisant la prorogation de l'état d'urgence sanitaire et portant diverses mesures de gestion de la crise sanitaire* et, enfin, encore prorogé par la loi n° 2021-160 du 15 février 2021 (JO, 16 février 2021, texte n°1) *prorogeant l'état d'urgence sanitaire jusqu'au 1er juin 2021*).

L'état d'urgence sanitaire : un régime général et temporaire à la fois

431-2 • La logique de l'état d'urgence « sanitaire » est très proche de celle de l'état d'urgence « sécuritaire » puisqu'elle vise, de même, à étendre les pouvoirs de police qui, en temps normal, auraient été illégaux. Le 1er Ministre s'est vu reconnaître, entre autres, la compétence pour restreindre ou interdire la circulation des personnes et des véhicules, interdire aux personnes de sortir de leur domicile ou encore interdire les rassemblements sur la voie publique alors que le Ministre de la Santé s'est, lui, vu attribuer le pouvoir d'édicter toute mesure individuelle nécessaire à l'application des mesures générales prescrites par le 1er Ministre (le préfet agissant localement en cas de mesure n'excédant pas le territoire d'un département). La plupart des dispositions mises en place par le législateur ont vocation à disparaitre en même temps que la crise (les dispositions des titre II et III de la loi du 23 mars 2020 précitée) mais il n'en est pas de même de celles relatives strictement à l'état d'urgence « sanitaire » (titre I de la loi du 23 mars 2020 précitée) qui ont été introduites dans le Code de la Santé publique et qui ont comme objectif d'instituer un nouveau régime d'exception pour chaque « catastrophe sanitaire mettant en péril, par sa nature et sa gravité, la santé de la population » même si le régime antérieur de l'article L. 3131-1 CSP persiste. Au-delà de ce caractère général, c'est donc surtout le caractère permanent du régime qui ressort dans la mesure où il est censé être utilisable à chaque fois qu'une nouvelle catastrophe sanitaire du même type se reproduirait. Le danger étant la possibilité d'activer et de recourir abusivement au nouveau mécanisme pour n'importe quelle grippe saisonnière faute de cadre plus précis. Pour pallier ce risque, le Parlement a décidé de ne rendre l'état d'urgence sanitaire applicable que de façon temporaire, « jusqu'au 1er avril 2021 » (art. 7), c'est-à-dire d'en limiter la mise en œuvre à la gestion du covid-19. Il y a eu, à ce sujet, beaucoup de confusion dans les discussions parlementaires quant à la coexistence de ces deux caractères y compris dans les prorogations législatives qui ont suivi.

L'état d'urgence sanitaire : une mise en place qui pose question

431-3 • Il y a eu quelques voix discordantes (Voir, dans le sens de l'état d'urgence sanitaire, X. Dupré de Boulois « L'état d'urgence sanitaire : une création opportune ? » et « Eloge d'un état d'urgence sanitaire en « co-construction » », https://blog.leclubdesjuristes.com, 26 mai 2020) mais la création de l'état d'urgence sanitaire a, surtout, surpris de nombreux commentateurs et à amener à de nombreuses discussions sur la nécessité et l'utilité de ce nouveau régime (Voir, par ex., F. Saint-Bonnet, « De la banalisation des états d'urgence », https://blog.juspoliticum.com, 9 janvier 2021 ; A. Gelblat et L. Marguet, « Etat d'urgence sanitaire : la doctrine dans tous ses états ? », *RDH* 2020, 19 avril [En ligne] ; D. Cristol, « La Covid-19 : à nouveau danger, régimes exceptionnels », *RDSS* 2020, p. 839 et suiv. ; P. Wachsmann, « Les libertés et les mesures prises pour lutter contre la propagation du Covid-19 : une accoutumance aux régimes d'exception », https://blog.leclubdesjuristes.com, 13 mai 2020 ; E. Morin, « La crise sanitaire du Covid 19 et le risque d'États néo-totalitaires », https://blog.leclubdesjuristes.com, 25 mai 2020) et le mouvement de banalisation de la restriction des libertés publiques (A. Jacquin et E. Daoud, « L'Etat d'urgence sanitaire ou l'Etat de droit mutilé », *AJ pénal* 2020, p. 191 et suiv. ; A. Hazan, « Les droits fondamentaux des personnes détenues à l'épreuve de la crise sanitaire », *AJ pénal* 2020, p. 200 et suiv. ; D. Roman « Liberté, égalité, fraternité » : la devise républicaine à l'épreuve du covid-19 », *RDSS* 2020, p. 926 et suiv. ; V. Champeil-

Desplats, « Aspects théoriques : ce que l'état d'urgence fait à l'État de droit », Ce qui reste(ra) toujours de l'état d'urgence, Rapport du CREDOF, 2018, p. 19 et suiv. ; P. Wachsmann, « Les libertés et les mesures prises pour lutter contre la propagation du Covid-19 : sanctuariser le noyau dur des libertés » et « Les libertés et les mesures prises pour lutter contre la propagation du Covid-19 : l'individualisme subordonné à une logique de santé », https://blog.leclubdesjuristes.com, 13 mai 2020). Si la crise apparait inédite à plus d'un titre (le confinement mis en place sur l'ensemble du territoire national emporte suspend l'exercice de beaucoup de droits et libertés) et qu'elle a imposé une réaction en urgence, le législateur a quand même mis en place un nouveau régime d'exception amenant à multiplier ces derniers (au nombre de 4 désormais : l'état de siège de l'article 36 C° et les pouvoirs de crise de l'article 16 C° et, donc deux maintenant, sur fondement d'une loi ordinaire, l'état d'urgence sécuritaire et l'état d'urgence sanitaire). S'il disposait déjà de moyens extrêmement étendus pour la défense sanitaire de la collectivité (Cf. La police administrative spéciale de l'urgence sanitaire de l'art. L. 3131-1 CSP citée précédemment), ceux-ci ont été jugés insuffisants pour surmonter la crise. Il a été démontré, pourtant, que le législateur pouvait opter pour d'autres options envisageables en ne modifiant pas, par exemple, le cadre législatif existant et en continuant à s'appuyer sur les pouvoirs de police générale des autorités nationales ou locales ou en complétant les mesures de l'article L. 3131-1 CSP (Cf. Par ex., O. Beaud et C. Guérin-Bargues, « L'état d'urgence sanitaire : était-il judicieux de créer un nouveau régime d'exception », *D.* 2020, p. 891 et suiv. ; S. Renard, « L'état d'urgence sanitaire : droit d'exception et exceptions au droit », *RDLF* 2020, chron. n°13 [En ligne] ; P. Cassia, « L'état d'urgence sanitaire : remède, placebo ou venin juridique ? », https://blogs.mediapart.fr, 24 mars 2020 ; G. Bligh, « Quelle est la fonction de la loi sur l'état d'urgence sanitaire ? », https://blog.juspoliticum.com, 3 juin 2020).

L'état d'urgence sanitaire : une sortie qui interpelle aussi, le cas du passe sanitaire (1)

431-4 • C'est par les lois des 31 mai (n°2021-689) et 5 août 2021 (n°2021-1040) *relatives à la gestion sanitaire* que le gouvernement a organisé la gestion de la sortie de crise sanitaire. Pour continuer à enrayer la propagation du virus et de ses variants, il a prévu des outils contraignants, comme le passe sanitaire, la vaccination obligatoire juridiquement possible (sur l'obligation vaccinale cf. X. Bioy, « Vers la vaccination obligatoire contre la Covid ? », Blog club des juristes, 8 juillet 2021 ; C. Lantero, D. Braunstein, « Sur la licéité d'une obligation vaccinale anti-Covid – 2 », *RDLF* 2021 chron. n°25). ou l'obligation de se placer à l'isolement en cas de contamination à la covid-19. Après avoir envisagé d'instaurer un « passeport vaccinal » en décembre 2020, le gouvernement a décidé de retenir un « passe sanitaire », moins restrictif dès lors que le vaccin n'est pas le seul moyen de justifier de sa bonne santé. Validé deux fois par le juge constitutionnel (CC, n°2021-819 DC, 31 mai 2021, *Loi relative à la gestion de la sortie de crise sanitaire*, JO, 1er juin 2021, texte n°2 et CC, n°2021-824 DC, 5 août 2021, *Loi relative à la gestion de la crise sanitaire*, JO, 6 août 2021, texte n°3), il fait pourtant l'objet de nombreuses atteintes aux libertés individuelles. Malgré cette validation, des doutes juridiques subsistent (Voir F. Berrod, « Le passe sanitaire français et l'enjeu des droits fondamentaux », https://blog.leclubdesjuristes.com, 7 mai 2021). Si sa durée de vie est *a priori* limitée (il est sensé disparaitre au 1er octobre 2021), il peut dans tous les cas faire son retour si le contexte sanitaire change de nouveau. Il peut ne pas être conforme aux engagements internationaux de la France en matière d'essai clinique (article 5 et 16 de la convention d'Oviedo, signée par la France le 4 avril 1997 : en ce sens, M. Bornhauser, « Le passe sanitaire : un colosse aux pieds d'Argile ? », *RPPI* 2021, n°1, dossier n°4) ou au droit à la protection de la santé (alinéa 11 du préambule de la C° de 1946) même si ce dernier n'empêche pas une politique de vaccination obligatoire (CC, n° 2015-458 QPC, 20 mars 2015, *Epoux L. [Obligation de vaccination]*, JO, 22 mars 2015, p. 5346 ; voir J.-P. Markus, « Du vaccin obligatoire à l'obligation vaccinale », *Droit famille* 2018, étude n°19 et le juge européen qui juge dans le même sens : CourEDH, GC, 8 avr. 2021, *Vavřička et autres contre République tchèque*, req. n°47621/13 où la vaccination obligatoire d'enfants a été jugé non contraire à l'article 8 ConvEDH).

L'état d'urgence sanitaire : une sortie qui interpelle aussi, le cas du passe sanitaire (2)

431-5 • Il peut aussi ne pas être conforme au principe d'égalité devant la loi (art. 6 DDHC selon lequel « la loi doit être la même pour tous ») qui interdit les discriminations, sauf lorsqu'elles sont justifiées pour des raisons d'intérêt général, pourvu que la différence de traitement qui en résulte soit en rapport direct avec l'objet de la loi qui l'établit (Par ex : CC, n° 2010-3 QPC, 28 mai 2010, *Union des familles en Europe [Associations familiales]*, JO, 29 mai 2010, p. 9730, *Rec. CC*, p. 97) À ce titre, le code pénal sanctionne les distinctions fondées sur de nombreux critères, parmi lesquels figure l'état de santé, lorsque le motif d'intérêt général est disproportionné par rapport à la discrimination subie (Cf. Par ex., F. Melin-Soucramanien, « Le principe d'égalité dans la jurisprudence du Conseil constitutionnel. Quelles perspectives pour la question prioritaire de constitutionnalité ? » *Cahiers du CC* 2010, n° 29 [En ligne]). Ce principe d'égalité peut être combiné avec la liberté de conscience (art. 10 DDHC) et les dispositions européennes (Cf. art. 14 ConvEDH, art. 1er du 1er protocole additionnel à la ConvEDH et art. 60 CDFUE). Si l'introduction du passe sanitaire a porté à discussions, son extension a été encore plus remise en cause notamment eu égard à la proportionnalité du bilan bénéfice au niveau sanitaire et risque pour les libertés (Cf. S. Slama, « Les impasses juridiques du pass sanitaire », *RDLF* 2021, chron. n° 26 ; P. Gonzales, « Covid-19: les juristes sceptiques face à l'extension du pass sanitaire », Le Figaro, 12 juillet 2021 ; N. Hervieu, « Passe sanitaire : juridiquement, la situation n'est pas très confortable pour le gouvernement », *La Croix*, 13 juillet 2021 ; C. Dounot, « La démesure du « pass sanitaire » » *D.* 2021, p. 1386 et suiv. ; « Etat d'urgence sanitaire - La Défenseure des droits alerte à propos de l'extension du passe sanitaire », *JCP* 2021, G, n°829) même si la nécessité fait acte (C. Castets-Renard, « Le passe sanitaire : prix à payer d'une liberté de circuler post-pandémie ? » *D.* 2021, p. 1128 et suiv.) et qu'en aucun cas cela justifie les débordements qui ont pu exister vis-à-vis de ce dispositif (Voir P. Jestaz, « En voilà assez ! », *D.* 2021, p. 1537 et suiv.).

b) La confirmation du rôle protecteur du juge administratif

Une intervention nécessaire suite à la réserve du juge constitutionnel

431-6 • Si l'état d'urgence sanitaire n'a pas été sans évoquer l'état d'urgence sécuritaire tant dans sa mise en place que sa sortie progressive voire sa pérennisation dans le droit commun, c'est vers le juge administratif que se sont principalement tournés les justiciables. La loi organique du 30 mars 2020 (n°2020-365) a, en effet, suspendu pour près de trois mois les délais trimestriels d'examen des QPC pour éviter un risque d'engorgement du juge constitutionnel (la loi a été jugé conforme à la Constitution CC, n°2020-799 DC, 26 mars 2020, *Loi organique d'urgence pour faire face à l'épidémie de covid-19*, JO, 31 mars 2020, texte n°5, malgré une inconstitutionnalité manifeste : voir, par ex., pour une critique quasi unanime, S. Benzina, « La curieuse suspension des délais d'examen des questions prioritaires de constitutionnalité », (http://blog.juspoliticum.com, consulté le 3 avril 2020, J. Jeannneney, « La non-théorie des « circonstances particulières » », *AJDA* 2020, p. 843 et suiv., V. Champeil-Desplats, « Le Conseil constitutionnel face à lui-même », *RDH* 2020, avril, https://journals.openedition.org, J.-E. Gicquel, « La loi organique Covid-19 et l'irrespect non-sanctionné de la Constitution », *GP* 2020, n° 14, p. 27 et suiv. ; P. Cassia, « Le Conseil constitutionnel déchire la Constitution », (https://www.mediapart.fr, 27 mars 2020, K. Roudier, « Un nouveau repli du Conseil constitutionnel dans son rôle de contrepoids », *Dalloz actualité*, 6 avril 2020). Le Conseil d'Etat a été saisi d'un nombre considérable de recours par le biais de la procédure du référé liberté mais la plupart d'entre eux ont été rejeté. Ce dernier a alors été accusé de tous les maux et de toutes les faiblesses, étant qualifié, au mieux, de juge « pragmatique » (O. Le Bot, « Crise du coronavirus : le « pragmatisme » du juge du référé-liberté », *JCP* 2020, G, n°434), au pire, de juge « chien de garde du pouvoir » (P. Januel, « Libertés : le Conseil d'Etat agit le plus souvent en chien de garde du pouvoir », (https://www.mediapart.fr, 22 avril 2020)). Parmi les reproches principaux faits au Conseil d'État, on trouve, pêle-mêle, la mise en place de décisions trop favorables à l'administration, le nombre important d'ordonnances de tri (sans audience), le refus d'imposer des injonctions à l'État ou encore le crédit trop important donné à la parole gouvernementale lors de l'examen des requêtes (pour une vision générale et un résumé, voir : A. Gelbat et L. Marguet, « Etat d'urgence sanitaire : la doctrine dans tous ses états ? », *RDH* 2020, avril, https://journals.openedition.org).

Une intervention, a priori, stricte et classique dans le cadre du référé liberté (1)

431-7 • Le juge a, la plupart du temps, répondu, par la négative, aux demandes effectuées (Voir, pour une étude d'ensemble, J.-M. Pontier, « Le contentieux lié à la covid-19 devant le juge administratif », *RDSS* 2020, p. 866 et suiv. et C. De Bernardinis, « La crise sanitaire : la confirmation du rôle protecteur du juge administratif ? », *Civitas Europa* 2020, p. 97 et suiv.). C'est par une ordonnance du 22 mars 2020 que le juge des référés du Conseil d'Etat a débuté son office en refusant, notamment de prononcer un confinement total de la population (CE, ord., 22 mars 2020, *Syndicat des Jeunes Médecins*, req. n°439674. Cf. J. De Gliniasty, « La gestion de la pandémie par la puissance publique devant le Conseil d'État à l'aune de l'ordonnance de référé du 22 mars 2020 », *RDH* 2020, juin, https://journals.openedition.org, X. Dupré De Boulois, « On nous change notre référé-liberté », *RDLF* 2020, chron. n°12, C. Saunier, « La position délicate du juge des référés face à la crise sanitaire : entre interventionnisme ambigu et déférence nécessaire », http://blog.juspoliticum.com, 11 avril 2020). Sont également rejetés, par exemple, les demandes enjoignant au CHU de Guadeloupe et à l'ARS de commander des doses d'hydroxychloroquine et d'azythromycine, ainsi que des tests de dépistage en nombre suffisant pour couvrir les besoins présents et à venir de la population de l'archipel (CE, ord., 4 avril 2020, *CHU de Guadeloupe et Ministre de la santé et des solidarités*, req. n°439904 et 439905 et, concernant la région de Marseille, CE, ord., 7 avril 2020, *Syndicat des médecins d'Aix et région*, req. n°439937et n°439938), la demande visant à enjoindre au Gouvernement de fermer temporairement les centres de rétention administrative où sont retenus des étrangers en situation irrégulière en attente de leur éloignement (CE, ord., 27 mars 2020, *GISTI et autres*, req. n°43972056) ou encore de la requête visant à enjoindre au gouvernement de prendre des mesures sanitaires supplémentaires pour les détenus et de procéder à la libération de certains d'entre eux afin de réduire la population carcérale (CE, ord., 8 avril 2020, *Section française de l'observatoire international des prisons et autres*, req. n°439827).

Une intervention, a priori, stricte et classique dans le cadre du référé liberté (2)

431-8 • Il faut aussi évoquer le rejet sans audience des requêtes visant à obtenir que les détentions provisoires ne soient pas automatiquement prolongées (CE, ord., 3 avril 2020, *Syndicat des avocats de France*, req. n°439894 et CE, ord., 3 avril 2020, UJA, ADAP et CNB, req. n° 439877, 439887, 439890 et 439898). Ces dernières avaient, pourtant, été très médiatisées (voir, par ex., : J.-B. Jacquin, « Coronavirus : le Conseil d'Etat valide la prolongation de la détention provisoire sans juge », Le monde, 4 avril 2020 ; P. Gonzalès, « Le Conseil d'Etat sur la ligne de crête des libertés publiques », Le Figaro, 7 avril 2020) et très contestées (Le Syndicat de la magistrature, la Ligue des droits de l'homme, l'Observatoire International des Prisons et divers syndicats d'avocats ont dénoncé ces mesures ; voir aussi J.-B. Perrier, « La prorogation de la détention provisoire, de plein droit et hors du droit », *Dalloz actualité*, 9 avril 2020 ; R. Madid et A. Couilliot, « COVID-19 : détention provisoire et reculs définitifs », https://www.lemondedudroit.fr, 6 avril 2020 ; R. Letteron, « Quand la détention provisoire devient un internement administratif », http://libertescheries.blogspot.com, 7 avril 2020). La Cour de cassation était pourtant revenue sur les dispositions (Cass., crim., 26 mai 2020, n° de pourvoi : 20-81.971 et Cass., crim., 26 mai 2020, n° de pourvoi : 20-81.910 où le juge indique que la prolongation méconnaît les exigences de l'article 5 ConvEDH) avant que le Parlement ne donne finalement le clap de fin à cette anomalie en adoptant, le 9 mai 2020, l'amendement, n° CL370 supprimant les dispositions litigieuses.

Une intervention, a priori, stricte et classique dans le cadre du référé liberté (3)

431-9 • Dans l'ensemble, on a assisté à la mise en place de réponses « standard », le juge faisant en sorte de reprendre les mêmes paragraphes relatant les circonstances de la période d'Etat d'urgence sanitaire et établissant la réglementation qui en a découlé. Il a tenu compte de chaque dossier mais il a adapté son office aux précédents pour faire en sorte, ce qui est louable, d'avoir une jurisprudence, dans l'ensemble, cohérente sur la durée. Il faut relever que, dans le cadre du référé-liberté, le juge a, principalement, dans son office appliqué une jurisprudence déjà bien ancrée. Ainsi, par exemple, il a apprécié strictement la condition relative à la liberté fondamentale censée être violée. Si la violation du principe d'égalité a été invoquée, pris en elle-même, elle ne suffit toujours pas à révéler une atteinte à une liberté fondamentale (CE, ord., 29 mars 2020, *Debout la France*, req. n°439798 ou CE, ord., 1er avril 2020, *Fédération nationale des marchés de France*, req. n° 43976266). Le droit au logement (CE, ord., 2 avril 2020, *Fédération nationale droit au logement et autres*, req. n°439763) ou le droit à la santé (CE, 28 mars 2020, *Syndicat des médecins d'Aix et région et autres*, req. n° 439726) ne sont toujours pas considérés comme invocable dans ce cadre. En revanche, si le juge a pris particulièrement en compte le contexte et les faits pour mieux justifier le rejet des requêtes, il n'a pas, comme il le fait de manière classique, raisonné in abstracto, il a, avant tout, raisonné *in concreto* en cherchant à déterminer si l'administration avait fait ce qu'elle devait eu égard à la préservation de telle liberté ou si l'équilibre entre les libertés était maintenu eu égard au contexte et aux conditions d'intervention. Pour ce faire, il a, ainsi et surtout, porté une appréciation tenant compte des mesures concrètes déjà prises par l'administration et des moyens dont elle disposait. Il n'a ordonné des mesures que si l'injonction prononcée était susceptible de produire un effet immédiat, ou en tout cas, à très brève échéance.

Une intervention, a posteriori, encore accrue dans le cadre du référé liberté (1)

431-10 • Si le juge administratif a volontairement limité son office, il a, aussi, au-delà des apparences et à certains égards, dépassé le cadre traditionnel de son champ d'action, à travers l'exercice de son pouvoir d'injonction (Voir, par ex., M. Bartolucci, « Le pouvoir d'injonction du juge administratif revisité par les circonstances exceptionnelles de la crise sanitaire du Covid-19 », *LPA* 2020, n°143, 17 juillet, p. 9 et suiv.). Comme à travers l'utilisation de nouveaux procédés moins contraignants mais tout aussi efficaces dans le contrôle des décisions. La reconnaissance d'une carence de l'administration face à un danger pour la vie n'avait conduit qu'à la prescription de mesures purement matérielles à l'exclusion, selon la formule classique, de toutes « mesures d'ordre structurel reposant sur des choix de politique publique » (par ex., CE, ord., 26 juillet 2018, *Mme C. et autres*, req.

n° 42223781). Le juge est allé outre cette exclusion pendant la crise sanitaire en enjoignant l'administration à prendre des mesures d'ordre normatif. L'exemple le plus explicite est celui de l'ordonnance relative aux conditions de confinement de la population (CE, ord., 22 mars 2020, *Syndicat Jeunes médecins*, req. n° 439674, op. cit.). Comme le relève Xavier Dupré de Boulois, « l'étendue des mesures prescrites au sein de l'ordonnance est sans commune mesure avec ce qu'il en était jusque-là » (X. Dupré de Boulois, « On nous change notre ...référé liberté », op. cit.) puisque le juge « interfère [...] dans l'exercice d'une compétence normative au niveau national » (*Ibid.*) et que c'est toute la population qui est concernée par les mesures poussant encore plus loin l'interventionnisme du juge des référés. De même, en vérifiant que les dérogations à l'obligation de confinement à domicile n'avaient pas été définis de manière trop permissive, le juge « devient donc une sorte d'auxiliaire de la police administrative dont il s'efforce d'améliorer l'efficacité » (*Ibid.*).

Une intervention, a posteriori, encore accrue dans le cadre du référé liberté (2)

431-11 • Dans le même ordre d'idée, il faut citer l'ordonnance relative à l'arrêté du maire de Sceaux imposant le port d'un masque à tous ses citoyens de plus de 10 ans. En rappelant l'intervention préalable de la police administrative spéciale nationale en matière sanitaire, le juge a fortement limité les conditions d'intervention de l'autorité locale de police administrative générale en cas de concours de police tout en redéfinissant les compétences respectives (CE, ord., 17 avril 2020, *Commune de Sceaux*, req. n° 440057). D'autres ordonnances peuvent être citées également dans ce cadre. Par exemple, celle amenant à enjoindre au gouvernement de diffuser clairement, par un moyen de communication à large diffusion, l'information selon laquelle l'usage de la bicyclette est autorisé (CE, ord., 30 avril 2020, *Fédération française des usagers de la bicyclette*, req. n° 440179) ou celle contraignant le ministère de l'Intérieur à rétablir en Île-de-France, dans un délai de 5 jours, l'enregistrement des demandes d'asile (CE, ord., 30 avril 2020, *Office français de l'immigration et de l'intégration*, req. n° 440250). Le juge a aussi pu ordonner au gouvernement, de façon significative, de lever l'interdiction générale et absolue de réunion dans les lieux de culte (CE, ord., 18 mai 2020, *Association Civitas, Parti Chrétien-Démocrate et autres, Association Alliance générale contre le racisme et pour le respect de l'identité française et chrétienne (AGRIF), Association cultuelle Fraternité sacerdotale Saint-Pierre et autres*, req. n° 440366, n° 440410, n° 440512 et n° 440519) ou d'arrêter, sans délai, de procéder aux mesures de surveillance par drone pour faire respecter, à Paris, les règles de sécurité sanitaire applicables à la période de de confinement (CE, ord., 18 mai 2020, *Ligue des droits de l'homme et Association La Quadrature du Net*, req. n° 440442 et n° 440445).

Une intervention, a posteriori, encore accrue dans le cadre du référé liberté (3)

431-12 • Au rayon des pouvoirs originaux utilisés par le juge, l'usage de techniques moins attentatoires à la légitimité d'action de l'administration mais tout aussi efficaces. Il en est ainsi de la technique des réserves d'interprétation qui alerte quant à une possible censure ou à de futures injonctions si des corrections ne sont pas apportées aux actes émis (le juge a agi de la sorte notamment pour avertir le gouvernement sur sa gestion de la pollution de l'air : CE, ord., 20 avril 2020, *Association nationale pour la préservation et l'amélioration de la qualité de l'air*, req. n° 440005). Il faut citer, de même, l'usage d'outils de droit souple comme la mise en place, dans certains cas, d'un dialogue avec l'administration pour préserver l'acte administratif mais inciter à le corriger pour l'avenir (voir CE, ord., 8 avril 2020, *Syndicat national pénitentiaire Force ouvrière-personnes de surveillance*, req. n° 439821 et les développements, sur ce point, de M.-O. Peyroux-Sissoko, « Quel rôle pour le Conseil d'État dans le confinement des libertés ? », https://blogdroitadministratif.net/, 4 mai 2020) ou la pratique de l'usage de recommandations pour éviter une annulation future (CE, ord., 20 avril 2020, *Ordre des avocats au barreau de Marseille* et *Ordre des avocats au barreau de Paris*, req. n°439983 et n°440008 où le juge recommande à l'Etat de mettre à disposition des équipements de protection lorsque les lieux ou la nature des missions conduisent inévitablement à des contacts étroits et prolongés).

Bibliographie

- **Armand (G.)**, « Que reste-t-il de la protection constitutionnelle de la liberté individuelle ? », RFDC 2006, n°65, p. 37.

- **Auby (J.-B.)**, « Les autorités administratives indépendantes : remarques terminales », RFDA 2010, p. 931.

- **Autin (J.-L.)**, « Le devenir des autorités administratives indépendantes », RFDA 2010, p. 875 ; « Autorités administratives indépendantes, démocratie et Etat de droit », Droit et société 2016, n°93, p. 285.

- **Baillon-Passe (C.)**, « Les nouvelles perquisitions administratives dans la loi du 21 novembre 2015 sur l'état d'urgence », LPA 2015, 31 décembre, n°261, p. 7.

- **Baranger (D.)**, « L'état d'urgence dans la durée », RFDA 2016, p. 447.

- **Basilien-Gainche (M.-L.), Racho (T.)**, « Quand le souci d'efficacité de l'éloignement l'emporte sur l'application effective des droits fondamentaux », RDH 2014, n°11, http://revdh.revues.org/957

- **Beaud (O.), Guerin-Bargues (C.)**, « L'état d'urgence de novembre 2015 : mise en perspective historique et critique », Jus Politicum 2016, janvier, n°15, p. 7.

- **Bernard (F.)**, « La CourEDH et la lutte contre le terrorisme », RTDH 2016, n°105, p. 43.

- **Bonnotte (C.)**, « La contestation des décisions de maintien en rétention administrative et en zone d'attente devant le juge judiciaire et le juge administratif », AJDA 2004, p. 694.

- **Boumediene (M.)**, « L'état d'urgence : concilier la sauvegarde de l'ordre public et la protection des libertés individuelles », Revue de la recherche juridique. Droit prospectif 2006, p. 2089.

- **Bourrel (R.)**, « Le juge administratif, nouveau gardien de la liberté individuelle ? », RA 2010, p. 455.

- **Brisson (J.-F.)**, « Les pouvoirs de sanction des autorités de régulation et l'article 6-1 ConvEDH », AJDA 1999, p. 847.

- **Cahn (O.)**, « Réflexions désabusées sur le chapitre I du titre I de la loi n°2016-731 du 3 juin 2016 », AJDPénal 2016, p. 408 ; « Un Etat de droit, apparemment », AJDPénal 2016, p. 201.

- **Caille (P.)**, « L'état d'urgence. La loi du 3 avril 1955 entre maturation et dénaturation », RDP 2007, p. 323.

- **Chevallier (J.)**, « Le statut des autorités administratives indépendantes : harmonisation ou diversification ? », RFDA 2010, p. 896.

- **Clavel (S.)**, « Des pouvoirs du juge judiciaire en matière de rétention administrative des étrangers », RCDIP 2001, p. 656.

- **Cohen-Branche (M.)**, « La problématique de la répartition du contentieux entre les deux ordres au travers de l'exemple de l'Autorité des marchés financiers », RFDA 2010, p. 912.

- **Coignac (A.)**, « L'état d'urgence, la justice et les avocats », JCP 2016, G, n°6, p. 271.

- **Dautry (P.)**, « Les autorités administratives indépendantes : un nouvel objet d'évaluation parlementaire », RFDA 2010, p. 884.

- **Degemann (V.)**, « La riposte judiciaire face au terrorisme », Lexbase hebdo 2016, Edition privée, 16 juin, n°659.

- **Degommier (S.)**, « Placement en rétention ou assignation à résidence ? », AJDA 2012, p. 809.

- **Derosier (J.-P.)**, « L'état d'urgence : un état de liberté sécuritaire. Comprendre un état d'urgence respectueux de l'Etat de droit », LPA 2016, n°145, p. 6.

- **De Villiers (M.), Renoux (T.-S.)**, Le Conseil constitutionnel et l'autorité judiciaire, Economica-PUAM, 1984.

- **Domino (X.)**, « Assignations à résidence en état d'urgence », RFDA 2016, p. 105.

- **Domingo (L.)**, « Les conditions de la rétention administrative peuvent être constatées par le juge judiciaire », AJDA 2005, p. 1011.

- **Dore (F.), Nguyen (D.)**, « Le contrôle du juge administratif à l'épreuve du terrorisme », AJDA 2016, p. 886.

- **Drago (R.)**, « L'état d'urgence (lois des 3 avril et 7 aout 1955) et les libertés publiques », RDP 1955, p. 670 ; « Le juge judiciaire, juge administratif », RFDA 1990, p. 757.

- **Droin (N.)**, « Les mesures provisoires de la CourEDH. Un nouvel instrument au service du juge de l'urgence », AJDA 2010, p. 2089 ; « La répression des excès d'Internet », RPénDPal 2016, p. 77.

- **Dubiton (S.)**, La protection des libertés publiques par les autorités administratives indépendantes, une solution démocratique ? Paris, LGDJ, 2016.

- **Dutheillet de Lamothe (L.), Odinet (G.)**, « L'urgence dans tous ses états », AJDA 2016, p. 247 ; « Perquisitions : le Conseil d'Etat fouille dans ses classiques », AJDA 2016, p. 1635.

- **Eveillard (G.)**, « Etat d'urgence : les assignations à résidence devant le juge administratif et le Conseil constitutionnel », DA 2016, n°4, p. 46, comm. n°25.

- **Favoreu (L.)**, « La Cour de cassation, le Conseil constitutionnel et l'article 66 de la Constitution », D. 1986, chron. p. 169.

- **Fines (F.)**, « L'autorité judiciaire, gardienne de la liberté individuelle dans la jurisprudence constitutionnelle », RFDA 1994, p. 594.

- **Gallet (J.-L.)**, « Juge judiciaire et droit administratif », AJDA 2013, p. 391.

- **Gelblat (A.)**, « La CEDH et la pratique française de rétention des mineurs étrangers : L'impossibilité pratique plutôt que l'interdiction de principe ? », RDH 2016, n°8, http://revdh.revues.org/2513

- **Gervier (P.)**, « Concilier l'ordre public et les libertés, un combat continu », AJDA 2016, p. 2122.

- **Gonod (P.)**, « La loi du 24 juillet 2015 relative au renseignement : quels contrôles ? », Procédures 2015, n°11, p. 4.

- **Gozzi (M.-H.)**, « Lutte contre le terrorisme ; une législation entre émotion et réactions », JCP 2016, G, n°26, p. 1277.

- **Gregoire (L.)**, « Les mesures de sûreté : un moyen au service de la lutte contre le terrorisme ? », RPénDPal 2015, p. 57.

- **Guerrier (C.)**, « La CNCTR, une rupture ou une continuité avec la CNCIS ? », Revue Lamy de l'immatériel 2015, n°117, p. 60.

- **Guimezanes (N.)**, « De la compétence du juge judiciaire en matière de rétention administrative des étrangers », RCDIP 2000, p. 697 et « Répartition des compétences judiciaire et administrative dans le droit des étrangers », RCDIP 2012, p. 849.

- **Guyomar (M.)**, « Le droit des étrangers placés en rétention administrative », AJDA 2003, p. 239.

- **Haguenau-Moizard (C.)**, « La législation sur l'état d'urgence, une perspective comparative », Rec. Dalloz 2016, p. 665.

- **Idoux (P.)**, « Les Autorités administratives indépendantes. Des interrogations classiques renouvelées dans un contexte européanisé. Présentation du dossier », Droit et Société 2016, n°93, p. 285.

- **Jobart (J.-C.)**, « L'état d'urgence déclaré et renforcé en France », AJDA 2015, p. 2321.

- **Joly (B.)**, « Transfert de compétence au juge judiciaire en matière de rétention », JCP 2016, G, n°13, p. 606.

- **Julien Laferrière (F.)**, « L'état d'urgence : un danger potentiel pour les libertés », LPA 2016, n°145, p. 12.

- **Le Bot (O.)**, « Etat d'urgence et compétences juridictionnelles », RFDA 2016, p. 436 ; « Prorogation de l'état d'urgence et mesures de lutte antiterroriste », AJDA 2016, p. 1914.

- **Lebreton (G.)**, « Les atteintes aux droits fondamentaux par l'état de siège et l'état d'urgence », CRDF 2007, n°6, p. 81.

- **Lecucq (O.)** (dir.), La rétention administrative des étrangers, entre efficacité et protection, Paris, L'Harmattan, 2011.

- **Lepoutre (N.)**, « Le droit d'être entendu avant l'adoption d'une mesure d'éloignement : un droit fondamental réduit à portion congrue », RDH 2015, n°1, http://revdh.revues.org/1042

- **Liger (D.)**, « Le contentieux administratif des étrangers », JCP 2005, A, n°1283.

- **Madeira (H.-V.)**, « Le contrôle de la rétention administrative des étrangers dans la loi du 7 mars 2016 : retour sur un contentieux que le législateur peine à simplifier », JCP 2016, A, n°36, p. 18.

- **Massot (J.)**, « La répartition du contentieux entre les deux ordres », RFDA 2010, p. 907.

- **Maus (D.)**, « Habeas Corpus, liberté individuelle et contrôle du juge. Quel juge ? », Rec. Dalloz 2016, p. 671.

- **Mayaud (Y.)**, « L'état d'urgence récupéré par le droit commun ? Ou de l'état d'urgence à l'état de confusion », JCP 2016, G, n°12, p. 583.

- **Morange (J.), Schmitz (J.)**, « Le juge administratif et les régimes de détention différenciés : entre amertume du prétoire et limites du contrôle », RFDA 2013, p. 817.

- **Oberdorff (H.)**, « La république française au défi du terrorisme », RDP 2015, p. 357.

- **Palluel (C.)**, « Le contrôle juridictionnel de la rétention administrative devant la Cour européenne des droits de l'homme : un contrôle au conditionnel », RDH 2016, n°10, http://revdh.revues.org/2535

- **Pironon (V.)**, « Droit des étrangers et droits de l'homme : l'apport de la Cour de cassation », Recueil Dalloz 2009, p. 388.

- **Piwnica (E.)**, « La dévolution aux autorités administratives indépendantes d'un pouvoir de sanction », RFDA 2010, p. 915.

- **Quemener (M.)**, « Le terrorisme face au cyberspace. De l'anticipation des risques à la répression », AJDPénal 2013, p. 446 ; « Perquisition et saisies de données informatiques dans le cadre de l'état d'urgence », Dalloz IP/IT 2016, n°10, p. 499 ; « L'état d'urgence face au numérique : compétences et perspectives », Revue Lamy droit de l'immatériel 2016, n°125, p. 38.

- **Remy-Corlay (P.)**, « Le contrôle par le juge judiciaire de la « légalité européenne » des actes administratifs », RTDCiv 2011, p. 735.

- **Roblot-Troizier (A.)**, « Une juridictionnalisation rampante mais incomplète des autorités administratives indépendantes », RFDA 2013, p. 144 ; « Etat d'urgence et protection des libertés », RFDA 2016, p. 424.

- **Romnicianu (M.)**, « Légalité des mesures d'assignation à résidence prises dans le cadre de l'Etat d'urgence », AJDA 2016, p. 2102.

- **Roux (A.)**, « Etat d'urgence et Constitution », RFDC 2016, n°107, p. 688.

- **Rouyere (A.)**, « La constitutionnalisation des autorités administratives indépendantes : quelle signification ? », RFDA 2010, p. 887.

- **Salles (E.)**, « Vers l'émergence d'un droit administratif des libertés fondamentales ? », RDP 2004, p. 207.

- **Sauve (J.-M.)**, « Quel juge pour les libertés ? », Rec. Dalloz 2016, p. 1320.

- **Seguin (D.)**, « Aspects procéduraux du droit des étrangers », Procédures 2016, n°11, étude n°10.

- **Segur (P.)**, « Le terrorisme et les libertés en l'Internet », AJDA 2015, p. 160.

- **Sirinelli (M.)**, « Police administrative et terrorisme : quel contrôle juridictionnel ? », RFDA 2013, p. 1024.

- **Stella (E.)**, « Terrorisme et Internet, nouveaux enjeux juridiques », RPDP 2015, n°2, p. 323.

- **Tchen (V.)**, « Brèves remarques sur les bases constitutionnelles du droit des étrangers », Constitutions 2010, p. 147.

- **Teboul (G.)**, « Le juge judiciaire est-il compétent pour interpréter les conventions internationales ? », AJDA 1993, p. 667.

- **Thiellay (J.-P.)**, « Compétence du juge judiciaire à l'égard des demandes de certificat de nationalité », AJDA 2005, p. 2355.

- **Tukov (C.)**, « L'autorité judiciaire, gardienne exclusive de la liberté individuelle ? », AJDA 2016, p. 936 ; « Le contrôle a priori confié au juge administratif pour l'exploitation par l'autorité administrative des données informatiques saisies dans le cadre d'une perquisition administrative a-t-il un sens ? », JCP 2016, A, n°35, p. 20.

- **Vadillo (F.)**, « Liberté individuelle vs liberté personnelle : l'article 66 C° dans la jurisprudence constitutionnelle ou la progressive reconnaissance d'un habeas corpus à la française », LPA 2015, n°80, 22 avril, p. 4.

- **Wachsmann (P.)**, « La liberté individuelle dans la jurisprudence du Conseil constitutionnel », RSC 1988, p. 1.

- **Woehrling (J.-M.)**, « Le juge administratif français et les dispositions de la ConvEDH relatives aux accusations « en matière pénale » », RFDA 1994, p. 414.

- **Ziller (J.)**, « Les autorités administratives indépendantes entre droit interne et droit de l'Union européenne », RFDA2010, p. 901.

§ 2nd : Une complémentarité nouvelle des juges permettant une protection optimale des droits et libertés

432 • La complémentarité des deux juges ordinaires dans leur action tendant à protéger les droits et libertés se situe d'abord dans les nouveaux pouvoirs du juge administratif qui permettent de le placer sur un pied d'égalité avec le juge judiciaire dans les garanties offertes au justiciable (A). Mais l'élément le plus manifeste de cette complémentarité reste le nouvel exercice des questions préjudicielles pratiqué entre les deux juges. La question préjudicielle est celle qui n'est pas susceptible de relever de la compétence de la juridiction saisie au principal et qui impose la saisine d'un autre tribunal pour la régler. Le renvoi à la juridiction d'exception s'impose dès lors que la réponse à la question est nécessaire à l'issue du litige et qu'elle soulève une difficulté sérieuse. Alors que ce mode de communication était devenu un outil de plus en plus critiqué étant donné la perturbation du procès engendré et le non-respect du principe du délai raisonnable pour régler le litige, l'augmentation du nombre d'exceptions à l'obligation de sa mise en œuvre témoigne d'une nouvelle perception des choses dans le dynamisme du dialogue des juges et, corrélativement, dans la protection des droits et libertés (B).

A – Des pouvoirs du juge administratif aujourd'hui aussi performants que ceux du juge judiciaire

433 • La répartition des compétences entre juge administratif et juge judiciaire a été profondément renouvelée dans la fonction de gardien des libertés mais elle n'a été possible que parce que le juge administratif a su adopter son office pour le rendre plus effectif dans la protection des libertés. Les recours tels qu'ils ont été appliqués devant le juge administratif jusqu'à la fin du XXème siècle ont révélé, en dépit de leurs mérites, des insuffisances au niveau de l'efficacité de la protection des libertés par comparaison à ce que pouvait faire les recours devant le juge judiciaire. Le recours pour excès de pouvoir permet d'annuler les décisions administratives qui n'ont pas respecté les droits et libertés mais, il n'est pas, en principe, suspensif et, compte tenu des délais de jugement, des décisions peuvent être annulées alors que

des atteintes irréversibles aux libertés continuent à être portées. Pour autant, ces dernières années, le modèle classique a connu des changements profonds sous l'influence du juge européen et, en parallèle, du juge constitutionnel. Pour être l'équivalent voire le complément au juge judiciaire, le Conseil d'Etat s'est donné la possibilité de disposer d'une nouvelle légitimité pour devenir, lui aussi, un protecteur des droits et libertés. Il est, aujourd'hui, dans ce rôle grâce à une emprise plus directe et plus forte sur l'action administrative notamment par le biais des nouvelles procédures d'urgence (1). Si cette emprise a, à l'origine, été donnée et validée par le législateur, cela n'a pas empêché le juge de dépasser les considérations légales pour adapter son office d'une optique objective à une optique plus subjective de protection des libertés (2).

1 – Une emprise plus directe et plus forte du juge administratif sur l'action administrative

a) La mise en place des référés d'urgence et du référé liberté

Les référés avant l'an 2000 : des procédures moins efficaces que celle du juge civil

434 • C'est d'abord grâce à l'office du législateur que l'on a pu assister à une augmentation des pouvoirs du juge administratif. C'est, avant tout, un manque de moyens pour assurer la rapidité de l'exécution des sentences du juge administratif qui faisait défaut. C'est le caractère exécutoire des actes administratifs qui a longtemps donné, par principe, un effet non suspensif aux recours dans le but d'éviter les contentieux purement dilatoires (Cf. M. Lei, *Le principe de l'absence d'effet suspensif des recours contentieux en droit administratif*, Thèse, Université de Toulon, 2018). Pour faire face à ces défauts, des procédures d'urgence ont été établies comme le sursis à exécution ou la procédure du « déféré liberté », procédure qui, à l'initiative du préfet, permet au juge administratif de suspendre, dans un délai de 48 heures, l'exécution d'un acte d'une collectivité territoriale de « nature à compromettre l'exercice d'une liberté publique ou individuelle » (Articles L. 2136-1, L. 3132-1 et L. 4142-1 du CGCT depuis la loi n°82-213 du 2 mars 1982 (JO, 3 mars 1982, p.730) relative aux droits et libertés des communes, des départements et des régions). Ces procédures étaient, néanmoins, tenues de « ne pas faire obstacle à l'exécution d'aucune décision administrative » (CE, 27 novembre 1967, *Chambre syndicale cochers et chauffeurs voitures de place*, req. n°54962 et n°54963, *Rec. CE*, tables p. 889) et n'étaient pas équivalentes dans l'efficacité à celles existantes devant le juge civil des référés (Voir les articles 484 à 492-1, 808 à 811, 848 à 852 du Code de procédure civile). Il était donc logique de soumettre à ce dernier, par le biais d'une conception très large de la notion de voie de fait, de nombreux litiges mettant en cause l'administration. Les mêmes dispositions (juge unique, délai bref) sont retenues, progressivement, devant le juge administratif, à partir de 1990, pour le contentieux des mesures d'éloignement des étrangers, permettant de contester des arrêtés de reconduite à la frontière (Art. 1er de la loi n°90-34 du 10 janvier 1990 (JO, 12 janvier 1990, p. 489) *modifiant l'ordonnance n°45-2658 du 2 novembre 1945*

relative aux conditions d'entrée et de séjour des étrangers en France) et, depuis 2006, des obligations de quitter le territoire français (Loi n°2006-911 du 24 juillet 2006 (JO, 25 juillet 2006, p.11047) *relative à l'immigration et à l'intégration*).

Les référés après l'an 2000 : une nouvelle culture de l'urgence et une institution centrale caractérisée par le référé liberté

435 • Ces procédures spécifiques ont préfiguré la réforme d'ensemble des procédures de référé mis en place par le législateur en l'an 2000 (loi n°2000-597 du 30 juin 2000 (JO, 1er juillet 2000, p. 9948) *relative au référé devant les juridictions administratives*) dans le sillage de laquelle s'est développée une véritable culture de l'urgence au sein des juridictions administratives. Si les référés généraux (référé suspension et référé mesures utiles) n'ont pas vocation à protéger les droits et libertés et qu'il existe, à travers les procédures d'urgence, certains recours au fond pour protéger les droits et libertés (par exemple, le recours suspensif en annulation contre les décisions de refus d'entrée en France au titre de l'asile de l'article L. 213-9 CESEDA), l'institution centrale est forcément la procédure du référé liberté (art. L. 521-2 CJA) permettant au juge d'» ordonner toutes mesures nécessaires à la sauvegarde d'une liberté fondamentale ». Le juge, dans cette hypothèse, n'a, a priori, pas de limites dans l'exercice de son pouvoir de décision, la possibilité de prendre « toutes mesures » impliquant a priori la possibilité de prendre « n'importe quel mesure ». En pratique, le juge peut tout d'abord suspendre la décision de l'administration portant atteinte à la liberté fondamentale comme l'exécution d'un arrêté de reconduite à la frontière (CE, ord., 24 novembre 2010, *Eddomairi*, req. n°344411) ou l'application d'un régime de fouille corporelle intégrale pratiqué quotidiennement sur le requérant (CE, ord., 20 mai 2010, *Ministre d'Etat, Garde des sceaux, Ministre de la justice et des libertés*, req. n°339259).

b) L'efficacité des pouvoirs d'injonction du juge du référé liberté et la possibilité de prendre des décisions définitives

L'exemple de la détention dans les établissements pénitentiaires : des avancées certaines

436 • Là où se manifeste réellement l'étendue des pouvoirs du juge administratif des référés, c'est dans la possibilité de prononcer des injonctions envers l'administration pour mettre fin à l'atteinte aux droits et libertés, au besoin sous astreinte. Ces injonctions peuvent aboutir ou se traduire par des obligations d'agir en cas de carence, des obligations de cesser un agissement liberticide ou d'interdire préventivement un tel agissement. Elles peuvent être très contraignantes pour l'administration comme en matière de détention dans les établissements pénitentiaires. Cela fait maintenant un certain moment que les associations, le Conseil de l'Europe ou le Contrôleur général des lieux de privation de liberté dénoncent la surpopulation et l'insalubrité qui règnent dans les établissements pénitentiaires français. Cette situation amène à la méconnaissance de certains droits fondamentaux (par ex., le droit à la vie privée en raison du manque d'intimité et de l'étroitesse des lieux : CourEDH, 19 avril 2001, *Peers contre Grèce*, req. n°28524/95

ou le droit de ne pas subir de traitement inhumain et dégradant en raison du manque d'hygiène : CourEDH, 25 avril 2013, *Canali contre France*, req. n°40119/09)et les détenus ont surtout agit d'un point de vue individuel pour les faire respecter. Ce n'est que plus récemment que des démarches collectives ont été entreprises pour faire respecter les droits fondamentaux des détenus dans leur ensemble Il y a Une 1ère ordonnance remarquée a concerné la prison des Baumettes à Marseille en 2012 où le juge du référé-liberté avait ordonné à l'administration de procéder, dans un délai de 10 jours, à la détermination des mesures nécessaires à l'éradication des animaux nuisibles présents dans les locaux du centre pénitentiaire (CE, ord., 22 décembre 2012, *Section française de l'Observatoire international des prisons*, req. n° 364584, *Rec. CE*, p. 496, *D.* 2013, p. 1304, obs. J.-P. Céré, M. Herzog-Evans et E. Péchillon, *AJ pénal* 2013, p. 232, obs. E. Péchillon, *JCP* 2013, G, n°87, note O. Le Bot). Quelques années après, c'est la maison d'arrêt de Nîmes qui fait à son tour l'objet d'une procédure identique. L'ordonnance rendue par le juge administratif disposant, s'agissant des pouvoirs du juge, que celui-ci puisse ordonner à l'autorité administrative de prendre des mesures d'organisation du service relativement aux conditions matérielles d'installation des détenus durant la nuit, l'accès aux produits d'entretien des cellules et à des draps et couvertures propres ou encore à la dotation de l'accueil des familles d'un moyen d'alarme ou la modification du système sécurité incendie (CE, ord., 30 juillet 2015, *Section française de l'Observatoire international des prisons*, req. n°392043 et n° 392044, *AJDA* 2015, p. 2216, note O. Le Bot). Enfin, plus récemment, la 3ème décision rendue par le Conseil d'Etat dans ce domaine a concerné la maison d'arrêt de Fresnes (CE, ord., 28 juillet 2017, *Section française de l'Observatoire international des prisons*, req. n°410677, *Rec. CE*, p. 290, concl. E. Crépey, *AJDA* 2017, p. 2540, note O. Le Bot, *AJ pénal* 2017, p. 456, obs. J.-P. Céré) où huit injonctions sur diverses mesures tendant notamment à l'amélioration de l'entretien et de la propreté de la maison d'arrêt ont été ordonnées (par ex., l'obligation faites à l'administration d'engager des actions de destruction des nuisibles, de faire des travaux permettant la distribution d'eau chaude, de prendre les moyens pour que les repas soient servis chauds, ou encore de procéder au nettoyage régulier des parloirs et lieux de circulation). Le juge confirmant, par là-même, certains pouvoirs dont dispose le juge du référé-liberté comme celui d'ordonner des mesures d'organisation du service ou celui de prendre plusieurs mesures successives sur une situation donnée.

L'exemple de la détention dans les établissements pénitentiaires : des limites persistantes pour ne pas faire acte d'administrateur

437 • Si le juge administratif du référé liberté peut obliger l'administration à prendre des mesures destinées à améliorer les conditions de détention, il n'a pas toujours la possibilité effective de mettre rapidement un terme à tout traitement contraire aux droits et libertés. Il y a certaines limites à l'office du juge en ce domaine. Même s'il reconnait l'atteinte manifeste à une liberté fondamentale, il considère souvent qu'elle « doit s'apprécier en tenant compte des moyens dont dispose l'autorité administrative compétente » (CE, ord., 22 décembre 2012, *Section française de l'Observatoire international des prisons* précité ou CE, ord., 30 juill. 2015, *Section française*

de l'Observatoire international des prisons précité où le juge se cantonne alors d'enjoindre à l'administration pénitentiaire de prendre, « dans les meilleurs délais, toutes les mesures qui apparaîtraient de nature à améliorer, dans l'attente d'une solution pérenne, les conditions matérielles d'installation des détenus durant la nuit ») ou « des mesures déjà mises en œuvres par celle-ci » (voir, par ex., CE, ord., 10 février 2012, *Fofana*, req. n°356456, *AJDA* 2012, p. 716, note A. Duranthon, *AJDI* 2012, p. 411, étude R. Piastra, *JCP* 2012, A, n°2059, note O. Le Bot). De même, il a pu être rappelé récemment qu'il n'appartient pas au juge du référé liberté, qui est un juge de l'urgence dont les mesures doivent produire des effets dans des délais brefs, d'ordonner à l'administration de prendre des mesures structurelles (CE, 28 juillet 2017, *Section française de l'Observatoire international des prisons*, req. n°410677 précité). Le juge ne peut donc ordonner de changements structurels ou des travaux lourds parce que les effets de ses mesures n'interviendraient pas immédiatement (par ex., hors du cadre pénitentiaire, créer un centre d'accueil des migrants ou des centres de distribution alimentaire : CE, 31 juillet 2017, *Commune de Calais, Ministre de l'intérieur*, req. n°412125 et n°412171, *JCP* 2017, A, act., n°570, note C. Friedrich, *AJDA* 2017, p. 1594, note J.-M. Pastor, *D.* 2018, p. 313, obs. N. Joubert, *AJCT* 2018, p. 51, obs. E. Péchillon).

L'exemple de la détention dans les établissements pénitentiaires : des limites persistantes compensées par un contrôle de proportionnalité *in concreto*

438 • S'il y a des limites dans l'office du juge du référé liberté, cela ne l'empêche pas de procéder à un contrôle poussé *in concreto* des mesures pouvant être autorisées. Dans ce but, le juge fait très attention aux injonctions prononcées et opère un bilan de proportionnalité *in concreto* entre les atteintes aux droits et libertés des détenus et les spécificités intrinsèques des centres pénitentiaires ainsi que les actions entreprises pour atténuer les atteintes. Il a ainsi pu considérer, dans une décision récente à propos du centre pénitentiaire de Rémire-Montjoly en Guyane et contrairement à ce qui avait été déjà décidé dans d'autres décisions, que le cloisonnement partiel des toilettes dans les cellules et la rénovation des cours de promenade dans les quartiers disciplinaire et d'isolement sont des mesures qui peuvent « soit être réalisées à bref délai, sans exiger de travaux lourds de nature structurelle, soit donner lieu à des aménagements provisoires dans l'attente de solutions pérennes » (CE, ord., 4 avril 2019, *Garde des Sceaux, Ministre de la justice contre Section française de l'OIP*, req. n° 428747). Même si le Conseil d'Etat ne retient pas l'obligation d'information du requérant sur l'état d'avancement des mesures ordonnées, il étend quand même de façon conséquente les mesures provisoires pouvant être ordonnées.

L'exemple de la détention dans les établissements pénitentiaires : la question du pouvoir de remédier à la carence ou la passivité de l'administration

439 • Outre la question des conditions de détention, le juge des référés a admis depuis un certain temps maintenant qu'un comportement passif de l'administration

pouvait porter atteinte à une liberté fondamentale. Il en a jugé ainsi à propos de l'accueil en matière d'asile (CE, ord., 23 mars 2009, *Ministre de l'immigration, de l'intégration, de l'identité nationale et du développement solidaire contre Gaghiev et Mme Gaghieva*, req. n°325884, *Rec. CE*, p. 789), de l'hébergement d'urgence (CE, ord., 10 février 2012, *Fofana*, req. n°356456, *Fofana* précité), de l'accueil des migrants (CE 23 novembre 2015, *Ministre de l'intérieur*, req. n°394540, *AJDA* 2016, p. 556, note J. Schmitz, *RDSS* 2016, p. 90, note D. Roman et S. Slama) ou encore de la prise en charge de mineurs placés (CE, ord., 27 juillet 2016, *Département du Nord*, req. n°4000508). S'il a jugé de même pour les conditions de détention (CE, ord., 22 décembre 2012, *Section française de l'observatoire international des prisons* précité), ce n'est que depuis 2011 qu'on a admis qu'il pouvait y remédier par le biais d'injonctions (CE, sect., 16 novembre 2011, *Ville de Paris et Société d'économie mixte PariSeine*, req. n°353172 et n°353173, *Rec. CE*, p. 553, *RFDA* 2012, p. 269, concl. D. Botteghi, *JCP* 2012, A, n°2017, note B. Pacteau, *AJCT* 2012, p. 156, obs. L. Moreau, *DA* 2012, n°18, note B. Spitz). Auparavant, le juge se contentait de la réparation, en plein contentieux, du préjudice engendré par la passivité ou la carence de l'administration (…). Cette réparation, arrivant a posteriori, n'était pas toujours de nature à satisfaire les justiciables d'où l'évolution de 2011 même s'il fallait préserver l'action de l'administration. Il semble maintenant que le Conseil d'Etat n'ait plus de réticences à utiliser son pouvoir d'injonction dans ce domaine quand des mesures utiles peuvent être prises dans un délai bref. Il le fait à propos du défaut de certains droits créances (par ex., même avant la décision de 2011 : CE, ord., 23 mars 2009, *Ministre de l'immigration contre Mme Gaghieva et M. Gaghiev*, req. n°325884 précité à propos du droit des demandeurs d'asile de se voir proposer par l'administration des conditions matérielles d'accueil décentes pendant l'examen de leur demande, Cf. O. Le Bot, « L'effectivité des droits sociaux dans le cadre des procédures d'urgence », *RDH* 2012, n° 1 ou L. Corre, « Les « droits-créances » et le référé-liberté », *DA* 2012, n° 2, étude n°3) du défaut de mesures matérielles dans les conditions de détention (CE, 28 juillet 2017, *Section française de l'Observatoire international des prisons*, n°410677 précité) ou encore le défaut de règlementation dans la prise en charge par les autorités publiques des exilés stationnés à Calais (CE, 31 juillet 2017, *Commune de Calais, Ministre de l'Intérieur, à propos de la carence concernant l'hygiène et l'alimentation en eau potable*) (Voir, pour un commentaire de ces décisions : C. Friedrich, « Le référé liberté en carence de l'administration », *RDP* 2018, p. 1297 et suiv.). A noter que lorsque l'atteinte résulte d'une absence d'acte ou d'action positive de la part de l'administration, le juge est conduit à s'appuyer sur un certain nombre d'éléments matériels pour déterminer le seuil de l'atteinte aux droits et libertés comme l'existence de capacités matérielles pour l'administration d'agir autrement (ce n'était pas le cas dans CE, 1er février 2019, *Union départementale de Paris du syndicat de la Confédération générale du travail*, req. n°427386 ; Cf. D. Fallon, « Rejet du recours contre l'utilisation des lanceurs de balles de défense », *AJDA* 2019, p. 1401 et suiv.)

L'exemple de la détention dans les établissements pénitentiaires : les limites du référé liberté mis en avant par le juge européen (1)

439-1 • Le juge européen a souligné, tout récemment, avec l'arrêt J. M. B. Contre France, les limites du référé liberté et le non-respect du droit à un recours effectif pour faire cesser les atteintes à la dignité de la personne dans les prisons françaises (CourEDH, 30 janvier 2020, *J. M. B. contre France*, req. n°9671/15). Si l'arrêt *Yengo contre France* (CourEDH, 21 mai 2015, *Yengo contre France*, req. n° 50494/12, *AJDA* 2015, p. 1289, tribune A. Jacquemet-Gauché et S. Gauché) avait laissé espérer que le référé-liberté puisse constituer un recours préventif effectif au sens de l'article 13 ConvEDH, l'arrêt *J. M. B. contre France* dément cette analyse. C'est, paradoxalement, d'abord le juge judiciaire qui a réagi à la décision européenne en mettant en avant qu'il appartient désormais « au juge judiciaire, gardien de la liberté individuelle, de faire vérifier les allégations de conditions indignes de détention formulées par un détenu sous réserve que celles-ci soient crédibles, précises, actuelles et personnelles – l'indignité d'une détention provisoire pouvant alors constituer un obstacle à sa poursuite » (Cass., Crim. 8 juillet 2020, *M. M. V.*, n° de pourvoi : 20-81.739, *D.* 2020, p. 1774, note J. Falxa, et p. 1643, obs. J. Pradel, *AJ pénal* 2020, p. 404, note J. Frinchaboy, voir, spécialement, D. Zerouki-Cottin, « L'indignité des conditions de détention, ou les ressources infinies du contrôle de conventionnalité », *RSC* 2021, p. 517 et suiv.). Des QPC ont été parallèlement transmises au juge constitutionnel qui a jugé qu'il incombait au législateur, avant le 1er mars 2021, de garantir aux personnes placées en détention provisoire la possibilité de saisir un juge afin de mettre fin aux conditions de détention attentatoires à la dignité de la personne humaine, lorsque celles-ci existent (CC, n° 2020-858/859 QPC, 2 octobre 2020, *M. Geoffrey F. et autre [Conditions d'incarcération des détenus]*, JO, 3 octobre 2020, texte n°106). Le Conseil d'Etat s'est ensuite enfin prononcé. Il reconnait un principe d'exécution loyale des arrêts du juge européen mais il estime qu'il ne lui appartient pas de créer une voie de réexamen des décisions juridictionnelles administratives à la suite d'un arrêt de condamnation du juge européen et il renvoie, en conséquence, le législateur à ses responsabilités (CE, 19 octobre 2020, *Garde des sceaux, Ministre de la justice contre Section française de l'Observatoire international des prisons*, req. n° 439372).

L'exemple de la détention dans les établissements pénitentiaires : les limites du référé liberté mis en avant par le juge européen (2)

439-2 • Ce faisant, le juge administratif maintient sa jurisprudence aux termes de laquelle, d'une part, le juge du référé-liberté ne peut pas ordonner de mesures d'ordre structurel insusceptibles d'être mises en œuvre à très bref délai et, d'autre part, les mesures qu'il prononce doivent s'apprécier en tenant compte des moyens dont dispose l'autorité administrative compétente. Si cette position a été plutôt critiquée (Voir, par ex., J. Schmitz, « L'entêtement carcéral du juge du référé liberté », *AJDA* 2021, p. 41 et suiv. et « Dialogue des juges en matière de conditions de détention provisoire - La sourde oreille du juge du référé-liberté », *AJDA* 2021, p. 694 et suiv.), le juge européen a jugé, par la suite et pour la première fois, que le recours indemnitaire ouvert devant le juge administratif à raison de conditions de détention indignes est, lui, in abstracto effectif au regard de l'article 13 ConvEDH même si la France a été condamné *in concreto* en raison de la modestie de l'indemnité (CourEDH, 19 novembre 2020, *Barbotin contre France*, req. n° 25338/16), le Conseil d'Etat a également renvoyé au juge constitutionnel une QPC relative à la situation spécifique des personnes « définitivement condamnées ». Si la réponse de ce dernier a été identique à celle donnée en octobre 2020 et qu'elle a produit les mêmes effets (CC, n° 2021-898 QPC, 16 avril 2021, *Section française de l'observatoire international des prisons [Conditions d'incarcération des détenus II]*, JO, 17 avril 2021, texte n° 68), elle s'est avérée être sans véritable objet puisque le législateur est entre temps intervenue (Loi n°2021-403 du 8 avril 2021 (JO, 9 avril 2021, texte n°3) *tendant à garantir le droit au respect de la dignité en détention*) et a instauré le recours attendu devant le juge de la liberté et de la détention (nouvel article 803-8 dans le Code de procédure pénale). Reste à savoir si la nouvelle voie ainsi mise en place sera réellement effective (voir, par ex., J. Mouchette, « Une voie de recours dédiée aux conditions indignes de détention : vraie avancée ou impasse contentieuse ? », *Europe des droits et libertés* 2021, 1, n° 3, p. 114).

L'exemple de la détention dans des centres d'accueil des étrangers

440 • Le juge des référés a opéré de même concernant l'hébergement des migrants au centre d'accueil de Calais où le juge a, par exemple, enjoint, d'abord à l'Etat, de procéder à un recensement des mineurs isolés en situation de détresse puis, ensuite, à la commune de Calais et toujours à l'Etat, de procéder à des mesures de salubrité comme l'obligation de créer des accès pour les services d'urgence, de ramasser des ordures, nettoyer le site ou encore installer des points d'eau et des latrines supplémentaires et ceci dans un délai de 8 jours (CE, ord., 23 novembre 2015, *Associations Médecins du monde, Secours Catholique-Caritas France et autres*, req. n°395540, *AJDA* 2016, p. 556, note J. Schmitz, *D.* 2016, p. 336, obs. K. Parrot Voir M. Anglivie, « La relative consécration d'obligations étatiques dans la « jungle » calaisienne », *RDH* 2015, 22 décembre). On a pu voir que les décisions ultérieures ont été prises dans le même sens (CE, 31 juillet 2017, *Commune de Calais, Ministre de l'intérieur précité* ou CE, 8 novembre 2017, *GISTI*, req. n°406256, *JCP* 2017, A, act., n°562, note C. Friedrich, *AJDA* 2017, p. 2408, comm. S. Roussel et C. Nicolas et p. 2224, note J.-M. Pastor) faisant dire à certains que Calais était devenue la « terre d'élection du juge du référé-liberté » (H. Pauliat, « Calais, terre d'élection du juge du référé-liberté », *JCP* 2017, A, act., n°260 ; voir, de manière plus large : J. Tribolo, « La crise migratoire dans le Calaisis : de quelques usages de la police administrative », *RFDA* 2021, p. 547 et suiv.). A noter que, récemment, la CourEDH a jugé que la France avait violé la ConvEDH en laissant à l'abandon dans la « jungle de Calais » un jeune Afghan âgé de onze ans (CourEDH, 28 février 2019, *Khan contre France*, req. n°12267/16, Cf. A.-B. Paire, « La carence française face à l'extrême vulnérabilité d'un mineur étranger isolé dans la lande de Calais », *D.* 2019, p. 1092 et suiv., par ex., CourEDH, 12 juillet 2016, *A. M. et autres contre France*, req. n°24587/12) ou en opérant une rétention administrative d'une mère et de son nourrisson, alors âgé de 4 mois, pendant 11 jours (CourEDH, 22 juillet 2021, *M. D. et A. D. contre France*, req. n°57035/18).

L'exemple lié aux refus d'ouverture ou aux fermetures de mosquée (1)

441 • Le juge du référé liberté peut aussi utiliser son pouvoir d'injonction concernant le refus du maire d'autoriser l'ouverture d'une mosquée. Cela a, par exemple, été le cas à propos de la « mosquée de Fréjus » où le Conseil d'Etat va très loin dans l'exercice de son pouvoir d'injonction. Après une 1ère décision en référé, le maire s'était abstenu de réexaminer la demande dans un délai déterminé, comme la décision du juge, devenue définitive, lui imposait de le faire. Le Conseil d'Etat lui a, en conséquence, obligé de délivrer une autorisation provisoire et a mis le maire en situation de compétence liée puisque ce dernier ne disposait plus de liberté de choix par rapport au contenu de la décision (CE, ord., 9 novembre 2015, *Association Musulmane El Fath*, req. n°394333, *AJDA* 2016, p. 385, note E. Debaets, *AJCT* 2016, p. 552, étude C. Alonso ; voir, aussi, CE, ord., 19 janv. 2016, *Association musulmane El Fath*, req. n° 396003). La liberté de culte est, en effet, susceptible de faire peser sur la collectivité publique une obligation positive de fournir aux individus les moyens effectifs de pratiquer leur religion (Cf. En ce sens : CourEDH, 29 juin 2007, *Folgero et autres contre Norvège*, req. n°15472/02) obligation reprise en droit français par le Conseil d'Etat (CE, ord., 30 juin 2016, *Association culturelle et cultuelle Nice La plaine « Institut Niçois En Nour » contre Ville de Nice*, req. n°400841, *AJDA* 2016, p. 2048, note M. Comte, *AJCT* 2016, p. 552, étude C. Alonso) même si les débats sont aujourd'hui très marquants eu égard au principe de laïcité (Cf. les commentaires opposés entre les rédacteurs de l'AJDA et Michel Bouleau concernant la décision CE 7 mars 2019, *Association « Bien Vivre à Garbejaïre Valbonne » et Mme A. B.*, req. n°417629 qui précise les conditions dans lesquelles une commune peut mettre à disposition des locaux lui appartenant à une association cultuelle pour l'exercice d'un culte : C. Malverti et C. Beaufils, « Le domaine (privé) des dieux », *AJDA* 2019, p. 980 et suiv. et M. Bouleau, « Liberté de culte et laïcité », *D.* 2019, p. 1460 et suiv.).

L'exemple lié aux refus d'ouverture ou aux fermetures de mosquée (2)

441-1 • A noter aussi que le juge administratif peut même adresser des injonctions à des personnes privées à condition toutefois qu'il existe un texte particulier en ce sens et que cela soit justifié par les nécessités de l'ordre public (CE, 9 décembre 2003, *Aguillon et autres*, req. n° 262186, *RFDA* 2004, p. 308, concl. J.-H. Stahl et note P. Cassia, *AJDA* 2004, p. 1138, note O. Le Bot, *JCP* 2004, A, n°1034, note J. Moreau et n°1096, note D. Maillard Desgrées du Loû). En sens inverse, les fermetures de lieux de culte récentes établies à des fins punitives (on songe à la mosquée de Pantin à la suite de l'attentat de Samuel Paty) amènent à changer l'équilibre entre principe de sécurité et liberté de culte, la mesure de police étant limitée, jusque-là, par le législateur à des fins préventives (voir, en ce sens, J. Jeanneney, « La résurgence des fermetures punitives de lieux de culte », *RFDA* 2021, p. 519 et suiv.). Si ces fermetures de l'extérieur sont appréhendées sévèrement par le juge et doivent être proportionnées à l'objectif qui leur est attaché, le Conseil d'Etat, va assez loin don son office pour justifier la fermeture. Il est allé, par exemple, jusqu'à juger contra legem pour justifier son interprétation extensive du fait générateur dans le cas de la fermeture de la mosquée de Pantin. La loi limite explicitement les faits générateurs de la fermeture aux idées ou théories diffusées dans le lieu de culte. Or, la diffusion d'idées répréhensibles est matérialisée même si diffusé à l'extérieur des lieux de culte ou s'il existe une « fréquentation du lieu de culte par des tiers prônant ces idées ou théories » (CE, ord., 25 novembre 2020, *Fédération musulmane de Pantin*, req. n° 446303).

Des décisions en référé non définitives mais qui présentent, le plus souvent et indirectement, un caractère définitif

442 • Statuant à titre provisoire (art. L. 511-1 CJA), le juge des référés ne peut normalement adopter une décision définitive, comme un jugement d'annulation d'une décision administrative ou l'attribution de dommages et intérêts. Il s'agit là d'un effet classique attaché à une ordonnance de référé qu'on retrouve en procédure civile (art. 484 NCPC). Il a, par exemple, été jugé que le juge du référé-liberté ne saurait adresser à l'Administration une injonction qui produirait des effets identiques à l'annulation d'une décision administrative (CE, 1er mars 2001, *Paturel*, req. n° 230794, *Rec. CE*, tables, p. 1134). Mais la mise en œuvre par le juge des référés du pouvoir d'injonction pour assurer la règle de droit le conduit souvent à anticiper une éventuelle annulation au fond. Dans le même sens, les décisions du juge des référés, qui ne sont normalement pas revêtues de l'autorité de chose jugée, sont néanmoins exécutoires et obligatoires et ont, souvent, en pratique, un caractère définitif. Par exemple, l'administration ne peut, en conséquence, reprendre la même décision sans avoir remédié au défaut que le juge des référés avait pris en considération pour prendre sa décision (CE, sect., 5 novembre 2003, *Association convention Vie et nature pour une écologie radicale*, req. n°259339, *Rec. CE*, p. 444, concl. F. Lamy, *AJDA* 2003, p. 2253, chron. F. Donnat et D. Casas et p. 2225, tribune P. Cassia, *RFDA* 2004, p. 601, concl. F. Lamy). Les mesures d'exécution ordonnées par le juge ont souvent aussi vocation à durer dans la mesure où ni l'annulation, ni la réparation au principal ne permettent d'assurer l'exécution de la règle de droit. Il y a beaucoup d'exemples où le juge du fond confirme non seulement l'appréciation du juge de l'urgence mais aussi les mesures d'exécution prises par ce dernier en annulant l'acte (CE, 14 mai 2014, *Société Addmedica*, req. n° 363195, *Rec. CE*, tables, p. 814, *AJDA* 2014, p. 1955, note D. Connil). Enfin, pour les cas où aucune mesure provisoire ne serait susceptible de restaurer l'administré dans ses libertés fondamentales, le juge pourra enjoindre à l'administration fautive « toute disposition », fut-elle irréversible (par exemple, en ce qui concerne la liberté syndicale : CE, ord., 31 mai 2007, *Syndicat CFDT Interco 28*, req. n°298293, *Rec. CE*, p. 223, *AJDA* 2007, p. 1237, chron. F. Lenica et J. Boucher s'agissant de la décision du juge d'ordonner le retour provisoire des requérants dans leur local syndical jusqu'à ce qu'il soit statué sur leurs droits ; Cf. B. Plessix, « Le caractère provisoire des mesures prononcées en référé », *RFDA* 2007, p. 76).

Un juge du référé liberté administrateur ?

442-1 • Si le passage du provisoire au définitif est une réalité qui concerne tous les référés administratifs, il y a immanquablement un « glissement d'un juge du fond -

administrateur vers un juge des référés-administrateur » (C. Lantero, « La loi du 30 juin 2000 relative au référé devant les juridictions administratives Bilan critique d'une réforme exemplaire - Présentation et quelques réflexions sur les concurrences et complémentarités du juge des référés et du juge du fond », *RFDA* 2021, p. 639 et suiv.). Le côté très attractif du juge du référé liberté en a fait « un juge de régulation sociale au quotidien, intervenant de plus en plus en qualité de seul interlocuteur d'une administration défaillante » (*Ibid.*). S'il s'interdit d'être encore un juge administrateur quand l'administration agit et s'il s'interdit de remettre en cause les choix de politique publique, il est moins scrupuleux en cas de carence de l'administration. Sans toucher spécifiquement au structurel, il a été amené à imposer de réaliser un diagnostic des opérations de lutte à mener contre des animaux nuisibles et de dératiser une prison (CE, 22 décembre 2012, *SFOIP*, req. n°364584, op. cit., voir N. Ferran et S. Slama, « Les ordonnances sur les Baumettes font entrer la défense de la cause des détenus dans une nouvelle ère », *D.* 2013, p. 488 et suiv.), d'améliorer l'accès, pour les détenus, aux produits d'entretien des cellules ainsi qu'à des draps et à des couvertures propres (TA Guyane, ord., 23 février 2019, *SFOIP*, req. n°1900211) d'entreprendre des travaux de rénovation dans une maison d'arrêt (CE, 30 juill. 2015, *SFOIP*, req. n°392043, op. cit.) voire encore d'installer des points d'eau dans un camp de migrants (CE, 31 juillet 2017, *Commune de Calais*, req. n°412125, op. cit.). Il est allé jusqu'à participer à l'exercice du pouvoir normatif normalement dévolu aux autorités publiques et s'introduire ainsi « au cœur de la norme de police » (M. Bartolucci, « Le pouvoir d'injonction du juge administratif revisité par les circonstances exceptionnelles de la crise sanitaire du Covid-19 », op. cit.). Il a pu ordonner que la norme juridique soit respectée (en contraignant le ministère de l'Intérieur à rétablir en Île-de-France, dans un délai de 5 jours, l'enregistrement des demandes d'asile : CE, ord., 30 avril 2020, *Office français de l'immigration et de l'intégration*, req. n°440250,) ou clarifiée voire modifiée (en estimant que le confinement mis en place jusqu'ici n'est pas assez strict en même temps qu'il est trop ambigu, du moins sur certains de ses aspects : CE, ord., 22 mars 2020, Syndicat jeunes médecins, req. n°439674, op. cit.). Si, comme le président Stirn, on peut estimer pudiquement que ce type d'injonctions « aident en réalité l'administration à bien remplir sa tâche » (B. Stirn, « Le référé et le virus », *RFDA* 2020, p. 634 et suiv.), il ne faudrait pas non plus qu'on se dirige « vers une administration par ordonnance » (C. Lantero, op. cit.).

c) La perception large de la notion de liberté fondamentale par le juge du référé liberté

Une notion la plupart du temps définie sur le fondement d'une norme constitutionnelle

443 • La procédure du référé liberté s'applique aussi à toute atteinte (décision, agissement, action positive ou abstention) portée à une liberté fondamentale, cette « liberté fondamentale » étant définie de manière propre au référé avec un champ d'application assez extensif. Si la notion suscite beaucoup d'interrogations (L. Favoreu, « La notion de liberté fondamentale devant le juge administratif des

référés », *D.* 2001, chron., p. 1739 ; F. Brenet, « Vers l'émergence d'un droit administratif des libertés fondamentales ? », *RDP* 2004, p. 212 ; P. Wachsmann, « L'atteinte grave à une liberté fondamentale », *RFDA* 2007, p. 58), il faut noter que le Conseil d'Etat a surtout privilégié la source constitutionnelle à chaque fois qu'il s'est agi de ranger une liberté parmi celles que permet de protéger l'institution du référé-liberté. Par exemple, le principe de libre administration des collectivités territoriales (art. 72 C°) est rangé de façon assez inattendue au nombre des libertés fondamentales (CE, 18 janvier 2001, *Commune de Venelles et Morbelli*, req. n° 22947, *RFDA* 2001, p. 681, note M. Verpeaux, p. 153, chron. M. Guyomar et P. Collin où le principe est violé par l'exercice anticipé de ses compétences par un établissement public de coopération intercommunale ; Cf. O. Le Bot, « L'utilisation du référé-liberté par les collectivités territoriales », *AJDA* 2016, p. 592). Mais tous les droits et libertés à statut constitutionnel ne sont pas nécessairement éligibles au titre du référé-liberté. Ainsi, le Conseil d'Etat semble avoir implicitement refusé le statut de liberté fondamentale à certains droits-créances comme le droit d'obtenir un emploi (al. 5 du préambule de la Constitution de 1946 selon lequel « chacun a le devoir de travailler et le droit d'obtenir un emploi », Cf. CE, 27 juin 2002, *Centre hospitalier général de Troyes*, req. n° 248076, *AJDA* 2002, p. 965, obs. E. Royer) ou le droit à la protection de la santé (al. 11 du préambule de la Constitution de 1946. Cf. CE, 8 septembre 2005, M*inistre de la justice contre Bunel*, req. n° 284803, *Rec. CE*, p. 388, *AJDA* 2006, p. 376, note M. Laudijois).

Une notion parfois définie sur le fondement de normes européennes

444 • Le juge administratif peut aussi découvrir la source de la liberté fondamentale en dehors des dispositions constitutionnelles et notamment en faisant référence aux normes européennes. Par exemple, le droit au respect de la vie tel que défini par l'article 2 ConvEDH a été identifié comme tel (CE, sect., 16 novembre 2011, *Ville de Paris*, req. n° 353172 et n° 353173, *JCP* 2012, G, n°1, note O. Le Bot, *JCP* 2012, A, n° 2017, note B. Pacteau) alors que ce droit n'est pas consacré dans son aspect général par les sources constitutionnelles. Ce droit à la vie étant, par la suite, rattaché au droit de ne pas être soumis à des traitements inhumains ou dégradants de l'art. 3 ConvEDH (CE, 22 décembre 2012, *Section française de l'observatoire international*, req. n°364584, *JCP* 2013, G, n°87, note O. Le Bot, *JCP* 2013, A, n°2017, note G. Koubi) ou au droit au respect de la vie privée et familiale de l'art. 8 ConvEDH (CE, Ass., 24 juin 2014, *Lambert (II)*, *Rec. CE*, p. 175, concl. R. Keller, *RFDA* 2014, p. 657, concl. R. Keller et p. 702, note P. Delvolvé, *AJDA* 2014, p. 1225, trib. P. Cassia et p. 1669, note D. Truchet, *RDP* 2016, p. 41, note M. Canedot-Paris, *JCP* 2014, A, n°825, note F. Viala et n°2844, étude H. Pauliat, D. Bordessoule et S. Moreau). Pour finir, le juge bénéficie d'une totale liberté dans le choix des éléments qu'il va définir en tant que libertés fondamentales tout en sachant qu'il est également libre de définir leur contenu matériel. Il peut définir un contenu qui s'accorde avec la jurisprudence constitutionnelle voire européenne mais il peut tout aussi bien s'en départir ce qui fait qu'on ne peut jamais être sur des limites de la notion.

Une notion qui reste source d'interrogations impérissables

445 • Parmi les interrogations qui persistent aujourd'hui, il faut noter toute une série de libertés consacrées par les juges du fond mais qui n'ont pas eu la confirmation du Conseil d'Etat en tant que juge d'appel. On peut citer tout d'abord la liberté d'aider autrui dans un but humanitaire. Consacrée par le juge des référés du tribunal administratif de Besançon à propos d'une demande de suspension d'un arrêté « anti-mendicité » pris par le maire de la ville (TA Besançon, ord., 28 août 2018, *M. Guardado*, req. n°1801454 où c'est d'ailleurs la 1ère fois que le juge du référé-liberté est saisi dans le cadre du contentieux des arrêtés anti-mendicité au lieu d'un contentieux de légalité classique), l'ordonnance s'inspire assez directement de la décision QPC du 6 juillet 2018 par laquelle le Conseil constitutionnel a consacré le caractère constitutionnel du principe de fraternité (CC, n°2018-717/718 QPC, 6 juillet 2018, *M. Cédric Herrou et autres [Délit d'aide à l'entrée, à la circulation ou au séjour irréguliers d'un étranger]*, JO, 7 juillet 2018, texte n° 107 ; voir, par ex., M. Borgetto, « La Fraternité devant le Conseil constitutionnel », *JCP* 2018, G, n°876). Cette audace du juge de première instance devait être confirmée en appel mais le Conseil d'Etat a jugé finalement le litige sans objet en raison l'abrogation en cours d'instance de l'arrêté contesté (CE, 6 septembre 2018, *M. Guardado contre Commune de Besançon*, req. n°423725, voir A. Pena, « L'entrée de la fraternité en droit administratif : entre acceptation du principe et restriction procédurale », *D.* 2019, p. 774 et suiv.). On peut citer aussi au rang des cas posant souci, la reconnaissance toujours lancinante du principe d'égalité comme liberté fondamentale. Le Conseil d'Etat a rappelé, dans « l'affaire des silhouettes » (125 panneaux en contreplaqué représentant des silhouettes féminines et, dans certains cas, des parties de l'anatomie féminine dans diverses positions et des accessoires avaient été placées à divers endroits de la ville de Dannemarie (Haut-Rhin) pour célébrer l'année de la femme), que la violation du principe d'égalité, aux multiples facettes (en l'espèce l'égalité homme/femme), n'est pas constitutive en soi d'une atteinte grave et manifestement illégale à une liberté fondamentale (CE, 1er septembre 2017, *Commune de Dannemarie contre Association « Les Effronté-e-s »*, req. n°413607, *D.* 2017, p. 1711 et suiv., obs. E. Maupin, *AJCT* 2017, p. 413, note J.-D. Dreyfus, *DA* 2017, n°11, n°46, comm. V. Hipeau, CCE 2017, n°10, n°82, comm. A. Lepage, *JCP* 2018, A, n°2025, note V. Donier ; voir, plus particulièrement, M. Carpentier, « Affaire des silhouettes : la salutaire mise au point du juge des référés du Conseil d'Etat », *AJDA* 2017, p. 2076 et suiv. ; Cf. Décision de référence CE, ord., 26 juin 2003, *Conseil départemental de parents d'élèves de Meurthe-et-Moselle*, req. n°257938). C'est le principe de respect de la dignité humaine qui est retenu dans l'analyse, celui-ci étant déjà expressément reconnu par le Conseil d'Etat comme une liberté fondamentale (CE, ord., 22 décembre 2012, *Section française de l'Observatoire international des prisons*, req. n°364584, ; CE, ord., 5 juillet 2017, *Département du Nord*, req. n°411826). Le Conseil d'Etat a récemment confirmé sa jurisprudence dans le cadre de l'urgence sanitaire en réitérant l'impossibilité d'invoquer le principe d'égalité lors de la procédure du référé (Voir CE, 10 décembre 2020, *Paul Cassia et autres*, req. n°447015 à propos de l'absence de mesure permettant le retour des étudiants dans

les universités ; voir, par exemple, A. Bonfort, « Le juge des référés n'a pas imposé le retour des étudiants à l'université », *AJDA* 2021, p. 985 et suiv.).

d) La possibilité pour le juge du référé liberté de mettre en avant l'exception d'inconstitutionnalité

Une extension initiale substantielle de l'office du juge du référé-liberté malgré l'interdiction d'opérer un jugement de valeur sur la loi

446 • De manière générale, le juge administratif ne s'interdit pas de prendre appui sur l'œuvre du législateur en faveur des libertés pour consacrer certaines de ces « libertés fondamentales » mais, eu égard au principe de l'écran législatif, il s'interdisait à tout jugement de valeur sur la loi tout particulièrement dans le cadre d'une procédure d'urgence. Il en a jugé ainsi dans le cadre d'un référé suspension (CE, 30 décembre 2002, *Ministre de l'aménagement du territoire et de l'environnement contre Carminati*, req. n°240430, *Rec. CE*, p. 510, *AJDA* 2003, p. 1065, note O. Le Bot ; un rappel a été effectué à propos de la demande de suspension de la loi du 20 novembre 2015 prorogeant l'état d'urgence : CE, 27 janvier 2016, *Ligue des droits de l'homme et autres*, req. n° 396220) avant de l'étendre au référé liberté (CE, ord., 9 décembre 2005, *Allouache*, req. n° 287777, *Rec. CE*, p. 562). Le juge des référés n'est pas autorisé à contrôler la compatibilité d'une disposition législative avec une loi ou une norme de droit supranational (droit international, droit européen, droit de l'Union). Mais le juge des référés du Conseil d'Etat a, aujourd'hui, étendu, de façon substantielle, l'office du juge du référé-liberté appelé à se prononcer, à titre incident, comme juge de la loi. Il a notamment affirmé le caractère opérant de la QPC en référé-liberté tout comme la possibilité de contrôler la compatibilité d'une loi avec une règle de droit de l'Union (CE, ord., 16 juin 2010, *Diakité*, req. n°340250, *AJDA* 2010, p. 1335, chron. S.-J. Lieber et D. Botteghi et p. 1663, note O. Le Bot, *JCP* 2010, G, n°739, note P. Cassia).

Une QPC susceptible d'être soulevée en référé si la condition d'urgence est remplie

447 • La possibilité de contester une disposition législative dans le cadre d'un référé a été initié par le législateur puisque ce dernier prévoit que la QPC est susceptible d'être soulevée « à l'occasion d'une instance devant le Conseil d'Etat », ce qui n'est pas limitatif du type de recours (article 23-5 de l'ordonnance n° 58-1067du 7 novembre 1958 (JO, 9 novembre 1958, p. 10129) *portant loi organique sur le Conseil constitutionnel tel que modifié par la loi organique n°2009-1523 du 10 décembre 2009* (JO, 11 décembre 2009, p. 21379) relative à l'application de l'article 61-1 C°). Elle peut être soulevée en 1ère instance ou en appel. L'admission de la QPC en matière de référé liberté n'allait pourtant pas de soi eu égard à la différence de cette procédure avec celle de droit commun de l'art. L. 521-1 CJA. Dans le cadre de la procédure classique, la réponse apportée par le Conseil constitutionnel interviendra alors que le litige est toujours pendant devant la juridiction et la décision sera, par conséquent, utile à la résolution du litige. C'est différent dans le cadre du référé liberté dans la mesure où la réponse à la QPC ne pourra intervenir que lorsque le

litige pendant devant le juge des référés a pris fin. Le délai de 48 heures qui est imparti au juge pour statuer exclut, dans ce cadre, qu'il soit sursis à statuer en attendant la décision du Conseil constitutionnel. A travers son office, le juge des référés peut transmettre ou renvoyer la QPC sans sursoir à statuer (art. 23-3 et 23-5 de l'ordonnance n°58-1067 précité). Le Conseil d'Etat a néanmoins précisé que le juge des référés, même saisi d'une QPC, est tenu par la condition de l'urgence. Le juge administratif, saisi d'une requête en référé, peut donc, en toute hypothèse, la rejeter pour défaut d'urgence (CE, 21 octobre 2010, *Conférence nationale des présidents des unions régionales des médecins libéraux*, req. n°343527). Faute d'urgence, ou en tout état de cause si la requête est irrecevable, il n'y a pas lieu pour le juge des référés de statuer sur la transmission ou le renvoi de la QPC (CE, ord., 19 novembre 2010, *Benzoni*, req. n° 344014). Le juge est même réputé avoir refusé de transmettre la QPC, même si les termes de son ordonnance ne l'indiquent pas expressément (Voir, dans le cadre d'un référé suspension, CE, 29 avril 2013, *Agopian*, req. n°366058). En revanche, si le rejet en vertu du tri est appuyé sur un manque manifeste de fondement de la requête, la QPC devra néanmoins être examinée comme les autres moyens de la requête (CE, 16 janvier 2015, *Lehuédé*, req. n° 374070).

Une QPC susceptible d'être soulevée même si le litige peut prendre fin sans la réponse

448 • Il y a, néanmoins, au surplus, un problème d'articulation des 2 procédures ensuite si la condition de l'urgence et les autres conditions de recevabilité sont remplies. Le juge des référés devra statuer sans attendre la décision relative à la QPC (la durée de l'instruction de cette dernière étant de 3 mois) soit en rejetant la requête, soit en ordonnant toute mesure provisoire. Même si cela peut sembler paradoxal de mettre fin au litige sans la réponse de la QPC, cette dernière peut néanmoins avoir plus tard certains effets juridiques. Le Conseil constitutionnel peut, d'abord, dans sa réponse à la QPC, indiquer les effets dans le temps de sa décision sur le jugement qui aura été à l'origine du renvoi. Il peut, notamment fixer la date de l'abrogation ou déterminer les « conditions et limites dans lesquelles les effets que la disposition a produits sont susceptibles d'être remis en cause » (art. 62 al. 2 C°). De même, le requérant dispose également de la faculté d'introduire une nouvelle instance en cas de circonstance de droit nouvelle pour qu'il puisse être tenu compte de la décision du Conseil constitutionnel (CC, n°2009-595 DC, 3 décembre 2009, *Loi organique relative à l'application de l'article 61-1 de la Constitution*, JO, 11 décembre 2009, p. 21381, *Rec. CC*, p. 206, considérant n°18).

e) La possibilité pour le juge du référé liberté de mettre en avant l'exception d'inconventionnalité in abstracto et *in concreto*

Une 1ère exception admise pour le droit de l'Union : l'arrêt « *Diakité* »

449 • Outre l'exception d'inconstitutionnalité, le juge des référés peut également mettre en avant l'exception d'inconventionnalité. C'est la décision « *Carminati* » précitée qui avait d'abord jugé que l'office du juge du référé-suspension ne lui

permettait pas de suspendre un acte administratif au motif qu'il aurait eu un doute sérieux sur la conventionalité d'une disposition législative. Si plusieurs ordonnances firent application de cette décision, cela n'empêchait pas les questions ou les interrogations quant à la solution retenue (voir, par exemple, R. Abraham, « L'application des traités internationaux et l'office du juge des référés administratifs », *Mélanges Labetoulle*, Paris, Dalloz, 2007, p. 1 ou T.-X. Girardot, « Le retour de la loi écran devant le juge des référés », *AJDA* 2006, p. 1875). Une 1ère exception a néanmoins rapidement été admise, toujours dans le cadre d'un référé suspension, le juge acceptant de juger de la compatibilité d'une loi avec une disposition conventionnelle dans le cas où la décision d'un juge saisi au principal ou à titre préjudiciel aurait déjà écarté la loi pour le motif d'inconventionnalité invoqué (Cf. TA Lyon, ord., 23 mai 2003, *Jacques Murzeau*, *AJDA* 2003, p. 1786, note J.-P. Markus ou CE, 21 octobre 2005, *Association Aides*, req. n° 285577, *AJDA* 2006, p. 944, note H. Rihal). Puis une 2nde exception a vu le jour. Invité par le Conseil constitutionnel (CC, n°2010-605 DC, 12 mai 2010, *Loi relative à l'ouverture à la concurrence et à la régulation du secteur des jeux d'argent et de hasard en ligne*, JO, 13 mai 2010, p. 8897, *Rec. CC*, p. 78, cons. n°14), le Conseil d'Etat s'est résolu, à modifier sa position s'agissant du droit de l'Union (CE, 16 juin 2010, *Diakité*, req. n°340250, précité). Plusieurs considérations plaidaient en ce sens et notamment le fait que le juge administratif ne pouvait tirer toute une série de conséquences de la supériorité des traités dans l'ordre juridique interne sans forcément impliquer le juge des référés. Le contrôle du juge de l'urgence était néanmoins limité au seul droit de l'Union qui bénéficiait ainsi d'un traitement préférentiel, la référence à la ConvEDH n'étant, notamment, pas permise.

Une 2nde exception admise pour le droit de la ConvEDH : les arrêts « *Lambert* » et « *Domenjoud* »

450 • A l'origine, la jurisprudence « *Carminati* », fondée sur la pratique traditionnelle du contrôle objectif de norme à norme (et imprégnée à ce titre de l'écran législatif), ne pouvait que mal s'articuler avec l'idée du contrôle *in concreto* propre à la ConvEDH, qui conduit à rechercher, non pas si l'un des textes (législatif ou réglementaire) appliqué est incompatible avec la ConvEDH, mais si la décision finale porte une atteinte prohibée à un droit garanti par la Convention, quel que soit le niveau de la norme à laquelle cette atteinte est imputable. Cela n'a pas empêché le Conseil d'Etat de contourner d'abord cette jurisprudence chaque fois que l'affaire soulevait des enjeux importants. La préoccupation pour le juge des référés libertés de ne pas laisser sans sanction la méconnaissance manifeste des droits proclamés par la Convention militait en ce sens. C'est dans une affaire particulière et dramatique où la vie humaine était en jeu, l'affaire « *Lambert* » (CE, 24 juin 2014, *Lambert (I)*, req. n° 375081, *Rec. CE*, p. 32, concl. R. Keller, *AJDA* 2014, p. 1484, chron. A. Bretonneau et J. Lessi et p. 1669, note D. Truchet, *RFDA* 2014, concl. R. Keller), que le juge de l'urgence a, purement et simplement, compte tenu du caractère exceptionnel des enjeux, décidé d'ignorer l'interdiction de connaître, en référé, du moyen d'incompatibilité de la loi avec les stipulations de la ConvEDH, plus précisément les articles 2 ConvEDH (droit à la vie) et 8 ConvEDH (droit au

respect de la vie privée et familiale). Le juge allant même plus loin qu'à travers l'ordonnance « *Diakité* » en ne reprenant pas le critère de la « méconnaissance manifeste » des dispositions, critère commandé par l'objet même du contrôle exercé dans le cadre du référé liberté mais critère restrictif qui faisait que l'argument tiré de l'exception d'inconventionnalité n'avait pratiquement que peu de chance d'être reçu par le juge de l'urgence. L'atteinte au droit à la vie a de tels effets que le juge ne saurait se contenter de s'assurer d'une méconnaissance manifeste. La dérogation à la jurisprudence « *Carminati* » s'est étendue à d'autres dispositions conventionnelles à l'occasion du contrôle indirect de la loi du 3 avril 1955 sur l'état d'urgence, les mesures mises en place dans ce cadre étant contrôlé au regard de l'article 5 ConvEDH (droit à la liberté et à la sûreté) et de l'article 2 du protocole additionnel à la ConvEDH (liberté d'aller et venir) (CE, sect., 11 décembre 2015, *Cédric Domenjoud*, req. n°395009, précité). Le moyen tiré de ce que la loi serait incompatible avec les stipulations européennes a été écarté au fond en étant assorti d'un « en tout état de cause » montrant l'embarras du juge (Cf. conclusions A. Bretonneau sous CE, 31 mai 2016, *Gonzales Gomez*, req. n° 396848 , *RFDA* 2016, p. 740).

Une 2nde exception admise pour le droit de la ConvEDH : l'arrêt « *Gonzales Gomez* »

451 • Les exceptions se sont révélées finalement assez nombreuses pour que le principe d'exclusion de la ConvEDH soit maintenu. L'exception d'inconventionnalité a clairement été établie dans un arrêt du 31 mai 2016 *Gonzales Gomez* (CE, Ass., 31 mai 2016, *Gonzalez Gomez*, req. n° 396848, *AJDA* 2016, p. 1398, chron. L. Dutheillet de Lamothe et G. Odinet, *D.* 2016, p. 1472, note H. Fulchiron et p. 1477, note B. Haftel, *RFDA* 2016, p. 740, concl. A. Bretonneau et p. 754, note P. Delvolvé, *JCP* 2016, G, n°864, note J.-P. Vauthier et F. Vialla). Il revient, maintenant, au juge des référés de veiller à ce qu'aucune atteinte grave et manifestement illégale ne résulte, notamment, « de l'application de dispositions législatives qui sont manifestement incompatibles avec les engagements européens ou internationaux de la France, ou dont la mise en œuvre entraînerait des conséquences manifestement contraires aux exigences nées de ces engagements » (cons. n°2). L'arrêt d'espèce concernait le jugement de la légalité du refus opposé par l'administration à la demande d'une veuve de faire transférer de France en Espagne les gamètes de son mari, récemment et brusquement décédé d'une maladie grave, afin d'y bénéficier d'une fécondation in vitro. L'application de la loi française conduisait donc à refuser l'exportation demandée. Le Conseil d'Etat, saisi en appel d'une demande de référé-liberté, a cependant, suspendu ce refus et enjoint de procéder à l'exportation des gamètes vers l'Espagne en opérant un contrôle de conventionnalité *in concreto* de la loi au regard de l'art. 8 ConvEDH (droit au respect de la vie privée et familiale).

La généralisation du contrôle de conventionnalité *in concreto*

452 • Si le contrôle de conventionnalité est ainsi établi, il faut aussi relever, comme peut le noter Pierre Delvolvé, que « cette petite révolution, tant attendue, est

éclipsée par un autre aspect de la décision, structurant pour tout le droit et le contentieux administratif : la généralisation du contrôle de conventionalité *in concreto* » » (P. Delvolvé, « Droits subjectifs contre interdit législatif », note sous CE, Ass., 31 mai 2016, *Gonzales Gomez*, req. n°396848, *RFDA* 2016, p. 754). En effet, dans son considérant de principe, le Conseil d'Etat distingue, « plus clairement qu'il ne l'avait jamais fait auparavant, un étage in abstracto de contrôle de conventionnalité et un étage *in concreto* » (*Ibid.*). La loi peut donc être écartée soit parce qu'elle est par elle-même incompatible avec le traité, le contrôle du juge portant sur le contenu de la loi (in abstracto) soit parce que, tout en étant compatible dans la généralité des cas, son application au cas d'espèce n'est pas compatible avec les exigences conventionnelles, le contrôle du juge portant alors sur l'application de la loi aux circonstances particulières (*in concreto*). On peut ainsi dire que « le contrôle de validité de la loi a donc été complété par un contrôle de son application valide », (X. Dupré de Boulois, « Contrôle de conventionnalité *in concreto* : à quoi joue le Conseil d'Etat ? », *RDLF* 2018, chron. n°4). Un tel contrôle n'avait jusque-là été réservé qu'à quelques hypothèses particulières notamment dans les cas où l'administration dispose d'un large pouvoir discrétionnaire ou d'importantes prérogatives (ex : cas du pouvoir de l'administration d'affectation unilatéral des fonctionnaires et militaires où le juge vérifie, pour les militaires et policiers, qu'une affectation particulière n'est pas contraire au droit à la vie privée et familiale : CE, 10 décembre 2003, *Bouley*, req. n° 235640, ou CE, 2 février 2011, *Ministre de l'intérieur, de l'outre-mer, des collectivités territoriales et de l'immigration contre Le Rasle*, req. n°326768). Ce contrôle implique dorénavant clairement un contrôle de proportionnalité de 2nd rang, pour vérifier que l'application d'une exigence légale ou réglementaire ne porte pas au cas d'espèce une atteinte disproportionnée à un droit protégé par la Convention.

La généralisation d'un contrôle de proportionnalité de 2nd rang

453 • La question de la concrétisation de ce contrôle *in concreto* est d'autant plus primordiale dans la mesure où elle fait l'objet d'un débat très important chez les privatistes (Cf. Par ex., P. Jestaz, J.-P. Marguénaud et C. Jamin, « Révolution tranquille à la Cour de cassation », *D.* 2014, p. 2061, F. Chénedé, « Contre-révolution tranquille à la Cour de cassation ? », *D.* 2016, p. 796, P. Puig, « L'excès de proportionnalité », *RTD civ.* 2016, p. 70, H. Fulchiron, « Flexibilité de la règle, souplesse du droit. À propos du contrôle de proportionnalité », *D.* 2016, p. 1376) depuis que la Cour de cassation a procédé à un contrôle de proportionnalité même nature sur le modèle du juge européen (Cass, 1ère civ., 4 décembre 2013, n° pourvoi : 12-26.066, *D.* 2014, p. 179, obs. C. de la Cour, note F. Chénedé, p. 1342, obs. J.-J. Lemouland et D. Vigneau, *RTDCiv.* 2014, p. 88, obs. J. Hauser et p. 307, obs. J.-P. Marguénaud). Ce contrôle ayant depuis lors été appliqué à de nombreuses reprises, à propos, par exemple, du cas d'une condamnation pour contrefaçon qui ne serait pas conforme à la recherche d'un juste équilibre entre le droit d'auteur et la liberté d'expression artistique de celui qui a réutilisé l'œuvre (Cass., 1ère civ., 15 mai 2015, n° pourvoi : 13-7.391, *D.* 2015, p. 1672, note A. Bensamoun et P. Sirinelli, *RTDCom* 2015, p. 509, obs. F. Pollaud-Dulian), d'une contestation de

paternité et l'absence d'appréciation *in concreto* du juste équilibre dans la mise en oeuvre de l'article 8 de la ConvEDH entre le droit revendiqué par l'enfant et les intérêts des héritiers du père supposé (Cass., 1ère civ., 10 juin 2015, n° pourvoi : 14-20.790, *D.* 2015, p. 2365, note H. Fulchiron, *RTDCiv.* 2015, p. 596, obs. J. Hauser). Au final, il faut noter que ce nouveau contrôle de conventionnalité en référé liberté s'exercera, *a fortiori*, à travers le contrôle opéré par les juges du fond mais aussi à propos de toute disposition législative ou réglementaire ou à propos de tout engagement européen ou international des autorités françaises.

Un contrôle *in concreto* finalement limité ou, tout le moins, cantonné

454 • Le contrôle de conventionalité *in concreto* permet au juge d'aller à l'encontre de la disposition législative ou de juger contra legem en faisant des circonstances de l'espèce des éléments quasi normatifs dans le raisonnement mené. La loi peut désormais être écartée dans une situation particulière en tout temps ou tout lieu au motif qu'elle aurait des effets excessivement indésirables. Cela a suscité beaucoup de polémiques du côté des privatistes (qui ont pu parler, par ex., de « retour du gouvernement des juges ou de l'équité des parlements d'Ancien Régime », d' « insécurité juridique » ou encore de « porte ouverte à la fraude à la loi » : V. Vigneau, « Libres propos d'un juge sur le contrôle de proportionnalité », *D.* 2017, p. 123 et suiv. ; P.-Y. Gautier, « Retour au Moyen-Âge : le droit moral dévasté par la balance des intérêts », *Dalloz IP/IT* 2019, p. 101 et suiv. ; F. Chénedé, « Contre-révolution tranquille à la Cour de cassation ? », *D.* 2016, p. 796 et suiv.) comme du côté des publicistes (O. Dutheillet de Lamothe et G. Odinet, « Contrôle de conventionnalité : in concreto veritas ? », *AJDA* 2016, p. 1398 et suiv.) qui évoquent les questions relatives à la place et à l'office du juge : la subjectivité du juge, la sécurité juridique et les rapports entre le juge et le Parlement ou P. Delvolvé, « Droits subjectifs contre interdit législatif », *RFDA* 2016, p. 754 et suiv. où, pour l'auteur, qui évoque la confusion entre pouvoir législatif et pouvoir juridictionnel, « ce n'est pas seulement un changement d'analyse, de méthode, de mode de raisonnement ; c'est un changement de modèle ou, pour le dire en terme apparemment savant, un changement de « paradigme » ».). On ne sait pas si les critiques ont été entendues mais des décisions plus récentes se sont inscrits à rebours de l'évolution alors entamé depuis 2014 et 2016 que ce soit du côté de la Cour de cassation (Cass., 3ème civ., 21 décembre 2017, n° de pourvoi : 16-25.406, *FS-P+B+I* (rejet), *RDI* 2018, p. 215, obs. E. Gavin-Millan-Oosterlynck, ; Cass., 1ère civ., 7 novembre 2018, *FS-P+B+I*, n° de pourvoi : 17-25.938, *AJ fam.* 2018, p. 685 et suiv., obs. J. Houssier, *Dalloz actualité* 2018, 21 novembre 2018, obs. L. Gareil, *D.* 2019, p. 505 et suiv., obs. M. Douchy-Oudot, *RTDCiv.* 2019, p. 87 et suiv., obs. A.-M. Leroyer) ou du Conseil d'Etat (CE, 4 décembre 2017, *Société Endered*, req. n°379685 ou CE, 28 décembre 2017, *Molenat*, req. n°396571). L'idée générale étant, au-delà des cas différents, de poser des bornes au contrôle. Les deux hautes juridictions « mettent certaines règles « hors contrôle » » en se livrant « à une entreprise de « cantonnement » » pour « éviter une remise en cause systématique de la règle de droit au motif que son application *in casu* porterait une atteinte

disproportionnée aux droits et libertés » (H. Fulchiron, « Cadrer le contrôle de proportionnalité : des règles « hors contrôle » ? », *D.* 2018, p. 467 et suiv.).

Un contrôle *in concreto* qui ne serait pas exercé dans tous les cas

455 • Pour certains, il ressortirait de cette jurisprudence que certains interdits législatifs apparaissent plus importants que d'autres, c'est-à-dire qu'il serait impossible de les écarter ponctuellement (X. Dupré de Boulois, « Contrôle de conventionnalité *in concreto* : à quoi joue le Conseil d'Etat ? », *RDLF* 2018, chron. n°4) Si l'on prend l'exemple de la jurisprudence « *Gonzalez Gomez* », le Conseil d'Etat a confirmé la solution visant, en présence de circonstances particulières, à écarter, ponctuellement, la prohibition de l'insémination post mortem (voir CE, 4 décembre 2018, *Mme C. D., épouse B.*, req. n°425446, *AJ fam.* 2019, p. 64, obs. A. Dionisi-Peyrusse ; CE, 13 juin 2018, *Mme B. A. contre APHP*, req. n°421333 ; CAA Versailles, 5 mars 2018, *Agence de la biomédecine*, req. n°17VE00824). Par contre, pour rester dans le même domaine, il n'a pas écarté, même ponctuellement en raison de circonstances particulières, le principe de l'anonymat du don de gamètes (Cf. CE, 28 décembre 2017, *Molenat* précité). La question de l'interdiction de l'assistance médicale à la procréation (AMP) aux femmes seules ou en couple qui ne répondrait pas à une infertilité pathologique fait aussi partie de ces interdits législatifs qui pourraient être écarté ponctuellement par le juge. La CourEDH a préféré laisser les institutions françaises trancher la question (Cf. CourEDH, 8 février 2018, *Charron et Merle-Montet*, req. n°22612/15 ; CourEDH, 6 février 2018, *Bonnaud et Lecoq contre France*, req. n°6190/11) : voir J.-P. Marguénaud, « Le refus de la procréation médicalement assistée à un couple d'homosexuelles mariées ou la subsidiarité otage de la proportionnalité », *RTDCiv.* 2018, p. 349 et suiv. ou H. Fulchiron, « Le contrôle de proportionnalité au service du principe de subsidiarité », *D.* 2018, p. 649 et suiv.) Or, le Conseil d'Etat, dans un arrêt du 28 septembre 2018 (CE, 28 septembre 2018, *Mme A. C. et Mme D. B. contre Centre d'assistance médicale à la procréation du CHU de Toulouse*, req. n°421899) a refusé de renvoyer au Conseil constitutionnel la question de savoir si l'impossibilité d'accéder à l'AMP pour un couple de femmes est conforme au principe d'égalité, la question n'étant, selon lui, ni nouvelle ni sérieuse. La décision ainsi prise est ainsi un signe du nouveau cadrage ainsi opéré ou des limites pesant sur le nouveau contrôle alors que certains militeraient pour une prise de position plus audacieuse en la matière eu égard à la jurisprudence « *Gonzalez Gomez* » (par ex., T. Escach-Dubourg, « Pas encore d'AMP pour toutes ! », *AJDA* 2019, p. 533 et suiv. ou H. Fulchiron, « Le contrôle de proportionnalité au service du principe de subsidiarité », précité).

d) Le dépassement, au final, des limites légales à l'action du juge dans le cadre du référé liberté

Un juge des référés qui se permet d'aller plus vite que le juge du fond

456 • Plusieurs décisions récentes du juge vont dans le sens de cette volonté de dépasser les limites légales posées à l'action du juge dans le cadre du référé liberté. On a vu que, dans le sens contraire de la volonté certaine du législateur et de la

lettre de l'article L. 521-2 CJA, le juge du référé liberté s'était déclaré compétent pour obliger l'administration à mettre fin à une atteinte grave et manifestement illégale au droit de propriété même si cette atteinte avait le caractère de voie de fait (Cf. CE, ord., 23 janv. 2013, *Commune de Chirongui*, req. n°365262 précité et TC, 17 juin 2013, *Bergoend contre Société ERDF Annecy Leman*, req. n°3911 précité). On a vu, également, que le juge de l'urgence est allé au-delà du principe visant à ce qu'il ne statue que par des mesures provisoires, il peut, en effet, fixer des mesures définitives lorsqu'aucune mesure provisoire n'est susceptible de sauvegarder l'exercice effectif de la liberté fondamentale en cause (CE, 31 mai 2007, *Syndicat CFDT Interco 28*, req. n°298293 précité). Il a également été amené, pour être le plus rapide possible, à mettre en avant le fait que le délai de 48 heures, pas plus qu'il ne constitue un délai butoir prescrit à peine de dessaisissement, n'a pas le caractère d'un délai plancher qu'il conviendrait pour le juge d'épuiser avant de se prononcer. Les ordonnances rendues dans l'affaire « *Dieudonné* » (CE, ord., 9 janvier 2014, *Ministre de l'intérieur contre Société Les Productions de la Plume*, req. n°374508 puis CE, 10 janvier 2014, req. n°374528 et CE, 11 janvier 2014, *Sarl les Productions de la Plume et Dieudonné M'Bala M'Bala*, req. n°374552, *AJDA* 2014, p. 129, tribune B. Seiller, p. 473, tribune C. Broyelle, note J. Petit, *AJCT* 2014, p. 157, obs. G. Le Chatelier, *D.* 2014, obs. J.-M. Pastor, *RFDA* 2014, p. 87, note O. Gohin) ont ainsi, malgré les critiques émises à son encontre (il n'y avait pas, dans les deux cas d'espèce, remise en cause de la liberté d'expression de manière générale mais bel et bien une interdiction de propos qui étaient pénalement répréhensibles et, plus précisément, comme le rappelle l 'ordonnance n° 374508, ceux faisant « l'apologie des discriminations, persécutions et exterminations perpétrées au cours de la Seconde Guerre mondiale »), été vues comme une remise en cause des déboires temporels malheureux de l'affaire *Benjamin* (CE, Sec., 19 mai 1933, *Sieur Benjamin et Syndicat d'initiative de Nevers*, req. n°17413, *Rec. CE*, p. 541, *D.* 1933, 3, 354, concl. Michel) où le juge de l'excès de pouvoir, avait été incapable d'éviter la tenue des conférences (il a fallu attendre 1936 pour que M. Benjamin obtienne une contrepartie quant au fait que le juge de l'excès de pouvoir n'avait pas pu éviter la tenue des conférences : CE, sect., 3 avril 1936, *Syndicat d'initiative de Nevers et Benjamin*, *Rec. CE*, p. 453).

Un juge des référés qui se permet d'agir plus efficacement que le juge du fond

457 • Le juge des référés n'a pas seulement fait en sorte d'agir plus vite, il a également développé son office pour être plus efficace. Il s'est ainsi reconnu le pouvoir de suspendre l'exécution de la décision attaquée à titre conservatoire, avant de statuer sur le référé, revenant ainsi à donner un effet suspensif à sa saisine ce qui a notamment été le cas dans l'affaire *Lambert* (CE, Ass., 14 février 2014, *Lambert*, req. n° 375081, n° 375090 et n° 375091, *AJDA* 2014, p. 790, chron. A. Bretonneau et J. Lessi, p. 1225, tribune P. Cassia, *RFDA* 2014, p. 255, concl. R. Keller et CE, Ass., 24 juin 2014, *Lambert*, req. n°375081, *RFDA* 2014, p. 657, concl. R. Keller, et p. 702, note P. Delvolvé, *AJDA* 2014, p. 1669, note D. Truchet, *D.* 2014, p. 1856, note D. Vigneau, *RDP* 2015, p. 41, note M. Canedo-Paris, *JCP* 2014, A, n°2283, note G. Koerckel, n°2284, comm. H. Pauliat, D. Bordessoule, S. Tragneux-Signol

et S. Moreau). Le Conseil d'Etat a aussi fixé, dans le cadre du contentieux des mesures relatives à l'état d'urgence, le principe de la présomption d'urgence lorsqu'il faut statuer sur une demande de suspension, en référé liberté, d'une mesure d'assignation à résidence (CE, sect., 11 décembre 2015, *Domenjoud*, req. n°395009, précité). Cette présomption d'urgence fait en sorte d'ouvrir ainsi largement l'audience du juge du référé liberté. Le juge a enfin été amené à effectuer un plein contrôle de légalité sur la décision portant atteinte à la liberté. Par principe, seule une illégalité manifeste l'autorise à agir. Le juge ne se limite pas, par conséquent, à un contrôle de l'erreur manifeste. Il a fonctionné de la sorte dans son contrôle de la décision d'arrêt de traitement dans l'affaire *Lambert* (CE, Ass., 14 février 2014, *Lambert*, req. n° 375081, n° 375090 et n° 375091 précité et CE, Ass., 24 juin 2014, *Lambert*, req. n°375081 précité) mais aussi, dans le cadre des mesures prise à travers l'état d'urgence, pour caractériser les comportements constituant une menace pour la sécurité et l'ordre public (CE, 23 décembre 2015, *M. B.*, req. n°395229 ; CE, ord., 18 janvier 2016, *M. B.*, req. n°396066 ; CE, ord., 29 janvier 2016, *M. B. A.*, req. n°396280).

Les dangers de l'extension toujours généralisée des pouvoirs du juge du référé liberté : l'exemple de la crise sanitaire

457-1 • La quasi-totalité des requérants ont choisi le référé liberté pour mettre en cause les mesures sanitaires prises durant la crise accentuant encore ce doublement du juge du fond au profit du juge de l'urgence. Les requérants ont prioritisé le référé liberté dans la mesure où l'objet de leur requête ne se limitait pas à faire cesser une atteinte grave et manifestement illégale à une liberté fondamentale mais visait aussi à enjoindre à l'autorité administrative d'agir dans un sens déterminé. On a pu relever, par ailleurs, et contrairement aux apparences, le dépassement de l'office classique du juge sur cette question notamment jusqu'à participer à l'exercice du pouvoir normatif normalement dévolu aux autorités publiques et fixer lui-même la mesure de police en ordonnant le respect de la norme juridique ou sa clarification voire sa modification. Si certains ont mis en avant cette avancée toujours en continu des pouvoirs du juge (X. Dupré de Boulois, « On nous change… notre référé-liberté », op. cit.) voire souligner que le juge pourrait encore « mieux exploiter certaines potentialités de cette procédure » (O. Le Bot, « Le référé-liberté est-il victime de son succès ? », *RFDA* 2021, p. 657 et suiv.), d'autres ont déploré « la surévaluation préoccupante du rôle du juge » (P. Caille, « Ce que la crise sanitaire nous (re)dit du référé-liberté », *Civitas Europa* 2020, n°45, p. 149 et suiv.) ou « le spectre du gouvernement des juges » (C. Broyelle, « Regard sur le référé-liberté à l'occasion de la crise sanitaire », *AJDA* 2020, p. 1355 et suiv.). Le juge est, en effet, peut-être allé au-delà de sa fonction dévolue par le code de justice administrative « au point que le prétoire du juge du référé a pu apparaître comme le dernier forum d'une vie démocratique suspendue par l'épidémie » (B. Stirn, « Le référé et le virus », op. cit.) et « aux yeux de nombreux pourfendeurs de l'action gouvernementale, comme l'ultime espoir de sa censure » (P. Caille, op. cit.). Il ne serait forcément pas opportun pour lui de jouer un rôle politique au détriment des représentants du peuple, seul compte le rappel des limites à ne pas dépasser par les autorités publiques. S'il a été dit du référé-liberté qu'il serait parvenu à l' « âge adulte » [...], il ne faudrait pas qu'il fasse, plus vite que prévu, sa crise de la quarantaine » (P. Caille, op. cit.).

2 – Le dépassement des limites légales pour adapter l'office du juge à une optique plus subjective de protection des droits et libertés

458 • Il faut évoquer ici tout un ensemble plus général de pouvoirs que le juge administratif s'est autorisé à exercer dans l'optique d'un contrôle plus effectif des droits et libertés. Le juge s'est ainsi attaché à contrôler, de manière croissante, la sphère de discrétionnarité de l'administration, notamment en développant son pouvoir d'injonction, en réduisant la théorie des actes de gouvernement ou celle des mesures d'ordre intérieur ou encore en développant son contrôle normal au détriment de celui de l'erreur manifeste d'appréciation ou de disproportion manifeste dans tous les contentieux relatifs aux droits et libertés.

a) Du pouvoir d'injonction légale au pouvoir d'injonction jurisprudentielle

Des conditions de recevabilité des demandes d'astreintes de plus en plus larges

459 • Dans le cadre du recours pour excès de pouvoir, la loi du 16 juillet 1980 (loi n°80-539 du 16 juillet 1980 (JO, 17 juillet 1980, p. 1799) *relative aux astreintes prononcées en matière administrative et à l'exécution des jugements par les personnes morales de droit public*) a établi un mécanisme original permettant au Conseil d'Etat, et depuis la loi du 8 février 1995 (loi n°95-125 du 8 février 1995 (JO, 9 février 1995, p. 2175) *relative à l'organisation des juridictions et à la procédure civile, pénale et administrative*), à toutes les juridictions administratives, d'émettre, d'office ou sur demande des bénéficiaires de la décision une astreinte pour l'exécution de la décision (art. L. 911-4 et L.911-5 CJA). Ce sont les voies d'exécution de droit privé qui sont transposées dans le contentieux administratif. Elles ont d'abord eu droit à une interprétation restrictive puisque le Conseil d'Etat a, au début, pas du tout retenu les demandes d'astreintes formulées si le refus d'exécution n'avait pas été lui-même attaqué dans le délai de recours pour excès de pouvoir (CE, 2 juillet 1982, *Rouzaud*, req. n°35367, *Rec. CE*, p. 264 ou CE, sect., 5 mai 1986, *David*, req. n°63851, *Rec. CE*, p. 130). Mais l'augmentation importante des demandes a abouti à celles des astreintes prononcées et liquidées, y compris contre l'Etat (CE, 11 mars 1994, *Soulat*, req. 144575, *Rec. CE*, p. 115 ou CE, 28 avril 2006, *Dellas*, req. n°242727), ce qui a débouché sur une meilleure exécution des décisions de justice par l'administration. Le juge administratif n'a pas arrêté depuis d'élargir les conditions de recevabilité des demandes d'astreinte. Il a admis, par exemple, la demande d'un requérant non-partie au litige initial mais ayant intérêt à l'exécution du jugement (CE, sect., 7 janvier 1994, *Ledoux*, req. n°120263, *Rec. CE*, p. 11) ou accepté de prononcer plusieurs astreintes pour obtenir l'exécution d'une même décision (CE, 28 décembre 2005, *Union syndicale des magistrats administratifs*, req. n° 274527).

Un pouvoir d'injonction qui aboutit, au final, à protéger les droits et libertés

460 • Dans le même sens, la reconnaissance du pouvoir d'injonction par la loi du 8 février 1995 précitée n'est pas juste établie pour protéger les droits et libertés mais, en lui-même, ce pouvoir d'injonction fait partie du droit à l'exécution des décisions de justice qui est un aspect du droit à un recours effectif d'où le lien avec les droits et libertés, la chose jugée et les mesures qui l'accompagnent amenant à concrétiser alors un droit ou une liberté. On peut citer, à titre d'illustration, l'annulation du refus de prendre les mesures positives nécessaires à la réalisation des droits-créances qui pourra déboucher sur l'injonction de prendre ces mesures. Cette nouvelle possibilité dans l'office du juge a amené, ce dernier, dans le contentieux de l'annulation, à faire évoluer quelque peu sa charge dans un sens plus direct vers le respect des droits et libertés. Par le biais des injonctions « préventives », le juge peut, lorsqu'il annule une décision, ordonner à l'administration de prendre une mesure d'exécution dans un sens déterminé (art. L. 911-1 CJA) ou de procéder à une nouvelle instruction de la demande litigieuse (art. L. 911-2 CJA). Il fait ainsi en sorte de confier une portée utile à ces décisions en prévenant tout risque d'inertie administrative. Il a, par exemple, déterminé que l'administration ne pouvait plus retirer une décision illégale mais non annulée, au nom du principe de sécurité juridique (CE, Ass., 26 octobre 2001, *Ternon*, *Rec. CE*, p. 497). Ce même principe lui permettant, aussi, d'imposer à l'administration l'édiction de mesures provisoires dans les actes réglementaires (CE, Ass., 24 mars 2006, *Société KPMG*, req. n°288460, *Rec. CE*, p. 154, *AJDA* 2006, p. 1028, chron. C. Landais et F. Lenica, *RFDA* 2006, p. 463, concl. Y. Aguila, *BJCP* 2006, p. 173, concl. Y. Aguila) dans certaines limites liées à sa compétence mais avec effet immédiat sur les situations en cours (CE, sect., 13 décembre 2006, *Lacroix*, req. n°287845). Il va aussi jusqu'à déterminer la date d'effet dans le temps de ses décisions d'annulation en précisant à l'administration les solutions envisageables (CE, 11 janvier 2006, *Association des familles des victimes de saturnisme*, req. n°267251, *Rec. CE*, p. 11) voire moduler dans le temps les conséquences de ses arrêts en faisant annuler un acte seulement pour l'avenir pour éviter « les conséquences manifestement excessives de la rétroactivité [...] pour les divers intérêts publics et privés en présence » (CE, Ass., 11 mai 2004, *Association AC !*, req. n°255886, *Rec. CE*, p. 197 ; CE, sect., 27 oct. 2006, So*ciété Techna*, req. n°260767).

Un juge administratif qui se reconnait le pouvoir de prononcer des injonctions d'office

461 • On a donné au juge administratif tous les moyens pour qu'il soit l'égal du juge judicaire et pour qu'il puisse exercer complètement son office mais, au-delà des possibilités légales nouvellement données, ce dernier a aussi fait évoluer son office pour une protection plus effective des droits et libertés. Alors que le législateur confiait, en 1995, l'initiative du pouvoir d'injonction au justiciable et subordonnait sa mise en œuvre à une bonne formulation de sa demande puisque le justiciable doit indiquer, dans sa demande, les mesures d'exécution qu'il entend obtenir (art. L. 911-1 CJA), le juge se reconnaît désormais le pouvoir de prononcer d'office des

injonctions dont il détermine le contenu en dépassant ainsi les limites légales des moyens qui lui ont été attribuées. Cet exercice d'office du pouvoir d'injonction constitue, par exemple, l'objet même du recours DALO (loi n°2007-290 du 5 mars 2007(JO, 6 mars 2007, p.4190) *instituant le droit au logement opposable et portant diverses mesures en faveur de la cohésion sociale*). Il les prononce, dans certains cas, d'office sans forcément les nommer pour assurer l'exécution concrète de ses décisions de justice. La pratique a été inaugurée dans les arrêts *Société Toulouse football club* (CE, sect., 25 juin 2001, *Société Toulouse Football Club*, req. n°234363, *Rec. CE*, p. 281, *AJDA* 2001, p.887, note G. Simon, *RFDA* 2003, p.47, étude J.-M. Duval), *Vassilikiotis* (CE, Ass., 29 juin 2001, *Vassilikiotis*, req. n°213229, *Rec. CE*, p.303, concl. Lamy, *AJDA* 2001, p.1046, chron. M. Guyomar et P. Collin) et *Titran* (CE, 27 juillet 2001, *Titran*, req. n°222509, *Rec. CE*, p. 411, *AJDA* 2001, p.1046, chron. M. Guyomar et P. Collin). Le législateur a, aujourd'hui, reconnu et validé la pratique (loi n° 2019-222 du 23 mars 2019 (JO, 24 mars 2019, texte n°2) *de programmation 2018-2022 et de réforme pour la justice*).

Des injonctions qui se multiplient au cœur des trois référés d'urgence

462 • Le phénomène d'injonction jurisprudentielle existe sur une échelle limitée dans le cadre du recours pour excès de pouvoir mais de telles injonctions se sont multipliées au cœur des trois référés-urgence. L'injonction, à côté de la suspension d'un acte administratif, constitue l'objet essentiel des saisines du juge des référés. Par exemple, pour donner toute son efficacité à la suspension, le juge du référé suspension, quand il suspend une décision de rejet, s'est reconnu le pouvoir d'assortir sa décision de l'indication des obligations en découlant pour l'administration, et cela de sa propre initiative, ce qui revient à prononcer une injonction d'office (Voir, par ex., CE, 27 juillet 2001, *Vedel*, req. n°232603, *Rec. CE*, p. 416). Le référé-mesures utiles constitue certainement, au regard de son domaine extrêmement large et des conditions exigées pour sa mise en œuvre, la voie d'exécution de principe devant le juge administratif mais c'est sur le référé liberté, comme on a pu le voir par ailleurs, que reposent les potentialités les plus importantes. Le juge du référé liberté n'est pas ainsi lié par la demande et peut enjoindre des mesures non sollicitées dès lors qu'elles sont nécessaires pour la sauvegarde d'une liberté fondamentale (CE, 30 mars 2007, *Ville de Lyon*, req. n° 304053, *Ville de Lyon*, *Rec. CE*, tables, p. 1013, *AJDA* 2007, p. 1242, note S. Damarey). De plus, la reconnaissance de ce qui relève d'une liberté fondamentale est, au surplus et comme déjà vu, admise de façon très large (Cf. P. Wachsmann, « L'atteinte grave à une liberté fondamentale », *RFDA* 2007, p. 58), le justiciable pouvant trouver ainsi auprès du juge une voie de droit permettant de contraindre les autorités administratives à adopter des mesures d'exécution (CE, 5 septembre 2011, *Ministre de l'outre-mer, des collectivités territoriales et de l'immigration contre Medina Bermudez*, req. n° 351710, *Rec. CE*, tables, p. 1081, *AJDA* 2012, p. 115, note K.-H. Voizard à propos d'une injonction au préfet de fournir à des demandeurs d'asile, dans les 48 heures, un lieu d'hébergement). A noter aussi que les injonctions jurisprudentielles, au regard de leur contenu, vont aussi au-delà de la simple

indication des mesures qu'implique nécessairement la décision du juge et peuvent aussi assurer la concrétisation du droit.

Des motifs qui indiquent et ordonnent l'exécution des mesures nécessaires

463 • Ce n'est certes pas la 1ère fois que le juge de la légalité prend l'initiative de préciser les obligations découlant pour l'administration de l'annulation prononcée (il l'a fait dans l'arrêt CE, 26 décembre 1925, *Rodière*, req. n°88369, *Rec. CE*, p. 1065, S.1925.3.49, note M. Hauriou, *RDP* 1926, p. 32 concl. J. Cahen-Salvador) mais le juge se sert aussi, à propos des injonctions jurisprudentielles, de la technique des motifs, soutien nécessaire de sa décision, pour indiquer et ordonner, dans son dispositif, l'exécution des mesures qu'implique la règle de droit méconnue par l'administration. Cette technique marque clairement la volonté du juge d'ordonner à l'administration un comportement précis et déroge, en conséquence, singulièrement à l'interdiction de statuer ultra petita. Le juge a, par exemple, annulé une note du ministère de l'intérieur invitant les préfets à mettre en œuvre un dispositif transitoire de traitement des demandes d'asile présentées par des étrangers placés en rétention administrative en vue de leur éloignement dans l'attente de l'intervention d'une loi visant à mettre en conformité les procédures applicables aux demandeurs d'asile avec les exigences du droit européen (CE, 30 juillet 2014, *La CIMADE*, req. n°375430, *AJDA* 2014, p. 1630, obs. D. Poupeau). Dans l'article 1er du dispositif de sa décision, le juge rappelle que l'annulation s'accompagne, pour l'autorité administrative, des obligations mentionnées au point 20 de la décision. L'annulation pour excès de pouvoir de la note ministérielle ayant pour conséquence l'obligation pour l'autorité administrative, dans l'attente, de procéder au cas par cas à un examen préalable des demandes d'asile présentées par des personnes placées en rétention administrative afin de déterminer la procédure d'instruction qu'elles appellent ainsi que la nécessité du maintien en rétention de ces personnes.

Des injonctions jurisprudentielles qui portent, dorénavant, plus directement, sur l'exécution de la règle de droit

464 • Enfin, et pour terminer, les injonctions jurisprudentielles ne sont plus le simple accessoire de la décision de justice (contrairement aux injonctions légales comme mentionné aux articles L. 911-1 et suivants du CJA) et portent, plus largement et plus directement, sur l'exécution de la règle de droit. Si l'exécution des décisions a longtemps relevé d'une initiative ou d'une prérogative de l'administration, le juge administratif s'est, aujourd'hui, approprié cette exécution dans l'optique d'une meilleure protection. Dans l'économie générale des dispositions du CJA, l'exécution par voie judiciaire n'a qu'un caractère subsidiaire puisque le juge ne s'occupe de l'exécution que s'il a fait droit à la demande principale (le rejet des conclusions principales entraînant automatiquement celui des conclusions à fin d'injonction) et que si toutes les conditions posées par le CJA sont remplies. Les injonctions jurisprudentielles fonctionnent, elles, comme une véritable voie d'exécution dont l'unique but est de contraindre une partie à s'exécuter. Il y a ainsi des conséquences autres dans la procédure de mise en œuvre comme, par exemple, l'idée selon laquelle l'injonction n'est pas conditionnée par la

contestation, par le requérant, d'une décision administrative (a contrario pour les injonctions légales : CE, 20 juin 2012, *Ministre de l'intérieur, de l'outre-mer, des collectivités territoriales et de l'immigration contre Ketsopa*, req. n° 346073, *Rec. CE*, tables, p. 797, *AJDA* 2012, p. 1259). A noter, pour terminer, que les injonctions se sont multipliées sur cette question pendant la crise sanitaire, on rappelle, comme exposé précédemment, que le juge est allé jusqu'à participer à l'exercice du pouvoir normatif normalement dévolu aux autorités publiques et fixer lui-même la mesure de police en ordonnant le respect de la norme juridique ou sa clarification voire sa modification.

b) La réduction de la théorie des actes de gouvernement

Des actes qui échappent normalement à tout contrôle juridictionnel

465 • Malgré le développement du contrôle du juge sur tous les actes pris par l'Etat, la théorie des actes de gouvernement reste encore aujourd'hui toujours bien vivante (en témoigne un des derniers arrêts en date : CE, 23 avril 2019, *Mme B. C. et autres contre Ministre de l'Europe et des affaires étrangères*, req. n°429668 429669, 429674 et 429701 où le juge des référés du Conseil d'Etat refuse d'ordonner le rapatriement de ressortissantes françaises et de leurs enfants retenus en Syrie dans la mesure où cela obligeait la tenue de négociations avec des autorités étrangères ou une intervention sur un territoire étranger qui ne sont pas détachables de la conduite des relations internationales de la France et un juge ne peut connaître des actes de gouvernement). Si de tels actes ont toujours été difficiles à cerner ou à définir, le juge procédant en la matière davantage par affirmation que par démonstration, il y a néanmoins une constante dans la répartition en deux grandes catégories de ces actes. Il y a, d'un côté, les actes relatifs aux rapports entre les pouvoirs publics constitutionnels et de l'autre côté, les actes relatifs à la conduite des relations diplomatiques ou internationales de la France. Ces actes, étant donné leur statut, échappent à tout contrôle juridictionnel. Cette incompétence du juge étant la conséquence, selon la doctrine, soit du caractère essentiellement politique de ses actes (Cf. Par ex., P. Duez, *Les actes de gouvernement*, Paris, Sirey, 1935, rééd. Dalloz, 2006 et M. Viralli, « L'introuvable acte de gouvernement », *RDP* 1952, p. 317 ; par ex : CE, 27 mai 2019, *Association française des riverains de l'aéroport de Genève*, req. n°422069 à propos d'un accord relatif à la délégation consentie par la France à la Suisse pour la fourniture des services de la circulation aérienne dans une partie de l'espace aérien français, la redéfinition des modalités de concertation de cet accord constituant une décision qui n'est pas détachable de l'exercice des pouvoirs du gouvernement dans la conduite des relations diplomatiques de la France) soit de l'absence de nature administrative de ses actes même si pris par des autorités administratives (R. Chapus, « L'acte de gouvernement, monstre ou victime ? », *D.* 1958, 2, p. 5 et L. Favoreu, « Pour en finir avec la « théorie » des actes de gouvernement », *Mélanges Pactet*, Paris, Dalloz, 2003, p. 607). La justification de l'absence de contrôle pouvant résulter, dans ce 2nd cas, par la nature constitutionnelle de ces actes (E. Carpentier, « Permanence et unité de la notion d'acte de gouvernement », *AJDA* 2015, p. 799).

Des tentatives de contrôle : la théorie de « l'acte détachable »

466 • Si cela fait longtemps que la doctrine parle de mise à mort de l'acte eu égard à l'atteinte à l'Etat de droit (Cf. P. Duez, *Les actes de gouvernement*, précité et M. Waline, *Traité élémentaire de droit administratif*, Sirey, 1951, 6ème éd.,, p. 108 qualifiant la liste de ces actes de « peau de chagrin ») et si le Conseil d'Etat a déjà intégré la nécessité de trouver un équilibre entre le droit et la politique en ayant dégagé la théorie de « l'acte détachable » (Cf., par ex. : CE, 27 juin 1924, *Goldschmidt et Strauss*, *Rec. CE*, p. 607 ; CE, 4 février 1926, *Dame Caraco*, *D.* 1927, 3, p. 1 ; CE, 28 janvier 1948, *Lecanu*, *Rec. CE*, p. 41, *RDP* 1948, p. 472, note M. Waline ; CE, sect., 25 septembre 1998, *Mégret*, *Rec. CE*, p. 340, *RDP* 1999, p. 254, concl. C. Maugüé, *RFDA* 1999, p. 345, note L. Baghestani-Perrey et M. Verpeaux), le débat est néanmoins quelque peu renouvelé par l'atteinte excessive que pourrait porter aujourd'hui l'injusticiabilité de ces actes aux exigences grandissantes en matière de protection des droits et libertés fondamentaux tel que consacré à la fois par le juge constitutionnel et le juge européen. La conformité de l'immunité contentieuse pourrait être contesté, dans ce cadre, par rapport tout d'abord à la Constitution ou par rapport à la ConvEDH.

Une immunité contentieuse qui pourrait être contestée par rapport à la Constitution : un refus du Conseil d'Etat malgré une possible ouverture

467 • Si le Conseil constitutionnel ne s'est jamais prononcé, le juge administratif n'a pas eu non plus à traiter du renvoi d'une éventuelle QPC sur le statut contentieux des actes de gouvernement. Deux décisions du Conseil d'Etat ont néanmoins témoigné de ce que le caractère prioritaire conféré à la QPC ne saurait tenir en échec les règles classiques du contentieux administratif. Dans sa 1ère décision (CE, 20 janvier 2014, *M. Philippe K.*, req. n°372883) le Conseil d'Etat a refusé de renvoyer une QPC au motif que le recours principal à l'occasion duquel est soulevée la QPC conteste la légalité d'un acte de gouvernement et que le juge ne pouvait avoir compétence pour se prononcer au principal et donc, conjointement, sur les questions accessoires. Dans la 2nde décision de la Section du contentieux (CE, Sect., 12 février 2014, *Jean-Louis M. et Jacques B.*, req. n°373545), ce n'est pas à travers la question de la compétence que le Conseil d'Etat ne renvoie pas au Conseil constitutionnel la QPC présentée au soutien du recours. Il juge, en effet, ce dernier compétent pour contrôler les actes soumis (3 lettres, celle du Premier ministre adressée au Président du Sénat, celle du Président du Sénat adressée aux sénateurs et celle du Président de l'Assemblée nationale adressée aux députés, relatives à la liste des partis et groupements politiques éligibles à la seconde fraction de l'aide publique). C'est, plutôt, sur le terrain de la recevabilité des conclusions déposées par les requérants que se place le Conseil d'Etat, ces conclusions n'étant pas dirigées contre des décisions à proprement parler. Cet arrêt témoigne néanmoins d'une ouverture possible de la porte du prétoire du juge constitutionnel.

Une immunité contentieuse qui pourrait être contestée par rapport à la Constitution : un refus confirmé par la Cour de cassation

468 • La Cour de cassation a, quant à elle, eu l'occasion de confirmer le refus de contestation par rapport à la Constitution à propos de l'affaire tenant à la répression de la contestation du génocide arménien. Une décision-cadre du Conseil de l'UE a été adoptée faisant en sorte que la xénophobie et le racisme soient passibles de sanctions pénales effectives, proportionnées et dissuasives au sein de l'Union européenne (Décision n° 2008/913/JAI du 28 novembre 2008, (JOUE (L) n° 328 p. 55) sur la lutte contre certaines formes et manifestations de racisme et de xénophobie au moyen du droit pénal). Le législateur en 2001 (loi n° 2001-70 du 29 janvier 2001(JO, 30 janvier 2001, p. 1590) *relative à la reconnaissance du génocide arménien de 1915*) a bien reconnu officiellement le génocide arménien de 1915 mais, si cette reconnaissance a une portée symbolique évidente, la contestation de ce génocide ne constitue pas un délit (seule la contestation du génocide juif perpétré durant la seconde guerre mondiale constitue un délit : article 24 bis de la loi sur la liberté de la presse du 29 juillet 1881 (JO, 30 juillet 1881, p. 4201), introduit par la loi « *Gayssot* » (loi n° 90-615 du 13 juillet 1990 (JO, 14 juillet 1990, p. 8333) *tendant à réprimer tout acte raciste, antisémite ou xénophobe*), incrimine et réprime d'un an d'emprisonnement et de 45 000 euros d'amende la contestation de l'existence des seuls crimes nazis, à l'exclusion des autres crimes contre l'humanité, et notamment ceux reconnus par les lois précédemment citées). Les requérants ont alors initié une 1ère procédure devant le Conseil d'Etat en formant un recours pour excès de pouvoir contre une décision implicite par laquelle le Premier ministre avait refusé de déposer un projet de loi de transposition tendant à l'instauration de ces incriminations. Le Conseil d'Etat s'est déclaré incompétent eu égard au caractère « d'acte de gouvernement » de la décision litigieuse (CE, 26 novembre 2012, *Krikorian et autres*, req. n°350492). Une 2nde procédure a été initié devant le juge judiciaire. Ce dernier s'est également déclaré incompétent tout en rejetant une QPC. Pour le juge judiciaire, l'une des conditions requises pour un renvoi n'est pas remplie, celle qui veut que l'immunité contentieuse doit résulter d'une loi ou même de l'interprétation jurisprudentielle d'une telle loi. L'immunité en question résulte simplement d'une solution jurisprudentielle qui ne peut faire l'objet d'une QPC. Il est pourtant évident que l'injusticiabilité de tels actes soulève une grave difficulté au titre des dispositions de l'article 16 DDHC (selon lequel « Toute Société dans laquelle la garantie des Droits n'est pas assurée ni la séparation des Pouvoirs déterminée, n'a point de Constitution ») instaurant un « droit au recours » devant une juridiction (CC, n° 93-325 DC, 13 août 1993, *Loi relative à la maîtrise de l'immigration et aux conditions d'entrée, d'accueil et de séjour des étrangers en France*, JO, 18 août 1993, p. 11722, *Rec. CC*, p. 224, cons. n°3), ce droit au recours devant être d'autant plus « effectif » (CC, n° 96-373 DC, 9 avril 1996, *Loi organique portant statut d'autonomie de la Polynésie française*, JO, 13 avril 1996, p. 5724, *Rec. CC*, p. 43, cons. n°83).

Une immunité contentieuse qui pourrait être contestée par rapport à la ConvEDH

469 • La conformité de l'immunité contentieuse pourrait être contestée aussi par rapport à la ConvEDH. Il est également indéniable que cette dernière prive les administrés de leur droit au recours tel que consacré par l'article 13 ConvEDH (En ce sens, par ex., M. Vonsy, « Actes de gouvernement et droit au juge », *RFDA* 2008, p. 728 et suiv. ou J.-F. Flauss, « Des répercussions de l'article 13 de la Convention européenne des droits de l'homme sur le droit du contentieux administratif », *LPA* 1989, 4 août, n° 93, p. 27) ou le droit de saisir un tribunal en rapprochement avec le droit à un tribunal indépendant ou impartial de l'article 6-1 ConvEDH. Certes, le droit au recours n'est pas un droit général ou absolu mais est lié à la protection des droits et libertés reconnus par la ConvEDH. Le droit au recours n'a vocation à être reconnu que lorsque ces droits sont potentiellement atteints. Lorsque ce n'est pas le cas (les effets des actes de gouvernement étant généralement limités à la sphère constitutionnelle ou internationale), la Cour juge à l'absence de violation des dispositions de la ConvEDH (Voir en ce sens : ComEDH, 4 décembre 1995, *Tauira et autres contre France*, req. n°28204/95 à propos de la décision de reprendre les essais nucléaires, l'article 13 ConvEDH ne pouvant être invoqué dès lors qu'aucun grief défendable n'était soulevé ; CourEDH, 14 décembre 2006, *Markovic et autres contre Italie*, req. n°1398/03). C'est également en ce sens qu'a jugé récemment le Conseil d'Etat à propos de la décision du Gouvernement français de reconnaitre le statut diplomatique à une institution étrangère, l'injusticiabilité d'une telle décision n'étant pas contraire à la ConvEDH (CE, 30 décembre 2015, *Dupin*, req. n° 384321, *Rec. CE*, p. 486, DA 2016, n°6, comm n°35, G. Eveillard). Mais celui-ci tient néanmoins compte, d'une certaine manière, de la garantie procédurale tenant aux droits et libertés. Cet argument fait probablement partie des principales raisons amenant à ce que, depuis longtemps, le Conseil d'Etat dénie la qualification d'acte de gouvernement à certains actes dont les effets dépassent le cadre de la sphère internationale ou constitutionnelle pour atteindre plus significativement les droits et libertés des personnes.

Un Conseil d'Etat qui rejette la qualification d'acte de gouvernement en présence d'atteinte aux droits et libertés : l'exemple du décret d'extradition

470 • Le décret d'extradition a longtemps été considéré comme un acte de gouvernement insusceptible de recours. Il constitue désormais un acte détachable des relations diplomatiques et peut donc faire l'objet d'un recours pour excès de pouvoir (CE, Ass., 28 mai 1937, *Decerf*, req. n°54631, *Rec. CE*, p. 534, *S.* 1937, 3, p. 73, note P. Laroque ; CE, Ass., 30 mai 1952, *Dame Kirkwood*, req. n°16690, *Rec. CE*, p. 291, *RDP* 1952, p. 781, concl. M. Letourneur, note M. Waline, *S.* 1953, 3, p. 33, note P. Bouzat). De même, la demande d'extradition formée par le gouvernement français ne constitue plus, depuis la décision du Conseil d'Etat Legros, un acte de gouvernement (CE, 21 juillet 1972, *Legros*, req. n°82147, *Rec. CE*, p. 554) même s'il n'appartient qu'au juge judiciaire d'en connaître dans la mesure où un tel acte n'est pas séparable de la procédure judiciaire dans le cadre et pour les

fins de laquelle il a été formulé. Le juge administratif est également compétent pour connaître d'un recours formé contre la décision du garde des Sceaux, ministre de la Justice, ordonnant la remise aux autorités de l'Etat requérant d'une personne objet d'un décret d'extradition et prise pour l'exécution de ce décret (CE, 29 juillet 1994, *Saniman*, req. n°156288, *Rec. CE*, p. 367) ou pour connaitre de la décision de rejeter une demande d'extradition, qui n'est plus qualifiée d'acte de gouvernement (CE, Ass., 15 oct. 1993, *Royaume-Uni de Grande Bretagne et d'Irlande du Nord et Gouverneur colonie royale de Hong Kong*, req. n°142578, *Rec. CE*, p. 268, concl. C. Vigouroux, *AJDA* 1993, p. 848, chron. C. Maugüé et L. Touvet, *D.* 1994, jurispr. p. 108, note F. Julien-Laferrière, *RFDA* 1994, p. 21, note H. Labayle). Cette solution a été étendue, enfin, au retrait d'un décret d'extradition (CE, 14 décembre 1994, *Confédération helvétique*, req. n°156490, *Rec. CE*, p. 549, *AJDA* 1995, p. 56, concl. C. Vigouroux, *RDP* 1995, p. 781, note J. Chappez, *RFDA* 1995, p. 109, obs. H. Labayle).

Un Conseil d'Etat qui tend à limiter les déclarations d'incompétence quand il y a atteinte aux droits et libertés des personnes

471 • Le juge tend aussi à limiter les déclarations d'incompétence lorsque l'acte matériellement constitutionnel qui lui est soumis porte atteinte aux droits et libertés des personnes. On peut, à cet égard, citer d'abord, la jurisprudence des nominations au tour extérieur, le Conseil constitutionnel ayant affirmé que cette nomination ne pouvait porter atteinte à l'article 6-1 DDHC (selon lequel notamment « tous les Citoyens étant égaux à ses yeux sont également admissibles à toutes dignités, places et emplois publics, selon leur capacité, et sans autre distinction que celle de leurs vertus et de leurs talents »), le Conseil d'Etat a décidé d'exercer un contrôle restreint ou minimum (Cf. Par exemple : CE, Ass., 16 décembre 1988, *Bleton contre Sarazin* (1ère espèce), req. n°77713 et *Association générale des administrateurs civils contre Dupavillon* (2nde espèce), req. n°71862, n°71942, n°72000, *Rec. CE*, p. 450, concl. C. Vigouroux). On peut citer aussi une jurisprudence relative au respect du droit à des élections libres (tel que consacré par l'article 3 du 1er Protocole additionnel à la ConvEDH) qui admet la compétence du juge pour contrôler le refus implicite du 1er ministre d'organiser des élections législatives partielles (CE, Sect., 23 avril 1997, *Mme Richard*, req. n°186045, *RFDA* 1997, p. 692, concl. J.-C. Bonichot et note R. Ghevontian) ou une jurisprudence où le Conseil d'Etat se déclare compétent pour juger de la décision du Ministre de la Justice sanctionnant un magistrat par une mise à la retraite d'office (CE, Sect., 20 juin 2003, *Stilinovic*, req. n°248242, *Rec. CE*, p. 258, concl. F. Lamy) (Cf. pour l'ensemble de la jurisprudence citée E. Carpentier, « L' « acte de gouvernement » n'est pas insaisissable », *RFDA* 2006, p. 661).

La pression de plus en plus forte quant à la mise en place d'un contentieux subjectif : l'affaire du « rapatriement des femmes et enfants de djihadistes en Syrie » (1)

472 • L'approche du juge administratif dans le contentieux des actes de gouvernement reste essentiellement objective. L'analyse repose toujours sur l'objet particulier des actes de gouvernement. Comme ils sont relatifs qu'à la conduite des

relations internationales ou qu'aux rapports entretenus par les pouvoirs publics, ils ne peuvent être de nature à porter atteinte aux droits des requérants. L'approche constitutionnelle et européenne concernant la protection des droits et libertés appelle pourtant à une approche plus subjective du juge dans ce domaine, une approche qui tient davantage compte des circonstances particulières propres à chaque cas d'espèce. Préconisée il y a quelque temps déjà par la doctrine (Voir, par ex., F. Melleray, « L'immunité juridictionnelle des actes de gouvernement en question. Le droit français confronté aux développements récents du droit espagnol », *RFDA* 2001, p. 1097 et suiv.), cette approche continue à être mise en avant aujourd'hui (par ex., C. Saunier, « La théorie des actes de gouvernement face aux droits fondamentaux », *DA* 2019, n°7, comm. n°38). La pression est de plus en plus forte en témoigne l'affaire précitée concernant les femmes et enfants dans les camps en Syrie. Le juge des référés, pour ne pas évoquer la situation particulière des requérants quant à la violation des droits et libertés, qu'ils soient constitutionnels comme l'intérêt supérieur des enfants (CC, n°2018-768 QPC, 21 mars 2019, *M. Adama S. [Examens radiologiques osseux aux fins de détermination de l'âge]*, JO, 22 mars 2019, texte n°82) ou européens comme la garantie du droit à ne pas subir des traitements inhumains et dégradants (art. 3 ConvEDH), du droit à la liberté et de la sûreté (art. 5 ConvEDH), du droit au procès équitable (art. 6 ConvEDH) ou du droit au recours effectif (art. 13 ConvEDH), a retenu l'absence d'autorité de l'Etat français sur les individus placés dans les camps en Syrie, les camps syriens ne se trouvant pas sous la juridiction de l'Etat français.

La pression de plus en plus forte quant à la mise en place d'un contentieux subjectif : l'affaire du « rapatriement des femmes et enfants de djihadistes en Syrie » (2)

472-1 • Si l'argument du juge des référés prête à discussion (il semble aujourd'hui établi que le critère territorial n'est pas suffisant en soi pour apprécier la juridiction d'un Etat concernant les obligations liées au respect des droits et libertés, celles-ci s'imposant à l'Etat français que les ressortissants se trouvent sur le territoire national ou à l'étranger), la décision ainsi que l'attitude des autorités françaises ont été assez unanimement critiquées que ce soit par le défenseur des droits (Défenseur des droits, n°2019-129, 22 mai 2019, https://juridique.defenseurdesdroits.fr), la haute-commissaire aux droits de l'homme de l'ONU (Cf. Par ex. J. Hourdeaux « Rapatriement des familles de djihadistes : le rappel à l'ordre de Michelle Bachelet », https://www.mediapart.fr, 29 juin 2019) la commissaire aux droits de l'homme du Conseil de l'Europe (Dunja Mijatović, « Les Etats membres du Conseil de l'Europe devraient rapatrier d'urgence leurs ressortissants mineurs bloqués dans le nord de la Syrie », https://www.coe.int/fr) ou une tribune commune de la Fédération internationale des droits de l'Homme, la Ligue des droits de l'Homme, le Syndicat des avocats de France, le Syndicat de la magistrature et de plusieurs universitaires et avocats (https://drive.google.com, 02 juillet 2019). A noter qu'une audience lourde d'enjeux est pendante devant la formation la plus solennelle du juge européen. Celui-ci devrait se prononcer pour la 1ère fois sur cette complexe question du rapatriement des familles françaises de djihadistes, l'arrêt étant susceptible d'avoir d'importantes conséquences pour l'ensemble des Etats parties à la ConvEDH quant à l'étendue de leurs obligations conventionnelles et quant à la justiciabilité conséquente des actes du gouvernement (voir, par ex., F. Merloz, « La question inédite du rapatriement des familles françaises de djihadistes devant la CEDH », *Dalloz actualités* 2021, 4 octobre).

c) La réduction des cas de mesures d'ordre intérieur

Des mesures qui remettent en cause les droits et libertés

473 • La notion de mesure d'ordre intérieur (MOI) désigne une catégorie particulière d'actes administratifs individuels qui ne font pas grief parce que leur effet juridique est jugé insuffisamment important pour qu'ils puissent être contestés devant un juge. Si la construction jurisprudentielle est ancienne (Cf., par ex., la décision de faire entrer un militaire à l'hôpital pour raisons de santé : CE, 3 avril 1914, *Digard*, *Rec. CE*, p. 44, la décision de l'autorité militaire octroyant ou refusant une permission par l'autorité militaire : CE, 18 octobre 1918, *Voltine*, *Rec. CE*, p. 908, la décision amenant à noter les fonctionnaires : CE, 5 novembre 1920, *Crabe*, *Rec. CE*, p. 930), il y a 4 milieux de prédilection de ces MOI : le domaine scolaire et universitaire, le domaine de la fonction publique, le domaine militaire et le domaine pénitentiaire. Ils ont comme caractéristique commune de voir, en leur sein, le champ et l'existence de ces mesures considérablement se réduire, l'évolution jurisprudentielle amenant à restreindre au maximum cette catégorie de mesures dans ce cadre. L'attitude du juge à leur égard est d'abord plus libérale sur la notion de » faire grief » et prend en compte de la nature et la gravité de la mesure attaquée. Le juge considère, ensuite, que nombre de ces mesures remettent en cause les libertés et les droits fondamentaux des intéressés et que, dès lors, ceux-ci seraient privés de leur droit au recours si lesdites mesures étaient insusceptibles de tout recours contentieux. L'influence de la jurisprudence de la CourEDH est ici particulièrement nette.

Le cas des mesures prises à l'intérieur des établissements scolaires ou universitaires

474 • Pour ce qui concerne les décisions prises à l'intérieur des établissements scolaires ou universitaires, sont dorénavant susceptibles d'un recours contentieux et ne relèvent plus de la catégorie des MOI parce que susceptible d'avoir des incidences sur la situation des élèves, les décisions portant refus d'accès à une option d'enseignement (CE, sect., 5 novembre 1982, *Attard*, req. n°23394, *Rec. CE*, p. 374, *AJDA* 1982, p. 701, chron. B. Lasserre et J.-M. Delarue, *D.* 1983, p. 122, concl. O. Dutheillet de Lamothe), les décisions relatives à l'expression, par les élèves, de leurs opinions politiques et religieuses (CE, 2 novembre 1992, *Kherouaa, Kachour, Balo et Kézic*, req. no 130394, *Rec. CE*, p. 389, *RFDA* 1993, p. 112, concl. D. Kessler, *AJDA* 1992, p. 788, chron. C. Maugüé et R. Schwartz, *D.* 1993, p. 108, note G. Koubi, *JCP* 1993, II, n° 21998, note P. Tedeschi, *RDP* 1993, p. 220, note P. Sabourin), le refus d'admission en classe supérieure (CE, 6 juillet 1949, *Andrade*, *Rec. CE*, p. 331), un changement d'orientation (CE, 11 février 193, *Mathis*, req.

n°38176, *Rec. CE*, p. 813), une décision d'exclusion temporaire (CE, 1er décembre 1971, *Ministre de l'éducation nationale contre Humblot*, *Rec. CE*, p. 733) ou définitive (CE, 26 janvier 1966, *Davin*, req. n°64709, *Rec. CE*, p. 626) ou encore les décisions relatives à la tenue de réunions à caractère politique dans les locaux scolaires (CE, 8 novembre 1985, *Ministre de l'éducation nationale contre Rulent*, req. n°55594, *Rec. CE*, p. 316). Seules continuent de relever encore de la catégorie des MOI, les mesures qui n'ont pas d'incidence sur la scolarité de l'élève comme la punition d'un élève (CE, 8 mars 2006, *Fédération des conseils de parents d'élèves des écoles publiques*, req. n°275551, *Rec. CE*, p. 112, *AJDA* 2006, p. 1107, concl. R. Keller, *DA* 2006, p. 97, note A. Taillefait) la décision qui répartit les élèves dans les sections d'une école maternelle (CE, 30 septembre 1994, *Sulzer*, req. n°135686, *Rec. CE*, p. 1097) ou la décision d'affectation d'un élève dans une classe qui ne porte pas de préjudice à son orientation future (CAA Bordeaux, 21 octobre 2014, *M. K. contre collège Paul Cézanne de Montrabé*, req. n°13BX00067 ; CE, sect., 5 novembre 1982, *Attard*, req. n°23394 précité). Cette dernière décision étant susceptible de recours que lorsqu'elle peut avoir des conséquences psychologiques sur les élèves (cas de l'affectation dans des classes séparées de jumeaux : CAA Versailles, 17 février 2005, *M. et Mme Do Patrocinio*, req. n°03VE02976, *AJDA* 2005, p. 895, note G. Pellissier).

Le cas des mesures prises dans le cadre de la fonction publique : les mesures susceptibles de recours

475 • Pour ce qui concerne les décisions prises dans le cadre de la fonction publique à l'égard des agents publics, les MOI traduisent l'exercice par l'administration de son pouvoir d'organisation du service et concernent essentiellement l'affectation des agents. Ces décisions ne constituent pas des MOI et sont susceptibles de recours quand elles vont au-delà de simples modifications de fonction. C'est le cas, par exemple, lorsque l'agent est privé d'une partie de sa rémunération (CE, 4 juillet 1958, *Commune d'Anglet contre Dame Coret*, req. n°39089, *Rec. CE*, p. 411 ou CE, 25 septembre 1995, *Rispail*, req. n°116085, *Rec. CE*, tables, p. 955), de ses attributions ou responsabilités (CE, sect., 4 mars 1977, *Rondeau*, req. n°02014, *Rec. CE*, p. 126, *RA* 1977, p. 267, concl. D. Labetoulle même si la perte de fonctions d'encadrement n'implique pas « par elle-même » une perte de responsabilités : CAA Lyon, 13 décembre 2016, *M. B. contre Commune de Caluire-et-Cuire*, req. n°15LY03070) ou de certains avantages comme l'usage d'un logement de fonction (CE, 22 mai 1981, *Commune de Chennevières-sur-Marne*, req. n°17330, *Rec. CE*, tables, p. 647). C'est également le cas lorsque la décision porte atteinte au statut de l'agent public ou aux prérogatives que les agents tirent de leur statut comme la répartition des fonctions d'enseignement entre des professeurs d'université (CE, 11 juin 2003, *Lejeune*, req. n°228683, *AJDA* 2003, p. 1992, concl. R. Schwartz ou CE, 12 décembre 1984, *Melki*, req. n°17130) ou l'atteinte à leurs perspectives de carrière (CE, 5 avril 1991, *Imbert-Quaretta*, req. n°96513, *Rec. CE*, tables, p. 999 ou CE, 28 décembre 2005, *Kaiser*, req. n°267646).

Le cas des mesures prises dans le cadre de la fonction publique : les mesures insusceptibles de recours

476 • Si les décisions entrainent de simples modifications de fonctions sans priver l'agent d'une partie de ses attributions ou de sa rémunération et sans porter atteinte à son statut, à ses prérogatives ou à ses responsabilités, les décisions continuent de rentrer dans la catégorie des MOI. C'est le cas, par exemple, d'une décision affectant le directeur d'un restaurant universitaire à la direction d'une résidence universitaire qui présente les mêmes avantages pécuniaires et les mêmes garanties de carrière (CE, 18 mars 1996, *M. Biard*, req. n°141089), d'une décision amenant à la mutation d'un agent d'un secrétariat à un autre sans modification géographique (CE, 8 mars 1999, *Mme Butler*, req. n°17134, *Rec. CE*, p. 843), d'un changement d'affectation d'un service à un autre au sein de la même direction là encore sans perte d'avantages pécuniaires ni d'avancement de carrières (CE, 17 décembre 2008, *Département des Ardennes contre Touchon*, req. n°294362, *Rec. CE*, p. 778, *AJDA* 2009, p. 1504, note S. Deliancourt). Ont également été qualifié de MOI la décision amenant à établir des remontrances envers l'agent sans être portées au dossier de l'intéressé (CE, 25 janvier 2006, *Marc-Antoine*, req. n°275070, *Rec. CE*, p. 29) ou la décision de l'administration de refuser à l'un de ses agents une autorisation d'absence pour commodité personnelle sans retenue sur traitement (CE, 11 mai 2011, *Caisse des dépôts et consignations*, req. n°337280, *AJDA* 2011, p. 994, obs. M.-C. de Montecler). Enfin, les modifications d'affectation ou de tâches à accomplir sont toujours constitutives de MOI dès lors qu'elles ne portent pas atteinte aux droits et prérogatives des fonctionnaires et n'emportent pas de perte de responsabilités ou perte de rémunération (CE, 7 décembre 2018, *M. A. B. contre Président du Conseil régional de la région Nord-Pas-de-Calais*, req. n°401812 ; CE, 1er février 2017, *Mme A. contre Commune de Cournon-d'Auvergne*, req. n°396810).

Le cas des mesures prises dans le cadre de la fonction publique : une nouvelle réduction récente qui pose la question de la disparition de ces mesures

477 • Le Conseil d'Etat a récemment opéré une nouvelle réduction du périmètre des MOI dont les potentialités peuvent s'avérer très large. Par deux décisions rapprochées dans le temps, le juge administratif est venu ajouter deux exceptions à la qualification de MOI à savoir l'hypothèse où le changement d'affectation de l'agent public se traduirait d'abord par une discrimination mais aussi l'hypothèse dans laquelle une telle mesure porterait, ensuite, « atteinte à l'exercice des droits et libertés fondamentaux des agents publics concernés » (CE, sect., 25 septembre 2015, *Mme Bourjolly contre DIRECCTE de Paris*, req. n° 372624, cons. n°5, *AJDA* 2015, p. 2147, chron. L. Dutheillet de Lamothe et G. Odinet, *AJFP* 2016, p. 39, comm. C. Fortier, *RFDA* 2015, p. 1107, concl. G. Pellissier, *JCP* 2015, A, n°2344, concl. G. Pelissier, comm. S. Deygas, *RFDA* 2016, p. 75, note B. Defoort et CE, 7 octobre 2015, *Mme A. contre CHRU de Lille*, req. n°377036, cons. n°3, *JCP* 2015, A, n°2344, comm. S. Deygas, *AJFP* 2016, p. 154). L'exception tenant à la notion de discrimination ayant été précédemment rappelé par un arrêt en date du 15 avril

2015 (CE, 15 avril 2015, *Mme A. contre directeur régional Guadeloupe Pôle emploi*, req. n°373893, *Rec. CE*, p. 146, concl. E. Bokdam-Tognettti, *AJDA* 2015, p. 1926, note C. Chauvet, *AJCT* 2015, p. 408, obs. M.-C. Rouault). Ces arrêts et la formulation de leurs considérants de principe, même s'ils qualifient les décisions de MOI, peuvent être paradoxalement compris comme annonçant, à nouveau, « la mort prochaine de la catégorie des mesures dites « d'ordre intérieur » » (B. Defoort, « L'ordre intérieur à bout de souffle », *RFDA* 2016, p. 75, note sous CE, sect., 25 septembre 2015, *Mme B. contre DIRECCTE de Paris* précité) voire, dans une perspective inverse, « admettre purement et simplement la recevabilité du recours contre toutes les mesures dites « d'ordre intérieur », mais de n'exercer, sur celles dont les effets sont insuffisants, qu'un contrôle minimum afin de préserver le plus largement possible le pouvoir discrétionnaire de l'administration » (*Ibid.*).

Le cas des mesures prises à l'égard des militaires

478 • Pour ce qui concerne les décisions prises dans le cadre de la fonction publique à l'égard des militaires, c'est la décision « *Hardoin* », pris à propos d'une sanction disciplinaire de 10 jours d'arrêt pour état d'ivresse après une escale, qui a amené à réduire drastiquement les MOI en ce domaine (CE, Ass., 17 février 1995, *Hardoin*, req. n°107766, *Rec. CE*, p. 82, *AJDA* 1995, p. 379, chron. L. Touvet et J.-H. Stahl, *D.* 1995, p. 381, note N. Belloubet-Frier, *RFDA* 1995, p. 353, concl. P. Frydman, p. 421 et p. 822, note F. Moderne, *RDP* 1995, p. 1338, note O. Gohin, *RSC* 1995, p. 381, obs. P. Couvrat, *JCP* 1995, G, II, n°22426, note F. Lascombe et M. Bernard). Les mesures de police interne et les punitions étaient couvertes, traditionnellement, par les nécessités tenant à la discipline voire la raison d'Etat. Le Conseil d'Etat avait jugé ainsi, quel que soit la gravité de la punition, pour 60 jours d'arrêts de forteresse (CE, sect., 11 juillet 1947, *Dewavrin*, *Rec. CE*, p. 307) comme pour des arrêts de rigueurs (CE, 19 janvier 1966, *Le Maout*, *Rec. CE*, p. 875), décisions dont la solution de principe avait été maintes fois confirmée depuis (par ex., CE, 13 juillet 1968, *Chenal*, *Rec. CE*, p. 446). C'est l'atteinte à la liberté du militaire et l'incidence de la décision sur sa carrière qui justifient la recevabilité du recours. La recevabilité du recours a été établi, par la suite, en plus de la punition de jours d'arrêts, à propos d'un blâme prononcé contre un militaire ou à propos d'une décision de report de permissions, ces reports ou refus de permission (CE, 29 juillet 1998, *Brochot-Denys*, req. n°180767, *AJFP* 1999, p. 20, note M. Braud) étant jusqu'alors, selon une jurisprudence constante, insusceptible de recours contentieux (CE, 18 octobre 1918, *Voltine*, *Rec. CE*, p. 908). Depuis la réforme du statut général (loi n° 2005-270 du 24 mars 2005 modifiée (JO, 26 mars 2005, p. 5098) *portant statut général des militaires* qui abroge la loi n°72-662 du 13 juillet 1972 (JO, 14 juillet1972, p. 7430)) qui unifie les sanctions et punitions militaires, plus beaucoup de mesures rentrent encore dans la catégorie des MOI mise à part, comme l'avait déjà relevé le commissaire du gouvernement Patrick Frydmann (dans ces conclusions dans l'affaire *Hardoin* précitée), l'avertissement qui est une punition non inscrite au dossier du militaire contrairement à la totalité des autres sanctions (Cf. Art. R. 4137-33 Code de la défense et la jurisprudence CE, 8 février 1999, *Etienne*, req. n°180856, *Rec. CE*, p. 936 qui confirme cette solution). Seules subsistent en

tant que MOI des mesures ou décisions qui n'ont pas le caractère de sanction comme le refus d'audition devant la commission des recours des militaires (CE, 19 mai 2004, *Raveneau*, req. n°255339, *Rec. CE*, p. 801) ou l'ordre donné à un gendarme de s'abstenir de toute communication avec la presse (CE, 7 juin 2006, *Matelly*, req. n°275601).

Le cas des mesures prises au sein des établissements pénitentiaires : l'arrêt « *Marie* » et ses suites

479 • Pour ce qui concerne les décisions prises au sein de l'institution pénitentiaire, on peut dire que c'est dans ce domaine que l'évolution de la jurisprudence est la plus perceptible, le nombre de MOI diminuant chaque jour et même les sanctions disciplinaires les plus faibles étant désormais susceptibles de faire l'objet d'un recours juridictionnel. Le point de départ de cette évolution date, comme pour les militaires, de 1995 avec l'arrêt « *Marie* » rendu le même jour que l'arrêt « *Hardoin* » (CE, Ass., 17 février 1995, *Marie*, req. n°97754, *Rec. CE*, p. 85, concl. P. Frydmann, *AJDA* 1995, p. 379, chron. L. Touvet et J.-H. Stahl, *D.* 1995, p. 381, note N. Belloubet-Frier, *RFDA* 1995, p. 353, concl. P. Frydman, p. 421 et p. 822, note F. Moderne, *RDP* 1995, p. 1338, note O. Gohin, *JCP* 1995, G, II, n°22426, note F. Lascombe et M. Bernard, *RSC* 1995, p. 381, obs. P. Couvrat). Le juge y déclare que la punition de cellule constitue une décision faisant grief susceptible de recours. Le Conseil d'Etat a estimé, par la suite, que le placement à l'isolement d'un détenu constituait également une décision susceptible de faire l'objet d'un recours (CE, 30 juillet 2003, *Garde des Sceaux contre Remli*, req. n°252712, *Rec. CE*, p. 366, *AJDA* 2003, p. 2090, note D. Costa, *D.* 2003, p. 2331, note M. Herzog-Evans, *RSC* 2005, p. 390, obs. P. Poncela) y compris lorsqu'il était prononcé à titre provisoire ou préventif ou pour une courte durée (CE, 17 décembre 2008, *Société française de l'Observatoire international des prisons*, req. n°296786, *Rec. CE*, p. 463, *AJDA* 2008, p. 2364, obs. M.-C. Montecler, *D.* 2009, p. 1376, obs. J.-P. Céré, M. Herzog-Evans et E. Péchillon, *JCP* 2009, G, II, n°10049, note S. Merenne).

Le cas des mesures prises au sein des établissements pénitentiaires : les arrêts « *Planchenault* », « *Boussouar* » et « *Payet* », une nouvelle « grille » de réflexion

480 • Le juge a ensuite, dans trois arrêts rendus le même jour, fixé, plus clairement, une certaine « grille » de réflexion matérialisant son mode de raisonnement (CE, Ass., 14 décembre 2007, *Planchenault*, *Boussouar*, *Payet*, req. n°290420, n°290730, n°306432, *Rec. CE*, p. 474, p. 495, p. 498, *AJDA* 2008, p. 128, chron. J. Boucher et B. Bourgeois-Machureau, *D.* 2008, p. 820, note M. Herzog-Evans et p. 1015, obs. J.-P. Céré, M. Herzog-Evans et E. Péchillon, *AJ pénal* 2008, p. 100, obs. E. Péchillon, *RFDA* 2008, p. 87, concl. M. Guyomar et p. 104, concl. C. Landais, *RSC* 2008, p. 404, chron. P. Poncela, *RDP* 2009, p. 217, art. C. Groulier). Il va ainsi, chaque fois, procéder à une analyse à la fois matérielle et juridique. Sa 1ère approche est une analyse in abstracto de la situation l'amenant à raisonner par catégorie de décisions et non au cas par cas. L'arrêt *Payet* considère, par exemple, que toute mesure instituant un « régime de détention spécifique » est susceptible

d'être exclue de la catégorie des MOI simplement en raison de la nature objective de la mesure. En revanche, dans les arrêts *Boussouar* et *Planchenault*, le juge considère que la seule nature préventive d'une décision non disciplinaire ne suffit pas à identifier une MOI. La 2nde approche donne lieu à un examen *in concreto* qui amène à admettre la recevabilité du recours dès lors que la mesure a un effet sur la situation juridique ou matérielle de son destinataire et, si cette approche conduit à retenir la qualification de MOI, de vérifier, encore, au cas par cas, si la mesure met en cause des « libertés et droits fondamentaux des détenus ».

Le cas des mesures prises au sein des établissements pénitentiaires : une ouverture toujours plus large

481 • Suivant la « grille » précédemment décrite, des recours ont pu être jugés recevables à propos du transfert d'une maison centrale à une maison d'arrêt en raison de modalités d'incarcération différentes (CE, Ass., 14 décembre 2007, *Boussouar*, req. n°290730 précité et CE, 9 avril 1998, *Rogier*, req. n° 308221, *AJDA* 2008, p. 1827, note D. Costa) ou même concernant un changement d'affectation entre établissements de même nature dans la mesure où cela entraine un bouleversement des liens familiaux (CE, 27 mai 2009, *Miloudi*, req. n°322148, *Rec. CE*, p. 209, *AJDA* 2009, p. 1076, note S. Brondel). C'est le cas aussi pour une décision de déclassement d'emploi (CE, Ass., 14 décembre 2007, *Planchenault*, req. n°290420 précité) ou pour une décision de soumettre un détenu à des rotations de sécurité (CE, Ass., 14 décembre 2007, *Payet*, req. n°306432 précité). On peut encore signaler des recours possibles contre les décisions d'inscrire ou de maintenir un détenu sur le répertoire des détenus particulièrement signalés (CE, 30 novembre 2009, *Garde des sceaux, ministre de la justice contre Kehli*, req. n°318589, *Rec. CE*, p. 480, *AJDA* 2010, p. 994, étude M. Moliner-Dubost, *AJ pénal* 2010, p. 43, obs. E. Péchillon), contre une décision fixant les modalités du droit de visite (CE 26 novembre 2010, *Ministre d'Etat, garde des sceaux, ministre de la justice et des libertés contre Bompard*, req. n°329564, *Rec. CE*, p. 465, *AJDA* 2011, p. 678, note M. Poujol) ou encore contre une décision soumettant un détenu au régime différencié « portes fermées » (CE, 28 mars 2011, *Garde des sceaux, ministre de la justice contre Bennay*, req. n°316977, *Rec. CE*, p. 137, *AJDA* 2011, p. 1364, chron. X. Domino et A. Bretonneau, *D.* 2012, p. 1294, obs. J.-P. Céré, M. Herzog-Evans et E. Péchillonn, *AJ pénal* 2011, p. 408, note G. Cliquennois et M. Herzog-Evans et CE, 6 décembre 2012, *Garde des sceaux, Ministre de la justice et des libertés contre David*, req. n°344995, *Rec. CE*, p. 397, *AJDA* 2012, p. 2352, obs. D. Poupeau).

Des mesures d'ordre intérieur qui persistent néanmoins

482 • Les dernières décisions en date témoignent d'une ouverture toujours plus large puisqu'elles ont autorisé le recours contre une simple sanction d'avertissement prise par le président de la commission de discipline (CE, 21 mai 2014, n° 359672, *Garde des sceaux, Ministre de la justice*, req. n°359672, *Rec. CE*, p. 139, *AJDA* 2014, p. 1065, obs. D. Poupeau, *JCP* 2014, G, n°662, obs. M. Touzeil-Divina) ou contre la décision de retenue administrative du matériel informatique d'un détenu (CE, 9 novembre 2015, *M. D. contre Centre pénitentiaire de Caen*, req. n°383712, *AJDA* 2016,

p. 53, concl. A. Bretonneau). Mais toutes les MOI n'ont cependant pas disparu. Certaines mesures demeurent qualifiées comme telles, par exemple, les décisions qui n'aggravent pas la situation des détenus, soient qu'elles soient neutres à cet égard ou constituent une amélioration (CE, 23 février 2000, *Glaziou*, req. n°155607), les décisions refusant de donner suite à la demande d'un détenu de changer d'établissement (CE, 13 novembre 2013, *Agamemnon*, req. n°338720, et Puci, req. n° 355742, *Rec. CE*, p. 683, *AJDA* 2013, p. 2287, obs. D. Poupeau, *RFDA* 2014, p. 965, note D. Pollet-Panoussis) ou encore les décisions de contrôler l'équipement informatique d'un détenu et de lui refuser l'autorisation d'acquérir un nouveau système d'exploitation (CE, 9 novembre 2015, *M. D. contre Centre pénitentiaire de Caen*, req. n°383712 précité). On peut encore citer les mesures de translation (destinées à assurer la mise à disposition de la justice d'une personne prévenue) qui, décidées afin de permettre le bon déroulement des procédures judiciaires dans le respect des dispositions relatives à la compétence territoriale des juridictions, n'apportent aucune restriction aux droits des détenus (CE, 20 mars 2017, *Section française de l'Observatoire international des prisons*, req. n°395126)

d) Le développement du contrôle normal dans les contentieux touchant aux droits et libertés

Un changement dans l'intensité du contrôle concernant 3 catégories de sanctions

483 • Après avoir diminué progressivement le flot des MOI notamment parce que portant atteinte à des droits et libertés, le juge administratif s'est aussi employé à développer un autre pan du contentieux : le contrôle même des sanctions prononcées à la fois par les autorités disciplinaires mais aussi les autorités administratives. Certaines faiblesses tenant notamment aux possibilités offertes par le recours pour excès de pouvoir ont alors été mises en avant dans le but d'une protection optimum des droits et libertés et le juge administratif a dû adapter son office mais il faut noter, comme le relève Jean-Marc Sauvé, que s'il y a eu « un changement de paradigme dans l'office du juge administratif » (J.-M. Sauvé, « Le juge administratif et les droits fondamentaux », *AJDA* 2016, p. 2420), « ce dernier n'a pas renoncé à son office historique de juge de la légalité objective. Il n'y a pas eu substitution, inversion ou abandon de rôle, mais complémentarité et enrichissement du rôle initial du juge. Au total, le juge administratif français a conservé ses acquis historiques, tout en sachant combler ses insuffisances » (*Ibid.*). Il n'y a pas, à proprement parler, de jurisprudence globale en matière de sanctions mais plutôt une distinction entre trois catégories de sanctions qui coexistent et auxquelles est appliquée un contrôle à l'intensité différente.

Le cas des sanctions infligées aux administrés : les arrêts « *Le Cun* » et « *Alstom* »

484 • La 1ère catégorie concerne les sanctions administratives infligées aux administrés. Depuis la décision « *Alstom* » (CE, Ass., 16 févr. 2009, *Société Alstom*, req. n°274000, *Rec. CE*, p. 25, concl. C. Legras, *AJDA* 2009, p. 583, chron. S.-J.

Lieber et D. Botteghi, *AJ pénal* 2009, p. 189, obs. E. Péchillon, *RFDA* 2009, p. 259, concl. C. Legras, *RFDA* 2012, p. 257, étude J. Martinez-Mehlinger, *JCP* 2009, A, n°2009, note D. Bailleul), cette catégorie relève du plein contentieux qui implique non seulement un plein contrôle de la sanction mais également une possibilité de substitution de la sanction par le juge en cas de disproportion constatée. Les droits fondamentaux impriment ainsi une marque de plus en plus nette sur les garanties de procédure attachées à l'exercice du pouvoir de sanction, notamment celles prises par les autorités de régulation en la matière. C'est d'abord l'arrêt « *Le Cun* » rendu en Assemblée à propos d'une décision de sanction pécuniaire prononcée par l'ancien Conseil des bourses de valeur qui avait constitué la 1ère manifestation jurisprudentielle de cette emprise. Le Conseil d'Etat renonçant, pour la 1ère fois, au contrôle de l'erreur manifeste d'appréciation et étendant son office à l'examen de la pleine et entière proportionnalité de la sanction (CE, Ass., 1er mars 1991, *Le Cun*, req. n°112820, *AJDA* 1991, p. 358, chron. R. Schwartz et C. Maugüé, *AJDA* 1992, p. 15, chron. J.-F. Flauss, *RFDA* 1991, p. 612, concl. M. de Saint-Pulgent, *RTD com* 1991, p. 582, obs. J.-C. Dubarry et E. Loquin).

Le cas des sanctions infligées aux administrés : les recours de pleine juridiction contre les décisions de sanction des autorités de régulation (art. L. 311-4 CJA)

485 • Le principe jurisprudentiel de l'arrêt « *Alstom* » reprend et étend une solution déjà dégagée par le législateur en ce qui concerne plusieurs autorités de régulation. L'article L. 311-4 CJA précise, à cet égard, aujourd'hui, que le Conseil d'Etat connaît, en 1er et dernier ressort, des recours de pleine juridiction contre les décisions de sanction prises par l'Autorité de contrôle prudentiel et de résolution (article L. 612-16 IV du Code monétaire et financier), celles prises par l'Autorité de régulation des communications électroniques et des postes (ARCEP) (art. L. 5-3 et L. 36-11 CPCE), celles prises par le Conseil supérieur de l'audiovisuel (CSA) (art. 42-1 et art. 42-8 de la loi no 86-1067 du 30 septembre 1986 précitée), celles prises par la Commission de régulation de l'énergie (CRE) (art. L. 134-34 du Code de l'énergie), celles prises par l'Autorité des marchés financiers (AMF) à l'encontre des prestataires de services d'investissement agréés soit les professionnels des marchés financiers (R. 621-45 du Code monétaire et financier). A cela, il faut ajouter, par exemple, les recours contre les décisions de sanction de la CNIL (art. 41 de la loi n°78-17 du 6 janvier 1978 *relative à l'informatique, aux fichiers et aux libertés*) ou encore de l'Autorité de régulation des activités ferroviaires et routières (ARAFER) (art. L. 2135-8 Code des transports).

Le cas des sanctions infligées aux administrés : le cas des recours devant la Cour d'appel de Paris et sa procédure matériellement administrative

486 • Pour les autres autorités de régulation, c'est le juge judiciaire, et plus précisément la Cour d'appel de Paris, qui est compétente pour connaitre des recours contre les décisions de sanctions. C'est le cas pour les sanctions prononcées contre toute les personnes qui ne sont pas des professionnels des marchés financiers, comme, par exemple, les émetteurs et auteurs de manquement d'initié

(art. L. 621-30 du Code monétaire et financier), les sanctions prises par l'Autorité de la Concurrence (en vertu des articles L. 464-7 et L. 464-8 du Code de commerce) ou encore les sanctions pécuniaires prises par la Haute autorité pour la diffusion des œuvres et la protection des droits sur Internet (HADOPI) (art. L 331-32 du Code de la propriété intellectuelle). A noter néanmoins que la procédure devant cette Cour est en principe régie par le Code de procédure civile (ou les règles particulières du Code de commerce), elle est matériellement administrative, le contentieux demeure un contentieux objectif de la légalité dans lequel l'office du juge et ses pouvoirs sont déterminés par la loi de l'annulation ou de la réformation de la décision (administrative) unilatérale de l'Autorité (Voir, par exemple, P. Delvolvé, « La cour d'appel de Paris, juridiction administrative », *Mélanges Auby*, Paris, Dalloz, 1992, p. 47; Y. Gaudemet, « Le pouvoir de réformation de la Cour d'appel de Paris dans le contentieux des décisions du Conseil de la concurrence », *JCP* 1999, G, n°50).

Le cas des sanctions professionnelles infligées aux membres d'une profession réglementée

487 • La 2nde catégorie concerne les sanctions professionnelles infligées aux membres d'une profession réglementée qui relèvent du contrôle normal du juge de l'excès de pouvoir qui permet d'effectuer, au-delà la qualification juridique des faits constituant les motifs de la sanction, un véritable contrôle de proportionnalité de la sanction quant à sa nature et son quantum. Le juge recherche en réalité la sanction que lui-même aurait pu imposer (Voir, en ce sens, A. Charron, note sous CE, 13 novembre 2013, *Dahan*, *LPA* 2014, n°25, p. 6 et D. Pellis-Panoussis, note sous CE, 1er juin 2015, *Boromée*, *RFDA* 2016, p. 1212). La catégorie est assez large. Ce sont d'abord les sanctions infligées aux membres des ordres professionnels qui bénéficient d'un contrôle normal (voir, par ex., CE, 23 juillet 2010, *Manuceau*, req. n°330308, *Rec. CE*, p. 343, *AJDA* 2010, p. 2050, concl. R. Keller à propos de la radiation administrative du tableau de l'ordre des médecins ; CE, 7 juin 2017, *M. B. A. contre Conseil national de l'ordre des médecins*, req. n°403567, *RDSS* 2017, p. 882, concl. F. Dieu ou CE, 19 décembre 2018, *M. B. A. contre Conseil de l'ordre national des médecins*, req. n°418096, *RDSS* 2019, p. 346, note P. Curier-Roche à propos, dans les deux décisions, de la suspension d'un praticien ; voir, aussi, de manière générale, M. Deguergue, « La sanction des manquements à la déontologie », *RDSS* 2018, p. 161 et suiv. et, dernièrement, CE, 3 décembre 2020, *M. B. A.*, req. n°431987, *RDSS* 2021, p.174, obs. P. Curier-Roche). Les sanctions peuvent aussi concernées des élèves de l'enseignement public (CE, 27 novembre 1996, *Ligue islamique du nord et époux Chabou*, req. n°170207, *Rec. CE*, p. 461, *RFDA* 1997, p. 151, note C. Durand-Prinborgne), des pilotes d'avions (CE, 28 février 1997, *Monka*, req. n°172280), des experts en automobile (CE, sect., 22 juin 2007, *Arfi*, req. n°272650, *Rec. CE*, p. 263, concl. M. Guyomar, *RFDA* 2007, concl. M. Guyomar), des magistrats du parquet (CE, 27 mai 2009, *Hontang*, req. n°310493, *Rec. CE*, p. 207, *DA* 2009, n°104, comm. F. Melleray, *AJDA* 2009, p. 1070, obs. S. Brondel) et du siège (CE 30 juin 2010, *Mme Ponsard*, req. n°325319, *Rec. CE*, tables, p. 934, *AJDA* 2010, p. 1345, obs. S. Brondel), des conseillers de prud'hommes (CE, 20 mai 2011, *Lecat*, req.

n°332451, *Rec. CE*, tables, p. 1100-1177, *AJDA* 2011, p. 1864) des sportifs (CE 2 mars 2010, , *Fédération française d'athlétisme*, req. n°324439, *Rec. CE*, tables, p. 925, *AJDA* 2010, p. 664, chron. S.-J. Lieber et D. Botteghi ; CAA de Nancy, 31 janvier 2017, *M. B. C. contre Fédération française de football*, req. n°15NC02188 *AJDA* 2017 p.1566, concl. J.-M. Favret pour des licenciés ; CAA de Paris, 7 juin 2018, *M. E. G. contre Fédération française de vol à voile (FFVV)*, req. n°17PA01790 pour un instructeur, voir J. Sorin, « Le juge administratif exerce un contrôle normal sur les sanctions disciplinaires infligées par les fédérations sportives », *AJDA* 2018, p. 1535 et suiv.) des maires (CE 2 mars 2010, *Dalongeville*, req. n°328843, *Rec. CE*, p. 65, *AJDA* 2010, p. 664, chron. S.-J. Lieber et D. Botteghi) ou encore un membre de l'ordre national du mérite après sa condamnation pour violences conjugales (CE, 28 mars 2014, *M. B. A.*, req. n°377004).

Le cas des sanctions disciplinaires institutionnelles : les fonctionnaires

488 • La 3ème catégorie concerne les sanctions disciplinaires institutionnelles visant notamment les fonctionnaires, les détenus ou les militaires. Les sanctions correspondantes ont longtemps relevé du contrôle restreint du juge de l'excès de pouvoir pour les fonctionnaires (CE, sect., 9 juin 1978, *Lebon*, req. n°05911, *Rec. CE*, p. 245, *AJDA* 1978, p. 573, concl. B. Genevois, obs. S. Salon, *D.* 1979, jurispr. p. 30, note B. Pacteau, *JCP* 1979, II, n°19159, note S. Rials, *RA* 1978, p. 634, note F. Moderne, *RDP* 1979, p. 227, note J.-M. Auby), celles prononcées contre les détenus (CE, 20 mai 2011, *Letona Biteri*, req. n°326084, *Rec. CE*, p. 246, *AJDA* 2011, p. 1364, chron. X. Domino et A. Bretonneau, *AJ pénal* 2012, p. 177, obs. M. Herzog-Evans, *RSC* 2012, p. 208, chron. P. Poncela) ou les militaires (CE, 12 janvier 2011, *Mattely*, req. n°338461, *Rec. CE*, p. 899, *AJDA* 2011, p. 623, note E. Aubin). Ce n'est que récemment que le juge opère un contrôle normal sur la sanction. Ce contrôle a d'abord été admis pour les sanctions prises à l'égard des fonctionnaires (CE, Ass., 13 novembre 2013, *Dahan*, req. n°347704, *Rec. CE*, p. 279, *AJDA* 2013, p. 2432, chron. A. Bretonneau et J. Lessi, *D.* 2013, p. 2699, obs. M.-C. de Montecler, *AJFP* 2014, p. 5, concl. R. Keller, note C. Fortier, *AJCT* 2015, p. 511, étude G. Le Chatelier, *RFDA* 2013, p. 1175, concl. R. Keller, *DA* 2014, n°11, comm. A. Duranthon, *JCP* 2014, G, n°149, note C. Vautrot-Schwartz, *JCP* 2014, A, n°2093, note D. Jean-Pierre) notamment parce que les litiges relatifs à la situation des fonctionnaires entraient, depuis peu, dans le champ de l'article 6-1 ConvEDH à travers la notion de droits et obligations de caractère civil (CEDH, 19 avril 2007, *Vilho Eskelinen et autres contre Finlande*, req. n° 63235/00, *AJDA* 2007, p. 1360, note F. Rolin et p. 1918, chron. J.-F. Flauss, *AJFP* 2007, p. 246, note A. Fitte-Duval, *RFDA* 2007, p. 1031, note G. Gonzalez).

Le cas des sanctions disciplinaires institutionnelles : les détenus (1)

489 • Le contrôle normal a également été admis pour les sanctions prises à l'égard des détenus (CE, 1er juin 2015, *Boromée*, req. n°380449, *Rec. CE*, p. 185, concl. A. Bretonneau, *AJDA* 2015, p. 1596, concl. A. Bretonneau, *D.* 2016, p. 1220, obs. J.-P. Céré, M. H.-Evans et E. Péchillon, *AJ pénal* 2015, p. 447, obs. E. Péchillon, *DA* 2015, n°61, comm. G. Eveillard, *JCP* 2015, A, n°705, obs. A. Langelier). Il n'y a,

par contre, pas de lien particulier avec les obligations européennes qui a été mis en avant car, par principe, les sanctions disciplinaires pénitentiaires ne relèvent pas de l'article 6-1 ConvEDH. La CourEDH a fait application des critères classiques et alternatifs d'inclusion dans le champ de la matière pénale (tels qu'énoncés dans l'arrêt CourEDH, 8 juin 1976, *Engel et autres contre Pays-Bas*, req. n°5100/74, série A, n°22, § 82 et 83 et tels qu'appliqués au contexte carcéral dans l'arrêt CourEDH, 28 juin 1984, *Campbell et Fell contre Royaume-Uni*, req. n°7819/77, série A, n°80, § 68 et 69) en concluant que, eu égard à la qualification interne de l'infraction, la nature de l'accusation et le degré de sévérité de la sanction, seules relevaient du volet pénal les sanctions pénitentiaires ayant pour effet d'allonger la durée de la détention (CourEDH, 20 janvier 2011, *Payet contre France*, req. n° 19606/08, *AJDA* 2011, p. 1993, chron. L. Burgorgue-Larsen, *D.* 2011, p. 643, obs. S. Lavric, note J.-P. Céré, p. 1306, obs. J.-P. Céré, M. Herzog-Evans et E. Péchillon, *AJ pénal* 2011, p. 88, note M. Herzog-Evans, *RFDA* 2012, p. 455, chron. H. Labayle, F. Sudre, X. Dupré de Boulois et L. Milano, *RSC* 2011, p. 718, obs. J.-P. Marguénaud et CourEDH, 3 novembre 2011, *Cocaign contre France*, req. n°32010/07, *D.* 2012, p. 1294, obs. J.-P. Céré, M. Herzog-Evans et E. Péchillon, *AJ pénal* 2011, p. 605, obs. J.-P. Céré, *RSC* 2012, p. 263, obs. J.-P. Marguénaud).

Le cas des sanctions disciplinaires institutionnelles : les détenus (2)

490 • Si on tient compte de la jurisprudence européenne, l'ensemble des sanctions disciplinaires applicables aux détenus ne peut relever de la protection de l'article 6-1 ConvEDH. Le Conseil d'Etat a jugé en ce sens en décidant que des crédits de réduction de peine pouvant être retirés à chaque condamné (art. 720 Code de procédure pénale) relevaient de la matière pénale (Cf. CE, 24 octobre 2014, *M. B. contre Garde des Sceaux, Ministre de la justice*, req. n°368580, *AJDA* 2014, p. 2092, obs. J.-M. Pastor, *AJ pénal* 2015, p. 39, note J.-P. Céré) contrairement aux autres sanctions disciplinaires (Cf. CE, 11 juillet 2012, *Section française de l'observatoire international des prisons*, req. n°347146 qui confirme que, hors le cas mentionné, l'article 6-1 ConvEDH n'est pas applicable à la procédure disciplinaire pénitentiaire). Comme peut le noter Delphine Pollet-Panoussis, plus que les obligations imposées par le droit européen, c'est plutôt « la recherche d'une cohérence jurisprudentielle globale en matière de sanctions et le mouvement général en faveur de l'amélioration des droits des détenus [...] qui expliquent que la juridiction administrative suprême soit revenue sur sa position traditionnelle » (D. Pollet-Panoussis, « Les sanctions disciplinaires pénitentiaires soumises à un contrôle entier du juge de l'excès de pouvoir », note sous CE, 1er juin 2016, *Boromée*, *RFDA* 2016, p. 1212). L'équilibre étant assuré notamment lorsqu'on observe le contrôle opéré par le juge sur certaines mesures de police à l'encontre des détenus qui sont souvent assez proche, dans leur consistance, des mesures disciplinaires prises à l'encontre des détenus. On peut citer, par exemple, le contrôle normal effectué sur les mesures de fouille (CE 14 novembre 2008, *El Shennawy*, req. n°315622, *Rec. CE*, p. 417, *AJDA* 2008, p. 2389, chron. E. Geffray et S.-J. Lieber, *D.* 2008, p. 3013, obs. E. Royer, *D.* 2009, p. 1376, obs. J.-P. Céré, M. Herzog-Evans et E. Péchillon, *AJ pénal* 2009, p. 89, obs. É. Péchillon, *RFDA* 2009, p. 957,

obs. D. Pollet-Panoussis), de refus de suspension ou de retrait de permis de visite (CE, 20 février 2013, Théron, req. n°364081, *AJDA* 2013, p. 444, obs. D. Poupeau) ou encore, dans le cadre de l'état d'urgence, le contrôle normal effectué sur les décisions de déchéance de nationalité (CE, 8 juin 2016, *M. A.*, req. n°394348, *AJDA* 2016, p. 1758, concl. X. Domino, *D.* 2016, p. 1310, obs. J.-M. Pastor, *RFDA* 2016, p. 1188, note J. Lepoutre) ou sur les perquisitions administratives (CE, 06 juillet 2016, *MM. A.E, D.M. et P.C. contre Préfet du Val-d'Oise et Préfet des Hauts-de-Seine*, req. n°398234, *AJDA* 2016, p. 1364, obs. M.-C. Montecler).

Le cas des sanctions disciplinaires institutionnelles : les militaires

491 • Les arrêts « *Dahan* » et « *Boromée* » ont été confirmés dernièrement concernant les mesures disciplinaires prises à l'encontre d'un militaire (CE, 25 janvier 2016, *Lieutenant-Colonel M. A.*, req. n°391178, *AJFP* 2016, note J.-C. Videlin) alors que le Conseil d'Etat n'avait jusqu'alors appliqué son contrôle normal que pour des sanctions prises à l'encontre d'agents publics civils. L'arrêt n'est en réalité qu'une application de la décision *Dahan* dans la mesure où cette dernière jurisprudence concernait l'ensemble des « faits reprochés à des agents publics » ce que sont en définitive les militaires qui étaient donc déjà concernés en 2013. Cette jurisprudence a été confirmée à propos de la radiation des cadres d'un général pour avoir participé, à Calais, à une manifestation interdite contre la politique migratoire du gouvernement. Le juge administratif procédant à un contrôle normal des manquements à l'obligation de réserve de cet officier général (CE, 22 septembre 2017, *Général Christian Piquemal*, req. n°404921, voir J. Charruau, « L'exceptionnelle radiation des cadres d'un général trop bavard », *AJDA* 2018, p. 229 et suiv.). Cette jurisprudence parachève l'évolution entreprise depuis le début des années 1990 en matière de protection des droits et rappelle que pour les sanctions disciplinaires proprement dites à l'encontre des professionnels ou des fonctionnaires, c'est le recours pour excès de pouvoir qui doit s'exercer et non le recours de plein contentieux qui, au-delà du contrôle entier, permettrait au juge de substituer sa propre décision à celle de l'administration en cas de disproportion avérée. La possibilité de réformation de la décision qu'offrirait ce recours permettrait notamment de moduler l'intensité de la sanction et de prendre en compte, notamment, des circonstances atténuantes voire aggravantes.

Des discussions doctrinales quant à la faiblesse supposée du recours pour excès de pouvoir

492 • Une partie non négligeable des discussions doctrinales s'est portée aujourd'hui sur la capacité du recours pour excès de pouvoir à protéger efficacement les droits et libertés et à répondre aux exigences constitutionnelles ou conventionnelles en ce domaine (Cf. Par ex., M. Bernard, « Le recours pour excès de pouvoir est-il frappé à mort ? », *AJDA* 1995, p. 190 ; J. Martinez-Mehlinger, « Vers l' « atomisation » du recours pour excès de pouvoir dans le contentieux des sanctions administratives »,*RFDA* 2012, p.257 ou encore S.-J. Bieber et D. Botteghi, « L'étoile du recours pour excès de pouvoir pâlirait-elle encore ? », *AJDA*

2009, p. 583). A défaut de la jurisprudence du Conseil constitutionnel, moins mise en avant en la matière, c'est surtout celle relative à la CourEDH qui pose question. Le juge européen utilise, depuis longtemps, la notion de « pleine juridiction » dans ses exigences, l'organe de pleine juridiction devant être à même « de réformer en tous points, en fait comme en droit, la décision entreprise rendue par l'organe inférieur » (CourEDH, 10 février 1983, *Albert et Le Compte contre Belgique*, série A, n° 58, req. n°7299/75, § 29). Dès lors, la conventionnalité du recours pour excès de pouvoir poserait question car se limitant à l'annulation de la décision et n'autorisant pas le pouvoir de réformation (Cf. C. Mamontoff, « La notion de pleine juridiction au sens de l'article 6 de la ConvEDH et ses implications en matière de sanctions administratives », *RFDA* 1999, p. 1004 et R. Tinière, « La notion de « pleine de juridiction » au sens de la ConvEDH et l'office du juge administratif », *RFDA* 2009, p. 279). Mais il a été montré depuis qu'il faut davantage nuancer l'interprétation de la Cour, cette dernière n'exigeant pas un réel pouvoir de réformation à partir du moment où le juge à la faculté de se prononcer sur tous les éléments du litige, ceux relatifs aux faits comme ceux relatifs au droit (Voir, en ce sens, notamment, M. Melchior, « La notion de pleine juridiction en matière civile dans la jurisprudence de la CourEDH », *Mélanges Vélu*, t. 3, Bruxelles, Bruylant, 1992, p. 1328). De plus, la position de la CourEDH est différente selon que la sanction prise appartienne à la matière civile, où elle se satisfait du seul pouvoir d'annulation du juge sans exiger la réformation (CourEDH, 23 octobre 1995, *Schmautzer contre Autriche*, req. n°15523/89, §36, *Gradinger contre Autriche*, req. n°15963/90, §44 ou, plus récemment, dans un cas concernant la France : CourEDH, 29 octobre 2009, *Chaudet contre France*, req. n°49037/06, §37), ou à la matière pénale qui est seule touchée par l'obligation du pouvoir de réformation. Seules les sanctions prises à l'égard des détenus, appartenant à la matière pénale, seraient susceptible de relever alors de ce pouvoir de réformation mais on a vu que l'article 6-1 ConvEDH ne leur était pas applicable (CE, 30 juillet 2003, *Section française de l'observatoire international des prisons*, req. n°253973, précité). A voir à l'avenir sachant que la position du Conseil d'Etat à cet égard est quelque peu menacée et que beaucoup d'auteurs appellent à la mise en place d'un contrôle de plein contentieux pour le rendre plus conforme au droit européen eu égard à la question du pouvoir de réformation (Cf. En ce sens, J.-P. Céré, « La procédure disciplinaire pénitentiaire à l'épreuve de la jurisprudence de la Cour européenne des droits de l'homme », *AJ Pénal* 2012, p. 533 et suiv. ; D. Pollet-Panoussis, « Les sanctions disciplinaires pénitentiaires soumises à un contrôle entier du juge de l'excès de pouvoir », *RFDA* 2016, p. 1212 et suiv. ; A. Planchard, « Le contrôle de proportionnalité des sanctions disciplinaires franchit les portes des prisons », *RDH* 2015, juillet).

Des incidences sur le contrôle opéré par le juge de cassation : l'ambiguïté de l'arrêt « *Bonnemaison* »

493 • Pour terminer sur la question, le passage du contrôle restreint de l'erreur manifeste d'appréciation au contrôle normal ainsi opéré sur le contrôle opéré par les juges du fond n'entraîne pas nécessairement des incidences sur le contrôle du

juge de cassation à proprement parler. En contentieux administratif, l'appréciation des faits est insusceptible de discussion devant le juge de cassation (CE, sect., 2 février 1945, *Moineau*, req. n°76127, *Rec. CE*, p. 27) sauf si les faits ont été dénaturés par le juge du fond (CE, Ass., 4 janvier 1952, *Simon*, *Rec. CE*, p. 13, concl. M. Letourneur). En conséquence, en matière de sanctions disciplinaires, ce dernier se limitait traditionnellement à sanctionner l'écart choquant ou déplacé entre la faute et la sanction à travers l'examen de la dénaturation (CE, 30 mai 2011, *Mme Ottaviani*, req. n°339496, *AJDA* 2011, p. 2246, note J. Petit). De par l'évolution précédemment décrite, la doctrine a été amené à considérer, qu'à terme, une évolution similaire conduirait le juge de cassation à développer son contrôle comme sa jurisprudence a pu l'établir en faveur des juges du fond (R. Keller, « Le contrôle normal des sanctions disciplinaires par le juge de l'excès de pouvoir », concl sous CE, Ass., 13 novembre 2013, *Dahan*, *RFDA* 2013, p. 1175 ou A. Bretonneau, J. Lessi, « Sanctions infligées aux agents publics : M. Lebon sort du Recueil », chronique sous CE, Ass., 13 novembre 2013, *Dahan*, *AJDA* 2013, p. 2432). Si un contrôle normal au fond n'a pas à déboucher mécaniquement sur un contrôle de la qualification juridique en cassation, c'est à l'occasion de la célèbre affaire « *Bonnemaison* » que le Conseil d'Etat a, pour la 1ère fois, apporté des éclaircissements sur ce point. Alors que le rapporteur public invitait le Conseil d'Etat à exercer un contrôle de légalité sur l'appréciation des juges du fond du choix de la sanction donc procéder à la qualification juridique en cassation, celui-ci n'a pas totalement franchi le pas. Il a préféré choisir une formule intermédiaire entre la dénaturation et la qualification consistant à vérifier que la sanction retenue par les juges du fond « n'est pas hors de proportion avec la faute commise et qu'elle a pu dès lors être légalement prise » (CE, Ass., 30 décembre 2014, *Bonnemaison*, req. no381245, *Rec. CE*, p. 443, *AJDA* 2015, p. 749, chron. J. Lessi et L. Dutheillet de Lamothe, *RFDA* 2015, p. 67, concl. R. Keller, *D.* 2015, p. 81, obs. Vialla).

Des incidences sur le contrôle opéré par le juge de cassation : la portée de l'arrêt « *Bonnemaison* »

494 • Le juge administratif a transposé logiquement le revirement de jurisprudence intervenu dans l'arrêt « *Dahan* » précité à propos des sanctions prononcées dans la fonction publique aux sanctions disciplinaires infligées par les chambres disciplinaires nationales des ordres professionnels médicaux mais, en raison du contrôle de cassation qui est alors opéré, il y a, comme on a pu le voir avec l'arrêt « *Bonnemaison* », quelques différences dans le contrôle alors opéré. La portée de la formule assez délicate à appréhender dans l'arrêt « *Bonnemaison* » a, par la suite, été précisée par une décision du 27 février 2015 « La Poste » (CE, 27 février 2015, *La Poste*, req. no 376598, *AJDA* 2015, p. 1047, concl. X. Domino). Le juge de cassation effectue maintenant une recherche de l'erreur manifeste dans la qualification juridique des faits opérée par les juges du fond sur le point de savoir si la sanction contestée est proportionnée à la gravité des faits reprochés à l'agent. Il s'agit, en quelque sorte, comme le note Xavier Domino, d'un « mini-contrôle de qualification juridique des faits » ou, pour le dire autrement, d'un « super contrôle de dénaturation » (X. Domino, « Le contrôle du juge de cassation en matière de

sanctions contre les fonctionnaires », *AJDA* 2015, p. 1047). Le contrôle opéré par le Conseil d'Etat, bien que limité à la « disproportion manifeste », peut être appréhendé ainsi comme une nouvelle garantie pour le justiciable et tend à rapprocher, en matière de sanctions, le recours pour excès de pouvoir et le recours en cassation. Le Conseil d'Etat a ainsi, pour la 1ère fois, censuré, une décision prononçant une sanction disciplinaire du Conseil national de l'enseignement supérieur et de la recherche infligées à un enseignant chercheur hors de proportion avec les fautes commises (CE, 6 avril 2016, *Université Lyon II contre M. B.*, req. no389821, *AJFP* 2016, p. 231, note E. Aubin). Il n'est donc pas interdit de penser que cette jurisprudence constitue une étape intermédiaire avant que le Conseil d'Etat, en tant que juge de cassation, dans quelque temps, n'opte pour un contrôle équivalent à celui du juge de l'excès de pouvoir en acceptant un contrôle de la qualification juridique. Même s'il est pour l'instant limité à la disproportion flagrante des sanctions, il n'en constitue pas moins un progrès significatif de l'Etat de droit (voir, par ex., CE, 27 juillet 2015, *EHPAD de Beuzeville*, req. n°370414, JCP 2015, A, n°2284, comm. V. Vioujas où le juge met en avant que la disproportion manifeste peut procéder d'une sévérité excessive mais également d'une annulation aboutissant à ce que, en cas de reprise de la procédure, l'administration ne puisse plus prononcer qu'une sanction exagérément légère au regard des faits reprochés).

Bibliographie

- **Abraham (R.)**, « L'avenir de la voie de fait et le référé administratif », Mélanges Braibant, Paris, Dalloz, 1996, p. 9.

- **Afroukh (M.)**, « Référé-liberté et Convention européenne des droits de l'homme », RFDA 2016, p. 685.

- **Alonso (C.)**, » Les contours de l'office du juge du référé-liberté durant l'état d'urgence », AJDA 2016, p. 1303 ; « Le référé liberté, la police administrative et l'état d'urgence : contexte actuel », AJCT 2016, p. 552.

- **Auby (J.-M.)**, « Le contentieux administratif du service pénitentiaire », RDP 1987, p. 547 et « Le juge administratif, juge pénitentiaire », DA 2014, n°3, repère n°3.

- **Augustin (T.)**, « La victoire du juge administratif : le nouvel équilibre de l'emprise et de la voie de fait », Revue générale du droit 2016, n°5, n°23362.

- **Auvret-Finck (J.)**, « Les actes de gouvernement, irréductible peau de chagrin ? », RDP 1995, p. 131.

- **Bachelier (G.)**, « Le référé-liberté », RFDA 2002, p. 261.

- **Bailleul (D.)**, L'efficacité comparée des recours pour excès de pouvoir et de plein contentieux objectif en droit public français, Paris, LGDJ, 2002.

- **Bardou (G.)**, « Pouvoir d'injonction et exécution des décisions de justice », RFDA 2015, p. 452.

- **Barranger (D.)**, « Quel « Etat de droit » ? Quels contrôles ? Le juge des référés et le maintien en vigueur de l'état d'urgence », RFDA 2016, p. 355.

- **Barthelemy (J.)**, « La QPC devant le juge du référé liberté », C° 2010, p. 399.

- **Bernard (M.)**, « Le recours pour excès de pouvoir est-il frappé à mort ? », AJDA 1995, p. 190.

- **Blanco (F.)**, « L'injonction avant l'injonction ? L'histoire des techniques juridictionnelles apparentées à l'injonction », RFDA 2015, p. 444 ; « Du juge censeur au juger correcteur », AJDA 2014, p. 1722 ; Pouvoirs du juge et contentieux administratif de la légalité, contribution à l'étude de l'évolution et du renouveau des techniques juridictionnelles dans le contentieux de l'excès de pouvoir, Paris, PUAM, 2010.

- **Bossis (G.)**, « L'évolution du régime disciplinaire des militaires entre volonté du législateur et contrôle du juge : une illustration des limites du rapprochement du statut des militaires et du droit commun des fonctionnaires », RFDA 2005, p. 778.

- **Boucher (J.), Bourgois-Machureau (B.)**, « Le juge administratif et le détenu », AJDA 2008, p. 128.

- **Boucher (J.), Crepey (E.)**, « Le Conseil d'Etat juge de cassation et la qualification juridique des faits », Mélanges Labetoulle, Paris, Dalloz, 2007, p. 97.

- **Bouju (D.)**, « Le détenu face aux mesures d'ordre intérieur », RDP 2005, p.597.

- **Bourel (A.)**, « Le pouvoir d'injonction du juge des référés d'urgence », RDP 2010, p. 927.

- **Boussard (S.)** (dir.), Les droits de la personne détenue, Paris, Dalloz, 2013.

- **Brenet (F.)**, « La notion de liberté fondamentale au sens de l'article L. 521-2 CJA », RDP 2003, p. 1536.

- **Bretonneau (A.)**, « Droits subjectifs contre interdit législatif », RFDA 2016, p. 740 ; « Le plein contrôle disciplinaire franchit le seuil des prisons », AJDA 2015, p. 1596.

- **Bretonneau (A.), Domino (X.)**, « Custodire ipsos custodes : le juge administratif face à la prison », AJDA 2011, p. 1364.

- **Bretonneau (A.), Lessi (J.)**, « Référés : l'irrésistible ascension », AJDA 2014, p. 1484.

- **Brisson (J.-F.)**, « L'influence de la ConvEDH sur le recours pour excès de pouvoir », JCP 2012, A, n°38, p. 26 ; « Les pouvoirs de sanction des autorités de régulation et l'article 6 §.1 de la ConvEDH », AJDA 1999, p. 847 ; « Les pouvoirs de sanction des autorités de régulation : les voies d'une juridictionnalisation », AJDA 1999, p. 847.

- **Broyelle (C.)**, « Le pouvoir d'injonction du juge administratif », RFDA 2015, p. 441 ; « Les mesures ordonnées en référé », RFDA 2007, p. 73 ; « De l'injonction légale à l'injonction prétorienne : le retour du juge administrateur » DA 2004, étude n°6.

- **Brunet (F.)**, « De la procédure au procès : le pouvoir de sanction des Autorités administratives indépendantes », RFDA 2013, p. 113.

- **Carpentier (E.)**, « L'acte de gouvernement n'est pas insaisissable », RFDA 2006, p. 661 ; « Permanence et unité de la notion d'acte de gouvernement », AJDA 2015, p. 799 ; « Le Tribunal des conflits, la récusation et l'acte de gouvernement », AJDA 2016, p. 265.

- **Cassia (P.)**, « L'examen de la légalité en référé-suspension et en référé-liberté », RFDA 2007, p. 45.

- **Cayla (O.)**, « Le contrôle des mesures d'exécution des traités : réduction ou négation de la théorie des actes du gouvernement », RFDA 1994, p. 1.

- **Cere (J.-P.)**, « A propos du contrôle des punitions en milieu carcéral : le point de vue du pénaliste », RFDA 1995, p. 826 ; Le contentieux disciplinaire dans les prisons françaises et le droit européen, Paris, L'harmattan, 1999 ; « L'article 6 ConvEDH et le procès disciplinaire en prison », JCP 2001, G, n°316 ; « Le droit disciplinaire pénitentiaire entre jurisprudence interne et européenne », AJ Pénal 2005, p. 393 ; « Feu le nouveau droit disciplinaire pénitentiaire », AJ Pénal 2011, p. 172 ; Droit disciplinaire pénitentiaire, Paris, L'Harmattan, 2011 ; « La procédure disciplinaire pénitentiaire à l'épreuve de la jurisprudence de la CourEDH », AJ Pénal 2012, p. 533.

- **De Chaisemartin (A.)**, « L'effectivité de la décision du juge de l'excès de pouvoir », JCP 2012, A, n°38, p. 21.

- **Chalvidan (P.-H.)**, « Doctrine et acte de gouvernement », AJDA 1982, p. 4.

- **Chapus (R.)**, « Vues sur la justice administrative », Mélanges Labetoulle, Paris, Dalloz, 2007, p. 159 ; « L'administration et son juge. Ce qui change », EDCE 1992, n°43, p. 268 ; « L'acte de gouvernement, monstre ou victime ? », D. 1958, II, p. 5.

- **Chauvet (C.)**, « Que reste-t-il de la « théorie » des mesures d'ordre intérieur ? », AJDA 2015, p. 793.

- **Chevallier (J.)**, « L'interdiction pour le juge de faire acte d'administrateur », *AJDA* 1972, p. 67.

- **Chretien (C.)**, « 1er bilan de la réforme des procédures d'urgence dans le contentieux administratif », RFDA 2007, p. 38.

- **Christopher (C.)**, « Dix ans après : à quoi a servi la loi du 8 février 1995 ? », DA 2005, n°4, p. 10.

- **Combarnous (M.)**, « Progrès récents du contrôle juridictionnel de l'administration en France », RA 1999, p. 167.

- **Corre (L.)**, « Les « droits-créances » et le référé-liberté », DA 2012, février, n°2, étude n°3.

- **Costa (D.)**, « La nouvelle frontière entre mesure d'ordre intérieur et acte administratif insusceptible de recours en matière pénitentiaire », AJDA 2008, p. 1827.

- **Couvrat (P.)**, « Le contrôle du juge sur les sanctions disciplinaires du milieu pénitentiaire », RSC 1995, p. 381.

- **Dael (S.)**, « Les métamorphoses de la distinction des contentieux. Essai d'une histoire vraisemblable d'un concept évolutif », Mélanges Labetoulle, Paris, Dalloz, 2007, p. 2009.

- **Deau (R.)**, « Les liens unissant l'erreur manifeste d'appréciation et les contrôles « entiers » en matière de droit des étrangers », RFDA 2005, p. 1188.

- **Delvolvé (P.)**, « Droits subjectifs contre interdit législatif », RFDA 2016, p. 754 ; « Référé liberté et voie de fait », RFDA 2013, p. 299.

- **De Montis (A.)**, « Faut-il vraiment étendre le régime de la responsabilité du fait des lois aux actes de gouvernement ? », DA 2016, étude n°4.

- **Dieu (F.)**, « La règle de l'économie de moyens doit - elle paralyser le pouvoir d'injonction du juge administratif ? », AJDA 2009, p. 1082 ; « La possibilité pour le juge du référé liberté de prononcer des mesures définitives », Lexbase Hebdo 2007, Edition privée, n°267 ; « Du provisoire à l'irréversible ou comment le juge de l'urgence pèse sur le comportement de l'administration », JCP 2007, A, n°46, p. 30.

- **Domino (X.)**, « Droit au recours et équité du procès devant la justice administrative aujourd'hui », Les nouveaux cahiers du CC 2014, n°44, p. 35 ; « Contrôle du juge sur les mesures de déchéance de nationalité », AJDA 2016, p. 1758.

- **Domino (X.). Bretonneau (A.)**, « La fée du logis ? », AJDA 2013, p. 788 ; « Dix ans d'urgence », AJDA 2011, p. 1369.

- **Dorinet (B.)**, « Les actes de l'administration insusceptibles de recours et le dialogue des juges », LPA 2007, n°162, p. 7.

- **Doumbe Bille (S.)**, « Recours pour excès de pouvoir et recours de plein contentieux. A propos de la nouvelle frontière », AJDA 1993, p. 3.

- **Drago (C.)**, « Les droits fondamentaux entre juge administratif et juge constitutionnel et européens », DA 2004, n°6, p. 7.

- **Duez (P.)**, Les actes de gouvernement, Paris, Sirey, 1935, Rééd. Dalloz, 2006.

- **Duez (P.), Viralli (M.)**, « L'introuvable acte de gouvernement », RDP 1952, p. 317.

- **Dupré de Boulois (X.)**, « La théorie des actes du gouvernement à l'épreuve du droit communautaire », RDP 2000, p. 1791 ; « Le référé-liberté pour autrui », AJDA 2013, p. 2137.

- **Dutheillet de Lamothe (L.), Odinet (G.)**, « Contrôle de conventionnalité : in concreto veritas ? », AJDA 2016, p. 1398 ; « Variations sur le thème de la mesure d'ordre intérieur dans la fonction publique », AJDA 2015, p. 2147.

- **Erzog-Evans (M.)**, Droit pénitentiaire, Paris, Dalloz, 2012.

- **Etoa (S.)**, « L'évolution du contrôle du juge administratif sur la gravité des sanctions administratives », AJDA 2012, p. 358.

- **Eveillard (G.)**, « 15 ans de mise en œuvre du référé liberté », JCP 2016, A, n°51, p. 23 ; « La conventionnalité du régime contentieux des actes du gouvernement », DA 2016, comm. n°35 ; « Les évolutions récentes du contentieux répressif », DA 2014, étude n°3.

- **Fallon (D.)**, « Etat d'urgence, assignation à résidence et référé liberté », AJDA 2016, p. 270.

- **Falxa (J.)**, « Regards croisés sur le droit au recours effectif en matière pénitentiaire », AJ Pénal 2015, p. 358 ; « Le droit disciplinaire : une approche européenne. Analyse des systèmes anglo-gallois, espagnol et français à la lumière du droit européen des droits de l'homme », RSC 2015, p. 990.

- **Favoreu (L.)**, Du déni de justice en droit public français, Paris, LGDJ, 1964, ; « La notion de liberté fondamentale devant le juge administratif des référés », D. 2001, p. 1739 ; « Pour en finir avec la « théorie » des actes de gouvernement », Mélanges Pactet, Paris, Dalloz, 2003, p. 219.

- **Ferran (N.)**, « La personne détenue encore à la recherche de son juge en France », Déviance et Société 2014, vol. 38, p.469

- **Fermaud (L.)**, « Le référé liberté ouvert en cas de rétention administrative ou d'assignation à résidence », AJDA 2015, p. 2042.

- **Francisci (P.)**, « Appréciation de l'utilisation du pouvoir d'injonction dans la procédure des référés d'urgence », Revue de la recherche juridique. Droit prospectif 2012, p. 1873.

- **Froment (J.-C.)**, « Vers une prison de droit ? », RSC 1997, p. 537.

- **Gabolde (C.)**, « L'exception d'urgence en droit administratif », D. 1952, chron. p. 41.

- **Gaudemet (Y.)**, « Réflexions sur l'injonction dans le contentieux administratif », Mélanges Burdeau, Paris, LGDJ, 1977, p. 805 ; « Le juge administratif, futur administrateur ? », in Le juge administratif à l'aube du XXIème siècle, Paris, PUG, 1995, p. 179.

- **Glenard (G.)**, « Les critères d'identification d'une liberté fondamentale au sens de l'article L. 521-2 du Code de justice administrative », AJDA 2003, p. 2008.

- **Groulier (C.)**, « Une nouvelle approche des mesures d'ordre intérieur en prison ? », RDP 2009, p. 217 ; « Contrôle de conventionnalité de la loi et référé. De quelques doutes sérieux sur la jurisprudence Carminati », AJDA 2007, p. 1274.

- **Guettier (C.)**, « Le contrôle juridictionnel des actes du président de la République », RDP 1998, p. 1719.

- **Guyomar (M.)**, Les sanctions administratives, Paris, LGDJ, 2014 ;» Sanctions administratives et contrôle du juge », JCP 2013, A, n°11, p. 50 ; « Quel est l'office du juge de l'excès de pouvoir, 100 ans après l'arrêt Boussuge ? », JCP 2012, A, n°38, p. 17 ; « La justiciabilité des mesures pénitentiaires devant le juge administratif », AJDA 2011, p. 413 ; « Le juge administratif, juge pénitentiaire », Mélanges Jegouzo, Paris, Dalloz, 2009, p. 471 ; « Le régime de l'isolement pénitentiaire », RFDA 2009, p. 73.

- **Hachem (B.)**, « Pour la fin de l'inhibition du pouvoir d'injonction du juge administratif », AJDA 2014, p. 197.

- **Havas (N.)**, « La protection de la « liberté fondamentale » au sens de l'article L. 521-2 du CJA au regard des évolutions jurisprudentielles récentes », Revue de la recherche juridique. Droit prospectif 2012, p. 155.

- **Herzog-Evans (M.), Cere (J.-P.)**, « La discipline pénitentiaire : naissance d'une jurisprudence », D. 1999, chron., p. 509.

- **Hocquet-Berg (S.)**, « La lente agonie de la voie de fait », Responsabilité civile et assurances 2004, n°6, étude n°13.

- **Idoux (P.)**, « Autorités administratives indépendantes et garanties procédurales », RFDA 2010, p. 920.

- **Jeangirard-Dufal (C.)**, « Le juge administratif et l'injonction : expérience de vingt années d'application », RFDA 2015, p. 461.

- **Jean-Pierre (D.)**, « Les trente ans de la jurisprudence Lebon », JCP 2008, A, n°2147.

- **Kdhir (M.)**, « La théorie de l'acte de gouvernement dans la jurisprudence du Conseil d'Etat relative aux relations internationales de la France à l'épreuve du droit international », JDI 2003, p. 1059.

- **Koenig (P.)**, « La protection des libertés publiques dans le régime de l'état d'urgence », RA 1958, p. 19.

- **Labayle (H.)**, « Le juge et le droit de l'extradition face aux logiques de l'entraide internationale », RFDA 1994, p. 21.

- **Labetoulle (D.)**, « De l'astreinte à l'injonction : retour sur une évolution », RFDA 2015, p. 456.

- **Lay (J.-P.)**, « Faut-il mieux encadrer le pouvoir d'injonction du juge administratif ? », RDP 2004, p. 1355.

- **Le Bot (O.)**, « Prorogation de l'état d'urgence et mesures de lutte antiterroriste », AJDA 2016, p. 1914 ; « Le nouveau contrôle de conventionnalité », JCP 2016, A, n°48, p. 19 ; « Référé liberté et état d'urgence », LPA 2016, n°48, 8 mars, p. 8 ; « L'utilisation du référé-liberté par les collectivités territoriales », AJDA 2016, p. 592 ; « Maintenir la voie de fait ou la supprimer ? Considérations juridiques et d'opportunité », RDLF 2012, n°24 ; « Contrôle de constitutionnalité et contrôle de compatibilité avec le droit de l'Union européenne devant le juge des référés », AJDA 2010, p. 1662 ; « Vers un discret abandon de la jurisprudence Carminati », AJDA 2009, p. 102 ; La protection des libertés fondamentales par la procédure du référé-liberté. Contribution à l'étude de l'article L. 521-2 du Code de justice administrative, Fondation Varenne, 2007.

- **Lecuqo (O.)** (dir.), La rétention administrative des étrangers : entre efficacité et protection, Paris, L'Harmattan, 2011.

- **Legras (C.)**, « Sanctions administratives : rétroactivité in mitius et plein contentieux », RFDA 2009, p. 259.

- **Lepetit-Collin (H.)**, Recherches sur le plein contentieux objectif, Paris, LGDJ, 2011.

- **Lessi (J.), Dutheillet de Lamothe (L.)**, « Le juge de cassation redéfinit son contrôle sur le choix de la sanction », AJDA 2015, p. 749.

- **Lieber (S.-J.), Botteghi (D.)**, « L'étoile du recours pour excès de pouvoir pâlirait-elle encore ? », AJDA 2009, p. 583.

- **Mallol (F.)**, « Le juge et l'étranger, variations sur la procédure contentieuse dans la reconduite à la frontière », RFDA 1996, p. 520.

- **Mamontoff (R.)**, « La notion de pleine juridiction au sens de l'article 6 ConvEDH et ses implications en matière de sanctions administratives », RFDA 1999, p. 1004.

- **Martin (M.)**, « La compétence du juge judiciaire en matière de voie de fait, une peau de chagrin ? », JCP 2014, n°1355.

- **Martinez-Mehlinger (J.)**, « Vers l' « atomisation » du recours pour excès de pouvoir dans le contentieux des sanctions administratives », RFDA 2012, p. 257.

- **Maugüe (C.), Touvet (L.)**, « Le contrôle du Conseil d'Etat sur les décisions d'extradition », AJDA 1993, p. 848.

- **Mbongo (P.)**, Migrants vulnérables et droits fondamentaux, Paris, Berger Levrault, 2015.

- **Melchior (M.)**, « La notion de compétence de pleine juridiction en matière civile dans la jurisprudence de la CourEDH », Mélanges Velu, Bruxelles, Bruylant, 1992, p. 1327.

- **Melleray (F.)**, « De l'erreur manifeste d'appréciation au contrôle entier dans le contentieux de la répression disciplinaire », JCP 2015, A, n°2076 ; « L'erreur manifeste d'appréciation dans la jurisprudence du Conseil d'Etat français. Brèves réflexions sur la destinée d'une construction jurisprudentielle », Mélanges Bon, Paris, Dalloz, 2014, p. 993 ; « La distinction des contentieux est elle un archaïsme ? », JCP 2005, A, n°1296 ; « L'étendue de la chose jugée des déclarations d'illégalité d'actes administratifs opérées par le juge administratif », AJDA 2004, p. 138 ; « L'immunité juridictionnelle des actes de gouvernement en question », RFDA

2001, p. 1086 ; Essai sur la structure du contentieux administratif français, Paris, LGDJ, 2001.

- **Mestre (J.-L.)**, « La propriété, liberté fondamentale pour les constituants de 1789 », RFDA 2004, p. 1.7

- **Milano (L.)**, « Qu'est-ce qu'une juridiction ? La question a-t-elle encore une utilité ? », RFDA 2014, p. 1119.

- **Mignon (M.)**, « L'amenuisement de l'emprise de la théorie des actes de gouvernement : progrès nécessaire du concept de légalité », RA 1951, p. 31.

- **Moderne (F.)**, « 1er bilan de la réforme des procédures d'urgence dans le contentieux administratif », RFDA 2007, p. 91 ; « La sanction administrative », RFDA 2002, p. 448 ; « Sur le nouveau pouvoir d'injonction du juge administratif », RFDA 1996, p. 43 ; « Le pouvoir de sanction administrative au confluent du droit interne et des droits européens », RFDA 1997, p. 1 ; « A propos du contrôle des punitions en milieu carcéral : le point de vue du publiciste », RFDA 1995, p. 822 ; « Les mesures d'ordre intérieur et l'institution carcérale. Observations sur une « jurisprudence immobile », RFDA 1984, p. 187 et LPA 1984, 12 mars, p. 2.

- **Moliner-Dubost (M.)**, « A propos d'une autre jurisprudence immobile : le contentieux des sanctions disciplinaires infligées aux détenus », AJDA 2013, p. 1380.

- **Olson (T.)**, « Les mesures d'ordre intérieur dans les établissements pénitentiaires », AJDA 2003, p. 1271.

- **Pacteau (B.)**, « Conclusions générales : le pas du juge » (à propos du pouvoir d'injonction), RFDA 2015, p. 666 ; « Du recours pour excès de pouvoir au recours de pleine juridiction ? », RA 1999, p. 51.

- **Pambou Tchivounda (G.)**, « Recherche sur l'urgence en droit administratif français », RDP 1983, p. 81.

- **Pastre-Belda (B.)**, « Le droit européen de la détention et son influence sur le droit national » in Conseil d'Etat, Le droit européen des droits de l'homme, Paris, La Documentation française, 2011, p.189.

- **Péchillon (E.)**, Sécurité et droit du service public pénitentiaire, Paris, LGDJ, 2008.

- **Perrin (A.)**, « Au-delà du cadre législatif initial : le pouvoir d'injonction en dehors de la loi du 8 février 1995 », RFDA 2015, p. 643.

- **Petit (J.)**, « Les armes du juge administratif dans la protection des libertés fondamentales », Revue générale du droit 2016, on line, n°23356.

- **Pez (T.)**, « Le droit de propriété devant le juge administratif du référé liberté », RFDA 2003, p. 370.

- **Plessix (B.)**, « Le caractère provisoire des mesures prononcées en référé », RFDA 2007, p. 76.

- **Plouvin (J.-Y.)**, « Du possible déclin de la notion de mesure d'ordre intérieur ? », RA 1979, p. 49.

- **Pollet-Panoussis (D.)**, « Quel contrôle du juge administratif pour les sanctions pénitentiaires ? », JCP 2010, G, n°1124 ; « Les sanctions disciplinaires pénitentiaires soumises à un contrôle entier du juge de l'excès de pouvoir », RFDA 2016, p. 1212.

- **Poncela (P.)**, « Discipline pénitentiaire », RSC 2012, p. 208.

- **Pralus-Dupuy (J.)**, « Réflexions sur le pouvoir de sanction disciplinaire reconnu à certaines autorités administratives indépendantes », RFDA 2003, p. 554.

- **Prétot (X.)**, « Le pouvoir de sanction des autorités administratives indépendantes répond-il aux exigences de la ConvEDH ? », RDP 2002, p. 1605.

- **Raimondi (G.)**, « La relation de la Cour de Strasbourg avec les juges internes », AJDA 2016, p. 1398.

- **Ricci (J.-C.)**, « Quels référés pour quels pouvoirs ? Le référé liberté, la notion de libertés fondamentales, le référé suspension », Revue de la recherche juridique. Droit prospectif 2003, p. 3089.

- **Rivero (J.)**, Les mesures d'ordre intérieur administratives. Essai sur les caractères juridiques de la vie intérieure des services publics, Paris, Sirey, 1934.

- **Roblot-Troizier (A.)**, « Les actes insusceptibles de recours et la QPC », Nouveaux cahiers du CC 2014, n°44, p. 97.

- **Rihal (R.)**, « Les trente ans de la jurisprudence Lebon. L'usage de l'erreur manifeste contre les sanctions disciplinaires arbitraires », Mélanges Jegouzo, Paris, Dalloz, 2009, p. 509.

- **Sauve (J. M.)**, « Le contrôle de l'administration pénitentiaire par le juge administratif », www.conseil-etat.fr, 24 février 2009.

- **Scanvic (F.)**, « Les mesures d'ordre intérieur dans les établissements pénitentiaires », RFDA 1993, p. 1131.

- **Schmitter (G.)**, » Etendue et limites du droit au recours juridictionnel », RFDC 2015, n°104, p. 935.

- **Schmitz (J.)**, « Le juge du référé-liberté à la croisée des contentieux de l'urgence et du fond », RFDA 2014, p. 502 ; « Le principe du contradictoire à la lumière du droit de l'Union européenne : illustration en matière d'éloignement des étrangers », DA 2014, étude n°14.

- **Sirinelli (J.)**, « La subjectivisation du recours pour excès de pouvoir », RFDA 2016, p. 529.

- **Sueur (V.)**, « Les recours dont dispose le détenu contre l'administration pénitentiaire », RFDA 1997, p. 623.

- **Sureaux (F.)**, « Le militaire dans son droit », Nouveaux cahiers du CC 2016, n°51, p. 7.

- **Traore (S.)**, « La redéfinition de la voie de fait et la résurgence du caractère absolu de l'intangibilité de l'ouvrage public », DA 2015, mars, n°3, étude n°4.

- **Tchen (V.)**, « Les tribulations du dispositif d'éloignement forcé des étrangers en situation irrégulière (1980-2014) », Rev. Justice 2014, act., n° 9 ; « Le droit des étrangers, un droit de la vulnérabilité ? » in E. Paillet et P. Richard (dir.), L'effectivité des droits et vulnérabilité de la personne, Bruxelles, Bruylant 2014, p. 77-93 ; « Regards critiques sur la réforme du 16 juin 2011 », DA 2011, étude n°17 ; « Les droits fondamentaux du détenu à l'épreuve des exigences du service public pénitentiaire », RFDA 1997, p. 597.

- **Tinière (R.)**, « La notion de « pleine juridiction » au sens de la ConvEDH et l'office du juge administratif », RFDA 2009, p. 728.

- **Touvet (L.), Stahl (J.-H.)**, « Rétrécissement de la notion de mesure d'ordre intérieur », AJDA 1995, p. 379.

- **Tremeau (J.)**, « Le référé-liberté, instrument de protection du droit de propriété », AJDA 2003, p. 653.

- **Truchet (D.)**, « Office du juge et distinction des contentieux : renoncer aux branches », RFDA 2015, p. 657.

- **Tukov (C.)**, « Le référé liberté administratif, élément structurant de la modification de la répartition des compétences entre les deux ordres de juridiction », Procédures 2016, n°10, p. 4.

- **Valdelievre (C.)**, « Le renvoi d'une QPC par le juge des référés du Conseil d'Etat », C° 2016, p. 621.

- **Venezia (J.-C.)**, « Eloge de l'acte de gouvernement », Mélanges Waline, Paris, Dalloz, 2002, p. 723.

- **Vonsy (M.)**, « Actes de gouvernement et droit au juge », RFDA 2008, p. 728.

- **Wachsmann (P.)**, « L'atteinte grave à une liberté fondamentale », RFDA 2007, p. 58.

- **Woehrling (J.-M.)**, « Trancher le nœud gordien de la distinction des contentieux », AJDA 2007, p. 1777 ; « La redécouverte du plein contentieux », AJDA 1995, p. 247 ; « Vers la fin du recours pour excès de pouvoir ? », Mélanges Braibant, Paris, Dalloz, p. 777.

- **Zarca (A.)**, « Les limites du pouvoir d'injonction », RFDA 2015, p. 650.

B – L'augmentation des exceptions à l'obligation de renvoi des questions préjudicielles et l'approfondissement corrélatif du dialogue des juges

495 • Le dualisme juridictionnel, dans le droit français, repose sur deux blocs de compétences exclusives et constitutionnellement protégées. C'est le Conseil constitutionnel qui, conformément à la conception française de la séparation des pouvoirs, a fixé la ligne de démarcation entre les compétences exclusives du juge judiciaire et celles du juge administratif. Pour ce dernier, « figure au rang des principes fondamentaux reconnus par les lois de la République, celui selon lequel [...] relève en dernier ressort de la compétence de la juridiction administrative l'annulation ou la réformation des décisions prises, dans l'exercice des prérogatives de puissance publique, par les autorités exerçant le pouvoir exécutif, leurs agents, les collectivités territoriales de la République ou les organismes publics placés sous leur autorité ou leur contrôle » (CC, n°86-224 DC, 23 janvier 1987, précité, cons. n°15). Les compétences du juge administratif s'arrêtant là où commencent celles qui relèvent « par nature » (*Ibid.*) du juge judiciaire. Au-delà de ce partage de compétence, la frontière entre les deux ordres de juridiction n'a jamais rien eu de linéaire et a été forgé au gré des normes produites par le législateur ou des décisions façonnées par le juge des conflits, le juge judiciaire pouvant connaitre d'actes administratifs et le juge administratif pouvant interpréter ou apprécier la légalité d'actes de droit privé.

496 • L'équilibre entre ces blocs de compétences propres à chaque juge a longtemps reposé sur un dialogue formel, au départ source de complexité pour le justiciable et de non-respect des droits et libertés. Ce dialogue s'est, cependant, aujourd'hui, considérablement développé pour mieux satisfaire aux exigences de simplification et de célérité des procédures mais aussi pour permettre d'affirmer pleinement les nouveaux droits consacrés, notamment, par les normes constitutionnelles ou européennes. On peut ainsi dire, comme le relève Jean-Marc Sauvé, vice-président du Conseil d'Etat, que « ce faisant, à une frontière un peu ésotérique et en tout cas étanche, séparant les deux blocs juridictionnels, se sont progressivement substituées, depuis le début de ce siècle, une délimitation plus rationnelle et une interface ouverte au travers de laquelle coopèrent de manière renforcée les juges de chaque ordre » (J.-M. Sauvé, « Des blocs et des frontières : les juges de la légalité administrative », www.conseil-etat.fr) L'auteur ajoutant que « le dualisme juridictionnel français, qu'avait moins fondé que rendu nécessaire la loi des 16 et 24 août 1790, est entré dans une époque nouvelle ; à l'âge de la séparation et de la confrontation, a succédé le temps de la coopération et de l'entente sous la houlette d'un Tribunal des conflits, davantage gardien de la cohérence, de la clarté et de la simplicité de la répartition des compétences, que garde-frontière d'un privilège de juridiction » (*Ibid.*)

497 • Le dialogue entre les juges des deux ordres de juridiction peut d'abord s'inscrire dans une logique d'influence et de persuasion respective lorsqu'un juge prend, par exemple, connaissance des réponses apportées à des questions comparables par un autre juge et s'en inspire pour forger sa propre solution mais ce

qui ressemble le plus à un dialogue authentique, c'est le mécanisme des questions préjudicielles. Ces dernières peuvent survenir dans le cadre d'un litige principal, elles ne sont pas susceptibles de relever de la juridiction du tribunal du principal et imposent, pour être réglées, la saisine d'un autre tribunal. Le renvoi s'impose en principe dès lors que la question commande l'issue du litige et qu'elle soulève une difficulté sérieuse (Y. Gaudemet, « Les questions préjudicielles devant les deux ordres de juridiction », *RFDA* 1990, p. 764). Ce mécanisme a, dès l'origine, été fortement critiqué, étant autant un mode de communication qu'une perturbation du procès et engendrant de réelles complications procédurales. Dès lors, il a été fortement assoupli par souci de simplification allant jusqu'à réduire les cas dans lesquels les juges doivent obligatoirement se poser des questions préjudicielles et élargissant les exceptions à l'obligation de renvoi dans l'intérêt d'une bonne administration de la justice et du respect, au final, des droits et libertés. Cet assouplissement s'effectuant du côté du juge répressif (1) comme du côté du juge civil (2).

1 – Le juge judiciaire répressif et l'exception de l'article 111-5 du Code pénal

498 • Par un arrêt du 5 juillet 1951, « *Avranches et Desmarets* », le Tribunal des conflits a élargi la compétence du juge répressif afin de lui permettre d'apprécier lui-même la légalité des seuls actes réglementaires en jugeant qu'il « résulte de la nature de la mission assignée au juge pénal que celui-ci a, en principe, plénitude de juridiction sur tous les points d'où dépend l'application ou la non-application des peines » (TC, 5 juillet 1951, *Avranches et Desmarets*, req. n°01187, *Rec. CE*, p. 638, *D.* 1952, p. 271, note C. Blaevoet, *JCP* 1951, G, n°6623, note A. Homont, RA 1951, p. 492, note G. Liet-Veaux, *S.* 1952.3.1, note J.-M. Auby et TC, 2 juillet 1962, *Préfet de Loire Atlantique*, req. n°1777, *Rec. CE*, p. 827, *RA* 1962, p. 389, note G. Liet-Veaux). Il importe, en effet, que le juge pénal se prononce rapidement sur les sanctions aux infractions ou qu'à l'inverse les relaxes ou acquittement soient prononcés rapidement.

a) Des jurisprudences initiales pas clairement définies dans le pouvoir d'appréciation de la légalité des actes administratifs par le juge répressif

Une interprétation initiale divergente entre le Tribunal des conflits et la chambre criminelle de la Cour de cassation

499 • Les jurisprudences du Tribunal des Conflits et de la Chambre Criminelle ont été, à l'origine, assez confuses. La juridiction paritaire a posé un contrôle limité à la légalité et à l'interprétation des actes réglementaires ayant une portée générale et impersonnelle et a exclu ce contrôle pour la légalité et l'interprétation des actes individuels. L'invocation de l'illégalité n'était, de plus, possible que si les règlements administratifs servaient de « fondement à la poursuite ou qu'ils soient invoqués comme moyen de défense » (TC, 5 juillet 1951, *Avranches et Desmarets*, req. n°01187 précité). La Chambre Criminelle de la Cour de cassation avait, pour sa part, une jurisprudence dissidente (voir, pour l'ensemble des points développés ci-après, Cass., crim., 21 décembre 1961, *Dame Le Roux*, n° de pourvoi : 61-90.710, *Bull. crim.*

n°551, *D.* 1962, p. 102, rapport Costa, *JCP* 1962, G, n°12680, note J. Lamarque, *S.* 1962, p. 89, rapport Costa ; Cass., crim., 1er juin 1967, *Canivet et dame Moret*, n° de pourvoi : 67-90.899, *Bull. crim.* n°172, *JCP* 1968, G, n°15505, note J. Lamarque). Pour cette dernière, le juge pénal avait compétence pour apprécier la légalité de tous les actes administratifs qu'ils soient réglementaires ou individuels quand ces actes, pénalement sanctionnés, servaient de fondement à la poursuite. A contrario, le juge pénal était incompétent pour apprécier la légalité de ces actes lorsqu'ils n'étaient pas la base nécessaire des poursuites (ceci concernait notamment les actes administratifs invoqués comme moyen de défense). Quant au pouvoir d'interprétation du juge pénal, celui-ci n'était possible que pour les règlements servant de fondement à la poursuite, pas quand ces derniers étaient invoqués comme moyen de défense. Pour les actes individuels, leur légalité ne pouvait être appréciée qu'à la condition qu'ils soient clairs et qu'aucune interprétation ne soit nécessaire. Le juge pénal se voyant reconnaitre le pouvoir de contrôler la légalité des actes individuels et non celle de les interpréter. En pratique, c'est la jurisprudence de la Chambre criminelle qui était la plus représentative de l'état du droit, le tribunal des conflits n'ayant pas eu l'occasion de réaffirmé la jurisprudence de 1951 (Cass., crim., 21 octobre 1987, *Mme Montorio et Preira*, n° de pourvoi : 80-90.439, *AJDA* 1988, p. 405, obs. X. Prétot, *D.* 1988, p. 58, note S. Kehrig, *D.* 1989, p. 116, obs. P. Waquet et F. Julien Laferrière ; Cass., crim., 11 octobre 1990, n° de pourvoi : 90-81.201, *D.* 1991, p. 75, note P. Couvrat et M. Massé).

Des dispositions textuelles qui se rajoutaient au trouble posé par cette jurisprudence discordante

500 • Il convient aussi de relever qu'il existait certaines dispositions textuelles pouvant rajouter au trouble posé par la jurisprudence discordante du Tribunal des conflits et de la Cour de cassation. On peut citer, à titre d'exemple, la loi du 11 juillet 1938 (loi du 11 juillet 1938 (JO, 13 juillet 1938, p. 8330) *relative à l'organisation de la nation en temps de guerre*) où le juge répressif avait été déclaré compétent pour apprécier la légalité des réquisitions légalement ordonnées par l'autorité administrative (article 31). De même, et de façon plus significative, il faut évoquer la loi du 10 juin 1983 (loi n°83-466 du 10 juin 1983 (JO, 11 juin 1983, p. 1755) *portant abrogation ou révision de certaines dispositions de la loi n° 81-82 du 2 février 1981 et complétant certaines dispositions du code pénal et du code de procédure pénale*) qui a institué l'article 78-1 du Code de procédure pénale, toujours en vigueur, où le juge répressif est compétent pour apprécier la régularité des contrôles d'identité. Cette compétence a affaibli la portée de la distinction entre le contrôle d'identité fait au titre de la police administrative et celui fait au titre de la police judiciaire.

Des dispositions textuelles qui ont été diversement utilisées par les juges

501 • Pour la chambre criminelle, le juge répressif était compétent tant en vertu de l'article 136 du Code de procédure pénale (qui dispose que les tribunaux judiciaires sont toujours exclusivement compétents pour statuer dans les instances civiles fondées sur des faits constitutifs d'atteintes à la liberté individuelle réprimés par le Code pénal et cela que ces instances soient dirigées contre l'administration ou

qu'elles le soient contre ses agents) que de l'article 66 C° (Cass., Crim., 25 avril 1985, *Bogdan et Vuckovic*, n° de pourvoi : 84-92.916, *D.* 1985, p. 329, concl. H. Dontenwille, *JCP* 1985, G, n°20465, concl. H. Dontenwille et note W. Jeandidier, *RFDA* 1986, note J. Morange, p. 444 ; Cass., 2ème civ., 28 juin 1995, *Préfet de la région Midi-Pyrénées contre Bechta*, n° de pourvoi : 94-50.002, *AJDA* 1996, p. 72, note A. Legrand, *D.* 1996, p. 102, obs. F. Julien-Laferrière, *JCP* 1995, G, n°22504, concl. J. Sainte-Rose). La chambre criminelle donnant à ces dispositions une portée très large amenant alors à ce que le juge répressif soit compétent pour apprécier la légalité de tous les actes administratifs ayant un rapport avec la liberté individuelle. Cette position a été confirmée par le Conseil constitutionnel pour qui « il revient à l'autorité judiciaire, gardienne de la liberté individuelle, de contrôler en particulier les conditions relatives à la légalité, à la réalité et à la pertinence des raisons ayant motivé les opérations de contrôle et de vérification d'identité » (CC, n° 93-323 DC, 5 août 1993, *Loi relative aux contrôles et vérifications d'identité*, JO, 7 août 1993, p. 11193, *Rec. CC*, p. 213, cons. n°10) et pour qui, il appartient, à cette fin, à cette même autorité d'apprécier, le cas échéant, « le comportement des personnes concernées » (*Ibid.*). La liberté individuelle incluant, on le rappelle la sureté entendue comme garantie contre les arrestations et détentions arbitraires, la liberté d'aller et venir et l'inviolabilité du domicile (CC, n°83-164 DC, 29 décembre 1983, *Loi de finances pour 1984*, JO, 30 décembre 1983, p. 3871, *Rec. CC*, p. 67, cons. n°28).

b) Un article 111-5 du Code pénal qui met fin aux incertitudes et offre un fondement textuel précis

Un article 111-5 CP qui fait disparaitre toutes les limites antérieures

502 • L'article 111-5 CP (issu de la réforme du Code pénal de la loi n°92-684 du 22 juillet 1992 (JO, 23 juillet 1992, p. 9875) *portant réforme des dispositions du code pénal relatives à la répression des crimes et délits contre les personnes*) élimine les incertitudes et procure une base textuelle précise. Selon cet article, depuis le 1er mars 1994, « les juridictions pénales sont compétentes pour interpréter les actes administratifs réglementaires ou individuels et pour en apprécier la légalité lorsque, de cet examen, dépend la solution du procès pénal qui leur est soumis ». Il s'agit d'éviter qu'une question préjudicielle relative à la légalité d'un acte administratif ne retarde à l'excès une procédure mettant en jeu à la fois les intérêts de la société et les droits et libertés de la personne mise en cause à savoir le droit à la présomption d'innocence et, le cas échéant, la liberté individuelle. Il permet un contrôle de tous les actes administratifs quelle que soit leur place dans la hiérarchie des normes (arrêtés, décrets et ordonnances de l'article 38 C° non encore ratifiées). Les limites antérieures disparaissent comme celle tenant à la clarté de l'acte ou la nécessité de son interprétation. Il n'y a plus la nécessité de faire la distinction entre les actes réglementaires ou individuels, les actes pénalement sanctionnés ou non ou encore entre les actes constituant le fondement des poursuites ou simplement un moyen de défense. La seule limite qui est maintenue tient au fait que l'acte administratif doit conditionner l'existence de l'infraction dans la mesure où la solution du procès pénal doit dépendre de la légalité de l'examen de l'acte.

Une compétence du juge pénal qui est conçue de la manière la plus large pour les actes contrôlés

503 • Le plus souvent, c'est le texte réglementaire prévoyant une sanction pénale qui fait l'objet d'une contestation par le prévenu. Mais la jurisprudence va plus loin puisque les actes administratifs dont il peut apprécier la légalité ne sont pas seulement ceux, pénalement sanctionnés, qui constituent le fondement de la poursuite. La « solution du procès » ne s'entend pas uniquement de la décision sur la culpabilité ou la peine mais, plus largement, de la solution du contentieux, quel qu'il soit, dont est saisi le juge pénal. On peut citer, à titre d'exemple, tous les actes liés à des contentieux devant être traités par le juge pénal comme en matière fiscale (Cass., crim., 26 octobre 1995, n° pourvoi : 94-82.956 ou Cass., crim., 31 octobre 2000, n° pourvoi : 99-86.980, *Bull. crim.* n°325) ou en matière de circulation routière à propos de la procédure de retrait de points (Cass., crim., 30 janvier 2008, n° pourvoi : 06-81.027, *Bull. crim.* n°27, *D.* 2008, p. 1805, note J.-L. Lennon, *AJ Pénal* 2008, p. 187, obs. G. Roussel, *Droit pénal* 2008, p. 46, obs. J ;-H. Robert ; en sens contraire, parce que sanction non proprement pénale, accessoire à une condamnation pénale : Cass., crim. 11 juillet 1994, *Fedaouche Sid Ahmed*, n° de pourvoi : 93-85.801, *Bull. crim*, p. 668). Au demeurant, le juge répressif admet de façon constante la compétence du juge pénal pour connaître de la régularité d'actes d'investigation ou de coercition accomplis dans un cadre administratif (Cass., crim., 31 janvier 2006, n° pourvoi : 05-80.640, *Bull. crim.* n°30, *AJ pénal* 2006, p. 177, obs. C. Girault, *RSC* 2006, p. 343, obs. D. N. Commaret et p. 876, obs. J.-F. Renucci ; Cass., crim., 9 décembre 2015, n° pourvoi : 15-82.300, *D.* 2016, p. 151, chron. E. Pichon ; Cass., crim., 25 octobre 2016, n° pourvoi : 16-80.368). Néanmoins, lorsque l'acte administratif est détaché de la procédure pénale, le juge répressif n'est plus compétent. C'est le cas, par exemple, lors du placement d'une personne en état d'ivresse en cellule de dégrisement. Cet acte, « ordonné tant pour la protection de la personne concernée que pour la préservation de l'ordre public », est « une mesure de police administrative relevant, pour les litiges survenant à l'occasion de son exécution, de la seule compétence des juridictions de l'ordre administratif » (Cass., crim., 8 janvier 2013, n° pourvoi : 12-81.208, *Bull. crim.*, n° 8). L'acte est en effet détachable de la procédure pénale même s'il est suivi d'une mesure de garde à vue ou si la procédure figure dans le dossier pénal.

Une compétence du juge pénal qui est conçue de la manière la plus large pour les normes de contrôle

• En vertu de l'article 111-5 CP, le juge répressif est compétent pour effectuer un contrôle de légalité des actes administratifs réglementaires, mais également individuels avec comme seul limite que l'issue du procès dépende du contrôle ainsi opéré. Concernant les normes à disposition du juge pénal pour le contrôle, il n'est fait référence, dans l'article 111-5 CP, qu'à l'examen de la conformité d'un acte administratif à la loi et donc, si on s'en tient à la lettre du texte, à l'exclusion des traités internationaux ou de la Constitution. En réalité, il n'en est rien puisque le juge judiciaire interprète largement la notion de « contrôle de légalité », celui-ci s'étendant à l'ensemble des normes juridiques supérieures à l'acte administratif. Le juge répressif peut, en effet, vérifier la validité d'un règlement au regard des traités internationaux (Cass., crim., 21 octobre 2003, n° de pourvoi : 99-83.867, *Bull. crim.* n°195) comme au regard de la Constitution (Cass., crim., 30 novembre 1992, n° de pourvoi : 91-86453, *DPén.* 1993, comm. n°45, obs. J.-H. Robert). Il y a cependant une limite à l'exercice de ce contrôle pour les règlements d'application d'une loi, le juge ne peut exercer qu'un examen de légalité stricto sensu en application de la théorie de la « loi écran » et de l'impossibilité, en conséquence, d'apprécier la constitutionnalité de l'acte. Par contre, pour les règlements autonomes, cette limite n'existe plus, un contrôle de conventionnalité ou de constitutionnalité pouvant alors être appliqué (voir pour un exemple récent de contrôle de constitutionnalité : Cass., crim., 29 janvier 2019, n° de pourvoi : 17-84.366, *DPén.* 2019, comm. n°53, par J.-H. Robert).

c) L'exemple du contrôle du juge répressif dans le cadre des mesures de perquisitions administratives

Une compétence de principe du juge administratif en cas de contestation d'une technique de renseignement

504 • Le contrôle du juge pénal s'est récemment posé dans le cadre des mesures de perquisition administrative. Affirmant que la police administrative n'excluait pas, dans ses buts la prévention des infractions pénales, le législateur a étendu la compétence du juge administratif en la matière en donnant au Conseil d'Etat compétence directe pour juger des recours concernant la mise en œuvre des techniques de renseignement et des fichiers informatiques intéressant la sûreté de l'Etat (article L. 841-2 CSI). Dans le cadre de l'état d'urgence, les perquisitions ou assignations à résidence ont été justifiées par des buts de police administrative et assimilées en ce sens à des mesures administratives. Ce n'est seulement que dans le cas où une perquisition administrative révélait une détention illégale d'armes ou qu'un assigné à résidence se soustrayait à ses obligations que le juge pénal devenait compétent. Un champ de compétence, en conséquence, assez clair a priori puisqu'il n'y a pas de lien entre les décisions administratives et les poursuites pénales ultérieures, les mesures administratives en question n'étant pas le fondement de l'engagement des poursuites pénales. L'article 11 de la loi sur l'état d'urgence dispose clairement que « [...] les mesures prises sur le fondement de la présente loi sont soumises au contrôle du juge administratif dans les conditions fixées par le Code de justice administrative [...] » ce qui vise toutes les mesures décrites par le texte et notamment, parmi celles-ci, les perquisitions administratives. Cette compétence a été confirmée par le Conseil constitutionnel quand il rappelle qu'elle est reconnue au titre des PFRLR (CC, n°86-224 DC, 23 janvier 1987, précité, considérant n°15) ou quand il évoque le fait que « le juge administratif est chargé de s'assurer que cette mesure doit être motivée et adaptée, nécessaire et proportionnée à la finalité qu'elle poursuit » (CC, n°2016-536 QPC, 19 février 2016, *Ligue des droits de l'homme*, JO, 21 février 2016, texte n° 27).

Une compétence du juge pénal qui confirme la conception large de l'art. L. 111-5 CP

505 • Contrairement aux juridictions du fond qui s'étaient déclarées incompétentes, la Cour de cassation a pourtant jugé, sur le fondement de l'article 111-5 CP, qu'il n'était pas nécessaire, pour apprécier la légalité d'un acte administratif, que ce dernier serve de fondement aux poursuites pénales. Il peut suffire que l'acte administratif en question ait un effet sur la régularité de la procédure de poursuite dont dépend l'issue du procès pénal, justifiant la compétence du juge répressif (Cass., crim., 13 décembre 2016, n° de pourvoi : 16-82.176 ; Cass., crim., 28 mars 2017, n° de pourvoi : 16-85.073 ; Cass., crim., 3 mai 2017, n° de pourvoi : 16-86.155, voir, par ex., B. Plessix, « Compétence administrative ou judiciaire - Le retour du juge répressif », *DA* 2017, n°6, repère n°6). La chambre criminelle de la Cour de cassation retient cette interprétation à la faveur d'une partie de la doctrine (Par ex., O. Cahn, « Un Etat de droit, apparemment… », *AJ Pénal* 2016, p. 201 ; N. Roret, « Etat d'urgence : quel rôle pour le juge pénal ? », GP 2016, 22 mars, p. 13). Elle agit conformément aussi à certaines décisions rendues par les juges du fond dont la position a été approuvée sur ce point mais remis en cause pour une autre raison (Cass., crim., 13 décembre 2016, n° pourvoi : 16-82.176, *D.* 2016, p. 2573). Comme en matière civile, le caractère large de l'interprétation de l'article L. 111-5 CP s'explique aussi par la volonté de concentrer le contentieux entre le juge pénal pour éviter de faire appel à des questions préjudicielles et gagner ainsi du temps dans un contentieux sensible.

2 – Le juge judiciaire civil et l'assouplissement de l'obligation de renvoi grâce à la nouvelle jurisprudence du Tribunal des conflits

506 • Dans l'hypothèse où un tribunal judiciaire civil est saisi d'une affaire relevant de sa compétence mais qu'il ne peut la régler sans interpréter les termes ou apprécier la légalité d'un acte administratif, il faut choisir entre deux principes : soit celui qui tient compte de la séparation des autorités administratives et judiciaires, soit celui qui tient compte du principe que le juge du principal est aussi celui de l'exception et qu'il bénéficie ainsi d'une plénitude de juridiction une fois saisi. Par un arrêt du 16 juin 1923, *Septfonds*, le Tribunal des conflits, tout en reconnaissant la compétence des tribunaux judiciaires pour interpréter le sens des actes réglementaires, leur a dénié toute compétence pour apprécier la légalité de ces actes par voie d'exception. Si la règle veut que normalement le juge du principal soit aussi celui de l'exception, le juge judiciaire doit, lorsque l'appréciation de la légalité d'un acte administratif est la condition de la solution du litige qui lui est soumis, surseoir à statuer et poser une question préjudicielle au juge administratif. Cette obligation vaut, non seulement, pour les actes réglementaires mais aussi pour les actes administratifs individuels (TC, 16 juin 1923, *Septfonds contre Chemins de fer du Midi*, req. n°00732, *Rec. CE*, p. 498, *D.* 1924.3.41, concl. Matter, *S.* 1923.3.49, note M. Hauriou). Il existe certains contentieux pour lesquels l'obligation de renvoi préjudiciel est écartée par la jurisprudence pour les tribunaux judiciaires civils. Ces derniers sont d'abord compétents pour apprécier la légalité d'un acte réglementaire

qui porte une atteinte grave au droit de propriété ou à la liberté individuelle (TC, 30 octobre 1947, *Barinstein contre Lemonnier*, req. n°983, *Rec. CE*, p. 511). Le Tribunal des conflits a également apporté une exception en matière de contentieux de la fiscalité indirecte en attribuant au judiciaire une plénitude de juridiction pour se prononcer sur la légalité et l'interprétation des actes en application desquels l'imposition contestée a été mise à la charge du contribuable (TC, 27 octobre 1931, *Société Pannier contre Protectorat du Tonkin*, req. n°777, *Rec. CE*, p. 1173, *DH* 1932, p. 9 ; TC, 12 novembre 1984, *Sogedis*, req. n°2359, *Rec. CE*, p. 451, *RFDA* 1985, p. 445, concl. G. Picca ; TC, 7 décembre 1998, *District urbain de l'agglomération rennaise contre Société des automobiles Citroen*, req. n°3123, *D.* 1999, p. 179, concl. J. Sainte-Rose).

a) La non-obligation de renvoi en cas d'interprétation requise au regard des dispositions du droit de l'Union

Une jurisprudence fixée par la Cour de cassation

507 • La Cour de cassation a admis la compétence des juridictions judiciaires non répressives pour apprécier la validité d'un acte administratif au regard du droit de l'Union et juge qu'il n'y a pas lieu, dans pareille hypothèse, de saisir le juge administratif d'une question préjudicielle (Cass., com., 6 mai 1996, *France Telecom contre Communication média service*, n° de pourvoi : 94-13.347, *Bull. Civ.*, IV, n°125, *AJDA* 1996, p. 1033, note M. Bazek, *RFDA* 1996, p. 1161, note B. Seiller ; Cass., soc., 18 décembre 2007, *Société RATP contre Somazzi*, n° de pourvoi : 06-45.132, *Bull. Civ.*, V, n°215, *D.* 2008, p. 225, obs. B. Ines, *RFDA* 2008, p. 499, étude X. Dupré de Boulois ; Cass., 2ème civ., 20 décembre 2007, *M. X. contre RATP*, n° de pourvoi : 06-20.563, *Bull. Civ.*, II, n° 273, *RFDA* 2008, p. 499, étude X. Dupré de Boulois). Cette plénitude de juridiction du juge judiciaire est fondée, à la fois, sur le principe de supériorité des traités sur les lois (art. 55 C°) et partant, sur les actes réglementaires et sur les spécificités du contrôle de conventionnalité. Cela légitime, en conséquence, le fait de ne pas limiter les entorses à la jurisprudence Septfonds aux seuls cas touchant au respect du droit de l'Union mais de l'étendre aussi au respect du droit de la ConvEDH (Cass., Ass. Plén., 22 décembre 2000, n° de pourvoi : 98-15.567, *Bull. A. P.*, n°12, p. 21, *D.* 2001, p. 789, chron. C. Pettiti, *RDSS* 2001, p. 325, obs. P.-Y. Verkindt et p. 615, obs. P. Pédrot ; Cass., 3ème civ., 2 juillet 2003, n° de pourvoi : 02-70.047, *AJDI* 2003, p. 600, obs. R. Hostiou et p. 553, étude D. Musso, *RDI* 2003, p. 425, étude J.-F. Strullou). Pour le juge judiciaire, faire primer la primauté des dispositions conventionnelles ne serait pas apprécier la légalité des actes réglementaires.

Une jurisprudence du Tribunal des conflits, dans un 1er temps, ouvertement contraire

508 • Le Tribunal des conflits, quant à lui, ne partageait pas ce point de vue et continuait jusqu'à peu de déclarer le juge administratif seul compétent pour connaitre de la légalité d'un acte administratif au regard du droit de l'Union (TC, 19 janvier 1998, *Union française de l'express contre La Poste*, req. n°3084, *D.* 1998, p. 329,

concl. J. Arrighi de Casanova, *RFDA* 1999, p. 189, note B. Seiller, *RTDCom* 1999, p. 76, obs. G. Orsoni) ou de la ConvEDH (TC, 23 octobre 2000, *Boussadar*, req. n°3227, *AJDA* 2001, p. 143, chron. M. Guyomar et P. Collin, *D.* 2001, p. 2332, concl. J. Sainte-Rose). Par un arrêt de principe, il a, même, dans un 1er temps, directement remis en cause les fondements de cette jurisprudence de la Cour de cassation en jugeant que « les dispositions de l'article 55 de la Constitution conférant aux traités, dans les conditions qu'elles définissent, une autorité supérieure à celle des lois ne prescrivent ni n'impliquent aucune dérogation aux principes [...]régissant la répartition des compétences entre juridictions, lorsque est en cause la légalité d'une disposition réglementaire, alors même que la contestation porterait sur la compatibilité d'une telle disposition avec les engagements internationaux » (TC, 17 octobre 2011, *Préfet de la Région Bretagne, Préfet d'Ille-et-Vilaine, Société civile d'exploitation agricole du Chéneau contre Interprofession nationale porcine*, req. n°3828 et n°3829, *RFDA* 2011, p. 1122, concl. J.-*D.* Sarcelet, p. 1129, note B. Seiller, p. 1136, note A. Roblot-Rozier, *RFDA* 2012, p. 339, étude J.-L. Mestre, p. 377, chron. L. Clément-Wilz, F. Martucci et C. Mayeur-Carpentier, *AJDA* 2012, p. 27, chron. M. Guyomar et X. Domino, *D.* 2011, p. 3046, note F. Donnat, *D.* 2012, p. 244, obs. N. Fricero). Si l'on peut déduire de l'article 55 C° un principe hiérarchique dans lequel s'impose les dispositions conventionnelles et qui légitime le contrôle en ce sens des deux ordres de juridictions, on ne peut en tirer comme conséquence une règle de compétence qui ferait de tous les juges les gardiens de la supériorité des traités non seulement sur les lois mais aussi sur les actes réglementaires. La situation est différente pour les actes réglementaires et l'article 55 C°, selon le Tribunal des conflits, n'a pas d'effet sur la répartition des compétences entre les deux ordres de juridiction.

Une jurisprudence du Tribunal des conflits, dans un 2nd temps, compréhensive

509 • Dans le même arrêt de principe, le juge paritaire a, dans un 2nd temps, et après s'être ainsi opposé ouvertement à la jurisprudence de la Cour de cassation, admis, qu'au-delà des termes de l'article 55 C°, le juge judiciaire devait pouvoir, « lorsqu'il s'estime en état de le faire, appliquer le droit de l'Union, sans être tenu de saisir au préalable la juridiction administrative d'une question préjudicielle, dans le cas où serait en cause, devant lui, à titre incident, la conformité d'un acte administratif au droit de l'Union européenne » (*Ibid.*). Le fondement retenu par le tribunal est, de prime abord, le principe de primauté du droit de l'Union garanti constitutionnellement par l'article 88-1 C° mais comme celui-ci n'est pas plus opérant que l'article 55 C° sur la répartition des compétences juridictionnelles, c'est le principe d'effectivité du droit de l'Union qui est surtout, en limitant l'autonomie institutionnelle et procédurale des Etats membres, plus à même d'avoir un impact sur la répartition des compétences juridictionnelles. La simplification procédurale ainsi opérée reste néanmoins incomplète dans la mesure où le juge fait une distinction entre le droit de l'Union et le droit international et, plus spécifiquement, le droit issu de la ConvEDH qui ne peut ainsi servir de fondement au juge judiciaire non répressif en dépit d'un acte administratif réglementaire contraire.

Une exception à l'obligation de renvoi confirmée par le Conseil d'Etat

510 • Si l'exception à l'obligation de renvoi ainsi définie au profit de l'effectivité du droit de l'Union concerne les questions posées par le juge judiciaire au juge administratif, elle a également été opérée et confirmée, de façon symétrique, par le Conseil d'Etat à propos, cette fois-ci, des questions posées par le juge administratif au juge judiciaire (CE, sect., 23 mars 2012, *Fédération Sud santé sociaux*, req. n° 331805, *Rec. CE*, p. 102, concl. C. Landais, *AJDA* 2012, p. 1583, note E. Marc, *RFDA* 2012, p. 429, concl. C. Landais et p. 961, chron. C. Mayeur-Carpentier, L. Clément-Wilz et F. Martucci, *RTDEur.* 2012, p. 926, obs. D. Ritleng). Si la jurisprudence ainsi établie n'évoque, d'un prime abord, que les conventions et accords collectifs de travail, elle a vocation néanmoins à s'appliquer à tous les actes de droit privé dont la validité est susceptible d'être soulevée par voie d'exception devant le juge administratif. Si l'exception se veut ainsi identique devant les deux ordres de juridiction, elle a néanmoins été largement commentée (voir, par ex., F. Donnat, « Abandon de la jurisprudence Septfonds : le droit de l'Union en demandait-il autant ? », *D.* 2011, p. 3046 ; D. Ritleng, « Le juge français se veut bon élève de l'Union », *RTDEur.* 2012, p. 135 ou encore A. Levade, « La spécificité du droit de l'Union européenne réaffirmée », *Constitutions* 2012, p. 294) notamment quant à « l'effet de torsion induit une fois de plus par le droit de l'Union sur les schémas habituels du juge français » (J. Lessi, « Les questions préjudicielles du juge administratif à l'autorité judiciaire », *AJDA* 2015, p. 274).

Une 2nde exception à l'obligation de renvoi rajoutée par le Conseil d'Etat

511 • Le juge administratif a ajouté, dans la même jurisprudence évoquée ci-dessus, une autre exception élargissant les exceptions à l'obligation de renvoi le concernant. Cette autre exception concerne l'hypothèse où le législateur a prévu que les mesures prises pour l'application de la loi seront définies par un accord collectif conclu entre les partenaires sociaux, dont l'entrée en vigueur est subordonnée à l'intervention d'un arrêté ministériel d'extension ou d'agrément. Dans ce cas, il appartient au juge administratif, saisi d'un recours pour excès de pouvoir dirigé contre cet arrêté, de se prononcer lui-même, compte tenu de la nature particulière d'un tel accord, sur les moyens mettant en cause sa légalité. Cette nouvelle exception témoigne d'une nouvelle perception des choses quant à la plénitude de compétence du juge administratif quant à l'interprétation et à l'appréciation de la légalité des conventions et accords collectifs. Si de tels accords conservent la nature d'actes de droit privé et parce que « la fonction de l'acte l'emporte sur sa nature juridique » (J. Lessi, « Les questions préjudicielles du juge administratif à l'autorité judiciaire » précité), le juge administratif peut et doit se prononcer lui-même sur les moyens mettant en cause sa légalité. C'est son rôle de juge « naturel » des mesures d'application de la loi qui justifie alors le fait qu'il se prononce également sur la légalité d'un tel accord agréé ou étendu de droit privé. Le Conseil d'Etat s'était déjà pleinement reconnu compétent pour constater la non-validité d'une clause et en tirer les conséquences sur l'arrêté d'agrément (CE, 11 juillet 2001, *Mouvement des entreprises de France et Confédération générale des petites et moyennes entreprises*, req. n°

224586, *Rec. CE*, p. 377, *RDSS* 2001, p. 867, note C. Willmann ; CE, 28 décembre 2009, *Guillot*, req. n° 311421 ; CE, 18 juin 2010, *Syndicat des agences de presse photographiques d'information et de reportages [SAPHIR]*, req. n°318143) ou pour se reconnaitre comme ayant une plénitude de juridiction dans le cadre d'un recours pour excès de pouvoir dirigé contre le refus d'un ministre d'étendre un avenant à une convention collective (CE, 23 décembre 2010, *Fédération de l'équipement, de l'environnement, des transports et des services FO*, req. n°332493, *Dr. soc.* 2011, p. 423, concl. C. Landais). L'unité du procès était déjà ainsi favorisée d'une certaine manière avant la décision du Tribunal des conflits.

b) La non-obligation de renvoi en cas de « jurisprudence établie » sur l'illégalité de l'acte administratif

Des juges qui évitaient la question lorsqu'elle n'était pas nécessaire ou ne présentait pas de caractère sérieux

512 • La décision *SCEA du Chéneau* du 17 octobre 2011 précitée renouvelle les règles du renvoi préjudiciel en permettant d'éviter le renvoi lorsqu'une jurisprudence non équivoque permet de considérer que l'illégalité de l'acte administratif relève de l'évidence. Si la 1ère exception de l'arrêt était relative, comme on l'a vu, à l'appréciation de la conformité des actes administratifs par rapport au droit de l'Union, la 2nde exception consiste à écarter l'obligation de renvoi « lorsqu'il apparait manifestement, au vu d'une jurisprudence établie, que la contestation peut être accueillie par le juge saisi au principal ». C'est la notion de « jurisprudence établie » qui cristallise alors les débats autour de la nouvelle jurisprudence mise en place par le juge paritaire. Elle était, jusque-là, très peu employée par les juges français qui lui préféraient d'autres concepts ayant une finalité similaire, les juges se soustrayant à l'obligation de renvoi dès lors que la question soulevée n'était pas nécessaire à la résolution du litige ou ne présentait pas un caractère sérieux. L'intérêt de ces conditions étant déjà marqué par l'idée d'éviter les renvois inutiles, voire dilatoires et de faire gagner du temps aux parties et à la justice même si la notion de bonne administration de la justice n'est pas encore ici évoquée. Sur la condition de nécessité, il était notamment mis en avant par les deux juges que, si le litige pouvait être réglé sans examen du moyen comportant une question préjudicielle, celle-ci ne devait pas être posée (CE, 30 octobre 1968, *Secrétaire d'Etat au logement contre époux Ringel*, req. n°69736, *Rec. CE*, p. 532 ; Cass., Civ. 16 décembre 1964, *Bull., civ.* I, n° 574, p. 444). Le Tribunal des conflits approuvant cette attitude et considérant qu'il n'y a pas lieu à question préjudicielle lorsque la réponse attendue est simplement utile à la solution du litige sans être indispensable (TC, 25 novembre 1963, *Préfet des Ardennes*, *Rec. CE*, p. 849). C'est surtout la condition relative au « caractère sérieux » de la question posée qui était mise en avant dans les différentes jurisprudences. Elle a donné lieu, selon l'expression du professeur Gaudemet, à de « véritables « stratégies » jurisprudentielles » (Y. Gaudemet, « Les questions préjudicielles devant les deux ordres de juridiction », *RFDA* 1990, p. 764, spéc. p. 769) selon que le renvoi émanait du juge judiciaire ou du juge administratif ou selon les époques et les hypothèses de renvoi. Si plusieurs éléments peuvent être

pris en considération et si, en ce domaine le « plus grand empirisme prévaut » (*Ibid.*), la question présente un caractère sérieux essentiellement lorsque la « question n'est pas claire » (CE, 19 décembre 1986, *Burel*, req. n°76139, *Rec. CE*, p. 745) ou plus précisément lorsque le sens et la portée de l'acte « ne sont pas clairs » (CE, 12 février 1975, *Ministre délégué auprès du 1^{er}ministre chargé de la protection de la nature et de l'environnement contre Montero*, req. n°93900, *Rec. CE*, p. 872). Dans ce cadre, le Conseil d'Etat apprécie les conditions du renvoi de façon plus stricte que la Cour de cassation puisqu'il faut que l'acte soit clair par lui-même pour le juge judiciaire alors que cela n'est pas nécessaire pour le juge administratif qui tient compte aussi de l'interprétation constructive du juge en la matière.

Une incertitude sur le champ d'application de la notion de « jurisprudence établie » (1)

513 • Concernant la notion et l'utilisation de la notion de « jurisprudence établie », il y a de nombreuses questions qui se posent si on observe de plus près la jurisprudence ultérieure aux décisions *SCEA du Chéneau* et *Fédération Sud santé sociaux*. Le Tribunal des conflits a d'abord modifié son considérant de principe dès la 1ère décision suivant l'arrêt de référence en écartant le renvoi préjudiciel s'il « apparait clairement, au vu notamment d'une jurisprudence établie, que la contestation peut être accueillie par le juge saisi au principal » (TC, 12 décembre 2011, *Société Green Yellow contre Electricité de France*, req. n°3841, *Rec. CE*, p. 705, *AJDA* 2012, p. 27, chron. M. Guyomar et X. Domino). L'adverbe « notamment » faisant en sorte d'affaiblir la notion de « jurisprudence établie », cette dernière n'étant plus alors « la » condition de l'exception au renvoi. Cette jurisprudence n'a cependant été que furtive, aucune autre décision et aucun autre juge ne réitérant cette formulation. Au-delà de cette première décision, il y a une incertitude sur le champ exact de de la condition tenant à la jurisprudence établie dont la définition apparait, pour certains, pour le moins « insaisissable » (A. Minet, « La jurisprudence établie : les ambiguïtés d'une notion », *AJDA* 2015, p. 279). D'un prime abord, l'appréciation du juge sur la notion doit s'effectuer en suivant deux étapes : il doit, en 1er lieu, vérifier qu'il existe une jurisprudence dénuée d'ambiguïté sans qu'il y ait nécessairement besoin d'une certaine réitération des solutions, un précédent isolé suffisant à caractériser la « jurisprudence établie » puis le juge doit, en 2nd lieu, vérifier que cette jurisprudence soit « d'application aisée » (A. Minet, « La jurisprudence établie : les ambiguïtés d'une notion » précitée) pour relever l'illégalité manifeste (Voir, en ce sens, CE, 19 novembre 2013, *Société Credemlux International*, req. n°352615, *Rec. CE*, p. 288, *AJDA* 2014, p. 2008, note C. Vautrot-Schwarz ; TC, 16 juin 2014, *Mme Semavoine contre Communauté d'agglomération de la Rochelle*, req. n°3953, *AJDA* 2014, p. 1658). Il faut que la solution n'appelle que des constatations, pas d'appréciation de la part du juge de l'action. Ce dernier ne doit pas avoir à « soupeser, apprécier les divers éléments » (J.-F. Struillou, note précitée) de la contestation ou effectuer « un effort intellectuel » (*Ibid.*) pour l'accueillir même si la notion ne semble pas requérir que « la solution sorte toute armée et casquée d'un précédent de la juridiction de référence » (J. Lessi, « Les questions préjudicielles du juge administratif à l'autorité judiciaire », *AJDA* 2015, p. 274), il

faut juste que « le référentiel d'analyse puisse être aisément déduit par le juge » (*Ibid.*).

Une incertitude sur le champ d'application de la notion de « jurisprudence établie » (2)

514 • D'autres arrêts donnent une portée bien plus large à l'exception au renvoi préjudiciel en se bornant simplement à vérifier l'existence d'une norme jurisprudentielle clairement posée sans s'interroger sur son application. On peut, à cet égard, se reporter à un arrêt de la Cour de cassation relatif à l'exécution d'une convention d'affermage des droits de place perçus dans les halles et marchés communaux (Cass., 1ère civ., 24 avril 2013, *Commune de Sancoins contre Société Les fils de Mme Géraud*, n° de pourvoi : 12-18.180, *Bull. Civ.* I, n°89, *AJDA* 2013, p. 1630, note J.-*D.* Dreyfus). Le juge judiciaire n'est normalement compétent que pour connaitre des actions relatives à l'exécution de ce contrat administratif, pas pour apprécier la légalité de ces clauses (TC, 23 avril 2007, *Commune de Cabourg*, req. n°3567, *Rec. CE*, p. 594, *AJDA* 2007, p. 1711, note M. Distel). Il s'est néanmoins reconnu compétent dans ce 2nd cas au vu de la jurisprudence établie du juge administratif qui veut que, eu égard à l'exigence de loyauté des relations contractuelles, les vices n'affectant pas le consentement des parties n'impliquent pas la nullité du contrat administratif (CE, Ass., 28 décembre 2009, *Commune de Béziers dit « Béziers 1 »*, req. n°304802, *Rec. CE*, p. 509, concl E. Glaser, *AJDA* 2010, p. 142, chron. S.-J. Lieber et D. Botteghi, *RFDA* 2010, p. 506, concl. E. Glaser et note D. Pouyaud). Il y a ici une approche différente par rapport aux jurisprudences précitées dans la mesure où le juge s'accorde une plénitude de juridiction sans s'assurer d'une illégalité manifeste de l'acte et sans vérifier l'application de la jurisprudence et notamment sa nécessité d'une certaine appréciation. Il n'y a, au final, pas de critères de définition précis pour établir la « jurisprudence établie », les arrêts se contentant souvent de procéder au renvoi de la question préjudicielle en se bornant à préciser que celle-ci ne peut être résolue au vu d'une jurisprudence établie (CE, 15 mai 2013, *Ordre des avocats au barreau de Marseille*, req. n°342500, *Rec. CE*, p. 138 ; CE, 30 décembre 2013, *Syndicat national des exploitants de parcours aventures [SNEPA]*, req. n°354881 ; CE, 14 mai 2014, *Fédération nationale CGT des personnels des sociétés d'études, de conseil et de prévention*, req. n°357039). A l'inverse, lorsqu'ils admettent cette dernière, ils ne font pas mention de l'arrêt servant de fondement à cette reconnaissance alors que cette mention pourrait, comme le soulignent certains, « être utile aux juridictions elles-mêmes en ce qu'elle améliorerait le dialogue des juges en matière de renvois préjudiciels » (A. Minet, « La jurisprudence établie : les ambiguïtés d'une notion », précité) et « conduirait le juge de l'action à une certaine retenue en lui imposant indirectement de ne reconnaitre une jurisprudence établie qu'en présence d'un arrêt de nature à en fonder l'existence » (*Ibid.*) .

Des obligations renforcées pour le juge : le décret du 27 février 2015

515 • Il faut relever, enfin, que le régime des questions préjudicielles entre les juridictions nationales a été substantiellement modifié par un décret du 27 février 2015 (Décret n° 2015-233 du 27 février 2015 (JO 1er mars 2015, p. 4005) *relatif au*

Tribunal des conflits et aux questions préjudicielles entré en vigueur le 1er avril 2015) pour renforcer l'efficacité et la célérité de la justice et ainsi la protection des droits et libertés. La mise en œuvre du mécanisme était en grande partie laissée à la discrétion des parties ce qui amenait notamment la juridiction de renvoi à prononcer le rejet de la requête quand il y avait absence de saisine du juge compétent pour trancher la question préjudicielle (CE, 19 janvier 1990, *Union nationale commerce en gros en fruits et légumes*, req. n°69188). Le décret a, en ce sens, considérablement renforcé les obligations du juge dans la mise en œuvre du mécanisme préjudiciel puisqu'il incombe, dorénavant, aux juges saisis au principal de transmettre la question préjudicielle tout en déterminant la juridiction de renvoi matériellement et territorialement compétente (art. R. 771-2 CJA et art. 49 du Code de procédure civile). Ces derniers devront également agir dans les plus brefs délais (art. R. 711-2-1 CJA et art. 126-15 Code de procédure civile) alors qu'aucune condition de délai n'était imposée auparavant pour les parties (CE, 8 novembre 1961, *Commune de Sospel*, *Rec. CE*, p. 633). Enfin, la saisine du juge administratif, avant la réforme, devait être accompagnée de conclusions en ce sens des parties présentes au litige coïncidant avec la question préjudicielle définie par le jugement de renvoi (CE, Ass., 7 juillet 1995, *Wimmer*, req. n°152883, *Rec. CE*, p. 288). Ce n'est plus le cas désormais en vertu de l'article 49 du Code de procédure civile.

Bibliographie

- **Clamour (S.), Coutron (L.)**, « L'exception d'illégalité devant le juge judiciaire. Au chevet de la jurisprudence Septfonds », RDP 2012, p. 853.

- **Dantonel-Cor (N.)**, « Le juge judiciaire répressif et l'acte administratif unilatéral depuis la réforme du Code pénal », RSC 1999, p. 17.

- **Dero-Bugny (D.)**, « La compétence du juge administratif saisi d'un recours en appréciation de validité d'un acte administratif encadrée par le renvoi préjudiciel du juge judiciaire », RFDA 2006, p. 73.

- **Donnat (F.)**, « Abandon de la jurisprudence Septfonds : le droit de l'Union en demandait-il autant ? », D. 2011, p. 3046

- **Dreyfus (J.-L.)**, « L'application par le juge judiciaire de la « jurisprudence établie » du juge administratif », AJDA 2013, p. 1630.

- **Dupré de Boulois (X.)**, « Exception d'inconventionnalité des règlements administratifs : la Cour de cassation persiste et signe », RFDA 2008, p. 499.

- **Gaudemet (Y.)**, « Les questions préjudicielles devant les deux ordres de juridiction », RFDA 1990, p. 764.

- **Guyomar (M.), Domino (X.)**, « Renvois préjudiciels et bonne administration de la justice », AJDA 2012, p. 30.

- **Herran (T.), Lacaze (M.)**, « Affirmation de la compétence du juge pénal dans le contrôle des perquisitions administratives », AJDPénal 2017, p. 30.

- **Hermann (J.)**, « Le juge pénal, juge ordinaire de l'Administration », D. 1998, chron. p. 195.

- **Messoudi (H.)**, « Le dialogue après la bataille ? : le nouvel équilibre des questions préjudicielles », in G. Eveillard (dir.), La guerre des juges aura-t-elle lieu ? Analyse comparée des offices du juge administratif et du juge judiciaire dans la protection des libertés fondamentales, Revue générale du droit 2016, on line, n° 23365.

- **Heurte (A.)**, « Le recours sur renvoi des tribunaux judiciaires », AJDA 1957, p. 111.

- **Lessi (J.)**, « Les questions préjudicielles du juge administratif à l'autorité judiciaire », AJDA 2015, p. 274

- **Lavialle (C.)**, « Le juge administratif et l'exception de propriété », RFDA 2004, p. 497.

- **Lesclous (V.)**, « L'appréciation des actes administratifs par le juge répressif », JCP 1994, G, I, n°3747.

- **Levade (A.)**, « La spécificité du droit de l'Union européenne réaffirmée », Constitutions 2012, p. 294.

- **Long (M.)**, « L'état actuel de la dualité de juridictions », RFDA 1990, p. 689.

- **Moreau (J.)**, « De la compétence des juridictions pénales pour apprécier la légalité des actes administratifs – Bilan de dix années de jurisprudence de la chambre criminelle de la Cour de cassation », JCP 2005, A, n°1200.

- **Minet (A.)**, « La jurisprudence établie : les ambiguïtés d'une notion », AJDA 2015, p. 279.

- **Plessix (B.)**, « Le juge administratif, le contentieux de l'aide sociale et l'application du droit civil », RFDA 2005, p. 375.

- **Pradel (J.)**, « Les perquisitions administratives ou la chambre criminelle de la Cour de cassation contre tous », D. 2017, p. 275.

- **Remy-Corlay (P.)**, « Le contrôle par le juge judiciaire de la « légalité européenne » des actes administratifs », RTDCiv. 2011, p. 735.

- **Ritleng (D.)**, « Le juge français se veut bon élève de l'Union », RTDEur 2012, p. 135.

- **Roblot-Troizier (A.)**, « L'appréciation de la légalité d'actes administratifs par les tribunaux judiciaires non répressifs », RFDA 2011, p. 1136.

- **Sauve (J.-M.)**, « Introduction. L'acte administratif sous le regard du juge judiciaire », www.conseil-etat.fr, 4 avril 2014 ; « Le juge administratif et les actes et activités de droit privé », www.conseil-etat.fr, 27 juin 2012.

- **Seiller (B.)**, « Effets de la déclaration d'illégalité sur l'ordonnancement juridique », RFDA 2014, p. 521 ; « L'appréciation de la légalité d'actes administratifs par les tribunaux judiciaires non répressifs », RFDA 2011, p. 1129 ; « Le juge civil et l'appréciation de la conventionnalité des actes réglementaires, concilier Septfonds et Société des Cafés Jacques Vabre », RDP 2008, p. 1641.

- **Theron (S.)**, « Questions d'appréciation de la régularité d'un acte et d'interprétation devant le juge », AJDA 2012, p. 2037.

- **Vedel (G.)**, « La loi des 16-24 août 1790 : Texte ? Prétexte ? Contexte ? », RFDA 1990, p. 698.

Section 2 : Le dialogue entre les juges ordinaires et le Conseil constitutionnel

516 • A priori, le Conseil d'Etat, la Cour de cassation et le Conseil constitutionnel interviennent dans des domaines qui se veulent distincts : le Conseil d'Etat contrôle les actes administratifs, la Cour de cassation contrôle les actes privés et le Conseil constitutionnel prend soin de vérifier la conformité des lois et traités internationaux à la Constitution. Pour autant, les juges peuvent utiliser, dans certains cas, la même norme de référence pour leur contrôle et, pour déterminer le sens du texte alors à contrôler, avoir à interpréter cette norme servant de référence. Lorsque cette norme provient de la Constitution, les trois acteurs mentionnés sont ainsi concernés. On a vu que le juge ordinaire n'est pas une juridiction constitutionnelle et qu'il s'est longtemps considéré comme incompétent pour assurer un contrôle de constitutionnalité de la loi (c'est d'abord le juge judiciaire qui, depuis 1833, avait adopté cette solution : Cass., crim., 11 mai 1833, *Paulin*, *Bull. crim.* 1833, n°182 précité puis c'est le juge administratif qui, en 1936, a écarté tout moyen mettant en cause la validité d'une loi : CE, sect., 6 novembre 1936, *Arrighi* précité). La création et le développement du rôle et des pouvoirs du Conseil constitutionnel, depuis 1958 et les débuts de la Vème république, a conforté cette prise de position.

517 • Une fois promulguée, la loi restait incontestable même si inconstitutionnelle puisque le seul contrôle de constitutionnalité alors institué était un contrôle par voie d'action, un contrôle a priori avant la promulgation de la loi. Deux éléments sont venus perturber cet agencement général des pouvoirs entre les juges. L'immunité de la loi promulguée a d'abord été remise en cause par le développement du droit international et européen qui a donné le pouvoir aux juges ordinaires de statuer sur l'exception de conventionnalité de la loi. Puis c'est la récente introduction du contrôle a posteriori par l'intermédiaire de la consécration de la QPC depuis mars 2010 qui est venue compléter cette remise en cause. Les conflits d'interprétation entre le Conseil constitutionnel, d'une part, et la Cour de cassation ou le Conseil d'Etat, d'autre part, sont devenus plus fréquents. La fonction de filtre attribuée aux juridictions ordinaires suprêmes a, de même, fait évoluer le rôle du juge ordinaire dans le contrôle de constitutionnalité tout en faisant en sorte de redonner au contrôle de constitutionnalité ces lettres de noblesses et son caractère notamment prioritaire par rapport au contrôle de conventionnalité. Devant la multiplicité des

contrôles, il devenait indispensable d'institutionnaliser le dialogue des juges et d'assurer, au niveau interne, la cohérence des décisions prises dans la protection des droits et libertés. C'est d'abord l'autorité des décisions du Conseil constitutionnel, prises à la fois dans le contrôle a priori et le contrôle a posteriori, qui a d'abord été utilisé comme gage de cohérence dans la protection des droits et libertés (§ 1er) puis c'est plus directement la QPC pris en tant que tel qui, tout en institutionnalisant le dialogue entre les juges, a permis réellement de concrétiser un Etat de droit complet en France et la protection conséquente des droits et libertés (§2nd).

§ 1er : L'autorité des décisions du Conseil constitutionnel comme gage de cohérence dans la protection des droits et libertés

518 • C'est l'article 1351 du Code civil qui définit d'abord la notion d'autorité de chose jugée en ce qu'elle n'a lieu « qu'à l'égard de ce qui a fait l'objet du jugement. Il faut que la chose demandée soit la même ; que la demande soit fondée sur la même cause ; que la demande soit entre les mêmes parties, et formée par elles et contre elles en la même qualité ». Il y a cependant certaines particularités attachées au contentieux constitutionnel qui empêchent de transposer purement et simplement la règle classique du Code civil. Certaines des conditions énoncées par l'article apparaissent manifestement inadaptées à la conception publiciste de l'autorité de la chose jugée. Peu importe où l'on se place, que ce soit du côté du Conseil d'Etat quand il annule un décret à l'occasion d'un recours pour excès de pouvoir ou que ce soit du côté du Conseil constitutionnel lorsqu'il abroge une loi par le biais d'une QPC, le résultat est le même, il ne vaut pas seulement pour l'auteur du recours ou de la question. On dit généralement que la décision possède l'autorité absolue de chose jugée parce que la condition d'identité des parties, posée par l'article 1351 CCiv, ne lui est pas applicable. Lorsqu'on regarde la condition de l'identité d'objet, également posée par l'article 1351 CCiv, elle se retrouve aussi sous une forme différente dans le contentieux constitutionnel. Le Conseil rappelant que l'autorité de chose jugée qui s'attache à ces décisions est limitée aux dispositions législatives qui lui ont été soumises et qu'elle ne peut être invoquée à l'encontre d'une autre loi même si certains des problèmes de constitutionnalité posée par ces deux lois sont analogues voire identiques.

519 • Le problème est de savoir comment appliquer cette autorité de chose jugée aux décisions du Conseil constitutionnel si on tient compte, notamment, du caractère particulier et objectif du contentieux tel qu'il existe devant ce juge. Si l'on prend le modèle des cours suprêmes classiques, la question de l'autorité de leur décision vis-à-vis des autres juridictions ne se pose pas dans la mesure où la Cour suprême est intégrée au sein du système juridictionnel ordinaire. Comme elle au sommet de ce système, elle est en mesure d'imposer son point de vue quitte à utiliser la sanction radicale de l'annulation du jugement de la juridiction inférieure. Le modèle français, proche du modèle kelsenien, ne s'inscrit pas dans cette logique, puisqu'il place le juge constitutionnel en dehors de l'appareil judiciaire ou administratif classique sans lien hiérarchique avec ces derniers avec aucun moyen

pour ce dernier d'imposer ces décisions ou de les assortir d'un pouvoir de contrainte institutionnalisé qui pourrait garantir leur exécution. Le juge constitutionnel est donc tributaire de la bonne réception de sa jurisprudence chez les juges administratif et judiciaire. C'est pour cette raison qu'a été mis en place l'autorité de chose jugée de l'article 62 C°, l'objectif étant de pallier l'absence de rapports hiérarchisés et de sanction du non-respect des décisions du juge constitutionnel par les autres juges.

520 • Au-delà de la formulation sobre de l'alinéa 3 de l'article 62 qui prévoit que les décisions du Conseil « s'imposent aux pouvoirs publics et à toutes les autorités administratives et juridictionnelles » et qui ne pose aucun souci pour les juridictions ordinaires, c'est la primauté de « l'interprétation constitutionnelle » qui pose question. En d'autres termes, et comme Olivier Desaulnay pourrait poser la question : « existe-t-il, à cet effet, une autorité de chose interprétée des décisions du Conseil constitutionnel au-delà de la simple autorité de chose jugée reconnue à ces décisions ? » (O. Desaulnay, « L'autorité des décisions du Conseil constitutionnel vue par la Cour de cassation », *Nouveaux cahiers du CC* 2011, n°30). C'est cette autorité de chose interprétée qui va alors permettre de parvenir à la cohérence des ordres juridiques et ainsi concrétiser une protection optimum des droits et libertés. Et cette autorité dépend au moins en partie de la réception que vont en faire les juges ordinaires et, force est de constater que si, dans l'ensemble, les juges ne s'écartent pas trop des interprétations du Conseil, ils y apportent parfois certaines nuances qu'il convient de relever.

521 • C'est le cas dans le cadre du contrôle a priori (A) mais aussi dans le cadre du contrôle a posteriori (B) qui, en tant que contrôle nouvellement promu, est de nature à renforcer considérablement l'autorité interprétative des décisions du Conseil. La QPC donne ainsi d'abord un nouveau rôle au juge ordinaire en matière de contrôle de constitutionnalité des lois et, par le biais des trois critères qu'il doit examiner pour décider de transmettre la question à sa juridiction suprême, le juge ordinaire peut se prononcer, bien qu'indirectement, sur la constitutionnalité ou non d'une disposition. Ce pouvoir d'appréciation se retrouve aussi au niveau du filtrage opéré par les juridictions suprêmes qui, en transmettant la QPC, pourront soit la déclarer conforme à la Constitution, soit estimer sérieuse la contestation de la constitutionnalité de la loi et exercer ainsi une sorte de « « pré-contrôle » de constitutionnalité » (Cf. A. Roblot-Troizier, « La question prioritaire de constitutionnalité devant les juridictions ordinaires : entre méfiance et prudence », *AJDA* 2010, p. 80).

A – Dans le cadre de son contrôle a priori

522 • Si le Conseil constitutionnel influe sur le contenu des divers domaines de notre droit, notamment à travers son interprétation de son catalogue de droits et libertés tels que consacré par le préambule de la Constitution, les juges ordinaires, malgré la fermeté de l'article 62 C°, garde la maitrise de l'autorité des décisions du Conseil constitutionnel. Comme peuvent le noter Denys de Béchillon et Nicolas

Molfessis, « le Conseil constitutionnel a le premier mot, mais jamais le dernier » (D. de Béchillon et N. Molfessis, « Sur les rapports entre le Conseil constitutionnel et les diverses branches du droit », *Nouveaux Cahiers du CC* 2004, n°16). Après une approche plutôt restrictive de la portée de l'article 62 C° (1), les juges ordinaires ont, aujourd'hui, une approche plus large quant à la réception des décisions du Conseil constitutionnel qui présenterait davantage d'analogies avec l'autorité de chose interprétée dont bénéficient les décisions de la CJUE. Cette approche plus large témoigne de la qualité du dialogue opéré entre les différents juges et de l'écoute respective qu'ils s'accordent faisant en sorte de consacrer par la même une protection plus optimum des droits et libertés (2).

1 – La réception initiale restrictive de la jurisprudence constitutionnelle par les juges ordinaires : l'autorité de chose jugée

a) Un juge constitutionnel qui a d'abord adopté une attitude très réservée à l'égard de ses propres attributions

Une autocensure quant à sa propre compétence

523 • Le Conseil a, dès le départ, adoptée une attitude très restrictive à l'égard de ses attributions et de sa fonction. Pour ce qui concerne, en 1er lieu, la définition de sa compétence, il a énoncé, dès 1961, qu'il ne pouvait être saisi « que dans les cas et suivant les modalités fixées par la Constitution » (CC, n° 61-1 AUTR, 14 septembre 1961, *Demande d'avis présentée par le Président de l'Assemblée nationale (Recevabilité de la motion de censure)*, *Rec. CC*, p. 55, cons. n°1), reconnaissant par la même ne disposer que d'une compétence d'attribution. Il s'est, ensuite, de lui-même, qualifié de simple « régulateur de l'activité des pouvoirs publics » (CC, n°62-20 DC, 6 novembre 1962, *Loi relative à l'élection du Président de la République au suffrage universel direct, adoptée par le référendum du 28 octobre 1962*, JO, 7 novembre 1962, p. 10778, *Rec. CC*, p. 27, cons. n°2). La compétence d'attribution n'a jamais été remise en cause par la suite, le Conseil se déclarant, comme déjà vu, incompétent pour statuer sur les lois d'origine référendaire qui constituent l'expression directe de la souveraineté nationale (décisions précitées de 1962 et 1992) comme sur les lois à l'origine d'une révision constitutionnelle même lorsqu'elle se réalise par voie parlementaire (décision de 2003). L'autocensure se manifeste également par le rappel régulier de la formule, inaugurée à l'occasion de la décision « *IVG* », selon laquelle « la Constitution ne (lui) confère pas un pouvoir général d'appréciation et de décision identique à celui du Parlement » (CC, n° 74-54 DC, 15 janvier 1975, *Loi relative à l'interruption volontaire de la grossesse*, JO, 16 janvier 1975, p. 671, *Rec. CC*, p. 19, cons. n°1). La formule, qui n'a jamais été remise en cause depuis lors (CC, n°2010-39 QPC, 6 octobre 2010, *Mmes Isabelle D. et Isabelle B. (Adoption au sein d'un couple non marié)*, JO, 7 octobre 2010, p. 18154, *Rec. CC*, p. 264, cons. n°5 ou CC, n° 2011-92 QPC, 28 janvier 2011, *Mme Corinne C. et autre (Interdiction du mariage entre personnes de même sexe)*, JO, 29 janvier 2011, p. 1894, *Rec. CC*, p. 87, cons. n°5), marque la séparation entre le Parlement et le juge de la loi, entre les jugements en opportunité et les jugements en droit. Le Conseil n'étant compétent que pour se prononcer sur

la conformité d'une disposition législative aux droits et libertés que la Constitution garantit.

Une grande prudence dans le contrôle de l'appréciation législative des faits : le contrôle de l'erreur manifeste d'appréciation

524 • De même, c'est avec beaucoup de prudence que le Conseil se livre à un contrôle de l'appréciation législative des faits. Il ne lui appartient pas, par exemple, « de rechercher si l'objectif que s'est assigné le législateur aurait pu être atteint par d'autres voies, dès lors que les modalités retenues ne sont pas manifestement inappropriées à l'objectif poursuivi » (CC, n° 2003-468 DC, 3 avril 2003, *Loi relative à l'élection des conseillers régionaux et des représentants au Parlement européen ainsi qu'à l'aide publique aux partis politiques*, JO, 12 avril 2003, p. 6493, *Rec. CC*, p. 325, cons. 42). S'inspirant du contentieux administratif (un tel contrôle s'effectuant depuis les années 1960 : CE, 2 mars 1960, *Gesbert*, *Rec. CE*, p. 162, *AJDA* 1961, p. 67, comm. J.-M. Galabert ou CE, sect., 15 février 1961, *Lagrange*, req. n°42259 et 42260, *Rec. CE*, p. 121, *AJDA* 1961, p. 200, chron. J.-M. Galabert et M. Gentot), le Conseil ne relèvera que l'erreur manifeste d'appréciation commise par le législateur sur les faits qu'il a pris en compte. Il a ainsi pu préciser que « l'appréciation portée par le législateur sur la nécessité des nationalisations décidées par la loi soumise à l'examen du Conseil constitutionnel ne saurait, en l'absence d'erreur manifeste, être récusée » (CC, n° 81-132 DC, 16 janvier 1982, *Loi de nationalisation*, JO, 17 janvier 1982, p. 299, *Rec. CC*, p. 18, cons. n°20) ou décider qu'» il n'est pas établi, en l'état, que ce soit par une erreur manifeste d'appréciation que les entreprises figurant sur la liste annexée à la loi ainsi que leurs filiales aient été regardées comme ne constituant pas des monopoles de fait » (CC, n° 86-207 DC, 26 juin 1986, *Loi autorisant le Gouvernement à prendre diverses mesures d'ordre économique et social*, JO, 27 juin 1986, p. 7978, *Rec. CC*, p. 61, Cons. n° 55). Le juge procède de même lorsqu'il estime que, sous réserve de fonder son appréciation sur des critères objectifs et rationnels, il appartient au législateur de déterminer les formations dispensées par les établissements d'enseignement privés susceptibles de bénéficier d'une aide de l'Etat (CC, n° 99-414 DC, 8 juillet 1999, *Loi d'orientation agricole*, JO, 10 juillet 1999, p. 10266, *Rec. CC*, p. 92). Le contrôle de l'erreur manifeste se transforme parfois en contrôle de proportionnalité mais, dans la jurisprudence du Conseil, celui-ci se limite au contrôle de l'absence de disproportion manifeste entre l'infraction et la peine encourue (Voir, par ex., CC, n°87-237 DC, 30 décembre 1987, *Loi de finances pour 1988*, JO, 31 décembre 1987, p. 15761, *Rec. CC*, p. 63, cons. n°16 ; CC, n°96-377 DC, 16 juillet 1996, *Loi tendant à renforcer la répression du terrorisme et des atteintes aux personnes dépositaires de l'autorité publique ou chargées d'une mission de service public et comportant des dispositions relatives à la police judiciaire*, JO, 23 juillet 1996, p. 11108, *Rec. CC*, p. 87, cons. n°28) contrairement au contrôle alors opéré par le Conseil d'Etat, bien plus poussé, sur les mesures de police (tel qu'inauguré par l'arrêt CE, 19 mai 1933, *Benjamin* précité). Le pouvoir d'appréciation et de décision du législateur est ainsi préservé (Voir, en ce sens, G. Bergougnous, « Le Conseil constitutionnel et le législateur », *Nouveaux cahiers du CC* 2013, n°38).

Un grand respect des choix politiques opérés par le législateur : la technique des objectifs à valeur constitutionnelle

525 • De manière générale, le Conseil se montre respectueux des choix politiques du législateur par-delà les alternances au pouvoir. Il autorise, par exemple, le législateur à porter atteinte aux droits et libertés constitutionnellement garantis pour des motifs d'intérêt général comme la sauvegarde de l'ordre public, le respect de la liberté d'autrui et la préservation du caractère pluraliste des courants d'expression socioculturels (Décision n° 82-141 DC du 27 juillet 1982, *Loi sur la communication audiovisuelle*, JO, 27 juillet 1982, p. 2422, *Rec. CC*, p. 48, cons. n°5), la lutte contre la fraude fiscale (CC, n°99-424 DC, 29 décembre 1999, *Loi de finances pour 2000*, JO, 31 décembre 1999, p. 19991, *Rec. CC*, p. 156, cons. n°52) ou la recherche des auteurs d'infraction (CC, n°2004-492 DC, 2 mars 2004, *Loi portant adaptation de la justice aux évolutions de la criminalité*, JO, 10 mars 2004, p. 4637, *Rec. CC*, p. 66, cons. n°4). Pour ce faire, il utilise souvent la technique des objectifs à valeur constitutionnelle qui sont librement définis par le Conseil au hasard de sa jurisprudence et qui, au-delà d'apporter une protection supplémentaire, permettent de justifier l'atteinte d'une loi aux droits et libertés pour des motifs d'intérêt général (Cf. A. Levade, « L'objectif de valeur constitutionnelle. Vingt ans après. Réflexions sur une catégorie juridique introuvable », *Mélanges Pactet*, Paris, Dalloz, 2003, p. 687 ou P. de Montalivet, *Les objectifs de valeur constitutionnelle*, Paris, Dalloz, 2006).

Un grand respect des choix politiques opérés par le législateur : l'exemple de la gestion de l'état d'urgence sécuritaire

526 • Devant faire face à l'inflation des lois sécuritaires ces dernières années, le Conseil constitutionnel a su, selon la formule de Jean Rivero, maintes fois reprise mais que nous nous permettons encore à notre tour de souligner, « filtrer le moustique et laisser passer le chameau » (J. Rivero, « Filtrer le moustique et laisser passer le chameau. A propos de la décision du Conseil constitutionnel du 20 janvier 1981 », *AJDA* 1981, p. 275) tout en admettant des atteintes grandissantes aux droits et libertés au nom de la sauvegarde de l'ordre public. Le bilan de la jurisprudence constitutionnelle sur l'état d'urgence s'inscrit dans cette logique, le Conseil privilégiant, notamment, la prudence et se montrant fataliste face à la pérennisation de l'état d'urgence tout en posant des garanties minimales quant au respect des droits et libertés (voir, en ce sens, J. Bonnet, « Les juges constitutionnels et l'état d'urgence », *DA* 2016, n°22, étude n°15). Le juge constitutionnel a tout d'abord consacré par défaut l'assise constitutionnelle de l'état d'urgence en affirmant que « la Constitution n'exclut pas la possibilité pour le législateur de prévoir un régime d'état d'urgence » (CC, n°2015-527 QPC, 22 décembre 2015, *M. Cédric D. [Assignations à résidence dans le cadre de l'état d'urgence]*, JO, 26 décembre 2015, p. 24084, texte n° 210, cons. n°8). Il s'est ensuite contenté de poser une limite très théorique à la durée de l'état d'urgence en soulignant que cette dernière « ne saurait être excessive au regard du péril imminent ou de la calamité publique ayant conduit à la déclaration d'état d'urgence » (*Ibid.*, cons. n°13). Il s'est enfin contenté d'adresser une sorte de mise en garde aux autorités publiques à

chaque prolongation de l'état d'urgence en obligeant à un réexamen des situations particulières, les différentes mesures attentatoires aux droits et libertés ne pouvant « être prolongées sans être renouvelées » (*Ibid.*, cons. n°13).

Un grand respect des choix politiques opérés par le législateur : l'exemple de la gestion de l'état d'urgence sanitaire et de la question du passe sanitaire (1)

526-1 • La 1ère loi du 23 mars 2020 (n°2020-290 précitée) *d'urgence pour faire face à l'épidémie de Covid-19* n'a pas été déférée au Conseil constitutionnel contrairement aux lois suivantes, venues proroger et organiser la sortie de l'état d'urgence sanitaire qui, elles, ont fait l'objet d'un contrôle. Deux décisions ont fixé le cadre de la jurisprudence du juge constitutionnel et toute les deux ont été largement critiquées car elles ont, au final, validées deux violations de la Constitution. La 1ère (CC, n°2020-799 DC, 26 mars 2020, *Loi organique d'urgence pour faire face à l'épidémie de covid-19*, § 3, JO, 31 mars 2020, texte n°5) a, dans une logique *contra constitutionem* et « compte tenu des circonstances particulières de l'espèce », jugé que la loi organique d'urgence pour faire face à l'épidémie, pourtant adopté en violation des règles de procédure de l'art. 46 C°(méconnaissance du délai d'adoption des lois organiques), était néanmoins conforme à la Constitution. La 2nde (CC, n°2020-800 DC, 11 mai 2020, *Loi prorogeant l'état d'urgence sanitaire et complétant ses dispositions*, § 17, JO, 12 mai 2020, texte n°2) a admis que la Constitution n'excluait pas « la possibilité pour le législateur de prévoir un régime d'état d'urgence sanitaire » admettant, de la sorte, qu'en dehors des régimes d'exception explicitement prévus par la Constitution (art. 16 et 36), d'autres régimes, implicites, de dérogation au droit commun constitutionnel pouvaient exister. Fortement critiquées (voir, par ex., P. Cassia, « Le Conseil constitutionnel déchire la Constitution », Le blog de Paul Cassia, Médiapart, [En ligne], 27 mars 2020 ou J. Jeanneney, « La non-théorie des « circonstances particulières » », *AJDA* 2020, p. 843 et suiv.), « susceptibles d'alimenter les scenarios d'une paranoïa constitutionnelle à la hauteur de l'inquiétude que peut susciter l'épidémie » (X. Magnon, « Les principes d'un droit constitutionnel jurisprudentiel d'exception », *AJDA* 2020, p. 1257 et suiv.), plaçant le juge constitutionnel « face à lui-même » (V. Champeil-Desplats, « Le Conseil constitutionnel face à lui-même », *RDH* 2020, [En ligne], 13 avril) ou en « esclave de la montre » (M. Kamal-Girard, « Le Conseil constitutionnel, esclave de la montre ? », *LPA* 2020, 04 novembre, n°153, p. 8 et suiv.), les deux décisions ont heurté tous les défenseurs des valeurs de l'Etat de droit (Par ex., J.-P. Chazal, « L'Etat de droit : la fin d'une illusion ? », *D.* 2020, p. 2281 et suiv. ou *D.* Mainguy, « L'Etat de droit, l'illusion ou la méthode », *D.* 2021, p. 1 et suiv.). Le juge constitutionnel va très loin sous prétexte de la crise sanitaire, se contentant simplement de la limitation dans le temps des mesures et du contrôle du juge administratif à travers le triple test de proportionnalité. Cette mansuétude du juge a été confirmée par les décisions suivantes qu'il s'agisse de décisions dans le cadre du contrôle a priori (CC, n°2020-803 DC, 9 juillet 2020, *Loi organisant la sortie de l'état d'urgence sanitaire*, JO, 10 juillet 2020, texte n°2 qui porte sur la possibilité pour le premier ministre, à la fin de l'état d'urgence sanitaire, de prendre à compter du 11 juillet jusqu'au 30 octobre 2020 diverses mesures destinées à lutter contre l'épidémie de Covid-19 ou CC, n°2020-808 DC, 13 novembre 2020, *Loi autorisant la prorogation de l'état d'urgence sanitaire et portant diverses mesures de gestion de la crise sanitaire*, JO, 15 novembre 2020, texte n°2 qui valide la prorogation jusqu'au 16 février 2021 de l'état d'urgence sanitaire déclaré de nouveau le 14 octobre 2020) ou a posteriori (CC, n°2020-846/847/848 QPC, 26 juin 2020, *M. Oussman G. et autres [Violations réitérées du confinement]*, JO, 27 juin 2020, texte n°80 et CC, n°2020-851/852 QPC, 3 juillet 2020, *M. Sofiane A. et autre [Habilitation à prolonger la durée des détentions provisoires dans un contexte d'urgence sanitaire]*, JO, 4 juillet 2020, texte n° 102 qui illustrent la recherche d'un équilibre entre l'objectif de protection de la santé et la protection des libertés).

Un grand respect des choix politiques opérés par le législateur : l'exemple de la gestion de l'état d'urgence sanitaire et de la question du passe sanitaire (2)

526-2 • A chaque fois, le juge constitutionnel prend bien soin de souligner qu'il « ne dispose pas d'un pouvoir général d'appréciation et de décision de même nature que celui du Parlement » et qu'il ne peut donc pas « remettre en cause l'appréciation par le législateur de l'existence d'une catastrophe sanitaire et de sa persistance prévisible », dès lors que celle-ci n'est pas, « en l'état des connaissances, manifestement inadéquate au regard de la situation présente de l'ensemble du territoire français ». Le juge ne s'interdit donc pas tout contrôle mais il confirme le caractère restreint de ce dernier en laissant à l'Exécutif les moyens et la responsabilité de sa politique sanitaire. Les lois postérieures des 31 mai (n°2021-689) et 5 août 2021 (n°2021-1040) organisant la gestion de la sortie de la crise sanitaire ont prévu, pour endiguer la propagation du virus, des outils contraignants, comme le passe sanitaire, la vaccination obligatoire ou l'obligation de se placer à l'isolement en cas de contamination à la Covid-19. Vivement critiquées (il n'y a guère de mesures adoptées par le législateur qui par leur généralité et leurs effets ont autant porté atteinte à la liberté d'aller et venir de l'ensemble des résidents français ; voir, par ex., C. Dounot, « La démesure du « pass sanitaire » », *D.* 2021, p. 1386 et suiv. ou E. Maupin, « Pass sanitaire : la Défenseure des droits tire la sonnette d'alarme », *AJDA* 2021, p. 1070 et suiv.), le passe sanitaire a, pourtant, été validé les deux fois (CC, n°2021-819 DC, 31 mai 2021, *Loi relative à la gestion de la sortie de crise sanitaire*, JO, 1er juin 2021, texte n° 2 ; CC, n° 2021-824 DC, 5 août 2021, *Loi relative à la gestion de la crise sanitaire*, JO, 6 août 2021, texte n° 3). On attendait pourtant une réaction plus forte du gardien des droits et libertés à la manière dont il avait pu transformer la fraternité de la devise républicaine en principe juridique contraignant. La réalité est que le juge constitutionnel n'est pas un pouvoir politique, il sera toujours attentif aux circonstances qui expliquent, si elles ne les justifient toujours, les choix qu'opère le législateur quitte à se renier dans l'exercice de son contrôle (voir G. Bergougnous, « Le Conseil constitutionnel et le législateur », *Les Nouveaux Cahiers du Conseil constitutionnel* 2013, [En ligne], n°38).

Une volonté persistante de refuser tout contrôle de conventionnalité

527 • Autre aspect de l'attitude plus que réservée du Conseil à l'égard de ses attributions, celle qui concerne la possibilité de pouvoir exercer, au même titre que le contrôle de constitutionnalité, un contrôle de conventionnalité. A partir du moment où la Constitution française prévoit expressément une primauté du droit international sur le droit interne (art. 55 C°), on pouvait légitimement penser que le contrôle de conventionnalité pouvait être intégrer par le Conseil dans le cadre du contrôle de constitutionnalité. Ce dernier a néanmoins répondu par la négative et a décliné sa compétence (CC, n°74-54 DC, 15 janvier 1975, *Loi relative à l'interruption volontaire de la grossesse*, JO, 16 janvier 1975, p. 671, *Rec. CC*, p. 19) conduisant, par là-même à confier ce contrôle aux juridictions ordinaires suprêmes de l'ordre judicaire et de l'ordre administratif. Pour ce faire, le Conseil a repris le considérant de principe selon lequel la Constitution ne lui confère pas « un pouvoir général d'appréciation et de décision identique à celui du Parlement mais lui donne seulement compétence pour se prononcer sur la conformité à la Constitution des lois déférées à son contrôle » (cons. n°1). La position ainsi prise était pourtant pas facile à tenir dans la mesure où, outre le fait qu'elle impliquait de considérer qu'une loi inconventionnelle n'était pas, de ce seul fait, contraire à la Constitution, elle modifiait les lignes de partage quant à la compétence entre les différents juges en matière de protection des droits et libertés. L'exception d'inconventionnalité soulevée par les juges ne possède que l'autorité relative de chose jugée mais les décisions des juges ordinaires font jurisprudence et aboutissent, en pratique, à une paralysie des lois jugées contraires à la ConvEDH, il y a là un effet identique au contrôle de constitutionnalité. Le Conseil perd ici tout à la fois l'exclusivité du contrôle sur la loi et la maitrise des normes internationales.

Un contrôle de conventionnalité néanmoins pratiqué de manière déguisée ou cachée

528 • On sait aussi qu'aujourd'hui la question se pose encore avec plus d'acuité dans la mesure où le Conseil pratique ce contrôle de manière plus ou moins déguisée ou cachée. Il interprète souvent les normes constitutionnelles dans un sens conforme au sens donné par la CourEDH aux dispositions de la ConvEDH. On peut citer à cet égard l'exemple du respect de la vie privée (CC, n°99-419 DC, 9 novembre 1999, *Loi relative au pacte civil de solidarité*, JO, 16 novembre 1999, p. 16962, *Rec. CC*, p. 116, cons. n°72 à 75), du contrôle de constitutionnalité des lois de validation (CC, n°99-422 DC, 21 décembre 1999, *Loi de financement de la sécurité sociale pour 2000*, JO, 30 décembre 1999, p. 19730, *Rec. CC*, p. 143, cons. n°62 à 66) ou encore celui de la formulation constitutionnelle du droit à un procès équitable (CC, n°2004-510 DC, 20 janvier 2005, *Loi relative aux compétences du tribunal d'instance, de la juridiction de proximité et du tribunal de grande instance*, JO, 27 janvier 2005, p. 1412, *Rec. CC*, p. 41, cons. n°17 et n°22). Le Conseil allant même jusqu'à explicitement citer la ConvEDH et la jurisprudence de la CourEDH dans ses visas et ses considérants (CC, n°2004-505 DC, 19 novembre 2004, *Traité établissant une Constitution pour l'Europe*, JO, 24 novembre 2004, p. 19885, *Rec. CC*, p. 173, cons. n°18 et n°19).

Enfin, il a, de même, estimé, de façon plus générale, que la mise en œuvre du droit de l'Union représentait, pour le législateur, un objectif d'intérêt général qui contribue à justifier des dérogations aux principes constitutionnels tels que définis par le Conseil. Pour le juge constitutionnel, la suppression du monopole d'une catégorie de personnes peut résulter « de la volonté du législateur de mettre le droit national en conformité avec [un] règlement communautaire » sans que cela n'aboutisse à une rupture caractérisée de l'égalité devant les charges publiques. Cela revenant en définitive à reconnaître que l'objectif ainsi poursuivi est un « motif d'intérêt général » (CC, n°2000-440 DC, 10 janvier 2001, *Loi portant diverses dispositions d'adaptation au droit communautaire dans le domaine des transports*, JO, 17 janvier 2001, p. 855, *Rec. CC*, p. 39, cons. n°6 et n°7. Cf. En ce sens, A. Levade, « Le Conseil constitutionnel et l'Union européenne », *Cahiers du CC* 2009, hors-série, 3 novembre).

b) Un juge constitutionnel qui a pris modèle sur le juge administratif en empruntant ses méthodes et en suivant ses raisonnements

Un Conseil constitutionnel fortement influencé par l'institution voisine du Palais Royal

529 • Beaucoup de conseillers d'Etat ont d'abord été nommés membres de la nouvelle institution (René Cassin, Georges Pompidou, Olivier Dutheillet de Lamothe, Jacqueline de Guillenchmidt, Renaud Denoix de Saint-Marc pour ne citer que les plus représentatifs). La direction du secrétariat général a, la plupart du temps, toujours été confié à un conseiller d'Etat (Bruno Genevois, Olivier Schrameck, Jean-Eric Schoettl ou encore Marc Guillaume pour ne citer là encore que les plus représentatifs) et l'on connait le rôle prépondérant de cette institution dans la mise en place de la jurisprudence constitutionnelle (Cf. O. Schrameck, « Le secrétariat général du Conseil constitutionnel », *RFDA* 1994, p. 1210 ; B. Genevois, « Secrétaire général du Conseil constitutionnel : un témoignage », *Cahiers du CC* 2009, n°25 ; A. Ciaudo, « Un acteur spécifique du procès constitutionnel : le secrétaire général du Conseil constitutionnel », *RFDC* 2008, p. 17). Le Conseil apparait aussi, comme a pu déjà le souligner en son temps le doyen Vedel, comme une juridiction de droit public amenant, tout comme le Conseil d'Etat, à contrôler les actes de la puissance publique et à contourner la tradition légicentriste alors jusque-là dominante dans l'ordre juridique de notre pays pour pouvoir réaliser l'Etat de droit et la protection complète des droits et libertés (Cf. Par ex., G. Vedel, « Excès de pouvoir législatif et excès de pouvoir administratif », *Cahiers du CC* 1997, n°2). Comme l'a encore souligné le doyen Vedel, le contrôle de constitutionnalité et le contrôle de légalité sont des contrôles de même nature puisqu'en réalité c'est l'excès de pouvoir qui est contrôlé, peu importe qu'il soit le fait du législateur ou de l'administration. Le contrôle procède ainsi de la même logique et des mêmes exigences, l'acte contrôlé devant être pris selon les formes et procédures fixées alors soit par la loi, soit par la constitution (Cf. Par ex., G. Vedel, « Le précédent judiciaire en droit public français », *Journées de la société de législation comparée* 1984, p. 284).

Un lien assez fort entre les choix effectués par le juge administratif et la matière constitutionnelle

530 • Le modèle de la juridiction administrative ne pouvait que s'imposer à la juridiction constitutionnelle dans la logique précédemment décrite, le Conseil constitutionnel tenant compte des méthodes et du raisonnement alors développé par le juge administratif (Cf. J. Robert, « Conseil d'Etat et Conseil constitutionnel, propos et variations », *RDP* 1987, p. 1151). Il y a, ainsi, un lien assez fort entre les choix effectués par le juge administratif et la matière constitutionnelle. C'est d'abord la décision *Heyriès* (CE, 28 juin 1918, *Heyriès*, req. n°63412, *Rec. CE*, p. 651 précité) développant la théorie des circonstances exceptionnelles qui a, en quelque sorte, anticipé, la création de l'article 16 C° et la notion des pouvoirs de crise. C'est la décision *Labonne* (CE, 8 août 1919, *Labonne*, req. n°56377, *Rec. CE*, p.737) qui peut être analyser comme étant à l'origine de la notion de pouvoir règlementaire autonome, le Conseil d'Etat jugeant que l'autorité titulaire du pouvoir réglementaire général disposait, en l'absence de toute habilitation législative, d'une compétence pour édicter des mesures de police à caractère général et s'appliquant sur l'ensemble du territoire. C'est encore la décision *Jamart* (CE, sect., 7 février 1936, *Jamart*, req. n°43321, *Rec. CE*, p. 172, *S.* 1937, 3, p. 113, note J. Rivero) qui reconnaît aux ministres un pouvoir d'organisation de leurs services. De manière générale, c'est d'abord le Conseil d'Etat qui a constitué le bloc de constitutionnalité en intégrant, dans le corps de la Constitution, son Préambule (CE, 7 juillet 1950, *Deahene*, req. n°01645, *Rec. CE*, p. 426 précité) ou la DDHC (CE, 7 juin 1957, *Condamines*, précité) avant que le Conseil constitutionnel ne fasse de même en 1971 (CC, n°71-44 DC, 16 juillet 1971, *Loi complétant les dispositions des articles 5 et 7 de la loi du 1er juillet 1901 relative au contrat d'association*, précité).

Des solutions qui se font mutuellement écho : le lien entre les PGD et PVC

531 • Le Conseil constitutionnel n'a pas, dès l'origine, tenté de s'ériger en Cour suprême mais a plutôt cherché à s'intégrer à l'ordre déjà existant. On peut, à cet égard, évoquer la qualification quant à la nature réglementaire des ordonnances de l'article 38 C° jusqu'à leur ratification législative : les deux Conseils ont retenu, dans des termes très voisins, la même solution (CE, 24 novembre 1961, *Fédération nationale des syndicats de police*, req. n°52262, *Rec. CE*, p. 658 et CC, n° 85-196 DC, 8 août 1985, *Loi sur l'évolution de la Nouvelle-Calédonie*, JO, 8 août 1985, p. 9125, *Rec. CC.*, p. 63). Le refus par le Conseil constitutionnel d'exercer un contrôle de constitutionnalité sur une loi référendaire (CC, n° 62-20 DC, 6 novembre 1962, *Loi relative à l'élection du président de la République au suffrage universel direct, adoptée par le référendum du 28 octobre 1962*, JO, 7 novembre 1962, p. 10778, *Rec. CC*, p. 27) fait écho au refus par le Conseil d'Etat de contrôler les actes de gouvernement (CE, 1er mai 1822, *Laffitte*, *Rec. CE*, p. 371 ; CE, 9 mai 1867, *Duc d'Aumaleet Michel Lévy*, *Rec. CE*, p. 472, concl. L. Aucoc, *S.* 1867, 2, p. 124, concl. L. Aucoc, note R. Choppin). On ne peut que rapprocher, de même, la technique des PGD des PFRLR ou des principes de valeur constitutionnelle (PVC), pendant constitutionnel des PG*D*. L'exemple, le plus célèbre est celui de la liberté d'association, où le Conseil d'Etat

avait vu en 1956 (CE, 11 juillet 1956, *Amicale des Annamites de Paris*, req. n°26638, *Rec. CE*, p. 317), soit plusieurs années avant le Conseil constitutionnel dans sa célèbre décision de 1971, un des « principes fondamentaux reconnus par les lois de la République », de ceux-là même mentionnés par le Préambule de la Constitution de 1946. Le juge constitutionnel trouve dans les PGD issus de la jurisprudence du Conseil d'Etat l'une des sources des PVC depuis sa décision du 26 juin 1969 qui reconnait le PGD selon lequel le silence gardé par l'administration vaut rejet (CC, n°69-55 L, 26 juin 1969, *Nature juridique de certaines dispositions modifiées, des articles 4, 9 et 12 de la loi du 2 mai 1930 relative à la protection des monuments naturels et des sites de caractère, historique, scientifique, légendaire ou pittoresque, des articles 2 et 13 bis de la loi du 31 décembre 1913 sur les monuments historiques et de l'article 98-1 du code de l'urbanisme et de l'habitation*, précité, cons. n°5). Il a notamment consacré comme PVC la continuité du service public (CC, n°79-105 DC, 25 juillet 1979, *Loi modifiant les dispositions de la loi n° 74-696 du 7 août 1974 relatives à la continuité du service public de la radio et de la télévision en cas de cessation concertée du travail*, JO, 27 juillet 1979, *Rec. CC*, p. 33, cons. n°1) et le droit au recours (CC, n°88-248 DC, 17 janvier 1989, *Loi modifiant la loi n°86-1067 du 30 septembre 1986 relative à la liberté de communication*, JO, 18 janvier 1989, p. 754, *Rec. CC*, p. 18, cons. n°31).

Des solutions qui se font mutuellement écho : la question des rapports entre traités internationaux et Constitution

532 • A une époque plus récente, c'est également sur la question de la hiérarchie entre les normes présentes dans les traités internationaux et les normes présentes dans la Constitution que se sont manifesté les liens entre la jurisprudence du Conseil d'Etat et du Conseil constitutionnel. La Constitution n'avait pas apporté de réponse claire sur le sujet. Si l'article 54 C° évoque bien que ce soit au juge constitutionnel d'apprécier si un engagement international est contraire à la Constitution, il n'établit pas de hiérarchie claire entre les normes de droit international et les normes constitutionnelles. C'est le Conseil d'Etat, par une énonciation particulièrement nette, qui allait, pour la 1ère fois, apporter une réponse claire en disposant que « la suprématie conférée aux engagements internationaux (par l'art. 55 C°) ne s'applique pas, dans l'ordre interne, aux dispositions de nature constitutionnelle » (CE, Ass., 30 octobre 1998, *Sarran et Levacher*, req. n°200286 et req. n° 200287, *Rec. CE*, p. 368, *RFDA* 1998, p. 1081, concl. C. Maugüé et p. 1094, note D. Alland, *RFDA* 1999, p. 57, notes L. Dubouis, B. Mathieu et M. Verpeaux, *AJDA* 1998, p. 962, chron. F. Raynaud et P. Fombeur, *D.* 2000, p. 152, note E. Aubin) en jugeant, par là même, que la hiérarchie des normes juridiques qui découle, en France, des articles 54 et 55 C°, fait des normes constitutionnelles, et non des normes internationales, les normes suprêmes en droit interne. Une solution identique a été consacrée par la Cour de cassation (Cass., Ass. Plén., 2 juin 2000, *Fraisse*, n° de pourvoi : 99-60274, *RDP* 2000, p. 1037, note X. Prétot ; *RGDIP* 2000, p. 811, note F. Poirat, *D.* 2000, jurispr p. 865, note B. Mathieu et M. Verpeaux, *LPA* 2000, 11 décembre, p. 10, note P. Jan).

Des solutions qui se font mutuellement écho : la question du droit de l'Union

533 • Le Conseil d'Etat a élargi, par la suite, la solution consacrée dans les arrêts *Sarran* et *Levacher* au droit de l'Union, en concluant que les PGD communautaires, pourtant dotés de la même valeur juridique que le traité, ne sauraient « conduire, dans l'ordre interne, à remettre en cause la suprématie de la Constitution » (CE, 3 décembre 2001, *Syndicat national de l'industrie pharmaceutique*, req. n°226514, *Rec. CE*, p. 624). La règle ainsi posée a manifestement inspiré le juge constitutionnel dans une décision où il a aménagé les modalités dans lesquelles il exerce son contrôle de constitutionnalité des lois de transposition des directives communautaires afin de garantir une pleine efficacité de ces actes de droit dérivé. Se fondant sur une obligation constitutionnelle de transposition des directives déduite de l'article 88-1 C°, le Conseil se déclare incompétent pour sanctionner les dispositions législatives qui reprennent les règles inconditionnelles et précises contenues dans la directive, à moins que celles-ci soient contraires à une disposition expresse de la Constitution (CC, n°2004-496 DC, 10 juin 2004, *Loi pour la confiance dans l'économie numérique*, JO, 22 juin 2004, p. 11182, *Rec. CC*, p.101, cons. n°7). Par la mise en place de cette réserve de constitutionnalité et en affirmant qu'il peut être fait obstacle à la transposition en raison d'une « disposition expresse contraire de la Constitution » (*Ibid.*), le Conseil préserve ainsi la primauté de la norme fondamentale. S'il a pu rappeler aussi, « l'existence d'un ordre juridique communautaire intégré à l'ordre juridique interne et distinct de l'ordre juridique international » eu égard à l'application des dispositions de l'article 88-1 C° (CC, n°2004-505 DC, 19 novembre 2004, *Traité établissant une Constitution pour l'Europe*, JO, 24 novembre 2004, p. 19885, *Rec. CC*, p. 173, cons. n°11), il n'en demeure pas moins que ces dispositions constitutionnelles qui « permettent à la France de participer à la création et au développement d'une organisation européenne permanente », confirment « la place de la Constitution au sommet de l'ordre juridique interne » (CC, n°2007-560 DC, 20 décembre 2007, *Traité de Lisbonne modifiant le traité sur l'Union européenne et le traité instituant la Communauté européenne*, JO, 29 décembre 2007, p. 21813, *Rec. CC*, p. 459, cons. n°8).

<u>c) Des juges ordinaires respectueux de la compétence du Conseil constitutionnel : l'écran législatif</u>

Une théorie qui a un fort ancrage dans la jurisprudence administrative

534 • Seul le Conseil constitutionnel a compétence pour vérifier la conformité d'une loi à la Constitution. La loi, une fois promulguée, est inattaquable, sous réserve maintenant de l'exercice de la QPC. On a vu que le juge administratif s'est toujours refusé à contrôler la constitutionnalité d'une loi par voie d'action ou d'exception, ne s'estimant pas en droit de censurer la volonté générale de la Nation dont la loi est l'expression (CE, 6 novembre 1936, *Arrighi*, précité) et qu'il a été suivi en cela par le juge judiciaire qui proclame avec constance son incompétence en la matière (Cass., crim., 11 mai 1833, *Bull. crim.* 1833, n° 182, précité ; Cass., crim., 21 janv. 1985, n° de pourvoi : 84-93787, *Bull. crim.* 1985, n° 31 ; Cass, crim.,

12 décembre 2007, n° de pourvoi : 07-80.886). Dans le cadre du contrôle de constitutionnalité des actes administratifs, le juge administratif contrôle seulement dans la mesure où aucune loi ne s'interpose entre la Constitution et l'acte administratif. Si, par contre, l'acte administratif est fondé sur une loi qui fait écran entre cet acte et la Constitution, l'acte administratif n'est plus susceptible de censure. Cela reviendrait à contrôler indirectement la constitutionnalité de la loi (l'acte administratif serait toujours conforme à la loi même si non conforme à la C°). La théorie de la loi écran ou de l'écran législatif a un fort ancrage dans la jurisprudence administrative, cette dernière étant abondante et constante depuis les années 1950 (en ce sens, notamment, les arrêts : CE, sect., 10 juillet 1954, *Fédération des conseils de parents d'élèves des écoles publiques*, req. n°20635, *Rec. CE*, p. 449, *D.* 1955, p. 330, concl. A. Jacomet, note M. Virally, *S.* 1953.3.1, note J. Dehaussy ; CE, sect., 15 octobre 1965, *Union fédérale des magistrats et Reliquet*, *Rec. CE*, p. 515, *AJDA* 1965, p. 590, chron. J.-P. Puissochet et J.-P. Lecat).

Des moyens de violation de la règle constitutionnelle inopérants en cas d'appréciation de la disposition législative

535 • Les moyens tirés de la violation d'une règle constitutionnelle sont voués à l'échec si leur examen doit conduire le juge administratif à apprécier la constitutionnalité des dispositions législatives sur la base desquelles la décision a été prise. A titre d'illustration, est ainsi inopérant le moyen tiré de la méconnaissance du principe de libre administration des collectivités territoriales (art. 72, al. 2 C°), à l'encontre d'un décret en Conseil d'Etat régulièrement pris en application de l'ordonnance du 2 novembre 1945 (CE, Ass., 26 novembre 1976, *Soldani et autres*, req. n°97328, n°98256, n°98259, n°99036, n°93721, n°00565 et n°00108, *Rec. CE*, p. 508, *AJDA* 1977, p. 26, chron. M. Nauwelaers et L. Fabius et p. 33, concl. M.-A. Latournerie). La constitutionnalité d'une ordonnance régulièrement ratifiée ne peut, de la même façon, être discutée devant la juridiction administrative et le moyen tiré de l'inconstitutionnalité d'une telle ordonnance est irrecevable pour contester la légalité d'une acte administratif (CE, 24 juillet 1987, *M. X.*, req. n°77693). La théorie peut aussi conférer une immunité contentieuse à une circulaire se bornant à rappeler et expliciter les termes de la loi (CE 8 octobre 2004, *Union française pour la cohésion nationale*, req. n°269077, *RFDA* 2004, p. 977, concl. R. Keller, *AJDA* 2005, p. 43, note F. Rolin) (Voir A. Le Brun, « La théorie de l'écran législatif et le domaine de la loi », *RFDA* 2021, p. 803 et suiv.).

d) Des divergences initiales entre les juges rapidement limitées

La divergence tenant à l'interprétation de l'article 34 C°

536 • L'art. 34 C° établi que la loi fixe « les règles concernant [...] la détermination des crimes et délits ainsi que des peines qui leur sont applicables ». Il arrive, dans certains cas, que la méconnaissance de dispositions réglementaires soient constitutives d'un délit et, par suite, réprimée par des peines correctionnelles. Dans ce cadre, le Conseil d'Etat a interprété la disposition de l'article 34 C° en défendant la répartition constitutionnelle des compétences. Il a pu juger, par exemple, illégal

un décret mettant fin à l'interdiction du coupage des vins, pourtant assortie par la loi de peines correctionnelles, dès lors que ce décret a été ainsi pris en méconnaissance de la compétence du législateur en matière pénale, telle que définie à l'article 34 C° et donc en violation de cette disposition constitutionnelle (CE, Ass., 3 février 1967, *Confédération générale des vignerons du Midi*, req. n°62045, *Rec. CE*, p. 55, *AJDA* 1967, p. 159, chron. J.-P. Lecat et J. Massot et p. 164, concl. Y. Galmot). Le Conseil constitutionnel s'était prononcée sur la même question avant le Conseil d'Etat et, contrairement à lui, avait jugé que, si les dispositions dont la méconnaissance est punie de peines correctionnelles sont de nature réglementaire, le gouvernement peut les modifier ou les abroger par décret sans que la Constitution y fasse obstacle (CC, n°64-28 L, 17 mars 1964, *Nature juridique des dispositions de l'article 5 (1, 4ème alinéa) de l'ordonnance n° 58-966 du 16 octobre 1958 relative à diverses dispositions concernant le Trésor (Caisses de Crédit mutuel)*, JO, 13 avril 1964, *Rec. CC*, p. 35, cons. n°1). La divergence de vue n'a cependant pas été durable dans la mesure où le Conseil constitutionnel s'est rallié en définitive à la position du Conseil d'Etat (CC, n° 69-55 L,26 juin 1969, *Nature juridique de certaines dispositions modifiées, des articles 4, 9 et 12 de la loi du 2 mai 1930 relative à la protection des monuments naturels et des sites de caractère, historique, scientifique, légendaire ou pittoresque, des articles 2 et 13 bis de la loi du 31 décembre 1913 sur les monuments historiques et de l'article 98-1 du code de l'urbanisme et de l'habitation*, JO, 13 juillet 1969, p. 7161, *Rec. CC*, p. 27,cons. n°9).

La divergence tenant à l'interprétation juridique du silence émanant de l'administration

537 • Le Conseil constitutionnel avait d'abord consacré le principe selon lequel le silence de l'administration valait décision de rejet (CC, n° 69-55 L, 26 juin 1969, *Nature juridique de certaines dispositions modifiées, des articles 4, 9 et 12 de la loi du 2 mai 1930 relative à la protection des monuments naturels et des sites de caractère, historique, scientifique, légendaire ou pittoresque, des articles 2 et 13 bis de la loi du 31 décembre 1913 sur les monuments historiques et de l'article 98-1 du code de l'urbanisme et de l'habitation*, JO, 13 juillet 1969, p. 7161, *Rec. CC*, p. 27, cons. n°5) avant que le Conseil d'Etat ne dégage celui selon lequel le silence de l'administration valait, à l'inverse, acceptation (CE, Ass., 27 février 1970, *Commune de Bozas*, req. n°76380). C'est le législateur qui allait finalement régler la divergence en posant en principe que le silence vaut rejet de la demande (art. 21 de la loi n°2000-321 du 12 avril 2000 (JO, 13 avril 2000, p. 5646) *relative aux droits des citoyens dans leur relation avec l'administration*) avant de consacrer, en définitive et récemment, la solution inverse voulant que le silence de l'administration vaut finalement acceptation (loi n°2013-1005 du 12 novembre 2013 (JO, 13 novembre 2013, p. 18407) *habilitant le Gouvernement à simplifier les relations entre l'administration et les citoyens*).

La divergence tenant à l'interprétation selon laquelle c'est au pouvoir réglementaire de déterminer les infractions constitutives de contraventions

538 • Les auteurs d'infractions constitutives de contravention peuvent être punis d'amendes mais aussi d'emprisonnement jusqu'à 2 mois, le Conseil constitutionnel avait considéré que seul le législateur était compétent pour assortir une

contravention de peine de prison, le législateur seul pouvant instituer des peines privatives de liberté (CC, n°73-80 L, 28 novembre 1973, *Nature juridique de certaines dispositions du Code rural, de la loi du 5 août 1960 d'orientation agricole, de la loi du 8 août 1962 relative aux groupements agricoles d'exploitation en commun et de la loi du 17 décembre 1963 relative au bail à ferme dans les départements de la Guadeloupe, de la Guyane, de la Martinique et de la Réunion*, JO, 6 décembre 1973, p. 12949, *Rec. CC*, p. 45, cons. n°11). Le Conseil d'Etat (CE, sect., 3 février 1978, *CFDT et CGT*, req. n°01155 et n°01180, *Rec. CE*, p. 47, *AJDA* 1978, p. 388, note M. Durupty, *RDP* 1979, p. 585, note M. Waline), mais aussi la Cour de cassation (Cass., crim., 26 février 1974, n° de pourvoi : 72-93438, *Bull. crim.* 1974, n°82, p. 204, *D.* 1974, p. 273, concl. A. Touffait, note R. Vouin), n'ont pas suivi la position prise par le Conseil autorisant par là même le gouvernement à instituer des peines privatives de liberté en matière de contraventions. Là encore c'est le législateur qui est venu mettre fin à la divergence en réformant le Code pénal (loi n° 92-683 du 22 juillet 1992 (JO, 23 juillet 1992, p. 9864) *portant réforme des dispositions générales du code pénal*) et en réservant au domaine de la loi l'établissement des peines de prison (art. 111-3 et 131-12 du Code pénal).

La divergence concernant la règlementation du droit de grève : seul le législateur normalement compétent pour déterminer les limites de ce droit

539 • Le Conseil d'Etat a considéré que le législateur devait, en la matière, opéré une conciliation entre la défense des intérêts professionnels et la sauvegarde de l'intérêt général mais, qu'en l'absence de mesures législatives, le pouvoir réglementaire pouvait intervenir pour assurer l'ordre public (CE, Ass., 7 juillet 1950, *Dehaene*, req. n°01645, *Rec. CE*, p. 425 précité). Ce faisant, toute autorité administrative était compétente pour aménager le droit de grève dans la fonction publique. En se fondant sur les mêmes dispositions constitutionnelles que le Conseil d'Etat, le juge constitutionnel a considéré, au contraire, que seul le législateur pouvait être compétent pour déterminer les limites du droit de grève (CC, n°79-105 DC, 25 juillet 1979, *Loi modifiant les dispositions de la loi n° 74-696 du 7 août 1974 relatives à la continuité du service public de la radio et de la télévision en cas de cessation concertée du travail*, JO, 27 juillet 1979, *Rec. CC*, p. 33, cons. n°1). Si le Conseil d'Etat a bien maintenu sa jurisprudence (CE, 17 mars 1997, req. n°123912 et req. n°160684, *Hotz et Fédération nationale des syndicats du personnel des industries de l'énergie électrique, nucléaire et gazière*, *AJDA* 1997, II, p. 533, note M. Bellanger et G. Darcy), il ne faut pas amplifier la divergence entre les deux juges dans la mesure où il est exagéré de dire que le Conseil constitutionnel réserve la réglementation du droit de grève au seul législateur (Cf. P.-Y. Gahdoun, « Les aléas du droit de grève dans la Constitution », *Droit social* 2014, p. 349).

La divergence concernant la règlementation du droit de grève : une intervention possible d'autres autorités si celle-ci ne « limite » pas le droit de grève

540 • Pour le juge constitutionnel, la compétence du législateur se borne à fixer les « limites » du droit de grève et seulement les « limites », au-delà de ces « limites »,

une autre autorité peut toujours intervenir pour réglementer le droit de grève. Depuis 1979, aucune délégation de compétence n'a été jugée contraire à la Constitution qu'elle soit faite notamment au profit d'une autorité administrative ou même des partenaires sociaux. Dans ce dernier cas, le Conseil autorise les conventions collectives à déterminer les modalités concrètes de mise en œuvre des lois ou, en d'autres termes, à édicter de véritables mesures d'applications des normes législatives, ce qui est en principe une compétence du pouvoir réglementaire (CC, n°89-257 DC, 25 juillet 1989, *Loi modifiant le code du travail et relative à la prévention du licenciement économique et au droit à la conversion*, JO, 28 juillet 1989, p. 9503, *Rec. CC*, p. 59, cons. n°11). Malgré une position contraire de la Cour de cassation qui n'admet pas que les partenaires sociaux interviennent pour réglementer le droit de grève (Cass., soc., 7 juin 1995, n° de pourvoi : 93-46.448, *Société Transports Séroul*, *Bull. Civ.* 1995, V, n° 180, *D.* 1996, p. 75, note B. Mathieu, *Droit social* 1996, p. 37, note C. Radé, *RDSS* 1996, p. 115, obs. J.-M. Lhuillier, *RTD civ.* 1996, p. 153, obs. J. Mestre), le Conseil constitutionnel a persisté dans le choix ainsi opéré (CC, n° 2007-556 DC du 16 août 2007 *Loi sur le dialogue social et la continuité du service public dans les transports terrestres réguliers de voyageurs*, JO, 22 août 2007, p. 13971, *Rec. CC*, p. 319, cons. n°7).

e) La définition de l'autorité de ces décisions par le Conseil constitutionnel et la réception par les juges ordinaires

La définition de l'autorité de chose jugée dans les décisions de 1962, 1988 et 1989

541 • L'article 62 C° est la seule disposition qui organise les relations juridiques entre le Conseil constitutionnel et les juridictions ordinaires. L'alinéa 2 dispose sobrement que « Les décisions du Conseil constitutionnel ne sont susceptibles d'aucun recours. Elles s'imposent aux pouvoirs publics et à toutes les autorités administratives et juridictionnelles ». C'est le Conseil, lui-même, qui a été amené à définir la portée de l'article 62 C° par 3 décisions de 1962, 1988 et 1989 en faisant en sorte d'assimiler l'autorité de ses décisions à l'autorité de la chose jugée. Dans une 1ère décision du 16 janvier 1962 (CC, n°62-18 L, 16 janvier 1982, *Nature juridique des dispositions de l'article 31 (alinéa 2) de la loi n° 60-808 du 5 août 1960 d'orientation agricole*, JO, 25 février 1962, p. 1915, *Rec. CC*, p. 31), il affirme que « l'autorité des décisions visées par cette disposition s'attache non seulement à leur dispositif mais aussi aux motifs qui en sont le soutien nécessaire et en constituent le fondement même » (cons. n°1). Puis il transpose cette jurisprudence en 1988 et 1989 dans le contentieux des décisions « DC » en faisant référence explicitement à l'autorité de choses jugée et en limitant quelque peu sa 1ère interprétation. Il juge, en 1988, que « l'autorité de chose jugée attachée à la décision du Conseil constitutionnel du 22 octobre 1982 est limitée à la déclaration d'inconstitutionnalité visant certaines dispositions de la loi qui lui était alors soumise ; qu'elle ne peut être utilement invoquée à l'encontre d'une autre loi conçue, d'ailleurs, en termes différents » (CC, n°88-244 DC, 20 juillet 1988, *Loi portant amnistie*, JO, 21 juillet 1988, p. 9448, *Rec. CC*, p. 119, cons. n°18). Il rajoute, en 1989, que « si l'autorité attachée à une

décision du Conseil constitutionnel déclarant inconstitutionnelles des dispositions d'une loi ne peut en principe être utilement invoquée à l'encontre d'une autre loi conçue en termes distincts, il n'en va pas ainsi lorsque les dispositions de cette loi, bien que rédigées sous une forme différente, ont, en substance, un objet analogue à celui des dispositions législatives déclarées contraires à la Constitution. » (CC, n°89-258 DC, 8 juillet 1989, *Loi portant amnistie*, JO, 11 juillet 1989, p. 8734, *Rec. CC*, p. 48, cons. n°13). Dans cette dernière décision, le Conseil considère que l'autorité qui s'attache à l'une de ses décisions peut être invoquée à l'encontre d'une disposition d'une autre loi que celle initialement déférée mais il faut alors que cette autre loi présente « en substance » un objet « analogue ». S'il revient sur sa position assez sévère de 1988, la position prise en 1989 l'a été dans un cas très particulier et il est à douter qu'elle remette en cause la lecture de 1988. Le Conseil a fait ainsi une application constante des principes ainsi dégagés (par ex., CC, n°96-373 DC, 9 avril 1996, *Loi organique portant statut d'autonomie de la Polynésie française*, JO, 13 avril 1996, p. 5724, *Rec. CC*, p. 43 ou CC, n°2004-500 DC, 29 juillet 2004, *Loi organique relative à l'autonomie financière des collectivités territoriales*, JO, 30 juillet 2004, p. 13562, *Rec. CC*, p. 116) avant même de mettre en avant que l'autorité de ses décisions ne se limite pas à la chose jugée mais qu'elle devait s'étendre à la chose interprétée puisqu'une réserve d'interprétation émise par le Conseil est également revêtue de l'autorité de l'article 62 C° (CC, n°2004-506 DC, 2 décembre 2004, *Loi de simplification du droit*, JO, 10 décembre 2004, p. 20876, *Rec. CC*, p. 211)

Un Conseil d'Etat qui se montre d'abord méfiant

542 • Malgré la fermeté du 2nd alinéa selon lequel les décisions du Conseil « s'imposent aux pouvoirs publics et à toutes les autorités administratives et juridictionnelles », les juridictions de droit commun se sont d'abord montrées méfiantes à l'égard des décisions du juge constitutionnel. Le Conseil d'Etat a ainsi longtemps hésité à faire une mention explicite à l'autorité de chose jugée des décisions du Conseil constitutionnel avant qu'en 1985 il vise, pour la 1ère fois, dans ses visas, l'article 62 C° dans une décision d'assemblée (CE, Ass., 20 décembre 1985, *Société des Établissements Outters*, req. n°31927, *Rec. CE*, p. 382). Puis, un an après, il fait une référence explicite aux explications données par le juge constitutionnel dans des arrêts concernant la fixation des valeurs d'échange des actions des banques. Il considère ainsi que la Commission nationale d'évaluation (chargée de fixer ces valeurs de change) a pu notamment agir correctement « sans méconnaître les dispositions de la loi du 11 février 1982, ni la chose jugée par le Conseil constitutionnel dans sa décision du même jour, [...] » (CE, sect., 16 avril 1986, *Société méridionale de participations bancaires, industrielles et commerciales*, req. n°45170, *Rec. CE*, p. 93 et 6 autres espèces de même date qui reprennent le même considérant). Il joint, enfin, au visa spécifique de l'article 62 C°, une décision du Conseil expressément mentionné dans le 1er considérant de la décision (CE, 28 janvier 1987, *Association Syndicale « L'œuvre générale de Craponne »*, req. n°55213 et *Association syndicale des arrosants du Canal de Béal du Moulin de Sénas*, req. n°55214, *Rec. CE*, p. 663). Depuis cette date, la mention de l'autorité de chose jugée est constante (V., par ex., CE, 15 juin 2005, *Polynésie française*, req. n°265257 ; CE, 15 novembre

2004, M. René A., req. n°273938 ; CE, 2 octobre 2004, req. n°269814, *M. Jean-Pierre R. et autres*, *Rec. CE*, p. 393).

Une Cour de cassation tout aussi hésitante

543 • Du côté du juge judiciaire et de la Cour de cassation, c'est à la même période que le juge a pu faire référence à la jurisprudence du juge constitutionnel. C'est d'abord la chambre criminelle qui, en 1985 (Cass., crim., 25 avril 1985, *Bogdan et Vuckovic*, n° de pourvoi : 84-92916 et 85-91324, *Bull. crim.* 1985, n°159, *D.* 1985, concl. D.-H. Dontenwille, *D.* 1986, p. 169, chron. L. Favoreu, *JCP* 1985, II, n°20465, concl. D.-H. Dontenwille, note W. Jeandidier), a attribué plénitude de compétence au juge répressif en matière de liberté individuelle conformément à l'interprétation donnée par le Conseil de l'article 66 C°. Dans plusieurs cas, ensuite (voir, pour une jurisprudence plus détaillée et les exemples citées : L. Favoreu, « L'application de l'article 62, alinéa 2 de la Constitution par la Cour de cassation », *Rec. Dalloz* 2001, p. 2683), la Cour de cassation s'est conformée à la chose jugée par le Conseil sans expressément faire référence à l'article 62 C°. On peut citer, à titre d'exemple, le refus du juge judiciaire de réintégrer dans leur entreprise de syndicalistes auteurs de fautes lourdes (Cass., soc., 19 décembre 1989, n° de pourvoi : 89-42.800 et 89-42.801) conformément à une décision du Conseil rendue une année auparavant (CC, n°88-244 DC, 20 juillet 1988, *Loi portant amnistie*, JO, 21 juillet 1988, p. 9448, *Rec. CC*, p. 119, cons. n°8). Il en a été de même dans une décision où le juge judiciaire a précisé que l'application rétroactive de la loi fiscale ne saurait préjudicier aux contribuables dont les droits ont été reconnus par une décision de justice passée en force de chose jugée (Cass., com., 15 mai 1990, *Société Brumar*, n° de pourvoi : 88-14.293), là encore, conformément à une jurisprudence rendue par le Conseil (CC, n°89-268 DC, 29 décembre 1989, *Loi de finances pour 1990*, JO, 30 décembre 1989, p. 16498, *Rec. CC*, p. 110, cons. n°80). Jusque-là, la Cour de cassation n'avait jamais appliqué explicitement l'art. 62 C°. Il a fallu attendre un arrêt de la chambre sociale en date du 25 mars 1998 (Cass., soc., 25 mars 1998, *CRCAM et Sud Alliance contre Tallagnon*, n° de pourvoi : 95-45198, *Bull. soc.* 1998, V, n°175, p. 128) pour voir la Cour de cassation franchir le pas et trouver mention expresse de l'article 62 C° tout comme la référence à une décision du juge constitutionnel concernant la contribution sociale généralisée (CSG) et le fait qu'elle rentre dans la catégorie des impositions de toute nature visées par l'article 34 C° et qu'elle ne peut, en ce sens, être considérée comme une taxe parafiscale (CC, n°90-285 DC, 28 décembre 1990, *Loi de finances pour 1991*, JO, 30 décembre 1990, p. 16609, *Rec. CC*, p. 95, cons. n°9).

2 – La réception nouvelle plus large de la jurisprudence constitutionnelle par les juges ordinaires : l'autorité de chose interprétée

a) L'absence d'autorité absolue de chose jugée et la technique des réserves d'interprétation

Des juges ordinaires qui ne reconnaissent pas l'autorité absolue de chose jugée aux décisions du juge constitutionnel

544 • Les quelques cas de divergences de jurisprudence entre le Conseil constitutionnel et les autres cours suprêmes que l'on a pu relever précédemment ne sont plus d'actualité aujourd'hui. On constate, au contraire, à travers les conclusions du ministère public devant la Cour de cassation et celles des commissaires du Gouvernement et rapporteurs publics devant le Conseil d'Etat, que la jurisprudence du Conseil constitutionnel est prise, la plupart du temps, en considération non seulement dans les conditions fixées par l'article 62 C° mais même au-delà. Mais le juge administratif tout comme le juge judiciaire ne reconnaissent pas, pour autant, l'autorité absolue de chose jugée aux décisions du Conseil constitutionnel. Le Conseil d'Etat (Cf. CE, Ass., 20 décembre 1985, *SA Etablissements Outers*, req. n°31927, *Rec. CE*, p. 382) et la Cour de cassation (Cass. Soc., 25 mars 1998, *CRCAM et Sud Alliance contre Tallagnon*, n° de pourvoi : 95-45198 précitée et Cass., Ass. Plén., 10 octobre 2001, *Breisacher*, req. n°01-84922, *Bull. crim.* 2001, n°206, p. 660) se conforment à la chose jugée par le Conseil constitutionnel dans la limite de l'objet et de la cause juridique de la décision rendue par ce dernier et ils ne s'estiment juridiquement pas liés par l'ensemble de sa jurisprudence. En ce sens, les juges ordinaires, à partir du moment où ils ont accepté de tenir compte des décisions du Conseil constitutionnel, n'ont pas voulu considérer l'institution comme une juridiction suprême disposant alors d'un monopôle dans l'interprétation de la loi comme pourrait en disposer la CJUE dans l'ordre juridique de l'Union.

L'apparition de la technique des réserves d'interprétation

545 • Si, par principe, l'autorité de chose jugée s'applique au dispositif, ce dernier ne doit pas être envisagé en faisant abstraction des motifs qui peuvent seuls en déterminer la portée. Cette délimitation des motifs prend un relief tout particulier avec le développement de la technique des « réserves d'interprétation » qui rentre, elle aussi, dans le champ de l'autorité de la chose jugée. Cette technique, purement prétorienne et non prévue par les textes, permet au Conseil de sortir du choix binaire entre conformité et non-conformité en lui permettant de déclarer une disposition conforme à la Constitution à condition qu'elle soit interprétée de la façon indiquée dans sa décision. Par la même, la réserve s'incorpore à la loi, une disposition législative ayant fait l'objet d'une réserve n'existe dans l'ordre juridique que pour autant que la réserve est suivie d'effet. L'autorité des décisions du Conseil ne se limite donc pas à la chose jugée et s'étend à la chose interprétée, la réserve ayant l'autorité que confère à ces décisions l'article 62 C° (CC, n°2004-506 DC, 2 décembre 2004, *Loi de simplification du droit*, JO, 10 décembre 2004, p. 20876, *Rec.*

CC, p. 211, cons. n°17 à 22). La 1ère réserve a été exprimée à l'occasion de l'examen d'une loi ordinaire a été établie dans une décision de 1968 sur une loi relative aux évaluations servant de base à certains impôts directs locaux (CC, n°68-35 DC, 30 janvier 1968, *Loi relative aux évaluations servant de base à certains impôts directs locaux*, JO, 1er février 1968, *Rec. CC*, p. 19, cons. n°4) même si celle-ci n'a pas été exprimée ni dans le dispositif ni dans les motifs. La technique s'est considérablement développée depuis puisque le Conseil mentionne aujourd'hui dans son dispositif qu'il a émis des réserves mais aussi quels sont les considérants dans lesquels ces réserves sont exprimées (CC, n°84-181 DC, 11 octobre 1984, *Loi visant à limiter la concentration et à assurer la transparence financière et le pluralisme des entreprises de presse*, JO, 13 octobre 1984, p. 3200, *Rec. CC*, p. 78, l'art. 2 du dispositif mentionnant que « sous les strictes réserves d'interprétation mentionnées plus haut, les autres articles de la loi ne sont pas contraires à la Constitution »).

La discussion quant au nouveau pouvoir d'influence du juge constitutionnel grâce à l'utilisation de la technique

546 • Les réserves d'interprétation sont en principe utilisées par le Conseil pour éviter de censurer le texte soumis à son examen mais ce pouvoir qu'il s'est octroyé accroit sa marge de manœuvre et sa capacité à influencer les autres pouvoirs publics ce qui a amené la doctrine a souvent décrié le recours à la méthode, le Conseil s'arrogeant désormais autant le pouvoir d'appréciation du législateur que le pouvoir d'interpréter la loi en dictant aux juridictions chargées de son application l'interprétation qu'elles devront faire du texte en cause (Cf. pour un état des lieux général, M. Troper, *Le gouvernement des juges, mode d'emploi*, Québec, Presses universitaires de Laval, 2006). Face à ces critiques, il faut relever que la technique puise ses origines dans le contentieux constitutionnel étranger (Cf. T. Di Manno, *Le Juge constitutionnel et la Technique des décisions interprétatives en France et en Italie*, Paris, Marseille, Economica, PUAM, 1997) et qu'aucune norme constitutionnelle française n'en prévoit l'existence. La technique est aussi liée au caractère spécial du contrôle a priori exercé par le Conseil. C'est un contrôle à connotation politique et abstrait, opéré sur la loi entière ou une partie de cette loi et non pas sur une disposition déterminée dans le cadre d'une question préjudicielle. Il vaut mieux parfois éviter une censure trop brutale qui peut avoir une lecture politique ou des conséquences retentissantes (Voir, en ce sens, X. Samuel, « Les réserves d'interprétation émises par le Conseil constitutionnel », exposé présenté à l'accueil des nouveaux membres de la Cour de cassation au Conseil constitutionnel, le 26 janvier 2007, www.conseil-constitutionnel.fr) Maintenant, si toutes les réserves ne modifient pas, en substance, la loi, certaines comblent le silence de la loi ou lève son ambigüité ce qui peut être interprété comme ne reflétant pas la réelle intention du législateur ou comme ouvrant la voie au « gouvernement des juges ».

La distinction entre les trois sortes de réserves d'interprétation

547 • La doctrine a fait une distinction entre trois sortes de réserves : par opposition aux réserves « interprétatives », on parlera de réserves « constructives », lorsqu'il s'agit d'étendre la portée normative et combler le silence de la loi ou de

réserves « directives » lorsque le Conseil indique une ligne de conduite à suivre dans l'application de la loi et que le contenu de la réserve est prescriptif (Voir, en ce sens, pour la distinction entre les trois formes de réserves : T. Di Manno, « L'influence des réserves d'interprétation » in G. Drago, B. François et N. Molfessis (dir.), *La légitimité de la jurisprudence du Conseil constitutionnel*, Paris, Economica, 1996, p. 202). Les réserves « constructives » permettent d'éviter la censure de la loi en cas d'imprécisions ou en cas de vide juridique et les réserves « directives » s'adressent la plupart du temps au pouvoir réglementaire, le risque d'inconstitutionnalité pouvant résider dans l'application de la loi. Un exemple type peut être mentionné à travers le contentieux des prestations sociales, le Conseil admettant souvent la conformité de la loi à la Constitution sous réserve que le pouvoir réglementaire d'application ne méconnaisse pas, dans sa compétence tenant à la fixation des paramètres quantitatifs (le législateur étant compétent, quant à lui, pour la définition des prestations), les exigences du préambule de 1946 (10ème et 11ème alinéa) (Cf. CC, n°99-416 DC, 23 juillet 1999, *Loi portant création d'une couverture maladie universelle*, JO, 28 juillet 1999, p. 11250, *Rec. CC*, p. 100). Il y a, ainsi, une certaine utilité dans la mise en place de ces réserves notamment « pour renforcer la « prédétermination » de la loi, afin de la mettre à l'abri du jeu incertain et différé de la codétermination dont jouissent les autorités chargées d'appliquer la loi : pouvoir réglementaire, administrations d'exécution, organismes de contrôle et de surveillance » (Services du Conseil constitutionnel, « Portée des décisions du Conseil constitutionnel, juge de la constitutionnalité des lois et des traités », www.conseil-constitutionnel.fr). Elles permettent, en définitive, une meilleure sécurité juridique en réglant en amont les questions d'application de la loi qui sont de nature constitutionnelle tout en permettant, conjointement, une certaine unité de la jurisprudence.

b) Une approche contemporaine plus extensive de l'autorité de chose jugée

Une autorité de chose jugée qui s'applique aux réserves d'interprétation

548 • Le Conseil d'Etat tout comme la Cour de cassation considèrent que l'autorité de chose jugée de l'article 62 C° s'applique aussi aux réserves d'interprétation. Les arrêts significatifs des deux cours suprêmes interviennent pratiquement au même moment (Cass., 2ème civ., 28 juin 1995, *Préfet de la Région Midi-Pyrénées, Préfet de la Haute-Garonne contre Bechta*, n° de pourvoi : 94-50002, *Bull. Civ.* 1995, II, n° 221, p. 127 ; CE, Ass., 11 mars 1994, *SA « La Cinq »*, req. n°115052, *Rec. CE*, p. 117, concl. P. Frydman). L'arrêt « *Bechta* » de la Cour de cassation, rendu notamment au visa de l'articles 66 C°, a considérablement élargi les pouvoirs du juge judiciaire de la rétention conformément à des réserves d'interprétation émises la même année dans une décision rendue par le Conseil (CC, n°94-352 DC, 18 janvier 1995, *Loi d'orientation et de programmation relative à la sécurité*, JO, 21 janvier 1995, p. 1154, *Rec. CC*, p. 170, cons. n°19 et n°20) en lui reconnaissant notamment le pouvoir de vérifier les conditions de l'interpellation ou de refuser le maintien en rétention s'il constate que ces conditions étaient irrégulières énoncé qu'il « appartient au juge [...] de se prononcer, comme gardien de la liberté individuelle, sur l'irrégularité, invoquée par l'étranger, de l'interpellation » (Cass., 2ème civ., 28 juin 1995, *Bechta*,

précité). Quant au Conseil d'Etat, il faut attendre 1994 et son arrêt « *SA « La Cinq »* » pour que ce dernier accepte de se soumettre à une réserve d'interprétation du juge constitutionnel en mentionnant la réserve et la décision du Conseil correspondante qui avait estimé que les pouvoirs de sanction du CSA, en rapprochement de deux articles de la loi instituant ce dernier, ne pouvaient s'exercer qu'après mise en demeure des titulaires d'autorisations pour l'exploitation d'un service de communication audiovisuelle (CE, Ass., 11 mars 1994, *SA « La Cinq »*, précité). Le juge administratif avait déjà eu l'occasion d'être confronté à l'autorité d'une réserve d'interprétation en 1983 où il a été amené à vérifier la légalité d'un décret ou regard d'un article de loi « tel qu'il doit être interprété à la lumière de la décision du Conseil constitutionnel » mais le moyen avait été rejeté par manque de fondement (CE, 1er juillet 1983, *Syndicat unifié de la radio et de la télévision CFDT*, req. n°20838, *Rec. CE*, p. 293) avant sa décision de 1994.

Une application extensive de la notion par le Conseil d'Etat

549 • Le Conseil d'Etat fait application des réserves d'interprétation du Conseil même dans le cadre de ses formations administratives (Cf., par ex., CE, avis, 7 septembre 2004, *Projet de décret fixant les modalités d'application de la loi du 20 novembre 2003 relative à la maîtrise de l'immigration*). Il a ainsi pu considérer que « pour l'application et l'interprétation d'une loi, aussi bien les autorités administratives que le juge, sont liés par les réserves d'interprétation énoncées par le Conseil constitutionnel dans sa décision statuant sur la conformité de cette loi à la Constitution » (CE, ord. réf., 26 juin 2006, *Ahamada Anfian et Myriam Hassani*, req. n°294505 et req. n°294506). Dans certains cas, le juge administratif se soumet à une réserve d'interprétation sans faire mention de celle-ci mais certaines décisions reconnaissent expressément aux décisions du juge constitutionnel une « autorité de chose jugée » (par ex. : CE, 12 mai 2010, *Union des jeunes chirurgiens-dentistes-Union dentaire*, req. n°328162 ou CE, 16 avril 1986, *Tequi*, req. n°45243). Dans une décision « *Sueur et autres* » de 2004, le Conseil a écarté de manière distincte un moyen tiré de la violation de la loi et de l'interprétation qu'en a donné le Conseil « avec l'autorité qui s'attache à la chose jugée » (CE, 29 octobre 2004, *Sueur et autres*, req. n°269814, *AJDA* 2004, p. 2383, chron. C. Landais et F. Lenica, *AJDA* 2005, p. 16, note D. Linotte, *RFDA* 2004, p. 1103, concl. D. Casas). Par contre, jusqu' à une date récente, il n'y avait jamais eu de reconnaissance d'une autorité absolue de chose jugée malgré des volontés, en ce sens, de certains rapporteurs publics (Cf. conclusions J.-P. Thiellay sur la décision CE, Ass., 13 mai 2011, *Delannoy* et Verzelle, *RFDA* 2011, p. 772 et conclusions E. Geffray sur la décision CE, Ass., 13 mai 2011, *M. Rida*, *RFDA* 2011, p. 789).

Un Conseil d'Etat qui reconnait, en définitive, l'autorité absolue de chose jugée

550 • La question de la chose jugée a été revalorisée par le Conseil d'Etat. Ce sont d'abord 3 arrêts rendus le même jour en 2011 dans la formation la plus solennelle du Conseil d'Etat (CE, Ass., 13 mai 2011, *Mme M. Rida, Lazare et Mme Okosun* (2 espèces) et *Delaunnoy et Verzelle*, req. n°316734, req. n°329290 et req. n°317808, *Rec.*

CE, p. 211, concl. E. Geffray, *RFDA* 2011, p. 772, concl. J. P. Thiellay, p. 806, note M. Verpeaux, p. 789, concl. E. Geffray *AJDA* 2011, p. 1136, chron. X. Domino et A. Bretonneau, *Constitutions* 2011, p. 403, obs. X. Bioy) qui ont hissé au rang de moyen d'ordre public la question de la chose jugée par le Conseil constitutionnel. Le Conseil d'Etat avait estimé qu'il lui appartenait, en sa qualité de juge de cassation, de vérifier d'office qu'une disposition octroyée par le Conseil dans une décision QPC ne soit plus le fondement d'une affaire en cours de manière à respecter la force de chose jugée attachée à la décision du juge constitutionnel. C'est un moyen d'ordre public qui est tout autant susceptible d'être attaché à la méconnaissance du champ d'application de la loi qu'à la question de la chose jugée. Mais la démarche ainsi entamée par le juge était une amorce vers un renforcement plus poussé du juge administratif de la chose jugée dans sa jurisprudence. C'est dans 3 décisions rendues, respectivement, dans le contentieux QPC en 2012 (CE, 26 mars 2012, *Mme Dana*, req. n°340466, *Rec. CE*, p. 128, *Droit fiscal* 2012, n°470, concl. V. Daumas et note M. Pelletier), le contrôle a priori, en 2013 à propos des réserves d'interprétation (CE, 15 mai 2013, *Commune de Gurmençon*, req. n°340554, *Rec. CE*, tables, p. 741, 782 et 794, *AJDA* 2013, concl. A. Lallet, *JCP* 2014, A, n°2124, note A.-C. Bezzina) et en 2014 à propos de l'interprétation d'une stipulation d'un traité (CE, 18 décembre 2013, *Kaddar*, req. n°372832, *Rec. CE*, p. 320, *AJDA* 2014, p. 411, concl. X. Domino) que le juge allait franchir un pas de plus vers le dialogue des jurisprudences et reconnaitre l'autorité absolue de chose jugée des décisions du Conseil constitutionnel statuant sur la constitutionnalité d'une loi.

La confirmation d'une reconnaissance déjà actée par la doctrine

551 • Si la démarche est conséquente, elle apparait, néanmoins, par certains côtés, symbolique dans la mesure où l'autorité absolue de chose jugée était déjà acquise en doctrine. Pour cette dernière, le caractère absolu de l'autorité de chose jugée n'était pas forcément lié à la triple identité d'objet, de cause et de partie voulue par l'article 1351 du Code civil. L'autorité des décisions du Conseil constitutionnel a, au contraire, une valeur objective, ce sont les caractéristiques du contentieux constitutionnel et le fait notamment que les décisions s'imposent à tous qui expliquent l'autorité absolue de chose jugée (voir notamment concl. J.-P. Thiellay sur CE, Ass., 13 mai 2011, *Delannoy et Verzèle*, req. n°317808, *RFDA* 2011, p. 772, et concl. E. Geffray sur la CE, Ass., 13 mai 2011, *M'Rida*, req. n°316734, *RFDA* 2011, p. 789). En reconnaissant l'autorité absolue de chose jugée aux décisions du Conseil comme à ses réserves d'interprétation, le Conseil d'Etat s'oblige ainsi à se conformer aux réserves quitte à soulever d'office ce moyen et à en admettre une recevabilité élargie à chaque stade de la procédure comme l'impose le régime des moyens d'ordre public. La simple autorité de la chose jugée est dépassée au profit d'une autorité morale « persuasive » (selon l'expression employée la 1ère fois par Bruno Genevois, « Le Conseil constitutionnel et le droit pénal international », *RFDA* 1999, p. 285). Cette autorité sollicite des juges bien plus qu'un devoir d'exécution des décisions, il est plutôt question d'une influence reconnue voire d'un alignement nécessaire, l'obligation de se conformer à la chose jugée étant « feutrée

dans son application mais forte dans son principe » (A.-C. Bezzina, note sous CE, 15 mai 2013, *Commune de Gurmençon*, *JCP* 2014, A, n°2124 précité)

c) La divergence d'appréciation persistante concernant les réserves d'interprétation « par ricochet »

La conception extensive de l'autorité par le juge constitutionnel : le contrôle des lois ayant un objet analogue (1)

552 • Le Conseil constitutionnel a toujours eu une conception extensive de l'autorité de chose jugée de ses décisions. Il a précisé, lui-même, explicitement « qu'il appartient aux autorités administratives et juridictionnelles compétentes d'appliquer la loi, le cas échéant, sous les réserves que le Conseil constitutionnel a pu être conduit à formuler » (CC, n°2001-455 DC, 12 janvier 2002, *Loi de modernisation sociale*, JO, 18 Janvier 2002, p. 1053, *Rec. CC*, p. 49, cons. n°9). Il a déjà pu juger, comme on l'a vu, qu'il n'avait pas à procéder au nouvel examen de dispositions législatives « lorsque les dispositions de cette loi, bien que rédigées sous une forme différente, ont, en substance, un objet analogue à celui des dispositions législatives déclarées contraires à la Constitution », et sur lesquelles il s'est déjà prononcé (CC, n° 89-258 DC, 8 juillet 1989, *Loi portant amnistie* précité). Mais ce considérant n'avait pas été repris par la suite avant d'être, finalement, réactivé dans une décision du 19 décembre 2013 (CC, n° 2013-682 DC, 19 décembre 2013, *Loi de financement de la sécurité sociale pour 2014*, JO, 24 décembre 2013, p. 21069, *Rec. CC*, p. 1094, cons. n°36 à 39). En agissant de la sorte, le Conseil donne une nouvelle impulsion contentieuse à la portée que l'article 62 C° confère à ses décisions conformément aux vœux de la doctrine et des membres de l'institution (Cf. M. Guillaume, « L'autorité des décisions du Conseil constitutionnel : vers de nouveaux équilibres ? », *Nouveaux Cahiers du CC* 2011, n°30, p. 49 ; voir, dans le même sens : M. Disant, *L'autorité de la chose interprétée par le Conseil Constitutionnel*, LGDJ, 2010 ou X. Magnon, « Sur un pont-aux-ânes ? L'autorité des décisions du Conseil constitutionnel, pour une distinction entre « autorité » et « force » de chose jugée », *RFDA* 2013, p. 859). Le Conseil délimite ainsi la portée de l'autorité de chose jugée de ses décisions à partir d'une condition « d'identité de norme » et non « d'identité de texte » (Cf. T. Di Manno, « Les quotas par sexe dans les jurys de concours et l'autorité de chose jugée des décisions du Conseil constitutionnel », *AJDA* 2003, p. 820 à 825).

La conception extensive de l'autorité par le juge constitutionnel : le contrôle des lois ayant un objet analogue (2)

553 • Devant le Conseil constitutionnel, le contrôle de l'objet analogue est présent dans le contrôle a priori (DC) comme dans le contrôle a posteriori (QPC). L'analogie d'objet, lorsqu'elle est retenue peut provoquer mécaniquement l'inconstitutionnalité de la loi (CC, n° 2013-685 DC, 29 décembre 2013, *Loi de finances pour 2014*, JO, 30 décembre 2013, p. 22188, Rec. CC, p. 1127). Elle peut ne pas être retenue et la disposition sera déclarée conforme (CC, n°2015-504/505 QPC, 4 décembre 2015, *Mme Nicole B. Veuve B. et autres [Allocation de*

reconnaissance II], JO, 6 décembre 2015, p. 22501). Dans l'ensemble, le contrôle peut se révéler particulier. On peut citer, par exemple, celui portant sur une disposition législative appliquant les règles issues d'une directive européenne à une situation régie par le seul droit interne (CC, n°2015-726 DC, 29 décembre 2015, *Loi de finances rectificative pour 2015*, JO, 30 décembre 2015, p. 24775). Le Conseil peut encore ne pas reconnaître l'analogie d'objet, et donc écarter le grief tiré de la violation de l'article 62 C°, tout en déclarant la loi contraire, que ce soit dans le contrôle a priori (CC, n° 2013-682 DC, 19 décembre 2013, *Loi de financement de la sécurité sociale pour 2014*, JO, 24 décembre 2013, p. 21069, *Rec. CC*, p. 1094) ou dans le contrôle a posteriori en QPC (CC, n° 2014-417 QPC, 19 septembre 2014, *Société Red Bull On Premise et autre [Contribution prévue par l'article 1613 bis A du code général des impôts]*, JO, 21 septembre 2014, p. 15472). (Cf. Pour les exemples cités, J. Bonnet et A. Roblot-Troizier, « Chronique de droits fondamentaux et libertés publiques : le renouvellement de la portée de l'article 62 de la Constitution », *Nouveaux cahiers du CC* 2016, n°51).

Des juges ordinaires qui ne s'estiment pas liées par les réserves d'interprétation « par ricochet »

554 • En revanche, les deux Cours suprêmes, quant à elles, sont moins enclines à admettre une conception aussi large de l'autorité des décisions du Conseil constitutionnel et se refusent à considérer que l'article 62 C° s'appliquent dès lors que n'est pas en jeu la loi même qui a été soumise au juge constitutionnel. En l'absence d'identité de texte, les deux cours suprêmes ne s'estiment pas liées par la jurisprudence du Conseil. Le Conseil d'Etat a, ainsi, refusé d'étendre sa jurisprudence à une « réserve par ricochet » émise par le Conseil et considère que l'article 62 C° ne s'applique qu'aux réserves d'interprétation émises directement sur la loi déférée au Conseil (CE, sect., 22 juin 2007, *Lesourd*, req. n°288206, *Rec. CE*, p. 253, *RFDA* 2007, p. 1077, concl. T. Olson). La Cour de cassation applique la même jurisprudence (Cass., Ass. Plén., 10 octobre 2001, *Breisacher*, req. n°01-84922, *RFDC* 2002, n° 49, p. 51, concl. R. De Gouttes et p. 68, note P. Wachsmann, *RFDA* 2001, p. 1169, note O. Jouanjan, et P. Wachsmann, p. 1187, note O. Beaud, *LPA* 2001, 30 octobre, note P. Avril et J. Gicquel, *D.* 2001, p. 237, note C. Debbasch, *JCP* 2001, II, n°10024, note C. Franck, *RA* 2001, p. 637, note G. Drago). On désigne par « réserves par ricochet », celles que le Conseil « énonce à propos, non du texte dont il est saisi mais d'une disposition antérieure, figurant dans une loi qui ne lui a pas été soumise avant promulgation, mais à laquelle il se réfère et dont il entend ainsi se saisir, dans une certaine mesure, au moment où il se prononce sur la constitutionnalité d'une disposition similaire » (J. Arrighi de Casanova, « L'autorité des décisions du Conseil constitutionnel vue du Conseil d'Etat », *Nouveaux Cahiers du CC* 2011, n° 30). Les juridictions chargées d'appliquer la loi ne sauraient les ignorer, pas plus qu'elles ne doivent négliger, de manière générale, la jurisprudence du juge constitutionnel. Dans son arrêt « *Breisacher* » (précité), la Cour de cassation a, par exemple, affirmée que l'interprétation de l'article 68 C° délivrée par le Conseil à l'occasion de l'examen d'un traité international n'était pas revêtue de l'autorité de chose jugée pour le cas d'espèce et

ne s'imposait donc pas pour sa résolution. Dans l'affaire saisie, la Cour de cassation ne se trouvait que devant une jurisprudence du Conseil et en tant que juridiction souveraine elle était, par voie de conséquence, libre de la suivre ou de ne pas la suivre.

Une lecture renouvelée du juge constitutionnel qui amène un changement de position devant le Conseil d'Etat (1)

555 • Devant le Conseil d'Etat, la relecture de l'article 62 C° a créé deux situations nouvelles même si le contrôle de l'objet analogue est manié avec précaution au regard des enjeux institutionnels en présence. Le juge administratif peut, d'abord, au titre de la 1ère situation nouvelle, constater la neutralisation normative d'une disposition législative en appliquant par extension une décision du Conseil constitutionnel à des dispositions législatives distinctes mais « identiques, dans leur substance et dans leur rédaction » (CE, 16 janvier 2015, *Société Métropole Télévision*, req. n°386031, *Droit fiscal* 2015, n° 28, comm. n°469, concl. M.-A. Nicolazo de Barmon, note S. Austry). Une QPC visant ce type de disposition sera sans objet, le juge administratif pouvant de lui-même constater la neutralisation normative de la disposition législative. Mais il n'y a pas à proprement parler encore d'admission d'une « inconstitutionnalité par analogie » comme le voudrait le juge constitutionnel. Le Conseil d'Etat a, en effet, rappeler qu'il s'en tenait à une autorité qui ne s'étendait qu'aux dispositions dont la substance et surtout la rédaction sont identiques (Voir, en ce sens, CE, 18 mai 2016, *Société Natixis*, req. n°397316, *Droit fiscal* 2016, n° 23, comm. 367, concl. É. Bokdam-Tognetti). Mais il y a là immanquablement la marque d'une 1ère évolution pour un changement de jurisprudence futur (Cf. A. Roblot-Troizier, « Droits fondamentaux et libertés publiques : Autorité de chose jugée ou abrogation par analogie ? », *Nouveaux Cahiers du CC* 2015, n° 48, p. 161).

Une lecture renouvelée du juge constitutionnel qui amène un changement de position devant le Conseil d'Etat (2)

556 • Au titre de la 2nde situation nouvelle, le Conseil d'Etat peut aussi considérer comme sérieuse des QPC fondées sur la violation de l'article 62 C° même s'il n'emploie pas directement la notion « d'objet analogue » dans le choix des motifs du renvoi. Dans l'affaire « *Red Bull* », le renvoi est justifié en ce que la disposition contestée est rédigée « dans des termes voisins de ceux de la précédente loi » (CC, n° 2014-417 QPC, 19 septembre 2014, *Société Red Bull On Premise et autre [Contribution prévue par l'article 1613 bis A du code général des impôts]* précité), le Conseil d'Etat semblant s'attacher à un critère formel. Dans les affaires liées à « l'indemnisation des anciens Harkis ayant servis pendant la guerre d'Algérie », la décision de renvoi du Conseil d'Etat invoquait une formule plus neutre justifiant le renvoi par « l'autorité de chose jugée qui s'attache, en vertu de l'article 62 de la Constitution, à la décision du Conseil constitutionnel n° 2010-93 QPC du 4 février 2011 » (CE, 25 septembre 2015, *Mme Nicole B. Veuve B. et autres*, req. n° 391331 et req. n°392164). Dans sa réponse au Conseil d'Etat, la décision du Conseil constitutionnel du 4 décembre 2015 n'a pas retenu l'analogie d'objet parce que la

loi nouvelle instituait une condition relative au statut civil des personnes, à la différence de la condition de nationalité qui avait été déclarée contraire à la Constitution dans la décision du 4 février 2011 (CC, n°2015-504/505 QPC, 4 décembre 2015, *Mme Nicole B. veuve B. et autre [Allocation de reconnaissance II]*, JO, 6 décembre 2015, p. 22501), le Conseil confirmant par la même sa vision stricte dans l'appréciation de l'analogie d'objet.

Le Conseil d'Etat et l'admission des réserves d'interprétation transitoires : la décision « *Société BPCE* »

557 • Toujours à titre d'illustration de ce que l'autorité d'une réserve d'interprétation formulée par le Conseil constitutionnel sur un texte peut imposer au juge chargé d'interpréter un autre texte, il faut citer une décision du Conseil d'Etat relative à l'applicabilité d'une taxe de 3 % en cas de rachat par une société de ses propres titres (article 235 ter ZCA renvoyant aux articles 109 à 117 du CGI) (CE, 20 avril 2016, *Société BPCE et autres*, req. n°396578, *Droit fiscal* 2016, comm. n°533, concl. B. Bohnert, note G. Blanluet, Y. Rutschmann et Y. Aguila). Le juge administratif y a admis une réserve d'interprétation transitoire, réserve d'interprétation spéciale qui diffère des réserves d'interprétation classiques en tant qu'elles sont circonscrites temporellement, ayant vocation à disparaître notamment quand la nouvelle législation est adoptée. Cette réserve spéciale était issue d'une décision *M. et Mme Machillot* du 20 juin 2014 (CC, n° 2014-404 QPC, 20 juin 2014, *M. et Mme Machillot*, *Droit fiscal* 2014, n° 30, comm. 467, note A. de Bissy et M. Ferré, *Droit des sociétés* 2014, comm. 157, note J.-L. Pierre) par laquelle le Conseil constitutionnel avait jugé que l'existence d'un double régime d'imposition des actionnaires bénéficiaires en fonction de la procédure utilisée lors du rachat par une société de ses propres titres constituait une atteinte au principe d'égalité devant la loi et a, en conséquence, abrogé à compter du 1er janvier 2015 les dispositions du 6° de l'article 112 du CGI à l'origine de cette différence de traitement. Afin de préserver l'effet utile de sa décision pour les rachats intervenus avant le 1er janvier 2014 ou, à défaut d'adoption d'une loi fixant de nouvelles règles pour 2014, pour les rachats intervenus avant le 1er janvier 2015, le Conseil a énoncé que les sommes attribuées aux actionnaires lors d'un rachat de titres, quelle que soit la procédure utilisée, « ne sont pas considérées comme des revenus distribués et sont imposées selon le régime des plus-values de cession » ce qui constituait, en l'espèce, la réserve d'interprétation transitoire. Le Conseil d'Etat a admis que les dispositions de l'article 235 ter ZCA renvoyant aux articles 109 à 117 du CGI, objet de sa saisine, devaient être lues à la lumière de l'interprétation préalablement donnée par le Conseil constitutionnel du 6° de l'article 112 du même code lors de la décision *M. et Mme Machillot* alors que ce dernier n'avait jamais été saisi de l'article 235 ter ZCA et que la décision QPC *M. et Mme Machillot* de 2014 ne portait que sur l'application du 6° de l'article 112 avant le 1er janvier 2015 pour les seuls bénéficiaires des sommes issues de rachats.

Une Cour de cassation qui suit le Conseil d'Etat dans sa nouvelle approche

558 • Sous l'effet entraînant de la QPC, la conception stricte de l'autorité de la chose jugée s'efface peu à peu d'autant plus que la Cour de cassation a suivi le Conseil d'Etat dans sa nouvelle approche. On peut ainsi citer un arrêt du 14 septembre 2016 (Cass., Soc., 14 septembre 2016, n° de pourvoi : 16-40223) qui s'insère ainsi dans ce mouvement de fond tendant à dépasser les limites de la chose jugée par le Conseil constitutionnel. La décision de la Cour valide, implicitement, la force normative de l'autorité par analogie d'objet en réutilisant les termes exacts d'une réserve d'interprétation établie à propos d'un autre texte que celui objet de la décision du Conseil constitutionnel. Il était question, en l'espèce, de la protection des salariés titulaires d'un mandat d'élu local, protection développée par une disposition législative votée en 2015, alors que la réserve d'interprétation du Conseil constitutionnel datait de 2012 et s'intéressait au mandat de membre du conseil ou d'administrateur d'une caisse de sécurité sociale. La Chambre sociale avait déjà reproduit en 2012 cette réserve d'interprétation sur le régime de protection des salariés titulaire d'un mandat de conseiller prud'homal (article L. 2411-1 17° Code du travail) en invoquant expressément les termes de la réserve (Cass., Soc., 14 septembre 2012, n° de pourvoi : 11-21307, *Constitutions* 2012, p. 624, obs. C. Radé) mais en faisant de même en 2016 pour les salariés titulaires d'un mandat local, la Cour de cassation étend le raisonnement par analogie d'objet tenu par le Conseil constitutionnel à propos des dispositions législatives déclarées contraires aux dispositions déclarées conformes sous réserve.

Bibliographie

- **Andriansimbazovina (J.)**, « De l'autorité à l'effectivité des décisions du Conseil constitutionnel. De quelques paradoxes de l'usage du formalisme et du pragmatisme juridiques », Politeia 2003, n°4, p. 25 ; L'autorité des décisions de justice constitutionnelles et européennes sur le juge administratif français, Paris, LDGJ, 1998.

- **Arrighi de Casanova (J.)**, « L'autorité des décisions du Conseil constitutionnel vue du Conseil d'Etat », Nouveaux cahiers du CC 2011, n°30.

- **Arroyo (J.)**, « Vedel et ses articles de presse : un juriste dans la cité », RFDA 2016, p. 371.

- **Bacquet-Brehant (V.)**, L'article 62 alinéa 2 de la Constitution du 4 octobre 1958, Paris, LGDJ, 2005.

- **Barque (F.)**, « Le Conseil constitutionnel et la technique de la « censure virtuelle » : développements récents », RDP 2006, p. 1409.

- **Bataller (F.)**, Le Conseil d'Etat, juge constitutionnel, Paris, LGDJ, 1966.

- **Beaud (O.), Cayla (O.)**, « Les nouvelles méthodes du Conseil constitutionnel », RDP 1987, p. 700.

- **De Béchillon (D.)**, « L'interprétation de la Cour de cassation ne peut pas être complètement tenue à l'écart du contrôle de constitutionnalité des lois », JCP 2010, G, n°9, p. 237 ; « Plaidoyer pour l'attribution aux juges ordinaires du pouvoir de contrôler la constitutionnalité des lois et la transformation du Conseil constitutionnel en Cour suprême », Mélanges Favoreu, Paris, Dalloz, 2007.

- **Bezzina (A.-C.)**, « À propos d'un nouveau moyen d'ordre public : l'autorité absolue des réserves d'interprétation du Conseil constitutionnel », JCP 2014, A, n°2124.

- **Bigot (G.)**, « Les bases constitutionnelles du droit administratif avant 1875 », RFDA 2003, p. 218.

- **Boucher (J.), Bourgeois-Machureau (B.)**, « Les réserves d'interprétation « par ricochet » : retour sur l'étendue de chose jugée des décisions du Conseil constitutionnel », AJDA 2007, p. 2130.

- **Breen (E.)**, « Le Doyen Vedel et Charles Eisenmann : une controverse sur les fondements du droit administratif », RFDA 2002, p. 232.

- **Bück (V.)**, « L'indépendance de la Cour de cassation à l'égard du Conseil constitutionnel », RSC 2002, p. 676.

- **Cagnon (G.)**, « Georges Vedel, le préfacier », RFDA 2016, p. 382.

- **Delvolvé (P.)**, « L'apport du Doyen Vedel au droit administratif », RFDA 2002, p. 222.

- **Desaulnay (O.)**, « L'autorité des décisions du Conseil constitutionnel vue par la Cour de cassation », Nouveaux cahiers du CC 2011, n°30.

- **Denoix de Saint Marc (R.)**, « Georges Vedel et le juge administratif », RFDA 2002, p. 211.

- **Derrien (A.)**, Les juges français de la constitutionnalité. Etude sur la construction d'un système contentieux (Conseil constitutionnel, Conseil d'Etat, Cour de cassation : trois juges pour une norme), Bruxelles, Bruylant, 2003.

- **Di Manno (T.)**, « Les quotas par sexe dans les jurys de concours et l'autorité de chose jugée des décisions du Conseil », AJDA 2003, p. 820 ; « Les divergences de jurisprudences entre le Conseil constitutionnel et les cours suprêmes » in P. Ancel et M.-C. River (dir.), Les divergences de jurisprudence, Saint-Etienne, PU de Saint-Etienne, 2003 ; Le juge constitutionnel et la technique des décisions « interprétatives » en France et en Italie, Paris, Marseille, Economica, PUAM, 1997.

- **Disant (M.)**, L'autorité de la chose interprétée par le Conseil constitutionnel, Paris, LGDJ, 2010 ; « L'autorité de la chose interprétée par le Conseil constitutionnel : permanence et actualité(s) », Nouveaux cahiers du CC 2010, n°28.

- **Dord (O.)**, « Le Conseil constitutionnel et son environnement juridictionnel » in M. Verpeaux et M. Bonnard (dir.), Le Conseil constitutionnel, Paris, La documentation française, 2007.

- **Drago (G.)**, L'exécution des décisions du Conseil constitutionnel. L'effectivité du contrôle de constitutionnalité des lois, Paris, Economica, 1999.

- **Dutheillet de Lamothe (O.)**, « L'autorité de l'interprétation constitutionnelle » in F. Melin-Soucramanien (dir.), L'interprétation constitutionnelle, Paris, Dalloz, 2005.

- **Eisenmann (C.)**, « La théorie des bases constitutionnelles du droit administratif », RDP 1972, p. 1345.

- **Favoreu (L.)**, « L'application de l'article 62, alinéa 2 de la Constitution par la Cour de cassation », D. 2001, n°33, p. 2683 ; « L'application des normes constitutionnelles et des décisions du Conseil constitutionnel par le juge administratif (nouveaux développements) », RFDA 1989, p. 142 ; « Le juge constitutionnel, le juge administratif et le juge des conflits : vers une harmonisation des jurisprudences », RFDA 1987, p. 267.

- **Faye (A.)**, « L'unité du droit public dans l'œuvre du doyen Vedel », RFDA 2016, p. 398.

- **Fraysse (E.)**, « Georges Vedel et les bases administratives du droit constitutionnel », RFDA 2016, p. 391.

- **Gaudemet (Y.)**, « Georges Vedel », AJDA 2002, p. 181.

- **Gazier (F.), Gentot (M.), Genevois (B.)**, « La marque des idées et principes de 1789 dans la jurisprudence du Conseil d'Etat et du Conseil constitutionnel », EDCE 1989, p. 151.

- **Genevois (B.)**, « Un universitaire au Conseil constitutionnel : le Doyen Georges Vedel », RFDA 2004, p. 215 ; La jurisprudence du Conseil constitutionnel. Principes directeurs, Paris, éd. STH, 1988.

- **Grewe (C.), Jouanjan (O.), Maulin (E.), Wachsmann (P.)** (dir.), La notion de « justice constitutionnelle », Paris, Dalloz, 2005.

- **De Gouttes (R.)**, « Le dialogue des juges », Cahiers du CC 2009, Hors-série, N° spécial 50ème anniversaire du Conseil constitutionnel, p. 24.

- **Guillaume (M.)**, « L'autorité des décisions du Conseil constitutionnel : vers de nouveaux équilibres ? », Nouveaux cahiers du CC 2011, n°30.

- **Hamon (F.)**, « Les pouvoirs respectifs du Conseil constitutionnel et des juges chargés de l'application de la loi en matière d'interprétation », LPA 2013, n°144, p. 3.

- **Jan (P.)**, Le procès constitutionnel, Paris, LGDJ, 2ème éd., 2010 ; « Le Conseil constitutionnel et le dernier mot sur la loi », in Les 50 ans de la Constitution de 1958, Paris, Litec, 2008.

- **Jeanneau (B.)**, « L'apport du Doyen Vedel au droit constitutionnel », RFDA 2002, p. 215.

- **Lallet (A.)**, « L'autorité absolue de chose jugée par le Conseil constitutionnel », AJDA 2013, p. 1639.

- **Leroyer (S.)**, L'apport du Conseil d'État au droit constitutionnel de la Ve République, Paris, Dalloz, 2011.

- **Lichere (F.)**, « Vers le décloisonnement des droits administratif et constitutionnel français », AJDA 2008, p. 2249.

- **Lieber (S.-J.), Botteghi (D.)**, « Le juge administratif, juge constitutionnel de droit commun ? », AJDA 2010, p. 1355.

- **Luchaire (F.)**, « L'autorité des décisions du Conseil constitutionnel est-elle exactement celle de la chose jugée ? », in Le Conseil constitutionnel, t. 2, Paris, Economica, 1998.

- **Mathieu (B.)**, « Pour une reconnaissance de l' « autorité de la chose interprétée » par le Conseil constitutionnel. A propos de la question des quotas par sexe dans les jurys de concours de la fonction publique », D. 2003, chron., p. 1507.

- **Mathieu (B.), Verpeaux (M.)** (dir.), L'autorité des décisions du Conseil constitutionnel, Cahiers constitutionnels, Paris, Dalloz, 2010.

- **Melleray (F.)**, « Quelle est l'autorité des « réserves interprétatives par ricochet » du Conseil constitutionnel sur le juge administratif ? », DA 2007, n°10, comm. n°40 ; « La Constitution, norme d'application directe par le juge : conditions et limites » in L'application de la Constitution par les cours suprêmes, Paris, Dalloz, 2007.

- **Mestre (J.-L.)**, « La Cour de cassation et le contrôle de constitutionnalité, donnés historiques » in La Cour de cassation et la Constitution de la République, Aix – Marseille, Paris, PUAM, Documentation française, 1995.

- **Meunier (J.)**, « Le Conseil constitutionnel et l'autorité de ces décisions », Mélanges Troper, Paris, Economica, 2006, p. 693.

- **Molfessis (N.)**, « La Cour de cassation réfute l'existence d'un ordre constitutionnel », RTDCiv 2002, p. 162.

- **Monteillet (I.)**, « L'influence à l'égard des juridictions ordinaires des réserves d'interprétation formulées par le Conseil constitutionnel dans ces décisions », GP 2002, n°152, p. 3.

- **Ould Bouboutt (A. S.)**, L'apport du Conseil constitutionnel au droit administratif, Paris, Economica, Aix-en-Provence, PUAM, 1987.

- **Philip (L.)**, « Le dialogue des juges et l'élargissement de la compétence du Conseil constitutionnel », Mélanges Genevois, Paris, Dalloz, 2009.

- **Renoux (T.)**, « Autorité de chose jugée ou autorité de la Constitution. A propos de l'effet des décisions du Conseil constitutionnel », Mélanges Pactet, Paris, Dalloz, 2003.

- **Roblot-Troizier (A.)**, « La théorie de la loi écran, une théorie en sursis ? », RFDA 2013, p. 1259.

- **Rousseau (D.), Gahdoun (P.-Y.), Bonnet (J.)**, Droit du contentieux constitutionnel, Paris, LGDJ, 11ème éd., 2016.

- **Sabete (W.)**, « L'écran de la loi et la figure de la Constitution. Réflexion sur le moyen inopérant tiré de la contrariété d'une décision administrative à la Constitution », D. 1997, p. 287.

- **Samuel (X.)**, « Les réserves d'interprétation émises par le Conseil constitutionnel », in Exposé dans le cadre de l'accueil des nouveaux membres de la Cour de cassation au Conseil constitutionnel, 26 janv. 2007, p. 1, www.conseil-constitutionnel.fr.

- **Schrameck (O.)**, « Droit administratif et droit constitutionnel », AJDA 1995, p. 34.

- **Viala (A.)**, « La question de l'autorité des décisions du Conseil constitutionnel » in D. Rousseau (dir.), Le Conseil constitutionnel en questions, Paris, L'harmattan, 2004, p. 145 ; « De la dualité du « sein » et « sollen » pour mieux comprendre l'autorité de la chose interprétée », RDP 2001, p. 778 ; Les réserves d'interprétation dans la jurisprudence du Conseil constitutionnel, Paris, LGDJ, 1999 ; « L'interprétation du juge dans la hiérarchie des normes et des organes », Cahiers du CC 1999, p. 87.

- **Vedel (G.)**, « Excès de pouvoir législatif et excès de pouvoir administratif », Cahiers du CC 1997, n°2 ; « Aspects généraux et théoriques », Mélanges Drago, Paris, Economica, 1996, p. 6 ; « Réflexions sur les singularités de la procédure devant le Conseil constitutionnel. Nouveaux juges, nouveaux pouvoirs », Mélanges Perrot, Paris, Dalloz, 1996 ; « Réflexions sur quelques apports de la jurisprudence du Conseil d'Etat à la jurisprudence du Conseil constitutionnel », Mélanges Chapus, Paris, Montchrestien, 1992, p. 647 ; « La continuité constitutionnelle en France de 1789 à 1989 », RFDC 1990, n° 1, p. 14 ; « La loi des 16-24 août 1790 : Texte ? Prétexte ? Contexte ? », RFDA 1990, p. 698 ; « Le hasard et la nécessité », Pouvoirs 1989, n° 50, p. 28 ; « Les bases constitutionnelles du droit administratif », in P. Amselek (dir.), La pensée de Charles Eisenmann, Economica, 1986, p. 140 ; « Discontinuité du droit constitutionnel et continuité du droit administratif. Le rôle du juge », Mélanges Waline, Paris, LGDJ, 1974, p. 778 ; « Les bases constitutionnelles du droit administratif », EDCE 1954, p. 21.

- **Vedel (G.), Delvolvé (P.)**, Le système français de protection des administrés contre l'administration, Paris, Sirey, 1991.

- **Verpeaux (M.)**, « Brèves considérations sur l'autorité des décisions du Conseil constitutionnel », Nouveaux cahiers du CC 2011, n°30 ; « La Constitution du droit administratif », AJDA 2008, p. 1793.

B – Dans le cadre de son contrôle a posteriori

559 • Depuis mars 2010, date d'entrée en vigueur de la QPC, le Conseil constitutionnel peut être saisi du contrôle de la loi a posteriori c'est-à-dire à un moment où la loi, qui s'applique déjà, a pu faire l'objet d'interprétations de la part de la Cour de cassation ou du Conseil d'Etat. Cela pose immanquablement un conflit de compétence dans le rôle de chacun quant à l'interprétation de la loi. Or, la norme effectivement appliquée doit, le plus souvent, plus à l'imagination créatrice des juges qu'à l'intention du législateur. Le contrôle de la loi a posteriori vient alors ici fragiliser les principes d'origine jurisprudentielle ainsi définis par les juges ordinaires puisque le juge constitutionnel peut alors modifier l'interprétation donnée voire la neutraliser complètement en la déclarant contraire à la Constitution. Dans certains systèmes, on a réglé le conflit de compétence en donnant le dernier mot au juge constitutionnel dans toutes les controverses relatives à l'interprétation d'une norme législative. C'est le cas en Allemagne ou en Espagne, où, comme on a déjà pu le voir, toute décision de justice rendu en dernier ressort, même par une Cour suprême, peut être contestée devant le juge constitutionnel pour violation d'un droit fondamental par la voie d'un recours direct : le *Verfassungbeschwerde* en Allemagne ou l'*Amparo* en Espagne.

560 • Ce système n'a pas d'équivalent en France et les rapports de force sont plus équilibrés entre les différents juges, le Conseil constitutionnel ne peut être saisi qu'à titre préjudiciel par les Cours suprêmes des deux ordres juridictionnels. Ces dernières peuvent être tentées de se soustraire à la censure du juge constitutionnel en refusant de le saisir dans leur mission de filtrage ou en ne tenant pas compte des interprétations développées par ce dernier. Sans recours spécifique et sans règles précises ni de sanctions quant au respect de l'interprétation, le bon fonctionnement du système nécessite un dialogue des juges et un certain esprit de collaboration. Dans cette logique et pour résoudre le conflit de compétence, c'est d'abord le Conseil constitutionnel qui a fait un 1er pas en s'orientant vers la mise en place d'une théorie inspirée de l'expérience constitutionnelle italienne. C'est une théorie qui a été mise en place dans les années 1950 par la Cour constitutionnelle italienne pour régler les tensions avec la Cour de cassation du pays qu'on a pu dénommer « théorie du droit vivant » (Pour une présentation récente de cette doctrine, voir G. Zagrebelski, « La doctrine du droit vivant et la QPC », *Constitutions* 2010, n°1 ou C. Séverino, *La doctrine du droit vivant*, Economica-Puam, 2003) (1). Il ressort de cette théorie que lorsqu'un recours est dirigé contre l'interprétation définie par les juges ordinaires de la loi, cette interprétation fait corps avec le texte et il n'appartient pas au juge constitutionnel de rechercher s'il serait possible de lui en substituer une autre. Dans un 2nd temps, un rapprochement a été opéré par les juges ordinaires, en sens inverse, quant à la réception de l'autorité de chose jugée des décisions du Conseil qui a été, tout comme on a pu le voir pour le contrôle a priori, renforcée dans le cadre de la QPC pour garantir la cohérence de l'ensemble du système (2).

1 – L'amorce du dialogue des juges et la théorie du droit vivant

a) La théorie du « droit vivant » et l'expérience italienne

L'article 134 de la Constitution italienne et la logique substantiellement identique de la QPC italienne

561 • Pour avoir un exemple d'application de contrôle incident de constitutionnalité, on s'est rapidement tourné vers l'expérience italienne du contrôle a posteriori, un des seuls équivalent du système alors mis en place en France où le tribunal constitutionnel peut être saisi à titre préjudiciel par le juge ordinaire chargé du litige au principal (Cf. article 1er de la loi constitutionnelle n° 1 du 9 février 1948 relative aux dispositions sur les procès de constitutionnalité et sur les garanties d'indépendance de la Cour constitutionnelle (*Gazzetta ufficiale*, 20 février 1948, n° 43) qui met en œuvre l'article 134 de la Constitution italienne prévoyant que la Cour constitutionnelle se prononce « sur les litiges relatifs à la constitutionnalité des lois et des actes ayant force de loi de l'Etat et des régions » et qui dispose que « la question de constitutionnalité d'une loi ou d'un acte ayant force de loi de la République relevée d'office ou soulevée par l'une des parties au cours d'un procès, et non considérée par le juge comme manifestement infondée, est renvoyée à la Cour constitutionnelle afin qu'elle puisse la trancher »). Les deux mécanismes présentent en effet des similitudes et ont une logique substantiellement identique (Cf. par ex., J.-J. Pardini, « Question prioritaire de constitutionnalité et question incidente de constitutionnalité italienne : ab origine fidelis », *Pouvoirs* 2011, n°137, p. 101). Même si pendant quelque temps, la doctrine italienne a hésité sur la manière d'entendre le caractère déterminant de la question préjudicielle de constitutionnalité, le caractère incident de la saisine a fait en sorte de l'écarter ainsi de la conception abstraite du contrôle de constitutionnalité retenue à l'origine et a fait découler la question posée de la nécessaire application de la loi au cas concret. Il est donc possible de conclure, comme Gustavo Zagrebelsky, que les deux systèmes se trouvent « devant un renversement de perspectives : ce qui, à l'origine, était une conception objective et abstraite du contrôle de constitutionnalité est devenu une conception subjective et concrète » (G. Zagrebelsky, « Les caractères réaliste et concret du contrôle de constitutionnalité des lois en Italie », *Cahiers du CC* 2007, n°22). Ils s'analysent comme des recours indirects des justiciables pour saisir le juge constitutionnel. C'est, en effet, une autorité juridictionnelle qui, dans le cadre d'une instance en cours devant elle, est l'intermédiaire obligé entre les parties et le juge constitutionnel. Le texte français est juste plus restrictif que le texte italien au niveau des autorités de saisine puisque le système italien vise, sans autre précision toute « autorité juridictionnelle » (article 23 de la loi n° 87 du 11 mars 1953 *relative aux dispositions sur la Constitution et sur le fonctionnement de la Cour constitutionnelle*, *Gazzetta ufficiale*, 14 mars 1953, n° 62) alors que le système français ne vise que « les juridictions relevant du Conseil d'État ou de la Cour de cassation » (article 23-1 de la loi organique du 10 décembre 2009, à la suite de l'article 61-1 de la Constitution française).

Une répartition claire des compétences bouleversée par le caractère incident du contrôle de constitutionnalité

562 • La saisine par voie incidente de la Cour constitutionnelle a pour effet d'insérer la jurisprudence constitutionnelle dans la jurisprudence plus générale à l'inverse du contrôle abstrait de constitutionnalité qui exclut par définition cette conséquence dans la mesure où il place le juge constitutionnel face au législateur seul et non face aux juges ordinaires. Dès le début de son activité, la Cour constitutionnelle italienne s'est vue confrontée à la question de savoir s'il fallait reconnaître une importance aux interprétations dégagées par la jurisprudence des juges ordinaires sur la loi soumise à son contrôle. Il devait avoir à l'origine une répartition claire des compétences : à la Cour constitutionnelle, le rôle de contrôler la constitutionnalité des lois et donc d'interpréter la Constitution, aux juges ordinaires celui de faire application de la loi et donc d'interpréter les dispositions législatives. Mais le caractère incident du contrôle de constitutionnalité amène à ce que ce contrôle soit forcément lié à l'application effective de la loi par les juges ordinaires. En choisissant le recours en inconstitutionnalité à l'occasion de l'application de la loi, le pouvoir constituant a eu la volonté de confier au justiciable un pouvoir de contestation de la loi telle qu'elle avait été appliquée par les juges depuis son adoption parlementaire. Dans cette logique, le contrôle quitte le raisonnement purement abstrait pour arriver à traiter de ce qu'on peut appeler « la loi vivante » ou, plus précisément, la « loi juridictionnelle », « celle qui produit des effets concrets sur les justiciables » (Cf. D. Rousseau, « L'art italien au Conseil constitutionnel : les décisions des 6 et 14 octobre 2010 », *GP* 2010, 27 octobre, n°294, p. 12 et suiv.). Lorsqu'une question est présentée à la Cour constitutionnelle, la norme a déjà été examinée par le juge ordinaire qui peut alors avoir été influencé par l'interprétation donnée par la Cour suprême de l'ordre juridictionnel correspondant. Il a fallu alors déterminer si le juge constitutionnel peut interpréter librement la loi ou bien s'il doit tenir compte de l'interprétation de la loi telle que formulée par les juges ordinaires, en particulier par la Cour de cassation.

Une théorie du droit vivant mise en place dans les années 1960 pour régler les conflits avec les juges ordinaires

563 • Au cours des 1ères années d'activité de la Cour constitutionnelle, il y a eu de nombreuses occasions d'opposition entre le juge constitutionnel et la Cour de cassation avant que les relations entre les deux cours soient pacifiées grâce à l'application par la Cour constitutionnelle d'une doctrine que l'on va qualifier de « théorie du droit vivant » et qui, conçue en Allemagne, a été véritablement concrétisée par la pratique italienne et théorisée par un ancien président de la Cour Gustavo Zagrebelsky (cf. G. Zagrebelsky, « La doctrine du droit vivant », *Annuaire international de Justice constitutionnelle* 1986, II, p. 55). Selon cette doctrine, le juge constitutionnel doit rechercher si un autre juge s'est déjà prononcé sur la question qu'il doit trancher. Si tel est le cas, le juge constitutionnel doit, pour prendre sa décision, tenir compte de l'interprétation retenue par les juridictions ordinaires. En se référant au droit vivant, la Cour constitutionnelle renonce à se demander quelle

est l'interprétation de la loi soumise à son contrôle et s'en remet à celle qui en a déjà été dégagée par les juges ordinaires et, en particulier, par la Cour de cassation italienne. En ce sens, le dialogue et la collaboration entre les juges, plutôt que la contrainte, ont réussi à apaiser les relations entre les Cours. En consacrant cette théorie après plusieurs années de confrontation, la Cour constitutionnelle, le Conseil d'Etat et la Cour de cassation de la République italienne sont parvenus à une solution équilibrée. Il appartient au Conseil d'Etat et à la Cour de cassation de définir le sens de la loi, et il appartient à la Cour constitutionnelle, une fois ce sens défini, d'en apprécier la conformité à la Constitution. C'est dans les années 1960 que la théorie a été mise en place par la Cour constitutionnelle lors d'un conflit entre cette dernière et la Cour de cassation à propos de l'équilibre entre les pouvoirs du ministère public et ceux de la défense de l'accusé dans la procédure pénale (Cf. *la guerra delle due Corti in T. Di Manno, Le juge constitutionnel et la technique des décisions « interprétatives » en France et en Italie*, Paris, Marseille, Economica-PUAM, 1997, p. 115 ; C. Severino, *La doctrine du droit vivant*, Paris, Marseille, Economica-PUAM, 2003, p. 59). La Cour constitutionnelle interprétait le code de procédure pénale dans un sens favorable aux garanties pour l'accusé et évitait ainsi la déclaration d'inconstitutionnalité. La Cour de cassation refusait cette interprétation, invoquant la plénitude de ses propres pouvoirs d'interprétation des dispositions législatives qui, en tant que telles, n'étaient pas touchées par les arrêts de la Cour constitutionnelle.

Une Cour constitutionnelle qui s'oblige à considérer la loi, non comme une entité abstraite, mais telle qu'elle est effectivement appliquée au niveau juridictionnel

564 • Le blocage ainsi décrit a conduit la Cour constitutionnelle à aller au-delà de la simple « déférence » vis-à-vis des interprétations de la jurisprudence (dès le début de son activité, la Cour constitutionnelle s'était interrogée sur l'importance des interprétations fournies par la jurisprudence, un arrêt n°3 de 1956 précisant que la Cour devait tenir en « juste considération », « l'interprétation jurisprudentielle constante qui confère au précepte législatif sa valeur effective dans la vie juridique » (*Corte costituzionale, Sentenza 15 Giugno* 1956, 3/1956, § 6) pour aller au « lien » et amener à la naissance de la doctrine du droit vivant. Dans un arrêt n°161 de 1967, la Cour a établi qu'elle « ne peut pas ne pas noter que la jurisprudence des juges ordinaires, après bien des hésitations et des divergences, en est venue à se consolider dans le sens où [...] à cette interprétation, les Sections Réunies de la Cour de cassation ont apposé le cachet de leur adhésion et de leur autorité, ce qui impose désormais de considérer comme une « norme vivante » la norme définie par cette interprétation et d'affronter, à partir de celle-ci, la question de la constitutionnalité soulevée » (*Corte costituzionale, Sentenza 22 Dicembre 1977*, 161/1977). Par la même, la Cour accepte le principe d'un contrôle normatif à partir de l'interprétation consolidée dégagée par les juges ordinaires qu'elle qualifie de « norme vivante », tenant compte du rôle régulateur de cette Cour même si elle n'en partage pas forcément l'interprétation. On parle de « droit vivant » parce que la Cour constitutionnelle s'oblige ainsi à considérer la loi, non comme une entité abstraite,

mais telle qu'elle est effectivement appliquée au niveau juridictionnel. Et, grâce à cette théorie, les juges ordinaires ont l'assurance que l'interprétation des lois demeure leur fonction propre car le juge constitutionnel ne peut pas invalider le sens donné sans faire disparaitre du même coup la loi.

b) La prise en compte de la théorie du droit vivant par le Conseil constitutionnel

L'appropriation de la théorie du « droit vivant » : la décision QPC du 6 octobre 2010

565 • Comme peut le relever Dominique Rousseau, c'est au printemps 2010 que « l'esprit italien s'est posé sur le Palais Montpensier », (D. Rousseau, « L'art italien au Conseil constitutionnel : les décisions des 6 et 14 octobre 2010 », précité). Le Conseil constitutionnel a fait une 1ère application de la doctrine du « droit vivant » à l'occasion de sa décision QPC du 6 octobre 2010 (CC, n°2010-39 QPC, 6 octobre 2010, *Isabelle D. et Isabelle B [Adoption au sein d'un couple non marié]*, JO, 7 octobre 2010, p. 18154, *Rec. CC*, p. 264,) rendue sur renvoi de la Cour de cassation (QPC transmise par Cass., Ass. Plén., 8 juillet 2010, n° de pourvoi : 10-10385). Dans cette décision, le juge reconnait au requérant le fait « qu'en posant une question prioritaire de constitutionnalité, tout justiciable a le droit de contester la constitutionnalité de la portée effective qu'une interprétation jurisprudentielle constante confère à cette disposition ». En d'autres termes, le requérant a le droit à l'examen d'une disposition législative telle qu'elle est interprétée ou appliquée par le juge ordinaire ou qui tienne compte de la portée effective que lui confère l'interprétation jurisprudentielle constante de ce dernier. Etait en cause en l'espèce, l'article 365 du code civil qui fixe les règles relatives à l'autorité parentale sur un enfant ayant fait l'objet d'une adoption simple par une personne seule. Il existe, selon la lettre de l'article en cause, une différence de traitement entre les enfants adoptés au sein d'un couple marié où il existe une autorité parentale conjointe et les enfants adoptés au sein de couples non mariés où il n'y a que l'adoptant qui a l'autorité parentale. Le juge aurait dû normalement examiner cette différence de traitement au regard du principe d'égalité mais, pour juger l'article non contraire à la Constitution, il se fonde non pas sur la différence de traitement mais sur le fait que cet article a, plutôt, pour effet d'interdire en principe l'adoption de l'enfant mineur du partenaire ou du concubin. Et c'est en se servant jurisprudence fidèle et stable de la Cour de cassation qu'il a dégagé une telle logique dans son interprétation, cette jurisprudence disposant que : « lorsque le père ou la mère biologique entend continuer à élever l'enfant, le transfert à l'adoptant des droits d'autorité parentale qui résulterait de l'adoption par le concubin ou le partenaire du parent biologique est contraire à l'intérêt de l'enfant et, par suite, fait obstacle au prononcé de cette adoption » (Cass., 1ère civ., 20 février 2007, n° de pourvoi : 06-15647, *D.* 2007, p. 1047, note D. Vigneau, p. 721, obs. C. Delaporte-Carre, p. 891, obs. P. Chauvin, et p.1468, obs. F. Granet-Lambrechts, *AJFamille* 2007, p. 182, obs. F. Chénedé, *RTDCiv* 2007, p. 325, obs. J. Hauser).

Un renouvellement de l'interprétation dans la décision QPC du 14 octobre 2010

566 • Le Conseil constitutionnel renouvelle une telle interprétation à l'occasion d'une QPC renvoyée par le Conseil d'Etat (CE, 15 juillet 2010, *Compagnie agricole de la Crau*, req. n°322419) dans la décision QPC du 14 octobre 2010 (CC, n° 2010-52 QPC, 14 octobre 2010, *Compagnie agricole de la Crau*, JO, 15 octobre 2010, p. 18540, *Rec. CC*, p. 283) en reprenant le même considérant de principe à propos de la contestation d'un article d'une loi prise sous le régime de Vichy dont la nullité n'avait pas été expressément contestée et qui concernait l'approbation d'une convention entre le Ministère de l'agriculture et la Compagnie agricole sur la cession gratuite de terrains en échange du versement de la moitié des bénéfices jusqu'au remboursement de la dette puis 25 % au-delà. Par décision en date du 27 juillet 2009 (CE, 27 juillet 2009, *Compagnie agricole de la Crau*, req. n°295637) le Conseil d'Etat avait rejeté la requête de la Compagnie en retenant que l'obligation d'acquittement envers l'Etat s'analysait comme un prélèvement obligatoire de caractère fiscal sans obligations réciproques ni de contrepartie. Le Conseil constitutionnel s'est donc fondé sur cette interprétation pour juger que la disposition litigieuse devait être regardée comme instituant non comme une obligation d'origine contractuelle mais comme une imposition de toutes natures et comme elle assujettissait une seule société à une imposition supplémentaire sur les bénéfices, elle instituait une rupture caractérisée de l'égalité devant les charges publiques.

La confirmation de l'interprétation dans la décision QPC du 4 février 2011

567 • Dans une décision QPC du 4 février 2011 (CC, n° 2010-96 QPC, 4 février 2011, *M. Jean-Louis de L. [Zone des 50 pas géométriques]*, JO, 5 février 2011, p. 2354, *Rec. CC*, p. 102) sur renvoi de la Cour de cassation (Cass., 3ème civ., 30 novembre 2010, *M. Jean-Louis de L.*, n° de pourvoi : 10-16828), le Conseil constitutionnel confirme la position qu'il a exprimée dans les deux décisions précitées des 6 et 14 octobre 2010 en déclarant conforme à la Constitution, l'article L. 5112-3 CGPPP. Ce dernier concernait les droits des tiers détenteurs de titres dans la zone dite des « cinquante pas géométriques » dans les départements d'outre-mer et notamment ceux qui n'avaient pu faire valoir leurs droits en 1955 de le faire devant une nouvelle commission de validation. La Cour de cassation avait jugé que seuls les titres délivrés par l'Etat étaient opposables à l'Etat (Cass., 3ème civ., 2 février 1965, n° de pourvoi : 60-11713 et n° de pourvoi : 62-12731, *Bull. Civil* 1965, p. 70 et p. 71). Cette jurisprudence a été confirmée depuis et appliquée à la commission instituée par l'ancien article L. 89-2 du code du domaine de l'Etat (Cass., 3ème civ., 7 juillet 2004, n° de pourvoi : 02-16288, *Bull. Civil* 2004, p. 131), devenu l'article L. 5112-3 du CGPP (Cass., 3ème civ., 7 avril 2010, n° de pourvoi : 09-14563). Le Conseil constitutionnel a procédé à l'examen de la disposition contestée telle qu'interprétée par la Cour de cassation, celle-ci n'étant contraire à aucune disposition de la Constitution et notamment pas à l'article 17 de la DDHC consacrant le droit de propriété.

Une 1ère remise en cause de la jurisprudence de la Cour de cassation pour non-respect du principe d'égalité : la décision QPC du 11 février 2011

568 • Enfin, dans une décision n° 2010-101 QPC du 11 février 2011 (CC, n°2010-101 QPC, 11 février 2011, *Mme Monique P. et autre [Professionnels libéraux soumis à une procédure collective]*, JO, 12 février 2011, p. 2758, *Rec. CC*, p. 116) sur renvoi de la Cour de cassation (Cass., 2ème civ., 16 décembre 2010, n° de pourvoi : 10-15679), le Conseil va plus loin et écarte, pour la 1ère fois, la jurisprudence de la Cour de cassation en reconnaissant la constitutionnalité de l'article L. 243-5 du Code de sécurité sociale sous réserve. L'article concernait la délimitation des personnes bénéficiaires de la remise de plein droit des pénalités, majorations et frais de poursuites dus à un organisme de sécurité sociale en cas de procédure de redressement judiciaire. Si ces dispositions législatives s'appliquent aux commerçants, aux artisans ou aux personnes morales de droit privé même non commerçante, elles ont été interprétées par la Cour de cassation comme ne s'appliquant pas aux membres des professions libérales exerçant à titre individuel (Cass., 2ème civ., 12 février 2009, *Caisse autonome de retraite des médecins de France*, n° de pourvoi : 08-13459 ; Cass., 2ème civ., 12 février 2009, *Caisse autonome de retraite et de prévoyance des infirmiers masseurs kinésithérapeutes pédicures, podologues, orthophonistes et orthoptistes*, n° de pourvoi : 08-10470 ; Cass, 2ème civ., 14 janvier 2010, n° de pourvoi : 09-65485). Cette différence de traitement entre les membres d'une profession libérale exerçant à titre individuel et ceux qui ont choisi de former une société n'est pas justifiée par rapport à l'objet de la loi et méconnaît, en conséquence, pour le Conseil, le principe constitutionnel d'égalité. Cette dernière décision montre bien que si le Conseil fait en sorte de ne pas développer d'interprétation concurrente à celle, constante, du juge ordinaire, il examine néanmoins la constitutionnalité de l'interprétation ainsi faite par le juge ordinaire et faire en sorte de s'y opposer si non conforme à la Constitution.

c) La réponse ferme du juge constitutionnel au refus de la Cour de cassation de transmettre ses interprétations de la loi

Une compétence d'interprétation de la loi durement acquise pour les juges ordinaires

569 • Avec l'instauration de la QPC, c'est l'ordre traditionnel des compétences dans l'interprétation de la loi qui se trouve bouleversé. Il faut, à cet égard, rappeler tout le chemin parcouru par les juges ordinaires pour se voir attribuer ou conquérir cette compétence. Ce sont la Constitution de 1791 et la loi des 16-24 août 1790 qui ont d'abord réglé la question en mettant en place, tout d'abord, un « Tribunal de cassation », juridiction unique et spécialisée compétente dans la fonction de cassation pour « contravention à la loi » (art. 19 et 20 de la Constitution de 1791). Mais si cette création va permettre la création d'une jurisprudence, elle va être contrebalancée par la création du « référé législatif » à utiliser « lorsque après deux cassations le jugement du troisième tribunal sera attaqué par les mêmes moyens » (art. 21 C° de 1791 et art. 12 de la loi des 16-24 août 1790 ; Voir Y.-L. Hufteau, *Le référé législatif et les pouvoirs du juge dans le silence de la loi*, Paris, PUF, 1965) qui empêche

cette jurisprudence en remettant l'interprétation de la loi, en dernière instance, au législateur lui-même. Le Tribunal de cassation n'étant pas compétent pour interpréter la loi, il se contentait soit de l'appliquer, soit de l'écarter, en cas de doute, il renvoyait au Corps législatif. Mais le juge de cassation ne s'est pas arrêté là et s'est progressivement affranchie de cette contrainte en élargissant son contrôle et en forçant, en quelque sorte, le pouvoir constituant à reconnaitre sa compétence. C'est le Directoire d'abord qui empêcha le Corps législatif de revenir sur les décisions du Tribunal de cassation (art. 264 de la Constitution de l'an III du 22 août 1795) avant que le Consulat supprime purement et simplement la pratique du « référé législatif » (loi du 27 ventôse an VIII (18 mars 1800) précitée) et que le Code civil de 1804 ne consacre finalement, par un raisonnement a contrario, cette possibilité d'interprétation de la loi (art 4 du Code civil qui énonce que : « Le juge qui refusera de juger, sous prétexte du silence, de l'obscurité ou de l'insuffisance de la loi, pourra être poursuivi comme coupable de déni de justice »). Si le référé législatif a été remis au goût du jour par la suite (loi du 16 septembre 1807 précitée octroyant à l'Empereur Napoléon 1er le droit d'arbitrer les conflits persistants entre les juges de cassation et les juges d'appel), il s'est effacé définitivement en 1837 (loi du 1er avril 1837 précitée.).

Des juges ordinaires qui se sont constamment obligés à élargir leur contrôle

570 • La reconquête du pouvoir d'interpréter la loi, sous le régime judiciaire moderne, est donc un acte historique essentiel. Constamment bridé, la Cour de cassation s'est employée à élargir son contrôle qui n'était jusqu'alors limité, dans les cas d'ouverture à cassation, que par la « contravention expresse à la loi » (article 7 al. 1 de la loi du 20 avril 1810 (*Recueil Duvergier*, p. 78) sur l'organisation de l'ordre judiciaire et l'administration de la justice). La Cour de cassation y ajoute la fausse application de la loi, la fausse qualification, l'insuffisance des motifs et, surtout, le défaut de base légale. L'apparition des grands recueils est le signe incontestable de la reviviscence de la jurisprudence (le Journal du Palais, le recueil Sirey, le recueil Dalloz, ...) C'est l'époque des « grands arrêts » de la Cour de cassation et des grandes constructions prétoriennes : la responsabilité du fait des choses, l'abus du droit, l'enrichissement sans cause, la personnalité morale, ... Mais tout cela n'a été possible que parce que le juge civil a reconquis le pouvoir d'interprétation qu'on avait tenté de lui dénier au nom de la séparation des pouvoirs. Si, à l'origine, le Conseil d'Etat n'était pas concerné par ce problème d'interprétation de la loi parce qu'il n'était pas perçu, à l'époque, comme une juridiction et n'en avait pas les caractères, au jour où il a été constitué et reconnu comme tel, le principe de l'article 4 du Code civil comme celui touchant à l'interdiction des arrêts de règlement (art. 5 Code civil) lui était aussi applicable (en ce sens, Y. Gaudemet, « La prohibition de l'arrêt de règlement s'adresse-t-elle au juge administratif ? Les leçons de l'histoire », *RDP* 2010, p. 1617). Cela ne l'a pas empêché, non plus, de développer sa jurisprudence, le droit administratif étant jusqu'à une date récente essentiellement jurisprudentiel et nul n'ignore que, comme on l'a déjà vu, que c'est par le recours, souvent audacieux à la théorie des PGD que le Conseil d'Etat a pu procéder, en certaines circonstances, à l'interprétation de dispositions législatives, en faisant

même prévaloir parfois les PGD sur la lettre des textes (Voir B. Genevois, « Le Conseil d'Etat et l'interprétation de la loi », *RFDA* 2002, p. 877).

Une opposition marquée de la Cour de cassation face à la nouvelle QPC

571 • Le pouvoir d'interprétation dévolu ainsi aux juges ordinaires se voit, en quelque sorte, chamboulé par l'instauration de la QPC. C'est d'abord la Cour de cassation qui s'est opposé à ce que l'interprétation qu'elle donne de la loi puisse faire l'objet d'un contrôle de constitutionnalité. Elle a ainsi refusé, dans une série de décisions du 19 mai 2010, de transmettre une QPC qui « tend, en réalité, à contester non la constitutionnalité des dispositions qu'elle vise mais l'interprétation qu'en a donné la Cour de cassation ». Dans les trois 1ères décisions, elle s'opposa à la transmission d'une QPC contestant le défaut de motivation des arrêts des cours d'assises tel que résultant des articles 353 à 357 du Code de procédure pénale (Cass., crim., QPC, 19 mai 2010, n° de pourvoi : 09-83328, 09-87307, 09-82582, Voir J. Pradel, « De la motivation des arrêts d'assises », *D.* 2009, p. 2778). Dans la décision suivante où les requérants contestaient la constitutionnalité de l'article 598 du Code de procédure pénale au motif qu'il serait contraire au principe d'individualisation des peines, la Cour rejette la QPC parce qu'elle critique, non pas la disposition législative, mais « la théorie de la peine justifiée, élaborée à partir de cette disposition législative » (Cass., crim., QPC, 19 mai 2010, n° de pourvoi : 09-87651). La dernière espèce du même jour mettait en cause l'article L. 5112-3 du CGPPP concernant la zone des cinquante pas géométriques dont on a déjà parlé (Cass., Ass. Plén., QPC, 19 mai 2010, n° de pourvoi : 09-70161, Voir D. Khair, « Les titres d'occupation de la zone des « cinquante pas géométriques », *RFDA* 2012, p. 1159). On trouvera encore deux autres décisions prises dans la même logique : la 1ère refusait une QPC parce qu'elle mettait en cause, au regard de la liberté d'expression, la jurisprudence de la Cour de cassation sur la présomption de mauvaise foi en matière de diffamation (Cass., crim., QPC, 31 mai 2010, n° de pourvoi : 09-87578), la 2nde rejetait une QPC parce que elle aussi fondée sur sa jurisprudence cette fois en matière de conditions d'octroi de la personnalité morale aux URSSAF (Cass., com., QPC, 9 juillet 2010, n° de pourvoi : 10-40010).

Une position de la Cour de cassation vivement critiquée mais qui resta de courte durée

572 • La position de la Cour de cassation a été vivement critiquée par la doctrine eu égard à son caractère absolutiste faisant perdre toute utilité pratique à la QPC (Cf. Par ex., M. Molfessis, « La jurisprudence *supra-constitutionem* », *JCP* 2010, G, n°1039 ; D. de Béchillon, « Interprétation », *JCP* 2010, G, n°676 et *JCP* 2011, G, n° hors-série, 1er mai 2011). Pour cette raison et suite à la mise en place de la doctrine du droit vivant par le Conseil constitutionnel, la résistance de l'autorité judiciaire ne sera que de courte durée. La Cour va, d'abord, admettre, de manière implicite, que le contrôle a posteriori peut porter sur un élément autre que la disposition législative et non formellement textuel, en l'occurrence, en l'espèce, l'élément plus large liée à l'application de la loi. Au lieu de ne pas transmettre en tenant compte de sa 1ère jurisprudence, elle soumet au contrôle du Conseil constitutionnel en liant

application de la loi et disposition législative (Cass., 1ère civ., QPC, 16 novembre 2010, n° de pourvoi : 10-40042, Cf. D. Martel, « Un jeu de balle enflammée, à propos de la question prioritaire de constitutionnalité relative au mariage entre personnes de même sexe », *Droit de la famille* 2011, n°1, étude n°4). Les décisions les plus marquantes du changement d'attitude du juge judiciaire seront celle effectuant d'abord un revirement de jurisprudence sur la zone des cinquante pas géométriques (Cass., 3ème civ., QPC, 30 novembre 2010, *M. Jean-Louis L.*, n° de pourvoi : 10-16828) la QPC avait été initialement rejetée à l'occasion d'une précédente décision vue par ailleurs, puis celles effectuant un revirement sur l'absence de motivation des arrêts de cour d'assises dont la constitutionnalité a enfin été soumise au contrôle du juge constitutionnel (Cass., crim., QPC, 19 janvier 2011, n° de pourvoi : 10-85159 et 10-85305).

Un Conseil d'Etat rapidement en accord avec le Conseil constitutionnel même si certaines suspicions quant à sa fonction de filtrage

573 • Le Conseil d'Etat, pour sa part, n'a pas tenu la même position que la Cour de cassation et a, très tôt, examiné le caractère sérieux d'une QPC portant sur des dispositions législatives qu'il avait déjà interprétées. C'est dans un arrêt du 12 septembre 2011 qu'il affirme, en substance, que les exigences du procès équitable et du droit au recours ne font pas obstacle à ce qu'il statue sur le bien-fondé du renvoi au Conseil constitutionnel d'une QPC portant sur des dispositions législatives dont il a, dans ses formations contentieuses, fixé l'interprétation (CE, QPC, 12 septembre 2011, *M. et Mme Dion*, req. n°347444). Mais le Conseil d'Etat, « s'il bénéficie de l'auréole de la juridiction qui « joue le jeu » » (P. Deumier, « QPC : la question fondamentale du pouvoir d'interprétation (à propos du filtrage) », *RTDCiv.* 2010, p. 504), peut être aussi l'objet de certaines suspicions quant à l'utilisation de sa fonction de filtrage. Il a, par exemple, dans les 1ères QPC transmises, refusé de transmettre une QPC mettant en cause sa propre partialité structurelle au regard de la double fonction, consultative et juridictionnelle, qu'il exerce (CE, 16 avril 2010, *Association Alcaly*, req. n°320667). Pour ce faire, il a procédé en deux étapes. Il s'est d'abord abrité derrière l'interprétation du juge constitutionnel (en indiquant qu'il « résulte des termes mêmes de la Constitution, et notamment de ses articles 37, 38, 39 et 61-1 tels qu'interprétés par le Conseil constitutionnel, que le Conseil d'Etat est simultanément chargé par la Constitution de l'exercice de fonctions administratives et placé au sommet de l'un des deux ordres de juridiction qu'elle reconnaît »). Il a interprété, ensuite, les dispositions législatives en établissant qu'elles n'ont « ni pour objet, ni pour effet de porter les avis rendus par les formations administratives à la connaissance des membres siégeant au contentieux » et en ajoutant « qu'au demeurant les membres [...] qui ont participé à un avis rendu sur un projet d'acte soumis par le gouvernement ne participent pas au jugement des recours mettant en cause ce même acte ». Si la position adoptée par le Conseil d'Etat n'est pas sans rappeler celle qui avait été la sienne lors de la remise en cause de l'intervention du commissaire du gouvernement à l'audience publique au regard du principe d'égalité des armes (CE, 29 juillet 1998, *Esclatine*, req. n°179635, *Rec. CE*, p. 320, concl. D. Chauvaux, *AJDA*

1999, p.69, note F. Rolin) ou de sa double fonction consultative et contentieuse au regard du principe d'impartialité (CE Sect., 5 avril 1996, *Syndicat des avocats de France*, req. n°116594, *Rec. CE*, p. 118, *JCP* 1997, G, I, n° 22817, note J.-M. Breton, *RFDA* 1996, p. 1195, concl. J.C. Bonichot), on peut aussi la juger « assez malvenue si l'on songe qu'il n'est guère de critères jurisprudentiels du Conseil constitutionnel dans ce domaine, ce qui augurait du caractère nouveau de la question » (V. Saint-James, « Les décisions de la Cour de cassation et du Conseil d'Etat de ne pas transmettre une QPC : la place des cours souveraines en question », *RDP* 2012, p. 607) et qu'en tout état de cause, « l'impartialité du Conseil d'Etat, appréciant lui-même le caractère sérieux d'une contestation le concernant peut légitimement être contestée : il aurait été plus sage de faire du Conseil constitutionnel le juge de la constitutionnalité de cette dualité fonctionnelle » (D. Rousseau, « Toujours vive la QPC ? Oui », *GP* 2010, n°147, p. 8).

d) Des juges ordinaires qui cherchent à garder la maitrise de l'interprétation de la loi

Une volonté manifestée à l'occasion du contrôle du caractère « sérieux » ou « nouveau » de la QPC

574 • Si dans la pratique contentieuse, le Conseil d'Etat et la Cour de cassation se confortent dorénavant à la position prise par le Conseil constitutionnel sur l'interprétation des dispositions législatives, cette apparente soumission laisse néanmoins transparaitre, de façon plus cachée, une volonté de garder la maîtrise de l'interprétation de la loi. C'est à l'occasion de l'examen du caractère « sérieux » ou « nouveau » de la QPC, lors de leur pouvoir de filtrage, que se manifeste cette volonté, et ceci particulièrement dans les décisions de non-renvoi de la QPC au Conseil constitutionnel. Pour exercer pleinement leur filtre, les cours souveraines ne peuvent se contenter d'un examen restreint de recevabilité, elles doivent procéder à une sorte de pré-contrôle de constitutionnalité impliquant la nécessité d'interpréter la norme constitutionnelle. Par le tri de la masse des QPC posées, elles deviennent indirectement des juges de la constitutionnalité des lois soumises à leur contrôle ce qu'elles s'interdisaient jusque-là comme on a déjà pu le voir par ailleurs. La situation la plus simple, de prime abord, est celle où la question n'est clairement pas sérieuse compte tenu de la portée de la norme constitutionnelle invoquée et des précédents du Conseil constitutionnel. Les deux cours suprêmes se réfèrent, parfois, à ce que certains appellent une « théorie de la Constitution claire » (A. Roblot-Troizier, « La QPC, le Conseil d'Etat et la Cour de cassation », *Nouveaux cahiers du CC* 2013, n°40, p. 49) en comparaison à la « théorie de l'acte clair » employé par le juge administratif pour ne pas renvoyer à la CJUE des questions préjudicielles en interprétation de normes de droit de l'Union (CE, 19 juin 1964, *Société des Pétroles Shell-Berre et autres*, *Rec. CE*, p. 344).

Des juges ordinaires qui se retrouvent juge constitutionnel de droit commun

575 • Comme il peut se retrouver juge communautaire de droit commun, le juge ordinaire se retrouve ainsi juge constitutionnel de droit commun (En ce sens, S.-J. Liéber et D. Botteghi, « Le juge administratif, juge constitutionnel de droit

commun ? », *AJDA* 2010, p. 1355) en déterminant lui-même le sens des dispositions constitutionnelles. Il peut le faire en refusant la qualification de « droits et libertés que la Constitution garantit » (Cf. Par ex. : CE, 15 septembre 2010, *Thalineau*, req. n°330734 où, si les dispositions en cause permettent à l'Etat de modifier les documents d'urbanisme locaux en dépit de l'opposition d'une commune ou d'un EPCI, elles ne portent pas à la libre administration des collectivités territoriales de l'article 72 C° une atteinte excessive au regard de la réalisation de l'objectif d'intérêt général poursuivi par l'opération déclarée d'utilité publique ; CE, 2 mars 2011, *Société d'exploitation Marinys*, req. n°345288 où le Conseil d'Etat juge que si la libre concurrence peut être une exigence pour garantir le principe d'égalité ou la liberté d'entreprendre, elle ne fait pas partie des droits et libertés garantis par la Constitution ; Cass., Ass. Plén., 20 mai 2011, n° de pourvoi : 11-90025, 11-90032, 11-90033 et 11-90042, *Bull. crim.* 2011, Ass. Plén., n°7 où l'assemblée plénière se comporte en véritable juge constitutionnel lorsque qu'elle énonce que « la prescription de l'action publique ne constitue pas un principe fondamental reconnu par les lois de la République » en matière de délits dissimulés tel que l'abus de biens sociaux ou l'abus de confiance) ou en délimitant la portée de la qualification (Cf. Par ex : CE, 23 décembre 2010, *Association Arab Women's Solidarity Association France*, req. n°337899 qui juge, par exemple, qu'aucune norme constitutionnelle, et notamment pas le principe de laïcité, n'impose que soit exclues du droit de se porter candidates à des élections des personnes qui entendraient, à l'occasion de cette candidature, faire état de leurs convictions religieuses ; Cass., 1ère civ., 7 novembre 2012, n° de pourvoi : 12-22628 où, pour juger qu'une disposition législative n'est pas contraire aux principes de séparation des pouvoirs et d'impartialité des juridictions (article 16 DDHC), la Cour retient que, « d'une part, le principe de séparation des pouvoirs commande de réserver au juge de l'ordre judiciaire la connaissance de la responsabilité de l'Etat du fait du fonctionnement défectueux du service de la justice judiciaire et, d'autre part, la circonstance que le juge judiciaire connaisse de ce contentieux n'a pas pour effet, en elle-même, de porter atteinte aux exigences d'impartialité de la juridiction, l'exigence constitutionnelle d'impartialité étant satisfaite dès lors qu'existent des mécanismes de récusation permettant, dans une affaire particulière, de récuser un ou plusieurs juges »).

Des juges ordinaires qui se servent de la jurisprudence constitutionnelle dans l'interprétation de la disposition législative

576 • Dans l'opération interprétative, les juges ordinaires peuvent s'inspirer de la jurisprudence du Conseil constitutionnel en faisant référence à des décisions identifiées de ce dernier ou plus indirectement en se référant de manière générale à cette jurisprudence. C'est le cas, par exemple, lorsqu'il évoque un principe tel « qu'il résulte de la jurisprudence du Conseil » (CE, 19 janvier 2011, *EARL Schmittseppel*, req. n°343389) ou encore tel « que l'a jugé le Conseil constitutionnel » (CE, 26 janvier 2011, *SAS Auxa*, req. n°344204). Les juges ordinaires peuvent aussi reprendre à leur compte certaines formules du Conseil. C'est le cas lorsque la Cour

de cassation ou le Conseil d'Etat refusent de renvoyer une QPC au motif que « le législateur a pu sans méconnaitre l'étendue de ses pouvoirs renvoyer au pouvoir réglementaire le soin de préciser les détails des modalités suffisamment définies par lui » (Cass., 2ème civ., 13 janvier 2011, n° de pourvoi : 10-16184) ou au motif que « si [...] les dispositions [...] sont contraires à la liberté d'entreprendre qui découle de l'article 4 DDHC, il est toutefois loisible au législateur d'apporter à cette liberté, qui n'est ni générale ni absolue, des limitations liées à des exigences constitutionnelles ou justifiées par l'intérêt général, à la condition qu'il n'en résulte pas d'atteintes disproportionnées au regard de l'objectif poursuivi » (CE, 14 octobre 2010, *M. Vigot*, req. n°337005).

Des juges ordinaires qui substituent leur appréciation à celle du juge constitutionnel

577 • Lorsque la QPC présente certaines difficultés d'appréciation quant à son caractère sérieux, les juges ordinaires effectuent un véritable contrôle sur le fond en substituant leur appréciation à celle du Conseil. C'est le cas lorsqu'ils contrôlent la proportionnalité de l'atteinte aux droits et libertés constitutionnels (Par ex. : Cass., crim., 22 janvier 2013, n° de pourvoi : 12-90065 concernant l'installation d'un établissement de vente ou de mise à disposition du public d'objets à caractère pornographique près d'un établissement d'enseignement, l'atteinte à la liberté d'entreprendre n'étant pas disproportionnée au regard des exigences constitutionnelles de protection de l'enfance et de sauvegarde de l'ordre public) ou lorsqu'ils estiment une QPC comme non sérieuse au motif soit que la disposition législative ne porte pas une atteinte excessive aux droits et libertés constitutionnellement garantis (Par ex. : CE, 30 mai 2012, *M. Philippe A. contre Préfet du Calvados*, req. n°357694 où les dispositions critiquées, qui interdisent en principe l'édification ou le maintien d'aménagements ou de constructions non compatibles avec l'affectation publique du rivage de la mer et exposent celui qui y procède ou en a la garde à la démolition de ses installations, ne portent pas d'atteinte excessive au droit de propriété), soit que l'atteinte est suffisamment justifiée au regard de l'objectif d'intérêt général (Cass., 2ème civ., QPC, 12 mai 2011, n° de pourvoi : 11-40006 à propos d'un commandement valant saisie immobilière signifié par un établissement bancaire sur le fondement de la copie exécutoire d'un acte notarié de prêt où, pour la cour, « les limites apportées au droit de propriété avant l'intervention d'un juge, sur le fondement de la copie exécutoire d'un acte notarié, n'emportent pas privation de ce droit et sont justifiés par un motif d'intérêt général [...] »).

Des juges ordinaires qui peuvent recourir à l'interprétation conforme de la disposition législative : la technique des « réserves d'interprétation inversées »

578 • L'appropriation de la jurisprudence du Conseil peut enfin se manifester sous une forme plus aboutie lorsque les juges ordinaires recourent à l'interprétation conforme. Lorsqu'il n'existe pas de contradiction flagrante entre les termes de la disposition législative et ceux de la Constitution ou, en d'autres termes, lorsque

l'interprétation de la norme est suffisamment consolidée, la juridiction de renvoi a la possibilité de délivrer une interprétation conforme sans procéder au renvoi de la QPC, cette dernière ne présentant plus de caractère sérieux. De la sorte, les juridictions suprêmes exercent un contrôle qui ressemble à s'y méprendre à celui qu'opère le Conseil constitutionnel lorsqu'il formule des réserves d'interprétation. On peut parler, en ce sens, de « réserve d'interprétation inversée » (A. Viala, « De la puissance à l'acte : la QPC et les nouveaux horizons de l'interprétation conforme », *RDP* 2011, p. 96) qui sont d'ailleurs favorisées par la jurisprudence du Conseil et la mise en place de la doctrine du droit vivant. A partir du moment où ce dernier peut apprécier l'interprétation faites par les juges ordinaires, les juridictions de renvoi ont tout intérêt à faire évoluer leur interprétation de la loi si elles doutent de sa conformité aux droits et libertés, tels qu'identifiés par la jurisprudence du Conseil constitutionnel, plutôt que de voir leur jurisprudence être remise en cause en cas de renvoi au juge constitutionnel. Si généralement, pour ce faire, elles s'inspirent de la jurisprudence du juge constitutionnel, elles peuvent aussi s'inspirer du juge européen.

Une interprétation conforme de la disposition législative qui s'analyse à travers une démarche générale d'interprétation

579 • L'interprétation conforme peut s'analyser à travers une référence particulière à une jurisprudence constitutionnelle dans laquelle le juge a indiqué, dans une décision, quelle interprétation devait être donnée à une disposition pour la mettre à l'abri d'une inconstitutionnalité mais c'est plutôt à travers une démarche générale d'interprétation qu'elle doit s'analyser pas forcément fondée sur l'autorité de certaines décisions mais plutôt sur leur rôle de gardien de la loi, de juge de droit commun du droit constitutionnel comme du droit européen. En définitive, cette interprétation conforme est plutôt fondée sur le respect de la hiérarchie des normes dans le travail d'interprétation de la loi et sur l'unité des interprétations du droit dans l'optique d'une protection optimum des droits et libertés. La manière dont est traité le principe d'égalité, un des principes les plus souvent invoqués dans les griefs des QPC, est révélatrice de cette façon de penser. Le Conseil d'Etat, par exemple, prend en compte la définition classique de l'égalité juridique qui consiste à traiter de façon semblable les justiciables qui sont dans une même situation en tenant compte des mêmes dérogations qui peuvent être apportées au principe et des mêmes fondements qui les justifient (on peut citer à titre d'exemple le non renvoi d'une QPC pour absence de violation du principe d'égalité à propos de la titularisation des maitres de conférence : CE, 6 octobre 2010, *Slama*, req. n°341584, *AJDA* 2010, p. 1910, note S. Brondel ; Voir aussi F. Mélin-Soucramanien, « Le principe d'égalité dans la jurisprudence du Conseil constitutionnel. Quelles perspectives pour la question prioritaire de constitutionnalité », *Nouveaux cahiers du CC* 2010, n°29, p. 89). On peut faire aussi un parallèle avec la façon dont est traité le droit de propriété et la jurisprudence constitutionnelle fixée par la décision « nationalisations » (CC, n°81-132 DC, 16 janvier 1982, *Loi relative aux nationalisations précité*). Le Conseil d'Etat ayant repris les critères développés par le juge constitutionnel comme celui de la dépossession, des atteintes justifiées par

l'intérêt général ou encore du contrôle de la non-disproportion manifeste (Cf. CE, 27 octobre 2010, *Section du bourg de Mémoire*, req. n°342718 à propos de dispositions règlementant l'usage des biens des sections des communes ou CE, 17 février 2011, *M. Dore*, req. n°344445 à propos du mécanisme de protection des espaces boisés).

Un Conseil d'Etat qui peut utiliser la technique de l'interprétation neutralisante de la disposition législative

580 • Si les juridictions suprêmes, par ce contrôle et cette interprétation conforme, sont amenées à s'inspirer, au terme d'un raisonnement par analogie, de la jurisprudence ou de réserves d'interprétation formulées par le Conseil constitutionnel à l'égard d'une autre disposition législative, ils peuvent aussi retenir une interprétation autonome de la disposition législative, neutralisante ou constructive. Le simple constat qu'une disposition, telle qu'interprétée avec constance, ne présente pas de risque sérieux d'inconstitutionnalité peut se transformer en une interprétation inédite de la disposition aux fins de sa mise en conformité et donc de sa non-transmission. C'est à l'occasion d'un arrêt « *Théron* » que le Conseil d'Etat, a, pour la 1ère fois, développé, tout comme le ferait le Conseil constitutionnel, cette interprétation neutralisante pour juger que la question de la méconnaissance du principe de la présomption d'innocence par l'article 728-1 du Code de procédure pénale relatif au compte nominatif des détenus ne présentait pas un caractère sérieux. Le juge administratif mettant en avant « que l'article 728-1 n'a pas par lui-même pour objet et ne saurait avoir pour effet d'imposer aux personnes détenues un prélèvement définitif de leurs avoirs au profit des parties civiles et des créanciers d'aliments dès lors que cette mesure a un caractère purement provisoire » (CE, 19 mai 2010, *Théron*, req. n°33025, GP 2010, 27 mai, n°147, p. 23, concl. M. Guyomar ; voir aussi, dans la même logique : CE, 23 juillet 2010, *Bessis et autres*, req. n°339595 ou CE, 18 juin 2010, *Société Canal +*, req. n°338344).

Une Cour de cassation qui œuvre dans le même sens

581 • La Cour de cassation a confirmé cette façon de faire en procédant à une interprétation qui rendait inopérant le moyen invoqué par le requérant alors qu'au regard du droit applicable, à l'époque des faits, l'interprétation qui semblait s'imposer était tout autre et soulevait une question sérieuse (Cass., crim., 7 décembre 2010, n° de pourvoi : 10-83902). De même, la 2ème chambre civile a agi de même lors d'une QPC critiquant l'article 706-11 du Code de procédure pénale qui aboutissait à substituer un tiers à l'auteur de l'infraction, pourtant tenu de dédommager sa victime comme contraire aux principes de responsabilité personnelle et d'égalité. La Cour de cassation ne s'était jamais prononcée sur l'inclusion dans le texte des débiteurs contractuels d'indemnisation et la réponse à la QPC dépendait d'une interprétation du texte non encore donnée par la Cour. Elle a jugé que la QPC ne présentait pas de caractère sérieux parce que la disposition contestée n'exonérait pas la personne pénalement responsable de son obligation d'indemniser la victime de l'infraction et n'opérant aucune substitution, en permettant l'exercice d'un recours subrogatoire par le Fond contre un autre

débiteur d'indemnisation (Cass., 2ème civ., 9 décembre 2010, n° de pourvoi : 10-17884). Le procédé employé par le Conseil d'Etat s'appuie sur le raisonnement et les méthodes du Conseil constitutionnel et diffère en ce sens de celui de la Cour de cassation mais, à l'arrivée, le résultat est le même : les juges ordinaires gardent la maîtrise de l'interprétation de la loi en refusant en pratique que sa constitutionnalité soit appréciée par le Conseil constitutionnel.

2 – La réponse des juges ordinaires et le renforcement de l'autorité de chose jugée à travers le contrôle a posteriori

a) Un Conseil constitutionnel qui a fait évoluer l'interdiction de statuer ultra petita dans son contrôle a priori

Une interdiction de statuer ultra petita d'abord compensée par son pouvoir d'évocation d'office

582 • L'article 61 C° dispose, dans le cadre du contrôle a priori, que « les lois peuvent être déférées au Conseil constitutionnel, avant leur promulgation » pour que le Conseil constitutionnel « se prononce sur leur conformité à la Constitution ». La disposition devrait laisser à penser que, lorsque le juge constitutionnel est saisi d'une loi, il est saisi de toute la loi et doit alors se prononcer sur cette dernière dans son intégralité comme c'est le cas du contrôle obligatoire opéré sur les lois organiques et les règlements d'Assemblées où les textes (art. 61-1 C°). Or, il n'en est rien puisque, dans le cadre du contrôle a priori, l'examen de la loi effectué par le Conseil constitutionnel s'effectue, conformément à l'interdiction de statuer ultra petita applicable à tout organe juridictionnel, au regard des différents moyens de constitutionnalité évoqués par les auteurs de la saisine. Mais le Conseil peut aussi soulever d'office des moyens non évoqués par la saisine et développer des conclusions nouvelles à propos de dispositions non contestées de la loi. Il n'y a, par contre, aucune règle précise en la matière, aucun critère dans l'utilisation de la technique, le Conseil tenant simplement compte de certaines circonstances ou opportunités. Le pouvoir d'évocation d'office est apprécié souverainement par le Conseil en fonction de certains éléments comme l'ampleur du texte, l'opportunité pédagogique, les difficultés techniques soulevées par le texte ou encore la gravité des questions éludées par les requérants. Ce pouvoir d'office est déroutant tout autant qu'il est spécifique même si la technique n'est pas étrangère aux autres cours constitutionnelles européennes (Cf. A.-C. Bezzina, « L'étendue du contrôle du Conseil constitutionnel sur la loi ordinaire à travers l'étude des moyens et conclusions soulevés d'office », www.droitconstitutionnel.org) mais on ne retrouve jamais les caractéristiques françaises, la technique étant soit plus étendue, soit plus limitée.

Les vicissitudes du « considérant-balai »

583 • C'est dès l'examen de sa 1ère loi ordinaire que le Conseil a établi un considérant que l'on dénommera plus tard « considérant-balai » qui établit l'étendue de sa compétence : « Considérant qu'en l'espèce, il n'y a lieu pour le Conseil

constitutionnel de soulever aucune question de conformité à la Constitution en ce qui concerne les autres dispositions de la loi dont il est saisi par le Premier ministre aux fins d'examen de ses articles 17 et 18 » (CC, n°60-8 DC, 11 août 1960, *Loi de finances rectificative pour 1960 (Redevance radio-télévision)*, JO, 13 août 1960, p. 7599, *Rec. CC*, p. 25, cons. n°5). Si, par ce considérant, il montre que son office se limite aux dispositions contestées, il se réserve néanmoins la possibilité d'aller plus loin dans son contrôle. A partir de 1977, le Conseil évolue dans sa disposition, il utilise toujours le même considérant balai mais il va plus loin en validant, dans le dispositif, l'ensemble de la loi alors, qu'en l'espèce, il n'était saisi que d'un seul article : « Sont déclarées conformes à la Constitution les dispositions de la loi susvisée portant diverses mesures en faveur de l'emploi et complétant la loi n° 75-574 du 4 juillet 1975 tendant à la généralisation de la sécurité sociale » (CC, n°77-79 DC, 5 juillet 1977, *Loi portant diverses dispositions en faveur de l'emploi des jeunes et complétant la loi n° 75-574 du 4 juillet 1975 tendant à la généralisation de la sécurité sociale*, JO, 6 juillet 1977, p. 3560, *Rec. CC*, p. 35, art. 1er du dispositif). Mais devant les limites affichées par cette pratique, notamment en présence de dispositions souvent hors de propos entre elles dans le texte législatif, de dispositions techniques ou volumineuses (comme dans les lois de finance ou les lois de financement de la sécurité sociale), le considérant-balai est supprimé et le dispositif ne mentionne, en règle générale, que les dispositions contraires à la Constitution (il est utilisé une dernière fois dans la décision CC, n° 90-283 DC, 8 janvier 1991, *Loi relative à la lutte contre le tabagisme et l'alcoolisme*, JO, 10 janvier 1991, p. 524, *Rec. CC*, p. 11, art. 2 du dispositif). C'est, enfin, à partir de 1993, que le considérant balai revient et que le Conseil affirme qu'il statue sur les dispositions soumises ou qu'il a relevé d'office : « Considérant qu'en l'espèce il n'y a lieu pour le Conseil constitutionnel de soulever aucune question de conformité à la Constitution en ce qui concerne les autres dispositions de la loi soumise à son examen » (CC, n°93-321 DC, 20 juillet 1993, *Loi réformant le code de la nationalité*, JO, 23 juillet 1993, p. 10391, *Rec. CC*, p. 196, cons. n°40).

Un contrôle complet depuis 1993

584 • A partir de cette date et de la décision précitée ci-dessus, c'est à un contrôle complet que se livre le Conseil, s'autorisant à statuer ultra petita en relevant d'office l'inconstitutionnalité d'une disposition législative sans qu'elle soit contestée par les requérants mais comme peut le relever Damien Connil, « la position du Conseil constitutionnel est aujourd'hui claire : il ne délivre aucun brevet de constitutionnalité à la loi qui lui est déférée » (D. Connil, « L'étendue de la chose jugée par le Conseil constitutionnel lors d'une question prioritaire de constitutionnalité : observations dubitatives sur l'état de la jurisprudence », *RFDA* 2011, p. 472). On peut ainsi dire que « l'utilisation du pouvoir d'office paraît relever du pouvoir propre du Conseil Constitutionnel plutôt que du pouvoir contraignant d'un ordre public constitutionnel » (A.-C. Bezzina, « L'étendue du contrôle du Conseil constitutionnel sur la loi ordinaire à travers l'étude des moyens et conclusions soulevés d'office » précité). Le Conseil ne sanctionne, en réalité, que les irrégularités manifestes et module son pouvoir de statuer ultra petita pour respecter

et préserver l'activité du législateur ou, tout simplement, ménager les effets d'une jurisprudence nouvelle soit, en quelque sorte, faire prévaloir des considérations pratiques sur des questions de principe. La logique concernant le contrôle a posteriori va être quelque peu différente.

b) Le contrôle intégral de la disposition législative effectué par le Conseil dans son contrôle a posteriori : la mise en place d'un brevet de constitutionnalité

Un juge qui ne se contente pas d'examiner les griefs d'inconstitutionnalité soulevés par les parties

585 • Contrairement à ce qu'il fait dans le cadre du contrôle a priori, le Conseil délivre un véritable brevet de constitutionnalité à la disposition législative contestée à l'occasion du contrôle a posteriori. Il emploi, à cet égard, un considérant standard où il considère que « la disposition législative contestée n'est contraire à aucun autre droit ou liberté que la Constitution garantit » (Cf., pour une première utilisation : CC, n° 2010-3 QPC, 28 mai 2010, *Union des familles en Europe [Associations familiales]*, JO, 29 mai 2010, p. 9730, *Rec. CC*, p. 97, cons. n°11). Dans une QPC, c'est la question qui détermine l'objet de la demande et le Conseil ne se prononce que sur les dispositions transmises, il se refuse, en conséquence, à soulever des conclusions d'office (Voir, par ex : CC, n°2010-1 QPC, 28 mai 2010, *Consorts L. [Cristallisation des pensions]*, JO, 29 mai 2010, p. 9728, *Rec. CC*, p. 91). Par contre, il ne se contente pas d'examiner les griefs d'inconstitutionnalité soulevés par les parties, il contrôle la disposition législative au regard de l'ensemble des droits et libertés garantis par la Constitution opérant de la sorte un « contrôle intégral » de la disposition tout en lui conférant ce brevet de constitutionnalité. C'est en reconnaissant la constitutionnalité de l'article 231 CGI, qu'il a relevé d'office, pour la 1ère fois et sans y être invité par les auteurs de la QPC, un grief d'inconstitutionnalité dans le cadre du contrôle a posteriori. (CC, n°2010-28 QPC, 17 septembre 2010, *Association Sportive Football Club de Metz [Taxe sur les salaires]*, JO, 18 septembre 2010, p. 16953, *Rec. CC*, p. 233 ; le moyen soulevé d'office concernait la question de l'atteinte qu'une éventuelle incompétence négative pouvait porter au principe d'égalité devant la loi (article 6 DDHC), moyen pas évoqué par les requérants). La volonté d'agir en ce sens du Conseil est justifiée par la nécessité de favoriser le principe de sécurité juridique de sorte que les situations existantes se trouvent préservées et de sorte que l'on puisse maintenir le principe de prévisibilité de la règle de droit. Portalis avait déjà évoqué l'importance de cette règle dont la nécessité n'est en fait que valider par le Conseil : « Le législateur ne doit point frapper sans avertir : s'il en était autrement, la loi, contre son objet essentiel, ne se proposerait donc pas de rendre les hommes meilleurs, mais seulement de les rendre plus malheureux » (Portalis, « Discours préliminaire du premier projet de Code civil présenté le 1er pluviôse an IX » in *Motifs et discours prononcés lors de la publication du Code civil par les divers orateurs du Conseil d'Etat et du Tribunat*, Paris, Firmin Didot Frères, 1838, p. 1). Avec ce raisonnement, il n'est plus possible, en conséquence, à l'avenir, de contester la disposition législative par une nouvelle QPC ce qui permet, conformément à l'un des objectifs principaux de la réforme, de « purger » de

manière complète l'ordonnance juridique des dispositions législatives contraires à la Constitution.

Des interrogations qui subsistent quant au champ d'application du contrôle général : la notion de « disposition législative » (1)

586 • A noter que deux interrogations ou incertitudes subsistent quant au champ d'application du contrôle intégral ainsi effectué et du brevet de constitutionnalité ainsi décerné (voir, en ce sens, D. Connil précité). La 1ère interrogation concerne la notion de « disposition législative » telle que mise en place par les textes. Il n'y a pas de doutes quant à l'applicabilité de la procédure aux dispositions des lois ordinaires antérieures et postérieures à 1958 mais aussi aux lois organiques (CC, n°2012-278 QPC, 5 octobre 2012, *Mme Élisabeth B. [Condition de bonne moralité pour devenir magistrat]*, JO, 6 octobre 2012, p. 15655, *Rec. CC*, p. 511 à propos de l'article 16 de l'ordonnance du 22 décembre 1958 portant loi organique relative au statut de la magistrature), aux lois du pays (Cf. Art. 107 al. 2 de la loi organique n° 99-209 du 19 mars 1999 (JO, 21 mars 1999, p. 4197) relative à la Nouvelle-Calédonie ; CC, n°2011-205 QPC, 09 décembre 2011, *Patelise F. [Nouvelle-Calédonie : rupture du contrat de travail d'un salarié protégé]*, JO, 10 décembre 2011, p. 20991, *Rec. CC*, p. 584 ; Voir aussi, C. David, « L'assimilation du régime des lois du pays à celui des lois nationales dans le cadre de la QPC », *RFDC* 2012, n° 92, p. 863 ou « Lois du pays et Question prioritaire de constitutionnalité. Vers un renforcement de l'État de droit en Nouvelle-Calédonie », *RFDC* 2014, n°98, p. 317) ou encore aux ordonnances de l'article 38 C° ratifiées par le législateur (dans sa décision CC, n° 2011-219 QPC, 10 février 2012, *M. Patrick É. [Non-lieu : ordonnance non ratifiée et dispositions législatives non entrées en vigueur]*, JO, 11 février 2012, p. 2440, *Rec. CC*, p. 113, le Conseil constitutionnel a, a contrario, confirmé cet état de fait en indiquant qu'il n'était pas compétent pour apprécier la conformité à la Constitution de deux articles du Code des transports qui n'avaient pas de valeur législative compte tenu de la non-ratification de l'ordonnance qui les avait codifiés).

Des interrogations qui subsistent quant au champ d'application du contrôle général : la notion de « disposition législative » (2)

587 • Il n'y a pas de doute, non plus, quant à l'absence d'applicabilité de la procédure quant à différents types de dispositions : que ce soit des lois constitutionnelles (le Conseil d'Etat a, par exemple, refusé de transmettre une QPC qui tendait à faire interpréter par le Conseil les articles 72 et 73 C° que le requérant estimait ne pas être clairs : CE, 16 avril 2010, *Virassamy*, req. n°336270) des lois référendaires (CC, n°2014-392 QPC, 25 avril 2014, *Province Sud de Nouvelle-Calédonie [Loi adoptée par référendum- Droit du travail en Nouvelle-Calédonie]*, JO, 27 avril 2014, p. 7360) ou encore des dispositions règlementaires (CE, 2 juin 2010, *Ponsart*, req. n°338965). (Voir, pour une approche générale de la question, A. Levade, « Les dispositions susceptibles d'être invoquées », *JCP* 2010, G, n°48, p. 22). Il n'y a pas de doutes, encore, sur le fait que le Conseil ne contrôle jamais l'ensemble de la loi ce qui ne l'empêche pas, par contre, de se prononcer sur des dispositions connexes à celles dont il est saisi en joignant des questions qui portent sur la même loi (CC,

n°2010-20/21 QPC, 6 août 2010, M. *Jean C. et autres [Loi Université]*, JO, 7 août 2010, p. 14615, *Rec. CC*, p. 203) ou sur la même disposition législative (CC, n°2010-67/86 QPC, 17 décembre 2010, *Région Centre et région Poitou-Charentes [AFPA - Transfert de biens publics]*, JO, 19 décembre 2010, p. 22373, *Rec. CC*, p. 403) ou en faisant en sorte, encore, que l'inconstitutionnalité d'une disposition législative entraine mécaniquement l'inconstitutionnalité d'une autre disposition même si pas invoquée dans la QPC (CC, n°2010-1 QPC, 28 mai 2010, *Consorts L. [Cristallisation des pensions]*, JO, 29 mai 2010, p. 9728, *Rec. CC*, p. 91).

Des interrogations qui subsistent quant au champ d'application du contrôle général : une approche large de la notion de « droits et libertés »

588 • La 2nde interrogation concerne le champ d'application de la notion de « droits et libertés » au regard desquels la disposition législative est justement contrôlée. On peut ainsi évoquer comme Stéphanie Hennette Vauchez, le fait qu' « au principe de la démarche proposée réside un doute. Le doute qu'en matière de QPC, un piège des mots joue à plein – un piège qui voudrait que le vocable même dans lequel la QPC s'énonce [...] ne serait que trompeusement universaliste – abstrait, neutre. Le doute que les « droits et libertés que la Constitution garantit » ne sont pas forcément ceux auxquels il est implicitement renvoyé » (S. Hennette Vauchez, « ... les droits et libertés que la constitution garantit » : quiproquo sur la QPC ? », *RDH* 2016, 10, [en ligne]). Il n'y a, en effet, ni définition générale, ni énumération constitutionnelle de ces « droits et libertés » (Cf., pour une présentation générale, M.-J Redor-Fichot, « Le Conseil constitutionnel, la question prioritaire de constitutionnalité et les « droits et libertés que la Constitution garantit » », *CRDF* 2011, n°9, p. 41) amenant à faire un parallèle avec la position du juge administratif confronté à la détermination des libertés fondamentales invocables dans le cadre du référé-liberté. C'est donc au juge constitutionnel, dès lors, de les identifier au fil des affaires qui lui sont soumises. Il retient une conception relativement large des droits et libertés garantis par la Constitution, plus large que celle retenue par le juge administratif, sachant que la manière dont le Conseil apprécie la constitutionnalité des lois ne peut totalement s'abstraire de l'existence du contrôle de conventionnalité, exercé par les juges ordinaires, ni du risque de condamnations prononcées par la CourEDH ou par la CJUE.

Des interrogations qui subsistent quant au champ d'application du contrôle général : une absence de définition générale et abstraite de la notion de « droits et libertés » (1)

589 • Le Conseil, à l'instar du juge administratif pour les libertés fondamentales, s'est bien gardé de donner une définition générale et abstraite de la notion de droit et liberté que la Constitution garantit. Les critères utilisés dans ces choix ne sont pas toujours très clairs et amènent à discussion ou interrogation. On peut citer, par exemple, sa jurisprudence concernant les hypothèses de compétences négatives du législateur (Voir, plus généralement, L. Vallée, « Inconstitutionnalité négative et question préalable de constitutionnalité », *AJDA* 2009, p. 1585). Il a jugé que la méconnaissance par le législateur de sa propre compétence ne peut être invoquée à

l'appui d'une QPC que dans le cas où est affecté un droit ou une liberté que la Constitution garantit (CC, n°2010-5 QPC, 18 juin 2010, *SNC Kimberly Clark [Incompétence négative en matière fiscale]*, JO, 19 juin 2010, p. 11149, *Rec. CC*, p. 114). Le moyen n'est donc opérant que si l'incompétence négative « affecte » un droit ou une liberté ce qui n'est pas le cas en l'espèce puisque le Conseil a estimé que la violation de l'article 14 DDHC, qui pose le principe de consentement à l'impôt, n'était pas alléguée dans la mesure où il protège les droits du Parlement et non ceux des particuliers. Le Conseil a néanmoins eu l'occasion de faire plusieurs applications positives en reconnaissant, par exemple, la violation du droit de propriété (CC, n°2010-33 QPC, 22 septembre 2010, *Société Esso SAF [Cession gratuite de terrain]*, JO, 23 septembre 2010, p. 17292, *Rec. CC*, p. 245) ou de la liberté d'entreprendre (CC, n°2010-45 QPC, 6 octobre 2010, *M. Mathieu P. [Noms de domaine Internet]*, JO, 7 octobre 2010, p. 18156, *Rec. CC*, p. 270). Le Conseil s'est, de même, aussi prononcé sur le fait que les dispositions de forme et de procédure, comme les règles liées à la formation de la disposition législative, ne sauraient relever du champ des normes invocables à l'occasion d'une QPC. Le Conseil a jugé de la sorte à propos du respect du domaine des lois de finances (CC, n°2010-4/17 QPC, 22 juillet 2010, *M. Alain C. et autre [Indemnité temporaire de retraite outre-mer]*, JO, 23 juillet 2010, p. 13615, *Rec. CC*, p. 156), du domaine de la loi organique (CC, n°2012-241 QPC, 4 mai 2012, *EURL David Ramirez [Mandat et discipline des juges consulaires]*, JO, 5 mai 2012, p. 8016, *Rec. CC*, p. 236), ou encore du principe de clarté et de sincérité des débats parlementaires (CC, n°2013-370 QPC, 28 février 2014, *M. Marc S. et autre [Exploitation numérique des livres indisponibles]*, JO, 2 mars 2014, p. 4120). Dans toutes ces hypothèses, le Conseil constitutionnel a énoncé que « le grief tiré de la méconnaissance de la procédure d'adoption d'une loi ne peut être invoqué à l'appui d'une question prioritaire de constitutionnalité ».

Des interrogations qui subsistent quant au champ d'application du contrôle général : une absence de définition générale et abstraite de la notion de « droits et libertés » (2)

590 • Lorsqu'on analyse les droits et libertés invoqués par les requérants dans le contentieux QPC, c'est, la méconnaissance du principe d'égalité devant la loi (CC, n° 2010-1 QPC, 28 mai 2010, *Consorts L. [Cristallisation des pensions]* précité), devant l'impôt (CC, n° 2010-28 QPC, 17 septembre 2010, *Association Sportive Football Club de Metz [Taxe sur les salaires]*, précité) ou devant les charges publiques (CC, n° 2010-11 QPC, 9 juillet 2010, *Mme Virginie M. [Pension militaire d'invalidité]*, JO, 10 juillet 2010, p. 12840, *Rec. CC*, p. 136) qui est en 1er lieu invoqué. Il faut aussi citer les principes de la DDHC, notamment ses articles 7, 8 et 9 lus comme fondateurs du droit pénal moderne (par ex., le principe de nécessité et d'individualisation des peines : CC, n° 2010-6/7 QPC, 11 juin 2010, *M. Stéphane A. et autres [Article L. 7 du code électoral]*, JO, 12 juin 2010, p. 10849, *Rec. CC*, p. 111 ou le principe de non-rétroactivité de la loi pénale : CC, n° 2010-19/27 QPC, 30 juillet 2010, *Époux P. et autres [Perquisitions fiscales]*, JO, 31 juillet 2010, p. 14202, *Rec. CC*, p. 190). Mais il y a un souci quant à la possibilité d'invocation en la matière des objectifs à valeur constitutionnelle eu égard notamment à la diversité du contenu voire de la valeur de

ces objectifs. Si le Conseil a ainsi pu juger que la méconnaissance de l'objectif de valeur constitutionnelle d'intelligibilité et d'accessibilité de la loi (CC, n° 2010-4/17 QPC, 22 juillet 2010, *M. Alain C. et autre [Indemnité temporaire de retraite outre-mer]* précité) ou de bonne administration de la justice (CC, n° 2010-77 QPC, 10 décembre 2010, *Mme Barta Z. [Comparution sur reconnaissance préalable de culpabilité]*, JO, 11 décembre 2010, p. 21711, *Rec. CC*, p. 384) ne peuvent, en eux-mêmes, être invoqués à l'appui d'une QPC. Ce n'est pas le cas, dans un sens contraire, de l'objectif de pluralisme des courants de pensée et d'opinion (CC, n°2010-3 QPC, 28 mai 2010, *Union des familles en Europe [Associations familiales]* précité) ou de l'objectif de lutte contre la fraude fiscale (CC, n°2010-19/27 QPC, 30 juillet 2010, *Epoux P. et autres [Perquisitions fiscales]* précité). Enfin, le cas des dispositions de la Charte de l'environnement illustre assez bien les interrogations que peuvent soulever les solutions retenues par le Conseil. La motivation retenue par le juge constitutionnel ne permet pas, par exemple, de savoir de manière certaine si des actions en responsabilité en cas d'atteintes portées par les tiers à l'environnement peuvent être exercées sur le fondement de l'articles 3 (obligation de prévention) ou de l'article 4 (obligation de contribuer aux dommages causés à l'environnement) de la Charte et s'ils pourraient, ainsi, fonder à eux seuls une QPC. Pour l'article 3, c'est la compétence et la large marge d'appréciation conférée au législateur pour définir les conditions de cette obligation impliquent un contrôle réduit du Conseil et une absence de position claire (CC, n°2013-346 QPC, 11 octobre 2013, *Société Schuepbach Energy LLC [Interdiction de la fracturation hydraulique pour l'exploration et l'exploitation des hydrocarbures - Abrogation des permis de recherches]*, JO, 13 octobre 2013, p. 16905, *Rec. CC*, p. 988). Pour l'article 4, le Conseil ne peut en définir les lignes directrices car il incombe au législateur et aux autorités administratives, d'en déterminer les modalités de mise en œuvre (CC, n° 2011-116 QPC, 8 avril 2011, *Michel Z. et autre [Troubles du voisinage et environnement]*, JO, 9 avril 2011, p. 6361, *Rec. CC*, p. 183) (Voir, pour l'ensemble de la question : C. Huglo, « La QPC : quelle utilisation en droit de l'environnement ? » *Nouveaux Cahiers du CC* 2014, n° 43).

c) La remise en cause du brevet de constitutionnalité : le changement de circonstances

La transposition d'une technique contentieuse de droit administratif

591 • Ce sont les dispositions de l'article 23-2 de la loi organique du 10 décembre 2009 (loi organique n°2009-1523 du 10 décembre 2009 (JO, 11 décembre 2009, p. 21379) *relative à l'application de l'article 61-1 C°*) qui interdisent, en principe, le réexamen d'une disposition législative déjà déclarée conforme à la Constitution dans les motifs ou le dispositif d'une décision du Conseil constitutionnel. Cela empêche, ainsi, pour l'avenir, toute possibilité de contester, à nouveau, par une QPC, la conformité de la disposition à la Constitution. Il existe néanmoins une exception qui peut amener le Conseil à procéder, néanmoins, à un nouvel examen de la disposition : l'hypothèse du changement de circonstances (Voir, pour une vision générale : P. Gervier, « Le « changement des circonstances » dans la jurisprudence du Conseil constitutionnel », www.droitconstitutionnel.org., 2011 ou

D. Rousseau, « La prise en compte du changement de circonstances » in B. Mathieu et M ; Verpeaux, *L'autorité des décisions du Conseil constitutionnel*, Paris, Dalloz, 2010, p. 99). Il y a là la transposition d'une technique contentieuse du droit administratif (Cf. A. Roblot-Troizier, « Le changement des circonstances de droit dans la jurisprudence du Conseil constitutionnel, la transposition d'une technique contentieuse du droit administratif », *RFDA* 2006, p. 788) et un parallèle peut être établi avec la jurisprudence du Conseil d'Etat en matière d'obligation d'abroger les règlements illégaux (CE, sect., 10 janvier 1930, *Despujol*, req. n°97263, *Rec. CE*, p. 30, *D.* 1930, jurispr. p. 16, note P.-L. J., *S.* 1930, 3, p. 41, note R. Alibert ; CE, Ass., 3 février 1989, *Compagnie Alitalia*, req. n°74052, *Rec. CE*, p. 44, *RFDA* 1989, p. 391, concl. N. Chahid-Nouraï, notes O. Beaud et J.-L. Dubouis, *AJDA* 1989, p. 387, note O. Fouquet ; jurisprudence qui a été réaffirmée par l'article 1er de la loi du 20 décembre 2007 (loi n° 2007-1787 du 20 décembre 2007 (JO, 21 décembre 2007, p. 20639) *relative à la simplification du droit*), édictant que l'autorité compétente doit faire droit à toute demande tendant à l'abrogation d'un règlement illégal, que cette illégalité existe depuis l'origine ou qu'elle soit advenue à la suite d'un changement de circonstances de fait ou de droit).

L'exemple du changement dans les circonstances de droit : des hypothèses nombreuses et variées

592 • C'est le Conseil qui apprécie la recevabilité de la QPC en vérifiant la réalité du changement de circonstances et il justifie le réexamen de la disposition « par les changements intervenus, depuis la précédente décision, dans les normes de constitutionnalité applicables ou dans les circonstances, de droit ou de fait, qui affectent la portée de la disposition législative critiquée » (CC, n°2009-595 DC, 3 décembre 2009, *Loi organique relative à l'application de l'article 61-1 de la Constitution*, JO, 11 décembre 2009, p. 21381, *Rec. CC*, p. 206, cons. n°13). Il peut donc s'agir à la fois d'un changement des circonstances de droit comme d'un changement de circonstances de fait, tiré d'une évolution du contexte socio-économique entre le moment de la décision initiale du Conseil et celui ou intervient la QPC. Concernant le changement dans les circonstances de droit, celui-ci peut concerner plusieurs hypothèses. Il peut intervenir d'abord en cas de modification du cadre législatif existant que ce soit les dispositions proprement dites (CE, 9 juillet 2010, *Mathieu*, req. n°339081) ou la modification ou la censure d'une disposition à laquelle renvoie la disposition attaquée (CC, n°2012-264 QPC, 13 juillet 2012, *M. Saïd K. [Conditions de contestation par le procureur de la République de l'acquisition de la nationalité par mariage II]*, JO, 14 juillet 2012, p. 11636, *Rec. CC*, p. 330 ou CC, n° 2011-125 QPC, 6 mai 2011, *M. Abderrahmane L. [Déferrement devant le procureur de la République]*, JO, 7 mai 2011, p. 7850, *Rec. CC*, p. 218). Cela peut être aussi le cas d'un changement de jurisprudence du Conseil lui-même (CC, n°2013-331 QPC, 5 juillet 2013, *Société Numéricâble SAS et autre [Pouvoir de sanction de l'Autorité de régulation des communications électroniques et des postes]*, JO, 7 juillet 2013, p. 11356, *Rec. CC*, p. 876)

L'exemple du changement dans les circonstances de droit : le cas particulier du changement de jurisprudence (1)

593 • Dans le cas particulier du changement de jurisprudence, les dispositions doivent être applicables au cas d'espèce et, en ce sens, les juridictions ordinaires bénéficient d'une appréciation souveraine. La chambre sociale et la chambre criminelle de la Cour de cassation ont, par exemple, à propos de la QPC critiquant l'imprécision de l'incrimination de harcèlement moral, pu mettre en avant que la décision du Conseil constitutionnel abrogeant les dispositions pénales incriminant le harcèlement sexuel ayant déclaré contraire à la Constitution l'article 222-33 du Code pénal réprimant le délit de harcèlement sexuel, dont les éléments constitutifs n'étaient pas suffisamment définis (CC, n°2012-240 QPC, 4 mai 2012, *M. Gérard D. [Définition du délit de harcèlement sexuel]*, JO, 5 mai 2012, p. 8015, *Rec. CC*, p. 233) ne constituait pas un changement des circonstances de droit, en ce que cette décision n'affectait pas les dispositions contestées, rédigées de manière différente (Cass., Soc., QPC, 11 juillet 2012, n° de pourvoi : 12-40.051, *Bull. Soc.* 2012, V, n° 220 ; Cass., crim., QPC, 11 juillet 2012, n° de pourvoi 11-88114, *Bull. crim.* 2012, n° 170 ; Cass., Crim., QPC, 25 juillet 2012, QPC n° de pourvoi : 11-89125, 12-90034, n° 12-90.036 [3 arrêts]). Le Conseil d'Etat a, par exemple, jugé qu'un nouvel examen de l'article L. 314-18 CJF permettant l'engagement de plusieurs procédures susceptibles de conduire à un cumul de sanctions administratives pénales et disciplinaires était possible en raison de décisions du Conseil (CC, n° 2014-423 QPC, 24 octobre 2014, *M. Stéphane R. et autres [Cour de discipline budgétaire et financière]*, JO, 26 octobre 2014, p. 17776 et les décisions relatives au principe non bis in idem : CC, n° 2014-453/454 QPC et n° 2015-462 QPC, 18 mars 2015, *M. John L. et autres [Cumul des poursuites pour délit d'initié et des poursuites pour manquement d'initié]*, JO, 20 mars 2015, p. 5183) car cela constituait un changement dans les circonstances de droit (CE, 15 avril 2006, *M. D. B. et M. A. C.*, req. n°396696). Il a aussi jugé de même à propos d'une disposition relative aux compétences de l'ARCEP qui pouvait être contestée par une nouvelle QPC en raison de l'évolution de la jurisprudence du Conseil relative aux principes d'indépendance et d'impartialité (CC, n°2011-200 QPC, 2 décembre 2011, *Banque populaire Côte d'Azur [Pouvoir disciplinaire de la Commission bancaire]*, JO, 3 décembre 2011, p. 20496, *Rec. CC*, p. 559 et CC, n°2012-280 QPC, 12 octobre 2012, *Société Groupe Canal Plus et autre [Autorité de la concurrence : organisation et pouvoir de sanction]*, JO, 13 octobre 2012, p. 16031, *Rec. CC*, p. 529). Il y avait là encore un changement des circonstances de droit (CE, 29 avril 2013, *Sociétés Numéricâble SAS et NC Numéricâble*, req. n°356976).

L'exemple du changement dans les circonstances de droit : le cas particulier du changement de jurisprudence (2)

594 • Pour qu'il y ait changements dans les circonstances de droit, le changement en matière de jurisprudence administrative ou judiciaire doit encore être confirmé par le Conseil d'Etat ou la Cour de cassation (CC, n°2011-120 QPC, 8 avril 2011, *M. Ismaël A. [Recours devant la Cour nationale du droit d'asile]*, JO, 9 avril 2011, p. 6364, *Rec. CC*, p. 194 à propos d'une jurisprudence de la Cour nationale du droit d'asile

non confirmée par le Conseil d'Etat). Il y a, de plus, une appréciation souveraine de la part des juges ordinaires quant à savoir si une évolution de leur jurisprudence constitue réellement un changement de circonstances de droit. La chambre criminelle de la Cour de cassation a, par exemple, jugé que l'une de ses décisions (Cass., crim., 5 février 2014, n° de pourvoi : 12-80.154, *Bull. crim.* 2014, n° 35), relative aux conditions de fond de la réparation des conséquences dommageables qui peuvent résulter de la faute civile d'un prévenu définitivement relaxé, ne constitue aucun changement de circonstance justifiant un nouvel examen de l'article 497 al. 3 du Code de procédure pénale (Cass., crim., 9 mars 2016, n° de pourvoi : 15-83.517, *Bull. crim.* 2016, n° 74). Enfin, à noter que l'inscription d'une nouvelle norme constitutionnelle peut aussi caractériser un changement des circonstances de droit (CC, n°2012-233 QPC, 21 février 2012, *Mme Marine Le Pen [Publication du nom et de la qualité des citoyens élus habilités à présenter un candidat à l'élection présidentielle]*, JO, 22 février 2012, p. 3023, *Rec. CC*, p. 130 à propos de l'inscription d'un nouvel alinéa à l'article 4 C° à l'occasion de la révision constitutionnelle du 28 juillet 2008 qui a justifié le réexamen de dispositions relatives à la publicité des parrainages des candidats à l'élection présidentielle). Mais, comme a pu le signaler le Conseil d'Etat, il faut encore qu'elle soit opposable ou applicable à la disposition législative (CE, 20 avril 2011, *Département Seine-Saint-Denis et Département Hérault*, req. n°346205 et n°346239 où le Conseil d'Etat a estimé qu'il n'y avait pas changement dans les circonstances de droit eu égard au fait que « les dispositions du quatrième alinéa de l'article 72-2 de la Constitution, relatives à la compensation des transferts de compétences entre l'Etat et les collectivités territoriales, ne sont applicables, eu égard à leur objet, qu'aux lois postérieures à leur entrée en vigueur »).

L'exemple du changement dans les circonstances de fait

595 • Concernant les circonstances de fait, il faut d'abord les définir comme étant des circonstances qui ont globalement affecté la portée de la disposition législative contestée et non comme des circonstances individuelles propres à une instance donnée. La décision du Conseil constitutionnel relative à la procédure de placement en garde à vue (CC, n° 2010-14/22 QPC, 30 juillet 2010, *M. Daniel W. et autres [Garde à vue]*, JO, 31 juillet 2010, p. 14198, *Rec. CC*, p. 179), a donné le 1er exemple de mise en œuvre de la notion de changement des circonstances de fait. L'une des exigences premières du changement des circonstances de fait tient à sa justification par des données quantifiables, non au simple constat de l'existence d'un débat. Il y a, à ce sujet souvent des considérations de droit qui se mélangent aux considérations de fait. Le Conseil a estimé, en l'espèce, que « certaines modifications des règles de la procédure pénale ainsi que des changements dans les conditions de sa mise en œuvre ont conduit à un recours de plus en plus fréquent à la garde à vue et modifié l'équilibre des pouvoirs et des droits fixés par le code de procédure pénale » (cons. n°15) pouvaient engendré un changement dans les circonstances de droit et de fait (le Conseil citant, par exemple, la généralisation de la pratique du traitement dit « en temps réel » des procédures pénales, la réduction des exigences conditionnant l'attribution de la qualité d'officier de police judiciaire aux fonctionnaires de la police nationale et aux militaires de la gendarmerie

nationale ou encore de l'augmentation de 25 000 à 53 000 du nombre de ces fonctionnaires civils et militaires ayant la qualité d'officier de police judiciaire). Par contre, le Conseil confirme, a priori, que « les changements ayant affecté la vie politique et l'organisation institutionnelle du pays », invoqués sans davantage de précisions, ne caractérisent pas un « changement des circonstances » de fait (CC, n° 2012-233 QPC, 21 février 2012, *Mme Marine LE PEN [Publication du nom et de la qualité des citoyens élus habilités à présenter un candidat à l'élection présidentielle]* précité) contrairement à ce qu'avait décidé le Conseil d'Etat dans sa décision de renvoi et qui avait estimé que « les changements ayant affecté la vie politique et l'organisation institutionnelle du pays » depuis 1976 justifiaient un nouvel examen de la disposition (CE, 2 février 2012, *Mme Le Pen*, req. n°355137). La chambre criminelle de la Cour de cassation a pu également jugé, à deux reprises, s'agissant des QPC relatives aux articles 706-54 et 706-56 du Code de procédure pénale relatifs au fichier des empreintes génétiques, que les avancées de la science génétique « ne sauraient s'analyser en un changement des circonstances au sens de l'article 23-2 de l'ordonnance n° 58-1067 du 7 novembre 1958 portant loi organique sur le Conseil constitutionnel » (Cass., crim., QPC, 19 juin 2012, n° de pourvoi : 12-90022 et Cass., crim., QPC, 11 juillet 2012, n° de pourvoi : 12-81533).

d) Le choix large du Conseil sur la modulation dans le temps des décisions prises dans son contrôle a posteriori

Un Conseil d'Etat qui reconnait le pouvoir de modulation sur l'exemple du juge de l'Union : la décision « *Association AC !* »

596 • C'est d'abord le juge de l'Union qui a admis que la consécration d'une solution prétorienne nouvelle pouvait, dans certains cas, être dissociée de son application à des faits antérieurs (CJCE, 8 avril 1976, *Gabrielle Defrenne contre Société anonyme belge de navigation aérienne Sabena*, Aff. n°43/75, *Rec. CJCE*, p. 455, § 69 et suivants). Le pouvoir de modulation dans le temps des décisions de justice a ensuite été l'apanage des juges ordinaires devant les critiques émises maintes fois quant aux effets des revirements appliqués rétroactivement, ces derniers apparaissant comme attentatoires à la sécurité juridique. En effet, à partir du moment où le juge substitue une nouvelle règle jurisprudentielle à celle prise en considération par les sujets de droit, ces derniers se voient sanctionnés alors même qu'ils se sont conformés à la règle. C'est d'abord le Conseil d'Etat qui a octroyé la possibilité au juge administratif de déroger, à titre exceptionnel et sous réserve des instances en cours à la date où le juge statue, au principe de l'effet rétroactif des annulations contentieuses d'un acte administratif en raison, notamment « des effets que cet acte a produit et des situations qui ont pu se constituer lorsqu'il était en vigueur » (CE, Ass., 11 mai 2004, *Association AC !*, req. n°255886, *Rec. CE*, p. 197, *AJDA* 2004, p. 1183, chron. C. Landais et F. Lenica, p. 1049, tribune J.-C. Bonichot, p. 1219, étude F. Berguin, *Justice et cassation* 2007, p. 15, étude J. Arrighi de Casanova, *Droit social* 2004, p. 762, étude P. Langlois, p. 766, note X. Prétot, *RFDA* 2004, p. 438, note J.-H. Stahl et A. Courrèges, p. 454, concl. C. Devys). Par la suite, le Conseil d'Etat s'est appuyé spécifiquement sur le principe de sécurité juridique, sous-jacent à la

première décision et tel qu'il découlait de l'article 6-1 ConvEDH, pour reconnaitre que dernier n'était pas violé par l'absence de modulation de la rétroactivité des revirements de jurisprudence (CE, 14 juin 2004, *SCI Saint-Lazare*, req. n°238199, *Rec. CE*, tables, p. 563).

Une Cour de cassation qui suit la prise d'initiative du Conseil d'Etat

597 • La Cour de cassation a fait un pas supplémentaire en considérant que si les exigences de sécurité juridique et de protection de la confiance légitime ne sauraient consacrer un droit acquis à une jurisprudence constante (Cass., 2ème civ., 8 juillet 2004, n° de pourvoi : 03-14717, *Bull. Civ.* 2004, II, n°361), il y avait lieu de différer l'entrée en vigueur d'un revirement de jurisprudence dont l'application immédiate aboutirait à priver les victimes de certains droits. C'est la 2ème chambre civile qui a ainsi consacré cette solution jurisprudentielle nouvelle tout en refusant de l'appliquer au litige (Cass. 2ème civ., 8 juillet 2004, n° de pourvoi : 01-10426, *Bull. Civ.* 2004, II, n°387, *D.* 2004, p. 2956, note C. Bigot, *RTDCiv.* 2005, p. 176, obs. P. Théry). La solution a été reprise par d'autres chambres de la Cour de cassation (par ex., Cass., soc., 17 décembre 2004, n° de pourvoi : 03-17031, *Bull. Civ.* 2004, V, n° 346, *RTD civ.* 2005, p. 159, note P.-Y. Gautier et p. 625, obs. P. Théry) et même consacrée par sa formation la plus solennelle (Cass., Ass. Plén., 21 décembre 2006, n° de pourvoi : 00-20493, *Bull. Civ.* Ass. Plén. 2006, n° 15, *JCP* 2007, G, II, n°10010, note E. Dreyer et n°10111, note X. Lagarde, *D.* 2007, p. 837, note P. Morvan, *RTDCiv.* 2007, p. 72, obs. P. Deumier et p. 168, obs. P. Théry).

Une reconnaissance large du pouvoir de modulation des effets d'un changement de la règle jurisprudentielle

598 • Le principe de sécurité juridique a, par la suite, été consacré comme PGD par le Conseil d'Etat obligeant le pouvoir réglementaire à édicter des mesures transitoires en cas de réglementation nouvelle (CE, Ass., 24 mars 2006, *Société KPMG et Société Ernst & Joung*, audit et autres, req. n°288460, précité). Puis, c'est le Conseil d'Etat qui va faire usage, pour la 1ère fois, de son pouvoir de moduler dans le temps les effets d'un changement de la règle jurisprudentielle (CE, Ass., 16 juillet 2007, *Société Tropic travaux signalisation*, req. n°291545, *Rec. CE*, p. 360, concl. D. Casas, *AJDA* 2007, p. 1577, chron. F. Lenica et J. Boucher, p. 1497, tribune S. Braconnier, p. 1777, tribune J.-M. Woehrling, *D.* 2007, p. 2500, note D. Capitant, *RFDA* 2007, p. 696, concl. D. Casas, p. 917, étude F. Moderne, p. 923, note D. Pouyaud, p. 935, étude M. Canedo-Paris). Ce pouvoir s'est consolidé au fil des décisions intervenues depuis lors pour le Conseil d'Etat (CE, Ass., 4 avril 2014, *Département du Tarn-et-Garonne*, req. n°358994, *AJDA* 2014, p. 945, tribune S. Braconnier, chron. A. Bretonneau et J. Lessi, *D.* 2014, p. 1179, obs. M.-C. de Montecler, note M. Gaudemet et A. Dizier, *RFDA* 2014, p. 425, concl. B. Dacosta, p. 438, note P. Delvolvé) comme pour la Cour de cassation (Cass., 1ère civ., 6 avril 2016, n° de pourvoi : 15-10552, *D.* 2016, p. 181, obs. E. Dreyer, *JCP* 2016, G, n° 1225, obs. G. Beaussonie, *RTDCiv.* 2017, p. 207, obs. P. Théry). Solution à laquelle le Tribunal des conflits s'est à son tour ralliée (TC, 9 mars 2015, *Société Autoroutes du Sud de la France*, req. n°3984, *RFDA* 2015, p. 270, concl. N. Escaut, p. 273, note M.

Canedo-Paris). Le Conseil constitutionnel n'y a pas vu d'atteinte à « une situation légalement acquise » lorsqu'il fut saisi d'une QPC sur les effets dans le temps d'un revirement de jurisprudence (CC, n° 2013-336 QPC, 1er août 2013, *Société Natixis Asset Management [Participation des salariés aux résultats de l'entreprise dans les entreprises publiques]*, JO, 4 août 2013, p. 13317, *Rec. CC*, p. 918, cons. n°10). La CourEDH, saisie en d'autres circonstances, n'y a pas non plus vu d'atteinte à la sécurité juridique ni à la protection de la confiance légitime des justiciables (CourEDH, 26 mai 2011, Legrand contre France, req. n°232208/08. Voir A. Marais, « Modulation dans le temps des revirements de jurisprudence, requiem européen en si(x) bémol(s) », *JCP* 2011, G, n°1238).

Un Conseil constitutionnel qui a également posé les conditions d'entrée en vigueur de ses décisions dans le temps

599 • C'est d'abord l'article 62 alinéa 2 C° qui donne au Conseil un pouvoir de modulation particulièrement large. Ce dernier peut, selon ce texte, différer l'abrogation de la disposition législative tout comme, par principe et sans aucune restriction, remettre en cause, les effets de la disposition déclarée inconstitutionnelle. Ce texte, qui donnait ainsi de larges possibilités d'intervention au Conseil, a été précisé, par voie jurisprudentielle, dans une décision QPC du 25 mars 2011 (CC, n°2010-108 QPC, 25 mars 2011, *Mme Marie-Christine D. [Pension de réversion des enfants]*, JO, 26 mars 2011, p. 5404, *Rec. CC*, p. 154) où il établit que « si, en principe la déclaration d'inconstitutionnalité doit bénéficier à l'auteur de la QPC et la disposition déclarée contraire à la Constitution ne peut être appliquée dans les instances en cours à la date de la publication de la décision du Conseil constitutionnel, les dispositions de l'article 62 de la Constitution réservent à ce dernier le pouvoir tant de fixer la date de l'abrogation et reporter dans le temps ses effets que de prévoir la remise en cause des effets que la disposition a produits avant l'intervention de cette déclaration » (cons. n°5). Par cette décision, le Conseil pose une 1ère règle de rétroactivité de principe ou d'application immédiate qui s'adresse essentiellement aux juges et qui concerne essentiellement les traces de la décision dans le passé. La déclaration d'inconstitutionnalité doit, ainsi, d'abord « bénéficier à la partie qui a présenté la QPC » (CC, n°2010-14/22 QPC, *M. Daniel W. et autres [Garde à vue]* précité, cons. n°30) et s'appliquer dans le procès ayant donné lieu à la QPC montrant par la même, la nature d'abord subjective de la procédure. Mais la déclaration d'inconstitutionnalité doit aussi s'appliquer à toutes instances en cours à la date de publication de la décision. Il s'agit là d'une règle d'ordre public, l'applicabilité immédiate aux instances en cours ayant un effet automatique, pas besoin de mention expresse dans la décision. Toutes les juridictions doivent soulever d'office le vice d'inconstitutionnalité frappant les dispositions soumises à leur contrôle. Cela concerne aussi les réserves d'interprétation : celle que le Conseil constitutionnel a adoptée à propos des hospitalisations d'office a eu un effet immédiat dont les juges de droit commun ont dû tenir compte dans les instances engagées (CC, n°2010-71-QPC, 26 novembre 2010, *Mlle Danielle S. [Hospitalisation sans consentement]*, JO, 27 novembre 2010, p. 21119, *Rec. CC*, p. 343, cons. n°39).

Une rétroactivité dont le bénéfice amène à une jurisprudence complexe et variée

600 • Si la règle s'avère logique et simple d'apparence, il faut relever, comme Mathieu Disant, « que la restriction de la rétroactivité donne lieu, en réalité, à plusieurs variétés subtilement dissociables et dont l'ensemble forme un paysage éminemment (et inévitablement) complexe » (M. Disant, « Les effets dans le temps des décisions QPC », *Nouveaux Cahiers du CC* 2013, n°40, p. 63). Le bénéfice de la rétroactivité peut, par exemple, être, purement et simplement, supprimé au motif que la sécurité juridique doit primer (par ex., CC, n°2012-235 QPC, 20 avril 2012, *Association Cercle de réflexion et de proposition d'actions sur la psychiatrie [Dispositions relatives aux soins psychiatriques sans consentement]*, JO, 21 avril 2012, p. 7194, *Rec. CC*, p. 202, cons. n°31 ou CC, n°2012-284 QPC, 23 novembre 2012, *Mme Maryse L. [Droit des parties non assistées par un avocat et expertise pénale]*, JO, 24 novembre 2012, p. 18549, *Rec. CC*, p. 613, cons. n°5), être limitée aux instances en cours dans lesquelles une partie a « invoqué le moyen » ou l'invoquera (par ex., CC, n° 2012-250 QPC, 8 juin 2012, *M. Christian G. [Composition de la commission centrale d'aide sociale]*, JO, 9 juin 2012, p. 9794, *Rec. CC*, p. 281, cons. n°8), circonscrit afin de tenir compte des modifications de la loi (par ex., CC, n°2012-298 QPC, 28 mars 2013, *SARL Majestic Champagne [Taxe additionnelle à la contribution sur la valeur ajoutée des entreprises - Modalités de recouvrement]*, JO, 30 mars 2013, p. 5457, *Rec. CC*, p. 513, cons. n°9), suspendue jusqu'à la survenance de la nouvelle législation qui sera applicable aux instances en cours (par ex., CC, n° 2011-190 QPC, 21 octobre 2011, M. *Bruno L. et autre [Frais irrépétibles devant les juridictions pénales]*, JO, 22 octobre 2011, p. 17969, *Rec. CC*, p. 522, cons. n°12) ou encore délégué à l'appréciation du législateur (par ex., CC, n°2011-112 QPC, 1er avril 2011, *Mme Marielle D. [Frais irrépétibles devant la Cour de cassation]*, JO, 2 avril 2011, p. 5892, *Rec. CC*, p. 170, cons. n°9).

Un Conseil constitutionnel qui s'octroie la possibilité de reporter dans le futur les effets de la déclaration d'inconstitutionnalité (1)

601 • Par la décision précitée du 25 mars 2011 (Cf. Supra n°599), le juge constitutionnel pose une 2nde règle qui réside dans la possibilité que s'octroie le Conseil de reporter dans le futur les effets de la déclaration d'inconstitutionnalité, la règle s'adressant alors en priorité au législateur. L'abrogation immédiate dès la publication de la décision est, en pratique, le cas le plus fréquent. Si cette façon de faire respecter le principe de légalité, elle laisse peu de marge de manœuvre au législateur, son intervention n'est pas forcément nécessaire mais elle peut aussi s'avérer urgente surtout si le droit provisoire fixé alors par le Conseil ne convient pas au gouvernement. Contrairement à l'abrogation immédiate, le report des effets de l'abrogation à une date postérieure à la publication de sa décision fait en sorte que la déclaration d'inconstitutionnalité ne puisse s'appliquer aux instances en cours. Le report doit, bien entendu, faire l'objet d'une mention expresse dans la décision du Conseil et il s'avère assez paradoxal dans la mesure où il conduit à décider, à titre provisoire, que des dispositions législatives continueront à s'appliquer à l'avenir alors que le Conseil les a expressément reconnues

inconstitutionnelles. Le Conseil diffère les effets futurs de sa décision lorsque l'abrogation immédiate de la disposition lui ferait jouer à lui ou au juge ordinaire le rôle normalement dévolu aux parlementaires, notamment lorsqu'il existe différents choix à opérer pour remédier à l'inconstitutionnalité, que. Cela a été le cas dès les 1ères saisines du Conseil. Le Conseil se gardant de ne pas se « prononcer sur l'opportunité de dispositions législatives » ou de « substituer son appréciation à celle du législateur ». Il peut indiquer, à cet égard, qu'il ne lui appartient pas d'indiquer « les modifications des règles de procédure pénale » (CC, n° 2010-14/22 QPC, 30 juillet 2010, *M. Daniel W. et autres [Garde à vue]*, précité, cons. n°30), « les modifications des règles de la procédure répressive en matière douanière » (CC, n°2010-32 QPC, 22 septembre 2010, *M. Samir M. et autres [Retenue douanière]*, JO, 23 septembre 2010, p. 17291, *Rec. CC*, p. 241, cons. n°9 ou « les principes fondamentaux des obligations civiles ou commerciales » (CC, n°2010-45 QPC, 6 octobre 2010, *M. Mathieu P. [Noms de domaine Internet]*, JO, 7 octobre 2010, p. 18156, *Rec. CC*, p. 270) qui doivent être choisis pour qu'il soit remédié à l'inconstitutionnalité constatée.

Un Conseil constitutionnel qui s'octroie la possibilité de reporter dans le futur les effets de la déclaration d'inconstitutionnalité (2)

602 • Le Conseil doit être néanmoins suffisamment clair sur ce que peut ou devra être la législation à venir. Il n'existe, aussi, aucun minimum ni maximum dans les textes quant au délai fixé par le Conseil, celui-ci disposant d'une appréciation souveraine en la matière. Le législateur dispose néanmoins d'un délai relativement long en moyenne (10 mois) pour conserver son pouvoir d'appréciation et choisir entre le simple remplacement des dispositions non conforme ou la mise en place d'une loi nouvelle permettant d'y pallier. Enfin, le pouvoir d'appréciation dans le temps de l'abrogation prononcée par le Conseil lui donne un pouvoir considérable. Il peut immédiatement imposer au législateur sa propre interprétation voire limiter l'appréciation future du législateur tout comme, de façon plus générale, imposer aux juridictions les conditions d'application de la loi dans le temps. C'est un mode d'emploi qui est ainsi fourni par le Conseil au législateur. Si on peut, en ce sens, critiquer l'action du Conseil en ce qu'il outrepasse ces compétences et faire ainsi ressurgir la critique, persistante, du « gouvernement des juges », la modulation dans le temps des effets de ces décisions s'inscrit plutôt dans un dialogue avec le législateur, dialogue s'inscrivant alors « dans la tradition kelsénienne du juge aiguilleur » (G. Bergougnous, « Le Conseil constitutionnel et le législateur », *Nouveaux Cahiers du CC* 2013, n°38). Le Conseil impose les effets dans le temps de la loi mais il ne porte pas de jugement moral sur la loi, il ne choisit pas à la place du législateur, la sanction porte plus sur la forme que sur le fond. Il lui arrive, certes, d'imposer sa propre appréciation au législateur comme lorsqu'il définit les conséquences immédiates les plus concrètes de sa décision, y compris en prévoyant la composition conforme à la Constitution d'une juridiction compétente pour statuer sur les litiges en cours, dans l'attente d'une éventuelle réforme (CC, n°2010-10 QPC, 2 juillet 2010, *Consorts C. et autres [Tribunaux maritimes commerciaux]*, JO, 3 juillet 2010, p. 12120, *Rec. CC*, p. 131, cons. n°5). Ces décisions peuvent amener à

des divergences d'interprétation avec les juges ordinaires quant aux modalités d'application des effets dans le temps décidées par le Conseil ou encore à des problèmes liés à l'articulation des contrôles de constitutionnalité et de conventionnalité. Mais, dans l'ensemble, c'est au côté du législateur qu'il agit et non contre lui et il s'emploie à toujours respecter ces choix.

Bibliographie

- **Andriantsimbazovina (J.)**, « De l'autorité à l'effectivité des décisions du Conseil constitutionnel. De quelques paradoxes de l'usage du formalisme et du pragmatisme juridiques », Politeia 2003, n°4, p. 25.

- **Arrighi de Casanova (J.)**, « L'autorité des décisions du Conseil constitutionnel vue du Conseil d'Etat », Nouveaux Cahiers du CC 2011, n°30, p. 24.

- **Austry (S.)**, « QPC fiscale et effets de la décision dans le temps », Nouveaux Cahiers du CC 2011, n° 33, p. 69.

- **Bacquet-Brehant (V.)**, L'article 62 alinéa 2 de la Constitution du 4 octobre 1958, Paris, LGDJ, 2005.

- **Barthelemy (J.), Bore (L.)**, « La résurgence du système mixte d'application dans le temps », Constitutions 2013, p. 585 ; « La QPC entre recours objectif et recours subjectif », Constitutions 2011, n°4, p. 553.

- **Basset (A.)**, « Question prioritaire de constitutionnalité et risque de conflits d'interprétation », Droit et société 2012, n°82, p. 713.

- **De Béchillon (D.)** « L'interprétation de la Cour de cassation ne peut pas être totalement tenue à l'écart du contrôle de constitutionnalité des lois », JCP 2010, G, n°676 et JCP 2011, G, n° hors-série, 1er mai 2011

- **Benetti (G.)**, « Les incidences de la question prioritaire de constitutionnalité sur le travail législatif. D'une logique de prévention à une logique de correction des inconstitutionnalités », Constitutions 2011, p. 42.

- **Bergougnous (G.)**, « Le Conseil constitutionnel et le législateur », Nouveaux Cahiers du CC 2013, n°38.

- **Bezzina (A.-C.)**, Les questions et les moyens soulevés d'office par le Conseil constitutionnel, Paris, Dalloz, 2013 ; « L'étendue du contrôle du Conseil constitutionnel sur la loi ordinaire à travers l'étude des moyens et conclusions soulevés d'office », [in line] www.droitconstitutionnel.org., 2008.

- **Bon (P.)**, « L'autorité de l'interprétation constitutionnelle : aspect de droit comparé » in F. Mélin-Soucramanien (dir.), L'interprétation constitutionnelle, Paris, Dalloz, 2005, p. 205.

- **Bonneau (T.)**, La Cour de cassation et l'application de la loi dans le temps, Paris, PUF, 1990.

- **Borzeix (A.)**, « La question prioritaire de constitutionnalité : quelle confiance légitime, quelle sécurité juridique ? », RDP 2010, p. 481.

- **Boudon (J.)**, « Le Conseil constitutionnel s'est-il trompé de Constitution ? À propos de ce que devrait être la modulation dans le temps des effets de ses décisions », JCP 2010, G, n° 961.

- **Boulet (M.)**, « Questions prioritaires de constitutionnalité et réserves d'interprétation », RFDA 2011, p. 753.

- **Brimo (S.)**, « Les conséquences de la modulation dans le temps des effets des décisions QPC », RDP 2011, p. 1189.

- **Brunet (P.)**, « Le juge constitutionnel est-il un juge comme les autres ? », Réflexions méthodologiques sur la justice constitutionnelle » in La notion de justice constitutionnelle, Paris, Dalloz, 2005.

- **Bonnet (J.)**, Le juge ordinaire français et le contrôle de la constitutionnalité des lois. Analyse critique d'un refus, Paris, Dalloz, 2009.

- **Boucard (F.)**, « Premières décisions du Conseil constitutionnel en matière de QPC : l'instauration d'un nouveau dialogue entre les cours suprêmes », Procédures 2010, étude n°6.

- **Carcassonne (G.)**, « Le Parlement et la QPC », Pouvoirs 2011, n°137, p. 73.

- **Cartier (E.)** (dir.), La QPC, le procès et ses juges, Paris, Dalloz, 2013.

- **Cartier (E.)**, « L'ambiguïté des effets de la déclaration d'inconstitutionnalité sur le procès » in La QPC. Etude sur le réaménagement du procès et de l'architecture juridictionnelle, Paris, rapport GIP Droit et justice, 2012, p. 141.

- **Connil (D.)**, « L'étendue de la chose jugée par le Conseil constitutionnel lors d'une question prioritaire de constitutionnalité : observations dubitatives sur l'état de la jurisprudence », RFDA 2011, p. 472.

- **De Lamy (B.)**, « Les incidences, possibles et souhaitables, de l'avènement de la question préjudicielle de constitutionnalité », RSC 2009, p. 154.

- **Derrien (A.)**, Les juges français de la constitutionnalité. Etude sur la construction d'un système contentieux. Conseil constitutionnel, Conseil d'Etat, Cour de cassation : trois juges pour une norme, Bruxelles, Bruylant, 2003.

- **Desaulnay (O.)**, « L'autorité des décisions du Conseil constitutionnel vue par la Cour de cassation », Nouveaux cahiers du CC 2011, n°30, p. 31.

- **Deumier (P.), Encinas de Munagorri (R.)**, « Faut-il différer l'application des règles jurisprudentielles nouvelles ? Interrogations à partir d'un rapport », RTDCiv. 2005, p. 83.

- **Deumier (P.)**, « Modulation de la jurisprudence : balance avantages inconvénients ou règle de conflit cachée ? », RTDCiv. 2017, p. 77 ; « Les différentes figures de la modulation de la jurisprudence », RDP 2016, p. 816 ; « Les effets dans le temps des décisions QPC : un droit des conséquences des décisions constitutionnelles », Nouveaux Cahiers du CC 2015, n°47, p. 65 ; « La rétroactivité de la jurisprudence est-elle constitutionnelle ? », RTDCiv. 2014, p. 71 ; « L'interprétation de la loi : quel statut ? quelles interprétations ? que(s) juges(s) quelles limites ? », RTDCiv. 2011, p. 90 ; « QPC : la question fondamentale du pouvoir d'interprétation (à propos du filtrage) », RTD civ. 2010, p. 504.

- **Dieu (F.)**, « La modulation des effets des annulations contentieuses ou comment concilier le principe de légalité et sécurité juridique », AJDA 2006, p. 2428.

- **Di Manno (T.)**, Le juge constitutionnel et la technique des décisions « interprétatives » en France et en Italie, Paris, Aix-Marseille, Economica-PUAM, 1997 ; « Le contentieux constitutionnel des lois, contentieux d'ordre public par nature », Mélanges Drago, Paris, Economica, 1996, p. 9 ; Le Conseil constitutionnel et les moyens et conclusions soulevés d'office, Paris, Aix-en-Provence Marseille, Economica-PUAM, 1994.

- **Disant (M.)**, « Les effets dans le temps des décisions QPC », Nouveaux cahiers du CC 2013, n°40, p. 63 ; L'autorité de la chose interprétée par le Conseil constitutionnel, Paris, LGDJ, 2010 ; « L'autorité de chose interprétée par le Conseil constitutionnel : permanence et actualité(s) », Cahiers du CC 2010, n°28.

- **Domino (X.), Bretonneau (A.)**, « Les suites de la QPC : histoire et géographie du dialogue des juges », AJDA 2011, p. 1136.

- **Dord (O.)**, « La QPC et le Parlement : une bienveillance réciproque », Nouveaux Cahiers du CC 2013, n°38, p. 13.

- **Grago (G.)**, « La Cour de cassation, juge constitutionnel », RDP 2011, p. 1438.

- **Drouot (G.)**, La rétroactivité de la jurisprudence – Recherche sur la lutte contre l'insécurité juridique en droit civil, Paris, LGDJ, 2016.

- **Eveillard (G.)**, « Abrogation implicite ou inconstitutionnalité de la loi ? », RFDA 2011, p. 353.

- **Fatin-Rouge Stefanini (M.), Roudier (K.)**, « Les suites des décisions rendues par les juridictions constitutionnelles dans le cadre de questions d'inconstitutionnalité. Etude portant sur les conséquences des déclarations d'inconstitutionnalité », in La question prioritaire de constitutionnalité. Approche de droit comparé, L. Gay (dir.), Bruxelles, Bruylant, 2014, p. 311.

- **Favoreu (L.)**, « L'application de l'article 62, alinéa 2 de la Constitution par la Cour de cassation », D. 2001, p. 2633 ; « Le droit constitutionnel jurisprudentiel », RDP 1989, p. 427 ; « Dualité ou unité d'ordre juridique : Conseil constitutionnel et Conseil d'Etat participent-ils de deux ordres juridiques différents ? » in Le Conseil constitutionnel et le Conseil d'Etat, Paris, LGDJ, 1988 ; « L'effet des décisions du Conseil constitutionnel à l'égard du juge administratif français », RIDC 1987, n° spécial, vol. n°9, p. 483.

- **Ferrari (S.)**, « L'exécution par le juge administratif des décisions QPC rendues par le Conseil constitutionnel », RDP 2015, p. 1495.

- **Fleury-Le Gros (P.)**, Contribution à l'analyse normative des conflits de lois dans le temps en droit privé interne, Paris, Dalloz, 2005.

- **Fraisse (R.)**, « La chose jugée par le Conseil constitutionnel dans les motifs et le dispositif de ses décisions et la QPC », Nouveaux Cahiers du CC 2011, n°30 ; « La procédure en matière de QPC devant le Conseil constitutionnel, considérations pratiques », AJDA 2011, p. 1250 ; « QPC et interprétation de la loi », LPA 2010, 5 mai, n°89, p. 5.

- **Gaudemet (Y.)**, « La prohibition de l'arrêt de règlement s'adresse-t-elle au juge administratif ? Les leçons de l'histoire », RDP 2010, p. 1617.

- **Gautier (P.-Y.)**, « Pour la rétroactivité in mitius en matière civile », Mélanges Héron, Paris, LGDJ, 2008, p. 235.

- **Genevois (B.)**, « Le Conseil d'Etat et l'interprétation de la loi », RFDA 2002, p. 877 ; « La jurisprudence du Conseil Constitutionnel est-elle imprévisible ? », Pouvoirs 1991, n°59, p. 129.

- **Gervier (P.)**, « Le « changement des circonstances » dans la jurisprudence du Conseil constitutionnel », www.droitconstitutionnel.org., 2011.

- **Gohin (O.)**, « Du contrôle de constitutionnalité des lois en général, et de la question prioritaire de constitutionnalité, en particulier », Politea 2010, n°17, p. 165.

- **Grienenberger-Fass (M.)**, « Les filtres juridictionnels dans la question préalable en appréciation de constitutionnalité, préfiguration d'un contrôle diffus de constitutionnalité ? », LPA 2009, n°212, 23 octobre, p. 24.

- **Guillaume (M.)**, « L'autorité des décisions du Conseil constitutionnel : vers de nouveaux équilibres ? », Nouveaux cahiers du CC 2011, n°30, p. 52.

- **Hennette Vauchez (S.)**, « … les droits et libertés que la constitution garantit » : quiproquo sur la QPC ? », RDH 2016, 10, [in line].

- **Heuschling (L.)**, « Justice constitutionnelle et justice ordinaire » in La notion de justice constitutionnelle, Paris, Dalloz, 2005, p. 85.

- **Isaac (G.)**, « La modulation par la CJCE des effets dans le temps de ses arrêts d'invalidité », RTDE 1992, p. 482.

- **Katz (D.)**, « La modulation des pouvoirs du Conseil constitutionnel dans le cadre du contrôle a posteriori des lois », Politeia 2010, n°17, p. 263.

- **Kirsey (V.), Portelli (H.)**, « Droits fondamentaux : du bon usage de la guerre des juges par le justiciable », JCP 2010, G, n°799.

- **Labayle (H.)**, « La Cour de justice et les effets d'une déclaration d'invalidité », RTDE 1992, p. 482.

- **Le Mire (P.)**, « La limitation dans le temps des effets des arrêts de la Cour de justice des communautés européennes », Mélanges Chapus, Paris, Montchrestien, 1992, p. 367.

- **Lieber (S.-J.), Botteghi (D.)**, « Le juge administratif, juge constitutionnel de droit commun ? », AJDA 2010, p. 1355.

- **Magnon (X.)**, « Premières réflexions sur les effets des décisions de censure du Conseil constitutionnel », RFDA 2011, p. 761 ; « La modulation des effets dans le temps des décisions du juge constitutionnel », AIJC 2011, n° XXVII, p. 557.

- **Maingui (D.)**, « La contestation du contrôle de conformité des lois. Brèves remarques d'un privatiste », JCP 2010, G, n°863.

- **Mallinvaud (P.)**, « L'étrange montée du contrôle du juge sur les lois rétroactives » in Le Code civil, 1804-2004, Paris, Dalloz, 2004, p. 671.

- **Marais (A.)**, « Le temps, la loi et la jurisprudence : le bon, la brute et le truand », Mélanges Payet, Paris, Dalloz, 2011, p. 383 ; « Modulation dans le temps des revirements de jurisprudence, requiem européen en si(x) bémol(s) », JCP 2011, G, n°1238.

- **Martel (D.)**, « Un jeu de balle enflammée, à propos de la question prioritaire de constitutionnalité relative au mariage entre personnes de même sexe », Droit de la famille 2011, n°1, étude n°4.

- **Mathieu (B.)**, « Remarques sur le conflit de légitimité entre le juge et le législateur dans la détermination de l'intérêt général et la protection de la sécurité juridique », RFDA 2003, p. 470 ; « Pour une reconnaissance de l' « autorité de chose interprétée » par le Conseil constitutionnel. A propos de la question des quotas par sexe dans les jurys de concours de la fonction publique », D. 2003, p. 1507.

- **Maziau (N.)**, « Le revirement de jurisprudence dans la procédure QPC. Comment la Cour de cassation, dans son interprétation de la loi, s'inspire du Conseil constitutionnel dans son rôle d'interprète de la Constitution », D. 2012, p. 1833 ; « Brefs commentaires sur la doctrine du droit vivant dans le cadre du contrôle incident de constitutionnalité. Retour sur l'expérience italienne et possibilités d'évolutions en France », Rec. Dalloz 2011, n° 8, p. 529.

- **Meunier (J.)**, « Le Conseil constitutionnel et l'autorité de ses décisions », Mélanges Troper, Paris, Economica, 2006, p. 693 ; Le pouvoir du Conseil constitutionnel : Essai d'analyse stratégique, Paris, LGDJ, Bruylant, 1994.

- **Millet (F.-X.)**, « Le dialogue des juges à l'épreuve de la QPC », RDP 2011, p. 1729.

- **Moderne (F.)**, « Complémentarité et compatibilité des décisions du Conseil constitutionnel et des arrêts du Conseil d'Etat » in Conseil constitutionnel et Conseil d'Etat, Paris, LGDJ, 1988, p. 351.

- **Molfessis (N.)**, « La jurisprudence supra-constitutionem », JCP 2010, G, n°1039 ; « La Cour de cassation face à la modulation dans le temps des revirements de jurisprudence », D. 2009, p. 2567.

- **Mouly (C.)**, « Le revirement pour l'avenir », JCP 1994, I, n° 3776.

- **Pardini (J.-J.)**, « Question prioritaire de constitutionnalité et question incidente de constitutionnalité italienne : ab origine fidelis », Pouvoirs 2011, n°137, p. 101 ; Le juge constitutionnel et le « fait » en Italie et en France, Paris, Economica, 2001 ; « La jurisprudence constitutionnelle et les « faits » », Cahiers du CC 2000, n°8.

- **Passaglia (P.)**, « La réception des décisions des juridictions constitutionnelles par les pouvoirs constitués », AIJC 2011, vol. n°27, p. 613.

- **Perrier (J.-B.)**, « Le non-renvoi des questions prioritaires de constitutionnalité par la Cour de cassation », RFDA 2011, p. 711 ; « Le contrôle de l'interprétation jurisprudentielle des dispositions législatives : épilogue et retour au dialogue ? », Procédures 2011, focus 37.

- **Petit (J.)**, Les conflits de lois dans le temps en droit public interne, Paris, LGDJ, 2002.

- **Pizzorusso (A.)**, « Les effets des décisions du Conseil constitutionnel », AIJC 1994, X, p. 11.

- **Ponthoreau (M.-C.)**, La reconnaissance des droits non écrits par les Cours constitutionnelles italienne et française. Essai sur le pouvoir créateur du juge, Paris, Economica, 1994.

- **Puig (P.)**, « Le Conseil constitutionnel et la modulation dans le temps des décisions QPC », RTDCiv. 2010, p. 517 ; « QPC : le changement de circonstances source d'inconstitutionnalité », RTDCiv 2010, p. 513.

- **Raimbault (P.)**, Recherche sur la sécurité juridique en droit administratif français, Paris, LGDJ, 2010.

- **Ravault (C.)**, « Le contrôle de constitutionnalité de l'interprétation prétorienne des dispositions législatives : une victoire à la Pyrrhus du Conseil constitutionnel ? », www.droitconstitutionnel.org, 2011.

- **Redor-Fichot (M.-J.)**, « Le Conseil constitutionnel, la question prioritaire de constitutionnalité et les « droits et libertés que la Constitution garantit » », CRDF 2011, n°9, p. 41.

- **Renoux (T.-S.)**, « Autorité de chose jugée ou autorité de la Constitution ? A propos de l'effet des décisions du Conseil constitutionnel », Mélanges Pactet, Paris, Dalloz, 2003, p. 835.

- **Revet (T.)**, « La légisprudence », Mélanges Malaurie, Paris, Defrénois, 2005, p. 377.

- **Ribes (D.)**, « La portée des décisions du Conseil constitutionnel », in La question prioritaire de constitutionalité, Aix-Marseille, PUAM, 2011, p. 283.

- **Rivero (J.)**, « Sur la rétroactivité de la règle jurisprudentielle », AJDA 1968, p. 15.

- **Robbe (J.)**, « Le report dans le temps de la règle jurisprudentielle nouvelle. Etat des lieux, perspectives », RFDA 2016, p. 913.

- **Roblot-Troizier (A.)**, « La QPC, le Conseil d'Etat et la Cour de cassation », Nouveaux cahiers du CC 2013, n°40, p. 49 ; « Le non-renvoi des questions prioritaires de constitutionnalité par le Conseil d'Etat », RFDA 2011, p. 691 ; « La question prioritaire de constitutionnalité devant les juridictions ordinaires : entre méfiance et prudence », AJDA 2010, p. 80 ; « Le changement des circonstances de droit dans la jurisprudence du Conseil constitutionnel, la transposition d'une technique contentieuse du droit administratif », RFDA 2006, p. 788.

- **Roubier (P.)**, Le droit transitoire, Conflits des lois dans le temps, Paris, Dalloz, 1960, réimpr. 2008 ; « À propos de la rétroactivité de la jurisprudence », RTDCiv. 2005, p. 293.

- **Rousseau (D.)**, « La prise en compte du changement de circonstances » in B. Mathieu et M. Verpeaux, L'autorité des décisions du Conseil constitutionnel, Paris, Dalloz, 2010, p. 99 ; « L'art italien au Conseil constitutionnel : les décisions des 6 et 14 octobre 2010 », GP 2010, n°294, p. 12 ; « Toujours vive la QPC ? Oui », GP 2010, n°147, p. 8.

- **Roux (J.)**, « QPC et interprétation jurisprudentielle de dispositions législatives : le conflit entre la Cour de cassation et le Conseil constitutionnel a-t-il vraiment pris fin ? », LPA 2011, 8 juillet, n°135, p. 8.

- **Sagalovitsch (E.)**, « Des effets de la question prioritaire de constitutionnalité sur les arrêts de règlement », AJDA 2011, p. 705.

- **Saint-James (V.)**, « Les décisions de la Cour de cassation et du Conseil d'Etat de ne pas transmettre une QPC : la place des cours souveraines en question », RDP 2012, p. 607.

- **Seiler (B.)**, « La modulation des effets dans le temps de la règle prétorienne. Tentative iconoclaste de systématisation », Mélanges Genevois, Paris, Dalloz, 2009, p. 977.

- **Severino (C.)**, « Un an de droit vivant devant le Conseil constitutionnel, Constitutions », RFDC 2012, p. 44 à 50 ; La doctrine du droit vivant, Paris, Marseille, Economica-PUAM, 2003, p. 59.

- **Sorbora (J.-G.)**, « Report des effets d'une décision d'annulation d'un texte par une QPC », JCP 2011, 30 mai, n° 22, p. 1093.

- **Melin-Soucramanien (F.)** (dir.), L'interprétation constitutionnelle, Paris, Dalloz, 2005.

- **Threy (P.)**, « De la question prioritaire comme révélateur des mentalités : la Cour de cassation demeure et ne se rend pas… », RTDCiv. 2010, p. 810.

- **Tili (N.)**, « La modulation dans le temps des effets des décisions d'inconstitutionnalité », RDP 2011, p. 1591.

- **Valembois (A.-L.)**, La constitutionnalisation de l'exigence de sécurité juridique en droit français, Paris, LGDJ, 2005.

- **Vallee (L.)**, « Inconstitutionnalité négative et question préalable de constitutionnalité », AJDA 2009, p. 1585.

- **Vedel (G.)**, « Doctrine et jurisprudence constitutionnelles », RDP 1989, p. 11.

- **Verdussen (M.)**, « Le juge constitutionnel et le juge ordinaire : ingérence ou dialogue ? L'exemple de la Cour constitutionnelle de Belgique », Mélanges Genevois, Paris, Dalloz, 2009, p. 1079.

- **Verpeaux (M.)**, « Brèves considérations sur l'autorité des décisions du Conseil constitutionnel », Nouveaux Cahiers du CC 2011, n°30, p. 13.

- **Viala (A.)**, « De la puissance à l'acte : la QPC et les nouveaux horizons de l'interprétation conforme », RDP 2011, p. 96 ; « La question de l'autorité des décisions du Conseil constitutionnel » in D. Rousseau (dir.), Le Conseil constitutionnel en questions, Paris, L'harmattan, 2004, p. 145 ; « De la dualité du sein et sollen pour mieux comprendre l'autorité de chose interprétée », RDP 2001, p. 778 ; « L'interprétation du juge dans la hiérarchie des normes et des organes », Cahiers du CC 1999, n°6, p. 87.

- **Vlanchogiannis (A.)**, « Le Conseil constitutionnel face au changement de circonstances de fait : réflexions à la lumière de l'expérience américaine », Jus Politicum 2013, n° 11.

- **Zagrebelski (G.)**, « Les caractères réaliste et concret du contrôle de constitutionnalité des lois en Italie », Cahiers du CC 2007, n°22 ; « La doctrine du droit vivant et la QPC », Constitutions 2010, n°1 ou C. Séverino, La doctrine du droit vivant, Economica-Puam, 2003 ; « La doctrine du droit vivant », Annuaire international de Justice constitutionnelle 1986, II, p. 55.

§ 2nd : L'apport du contrôle a posteriori à la protection des droits et libertés : un Etat de droit approfondi et renouvelé

603 • La révision constitutionnelle du 23 juillet 2008 a introduit, pour la 1ère fois, en droit français, la possibilité pour les justiciables de contrôler, a posteriori, la constitutionnalité d'une loi à travers la procédure de la QPC. Faisant conjointement agir l'ensemble des juridictions suprêmes et entraînant des répercussions en termes de répartition des pouvoirs, cette procédure a, dès son introduction, enclenché un véritable dialogue quant à la prétendue priorité de la QPC notamment par rapport au droit de l'Union et aux conventions internationales. Si les juges nationaux ont entamé le dialogue de façon provocatrice (A), le juge de l'Union a tenté de le conclure dans une optique d'apaisement mais non sans certitudes (B).

A – Les difficultés initiales d'appréhension de la QPC

1 – Un dialogue initial entamé sur la base d'un conflit entre les juges

604 • On ne peut que constater, au cours de ces dernières années, la formidable accélération de l'européanisation des fonctions des juges ordinaires. Non seulement, ils ont renoncé, comme on a pu le voir, à la théorie de la loi-écran et se sont fait juge de la conventionnalité de la loi, mais, plus encore, ils ont approfondi le dialogue avec les juges européens amenant à la construction d'un fond de droit commun européen. A travers cette influence, les juges ordinaires ont conquis une position qu'ils ne détenaient pas forcément auparavant. Ils sont ainsi passés de serviteur de la loi à censeur de la loi dans le cadre européen. En agissant de la sorte, ils se détachent singulièrement de leur ordre juridique pour assurer une mission de juge de droit commun du droit de l'Union ou du droit européen. Si le juge administratif s'est, par exemple, expressément qualifié de « juge de droit commun de l'application du droit de l'Union européenne » (CE, 14 mai 2010, *Rukovic*, req. n°312305), le juge judiciaire a aussi toujours été à l'avant-garde de ce mouvement, occupant, dès 1975, le vide laissé par le Conseil constitutionnel en matière de contrôle de conventionnalité des lois (Cass., chambre mixte, 24 mai 1975, *Société des cafés Jacques Vabre*, n° de pourvoi : 73-13556 précitée). A cet égard, l'apparition dans le paysage juridique de la QPC constitue un champ privilégié de conflit, tant aujourd'hui du fait de son caractère prioritaire que demain en raison du fonctionnement de la sanction qui lui est attachée. C'est un autre juge, en l'occurrence le Conseil constitutionnel, qui s'installe ainsi au cœur du système juridictionnel français et on peut comprendre que le juge ordinaire, notamment la Cour de cassation, soit peu désireuse de céder du terrain et soit quelque peu défiante face au tour de force ainsi imposé. Le raisonnement alors employé pour remettre en cause le dispositif est plus que contestable.

a) Une remise en cause contestable de la priorité de la QPC par la Cour de cassation

Les arrêts du 16 avril 2010 « *Melki* » et « *Abdeli* » : une confusion initiale entre contrôle de constitutionnalité et contrôle de conventionnalité

605 • C'est dans deux affaires identiques jugées le 16 avril 2010 que la Cour de cassation a entamé le conflit et jouer le jeu de la confrontation en décidant de transmettre, avant dire droit, à la CJUE une question préjudicielle alors qu'une QPC lui avait été posée (Cass., 16 avril 2010, *Aziz Melki* et *Sélim Abdeli* (deux arrêts), n° de pourvoi : 10-40001 et n°10-40002, *D.* 2010, p. 1137, édito. F. Rome, *RFDA* 2010, p. 445, avis M. Domingo, *Constitutions* 2010, p. 218, obs. B. Mathieu, *RTD Civ.* 2010, p. 499, obs. P. Deumier). L'affaire concernait une ordonnance émise par le juge des libertés et de la détention dans le contexte d'un placement en rétention de deux ressortissants algériens en situation irrégulière à la suite d'un contrôle de police dans la zone frontalière des 20 km, dite « zone Schengen » (art. 78-2 al. 4 CPP). La QPC transmise à la Cour de cassation concernait cet article 78-2 al. 4 CPP et sa conformité aux droits et libertés garantis par la Constitution. L'argumentation défendue par les requérants apparaissait originale à bien des égards. Elle reposait sur la violation d'une stipulation d'un traité de l'Union (art. 67 TFUE qui consacre le principe de l'absence de contrôle des personnes aux frontières intérieures) qui emportait la violation indirecte de la Constitution (art. 88-1 C° qui inscrit la participation de la France à l'Union). Après avoir rappelé cette argumentation, la Cour de cassation la reformule. Elle en déduit, ce qui n'était pas soutenu par les requérants, que ces derniers dénoncent également l'inconventionnalité de la disposition législative faisant en sorte que la Cour soit saisie à la fois d'une question de constitutionnalité et d'une question de conventionnalité aux traités de l'Union. Dans cette situation, le législateur organique a prévu que la QPC française était « prioritaire » (art. 23-2 alinéa 5 de l'ordonnance n°58-1067 du 7 novembre 1958 (JO, 9 novembre 1958, p.10129) *portant loi organique sur le Conseil constitutionnel qui trouve son équivalent dans l'article 23-5 alinéa 2 pour le Conseil d'Etat et la Cour de cassation*). Contrairement à ce principe, le juge judiciaire pose d'abord la question préjudicielle en relevant que la hiérarchisation des questions ainsi décrite soulevait des difficultés au regard du droit de l'Union. Ce faisant, la Cour de cassation ne s'est pas contentée de renverser l'ordre de priorité (d'emblée et dans un ordre révélateur, elle a été conduite à porter aux visas de sa décision, l'article 267 TFUE, fondement conventionnel de la question préjudicielle et, en second lieu, l'article 61-1 C°, fondement constitutionnel de la QPC) mais elle a aussi remis en cause le principe même du contrôle a posteriori et spécialement son caractère prioritaire « en se montrant non seulement plus « communautaristes » que le juge « communautaire » mais aussi indifférent à l'égard du Conseil constitutionnel » (F.-X. Millet, « Le dialogue des juges à l'épreuve de la QPC », *RDP* 2010, p. 1729).

Les arrêts du 16 avril 2010 « *Melki* » et « *Abdeli* » : des réactions fortes de la doctrine

606 • La prise de position de la Cour de cassation a été marquée par des réactions assez violentes de la doctrine autant pour les supports qu'elles ont empruntés (les revues juridiques se sont fait abondamment l'écho de ces arrêts de la Cour de cassation, mais également la presse généraliste, en particulier, le journal Le Monde) que par le caractère unanimement réprobateur quant au raisonnement employé par la Cour de cassation. Décision « *abracadabrantesque* » (A. Levade, « Renvoi préjudiciel versus question prioritaire de constitutionnalité : la Cour de cassation cherche le conflit », *D.* 2010, p. 1254), « coup de pistolet » (F. Donnat, « La Cour de justice et la QPC : chronique d'un arrêt prévisible et imprévu », *D.* 2010, chron n°26), « coup de tonnerre juridique » (P. Roger, « La Cour de cassation surprend sur la question prioritaire de constitutionnalité », Le Monde, 23 avril 2010), « décision assez stupéfiante » qui renoue « avec les traditions qui firent les beaux, puis les mauvais jours des Parlements d'Ancien-Régime » (G. Carcassonne et N. Molfessis, « La Cour de cassation à l'assaut de la question prioritaire de constitutionnalité », Le Monde, 23 avril 2010,) les exemples sont nombreux quant à la virulence des réactions ainsi dégagée par les deux décisions de la Cour de cassation. Les principaux reproches ne se concentrent pas sur le principe du renvoi à la CJUE. En sa qualité de juge de droit commun du droit de l'Union, la Cour de cassation a de bon droit pu saisir la CJUE d'une question préjudicielle sur l'interprétation des exigences du droit de l'Union. Ce qui pose problème et est sujet à caution, c'est le raisonnement alors employé par le juge judiciaire qui confond contrôle de constitutionnalité et contrôle de conventionnalité. La QPC contestait l'article 78-2 du Code de procédure pénale comme contraire à la liberté de circulation consacrée par les traités européens et, partant, comme contraire à l'article 88-1 C° qui consacre la participation de la France à l'édification européenne. Le contrôle demandé au Conseil est alors un contrôle de conventionnalité et l'on sait qu'un tel contrôle est exclu depuis la décision *IVG* du 15 janvier 1975. En aucun cas, le Conseil peut juger la disposition législative attaquée conforme au droit de l'Union européenne. En conséquence, l'autorité de chose jugée du Conseil ne peut en aucun cas causé un obstacle à l'application du droit de l'Union par les juridictions nationales puisqu'il ne se prononce pas, fut-ce conjointement avec la compatibilité de la loi à la Constitution, sur la compatibilité de la loi avec les engagements internationaux de la France.

Les arrêts du 16 avril 2010 « *Melki* » et « *Abdeli* » : un juge judiciaire qui ne tient pas compte de la jurisprudence constitutionnelle

607 • Raisonnant exclusivement à partir du droit de l'Union, la Cour de cassation aurait pu tenir compte de la jurisprudence constitutionnelle et déduire qu'il n'y avait pas lieu de renvoyer la QPC. Une telle décision résultait, d'une part, du fait que l'article 88-1 C° ne relevait pas « des droits et libertés que la Constitution garantit ». En l'espèce, le moyen soulevé n'est pas tiré de la contrariété avec la liberté d'aller et venir que la Constitution garantit mais de sa contrariété, par l'intermédiaire de

l'article 88-1 C°, avec la liberté de circulation que garantit le droit de l'Union. Il faut que la disposition législative affecte directement les droits et libertés pour fonder une QPC, le fait qu'elle ne l'affecte que par ses effets ne suffit pas. D'autre part, la disposition en cause du code de procédure pénale (art. 78-2 alinéa 4) avait déjà été validée à l'occasion du contrôle a priori (CC, n°93-323 DC, 5 août 1993, *Loi relative aux contrôles et vérifications d'identité*, JO, 7 août 1993, p. 11193, *Rec. CC*, p. 213) et ne pouvait donc être examinée de nouveau a posteriori en l'absence de changement de circonstances (éléments en vue desquels le Conseil s'était prononcé en 1993 n'ont pas été modifiés par l'entrée en vigueur du Traité de Lisbonne en 2009, l'acquis de Schengen étant totalement préservé). Si la question posée apparaissait ainsi comme n'étant pas nouvelle, elle se révélait aussi comme n'étant pas sérieuse. Comme pouvait le noter l'avocat général, dans son avis, la situation apparaissait comme étant « aporétique » puisque « le renvoi qui pourrait être ordonné aurait pour effet de saisir le juge constitutionnel d'une question qu'il ne peut pas résoudre, puisqu'elle impliquerait, à travers l'interface artificielle de l'article 88-1, la vérification de la conformité d'une loi à un traité, opération à laquelle s'est toujours refusé le Conseil constitutionnel » (M. Domingo, « Question prioritaire de constitutionnalité et question préjudicielle à la Cour de justice de l'Union européenne », *RFDA* 2010, p. 445).

b) Des réponses contraires et convergentes du Conseil constitutionnel et du Conseil d'Etat

La décision du juge constitutionnel du 12 mai 2010 : un « *obiter dictum* »

608 • Le Conseil constitutionnel a réagi quasi instantanément à la prise de position de la Cour de cassation ce qui a valu, notamment, la qualification en doctrine de « riposte fulgurante du gunfighter au poncho, dégainant comme l'éclair après l'offense initiale » (P. Yolka, « Question prioritaire de constitutionnalité : le bon, la brute et le truand », *JCP* 2011, A, act. n°190). C'est à l'occasion de l'examen de la loi relative à la concurrence et à la régulation du secteur des jeux d'argent et de hasard en ligne qu'il a pu apporter une réponse à la Cour de cassation (CC, n°2010-605 DC, 12 mai 2010, *Loi relative à l'ouverture à la concurrence et à la régulation du secteur des jeux d'argent et de hasard en ligne*, JO, 13 mai 2010, p. 8897 ; *Rec. CC*, p. 78). Si la saisine principale a échoué puisque les dispositions contestées ont été déclarées conformes à la Constitution, c'est la saisine complémentaire tenant à l'inconventionnalité de la loi et directement fondée sur les arrêts de la Cour de cassation précédant la décision qui a prospéré. Le Conseil ne s'est pas contenté de répondre par un simple considérant sur l'état de sa jurisprudence, il va, à l'inverse, consacrer de long développements à la QPC et choisir de procéder à un « obiter dictum » (A. Levade, « Constitutionnalité et conventionnalité ne sont pas jeux de hasard : la réplique du Conseil constitutionnel à la Cour de cassation ! », *D.* 2010, p. 1321), une « véritable mise au point » (*Ibid.* ; les deux décisions du 16 avril étant citées aux visas comme dans les motifs (cons. n°9) de sa décision) tout en amorçant un dialogue des juges, à la fois avec le juge judicaire tout comme avec le juge de l'Union qui devra se prononcer plus tard sur la question préjudicielle.

La décision du juge constitutionnel du 12 mai 2010 : un rappel de la place du contrôle de conventionnalité dans une 1ère démarche

609 • Le Conseil va développer son argumentation par un 1er point, il rappelle l'état de sa jurisprudence quant à la place du contrôle de conventionnalité dans le cadre du contrôle de constitutionnalité en précisant les conditions de l'application à la QPC des solutions classiques développées au titre du contrôle des lois a priori. Il reprend ainsi d'abord les termes de sa jurisprudence de 1975 selon laquelle la règle de l'article 55 C°, posant le principe de prévalence des traités sur les lois nationales, vise à résoudre les conflits de normes et ne constitue pas une exigence relative à la constitutionnalité des lois (cons. n°10). Dans un 2nd point, le Conseil pérennise, ensuite, dans le cadre de la QPC, la distinction entre le contrôle de conventionnalité, qui relève des juridictions judiciaires et administratives, et le contrôle de constitutionnalité qui relève de sa compétence. La compétence des juges ordinaires est ainsi sanctuarisée puisque rien ne saurait limiter cette compétence (cons. n°13) ou priver les juridictions de la faculté ou de l'obligation de procéder à un renvoi préjudiciel dans les conditions prévues par le droit de l'Union (cons. n°15), la compétence devant, au final, être exercée « en tout état de cause » (cons. n°18). Le Conseil conclu, ensuite, sur le fait qu'il ne lui appartient pas de contrôler la compatibilité des lois avec les engagements internationaux et européens de la France que ce soit « en application de l'article 61 ou 61-1 de la Constitution » (cons. n°16). Puis il ajoute, répliquant à la Cour de cassation, que la circonstance que le traité de Lisbonne soit mentionné dans la C° (sous-entendu spécialement par son article 88-1), n'en fait pas une norme de référence du contrôle de constitutionnalité (cons. n°16).

La décision du juge constitutionnel du 12 mai 2010 : un rappel de la spécificité du contrôle de constitutionnalité des lois de transposition des directives dans une 2nde démarche

610 • Le Conseil poursuit son argumentation par un 2nd point en confirmant la spécificité du contrôle de constitutionnalité des lois de transposition des directives. Le contrôle que le Conseil exerce, dans ce cadre, rencontre, selon une jurisprudence constante (Cf., par ex., CC, n°2004-496 DC, 10 juin 2004, *Loi pour la confiance dans l'économie numérique*, JO, 22 juin 2004, p. 11182, *Rec. CC*, p. 101 ; CC, n°2006-543 DC, 30 novembre 2006, *Loi relative au secteur de l'énergie*, JO, 8 décembre 2006, p. 18544, *Rec. CC*, p. 120 ; CC, n°2008-564 DC, 19 juin 2008, *Loi relative aux organismes génétiquement modifiés*, JO, 26 juin 2008, p. 10228, *Rec. CC*, p. 313) deux limites : d'une part, celle relative aux respect des principes inhérents à l'identité constitutionnelle de la France, d'autre part, celle selon laquelle il ne peut juger que de l'incompatibilité manifeste entre une disposition législative et la directive qu'elle a pour l'objet de transposer (cons. n°18). Le Conseil prenant soin d'ajouter, toujours en réplique à la Cour de cassation, que « le respect de l'exigence de transposition des directives ne relève pas des « droits et libertés que la Constitution garantit » (cons. n°19) rappelant par là même que le contrôle a posteriori par la QPC implique que la disposition législative contestée « porte atteinte aux droits et libertés

que la Constitution garantit » (art. 61-1 C°) et ne peut relever d'une question de compatibilité avec le droit de l'Union.

La décision du juge constitutionnel du 12 mai 2010 : un rappel, finalement, de la notion de priorité constitutionnelle

611 • Le Conseil rappelle aussi, dans sa décision, le caractère et la définition de la priorité constitutionnelle. Il s'était déjà prononcé à travers le contrôle de la loi organique relative à l'application de la QPC à travers deux considérants significatifs (CC, n°2009-595 DC, 3 déc. 2009, *Loi organique relative à l'application de l'article 61-1 de la Constitution*, JO, 11 décembre 2009, p. 21381, *Rec. CC*, p. 206, cons. n°14 et n°22) en mettant l'accent sur le caractère exclusivement procédural de la priorité, celle-ci ayant « pour seul effet d'imposer, en tout état de cause, l'ordre d'examen des moyens soulevés devant la juridiction saisie » (cons. n°14). Mais dans la décision d'espèce, le Conseil va plus loin en précisant que la constitutionnalité ne fait pas obstacle à la conventionnalité, le juge qui transmet la QPC pouvant, « d'une part, statuer sans attendre la décision relative à la question prioritaire de constitutionnalité si la loi ou le règlement prévoit qu'il statue dans un délai déterminé ou en urgence et, d'autre part, prendre toutes les mesures provisoires ou conservatoires nécessaires » (cons. n°14). Dans le cas particulier du droit de l'Union, il revient au juge d'en préserver l'effet utile en écartant, le cas échéant, la loi incompatible avec le droit de l'Union dont la constitutionnalité est par ailleurs examinée faisant en sorte ainsi que la priorité constitutionnelle ne soit pas un obstacle au principe de primauté du droit de l'Union.

La décision du Conseil d'Etat du 14 mai 2010 « *Rujovic* » : des précisions supplémentaires sur les conditions d'articulation des deux contrôles

612 • Au nom de la même croisade contre l'attitude de la Cour de cassation, le Conseil d'Etat a pris part également au dialogue en confortant son voisin du Palais Royal dans un arrêt du 14 mai 2010, *Rujovic* (CE, 14 mai 2010, *Rujovic*, req. n° 312305, *Rec. CE*, p. 165, *RFDA* 2010, p. 709, concl. J. Burguburu, *AJDA* 2010, p. 1355, chron. S.-J. Lieber et D. Botteghi, *Constitutions* 2010, p. 389, note A. Levade). Sans que cela ne soit nécessaire à la résolution du litige dont il était saisi, puisque l'affaire ne mettait pas en cause le droit de l'Union et concernait uniquement l'application de la Convention de Genève de 1951 sur le statut des réfugiés, le juge administratif énonce d'abord un considérant de principe en statuant ultra petita. Il rappelle qu'il est « juge de droit commun de l'application du droit de l'Union européenne ». Ensuite, le juge suprême fait délibérément le choix de compléter le considérant de principe jusque-là utilisé depuis la 1ère décision de renvoi de la QPC pour préciser les conditions d'articulation entre contrôle de conventionnalité et contrôle de constitutionnalité. Il rappelle, en 1er lieu, que la priorité de la QPC est strictement procédurale et que le juge administratif peut y faire exception pour préserver l'effet utile du droit de l'Union puis il confirme, en 2nd lieu, qu'en vertu de sa double qualité de juge de renvoi de la QPC et de juge de droit commun du droit de l'Union, il revient au juge administratif de concilier et de prioriser les exigences qui lui incombent à ce double titre, ce dernier ayant ainsi la

possibilité « de poser à tout instant [...]une question préjudicielle à la Cour de justice de l'Union européenne ». La solution ainsi développée apparait pleinement compatible avec celle du Conseil constitutionnel sans être pleinement identique. Les deux juges optant néanmoins pour une interprétation plutôt flexible des expressions utilisées par le législateur organique de 2009 puisque « désormais, il faut se convaincre à le(s) lire « qu'avant » signifie « à tout moment » » (H. Labayle, « Question préjudicielle et question prioritaire de constitutionnalité : ordonner le dialogue des juges », *RFDA* 2010, p. 659). Et derrière tout cela, plus qu'à la Cour de cassation, le message était surtout adressé au juge de l'Union, message « vidant de son venin la lecture univoque à laquelle la Cour de cassation avait cru pouvoir procéder » (D. Simon et A. Rigaux, « La priorité de la QPC : harmonie(s) et dissonance(s) des monologues juridictionnels croisés », *Nouveaux Cahiers du CC* 2010, n°29).

2 – Un dialogue contemporain poursuivi sur la base d'une coopération entre les juges

a) La conformité de la QPC au droit de l'Union européenne

L'arrêt du juge de l'Union du 22 juin 2010 : une interprétation conciliante de la CJUE

613 • Entamé par la Cour de cassation, poursuivi par le Conseil constitutionnel et le Conseil d'Etat, le dialogue des juges devait aboutir à travers une décision finale du juge de l'Union. Rien ne prédisposait au départ à une interprétation conciliante de la Cour de justice mais celle-ci allait faire preuve, à l'égard du conflit entre les juges français, d'une « motivation qui restera inscrite dans l'anthologie de la diplomatie judiciaire » (D. Simon et A. Rigaux, « Solange, le mot magique du dialogue des juges », *JCP* 2010, A, act. n°538). Par sa décision « *Melki* et *Abdeli* » (CJUE, 22 juin 2010, *Melki* et *Abdeli*, n° C-188/10, *AJDA* 2010, p. 1578, chron. M. Aubert, E. Broussy et F. Donnat, *D.* 2010, p. 1545, édito. F. Rome, p. 1640, chron. F. Donnat, p. 2524, point de vue J. Roux, *RFDA* 2010, p. 458, note P. Gaïa, *Cahiers du CC* 2010, p. 63, étude D. Simon et A. Rigaux, *RTDE* 2010, p. 577, étude J. Dutheil de La Rochère, p. 588, étude D. Sarmiento, p. 599, chron. L. Coutron), elle valide, pour l'essentiel, le mécanisme de la QPC tel qu'interprété précédemment par le Conseil constitutionnel et le Conseil d'Etat. La réponse de la Cour s'effectue en deux temps. Dans un 1er temps, elle répond à la Cour de cassation en constatant l'incompatibilité du système de la QPC avec le droit de l'Union. Dans un 2nd temps, la Cour valide néanmoins de façon implicite le mécanisme de la QPC tel qu'interprété par les juges constitutionnel et administratif.

L'arrêt du juge de l'Union du 22 juin 2010 : une incompatibilité constatée avec le droit de l'Union mais une validation implicite du mécanisme QPC

614 • La CJUE rejette d'abord l'exception d'irrecevabilité soulevée par le gouvernement français en jugeant qu'il « n'apparait pas de manière manifeste que l'interprétation, effectuée par la Cour de cassation, du mécanisme de la question

prioritaire de constitutionnalité est à l'évidence exclue au regard du libellé des dispositions nationales » (§ 28), ce qui confirme et donne, d'une certaine manière, de la légitimité de l'action menée par le juge judiciaire. La Cour évoque, ensuite, les exigences inhérentes à la nature même du droit de l'Union. Ces dernières font en sorte qu'il est impossible, d'une part, de priver une juridiction nationale de sa faculté intangible de poser une question préjudicielle, et, d'autre part, d'empêcher une juridiction nationale d'écarter de sa propre autorité toute disposition contraire de la législation nationale, même postérieure, sans qu'elle ait à demander ou à attendre l'élimination préalable de celle-ci par voie législative ou par tout autre procédé constitutionnel. La Cour conclut, en conséquence, sur le fait que la loi organique instituant la QPC apparaitrait incompatible avec le droit de l'Union si le mécanisme avait « pour conséquence d'empêcher, tant avant la transmission d'une question de constitutionnalité que, le cas échéant, après la décision du Conseil constitutionnel sur cette question, les juridictions des ordres administratif et judiciaire nationales d'exercer leur faculté ou de satisfaire à leur obligation [...], de saisir la Cour de questions préjudicielles » (§ 47). Mais si la loi organique est susceptible d'avoir une interprétation différente que celle exposée, dans un 1er temps, par la Cour, en ne faisant obstacle ni à un éventuel renvoi préjudiciel, ni à une éventuelle décision d'inapplicabilité de la loi nationale en cause, elle n'est alors pas contestable au regard du droit de l'Union. Pour ce faire, la Cour de justice s'appuie expressément sur les décisions précitées du Conseil constitutionnel et du Conseil d'Etat (§ 48). Quand elle est interprétée de la sorte, la « priorité » établie par la loi organique n'est pas contraire au droit de l'Union « pour autant que les autres juridictions nationales restent libres [...] de saisir, à tout moment de la procédure qu'elles jugent approprié, et même à l'issue de la procédure incidente de contrôle de constitutionnalité, la Cour de toute question préjudicielle qu'elles jugent nécessaire, [...], d'adopter toute mesure nécessaire afin d'assurer la protection juridictionnelle provisoire des droits conférés par l'ordre juridique de l'Union, et [...] de laisser inappliquée, à l'issue d'une telle procédure incidente, la disposition législative nationale en cause si elles la jugent contraire au droit de l'Union » (§ 57).

b) Les réticences persistantes mais, au final, limitées dans le temps, de la Cour de cassation

L'arrêt du 29 juin 2010 : un refus persistant de donner son plein effet à la QPC

615 • Au final, le dialogue entre les juges a débouché sur une solution à la fois conciliante et de compromis validant le mécanisme de la QPC malgré l'engagement assez singulier et, par certains traits, biaisé, de ce dialogue par la Cour de cassation. Le juge de l'Union, tout en rappelant les exigences du droit de l'Union, a parfaitement reçu la lecture de la loi organique à laquelle s'étaient livré le Conseil constitutionnel et le Conseil d'Etat. Le juge judiciaire était donc en mesure d'avoir tous les éléments pour se livrer à l'opération d'interprétation conforme que le juge de l'Union suggérait dans sa réponse. Elle a, pourtant, persévéré de manière obstinée dans son refus de donner son plein effet au mécanisme de la QPC en

refusant encore de renvoyer la QPC soulevée (Voir, par ex., D. Simon et A. Rigaux, « *Perseverare autem diabolicum* ? La Cour de cassation refuse définitivement de donner effet à la question prioritaire de constitutionnalité », *Europe* 2010, repère n°8). Examinant les critères posés par la juridiction européenne, elle a, par un arrêt en date du 29 juin 2010 (Cass., QPC, 29 juin 2010, *Melki* et *Abdeli*, n° de pourvoi : 10-40.002, *D.* 2010, p. 1636, point de vue P. Cassia et E. Saulnier-Cassia, *RFDA* 2010, p. 659, étude H. Labayle, *Cahiers du CC* 2010, p. 63, étude D. Simon et A. Rigaux, *Constitutions* 2010, p. 393, obs. A. Levade ; *RTDE* 2010, p. 577, étude J. Dutheil de La Rochère, *LPA* 2010, n°166, note F. Chaltiel), rappelé que le juge national chargé d'appliquer les dispositions du droit de l'Union « a l'obligation d'assurer le plein effet de ces normes en laissant au besoin inappliquée, de sa propre autorité, toute disposition contraire de la législation nationale, même postérieure, sans qu'il ait à demander ou à attendre l'élimination préalable de celle-ci par voie législative ou par tout autre procédé constitutionnel ». Compte tenu de la situation, dans le cas particulier où le juge est saisi d'une question portant à la fois sur la constitutionnalité et la conventionnalité d'une disposition législative, le juge judiciaire estime qu'il n'est pas en mesure, pour des questions de procédure, de mettre en œuvre les mesures provisoires ou conservatoires propres permettant de garantir la protection juridictionnelle des droits conférés par l'ordre juridique européen. Dans le cas où il existe, pour la juridiction, une impossibilité d'adopter de telles mesures, comme c'est le cas de la Cour de cassation, le juge doit se prononcer sur la conformité de la disposition au regard du droit de l'Union « en laissant alors inappliquées les dispositions de l'ordonnance du 7 novembre 1958 modifiée prévoyant une priorité d'examen de la question de constitutionnalité ». Autrement dit, devant la Cour de cassation ou toute autre juridiction ne pouvant prononcer pareilles mesures conservatoires, la question de constitutionnalité perd son caractère prioritaire au regard du droit de l'Union. La Cour allant même jusqu'à refuser d'examiner si les conditions du renvoi de la QPC sont remplies en estimant qu'il n'y a pas lieu de la renvoyer au Conseil constitutionnel.

L'arrêt du 29 juin 2010 : une nouvelle motivation qui ne tient pas compte de la primauté du droit de l'Union

616 • Là encore, la motivation de la décision va apparaitre quelque peu déroutante pour une grande partie de la doctrine notamment lorsque la formation spéciale estime qu'elle n'est pas en mesure, pour des raisons procédurales, de mettre en œuvre les mesures provisoires ou conservatoires propres à assurer la protection juridictionnelle des droits conférés par l'ordre juridique européen (Voir, en ce sens et par ex., D. Simon, « Les juges et la priorité de la question prioritaire de constitutionnalité : discordance provisoire ou cacophonie durable ? », *Revue critique DIP* 2011, p. 1). En raisonnant de la sorte, le juge judicaire ne tient pas compte des exigences de primauté du droit de l'Union. Pour la CJUE, aucune règle procédurale nationale ne peut empêcher une juridiction interne, quelle qu'elle soit, de suspendre l'application d'une norme interne dont il était allégué qu'elle était incompatible avec le droit de l'Union en attendant que la Cour de justice ait statué sur la question préjudicielle (CJCE, 19 juin 1990, *Factortame*, Aff. n°C-213/89, *Rec. CJCE*, I, p.

2433, spécialement § 21). Si une telle norme de procédure existe, le juge interne est fondé à en écarter l'application (en ce sens, D. Simon, article précité). Au final, on ne peut qu'afficher les réserves initiales de la Cour de cassation à l'égard de l'ensemble du dispositif de la QPC, réserves dont on trouve d'autres manifestations, notamment, et on a déjà pu le traiter, à travers le refus de reconnaître le caractère sérieux de certaines QPC au motif qu'elles tendaient en réalité « à contester non la constitutionnalité des dispositions qu'elle vise, mais l'interprétation qu'en a donné la Cour de cassation » (Cass., QPC, 19 mai 2010, n° de pourvoi : n°09-87307 et n°09-83328 précités à propos de la motivation des arrêts de cours d'assises ; Cass., crim., 31 mai 2010, n° de pourvoi : 09-87578 à propos de la présomption de mauvaise foi instituée par l'art. 35 de la loi sur la presse) même si cette dernière position a été sinon abandonnée, du moins sérieusement nuancée depuis (Voir, par ex., Cass., 1ère civ., 16 novembre 2010, n° de pourvoi : 10-40042 à propos des mariages homosexuels ; Cass., crim., 19 janvier 2011, n° de pourvoi : 10.85159 à propos de la motivation des arrêts de cours d'assises).

Des réserves initiales à la QPC accentuées par des refus contestables du caractère sérieux de certaines QPC

617 • Des décisions de la Cour de cassation, plus marquantes que celles précédemment mentionnées, ont contribué à aggraver les germes de la « guerre des juges » suscitée par la QPC. On songe notamment à la non-transmission au Conseil constitutionnel de la question de la conformité à la Constitution de la disposition de la « loi *Gayssot* » du 13 juillet 1990 instaurant le délit de contestation de crimes contre l'humanité (Cass., QPC, 7 mai 2010, n° de pourvoi : 09-80.774, *Mme X. contre Fédération nationale des déportés et internés, résistants et patriotes*, *Cahiers du CC* 2010, p. 256, chron. P. de Montalivet et p. 261, chron. A. Vidal-Naquet, *RTDCiv* 2010, p. 504, obs. P. Deumier) ou aux décisions refusant de transmettre des questions concernant les lois déjà abrogées (Cf. Cass., com., 15 juin 2010, n° de pourvoi : 09-70996 ou Cass., Ass. Plén., 15 juin 2010, n° de pourvoi : 09-72028 ; en sens contraire : CC, n°2010-16 QPC, 23 juillet 2010, *M. Philippe E. [Organismes de gestion agréés]*, JO, 24 juillet 2010, p. 13728, *Rec. CC*, p. 164 et CE, 23 juillet 2010, *Guibourt*, req. n°340115) ou, encore, à la décision condamnant, à la suite de la Cour de Strasbourg, les régimes dérogatoires de garde à vue, alors que le Conseil constitutionnel venait de les mettre hors de cause (Cf. Cass., crim., 19 octobre 2010, n° de pourvoi : 10-82306 et 10-82902, *D.* 2010, p. 2425, édito. F. Rome et p. 2434, obs. S. Lavric ; CC, 30 juillet 2010, n°2010-14/22-QPC, *M. Daniel W. [garde à vue]*, JO, 31 juillet 2010, p. 14198, *Rec. CC*, p. 179 ; CC, n° 2010-30/34/35/47/48/49/50-QPC, 6 août 2010, *M. Miloud K. et autres [Garde à vue]*, JO, 7 août 2010, p. 14618, *Rec. CC*, p. 215 ; CC, n°2010-31-QPC, 22 septembre 2010, *M. Bulent A. et autres [Garde à vue terrorisme]*, JO, 23 septembre 2010, p. 17290, *Rec. CC*, p. 237 ; CourEDH, 14 octobre 2010, *Brusco contre France*, req. n°1466/07, *D.* 2010, p. 2425, édito. F. Rome). L'épisode étant suivi de celui concernant la procédure de droit commun où le juge judiciaire suprême a imposé, sans délai, un avocat pendant la garde à vue de droit commun (Cass., Ass. Plén., 15 avril 2011, n°

de pourvoi : 10-17049 précité) alors que le juge constitutionnel, qui avait, dans la même décision susmentionné (CC, 30 juillet 2010, n°2010-14/22-QPC, *M. Daniel W. [garde à vue]* précité), déclaré la procédure inconstitutionnelle afin de la mettre en conformité avec la ConvEDH, avait accordé au gouvernement et au parlement un délai d'un an pour changer la procédure dans le but d'éviter l'annulation de toutes les gardes à vues des procédures en cours et autres «conséquences manifestement excessives» ce dont n'a pas tenu compte la Cour de cassation.

Une attitude globale de la Cour de cassation à tempérer néanmoins

618 • L'attitude plutôt réticente de la Cour de cassation était néanmoins à tempérer dans la mesure où, pendant la même période des débuts de la QPC, elle s'est aussi révélée plutôt diligente en procédant au renvoi d'un nombre important de QPC, la quantité n'ayant ici d'égale que la diversité (Cf. J.-B. Perrier, « La Cour de cassation et la question prioritaire de constitutionnalité : de la réticence à la diligence », *RFDC* 2010, n°84, p. 793). Une des raisons majeures résidait dans le fait, qu'à l'origine, la Cour de cassation avait eu la volonté de confier le contentieux QPC à une formation spécialisée (article 23-6 de l'ordonnance du 7 novembre 1958, la QPC étant transmise au Premier président de la Cour de cassation qui renvoyait l'examen soit devant une chambre plénière, soit devant une formation restreinte, lorsque la solution lui paraissait s'imposer). Ce mécanisme, qui ne se retrouvait pas devant le Conseil d'Etat (l'examen de la QPC restant dans les mains de la section saisie de l'examen du fond de l'affaire) avait pour objectif de traiter plus efficacement les questions soumises au juge de cassation ce qui, à l'analyse des 1ères décisions rendues, n'a pas été du tout le cas, les magistrats spécialisés ayant plutôt marqué de façon générale leur désapprobation par rapport à la nouvelle procédure. Ce mécanisme a été supprimé depuis (article 12 de la loi organique n° 2010-830 du 22 juillet 2010 (JO, 23 juillet 2010, p. 13562) *relative à l'application de l'article 65 C°*). Il revient donc, désormais, à chaque chambre de la Cour de cassation de statuer sur le renvoi d'une QPC au Conseil constitutionnel comme le font, depuis l'origine, les diverses formations de jugement du Conseil d'Etat. Enfin, il faut aussi citer le fait que le juge judiciaire suprême admet désormais que puisse être contestée l'interprétation qu'il donne d'une disposition législative. La question a été tranchée, comme on a déjà pu le voir et on le rappelle ici, dans 4 arrêts de l'Assemblée plénière du 20 mai 2011 (Cass., Ass. Plén., 20 mai 2011, n° de pourvoi : 11-90033, 11-90032, 11-90042 et 11-90025 précitée). Les requérants contestaient deux règles relatives au délai de prescription de l'action publique résultant de dispositions du Code de procédure pénale « telles qu'interprétées de façon constante par la jurisprudence de la Cour de cassation ». Tous ses éléments sont autant de témoignages d'une approche somme toute différente de la Cour de cassation après les difficultés initiales.

c) Un équilibre qui reste fragile entre QPC et question préjudicielle à la CJUE

Les discriminations à « rebours » et la confusion des contrôles de conventionnalité et de constitutionnalité

619 • La décision de la CJUE du 22 juin 2010 « *Melki* et *Abdeli* » semblait, en préservant le caractère prioritaire de la QPC et les exigences de primauté et d'application immédiate du droit de l'Union, avoir réglé le problème de l'articulation entre la QPC et la question préjudicielle posée à la CJUE sous l'influence du dialogue entre le Conseil d'Etat, le Conseil constitutionnel et la CJUE. L'articulation entre contrôle de constitutionnalité et contrôle de conventionnalité semblait, elle aussi, bien établie notamment quant aux rôles respectifs des différentes juridictions françaises. C'était néanmoins sans compter sur le développement d'un contentieux spécial qui a quelque peu rompu l'équilibre ainsi établi. Dans les hypothèses où certains litiges sont régis par le droit de l'Union, et notamment par une directive de l'Union, certains requérants ont eu l'idée de déplacer leur critique initiale tenant à la conventionnalité de la loi qui leur est applicable sur le terrain de la constitutionnalité de cette même loi. S'il y a contrariété entre la loi et la directive, il faut appliquer le principe de primauté du droit de l'Union et donc ne pas appliquer la loi à toutes les situations gérées par le droit de l'Union (l'administration est tenue de ne pas appliquer des dispositions législatives inconventionnelles : CE, 24 février 1999, *Association de patients de la médecine d'orientation anthroposophique*, req. n°195354, *Rec. CE*, p. 29, *AJDA* 1999, p. 823, note R. Ricci ; CE, 16 juillet 2008, *Masson*, req. n°300458). Pour autant, la loi reste applicable pour tout ce qui n'est pas régi par le droit de l'Union. Dans cette situation, on parle de discrimination « à rebours » dans la mesure où, selon que la situation dépende ou non du droit de l'Union, celle-ci peut amener à un traitement moins favorable des situations purement internes en comparaison à des situations intra-communautaires. Cette discrimination à rebours est illégale parce que contraire au principe constitutionnel d'égalité devant la loi (CE, 6 octobre 2008, *Compagnie des architectes en chef des monuments historiques contre Association « architectes du patrimoine »*, req. n°310146, *RFDA* 2009, p. 132, note A. Iliopoulou et A. Jauréguiberry) et elle peut justifier en cela le renvoi d'une QPC. Si le juge administratif est saisi du problème, deux alternatives s'offrent à lui soit retenir une interprétation neutralisante de la loi au regard de la directive, ce qui permet de justifier le refus de transmission de la QPC (Cf. CE, 15 décembre 2014, *SA Technicolor*, req. n°380942, *Rec. CE*, p. 387 rendu à propos des conditions d'application du régime mère-fille ouvrant la possibilité pour une société mère détenant au moins 5% d'une filiale de bénéficier de l'exonération d'impôt sur les sociétés sur les dividendes qu'elle reçoit de sa fille, la disposition législative contestée, après interprétation, n'emportant aucune rupture d'égalité), soit reconnaître que la loi est bien contraire aux dispositions de la directive et renvoyer la QPC pour atteinte au principe constitutionnel d'égalité devant la loi (CE, 12 novembre 2015, *Société Metro Holding France*, req. n°367256, *Droit fiscal* 2015, n°49, comm. n°717, concl. B. Bohnert ; saisi de la QPC, le juge constitutionnel a conclu à une rupture du principe d'égalité : CC, n° 2015-520 QPC, 3 février 2016, *Société*

Metro Holding France SA venant aux droits de la société CRFP Cash [Application du régime fiscal des sociétés mères aux produits de titres auxquels ne sont pas attachés des droits de vote], JO, 5 février 2016, texte n°76). Cette double alternative est néanmoins possible que pour autant que l'interprétation du droit de l'Union ne pose pas de difficultés sérieuses et nécessite alors, dans ce cas, de poser une question préjudicielle à la CJUE.

L'arrêt « *Marc Jacob* » : une articulation habile du Conseil d'Etat préservant le dialogue des juges (1)

620 • Le cas où l'interprétation du droit de l'Union pose des difficultés sérieuses et nécessite alors, dans ce cas, de poser une question préjudicielle à la CJUE, s'est présenté et a été résolu dans l'arrêt « *Marc Jacob* » (CE, Ass., 31 mai 2016, *Marc Jacob*, req. n°393881, *Rec. CE*, p. 91, concl. E. Cortot-Boucher, *AJDA* 2016, p. 1392, chron. L. Dutheillet de Lamothe et G. Odinet, *RFDA* 2016, p. 989, concl. E. Cortot-Boucher et p. 1003, note H. Labayle et R. Mehdi, *RTDE* 2017, p. 39, étude A. Jauréguiberry et p. 314, obs. D. Ritleng, *DA* 2016, n°10, comm. n°51 G. Eveillard ; voir aussi, dans la même logique : CE, 27 juin 2016, *Association française des entreprises privées (AFEP) et autres*, req. n°399024 ; CE, 27 juin 2016, *Société APSIS*, req. n°398585). En l'espèce, le requérant soulève une QPC fondée sur la violation du principe d'égalité, au motif que la loi fiscale, qui lui était applicable, était contraire au droit de l'Union dans le cas d'une situation transnationale. En raison de sa situation purement interne, il était potentiellement victime d'une discrimination à rebours. A la différence de l'affaire « *Metro Holding* », le juge suprême considère qu'un doute existe sur la compatibilité de la loi fiscale avec droit de l'Union. Le risque de discrimination à rebours ne peut être établi que dans le cas où l'interprétation de la directive amènerait à une opposition au droit national. Pour cette raison, il convient d'interroger la CJUE sur l'interprétation de la directive et, le caractère sérieux de la QPC ne pouvant être établi sans la réponse du juge de l'Union, le Conseil d'Etat refuse de renvoyer, en l'état, la QPC au Conseil constitutionnel.

L'arrêt « *Marc Jacob* » : une articulation habile du Conseil d'Etat préservant le dialogue des juges (2)

621 • Il y a, dans l'arrêt « *Marc Jacob* », une habile articulation réussie en l'espèce par le juge administratif qui parvient à préserver tout à la fois, l'obligation de renvoi préjudiciel (Art. 267 al. 3 TFUE, la CJUE ayant rappelé, plus récemment cette obligation en constatant le manquement de la France imputable au Conseil d'Etat pour ne pas l'avoir saisie à titre préjudiciel : CJUE, 4 octobre 2018, *Commission contre France*, Aff. n°C-416/17) et la possibilité pour le juge national de poser à tous moments cette question quand il est confronté à une demande de QPC. Le caractère prioritaire de la QPC est également préservé dans la mesure où le Conseil d'Etat ne suspend pas la réponse à la QPC à la réponse de la CJUE. Il y a, pour certains, une « rationalisation procédurale » effectuée par le Conseil d'Etat, rationalisation « qui confirme, et ce n'est pas le moins important, le degré de confiance désormais établi entre les différents protagonistes » (H. Labayle et R.

Mehdi, « Question préjudicielle et question prioritaire - Dédale au Conseil d'Etat », *RFDA* 2016, p. 1003 et suiv) et ceci, au-delà des différentes possibilités qui existaient (voir, pour une présentation, E. Cortot-Boucher, « Question préjudicielle et question prioritaire - Dédale au Conseil d'Etat », *RFDA* 2016, p. 989 et suiv. et L. Dutheillet de Lamothe et G. Odinet, « QPC et question préjudicielle : la logique et ses impasses », *AJDA* 2016, p. 1392). Au-delà du problème de l'articulation entre QPC et question préjudicielle, la disposition fiscale litigieuse a l'origine de tous les contentieux a été déclarée inconstitutionnelle (CC, n°2017-660 QPC, 6 octobre 2017, *Société de participations financière [Contribution de 3 % sur les montants distribués]*, JO, 8 octobre 2017, texte n°27 qui invalide le fameux article 235 ter ZCA CGI et reconnait définitivement les discriminations à rebours ; F. De Paul Tetang, « Le régime français d'intégration fiscale à l'épreuve de la jurisprudence européenne et nationale », *RDP* 2018, p. 1173 et suiv).

Bibliographie

- **Akandji-Kombe (J.-F.)**, « QPC versus question préjudicielle à la CJUE : à qui la priorité ? », *JCP* 2010, G, n°563.

- **Arrighi de Casanova (J.) Helmingeret (L.), Stahl (J.-H.)**, « Les dispositions relatives aux juridictions administratives du décret du 16 février 2010 sur la question prioritaire de constitutionnalité », *AJDA* 2010, p. 383.

- **Aubert (M.), Broussyet (E.), Donnat (F.)**, « QPC et droit de l'Union », *AJDA* 2010, p. 1578.

- **Auby (J.-B.)**, « Question prioritaire de constitutionnalité et droit de l'Union européenne : l'état du débat », *DA* 2010, repère n°8.

- **Barbe (V.)**, « L'enchevêtrement des contrôles de conventionnalité et de constitutionnalité », *AJDA* 2016, p. 2444 et suiv.

- **De Béchillon (D.)**, « Jouer le jeu », *AJDA* 2013, p. 817 ; « La question prioritaire de constitutionnalité peut-elle être prioritaire ? », *JCP* 2010, G, n°550.

- **Biancarelli (J.), Barraud (G.)**, « La question prioritaire de constitutionnalité et le droit de l'Union européenne : un faux pas dans le dialogue des juges », *LPA* 2010, 26 mai, p. 4.

- **Bioy (X.), Magnon (X.), Mastor (W.), Mouton (S.)**, Le réflexe constitutionnel, question sur la question prioritaire de constitutionnalité, Bruxelles, Bruylant, 2013.

- **Bon (P.)**, « La question prioritaire de constitutionnalité après la loi organique du 10 décembre 2009 », RFDA 2010, p. 1107.

- **Bonnet (B.)**, « Quand le caractère sérieux de la QPC dépend de l'interprétation du droit de l'Union européenne par la Cour de justice de l'Union européenne : la boucle est bouclée ! », JCP 2016, G, n°759.

- **Bonnet (J.)**, « La QPC et l'intérêt du justiciable », in L'objectivation du contentieux des droits et libertés fondamentaux : du juge des droits au juge du droit ? 2015, Paris, Pedone, p. 23.

- **Bonnet (J.), Gahdoun (P.-Y.)** (dir.), La QPC : une révolution inachevée ? 2016, Institut Universitaire Varenne, 2016 ; La question prioritaire de constitutionnalité, Paris, Que sais-je ?, PUF, 2014.

- **Bonnet (J.), Roblot-Troizier (A.)**, « Quand le principe d'égalité vient perturber l'équilibre fragile de l'articulation entre QPC et question préjudicielle à la CJUE », Nouveaux Cahiers CC 2016, n° 53.

- **Botteghi (D.), Lieberet (S.-J.), Daumas (V.)**, « La question prioritaire de constitutionnalité vue du Conseil d'État », Nouveaux Cahiers du CC 2010, n° 29.

- **Briand (L.), Dupic (E.)**, La question prioritaire de constitutionnalité. Une révolution des droits fondamentaux, Paris, PUF, 2013.

- **Burgorgue Larsen (L.)**, « Question préjudicielle de constitutionnalité et contrôle de conventionnalité, État des lieux de leurs liaisons (éventuellement dangereuses) dans le projet de loi organique relatif à l'application de l'article 61 §1 de la Constitution », RFDA 2009, p. 787.

- **Cassia (P.)**, « Question sur le caractère prioritaire de la question de constitutionnalité », AJDA 2009, p. 2193.

- **Cassia (P.), Saulnier Cassia (E.)**, « Imbroglio autour de la question prioritaire de constitutionnalité (QPC) », D. 2010, chron. n°20, p. 1234.

- **Carcassonne (G.), Molfessis (N.)**, « La Cour de cassation à l'assaut de la question prioritaire de constitutionnalité », Le Monde 2010, 23 avril.

- **Caracassonne (G.), Duhamel (O.), Dufy (A.)**, La question prioritaire de constitutionnalité, Paris, Dalloz, 2015.

- **Cartier (E.), Viala (A.)** (dir.), La QPC : vers une culture constitutionnelle partagée, Paris, Institut Universitaire Varenne, 2015.

- **Colliard (J.-C.)**, « Un nouveau Conseil constitutionnel », Pouvoirs 2011, n°137, p. 154.

- **Cortot-Boucher (E.)**, « Question préjudicielle et question prioritaire - Dédale au Conseil d'Etat », RFDA 2016, p. 989 et suiv.

- **Dinthilhac (J.-P.), Sargos (P.), Weber (J.-F.)**, « Le droit européen est-il soluble dans la question prioritaire de constitutionnalité ? », Le Monde 2010, 11 mai.

- **Domino (X.), Bretonneau (A.)**, « QPC : deux ans, déjà l'âge de raison ? », AJDA 2012, p. 422 ; « Les suites de la QPC : histoire et géographie du dialogue des juges », AJDA 2011, p. 1136.

- **Donnat (F.)**, « La Cour de justice et la QPC : chronique d'un arrêt prévisible et imprévu (CJUE, 22 juin 2010, Melki) », D. 2010, p. 2.

- **Dord (O.)**, « Quand le Conseil constitutionnel donne une leçon de droit à la Cour de cassation », AJDA 2010, p. 1041.

- **Dutheillet de Lamothe (L.), Odinet (G.)**, « QPC et question préjudicielle : la logique et ses impasses », AJDA 2016, p. 1392 et suiv.

- **Fenger (N.), Broberg (M.)**, Le renvoi préjudiciel à la Cour de justice de l'Union européenne, Bruxelles, Larcier, 2013.

- **Fombeur (P.)**, « Question prioritaire de constitutionnalité, droit constitutionnel et droit de l'Union européenne », D. 2010, p. 1229.

- **Gautier (M.)**, « La question de constitutionnalité peut-elle rester prioritaire ? », RFDA 2010, p. 449 ; « QPC et droit communautaire. Retour sur une tragédie en cinq actes », DA 2010, étude n°19.

- **Gicquel (J.)**, « La question prioritaire de constitutionnalité (QPC) : vers le renouveau du système juridictionnel français », Mélanges Wodié, Toulouse, Presses de l'Université Toulouse 1 Capitole, 2016, p. 231.

- **Guillaume (M.)**, La procédure suivie devant le Conseil constitutionnel pour les questions prioritaires de constitutionnalité, JCP 2011, G, n° 41, hors-série, p. 20 ; « QPC : textes applicables et premières décisions », Nouveaux Cahiers du CC 2010, n°29 ; « La question prioritaire de constitutionnalité. Justice et cassation », Revue annuelle des avocats au CE et à la CCAss 2010, p. 7 ; « Le règlement intérieur sur la procédure suivie devant le Conseil constitutionnel pour les questions prioritaires de constitutionnalité », LPA 2010, n° 38 et GP 2010, n°54.

- **Houser (M.)**, « De la lutte contre les discriminations à rebours à la protection des droits fondamentaux par l'Union européenne », AJDA 2011, p. 1082 et suiv.

- **Jacquot (N.), Mispelon (P.)**, « QP et QPC : qui pour s'en occuper ? C'est... », Droit fiscal 2016, Actu., n° 354

- **Jaureguiberry (A.)**, « La discrimination à rebours devant le juge national », RTDE 2017, p. 39 et suiv.

- **Labyle (H.), Mehdi (R.)**, « Question préjudicielle et question prioritaire - Dédale au Conseil d'Etat », RFDA 2016, p. 1003 et suiv.

- **Lalletet (A.), Domino (X.)**, « An I après QPC », AJDA 2011, p. 375.

- **Le Prado (D.)**, « La question prioritaire de constitutionnalité vue par un avocat », AJDA 2010, p. 93.

- **Lessi (J.), Dutheillet de Lamothe (L.)**, « Cinq ans de QPC devant le juge administratif : retour d'expérience », AJDA 2015, p. 755.

- **Levade (A.)**, « Renvoi préjudiciel versus question prioritaire de constitutionnalité : la Cour de cassation cherche le conflit ! », D. 2010, p. 1254.

- **Magnon (X.)**, Droit de la question prioritaire de constitutionnalité. Cadre juridique - Pratiques jurisprudentielles, Paris, Lamy, 2011 ; « La QPC face au droit de l'Union : la brute, les bons et le truand », RFDC 2010, n° 84, p. 761.

- **Magnon (X.), Esplugas (P.), Mastor (W.), Mouton (D.)**, (dir.), Question sur la Question 3 (QsQ) : de nouveaux équilibres institutionnels ? Actes du colloque organisé le 14 juin 2013, à l'Université, Toulouse 1, 2014, coll. Grands colloques, Paris, LGDJ, 2014.

- **Manin (P.)**, « La question prioritaire de constitutionnalité et le droit de l'Union européenne », AJDA 2010, p. 1023.

- **Mathieu (B.), Rousseau (D.), Cassard-Valembois (A.-L.), Gahdoun (P.-Y.)**, Les grandes décisions de la question prioritaire de constitutionnalité (QPC), Paris, LGDJ, 2013.

- **Mathieu (B.)**, « Neuf mois de jurisprudence relative à la QPC. Un bilan », Pouvoirs 2011, n°137, p. 57 ; « La Cour de cassation tente de faire invalider la question prioritaire de constitutionnalité par la Cour de Luxembourg », JCP 2010, G, n°464 ; « Jurisprudence relative à la Question prioritaire de constitutionnalité », JCP 2010, G, n°932.

- **Mauguë (C.), Stahl (J.-H.)**, La question prioritaire de constitutionnalité, Paris, Dalloz, 2ème éd., 2012.

- **Molfessis (N.)**, « La QPC posée sur un texte déjà déclaré inconstitutionnel : peut-on tuer un mort ? » JCP 2013, G, n°1036 ; (dir.) ; « La résistance immédiate de la Cour de cassation à la QPC », Pouvoirs 2011, n°137, p. 83 ; La question prioritaire de constitutionnalité. Premier bilan et prospective. Actes du colloque de La Semaine juridique du 22 septembre 2010, JCP 2010, G, n° 48, suppl. du 29 novembre 2010.

- **Nayberg (L.)**, « Le contentieux fiscal des discriminations à rebours : un jeu de billard à trois bandes », RTD Com 2016, p. 593 et suiv.

- **Naome (C.)**, Le renvoi préjudiciel en droit européen. Guide pratique, Bruxelles, Larcier, 2ème éd., 2010.

- **Neframi (E.)** (dir.), Renvoi préjudiciel et marge d'appréciation du juge national, Bruxelles, Larcier, 2015.

- **Odent (B.)**, « Question prioritaire de constitutionnalité et procédure d'admission des pourvois », RFDA 2010, p. 695.

- **Odinet (G.)**, « Renvoi préjudiciel : le dialogue des juges décomplexé », AJDA 2017, p. 740 et suiv.

- **Perrier (J.-B.)**, « La Cour de cassation et la question prioritaire de constitutionnalité : de la réticence à la diligence », RFDC 2010, n°84, p. 793.

- **Perrin (L.)**, « Discrimination à rebours : domaine et portée de la prohibition », D. 2008, p. 1339 et suiv.

- **Pertek (J.)**, Coopération entre juges nationaux et Cour de justice de l'UE. Le renvoi préjudiciel, Bruxelles, Bruylant, 2013.

- **Philippe (X.)**, « La question prioritaire de constitutionnalité : à l'aube d'une nouvelle ère pour le contentieux constitutionnel français... Réflexions après l'adoption de la loi organique », RFDC 2010, p. 273.

- **Rome (F.)**, « QPC, KO ? », D. 2010, p. 1137.

- **Rousseau (D.), Levy (D.)**, « La Cour de cassation et la question prioritaire de constitutionnalité : pourquoi tant de méfiance ? », GP 2010, 25-27 avril, n° 117, p. 12.

- **Roux (J.)**, « QPC et interprétation jurisprudentielle de dispositions législatives : le conflit entre la Cour de cassation et le Conseil constitutionnel a-t-il vraiment pris fin ? », LPA 2011, 8 juillet, n°135 ; « QPC et droit de l'Union européenne : la Cour de cassation ouvre la boîte de Pandore », LPA 2010, 31 mai, n°107.

- **Sarmiento (D.)**, « L'arrêt Melki : esquisse d'un dialogue des juges constitutionnels et européens sur toile de fond française », RTDE 2010, p. 588.

- **Simon (D.)**, « Le projet de loi organique relatif à l'application de l'article 61-1 de la constitution : un risque d'incompatibilité avec le droit communautaire ? », Europe 2009, repère n°5.

- **Simon (D.), Rigaux (A.)**, « Drôle de drame : la Cour de cassation et la question prioritaire de constitutionnalité », Europe 2010, étude n°5 ; « Le feuilleton de la question prioritaire de constitutionnalité : drôle de drame, quai des brumes, Le jour se lève ? », Europe 2010, repère n°6 ; « La priorité de la QPC : harmonie(s) et dissonance(s) des monologues juridictionnels croisés », Nouveaux Cahiers du CC 2010, n°29.

- **Simon (D.), Rigaux (A.), Barav (A.)**, Etudes sur le renvoi préjudiciel dans le droit de l'Union européenne Bruxelles, Bruylant, 2011.

- **Stirn (B.)**, « Premières réflexions sur la question prioritaire de constitutionnalité », Mélanges Fatôme, Paris, Dalloz, 2011, p. 429 ; « Six mois et déjà un nom », JCP 2010, G, n°933 ; « Le Conseil d'Etat et la Constitution », Mélanges Lachaume, Paris, Dalloz, 2007, p. 1001.

- **Sureau (F.)**, « Éloge de la Question », JCP 2015, G, n°457.

- **Vandersanden (G.)**, La procédure préjudicielle devant la Cour de justice de l'Union européenne, Bruxelles, Bruylant, 2010.

- **Viala (A.)**, « Le droit constitutionnel à l'heure du tournant arrêtiste. Questions de méthode », RDP 2016, p. 1137.

- **Verpeaux (M.)**, La question prioritaire de constitutionnalité, Paris, Hachette supérieure, 2013.

B – L'apport fondamental de la QPC : l'accroissement des garanties dans la protection des droits et libertés

1 – Le développement du contrôle *a priori* à travers l'émergence de la QPC

a) Une approche initiale différente dans les contrôles *a priori* et *a posteriori*

Une différence d'appréciation dans la perception des contrôles

622 • Le 1er élément qui marque la spécificité des contrôles se trouve dans la façon de percevoir les décisions prises par le Conseil. L'appréciation effectuée dans le contrôle *a priori* est une appréciation abstraite en fonction d'un contexte constitutionnel figé sur un texte de loi qui n'a pas encore été appliqué alors que celle effectuée dans le contrôle *a posteriori* relève d'un contrôle concret visant une loi promulguée ou vivante qui est insérée dans un environnement factuel ou juridique. Les griefs invoqués ne sont pas les mêmes sur une loi déjà appliquée notamment si on tient compte des effets combinées avec d'autres dispositions déjà en vigueur. Par exemple, dans le cadre du contrôle *a priori*, le Conseil constitutionnel a eu l'occasion de se prononcer à plusieurs reprises sur l'âge de la retraite mais toujours sur de griefs tendant à contester le report de l'âge de la retraite au nom du droit au repos et de la protection sociale des « vieux travailleurs ». La QPC l'a amené, dans ce cadre, à examiner des griefs à front renversé de ceux qui lui ont été soumis dans le cadre du contrôle *a priori*, les requérants contestant alors le report de l'âge de la retraite dans l'optique opposé de la perte de son emploi et de son droit d'obtenir un emploi (Cf. CC, n°2010-98 DC, 4 février 2011, *M. Jacques N. [Mise à la retraite d'office]*, JO, 5 février 2011, p. 2355, *Rec. CC*, p. 108). Dans le même ordre d'esprit, il faut relever que l'environnement dans lequel est prise la décision du Conseil dans le cadre du contrôle *a priori* a toujours été très politisé amenant à des réactions partisanes et s'inscrivant dans la critique politique de l'opposition, le plus souvent auteur de la saisine. A l'inverse, et comme le note Julien Bonnet, « le contrôle *a posteriori* amorce […] un phénomène de dépersonnalisation politique de la figure du législateur dans le contentieux constitutionnel » (J. Bonnet, « Les contrôles *a priori* et *a posteriori* », *Nouveaux Cahiers du CC 2013*, n°40). La décision, ici, est davantage « juridictionnalisée, désynchronisée du débat parlementaire » et « imputée à un législateur perpétuel et impersonnel et non à un législateur actuel et politique » (*Ibid.*).

Une différence dans l'utilisation des normes de référence : des normes spécifiques au contrôle *a priori* parce que non inclus dans la notion de « droits et libertés »

623 • Le 2nd trait principal de distinction concerne les normes de référence utilisées par le Conseil constitutionnel dans les deux contrôles. Celles-ci sont parfois communes : droits et libertés constitutionnels classiques, immixtion du législateur dans le domaine du pouvoir règlementaire ou encore la violation d'un engagement international qui ne saurait être regardé comme un grief d'inconstitutionnalité dans les deux contrôles. Pour autant, il existe de nombreuses normes spécifiques au

contrôle *a priori*, tout particulièrement celles qui n'ont pas été inclus dans la notion des droits et libertés telle que consacrée par l'article 61-1 C° (Cf. J. Bonnet, « Les contrôles *a priori* et *a posteriori* », précité ; M. Guerrini, « Les moyens périphériques aux droits et libertés que la Constitution garantit », www.droitconstitutionnel.org). On peut citer, à titre d'illustration et en tenant de l'ordre chronologique des décisions rendues, l'article 88 C° et l'exigence constitutionnelle de transposition en droit interne des directives communautaires qui « ne relève pas des « droits et libertés que la Constitution garantit » et ne saurait, par suite, être invoqué dans le cadre d'une question prioritaire de constitutionnalité » (CC, n°2010-605 DC, 13 mai 2010, *Loi relative à l'ouverture à la concurrence et à la régulation du secteur des jeux d'argent et de hasard en ligne*, JO, 13 mai 2010, p. 8897, *Rec. CC*, p. 78, cons. n°19), le principe du consentement à l'impôt (CC, n°2010-5 QPC, 18 juin 2010, *SNC Kimberly Clark [Incompétence négative en matière fiscale]*, JO, 19 juin 2010, p. 11149, *Rec. CC*, p. 114), l'article 75-1 C° et le fait que « les langues régionales appartiennent au patrimoine de la France » (CC, n°2011-131 QPC, 20 mai 2011, *Mme Térésa C. et autre [Exception de vérité des faits diffamatoires de plus de dix ans]*, JO, 20 mai 2011, p. 8890, *Rec. CC*, p. 244), l'article 6 de la Charte de l'environnement selon lequel « les politiques publiques doivent promouvoir un développement durable » (CC, n°2012-283 QPC, 23 novembre 2012, *M. Antoine de M. [Classement et déclassement de sites]*, JO, 24 novembre 2012, p. 18547, *Rec. CC*, p. 605), les dispositions de la loi organique *relative aux lois de finances* (CC, n°2013-344 QPC, 27 septembre 2013, *Société SCOR SE [Garantie de l'État à la caisse centrale de réassurance, pour les risques résultant de catastrophes naturelles]*, JO, 1er octobre 2013, p. 16306, *Rec. CC*, p. 945), les 7 alinéas qui précèdent les articles de la Charte de l'environnement (CC, n°2014-394 QPC, 7 mai 2014, *Société Casuca [Plantations en limite de propriétés privées]*, JO, 10 mai 2014, p. 7873, texte n° 78) ou encore l'article 1er al. 1er C° et le principe de parité (CC, n°2015-465 QPC, 24 avril 2015, *Conférence des présidents d'université [Composition de la formation restreinte du conseil académique]*, JO, 26 avril 2015, p. 7355, texte n° 24).

Une différence dans l'utilisation des normes de références : des normes entourant la procédure législative seulement invocables dans le contrôle *a priori*

624 • Toujours dans le cas des normes seulement invocables dans le contrôle *a priori*, il faut citer le cas des normes qui entourent la procédure législative comme le principe de normativité de la loi (CE, 18 juillet 2011, *Fédération nationale des chasseurs*, n° 340512 ; CC, n° 2004-500 DC, 29 juillet 2004, *Loi organique relative à l'autonomie financière des collectivités territoriales*, JO, 30 juillet 2004, p. 13562, *Rec. CC*, p. 116) ou les normes relatives à la mise en cause des cavaliers législatifs (CC, n°2010-4/17 QPC, 22 juillet 2010, *M. Alain C. et autre [Indemnité temporaire de retraite outre-mer]*, JO, 23 juillet 2010, p. 13615, *Rec. CC*, p. 156) ; Voir, pour une étude dans le cadre du contrôle *a priori* : D. Chamussy, « La procédure parlementaire et le Conseil constitutionnel », *Nouveaux Cahiers du CC* 2013, n°38, p. 37). C'est aussi le cas des normes relatives à l'organisation territoriale de l'Etat comme celles qui touchent au caractère unitaire (Cass., 2ème civ., 12 octobre 2011, n° de pourvoi : 11-40064) ou décentralisé de l'Etat (CE, 15 septembre 2010, *Thalineau*, req. n°330734). Il faut

aussi citer l'article 72-1 C° et la possibilité pour le législateur d'organiser une consultation des électeurs en cas de modification des limites d'une collectivité territoriale (CC, n°2010-12 QPC, 2 juillet 2010, *Commune de Dunkerque [Fusion de communes]*, JO, 3 juillet 2010, p. 12121, *Rec. CC*, p. 134) ou encore l'article 72-2 C° et l'habilitation du législateur à prévoir des dispositifs de péréquation entre collectivités territoriales (CC, n°2010-29/37 QPC, 22 septembre 2010, *Commune de Besançon et autre [Instruction CNI et passeports]*, JO, 23 septembre 2010, p. 17293, *Rec. CC*, p. 248).

Une différence dans l'utilisation des normes de référence : une incompétence négative du législateur seulement invocable indirectement dans le contrôle *a posteriori* (1)

625 • Des normes constitutionnelles sont évoquées de manière directe dans le contrôle *a priori* mais simplement de manière indirecte dans le contrôle *a posteriori*. C'est, en premier lieu, l'hypothèse de l'incompétence négative du législateur et de la méconnaissance par le législateur de sa propre compétence qui ne peut être invoqué à l'appui d'une QPC que dans le cas où est affecté un droit ou une liberté que la Constitution garantit (Cf. P. Rrapi, « L'incompétence négative dans la QPC : de la double négation à la double incompréhension », *Nouveaux Cahiers du CC* 2012, n°34 ; A. Le Pillouer, « L'incompétence négative des autorités administratives : retour sur une notion ambivalente », *RFDA* 2009, p. 1203 ; J. Boucher, « L'incompétence négative du législateur », *RFDA* 2010, p. 704). Le Conseil exclut du champ de la QPC les normes qui ne s'adressent qu'au législateur et aux autorités publiques, les justiciables n'étant, à leur sujet, que les destinataires indirects. Il en est ainsi de la méconnaissance de la procédure d'adoption d'une loi (CC, n°2010-4/17 QPC, 22 juillet 2010, *M. Alain C. et autre [Indemnité temporaire de retraite outre-mer]*, précité), l'empiètement sur le champ du règlement dès lors que l'intervention constitue une garantie supplémentaire pour le justiciable (CE, 15 juillet 2010, *Région Lorraine*, req. n°340492), la méconnaissance par le législateur organique du champ de sa compétence (CC, n°2012-241 QPC, 4 mai 2012, *EURL David Ramirez [Mandat et discipline des juges consulaires]*, JO, 5 mai 2012, p. 8016, *Rec. CC*, p. 236), les autorisations constitutionnelles d'habilitations législatives qui ne font qu'habiliter le législateur à intervenir dans un champ de compétence donné (CC, n°2015-471 QPC, 29 mai 2015, *Mme Nathalie K.-M. [Délibérations à scrutin secret du conseil municipal]*, JO, 31 mai 2015, p. 9052, texte n°37).

Une différence dans l'utilisation des normes de référence : une incompétence négative du législateur seulement invocable indirectement dans le contrôle *a posteriori* (2)

626 • L'incompétence négative de la loi doit affecter « par elle-même » les droits et libertés que la Constitution garantit, en cas contraire, le grief doit être écarté (CC, n°2012-254 QPC, 18 juin 2012, *Fédération de l'énergie et des mines - Force ouvrière FNEM FO [Régimes spéciaux de sécurité sociale]*, JO, 19 juin 2012, p. 10179, *Rec. CC*, p. 292, cons. n°3). Le Conseil a déjà considéré que cette dernière pouvait affecter notamment : la libre administration des collectivités territoriales (CC, n°2012-277

QPC, 5 octobre 2012, *Syndicat des transports d'Île-de-France [Rémunération du transfert de matériels roulants de la Société du Grand Paris au Syndicat des transports d'Île-de-France]*, JO, 6 octobre 2012, p. 15654, *Rec. CC*, p. 508) ; le droit au recours juridictionnel effectif (CC, n°2012-298 QPC, 28 mars 2013, *SARL Majestic Champagne [Taxe additionnelle à la contribution sur la valeur ajoutée des entreprises - Modalités de recouvrement]*, JO, 30 mars 2013, p. 5457, *Rec. CC*, p. 513); la liberté d'entreprendre (CC, n°2013-336 QPC, 1er août 2013, *Société Natixis Asset Management [Participation des salariés aux résultats de l'entreprise dans les entreprises publiques] [Participation des salariés aux résultats de l'entreprise dans les entreprises publiques]*, JO, 4 août 2013, p. 13317, *Rec. CC*, p. 918) ; le droit de propriété (CC, n°2013-343 QPC, 27 septembre 2013, *Epoux L. [Détermination du taux d'intérêt majorant les sommes indûment perçues à l'occasion d'un changement d'exploitant agricole]*, JO, 1er octobre 2013, p. 16305, *Rec. CC*, p. 942) ; la liberté de communication des pensées et des opinions (CC, n°2013-364 QPC, 31 janvier 2014, *Coopérative GIPHAR-SOGIPHAR et autre [Publicité en faveur des officines de pharmacie]*, JO, 2 février 2014, p. 1991, texte n°45) ; la liberté individuelle, la liberté d'aller et venir et le respect de la vie privée (CC, n°2013-367 QPC, 14 février 2014, *Consorts L. [Prise en charge en unité pour malades difficiles des personnes hospitalisées sans leur consentement]*, JO, 16 février 2014, p. 2726, texte n° 45) ou encore le principe de la participation du public (art. 7 Charte de l'environnement) (CC, n°2014-395 QPC, 7 mai 2014, *Fédération environnement durable et autres [Schéma régional du climat, de l'air et de l'énergie - Schéma régional éolien]*, JO, 10 mai 2014, p. 7874, texte n°79).

Une différence dans l'utilisation des normes de référence : un principe de séparation des pouvoirs utilisé de façon analogue au principe d'incompétence négative du législateur.

627 • Le juge constitutionnel a accepté d'examiner le grief dès lors qu'il était invoqué en tant qu'il en résultait une atteinte à la garantie des droits, elle-même invocable en QPC (CC, n°2010-29/37 QPC, 22 septembre 2010, *Commune de Besançon et autre [Instruction CNI et passeports]*, JO, 23 septembre 2010, p. 17293, *Rec. CC*, p. 248), en tant qu'il en résultait une atteinte au droit à un recours juridictionnel effectif et au droit à un procès équitable, eux-mêmes invocables en QPC (CC, n°2011-192 QPC, 10 novembre 2011, *Mme Ekaterina B., épouse D., et autres [Secret défense]*, JO, 11 novembre 2011, p. 19005, *Rec. CC*, p. 528) ou encore en tant qu'il en résultait une atteinte au respect des droits de la défense, lui-même invocable en QPC (CC, n° 2015-524 QPC, 2 mars 2016, *M. Abdel Manane M. K. [Gel administratif des avoirs]*, JO, 4 mars 2016, texte n°121). Mais le Conseil a aussi rappelé que le principe n'est pas invocable quand sa méconnaissance n'affecte pas par elle-même un droit ou une liberté que la Constitution garantit. Tel est le cas si sont en cause les dispositions du 1er alinéa de l'article 64 C° relative à l'indépendance de l'autorité judiciaire (CC, n°2016-555 QPC, 22 juillet 2016, *M. Karim B. [Subordination de la mise en mouvement de l'action publique en matière d'infractions fiscales à une plainte de l'administration]*, JO, 24 juillet 2016, texte n°29).

Une différence dans l'utilisation des normes de référence : le cas de certains objectifs à valeur constitutionnelle qui ne peuvent être invoqués à l'appui d'une QPC

628 • C'est le cas de certains objectifs de valeur constitutionnelle qui n'ont pas, par nature, vocation à être invoqués dans le cadre de la procédure de l'article 61-1 C° comme l'objectif d'intelligibilité et d'accessibilité de la loi (CC, n°2010-4/17 QPC, 22 juillet 2010, *M. Alain C. et autre [Indemnité temporaire de retraite outre-mer]*, précité) sauf lorsqu'il est combiné avec l'article 2 C° qui fait du français la langue de la République (CC, n°2012-285 QPC, 30 novembre 2012, *M. Christian S. [Obligation d'affiliation à une corporation d'artisans en Alsace-Moselle]*, JO, 1er décembre 2012, p. 18908, *Rec. CC*, p. 636). C'est le cas aussi de l'objectif de bonne administration de la justice (CC, n°2010-77 QPC, 10 décembre 2010, *Mme Barta Z. [Comparution sur reconnaissance préalable de culpabilité]*, JO, 11 décembre 2010, p. 21711, *Rec. CC*, p. 384), de l'objectif de sauvegarde de l'ordre public (CC, n°2014-422 QPC, 17 octobre 2014, *Chambre syndicale des cochers chauffeurs CGT-taxis [Voitures de tourisme avec chauffeurs]*, JO, 19 octobre 2014, p. 17454, texte n°44) de l'objectif du bon usage des deniers publics (CC, n°2014-434 QPC, 5 décembre 2014, *Société de laboratoires de biologie médicale Bio Dômes Unilabs SELAS [Tarif des examens de biologie médicale]*, JO, 7 décembre 2014, p. 20465, texte n°23) ou encore de l'objectif du droit à un logement décent (CE, 23 mars 2016, *M. A. B. contre commune de Colombs-en-Valois*, req. n°392638).

b) La confusion entre la nature objective et subjective du contrôle *a posteriori*

L'avènement d'un contrôle concret et subjectif de la loi

629 • Lorsque le dispositif de la QPC a été introduit en France, on a d'abord et surtout parlé de rupture avec le système antérieur amenant à assimiler le contrôle *a posteriori* à un contrôle nouveau, concret et subjectif du juge par opposition au contrôle *a priori* jusqu'alors pratiqué procédant plutôt d'un contrôle abstrait et objectif (Voir en ce sens : R. Nollez-Goldbach, « De l'affirmation du Conseil en cour constitutionnelle », *JCP* 2011, G, n°26, p. 32 ; O. Pfersmann, « Le renvoi préjudiciel sur exception d'inconstitutionnalité : la nouvelle procédure de contrôle concret a posteriori », *LPA* 2008, 19 décembre, n°254, p. 103). Le contrôle exercé sur une loi appliquée étant nécessairement concret conformément aux doctrines italienne et allemande jusqu'à lors appliquées (Cf. C. Grewe, « Le contrôle de constitutionnalité de la loi en Allemagne : quelques comparaisons avec le système français », *Pouvoirs* 2011, n°137, p. 143). Certains éléments tendent en effet vers une telle qualification. C'est une situation concrète qui est à l'origine de la QPC puisque cette dernière nait d'un litige pendant devant les juridictions ordinaires. La décision rendue porte le nom des parties et de leurs représentants, la QPC ne peut être relevé d'office par le juge ordinaire et demeure à la disposition des parties, ce n'est pas un moyen d'ordre public. A cela s'ajoute la juridictionnalisation de la procédure que ce soit à travers la possibilité, pour le Conseil, de prononcer des mesures d'instruction ou de prendre en compte les observations des parties. La concrétisation du contrôle peut également découler du fait qu'il porte sur une loi

déjà appliquée et interprétée. Le Conseil apprécie, comme on a déjà pu le voir, les changements de circonstances susceptibles de permettre le réexamen d'une disposition législative. Par là même, il peut remettre en cause l'autorité de chose jugée d'une précédente décision de conformité en tenant compte simplement de circonstances de fait. De façon générale, le Conseil n'est pas cantonné à la seule appréciation de la disposition législative mais peut analyser les effets ou la portée effective de la disposition puisque le justiciable, comme déjà mentionné aussi, a le droit de contester l'interprétation jurisprudentielle constante d'une disposition législative (Cf. Supra doctrine sur le droit vivant). Beaucoup d'éléments témoignent aussi de la prise en compte du fait et de l'opportunité dans la procédure et les décisions QPC. Le Conseil prend ainsi garde à l'impact réel de ses décisions dans le paysage juridique. Il se réserve la possibilité de moduler les effets de sa décision et notamment de décider si l'abrogation prend effet immédiatement ou doit être différée ou reportée à une date ultérieure en prenant, par exemple, en compte les contraintes techniques ou matérielles qui s'imposent au législateur ou les objectifs particuliers poursuivis par ce dernier lorsqu'il adopte une loi. De même, le Conseil prend soin de donner un effet utile à la déclaration de non-conformité afin de permettre aux requérants et aux instances en cours de bénéficier des nouvelles dispositions.

Le maintien d'un contrôle abstrait et objectif de la loi

630 • C'est d'abord le législateur organique, lui-même, qui a traduit cette volonté de maintenir une telle nature dans le contrôle *a posteriori* en rejetant la dénomination de « Cour constitutionnelle », en refusant l'accès direct au Conseil et en instaurant un filtrage des juges du fond ou encore en créant une procédure autonome pour la QPC. C'est toute la logique retenue pour le contrôle *a priori* qui est, en quelque sorte, ainsi transposée au contrôle *a posteriori*. La réforme de la QPC relève d'abord d'une logique d'objectivisation. Le Conseil ne devient pas une Cour suprême chapeautant le Conseil d'Etat et la Cour de cassation, il ne se prononce pas directement sur le cas d'espèce. Il traite d'une question de droit, de conformité de la loi à la Constitution. C'est en fonction de la réponse donnée que le juge compétent résout le litige après avoir sursis à statuer. Le contrôle mené par le Conseil est également totalement indépendant de celui des juges ordinaires. Grâce au filtrage des juges ordinaires, chacun des juges garde son domaine de compétence, un contrôle des données factuelles concret et singulier pour les juges ordinaires, un contrôle plus normatif, objectif et abstrait pour le Conseil. Ce n'est pas pour leur situation personnelle et subjective que les parties sont admises à agir devant le Conseil, mais pour les prétentions objectives qu'elles font valoir ce que confirme la possibilité pour les juges ordinaires de ne pas transmettre de QPC qu'elles jugent dépourvues de moyens sérieux. Le Conseil effectue également un contrôle complet de la disposition législative en ce sens qu'elle sera réputée conforme à l'ensemble des normes constitutionnelles, et ne pourra donc plus, en principe, lui être déférée. A noter enfin que l'extinction de l'instance au fond n'a pas d'incidence sur l'examen de la QPC par le Conseil dès lors que celui-ci a déjà été saisi (art. 23-9 de la loi

organique n°2009-1523 du 10 décembre 2009 *relative à l'application de l'article 61-1 C°*).

Un Conseil constitutionnel qui s'inscrit dans la logique abstraite et objective par l'utilisation de certaines techniques contentieuses

631 • Le maintien et l'extension de techniques qui relèvent de l'office du juge constitutionnel dans le contrôle *a priori* permettent à ce que le procès incident dans le cadre de la QPC n'absorbe pas le contrôle *a priori* tout en conduisant à une répartition équilibrée des contentieux. On peut citer, à cet égard, l'utilisation renouvelée de la technique des moyens soulevés d'office qui est remobilisée dans le contrôle *a posteriori* et qui implique que le Conseil s'estime saisi de l'intégralité de la loi (cette faculté s'est notamment manifestée à 2 reprises : CC, n°2011-147 QPC, 8 juillet 2011, *M. Tarek J. [Composition du tribunal pour enfants]*, JO, 9 juillet 2011, p. 11979, *Rec. CC*, p. 343 où le Conseil a soulevé d'office le grief tiré de ce que la présidence du Tribunal pour enfants par le juge des enfants qui a instruit la procédure porterait atteinte au principe d'impartialité des juridictions ; CC, n° 2011-153 QPC, 13 juillet 2011, *M. Samir A. [Appel des ordonnances du juge d'instruction et du juge des libertés et de la détention]*, JO, 14 juillet 2011, p. 12251, *Rec. CC*, p. 362 où le Conseil a estimé que l'article 186 CPP prévoyant les possibilités d'appel contre les ordonnances du juge d'instruction ou du JLD devait être examiné de façon plus générale, au regard de l'équilibre des droits des parties dans la procédure et pas seulement au titre du droit à un recours effectif comme alors suggéré par les auteurs de la QPC). A l'inverse de ce qui est prévu devant le juge de droit commun, le Conseil ne se considère pas comme contraint ou lié par les moyens d'inconstitutionnalité invoqués par les parties. Quand il examine la loi, il le fait en tenant compte de tous les éléments de la Constitution et non pas sur le fondement des seuls griefs contenus dans la question de constitutionnalité. Tous les griefs utiles sont ainsi destinés à être étudiés. La sphère de contrôle du Conseil se doit ainsi d'être la plus large possible pour assurer objectivement le respect du principe de sécurité juridique. Les techniques de l'économie de moyens et de jonction des saisines démontrent aussi que le but premier n'est pas tant de répondre aux moyens invoqués par les parties pris individuellement mais plutôt répondre à la question plus générale de la conformité à la Constitution de la disposition législative.

Un effet *erga omnes* des décisions rendues en QPC qui s'inscrit également dans le caractère abstrait et objectif du contrôle

632 • S'agissant des effets proprement dits de la décision rendue par le Conseil, c'est un effet *erga omnes* qui est attaché aux décisions rendues par ce dernier et non un objet *inter partes*. La norme n'existe plus pour tous, pas simplement pour les parties. Il n'y a pas de distinction entre le traitement de la procédure dans laquelle la QPC a été posée et les autres procédures. La déclaration d'inconstitutionnalité n'est pas réservée à l'instance qui a donné lieu à la QPC, et le constituant parle bien d' « abrogation » totale de la disposition législative (article 62 C°). La préservation des droits subjectifs du requérant n'est en réalité qu'une conséquence du contrôle, elle n'est pas systématique, ce n'est que si le Conseil en décide ainsi que l'abrogation

de la disposition législative bénéficie à l'auteur de la QPC. Par exemple, grâce à l'article 62 C°, le Conseil est investi du pouvoir de déterminer des règles transitoires en attendant l'adoption d'une éventuelle réforme qui remédierait à l'inconstitutionnalité quand cette dernière est prononcée. Il ne s'est, par exemple, pas limité à abroger la composition des tribunaux maritimes commerciaux, il a aussi établi que ceux-ci siègeront, dans l'attente d'une éventuelle loi, dans la composition des juridictions pénales de droit commun (CC, n°2010-10 QPC, 2 juillet 2010, *Consorts C. et autres [Tribunaux maritimes commerciaux]* précité).

c) Un contrôle *a priori* au dynamisme nouveau : l'influence de la QPC

Des facteurs nouveaux et des pouvoirs plus importants pour le juge *a priori*

633 • Le contrôle *a priori* et le contrôle *a posteriori* contribuent, aujourd'hui, de façon complémentaire au respect des exigences constitutionnelles, la jurisprudence du Conseil s'enrichi sous l'effet combiné de ces deux modes de contrôle. Le contrôle *a posteriori* est fortement marqué par le *legs* du contrôle *a priori* mais il faut aussi indiquer que le nouveau dispositif QPC présente des caractéristiques en mesure de renouveler, de manière substantielle l'exercice du contrôle par voie d'action. Dans le cadre de la QPC, plusieurs éléments sont susceptibles d'avoir une influence notable sur la pratique du contrôle *a priori* : outre les personnes susceptibles de saisir le Conseil et la publicité des audiences, l'accroissement du nombre des dispositions législatives contestées, la possibilité de faire contrôler des lois anciennes, y compris des lois antérieures à 1958 (Cf. CC, n°2014-429 QPC, 21 novembre 2014, *M. Pierre T. [Droit de présentation des notaires]*, JO, 23 novembre 2014, p. 19677 qui a ainsi conduit le Conseil à contrôler une disposition relative au droit de présentation des notaires qui figurait dans une loi du 28 avril 1816 *sur les finances*), la prise en compte, par le Conseil, des conditions d'application de la loi ou, par les juges ordinaires, de l'interprétation de la loi. Les pouvoirs du Conseil se sont aussi développés dans le cadre de la QPC : par exemple, la possibilité laissé au Conseil de choisir la date d'effet de sa déclaration d'inconstitutionnalité, la possibilité d'établir les conditions et les limites dans lesquelles les effets produits par la disposition sont en mesure d'être remis en cause, le pouvoir d'injonction implicite au législateur ou encore le pouvoir d'immixtion dans les procédures juridictionnelles.

La création de certains monopôles et l'encadrement des saisines blanches

634 • La saisine *a priori* bénéficie aussi indirectement de la combinaison des contrôles qui est susceptible de conduire à une forme de spécialisation du contrôle par voie d'action notamment à l'égard des normes constitutionnelles qui intègrent la périphérie des droits et libertés que la Constitution garantit. Le contrôle par voie d'action a ainsi, par exemple, un monopole sur les questions de procédure législative, l'exigence constitutionnelle de transposition des directives de l'Union, le principe du consentement à l'impôt, ou encore le principe de péréquation financière des collectivités territoriales. C'est le cas pour toutes les règles qui intégreront cette catégorie et qui ne pourront dépendre que d'un contrôle unique par voie d'action. Pour ces moyens périphériques, il n'y aura pas de 2nde chance. De

la même façon, le contrôle du respect des principes de droit budgétaire ou de ceux applicables au financement de la sécurité sociale ne peut être assuré que dans le cadre du contrôle *a priori*. La modification des modalités contentieuses du contrôle *a priori* pour mieux protéger le contrôle *a posteriori* témoigne aussi de cette nouvelle complémentarité des contrôles. Plusieurs exemples peuvent être mentionnés. Le législateur a mis en avant que, sauf changement des circonstances, les QPC qui portent sur des dispositions déjà déclarées conformes à la Constitution seraient irrecevables. Il a limité le champ d'application de cette irrecevabilité aux seules dispositions déjà jugées conformes à la Constitution « dans les motifs et le dispositif » d'une décision du Conseil (article 23-2 2° de l'ordonnance n° 58-1067 du 7 novembre 1958 précitée *portant loi organique sur le Conseil constitutionnel*). La question était aussi de savoir si la pratique des « saisines blanches », en l'occurrence les saisines des parlementaires ne formulant aucun grief, ne pouvait apparaître comme faisant obstacle de manière injustifiée au droit des justiciables de poser une QPC. Elles conduisent, en effet, à une validation quasi mécanique de la loi s'il n'existe pas de grief ou encore un possible et réel examen de la constitutionnalité. Le Conseil a, en conséquence, recadré la pratique en décidant que, faute de griefs, la loi est désormais déclarée conforme à la Constitution dans le dispositif de la décision sans avoir été spécialement examinée dans ses motifs, ce qui ne ferme pas la voie à une éventuelle QPC (CC, n°2011-630 DC, 26 mai 2011, *Loi relative à l'organisation du championnat d'Europe de football de l'UEFA en 2016*, JO, 2 juin 2011, page 9553, texte n° 2, *Rec. CC*, p. 249, cons. n°3 ; voir M. Guerrini, « De l'articulation des contrôles *a priori* et *a posteriori* de constitutionnalité : le cas des saisines blanches », *RFDC* 2012, vol. 1, n° 89, p. 109 et suiv.). Depuis 2011, le juge constitutionnel adopte une attitude identique à l'égard des saisines blanches, en refusant de les examiner intégralement et en ne leur accordant plus de brevet de constitutionnalité (Voir, par ex., CC, n° 2016-730 DC, 21 avril 2016, *Loi de modernisation de diverses règles applicables aux élections*, JO, 26 avril 2016, texte n°6).

L'encadrement des griefs uniques tenant à la procédure législative

635 • Dans la même logique que celle des saisines blanches, le Conseil a cessé de déclarer conforme à la Constitution, dans le dispositif de ses décisions, les dispositions contre lesquelles seul un grief tenant à la procédure législative est soulevé, réservant ainsi la voie à une contestation de ces dispositions par d'éventuelles QPC (Voir, par ex., CC, n°2012-654 DC, 9 août 2012, *Loi de finances rectificative pour 2012*, JO, 17 août 2012, p. 13496, *Rec. CC*, p. 461). Le juge constitutionnel veille aussi à préserver l'avenir en se gardant de soulever d'office des conclusions au-delà de celles figurant dans la saisine parlementaire (Cf. CC, n°2013-665 DC, 28 février 2013, *Loi portant création du contrat de génération*, JO, 3 mars 2013, p. 3946, *Rec. CC*, p. 412 ; Cf. C. Bezzina, « L'étendue du contrôle du Conseil Constitutionnel sur la loi ordinaire à travers l'étude des moyens et conclusions soulevés d'office », www.droitconstitutionnel.org). Si les requérants ne contestent que la procédure d'adoption de la loi, le juge constitutionnel, aujourd'hui, « préserve « le droit à QPC » » (C. Fernandes, « Le contrôle de constitutionnalité *a priori* exercé sur les lois ordinaires depuis l'entrée en vigueur de la question prioritaire de

constitutionnalité », *RFDA* 2018, p. 387 et suiv.) en n'effectuant pas de contrôle intégral sur les dispositions contestées (Cf. CC, n° 2016-744 DC, 29 décembre 2016, *Loi de finances pour 2017*, JO, 30 décembre 2016, texte n°5 ; CC, n°2016-745 DC, 26 janvier 2017, *Loi relative à l'égalité et à la citoyenneté*, JO, 28 janvier 2017, texte n°2 ; CC, n° 2017-752 DC, 8 septembre 2017, *Loi pour la confiance dans la vie politique*, JO, 16 septembre 2017, texte n°5).

La mise en place du triple test de proportionnalité

636 • C'est plus ou moins conjointement à la mise en place de la QPC que le juge constitutionnel a rehaussé l'intensité de son contrôle en exerçant désormais un triple test de proportionnalité en vertu duquel les atteintes portées à la liberté individuelle doivent être « adaptées, nécessaires et proportionnées aux objectifs poursuivis » (CC, n°2008-562 DC, 21 février 2008, *Loi relative à la rétention de sûreté et à la déclaration d'irresponsabilité pénale pour cause de trouble mental*, JO, 26 février 2008, p. 3272, *Rec. CC*, p. 89 ; Voir V. Goesel Le Bihan, « Le contrôle de proportionnalité exercé par le Conseil constitutionnel, technique de protection des libertés publiques ? », *Jus Politicum* 2012, n° 7 qui souligne les limites néanmoins apportées par un tel contrôle) avant de l'étendre à la liberté d'expression et de communication (CC, n°2009-580 DC, 10 juin 2009, *Loi favorisant la diffusion et la protection de la création sur internet*, JO, 13 juin 2009, p. 9675, *Rec. CC*, p. 107 et CC, n°2012-647 DC, *Loi visant à réprimer la contestation de l'existence des génocides reconnus par la loi*, JO, 2 mars 2012, p. 3988, *Rec. CC*, p. 139) puis au droit au respect de la vie privée (CC, n°2012-652 DC, 22 mars 2012, *Loi relative à la protection de l'identité*, JO, 28 mars 2012, p. 5607, *Rec. CC*, p. 158) ou, plus récemment, à la liberté de manifester (CC, n° 2019-780 DC, 4 avril 2019, *Loi visant à renforcer et garantir le maintien de l'ordre public lors des manifestations*, JO, 11 avril 2019, texte n°2). Dans la même logique, c'est la même année que le Conseil a rendu sa 1ère décision DC procédant un report dans le temps des effets d'une déclaration de non-conformité (CC, n°2008-564 DC, 19 juin 2008, *Loi relative aux organismes génétiquement modifiés*, JO, 26 juin 2008, p. 10228, *Rec. CC*, p. 313).

L'épanouissement de la jurisprudence « *Etat d'urgence en Nouvelle-Calédonie* »

637 • Le dernier exemple du développement du contrôle *a priori* depuis l'instauration de la QPC réside dans l'épanouissement de la jurisprudence « Etat d'urgence en Nouvelle-Calédonie » (CC, n°85-187 DC, 25 janvier 1985, *Loi relative à l'état d'urgence en Nouvelle-Calédonie et dépendances*, JO, 26 janvier 1985, p. 1137, *Rec. CC*, p. 43) permettant de connaitre d'une disposition législative promulguée à l'occasion de l'examen des dispositions d'une loi nouvelle qui la « modifient, la complètent ou affecte son domaine ». Il s'agissait de faire obstacle aux lacunes du contrôle *a priori* en introduisant un assouplissement nécessaire en cas d'élément nouveau survenant après l'adoption de la loi. En dépit de son caractère novateur, cette jurisprudence a été très peu utilisée, il a fallu attendre 1999 (CC, n°1999-410 DC, 15 mars 1999, *Loi organique relative à la Nouvelle-Calédonie*, JO, 21 mars 1999, p. 4234, *Rec. CC*, p. 51) puis 2002 (CC, n°2002-464 DC, 27 décembre 2002, *Loi de finances pour 2003*, JO, 31

décembre 2002, p. 22103, *Rec. CC*, p. 583) pour voir les premières applications. L'entrée en vigueur de la QPC semblait avoir dissous l'utilité de cette jurisprudence mais on a assisté, paradoxalement et au contraire, à une résurgence assez spectaculaire de la pratique selon des modalités, qui plus est, assez inédites et plus extensives quant aux conditions de recours à cette jurisprudence (Cf. C.-E. Sénac, « Le renouveau de la jurisprudence Etat d'urgence en Nouvelle-Calédonie », *RDP* 2013, p. 1453 ou C. Fernandes, « Le contrôle de constitutionnalité *a priori* exercé sur les lois ordinaires depuis l'entrée en vigueur de la question prioritaire de constitutionnalité », *RFDA* 2018, p. 387 et suiv.). L'idée étant dorénavant de renforcer le contrôle *a priori* par rapport au contrôle *a posteriori*, le Conseil pouvant se prononcer sur la loi antérieure sans être dépendant d'une QPC. C'est en réalité une voie de droit autonome qui est mise en avant, le Conseil disposant ainsi et désormais de deux voies pour contrôler la conformité à la Constitution des lois en vigueur : la QPC et la jurisprudence « néocalédonienne ». Des conditions originales apparaissent dans l'utilisation de la procédure. Certains ont, par exemple, pu faire état de la chronologie inversée des contrôles dorénavant opérée (C.-E. Sénac, « Le renouveau de la jurisprudence Etat d'urgence en Nouvelle-Calédonie », précité) ou de la mise en œuvre du mécanisme à l'égard d'une disposition nouvelle qui affecte « indirectement » le domaine d'application de la loi en vigueur conduisant à déclarer contraire à la Constitution la disposition législative promulguée tout en déclarant conforme la loi nouvelle (Cf. J. Bonnet, « L'épanouissement de la jurisprudence Etat d'urgence en Nouvelle-Calédonie », *AJDA 2014*, p. 467 ; CC, n°2012-659 DC, 13 décembre 2012, *Loi de financement de la sécurité sociale pour 2013*, JO, 18 décembre 2012, p. 19861, *Rec. CC*, p. 680 ; CC, n°2012-662 DC, 29 décembre 2012, *Loi de finances pour 2013*, JO, 30 décembre 2012, p. 20966, *Rec. CC*, p. 724).

L'utilisation de techniques contentieuses qui n'avaient jamais été utilisées jusque-là dans le contrôle *a priori*

638 • Un autre aspect de l'originalité de la démarche renouvelée du Conseil réside dans l'utilisation de techniques contentieuses qui n'avait, jusque-là, jamais été utilisées dans ce cadre précis. Par exemple, le Conseil reprend, depuis 2012, les déclarations d'inconstitutionnalité dans le dispositif allant même affirmer, de manière inédite, qu'une disposition législative promulguée est déclarée contraire à la Constitution (CC, n°2012-654 DC, 9 août 2012, *Loi de finances rectificative pour 2012 (II)*, JO, 17 août 2012, p. 13496, *Rec. CC*, p. 461, annonce faite dans le dispositif). Toujours dans le dispositif, le Conseil règle dorénavant lui-même les effets dans le temps de la déclaration d'inconstitutionnalité. C'est grâce à une interprétation constructive des textes qu'il a importée, depuis le contentieux QPC, la possibilité de moduler dans le temps les effets de sa décision « néocalédonienne » (CC, n°2013-672 DC, 13 juin 2013, *Loi relative à la sécurisation de l'emploi*, JO, 16 juin 2013, p. 9976, *Rec. CC*, p. 817, cons. n°14). Le dispositif peut également s'appuyer sur des réserves d'interprétation. Le Conseil a, à titre d'illustration, dans le contrôle de la loi du 17 mai 2013 *ouvrant le mariage aux couples de personnes de même sexe*, porté à son examen, tout à la fois les dispositions de la loi déférée qui ouvrent le mariage et l'adoption aux couples de personnes de même sexe et les dispositions sur l'adoption que cette

loi rend applicables aux couples de personnes de même sexe. S'il a jugé la loi ouvrant le mariage aux personnes de même sexe conforme à la Constitution, il a également formulé, aux fins de respect de dispositions constitutionnelles tenant à l'intérêt de l'enfant, une réserve d'interprétation relative à l'agrément en vue de l'adoption de l'enfant (CC, n°2013-669 DC, 17 mai 2013, *Loi ouvrant le mariage aux couples de personnes de même sexe*, JO, 18 mai 2013, p. 8281, *Rec. CC*, p. 721). Pour finir, avec la combinaison des contrôles, c'est à un véritable dialogue avec le législateur auquel on assiste. Plus que jamais, le Conseil est conduit à fournir un mode d'emploi au législateur qu'il ait désormais lieu avant la promulgation ou après l'entrée en vigueur de la loi.

d) L'apport des contrôles de constitutionnalité *a priori* et *a posteriori* au travail du législateur

Un juge constitutionnel qui protège toujours le législateur

639 • Comme peut le relever Georges Bergougnoux, le Conseil n'est pas, quelque part, l'ennemi des parlementaires, en réalité, il « protège le législateur » (G. Bergougnoux, « Le Conseil constitutionnel et le législateur », *Nouveaux cahiers du CC* 2013, n°38) mais cette protection il l'exerce dans une optique de dialogue avec ce dernier. Par exemple, lorsqu'une procédure est utilisée par la majorité, de manière quelque peu abusive voire détournée pour des gains de temps notamment, le Conseil ne remet pas systématiquement en cause la procédure et tient compte des circonstances dans lesquelles elle est intervenue (il prend en compte, par exemple, le fait qu'elle constitue une réponse à une obstruction caractérisée de l'opposition : CC, n°95-370 DC, 30 décembre 1995, *Loi autorisant le Gouvernement, par application de l'article 38 de la Constitution, à réformer la protection sociale*, JO, 31 décembre 1995, p. 19111, *Rec. CC*, p. 269, cons. n°12 ; en ce sens, G. Bergougnoux, « Le Conseil constitutionnel et le législateur » précité). De même, au cours de la période récente, la jurisprudence du Conseil relative aux conditions d'exercice du droit d'amendement a connu de sensibles inflexions : ce droit s'est vu opposer un certain nombre de limites (CC, n°2005-532 DC, 19 janvier 2006, *Loi relative à la lutte contre le terrorisme et portant dispositions diverses relatives à la sécurité et aux contrôles frontaliers*, JO, 24 janvier 2006, p. 1138, *Rec. CC*, p. 31, cons. n°24 à n°27) mais qui sont en réalité protectrice du Parlement. C'est en se fondant sur le nouveau principe constitutionnel de « clarté et sincérité du débat parlementaire » (explicitement dégagé par la décision CC, n°2005-526 DC, 13 octobre 2005, *Résolution modifiant le règlement de l'Assemblée nationale, JO*, 20 octobre 2005, p. 16610, *Rec. CC*, p. 144, cons. n°5 et confirmé par la décision CC, n°2006-537 DC, 22 juin 2006, *Résolution modifiant le règlement de l'Assemblée nationale, JO,* 27 juin 2006, p. 9647, *Rec. CC*, p. 67, cons. n°10) fondé sur l'article 6 DDHC (« La Loi est l'expression de la volonté générale ») et l'article 3 al. 1er C° (« La souveraineté nationale appartient au peuple qui l'exerce par ses représentants [...] ») que le Conseil a fondé sa jurisprudence.

Un juge constitutionnel qui adopte une interprétation neutralisante de l'art. 88-1 C°

640 • Lorsque des droits et libertés protégés par la Constitution le sont aussi par les conventions internationales, le Conseil prend également soin de préserver le législateur national à travers une interprétation neutralisante de l'article 88-1 C° La primauté de la Constitution amènerait normalement au contrôle et à la censure éventuelle des dispositions législatives contraires à la norme fondamentale, malgré leur origine liée au droit de l'Union. Mais l'exercice d'un tel contrôle entrainerait, de manière virtuelle, une possible paralysie de la transposition de la directive, au mépris des obligations liées au droit de l'Union de notre pays. Face à ce problème, le Conseil constitutionnel va réussir à établir un compromis propre à accommoder la primauté traditionnelle de la Constitution et la nécessaire réalisation de l'opération de transposition en établissant une obligation constitutionnelle de transposition des directives, sur le fondement de l'article 88-1 C° à laquelle il ne pourrait être fait obstacle qu'en raison d'une disposition expresse (CC, n°2004-496 DC, 10 juin 2004, *Loi pour la confiance dans l'économie numérique*, JO, 22 juin 2004, p. 11182, *Rec. CC*, p. 101, cons. n°7) et spécifique (CC, n°2004-498 DC, 29 juillet 2004, *Loi relative à la bioéthique*, JO, 7 août 2004, p. 14077, *Rec. CC*, p. 122, cons. n°7) contraire de la Constitution. La primauté constitutionnelle interne est ainsi préservée tout en assurant le principe de primauté du droit de l'Union. Dans la même logique, le Conseil a clairement affirmé « que la transposition d'une directive ne saurait aller à l'encontre d'une règle ou d'un principe inhérent à l'identité constitutionnelle de la France » (CC, n°2006-540 DC, 27 juillet 2006, *Loi relative au droit d'auteur et aux droits voisins dans la société de l'information*, JO, 3 août 2006, p. 11541, *Rec. CC*, p. 88, cons. n°19), partant du postulat de principe selon lequel l'existence du principe de primauté « est sans incidence sur l'existence de la Constitution française et sa place au sommet de l'ordre juridique interne » (CC, n°2004-505 DC, 19 novembre 2004, *Traité établissant une Constitution pour l'Europe*, JO, 24 novembre 2004, p. 19885, *Rec. CC*, p. 173, cons. n°10). La primauté du droit de l'Union reste inopposable, dans l'ordre juridique interne, aux dispositions de la Constitution française inhérentes à ses structures fondamentales. Enfin, et poursuivant cette évolution, le juge constitutionnel a pu juger qu'en « imposant l'examen par priorité des moyens de constitutionnalité avant les moyens tirés du défaut de conformité d'une disposition législative aux engagements internationaux de la France, le législateur organique a entendu garantir le respect de la Constitution et rappeler sa place au sommet de l'ordre juridique interne » (CC, n°2009-595 DC, 3 décembre 2009, *Loi organique relative à l'application de l'article 61-1 de la Constitution*, JO, 11 décembre 2009, p. 21381, *Rec. CC*, p. 206, cons. n°14).

Une QPC qui amène à ce que le juge constitutionnel devienne coproducteur de la loi

641 • Au-delà de la protection du législateur ainsi établie par le Conseil, la procédure de QPC renouvelle en profondeur les rapports entre la procédure législative et le contrôle de constitutionnalité. Le contrôle *a priori* ne constitue

qu'une étape de l'élaboration de la loi à laquelle participe les parlementaires. Le contrôle *a posteriori* s'inscrit en dehors de cette élaboration de la loi, la procédure législative et le contrôle de constitutionnalité se succédant dans le temps. Plus précisément, la QPC se déroule dans le cadre d'une procédure juridictionnelle vis-à-vis de laquelle les parlementaires sont exclus. Donc, *a priori*, la QPC ne touche pas directement la procédure parlementaire mais on peut dire qu'elle va produire, indirectement, des effets non négligeables sur le travail des représentants au Parlement. C'est toute la législation en vigueur qui est en mesure de subir le contrôle de la Constitution. Il est certain qu'aujourd'hui, « le législateur négatif que doit être le Conseil constitutionnel devient un participant direct à la confection de la loi, un coproducteur de la loi ». (G. Drago, « L'influence de la QPC sur le parlement ou la loi sous la dictée du Conseil constitutionnel », *Jus Politicum* 2011, n°6). Le contrôle par voie d'action avait déjà, en son temps, exercé une influence notable sur le travail parlementaire. Le 1er exemple est l'attitude du Conseil vis-à-vis du principe de séparation des pouvoirs. Le juge sanctionne comme une atteinte à la séparation des pouvoirs les intrusions, non prévues par la Constitution, d'un pouvoir dans l'exercice des fonctions d'un autre, même si, on le sait, il ne sanctionne pas l'intrusion de la loi dans le domaine réglementaire (même s'il n'hésite pas à sanctionner un législateur s'aventurant hors de son domaine de prédilection. Cf. Censure de la modification du traitement du Président de la République et du Premier ministre, soulevée d'office : CC, n°2012-654 DC, 9 août 2012, *Loi de finances rectificative pour 2012 (II)*, JO, 17 août 2012, p. 13496, *Rec. CC*, p. 461, cons. 81 et 82). En d'autres termes, « invoquant le principe de la séparation des pouvoirs, le Conseil cherche à maintenir les équilibres mis en place par la Constitution, quitte parfois à opter pour une conception très rigide du principe qui privilégie la spécialisation des fonctions à la répartition de celles-ci » (Cf. A. Roblot-Troizier, « Un concept moderne : séparation des pouvoirs et contrôle de la loi », *Pouvoirs* 2012, n°143, p. 89). Ainsi, concernant les rapports entre le pouvoir législatif et le pouvoir exécutif, le législateur ne saurait, sans méconnaître le principe de la séparation des pouvoirs, adresser des injonctions au gouvernement tendant à ce qu'il consulte une commission parlementaire (CC, n°2009-577 DC, 3 mars 2009, *Loi relative à la communication audiovisuelle et au nouveau service public de la télévision*, JO, 7 mars 2009, p. 4336, *Rec. CC*, p. 64, cons. n°29 à n°31).

Un juge constitutionnel qui rappelle l'indépendance des juridictions et qui corrige les dérapages du pouvoir législatif dans la protection des droits

642 • Le Conseil rappelle l'indépendance des juridictions et « le caractère spécifique de leurs fonctions sur lesquelles ne peuvent empiéter ni le législateur ni le gouvernement » (CC, n°80-119 DC, 22 juillet 1980, *Loi portant validation d'actes administratifs*, JO, 24 juillet 1980, p. 1868, *Rec. CC*, p. 46, cons. n°6) quand il doit évoquer les rapports entre le pouvoir législatif et le pouvoir juridictionnel. Pour lui, « il n'appartient pas au législateur de censurer les décisions des juridictions et d'enfreindre par là même le principe de séparation des pouvoirs » (CC, n° 87-228 DC, 26 juin 1987, *Loi organique relative à la situation des magistrats nommés à des fonctions du premier grade*, JO, 26 juin 1987, p. 6998, *Rec. CC*, p. 38, cons. n°8), ni à des

commissions parlementaires d'enquêter sur des faits donnant lieu à des poursuites judiciaires (CC, n°2009-582 DC, 25 juin 2009, *Résolution tendant à modifier le règlement du Sénat pour mettre en œuvre la révision constitutionnelle, conforter le pluralisme sénatorial et rénover les méthodes de travail du Sénat*, JO, 28 juin 2009, p. 10871, *Rec. CC*, p. 132). Il s'est aussi montré plus que vigilant dans son rôle de défenseur des droits fondamentaux et des libertés essentielles, face aux excès de pouvoir législatifs, en accordant une protection toute particulière aux libertés de 1er rang. Il n'a pas été appelé à créer des droits fondamentaux nouveaux et il a pris garde à ne pas porter atteinte au pouvoir d'appréciation et de décision du législateur mais, dans le cadre de son pouvoir d'interprétation des normes, il a pu préciser le contenu et la portée des droits et libertés. On peut citer, à titre d'exemple, l'interprétation donnée à l'article 8 DDHC consacrant les principes de nécessité, proportionnalité et d'individualisation des peines. Pour le Conseil, l'article ne concerne pas seulement les peines prononcées par les juridictions répressives mais s'étend à toute sanction ayant le caractère d'une punition (CC, n°82-155 DC, 30 décembre 1982, *Loi de finances rectificative pour 1982*, JO, 31 décembre 1982, p. 4034, *Rec. CC*, p. 88). Il implique aussi bien une proportionnalité des délits et des peines (CC, n° 88-248 DC, 17 janvier 1989, *Loi modifiant la loi n° 86-1067 du 30 septembre 1986 relative à la liberté de communication*, JO, 18 janvier 1989, p. 754, *Rec. CC*, p. 18, cons. n°30) que l'exigence de l'application immédiate d'une loi pénale plus douce (CC, n°80-127 DC, 19 et 20 janvier 1981, *Loi renforçant la sécurité et protégeant la liberté des personnes*, JO, 22 janvier 1981, p. 308, *Rec. CC*, p. 15).

Une QPC qui influence les débats législatifs

643 • L'influence de la QPC se répercute aussi, de manière générale, sur les débats législatifs. On a déjà pu parler, à propos du contrôle *a priori*, d'un véritable processus de réécriture de la loi, que ce soit après des décisions de censure partielle ou totale ou que ce soit après des décisions de conformité à la Constitution mais accompagnées de réserves d'interprétation à destination des parlementaires. La menace du recours au Conseil a imprégné ainsi, peu à peu, le travail d'écriture de la loi. Cette évolution n'a fait que se confirmer avec l'avènement de la QPC dont la crainte pèse ainsi sur les débats législatifs. Les parlementaires doivent redoubler d'attention pour éviter d'éventuelles failles juridiques portant atteinte aux droits et libertés. Dorénavant, l'absence d'opposition juridique dans le contrôle *a priori* ne suffit plus à pallier le risque d'inconstitutionnalité. La QPC a, par exemple, été invoquée directement dans les débats sur la loi visant à interdire l'exploration et l'exploitation des mines d'hydrocarbures par fracturation hydraulique (loi n°2011-835 du 13 juillet 2011 (JO, 14 juillet 2011, p. 12217) *visant à interdire l'exploration et l'exploitation des mines d'hydrocarbures liquides ou gazeux par fracturation hydraulique et à abroger les permis exclusifs de recherches comportant des projets ayant recours à cette technique*) ou lors de l'examen de la loi ouvrant le mariage aux couples de personnes de même sexe (Loi n°2013-404 du 17 mai 2013 (JO, 18 mai 2013, p. 8253) *ouvrant le mariage aux couples de personnes de même sexe*). Les QPC seront ultérieurement transmises mais sans succès (respectivement, CC, n°2013-346 QPC, *Société Schuepbach Energy LLC [Interdiction de la fracturation hydraulique pour l'exploration et l'exploitation des hydrocarbures -*

Abrogation des permis de recherches], JO, 13 octobre 2013, p. 16905, *Rec. CC*, p. 988 et CC, n°2013-353 QPC, *M. Franck M. et autres [Célébration du mariage - Absence de « clause de conscience » de l'officier de l'état civil]*, JO, 20 octobre 2013, p. 17279, *Rec. CC*, p. 1002). Il faut aussi relever que les autorités parlementaires et gouvernementales participent à l'instruction d'une QPC devant le juge constitutionnel, elles ont le même statut procédural que les parties. Les décisions rendues au titre de l'article 61-1 C° sont communiquées aux présidents des assemblées (art. 23-11 al. 2 de l'ordonnance n°58-1067 du 7 novembre 1958). Le contradictoire s'applique à eux comme aux parties. Ils sont destinataires des décisions de renvoi QPC (art. 23-8 al. 1er de l'ordonnance n°58-1067 du 7 novembre 1958) et de toutes les productions des parties au cours de la procédure contradictoire (art. 1er Règlement QPC) sur lesquelles, à chaque fois, ils peuvent adresser leurs observations. En pratique, cette possibilité n'est guère utilisée par les présidents de l'Assemblée nationale et du Sénat eu égard au fait que le 1er Ministre, qui bénéficie du même statut procédural, intervient à chaque audience QPC par le biais d'un agent du secrétariat général du gouvernement pour prononcer ses observations (art. 10 al. 2 Règlement intérieur QPC) (Cf. O. Dord, « La QPC et le Parlement : une bienveillance réciproque », *Nouveaux Cahiers du CC* 2013, n°38).

Une abrogation de dispositions législatives toujours envisagé en dernier ressort et toujours en prenant en compte la parole du législateur (1)

644 • La sanction des atteintes de la loi aux droits et libertés que la Constitution garantit prend la forme, inédite, dans le contentieux constitutionnel, d'une abrogation des dispositions législatives fautives. Cette sanction peut apparaitre comme un affront ou relevant du « gouvernement des juges » mais, dans son contrôle et dans l'exécution des décisions, le Conseil laisse, la plupart du temps, « la parole au Parlement » (O. Dord, « La QPC et le Parlement : une bienveillance réciproque », *Nouveaux Cahiers du CC 2013*, n°38) ou est amené, toujours la plupart du temps, à sauver la disposition litigieuse de l'abrogation. Le plus souvent, la disposition portant atteinte est abrogée avec effet immédiat ce qui n'amène pas d'intervention du législateur, la décision se suffisant à elle-même. Le Conseil prend néanmoins garde de se voir accuser de participation directe à la fonction législative. On peut néanmoins citer la décision relative à la composition des commissions départementales d'aide sociale (CDAS) où le Conseil a fait le choix non de censurer l'article L. 134-6 CASF mais de déclarer contraires à la Constitution ses 2ème et 3ème alinéas qui prévoient la présence au sein de la CDAS, respectivement, des trois conseillers généraux et des trois fonctionnaires (CC, n°2010-110 QPC, 25 mars 2011, *M. Jean-Pierre B. [Composition de la commission départementale d'aide sociale]*, JO, 26 mars 2011, p. 5406, *Rec. CC*, p. 160). Le choix de cette censure partielle correspond à la volonté de permettre que la décision soit applicable immédiatement et bénéficie notamment à la partie qui a soulevé la QPC mais la solution ainsi dégagée ne se prive pas de redonner la main au législateur en ajoutant à la déclaration de constitutionnalité « sans préjudice de modifications ultérieures de cet article » (cons. n°9) ce qui préserve la liberté du législateur tout en l'invitant à intervenir.

Une abrogation de dispositions législatives toujours envisagé en dernier ressort et toujours en prenant en compte la parole du législateur (2)

645 • Dans le cas où l'abrogation immédiate n'est pas possible, le Conseil peut décider de différer dans le temps la date d'abrogation en fixant lui-même la date à laquelle elle intervient. Le délai ainsi délimité permet au législateur d'intervenir pour remédier à l'inconstitutionnalité sanctionnée et fait en sorte que ce dernier participe directement au système juridictionnel ainsi mis en œuvre dans le cadre de la QPC. Plusieurs considérations peuvent justifier le report : l'abrogation immédiate pourrait avoir des conséquences manifestement excessives, les conséquences à tirer de la disparition de la norme inconstitutionnelle pourraient conduire le Conseil à se substituer au Parlement ou encore l'abrogation immédiate pourrait ne pas satisfaire aux exigences constitutionnelles qui ont été méconnues. Lorsqu'il agit de la sorte, le Conseil règle aussi la question de la période transitoire. Il peut maintenir en application la disposition déclarée inconstitutionnelle (par ex., CC, n°2014-387 QPC, 4 avril 2014, *M. Jacques J. [Visites domiciliaires, perquisitions et saisies dans les lieux de travail]*, JO, 5 avril 2014, p. 6480). Il peut, aussi, pour préserver l'effet utile de la déclaration, effectuer deux types de demande. Il peut demander au juge ordinaire, qui est saisi d'instances concernant l'application des dispositions déclarées inconstitutionnelles, de surseoir à statuer jusqu'à ce que la loi intervienne tout en précisant que le législateur devra rendre cette loi applicable aux instances en cours à la date de la publication de la décision (Par ex., CC, n°2010-83 QPC, 13 janvier 2011, *M. Claude G. [Rente viagère d'invalidité]*, JO, 14 janvier 2011, p. 811, *Rec. CC*, p. 57 et CC, n°2013-343 QPC, 27 septembre 2013, *Époux L. [Détermination du taux d'intérêt majorant les sommes indûment perçues à l'occasion d'un changement d'exploitant agricole]*, JO, 1er octobre 2013, p. 16305, *Rec. CC*, p. 942). Il peut, enfin, combiner une abrogation reportée dans le temps et une réserve d'interprétation transitoire neutralisant les effets inconstitutionnels de la disposition en cause jusqu'à son remplacement par une loi nouvelle (Cf. CC, n°2014-400 QPC, 06 juin 2014, *Société Orange SA [Frais engagés pour la constitution des garanties de recouvrement des impôts contestés]*, JO, 8 juin 2014, p. 9674 et CC, n°2014-404 QPC, 20 juin 2014, *Epoux M. [Régime fiscal applicable aux sommes ou valeurs reçues par l'actionnaire ou l'associé personne physique dont les titres sont rachetés par la société émettrice]*, JO, 22 juin 2014, p. 10315).

Une abrogation de dispositions législatives toujours envisagé en dernier ressort et toujours en prenant en compte la parole du législateur (3)

646 • Il y a des cas aussi où le Conseil est amené à sauver la disposition législative litigieuse de l'abrogation. Comme on a déjà pu le voir (Cf. Supra), le juge peut d'abord se fonder sur la jurisprudence du Conseil d'Etat ou de la Cour de cassation pour déclarer conforme à la Constitution la norme qu'il interprète (Cf. Par ex., CC, n°2011-210 QPC, 13 janvier 2012, *M. Ahmed S. [Révocation des fonctions de maire]*, JO, 14 janvier 2012, p. 753, *Rec. CC*, p. 78 où la décision se fonde sur « la jurisprudence constante du Conseil d'Etat » (cons. n°5) pour écarter les griefs tirés de la violation de l'article 8 DDHC par un article du CGCT relatif à la révocation et à la suspension des maires et de leurs adjoints). Pour éviter la censure de dispositions

législatives, le Conseil peut aussi utiliser la technique des réserves d'interprétation, technique issue du contrôle par voie d'action alors transposée en matière de QPC. Dans ce cadre, il ne se prive pas d'aider à l'exécution de la décision pour encadrer les effets potentiellement néfastes de la réserve (Cf. Par ex., CC, n°2010-8 QPC, *Epoux L. [Faute inexcusable de l'employeur]*, JO, 19 juin 2010, p. 11149, *Rec. CC*, p. 117 où le Conseil pose une réserve permettant d'élargir les possibilités pour une victime d'un accident de travail d'indemnisation par l'employeur (considérant n°18) avec le commentaire autorisé de la décision qui détaille expressément 5 conséquences directement attachées à cette réserve : www.conseil-constitutionnel.fr). Ces réserves font parfois l'objet de critiques mais ces dernières procèdent plus d'un dialogue entre le Conseil et le législateur que d'une logique de conflit.

2 – Un Conseil constitutionnel qui devient une Cour constitutionnelle

647 • Le Conseil constitutionnel ne peut plus, aujourd'hui, prétendre à correspondre aux qualificatifs dont il avait pu faire l'objet lors de sa création : « chien de garde de l'exécutif » (Michel Debré), « canon braqué contre le Parlement » (Charles Eisenmann), l'institution qui « rend des services et non pas des arrêts » (selon le qualificatif employé sous la restauration à propos de la Chambre des pairs, chambre haute en charge alors d'une justice exceptionnelle et à l'inverse de l'expression alors employé par le baron Antoine de Séguier, 1er président de la Cour d'appel de Paris de 1811 à 1848, en 1824 en réponse au garde des sceaux qui lui demandait d'être indulgent dans un procès contre la presse) ou encore, comme il s'était lui-même qualifié, organe régulateur de l'activité des pouvoirs publics » (CC, n°62-20 DC, 6 novembre 1962, *Loi relative à l'élection du Président de la République au suffrage universel direct*, préc., cons. n°2). Le dialogue quotidien qu'il a engagé, depuis l'instauration de la procédure, avec les citoyens, les juges ordinaires ou encore les juges européens fait qu'il se transforme en une « juridiction constitutionnelle pleine et entière ».

a) Un juge constitutionnel nouveau

La constitutionnalisation du droit et la naissance de l'ordre constitutionnel

648 • Le succès de la QPC a renforcé l'évolution qui a vu, depuis 40 ans, le Conseil devenir le défenseur des droits et libertés constitutionnellement garantis. L'action conjuguée du législateur et du Conseil lui-même a permis, progressivement, à partir des années 1970, de soumettre la sphère politique aux droits et libertés garantis par la Constitution mais cette action conjointe a aussi « permis, concomitamment, l'enclenchement d'un autre processus durable et profond : le droit lui-même a été saisi par la Constitution » (O. Jouanjan, « Modèles et représentations de la justice constitutionnelle en France : un bilan critique », *Jus Politicum* 2009, n° 2). C'est le processus de la « constitutionnalisation des branches du droit » cher au professeur Favoreu (L. Favoreu, « La constitutionnalisation du droit », *Mélanges Drago*, Paris, Economica, 1996, p. 42 ou, plus récemment, études réunies par N. Molfessis, « Sur les rapports entre le Conseil constitutionnel et les diverses branches du droit », *Cahiers du CC* 2004, n° 16, p. 98). C'est la naissance de l' « ordre constitutionnel »

(Cf. L. Favoreu, *Droit constitutionnel*, Paris, Dalloz, 5ème éd., 2002, p. 304 et suiv. qui y consacre un chapitre) qui peut alors se définir comme étant « un « ordre politique », mais « saisi par le droit » ; [...] un « ordre juridique », mais saisi par la Constitution » (O. Jouanjan, « Modèles et représentations de la justice constitutionnelle en France : un bilan critique » précité), le nouveau droit constitutionnel se définissant comme étant un « droit de la Constitution » en même temps qu'une « constitution du droit » (L. Favoreu, « Le droit constitutionnel, droit de la Constitution et constitution du droit », *RFDA* 1990, n° 1, p. 72).

La juridictionnalisation progressive de l'institution à partir des années 1970/1980

649 • L'une des premières questions touchant au Conseil constitutionnel, pendant les années 1970, était relative au fait de savoir s'il était ou non une juridiction. Il n'y avait rien, dans le texte constitutionnel, qui évoquait la notion de « juges » ou celle de « fonction juridictionnelle ». C'est la doctrine qui, devant le silence des textes, allait attribuer une nature juridictionnelle au Conseil (Cf. Par ex., F. Luchaire, « Le Conseil constitutionnel est-il une juridiction ? », *RDP* 1979, p. 27 ; « Le Conseil constitutionnel et la protection des droits et libertés », *Mélanges Waline*, Paris, LGDJ, vol. 2, 1974, p. 563). Le terme « jurisprudence » pour désigner les décisions du Conseil ne se diffuse véritablement qu'à partir du milieu des années 1970 lorsqu'il est créé dans la Revue de droit public, une chronique régulière de « jurisprudence constitutionnelle » sous la direction de Louis Favoreu et Loïc Philip. Le droit constitutionnel devient ainsi progressivement un droit « jurisprudentiel » et les constitutionnalistes transposent la posture d' « arrêtiste », caractéristique du travail de la doctrine en droit administratif, à l'étude des décisions du Conseil (Cf. A. Viala, « Le droit constitutionnel à l'heure du tournant arrêtiste. Questions de méthode », *RDP* 2016, p. 1137). Ils se fondent, pour cela, sur 3 éléments principaux : le fait que le Conseil tranche, par une décision définitive, une contestation, au sens large, portant, en réalité, sur une question de droit, le fait qu'il existe, devant lui, un litige qui nécessite l'intervention d'une tierce personne et, enfin, le fait que les décisions du Conseil vont être revêtues de l'autorité de chose jugée (Cf. D. Rousseau, P.-Y. Gahdoun, J. Bonnet, *Droit du contentieux constitutionnel*, 11ème éd., 2016). C'est le Conseil, lui-même, sur ce dernier point, qui allait se faire « juridiction » en précisant, face à l'imprécision de l'article 62 C°, que l'autorité attachée à ces décisions était une autorité de chose jugée (l'expression ne sera présente expressément dans la jurisprudence du Conseil qu'en 1988 : CC, n°88-244 DC, 20 juillet 1988, *Loi portant amnistie*, JO, 21 juillet 1988, p. 9448 ; *Rec. CC*, p. 119). Puis la juridictionnalisation s'est progressivement installée dans le contrôle *a priori* par l'instauration pas à pas du contradictoire, la publication, à partir de 1983, des lettres de saisines au journal officiel puis des observations en défense du gouvernement.

Une juridictionnalisation renforcée par la création du contrôle *a posteriori*

650 • Avec la création du contrôle *a posteriori*, la juridictionnalisation est immanquablement renforcée. Le litige constitutionnel s'insère dorénavant dans un

litige ordinaire, auquel il apporte une solution. L'autorité de la chose jugée renforce ainsi la position du Conseil comme interprète de la Constitution et l'installe comme une véritable juridiction. Le Conseil n'a pas tous les signes extérieurs de la juridiction (il ne statue pas, par ex., au nom du peuple français) mais « la chose juridictionnelle est là » (Cf. D. Rousseau, *Droit du contentieux constitutionnel* précité qui souligne notamment que, depuis le 10 mai 2016, la formule « jugé par le Conseil constitutionnel dans sa séance du … » figure en bas des décisions QPC). Pour autant, si le Conseil constitutionnel est désormais une juridiction, il n'est pas une juridiction comme les autres mais une juridiction constitutionnelle. Dans un 1er temps, ces juridictions particulières étaient exclues du champ d'application de l'article 6-1 ConvEDH, avant que n'intervienne une jurisprudence contraire (CourEDH, 23 juin 1993, *Ruiz-Mateos contre Espagne*, req. n°12952/87, § 59 ; CourEDH, 16 septembre 1996, *Süssmann contre Allemagne*, req. n°20024/92, § 39) soumettant notamment les procédures constitutionnelles qui déterminent l'issue d'un litige portant sur des droits et obligations de caractère civil ou une accusation pénale, ce qui est le cas de la QPC (Cf., en ce sens, S. de la Rosa, « L'article 6 § 1 de la Convention européenne, le Conseil constitutionnel et la question préjudicielle de constitutionnalité », *RFDC* 2009, p. 817 ; D. Szymczak, « Droits européens et question prioritaire de constitutionnalité : « les nouvelles liaisons dangereuses » », *Politeia* 2010, n° 17, p. 239 ; en sens inverse : M. Guillaume, « Question prioritaire de constitutionnalité et Convention européenne des droits de l'homme », *Nouveaux Cahiers du CC* 2011, n° 32, p. 67).

Un juge constitutionnel qui doit se conformer aux principes du procès équitable

651 • Au lendemain de la QPC, le Conseil constitutionnel doit se conformer aux standards du procès équitable, tels qu'adaptés aux spécificités de la justice constitutionnelle. Le constituant comme le législateur organique n'ont rien prévu à cet effet et, là encore, la juridictionnalisation sera l'œuvre du Conseil lui-même par l'adoption de son règlement intérieur du 4 février 2010 (www.conseil-constitutionnel.fr et JO, 18 février 2010, p. 2986 ; Cf. M. Guillaume, « Le règlement intérieur sur la procédure suivie devant le Conseil constitutionnel pour les questions prioritaires de constitutionnalité », *LPA* 2010, n°38, GP 2010, 23 février, n° 54, p. 10 et F. Jacquelot, « La procédure de la question prioritaire de constitutionnalité devant le Conseil constitutionnel », *AJDA* 2010, p. 950). Ce nouveau règlement permet au Conseil de largement répondre aux standards du procès équitable : délai raisonnable, contradictoire, publicité de l'audience et oralité des débats, indépendance et impartialité du juge (principes énoncés à l'article 23-10 de l'ordonnance n°58-1067 de 1958 inséré par la loi organique de 2009 et ils sont repris et détaillés par le règlement intérieur du Conseil). Ils font, enfin, du Conseil une juridiction à part entière sous l'égide de la source commune du droit processuel que constitue le droit à un procès équitable de l'article 6-1 ConvEDH. Reste un souci majeur dans le cadre du respect de ses principes processuels, celui qui touche à la question du respect du principe d'indépendance et d'impartialité des juges.

Un souci majeur : le respect du principe d'impartialité (1)

652 • Le mode de nomination des membres du Conseil constitutionnel n'a pas évolué en même temps que la mise en place du caractère juridictionnelle de la procédure et il apparaît de plus en plus en décalage par rapport au mode de nomination existant devant les autres juridictions constitutionnelles européennes (Cf. M. Fromont, « La justice constitutionnelle en France ou l'exception française », *Mélanges Conac*, Paris, Economica, 2001, p. 167) mais aussi par rapport au processus de l'affirmation du Conseil comme « Cour constitutionnelle ». Le Conseil pouvait auparavant s'abriter derrière une spécificité propre à un office dont le caractère juridictionnel pouvait ne pas être parfait, tant en ce qui concernait la procédure elle-même que la composition de l'organe mais, aujourd'hui, il est obligé de se donner tous les attributs d'un juge, ce qui renouvelle la question de la légitimité de sa composition. En France, les membres du Conseil font l'objet d'une décision de nomination discrétionnaire qui est inattaquable (CE, Ass., 9 avril 1999, *Mme Ba*, req. n°195616, *Rec. CE*, p. 124, *RFDA* 1999, p. 566, concl. Salat-Baroux). L'indépendance des membres du Conseil, vis-à-vis des pouvoirs exécutif et législatif, ne pose pas de réel problème. Leur désignation par ces mêmes pouvoirs n'a jamais été jugée comme contraire au principe d'indépendance. Leur impartialité en revanche, qui s'appréhende par rapport à l'implication des membres dans un litige, est, elle, en question (Cf. F. Tulkens et S. Van Drooghenbroeck, « La double vie du juge est-elle compatible avec son impartialité ? », *Mélanges Martens*, Bruxelles, Larcier, 2007, p. 485).

Un souci majeur : le respect du principe d'impartialité (2)

653 • C'est la notion d'impartialité objective, celle qui renvoie aux interventions antérieures du juge dans l'affaire et qui impose la séparation des fonctions, qui pourrait ici être invoquée vis-à-vis des membres du Conseil (En ce sens, P. Wachsmann, « Sur la composition du Conseil constitutionnel », *Jus Politicum* 2010, n° 5, p. 30 et R. Nollez-Goldbach, « Question prioritaire de constitutionnalité : de l'affirmation du Conseil en Cour constitutionnelle », *JCP* 2011, G, 27 juin, n°26, hors-série). Elle consiste à se demander si « indépendamment de la conduite personnelle du juge, certains faits vérifiables autorisent à suspecter l'impartialité de ce dernier » (CourEDH, 11 septembre 2009, *Dubus contre France*, req. n°5242/04, §53). En la matière, « même les apparences peuvent revêtir de l'importance » (CourEDH, 26 octobre 1984, *De Cubber contre Belgique*, req. n° 9186/80, § 26 ; Cf. S. Gandreau, « La théorie de l'apparence en droit administratif », *RDP* 2005, p. 320, théorie selon laquelle la justice doit non seulement être rendue mais montrer qu'elle a été rendue, selon l'adage anglais *Justice must not only be done, it must be seen to be done*) et le juge doit ainsi offrir « des garanties suffisantes pour exclure à cet égard tout doute légitime » (CourEDH, 20 mai 1998, *Gautrin et autres contre France*, req. n°21257/93, §58). Si « toute participation directe à l'adoption de textes législatifs ou réglementaires peut suffire à jeter le doute sur l'impartialité judiciaire d'une personne amenée ultérieurement à trancher un différend » (CourEDH, 8 février 2000, *Mc Gonnell contre Royaume-Uni*, req. n°28488/95, § 55), le « simple fait,

pour un juge, d'avoir déjà pris des décisions avant le procès ne peut passer pour justifier en soi des appréhensions relativement à son impartialité. Ce qui compte est l'étendue des mesures adaptées par le juge avant le procès. (...) L'appréciation préliminaire des données disponibles ne saurait non plus passer comme préjugeant l'appréciation finale » (CourEDH, 6 juin 2000, *Morel contre France*, req. n°34130/96, § 45).

Un souci majeur : le respect du principe d'impartialité (3)

654 • Pour garantir l'impartialité des membres du Conseil, des procédures de récusation et de déport volontaire, son corollaire, ont été introduites de manière discrète à l'article 4 du règlement intérieur. Si la récusation résulte d'une double exigence conventionnelle et constitutionnelle, elle est appréciée au regard de la spécificité tant de la justice constitutionnelle que du caractère incident du contrôle introduit par la révision de 2008 et donc la portée de cette procédure comme son effectivité demeurent par conséquent restreintes. Certains ont ainsi pu définir le mécanisme de récusation comme « une sorte de « bricolage » procédural destiné à donner au justiciable le sentiment d'une justice constitutionnelle impartiale » E. Cartier, « La récusation et le déport devant le Conseil constitutionnel : cote mal taillée ou réelle avancée ? », *LPA* 2011, 05 mai, n°89, p. 22). Le dispositif adopté en matière de récusation ne répond que partiellement aux soucis de la composition du Conseil puisqu'il est posé une réserve dont l'ambiguïté ne saurait échapper à la critique. La simple « participation » à « l'élaboration de la disposition législative » (et non de la loi dans son ensemble) ne suffit pas à constituer une cause de récusation et par là une preuve de la partialité du juge (art. 4 dernier alinéa du RI). Il n'y a eu, jusqu'à ce jour, une unique demande de récusation, concernant 6 des 11 membres du Conseil qui a été déposée en 2011 par Arnaud Montebourg, dans le cadre de deux QPC (CC, n° 2011-142 QPC et n°2011-143 QPC, 30 juin 2011, *Départements de la Seine-Saint-Denis et autres [Concours de l'Etat au financement par les départements du RMI, du RMA et du RSA]*, JO, 1er juillet 2011, p. 11294, *Rec. CC*, p. 323), le Conseil n'a, au final, validé que deux récusations, celles de Jacques Barrot et de Michel Charasse (Cf. N. Perlo, « Les premières récusations au Conseil constitutionnel : réponses et nouveaux questionnements sur un instrument à double tranchant », *AIJC* 2012, n°27, p. 61 et suiv.). La procédure du déport est, elle, volontaire et exclusivement ancré dans le for intérieur du juge, tout membre ayant la faculté et même le devoir de se déporter s'il estime ne pas être en mesure de juger le cas avec toute l'impartialité nécessaire et ceci, sans que le Conseil ne puisse en apprécier la pertinence. Sur le plan statistique, « une affaire sur dix donne lieu au déport d'un membre » (M. Disant, *Droit de la question prioritaire de constitutionnalité. Cadre juridique, Pratiques jurisprudentielles*, Paris, Editions Lamy, 2011, n°400). Le président du Conseil peut, lui-même décider de s'abstenir de siéger (CC, n°2010-29/37 QPC, 22 septembre 2010, *Commune de Besançon et autre [Instruction CNI et passeports]*, JO, 23 septembre 2010, p. 17293, *Rec. CC*, p. 248 ; CC, n°2010/96 QPC, 4 février 2011, *M. Jean-Louis de L. [Zone des 50 pas géométriques]*, JO, 5 février 2011, p. 2354, *Rec. CC*, p. 102 ; CC, n°2011-117 QPC, 8 avril 2011, *M. Jean-Paul H. [Financement des campagnes électorales et inéligibilité]*, JO, 9 avril 2011, p. 6362, *Rec. CC*, p. 186).

b) Un ordre constitutionnel complémentaire aux ordre administratif et judiciaire

Un Conseil constitutionnel qui ne s'inscrit pas dans la ligne du modèle américain

655 • On distingue généralement deux modèles de justice constitutionnelle. Il y a d'abord le modèle d'inspiration américaine dont la Cour suprême des Etats-Unis est l'exemple le plus ancien (Cf. A. Deysine, *La Cour Suprême des Etats-Unis. Droit, politique et démocratie*, Paris, Dalloz, 2015). Le contrôle de constitutionnalité de la loi n'était pas, d'un prime abord, prévu lors de la mise en place initiale de cette Cour par la Constitution (Constitution du 17 septembre 1787). C'est la Cour, elle-même, en dégageant une approche pragmatique, qui va s'arroger le pouvoir d'effectuer un tel contrôle (Cour suprême des Etats-Unis, 24 février 1803 *Marbury contre Madison* (arrêt 5 U.S. 137) in E. Zoller (dir.), *Les Grands arrêts de la Cour suprême des Etats-Unis*, Paris, Dalloz, 2010, p. 1). Celui-ci va alors s'exercer par voie d'exception (la loi n'est pas directement attaquée), de manière *a posteriori* (la loi a déjà été promulguée et appliquée), de façon concrète, subjective (le contrôle est effectué à partir d'un litige précis) et déconcentré (tous les juges du pays sont compétents pour l'exercer). Ce contrôle de la loi exercé par tous les juges est régulé par la Cour suprême qui est, de ce fait placé au sommet d'un ordre de juridiction unique. Il y a un pouvoir hiérarchique qui est mis en place entre la Cour suprême et les autres autorités juridictionnelles qui en relève par la voie de l'appel et de la cassation. La Cour dispose même de la possibilité d'annuler les décisions des juridictions fédérales tout comme celles des Cours suprêmes des Etats fédérés et peut ainsi imposer son point de vue aux autorités inférieures. C'est notamment l'apport de l'arrêt « *Cohens contre Virginia* » en 1821 (Cour suprême des Etats-Unis, 3 mars 1821, *Cohens contre Virginia* (19 U.S. (6 Wheat.)264), Cf. E. Zoller (dir.) « La suprématie de la Cour suprême des Etats-Unis sur les Cours suprêmes d'Etat », in *Les grands arrêts de la Cour suprême des Etats-Unis* préc., p. 56).

Un Conseil constitutionnel qui ne s'inscrit pas dans la ligne du modèle Kelsenien

656 • A la différence des origines prétoriennes du système américain, le modèle européen trouve sa source dans l'œuvre doctrinale d'un professeur de droit, Hans Kelsen (H. Kelsen, *Reine Rechtslehre*, Editions F. Deuticke, 1934, réédition et traduction H. Kelsen, *Une théorie pure du droit*, Paris, LGDJ, 1999). C'est après la 1ère Guerre mondiale que celui-ci évoque l'idée d'un contrôle de constitutionnalité des lois qui aura pour principales caractéristiques d'être concentré, par voie d'action et rendue *a priori* (Cf. H. Kelsen, « La garantie juridictionnelle de la Constitution (La justice constitutionnelle) », *RDP* 1928, p. 197 et « Le contrôle de constitutionnalité des lois. Une étude comparative des constitutions autrichienne et américaine », *RFDC* 1990, n°1, p. 17. Ce modèle, apparu en 1920 avec la création de la Cour constitutionnelle d'Autriche, se caractérise par une approche théorique et procédurale nécessitant la création d'une Cour constitutionnelle spécialement et exclusivement créée pour connaitre du contentieux constitutionnel (Voir C. Eisenmann, *La justice constitutionnelle et la Haute Cour constitutionnelle d'Autriche* (1928),

rééd., Paris, Economica, 1986). Cette Cour ne s'apparente alors pas à une Cour suprême parce qu'elle est, à la fois, distincte et indépendante, par rapport à l'appareil juridictionnel ordinaire et, qu'en conséquence, elle n'est pas en mesure de lui imposer ces décisions.

Un système européen qui permet de rapprocher Cour constitutionnelle et Cour suprême

657 • De façon générale, c'est la définition du professeur Louis Favoreu, qui définit les Cours suprêmes par opposition aux Cours constitutionnelles, qui est utilisée par la doctrine et qui fait office de référence pour caractériser une Cour suprême. Elles sont ainsi présentées comme « des juridictions placées au sommet de l'édifice juridictionnel d'un Etat et dont relève par la voie de l'appel ou de la cassation l'ensemble des tribunaux et cours composant cet édifice » (L. Favoreu, « Cours suprêmes et Cours constitutionnelles » in L. Cadiet (dir.), *Dictionnaire de la Justice*, PUF, Paris, 2004, p. 277). Une Cour serait suprême quand tous les ordres juridiques et juridictionnels d'un pays seraient unifiés par son action et sous son autorité, quand elle aurait compétence pour dire le droit et décider du fait et quand elle fonderait ses décisions sur la norme suprême du système juridique, c'est-à-dire la Constitution (Cf. J. Bonnet, J.-Y. Gahdoun et D. Rousseau, *Droit du contentieux constitutionnel*, Paris, LGDJ, 11ème éd., 2016, n°90 qui prennent pour référence R. Drago, « La Cour de cassation, Cour suprême », in *L'image doctrinale de la Cour de cassation,* Paris, La documentation française, 1994, p. 19). Dans le modèle européen, les systèmes peuvent cumuler le contrôle *a priori* avec le contrôle *a posteriori* et, dans cette logique, rapprocher la Cour constitutionnelle d'une Cour suprême. Dans certains pays (Italie, Allemagne, Espagne), le juge ordinaire a la possibilité de poser une question préjudicielle sur la constitutionnalité d'une loi dont il doit faire application. Les citoyens eux-mêmes peuvent se prévaloir devant la Cour constitutionnelle en cas de violation par l'administration ou un juge de leurs droits et libertés fondamentales. C'est le système qu'on a déjà pu évoquer précédemment de l'*Amparo* en Espagne ou de la *Verfassungbeschwerde* en Allemagne (Cf. Pour l'ensemble des trois pays mentionnés : M.-E. Casas Baamonde, « Le contrôle de constitutionnalité, l'expérience espagnole », *Cahiers du CC* 2009, hors-série, 3 novembre ; C. Grewe, « Le contrôle de constitutionnalité de la loi en Allemagne : quelques comparaisons avec le système français », *Pouvoirs* 2011, n°137, p.143 ; F. Gallo, « Le modèle italien de justice constitutionnelle », *Nouveaux Cahiers du CC* 2001, n°42, p. 264 ; A. Pizzorusso, « Cour constitutionnelle italienne », *RIDC* 1981, vol. n°33, p. 404).

Un Conseil constitutionnel qui devient une Cour suprême avec la création de la QPC (1)

658 • C'est un tout autre système qui existait en France jusqu'à l'introduction de la QPC, qui ne connaissait pas de procédure de question préjudicielle pas plus que de recours individuel contre les jugements. Le rapport entre la juridiction constitutionnelle et les juges ordinaires tenant, exclusivement et simplement dans la

reconnaissance et la portée que les juges ordinaires accordent à l'autorité des décisions du juge constitutionnel. On a pu voir que la portée de cette autorité était strictement limitée, pour les juges ordinaires, à l'application de la loi contrôlée par le Conseil. Ces derniers ne voulant pas, ainsi, se soumettre purement et simplement aux interprétations générales du Conseil et ne voulant pas aller plus loin que l'autorité de chose jugée et appliquer une autorité dite de chose interprétée. Il n'y avait pas de position dominante et aucun contrôle des juges ordinaires dans ce cadre pour le Conseil, les décisions de ce dernier ne s'imposant pas juridiquement mais seulement par leur force éventuelle de persuasion. La logique de la QPC est différente. A la différence du contrôle *a priori* qui s'inscrit dans la procédure d'élaboration de la loi et dans une logique politique, la QPC s'inscrit dans un cadre juridictionnel et dans le contentieux classique des juges ordinaires. Dominique Rousseau détermine trois éléments susceptibles, dans ce cadre, de faire du Conseil une véritable Cour suprême (D. Rousseau, *Droit du contentieux constitutionnel précité*, n°91 et suivants). Le 1er élément réside dans le caractère prioritaire de la QPC qui a été réaffirmé par le Conseil vis-à-vis du droit de l'Union et, plus largement, du droit conventionnel en réponse aux inquiétudes qui avaient initialement été exprimées par la Cour de cassation. Le 2nd élément identifié par l'auteur réside dans le lien organique obligé qui, à travers la procédure de filtrage, est créé entre les juges ordinaires et le Conseil. Pour décider notamment du caractère « sérieux » ou « nouveau » de la question soumise à leur examen, les juges ordinaires doivent intégrer la jurisprudence constitutionnelle dans leur raisonnement. Dans cette « nouvelle chaine juridictionnelle inédite » (D. Rousseau, *Droit du contentieux constitutionnel précité*, n°96) les juges ordinaires ne peuvent pas juger eux-mêmes la loi contestée devant eux et sont forcément dépendants de la décision du Conseil.

Un Conseil constitutionnel qui devient une Cour suprême avec la création de la QPC (2)

659 • Le 3ème élément susceptible de définir le Conseil comme une Cour suprême est, paradoxalement, la soumission du Conseil aux interprétations législatives faites par les juges ordinaires. Dès que cette interprétation est constante, le Conseil prend celle-ci pour acquise et ne substitue pas sa propre interprétation (Cf. CC, n°2010-39 QPC, 6 octobre 2010, *Mmes Isabelle D. et Isabelle B. [Adoption au sein d'un couple non marié]*, JO, 7 octobre 2010, p. 18154, *Rec. CC*, p. 264 où le Conseil a admis qu'en posant une QPC « tout justiciable a le droit de contester la constitutionnalité de la portée effective qu'une interprétation jurisprudentielle constante confère à [une] disposition législative »). Mais cette interprétation n'est pas pour autant absolue et est soumise au contrôle du Conseil (Cf. J. Béal-Long, « Le contrôle de l'interprétation jurisprudentielle constante en QPC », *RFDC* 2016, n°105, p. 256). Toujours dans la décision du 6 octobre 2010, il a jugé que l'interprétation donnée par le juge ordinaire de l'article 365 du Code Civil comme interdisant l'adoption d'un enfant mineur par un couple non marié ne portait pas atteinte ni au droit de mener une vie familiale normale, ni au principe d'égalité et a été jugé conforme (cons. n°8 et n°9). Par contre, dans une décision du 14 octobre 2010, l'interprétation jurisprudentielle a été la source de l'inconstitutionnalité puisque le

Conseil a considéré que l'interprétation retenue par le Conseil d'Etat prévalait sur celle du gouvernement et amenait à ce que la disposition législative soit contraire au principe d'égalité devant les charges publiques (CC, n°2010-52 QPC, 14 octobre 2010, *Compagnie agricole de la Crau [Imposition due par une société agricole]*, JO, 15 octobre 2010, p. 18540, *Rec. CC*, p. 283). L'interprétation jurisprudentielle n'est pas toujours la source de l'inconstitutionnalité, mais elle constitue souvent le support nécessaire au contrôle en tant qu'elle détermine l'applicabilité de la norme constitutionnelle (CC, n°2011-201 QPC, 02 décembre 2011, *Consorts D. [Plan d'alignement]*, JO, 3 décembre 2011, p. 20497, *Rec. CC*, p. 563 où le Conseil tient compte de l'interprétation jurisprudentielle du Conseil d'Etat concernant la procédure d'alignement (art. L. 112-2 Code voirie routière) pour écarter le bien-fondé du grief tenant à la privation du droit de propriété (art. 2 et 17 DDHC) ; CC, n°2012-266 QPC, 20 juillet 2012, *M. Georges R. [Perte de l'indemnité prévue en cas de décision administrative d'abattage d'animaux malades]*, JO, 21 juillet 2012, p. 12001, *Rec. CC*, p. 390 où l'évocation de l'interprétation jurisprudentielle contribue à déterminer l'applicabilité de l'article 8 DDHC sans que cette dernière ne soit confrontée ni au principe constitutionnel de clarté et de précision des délits ni à celui sur la proportionnalité des peines).

Un Conseil constitutionnel qui devient une Cour suprême avec la création de la QPC (3)

660 • Il faut relever aussi que le Conseil préfère désormais privilégier la formulation des « réserves d'interprétation » plutôt que de rendre des décisions interprétatives d'annulation ou des décisions d'annulation de la disposition législative (Voir sur cette tendance : C. Severino, « Un an de droit vivant devant le Conseil constitutionnel », *Constitutions 2012*, p. 43). Il substitue ainsi sa propre interprétation au droit vivant qu'il jugeait contraire à la Constitution (CC, n°2010-101 QPC, 11 février 2011, *Mme Monique P. et autre [Professionnels libéraux soumis à une procédure collective]*, JO, 12 février 2011, p. 2758, *Rec. CC*, p. 116, cons. n°5 ; CC, n°2011-127 QPC, 6 mai 2011, *Consorts C. [Faute inexcusable de l'employeur : régime spécial des accidents du travail des marins]*, JO, 7 mai 2011, p. 7851, *Rec. CC*, p. 222, cons. n°9 ; CC, n°2011-164 QPC, 16 septembre 2011, *M. Antoine J. [Responsabilité du « producteur » d'un site en ligne]*, JO, 17 septembre 2011, p. 15601, *Rec. CC*, p. 448, cons. n°7). En évitant ainsi la censure, il ne se contente pas de préserver les juges ordinaires pour certains auteurs, il exerce aussi une certaine « emprise » puisque « en imposant une interprétation donnée du texte ou en écartant l'une des interprétations possibles […], le juge constitutionnel se substitue au Conseil d'Etat ou à la Cour de cassation dans leur fonction classique d'interprète authentique de la loi » (D. Rousseau, *Droit du contentieux constitutionnel* précité, n°99). Ainsi, par exemple, dans une décision QPC du 11 février 2011 déjà mentionnée (CC, n°2011-101 QPC, *Mme Monique P. et autre [Professionnels libéraux soumis à une procédure collective]*), le juge constitutionnel a, par une réserve d'interprétation, étendu le champ d'application des dispositions contestées aux professions libérales, en allant à l'encontre d'une orientation jurisprudentielle bien établie de la Cour de cassation, mentionnée dans les visas de la décision (cons. n°5). Le Conseil joue aussi parfois le rôle d'arbitre en

départageant le Conseil d'Etat et la Cour de cassation sur un conflit d'interprétation sur une disposition législative. Dominique Rousseau parle, à cet égard, tour à tour, de « tribunal des conflits constitutionnels » lorsque le Conseil d'Etat saisit le Conseil d'une disposition législative objet d'une interprétation divergente de la Cour de cassation ou de « référé législatif » lorsque le Conseil d'Etat fait état d'un doute sur la constitutionnalité d'une interprétation constante de la Cour de cassation.

c) Des juges ordinaires qui sortent paradoxalement renforcés de la procédure QPC en devenant juges constitutionnels de droit commun

La procédure de filtrage et le « pré-contrôle de constitutionnalité »

661 • On aurait pu penser, d'un prime abord, que le dispositif QPC amène à placer les juges ordinaires suprêmes sous le contrôle du juge constitutionnel, il n'en est rien, au final, puisque ces derniers se trouvent, paradoxalement, renforcés en tant que juridictions suprêmes, les juges administratifs et judiciaires devenant, malgré la volonté de ne pas installer un contrôle diffus de constitutionnalité de la loi, des juridictions constitutionnelles de droit commun (G. Drago, « La Cour de cassation, juge constitutionnel », *RDP* 2011, p. 1438 ; S.-J. Lieber et D. Botteghi, « Le juge administratif, juge constitutionnel de droit commun ? », *AJDA* 2010, p. 1355). C'est la procédure de filtrage mise en place par l'article 61-1 C° qui amène à ces interactions au niveau des compétences respectives. Par cette procédure, les juges ordinaires conservent la maitrise des renvois des QPC et sont loin d'être soumis, disciplinés ou de faire allégeance au Conseil. Ne se contentant pas d'être de simples « boites aux lettres constitutionnelles » (G. Drago, « La Cour de cassation, juge constitutionnel » précité), le Conseil d'Etat et la Cour de cassation ne restent pas neutre et renforcent plutôt, par ce biais, leur office dans le contrôle des lois par rapport à la Constitution en trouvant des raisons supplémentaires d'autonomie. Si l'intention du législateur, au départ, était d'éviter l'engorgement du Conseil constitutionnel, les juges ordinaires, lorsqu'ils apprécient notamment le caractère sérieux de la QPC, se trouvent placés en situation d'exercer un « pré-contrôle de constitutionnalité » (D. Rousseau, *Droit du contentieux constitutionnel* précité, n°101) et on a pu aussi parler, à cet égard, de « juge constitutionnel négatif » dans les premières années de mise en œuvre de la QPC. L'appréciation du caractère sérieux permet de déterminer s'il y a un doute raisonnable quant à l'inconstitutionnalité de la disposition législative et la détermination de ce doute est ainsi laissée à la libre appréciation voire à l'appréciation souveraine des juges ordinaires suprêmes, leurs décisions ne pouvant être remises en cause que par eux-mêmes dans le cadre d'une autre QPC (Voir, par ex., Marthe Fatin-Rouge Stéfanini, « L'appréciation, par les Cours suprêmes, du caractère sérieux de la question de constitutionnalité » in *La QPC : vers une culture constitutionnelle partagée*, Paris, LGDJ, 2015, p. 29 et https://halshs.archives-ouvertes.fr, 9 février 2017).

La « théorie de la Constitution claire » et la substitution d'appréciation des juges ordinaires

662 • Dans la procédure de filtrage, l'appréciation des conditions de recevabilité de la QPC s'est très vite transformée en un véritable contrôle de constitutionnalité dans la mesure où tous les moyens peuvent être utilisés par les juges suprêmes pour déterminer le caractère raisonnable de ce doute en l'absence d'une méthode bien définie et de limites claires quant à la manière de déterminer ce caractère sérieux. Dans leur contrôle, les juges suprêmes recourent d'abord aux précédents jurisprudentiels en puisant dans la jurisprudence du Conseil et, dans ce cadre, ils n'hésitent pas à raisonner par analogie et à transposer à des cas nouveaux sa jurisprudence dans la mesure où cette jurisprudence est claire, établie, bien connue. Agnès Roblot-Troizier parle d'ailleurs, à ce sujet, de « théorie de la Constitution claire » (A. Roblot-Troizier, « La QPC, le Conseil d'Etat et la Cour de cassation », *Nouveaux Cahiers du CC* 2013, n°40, p. 49). Mais les juridictions peuvent aussi aller plus loin en empruntant au Conseil son appréciation des conditions même de l'atteinte à un droit fondamental. Il en est ainsi lorsqu'elles contrôlent la justification (voir, par ex., Cass., com., 20 décembre 2012, n° de pourvoi : 12-40074 ou CE, 21 septembre 2012, *Commune de Vitry-sur-Seine*, req. n°360602) ou la proportionnalité (voir, par ex., Cass., crim., 22 janvier 2013, n° de pourvoi : 12-90065 ou CE, 22 octobre 2010, *Père*, req. n°341869) de l'atteinte à ce droit. Lorsqu'ils écartent la QPC dans ce cadre, que l'article de la loi n'amène pas une atteinte excessive aux droits et libertés constitutionnellement garantis ou qu'il soit assez justifié au regard de l'objectif d'intérêt général, les juridictions suprêmes suppléent leur appréciation à celle que pourrait faire le Conseil. Cette appréciation peut parfois être sujette à critique.

L'exemple de la Cour de cassation, juge constitutionnel de droit commun

663 • On peut parler, à titre d'exemple, du refus répété de la Cour de cassation de transmettre la moindre QPC au Conseil sur la loi « *Gayssot* » du 13 juillet 1990 (loi n°90-615 du 13 juillet 1990 (JO, 14 juillet 1990, p. 8333) *tendant à réprimer tout acte raciste, antisémite ou xénophobe*) instaurant le délit de contestation de crimes contre l'humanité (Cass., crim., 7 mai 2010, n° de pourvoi : 09-80.774 ; Cass., crim., 5 décembre 2012, n° de pourvoi : 12-86.382 ; Cass., crim., 6 mai 2014, n° de pourvoi : 14-90.010) avant qu'elle ne décide finalement de franchir le pas (Cass., crim., 6 octobre 2015, n° de pourvoi : 15-84.335 QPC, *Bull. crim.* 2015, n° 219) et que le Conseil ne clos définitivement les débats sur la constitutionnalité de la loi en consacrant de manière solennelle qu'elle a pour objet de « réprimer un abus de l'exercice de la liberté d'expression » (CC, n°2015-512 QPC, 8 janvier 2016, *M. Vincent R. [Délit de contestation de l'existence de certains crimes contre l'humanité]*, JO, 10 janvier 2016, texte n° 20, cons. n°7). Cette consécration arrive après un brevet de validité initial délivré par le CourEDH (CourEDH, 23 octobre 2000, *Garaudy contre France*, req. n°65831/01 ; Voir aussi CourEDH, 15 octobre 2015, *Perinçek contre Suisse*, req. n°275510, § 209 à 212 pour un résumé de la jurisprudence européenne sur la pénalisation des propos contestant l'Holocauste) et une précédente décision

du Conseil allant dans le même sens (CC, n°2012-647 DC, 28 février 2012, *Loi visant à réprimer la contestation de l'existence des génocides reconnus par la loi*, JO, 2 mars 2012, p. 3988, *Rec. CC*, p. 139). Elle doit aussi être rapproché d'une décision plus récente dans le contrôle *a priori* (CC, n°2016-745 DC, 26 janvier 2017, *Loi relative à l'égalité et à la citoyenneté*, JO, 28 janvier 2017, texte n°2) où le Conseil a déclaré contraire à la Constitution l'article 173 de la loi n° 2017-86 du 27 janvier 2017 (JO, 28 janvier 2017, texte n°1) *relative à l'égalité et à la citoyenneté* parce qu'il contenait des dispositions à l'origine de deux nouvelles incriminations du négationnisme venant s'ajouter à celle déjà existante dans le but d'instaurer une égalité réelle entre la mémoire des victimes de la Shoah et de celle des autres crimes commis dans l'histoire de l'humanité. Le Conseil a considéré qu'en « réprimant la négation, la minoration et la banalisation de certains crimes n'ayant fait l'objet d'aucune condamnation judiciaire préalable », le législateur « a porté atteinte à l'exercice de la liberté d'expression qui n'est ni nécessaire ni proportionné » (Cf. F. Safi, « A la recherche d'un fondement à l'incrimination du négationnisme », *D.* 2017, p. 6860).

L'exemple du Conseil d'Etat, juge constitutionnel de droit commun

664 • Le Conseil d'Etat n'est pas en reste quand il s'agit de se comporter en juge constitutionnel. S'il ne peut pas, comme la Cour de cassation, déclarer conforme à la Constitution la disposition législative contestée, il peut participer au contrôle de constitutionnalité en écartant le grief d'inconstitutionnalité par une motivation qui établit sa constitutionnalité. On peut citer, par exemple, la décision « *Association Alcaly* » par laquelle il a refusé de renvoyer une QPC sur des dispositions législatives régissant la procédure de déclaration d'utilité publique mettant en cause la partialité structurelle du Conseil d'Etat au regard de sa double fonction consultative et contentieuse. Ces dispositions ont été présentées comme méconnaissant le droit à un procès équitable qui découle de l'article 16 de la DDHC. Mais, alors que la coexistence des fonctions administratives et contentieuses, au sein de l'organisation interne du Conseil d'Etat, est régulièrement mise en cause voire l'objet d'aménagements, le moyen est écarté par le biais d'une motivation reposant, d'une part, sur la portée des normes constitutionnelles invoquées (art. 37 C°, 38 C°, 39 C° et 61-1 C°), telles qu'interprétées par le juge constitutionnel, d'autre part, sur une explication pédagogique des procédures suivies devant le Conseil d'Etat (CE, 16 avril 2010, *Association Alcaly et autres*, req. n°320667, *AJDA* 2010, p. 812). On peut aussi citer la décision « *Arezki D.* » où le Conseil d'Etat a bloqué la constitutionnalisation des procédures administratives répressives en refusant de transmettre la question de la conformité à l'article 34 C° et au principe d'égalité d'une disposition qui, dans le cadre de la procédure disciplinaire universitaire, ne garantit pas systématiquement le recours en appel (CE, 10 octobre 2011, *M. Arezki D.*, req. n°350969). Le Conseil d'Etat a argumenté comme s'il rendait une décision en matière de contentieux administratif, alors qu'il s'agit ici d'une QPC et a privilégié sa propre interprétation du double degré de juridiction sur celle du Conseil constitutionnel. Les arguments de la valeur « para-constitutionnelle » du double degré de juridiction et l'absence de protection conventionnelle de ce dernier n'ont pas été considérés comme suffisants par le Conseil d'Etat (Voir, en ce sens,

C. Roynier, « Le Conseil d'Etat bloque la constitutionnalisation des procédures administratives répressives », *AJDA* 2012, p. 664).

Un nouvel ordre constitutionnel composé de trois degrés de juridiction

665 • En définitive, le juge constitutionnel, à travers la procédure QPC, conserve le monopole de la censure mais il perd son rôle de principal interprète de la Constitution. Les juges du filtre sont devenus, de fait, des juges constitutionnels « négatifs » (J. Barthélemy et L. Bore, « Juges constitutionnels négatifs et interprète négatif de la loi », *Constitutions* 2011, p. 69 ou de « droit commun » (Cf. doctrine précitée). Plus précisément, c'est un nouvel « ordre constitutionnel » qui a été créé par le pouvoir constituant, un « ordre constitutionnel » composé de trois degrés de juridiction : les juges administratifs et judiciaires du fond au 1er niveau, le Conseil d'Etat et la Cour de cassation au 2nd niveau mais aussi le Conseil constitutionnel au 3ème niveau. Si le juge constitutionnel n'a plus le monopole dans le contrôle de constitutionnalité, il continue à agir dans ce cadre en tant que juge suprême, en tant que juge placé au sommet d'un ordre de juridiction. Il n'est simplement plus le seul à agir en ce sens (Cf. J. Barthélemy et L. Boré, « L'ordre constitutionnel », *Constitutions* 2010, p. 252). La question a pu se poser néanmoins de savoir si le juge constitutionnel était alors devenu un « juge de l'exception » en la matière en comparaison à la nouvelle compétence des juges ordinaires (M. Fatin-Rouge Stéfanini, « L'appréciation, par les Cours suprêmes, du caractère sérieux de la question de constitutionnalité » in E. Cartier, L. Gay et A. Viala (dir.), *La QPC : vers une culture constitutionnelle partagée*, Institut Universitaire Varenne Paris, LGDJ, 2015, p. 29 ou www.halshs.archives-ouvertes.fr).

Un pouvoir trop important confié aux juges ordinaires ?

666 • Certains auteurs jugent le pouvoir confié aux juridictions suprêmes ordinaires pour déterminer le caractère sérieux de la demande et décider du renvoi « trop important dans le contexte français » (M. Fatin-Rouge Stéfanini, « L'appréciation, par les Cours suprêmes, du caractère sérieux de la question de constitutionnalité » précité). Elles sont ainsi accusées d'être à la fois juge et parties lorsqu'elles sont notamment amenées à examiner s'il y a lieu ou non de renvoyer au Conseil les QPC remettant en cause leur propre jurisprudence (D. Rousseau, « La Cour a ses raisons, la raison les siennes ! », *RDP* 2011, p. 1464 ; A. Roblot-Troizier, « Question prioritaire de constitutionnalité et interprétations jurisprudentielles ou impartialité d'un juge statuant sur la constitutionnalité de sa propre jurisprudence », *RFDA* 2011, n° 6, p. 1217). Reste une dernière critique, celle qui pourrait faire du filtrage ainsi excessif opéré par les juges ordinaires une procédure préjudiciable à l'objet même de la QPC à savoir celui de protéger concrètement le justiciable dans l'exercice des droits et libertés constitutionnellement garantis (En ce sens, M. Fatin-Rouge Stéfanini, « L'appréciation, par les Cours suprêmes, du caractère sérieux de la question de constitutionnalité » précité). Pour certains, l'interprétation poussée de la constitutionnalité ou la possibilité de substitution au contrôle exercé par le juge constitutionnel peuvent faire en sorte de « confisquer » la procédure par les juridictions suprêmes au détriment des justiciables (Voir L. Gay, « Le double

filtrage des QPC : une spécificité française en question ? Modalités et incidences de la sélection des questions de constitutionnalité en France, Allemagne Italie et Espagne », in L. Gay (dir.), *La question prioritaire de constitutionnalité, Approche de droit comparé*, Bruxelles, Bruylant, p. 77-78) ce qui serait contraire à l'objectif initial de la procédure.

Bibliographie

- **Badinter (R.)**, « Une longue marche « Du Conseil à la Cour constitutionnelle » », Cahiers du CC 2009, n°25.

- **Barrue-Belou (R.)**, « Le développement des références juridictionnelles dans les visas du Conseil constitutionnel : vers une fonction de Cour suprême ? », RFDC 2016, n°106, p. 259.

- **Berthelemy (J.), Bore (L.)**, « Juges constitutionnels négatifs et interprète négatif de la loi », Constitutions 2011, p. 69 ; « La QPC entre recours objectif et recours subjectif », Constitutions 2011, p. 553.

- **Beal-Long (J.)**, « Le contrôle de l'interprétation jurisprudentielle constante en QPC », RFDC 2016, n°105, p. 256.

- **Belacel (F.), Bioy (X.), Carcassonne (G.), Foucher (K.), Mouton (S.), Renoux (T.-S.), Szymczak (D.)**, « Question sur la question : la QPC façonnée par ses acteurs : quelle(s) tendance(s) ? », Nouveaux Cahiers du CC 2013, n°39.

- **Benetti (J.)**, « La saisine parlementaire (au titre de l'article 61 de la Constitution) », Nouveaux Cahiers du CC 2013, n°38, p. 84 ; « Les incidences de la question prioritaire de constitutionnalité sur le travail législatif », Constitutions 2011, p. 42.

- **Bergougnous (G.)**, « Le Conseil constitutionnel et le législateur », Nouveaux cahiers du CC 2013, n°38.

- **Bon (P.)**, « Récuser un membre du Conseil constitutionnel », D. 2010, p. 2007.

- **Bonnefoi (O.)**, Les relations entre Parlement et Conseil Constitutionnel : les incidences de la question prioritaire de constitutionnalité sur l'activité normative du Parlement, www.tel.archives-ouvertes.fr.

- **Bonnet (J.)**, « L'épanouissement de la jurisprudence Etat d'urgence en Nouvelle-Calédonie », AJDA 2014, p. 467 ; « Les contrôles a priori et a posteriori », Nouveaux Cahiers du CC 2013, n°40 ; « Le paradoxe apparent d'une question prioritaire de constitutionnalité instrument de l'avènement des rapports de systèmes… », RDP 2013, p. 1229 ; « L'amorce d'une véritable révolution juridique : la réponse du juge ordinaire et du Parlement à la censure par le Conseil constitutionnel d'une loi promulguée », RFDA 2005, p. 1049.

- **Carpentier (M.)**, « Le Conseil Constitutionnel est-il une prison pour ses membres de droit ? », AJDA 2016, p. 2148.

- **Cartier (E.)**, « La récusation et le déport devant le Conseil constitutionnel : cote mal taillée ou réelle avancée ? », LPA 2011, 05 mai, n°89, p. 22.

- **Cartier (E.), Gay (L.), Viala (A.)** (dir.), La QPC, vers une culture constitutionnelle partagée ? Institut Universitaire Varenne, Paris, LGDJ, n°19, 2016.

- **Cassard-Valembois (A.-L.)**, « L'utilisation renouvelée de la jurisprudence « Etat d'urgence en Nouvelle-Calédonie » au profit de la liberté contractuelle et de la liberté d'entreprendre », Constitutions 2013, p. 400.

- **Chamussy (D.)**, « Le Parlement et la question prioritaire de constitutionnalité », Nouveaux Cahiers du CC 2015, n°47, p. 45.

- **Carcassonne (G.)**, « Le Parlement et la QPC », Pouvoirs 2011, n°137, p.73.

- **Colliard (J.-C.)**, « Un nouveau Conseil constitutionnel ? », Pouvoirs 2011, n°137, p. 155.

- **Delcamp (A.)**, « Cours constitutionnelles et parlements », Nouveaux Cahiers du CC 2013, n°38.

- **Deumier (P.)**, « Les effets dans le temps des décisions QPC : un droit des conséquences des décisions constitutionnelles », Nouveaux Cahiers du CC 2015, n°47, p. 65 ; « L'interprétation, entre « disposition législative » et « règle jurisprudentielle » », RTDCiv 2015, p. 84 ; « Le Conseil constitutionnel, juridiction impartiale et indépendante ? », RTDCiv 2012, p. 481 ; « L'interprétation de la loi : quel statut ? Quelles interprétations ? Quel(s) juges(s) ? quelles limites ? », RTD civ. 2011, p. 90.

- **Disant (M.)**, « L'utilisation par le Conseil d'Etat des décisions du Conseil constitutionnel. Figures, contraintes et enjeux autour de l'hypothèse de l' « appropriation » du contrôle de constitutionnalité de la loi », in B. Mathieu et M. Verpeaux, L'examen de la constitutionnalité de la loi par le Conseil d'Etat, Paris, Dalloz, 2011, p. 51.

- **Dominog (L.)**, « Quelle place pour le juge de droit commun dans la procédure de la QPC ? (Du point de vue du Tribunal administratif) », in X. Magnon, X. Bioy, W. Mastor et autres (dir.), Question sur la question prioritaire de constitutionnalité : le réflexe constitutionnel, Paris, LGDJ, 2013, p. 153.

- **Dord (O.)**, « La QPC et le Parlement : une bienveillance réciproque », Nouveaux Cahiers du CC 2013, n° 38, p. 23.

- **Drago (G.)**, « L'influence de la QPC sur le Parlement ou la loi sous la dictée du Conseil constitutionnel », Jus Politicum 2011, [En ligne], n°6 ; « Justice constitutionnelle », Droits 2001, n°34, p. 208.

- **Droin (N.)**, « Le glas sonne-t-il pour la « loi Gayssot » ? », RDLH 2015, [En ligne], chron. n° 26.

- **Dubout (E.)**, « L'efficacité structurelle de la question prioritaire de constitutionnalité en question », RDP 2013, p. 107.

- **Dupont-Türk (P.)**, « Quel rôle pour le parlement dans le mécanisme de la Question prioritaire de constitutionnalité ? », LPA 2012, 29 novembre, n°239.

- **Egéa (P.)**, « Les Cours suprêmes, « contre – pouvoirs » face au Conseil constitutionnel ? », in X. Magnon, W. Mastor, S. Mouton et autres (dir.), Question sur la Question III. De nouveaux équilibres institutionnels ?, Paris, LGDJ - Lextenso, 2014, p. 167.

- **Eisenmann (C.)**, La justice constitutionnelle et la Haute Cour constitutionnelle d'Autriche, Paris, 1928, rééd., Economica-PUAM, 1986.

- **Fatin-Rouge Stefanini (M.)**, « L'appréciation, par les Cours suprêmes, du caractère sérieux de la question de constitutionnalité » in La QPC : Vers une culture constitutionnelle partagée, Paris, LGDJ, 2015, p. 29 et www.halshs.archives-ouvertes.fr, 9 février 2017 ; « Les qualités d'une Cour constitutionnelle : retour sur la dénomination du Conseil constitutionnel et la contestation de son caractère juridictionnel en comparaison avec le cas de la Belgique », www.droitconstitutionnel.org, 2011 ; « La singularité du contrôle exercé a posteriori par le Conseil constitutionnel : la part de concret et la part d'abstrait », Nouveaux Cahiers du CC 2013, n°38, p. 211.

- **Fatin-Rouge Stefanini (M.), Gay (L.)**, « Filtrage des QPC et système de justice constitutionnelle », Mélanges Bon, Paris, Dalloz, 2014, p. 206.

- **Fatin-Rouge Stefanini (M.), Jacquinot (N.), Magnon (X.), Mastor (W.), Roblot-Troizier (A.)**, « Question sur la question : la QPC façonnée par ses acteurs : quelle(s) tendance(s) ? », Nouveaux Cahiers du CC 2013, n°38.

- **Favoreu (L.)**, Les cours constitutionnelles, Paris, PUF, « Que sais-je ? », 1996 ; « Modèle américain et modèle européen de justice constitutionnelle », AIJC 1988, n° IV, p. 57.

- **Faure (G.)**, « De la reconnaissance de « parties » dans le procès QPC à la consécration d'une dimension subjective du procès », www.droitconstitutionnel.org.

- **Festenberg (J.)**, « Le contrôle par le Conseil constitutionnel de la régularité constitutionnelle des lois promulguées », RDP 1991, p. 339.

- **Fraisse (R.)**, « La procédure en matière de QPC devant le Conseil constitutionnel, considérations pratiques », AJDA 2011, p. 1246 ; « QPC et interprétation de la loi », LPA 2011, n°89, 5 mai, p. 5.

- **Fricero (N.)**, « Récusation et abstention des juges : analyse comparative de l'exigence commune d'impartialité », Nouveaux Cahiers du CC 2013, n°40.

- **Fromont (M.)**, La justice constitutionnelle dans le monde, Paris, Dalloz, 1996.

- **Gahdoun (P.-Y.)**, « L'émergence d'un droit transitoire constitutionnel », RDP 2016, p. 149.

- **Galletti (F.)**, « Existe-t-il une obligation de bien légiférer ? Propos sur l'incompétence négative du législateur dans la jurisprudence du Conseil constitutionnel », RFDC 2004, n° 58, p. 3912.

- **Gay (L.)**, « Le double filtrage des QPC : une spécificité française en question ? Modalités et incidences de la sélection des questions de constitutionnalité en France, Allemagne Italie et Espagne », in L. Gay (dir.), La question prioritaire de constitutionnalité, Approche de droit comparé, Bruxelles, Bruylant, p. 51.

- **Genevois (B.)**, « Un exemple de l'influence du contrôle a posteriori sur le contrôle a priori : l'application de la jurisprudence État d'urgence en Nouvelle-Calédonie », RFDA 2013, p. 1 ; « Le contrôle a priori de constitutionnalité au service du contrôle a posteriori. À propos de la décision n° 2009-595 DC du 3 décembre 2009 », RFDA 2010, p. 1.

- **Gervasoni (S.)**, « La question prioritaire de constitutionnalité a cinq ans : le printemps de la justice constitutionnelle en France », RUDH 2015, vol. n°21, p. 24.

- **Gervier (P.)**, « Le changement des circonstances dans la jurisprudence du Conseil constitutionnel », www.droitconstitutionnel.org, [En ligne], 2011.

- **Girardot (T.-X.), Pottier (X.)**, « Le Gouvernement dans la procédure de la question prioritaire de constitutionnalité », Nouveaux Cahiers du CC 2016, n° 50, p. 17.

- **Guerrini (M.)**, « Les moyens périphériques aux droits et libertés que la Constitution garantit », RDP 2012, p. 1639.

- **Guillaume (M.)**, « Avec la QPC, le Conseil constitutionnel est-il devenu une Cour suprême ? », JCP 2012, G., no 24, 11 juin, p. 722.

- **Guillaume Lazzarin (M.)**, « La soumission du Conseil constitutionnel au respect des principes du procès équitable », www.droitconstitutionnel.org, 2011.

- **Haenel (H.)**, « Vers une Cour suprême ? », www.conseil-constitutionnel.fr, [En ligne], 21 octobre 2010.

- **Haulbert (M.)**, « Le filtrage des QPC par analogie avec la jurisprudence du Conseil constitutionnel : déconcentration ou diffusion de la justice constitutionnelle ? », www.afdcdroitconstitut.wixsite.com, 2017.

- **Hochmann (T.)**, « Négationnisme : le Conseil constitutionnel entre ange et démon », RDLF 2016, [En ligne], chron. n°03 ; « Toute sortie de l'Elysée est définitive », AJDA 2016, p. 1889 ; « Négationnisme du génocide arménien : défauts et qualités de l'arrêt Perinçek contre Suisse », RDLF 2015, [En ligne], chron. n°27.

- **Jacquelot (F.)**, « La procédure de la QPC », Nouveaux Cahiers du CC 2013, n°40 ; « Regards comparés sur l'abstention et les récusations au sein du Conseil constitutionnel et de la Cour constitutionnelle italienne : histoire d'une impartialité reprogrammée », Constitutions 2011, p. 347.

- **Jouanjan (O.)**, « Modèles et représentations de la justice constitutionnelle en France : un bilan critique », Jus Politicum 2009, [En ligne], n° 2.

- **Kelsen (H.)**, « Le contrôle de constitutionnalité des lois. Une étude comparative des constitutions autrichienne et américaine », RFDC 1990, n°1, p. 17 ; « La garantie juridictionnelle de la Constitution (la justice constitutionnelle) », RDP 1928, p. 197.

- **Lagrave (C.)**, « La récusation des membres du Conseil constitutionnel : une application prudente des mécanismes du « procès constitutionnel » », RFDA 2011, p. 152.

- **Lakssimi (T.)**, « QPC, interprétation et construction jurisprudentielles : l'exemple de la théorie de l'apparence en matière immobilière », D. 2017, p. 1344.

- **Le Bot (O.)**, « Contrôles de constitutionnalité a priori et a posteriori en Europe », Nouveaux Cahiers du CC 2013, n° 40.

- **Le Cotty (R.), Roth (C.)**, « Les suites des décisions QPC du Conseil constitutionnel dans les juridictions de l'ordre judiciaire », Nouveaux Cahiers du CC 2015, n°47, p. 27.

- **Lessiet (J.), Dutheillet de Lamothe (L.)**, « Cinq ans de QPC devant le juge administratif : retour d'expérience », AJDA 2015, p. 755

- **Luchaire (F.)**, « Le Conseil constitutionnel est-il une juridiction ? », RDP 1979, p. 27.

- **Magnon (X.)**, « La QPC, beaucoup de bruit pour quoi ? », AJDA 2010, p. 1673.

- **Maugue (C.)**, « La QPC : 5 ans déjà, et toujours aucune prescription en vue », Nouveaux Cahiers du CC 2015, n°47, p. 11.

- **Molfessis (N.)**, « La QPC posée sur un texte déjà déclaré inconstitutionnel : peut-on tuer un mort ? », JCP 2013, G, n°1036.

- **Nollez-Goldbach (R.)**, « De l'affirmation du Conseil en Cour constitutionnelle », JCP 2011, G, 27 juin, n°26, p. 32.

- **Pascal (J.), Pluen (O.)**, « Les anciens présidents de la République, membres de droit du Conseil constitutionnel : un anachronisme bien vivant », LPA 2016, 30 novembre, n°239.

- **Perrier (J.-B.)**, « Le négationnisme face aux droits et libertés garantis par la Constitution », D. 2016, p. 521 ; « Le non-renvoi des questions prioritaires de constitutionnalité par la Cour de cassation », RFDA 2011, p. 711.

- **Philippe (X.)**, « Brèves réflexions sur la question prioritaire de constitutionnalité dans une perspective comparatiste –Le juge a quo : juge du filtre ou "juge constitutionnel négatif" ? », in L. Gay (dir.), La question prioritaire de constitutionnalité : approche de droit comparé, Bruxelles, Bruylant, 2014, p. 105.

- **Roblot-Troizier (A.)**, « La QPC, le Conseil d'Etat et la Cour de cassation », Nouveaux Cahiers du CC 2013, n°40 ; « Question prioritaire de constitutionnalité et interprétations jurisprudentielles ou impartialité d'un juge statuant sur la constitutionnalité de sa propre jurisprudence », RFDA 2011, p. 1217 ; « Le non-renvoi des questions prioritaires de constitutionnalité par le Conseil d'Etat, Vers la mutation du Conseil d'État en un juge constitutionnel de la loi », RFDA 2011, p. 691.

- **Rousseau (D.)**, « La Cour a ses raisons, la raison les siennes ! », RDP 2011, p. 1464 ; « La question prioritaire de constitutionnalité : un big-bang juridictionnel ? », RDP 2009, p. 631 ; La justice constitutionnelle en Europe, Montchrestien, 1996.

- **Rousseau (D.), Bonnet (J.), Gahdoun (P.-Y.)**, Droit du contentieux constitutionnel, Paris, LGDJ, 11ème éd., 2016.

- **Saccucci (Y.)**, « La coexistence des contrôles de constitutionnalité de la loi », Constitutions 2013, p. 202.

- **Safi (F.)**, « A la recherche d'un fondement à l'incrimination du négationnisme », D. 2017, p. 686.

- **Severino (C.)**, « La jurisprudence des juridictions suprêmes face à la Constitution : du contrôle à l'autocensure », in L. Gay (dir.), La question prioritaire de constitutionnalité, Approche de droit comparé, Bruxelles, Bruylant, p. 169.

- **Spinosi (P.)**, « Quel regard sur la jurisprudence du Conseil constitutionnel sur le procès équitable », Nouveaux Cahiers du CC 2014, n° 44.

- **Stirn (B.)**, « Le filtrage selon le Conseil d'Etat », JCP 2010, G, n°48, n° spécial, p. 48.

- **Szymczak (D.)**, La convention européenne des droits de l'homme et le juge constitutionnel national, Bruxelles, Bruylant, 2004.

- **Tissier-Raffin (M.)**, « La constitutionnalité enfin confirmée de la loi Gayssot », RDH 2016 [En ligne], 10 février.

- **Toulemonde (G.), Thumerel (I.), Galati (D.)**, « Les juridictions suprêmes renforcées dans leur office de cour suprême », in E. Cartier (dir.), La question prioritaire de constitutionnalité. Étude sur le réaménagement du procès et de l'architecture juridictionnelle française, Centre de Recherche Droits et Perspectives du droit, Université Lille II, 2013, p. 244.

- **Troper (M.)**, « La loi Gayssot et la Constitution », Annales. Histoires, sciences sociales 1999, vol. 54, n° 6, p. 1239.

- **Viala (A.)**, « L'autorité des censures « néo-calédoniennes » : quand le contrôle a priori pétrifie les enjeux du contrôle a posteriori », Constitutions 2013, p. 574 ; « La QPC et les nouveaux horizons de l'interprétation conforme », RDP 2011, p. 965.

- **Vedel (G.)**, « Excès de pouvoir législatif et excès de pouvoir administratif », Les Cahiers du CC 1996, no 1, p. 57 et Les Cahiers du CC 1997, no 2, p. 77.

- **Vlachogiannis (A.)**, « Le Conseil constitutionnel face au changement de circonstances de fait : réflexions à la lumière de l'expérience américaine », Jus Politicum 2013, n°11.

- **Yeng Seng (W.)**, « Le contrôle des lois promulguées dans la jurisprudence du Conseil constitutionnel, un mystère en voie de dissipation ? », RFDC 2005, n°61, p. 35.

- **Wachsmann (P.)**, « Liberté d'expression et négationnisme », RTDH 2001, n°46, p.585

INDEX TOME I

INDEX TOME II

TABLE DE MATIERES TOME I

TABLE DE MATIERES TOME II

MIX
Papier | Fördert gute Waldnutzung
FSC® C083411

Kolibri 360 GmbH
Ferdinand-Jühlke-Straße 7
99095 Erfurt, Deutschland
produktsicherheit@kolibri360.de

Druck:
CPI Druckdienstleistungen GmbH
im Auftrag der
Kolibri 360 GmbH
Ferdinand-Jühlke-Str. 7
99095 Erfurt